Michael Kofler, Charly Kühnast,
Christoph Scherbeck

Raspberry Pi

Das umfassende Handbuch

Rheinwerk
Computing

Liebe Leserin, lieber Leser,

kennen Sie das noch? *Backe, backe Kuchen, der Bäcker hat gerufen ...*

Ganz klar: Um tolle Projekte mit dem Raspberry Pi (zu deutsch: Himbeerkuchen) zu verwirklichen, brauchen Sie nicht exakt sieben Sachen wie der Bäcker im Kinderlied.

Doch ob jung oder alt, Kuchen oder Pi, die perfekten Grundzutaten sind immer dieselben: viel Herzblut, Spaß am Selbermachen – und die richtige Anleitung.

Und die haben Sie in diesem Buch gefunden! Denn Sie halten hier eine umfassende Tüftler-Ausbildung und Daniel-Düsentrieb-Fortbildung in zweiter Auflage in Händen, mit der Sie Ihrem Raspberry Pi (egal, ob in aktueller Version 2 oder älter) die Sporen geben. Und das auf weit über tausend farbig gedruckten Seiten.

Hier wird also geklotzt, nicht gekleckert. Das hochkarätige Autoren-Trio Kofler-Kühnast-Scherbeck zeigt Ihnen in diesem Kompendium nicht nur leicht verständlich, wie man den Linux-Pinguin Tux zähmt. Schritt für Schritt erhalten Sie eine umfassende Einführung und Auffrischung in Sachen Elektronik, Hardware und Programmierung. Damit die Inspiration nicht zu kurz kommt, wird das Komplettpaket abgerundet durch eine für diese zweite Auflage noch einmal erweiterte Sammlung kreativer Raspberry-Pi-Rezepte zum Nachbasteln und Weiterentwickeln, die Sie sich auf keinen Fall entgehen lassen dürfen! Naschen ausdrücklich erlaubt ...

Abschließend noch ein Hinweis in eigener Sache: Dieses Buch wurde mit großer Sorgfalt geschrieben, geprüft und produziert. Sollte dennoch einmal etwas nicht so funktionieren, wie Sie es erwarten, freue ich mich, wenn Sie sich direkt mit mir in Verbindung setzen. Ihre Anregungen und Fragen sind uns jederzeit herzlich willkommen!

Ihr Sebastian Kestel
Lektorat Rheinwerk Computing

sebastian.kestel@rheinwerk-verlag.de
www.rheinwerk-verlag.de
Rheinwerk Verlag · Rheinwerkallee 4 · 53227 Bonn

Auf einen Blick

Wir hoffen, dass Sie Freude an diesem Buch haben und sich Ihre Erwartungen erfüllen. Bitte teilen Sie uns doch Ihre Meinung mit. Eine E-Mail mit Ihrem Lob oder Tadel senden Sie direkt an den Lektor des Buches: *sebastian.kestel@rheinwerk-verlag.de*. Im Falle einer Reklamation steht Ihnen gerne unser Leserservice zur Verfügung: *service@rheinwerk-verlag.de*. Informationen über Rezensions- und Schulungsexemplare erhalten Sie von: *britta.behrens@rheinwerk-verlag.de*.

Informationen zum Verlag und weitere Kontaktmöglichkeiten finden Sie auf unserer Verlagswebsite *www.rheinwerk-verlag.de*. Dort können Sie sich auch umfassend und aus erster Hand über unser aktuelles Verlagsprogramm informieren und alle unsere Bücher versandkostenfrei bestellen.

An diesem Buch haben viele mitgewirkt, insbesondere:

Lektorat Sebastian Kestel, Anne Scheibe
Korrektorat Friederike Daenecke, Zülpich
Herstellung Norbert Englert
Typografie und Layout Vera Brauner
Einbandgestaltung Mai Loan Nguyen Duy
Coverbilder Raspberry Pi Foundation; ThinkDesign-TapeBrushes; iStockphoto: 3279076 © ajt, 6643593 © prill; Shutterstock: 56390530 © tr3gin, 140004994 © maxim ibragimov, 140919904 © Zerbor, 147698750 © MC_Noppadol, 173841239 © ULKASTUDIO, 180819104 © Andrew Scherbackov
Satz Michael Kofler
Druck Firmengruppe Appl, Wemding

Dieses Buch wurde gesetzt aus der TheAntiquaB (9,35 pt/13,7 pt) mit LaTeX.
Gedruckt wurde es auf chlorfrei gebleichtem Offsetpapier (90 g/m²).

Bibliografische Information der Deutschen Nationalbibliothek:
Die Deutsche Nationalbibliothek verzeichnet diese Publikation in der Deutschen Nationalbibliografie; detaillierte bibliografische Daten sind im Internet über *http://dnb.d-nb.de* abrufbar.

ISBN 978-3-8362-3795-6

2., aktualisierte und erweiterte Auflage 2015, 1., korrigierter Nachdruck 2016

Inhaltsverzeichnis

TEIL III Hardware-Grundlagen

TEIL IV Programmierung

Vorwort

Man stelle sich vor: Sie bekommen einen Computer mit der Rechenleistung eines vielleicht sechs Jahre alten Notebooks für läppische 35 EUR! Der Raspberry Pi ist aber gar nicht dazu gedacht, den Desktop-PC zu ersetzen – und noch weniger das heimische Notebook: Dazu fehlen ihm eine integrierte Tastatur, ein Akku und vor allem der Bildschirm.

Seinen großen Erfolg verdankt der Raspberry Pi vielmehr einer winzigen Steckerleiste für allgemeine Ein- und Ausgabezwecke, in der Fachsprache: General Purpose Input/Output (GPIO). Elektronik-Bastler können an diese Steckerleiste Messinstrumente und andere Geräte anschließen, deren Daten verarbeiten bzw. deren Funktionen steuern.

Und mit einem Mal gibt es eine riesige Palette von Anwendungen: von der selbst gebauten Wetterstation über die Steuerungsanlage für Heizung und Solaranlage, von »intelligenten« Spielzeug-Fahrzeugen und -Robotern bis hin zur Heimautomation. Der Raspberry Pi ist in Museen präsent, wo er technische Exponate kindertauglich macht. Er wird an Schulen und Universitäten eingesetzt, um Studenten kostengünstig in die Welt des Embedded Computings einzuführen.

Geschichte

Der Raspberry Pi wurde von der britischen *Raspberry Pi Foundation* aus den Komponenten von Android-Smartphones entwickelt. Die Zielsetzung bestand darin, wieder mehr Jugendliche und Erwachsene für das Experimentieren mit und das Programmieren von Computern zu begeistern – so wie Homecomputer wie der Commodore 64 oder der Sinclair ZX 80 in den 1980er-Jahren den ersten Computer-Boom abseits des wissenschaftlichen und geschäftlichen Einsatzes auslösten. Der Raspberry Pi sollte preisgünstig sein, einfach zu programmieren und universell einzusetzen.

Der Erfolg des seit Anfang 2012 ausgelieferten Raspberry Pi übertraf alle Erwartungen. Das Gerät wurde nicht nur von der anvisierten Zielgruppe verwendet, sondern es wurde *der* Computer der sogenannten »Maker-Szene«: Eine immer größer werdende Gruppe von Elektronik- und Computer-Fans verwendet den Raspberry Pi in einer neuen Do-it-yourself-Kultur zur Realisierung vielfältigster Steuerungsaufgaben. Bis Februar 2015 verkaufte die Raspberry Pi Foundation mehr als fünf Millionen ihres Meisterstücks.

Ein entscheidender Faktor für den Erfolg des Raspberry Pi ist die enge Verzahnung des Geräts mit der Open-Source-Welt: Auf dem Raspberry Pi läuft üblicherweise Linux, also das freie Betriebssystem, das auf allen Android-Smartphones sowie auf unzähligen Internet-Servern zum Einsatz kommt. Die bevorzugte Programmiersprache ist Python – ebenfalls ein Open-Source-Programm, das frei von Lizenzgebühren verwendet werden kann.

So viel Freiheit lädt offensichtlich zum Teilen ein: Es gibt unzählige Webseiten, auf denen Raspberry-Pi-Fans ihre Ideen präsentieren, Bauanleitungen zusammenstellen oder Zusatzprogramme anbieten. Auch wenn der Raspberry Pi nicht der einzige Minicomputer seiner Art ist – kein anderes Gerät hat eine derart große Community gefunden, zu keinem anderen Gerät finden Sie so unkompliziert Hilfe, und kein anderes Gerät können Sie mit so vielen Komponenten und Boards erweitern.

Über unser Buch

Unsere Zielsetzung beim Verfassen dieses Buchs war es, Ihnen den Raspberry Pi in seiner ganzen Breite zu präsentieren – von den Linux-Grundlagen über die Programmierung bis zu vielfältigen Versuchsaufbauten mit elektronischen Bauteilen. Dabei war es uns wichtig, Ihnen ein solides Fundament für eigene Experimente zu bieten.

Selbst in einem 1000-Seiten-Buch ist es unmöglich, jedes denkbare elektronische Bauteil, alle Funktionen unterschiedlicher Programmiersprachen bzw. jede der vielen Linux-Anwendungsmöglichkeiten zu präsentieren. Wir haben versucht, das Wesentliche vom Unwesentlichen zu trennen und Ihnen unser Know-how so zu vermitteln, dass Sie den Raspberry Pi wirklich verstehen lernen. Nach der Lektüre dieses Buchs können Sie mehr, als im Blindflug eine Anleitung nachbauen: Sie können dann eigene Projekte realisieren und Ihr Wissen auf neue Bauteile, Programmier- und Administrationstechniken anwenden.

Das Einzige, was wir von Ihnen als Leser erwarten, ist der Wille, sich auf neue Ideen einzulassen. Davon abgesehen benötigen Sie kein Grundwissen: Weder müssen Sie ein Linux-Guru sein, um dieses Buch zu verstehen, noch müssen Sie programmieren können oder Elektronik-Bastler sein. Dieses Buch enthält neben vielen Raspberry-Pi-spezifischen Kapiteln eine Einführung in Linux, einen Crashkurs in die Elektronik sowie einen vollständigen Python-Programmierkurs.

Installation und Linux-Grundlagen

Inhaltlich beginnen wir wenig überraschend mit dem Kauf und der Inbetriebnahme des Raspberry Pi. In den folgenden Kapiteln lernen Sie Schritt für Schritt, wie Sie die Kontrolle über das Linux-System auf dem Raspberry Pi übernehmen. Besonderen Wert legen wir darauf, Ihnen effiziente Arbeitstechniken beizubringen. So erklären wir zum Beispiel, wie Sie Ihren Raspberry Pi via SSH oder VNC fernsteuern und wie

Sie Ihren Raspberry Pi mit anderen Geräten im lokalen Netzwerk verbinden und aus dem Internet heraus erreichbar machen. Das Terminal bzw. die Konsole wird dabei Ihr enger Vertrauter werden.

Elektronische Komponenten

So richtig Spaß macht das Arbeiten mit dem Raspberry Pi erst, wenn Sie das Gerät durch diverse Komponenten erweitern. Wir beginnen mit ganz simplen Projekten, z. B. dem Ein- und Ausschalten einer Leuchtdiode. Die folgenden Elektronikkapitel zeigen Ihnen dann, wie Sie eine Fülle von Komponenten, Sensoren und Erweiterungsboards mit Ihrem Raspberry Pi einsetzen. Die folgende, unvollständige Liste soll als Appetitanreger dienen:

- LEDs, Transistoren, Optokoppler, Relais, Schritt- und Servomotoren
- Temperatur-, Bewegungs-, Ultraschall- und Feuchtigkeitssensoren
- Camera Board und PiNoIR
- Bussysteme sowie SPI-, I^2C-, UART-, I^2S- und 1-Wire-Komponenten
- 16×2-Zeilendisplays, TFT-Displays und Touchscreens
- Gertboard, RaspiComm, PiFace, PiUSV, Quick2Wire, Gertduino, HATs, HifiBerry

Programmierung

Es reicht nicht aus, elektronische Erweiterungen an den Raspberry Pi anschließen zu können – Sie müssen auch Code verfassen, um die Komponenten zu steuern. In der Raspberry-Pi-Welt kommt dazu fast immer Python zum Einsatz. Dieses Buch enthält deswegen einen über drei Kapitel reichenden Python-Programmierkurs, der auch Einsteigern Freude am Programmieren vermittelt.

Python ist zwar populär, aber natürlich nicht die einzige Programmiersprache für den Raspberry Pi. In mehreren Kapiteln zeigen wir Ihnen, wie Sie den Raspberry Pi durch bash-Scripts, C-, C#- oder Java-Programme bzw. mit PHP-Seiten steuern. Und für alle, die einen Blick in eine vollkommen neue Programmiersprache werfen möchten, haben wir ein Kapitel über Mathematica und die Wolfram Language beigefügt.

Konkrete Anwendungen und Projekte

Bereits die Grundlagenkapitel zeigen unzählige Anwendungsmöglichkeiten des Raspberry Pi. Daneben stellen wir Ihnen kapitelweise eine Menge konkreter Projekte vor. Zu den Highlights zählen:

- ein ferngesteuerter Audio-Player für die Stereoanlage
- Multimedia-Center für den Fernseher (Kodi und Plex)
- Zeit- und Geschwindigkeitsmessung, z. B. für den Physikunterricht

- ein selbststeuerndes Spielzeugauto
- Raum und Zeit erfassen mit einem GPS-Modul
- Heimautomation mit Netzwerksteckdosen und 433-MHz-Funksteckdosen
- der Raspberry Pi im Vogelhaus
- WLAN-, IPv6- und Tor-Router
- der Raspberry Pi lernt twittern
- Stromzähler (Smart Meter) auslesen
- der Raspberry Pi als RFID-Reader und Türöffner
- AirPrint-Drucker selbst gemacht
- FM-Transmitter
- Luftraumüberwachung mit dem Raspberry Pi
- Servocam (Fernsteuerung einer Webcam mit Servomotoren)
- Garten- und Balkonbewässerungssystem
- Wassermelder

Neu in der 2. Auflage

Für die hier vorliegende 2. Auflage wurde das Buch vollständig aktualisiert und erweitert. Das Buch ist nun aktuell zum Raspberry Pi 2, berücksichtigt neben Raspbian auch Ubuntu und sogar Windows 10, zeigt den Umgang mit noch mehr Sensoren und Erweiterungsboards, geht auf die neusten technischen Entwicklungen ein (Device Trees, HATs) und präsentiert noch mehr Projekte!

Viel Spaß mit dem Raspberry Pi!

IT-begeisterte Köpfe haben schon immer Spaß am Programmieren und am Experimentieren gefunden. Aber wenige Neuerungen der letzten Jahre haben eine derartige Welle der Begeisterung ausgelöst wie der Raspberry Pi. Immer wieder tauchen neue Anwendungen auf, an die niemand dachte, als der Raspberry Pi konzipiert wurde.

Lassen Sie sich von dieser Begeisterung anstecken. Verwenden Sie den Raspberry Pi, um in die Welt der Elektronik, in die Programmierung und in die Konzepte von Linux einzutauchen! Dabei wünschen wir Ihnen viel Spaß!

Michael Kofler (*http://kofler.info*)
Charly Kühnast (*http://kuehnast.com*)
Christoph Scherbeck (*http://www.elektronx.de*)

PS: Zu diesem Buch gibt es auch ein Blog, in dem wir über neue Raspberry-Pi-Ideen und -Entwicklungen berichten:

http://pi-buch.info

TEIL I

Den Raspberry Pi kennenlernen

Kapitel 1
Kauf und Inbetriebnahme

Der Raspberry Pi ist ein winziger Computer. Seine Grundfläche ist etwas größer als eine Kreditkarte. In ein Gehäuse verpackt, hat der Computer das Volumen von zwei Smartphones. Das eigentliche Grundgerät kostet je nach Händler etwa 35 EUR. Zusätzlich brauchen Sie in der Regel ein Netzteil, ein Gehäuse, eine SD-Speicherkarte und eventuell ein paar Kabel. Die Gesamtinvestition liegt also deutlich unter 100 EUR.

Dafür erhalten Sie einen vollwertigen, Linux-basierten Computer mit einer ARM-CPU, den Sie zur Steuerung elektrischer Geräte, für Versuchsaufbauten, als Mini-Server oder als kleines Multimedia-Center in der Art des Apple TV einsetzen können. Prinzipiell kann der Raspberry Pi sogar als Ersatz für einen gewöhnlichen PC verwendet werden. Allerdings kann der Raspberry Pi hier, was die Geschwindigkeit betrifft, nicht mit modernen Rechnern mithalten.

Dieses Kapitel gibt Tipps zum Kauf des Raspberry Pi samt des erforderlichen Zubehörs. Außerdem erfahren Sie, wie Sie auf Ihrem Notebook oder PC eine SD-Karte so einrichten, dass Sie diese als Betriebssystem für Ihren Raspberry Pi verwenden können. Sobald Sie diesen Schritt geschafft haben, können Sie Ihren Raspberry Pi erstmals starten und verwenden. Die ersten Schritte unter Raspbian, dem beliebtesten Betriebssystem für den Raspberry Pi, beschreibt dann das nächste Kapitel.

Gewissermaßen als Zuckerl für Linux-Experten enthält dieses Kapitel auch eine Anleitung, wie Sie Raspbian auf einen USB-Stick anstelle der SD-Karte installieren können. Der größte Vorteil dieser Vorgehensweise besteht darin, dass ein USB-Stick in der Regel zuverlässiger arbeitet als eine SD-Karte. Allerdings wird die Installation dadurch etwas komplizierter, weswegen Linux- bzw. Raspberry-Pi-Einsteiger vorerst von dieser Installationsvariante absehen sollten.

1.1 Kauf

Sofern Sie noch keinen Raspberry Pi besitzen, steht zuerst der Kauf an. Beachten Sie, dass Sie den Raspberry Pi ohne jedes Zubehör erhalten – es sei denn, Sie entscheiden sich für ein in der Regel überteuertes Komplettpaket! Zur Inbetriebnahme benötigen Sie deswegen auch ein Netzteil, eine SD-Karte, eine Tastatur und eine Maus mit USB-Anschluss, einen Monitor mit HDMI-Eingang sowie die dazugehörigen Kabel.

Bezugsquellen

Den Raspberry Pi sowie die gerade aufgezählten Zubehörteile können Sie unkompliziert im Internet erwerben. Neben Amazon und großen Elektronik-Händlern wie Conrad oder Pollin gibt es auch eine Menge kleinere Web-Shops, die sich auf Elektronikbastler und die sogenannte Maker-Szene spezialisiert haben. Beachten Sie beim Einkauf immer den jeweiligen Firmenstandort! Manche besonders günstige Angebote werden aus asiatischen Ländern versandt. Das kann nicht nur lange dauern, sondern auch zu Zollproblemen führen.

Raspberry-Pi-Modelle

Vom Raspberry Pi sind verschiedene Modelle erhältlich, von denen wir Ihnen hier die wichtigsten präsentieren:

- **Raspberry Pi 2, Modell B (RPi2-B):** Dieses seit Februar 2015 verfügbare Modell ist der zurzeit leistungsfähigste Raspberry Pi (siehe Abbildung 1.1). Eine neue CPU mit einer Taktfrequenz von 900 MHz und vier Cores sowie der im Vergleich zu den Vorgängermodellen verdoppelte Arbeitsspeicher von 1 GByte machen den Raspberry Pi deutlich schneller als in der ersten Generation.

  Das Modell verfügt über vier USB-2.0-Anschlüsse, einen 100-MBit-Netzwerkanschluss und eine 40-Pin-Steckerleiste mit GPIOs (General Purpose Input/Output). Die Rechenleistung stellt ein Broadcom BCM2836 System-on-a-Chip (SoC) zur Verfügung: Er enthält vier CPU-Cores in ARMv7-Architektur sowie einem Broadcom Video-Core IV mit H.264 Encoder/Decoder. Die Leistungsaufnahme des Minirechners ohne Peripheriegeräte beträgt ca. 3 Watt.

- **Raspberry Pi 1, Modell B+ (RPi1-B+):** Das Vorgängermodell zum Raspberry Pi 2 stimmt mit diesem in seinen Maßen und Anschlussmöglichkeiten vollständig überein. Allerdings verfügt der eingebaute BCM2835 nur über einen CPU-Core in ARMv6-Architektur, der standardmäßig mit 700 MHz getaktet wird. Zudem ist der Arbeitsspeicher nur 512 MByte groß.

- **Raspberry Pi 1, Modell A+ (RPi1-A+):** Diese Variante zum Raspberry Pi 1, Modell B+, ist mit weniger Speicher (256 MByte) ausgestattet. Es gibt nur einen USB-Anschluss und keinen Netzwerkanschluss. Diesen Nachteilen stehen auch Vorteile gegenüber: Das Modell ist nicht nur billiger und kleiner, es hat auch eine deutlich geringere Leistungsaufnahme von circa einem Watt.

- **Raspberry Pi 1, Modelle A und B (RPi1-A und RPi1-B):** Diese recht alten Modelle sind kaum mehr bei Händlern erhältlich. Der Hauptunterschied im Vergleich zu den Modellen A+ und B+ besteht darin, dass die GPIO-Steckerleiste nur 26 Pins umfasst.

- **Raspberry Pi 1, Compute Module:** Bei dieser Raspberry-Pi-Variante wurde das gesamte Innenleben des Raspberry Pi auf einer deutlich kleineren Platine realisiert, die die Form eines DDR2-SODIMM-Speicherriegels hat und somit weniger als halb so groß wie der originale Raspberry Pi ist. Das Compute Module enthält standardmäßig einen 4 GByte großen Flash-Speicher und macht mehr Steuerungs-Pins des BCM2835 zugänglich, bietet also mehr GPIOs. Wirklich genutzt werden kann dieser Raspberry Pi allerdings nur in Kombination mit einem I/O-Board, das die Anschlüsse nach außen führt. Das Compute Module ist vor allem für die industrielle Nutzung gedacht, z. B. wenn der Raspberry Pi zur Steuerung eines in hohen Stückzahlen produzierten Geräts verwendet werden soll.

Abbildung 1.1 Der Raspberry Pi 2 (Modell B)

Kürzel

Wenn wir in diesem Buch vom Raspberry Pi sprechen, dann gelten diese Aussagen für die ganze Modellserie. Bei Details, die spezifisch für ein Modell gelten, geben wir dieses natürlich an. Dabei verwenden wir fallweise die in der obigen Aufzählung genannten Kürzel.

Momentan (Juli 2015) stehen das Modell A und das Compute Module nur auf Basis des eigentlich veralteten Raspberry Pi 1 zur Verfügung. Es ist anzunehmen, dass demnächst auch das Modell A und das Compute Module auf Version 2 aktualisiert werden.

USB-Mängel

Die Modelle RPi1-B+ bzw. des RPi2-B verfügen über vier USB-Anschlüsse. Sie sollten sich aber darüber im Klaren sein, wie diese Anschlüsse technisch realisiert sind: *Ein* USB-Kanal, den der BCM2835 bzw. BCM2836 zur Verfügung stellt, führt zu einem internen Hub. Dieser ist dann mit den vier USB-Anschlüssen *und* dem Ethernet-Anschluss verbunden. Mit anderen Worten: Alle USB-Geräte und der Ethernet-Anschluss *teilen* sich die Bandbreite eines USB-2.0-Kanals.

Von Äpfeln und Birnen, Himbeeren und Bananen

Man soll bekanntlich nicht Äpfel und Birnen vergleichen. An dieses Sprichwort dachten wir, als wir vom BananaPi hörten, der in verschiedenen Modellen seit dem Frühjahr 2014 erhältlich ist. Das Gerät wird als kompatibel zum Raspberry Pi angepriesen, bietet aber gleichzeitig eine Menge Features, die sich viele auch für den Raspberry Pi wünschen: einen echten GBit-Ethernet-Anschluss, einen SATA-Anschluss etc. Erste Tests zeigten aber, dass das Gerät keineswegs vollständig kompatibel zum Raspberry Pi ist:

http://blog.pi3g.com/2014/05/bananapi-erster-eindruck-und-vergleich-mit-dem-raspberry-pi

Neben dem BananaPi gibt es mittlerweile unzählige Raspberry-Pi-Alternativen, jede mit individuellen Vor- und Nachteilen. Ungeschlagen ist der Raspberry Pi momentan in zwei Disziplinen: im Preis-Leistungs-Verhältnis und im Ökosystem. Aus unserer Sicht ist vor allem der zweite Punkt entscheidend: Für keinen anderen Minicomputer gibt es ein derart großes Angebot an Soft- und Hardware, an Online-Dokumentation und Foren, an Ideen und Bastelanleitungen!

Anschlüsse

Modell B des Raspberry Pi 2 und Modell B+ des Raspberry Pi 1 bieten dieselben Anschlussmöglichkeiten (siehe Abbildung 1.2):

- einen Micro-USB-Anschluss zur Stromversorgung (5 V, 600 mA bis 2 A, ergibt 3 bis 10 Watt). Der Stromverbrauch hängt vom Leistungsbedarf der USB-Geräte ab.
- vier gewöhnliche USB-2.0-Anschlüsse für Tastatur, Maus und andere USB-Geräte. Die Modelle RPi2-B und RPi1-B+ können über diese USB-Anschlüsse insgesamt 600 mA weitergeben, mit einer Zusatzoption von sogar 1200 mA. Das erfordert ein entsprechend dimensioniertes Netzteil sowie eine spezielle Option in `/boot/config.txt`, siehe auch Abschnitt 5.8, »Systemeinstellungen in config.txt«.
- einen HDMI-Ausgang für Bild und Ton, Auflösung bis zu 1920×1200 Pixel

- einen kombinierten Audio/Video-Ausgang für einen vierpoligen 3,5-mm-Klinkenstecker. Wenn das Video-Signal nicht genutzt werden soll, kann das Audio-Signal mit jedem handelsüblichen dreipoligen 3,5-mm-Klinkenstecker abgegriffen werden.
- einen Micro-SD-Slot (SDHC)
- einen Ethernet-Anschluss (10/100 MBit)
- eine Steckerleiste mit 40 Pins (der sogenannte »J8-Header«) für allgemeine Zwecke (General Purpose Input/Output inklusive UART, I^2C-Bus, SPI-Bus, I^2S-Audio). Eine detaillierte technische Beschreibung der GPIO-Pins folgt in Kapitel 11, »Hardware-Einstieg«.

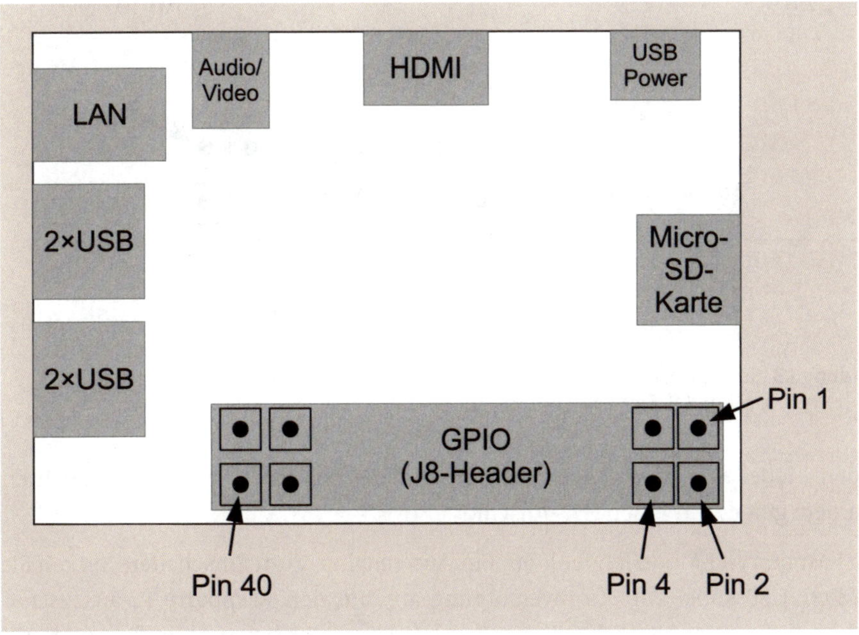

Abbildung 1.2 Schematische Darstellung der Raspberry-Pi-Anschlüsse (Raspberry Pi 2, Modell B, bzw. Raspberry Pi 1, Modell B+, Sicht von oben)

Für das ältere Modell B des Raspberry Pi 1, das zwar nicht mehr verkauft wird, aber noch vielfach im Einsatz ist, gelten einige Abweichungen im Vergleich zur obigen Liste (siehe Abbildung 1.3):

- Strombedarf 700 mA bis 1 A (ergibt 3,5 bis 5 Watt Leistung)
- nur zwei USB-Anschlüsse mit einem maximalen Ausgangsstrom von je 100 mA
- SD-Karten-Slot für gewöhnliche SD-Karten
- getrennte Audio- und Video-Ausgänge

- eine Steckerleiste mit nur 26 Pins (der sogenannte »P1-Header«)
- andere Anordnung der Anschlüsse, erfordert daher auch ein anderes Gehäuse als bei den neueren Modellen

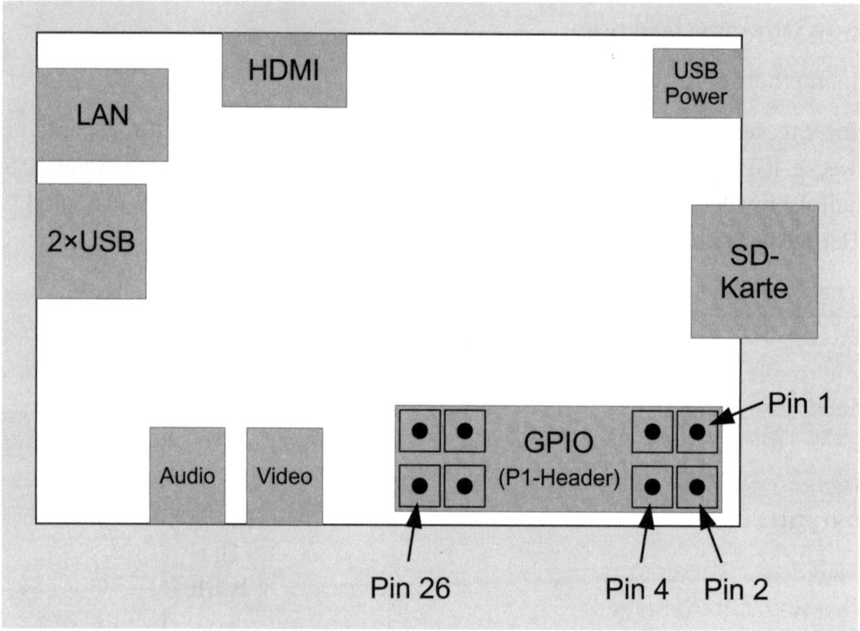

Abbildung 1.3 Schematische Darstellung der Raspberry-Pi-Anschlüsse (Raspberry Pi 1, Modell B, Sicht von oben)

Bei den Modellen A bzw. A+ müssen Sie auf den Ethernet-Anschluss verzichten. Außerdem gibt es nur einen USB-Anschluss.

Allen Raspberry-Pi-Modellen fehlt ein Ein/Aus-Schalter. Zum Einschalten stecken Sie das Micro-USB-Kabel zur Stromversorgung an. Um den Raspberry Pi auszuschalten, fahren Sie nach Möglichkeit zuerst das laufende Betriebssystem herunter, z. B. durch ABMELDEN im Startmenü oder mit dem Kommando `halt`. Anschließend lösen Sie das Micro-USB-Kabel zum Netzteil. Eine Anleitung, wie Sie Ihren Raspberry Pi über einen Taster ausschalten oder neu starten können, finden Sie in Abschnitt 20.3, »Reset/Shutdown-Taste«.

Netzteil

Das Netzteil ist entscheidend dafür, dass der Raspberry Pi stabil und zuverlässig funktioniert. Achten Sie beim Kauf des Netzteils darauf, dass dieses ausreichend leistungsstark ist. Das Modell B des Raspberry Pi 2 benötigt zumindest 600 mA Strom, das ergibt bei einer Spannung von 5 V eine Leistungsaufnahme von 3 W. Dazu kommt aber noch der Strombedarf der angeschlossenen USB-Geräte sowie anderer Komponenten, die mit dem Raspberry Pi verbunden sind: So dürfen über GPIO-Pins bis zu 50 mA fließen. Wenn der Raspberry Pi über ein HDMI-Kabel mit einem Monitor verbunden ist, kostet das ca. 50 mA Strom. Das Kameramodul für den Raspberry Pi benötigt weitere 250 mA.

Entscheiden Sie sich also für ein Netzteil, das zumindest 1000 mA (also 5 W) zur Verfügung stellen kann. Beim RPi2-B bzw. RPi1-B+ kann der Gesamtstrom sogar auf bis zu 2000 mA ansteigen (also 10 W), wenn Sie viele bzw. leistungsstarke USB-Geräte nutzen. Typische Handy-Netzteile sind ungeeignet, auch wenn diese vielleicht mit dem richtigen USB-Kabel ausgestattet sind und die Verlockung daher groß ist, das Netzteil einer neuen Verwendung zuzuführen!

Grundsätzlich ist der Raspberry Pi für den Dauerbetrieb ausgelegt. Viele Raspberry-Pi-Anwendungen setzen voraus, dass der Raspberry Pi Tag und Nacht läuft. Glücklicherweise verbraucht der Raspberry Pi dabei nur etwas mehr Strom als viele andere Geräte im Stand-by-Betrieb. Dennoch summiert sich der Strombedarf über ein Jahr gerechnet auf rund 35 bis 50 Kilowattstunden. Bei einem Strompreis von 20 Cent/kWh betragen die Stromkosten für den Raspberry Pi (ohne Zusatzgeräte) also rund 6 bis 10 Euro pro Jahr.

Akku- und Batteriebetrieb

Im Vergleich zu einem gewöhnlichen Computer verbraucht der Raspberry Pi zwar nur wenig Strom, für den Akku- oder Batteriebetrieb ist die Leistungsaufnahme aber dennoch recht hoch. Tipps, wie Sie Ihren Raspberry Pi zumindest etliche Stunden lang ohne Netzanschluss betreiben können, finden Sie in Abschnitt 11.4, »Stromversorgung«.

SD-Karte

Der Raspberry Pi verfügt nicht wie ein gewöhnlicher Computer über eine Festplatte oder eine SSD. Stattdessen dient eine SD-Karte als Datenspeicher für das Betriebssystem sowie für Ihre Daten. Die Form der SD-Karte hängt vom Modell ab:

- **Raspberry Pi 2 sowie Raspberry Pi 1, Modelle A+ und B+:** Für die aktuellen Modelle des Raspberry Pi brauchen Sie eine Micro-SD-Karte. In der Regel ist es zweckmäßig, eine Micro-SD-Karte mit einem Adapter für das Standardformat zu erwerben. Den Adapter benötigen Sie, damit Sie die Micro-SD-Karte in den SD-Karten-Slot Ihres gewöhnlichen Computers einführen und dort beschreiben können.

- **Raspberry Pi 1, Modelle A und B:** Die älteren Raspberry-Pi-Modelle erwarten eine SD-Karte im Standardformat. Mini- oder Micro-SD-Karten können mit einem Adapter verwendet werden.

Unabhängig vom Format muss die SD-Karte dem SDHC-Standard entsprechen. Der neuere SDXC-Standard wird nicht unterstützt! Damit ist die maximale Größe auf 32 GByte limitiert.

Probleme mit SD-Karten

Wenn man den diversen Raspberry-Pi-Diskussionsforen trauen kann, sind defekte SD-Karten die häufigste Fehlerursache auf dem Raspberry Pi. Das hat sich auch bei unseren Tests bestätigt.

Der Konkurrenzkampf der Anbieter hat SD-Karten in den letzten Jahren unglaublich billig gemacht. Darunter hat aber die Qualität gelitten. Leider gibt der Kauf einer etwas teureren SD-Karte keine Garantie dafür, ein hochwertigeres Produkt zu erhalten. Kurzum: Kümmern Sie sich regelmäßig um Backups Ihrer Daten, und halten Sie für den Notfall eine SD-Reservekarte bereit.

Auch wenn wir diesbezüglich keine negativen Erfahrungen gemacht haben, existieren offensichtlich auch vereinzelt SD-Karten, die inkompatibel zum Raspberry Pi sind und überhaupt nicht funktionieren. Informationen zu diesem Problem können Sie auf der folgenden Seite nachlesen. Dort finden Sie in einer Art Datenbank unzählige Erfahrungsberichte zu diversen SD-Karten:

http://elinux.org/RPi_SD_cards

SD-Karten gibt es in unterschiedlichen Geschwindigkeitsklassen – Class 4, 6 oder 10. Class 6 bedeutet beispielsweise, dass eine Schreibgeschwindigkeit von zumindest 6 MByte pro Sekunde garantiert wird. Das klingt gut, ist aber weniger als ein Zehntel dessen, was bei Festplatten üblich ist, von SSDs gar nicht zu sprechen! Wenn Sie also Wert auf einen zügigen Start des Raspberry Pi legen bzw. häufig größere Datenmengen lesen oder schreiben möchten, sollten Sie eine möglichst schnelle SD-Karte verwenden, also Class 10.

Bleibt noch die optimale Größe der SD-Karte zu klären: Wenn Sie Raspbian einsetzen möchten, also das gängigste Linux-System für den Raspberry Pi, dann beträgt das unterste Limit 4 GByte. Besser ist es, Sie entscheiden sich gleich für etwas mehr Speicherplatz, z. B. für 8 GByte. Dann haben Sie genug Platz für Zusatzpakete, eigene Daten etc.

Gehäuse

Für Versuchsaufbauten auf Ihrem Schreibtisch können Sie auf ein Gehäuse verzichten. Sollten Sie aber vorhaben, Ihren Raspberry Pi im Rahmen eines Projekts dauerhauft einzusetzen (beispielsweise als Multimedia-Center im Wohnzimmer), ist ein Gehäuse empfehlenswert.

Im Internet gibt es eine große Auswahl an Gehäusen für den Raspberry Pi. Beim Kauf müssen Sie unbedingt darauf Rücksicht nehmen, welches Raspberry-Pi-Modell Sie einsetzen. Gehäuse für den RPi1-A und RPi1-B sind nicht kompatibel zu Gehäusen für den RPi1-B+ bzw. für den RPi2-B!

Achten Sie bei der Auswahl darauf, dass das Gehäuse Belüftungsschlitze aufweist! Der Raspberry Pi läuft mangels Lüfter und anderer bewegter Teile vollkommen lautlos, produziert aber durchaus Abwärme. In einem Gehäuse ohne Luftzirkulation riskieren Sie ein vorzeitiges Ableben Ihres neuen Gadgets!

Sofern die Belüftung gewährleistet ist, benötigt der Raspberry Pi für den normalen Betrieb keine Kühlung. Es besteht allerdings die Möglichkeit, die CPU höher zu takten und damit die Geschwindigkeit des Raspberry Pi zu steigern (siehe Abschnitt 4.15, »Overclocking«). Sollten Sie sich dazu entschließen, ist es empfehlenswert, die CPU, den USB/LAN-Controller und den Spannungswandler mit passiven Kühlkörpern auszustatten. Diese leiten die Wärme besser ab.

Tastatur und Maus

Nahezu jede handelsübliche USB-Tastatur und -Maus eignet sich als Eingabegerät für den Raspberry Pi. Bei den Raspberry-Pi-Modellen A und B der Version 1 müssen Sie allerdings darauf achten, dass der Strombedarf jeweils nicht mehr als 100 mA betragen darf. Sollte das der Fall sein, müssen Sie die Geräte über einen aktiven USB-Hub mit dem Raspberry Pi verbinden.

Möglicherweise fragen Sie sich, wie Sie herausfinden, wie groß die Leistungsaufnahme Ihrer Tastatur bzw. Maus ist. Letztlich können Sie das nur ausprobieren, ein entsprechend genaues Datenblatt steht leider selten zur Verfügung. Sollte Ihr Raspberry Pi nicht stabil laufen bzw. sollten Tastatur und Maus gar nicht funktionieren, dann wird Ihre erste Zusatzinvestition ein aktiver USB-Hub sein.

Persönlich haben wir für unsere Experimente unter anderem eine schon etwas ältere Apple-Aluminium-Tastatur mit USB-Anschluss und eine preisgünstige Logitech-OEM-Maus verwendet.

Längerfristig können Sie den Raspberry Pi natürlich auch mit einer Bluetooth-Maus und -Tastatur steuern. Das erfordert aber nicht nur einen kleinen USB-Bluetooth-Adapter, sondern auch die vorherige Konfiguration der Bluetooth-Geräte. Tipps zur Bluetooth-Konfiguration folgen in Abschnitt 2.6, »Bluetooth-Konfiguration«.

USB-Hub

Wir haben es bereits erwähnt: Die älteren Modelle des Raspberry Pi verfügen über nur zwei USB-2.0-Anschlüsse und können USB-Geräten maximal 100 mA Strom zur Verfügung stellen – und das auch nur, wenn das Netzteil für den Raspberry Pi korrekt bemessen ist. Bei einer Spannung von 5 V ergibt sich daraus eine maximal zulässige Leistungsaufnahme von 0,5 W pro Gerät. Für viele USB-Geräte ist das zu wenig. Das gilt insbesondere für externe Festplatten, aber auch für manche Tastaturen und WLAN-Adapter.

Leider ist es nahezu unmöglich, den Strombedarf bzw. die Leistungsaufnahme eines USB-Geräts vor dem Kauf in Erfahrung zu bringen. Sie können den Erfahrungsberichten anderer Raspberry-Pi-Anwender vertrauen, eine wirklich zuverlässige Informationsquelle ist das aber nicht. Oder Sie probieren es einfach selbst aus: Wenn das USB-Gerät funktioniert und Ihr Raspberry Pi danach problemlos startet und über längere Zeit absturzfrei läuft, ist alles in Ordnung.

Bei den aktuellen Modellen ist die USB-Situation wesentlich entspannter: Sie können bis zu vier Geräte gleichzeitig anschließen und diese mit insgesamt bis zu 1200 mA Strom versorgen. Das setzt aber ein entsprechend großzügig dimensioniertes Netzteil voraus, denn der Raspberry Pi selbst benötigt ebenfalls mindestens 600 mA. Mit angeschlossenem HDMI-Monitor und einer Kamera braucht er sogar bis zu 900 mA.

Wenn Sie viele energiehungrige USB-Geräte gleichzeitig verwenden möchten, führt an einem aktiven USB-Hub kein Weg vorbei. *Aktiv* bedeutet in diesem Zusammenhang, dass der USB-Hub über eine eigene Stromversorgung verfügt.

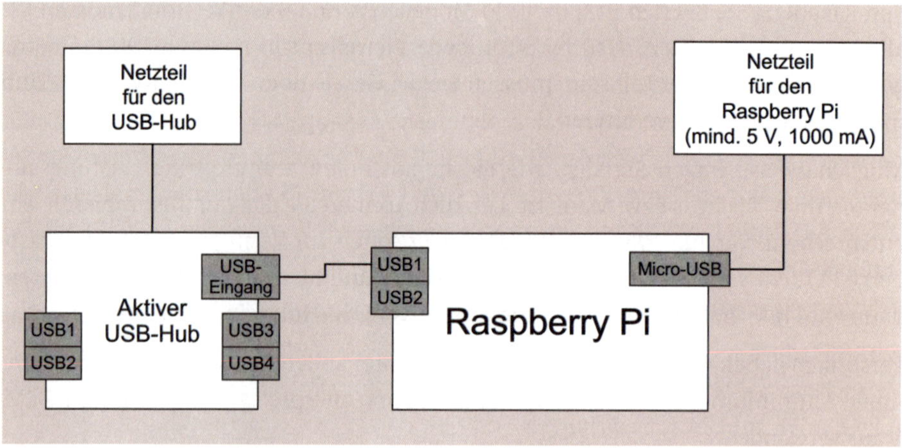

Abbildung 1.4 Raspberry Pi 1, Modell B, mit aktivem USB-Hub zur gleichzeitigen Verwendung von fünf USB-Geräten

WLAN- und Bluetooth-Adapter

Wenn Sie Ihren Raspberry Pi per Funk in das lokale Netzwerk integrieren möchten oder Bluetooth-Geräte nutzen möchten, benötigen Sie einen USB-WLAN- bzw. USB-Bluetooth-Adapter. Diese winzigen USB-Stöpsel sind für wenige Euro erhältlich. Konfigurationsanleitungen finden Sie in Abschnitt 5.5, »Netzwerk-Konfiguration«, und in Abschnitt 5.6, »Bluetooth-Konfiguration«. Beachten Sie aber, dass nicht jedes Gerät kompatibel zum Raspberry Pi ist! Recherchieren Sie unbedingt vor dem Kauf, z. B. auf den folgenden Seiten:

http://elinux.org/RPi_USB_Wi-Fi_Adapters
http://elinux.org/RPi_USB_Bluetooth_adapters

Was Sie sonst noch brauchen

Der Raspberry Pi ist zwar ein selbstständiger Computer, um ihn in Betrieb zu nehmen, benötigen Sie aber einen zweiten Computer: Dort laden Sie die Image-Datei mit dem Betriebssystem des Raspberry Pi herunter und übertragen das Image auf die SD-Karte. Dieser Vorgang wird im nächsten Abschnitt ausführlich beschrieben. Sollte Ihr Hauptcomputer über keinen SD-Slot verfügen, müssen Sie sich ein USB-SD-Karten-Lesegerät besorgen, das Sie für wenige Euro in jedem Elektronik-Shop erhalten.

Auch für den weiteren Betrieb ist ein regulärer Computer hilfreich: Sobald auf Ihrem Raspberry Pi Linux läuft, können Sie die meisten Administrationsaufgaben auch über eine Netzwerkverbindung erledigen. Diese Vorgehensweise ist oft viel komfortabler als das direkte Arbeiten auf dem Raspberry Pi.

Für erste Experimente ist es ausgesprochen praktisch, wenn Sie Ihren Raspberry Pi mit einem Netzwerkkabel mit dem lokalen Netzwerk, also z. B. mit Ihrem ADSL-Router, verbinden können. Damit hat Ihr Minicomputer ohne umständliche Konfigurationsarbeiten sofort Netzwerk- und Internetzugang. Das ist unter anderem auch deswegen zweckmäßig, weil der Raspberry Pi über keine batteriegepufferte Uhr verfügt und die aktuelle Uhrzeit aus dem Netzwerk bezieht. Mit der manchmal hakeligen WLAN-Konfiguration sollten Sie warten, bis Sie mit der Nutzung des Raspberry Pi vertraut sind.

Wenn Sie den Raspberry Pi für Elektronikprojekte einsetzen, benötigen Sie dazu natürlich die entsprechenden Bauteile, außerdem ein Multimeter, ein Steckboard für Versuchsaufbauten etc. Detaillierte Anleitungen für alle erdenklichen Einsatzzwecke folgen im dritten Teil dieses Buchs.

1.2 Raspberry-Pi-Distributionen

Der Raspberry Pi wird ohne Betriebssystem ausgeliefert. Bevor Sie mit ihm arbeiten können, müssen Sie sich für ein Betriebssystem entscheiden: Für den Raspberry Pi gibt es nämlich nicht nur eines, sondern es steht gleich eine ganze Menge von Betriebssystemen zur Auswahl. Nahezu alle diese Betriebssysteme basieren auf Linux. In der Linux-Welt ist es üblich, das eigentliche Betriebssystem sowie alle dafür verfügbaren Programme als *Distribution* zu bezeichnen. Die folgende Liste zählt die wichtigsten Distributionen auf, die für den Raspberry Pi geeignet sind:

- **Raspbian:** Raspbian ist die populärste Linux-Distribution für den Raspberry Pi. Das Wortgebilde *Raspbian* setzt sich aus »Raspberry Pi« und »Debian« zusammen. Fast alle Kapitel dieses Buchs beziehen sich auf Raspbian. Auch im Internet setzen fast alle Anleitungen und Tipps voraus, dass Sie Raspbian verwenden. Diverse Raspberry-Pi-Zusatzpakete stehen ausschließlich für Raspbian zur Verfügung (z. B. Mathematica) bzw. müssen beim Einsatz anderer Distributionen extra kompiliert werden. Für Raspberry-Pi-Einsteiger gibt es somit keinen plausiblen Grund, eine andere Distribution zu verwenden.
- **Pidora:** Pidora basiert auf der Fedora-Distribution. Fedora-Fans können so ihr Know-how unkompliziert auf den Raspberry Pi übertragen.
- **Arch Linux ARM:** Die Arch-Linux-Distribution richtet sich an fortgeschrittene Linux-Anwender. Die ARM-Version ist eine Arch-Variante, die speziell für Minicomputer wie den Raspberry Pi und das BeagleBoard optimiert wurde.
- **RISC OS:** RISC OS ist ein Betriebssystem, das von der englischen Firma Acorn entwickelt und in seiner ersten Version 1987 freigegeben wurde. Das Betriebssystem ist vor allem für IT-Historiker interessant. RISC OS basiert nicht auf Linux.
- **Ubuntu:** Die Raspberry-Pi-Modelle der Version 2 sind auch mit Ubuntu kompatibel. Allerdings ist nicht jede der vielen Ubuntu-Varianten für den Betrieb auf dem Raspberry Pi geeignet. Relativ gute Erfahrungen haben wir mit Ubuntu MATE gemacht (siehe Kapitel 6, »Ubuntu«).
- **Windows 10:** Etwas überraschend ist auch Microsoft auf den Raspberry-Pi-Zug aufgesprungen und bietet die kostenlose Windows-Version »Windows 10 IoT Core« an. Wie Ubuntu setzt auch Windows die Version 2 des Raspberry Pi voraus. Im Vergleich zu Linux ist der Windows-Betrieb allerdings recht umständlich, mit vielen Einschränkungen verbunden und nur für Entwickler mit Visual-Studio-Erfahrung gedacht. Lesen Sie mehr zu diesem Thema in Kapitel 7.
- **Volumio und Pi Musicbox:** Diese beiden Distributionen machen aus Ihrem Raspberry Pi einen Audio-Player für Ihre Stereoanlage. Beide Distributionen werden über einen Webbrowser bedient, z. B. auf dem Smartphone im WLAN zu Hause.

Eine kurze Beschreibung finden Sie in Kapitel 8, »Audio-Player mit Smartphone-Fernbedienung«.

- **OpenELEC, OSMC, RasPlex und XBian:** Diese vier Distributionen sind speziell dazu gedacht, aus Ihrem Raspberry Pi ein Multimedia-Center zu machen. OpenELEC und RasPlex beschreiben wir im Detail in Kapitel 9, »Multimedia-Center mit Kodi und OpenELEC«, bzw. in Kapitel 10, »Multimedia-System mit Plex«.

Eine eindrucksvolle Liste mit rund 50 für den Raspberry Pi geeigneten Distributionen finden Sie hier:

http://elinux.org/RPi_Distributions

Allerdings ist nicht jede der dort aufgeführten Distributionen so ausgereift wie Raspbian. Ein Teil der genannten Distributionen wird schon jetzt nicht mehr gewartet, und es ist zu befürchten, dass dies in Zukunft sogar für die Mehrheit der genannten Distributionen zutrifft. Wenn Sie sich für eine derartige Distribution entscheiden, werden Sie nicht mit Sicherheits-Updates und Bugfixes versorgt.

1.3 NOOBS-Installation

Die Installation eines Betriebssystems für den Raspberry Pi erfolgt anders als auf gewöhnlichen Computern: Der Raspberry Pi verfügt über kein CD/DVD-Laufwerk, das zur Installation verwendet werden könnte, und auch das Booten über einen USB-Stick samt Installationsprogramm ist nicht vorgesehen.

Stattdessen müssen Sie die für den Raspberry Pi vorgesehene SD-Karte auf Ihrem regulären Notebook oder Desktop-Computer vorbereiten. Dazu gibt es zwei grundlegend unterschiedliche Vorgehensweisen: Entweder kopieren Sie die Dateien des in diesem Abschnitt beschriebenen NOOBS-Installationsprogramms direkt auf die SD-Karte, oder Sie laden sich eine sogenannte Image-Datei Ihrer Lieblingsdistribution herunter und schreiben diese auf die SD-Karte. Der Umgang mit Image-Dateien ist ein wenig komplizierter und wird im nächsten Abschnitt ausführlich erklärt.

Wie groß ist groß genug?

Zur NOOBS-Installation von Raspbian benötigen Sie eine zumindest 8 GByte große SD-Karte. Ohne NOOBS reichen zur Not 4 GByte aus, bei den meisten Multimedia-Distributionen funktioniert sogar eine noch kleinere SD-Karte. Eine großzügig dimensionierte SD-Karte gibt Ihnen aber mehr Spielraum, um später Filme bzw. Audio-Dateien direkt auf dem Raspberry Pi zu speichern.

SD-Karte formatieren

Bevor Sie auf Ihrem Notebook oder PC die Installationsdateien oder ein Image auf eine SD-Karte schreiben, müssen Sie die Karte formatieren. Das klingt nach einer trivialen Aufgabe, tatsächlich bereitet das Formatieren von SD-Karten aber überraschend viele Schwierigkeiten. Mit den Bordmitteln von Windows, OS X und Linux gehen Sie so vor:

- **Windows:** Unter Windows klicken Sie die SD-Karte (WECHSELDATENTRÄGER) im Windows Explorer mit der rechten Maustaste an und führen FORMATIEREN aus. Als Dateisystem verwenden Sie FAT32 (STANDARD).
- **OS X:** Unter OS X starten Sie das FESTPLATTENDIENSTPROGRAMM, wählen die SD-Karte aus, wechseln in das Dialogblatt LÖSCHEN und klicken dort auf den gleichnamigen Button. Als Dateisystem verwenden Sie MS-DOS-DATEISYSTEM (FAT).
- **Ubuntu Linux:** Unter Ubuntu Linux sowie bei Linux-Distributionen mit Gnome starten Sie das Programm LAUFWERKE (`gnome-disks`). Dort wählen Sie die SD-Karte aus, klicken dann auf den Zahnrad-Button und führen das Kommando FORMATIEREN aus. Das Listenfeld PARTITIONIERUNG belassen Sie in der Grundeinstellung KOMPATIBEL MIT ALLEN SYSTEMEN (MBR/DOS).
- **Andere Linux-Distributionen:** Natürlich können Sie die SD-Karte unter Linux auch in einem Terminalfenster neu formatieren. Dazu stellen Sie zuerst mit `mount` sicher, dass momentan keines der auf der SD-Karte befindlichen Dateisysteme verwendet wird. Gegebenenfalls lösen Sie diese Dateisysteme mit `umount verzeichnis`.

  Außerdem müssen Sie den Device-Namen Ihrer SD-Karte feststellen. Dazu nehmen Sie das Kommando `lsblk` zu Hilfe. Es gibt einen Überblick über die Device-Namen aller Festplatten, SSDs, USB-Sticks und SD-Karten. Anhand der Größe lässt sich die SD-Karte in der Regel eindeutig ermitteln. Oft wird der Device-Name `sdb` oder `sdc` lauten, unter Umständen auch `mmcblk0`. Nach diesen Vorbereitungsarbeiten führen Sie drei Kommandos aus:

  ```
  parted /dev/xxx mklabel msdos
  parted /dev/xxx 'mkpart primary fat32 1MiB -1MiB'
  mkfs.vfat -F 32 /dev/xxxyy
  ```

  Mit dem ersten `parted`-Kommando erzeugen Sie eine neue Partitionstabelle auf der SD-Karte. Das zweite `parted`-Kommando legt eine Partition an. `mkfs.vfat` richtet darin ein FAT-Dateisystem ein. Bei den beiden `parted`-Kommandos geben Sie anstelle von `xxx` den Device-Namen der SD-Karte an. An `mkfs.vfat` übergeben Sie den Device-Namen der neuen Partition. Dieser lautet z. B. `/dev/sdc1` oder `/dev/mmcblk0p1`. Wenn Sie sich unsicher sind, rufen Sie vorher nochmals `lsblk` auf. Sollte Linux das Kommando `parted` nicht kennen, installieren Sie vorher das gleichnamige Paket.

Mitunter treten beim Formatieren Probleme auf, insbesondere dann, wenn die SD-Karte bereits für eine Raspberry-Pi-Installation verwendet wurde und daher Linux-Partitionen enthält, die Windows- oder OS-X-Rechner nicht erkennen. Viele Raspberry-Pi-Webseiten empfehlen deshalb, anstelle der Formatierwerkzeuge Ihres Betriebssystems das Formatierprogramm der *SD Association* (siehe Abbildung 1.5) einzusetzen. Dieses Programm steht für Windows und OS X auf den folgenden Seiten kostenlos zum Download zur Verfügung:

https://www.sdcard.org/downloads/formatter_4/eula_windows
https://www.sdcard.org/downloads/formatter_4/eula_mac

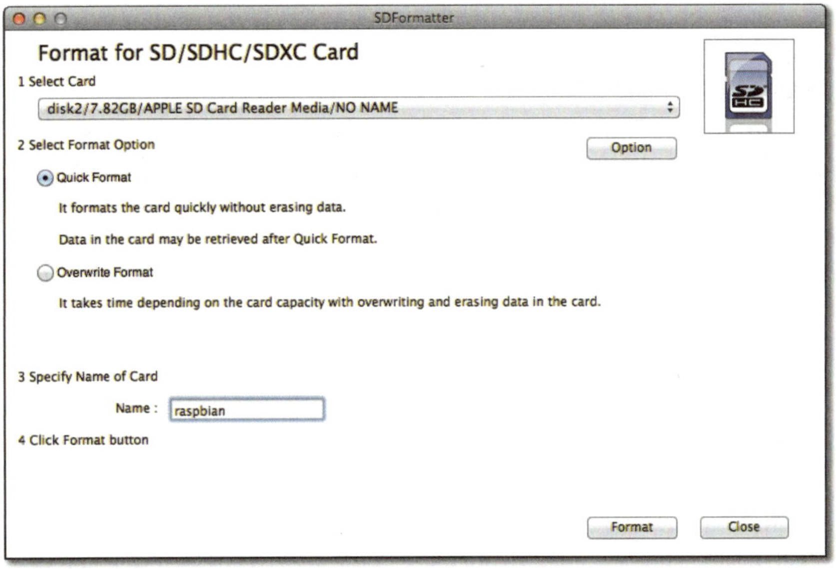

Abbildung 1.5 Das »SDFormatter«-Programm unter OS X

USB-SD-Card-Reader

Die meisten Notebooks besitzen einen Slot für SD-Karten in Standardgröße. Bei Micro-SD-Karten müssen Sie in der Regel einen SD-Kartenadapter verwenden, der bei vielen Micro-SD-Karten gleich mitgeliefert wird.

Sollten Sie Ihre SD-Karte auf einem Rechner formatieren bzw. beschreiben wollen, der über keinen Slot für eine SD-Karte verfügt, benötigen Sie einen SD-Karten-Reader. Mit diesen mitunter winzigen Geräten können Sie SD-Karten via USB ansteuern (siehe Abbildung 1.6).

Abbildung 1.6 Eine SD-Karte in Standardgröße, eine Micro-SD-Karte, ein SD-Karten-Adapter sowie ein winziger USB-Adapter für Micro-SD-Karten

Ärger mit dem Schreibschutz

Auf SD-Karten befindet sich am linken Rand ein winziger mechanischer Schalter, um den Schreibschutz zu aktivieren. Wenn der Schreibschutz aktiv ist und der SD-Slot diesen Zustand auch berücksichtigt, kann der Inhalt der Karte nur gelesen, aber nicht verändert werden. Naturgemäß kann die Karte dann auch nicht formatiert werden. Werfen Sie bei entsprechenden Fehlermeldungen also einen Blick auf diesen Schalter. Damit die SD-Karte verändert werden darf, muss sich der Schalter oben befinden, also in der Nähe der Kontaktleiste.

Einer unserer Testrechner, ein sechs Jahre alter iMac von Apple, hatte offensichtlich Probleme mit der korrekten Erkennung dieses Read-only-Schalters. Immer wieder meldete das Festplattendienstprogramm, die SD-Karte könne nur beschrieben, aber nicht verändert werden, obwohl sich der Read-only-Schalter an der richtigen Position befand. Abhilfe: Nach mehrmaligem Ein- und Ausstecken der SD-Karte ist es uns letztlich immer wieder gelungen, die offensichtlich defekte Mechanik des Rechners zu überlisten.

NOOBS

NOOBS (*New Out Of Box Software*) ist keine Raspberry-Pi-Distribution, sondern vielmehr eine Sammlung von Installationsdateien, die auf eine leere, vorher formatierte SD-Karte kopiert werden. Beim ersten Start von der SD-Karte können Sie eine oder mehrere Distributionen auswählen und installieren. Momentan umfasst die Palette Raspbian, Arch, OpenELEC, OSMC, Pidora und RISC OS. Allerdings sind nur für Raspbian die Installationsdateien direkt enthalten. Alle anderen Distributionen werden aus dem Internet heruntergeladen – und nur dann angezeigt, wenn beim Start des Raspberry Pi eine Internet-Verbindung besteht.

NOOBS richtet sich speziell an Raspberry-Pi-Einsteiger. Der größte Vorteil von NOOBS besteht darin, dass es sich nicht um eine Image-Datei handelt. Das vereinfacht das Einrichten der SD-Karte erheblich. NOOBS kann als ZIP-Datei von der folgenden Webseite heruntergeladen werden:

http://www.raspberrypi.org/downloads

Beim Download haben Sie die Wahl zwischen zwei Versionen:

- **Standard-Version:** Die rund 1,4 GByte große Offline-Version enthält die Installationsdateien für Raspbian. Dessen Installation kann dann ohne Netzwerkverbindung durchgeführt werden. Da der Inhalt des Installationsprogramms in Form einer Recovery-Partition auf der SD-Karte verbleibt, sollten Sie die Standard-Version nur verwenden, wenn Ihre SD-Karte zumindest 8 GByte groß ist.
- **LOOBS Lite:** Die Netzwerkversion umfasst nur bescheidene 20 MByte. Das reicht gerade aus, um den Raspberry Pi zu booten und ein Menü anzuzeigen, über das man die Installation einer Raspberry-Pi-Distribution starten kann. Die erforderlichen Installationsdateien werden danach aus dem Internet heruntergeladen. Das funktioniert allerdings nur dann, wenn Sie Ihren Raspberry Pi mit einem Netzwerkkabel an das lokale Netzwerk anschließen.

Egal für welche Variante Sie sich entscheiden, Sie müssen nun die SD-Karte formatieren und dann alle Dateien aus der heruntergeladenen ZIP-Datei auf die SD-Karte kopieren. Stellen Sie sicher, dass die Dateien `recovery.*` direkt auf der SD-Karte gespeichert werden, nicht in einem Unterverzeichnis! Denken Sie daran, im Dateimanager die SD-Karte per Kontextmenü auszuwerfen, bevor Sie die SD-Karte aus dem Slot entfernen.

Nach diesen Vorbereitungsarbeiten schließen Sie Ihren Raspberry Pi an einen Monitor an, verbinden Maus und Tastatur und stecken die SD-Karte mit den Kontakten nach oben in den SD-Slot. Wenn möglich, verbinden Sie den Raspberry Pi außerdem über ein Netzwerkkabel mit einem Switch/Hub im lokalen Netzwerk.

Erst nachdem Sie alle anderen Kabel verbunden haben, stecken Sie auch das Micro-USB-Kabel der Stromversorgung an. Auf dem Bildschirm sollte nun für circa zwei Sekunden ein buntes Quadrat angezeigt werden. Wenige Sekunden später erscheint das NOOBS-Fenster, in dem Sie die Sprache, das Tastaturlayout und das zu installierende Betriebssystem auswählen (siehe Abbildung 1.7).

In der Regel werden Sie im NOOBS-Menü nur den ersten Eintrag, RASPBIAN, auswählen. Fortgeschrittene Linux-Anwender werden vielleicht an der Zusatzoption DATA PARTITION Gefallen finden: Ist diese Option aktiv, dann richtet NOOBS während der Installation eine zweite, 512 MByte große Partition mit einem `ext4`-Dateisystem ein. Dieses Dateisystem können Sie dann z. B. als Datenspeicher verwenden, der unabhängig von der Systempartition ist. Die Nutzung dieser Partition erfordert allerdings etwas Linux-Know-how. Außerdem verringert sich die Größe der Systempartition um ein halbes GByte.

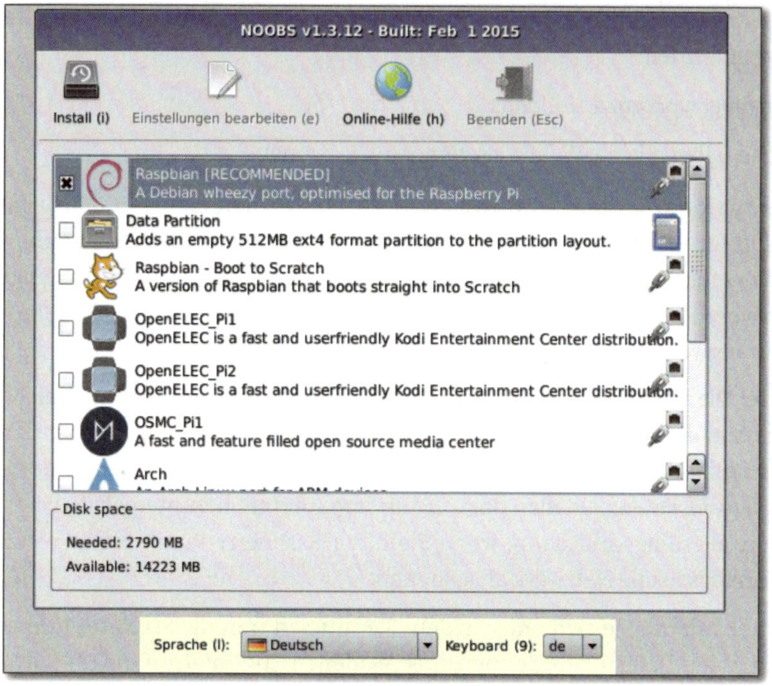

Abbildung 1.7 Das NOOBS-Installationsprogramm

Grundsätzlich ist es auch möglich, mehrere Distributionen auf einmal zu installieren. In diesem Fall erscheint jedes Mal beim Start des Raspberry Pi ein Boot-Menü, in dem Sie das zu startende Betriebssystem auswählen. Parallelinstallationen haben allerdings den Nachteil, dass sich alle Betriebssysteme den Platz auf der Festplatte teilen. Es ist nachträglich nicht ohne Weiteres möglich, ein Betriebssystem zu entfernen und den freien Platz einem anderen Betriebssystem zuzuweisen. Deswegen raten wir Ihnen von Mehrfachinstallationen ab. Wenn Sie ein anderes Betriebssystem ausprobieren möchten, ist es besser, dafür eine zweite oder dritte SD-Karte zu verwenden.

Pi1- versus Pi2-Variante

Beachten Sie bitte, dass es bei einigen Distributionen zwei Varianten gibt, die mit PI1 und PI2 gekennzeichnet sind. Dabei handelt es sich um Distributionen, die speziell für eine Version des Raspberry Pi optimiert sind. Sie laufen ausschließlich auf der dafür vorgesehenen Raspberry-Pi-Version. Achten Sie darauf, dass Sie die Variante auswählen, die zu Ihrem Modell passt!

Mit dem Button INSTALL starten Sie nun die Installation. Während der Installation, die für Raspbian circa eine viertel Stunde dauert, zeigt das Installationsprogramm eine

Art Dia-Show mit Informationen und Tipps zum ausgewählten Betriebssystem (siehe Abbildung 1.8).

Abbildung 1.8 Statusanzeige während der Installation

Nach Abschluss der Installation erscheint auf dem Bildschirm die Nachricht OS(ES) INSTALLED SUCCESSFULLY. Sobald Sie diese Meldung mit OK bestätigen, wird der Raspberry Pi neu gestartet.

Sofern Sie Raspbian als Betriebssystem ausgewählt haben, dauert der allererste Start relativ lange, weil dabei einige einmalige Initialisierungsarbeiten erledigt werden müssen. Anschließend erscheint das Programm `raspi-config`. Es hilft bei einigen grundlegenden Einstellungen. Sie können nun das Passwort für den Benutzer `pi` neu einstellen (standardmäßig gilt `raspberry`), die Sprache und das Tastaturlayout ändern etc. Bei Bedarf können Sie das Programm jederzeit mit dem Kommando `raspi-config` neuerlich ausführen, um Änderungen an der Konfiguration durchzuführen. Im Detail wird `raspi-config` in Kapitel 2, »Erste Schritte in Raspbian«, beschrieben. Dort stellen wir Ihnen außerdem Raspbian näher vor und helfen Ihnen, das Betriebssystem schnell kennenzulernen.

Wenn etwas schiefgeht

Sollte die Installation aus irgendeinem Grund scheitern, können Sie jederzeit von vorne beginnen. Sie schalten also den Raspberry Pi aus, stecken die SD-Karte wieder in Ihr Notebook oder in Ihren PC, formatieren die Karte neu und kopieren dann nochmals den Inhalt der NOOBS-ZIP-Datei dorthin.

Schwieriger wird es, wenn es Hardware-Probleme gibt, d. h., wenn Sie z. B. kein stabiles Bild auf dem Monitor sehen oder Ihr Raspberry Pi während der Installation abstürzt. Für solche Fälle bietet Abschnitt 4.16, »Notfalltipps«, Hilfestellungen. Drei Tipps gleich vorweg: Stellen Sie sicher, dass die Stromversorgung ausreichend ist; probieren Sie es mit einer anderen SD-Karte; verwenden Sie einen aktiven USB-Hub zum Anschluss von Tastatur und Maus.

1.4 Image-Datei auf eine SD-Karte schreiben

Das im vorigen Abschnitt beschriebene NOOBS-Konzept besteht darin, dass Sie zuerst einige Dateien auf eine SD-Karte schreiben. Der Raspberry Pi kann diese Dateien ausführen und dann im zweiten Schritt das Betriebssystem installieren. Diese Vorgehensweise ist einfach, hat aber zwei Nachteile: Zum einen dauert der Installationsprozess länger als notwendig und zum anderen ist ein Teil der SD-Karte auch nach der Installation blockiert, weil die Installationsdateien auf einer Recovery-Partition verbleiben.

Aus diesem Grund stellen viele Raspberry-Pi-Projekte ihre Distributionen in Form sogenannter Image-Dateien zur Verfügung. Eine Image-Datei ist eine blockweise Kopie der Daten, die sich auf einer SD-Karte befinden. Die Image-Datei enthält mehrere Partitionen sowie die darauf befindlichen Dateisysteme. Entscheidend ist nun, dass Sie nicht die Image-Datei als solche in das Dateisystem der SD-Karte kopieren. Vielmehr müssen Sie den *Inhalt* der Image-Datei blockweise auf die SD-Karte schreiben. Das können Sie nicht im Dateimanager Ihres Betriebssystems machen; vielmehr benötigen Sie dazu ein Spezialprogramm.

In diesem Abschnitt stellen wir Ihnen entsprechende Programme für Windows, OS X und Linux vor.

Image-Dateien herunterladen

Woher bekommen Sie die erforderliche Image-Datei? Für einige ausgewählte, besonders populäre Raspberry-Pi-Distributionen, unter anderem für Raspbian, Pidora, OpenELEC und Raspbmc, finden Sie auf der folgenden Webseite Download-Links für Image-Dateien:

http://www.raspberrypi.org/downloads

Für alle anderen Distributionen müssen Sie auf der jeweiligen Projektseite nach der Image-Datei suchen. Die Image-Dateien sind häufig in eine ZIP-Datei verpackt. Sie müssen also das ZIP-Archiv entpacken. Üblicherweise erkennen Sie die Image-Datei an der Kennung `.img`.

Bei manchen Distributionen gibt es ähnlich wie bei NOOBS zwei Varianten der Image-Datei: Das oft deutlich größere Image enthält die komplette Distribution und ist für Offline-Installationen geeignet. Die kleinere Variante enthält hingegen nur das Grundgerüst der Distribution. Der verbleibende Rest wird beim ersten Start aus dem Internet heruntergeladen. Welche Variante für Sie besser ist, hängt davon ab, ob Ihr Raspberry Pi eine Netzwerkanbindung per Kabel hat. In diesem Fall können Sie dem kleineren Image den Vorzug geben.

Manche Distributionen werden zudem in zwei Varianten angeboten, die für die Version 1 bzw. die Version 2 des Raspberry Pi optimiert sind. Das ist insofern zweckmäßig, weil sich mit dem Versionssprung die interne CPU-Architektur geändert hat (ARMv6/ARMv7). Sie müssen in diesem Fall unbedingt die richtige Variante auswählen! Derart optimierte Distributionen lassen sich nur auf passenden Raspberry-Pi-Modellen starten.

Image-Datei unter Windows auf eine SD-Karte übertragen

Unabhängig davon, ob Sie unter Windows, OS X oder Linux arbeiten, sollten Sie auf jeden Fall zuerst die SD-Karte formatieren. Theoretisch wäre das gar nicht notwendig: Beim Schreiben der Image-Datei werden ohnedies die Partitionstabelle und alle Dateisysteme überschrieben, die sich auf der SD-Karte befinden. In der Praxis hat sich aber gezeigt, dass Image-Writer viel seltener Probleme verursachen, wenn die SD-Karte leer und frisch formatiert ist.

Der populärste Image-Writer für Windows heißt *Win32 Disk Imager* und kann von der folgenden Webseite kostenlos heruntergeladen werden:

http://sourceforge.net/projects/win32diskimager

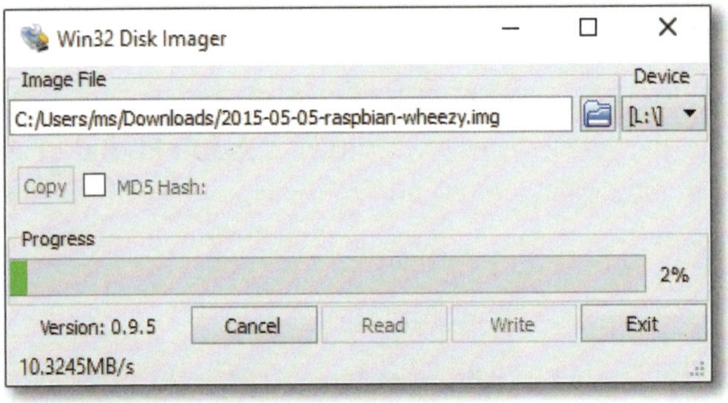

Abbildung 1.9 Win32 Disk Imager

Das Programm wird nach den Windows-üblichen Rückfragen installiert. Der vom Installationsprogramm angebotene sofortige Start wird aber an mangelnden Rechten scheitern. Sie müssen das Programm nämlich mit Administratorrechten ausführen. Dazu suchen Sie im Startmenü bzw. in der Liste der Programme nach dem Eintrag WIN32DISKIMAGER, klicken diesen mit der rechten Maustaste an und wählen den Eintrag ALS ADMINISTRATOR AUSFÜHREN.

In dem kleinen Programm wählen Sie zuerst die Image-Datei aus und dann das Laufwerk, wohin das Image geschrieben werden soll (siehe Abbildung 1.9). Aus Sicherheitsgründen stehen im Laufwerkslistenfeld nur SD-Karten und USB-Sticks zur Auswahl, aber keine Festplatten. Wenn Sie die Integrität Ihres Downloads überprüfen möchten, klicken Sie die Option MD5 HASH an. Das Programm errechnet dann eine Prüfsumme der Image-Datei, die Sie mit einer Prüfsumme vergleichen können, die oft auf der

Download-Seite angegeben ist. WRITE schreibt die Image-Datei auf die SD-Karte. Das dauert wegen der zumeist bescheidenen Schreibgeschwindigkeit vieler SD-Karten mehrere Minuten.

Image-Datei unter OS X auf eine SD-Karte übertragen

Für OS X stehen diverse Programme zur Auswahl, um Image-Dateien auf eine SD-Karte zu übertragen. Die besten Erfahrungen haben wir mit *ApplePi-Baker* gemacht, das Sie von der folgenden Webseite kostenlos herunterladen können:

http://www.tweaking4all.com/hardware/raspberry-pi/macosx-apple-pi-baker

Nach dem Start des Programms wählen Sie im Listenfeld PI-CRUST die Device-Datei Ihrer SD-Karte aus (siehe Abbildung 1.10). Vorsicht, das Listenfeld enthält auch USB-Festplatten! Im Feld PI-INGREDIENTS klicken Sie rechts vom Textfeld IMG FILE auf den Button [...] und wählen dann die Image-Datei aus. Den eigentlichen Schreibprozess starten Sie schließlich mit dem Button IMG TO SD-CARD. Bevor der ApplePi-Baker mit seiner Arbeit beginnt, müssen Sie noch Ihr Passwort angeben. Der Schreibprozess erfordert Administratorrechte. Vergessen Sie nicht, die fertige SD-Karte zuerst im Finder auszuwerfen, bevor Sie die Karte aus dem Slot entfernen!

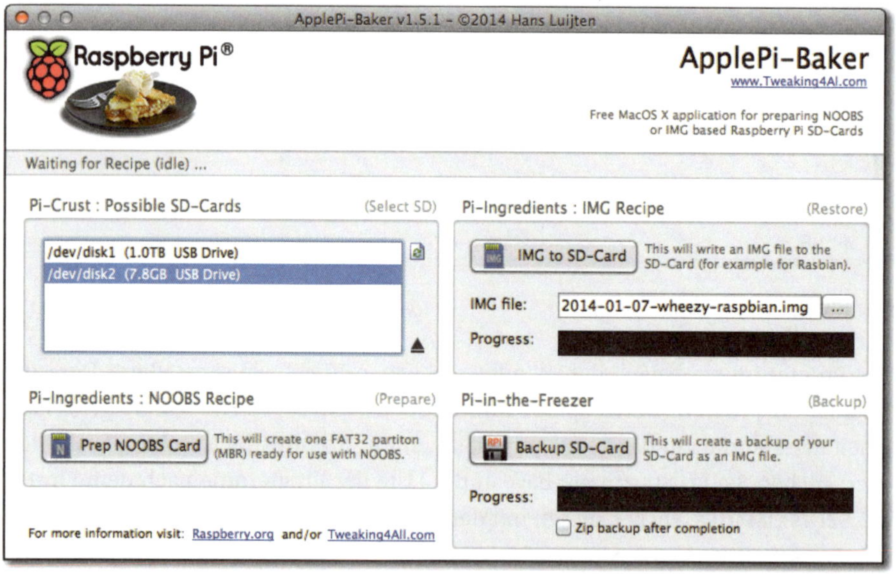

Abbildung 1.10 Der ApplePi-Baker

Das Programm bietet zwei Zusatzfunktionen: Mit dem Button PREP NOOBS CARD können Sie eine SD-Karte formatieren. BACKUP SD-CARD erstellt ein Backup von der eingelegten SD-Karte und speichert dieses als Image-Datei, die optional in einem komprimierten Archiv verpackt wird.

Roher Apfelkuchen

Bei unseren Tests ist es mehrfach vorgekommen, dass ApplePi-Baker bereits nach einer Sekunde behauptete, die SD-Karte sei fertig. Tatsächlich hatte der Schreibvorgang noch gar nicht begonnen. Abhilfe: Stellen Sie sicher, dass Sie die SD-Karte vorher formatieren, z. B. im Festplattendienstprogramm von OS X oder mit dem SD-Formatter – dann funktioniert es!

OS-X-Experten können die SD-Karte natürlich auch im Terminal erstellen. Dazu ermitteln Sie zuerst mit `diskutil list` den Device-Namen des Datenträgers und lösen dann mit `diskutil unmountDisk` alle eventuell aktiven Partitionen des Datenträgers aus dem Verzeichnisbaum. Anschließend schreiben Sie mit `sudo dd` die Image-Datei direkt auf das Device der Festplatte. Anstelle von `disk<n>` geben Sie dabei aber `rdisk<n>` an. Damit sprechen Sie das *raw disk device* an, was erheblich schneller geht. Passen Sie aber auf, dass Sie sich beim `if`-Parameter nicht vertippen! Wenn Sie hier irrtümlich das falsche Device angeben, überschreiben Sie unrettbar Ihre Festplatte!

Das folgende Listing illustriert den Vorgang. Es gibt drei Datenträger: eine interne SSD (disk0), eine Backup-Festplatte (disk1) und die SD-Karte (disk2). Während der Ausführung von `sudo dd` gibt es leider keinerlei Feedback. Der Prozess dauert einige Minuten. Denken Sie daran, die SD-Karte anschließend im Finder auszuwerfen, bevor Sie sie aus dem SD-Slot entfernen.

```
diskutil list
  /dev/disk0
     #:                       TYPE NAME        SIZE       IDENTIFIER
     0:   GUID_partition_scheme                512.1 GB   disk0
     1:                        EFI EFI         209.7 MB   disk0s1
     2:                  Apple_HFS ssd         510.5 GB   disk0s2
     3:                 Apple_Boot Recovery    1.2 GB     disk0s3
  /dev/disk1
     #:                       TYPE NAME        SIZE       IDENTIFIER
     0:   GUID_partition_scheme                1.0 TB     disk1
     1:                        EFI EFI         209.7 MB   disk1s1
     2:                  Apple_HFS backup1     999.9 GB   disk1s2
  /dev/disk2
     #:                       TYPE NAME        SIZE       IDENTIFIER
     0:  FDisk_partition_scheme                7.8 GB     disk2
     1:                 DOS_FAT_32 NO NAME     7.8 GB     disk2s1
diskutil unmountDisk /dev/disk2
  Unmount of all volumes on disk2 was successful
sudo dd if=Downloads/raspbian.img of=/dev/rdisk2 bs=1m
  2825+0 records in, 2825+0 records out
  2962227200 bytes transferred in 278.172140 secs
    (10648900 bytes/sec)
```

Image-Datei unter Linux auf eine SD-Karte übertragen

Für Linux gibt es leider keine anerkannte Benutzeroberfläche, die beim Beschreiben von SD-Karten hilft. Das auf *http://elinux.org* erwähnte Programm ImageWriter wird nicht mehr gepflegt und steht nur in alten Linux-Distributionen zur Verfügung. Sie müssen die SD-Karte daher in einem Terminal beschreiben. Das ist nicht schwierig: Wie unter OS X müssen Sie aber aufpassen, dass Ihnen keine Tippfehler unterlaufen!

Zuerst ermitteln Sie mit `lsblk` die Device-Namen aller Datenträger. Mit `umount` lösen Sie alle Dateisysteme der SD-Karte aus dem Verzeichnisbaum. Außer bei fabrikneuen SD-Karten sollten Sie auf der SD-Karte eine neue Partitionstabelle einrichten. Auf das eigentliche Formatieren können Sie diesmal aber verzichten. Von diesem Detail abgesehen wurde die Vorgehensweise in Abschnitt 1.3, »NOOBS-Installation«, bereits beschrieben. Die folgenden Kommandos zeigen als Wiederholung nochmals die notwendigen Schritte. Beachten Sie, dass die Device-Namen auf Ihrem Linux-Rechner möglicherweise anders lauten! Im folgenden Beispiel ist `/dev/mmcblk0` der Device-Name der SD-Karte. Alle Kommandos müssen mit root-Rechten ausgeführt werden, unter Ubuntu also mit `sudo`.

```
lsblk
  NAME         MAJ:MIN RM   SIZE RO TYPE MOUNTPOINT
  sda            8:0    0 119,2G  0 disk
    sda1         8:1    0 143,1M  0 part /boot/efi
    sda2         8:2    0   2,8G  0 part [SWAP]
    ...
  mmcblk0      179:0    0   7,3G  0 disk
    mmcblk0p1  179:1    0    56M  0 part /media/kofler/boot
    mmcblk0p2  179:2    0   2,7G  0 part /media/kofler/fc254b57

umount /media/kofler/*
parted /dev/mmcblk0 mklabel msdos
```

Um die Image-Datei zu übertragen, verwenden Sie auch unter Linux das Kommando `dd`. Mit dem Parameter `if` geben Sie den Ort der Image-Datei an, mit `of` den Device-Namen der SD-Karte. Wie unter OS X gibt es auch unter Linux während der Ausführung von `dd` keinerlei Feedback. Sie müssen einfach einige Minuten abwarten, bis das Kommando abgeschlossen ist.

```
dd if=raspbian.img of=/dev/mmcblk0 bs=1M
  2825+0 Datensätze ein
  2825+0 Datensätze aus
  2962227200 Bytes (3,0 GB) kopiert, 262,231 s, 11,3 MB/s
```

Distributionsspezifische Installationsprogramme

Da es immer wieder Raspberry-Pi-Einsteiger gibt, die das Übertragen einer Image-Datei auf die SD-Karte überfordert, sind manche Distributoren dazu übergegangen, eigene Installationsprogramme anzubieten, die direkt unter Windows, OS X und fallweise unter Linux auszuführen sind. Beispielsweise gibt es derartige Installationshilfen für OSMC: Das ist eine Linux-Distribution, die speziell dafür gedacht ist, aus dem Raspberry Pi ein Multimedia-System zu machen.

Leider sind uns beim Test dieser Installationsprogramme immer wieder Fehler aufgefallen. Insofern erscheint uns eine Image-Datei die einfachere Lösung, zumal das Beschreiben einer SD-Karte, wie Sie gerade gesehen haben, wirklich keine Hexerei ist.

1.5 Installation auf einen USB-Stick

Üblicherweise verwendet der Raspberry Pi eine SD-Karte als einzigen Datenspeicher: Die SD-Karte enthält sowohl das Betriebssystem (oft Raspbian) als auch Ihre eigenen Daten, z. B. mit dem Raspberry Pi erstellte Fotos, Messdaten etc. Optional kann ein USB-Stick als zusätzlicher Datenspeicher verwendet werden.

Abweichend von diesem Standardszenario besteht auch die Möglichkeit, Linux direkt auf einen USB-Stick zu installieren. Die SD-Karte wird weiterhin benötigt, weil Raspbian von dort die für den Bootprozess erforderlichen Dateien liest. Aber alle weiteren Linux-Dateien und -Programme werden in der Folge direkt vom USB-Stick gelesen. Anstelle eines USB-Sticks können Sie auch eine USB-Festplatte mit eigener Stromversorgung verwenden.

Nur für Fortgeschrittene

Dieser Abschnitt richtet sich explizit an Leser bzw. Leserinnen, die bereits Linux- und Raspberry-Pi-Erfahrung haben. Viele Details, die in diesem Abschnitt vorkommen, werden erst in den weiteren Kapiteln dieses Buchs erklärt. Raspberry-Pi-Einsteiger sind gut beraten, vorerst eine normale Installation auf eine SD-Karte durchzuführen. Die Vorteile einer USB-Stick-Installation sind ohnedies nur in speziellen Anwendungsszenarien spürbar.

Vor- und Nachteile

Die Verwendung eines USB-Sticks anstelle einer SD-Karte hat einige Vorteile:

- USB-Sticks sind zuverlässiger als SD-Karten. Das gilt insbesondere dann, wenn Sie auf Ihrem Raspberry Pi Programme ausführen, die häufig große Datenmengen speichern bzw. ändern. Aus unserer Sicht ist das der entscheidende Punkt.

- SD-Karten dürfen maximal 32 GByte groß sein. Für USB-Sticks gilt diese Einschränkung nicht.
- Die Übertragungsgeschwindigkeit von bzw. zu USB-Sticks ist höher als bei SD-Karten. Ihr Raspberry Pi bootet schneller, Programme werden flotter gestartet. In der Praxis ist der Geschwindigkeitszuwachs freilich kleiner als erwartet. Limitierende Faktoren bleiben das USB-System und die CPU-Geschwindigkeit des Raspberry Pi. Die Bootgeschwindigkeit spielt zudem nur eine untergeordnete Rolle, weil der Raspberry Pi in den meisten Anwendungen ohnedies im Dauerbetrieb läuft und nicht ständig herunter- und wieder hochgefahren wird.

Dem stehen die folgenden Nachteile gegenüber:

- Für die erste Phase des Bootprozesses wird weiterhin eine SD-Karte benötigt. Die erforderlichen Dateien beanspruchen weniger als 30 MByte. Den verbleibenden Platz können Sie immerhin als zusätzlichen Datenspeicher verwenden.
- Der USB-Stick blockiert einen der beiden wertvollen USB-Slots. Die Verwendung eines USB-Hubs ist damit in vielen Fällen unvermeidlich.
- Installation und Konfiguration sind etwas komplizierter.

USB-Stick vorbereiten

Wir gehen im Folgenden davon aus, dass Sie Raspbian installieren möchten. Prinzipiell ist eine USB-Stick-Installation natürlich auch für andere Distributionen möglich, allerdings sind dann unter Umständen kleine Abweichungen erforderlich.

Als Erstes müssen Sie Ihren USB-Stick so vorbereiten wie eine SD-Karte. Sofern es sich nicht um ein fabrikneues Modell handelt, formatieren Sie den USB-Stick. Anschließend übertragen Sie die Raspbian-Image-Datei auf den USB-Stick. Dazu können Sie dieselben Programme wie zum Beschreiben einer SD-Karte verwenden, also z. B. den Win32 Disk Imager, den ApplePi-Baker oder das Kommando `dd`.

SD-Karte vorbereiten

Wie bereits erwähnt wurde, benötigen Sie zusätzlich zum USB-Stick auch eine SD-Karte, wobei ein kleines Modell mit z. B. einem GByte Speicher vollkommen ausreichend ist. Nachdem Sie die SD-Karte formatiert haben, kopieren Sie *alle* Dateien aus der Boot-Partition des USB-Sticks dorthin. Es handelt sich dabei insbesondere um die Dateien `bootcode.bin`, `kernel.img`, `config.txt`, `cmdline.txt` und `start*.*`. Diese Dateien müssen direkt auf der SD-Karte gespeichert werden, also nicht in einem Verzeichnis.

Nun laden Sie die Datei `cmdline.txt` der SD-Karte in einen beliebigen Texteditor (siehe Abbildung 1.11). Diese Datei enthält in einer einzigen, sehr langen Zeile diverse Optionen, die beim Hochfahren des Raspberry Pi an den Kernel übergeben werden. Sie müssen im Editor nun *eine* Option veränden: Anstelle von `root=/dev/mmcblk0p2` muss es `root=/dev/sda2` heißen. Diese Änderung bewirkt, dass Linux die zweite Partition des USB-Sticks als Systempartition verwendet, nicht wie sonst üblich die zweite Partition der SD-Karte.

Abbildung 1.11 »cmdline.txt« in einem Editor verändern

Achten Sie darauf, dass die Datei weiterhin aus nur einer Zeile bestehen darf. Manche Editoren umbrechen den Text und machen aus der Optionszeile mehrerer kürzere Zeilen. In diesem Fall würde nur die erste Zeile berücksichtigt und der Bootvorgang würde scheitern! Nachdem Sie `cmdline.txt` gespeichert haben, stecken Sie die SD-Karte und den USB-Stick an Ihren Raspberry Pi und starten den Minicomputer.

Systempartition vergrößern

Sofern Ihnen bei den Vorbereitungsarbeiten keine Fehler unterlaufen sind, verläuft der Startprozess genauso wie bei der Verwendung einer normalen SD-Karte, nur ein klein wenig schneller. Beim ersten Start erscheint das Konfigurationsprogramm `raspi-config`, dessen Bedienung in Kapitel 2, »Erste Schritte in Raspbian«, beschrieben ist.

Allerdings gibt es einen Menüpunkt in `raspi-config`, der für die USB-Stick-Installation nicht zutrifft: Bei einer SD-Karteninstallation können Sie mit EXPAND FILESYSTEM die Systempartition so weit vergrößern, dass sie den gesamten zur Verfügung stehenden Platz auf der SD-Karte füllt. Bei der USB-Stick-Installation funktioniert dieses Kommando leider nicht. Unabhängig davon, wie groß der USB-Stick ist, beträgt die Größe der Systempartition ca. 2,6 GByte, von denen noch ca. 450 MByte frei sind.

Damit Sie den ganzen Platz Ihres USB-Sticks verwenden können, müssen Sie daher selbst Hand anlegen. Die folgenden Kommandos zeigen, wie Sie mit dem Programm `fdisk` die Systempartition zuerst löschen und dann neu anlegen, wobei Sie unbedingt exakt dieselbe Startposition verwenden müssen. `fdisk` führen Sie wahlweise direkt in der Textkonsole oder in einem Terminalfenster aus.

```
sudo fdisk /dev/sda
Command (m for help): p
  Disk /dev/sda: 31.4 GB, 31440961536 bytes
  64 heads, 32 sectors/track, 29984 cylinders,
    total 61408128 sectors
  Units = sectors of 1 * 512 = 512 bytes
  Sector size (logical/physical): 512 bytes / 512 bytes
```

```
  I/O size (minimum/optimal): 512 bytes / 512 bytes
  Disk identifier: 0x000981cb
     Device Boot  Start     End   Blocks   Id  System
  /dev/sda1        8192  122879    57344    c  W95 FAT32 (LBA)
  /dev/sda2      122880 5785599  2831360   83  Linux

Command (m for help): d
  Partition number (1-4): 2

Command (m for help): n
  Partition type:
     p   primary (1 primary, 0 extended, 3 free)
     e   extended
  Select (default p): p
  Partition number (1-4, default 2): 2
  First sector (2048-61408127, default 2048): 122880
  Last sector, +sectors or +size{K,M,G} (122880-61408127,
    default 61408127): <Return>
  Using default value 61408127

Command (m for help): p
  Disk /dev/sda: 31.4 GB, 31440961536 bytes
  64 heads, 32 sectors/track, 29984 cylinders,
    total 61408128 sectors
  Units = sectors of 1 * 512 = 512 bytes
  Sector size (logical/physical): 512 bytes / 512 bytes
  I/O size (minimum/optimal): 512 bytes / 512 bytes
  Disk identifier: 0x000981cb
     Device Boot Start      End    Blocks   Id  System
  /dev/sda1       8192   122879     57344    c  W95 FAT32 (LBA)
  /dev/sda2     122880 61408127  30642624   83  Linux

Command (m for help): w
  The partition table has been altered!
  Calling ioctl() to re-read partition table.
  WARNING: Re-reading the partition table failed with error 16:
  Das Gerät oder die Ressource ist belegt.  The kernel still uses
  the old table. The new table will be used at the next reboot or
  after you run partprobe(8) or kpartx(8)
```

Nun die ausführliche Erklärung, was hier vor sich geht: fdisk ist ein Kommando zur Partitionierung von Festplatten und anderen Datenträgern. Beim Start muss der sogenannte Device-Name des Geräts angegeben werden, also eine Spezialdatei, über die Linux auf die Festplatte zugreifen kann. Für den USB-Stick des Raspberry Pi lautet der Device-Name /dev/sda.

fdisk ist ein interaktives Programm, in dem Sie Kommandos ausführen. Die Eingabe von Kommandos erfolgt durch Buchstaben und [↵]. Das erste Kommando [p] (*print*) listet die aktuelle Partitionstabelle auf. Es gibt also zwei Partitionen: eine kleine Partition mit einem Windows-Dateisystem, das in unserem Setup gar nicht verwendet wird, und eine größere Linux-Partition. Alle Start- und Endpositionen jeder Partition werden in Blöcken angegeben, wobei jeder Block 512 Byte groß ist. Davon abweichend wird die Größe der Partition in der Spalte Blocks hingegen in Vielfachen von 1024 Byte angegeben.

Die wichtigste Information für Sie ist die Startposition der zweiten Partition beim Block 122880. Sollte sich das Raspbian-Installations-Image nach Erscheinen dieses Buchs ändern, kann es sein, dass fdisk bei Ihnen eine andere Position anzeigt. Diese Position müssen Sie sich merken.

[d] (*delete*) löscht nun die zweite Partition. Keine Angst, sofern Sie die weitere Anleitung exakt befolgen, verlieren Sie dabei keine Daten! Denn bereits im nächsten Schritt wird die Partition mit [n] (*new*) wieder neu angelegt. fdisk fragt nun zuerst nach der Partitionsnummer (2), dann nach dem Partitionstyp (p für *primary*) und schließlich nach der Startposition der neuen Partition: Jetzt ist es entscheidend, dass Sie exakt dieselbe Startposition wie bisher angeben, in unserem Beispiel also 122880 Blöcke. Unkompliziert ist die Frage nach der Endposition: fdisk schlägt den letzten Block des USB-Sticks vor, und Sie bestätigen diese Position einfach mit [↵].

Bis jetzt haben Sie alle Änderungen nur im Speicher durchgeführt. Erst mit [w] (*write*) wird die neue Partitionstabelle tatsächlich auf dem USB-Stick gespeichert. Jetzt gibt es also kein Zurück mehr. Der Schreibvorgang endet mit einer Warnung: Da der USB-Stick momentan aktiv genutzt wird, kann der Linux-Kernel die geänderte Partitionstabelle vorerst noch nicht berücksichtigen. Sie müssen Ihren Raspberry Pi daher nun neu starten, am einfachsten mit sudo reboot.

Nach dem Neustart erkennt Linux die neue Partitionsgröße. Unverändert geblieben ist aber das Dateisystem, das weiterhin nur rund 2,6 GByte der Partition nutzt. Daher ist nun ein letzter Schritt erforderlich: Die Anpassung des Dateisystems an die neue Partitionsgröße. Dazu führen Sie das folgende Kommando in der Textkonsole oder in einem Terminal aus:

```
sudo resize2fs /dev/sda2
  resize2fs 1.42.5 (29-Jul-2012)
  Das Dateisystem auf /dev/sda2 ist auf / eingehängt;
  Online-Grössenveränderung nötig
  old_desc_blocks = 1, new desc_blocks = 2
  Das Dateisystem auf /dev/sda2 ist nun 7660656 Blöcke groß.
```

Zuletzt sollten Sie sich vergewissern, ob alles funktioniert hat. Dazu führen Sie das Kommando df -h aus. Es gibt einen Überblick über alle aktiven Dateisysteme. Gleich die erste Zeile des Ergebnisses zeigt, dass das Dateisystem in der Systempartition auf unserem 32-GByte-USB-Stick nun rund 29 GByte beträgt. Vielleicht fragen Sie sich, wo die übrigen drei GByte geblieben sind. Der Grund für die Diskrepanz sind unterschiedliche Rechenweisen. Datenträgerhersteller rechnen immer dezimal. Ein USB-Stick mit 32 GByte umfasst demnach rund 32.000.000.000 Byte. `df` rechnet hingegen binär. Ein GByte entspricht dort 2^{30} Byte, also 1.073.741.824 Byte.

Die restlichen Zeilen des `df`-Ergebnisses betreffen größtenteils temporäre bzw. virtuelle Dateisysteme. Interessant wird es erst wieder bei den letzten beiden Zeilen. Die `/boot`-Partition stammt von der SD-Karte und enthält die für den Bootprozess erforderlichen Daten. Über das Verzeichnis `/media/boot` ist außerdem die erste Partition des USB-Sticks zugänglich. Diese enthält ebenfalls Boot-Dateien, die aber ungenutzt sind.

```
df -h
  Dateisystem     Größe Benutzt Verf. Verw% Eingehängt auf
  rootfs            29G    2.0G   26G    8% /
  /dev/root         29G    2.0G   26G    8% /
  devtmpfs         211M       0  211M    0% /dev
  tmpfs             44M    288K   44M    1% /run
  tmpfs            5.0M       0  5.0M    0% /run/lock
  tmpfs             88M       0   88M    0% /run/shm
  /dev/mmcblk0p1   7.3G     22M  7.3G    1% /boot
  /dev/sda1         56M     19M   38M   34% /media/boot
```

Kapitel 2
Erste Schritte in Raspbian

In diesem Kapitel zeigen wir Ihnen, wie Sie unter Raspbian elementare Arbeitsaufgaben erledigen. Wie wir im vorigen Kapitel ausgeführt haben, ist Raspbian die populärste Linux-Distribution für den Raspberry Pi. Sein Name setzt sich aus »Raspberry Pi« und »Debian« zusammen, d. h., Raspbian ist nichts anderes als eine für den Raspberry Pi optimierte Variante der bekannten Linux-Distribution Debian.

Wir setzen im Folgenden voraus, dass Sie Raspbian entweder via NOOBS installiert oder direkt als Image-Datei auf eine SD-Karte übertragen haben. Beim ersten Start von Raspbian erscheint automatisch das textbasierte Konfigurationsprogramm `raspi-config`, dessen Einstellmöglichkeiten wir Ihnen gleich erläutern.

Ist diese einmalige Konfiguration erledigt, startet Raspbian eine grafische Benutzeroberfläche. Dieses Kapitel gibt Ihnen einen Überblick über die wichtigsten Programme, die Ihnen dort zur Verfügung stehen. Außerdem finden Sie Tipps, wie Sie sich den Desktop Ihres Raspberry Pi nach eigenen Vorlieben einrichten, wie Sie Ihren Raspberry Pi mit dem WLAN verbinden, Bluetooth-Geräte einbinden und USB-Sticks verwenden.

Raspbian-Version

Raspbian trägt keine offizielle Versionsnummer. Das in diesem Buch beschriebene Raspbian basiert auf Debian 7 »Wheezy«.

Im Oktober 2015, nicht einmal ein Monat nach der Auslieferung dieses Buchs, veröffentlichte die Raspberry Pi Foundation eine neue Raspbian-Version. Diese basiert auf Debian 8 »Jessie«. Ein automatisches Update von Raspbian »Wheezy« auf Raspbian »Jessie« ist nicht vorgesehen. Ein manuelles Update ist zwar möglich, wird aber nicht empfohlen. Bei vorhandenen Installationen ändert sich also nichts.

Für alle Neuinstallationen ab Oktober 2015 gibt es aber einige Unterschiede: Insbesondere steht neben dem Textkommando `raspi-config` nun auch ein Konfigurationsprogramm mit grafischer Benutzeroberfläche zur Verfügung. Leider war es so kurzfristig nicht möglich, das Buch bei dem hier vorliegenden Nachdruck (November 2015) zu aktualisieren. Stattdessen haben wir alle relevanten Neuerungen auf unserem Blog zusammengefasst:

http://pi-buch.info/?p=540

2.1 Das Konfigurationsprogramm raspi-config

Der erste Start von Raspbian führt direkt in das Konfigurationsprogramm `raspi-config` (siehe Abbildung 2.1). Dieses Programm läuft im Textmodus und hilft dabei, einige grundlegende Einstellungen für Raspbian vorzunehmen.

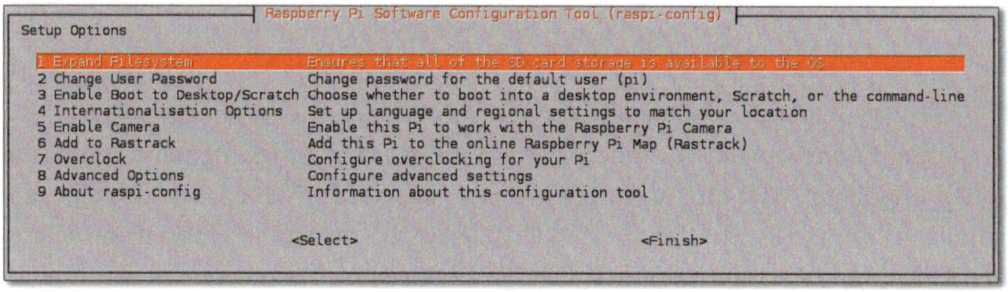

Abbildung 2.1 Das Raspbian-Konfigurationsprogramm

Sobald Sie eine erstmalige Konfiguration durchgeführt haben, wird das Programm nicht mehr automatisch gestartet. Sie brauchen aber keine Angst zu haben, dass Sie danach nichts mehr ändern können: Um das Konfigurationsprogramm später neuerlich auszuführen, starten Sie zuerst das Programm *LXTerminal* und führen darin das Kommando `sudo raspi-config` aus.

Der wichtigste Einstellungspunkt für Raspberry-Pi-Einsteiger ist im Menüeintrag ENABLE BOOT TO DESKTOP/SCRATCH versteckt. Dort wählen Sie die Option DESKTOP, damit Ihr Raspberry Pi beim nächsten Neustart die grafische Benutzeroberfläche startet. Die folgenden Abschnitte erklären die Konfigurationsoptionen von `raspi-config`.

Expand Filesystem

EXPAND FILESYSTEM vergrößert die Systempartition und das darauf befindliche Dateisystem, sodass dieses dann den gesamten Platz nutzen kann, der zur Verfügung steht. Dieses Kommando ist erforderlich, wenn Sie Raspbian als Image-Datei auf eine SD-Karte mit mehr als 4 GByte Speicherkapazität geschrieben haben. Standardmäßig ist die Systempartition dann ca. 3 GByte groß, ganz egal, wie viel Speicherplatz die SD-Karte wirklich bietet. Der Rest der SD-Karte bleibt ungenutzt.

Die mit EXPAND FILESYSTEM durchgeführte Größenanpassung wird beim nächsten Neustart des Raspberry Pi wirksam. Bei einer NOOBS-Installation bringt EXPAND FILESYSTEM hingegen keinen Nutzen, weil sich NOOBS bereits um die optimale Einrichtung der Partition gekümmert hat.

Change User Password

CHANGE USER PASSWORD gibt Ihnen die Möglichkeit, das Passwort für den Defaultbenutzer `pi` zu ändern. Standardmäßig ist für diesen Benutzer das Passwort `raspberry` eingestellt. Dieses Passwort sollten Sie aus Sicherheitsgründen unbedingt ändern! Allerdings ist es zweckmäßig, vorher mit INTERNATIONALISATION OPTIONS das deutsche Tastaturlayout zu aktivieren (siehe unten).

Enable Boot to Desktop/Scratch

ENABLE BOOT TO DESKTOP/SCRATCH steuert, wie Raspbian gestartet werden soll. Dabei stehen drei Optionen zur Auswahl:

- CONSOLE bewirkt, dass Raspbian im Textmodus gestartet wird. Diese Einstellung gilt standardmäßig. Sie verkürzt den Startvorgang, ist aber nur zweckmäßig, wenn Ihr Raspberry Pi ohne Benutzerinteraktion automatisch irgendwelche Aufgaben erfüllen soll.
- Raspbian-Einsteiger sollten sich für die Variante DESKTOP entscheiden. Beim Start wird dann automatisch der Grafikmodus aktiviert und ein komfortables Desktop-System gestartet. Beachten Sie aber, dass dabei standardmäßig keine Login-Box erscheint. Jeder, der Zugang zum Minirechner hat, kann also damit arbeiten!
- Die Option SCRATCH führt dazu, dass beim nächsten Neustart ausschließlich das Programm *Scratch* gestartet wird. Dabei handelt es sich um eine einfache grafische Programmierumgebung, die Kindern bzw. Programmieranfängern dabei helfen soll, erste Konzepte des Programmierens zu verstehen. *Scratch* können Sie aber auch im Desktop-System starten. Insofern ist diese Option am ehesten geeignet, wenn Sie den Raspberry Pi im Unterricht einsetzen und vermeiden möchten, dass die Schüler mit anderen Programmen herumspielen.

Internationalisation Options

INTERNATIONALISATION OPTIONS führt in ein Untermenü, mit dessen Einträgen Sie die Sprache (LOCALES), die Zeitzone (TIMEZONE) und das Tastaturlayout (KEYBOARD LAYOUT) angeben können.

- Beim Punkt LOCALES sollten Sie außer der voreingestellten Option EN_GB.UTF8 auch DE_DE.UTF8 auswählen. Es ist nicht zweckmäßig, EN_GB.UTF8 zu deaktivieren – viele Programme stehen nämlich nur mit englischsprachigen Dialogen zur Verfügung. Im nächsten Schritt können Sie unter allen Sprachen diejenige auswählen, die standardmäßig verwendet werden soll – in der Regel also nochmals DE_DE.UTF8.
- Als TIMEZONE wählen Sie EUROPE • BERLIN aus. Beachten Sie, dass der Raspberry Pi keine batteriegepufferte Uhrzeit hat und deswegen bei jedem Neustart mit der-

selben Zeit beginnt. Wenn Sie das stört, schließen Sie den Raspberry Pi an ein Netzwerk an, damit der Rechner die aktuelle Uhrzeit über das Network Time Protocol (NTP) beziehen kann.

- Die Einstellung des KEYBOARD LAYOUTS erfolgt in mehreren Schritten: Zuerst müssen Sie Ihr Tastaturmodell angeben. Für deutsche PC-Tastaturen lautet der richtige Eintrag in der Regel GENERIC 105-KEY (INTL) PC.

  Im zweiten Schritt geben Sie dann das eigentliche Tastaturlayout an: Zuerst führt OTHER in eine lange Liste aller Sprachen. Nach der Auswahl von GERMAN haben Sie noch die Wahl zwischen verschiedenen Untervarianten, die sich vor allem dadurch unterscheiden, wie Sonderzeichen einzugeben sind. Für Programmierer ist GERMAN (ELIMINATE DEAD KEYS) die beste Wahl: Damit können die Tilde sowie die Apostrophe Acute und Gravis direkt eingegeben werden.

  Nun besteht die Möglichkeit, zusätzliche Optionen zu aktivieren. Damit können Sie z. B. steuern, welche Taste als [AltGr] zur Eingabe von Sonderzeichen verwendet werden soll. Normalerweise übernehmen Sie hier einfach die Defaulteinstellungen.

  Zuletzt fragt das Konfigurationsprogramm, ob die Tastenkombination [Strg]+[Alt]+[←] dazu dienen soll, das Grafiksystem sofort zu beenden und neu zu starten. Diese Notfall-Tastenkombination war früher auf vielen Linux-Systemen üblich, ist heute aber nur selten zweckmäßig – also NO.

Enable Camera

Zum Raspberry Pi gibt es als Erweiterungsmodul eine Kamera. Um diese zu verwenden, muss der Linux-Kernel zusätzliche Module laden. Die dafür erforderliche Konfiguration erledigt `raspi-config`, wenn Sie den Menüpunkt ENABLE CAMERA ausführen. Hinter den Kulissen ergänzt ENABLE CAMERA die Datei `/boot/config.txt` um die beiden Anweisungen `start_x=1` und `gpu_mem=128`. Eine Menge Informationen und Tipps zum Einsatz der Raspberry-Pi-Kamera folgen in Kapitel 15, »Sensoren«.

Add to Rastrack

Der Menüpunkt ADD TO RASTRACK ermöglicht es Ihnen, Ihren Raspberry Pi in ein inoffizielles Verzeichnis aktiver Raspberry-Pi-Installationen einzutragen. Praktischer Nutzen ergibt sich daraus keiner, die resultierende Weltkarte ist aber hübsch anzusehen (siehe Abbildung 2.2). Absurderweise ist die grafische Gestaltung der Webseite derart aufwendig, dass eine Darstellung auf dem Webbrowser des Raspberry Pi unmöglich ist. Sie müssen sich die Seite also auf Ihrem Notebook oder PC ansehen.

http://rastrack.co.uk

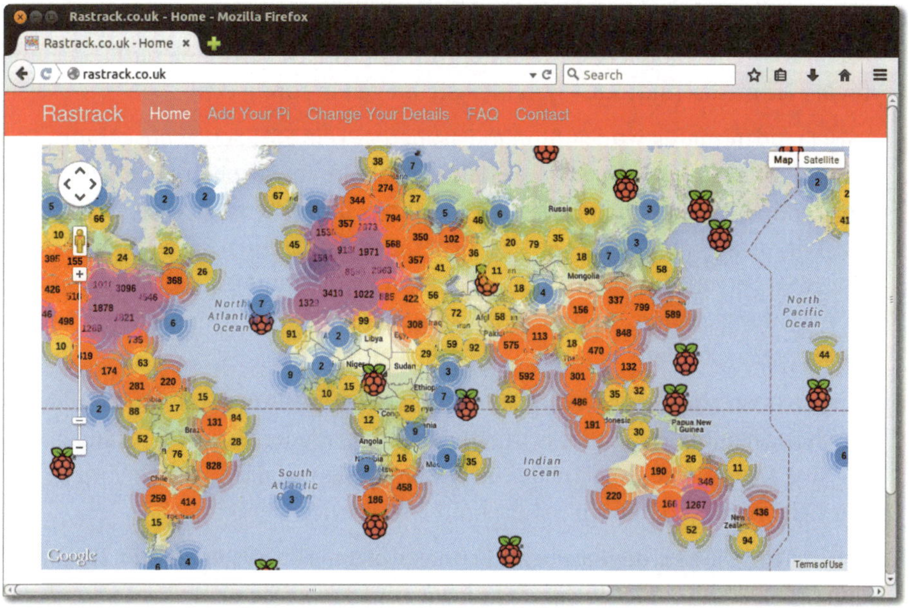

Abbildung 2.2 Die Rastrack-Weltkarte

Overclock

Die CPU des Raspberry Pi 1 läuft standardmäßig mit 700 MHz. Modelle des Raspberry Pi 2 sind hingegen mit 900 MHz getaktet. Mit dem Menüpunkt OVERCLOCK können Sie die Frequenz des Raspberry Pi 1 in vier Stufen auf bis zu 1 GHz erhöhen. Für den Raspberry Pi 2 gibt es nur eine Wahlmöglichkeit, die die CPU-Frequenz ebenfalls auf 1 GHz anhebt.

Während manche Raspberry-Pi-Fans von den damit verbundenen Geschwindigkeitssteigerungen schwärmen, haben andere damit schlechte Erfahrungen gemacht: Abstürze, defekte Dateisysteme oder ein vorzeitiger Totalausfall des Raspberry Pi sind möglich. Ausführliche Informationen zu diesem Thema finden Sie in Abschnitt 4.15, »Overclocking«. Unsere Empfehlung lautet, auf Overclocking zu verzichten.

Advanced Options

Der Menüeintrag ADVANCED OPTIONS führt in ein Untermenü mit weiteren Einstellmöglichkeiten:

- OVERSCAN: Dieser Punkt gibt Ihnen die Möglichkeit, im normalerweise schwarzen Randbereich eines analogen Monitors ebenfalls eine Farbe darzustellen. Bei einem HDMI-Monitor bzw. -Fernseher belassen Sie die Option auf `disable`.
- HOSTNAME: Hiermit können Sie den Rechnernamen Ihres Raspberry Pi einstellen. Standardmäßig lautet dieser `raspberrypi`.

- MEMORY SPLIT: Gibt an, wie viel Speicher für das Grafiksystem und wie viel für das Betriebssystem reserviert wird. Hintergrundinformationen zu dieser Einstellung finden Sie in Abschnitt 5.8, »Systemeinstellungen in config.txt«.
- SSH: Standardmäßig wird auf Ihrem Raspberry Pi ein SSH-Server ausgeführt. Das ermöglicht es Ihnen, sich über das Netzwerk auf Ihrem Raspberry Pi einzuloggen. Im Menüpunkt SSH können Sie den SSH-Server deaktivieren bzw. wieder aktivieren. Wie Sie SSH nutzen und welche Sicherheitsmaßnahmen Sie beim Ausführen eines SSH-Servers beachten sollten, fassen wir in Abschnitt 4.3, »SSH«, zusammen. So viel vorweg: Ändern Sie unbedingt das Passwort des Benutzers `pi`, wenn Sie den SSH-Server ausführen!
- DEVICE TREE: Mit dieser Option können Sie die Verwaltung von Kernelmodulen durch sogenannte Device Trees deaktivieren bzw. wieder aktivieren. Standardmäßig sind Device Trees in aktuellen Raspbian-Versionen aktiv. Welche Vorteile das mit sich bringt, erklären wir in Abschnitt 5.11, »Device Trees«.
- SPI und I2C: Die CPU des Raspberry Pi unterstützt die Bussysteme *Serial Peripheral Interface* (SPI) und *Inter-Integrated Circuit* (I^2C). Wenn Sie diese Bus-Systeme zur Steuerung entsprechender Hardware-Komponenten einsetzen möchten, können Sie mit den Menüeinträgen SPI bzw. I2C das automatische Laden der erforderlichen Kernelmodule einrichten.
- AUDIO: Standardmäßig entscheidet der Raspberry Pi selbst, welchen Audio-Ausgang er verwendet: den HDMI-Ausgang, wenn ein Monitor angeschlossen ist, oder andernfalls den Analog-Ausgang für einen 3,5-mm-Klinkenstecker. Mit dem Menüpunkt AUDIO können Sie diesen Automatismus deaktivieren und die Audio-Ausgabe stattdessen zwingend auf einen der beiden Kanäle umleiten.
- UPDATE: Dieser Menüpunkt aktualisiert `raspi-config` auf die neueste Version. Das setzt eine funktionierende Internetverbindung voraus.

Neustart

Nach dem Abschluss der Konfigurationsarbeiten landen Sie in einer Textkonsole. Damit die neuen Einstellungen wirksam werden, müssen Sie den Raspberry Pi nun neu starten. Dazu tippen Sie das folgende Kommando ein:

```
sudo reboot
```

Je nach Geschwindigkeit der SD-Karte dauert ein kompletter Boot-Vorgang bis zur Anzeige der grafischen Benutzeroberfläche ungefähr eine halbe Minute.

2.2 Ein- und Ausschalten

Der Raspberry Pi verfügt über keinen Ein/Aus-Schalter. Um das Gerät zu starten, verbinden Sie den Minicomputer zuerst mit allen Peripheriegeräten (Monitor, Netzwerk, Tastatur, Maus etc.) und stecken die SD-Karte ein. Zuletzt stecken Sie das Micro-USB-Kabel für die Stromversorgung an. Daraufhin fährt der Raspberry Pi hoch.

Zum Ausschalten führen Sie in der grafischen Benutzeroberfläche das Menükommando SHUTDOWN aus. Alternativ können Sie im Textmodus, in einem Terminalfenster oder per SSH `sudo halt` oder `sudo reboot` ausführen. Das erste Kommando schaltet den Raspberry Pi aus, das zweite startet ihn neu. Erst wenn der Rechner vollständig heruntergefahren ist und nur noch die rote Diode des Raspberry Pi leuchtet, lösen Sie das Micro-USB-Kabel zur Stromversorgung oder stecken das Netzteil aus.

Wenn der Raspberry Pi abstürzt

Manchmal kommt es vor, dass der Raspberry Pi hängen bleibt und auf Tastatur- und Mauseingaben nicht mehr reagiert. Mögliche Ursachen können Soft- oder Hardware-Fehler sein, eine defekte SD-Karte, eine unzureichende Stromversorgung, ein Wackelkontakt etc.

Sie können nun versuchen, sich über einen anderen Rechner via SSH einzuloggen (siehe Abschnitt 4.3, »SSH«) und dann `sudo halt` auszuführen. Ist das unmöglich, weil der Raspberry Pi vollkommen abgestürzt ist, hilft nur das Ein- und Ausstecken des Netzteils bzw. dessen Micro-USB-Kabels. Das ist eine Notlösung, die Sie im regulären Betrieb vermeiden sollten: Der Raspberry Pi hat so keine Möglichkeit, geöffnete Dateien zu schließen und das Dateisystem ordentlich auszuhängen.

Normalerweise reagiert der Raspberry Pi auf derartige Neustarts erstaunlich robust: Er startet einfach neu, als wäre nichts gewesen. Dennoch ist es nicht auszuschließen, dass das Dateisystem Schaden nimmt oder Sie einzelne Dateien verlieren.

Sollten sich die Abstürze häufen, müssen Sie auf Fehlersuche gehen: Probieren Sie ein leistungsstärkeres Netzteil, versuchen Sie es mit einer anderen SD-Karte, verbinden Sie Ihre USB-Geräte nicht direkt, sondern über einen aktiven USB-Hub etc. Weitere Notfalltipps sind in Abschnitt 4.16, »Notfall-Tipps«, zusammengefasst.

Erstellen Sie regelmäßig Backups!

Egal, auf welchem Computer Sie arbeiten: Im Katastrophenfall können Sie sich nur durch Backups vor einem Datenverlust schützen. Für den Raspberry Pi gilt diese Empfehlung umso mehr, weil SD-Karten erwiesenermaßen unzuverlässiger sind als Festplatten oder SSDs. Wie Sie Backups anlegen, beschreiben wir in Abschnitt 4.14, »Backups erstellen«.

2.3 Die Benutzeroberfläche LXDE

Sobald Sie in `raspi-config` die Option ENABLE BOOT TO DESKTOP/SCRATCH eingestellt haben, erscheint ab dem nächsten Neustart automatisch die grafische Benutzeroberfläche des Raspberry Pi (siehe Abbildung 2.3). Auch wenn Sie bisher primär unter Windows oder OS X gearbeitet haben, wird Ihnen die Bedienung nicht schwerfallen: Am oberen Bildschirmrand gibt es ein sogenanntes Panel, das das Startmenü, Icons für alle laufenden Programme sowie ein paar Statusinformationen enthält (Uhrzeit, Netzwerkverbindung etc.).

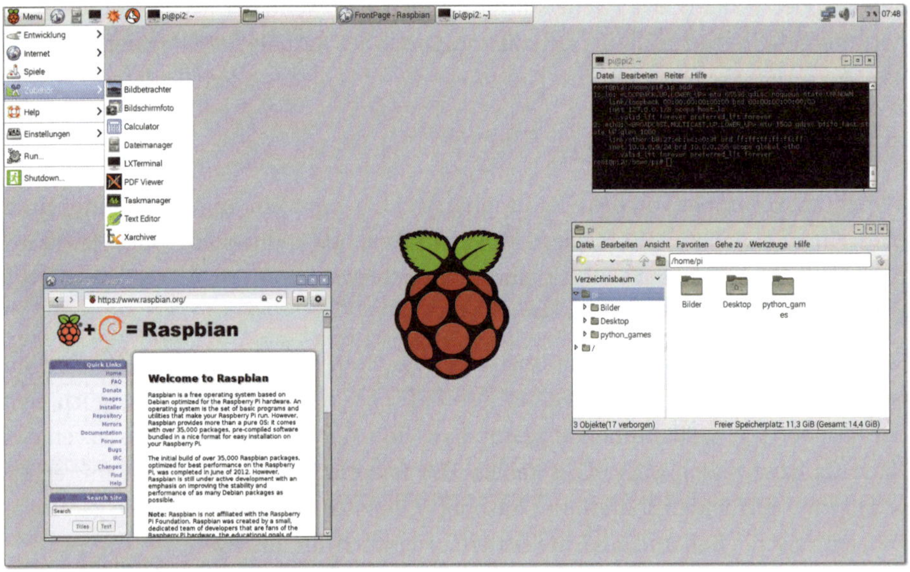

Abbildung 2.3 Der Raspbian-Desktop

Warum nicht KDE oder Gnome?

Wer sich schon vor dem Kauf des Raspberry Pi mit Linux auseinandergesetzt hat, ist vermutlich mit den Desktop-Systemen KDE und Gnome vertraut, die unter Debian, Fedora, openSUSE oder Ubuntu zum Einsatz kommen. Die Benutzeroberfläche von Raspbian sieht hingegen ganz anders aus. Der Grund dafür ist einfach: Die Desktop-Systeme KDE bzw. Gnome würden den Raspberry Pi mit seinen vergleichsweise geringen Hardware-Ressourcen überfordern. Deswegen haben sich die Raspbian-Entwickler dafür entscheiden, standardmäßig die speziell für weniger leistungsstarke Computer konzipierte Benutzeroberfläche *Lightweight X11 Desktop Environment* zu installieren. Insofern beziehen sich viele Informationen dieses Kapitels also ganz allgemein auf das LXDE-Projekt und sind durchaus nicht Raspberry-Pi-spezifisch.

Icons

Standardmäßig befindet sich auf dem Desktop nur ein Icon für den Mülleimer. Sie können auf dem Desktop aber beliebige Dateien ablegen, indem Sie diese im gleichnamigen Verzeichnis speichern. Außerdem können Sie Menüeinträge des Startmenüs mit der rechten Maustaste und DEM DESKTOP HINZUFÜGEN auf dem Desktop ablegen und von dort dann besonders komfortabel starten.

Die Icons auf dem Desktop sind frei platzierbar. Alle Icons, deren Position Sie *nicht* ändern, werden standardmäßig in der Reihenfolge sortiert, in der sie dem Desktop hinzugefügt wurden. Durch ein Kontextmenü des Desktops können Sie die Sortierreihenfolge ändern. Frei platzierte Icons behalten dabei ihre Position. Wollen Sie auch diese Icons wieder automatisch platzieren, klicken Sie sie mit der rechten Maustaste an und deaktivieren die Option AKTUELLE POSITION MERKEN. Über dieses Kontextmenü können Sie auch Icons vom Desktop entfernen.

Das Panel

Die Leiste am oberen Bildschirmrand wird als »Panel« bezeichnet. Es enthält standardmäßig neben dem Startmenü einige kleine Icons zum Start wichtiger Programme. Danach folgt eine Task-Leiste im Stil von Windows 95. Sie enthält Icons für alle laufenden Programme. Der rechte Rand des Panels zeigt die eingestellte Lautstärke, die Netzwerkverbindung, die aktuelle CPU-Auslastung und die Uhrzeit an.

Wenn Sie das Panel mit der rechten Maustaste anklicken, gelangen Sie in ein Kontextmenü zur Panelkonfiguration. Mit den dort zugänglichen Kommandos können Sie das Panel an einen anderen Bildschirmrand verschieben, zusätzliche Elemente in das Panel integrieren oder sogar mehrere Panel einrichten (siehe Abbildung 2.4).

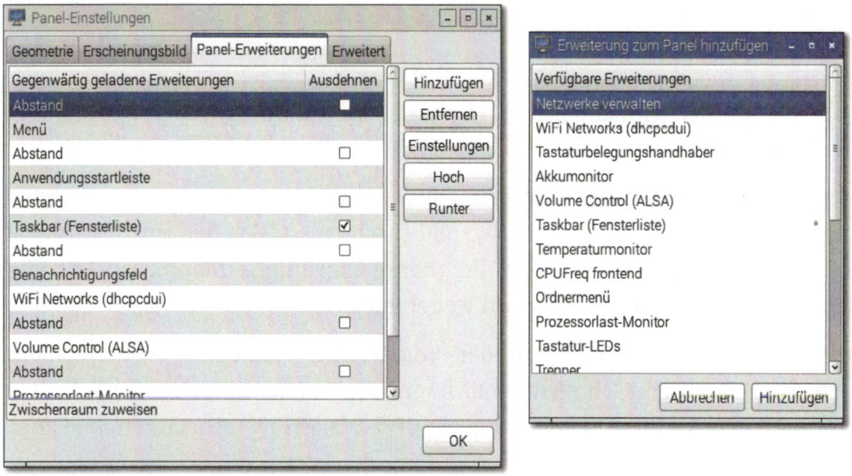

Abbildung 2.4 Panel-Einstellungen

Wenn Sie eigene Icons in den Schnellstartbereich neben dem Startmenü einfügen möchten, klicken Sie eines der bereits vorhandenen Icons mit der rechten Maustaste an und öffnen die ANWENDUNGSSTARTLEISTE-EINSTELLUNGEN. Sie können nun Einträge aus dem Startmenü in die Liste der Schnellstartprogramme aufnehmen (siehe Abbildung 2.5).

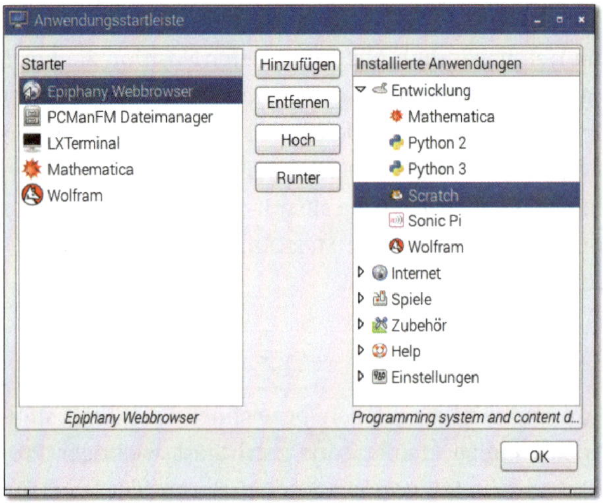

Abbildung 2.5 Konfiguration des Schnellstartbereichs

Programme starten

Sie wissen nun schon, dass Sie Programme über das Startmenü oder durch einen Doppelklick auf ein Icon starten können. Sofern Sie den internen Namen des Programms kennen (also den Namen der ausführbaren Datei des Programms), gibt es noch zwei Möglichkeiten:

- `Alt`+`F2` öffnet den winzigen AUSFÜHREN-Dialog. Dort geben Sie die ersten Buchstaben des Programmnamens an. Der Name wird automatisch vervollständigt. `↵` startet das Programm.
- Alternativ können Sie Programme auch aus einem Terminalfenster heraus starten. Dazu geben Sie den Programmnamen und anschließend das Zeichen & an, also z. B. `leafpad &`. Mit `↵` starten Sie das Programm als Hintergrundprozess. Anschließend können Sie im Terminal sofort weiterarbeiten.

Bei komplexeren Programmen kann der Programmstart etliche Sekunden dauern. Dass Raspbian Ihren Wunsch nicht einfach ignoriert, sondern hart an der Erfüllung arbeitet, erkennen Sie an der Darstellung der CPU-Auslastung rechts unten im Panel.

Optische Gestaltung des Desktops

Im Dialog EINSTELLUNGEN • APPEARANCE SETTINGS können Sie ein Bild und eine Farbe einstellen, die zusammen den Bildschirmhintergrund ergeben (siehe Abbildung 2.6). Wenn Sie einen einfarbigen Hintergrund ohne Bild vorziehen, wählen Sie im Listenfeld LAYOUT den Eintrag NO IMAGE. Die weiteren Optionen betreffen die Gestaltung von Menüs, die Default-Schriftart sowie die Farbe, mit der das gerade aktive Fenster bzw. das gerade ausgewählte Objekt hervorgehoben wird.

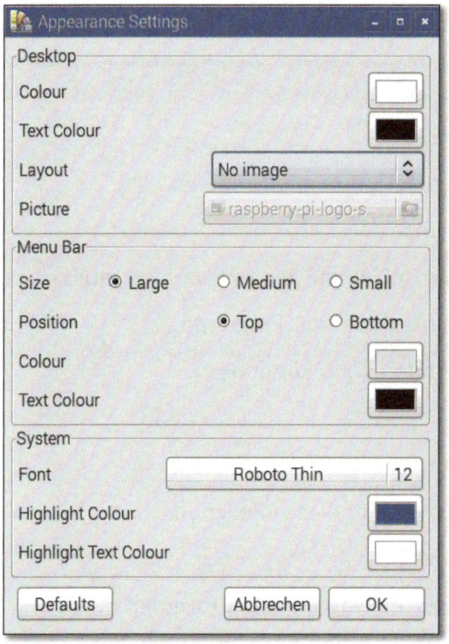

Abbildung 2.6 Hintergrund-, Schrift- und Farbeinstellungen

> **Noch mehr Einstellungsmöglichkeiten**
>
> Weitere Gestaltungsoptionen offenbaren sich in den Programmen `obconf` und `lxappearance`. Diese Programme müssen Sie jeweils mit [Alt]+[F2] starten. Ihr Einsatz ist nur für fortgeschrittene Benutzer empfehlenswert.

Tastenkürzel

Zur Bedienung des Desktops gibt es eine Reihe von Tastenkürzeln, von denen Ihnen manche sicherlich aus anderen Betriebssystemen vertraut sind (siehe Tabelle 2.1). Die Tastenkürzel sind in mehreren Dateien definiert:

```
/etc/xdg/openbox/rc.xml                    (globale Einstellungen)
/etc/xdg/openbox/LXDE/rc.xml               (globale Einstellungen)
/etc/xdg/openbox/LXDE-pi/rc.xml            (globale Einstellungen)
/home/pi/.config/openbox/lxde-pi-rc.xml    (individuelle
                                            Einstellungen)
```

Vielleicht fragen Sie sich, was Openbox ist: Dabei handelt es sich um den von Raspbian eingesetzten Window Manager. Ein Window Manager ist wiederum das Programm, das für die Darstellung und Verwaltung von Fenstern auf dem Bildschirm verantwortlich ist.

Tastenkürzel	Bedeutung
[Alt]+[Tab]	Wechselt das aktive Fenster.
[Alt]+[Esc]	Platziert das aktuelle Fenster unter allen anderen.
[Alt]+Leertaste	Zeigt das Fenstermenü an.
[Alt]+[F2]	Startet ein Programm, dessen Name genannt werden muss.
[Alt]+[F4]	Schließt das Fenster bzw. beendet das Programm.
[Alt]+[F11]	Aktiviert bzw. deaktiviert den Vollbildmodus.
[Strg]+[Esc]	Öffnet das Startmenü.
[Strg]+[Alt]+[Entf]	Öffnet den Taskmanager.
[Win]+[D]	Minimiert alle Fenster bzw. zeigt diese wieder an.
[Win]+[E]	Startet den Dateimanager.
[Win]+[R]	Startet ein Programm, dessen Name genannt werden muss.

Tabelle 2.1 Tastenkürzel für den Raspbian-Desktop

Bei Bedarf können Sie mit einem Texteditor die Datei `.config/openbox/lxde-pi-rc.xml` Ihren eigenen Wünschen entsprechend anpassen. Die leicht verständliche Syntax ist hier dokumentiert:

http://openbox.org/wiki/Help:Bindings

Beispielsweise bewirken die auf der folgenden Seite abgedruckten Zeilen, dass beim Drücken der Taste zum Auswerfen von DVDs auf einer Apple-Tastatur ein Screenshot mit dem Programm `xfce4-screenshooter` erstellt wird. Dieses Programm muss zuvor mit `sudo apt-get install xfce4-screenshooter` installiert werden.

Änderungen in `lxde-pi-rc.xml` werden normalerweise erst wirksam, wenn Sie sich ab- und neu anmelden. Sollte Ihnen das zu umständlich erscheinen, führen Sie einfach in einem Terminalfenster das Kommando `openbox --reconfigure` aus.

```
# in der Datei .config/openbox/lxde-pi-rc.xml
<keyboard>
  ...
  <keybind key="XF86Eject">
    <action name="Execute">
      <command>
        xfce4-screenshooter --fullscreen -s ~/Bilder
      </command>
    </action>
  </keybind>
</keyboard>
```

Bildschirmschoner

Nach zehn Minuten ohne Tastatur- und Mausaktivität aktiviert sich der Bildschirmschoner. Damit wird der Bildschirminhalt zwar schwarz, der Monitor läuft aber weiter. Der Raspberry Pi ist leider nicht in der Lage, das richtige DPMS-Signal (Display Power Management Signaling) an den Monitor zu senden, sodass sich dieser abschaltet:

https://github.com/raspberrypi/linux/issues/487

So macht der Bildschirmschoner aber wenig Sinn und führt im Gegenteil dazu, dass ein Monitor, der ein schwarzes Bild zeigt, unbeabsichtigt länger läuft als notwendig. Im Internet gibt es eine Menge Diskussionen darüber, wie der Bildschirmschoner deaktiviert werden kann. Das ist auch dann zweckmäßig, wenn der Raspberry Pi ein Display steuern soll, das ständig Informationen anzeigt – z. B. in einem Museum oder in einem Geschäft.

Die einfachste für Raspbian geeignete Lösung besteht darin, die Datei `/etc/lightdm/lightdm.conf` in einen Editor zu laden. Da es sich um eine Systemkonfigurationsdatei handelt, müssen Sie den Editor aus einem Terminal heraus mit `sudo` starten. Dazu führen Sie das folgende Kommando aus:

```
sudo leafpad /etc/lightdm/lightdm.conf
```

In der Konfigurationsdatei suchen Sie nach dem Abschnitt, der mit `[SeatDefaults]` eingeleitet wird, und fügen dort die Zeile `xserver-command=...` ein:

```
# in der Datei /etc/lightdm/lightdm.conf
...
[SeatDefaults]
xserver-command=X -s 0 -dpms
...
```

Die Einstellung bewirkt, dass das Programm `X`, das für die Darstellung der grafischen Benutzeroberfläche verantwortlich ist, in Zukunft gar keine Energiesparfunktionen verwendet.

Monitor ausschalten

Eine Anleitung, wie Sie einen HDMI-Monitor durch Kommandos aus- und wieder einschalten können, finden Sie in Abschnitt 4.13, »Monitor ein- und ausschalten«.

2.4 Wichtige Programme

Dieser Abschnitt stellt Ihnen überblicksartig die wichtigsten Programme vor, die Ihnen unter Raspbian zur Verfügung stehen. Dabei berücksichtigen wir zuerst die vorinstallierten Programme und gehen dann auf einige verborgene Perlen ein, die Sie selbst installieren müssen.

Der Dateimanager

Ihre eigenen Daten befinden sich unter Raspbian im Verzeichnis `/home/pi`. Dieses Verzeichnis wird auch Heimatverzeichnis genannt. Bei der Verwaltung der hier gespeicherten Dateien hilft Ihnen der Dateimanager *PCManFM* (siehe Abbildung 2.7), den Sie wahlweise mit ZUBEHÖR • DATEIMANAGER oder durch einen Klick auf das entsprechende Icon im Panel starten.

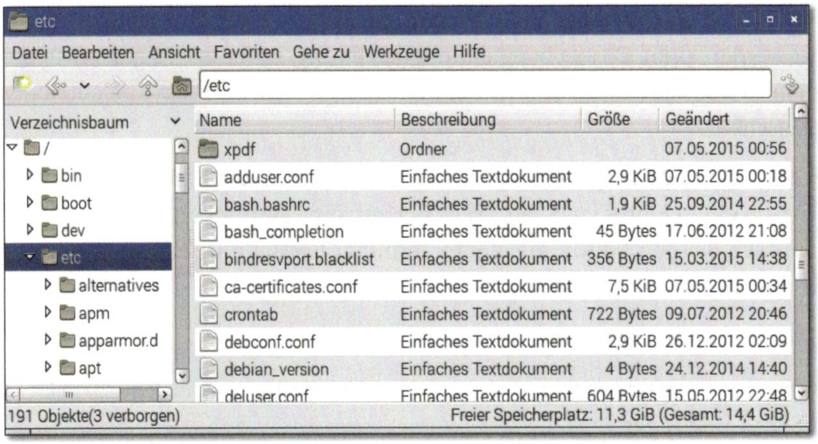

Abbildung 2.7 Der Dateimanager

Die Grundfunktionen des Programms erschließen sich beim Ausprobieren in wenigen Minuten. Im Menü ANSICHT können Sie zwischen vier verschiedenen Darstellungsformen umschalten: Standardmäßig ist die Symbolansicht aktiv. Optisch weniger ansprechend, dafür aber informativer ist die Detailansicht, die auch die Dateigröße und den Zeitpunkt der letzten Änderung anzeigt.

In der Symbolansicht ist die Vorschau von Bildern standardmäßig auf Dateien limitiert, die kleiner als 2 MByte sind. Wenn Sie auch von größeren Bildern Miniaturen sehen möchten, müssen Sie den Grenzwert für die Vorschaufunktion im Dialogblatt BEARBEITEN • EINSTELLUNGEN • ANSICHT vergrößern. In diesem Dialogblatt können Sie auch die gewünschte Größe der Vorschaubilder einstellen. Standardmäßig verwendet der Dateimanager je nach Ansicht zwischen 24×24 und 128×128 Pixel.

Um Dateien zwischen zwei Verzeichnissen hin- und herzukopieren oder zu verschieben, öffnen Sie am einfachsten mit [Strg]+[T] ein neues Dialogblatt bzw. mit [Strg]+[N] ein neues Fenster.

Verborgene Dateien

Unter Linux gelten Dateien und Verzeichnisse, deren Namen mit einem Punkt beginnen, als verborgen. Diese Dateien und Verzeichnisse werden standardmäßig im Dateimanager nicht angezeigt. Um sie dennoch zu sehen und zu bearbeiten, führen Sie ANSICHT • VERBORGENE DATEIEN ANZEIGEN aus bzw. drücken [Strg]+[H].

LXTerminal

Auch wenn Raspbian über eine grafische Benutzeroberfläche verfügt, ist es unter Linux üblich, viele administrative Aufgaben durch Kommandos im Textmodus zu erledigen. Umsteigern von Windows oder OS X mag das anfänglich sperrig und wenig intuitiv vorkommen, tatsächlich sparen Linux-Profis damit aber eine Menge Zeit. Das Programm, in dem Sie solche Kommandos ausführen, wird unter Linux *Terminal* genannt. Da überrascht es kaum, dass das Terminalprogramm für LXDE den Namen *LXTerminal* trägt.

Wenn Sie dieses Programm erstmals starten, erscheint ein fast vollständig schwarzes Fenster. Darin können Sie Kommandos eingeben und mit [↵] ausführen. Auch die Ergebnisse und Fehlermeldungen erscheinen als Text. Wenn das düstere Erscheinungsbild des LXTerminals Sie irritiert, sollten Sie als Erstes eine hellere Hintergrundfarbe und dafür eine schwarze Textfarbe einstellen. Die entsprechenden Einstellungen finden Sie im Dialog BEARBEITEN • EINSTELLUNGEN. Etwas komplizierter ist es, auch die Sondertextfarben zu verändern, in denen die Eingabeaufforderung (der sogenannte Prompt) sowie bestimmte Dateien durch `ls` angezeigt werden. Diesbezügliche Anleitungen finden Sie in Kapitel 3, »Arbeiten im Terminal«.

Sollten Sie mehrere Terminalfenster brauchen, öffnen Sie einfach mit [Strg]+[N] ein weiteres. Alternativ können Sie auch mit [Strg]+[T] mehrere *Tabs* (Dialogblätter) öffnen und zwischen diesen wechseln.

Jetzt ist nur noch die Frage offen, welche Kommandos Ihnen im Terminal zur Verfügung stehen: Davon gibt es so viele, dass wir diesem Thema ein eigenes Kapitel

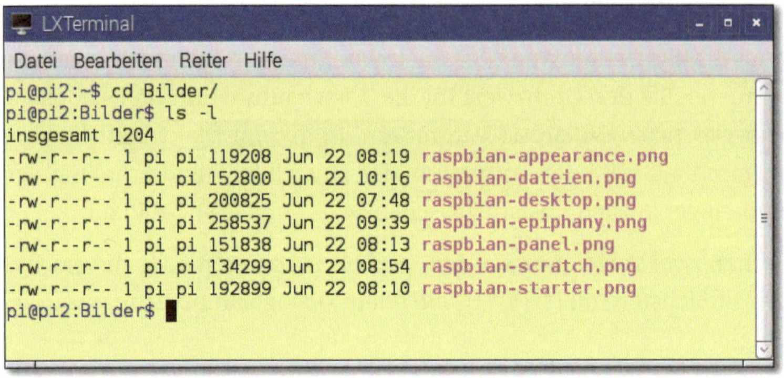

Abbildung 2.8 Ein Terminalfenster

gewidmet haben. Und selbst in Kapitel 3, »Arbeiten im Terminal«, können wir Ihnen nur die wichtigsten Kommandos vorstellen. Im Verlauf des Buches werden Sie noch viele weitere kennenlernen.

Text kopieren mit der Maus

Oft ist es notwendig, bei der Ausführung eines Kommandos die Ergebnisse eines anderen als Parameter anzugeben, z. B. einen Dateinamen. Wenn Sie den Text nicht abschreiben möchten, besteht der naheliegende Weg darin, den Text zuerst mit der Maus zu markieren, dann mit [⇧]+[Strg]+[C] zu kopieren und danach an der gerade aktuellen Cursorposition mit [⇧]+[Strg]+[V] wieder einzufügen. Beachten Sie, dass Sie nicht wie in anderen Programmen mit [Strg]+[C] und [Strg]+[V] arbeiten können, weil die [Strg]-Tastenkürzel im Terminal eine besondere Bedeutung haben. Insbesondere bricht [Strg]+[C] ein laufendes Programm vorzeitig ab.

Sofern Sie eine Maus mit drei Tasten besitzen oder ein Modell, bei dem das Mausrad gedrückt werden kann, dann können Sie sich die Fingerakrobatik für die Tastenkürzel [⇧]+[Strg]+[C] und [⇧]+[Strg]+[V] ersparen. Markieren Sie einfach den zu kopierenden Text mit der Maus, und drücken Sie dann die mittlere Maustaste. Fertig! Der zuvor markierte Text wird an der Cursorposition eingefügt. Dieses komfortable Textkopieren funktioniert übrigens nicht nur im Terminal, sondern auch in den meisten anderen Programmen.

Leafpad und Gedit (Editoren)

Unter den vorinstallierten Texteditoren bietet das Programm *Leafpad* den meisten Komfort (siehe Abbildung 2.9). Sie starten das Programm mit ZUBEHÖR • TEXTEDITOR. Der Editor ist ausreichend, um Konfigurationsdateien zu verändern, bietet aber kaum Zusatzfunktionen. Immerhin gibt es Kommandos zum Suchen und Ersetzen.

Im Menü OPTIONEN können Sie die Anzeige von Zeilennummern aktivieren und die Schriftart einstellen.

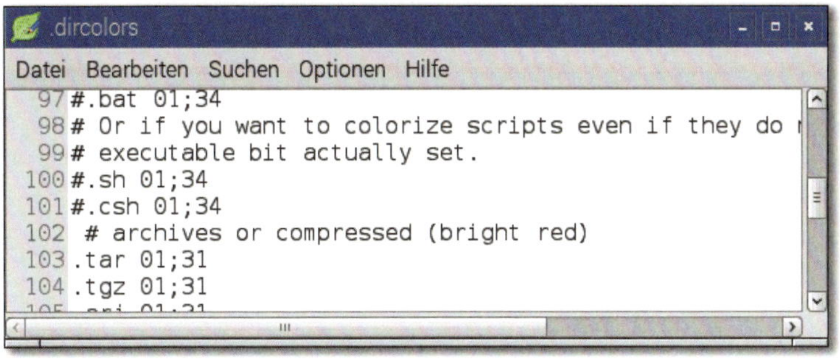

Abbildung 2.9 Der minimalistische Editor Leafpad

Der Dateiauswahldialog von Leafpad zeigt standardmäßig keine vorborgenen Dateien an, also keine Dateien, deren Name mit einem Punkt beginnt. Wenn Sie eine derartige Datei öffnen möchten, klicken Sie die Dateiliste im Auswahldialog mit der rechten Maustaste an und aktivieren die Option VERBORGENE DATEIEN ANZEIGEN.

Leafpad kann immer nur *eine* Datei bearbeiten. Das Laden einer Datei ersetzt deshalb die zuletzt aktive Datei. Um dennoch mehrere Dateien gleichzeitig zu bearbeiten, öffnen Sie zuerst mit [Strg]+[N] ein neues, leeres Leafpad-Fenster.

Standardmäßig sind in Raspbian auch die Editoren `nano` und `vi` installiert. Diese Editoren werden direkt in einem Terminalfenster ausgeführt. Eine Zusammenfassung der wichtigsten Kürzel zur Bedienung dieser Programme finden Sie im nächsten Kapitel. Dort stellen wir Ihnen auch das Programm `jmacs` vor. Dieser Emacs-kompatible Editor läuft ebenfalls im Terminal.

Wenn Sie auf der Suche nach einem grafischen Texteditor sind, der mehr Funktionen als Leafpad bietet, sollten Sie sich das Programm *Gedit* ansehen (siehe Abbildung 2.10). Dazu installieren Sie das Programm zuerst in einem Terminalfenster mit `sudo apt-get install gedit` und führen es dann mit SONSTIGE • GEDIT aus. Leider setzt Gedit ziemlich viele Bibliotheken voraus. Das macht das Programm etwas schwerfälliger als Leafpad. Dem steht als größter Vorteil das Syntax-Highlighting gegenüber: Gedit markiert also verschiedene Code-Elemente in unterschiedlichen Farben.

Bei unseren Tests im Juni 2015 ist allerdings ein Problem aufgetreten, das es früher nicht gab: Gedit stellt den Text immer in einer Arial-ähnlichen Sans-Serif-Schrift dar und ignoriert die Font-Einstellungen, die mit BEARBEITEN • EINSTELLUNGEN • SCHRIFT UND FARBEN durchgeführt werden können.

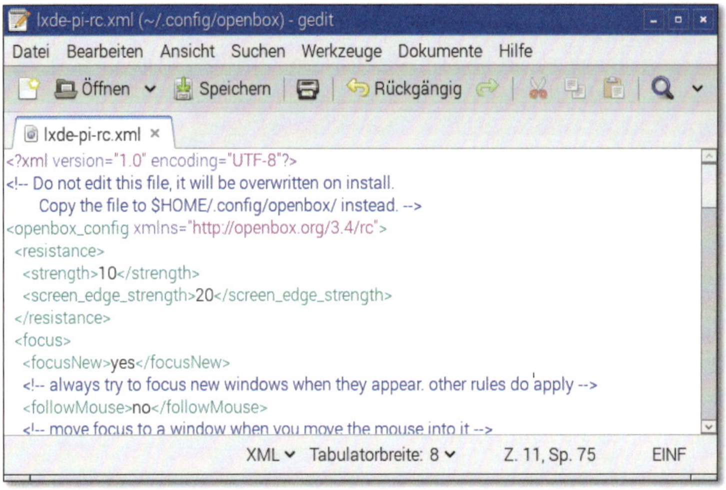

Abbildung 2.10 Der Texteditor Gedit

Selbst Programme installieren

Unter Raspbian stehen neben Gedit Tausende weitere Programme in Form fertiger Pakete zur Verfügung: Um sie zu installieren, öffnen Sie ein Terminalfenster und führen dort das Kommando `sudo apt-get install name` aus. Wie die Paketverwaltung hinter den Kulissen funktioniert, erklären wir in Abschnitt 4.1, »Programme installieren und verwalten«.

Eine Einschränkung müssen wir aber erwähnen: Nicht jedes Programm läuft unter Raspbian zufriedenstellend. Schuld daran ist nicht Raspbian an sich, sondern die Hardware-Ausstattung des Raspberry Pi. Populäre Programme wie GIMP oder LibreOffice sind zwar rasch installiert, laufen aber selbst auf dem Raspberry Pi 2 spürbar langsamer als auf einem gewöhnlichen PC oder Notebook. Auf dem Raspberry Pi 1 sind etliche große Programme gar nicht verwendbar, was vor allem am zu kleinen RAM liegt.

Internet und Spiele

INTERNET • EPIPHANY WEBBROWSER startet den Standardwebbrowser für den Raspberry Pi (siehe Abbildung 2.11). Das Programm bietet im Vergleich zu Firefox oder Google Chrome recht wenige Funktionen und eine spartanische Benutzeroberfläche, geht dafür aber sparsam mit dem Speicherplatz und den CPU-Ressourcen um und läuft flott. Allzu große Ansprüche dürfen Sie nicht an das Programm stellen; zum raschen Nachlesen von Online-Dokumentation reicht Epiphany aber aus.

Epiphany verwendet standardmäßig die Suchmaschine DuckDuckGo. Leider ist es recht umständlich, eine andere Suchmaschine einzustellen. Wir haben die Vorgehensweise im Blog zu diesem Buch dokumentiert:

http://pi-buch.info/?p=452

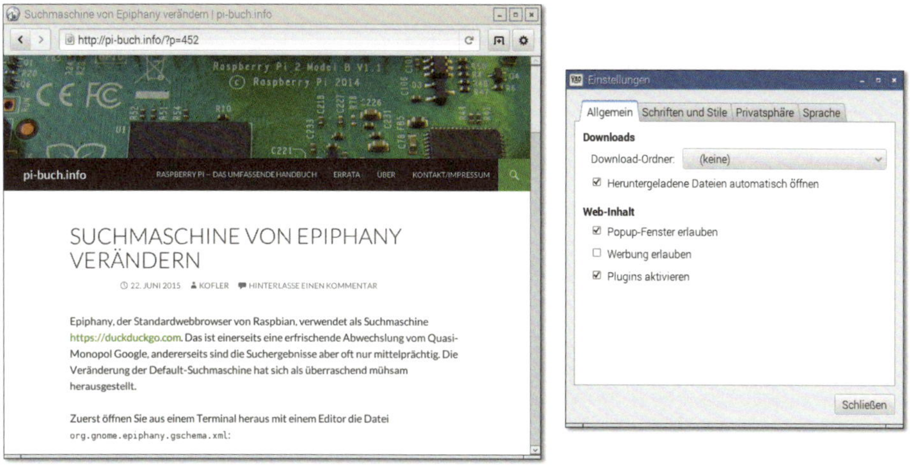

Abbildung 2.11 Der Webbrowser Epiphany und sein Konfigurationsdialog

Wenn Sie Ihre Zeit totschlagen möchten, können Sie mit SPIELE • MINECRAFT PI eine Runde Minecraft spielen. Weniger Freude werden Sie voraussichtlich mit SPIELE • PYTHON GAMES haben; hierbei handelt es sich um eine Sammlung ganz simpler Spiele, deren Zielsetzung darin besteht, Programmiertechniken mit Python zu illustrieren. Der Quellcode der Spiele ist auf der Webseite *http://inventwithpython.com* frei verfügbar und kann angehenden Python-Programmierern als Beispiel dienen.

Firefox und Thunderbird, Chromium und Claws Mail

Wenn Sie anstelle von Epiphany den Webbrowser Firefox verwenden möchten, müssen Sie das Paket `iceweasel` installieren. Das klingt zugegebenermaßen absurd. Der Hintergrund ist, dass ein Programm nur Firefox bzw. Thunderbird heißen darf, solange es ausschließlich offiziellen Code der Firefox-Entwickler enthält. Um unkompliziert selbst Änderungen am Code vornehmen zu können, entschied sich Debian, den Webbrowser Firefox und den E-Mail-Client Thunderbird unter eigenen Namen in seine Distribution zu integrieren. Aus diesem Grund heißt Firefox bei Debian *Iceweasel* und Thunderbird *Icedove*. Somit lauten die Installationskommandos, die Sie in einem Terminal ausführen müssen, wie folgt:

```
sudo apt-get install iceweasel
sudo apt-get install icedove
```

Nach Abschluss der Installation starten Sie die Programme mit INTERNET • ICEWEASEL bzw. INTERNET • ICEDOVE. Sie werden feststellen, dass die Iceweasel-Version in der Regel um einige Versionsnummern älter als die aktuelle Firefox-Version ist. Das liegt daran, dass Debians `iceweasel`-Pakete auf der Enterprise-Version (ESR) von Firefox basieren. Die Firefox-ESR-Versionen werden aber nur circa alle neun Monate aktualisiert.

Abbildung 2.12 Iceweasel alias Firefox unter Raspbian

Anstelle von Iceweasel können Sie auch den Webbrowser Chromium einsetzen. Dabei handelt es sich um einen von Google Chrome abgeleiteten Webbrowser, bei dem alle Komponenten entfernt wurden, die nicht als Open-Source-Code zur Verfügung stehen. Dazu zählt insbesondere das Flash-Plug-in.

```
sudo apt-get install chromium-browser
```

Glücklich werden Sie mit Iceweasel, Icedove und Chromium voraussichtlich nur werden, wenn Sie mit einem Raspberry Pi 2 arbeiten. Die älteren Modelle des Raspberry Pi sind für diese großen Programme einfach nicht leistungsstark genug.

Microsoft-Fonts installieren

Einige Webseiten verwenden die von Microsoft vor vielen Jahren freigegebenen Fonts Arial, Verdana etc. Damit solche Webseiten auch auf Ihrem Raspberry Pi optimal dargestellt werden, sollten Sie den `ttf-mscorefonts-installer` installieren. Dieses kleine Programm lädt die Microsoft-Fonts herunter und installiert sie.

Sollten Sie auf der Suche nach einem ressourcensparenden E-Mail-Client sein, werfen Sie am besten einen Blick auf das Programm *Claws Mail* (Paketname `claws-mail`). Das eher technisch orientierte Programm bietet viele Funktionen und unzählige Konfigurationsoptionen. Es unterstützt die gängigen Protokolle POP, IMAP und SMTP und ist damit zu den meisten Mail-Accounts kompatibel (siehe Abbildung 2.13).

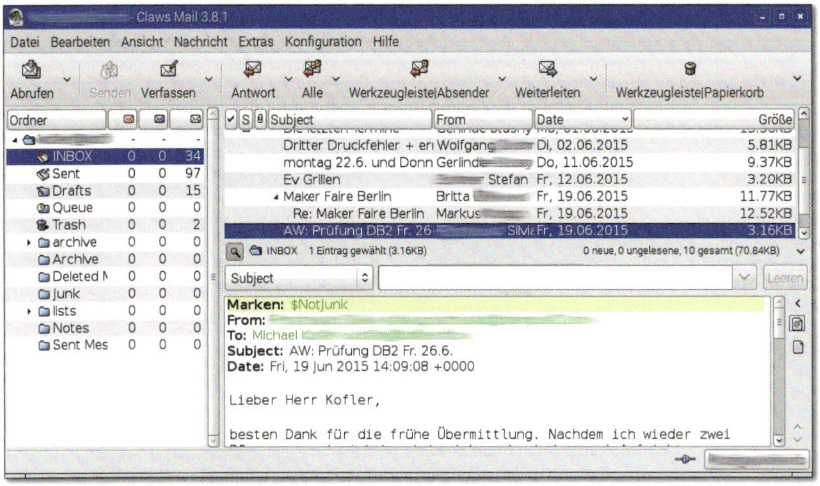

Abbildung 2.13 E-Mails auf dem Raspberry Pi lesen

Bild- und PDF-Viewer

Ein Doppelklick auf ein `*.jpg`- oder `*.png`-Bild im Dateimanager startet das Programm `gpicview`. Dabei handelt es sich um einen einfachen Bildbetrachter. Sie können damit durch alle weiteren Bilder des aktuellen Verzeichnisses blättern sowie Bilder drehen und spiegeln.

PDF-Dateien werden mit dem recht simplen Programm Xpdf (Kommando `xpdf`) angezeigt (siehe Abbildung 2.14). Zum Blättern durch ein Datenblatt oder ein Handbuch reicht dieser Viewer aus. Mögliche Alternativen zu Xpdf sind das minimalistische Programm `gv` oder der komfortable PDF-Viewer *Evince* aus den Gnome-Projekt.

```
sudo apt-get install gv
sudo apt-get install evince
```

Audio- und Video-Player

Anfänglich ist unter Raspbian kein Audio-Player installiert, mit dem Sie MP3-Dateien abspielen können. Als kleiner, handlicher MP3-Player bietet sich das Programm *LXMusic* an (siehe Abbildung 2.15). Das Programm ist unkompliziert zu bedienen und spielt einfach die ausgewählten MP3-Dateien bzw. alle in einem Verzeichnis enthaltenen Musikdateien ab. LXMusic basiert intern auf `xmms2`, einem bewährten Linux-Audio-Player.

```
sudo apt-get install lxmusic
```

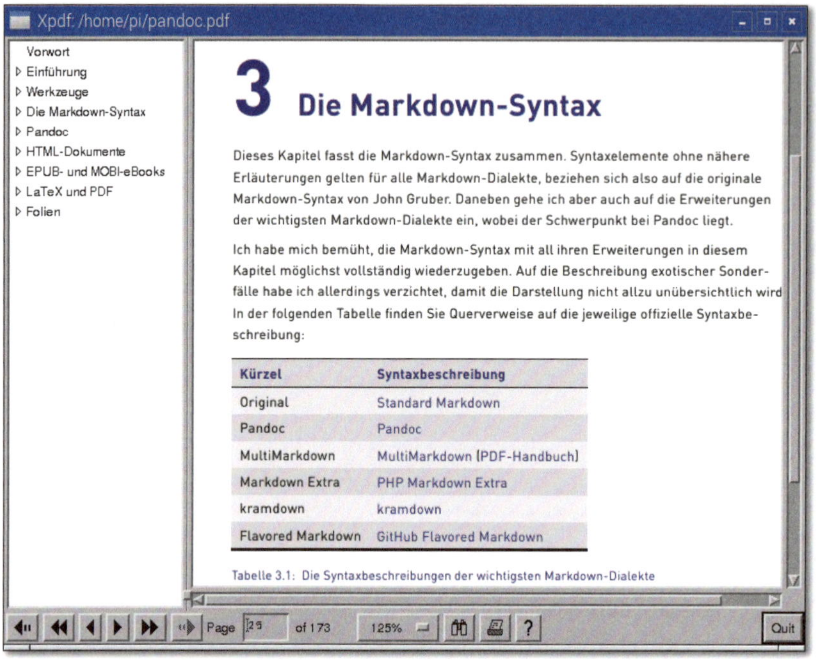

Abbildung 2.14 eBook-Lektüre mit Xpdf

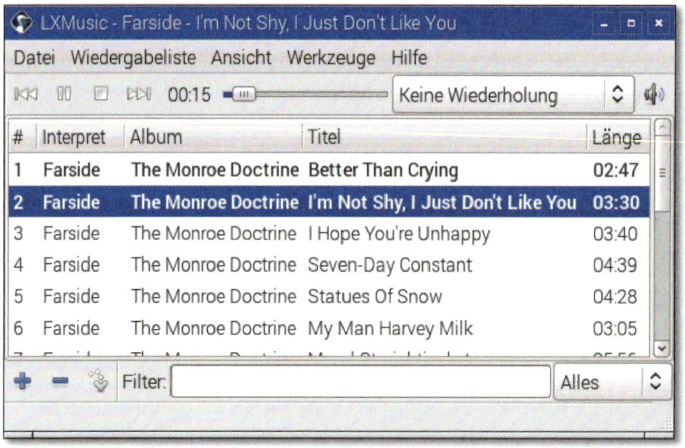

Abbildung 2.15 Audio-Dateien mit LXMusic abspielen

Komfortabler als LXMusic, aber leider auch wesentlich schwerfälliger, ist das Programm *Rhythmbox*. Es greift auf unzählige andere Bibliotheken zurück, weswegen der Installationsumfang über 50 MByte beträgt. Dafür kann das Programm große MP3-Sammlungen verwalten, diese nach Genre und Interpreten filtern etc.

```
sudo apt-get install rhythmbox
```

Kein Ton?

Wenn an den Raspberry Pi ein HDMI-Monitor oder -Fernseher angeschlossen ist, erfolgt die Tonwiedergabe standardmäßig via HDMI. Der Raspberry Pi besitzt aber auch einen Analog-Audio-Ausgang mit einer 3,5-mm-Klinkenbuchse. Falls Sie also zunächst nichts hören, klicken Sie mit der rechten Maustaste auf das Lautsprecher-Icon im Panel und stellen den gewünschten Audio-Ausgang ein. Alternativ schafft auch das Kommando `amixer cset numid=3 1` Abhilfe. Dieses Kommando müssen Sie in einem Terminalfenster ausführen. Mehr Details rund um das Thema Audio folgen in Kapitel 8, »Audio-Player mit Smartphone-Fernbedienung«.

Der Default-Video-Player von Raspbian ist das Programm `omxplayer`. Das schmucklose Programm kommt nur mit ausgewählten Video-Formaten bzw. -Codecs zurecht. Dafür nutzt es aber die Hardware-Decodierfunktionen des Raspberry Pi und kann auch hochauflösende Videos ohne Ruckeln abspielen. Das setzt voraus, dass Sie die entsprechenden Lizenzschlüssel in `/boot/config.txt` eingetragen haben (siehe Abschnitt 9.1, »OpenELEC-Installation und -Konfiguration«). `omxplayer` läuft grundsätzlich im Vollbildmodus. Zu seinen Vorzügen zählen eine Menge Tastenkürzel, mit denen das Programm sehr effizient gesteuert werden kann. Eine komplette Referenz aller Kürzel finden Sie auf der Projekt-Webseite:

http://omxplayer.sconde.net

Eine Alternative zu `omxplayer` ist das Programm *VLC*. Dieses Programm mit einer ansprechenden Benutzeroberfläche und unzähligen Spezialfunktionen beansprucht allerdings rund 100 MByte Speicherplatz auf der SD-Karte. Es kommt mit viel mehr Video-Formaten zurecht als `omxplayer`. Leider nutzt die VLC-Version aus den Raspbian-Paketquellen keine Hardware-Beschleunigung bei der Wiedergabe und ist deswegen nur für Videos in kleiner Auflösung geeignet.

```
sudo apt-get install vlc
```

Der Raspberry Pi als ferngesteuerter Audio- oder Video-Player

Zu den beliebtesten Anwendungen des Raspberry Pi zählt dessen Einsatz als Audio-Player für eine Stereo-Anlage oder als Video-Player für den Fernseher. Dabei kommen anstelle von Raspbian oft speziell für diesen Einsatzzweck optimierte Distributionen zum Einsatz. Gleich drei Kapitel dieses Buchs beschreiben verschiedene Anwendungsszenarien, die auf den Programmen MPD, Kodi und Plex aufbauen (siehe Kapitel 8 bis Kapitel 10).

Textverarbeitung und Tabellenkalkulation

Das gängige Office-Paket unter Linux ist *LibreOffice*. Sein Einsatz ist aber höchstens auf dem Raspberry Pi 2 zu empfehlen. Auf den älteren Raspberry-Pi-Modellen ist das Paket mit seinen zahllosen Funktionen zu groß und zu langsam. Der Installationsumfang beträgt mehr als 200 MByte.

```
sudo apt-get install libreoffice
```

Deutlich flotter laufen das Textverarbeitungsprogramm *Abiword* und das Tabellenkalkulationsprogramm *Gnumeric* (siehe Abbildung 2.16). Wenn es also darum geht, rasch ein paar Notizen zu verfassen oder ein paar tabellarische Berechnungen durchzuführen, können wir Ihnen diese Programme empfehlen.

```
sudo apt-get install abiword
sudo apt-get install gnumeric
```

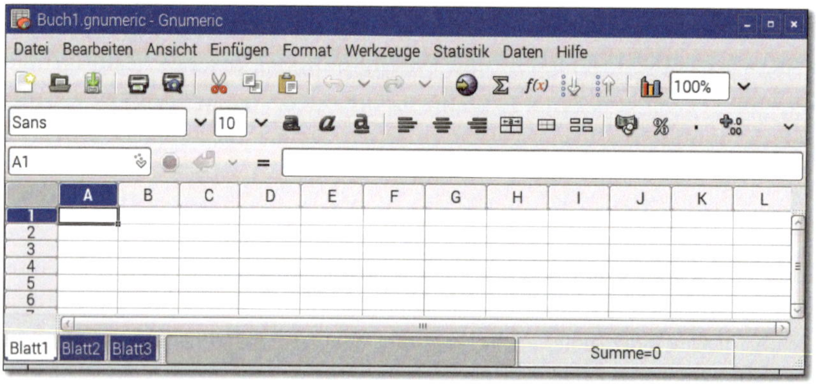

Abbildung 2.16 Das Tabellenkalkulationsprogramm Gnumeric

Software-Entwicklung

Entwicklung • Mathematica startet das gleichnamige Programm, mit dem Sie mathematische Probleme symbolisch lösen und grafisch darstellen können. Entwicklung • Wolfram startet ebenfalls Mathematica, allerdings mit einer textbasierten Oberfläche. Eine Einführung in dieses faszinierende Programm finden Sie in Kapitel 25, »Mathematica und die Wolfram Language«.

Entwicklung • Python 2 bzw. Python3 startet das Programm IDLE2 bzw. IDLE3. Das sind einfache grafische Entwicklungsumgebungen für die Programmiersprache Python in den Versionen 2.6 bzw. 3.2. Dieses Buch enthält eine ausführliche Beschreibung von Python, die in Kapitel 18, »Python kennenlernen«, beginnt. Ganz egal, welche Funktion bzw. welche Hardware-Komponenten des Raspberry Pi Sie steuern möchten – am besten gelingt dies nahezu immer mit Python!

ENTWICKLUNG • SCRATCH ist eine grafische Programmierumgebung, die Kindern bzw. Programmieranfängern die Konzepte der Programmierung nahezubringen versucht (siehe Abbildung 2.17).

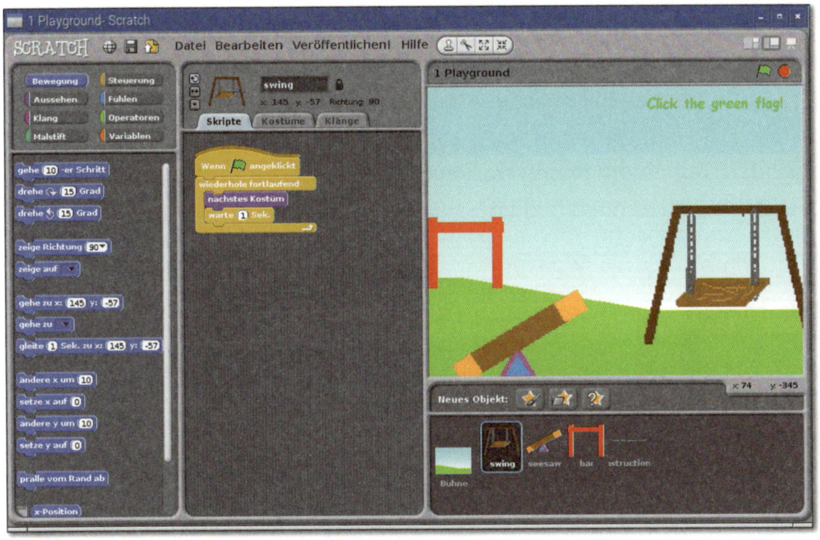

Abbildung 2.17 Programmieren lernen in Scratch

ENTWICKLUNG • SONIC PI ist eine Art programmierbarer Syntesizer. Sie können damit Audio-Effekte generieren. Sonic Pi wurde ursprünglich für den Schulunterricht entwickelt, kann aber natürlich darüber hinaus eingesetzt werden. Eine gute Einführung finden Sie hier:

https://www.raspberrypi.org/learning/sonic-pi-lessons

Screenshots

Unter Raspbian ist anfänglich kein Programm installiert, mit dem Sie Bildschirmabbildungen erstellen können. Geeignete Programme sind `xfce4-screenshooter` und `scrot`. Zur Installation führen Sie in einem Terminalfenster eines der beiden folgenden Kommandos aus:

```
sudo apt-get install scrot
sudo apt-get install xfce4-screenshooter
```

Beide Programme starten Sie aus einem Terminalfenster heraus. Wenn Sie `scrot` ohne weitere Parameter aufrufen, erstellt es eine Abbildung des gesamten Bildschirms und speichert diese im aktuellen Verzeichnis in einer PNG-Datei, deren Name sich aus dem aktuellen Datum und der Uhrzeit ergibt. Wenn Sie nur den Inhalt des gerade aktiven Fensters speichern möchten, geben Sie zusätzlich die Option `-u` ein. Um einen

Screenshot des ganzen Bildschirms nach 10 Sekunden zu erstellen und die Abbildung in der Datei `bild.png` zu speichern, führen Sie dieses Kommando aus:

```
scrot -d 10 bild.png
```

`xfce4-screenshooter` hat sogar eine einfache Benutzeroberfläche, mit der Sie die Verzögerungszeit und den aufzunehmenden Bildbereich einstellen können (siehe Abbildung 2.18). Wir haben die meisten Abbildungen für dieses Buch mit diesem Programm erstellt. Das Hauptproblem von `scrot` besteht nämlich darin, dass es mitunter die Farben ändert. Aus einem reinen Weiß auf dem Bildschirm wird beispielsweise ein Fast-Weiß in der resultierenden Bilddatei.

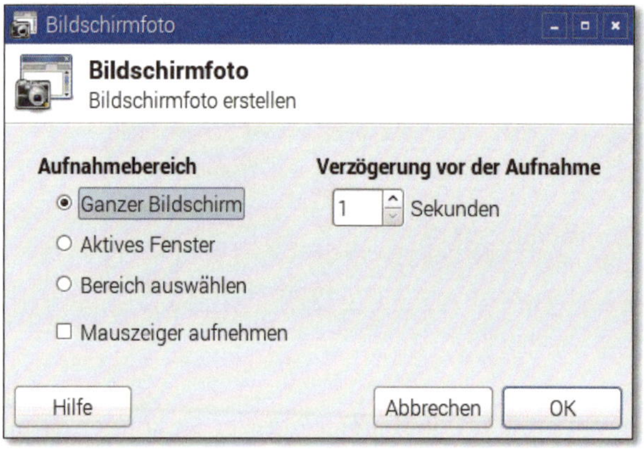

Abbildung 2.18 Screenshots mit »xfce4-screenshooter« erstellen

2.5 WLAN-Konfiguration

Im vorigen Kapitel haben wir Ihnen geraten, Ihren Raspberry Pi für die ersten Schritte mit einem Ethernet-Kabel an das lokale Netzwerk anzuschließen. Damit ersparen Sie sich jede Konfiguration, und der Netzwerk- und Internetanschluss funktioniert auf Anhieb.

Wie Sie in diesem Abschnitt sehen werden, gelingt aber auch die WLAN-Konfiguration normalerweise rasch und unkompliziert. Dazu benötigen Sie zuallererst einen USB-WLAN-Adapter. Das sind vielfach winzige USB-Stöpsel, die nur wenige Millimeter über den eigentlichen USB-Stecker hinausragen. Entscheidend ist, dass Sie sich für ein Modell entscheiden, das von Raspbian unterstützt wird.

Wenn Sie ein älteres Raspberry-Pi-Modell einsetzen, sollten Sie auch den Stromverbrauch berücksichtigen: Manche USB-WLAN-Adapter erfordern in Kombination mit den Modellen A oder B des Raspberry Pi 1 einen aktiven USB-Hub.

Bei aktuellen Raspbian-Installationen ist die WLAN-Konfiguration besonders einfach: Ein Klick auf das WLAN-Icon im Panel listet alle verfügbaren Funknetze auf (siehe Abbildung 2.19). Nach der Auswahl eines Funknetzes muss nur noch das dazugehörende Passwort angegeben werden (siehe Abbildung 2.20) – fertig!

Abbildung 2.19 Das WLAN-Menü im Panel

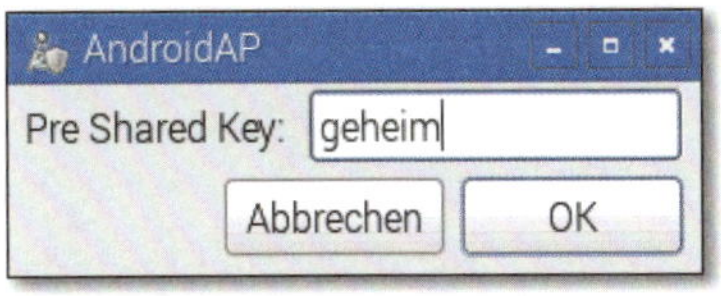

Abbildung 2.20 Eingabe des WLAN-Passworts

Hinter den Kulissen ist für den WLAN-Verbindungsaufbau das Programm `wpa_supplicant` zuständig. Die Verbindungsparameter werden in der Datei `/etc/wpa_supplicant/wpa_supplicant.conf` gespeichert, inklusive der Passwörter im Klartext.

Ältere Raspbian-Installationen enthalten nur das wesentlich umständlichere `wpa_gui`-Programm zur WLAN-Konfiguration. Abhilfe schaffen die drei folgenden Kommandos, die in einem Terminal auszuführen sind:

```
sudo apt-get update
sudo apt-get dist-upgrade
sudo apt-get install raspberrypi-net-mods
```

Mehr WLAN

In diesem Buch greifen wir das Thema WLAN noch zweimal auf:

- In Kapitel 5, »Linux-Grundlagen«, sind die technischen Details der WLAN- und WPA-Konfiguration beschrieben. Dort finden Sie auch Tipps, wie Sie bei Bedarf eine WLAN-Verbindung ohne grafische Benutzeroberfläche einrichten.
- In Kapitel 37, »WLAN-, IPv6- und Tor-Router«, zeigen wir Ihnen, wie Sie Ihren Raspberry Pi als WLAN-Access-Point, -Router oder -Repeater konfigurieren – bei Bedarf sogar mit IPv6- oder Tor-Unterstützung.

2.6 Bluetooth-Konfiguration

Der Raspberry Pi enthält keinen Bluetooth-Adapter. Damit Sie Ihre Bluetooth-Maus oder -Tastatur mit dem Raspberry Pi verwenden können, benötigen Sie einen Bluetooth-USB-Adapter. Diese winzigen USB-Stöpsel können Sie bei jedem Elektronik- oder Computer-Händler für wenige Euro erwerben. Nehmen Sie sich vor dem Kauf aber ein wenig Zeit für die Recherche – der unter Raspbian laufende Linux-Kernel ist nicht zu jedem Adapter kompatibel!

Die Bluetooth-Konfiguration gelingt am einfachsten mit dem Bluetooth-Manager. Diese grafische Benutzeroberfläche ist allerdings nicht standardmäßig installiert. Das lässt sich aber leicht ändern, indem Sie ein Terminalfenster öffnen (Programm LXTerminal) und dort die beiden folgenden Kommandos ausführen:

```
sudo apt-get update
sudo apt-get install -y bluetooth bluez-utils blueman
```

`apt-get update` aktualisiert die Paketquellen. `apt-get install` installiert nicht nur die genannten Pakete, sondern darüber hinaus auch eine Menge abhängiger Pakete, von diversen Bluetooth-Bibliotheken bis hin zu Druckertreibern. Deswegen dauert die Installation mehrere Minuten. Das jeweils vorangestellte `sudo` bewirkt, dass die Programme mit Administratorrechten ausgeführt werden. Details zu den Kommandos `apt-get` und `sudo` folgen in den nächsten zwei Kapiteln.

Das frisch installierte Konfigurationsprogramm starten Sie mit EINSTELLUNGEN • BLUETOOTH-MANAGER. Der Button SUCHE bemüht sich nun, in Reichweite befindliche Bluetooth-Geräte aufzuspüren. Achten Sie darauf, dass die Geräte eingeschaltet sind, und drücken Sie, soweit vorhanden, die Verbindungstaste des Geräts.

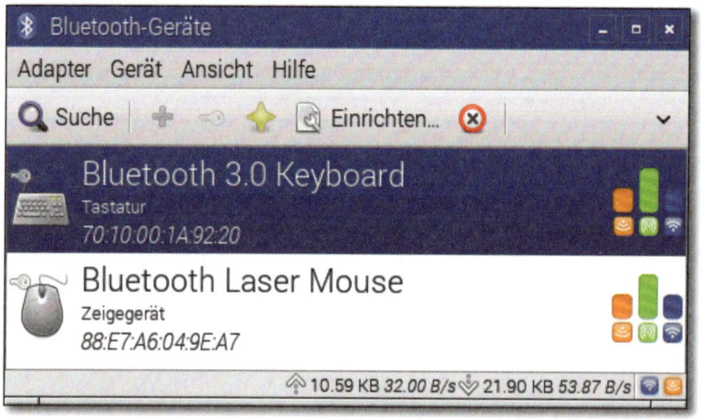

Abbildung 2.21 Bluetooth-Konfiguration

Bei den erkannten Geräten (siehe Abbildung 2.21) klicken Sie nun der Reihe nach auf die drei Buttons neben SUCHE. Diese haben die Funktionen ZUR LISTE DER BEKANN-

TEN GERÄTE HINZUFÜGEN, DIESEM GERÄT VERTRAUEN und KOPPELUNG HERSTELLEN. Bei der Koppelung einer Tastatur müssen Sie auf dieser einen zufälligen Zahlencode eingeben, der im Koppelungsdialog am Bildschirm angezeigt wird. Bei einer Maus ist dies naturgemäß nicht möglich. Hier geben Sie im Koppelungsdialog an, dass zur Authentifizierung das Passwort `0000` verwendet werden soll. Bei manchen Geräten können Sie den Koppelungscode auch auf einem anderen Gerät eingeben.

Einmal gekoppelte Geräte sollte der Raspberry Pi auch nach dem nächsten Neustart korrekt wiedererkennen. Bei unseren Tests dauerte es aber oft mehrere Sekunden, bis diverse Bluetooth-Geräte auf neue Eingaben reagierten. Generell hat sich die Bluetooth-Konfiguration bei manchen Geräten als äußerst hakelig und unzuverlässig erwiesen.

Bluetooth-Konfiguration im Textmodus

Wenn Sie eine Linux-Distribution ohne grafische Benutzeroberfläche verwenden, müssen Sie auf den Bluetooth-Manager verzichten und die Konfiguration im Textmodus durchführen. Wie das geht, beschreiben wir in Abschnitt 5.6, »Bluetooth«.

2.7 USB-Sticks und -Festplatten

Raspbian kommt unkompliziert mit externen USB-Datenträgern zurecht, ganz egal, ob es sich um USB-Sticks oder Festplatten handelt. Beachten Sie aber, dass manche USB-Sticks und alle USB-Festplatten mehr Strom brauchen, als die USB-Schnittstellen des Raspberry Pi zur Verfügung stellen können! Verwenden Sie also gegebenenfalls einen aktiven USB-Hub oder eine USB-Festplatte mit einer eigenen Stromversorgung!

Beim Anstecken eines USB-Datenträgers erscheint auf dem Bildschirm ein Dialog, in dem Sie auswählen müssen, ob Sie den Inhalt des Datenträgers im Dateimanager öffnen möchten (siehe Abbildung 2.22). Der Datenträger wird im Verzeichnis `/media/datenträgername` in den Verzeichnisbaum integriert. Im Dateimanager können Sie nun Dateien kopieren.

Bevor Sie den Stecker des Datenträgers wieder lösen, öffnen Sie im Dateimanager mit [Strg]+[6] die Seitenleiste ORTE. Dort wird für jeden Datenträger ein AUSWERFEN-Button angezeigt. Beim Anklicken trat bei unseren Tests vielfach die Fehlermeldung *failed to execute child process eject* auf, obwohl das Dateisystem fehlerfrei aus dem Verzeichnisbaum gelöst wurde. Sie können den USB-Stick anschließend also bedenkenlos abziehen.

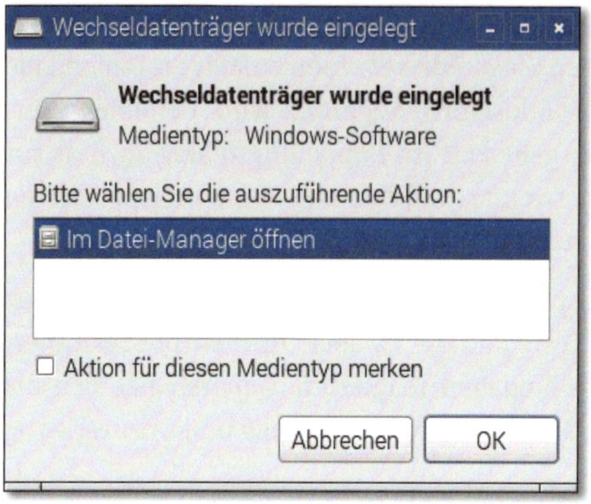

Abbildung 2.22 Raspbian erkennt einen gerade angesteckten USB-Stick.

USB-Stick formatieren

Raspbian stellt keine grafischen Werkzeuge zur Verfügung, die Ihnen dabei helfen, einen USB-Stick zu formatieren, darauf neue Partitionen einzurichten etc. Derartige Aufgaben müssen Sie durch den Aufruf der entsprechenden Kommandos im Terminal erledigen. In Abschnitt 5.4, »Verwaltung des Dateisystems«, stellen wir Ihnen unter anderem die Kommandos `parted` und `mkfs` näher vor. Eine Anleitung, wie Sie Raspbian auf einen USB-Stick installieren, finden Sie in Abschnitt 1.5, »Installation auf einen USB-Stick«.

2.8 Drucker

Um Raspbian schlank zu halten und den Bootprozess nicht unnötig zu verlangsamen, ist standardmäßig kein Drucksystem installiert. Bevor Sie einen per USB-Kabel angeschlossenen oder im lokalen Netzwerk erreichbaren Drucker nutzen können, müssen Sie zuerst die gesamte dafür erforderliche Infrastruktur installieren. Diese besteht aus einer Menge Paketen mit Druckertreibern, Konfigurationswerkzeugen und dem Hintergrundprogramm `cupsd`, das später die Druck-Jobs verarbeiten wird:

```
sudo apt-get install cups system-config-printer
```

Nach der Installation, die etliche Minuten dauert, müssen Sie den Benutzer `pi` zur Gruppe `lpadmin` hinzufügen. Das stellt sicher, dass der Benutzer `pi` die Druckfunktionen nutzen und administrieren kann. Damit die Einstellung wirksam wird, müssen Sie sich aus- und neu einloggen.

```
sudo usermod -a -G lpadmin pi
```

Die Druckerkonfiguration nehmen Sie nun mit EINSTELLUNGEN • DRUCKEN vor. Damit wird das Konfigurationsprogramm `system-config-printer` gestartet (siehe Abbildung 2.23). Während der Konfiguration werden Sie mehrfach dazu aufgefordert, Ihr Passwort anzugeben.

Mit dem Button HINZUFÜGEN starten Sie einen Assistenten. Dieser versucht, die angeschlossenen Drucker zu erkennen, und zeigt in einer Liste alle zur Auswahl stehenden Möglichkeiten. Nicht alle Listenpunkte spiegeln reale Drucker wider: Einige Einträge dienen als Ausgangspunkt für die Konfiguration von Druckern, die der Assistent selbst nicht erkannt hat.

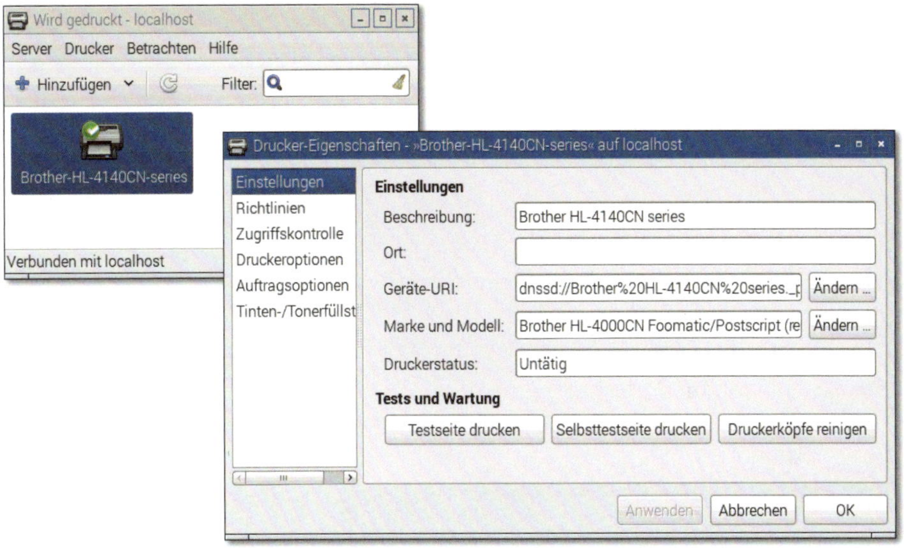

Abbildung 2.23 Druckereinstellungen

Nachdem Sie sich für einen Drucker entschieden haben und auf VOR geklickt haben, ermittelt das Konfigurationsprogramm eine Liste mit allen passenden Treibern. Bei vielen Druckern stehen mehrere Treiber zur Auswahl. Beispielsweise können Sie bei vielen Laser-Druckern zwischen PostScript- und HP-Laserjet-kompatiblen PCL-Treibern wählen.

Sobald die Grundkonfiguration einmal erledigt ist, können Sie alle erdenklichen Detaileinstellungen vornehmen und eine Testseite ausdrucken. Falls Sie mehrere Drucker eingerichtet haben, können Sie einen davon über den Kontextmenüeintrag ALS STANDARD SETZEN zum Standarddrucker machen.

Drucken im Schneckentempo

Je nachdem, in welchem Format die Druck-Jobs vorliegen und wie diese für den konfigurierten Drucker vorverarbeitet werden müssen, ist zum Drucken ein erheblicher Rechenaufwand erforderlich. Bei unseren Tests dauerte der Ausdruck der Testseite auf einem an sich schnellen Netzwerkdrucker mehrere Minuten, während denen die CPU des Raspberry Pi unter Volllast arbeitete. In Kapitel 38, »AirPrint-Drucker selbst gemacht«, gehen wir auf das Thema Drucken nochmals ausführlicher ein und zeigen Ihnen verschiedene Tricks, wie Sie die Druckgeschwindigkeit unter Umständen erheblich erhöhen können.

Kapitel 3
Arbeiten im Terminal

Erste Experimente mit dem Raspberry Pi haben Ihnen vermutlich klargemacht, dass er kein optimaler Ersatz für Ihr Notebook oder Ihren Desktop-PC ist. Die Stärken des Raspberry Pi liegen vielmehr dort, wo Sie das Gerät zur Programmierung, als *Embedded Device* (also z. B. als Internet-Radio, TV-Box oder Router) bzw. zur Steuerung elektronischer Geräte oder Komponenten einsetzen.

Diese Art der Nutzung erfordert immer Vorbereitungsarbeiten: Sie müssen Pakete installieren, Konfigurationsdateien ändern, kleine Scripts oder umfangreichere Programme erstellen, sich um automatische Backups kümmern etc. All diese Dinge erledigen Sie in der Regel im Programm *LXTerminal*, also in einem Fenster zur Ausführung von Linux-Kommandos.

Das Arbeiten im Terminal ist für erfahrene Linux-Anwender eine Selbstverständlichkeit. Wenn Sie aber bisher primär auf Windows- oder Apple-Rechnern gearbeitet haben, tauchen Sie jetzt in eine fremdartige Welt ein. Keine Angst! Sie werden in diesem Kapitel sehen, dass der Umgang mit Terminals nicht schwierig ist und dass sich mit einem Terminal viele Aufgaben sehr effizient erledigen lassen.

3.1 Erste Experimente

Bevor wir in diesem und den folgenden zwei Kapiteln systematisch viele Anwendungs- und Konfigurationsmöglichkeiten des Terminals beschreiben, gibt dieser kurze Abschnitt eine stark beispielorientierte Einführung. Sie starten also das Programm LXTerminal durch einen Doppelklick auf das Desktop-Icon oder mit ZUBEHÖR • LXTERMINAL. Per Tastatur geben Sie nun die Kommandos ein.

In diesem Buch sind die Ergebnisse der Kommandos eingerückt, um klarzumachen, was Eingabe und was Ausgabe ist. Im Terminal ist zudem jedem Kommando ein farbiger Prompt vorangestellt, also ein kurzer Text, der den eingeloggten Benutzer (zumeist `pi`), den Rechnernamen (standardmäßig `raspberrypi`) und das aktuelle Verzeichnis angibt. In diesem Buch geben wir den Prompt nicht an.

Dateien und Verzeichnisse

Nach dem Start des Terminals ist Ihr Arbeitsverzeichnis /home/pi das aktuelle Verzeichnis. Dieses Verzeichnis wird unter Linux auch Heimatverzeichnis genannt und mit dem Zeichen ~ abgekürzt. Mit dem Kommando cd wechseln Sie in andere Verzeichnisse. ls zeigt an, welche Dateien es im Verzeichnis gibt. ls mit der Option -l liefert ebenfalls die Liste der Dateien, allerdings ergänzt um weitere Informationen, wie die Uhrzeit und das Datum der letzten Änderung sowie die Größe in Byte.

```
cd Bilder
ls
  raspbian-appearance.png  raspbian-firefox.png
  ...
  raspbian-epiphany.png    raspbian-scratch.png
  raspbian-screenshot.png
ls -l raspbian-s*.png
  -rw-r--r-- 1 pi pi 134299 Jun 22 08:54 raspbian-scratch.png
  -rw-r--r-- 1 pi pi 116639 Jun 22 20:18 raspbian-screenshot.png
  -rw-r--r-- 1 pi pi 192899 Jun 22 08:10 raspbian-starter.png
```

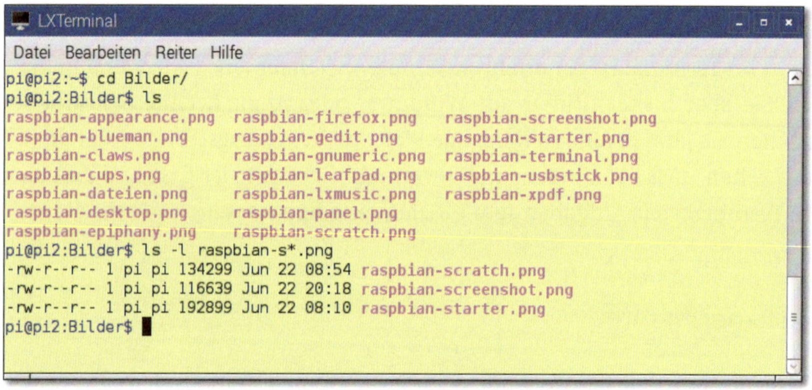

Abbildung 3.1 Erste Kommandos im Terminal

Zugriff auf Systemdateien

Die wichtigsten Konfigurationsdateien von Linux sind im Verzeichnis /etc gespeichert. Dateien, die in diesem Verzeichnis liegen, dürfen Sie als gewöhnlicher Benutzer aus Sicherheitsgründen nicht verändern und teilweise nicht einmal lesen. Um solche Dateien zu bearbeiten, müssen Sie dem betreffenden Kommando sudo voranstellen. sudo führt das Kommando dann mit Administratorrechten aus. Bei vielen Distributionen fordert sudo Sie zur Angabe Ihres Passworts auf. Bei Raspbian ist dies aber nicht der Fall.

Im folgenden Beispiel sucht find im Verzeichnis /etc nach Dateien, die sich während des letzten Tages geändert haben. Eine der drei gefundenen Dateien wird anschließend mit cat im Terminal angezeigt:

```
sudo find . -type f -mtime -1
  ./samba/dhcp.conf
  ./resolv.conf
  ./fake-hwclock.data
cat  resolv.conf
  domain lan
  search lan
  nameserver 10.0.0.138
```

Hardware-Tests

lsusb liefert eine Liste aller USB-Geräte, die der Raspberry Pi erkannt hat. lsblk gibt eine Liste aller Partitionen auf der SD-Karte und allen anderen Datenträgern aus. lscpu bescheibt die Architektur der CPU des Raspberry Pi.

```
lsusb
  Bus 001 Device 002: ID 0424:9512 Standard Microsystems Corp.
  Bus 001 Device 001: ID 1d6b:0002 Linux Foundation 2.0 root hub
  Bus 001 Device 008: ID 05ac:021e Apple, Inc. ... Keyboard (ISO)
  Bus 001 Device 009: ID 046d:c03e Logitech, Inc. Mouse (M-BT58)
  Bus 001 Device 003: ID 0424:ec00 Standard Microsystems Corp.
  Bus 001 Device 004: ID 0951:1665 Kingston Technology
  Bus 001 Device 005: ID 2101:8500 ActionStar

lsblk
  NAME         MAJ:MIN RM   SIZE RO TYPE MOUNTPOINT
  sda            8:0    1   7,5G  0 disk
    sda1         8:1    1   7,5G  0 part /media/MUSIK
  mmcblk0      179:0    0   7,4G  0 disk
    mmcblk0p1  179:1    0    56M  0 part /boot
    mmcblk0p2  179:2    0   7,4G  0 part /

lscpu
  Architecture:          armv7l
  Byte Order:            Little Endian
  CPU(s):                4
  On-line CPU(s) list:   0-3
  Thread(s) per core:    1
  Core(s) per socket:    4
  Socket(s):             1
```

vcgencmd

Mit dem Kommando vcgencmd können Sie diverse Statusinformationen der CPU auslesen. vcgencmd commands liefert eine Liste aller bekannten Kommandos. Die folgenden Beispiele zeigen einige Anwendungen:

```
vcgencmd measure_clock arm    (CPU-Frequenz)
  frequency(45)=600000000
vcgencmd measure_clock core   (Frequenz der Grafik-Cores)
  frequency(1)=250000000
vcgencmd measure_volts core   (Spannung der Grafik-Cores)
  volt=1.2000V
vcgencmd measure_temp         (CPU-Temperatur)
  temp=41.2'C
vcgencmd codec_enabled H264   (Steht Codec xy zur Verfügung?)
  H264=enabled
vcgencmd get_config int       (Liste der aktiven Integer-Optionen)
  arm_control=0xa5800010
  arm_freq=900
  config_hdmi_boost=2
  ...
vcgencmd get_config str       (Liste der aktiven String-Optionen)
  ...
```

Noch mehr Anwendungsbeispiele finden Sie hier:

http://elinux.org/RPI_vcgencmd_usage

Software-Verwaltung

Sofern Ihr Raspberry Pi Internetzugang hat, können Sie mit dem Kommando apt-get weitere Programme installieren bzw. alle installierten Programme auf den aktuellen Stand bringen. Derartige Administratorarbeiten müssen ebenfalls mit sudo ausgeführt werden.

apt-get greift zur Software-Verwaltung auf Paketquellen aus dem Internet zurück. Alle für den Raspberry Pi verfügbaren Programme und Erweiterungen sind dort in Form von »Paketen«, also speziellen Dateien gespeichert. apt-get update lädt von diesen Paketquellen die aktuelle Liste aller verfügbaren Pakete und Versionen herunter. apt-get install installiert das angegebene Paket – hier den Editor joe. Das Kommando apt-get dist-upgrade aktualisiert alle installierten Pakete. Dieser Vorgang kann durchaus eine Viertelstunde in Anspruch nehmen: Oft müssen viele Pakete heruntergeladen, dekomprimiert und schließlich installiert werden.

```
sudo apt-get update
  Es wurden 6'926 kB in 1 min 13 s geholt (93.9 kB/s).
  Paketlisten werden gelesen... Fertig
```

```
sudo apt-get install joe
  Die folgenden NEUEN Pakete werden installiert: joe
  Es müssen noch 0 B von 474 kB an Archiven heruntergeladen
    werden.

sudo apt-get dist-upgrade
  Die folgenden Pakete werden aktualisiert (Upgrade):
  apt apt-utils base-files curl ...
  Möchten Sie fortfahren [J/n]? j
```

Freien Speicherplatz ermitteln

Das Kommando `free` verrät, wie der Speicher (also das RAM) genutzt wird. Mit der Option `-m` erfolgen alle Ausgaben in MByte. Das Ergebnis ist leider nicht ganz einfach zu interpretieren. Insgesamt stehen Raspbian 927 MByte zur Verfügung. Der restliche Speicher ist für das Grafiksystem reserviert. Tatsächlich von Raspbian genutzt werden 316 MByte. Davon werden aber 29 + 181 MByte lediglich als Puffer- oder Cache-Speicher verwendet, um Dateioperationen zu beschleunigen. Dieser Speicher könnte bei Bedarf auch Programmen zugewiesen werden. Unter diesem Aspekt sind somit nur 105 MByte direkt genutzt, weitere 821 MByte sind noch verfügbar (siehe die zweite Ergebniszeile). Der Auslagerungsspeicher in der Swap-Datei ist ungenutzt.

```
free -m
                   total    used   free  shared  buffers   cached
  Mem:               927     316    610       0       29      181
  -/+ buffers/cache:         105    821
  Swap:               99       0     99
```

Wenn Sie wissen möchten, wie voll Ihre SD-Karte ist (oder, um es genauer zu formulieren, wie voll die aktiven Dateisysteme auf den Partitionen der SD-Karte sowie aller externen Datenträger sind), führen Sie `df -h` aus. Die Option `-h` bewirkt, dass die Ergebnisse nicht alle in kByte, sondern je nach Größe in MByte oder GByte präsentiert werden.

Die lange Ergebnisliste offenbart mehr Dateisysteme als erwartet. Der erste Eintrag und sein Doppelgänger in der zweiten Zeile beschreibt die Systempartition mit dem Einhängepunkt (*Mount Point*) /. Das darauf befindliche Dateisystem ist 7,2 GByte groß, 1,8 GByte sind noch frei. Die folgenden vier Einträge betreffen temporäre Dateisysteme, die diverse administrative Daten enthalten. Diese Daten befinden sich im RAM und stehen nur zur Verfügung, solange der Rechner läuft. Die vorletzte Zeile beschreibt die Bootpartition. Das ist ein 56 MByte kleiner Bereich der SD-Karte, der die Dateien enthält, die für den Systemstart erforderlich sind. Die letzte Zeile zeigt schließlich, dass an den Raspberry Pi ein USB-Stick angesteckt wurde. Er enthält 2,3 GByte Daten, der restliche Speicher ist frei.

```
df -h
  Dateisystem      Größe Benutzt Verf. Verw% Eingehängt auf
  rootfs            7,2G    5,2G  1,8G   75% /
  /dev/root         7,2G    5,2G  1,8G   75% /
  devtmpfs          183M       0  183M    0% /dev
  tmpfs              38M    320K   38M    1% /run
  tmpfs             5,0M       0  5,0M    0% /run/lock
  tmpfs              75M       0   75M    0% /run/shm
  /dev/mmcblk0p1     56M     26M   31M   45% /boot
  /dev/sda1         7,6G    2,3G  5,3G   30% /media/MUSIK
```

Mitunter wäre es gut zu wissen, welche Verzeichnisse wie viel Speicherplatz beanspruchen. Diese Antwort gibt `du`. Das Kommando analysiert ausgehend vom aktuellen Verzeichnis alle Unterverzeichnisse und weist den Platzbedarf für jedes (Unter-)Verzeichnis aus. Abermals macht die Option `-h` das Ergebnis besser lesbar. Mit `--max 1` oder `--max 2` können Sie die Ausgabe auf eine oder zwei Verzeichnisebenen reduzieren, was zumeist ausreicht. Leider bietet `du` keine Möglichkeit, die Ergebnisse zu sortieren.

```
du -h --max 1
  60K     ./Desktop
  5,3M    ./Bilder
  488K    ./.WolframEngine
  20M     ./rtl8188eu
  8,0K    ./Documents
  ...
  1,1G    .
```

Online-Hilfe

Kommandos wie `ls`, `cp` oder `top`, die Sie üblicherweise in einem Terminalfenster ausführen, reagieren weder auf [F1] noch verfügen sie über ein Hilfe-Menü. Es gibt aber natürlich auch für diese Kommandos Hilfetexte, die durch verschiedene Kommandos gelesen werden können:

- `kommando --help` liefert bei sehr vielen Kommandos eine Liste aller Optionen samt einer kurzen Erklärung zu ihrer Bedeutung.
- `man kommando` zeigt bei vielen Kommandos einen Infotext an (siehe Abbildung 3.2). `man ls` erklärt also, wie das Kommando `ls` zu nutzen ist und welche Optionen es dabei gibt. Durch den meist mehrseitigen Text können Sie mit den Cursortasten navigieren. Die Leertaste blättert eine ganze Seite nach unten. Mit [/] können Sie im Hilfetext einen Ausdruck suchen. [N] springt bei Bedarf zum nächsten Suchergebnis. [Q] beendet die Hilfe.

- `help kommando` funktioniert nur bei sogenannten Shell-Kommandos, z. B. bei `cd` oder `alias`.
- `info kommando` ist eine Alternative zu `man`. Das `info`-System eignet sich vor allem für sehr umfangreiche Hilfetexte, allerdings ist die Navigation viel umständlicher. Ob der Hilfetext im `man`- oder im `info`-System vorliegt, hängt davon ab, für welches Hilfesystem sich die Programmentwickler entschieden haben.

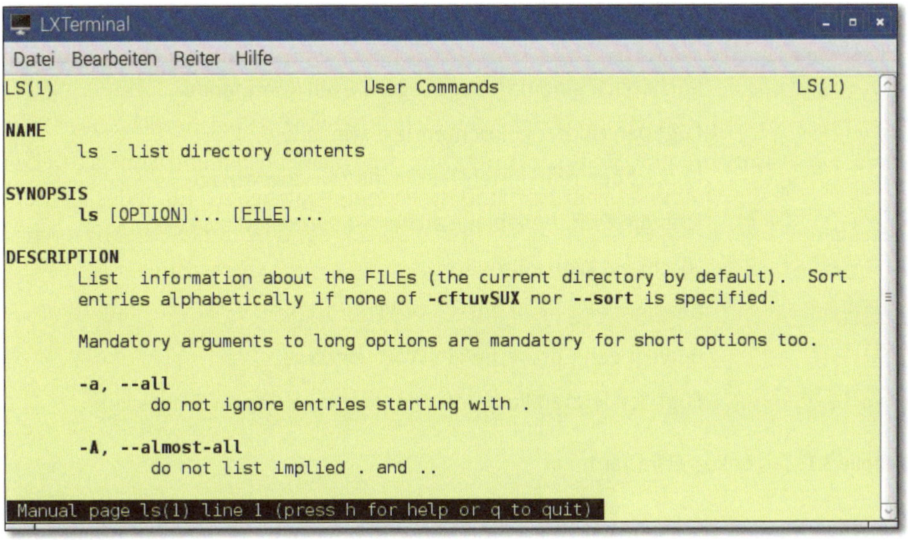

Abbildung 3.2 Der »man«-Hilfetext zum Kommando »ls«

3.2 Eingabeerleichterungen und Tastenkürzel

Es ist Ihnen sicher bei den ersten Experimenten schon aufgefallen, dass Sie den Cursor im Terminalfenster nicht frei bewegen können. Mit [←] und [→] bewegen Sie den Cursor innerhalb der gerade aktuellen Eingabezeile. [↑] und [↓] dienen hingegen dazu, um durch früher ausgeführte Kommandos zu blättern. Das erleichtert es, ein fehlerhaftes Kommando zu korrigieren und dann nochmals auszuführen.

Daneben gibt es etliche weitere Tastenkürzel, die Ihnen bei der Eingabe von Kommandos behilflich sind (siehe Tabelle 3.1). Das Kürzel [Alt]+[B] funktioniert nur, wenn Sie mit Bearbeiten • Einstellungen • Verschiedenes die Option Disable Alt-n for menu aktivieren. Die meisten Tastenkürzel des Terminals sind in der Datei `/etc/inputrc` definiert.

Tastenkürzel	Bedeutung
↹	Vervollständigt ein Kommando oder einen Namen.
Strg+a	Setzt den Cursor an den Beginn der Zeile.
Strg+c	Bricht die Eingabe ab bzw. stoppt ein laufendes Kommando.
Strg+D	Löscht das Zeichen an der Cursorposition.
Strg+E	Setzt den Cursor an das Ende der Zeile.
Strg+K	Löscht alles bis zum Ende der Zeile.
Strg+R *abc*	Sucht nach einem früher ausgeführten Kommando.
Strg+Y	Fügt den zuletzt gelöschten Text wieder ein.
⇧+Strg+C	Kopiert den markierten Text in die Zwischenablage.
⇧+Strg+V	Fügt die Zwischenablage an der Cursorposition ein.
Alt+←	Löscht ein Wort rückwärts.
Alt+B	Bewegt den Cursor um ein Wort zurück.
Alt+F	Bewegt den Cursor um ein Wort vorwärts.
Esc .	Fügt den letzten Parameter des vorherigen Kommandos ein.

Tabelle 3.1 Tastenkürzel im Terminal

Das Tastenkürzel ↹ erspart Ihnen eine Menge Tipparbeit. Sie müssen nur die ersten Buchstaben eines Kommandos, eines Verzeichnisses oder einer Datei angeben. Anschließend drücken Sie ↹. Wenn der Kommando-, Verzeichnis- oder Dateiname bereits eindeutig erkennbar ist, wird er vollständig ergänzt, sonst nur so weit, bis sich mehrere Möglichkeiten ergeben. Ein zweimaliges Drücken von ↹ bewirkt, dass eine Liste aller Dateinamen angezeigt wird, die mit den bereits eingegebenen Anfangsbuchstaben beginnen.

Wenn Sie Text kopieren möchten, z. B. einen von `ls` gelieferten Dateinamen, den Sie im nächsten Kommando als Parameter verwenden möchten, gelingt dies am bequemsten mit einer Maus: Zuerst markieren Sie den Text, wobei Sie die linke Maustaste drücken. Alternativ markiert ein Doppelklick ein Wort oder ein Dreifachklick die ganze Zeile. Wenn Sie anschließend die mittlere Maustaste bzw. das Mausrad drücken, wird der markierte Text an der gerade aktuellen Cursorposition eingefügt.

Sollte Ihre Maus keine mittlere Taste haben, können Sie zuvor markierten Text auch mit ⇧+Strg+C kopieren und dann mit ⇧+Strg+V einfügen. Beachten Sie, dass diese Kürzel von den sonst üblichen Strg+C und +V abweichen, weil Strg+C im Terminal traditionell eine andere Bedeutung hat: Das Kürzel bricht die Eingabe oder das laufende Programm ab.

Multitasking im Terminal

Wenn die Ausführung eines Kommandos länger dauert als erwartet, müssen Sie keineswegs warten und Däumchen drehen. Stattdessen öffnen Sie mit `Strg`+`N` ein neues Terminalfenster oder mit `Strg`+`T` ein neues Dialogblatt im aktuellen Fenster. Dort können Sie sofort weiterarbeiten. Wenn gerade Prozesse laufen, die viel CPU-Leistung erfordern oder eine Menge Daten auf die SD-Karte schreiben, dann wird Raspbian natürlich langsamer als sonst reagieren. Das hindert Sie aber nicht daran, in einem Editor Code zu verfassen oder vergleichbare Arbeiten durchzuführen.

alias-Abkürzungen definieren

Mit der Zeit werden Sie feststellen, dass Sie manche Kommandos und Optionen häufiger benötigen als andere. Um sich ein wenig Tipparbeit zu ersparen, können Sie für solche Kommandos Abkürzungen definieren. Die Eingabe von `ll` bewirkt dann beispielsweise, dass das Kommando `ls -l` ausgeführt wird.

Abkürzungen werden ganz unkompliziert mit dem Kommando `alias` definiert:

```
alias ll='ls -l'
```

Allerdings werden mit `alias` definierte Abkürzungen nur so lange gespeichert, bis das Terminalfenster bzw. -dialogblatt geschlossen wird. Um Abkürzungen dauerhaft zu speichern, öffnen Sie die Datei `.bashrc` mit einem Editor (z. B. mit Leafpad) und fügen die gewünschten `alias`-Definitionen am Ende dieser Datei hinzu.

Textkonsolen

Normalerweise werden Sie Raspbian im Grafikmodus nutzen und Kommandos in Terminalfenstern ausführen. Alternativ dazu gibt es in Linux aber die sogenannten Textkonsolen. Die sind dann praktisch, wenn Sie Raspbian so konfiguriert haben, dass das Grafiksystem überhaupt nicht gestartet wird, oder wenn der Start des Grafiksystems aus irgendeinem Grund nicht funktioniert.

Unter Raspbian stehen sechs Textkonsolen zur Verfügung. Aus dem Grafikmodus führt `Strg`+`Alt`+`F1` in die erste Textkonsole und `Alt`+`F7` zurück in den Grafikmodus. Im Textmodus erfolgt der Wechsel zwischen den Textkonsolen mit `Alt`+`F1` für die erste Konsole, `Alt`+`F2` für die zweite etc.

Bevor Sie in einer Textkonsole arbeiten können, müssen Sie sich einloggen. Der Defaultbenutzername unter Raspbian lautet `pi`, das dazugehörende Passwort `raspberrypi`, sofern Sie es noch nicht geändert haben. Wenn Sie mit der Arbeit fertig sind oder wenn Sie sich unter einem anderen Namen anmelden möchten, müssen Sie sich wieder ausloggen. Dazu drücken Sie einfach `Strg`+`D`.

Sie können in der einen Konsole ein Kommando starten, und während dieses Kommando läuft, können Sie in der zweiten Konsole etwas anderes erledigen. Jede Konsole läuft also vollkommen unabhängig von den anderen.

3.3 Farbspiele

Standardmäßig verwendet das LXTerminal eine schwarze Hintergrundfarbe. Mit BEARBEITEN • EINSTELLUNGEN können Sie unkompliziert eine hellere und augenfreundlichere Hintergrundfarbe und eine schwarze Vordergrundfarbe einstellen. Die Vordergrundfarbe gilt allerdings nur für gewöhnliche Textausgaben, nicht aber für die Eingabeaufforderung (den sogenannten Prompt) sowie für Kommandos wie `ls`, das Farben zur Kennzeichnung unterschiedlicher Dateitypen verwendet. In Kombination mit einem hellen Hintergrund ist der Kontrast dann leider recht schlecht. Dieser Abschnitt zeigt Ihnen, wie Sie die Farbe des Prompts und die Farben von `ls` so anpassen, dass die Ausgaben auch bei einem Terminal mit hellem Hintergrund gut lesbar sind.

Den Prompt individuell einrichten

Im Terminal werden am Beginn jeder Eingabezeile in grüner Schrift der Login-Name und der Hostname sowie in blauer Schrift das gerade aktuelle Verzeichnis angezeigt. Diesen Informationen folgt normalerweise das Zeichen $; wenn Sie mit Administratorrechten arbeiten, wird hingegen das Zeichen # angezeigt.

Dieses Bündel an Informationen wird als *Prompt* bezeichnet. Für die Zusammensetzung des Prompts sowie für die Farben der verschiedenen Bestandteile ist die Umgebungsvariable `PS1` verantwortlich. Unter Raspbian wird diese Variable in der Datei `.bashrc` eingestellt, und zwar standardmäßig wie folgt:

```
echo $PS1
  \[\e]0;\u@\h: \w\a\]${debian_chroot:+($debian_chroot)}\
  [\033[01;32m\]\u@\h\[\033[00m\] \[\033[01;34m\]\w
  \$\[\033[00m\]
```

In dieser unleserlichen Zeichenkette ist `\u` ein Platzhalter für den Benutzernamen, `\h` für den Hostnamen, `\w` für das gesamte aktuelle Verzeichnis, `\W` für den letzten Teil des aktuellen Verzeichnisses und `\$` für den Promptabschluss ($ oder #). Mit dem Code `\[\e[0;nnm\]` stellen Sie ein, in welcher Farbe (`nn`) die nachfolgenden Zeichen ausgegeben werden. Eine umfassende Anleitung zur Prompt-Konfiguration inklusive einer Auflistung aller ANSI-Farbcodes finden Sie im folgenden HOWTO-Dokument:

http://tldp.org/HOWTO/Bash-Prompt-HOWTO

Um den Prompt entsprechend Ihrer Vorstellungen zu gestalten, fügen Sie am Ende von .bashrc die folgenden Zeilen ein:

```
# am Ende der Datei .bashrc
...
# eigener Prompt
BLACK='\[\e[0;30m\]'
BLUE='\[\e[0;34m\]'
PS1="$BLUE\u@\h:\W\$ $BLACK"
unset BLACK BLUE
```

Mit dieser vergleichsweise einfachen Einstellung erreichen Sie, dass der Prompt in blauer Farbe angezeigt wird. Anders als in der Originaleinstellung wird anstelle des gesamten gerade aktuellen Verzeichnisses nur noch dessen letzter Teil angezeigt. Wenn gerade das Verzeichnis /var/www/html aktiv ist, zeigt das Terminal also nur html an.

Die neue Einstellung wird normalerweise erst gültig, wenn Sie das LXTerminal neu starten. Zum Testen ist es effizienter, die Datei .bashrc direkt im Terminal neu einzulesen. Dabei gilt der Punkt am Beginn des Kommandos als Anweisung, die folgende Datei zu verarbeiten:

```
. ~/.bashrc
```

ls-Farben

Das Kommando ls verwendet standardmäßig Farben, um unterschiedliche Dateitypen zu kennzeichnen. Es stellt beispielsweise ausführbare Programme grün, Bilddateien rosarot, Links hellbau und Verzeichnisse dunkelblau dar. Die Farbdarstellung können Sie mit ls --color=none vermeiden. Welche Farben zum Einsatz kommen, bestimmt die Umgebungsvariable LS_COLORS. Die Defaulteinstellungen dieser Variablen werden in .bashrc mit dem Kommando dircolors erzeugt. Wenn Sie davon abweichende Einstellungen wünschen, erzeugen Sie zuerst mit dem folgenden Kommando in Ihrem Heimatverzeichnis die Datei .dircolors:

```
cd
dircolors -p > .dircolors
```

Anschließend laden Sie die Datei in einen Editor und bearbeiten sie. Die Syntax ist an sich einfach zu verstehen: Jede Zeile legt für einen bestimmten Dateityp die Darstellung fest. Dabei bestimmen mehrere, durch Strichpunkte getrennte Zahlencodes die Vorder- und Hintergrundfarbe sowie eventuell ein Zusatzattribut (fett, blinkend). Beispielsweise bedeutet EXEC 01;32, dass ausführbare Dateien in fetter Schrift und in grüner Farbe angezeigt werden sollen. *.tar 01;31 bewirkt, dass tar-Archive ebenfalls fett, aber in roter Farbe angezeigt werden, etc.

```
# Aufbau der Datei .dircolors
# für welche Terminal-Arten gelten die Farbcodes
TERM Eterm
TERM ansi
...
# Attribut-Codes:
# 00=none 01=bold 04=underscore 05=blink 07=reverse 08=concealed
# Vordergrundfarben:
# 30=black 31=red     32=green 33=yellow
# 34=blue  35=magenta 36=cyan  37=white
# Hintergrundfarben:
# 40=black 41=red     42=green 43=yellow
# 44=blue  45=magenta 46=cyan  47=white
...
# Darstellungsregeln:
EXEC 01;32
.tar 01;31
.tgz 01;31
...
```

Das Neueinstellen aller Farbcodes ist natürlich ein mühsamer Prozess. Einfacher ist es, durch Suchen und Ersetzen bestimmte Farben durch andere zu ersetzen, also z. B. jedes Vorkommen von 32 (Grün) durch 34 (Blau). Die geänderten Einstellungen gelten, sobald Sie das Terminal neu starten.

3.4 Die Bourne Again Shell (bash)

Auf den ersten Blick erscheint es, als würde das Terminal selbst Kommandos entgegennehmen und ausführen. Das ist aber eine verkürzte Darstellung: In Wirklichkeit übergibt das Terminal Ihre Eingaben an eine sogenannte Shell. Das ist ein Kommandointerpreter, der die Eingabe auswertet und ausführt. Die Shell liefert dann die Ergebnisse zurück an das Terminal, das diese schließlich anzeigt.

Unter Linux stehen gleich mehrere Shells zur Auswahl. In Raspbian ist – wie in den meisten anderen Linux-Distributionen – standardmäßig die *Bourne Again Shell* (kurz bash) aktiv. Indirekt sind Sie auf die bash bereits gestoßen: In den vorherigen Abschnitten haben wir Ihnen gezeigt, wie Sie sowohl `alias`-Abkürzungen als auch die Konfiguration des Kommandoprompts in der Datei `.bashrc` durchführen können. `.bashrc` enthält Ihre persönlichen Konfigurationseinstellungen für die bash.

Vielleicht fragen Sie sich, warum wir uns hier mit derartigen technischen Details aufhalten. Der Grund dafür ist schnell erklärt: Die Shell hat großen Einfluss darauf, wie Kommandos ausgeführt werden. Sie ist dafür verantwortlich, dass `*.png` tatsächlich alle PNG-Dateien im aktuellen Verzeichnis verarbeitet, und ermöglicht es beispielsweise, die Ergebnisse des einen Kommandos mit dem nächsten weiterzuverarbeiten. Um das Terminal effizient zu nutzen, müssen Sie also die wichtigsten Mechanismen der bash kennen – und damit sind wir beim Thema für diesen Abschnitt.

Programmieren mit der bash

Die bash ist noch viel mehr als ein Kommandointerpreter – sie ist eine vollständige Programmiersprache! Die bash eignet sich besonders gut dazu, Administrationsaufgaben durch Scripts zu automatisieren. Auf dem Raspberry Pi kann die bash z. B. auch verwendet werden, um verschiedene Hardware-Funktionen regelmäßig auszuführen. Eine Einführung in die Programmierung mit der bash finden Sie in Kapitel 21.

Jokerzeichen

Das Kommando `rm *.bak` löscht alle Dateien, deren Namen mit `.bak` enden. Für das Auffinden dieser Dateien ist aber nicht das `rm`-Kommando verantwortlich, sondern die bash. Sie durchsucht das aktuelle Verzeichnis nach passenden Dateien und ersetzt `*.bak` durch die entsprechenden Dateinamen. Diese Namen werden an das Kommando `rm` übergeben.

Zeichen	Bedeutung
`?`	ein beliebiges Zeichen
`*`	beliebig viele Zeichen (auch null)
`[a,e,i,o,u]`	eines der Zeichen `a`, `e`, `i`, `o` oder `u`
`[a-f]`	eines der Zeichen `a` bis `f`
`[!a-f]`	ein beliebiges Zeichen außer `a` bis `f`
`[^a-f]`	wie `[!a-f]`

Tabelle 3.2 Joker-Zeichen in der bash

Zur Formulierung des Suchausdrucks kennt die bash mehrere Jokerzeichen (siehe Tabelle 3.2). Wenn Sie ein Feedback haben möchten, wie die bash intern funktioniert, können Sie `set -x` ausführen. Die `bash` zeigt dann vor der Ausführung jedes weiteren Kommandos an, wie die Kommandozeile ausgewertet wird.

Ein- und Ausgabeumleitung

Bei der Ausführung von Kommandos in der bash existieren drei sogenannte Standarddateien. Der Begriff *Datei* ist dabei irreführend: Es handelt sich nicht um richtige Dateien, sondern um Dateideskriptoren, die wie Dateien behandelt werden.

- **Standardeingabe:** Das gerade ausgeführte Programm, z. B. die bash oder ein beliebiges von dort gestartetes Kommando, liest alle Eingaben von der Standardeingabe. Als Standardeingabequelle gilt normalerweise die Tastatur.
- **Standardausgabe:** Dorthin werden die Ausgaben des Programms geleitet – etwa die Dateiliste eines `ls`-Kommandos. Als Standardausgabe gilt das Terminal.
- **Standardfehler:** Auch Fehlermeldungen werden üblicherweise im aktuellen Terminal angezeigt.

An sich ist das alles selbstverständlich – woher sonst als von der Tastatur sollten die Eingaben kommen, wo sonst als auf dem Bildschirm sollten Ergebnisse oder Fehler angezeigt werden? Bemerkenswert ist aber die Möglichkeit, die Standardeingabe oder -ausgabe umzuleiten.

Nehmen wir an, Sie möchten die Liste aller Dateien eines Verzeichnisses nicht auf dem Bildschirm sehen, sondern in einer Textdatei speichern. Die Standardausgabe soll also in eine echte Datei umgeleitet werden. Das erfolgt in der bash durch das Zeichen `>`. Die Textdatei `meine-bilder.txt` enthält also nach der Ausführung des folgenden Kommandos zeilenweise die Dateinamen aller PNG-Dateien.

```
ls *.png > meine-bilder.txt
```

Die Ausgabeumleitung mit `> datei` ist die häufigste Anwendung. Daneben existieren viele Varianten: `2> fehler` leitet die Fehlermeldungen in die angegebene Datei. `>& alles` bzw. `&> alles` leitet die Standardausgabe und die Fehlermeldungen in die angegebene Datei. Wenn Sie statt `>` die Verdoppelung `>>` verwenden, werden die jeweiligen Ausgaben an das Ende einer Datei angehängt, ohne diese zu überschreiben.

Eine Eingabeumleitung erfolgt mit `< datei`: Kommandos, die Eingaben von der Tastatur erwarten, lesen diese damit aus der angegebenen Datei.

Vorsicht

Sie können nicht gleichzeitig eine Datei bearbeiten und das Ergebnis dorthin schreiben! Die Kommandos `sort datei > datei` und `sort < datei > datei` führen beide dazu, dass die angegebene Datei gelöscht wird! Um die Datei zu sortieren, müssen Sie diese zuerst umbenennen, z. B. so:

```
mv datei tmp; sort tmp > datei; rm tmp
```

Kommandos im Hintergrund ausführen

Normalerweise wartet die bash bei jedem Kommando, bis dieses fertig ist. Es besteht aber auch die Möglichkeit, Kommandos als Hintergrundprozesse zu starten. Dazu stellen Sie dem Kommando einfach das Zeichen & hintan.

Das folgende Kommando durchsucht das aktuelle Verzeichnis und alle Unterverzeichnisse nach Dateien mit der Endung `.c`. Die resultierende Liste der Dateinamen wird in der Datei `alle-c-dateien.txt` gespeichert. Da die Suche nach den Dateien möglicherweise längere Zeit dauern wird, wollen Sie in der Zwischenzeit andere Dinge erledigen und starten das Programm mit & im Hintergrund. Sie können nun sofort weiterarbeiten. Die Information `[1] 3537` bedeutet, dass es sich um den bash-Hintergrundprozess mit der Nummer 1 handelt. Die globale Prozessidentifikationsnummer lautet 3537. Sobald die Suche einige Zeit später abgeschlossen ist, werden Sie darüber informiert.

```
find . -name '*.c' > alle-c-dateien.txt &
  [1] 3537
... (andere Kommandos)
  [1]+  Fertig    find . -name '*.py' > alle-python-dateien.txt
```

Der Programmstart im Hintergrund ist auch dann zweckmäßig, wenn das auszuführende Programm eine grafische Benutzeroberfläche besitzt und daher in einem eigenen Fenster erscheint. Das trifft beispielsweise auf den Editor Leafpad oder auf den Webbrowser Midori zu. Ohne das &-Zeichen können Sie nach dem Start solcher Programme im Terminal erst weiterarbeiten, wenn das betreffende Programm beendet wird.

```
leafpad meine-datei.txt &
```

Ein Kommando nachträglich zum Hintergrundprozess machen

Nicht immer ist im Voraus erkennbar, dass die Ausführung eines Kommandos längere Zeit dauern wird. Mitunter werden Sie das Zeichen & auch ganz einfach vergessen. Das ist kein Problem! In solchen Fällen können Sie die Programmausführung mit [Strg]+[Z] unterbrechen und das betroffene Kommando anschließend einfach durch bg im Hintergrund fortsetzen.

Mehrere Kommandos ausführen

Um mehrere Kommandos hintereinander auszuführen, trennen Sie die Kommandos einfach durch Strichpunkte:

```
cmd1; cmd2; cmd3
```

Sie können die Kommandoabfolge auch logisch verknüpfen. `&&` bedeutet, dass das nachgestellte Kommando nur ausgeführt wird, wenn das erste erfolgreich war.

```
cmd1 && cmd2
```

Genau die umgekehrte Wirkung hat `||`: Das zweite Kommando wird nur dann ausgeführt, wenn das erste scheitert.

```
cmd1 || cmd2
```

Faszinierende Möglichkeiten ergeben sich daraus, dass ein Kommando die Ergebnisse des anderen verarbeitet. Dazu sieht die bash den Pipe-Operator `|` vor. `cmd1 | cmd2` bedeutet, dass das Ergebnis von `cmd1`, also seine Standardausgabe, an `cmd2` weitergegeben wird. `cmd2` erhält das Ergebnis als Standardeingabe.

Ein Beispiel macht das Konzept klarer: `ps ax` liefert die Liste aller laufenden Prozesse. `grep` filtert aus dieser Liste alle Prozesse heraus, die den Suchbegriff `sshd` enthalten. Das Endergebnis ist eine Liste mit den Prozessnummern aller `sshd`-Prozesse. Zusätzlich taucht auch das `grep`-Kommando selbst in der Ergebnisliste auf:

```
ps ax | grep sshd
  2636 ?        Ss     0:00 /usr/sbin/sshd
  2758 ?        Ss     0:00 sshd: pi [priv]
  2776 ?        S      0:00 sshd: pi@pts/0
  3240 pts/0    S+     0:00 grep --color=auto sshd
```

Eine Variante zu `cmd1 | cmd2` besteht darin, dass Sie das Ergebnis des ersten Kommandos nicht als Standardeingabe des zweiten Kommandos verwenden, sondern als Parameterliste. Die bash unterstützt diese Art der Datenweitergabe unter dem Begriff »Kommandosubstitution«, wobei es zwei gleichwertige Syntaxformen gibt:

```
cmd2 $(cmd1)
cmd2 `cmd1`
```

Auch dazu ein Beispiel: Nehmen Sie an, in einer Textdatei befinden sich zeilenweise Dateinamen. Sie möchten nun alle genannten Dateien in ein anderes Verzeichnis verschieben, kopieren, löschen etc. `cat dateien.txt` würde die Dateinamen einfach ausgeben. Mit `$(...)` wird nun diese Ausgabe als Parameterliste für ein weiteres Kommando verwendet:

```
ls -l $(cat dateien.txt)
cp $(cat dateien.txt) /in/ein/neues/verzeichnis
```

Die Grenzen der Kommandosubstitution

Meistens wollen Sie per Kommandosubstitution Dateinamen an cmd2 weitergeben. Das funktioniert aber nur, solange die Dateinamen keine Leerzeichen enthalten. Ist dies doch der Fall, können Sie unter Umständen das Kommando xargs --null zuhilfe nehmen.

Rechnen in der bash

Die bash ist nicht unmittelbar in der Lage, Berechnungen auszuführen. Wenn Sie 2+3 eingeben, weiß die Shell nicht, was sie mit diesem Ausdruck anfangen soll. Das ändert sich aber, sobald Sie den Ausdruck in eckige Klammern setzen und ein $-Zeichen voranstellen:

```
echo $[2+3]
  5
```

Innerhalb der eckigen Klammern sind die meisten aus der Programmiersprache C bekannten Operatoren erlaubt: + - * / für die vier Grundrechenarten, % für Modulo-Berechnungen, == != < <= > >= für Vergleiche, << und >> für Bitverschiebungen, ! && und || für logische Operationen. Alle Berechnungen werden für 32-Bit-Integerzahlen ausgeführt.

Umgebungsverhalten

Manche Funktionen der bash werden durch sogenannte Umgebungsvariablen gesteuert. Umgebungsvariablen sind besondere bash-Variablen, die beim Aufruf neuer Prozesse erhalten bleiben und auch im Kontext (in der Umgebung) des neuen Prozesses gültig sind. Den Inhalt einer Umgebungsvariablen können Sie mit echo $name ansehen:

```
echo $PATH
/usr/local/sbin:/usr/local/bin:/usr/sbin:/usr/bin:/sbin:/bin:\
  /usr/local/games:/usr/games
echo $USER
  pi
```

Eine Liste aller momentan definierten Umgebungsvariablen erhalten Sie, wenn Sie im Terminal echo $ eingeben und dann zweimal [Tab] drücken. Dabei leitet $ den Namen einer Variablen ein. Mit [Tab] versucht die bash, die Eingabe zu vervollständigen, und zeigt alle zur Wahl stehenden Variablen an.

In diesem Buch beschränken wir uns auf eine kurze Beschreibung der wichtigsten Umgebungsvariablen:

- **LANG:** Diese Variable enthält einen Code, der die Sprache des Benutzers und den Zeichensatz angibt. Eine übliche Einstellung im deutschen Sprachraum ist `de_DE.UTF-8`. Textausgaben sollen also, wenn möglich, in deutscher Sprache und im Zeichensatz UTF8 erfolgen.
- **HOME:** Diese Variable enthält das Home-Verzeichnis, z. B. `/home/pi`.
- **HOSTNAME:** Diese Variable enthält den Namen des Rechners, der standardmäßig `raspberrypi` lautet.
- **PATH:** Diese Variable enthält eine durch Doppelpunkte getrennte Liste aller Verzeichnisse, in denen die bash nach Kommandos sucht. Wenn Sie das Kommando `ls` ausführen, durchsucht die bash der Reihe nach die Verzeichnisse `/usr/local/sbin`, `/usr/local/bin`, `/usr/sbin` etc., bis sie das Kommando findet. Sollte das Kommando in keinem der in `$PATH` genannten Verzeichnisse zu finden sein, liefert die bash eine Fehlermeldung.
- **PS1:** Diese Ihnen aus Abschnitt 3.3, »Farbspiele«, bereits vertraute Variable definiert den Inhalt des Prompts.
- **USER:** Diese Variable enthält den aktiven Benutzer, unter Raspbian zumeist `pi`.

Wo sind Kommandos gespeichert?

Linux-Kommandos sind letzten Endes ganz gewöhnliche Dateien, die sich in den durch `PATH` aufgezählten Verzeichnissen befinden und die durch das *execute*-Zugriffsbit als ausführbar gekennzeichnet sind. Wenn Sie rasch wissen möchten, wo ein bestimmtes Kommando gespeichert ist, führen Sie `which name` aus. `which ls` liefert z. B. `/bin/ls` als Ergebnis. Bei manchen Kommandos funktioniert `which` allerdings nicht, z. B. bei `cd`. Das liegt daran, dass `cd` kein eigenständiges Kommando ist, sondern in die bash integriert ist.

3.5 Arbeiten mit Administratorrechten (sudo)

Normalerweise arbeiten Sie unter Raspbian als Benutzer `pi`. Damit haben Sie vollen Zugriff auf alle Dateien in Ihrem Arbeitsverzeichnis, also `/home/pi`. Sie können auch die meisten anderen Dateien von Raspbian lesen, aus Sicherheitsgründen aber viele nicht verändern. Administratorarbeiten darf unter Linux üblicherweise nur der Benutzer root durchführen. Auch der Zugriff auf manche Hardware-Funktionen des Raspberry Pi erfordert root-Rechte.

sudo-Anwendung

Um als root zu arbeiten, müssen Sie sich aber keineswegs aus- und neu einloggen. Stattdessen stellen Sie dem betreffenden Kommando einfach sudo voran:

```
sudo kommando
```

Anwendern von OS X und Ubuntu ist das Konzept bekannt: sudo führt das folgende Kommando so aus, als hätte root das Kommando gestartet. Bei den meisten Distributionen muss bei der Ausführung von sudo das eigene Passwort angegeben werden. Unter Raspbian ist sudo aber sehr liberal konfiguriert: Wer als pi eingeloggt ist, darf sudo ohne weitere Rückfragen nutzen. Das ist zweifelsohne bequem, gleichzeitig aber auch ein erhebliches Sicherheitsrisiko.

Um Programme mit grafischer Benutzeroberfläche mit root-Rechten zu starten, also z. B. ein neues Terminalfenster, den Editor Leafpad oder den Dateimanager, führen Sie sudo mit der Option -b (*background*) aus:

```
sudo -b lxterminal
sudo -b leafpad
sudo -b pcmanfm
```

Bei umfangreicheren Administrationsaufgaben wird es zunehmend lästig, jedem Kommando sudo voranzustellen. Eleganter ist es, mit sudo -s in den root-Modus zu wechseln. Alle weiteren Kommandos werden wie von root ausgeführt. Sie beenden diesen Modus mit [Strg]+[D].

```
sudo -s
kommando1
kommando2
kommando3
<Strg>+<D>
```

sudo-Konfiguration

Die Datei /etc/sudoers steuert, welcher Benutzer unter welchen Bedingungen welche Kommandos mit root-Rechten oder seltener auch als ein anderer Benutzer ausführen darf. Die Defaultkonfiguration unter Raspbian sieht so aus:

```
# Datei /etc/sudoers
Defaults        env_reset
Defaults        mail_badpass
Defaults        secure_path="/usr/local/sbin:/usr/local/bin:\
                  /usr/sbin:/usr/bin:/sbin:/bin"

root    ALL=(ALL:ALL) ALL
%sudo   ALL=(ALL:ALL) ALL
pi      ALL=(ALL)     NOPASSWD: ALL
```

Kurz gefasst bedeutet das: Der Benutzer `root` sowie alle Mitglieder der Gruppe `sudo` dürfen `sudo` ohne Einschränkungen verwenden. Gruppen werden also durch ein vorangestelltes Prozentzeichen gekennzeichnet. Dieselben Rechte hat schließlich auch der Benutzer `pi`. Für diesen gilt zusätzlich die Sonderregel, dass zur `sudo`-Nutzung nicht einmal ein Passwort angegeben werden muss. Details zur Syntax der `sudoers`-Datei können Sie mit `man sudoers` nachlesen.

Wenn Sie möchten, dass auch der Benutzer `pi` zur `sudo`-Nutzung sein Passwort angeben muss, stellen Sie in `/etc/sudoers` der Zeile, die mit `pi` beginnt, einfach das Kommentarzeichen # voran. Da der Benutzer `pi` der Gruppe `sudo` angehört, wird nun die `%sudo`-Regel wirksam. `pi` darf `sudo` also weiterhin ohne Einschränkungen benutzen, jetzt aber eben mit Passwort. Was Gruppen sind und wie diese administriert werden, erfahren Sie in Abschnitt 5.1, »Benutzer und Gruppen«.

Zur Veränderung von `sudoers` sollten Sie allerdings nicht einfach einen Editor starten, sondern vielmehr das Kommando `visudo` zuhilfe nehmen. Dieses Kommando müssen Sie selbst mit `sudo` starten, also so:

```
sudo visudo
```

`visudo` startet nun Ihren Defaulteditor. Beim Speichern überprüft `visudo` zuerst, ob die neue `sudoers`-Datei frei von Syntaxfehlern ist. Nur wenn das der Fall ist, kann der Prozess abgeschlossen werden. Diese Sicherheitsmaßnahme macht durchaus Sinn: Sollten Sie durch eine Ungeschicklichkeit `sudoers` so verändern, dass `sudo` nicht mehr funktioniert, dann könnten Sie diesen Fehler nicht mehr beheben – weil die `sudoers`-Datei ja nur mit root-Rechten verändert werden kann. Die Notlösung für solche Fälle ist ein Linux-Notebook: Dort stecken Sie die SD-Karte Ihres Raspberry Pi ein und korrigieren die Datei `/etc/sudoers`.

Hintergrundprozesse starten

Wenn Sie `sudo` durch ein Passwort absichern, funktioniert der Start von Hintergrundprozessen durch `sudo kommando &` nicht mehr. Das Problem ist, dass nicht nur das Kommando, sondern auch `sudo` selbst als Hintergrundprozess ausgeführt wird. Damit geht aber die Verbindung zur Standardeingabe und -ausgabe des Terminals verloren. Sie sehen daher keine Passwortaufforderung und können das erforderliche Passwort nicht eingeben. Zum Start von Hintergrundprozessen müssen Sie vielmehr `sudo -b kommando` verwenden. Um eine Systemkonfigurationsdatei mit Leafpad zu bearbeiten, führen Sie also z. B. `sudo -b leafpad /etc/fstab` aus.

3.6 Textdateien lesen und ändern

Die meisten Linux-Programme werden durch Konfigurationsdateien im Textformat gesteuert. Auch sonst sind Textdateien mit Programmcode oder Mess- und Logging-Daten allgegenwärtig. Dieser Abschnitt stellt Ihnen einige Kommandos vor, um Textdateien zu lesen, zu durchsuchen und zu verändern.

cat und less

Das einfachste Kommando zur Ausgabe einer Datei lautet `cat`. Es leitet einfach den gesamten Inhalt der Datei an die Standardausgabe. `cat textdatei` führt somit dazu, dass die Textdatei im Terminal zu lesen ist.

`cat` hat den Nachteil, dass es immer die *ganze* Datei ausgibt. Bei langen Texten sind dann zum Schluss nur die letzten Zeilen im Terminal zu lesen. Praktischer ist in solchen Fällen das Kommando `less`: Es ermöglicht ein zeilen- und seitenweises Blättern durch den Text (siehe Tabelle 3.3). Dieselben Tastenkürzel wie für `less` gelten übrigens auch für das Kommando `man` zur Anzeige von Hilfetexten.

Sie können `less` auch mit dem Zeichen | an ein anderes Kommando anhängen. Dann wird die Ausgabe des ersten Kommandos an `less` weitergeleitet, und Sie können mit `less` in Ruhe das Ergebnis lesen. Das ist vor allem bei solchen Kommandos zweckmäßig, die seitenlange Ergebnisse liefern. Im folgenden Beispiel liefert `ls -R` eine Liste aller Dateien in allen Unterverzeichnissen (die Option `-R` steht für rekursiv):

```
ls -R | less
```

Tastenkürzel	Funktion
Cursortasten	Scrollen durch den Text.
[G]	Springt an den Beginn des Texts.
[⇧]+[G]	Springt an das Ende des Texts.
[/] *abc* [↵]	Sucht vorwärts.
[?] *abc* [↵]	Sucht rückwärts.
[N]	Wiederholt die letzte Suche (vorwärts).
[⇧]+[N]	Wiederholt die letzte Suche (rückwärts).
[V]	Öffnet die aktuelle Datei im Defaulteditor.
[Q]	Beendet `less`.
[H]	Zeigt die Online-Hilfe an.

Tabelle 3.3 »less«-Tastenkürzel

Wirre Zeichen im Terminal

Sollten Sie mit `cat` oder `less` versehentlich eine binäre Datei ausgeben, werden die in der Datei enthaltenen Bytecodes vom Terminal als Steuercodes interpretiert. Das kann dazu führen, dass das Terminal gewissermaßen durcheinanderkommt und weitere Ausgaben nicht mehr korrekt anzeigt. Abhilfe schafft das Kommando `reset` oder natürlich ein Neustart des Terminal-Programms.

tail

Bei langen Textdateien sind Sie womöglich nur an den letzten Zeilen interessiert. Das trifft besonders häufig auf Logging-Dateien oder Dateien mit Messdaten zu, in denen die gerade aktuellsten Daten in den letzten Zeilen stehen. `tail datei` zeigt die letzten 10 Zeilen an. Wenn Sie eine andere Zeilenanzahl wünschen, geben Sie diese mit `-n <nn>` an.

`tail -f` beobachtet die Datei und gibt automatisch neue Zeilen aus, sobald diese gespeichert werden. `tail` läuft in diesem Fall so lange, bis Sie die Ausführung mit [Strg]+[C] beenden.

```
tail -f /var/log/messages
```

Wie `less` kann natürlich auch `tail` mit | anderen Kommandos hintangestellt werden. Beispielsweise liefert `dmesg` alle Meldungen des Linux-Kernels seit dessen Start. Wenn Sie sich nur für die letzten fünf Zeilen interessieren, führen Sie das folgende Kommando aus:

```
dmesg | tail -n 5
```

grep

`grep suchmuster dateien` durchsucht die angegebenen Dateien nach dem Suchmuster und gibt alle passenden Zeilen aus. `grep` eignet sich dadurch auch dazu, um aus einer Datei nur die Zeilen herauszufiltern, die den Suchbegriff enthalten. Das Verhalten von `grep` kann durch Optionen gesteuert werden: `-i` bedeutet, dass die Groß- und Kleinschreibung im Suchmuster ignoriert wird. `-v` dreht die Wirkung von `grep` um: `grep` liefert jetzt als Ergebnis gerade die Zeilen, die den Suchbegriff *nicht* enthalten. `-l` bewirkt, dass `grep` nicht die gefundenen Textpassagen anzeigt, sondern nur die Dateinamen, in denen der Suchbegriff gefunden wurde.

`grep` wird besonders häufig mit dem Pipe-Operator verwendet, um die Ergebnisse anderer Kommandos auf die im jeweiligen Kontext gerade wesentlichen Informationen zu reduzieren.

Im folgenden Beispiel ermittelt `dpkg -L` die Liste aller installierten Pakete. `grep` filtert daraus Pakete heraus, die in irgendeiner Form mit Python zu tun haben.

```
dpkg -L | grep -i python
```


Texteditoren

Bisher haben Sie zwei Texteditoren mit grafischer Benutzeroberfläche kennengelernt: Das unter Raspbian standardmäßig installierte Programm Leafpad und die etwas komfortablere Alternative Gedit. Beide Programme können Sie natürlich auch aus einem Terminalfenster heraus starten. Vergessen Sie dabei nicht das Zeichen `&`, um den Editor losgelöst vom Terminal in einem eigenen Hintergrundprozess zu starten:

```
leafpad textdatei &
```

Neben Editoren mit grafischer Benutzeroberfläche gibt es auch Programme, die direkt im Terminalfenster ausgeführt werden. Diese Programme haben weder eine Bildlaufleiste noch ein Menü und sind insofern schwerer zu erlernen. Dafür erfolgt ihr Start blitzschnell. Mit etwas Übung haben damit Sie kleine Änderungen bereits durchgeführt und gespeichert, bevor Leafpad auf dem Bildschirm erscheint. Das ist jetzt natürlich ein wenig übertrieben, aber wirklich nur ein wenig!

Editoren ohne Benutzeroberfläche haben noch einen wesentlichen Vorteil: Sie funktionieren auch in Textkonsolen sowie via SSH. Im Folgenden stellen wir Ihnen drei Programme näher vor:

- **nano:** Dieses Programm bietet zwar am wenigsten Funktionen, ist dafür aber besonders leicht zu erlernen. Das Programm ist standardmäßig installiert.
- **Vi:** Der Vi ist *der* Editor der Linux-Administratoren. Die Bedienung ist, gelinde gesagt, gewöhnungsbedürftig, aber wer sich einmal in Vi eingearbeitet hat, will die vielen Funktionen nicht mehr missen.
- **Emacs:** Was den Einsatz professioneller Editoren betrifft, ist die Linux-Welt gespalten. Dem Vi-Lager steht das Emacs-Lager gegenüber. Spötter betrachten den Emacs wegen seiner vielen Funktionen als eigenes Betriebssystem. Die Vollversion des Emacs ist auf dem Raspberry Pi aber nur in Ausnahmefällen zu empfehlen. Weit besser geeignet ist die abgespeckte Variante `jmacs` aus dem Paket `joe`.

Einige Programme starten zum Ansehen oder Editieren von Dateien selbstständig einen Editor, standardmäßig zumeist den Editor Vi bzw. den zuletzt installierten Editor. Um ein anderes Programm zum neuen Defaulteditor zu machen, führen Sie `update-alternatives` aus. Anschließend können Sie das gewünschte Programm festlegen:

```
sudo update-alternatives --config editor
  Es gibt 8 Auswahlmöglichkeiten für die
  Alternative editor (welche /usr/bin/editor bereitstellen).

    Auswahl      Pfad                  Priorität Status
  ------------------------------------------------------------
  * 0            /usr/bin/joe           70        Auto-Modus
    1            /bin/ed               -100       manueller Modus
    2            /bin/nano              40        manueller Modus
    3            /usr/bin/jmacs         50        manueller Modus
    4            /usr/bin/joe           70        manueller Modus
    5            /usr/bin/jpico         50        manueller Modus
    6            /usr/bin/jstar         50        manueller Modus
    7            /usr/bin/rjoe          25        manueller Modus

  Drücken Sie die Eingabetaste, um die aktuelle Wahl[*]
  beizubehalten, oder geben Sie die Auswahlnummer ein: 3
  update-alternatives: /usr/bin/jmacs wird verwendet, um
  /usr/bin/editor (editor) im manuellen Modus bereitzustellen
```

nano

nano ist das optimale Programm für Linux-Einsteiger. Das Programm zeigt in den beiden unteren Terminalzeilen eine Übersicht der wichtigsten Tastenkürzel an (siehe Abbildung 3.3). Wenn der Editor den Typ der Datei erkennt – z. B., dass es sich um ein Python-Script handelt –, dann kennzeichnet er verschiedene Codekomponenten in unterschiedlichen Farben (Syntax-Highlighting).

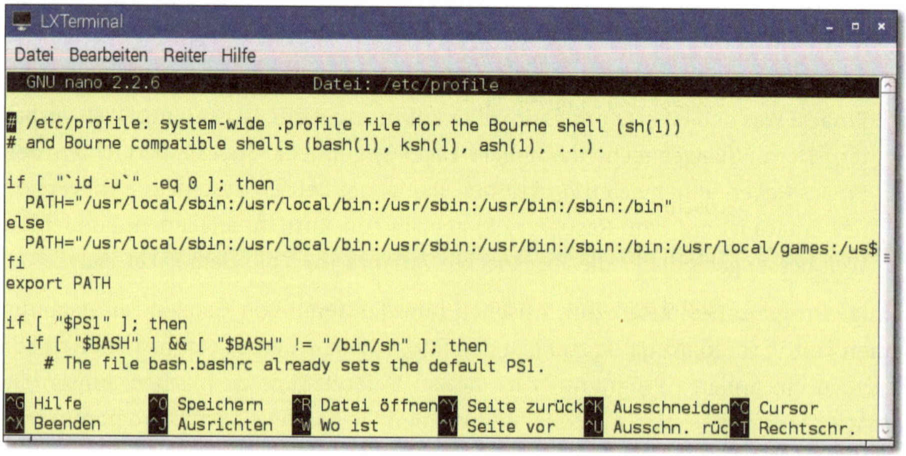

Abbildung 3.3 Der Editor »nano«

Sie starten das Programm üblicherweise, indem Sie einfach den Dateinamen der zu bearbeitenden Datei übergeben:

```
nano textdatei
```

Systemkonfigurationsdateien können Sie nur ändern, wenn nano mit Administratorrechten läuft. Dazu stellen Sie dem Startkommando sudo voran:

```
sudo nano textdatei
```

Vi

Ein Urgestein der Unix-Geschichte ist der Editor Vi. Unter Raspbian ist standardmäßig das dazu kompatible Programm vim installiert, das aber nichtsdestotrotz mit dem Kommando vi gestartet wird. Der Original-Vi ist aus urheberrechtlichen Gründen nicht Teil von Linux.

Die Bedienung des Vi ist gewöhnungsbedürftig. Der wichtigste fundamentale Unterschied zu anderen Editoren besteht darin, dass der Vi zwischen verschiedenen Modi unterscheidet. Die Texteingabe ist nur im Insert-Modus möglich (siehe Tabelle 3.4). Die Eingabe der meisten Kommandos erfolgt dagegen im Complex-Command-Modus (siehe Tabelle 3.5), der mit [:] aktiviert wird. Vorher muss gegebenenfalls der Insert-Modus durch [Esc] verlassen werden.

Tastenkürzel	Funktion
[I]	Wechselt in den Insert-Modus.
[Esc]	Beendet den Insert-Modus.
[H]	Bewegt den Cursor nach links.
[L]	Bewegt den Cursor nach rechts.
[J]	Bewegt den Cursor hinauf.
[K]	Bewegt den Cursor hinunter.
[X]	Löscht ein Zeichen.
[D] [D]	Löscht die aktuelle Zeile.
[P]	Fügt die gelöschte Zeile an der Cursorposition ein.
[U]	Macht die letzte Änderung rückgängig.
[:]	Wechselt in den Complex-Command-Modus.

Tabelle 3.4 Vi-Tastenkürzel

Kommando	Funktion
`:w dateiname`	Speichert den Text unter einem neuen Namen.
`:wq`	Speichert und beendet den Vi.
`:q!`	Beendet den Vi, ohne zu speichern.
`:help`	Startet die Online-Hilfe.

Tabelle 3.5 Vi-Kommandos im Complex-Command-Modus

jmacs

Der Editor Emacs steht unter Raspbian standardmäßig nicht zur Verfügung. Die Installation ist mit `apt-get install emacs` zwar problemlos möglich, aber selten zweckmäßig: Der Emacs ist ein derart komplexes und großes Programm (Installationsumfang fast 80 MByte), dass sein Einsatz auf dem Raspberry Pi aus Geschwindigkeitsgründen wenig Spaß macht.

Eine wunderbare Alternative zum originalen Emacs ist das Programm `jmacs`, das wiederum im Paket `joe` versteckt ist. `jmacs` ist in den Grundfunktionen kompatibel zum Emacs (siehe Tabelle 3.6).

```
sudo apt-get install joe
```

Tastenkürzel	Funktion
[Strg]+[X], [Strg]+[f]	Lädt eine neue Datei.
[Strg]+[X], [Strg]+[S]	Speichert die aktuelle Datei.
[Strg]+[X], [Strg]+[W]	Speichert die Datei unter einem neuen Namen.
[Strg]+[G]	Bricht die Eingabe eines Kommandos ab.
[Strg]+[K]	Löscht eine Zeile.
[Strg]+[X], [U]	Macht das Löschen rückgängig (Undo).
[Strg]+[X], [Strg]+[C]	Beendet den Emacs (mit Rückfrage zum Speichern).

Tabelle 3.6 Emacs-Tastenkürzel

3.7 Verzeichnisse und Dateien

Ganz kurz die wichtigsten Fakten zu Datei- und Verzeichnisnamen:

- Unter Linux sind Dateinamen mit einer Länge von bis zu 255 Zeichen zulässig.
- Es wird zwischen Groß- und Kleinschreibung unterschieden!
- Internationale Zeichen im Dateinamen sind zulässig. Raspbian verwendet wie alle anderen Linux-Distributionen Unicode in der UTF-8-Codierung als Standardzeichensatz. Aus der Sicht des Linux-Kernels ist der Dateiname einfach eine Bytefolge, in der lediglich das Zeichen / und der Code 0 nicht vorkommen dürfen.
- Dateinamen dürfen beliebig viele Punkte enthalten. `README.bootutils.gz` ist ein ganz normaler Dateiname, der andeutet, dass es sich um eine komprimierte README-Datei zum Thema Boot-Utilities handelt.
- Dateien, die mit einem Punkt beginnen, gelten als versteckte Dateien. Versteckte Dateien werden durch `ls` bzw. durch den Dateimanager normalerweise nicht angezeigt.
- Dateinamen, die bei der Eingabe von Kommandos nicht eindeutig als solche erkennbar sind, müssen in Hochkommata gestellt werden. Das gilt z. B. für Dateinamen mit Leerzeichen.
- Mehrere Verzeichnisse werden voneinander durch / getrennt, nicht wie unter Windows durch \.

Verzeichnisse

Im Terminal ist anfänglich automatisch das sogenannte Heimat- oder Home-Verzeichnis aktiv, also `/home/pi` bzw. `/home/loginname`. Eine Ausnahme gilt für den Systemadministrator root, dessen Heimatverzeichnis sich in `/root` befindet.

Mit dem Kommando `cd` wechseln Sie in ein anderes Verzeichnis. `cd -` wechselt zurück in das zuletzt aktive Verzeichnis, `cd ..` wechselt in das übergeordnete Verzeichnis, `cd` ohne weitere Parameter wechselt in das Heimatverzeichnis. Als Kurzschreibweise für das eigene Heimatverzeichnis gilt ~. Die Heimatverzeichnisse anderer Benutzer können mit `~name` abgekürzt werden (siehe Tabelle 3.7).

```
cd                    # wechselt in das Heimatverzeichnis
cd Bilder             # wechselt in das Unterverzeichnis 'Bilder'
sudo cp *.png ~huber  # kopiert Bilder in das Heimat-
                      # verzeichnis des Benutzers huber
```

Verzeichnis	Bedeutung
.	das gerade aktuelle Verzeichnis
..	das übergeordnete Verzeichnis
~	das Heimatverzeichnis des aktuellen Benutzers
~name	das Heimatverzeichnis von name

Tabelle 3.7 Kurzschreibweise für Verzeichnisse

Neue Verzeichnisse richten Sie mit `mkdir` ein. `rmdir` löscht das Verzeichnis wieder – aber nur, wenn es leer ist. Um Verzeichnisse inklusive ihres Inhalts zu löschen, müssen Sie `rm -rf` ausführen. Passen Sie aber auf! Gelöschte Dateien können nicht wiederhergestellt werden:

```
mkdir neuesverzeichnis
rmdir neuesverzeichnis
rm -rf verzeichnis-mit-inhalt
```

Den Platzbedarf aller Dateien eines Verzeichnisses ermitteln Sie mit `du -h`. Standardmäßig listet das Kommando zuerst den Platzbedarf aller Unterverzeichnisse auf, bevor es schließlich die Endsumme angibt.

```
du -h
  166M    ./Bilder
   51M    ./Dokumente/gimp
  3,6M    ./Dokumente/office
  112M    ./Dokumente
  ...
  1,1G   .
```

Wenn Sie nur am Endergebnis interessiert sind, geben Sie die zusätzliche Option `--max 0` an. Die Ausgabe des folgenden Beispiels bedeutet, dass alle Dateien im Heimatverzeichnis des aktuellen Benutzers rund 1,1 GByte beanspruchen.

```
cd
du -h --max 0
  1,1G   .
```

Linux-Verzeichnisbaum

Der Verzeichnisbaum von Linux beginnt im Wurzelverzeichnis /. Laufwerksangaben wie `C:` sind unter Linux nicht möglich. Linux-Einsteigern fällt die Orientierung im verästelten Linux-Verzeichnisbaum oft schwer (siehe Tabelle 3.8). Im Regelfall ist es aber gar nicht erforderlich, den Verzeichnisbaum bis in die letzte Ecke zu kennen. Wichtig sind vor allem zwei Verzeichnisse: /home/<name> mit Ihren persönlichen Daten sowie /etc mit den Dateien zur Systemkonfiguration.

Verzeichnis	Inhalt
/bin	besonders wichtige Kommandos
/dev	Device-Dateien zum Zugriff auf die Hardware
/boot	für den Startprozess erforderliche Dateien
/etc/	systemweite Konfigurationsdateien
/home/<name>	persönliche Daten des Benutzers name
/lib	besonders wichtige Bibliotheken
/media	externe Datenträger (USB-Sticks etc.)
/opt	nicht offizielle Ergänzungen zu /usr
/proc	virtuelle Dateien mit System- und Hardware-Informationen
/root	Heimatverzeichnis für den Benutzer root
/sbin	wichtige Kommandos zur Systemadministration
/sys	virtuelle Dateien mit System- und Hardware-Informationen
/usr/	Basisdaten der Linux-Distribution
/usr/bin	installierte Programme
/usr/lib	installierte Bibliotheken
/var/	veränderliche Dateien (Logging, E-Mail, Druck-Jobs)

Tabelle 3.8 Die wichtigsten Linux-Verzeichnisse

Dateien auflisten

ls liefert eine Liste aller Dateien eines Verzeichnisses. Mit der zusätzlichen Option -l zeigt ls außerdem zu jeder Datei an, wem sie gehört, wer sie lesen und verändern darf, wie groß sie ist etc. Wie bereits erwähnt, werden verschiedene Dateitypen durch unterschiedliche Farben hervorgehoben. Wenn Sie das nicht möchten, führen Sie ls mit der Option --color=none aus.

```
cd Bilder
ls -l *.png
  -rw-r--r-- 1 pi pi  78275 Jun 13 14:01 terminal-man.png
  -rw-r--r-- 1 pi pi  77909 Jun 14 08:13 terminal-nano.png
  -rw-r--r-- 1 pi pi  96056 Jan 28 12:29 test.png
```

Kurz einige Anmerkungen zur Interpretation des ls-Ergebnisses: Die zehn Zeichen am Beginn der Zeile geben den Dateityp und die Zugriffsbits an. Als Symbole für den

Dateityp kommen infrage: der Bindestrich - für eine normale Datei, d für ein Verzeichnis (Directory), b oder c für eine Device-Datei (Block oder Char) oder l für einen symbolischen Link. Die nächsten drei Zeichen (rwx) geben an, ob der Besitzer die Datei lesen, schreiben und ausführen darf. Analoge Informationen folgen für die Mitglieder der Gruppe sowie für alle anderen Systembenutzer.

Die Zahl im Anschluss an die zehn Typ- und Zugriffszeichen gibt an, wie viele Hard-Links auf die Datei verweisen. Die weiteren Spalten geben den Besitzer und die Gruppe der Datei an (hier jeweils pi), die Größe der Datei, das Datum und die Uhrzeit der letzten Änderung und zuletzt den Dateinamen.

Wie funktionieren Zugriffsrechte?

Um zu verstehen, wer welche Dateien lesen, ändern und ausführen kann, müssen Sie die Konzepte der Benutzer- und Gruppenverwaltung sowie der Zugriffsrechte kennen. Ausführliche Informationen dazu folgen in Kapitel 5, »Linux-Grundlagen«.

ls berücksichtigt normalerweise nur die Dateien des gerade aktuellen Verzeichnisses. Wenn Sie auch die Dateien aus Unterverzeichnissen einschließen möchten, verwenden Sie die Option -R. Diese Option steht übrigens auch bei vielen anderen Kommandos zur Verfügung. Das folgende Kommando listet sämtliche Dateien in allen Unterverzeichnissen auf. Diese Liste wird normalerweise recht lang. Daher leitet | less das Resultat von ls an less weiter, sodass Sie durch das Ergebnis blättern können.

```
ls -lR | less
```

Verborgene Dateien und Verzeichnisse sichtbar machen

Wir haben es ja bereits erwähnt: Dateien und Verzeichnisse, deren Namen mit einem Punkt beginnen, gelten in Linux als *verborgen*. Normalerweise gibt es in Ihrem Heimatverzeichnis eine Menge solcher Dateien und Verzeichnisse mit lokalen Einstellungen diverser Programme. ls zeigt verborgene Dateien standardmäßig nicht an. Abhilfe schafft ls -a.

Um *nur* verborgene Dateien und Verzeichnisse anzuzeigen, nicht aber gewöhnliche Dateien, führen Sie das Komando ls -a .[^.]* aus. Warum nicht einfach ls -a .*, werden Sie sich vielleicht fragen. Weil Sie dann auch den Inhalt des aktuellen Verzeichnisses . und des übergeordneten Verzeichnisses .. zu sehen bekommen. Der Dateiname soll mit einem Punkt anfangen, das zweite Zeichen darf aber kein Punkt sein, und es darf auch nicht fehlen.

Dateien suchen

`ls -R` ist praktisch, um schnell rekursiv alle Dateien aufzulisten. Für eine gezielte Suche ist das Kommando aber ungeeignet. Dazu verwenden Sie besser `find`. Das ist ein ebenso leistungsfähiges wie komplexes Kommando zur Suche nach Dateien. Es kann verschiedene Suchkriterien berücksichtigen: ein Muster für den Dateinamen, die Dateigröße, das Datum der Erstellung oder des letzten Zugriffs etc. Eine vollständige Referenz aller Optionen gibt `man find`.

Ohne weitere Parameter liefert `find` eine Liste aller Dateien im aktuellen Verzeichnis und in allen Unterverzeichnissen. Anders als `ls` berücksichtigt `find` standardmäßig auch alle verborgenen Dateien und Verzeichnisse.

Mit der Option `-name` können Sie ein Suchmuster angeben, das die Dateinamen erfüllen müssen. Achten Sie darauf, das Muster in einfache Apostrophe zu stellen! Sie verhindern damit, dass die bash die im Muster enthaltenen Jokerzeichen sofort auswertet. Das folgende Kommando untersucht das Verzeichnis `mycode` und alle Unterverzeichnisse nach `*.c`-Dateien:

```
find mycode -name '*.c'
  mycode/gpio-bcm2835/ledonoff.c
  mycode/gpio-wiringpi/ledonoff.c
  mycode/make-test/main.c
  mycode/make-test/func1.c
  ...
```

Wenn Sie wissen möchten, welche Systemkonfigurationsdateien in `/etc` in der letzten Woche verändert wurden, verwenden Sie die Option `-mtime zeitangabe`. Die Zeitangabe erfolgt in Tagen, wobei Sie normalerweise `+` oder `-` voranstellen müssen. `-mtime 7` bedeutet vor genau sieben Tagen. `-mtime -7` bedeutet in den letzten sieben Tagen, `-mtime +7` vor mehr als sieben Tagen.

`find` liefert standardmäßig sowohl Dateien als auch Verzeichnisse. Die Option `-type f` schränkt das Ergebnis auf Dateien ein. Die Option `-ls` bewirkt, dass `find` nicht einfach nur die Liste der Dateien liefert, sondern zu jeder Datei auch die Größe, die Zugriffsrechte etc., also ähnlich wie bei `ls -l`. Außerdem müssen Sie dem Kommando `sudo` voranstellen, weil manche Unterverzeichnisse von `/etc` nur für root lesbar sind.

```
sudo find /etc -type f -mtime -7
  /etc/samba/dhcp.conf
  /etc/resolv.conf
  /etc/fake-hwclock.data
  /etc/alternatives/editor
  /etc/alternatives/editor.1.gz
  /etc/alternatives/editorrc
  ...
```

Textdateien inhaltlich durchsuchen

find berücksichtigt nur formale Kriterien, nicht aber den Inhalt von Dateien. Wenn Sie Textdateien suchen, die ein bestimmtes Schlüsselwort enthalten, müssen Sie find und grep miteinander kombinieren. Das ist oft praktisch, die Syntax ist aber leider umständlich: In find können Sie mit -exec ein Kommando angeben, das find für jedes Ergebnis ausführen soll. Im Weiteren wird {} durch den gefundenen Dateinamen ersetzt. \; gibt das Ende des Kommandos an. Die nachfolgende Option -print ist erforderlich, weil diese sonst standardmäßig aktive Option durch -exec deaktiviert wurde. Bei grep ist wiederum die Option -q erforderlich, damit dieses keine Ausgaben durchführt und lediglich find meldet, ob die gewünschte Datei gefunden wurde oder nicht.

Das folgende Kommando durchsucht das aktuelle Verzeichnis und alle Unterverzeichnisse nach *.c-Dateien, in denen die Zeichenkette 'abc' vorkommt, und gibt die Dateinamen aus:

```
find . -type f -name '*.c' -exec grep -q abc {} \; -print
```

Dateien kopieren, verschieben und löschen

cp kopiert Dateien. Dabei gibt es zwei grundsätzliche Syntaxvarianten, die sich dadurch unterscheiden, ob der letzte Parameter ein Verzeichnis ist oder nicht:

- cp datei1 datei2 erstellt eine Kopie von datei1 und gibt ihr den neuen Namen datei2.
- cp d1 d2 d3 v kopiert die Dateien d1 bis d3 in das Verzeichnis v. Bei dieser Variante sind beliebig viele Parameter erlaubt. Der letzte Parameter muss ein Verzeichnis sein, alle anderen Dateien.

cp kann auch ganze Verzeichnisse inklusive ihres Inhalts kopieren. Dazu müssen Sie aber die Option -r (*recursive*) oder -a (*archive*) angeben. Der Unterschied zwischen den beiden Optionen besteht darin, dass sich bei der ersten Variante der Besitzer der Dateien, der Zeitpunkt der letzten Änderung etc. verändern, während diese Metadaten bei der zweiten Variante erhalten bleiben. Das folgende Kommando erstellt eine komplette Sicherheitskopie aller Dateien und Verzeichnisse in /etc:

```
sudo cp -a /etc/ /root/etc-bak
```

Um Dateien umzubenennen bzw. in ein anderes Verzeichnis zu verschieben, verwenden Sie das Kommando mv. Die Grundsyntax ist wie bei cp:

```
mv altername neuername
mv datei1 datei2 datei3 verzeichnis
```

Zum Löschen von Dateien verwenden Sie das Kommando `rm`. Standardmäßig kann `rm` nur Dateien löschen. Wenn Sie auch Verzeichnisse samt ihrem Inhalt löschen möchten, müssen Sie die Option `-r` angeben:

```
rm datei.bak
rm -r backup-verzeichnis
```

Mit `touch` erzeugen Sie eine neue, leere Datei. Sollte die Datei bereits existieren, dann lässt `touch` die Datei unverändert, aktualisiert aber die gespeicherte Zeit der letzten Änderung.

```
touch neue-leere-datei
```

Links

Links sind Querverweise auf Dateien oder Verzeichnisse. Unter Linux gibt es zwei Arten von Links: feste Links und symbolische Links, im Englischen heißen sie *hard links* und *soft/symbolic links*. Feste Links werden dateisystemintern effizienter gespeichert, sind aber schwerer zu handhaben. Symbolische Links sind nicht nur klarer nachzuvollziehen, sie haben zudem den Vorteil, dass sie von einem Dateisystem in ein anderes zeigen dürfen. Im manuellen Betrieb sind symbolische Links daher vorzuziehen. Backup-Systeme, die möglicherweise Tausende von Links erstellen, verwenden dagegen zumeist feste Links.

Im `/etc`-Verzeichnis gibt es unzählige symbolische Links, wovon Sie sich mit `find` rasch überzeugen können:

```
find /etc -type l
```

Um selbst symbolische Links einzurichten, verwenden Sie das Kommando `ln quelle ziel`. Es erstellt standardmäßig feste Links, mit der Option `-s` symbolische Links. Am einfachsten sind Links anhand eines Beispiels zu verstehen: Die folgenden Kommandos erzeugen zuerst das Verzeichnis `test` und dann darin mit `touch` die leere Datei `abc`. Mit `ln -s` wird nun ein symbolischer Link von `abc` auf `xyz` erzeugt. `ls -l` zeigt den Link anschaulich an:

```
mkdir test
cd test
touch abc
ln -s abc xyz
ls -l test
  -rw-r--r-- 1 pi pi 0 Jun 14 13:51 abc
  lrwxrwxrwx 1 pi pi 8 Jun 14 13:51 xyz -> abc
cd ..
rm -r test
```

Wenn Sie das Beispiel mit einem festen Link ausführen, sieht es so aus, als würden sich im Verzeichnis test zwei unabhängige Dateien befinden. In Wahrheit sind aber abc und xyz nur zwei Verweise auf ein und dieselbe Datei. ls -l gibt in der zweiten Spalte an, wie viele Links auf eine bestimmte Datei zeigen – im vorliegenden Beispiel also 2. Wenn Sie zusätzlich die Option -i verwenden, gibt ls auch den *Inode* der Datei an. Inodes sind interne Identifikationsnummern des Dateisystems. Die Übereinstimmung der Inodes beweist, dass abc und xyz durch einen festen Link verbunden sind:

```
mkdir test; cd test
touch abc
ln abc xyz
ls -l
  -rw-r--r-- 2 pi pi 0 Jun 14 13:54 abc
  -rw-r--r-- 2 pi pi 0 Jun 14 13:54 xyz
ls -li
  131595 -rw-r--r-- 2 pi pi 0 Jun 14 13:54 abc
  131595 -rw-r--r-- 2 pi pi 0 Jun 14 13:54 xyz
cd ..
rm -r test
```

3.8 Komprimierte Dateien und Archive

In Linux gibt es diverse Möglichkeiten, um Dateien zu komprimieren, um komprimierte Dateien wieder auszupacken sowie um mehrere Dateien zu einem Archiv zusammenzufassen (siehe Tabelle 3.9).

Kommando	Bedeutung
gzip	Komprimiert eine Datei (Kennung .gz).
gunzip	Dekomprimiert die Datei wieder.
bzip2	Komprimiert eine Datei (Kennung .bz2).
bunzip2	Dekomprimiert die Datei wieder.
xz	Komprimiert eine Datei (Kennung .xz).
unxz	Dekomprimiert die Datei wieder.
tar	Erstellt bzw. extrahiert ein Dateiarchiv.
zip	Erzeugt ein Windows-kompatibles ZIP-Archiv.
unzip	Extrahiert ein ZIP-Archiv.
zipinfo	Zeigt Informationen über ein ZIP-Archiv an.

Tabelle 3.9 Kommandos zum Komprimieren und Archivieren von Dateien

Die wichtigsten Kommandos lernen Sie hier kennen. Im Raspberry-Pi-Alltag kommt vor allem das Dekomprimieren bzw. das Auspacken von Archiven häufig vor: Wenn Sie aus dem Internet Beispieldateien herunterladen, sind diese in der Regel komprimiert bzw. als Archiv verpackt. Die im Folgenden vorgestellten Kommandos sind aber natürlich auch für Backup-Scripts praktisch oder dann, wenn Sie mehrere Dateien per E-Mail weitergeben bzw. auf einen FTP-Server hochladen möchten.

Komprimieren und dekomprimieren

Das populärste Komprimierkommando unter Linux ist `gzip`. Es komprimiert die als Parameter angegebenen Dateien und benennt sie in `name.gz` um. `gunzip` funktioniert in die umgekehrte Richtung. Die beiden Kommandos verwenden den sogenannten LZ77-Lempel-Ziv-Algorithmus, der sich besonders gut für Textdateien eignet, nicht aber für Audio- oder Video-Dateien. Die Komprimierung ist verlustlos; nach dem Dekomprimieren steht die ursprüngliche Datei wieder unverändert zur Verfügung. Die folgenden Kommandos demonstrieren die Anwendung für eine CSV-Datei mit tabellarisch formatierten Messdaten, die sich besonders gut komprimieren lassen:

```
ls -l test.csv
  -rw-r--r-- 1 pi pi 168325 Jun 14 16:47 test.csv
gzip test.csv
ls -l test.csv.gz
  -rw-r--r-- 1 pi pi 24837 Jun 14 16:47 test.csv.gz
gunzip test.csv.gz
ls -l test.csv
  -rw-r--r-- 1 pi pi 168325 Jun 14 16:47 test.csv
```

`bzip2` und `bunzip2` sind Alternativen zu `gzip` und `gunzip`. Der Vorteil dieser Kommandos besteht in der etwas besseren Komprimierung, der Nachteil in der etwas langsameren Ausführung. Die Dateiendung derart komprimierter Dateien ist `.bz2`. Anstelle von `gzip` und `bzip2` können Sie zum Komprimieren auch `xz` verwenden. Damit erhalten Sie in den meisten Fällen noch kleinere Dateien. Das Komprimieren erfordert dafür noch mehr Zeit bzw. CPU-Ressourcen.

Noch mehr Komprimierkommandos

Wenn die bestmögliche Komprimierung das vorrangige Ziel ist, können Sie auch das Kommando `7zr` aus dem Paket `p7zip` ausprobieren. Ganz anders ist die Zielsetzung des Kommandos `lzop` aus dem gleichnamigen Paket: Es arbeitet *viel* schneller als alle bisher genannten Kommandos. Dafür sind die resultierenden Dateien vergleichsweise groß (ca. 50 Prozent größer als bei `gzip`). Der Einsatz von `lzop` ist vor allem dann empfehlenswert, wenn Sie *on the fly* mit möglichst geringer CPU-Belastung komprimieren möchten, z. B. zur Übertragung einer großen Datei über eine Netzwerkverbindung.

TAR-Archive

Alle bisher genannten Kommandos komprimieren bzw. dekomprimieren *eine* Datei. Oft wollen Sie aber mehrere Dateien oder einen ganzen Verzeichnisbaum in einer möglichst kompakten Datei weitergeben oder archivieren. Unter Linux ist `tar` das populärste Kommando, um mehrere Dateien in einem Archiv zusammenzufassen.

Option	Bedeutung
`-c`	Erzeugt ein Archiv (*create*).
`-j`	Komprimiert/dekomprimiert mit `bzip2`/`bunzip2`.
`-f`	Verwendet die angegebene Archivdatei (*file*).
`-t`	Listet den Inhalt eines Archivs auf.
`-v`	Zeigt an, was gerade passiert (*verbose*).
`-x`	Packt ein Archiv aus (*extract*).
`-z`	Komprimiert/dekomprimiert mit `gzip`/`gunzip`.

Tabelle 3.10 Die wichtigsten »tar«-Optionen

`tar` wird durch mehrere Optionen gesteuert (siehe Tabelle 3.10). Eine Besonderheit besteht darin, dass alle Optionen zusammen im ersten Parameter auch ohne vorangestelltes Minuszeichen angegeben werden können. `tar tzf` entspricht daher `tar -t -z -f`. Nach der Option `-f` bzw. als zweiter Parameter muss die Archivdatei angegeben werden. `tar`-Archive haben üblicherweise die Kennung `.tar`. Wenn das Archiv zusätzlich komprimiert ist, werden die Kennungen `.tar.gz` oder `.tgz` bzw. `.tar.bz2` verwendet.

Die folgenden Beispiele verdeutlichen die Syntax von `tar`: `tar tzf name.tgz` liefert das Inhaltsverzeichnis eines komprimierten Archivs. Bei umfangreichen Archiven ist es zweckmäßig, die Ausgabe durch `less` zu leiten, um die Dateiliste in Ruhe lesen zu können.

```
tar tzf archiv.tar.gz
```

`tar xzf` packt das Archiv aus und extrahiert alle enthaltenen Dateien:

```
cd zielverzeichnis
tar xzf archiv.tar.gz
```

Wenn Sie nur einzelne Dateien extrahieren möchten, müssen Sie diese explizit angeben, gegebenenfalls mit dem dazugehörenden Verzeichnis:

```
tar xzf archiv.tar.gz datei1 verz/datei2
```

Um ein neues Archiv zu erstellen, verwenden Sie die Optionsgruppe czf. Das folgende Kommando erstellt ein Backup aller Dateien in /etc und speichert das Archiv in der Datei /home/pi/backup-etc.tar.gz. Das Kommando muss mit sudo ausgeführt werden, weil nicht alle Dateien in /etc für gewöhnliche Benutzer lesbar sind:

```
cd /etc
sudo tar czf /home/pi/backup-etc.tar.gz .
```

ZIP-Archive

Wenn Sie mit Windows-Anwendern kommunizieren, sind ZIP-Archive die bessere Wahl. Das folgende Kommando fügt alle als Parameter übergebenen HTML-Dateien in meinarchiv.zip ein:

```
zip meinarchiv.zip *.html
```

Wenn Sie den Inhalt ganzer Verzeichnisse archivieren möchten, geben Sie die Option -r an:

```
zip -r code-backup.zip mycode/
```

Den Inhalt einer ZIP-Datei sehen Sie sich mit zipinfo an:

```
zipinfo python-samples.zip
  Archive:  python-samples.zip
  Zip file size: 12373 bytes, number of entries: 19
  -rwxr-xr-x  3.0 unx   572 tx defN 14-Mar-12 15:12 gpio-test.py
  -rwxr-xr-x  3.0 unx  1019 tx defN 14-Mar-23 21:21 grafik.py
  -rwxr-xr-x  3.0 unx  1849 tx defN 14-Mar-23 16:49 grafik-csv.py
  ...
```

Zum Extrahieren des Archivs verwenden Sie unzip:

```
cd anderes-verzeichnis/
unzip meinarchiv.zip
```

3.9 Prozessverwaltung

Zuerst ein paar Worte zur Nomenklatur: Ein Programm bzw. ein Kommando ist eigentlich nur eine ausführbare Datei. Eine Programmdatei unterscheidet sich von anderen Dateien also nur dadurch, dass das Zugriffsbit x gesetzt ist. Wie Linux Zugriffsrechte verwaltet, erfahren Sie in Abschnitt 5.2, »Zugriffsrechte«.

Linux-intern gibt es keine Unterscheidung zwischen einem Programm mit grafischer Benutzeroberfläche wie dem Dateimanager oder einem Kommando wie ls.

Umgangssprachlich werden textorientierte Programme wie `ls` aber oft als Kommandos bezeichnet.

Ein Prozess ist auf Betriebssystemebene für die Ausführung eines Programms oder Kommandos verantwortlich. Erst durch den Start eines Kommandos oder Programms wird dieses zu einem Prozess, der vom Linux-Kernel verwaltet wird.

In diesem Abschnitt lernen Sie, wie Sie feststellen, welche Prozesse gerade laufen und wie viel Rechenzeit diese beanspruchen, und wie Sie Systemprozesse starten und stoppen.

Liste aller laufenden Prozesse

Eine Liste der zurzeit laufenden Prozesse können Sie sehr einfach mit `ps` erzeugen. Ohne Optionen zeigt `ps` nur Ihre eigenen Prozesse an – und nur solche, die aus Textkonsolen bzw. Shell-Fenstern gestartet wurden. Wenn Sie `ps` die Optionenkombination `ax` hintanstellen, liefert das Kommando *alle* laufenden Prozesse, geordnet nach der Prozessidentifikationsnummer (PID). Prozesse, deren Namen in eckigen Klammern stehen, sind keine gewöhnlichen Programme, sondern Teilprozesse des Kernels.

```
ps ax
   PID TTY       STAT   TIME COMMAND
     1 ?         Ss     0:05 init [2]
     2 ?         S      0:00 [kthreadd]
     3 ?         S      0:10 [ksoftirqd/0]
   ...
  6903 pts/1     S      0:03 leafpad
  7075 pts/0     R+     0:00 ps ax
```

`ps` kann durch zahllose Optionen gesteuert werden, wobei viele Optionen ohne das sonst übliche vorangestellte Minuszeichen angegeben werden. Im folgenden Beispiel wurde die Liste der Prozesse aus Platzgründen stark gekürzt. Unter Raspbian laufen normalerweise rund 100 Prozesse zugleich. Eine schnellere Möglichkeit, die Prozesse zu zählen, bietet das Kommando `wc` (*word count*). Es zählt je nach Option die Zeichen, Wörter oder Zeilen eines Texts.

```
ps ax | wc -l
  111
```

Praktischer als `ps` ist meist `top` (siehe Abbildung 3.4): Dieses Kommando ordnet die Prozesse danach, wie sehr sie die CPU belasten, und zeigt die gerade aktiven Prozesse zuerst an. Das Programm gibt auch einen Überblick über den aktuellen Speicherbedarf etc. Die Prozessliste wird alle paar Sekunden aktualisiert, bis das Programm mit [Q] beendet wird.

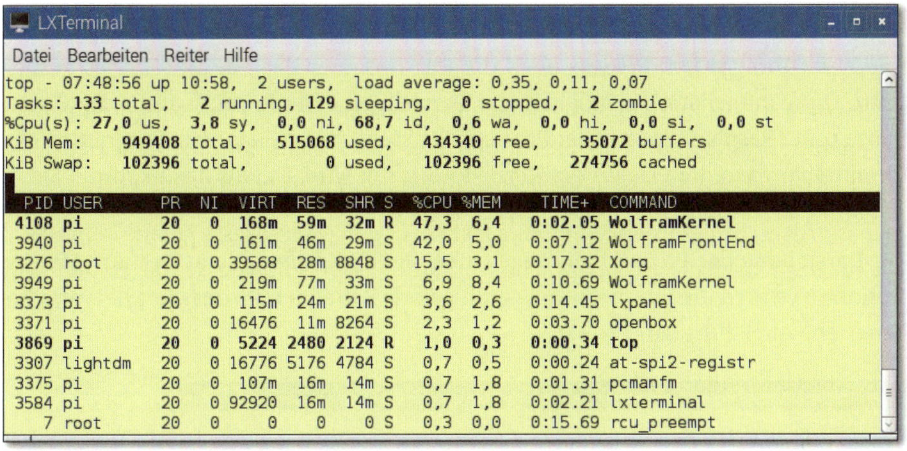

Abbildung 3.4 »top« ordnet die Prozesse nach CPU-Last.

Der Wert in der PID-Spalte gibt die Prozessnummer an. Wenn Sie diese Nummer kennen, können Sie außer Kontrolle geratene Programme oder Hintergrundprozesse mit dem Kommando `kill` gewaltsam stoppen.

Prozesse können verschiedene Zustände annehmen. Die zwei häufigsten Zustände sind R (*running*) und S (*sleeping*, das Programm hat also gerade nichts zu tun und wartet auf Eingaben). Programme können auch vorübergehend unterbrochen werden und weisen dann den Zustand T (*stopped*) auf.

`top` nimmt auch interaktiv Kommandos entgegen. Damit können Sie Prozesse stoppen ([K], `kill`) oder ihre Priorität verändern ([R], `renice`).

Eine grafische Variante zu `top` ist der Taskmanager, den Sie im Startmenü mit ZUBEHÖR • TASKMANAGER starten (siehe Abbildung 3.5). Im Leerlaufbetrieb beansprucht der Taskmanager freilich selbst die meiste Rechenzeit.

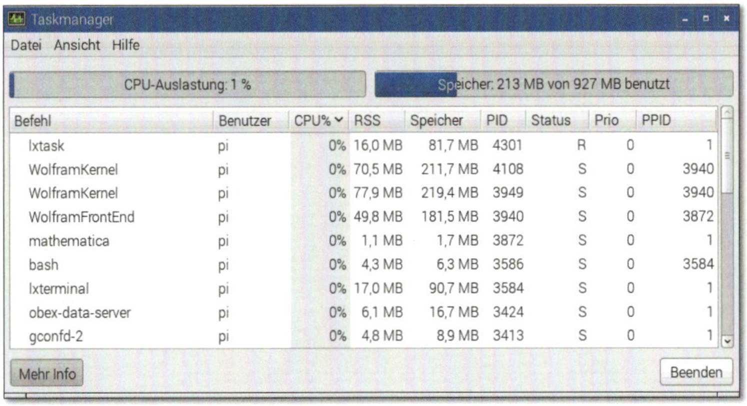

Abbildung 3.5 Der Taskmanager

Prozesshierarchie

Intern wird mit jedem Prozess auch die PID-Nummer des Elternprozesses gespeichert. Diese Information ermöglicht die Darstellung eines Prozessbaums, an dessen Spitze unter Raspbian immer der Prozess `init` steht. `init` ist das erste Programm, das unmittelbar nach dem Laden des Kernels gestartet wird. Details dazu können Sie in Abschnitt 5.7, »Systemstart«, nachlesen.

Zur Darstellung der Prozesshierarchie rufen Sie das Kommando `pstree` auf. Mit der Option `-h` werden die Elternprozesse zum gerade laufenden Prozess fett hervorgehoben (siehe Abbildung 3.6).

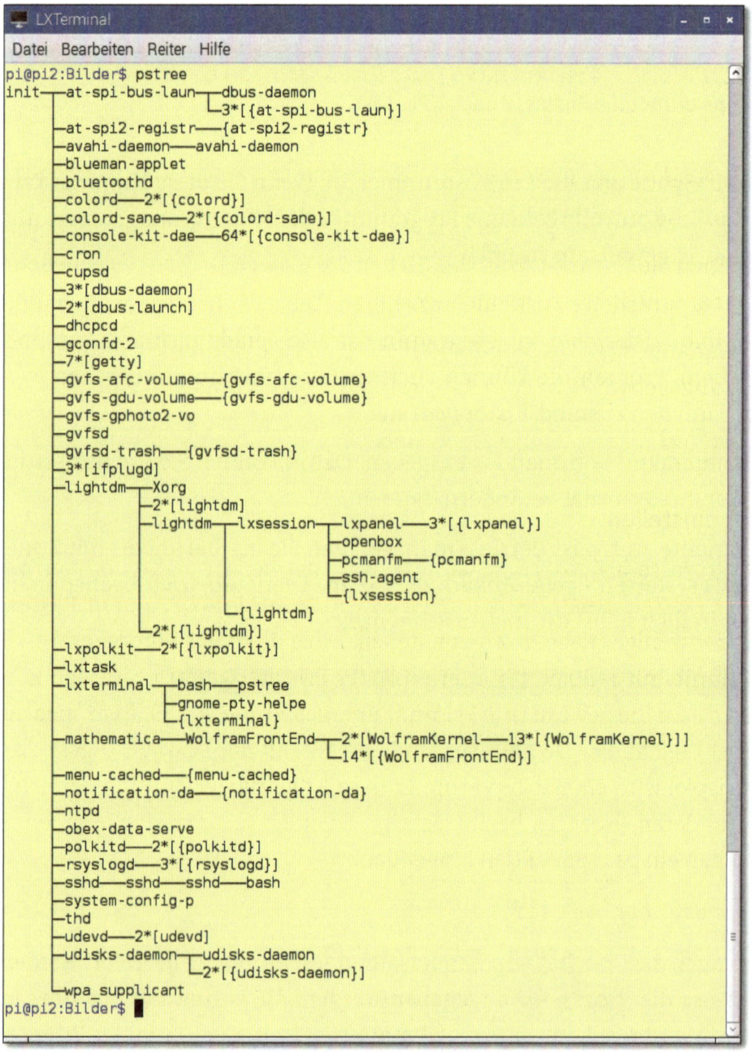

Abbildung 3.6 »pstree« zeigt, welcher Prozess von welchem gestartet wurde.

Prozesse abbrechen

Normalerweise endet ein Prozess mit dem Programmende. Aber leider kommt es auch unter Linux vor, dass Programme Fehler enthalten, sich nicht mehr stoppen lassen und womöglich immer mehr Speicher und CPU-Kapazität beanspruchen. In solchen Fällen muss der Prozess gewaltsam beendet werden. Bei textorientierten Kommandos hilft in den meisten Fällen einfach [Strg]+[C]. Damit wird das Programm sofort beendet.

Das Kommando `kill` versendet Signale an einen laufenden Prozess, der durch die PID-Nummer spezifiziert wird. Diese Nummer können Sie mit `top` oder `ps` ermitteln. Um ein Programm *höflich* zu beenden, wird das Signal 15 verwendet. `kill` verwendet dieses Signal per Default. Hilft das nicht, muss das Signal 9 eingesetzt werden (hier für den Prozess 2725). `kill -9` zwingt den Prozess, sich sofort zu beenden.

```
kill -9 2725
```

`kill` kann nur für eigene Prozesse verwendet werden. Zum Beenden fremder Prozesse müssen Sie `kill` mit Administratorrechten ausführen, also mit `sudo`.

Auch mit `top` können Sie Prozesse beenden: Geben Sie einfach [K] und anschließend die Prozessnummer und das gewünschte Signal ein!

`killall` ist eine Variante zu `kill`. Dabei wird nicht die Prozessnummer, sondern der Programmname angegeben. Es werden *alle* Prozesse dieses Namens beendet.

```
killall lxterminal
```

Prozesspriorität einstellen

Wenn mehrere Prozesse gleichzeitig laufen, entscheidet der Linux-Kernel, welcher Prozess wie viel CPU-Zeit erhält. In manchen Fällen ist es sinnvoll, einem Prozess bewusst mehr oder weniger Rechenzeit zuzuteilen. Dazu dient das Kommando `nice`, mit dem Programme mit reduzierter oder erhöhter Priorität gestartet werden können. Dazu wird an `nice` die gewünschte Priorität übergeben, die von 19 (ganz niedrig) bis -20 (ganz hoch) reicht. Per Default werden Prozesse mit der Priorität 0 gestartet. Im folgenden Beispiel wird ein Backup-Programm mit niedrigerer Priorität gestartet, damit es keine anderen Prozesse beeinträchtigt. Es spielt ja normalerweise keine Rolle, ob das Backup ein paar Sekunden länger dauert.

```
nice -n 10 ./mein-backup-script
```

Mit `renice` kann auch die Priorität von bereits laufenden Prozessen geändert werden. Als Parameter muss die Prozess-ID angegeben werden, die vorher mit `top` oder `ps` ermittelt wurde. Allerdings kann nur `root` Programme mit einer höheren Priorität als 0 starten bzw. die Priorität eines bereits laufenden Prozesses erhöhen.

Systemdienste steuern

Nach einem Blick auf die Ergebnisse von `ps ax` oder `pstree` fragen Sie sich vielleicht, woher die vielen Prozesse kommen. Nur wenige Prozessnamen lassen sich selbst gestarteten Kommandos oder Programmen zuordnen. Die restlichen Prozesse wurden automatisch gestartet, während der Rechner hochfuhr. Viele von ihnen sind der grafischen Benutzeroberfläche zugeordnet. Die restlichen Prozesse sind überwiegend Systemdienste und stellen beispielsweise Netzwerkfunktionen zur Verfügung.

Ein Beispiel dafür ist das Programm `sshd`, der Secure-Shell-Dämon. Ein »Dämon« ist die Unix-typische Bezeichnung für einen Systemdienst. `sshd` erlaubt es Ihnen, sich über das Netzwerk bei Ihrem Raspberry Pi anzumelden (siehe Abschnitt 4.3, »SSH«).

Systemdienste wie `sshd` werden normalerweise automatisch gestartet, und es gibt nur selten die Notwendigkeit, in diesen Automatismus einzugreifen. Wenn dies aber doch der Fall ist, hilft Ihnen das Kommando `service`, Systemdienste zu starten, zu stoppen, neu zu starten etc. Die Syntax für `service` sieht so aus:

```
sudo service dienstname aktion
```

Aktion	Bedeutung
`start`	Startet den Systemdienst.
`stop`	Stoppt den Systemdienst.
`restart`	Startet den Systemdienst neu.
`reload`	Fordert den Dienst auf, die Konfiguration neu einzulesen.
`status`	Zeigt den Zustand des Dienstes an.

Tabelle 3.11 »service«-Aktionen

Wenn Sie also die Konfiguration von `sshd` geändert haben und möchten, dass das Programm die geänderten Einstellungen berücksichtigt, führen Sie das folgende Kommando aus:

```
service ssh reload
```

Vielleicht fragen Sie sich, warum es nicht `service sshd reload` heißt. Das ist zugegebenermaßen inkonsequent und liegt daran, welchen Namen die sogenannten Init-Scripts haben. Das Init-Script für `sshd` hat den Namen `ssh`. Wenn Sie nicht wissen, wie das Init-Script für ein bestimmtes Programm heißt, werfen Sie einen Blick in das Verzeichnis `/etc/init.d`. Was Init-Scripts überhaupt sind, erklären wir in Abschnitt 5.7, »Systemstart«.

Manche Systemdienste unterstützen die Aktion `reload` nicht. In solchen Fällen müssen Sie `restart` ausführen. Bei Netzwerkdiensten hat `restart` aber den Nachteil, dass alle gerade aktiven Verbindungen unterbrochen werden.

Die mit `service` durchgeführte Aktion wird unmittelbar ausgeführt. Beim nächsten Neustart des Raspberry Pi gelten aber wieder die Defaulteinstellungen für den Systemdienst. Unter Debian und somit auch unter Raspbian ist es üblich, dass einmal installierte Systemdienste standardmäßig gestartet werden. Wollen Sie das nicht, besteht die einfachste Lösung darin, das betreffende Paket zu deinstallieren. Alternativ dazu können Sie mit `insserv -r` den automatischen Start unterbinden:

```
insserv -r ssh
```

Wenn Sie sich später dafür entscheiden, dass `sshd` wieder standardmäßig gestartet werden soll, aktivieren Sie den Systemdienst mit `insserv` erneut (diesmal also ohne die Option `-r`):

```
insserv ssh
```

3.10 Netzwerkkommandos

Netzwerkstatus ermitteln

Das Kommando `ip addr` liefert eine Liste aller bekannten Netzwerkschnittstellen und gibt an, welche IP-Adressen ihnen zugeordnet sind. Die Ausgaben im folgenden Beispiel sind so zu interpretieren: Die Loopback-Schnittstelle `lo` ist wie auf jedem Linux-System mit der IP-Adresse 127.0.0.1 verbunden. Diese Schnittstelle ermöglicht es, dass Programme des Raspberry Pi miteinander über Netzwerkprotokolle kommunizieren können. Dazu muss es keine Netzwerkverbindung nach außen geben.

Die Ethernet-Schnittstelle `eth0` hat die IP-Adresse 10.0.0.8. Das ist vermutlich die wichtigste Information für Sie, weil Ihr Raspberry Pi unter dieser Adresse im lokalen Netzwerk erreichbar ist. `ip addr` zeigt schließlich noch die Schnittstelle `wlan0` an, allerdings ohne IP-Adresse. Das kann daran liegen, dass die WLAN-Verbindung noch nicht konfiguriert ist oder dass es momentan keine WLAN-Netze in Funkreichweite gibt.

Fortgeschrittenen Linux-Anwendern wird vielleicht auffallen, dass `ip addr` keine IPv6-Daten anzeigt, wie dies unter anderen Linux-Distributionen üblich ist. Das liegt daran, dass IPv6 auf dem Raspberry Pi standardmäßig deaktiviert ist. Wie Sie das bei Bedarf ändern können, erfahren Sie in Abschnitt 4.9, »IPv6«.

```
ip addr
  1: lo: <LOOPBACK,UP,LOWER_UP> mtu 65536 qdisc ...
      link/loopback 00:00:00:00:00:00 brd 00:00:00:00:00:00
      inet 127.0.0.1/8 scope host lo
         valid_lft forever preferred_lft forever
  2: eth0: <BROADCAST,MULTICAST,UP,LOWER_UP> mtu 1500 ...
      link/ether b8:27:eb:c2:4d:4b brd ff:ff:ff:ff:ff:ff
      inet 10.0.0.8/24 brd 10.0.0.255 scope global eth0
         valid_lft forever preferred_lft forever
  3: wlan0: <NO-CARRIER,BROADCAST,MULTICAST,UP> mtu 1500 ...
      link/ether 7c:dd:90:5a:2d:08 brd ff:ff:ff:ff:ff:ff
```

Was passiert mit Netzwerkpaketen, die nicht zur Verarbeitung durch den Raspberry Pi gedacht sind? Die Antwort auf diese Frage gibt `ip route`. Im Beispielnetzwerk werden alle IP-Pakete für den Adressbereich 10.0.0.*, also für das lokale Netzwerk, über die Schnittstelle `eth0` geleitet. Die `default`-Regel gibt außerdem an, dass IP-Pakete an alle anderen Adressen über das Gateway 10.0.0.138 geleitet werden sollen. Dabei kann es sich z. B. um einen ADSL-Router handeln.

```
ip route
  default via 10.0.0.138 dev eth0
  10.0.0.0/24 dev eth0  proto kernel  scope link  src 10.0.0.8
```

Die letzte Kerninformation einer Netzwerkkonfiguration unter Linux verrät die Datei `/etc/resolv.conf`. In dieser Datei ist eingetragen, welche Nameserver Ihr Raspberry Pi verwendet, um zu Hostnamen wie `yahoo.com` die entsprechende IP-Adresse zu ermitteln. Im folgenden Beispiel sind zwei Nameserver konfiguriert: einerseits 10.0.0.138 (der ADSL-Router) und andererseits 8.8.8.8 (der öffentliche Nameserver von Google). Die Schlüsselwörter `domain` und `search` geben an, dass das lokale Netzwerk den Domainnamen `lan` verwendet. Wenn Sie versuchen, eine Netzwerkverbindung zum Rechner `name` herzustellen, dann verwendet der Raspberry Pi automatisch `name.lan`.

```
cat /etc/resolv.conf
  domain lan
  search lan
  nameserver 10.0.0.138
  nameserver 8.8.8.8
```

Mit `ping` können Sie überprüfen, ob andere Rechner im lokalen Netzwerk bzw. im Internet erreichbar sind. `ping` sendet einmal pro Sekunde ein kleines Datenpaket an den angegebenen Rechner. Dieser antwortet in der Regel mit einem ebenso kleinen Paket. `ping` läuft normalerweise endlos, bis es mit [Strg]+[C] beendet wird. Alternativ können Sie an `ping` die Option `-c 3` übergeben – dann sendet `ping` nur drei Testpakete und endet dann.

```
ping -c 3 heise.de
  PING heise.de (193.99.144.80) 56(84) bytes of data.
  64 bytes from ... (...): icmp_req=1 ttl=247 time=43.6 ms
  64 bytes from ... (...): icmp_req=2 ttl=247 time=41.4 ms
  64 bytes from ... (...): icmp_req=3 ttl=247 time=42.1 ms

  --- heise.de ping statistics ---
  3 packets transmitted, 3 received, 0% packet loss, time 2003ms
  rtt min/avg/max/mdev = 41.498/42.423/43.665/0.942 ms
```

Dateien per FTP und HTTP übertragen

Der klassische Weg, um Dateien herunterzuladen, die auf einem FTP-Server zur Verfügung stehen, führt über das interaktive Kommando `ftp`. Beim Verbindungsaufbau müssen Sie sich anmelden – entweder mit einem Login-Namen und dem dazugehörenden Passwort oder mit dem Namen `anonymous` und Ihrer E-Mail-Adresse anstelle des Passworts. Die zweite Variante ist nur möglich, wenn der FTP-Server entsprechend konfiguriert ist. Die folgenden Zeilen geben ein kurzes Beispiel für seine Anwendung:

```
ftp ftp.servername.com
    Name (ftp.servername.com:pi): anonymous
    Password: name@mysite.de
    ftp> cd verzeichnis
    ftp> ls
    ...
    ftp> get wichtige-datei.tar.gz
    ...
    ftp> quit
```

Anstelle von `ftp` können Sie auch das Kommando `lftp` einsetzen, wobei Sie zuvor das gleichnamige Paket mit `apt-get install` installieren müssen. `lftp` stellt mehr Befehle als `ftp` zur Verfügung. Außerdem können Sie an `lftp` entweder mit `-c` mehrere durch Strichpunkte getrennte FTP-Kommandos übergeben oder mit `-f` eine Datei angeben, die diese Kommandos zeilenweise enthält.

Der interaktive Ansatz der Kommandos `ftp` und `lftp` ist zur Automatisierung von Downloads in einem Script ungeeignet. Abhilfe schafft das Kommando `wget`, das speziell zur Durchführung großer Downloads bzw. zur Übertragung ganzer Verzeichnisse konzipiert ist. `wget` unterstützt außer FTP auch die Protokolle HTTP und HTTPS. In der Grundform lädt `wget` die angegebene Datei einfach herunter, bei FTP-Servern mit einem `anonymous`-Login.

```
wget ftp://einftpserver.de/verzeichnis/name.tar.gz
wget http://einandererserver.de/verzeichnis/name.zip
```

Eine Alternative zu wget ist curl. Das Kommando hilft dabei, Dateien von oder zu FTP-, HTTP- oder sonstigen Servern zu übertragen. Die man-Seite listet eine beeindruckende Palette von Protokollen auf, die curl beherrscht. Hier beschränken wir uns allerdings auf FTP-Uploads. Für die Script-Programmierung besonders praktisch ist, dass curl auch Daten aus der Standardeingabe verarbeiten bzw. zur Standardausgabe schreiben kann. Sie müssen also nicht zuerst eine *.tar.gz-Datei erstellen und diese dann zum FTP-Server übertragen, sondern können beide Operationen mittels einer Pipe gleichzeitig ausführen. Das folgende Kommando überträgt die angegebene Datei zum FTP-Server backupserver und speichert sie im Verzeichnis verz:

```
curl -T datei -u username:password ftp://backupserver/verz
```

Um Daten aus dem Standardeingabekanal zu verarbeiten, geben Sie mit -T als Dateinamen einen Bindestrich an. Das folgende Kommando speichert das aus dem tar-Kommando resultierende Ergebnis direkt in der Datei name.tgz auf dem FTP-Server. Beachten Sie, dass auch bei tar als Dateiname ein Bindestrich angegeben ist, damit tar die Daten direkt in die Standardausgabe schreibt.

```
tar czf - verz/ | curl -T - -u usern:pw ftp://bserver/name.tgz
```

Kapitel 4
Arbeitstechniken

Sofern Sie im vorigen Kapitel zumindest einige Beispiele ausprobiert haben, sollte das Arbeiten im Terminal und die Bedienung eines Editors für Sie jetzt kein Problem mehr sein. Auf diesem Wissen aufbauend, stellt dieses Kapitel Techniken vor, mit denen Sie Ihren Raspberry Pi effizient nutzen können, um besondere Konfigurationswünsche zu realisieren oder um häufig benötigte administrative Arbeiten zu erledigen. Vorweg schon einmal ein Überblick über die breite Palette der Themen:

- zusätzliche Programme/Pakete installieren und verwalten
- Updates durchführen
- Netzwerkbedienung des Raspberry Pi via SSH und VNC
- Netzwerkverzeichnisse nutzen und zur Verfügung stellen
- den Raspberry Pi aus dem Internet zugänglich machen
- IPv6
- den Raspberry Pi als FTP-Server einsetzen
- Programme beim Systemstart ausführen
- Programme regelmäßig ausführen (Cron)
- Monitor ein- und ausschalten
- Backups durchführen
- Notfalltipps und Fehlerdiagnose

Wir haben dieses Kapitel explizit sehr lösungsorientiert konzipiert: Wir wollen Ihnen zeigen, wie Sie rasch zum Ziel kommen. Auf ausführliche Erklärungen der oft diffizilen Linux-Grundlagen haben wir verzichtet. Diese reichen wir dann im nächsten Kapitel nach – sozusagen als Bonus für alle Leser und Leserinnen, die nicht nur blind Anleitungen befolgen möchten, sondern Linux wirklich verstehen wollen.

Die meisten Abschnitte dieses Kapitels können jeweils für sich gelesen werden. Es besteht also keine Notwendigkeit, sofort das ganze Kapitel durchzuackern, nur weil Sie gerade auf der Suche nach Tipps zur Durchführung von Backups sind.

4.1 Programme installieren und verwalten

Programme bzw. Pakete installieren

Über das Kommando `sudo apt-get install paketname` sind Sie in den vorherigen Kapiteln schon mehrfach gestolpert. Es ist wahrscheinlich das am häufigsten benötigte Kommando, um ein Programm – genau genommen ein Paket – zu installieren.

Was ist ein Paket überhaupt? Unter Linux ist es üblich, die zumeist aus vielen Einzeldateien bestehenden Programme zu einem Paket zusammenzufassen. Neben Paketen für Programme gibt es auch Pakete für Bibliotheken, Dokumentationsdateien und andere Zwecke. Eine Linux-Distribution besteht aus sehr vielen Paketen, von denen immer nur ein winziger Bruchteil tatsächlich installiert wird. Die restlichen Pakete stehen im Internet zur Verfügung. Das erklärt auch, warum die Linux-Welt ohne `setup.exe` oder `programm.msi` auskommt.

Da Raspbian von Debian abgeleitet ist, verwendet Raspbian das Debian-Paketverwaltungssystem. Daneben gibt es auch das RPM-Paketsystem, das unter anderen in Red Hat, Fedora und openSUSE zum Einsatz kommt. Sollten Sie auf Ihrem Raspberry Pi die Distribution Pidora installiert haben, dann treffen die Informationen in diesem Abschnitt also nicht zu. Zwar gelten die hier beschriebenen Grundkonzepte der Paketverwaltung auch in Pidora, zur eigentlichen Paketverwaltung werden aber andere Kommandos wie `yum` und `rpm` eingesetzt.

Linux-Pakete sind komprimiert und enthalten außer den eigentlichen Dateien auch eine Menge Zusatzinformationen, z. B. über die Versionsnummer des enthaltenen Programms oder über die Voraussetzungen, die zur Ausführung des Programms gegeben sein müssen. Soll beispielsweise das Programm `abc` auf die Bibliothek `xy` zugreifen, dann ist dies in den Paketdaten verzeichnet. `apt-get install` informiert Sie dann, dass zusätzlich zu dem von Ihnen gewünschten Paket `abc` auch noch `lib-xy` installiert wird. In solchen Fällen müssen Sie den Installationsvorgang explizit bestätigen.

Woher kommen Pakete?

Die Raspbian-Pakete befinden sich auf Servern im Internet, auf die `apt-get` zugreift. Diese Paketquellen (*Repositories*) enthalten außerdem eine Art Datenbank, in der verzeichnet ist, welche Pakete in welcher Version zur Verfügung stehen. Welche Paketquellen Raspbian verwendet, ist in der Konfigurationsdatei `/etc/apt/sources.list` festgehalten. Details zum Aufbau dieser Datei sowie andere Interna der Paketverwaltung können Sie in Kapitel 5, »Linux-Grundlagen«, nachlesen.

Damit eine Paketinstallation funktioniert und alle Abhängigkeiten korrekt aufgelöst werden können, muss Raspbian wissen, welche Pakete in den Paketquellen zur Verfügung stehen. Der Download dieser Metadaten dauert relativ lange und wird deswegen nicht jedes Mal automatisch durchgeführt. Wenn Sie längere Zeit keine Paketverwaltungsfunktionen genutzt haben, müssen Sie deswegen zuerst `apt-get update` durchführen:

```
sudo apt-get update
sudo apt-get install paketname
```

apt-get update führt kein Software-Update durch

Das Schlüsselwort `update` bezieht sich dabei nur auf die Metadaten! Die Pakete selbst werden nicht aktualisiert. Dazu müssen Sie das Kommando `apt-get dist-upgrade` ausführen, das wir Ihnen in Abschnitt 4.2, »Updates«, näher vorstellen.

Programme bzw. Pakete entfernen

Sollte sich herausstellen, dass Sie ein installiertes Programm doch nicht brauchen, können Sie alle Dateien des Pakets mühelos wieder entfernen. Konfigurationsdateien des Pakets, die Sie verändert haben, bleiben bei der Deinstallation erhalten.

```
sudo apt-get remove paketname
```

Informationen über Pakete ermitteln

Eine große Stärke des Paketverwaltungssystems besteht darin, dass Sie auf vielerlei Weise Informationen über installierte bzw. noch nicht installierte Pakete ermitteln können. Dieser Abschnitt gibt hierfür einige Beispiele.

Wenn Sie ein neues Programm installieren möchten, den exakten Paketnamen aber nicht kennen, hilft Ihnen neben einer Internet-Suche oft das Kommando `apt-cache search` weiter. Es durchsucht die Kurzbeschreibungen *aller* Pakete, egal ob diese nun installiert sind oder nicht, und liefert eine Liste aller passenden Pakete:

```
apt-cache search webserver
  amule-daemon - non-graphic version of aMule, a client
    for the eD2k and Kad networks
  apache2-utils - utility programs for webservers
  cakephp-instaweb - Development webserver for CakePHP
    applications
  ...
```

Sind Sie an detaillierteren Informationen zu einem Paket interessiert, führen Sie `apt-cache show` aus:

```
apt-cache show apache2
  Package: apache2
  Version: 2.2.22-13+deb7u1
  Description: Apache HTTP Server metapackage
    The Apache Software Foundation's goal is to build a
    secure, efficient and extensible HTTP server as
    standards-compliant open source software. ...
```

`dpkg -l` liefert eine sortierte Liste aller Pakete, die bereits installiert sind. Die Paketliste enthält in der ersten Spalte einen Code aus zwei Buchstaben. Der erste Buchstabe gibt den gewünschten Status des Pakets an (`i` = installieren, `n` = nicht installieren, `r/p` = entfernen, `h` = halten), der zweite Buchstabe den tatsächlichen Status (`i` = installiert, `n` = nicht installiert, `c` = konfiguriert, `u` = entpackt, aber noch nicht konfiguriert, `f` = fehlgeschlagen).

```
dpkg -l
     Name         Version    Arch.   Beschreibung
  ii adduser      3.113+...  all     add and remove users/groups
  ii alsa-base    1.0.25...  all     ALSA driver configuration files
  ii alsa-utils   1.0.25-4   armhf   Utilities for ALSA
  ii apt          0.9.7....  armhf   commandline package manager
  ...
```

Wenn Sie wissen möchten, wie viele Pakete korrekt installiert sind, filtern Sie aus der Paketliste alle Zeilen, die mit `ii` beginnen, und zählen diese mit `wc`:

```
dpkg -l | grep '^ii' | wc -l
  724
```

Die einfachste Möglichkeit, um zu testen, ob ein bestimmtes Paket installiert ist, bietet `dpgk` mit der Option `-s` (*status*). Das Kommando listet darüber hinaus auch gleich eine Menge Informationen über das Paket auf, auf deren Wiedergabe wir hier aber verzichtet haben:

```
dpkg -s nano
  Package: nano
  Status: install ok installed
  ...
```

Aus welchen Dateien besteht ein Paket? Diese Frage beantwortet `dpkg --listfiles`:

```
dpkg --listfiles nano
  /bin/nano
  /usr/share/menu/nano
  ...
```

Oft ist auch die umgekehrte Frage interessant: Sie sind auf eine Datei gestoßen, deren Bedeutung Ihnen unklar ist. Aus welchem Paket stammt die Datei? Die Antwort gibt dpkg -S. Die Datei /etc/gai.conf stammt vom Paket libc-bin, und dieses stellt wiederum grundlegende Kommandos zur Administration von Linux-Bibliotheken zur Verfügung.

```
dpkg -S /etc/gai.conf
  libc-bin: /etc/gai.conf
apt-cache show libc-bin
  ...
  Description: Embedded GNU C Library: Binaries
  This package contains utility programs related to the GNU C
    Library.
```

4.2 Updates

Raspbian aktualisieren

Ein fundamentaler Vorteil des im vorigen Abschnitt beschriebenen Paketverwaltungssystems besteht darin, dass die komplette Raspbian-Distribution mit nur zwei Kommandos aktualisiert werden kann:

```
sudo apt-get update
sudo apt-get dist-upgrade
```

Das update-Kommando ist Ihnen schon vertraut. Es lädt von den Paketquellen im Internet die aktuellen Informationen über alle verfügbaren Pakete herunter. apt-get dist-upgrade überprüft anschließend für jedes installierte Paket, ob es hierzu in den Paketquellen eine aktualisierte Version gibt. Ist dies der Fall, wird das betroffene Paket heruntergeladen und installiert.

Wenn Sie das Update zum ersten Mal nach der Raspbian-Installation durchführen bzw. seit dem letzten Update schon lange keines mehr durchgeführt haben, wird das Update relativ lange dauern – durchaus auch eine Viertelstunde: Zeit kostet nicht nur der oft viele MByte umfassende Download, sondern auch das Dekomprimieren der Pakete und schließlich ihre Installation auf der SD-Karte.

Im Rahmen des Updates erhalten Sie Fehlerkorrekturen aller installierten Programme. Das Update-System ist hingegen nicht dazu gedacht, in der Zwischenzeit erschienene neue Software-Versionen zu installieren – also z. B. Python von Version 3.2 auf Version 3.4 zu aktualisieren.

Lohnt sich ein Update überhaupt? In der Regel bemerken Sie nach dem Update keinen Unterschied. Trotzdem sind Updates sinnvoll, insbesondere dann, wenn Sie Ihren Raspberry Pi so konfiguriert haben, dass dieser aus dem Internet erreichbar ist (siehe Abschnitt 4.7, »Internetzugriff auf den Raspberry Pi«). Dann gelten für den Raspberry Pi die gleichen Sicherheitsprinzipien wie für jeden anderen Computer:

Fehler im Code einzelner Raspbian-Programme können Ihren Minicomputer von außen angreifbar machen, und nur regelmäßige Updates können diese Verwundbarkeit minimieren.

> **Warum kein Rolling Release?**
>
> Raspbian ist wie Debian keine *Rolling-Release-Distribution*: Mit diesem Fachbegriff bezeichnet man Linux-Distributionen, die ständig alle Programme und Pakete auf den neuesten Stand bringen. Ein Rolling Release klingt verlockend, ist in der Praxis aber oft mit vielen Stabilitätsproblemen behaftet. Bei Debian und Raspbian hat aber gerade diese Stabilität höchste Priorität – auch wenn das oft auf Kosten der Aktualität geht. Wenn Sie also gern die neueste Version von Python, Apache, PHP etc. einsetzen möchten, müssen Sie warten, bis Raspbian auf die aktuelle Debian-Version 8 umgestellt wird; das wird voraussichtlich frühestens Ende 2015 der Fall sein.

Firmware- und Kernel-Updates

`apt-get dist-upgrade` aktualisiert die komplette Raspbian-Distribution – mit zwei Ausnahmen. Nicht berücksichtigt werden der Kernel und die Firmware des Raspberry Pi. Der Kernel ist jener Teil von Linux, der alle essenziellen Low-Level-Funktionen enthält, also Speicherverwaltung, Prozessverwaltung, Hardware-Treiber etc. Die Firmware enthält Software für die GPU (*Graphics Processing Unit*) des Broadcom BCM2835 bzw. BCM2836 System-on-a-Chip, also für die Recheneinheit des Raspberry Pi.

Der Kernel und die Firmware werden in der ersten Partition der SD-Karte gespeichert. Unter Raspbian können Sie den Inhalt dieser Partition im Verzeichnis `/boot` ansehen und ändern. Der Kernel befindet sich dort in der Datei `kernel.img`, die Firmware in den Dateien `*start.elf`. Diese Dateien werden unmittelbar nach dem Einschalten des Raspberry Pi geladen. Zusätzlich zur Kerneldatei enthält das Verzeichnis `/lib/modules/n.n/` dazu passende Kernelmodule, also gewissermaßen Ergänzungen, die nur bei Bedarf gelesen werden.

Es gibt natürlich einen Grund, weswegen der Kernel und die Firmware nicht gemeinsam mit allen anderen Paketen aktualisiert werden: Der Kernel und die Firmware werden nicht im Rahmen des Raspbian-Projekts erzeugt und gewartet, sondern von der Raspberry Pi Foundation verwaltet. Während der Linux-Kernel vollständig als Open-Source-Code vorliegt, trifft dies für die Firmware leider nicht zu. Das Raspbian-Projekt übernimmt den Kernel und die Firmware in Binärform und stellt daraus alle paar Monate ein neues Installations-Image zusammen. Dieses verwenden Sie zur Installation. Danach werden der Kernel und die Firmware normalerweise nicht mehr verändert.

Eine detaillierte Beschreibung des Startprozesses des Raspberry Pi sowie des Linux-Kernels und seiner Module folgt im nächsten Abschnitt. Die beiden folgenden Links führen auf Seiten, von denen Sie den Quellcode des Linux-Kernels sowie die aktuelle Binärversion der Firmware herunterladen können:

https://github.com/raspberrypi/linux
https://github.com/raspberrypi/firmware

Wozu dient ein Kernel- und Firmware-Update?

Obwohl Raspbian also keinen automatischen Kernel- und Firmware-Update-Mechanismus vorsieht, sind solche Updates in manchen Fällen durchaus zweckmäßig: zum Beispiel, um mittlerweile behobene Hardware-Probleme zu lösen oder um neu in den Kernel eingeflossene Hardware-Treiber nutzen zu können.

Während der Arbeit an diesem Buch haben uns Firmware- und Kernel-Updates gleich zweimal weitergeholfen: einmal zur Behebung von Audio-Problemen, ein anderes Mal, um einen WLAN-Adapter zu verwenden, der vom ursprünglich installierten Kernel nicht unterstützt wurde.

Gleichzeitig birgt jedes Kernel- und Firmware-Update das Risiko in sich, dass es neue Probleme verursacht. Halten Sie sich also an die elementarste aller IT-Regeln: *If it ain't broken, don't fix it!* Mit anderen Worten: Wenn es keinen konkreten Grund zur Aktualisierung des Kernels oder der Firmware gibt, lassen Sie besser die Finger davon.

Bevor Sie sich an ein Kernel- und Firmware-Update machen, ist es zweckmäßig, die aktuelle Version festzustellen. Dazu dienen die Kommandos `uname -a` (Kernel) und `vcgencmd version` (Firmware). Als wir das folgende Listing produzierten, lief auf unserem Raspberry Pi 2 die Kernelversion 3.18.11 (kompiliert am 21.04.2015) und eine Firmware-Version, die am gleichen Tag freigegeben wurde.

```
uname -a
  Linux pi2 3.18.11-v7+ #781 SMP PREEMPT
  Tue Apr 21 18:07:59 BST 2015 armv7l GNU/Linux
vcgencmd version
  Apr 21 2015 14:42:19
  Copyright (c) 2012 Broadcom
  version 2d5ad04b63af4233440c3f7c8587108223201102
    (clean) (release)
```

Nach der langen Einleitung erwarten Sie nun vielleicht eine komplizierte Beschreibung des Update-Prozesses. Weit gefehlt! Auch wenn die technischen Hintergründe komplex sind, lässt sich das Update denkbar einfach durchführen: Dazu installieren Sie zuerst das Paket `rpi-update` und führen dann das gleichnamige Kommando aus, dessen Ausgaben hier in etwas gekürzter Form wiedergegeben sind:

```
sudo rpi-update
   Raspberry Pi firmware updater by Hexxeh, enhanced by AndrewS
   Performing self-update ...
   Backing up files (this will take a few minutes)
     firmware, modules  3.18.11-v7+
   WARNING: This update bumps to rpi-4.0.y linux tree
     Be aware there could be compatibility issues with some
     drivers. Discussion here:
     https://www.raspberrypi.org/forums/
       viewtopic.php?f=29&t=113753
   Would you like to proceed? (y/N) y
   Downloading specific firmware revision ...
   Updating firmware and kernel modules
   depmod 4.0.5+, depmod 4.0.5-v7+
   Updating VideoCore libraries, HardFP libraries, SDK
   Running ldconfig
   Storing current firmware revision
   Deleting downloaded files, syncing changes to disk
   If no errors appeared, your firmware was successfully updated
   to 7c75bc049eef5c351a23919f65060b0e1a4a2181
   A reboot is needed to activate the new firmware
```

`rpi-update` lädt nun die gerade aktuelle Firmware- und Kernelversion herunter und installiert die Dateien in die Verzeichnisse `/boot` und `/lib/modules/n.n`. Vorher wird der ursprüngliche Inhalt von `/boot` nach `/boot.bak` kopiert, sodass Sie ein Backup der bisherigen Kernel- und Firmware-Version haben. Wenn Sie das Update rückgängig machen möchten, kopieren Sie alle Dateien von `/boot.bak` nach `/boot` – einmal vorausgesetzt, es gibt nach dem Update keine Bootprobleme. Bei unseren Tests hat aber immer alles klaglos funktioniert.

Vielleicht fragen Sie sich, warum Sie Firmware und Kernel nicht getrennt voneinander aktualisieren können. Die beiden Programme sind aufeinander abgestimmt. Deswegen aktualisiert `rpi-update` grundsätzlich immer beide Komponenten.

Das Update wird erst mit einem Neustart des Raspberry Pi wirksam. Anschließend können Sie sich mit `uname -a` und `vcgencmd version` vergewissern, ob alles funktioniert hat:

```
uname -a
  Linux pi2 4.0.5-v7+ #797 SMP PREEMPT
  Sat Jun 20 02:03:05 BST 2015 armv7l GNU/Linux
vcgencmd version
  Jun 22 2015 20:09:57
  Copyright (c) 2012 Broadcom
  version f6fc02bbbe78132c0328c1f74b66876d8988e1a3
  (clean) (release)
```

4.3 SSH

So faszinierend der Raspberry Pi auch ist, als vollwertiger Ersatz für Ihr Notebook oder Ihren Desktop-PC taugt das Gerät nicht. Wenn Sie aber ohnedies primär auf Ihrem *richtigen* Rechner arbeiten – wozu dann ständig zwischen zwei Bildschirmen, zwei Tastaturen, zwei Mäusen hin- und herwechseln? Den Raspberry Pi können Sie problemlos auch von Ihrem normalen Rechner aus steuern!

Dieser Abschnitt zeigt Ihnen den ersten und einfacheren Weg zur Fernsteuerung – Secure Shell, kurz SSH. Solange Sie nur Terminalarbeiten erledigen müssen, reicht SSH vollkommen aus. Das Verfahren ist sicher und unkompliziert zu nutzen. Wollen Sie darüber hinaus den gesamten Raspberry-Pi-Desktop auf Ihrem Arbeitsrechner sehen, müssen Sie das im nächsten Abschnitt beschriebene Verfahren VNC einsetzen.

Voraussetzungen auf dem Raspberry Pi

Eine Grundvoraussetzung für jeden SSH-Einsatz besteht selbstverständlich darin, dass sich sowohl Ihr Raspberry Pi als auch Ihr Arbeitsrechner im selben lokalen Netzwerk befinden. Ob die Netzwerkverbindung über ein Kabel oder via WLAN erfolgt, spielt keine Rolle.

Damit der SSH-Fernzugriff funktioniert, muss auf dem Raspberry Pi ein SSH-Server laufen. Unter Raspbian ist das standardmäßig der Fall – es sei denn, Sie haben den SSH-Server bei der anfänglichen Konfiguration in `raspi-config` abgeschaltet. Um sich zu vergewissern, führen Sie das folgende Kommando aus:

```
service ssh status
  [ ok ] sshd is running.
```

Sollte die Statusabfrage eine Fehlermeldung anzeigen, führen Sie die folgenden beiden Kommandos aus. Das erste bewirkt den sofortigen Start des SSH-Servers. Das zweite stellt sicher, dass der SSH-Server auch in Zukunft bei jedem Neustart des Raspberry Pi automatisch ausgeführt wird:

```
sudo service ssh start
sudo insserv ssh
```

Schließlich sollten Sie noch wissen, welchen Hostnamen und welche IP-Adresse Ihr Raspberry Pi verwendet. Das finden Sie mit diesen Kommandos heraus:

```
hostname
  raspberrypi
ip addr | grep inet
  inet 127.0.0.1/8 scope host lo
  inet 10.0.0.9/24 brd 10.0.0.255 scope global eth0
```

Der Hostname lautet also `raspberrypi`, und die IP-Adresse ist 10.0.0.9. Die andere Adresse (127.0.0.1) ist nicht relevant. Sie gilt nur für die Loopback-Schnittstelle, also für Netzwerkverkehr *innerhalb* des Raspberry Pi.

Stellen Sie ein sicheres Passwort ein!

Auf jedem Rechner, auf dem ein SSH-Server läuft, müssen Sie unbedingt auf gute, sichere Passwörter achten! Sollten Sie das Default-Passwort des Benutzers `pi` bisher nicht verändert haben, dann ist spätestens jetzt der richtige Zeitpunkt gekommen. Dazu führen Sie im Terminal das Kommando `passwd` aus. Sie müssen nun zuerst noch einmal das alte Passwort eingeben, dann zweimal hintereinander das neue.

Voraussetzungen auf Ihrem Arbeitsrechner

Wenn Ihr Arbeitsrechner unter Linux oder OS X läuft, ist das Kommando `ssh` bereits installiert und kann in einem Terminal ausgeführt werden. Unter Windows müssen Sie das kostenlose Programm PuTTY herunterladen und installieren:

http://www.chiark.greenend.org.uk/~sgtatham/putty/download.html

SSH anwenden

Sind alle Voraussetzungen einmal erfüllt, ist die Nutzung von SSH denkbar einfach. Unter Linux oder OS X öffnen Sie ein Terminalfenster und führen dann das Kommando `ssh username@hostname` aus (siehe Abbildung 4.1), wobei Sie als Benutzername standardmäßig `pi` verwenden (es sei denn, Sie haben auf dem Raspberry Pi weitere Benutzer eingerichtet) und als Hostname `raspberrypi` oder den von Ihnen eingestellten Hostnamen (in den folgenden Beispielen: `pi2`):

```
ssh pi@pi2
```

Je nachdem, wie der Router Ihres lokalen Netzwerks konfiguriert ist, kann es sein, dass `ssh` nicht in der Lage ist, die IP-Adresse des Raspberry Pi zu ermitteln. Dann müssen Sie anstelle des Hostnamens die IP-Adresse direkt angeben:

```
ssh pi@10.0.0.9
```

Beim ersten Verbindungsaufbau zeigt `ssh` eine Rückfrage an. Sobald Sie diese bestätigen, werden die IP-Adresse, der Hostname und ein Schlüssel in der lokalen Datei `.ssh/known_host` gespeichert. Beim nächsten Mal erkennt `ssh` den Raspberry Pi und verzichtet auf die Rückfrage.

```
ssh pi@pi2
  The authenticity of host 'pi2 (10.0.0.9)' can't be
  established.
```

```
RSA key fingerprint is 6f:89:d9:19:b6:d6:91:dc:
                       26:44:d5:6c:c1:fa:fb:95.
Are you sure you want to continue connecting (yes/no)? yes
Permanently added 'pi2,10.0.0.9' to the list of known hosts.
pi@pi2's password: ***********
...
```

Außerdem müssen Sie natürlich auch das Passwort für den Benutzer pi angeben. Sobald der Login erledigt ist, können Sie in dem Terminalfenster Kommandos ausführen, ganz so, als würden Sie direkt auf dem Raspberry Pi arbeiten! Den Administratorkommandos müssen Sie wie üblich sudo voranstellen.

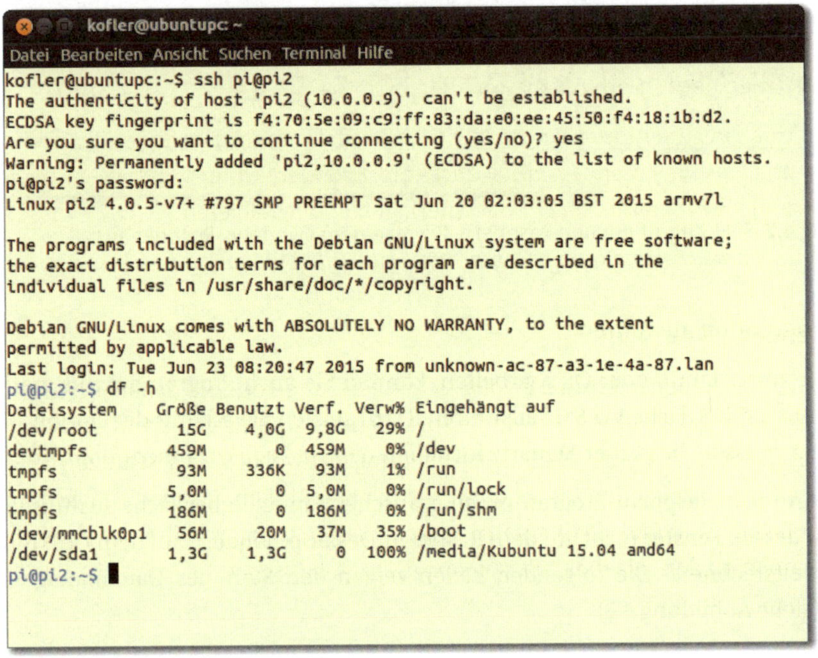

Abbildung 4.1 SSH-Zugriff auf den Raspberry Pi von einem Ubuntu-Rechner

Unter Windows führt der Start von putty.exe direkt in einen Konfigurationsdialog (siehe Abbildung 4.2). An sich reicht es aus, dort lediglich den Hostnamen oder die IP-Adresse anzugeben und dann mit OPEN die Verbindung herzustellen. Allerdings ist es empfehlenswert, beim ersten Mal gleich einige Einstellungen zu verändern und diese als Profil (als SESSION) zu speichern. Insbesondere sollten Sie im Dialogblatt TRANSLATION im Listenfeld REMOTE CHARACTER SET den Zeichensatz UTF-8 auswählen, damit deutsche Sonderzeichen richtig angezeigt werden. Gegebenenfalls können Sie auch im Dialogblatt COLOURS andere Farben einstellen. Standardmäßig verwendet PuTTY einen nicht sehr augenfreundlichen schwarzen Hintergrund sowie eine dunkelgraue Textfarbe.

Beim ersten Verbindungaufbau zeigt auch PuTTY in einem eigenen Dialog die Warnung, dass der Hostname und die IP-Adresse noch unbekannt sind. Diese Warnung müssen Sie bestätigen; beim nächsten Mal wird sie nicht mehr angezeigt.

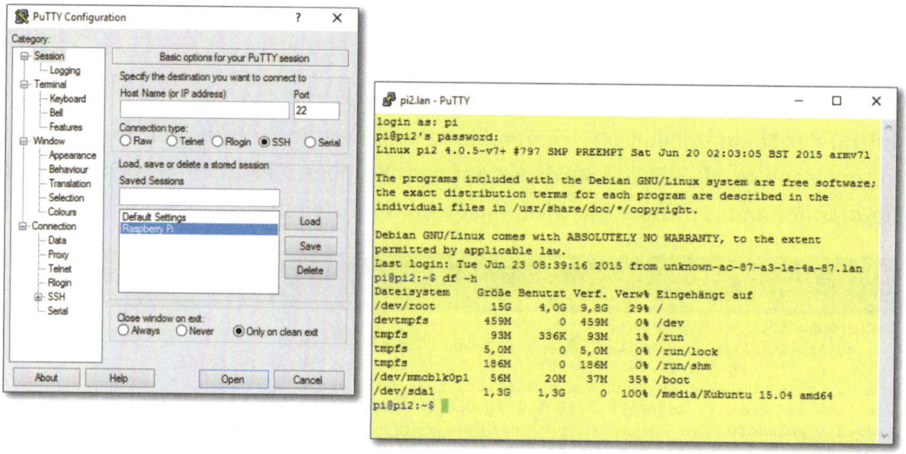

Abbildung 4.2 SSH-Zugriff auf den Raspberry Pi von einem Windows-Rechner aus

Grafikprogramme ausführen

Sofern Sie unter Linux oder OS X arbeiten, können Sie auch Programme mit grafischer Benutzeroberfläche via SSH ausführen. Dazu starten Sie `ssh` mit der Option `-X`. Unter OS X müssen Sie vorher XQuartz installieren (*http://xquartz.macosforge.org*).

Wenn Sie nun ein Raspbian-Programm mit grafischer Benutzeroberfläche ausführen, erscheint dessen Fenster nicht auf dem Raspbian-Desktop, sondern auf dem Desktop Ihres Arbeitsrechners! Die folgenden Zeilen zeigen den Start des Dateimanagers `pcmanfm` (siehe Abbildung 4.3):

```
ssh -X pi@pi2
  pi@pi2 's password: ********
pcmanfm &
```

SSH-Login mit Schlüsseln statt Passwörtern

Anstatt sich immer mit Ihrem Passwort anzumelden, können Sie die Authentifizierung auch mit Schlüsseln durchführen. Unkompliziert ist das allerdings nur zu bewerkstelligen, wenn Ihr Arbeitsrechner unter Linux oder OS X läuft. In diesem Fall öffnen Sie auf Ihrem Arbeitsrechner ein Terminalfenster und führen dort `ssh-keygen` aus.

```
ssh-keygen
```

Abbildung 4.3 Der Dateimanager läuft auf dem Raspberry Pi, wird aber unter Ubuntu angezeigt und gesteuert.

Das Programm fragt zuerst, wo es den Schlüssel speichern soll – bestätigen Sie den Vorschlag `.ssh/id_rsa` einfach durch ⏎. Anschließend können Sie eine *Passphrase* angeben, die den Zugriff auf den Schlüssel absichert. Im Allgemeinen ist es zu empfehlen, hier ein sicheres Passwort anzugeben. Die *Passphrase* stellt sicher, dass niemand Ihren Schlüssel verwenden kann, selbst dann nicht, wenn Ihr Rechner in falsche Hände gerät. Sie können die Rückfrage aber auch einfach durch ⏎ beantworten und so auf diese Absicherung verzichten.

Immer noch auf Ihrem Arbeitsrechner führen Sie nun `ssh-copy-id` aus. Damit kopieren Sie den öffentlichen Teil des Schlüssels auf den Raspberry Pi. Dabei müssen Sie sich nochmals mit Ihrem Passwort anmelden.

```
ssh-copy-id pi@raspberrypi
  pi@raspberrypi 's password: ********
```

Wenn Sie sich jetzt das nächste Mal via `ssh` bei Raspbian anmelden, entfällt die Passwortabfrage. Das Programm `ssh` auf Ihrem Arbeitsrechner und der SSH-Server auf dem Raspberry Pi verwenden nun die auf beiden Rechnern installierten Schlüsseldateien zur Authentifizierung.

```
ssh pi@raspberrypi
```

SSH-Login nach einer Raspberry-Pi-Neuinstallation

Während der Arbeit an diesem Buch haben wir unzählige Installationen von Raspbian und anderen Distributionen auf einem ganzen Arsenal von SD-Karten durchgeführt. Je nachdem, welches Kapitel gerade in Arbeit war, haben wir einfach den Raspberry Pi heruntergefahren, die SD-Karte gewechselt und den Minirechner dann neu gestartet.

Ähnlich werden auch Sie vorgehen, wenn Sie z. B. eine Multimedia-Distribution wie OpenELEC ausprobieren möchten.

Grundsätzlich ist diese Vorgehensweise ganz unkompliziert – nur mit SSH gibt es Probleme. Der SSH-Client hat sich nämlich beim ersten Verbindungsaufbau nicht nur die IP-Adresse und den Hostnamen gemerkt, sondern auch einen Identifikationscode (Schlüssel) des SSH-Servers. Wenn Sie nun eine SSH-Verbindung zum Raspberry Pi mit einer anderen SD-Karte und einer anderen Linux-Distribution herstellen, läuft dort ein SSH-Server mit einem anderen ID-Code. `ssh` zeigt die folgende, durchaus drastische Warnung an:

```
ssh pi@pi2
  @@@@@@@@@@@@@@@@@@@@@@@@@@@@@@@@@@@@@@@@@@@@@@@@@@@@@@@@@@@
  @    WARNING: REMOTE HOST IDENTIFICATION HAS CHANGED!     @
  @@@@@@@@@@@@@@@@@@@@@@@@@@@@@@@@@@@@@@@@@@@@@@@@@@@@@@@@@@@
  IT IS POSSIBLE THAT SOMEONE IS DOING SOMETHING NASTY!
  Someone could be eavesdropping on you right now
  (man-in-the-middle attack)!
```

Der SSH-Client befürchtet, dass sich ein anderer Rechner zwischen Ihren PC und den Raspberry Pi geschummelt hat und nur vorgibt, der Host `pi2` zu sein. In der Praxis hat es derartige Angriffe schon gegeben, wenngleich sie selten sind. In unserem Fall besteht aber keine Gefahr. Aber wie gelingt Ihnen nun der neuerliche Login? Das hängt davon ab, wie der SSH-Client konfiguriert ist:

- Bei älteren SSH-Installationen erhalten Sie einen Hinweis darauf, dass Sie aus der Datei `.ssh/known_hosts` eine bestimmte Zeile entfernen sollen. Sie müssen diese Datei also in einen Texteditor laden und die Zeile entfernen, die den Host `raspberrypi` bzw. `pi2` bzw. die entsprechende IP-Adresse beschreibt.
- Bei moderneren SSH-Installationen weist das SSH-Kommando darauf hin, welches Kommando Sie ausführen sollen, um die betreffende Zeile zu löschen. Sie müssen also nur das Kommando kopieren und ausführen. Es kann z. B. so aussehen:

  ```
  ssh-keygen -f "/home/kofler/.ssh/known_hosts" -R pi2
  ```

- PuTTY zeigt einen Dialog mit drei Optionen an (siehe Abbildung 4.4). Mit JA akzeptieren Sie den Verbindungsaufbau und ersetzen gleichzeitig die gespeicherten Daten. Mit NEIN stellen Sie ebenfalls die Verbindung her, behalten die gespeicherten Verbindungsdaten aber bei. ABBRECHEN bricht den Verbindungsaufbau erwartungsgemäß ab.

Anschließend können Sie wie üblich eine neue Verbindung herstellen. `ssh` zeigt wie bei jedem erstmaligen Verbindungsversuch die Warnung an, dass der Rechner unbekannt ist. Diese Warnung bestätigen Sie.

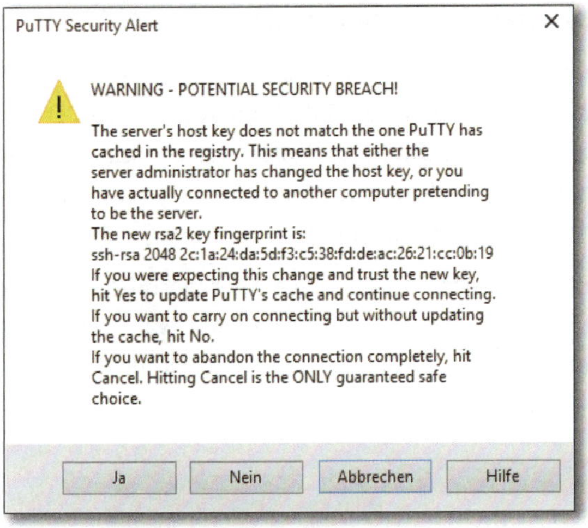

Abbildung 4.4 Warnung beim Verbindungsaufbau zu einer anderen Raspberry-Pi-Installation

Dateien kopieren mit scp

Unter Linux und OS X gibt das Kommando scp Ihnen die Möglichkeit, unkompliziert Dateien zwischen Ihrem Arbeitsrechner und dem Raspberry Pi hin- und herzukopieren. Die wichtigsten Syntaxvarianten sehen wie folgt aus (wobei sich *lokal* auf Ihren Arbeitsrechner und *extern* auf den Raspberry Pi bezieht):

```
scp lokale-datei pi@pi2:
scp loakle-datei pi@pi2:verzeichnis/neuer-name
scp pi@pi2:externe-datei .
scp pi@pi2:externe-datei verzeichnis/neuer-name
```

Beim dritten Kommando bedeutet ., dass die externe Datei in das gerade aktuelle Verzeichnis auf Ihrem Arbeitsrechner kopiert werden soll. Bei allen Kommandos entfällt wie bei SSH die Passwortangabe, sofern Sie auf Ihrem Arbeitsrechner mit ssh-keygen einen Schlüssel erstellt und diesen dann mit ssh-copy-id auf den Raspberry Pi übertragen haben.

Unter Windows müssen Sie zuerst das Programm pscp.exe installieren. Es steht auf derselben Webseite zur Verfügung wie PuTTY:

http://www.chiark.greenend.org.uk/~sgtatham/putty/download.html

Anders als PuTTY verfügt pscp.exe über keine grafische Benutzeroberfläche. Sie müssen deswegen zuerst ein Eingabeaufforderungsfenster öffnen und pscp.exe dort ausführen. Dabei gilt dieselbe Syntax wie für scp.

Zugriff auf das Raspberry-Pi-Dateisystem im Dateimanager

Sofern Sie auf Ihrem Arbeitsrechner unter Linux arbeiten, gibt es noch eine geniale Anwendung von SSH: Sie können nämlich über das SSH-Protokoll auf das Dateisystem des Raspberry Pi zugreifen – und das direkt im Dateimanager Ihrer Linux-Distribution. Das macht das Verschieben und Kopieren von Dateien zwischen dem lokalen Rechner und dem Raspberry Pi besonders leicht.

Dazu starten Sie den Dateimanager und stellen darin eine Netzwerkverbindung zum Raspberry Pi her. Unter Ubuntu führen Sie dazu im Dateimanager wahlweise MIT SERVER VERBINDEN aus oder drücken [Strg]+[L]. Anschließend geben Sie als Netzwerkadresse `sftp://pi@pi2` an (siehe Abbildung 4.5).

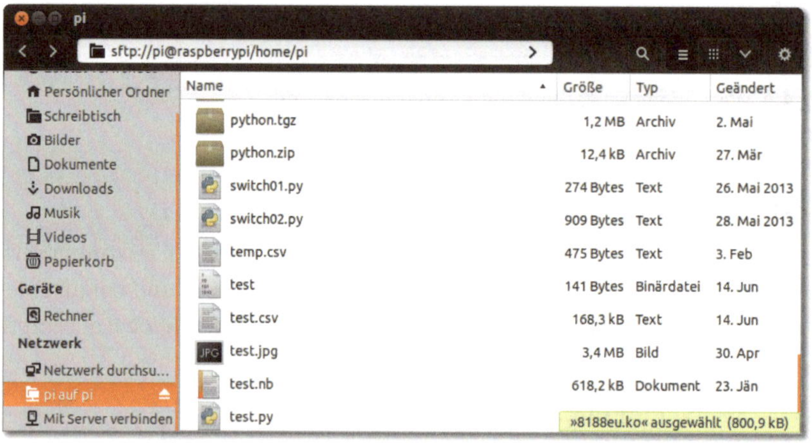

Abbildung 4.5 Netzwerkzugriff auf das Raspbian-Dateisystem in einem Ubuntu-Dateimanager

Die Kommandos ssh und scp auf dem Raspberry Pi nutzen

Bis jetzt sind wir immer davon ausgegangen, dass Sie vor Ihrem Arbeitsrechner sitzen und den Raspberry Pi steuern möchten – egal, ob sich dieser auch auf Ihrem Schreibtisch, im Keller oder im Wohnzimmer befindet. Selbstverständlich funktionieren die Kommandos `ssh` und `scp` auch in die umgekehrte Richtung. Sie können also auf Ihrem Raspberry Pi arbeiten und von dort eine SSH-Verbindung zu jedem beliebigen anderen Rechner herstellen, der im Netzwerk oder im Internet erreichbar ist.

Auch die Kommandos `ssh-keygen` und `ssh-copy-id` stehen zur Verfügung. Wenn sie vorher Schlüssel ausgetauscht haben, kann `scp` z. B. auch in einem Script verwendet werden, um regelmäßig Bilder oder andere Daten auf einen anderen Rechner hochzuladen, der über SSH erreichbar ist.

Achten Sie aber darauf, dass das Script unter dem Account laufen muss, für den Sie den Schlüssel eingerichtet haben. Wird ein Script automatisch durch Cron ausgeführt (siehe Abschnitt 4.12, »Programme regelmäßig ausführen (Cron)«), läuft es oft mit root-Rechten. `scp` sucht dann nach der Schlüsseldatei in `/root/.ssh/id_rsa`, wird dort aber nichts finden, weil die Schlüsseldatei ja in `/home/pi/.ssh` angelegt wurde.

4.4 VNC

Erfahrene Linux-Anwender arbeiten viel und gern in Terminalfenstern, sei es direkt auf dem betroffenen Rechner oder (häufiger!) via SSH. Aber vielleicht zählen Sie nicht zu dieser Gruppe und ziehen den Komfort und das optische Feedback einer grafischen Benutzeroberfläche vor. Und dennoch würden Sie gern über eine Netzwerkverbindung arbeiten, sei es, weil Sie einen aufgeräumten Schreibtisch mit nur einer Tastatur und einem Bildschirm bevorzugen, sei es, weil der Raspberry Pi an einem ganz anderen Ort steht und dort seinen Zweck erfüllt.

Die perfekte Lösung besteht dann darin, den Raspberry Pi als VNC-Server einzusetzen. *Virtual Network Computing* (VNC) ist eine Software, um den gesamten Bildschirminhalt über ein lokales Netzwerk zu übertragen und von einem anderen Rechner aus zu steuern. VNC wird von Linux und OS X standardmäßig unterstützt und oft für Fernwartungszwecke eingesetzt. Für Windows gibt es kostenlose VNC-Clients. Also geht es nur noch darum, den Raspberry Pi als VNC-Server zu konfigurieren.

Erste Tests

Um das Konzept eines VNC-Servers rasch und unkompliziert auszuprobieren, installieren Sie das Paket `tightvncserver` und starten das Programm auf dem Raspberry Pi in einem Terminalfenster. Dabei müssen Sie zuerst zweimal ein Passwort angeben, das später auch beim Verbindungsaufbau anzugeben ist.

```
sudo apt-get install tightvncserver
vncserver
  You will require a password to access your desktops.
  Password: ******
  Verify:   ******
  Would you like to enter a view-only password? n
  New 'X' desktop is pi2:1
```

Wichtig ist hier die letzte Zeile: Der VNC-Server stellt seine Dienste am Display :1 zur Verfügung. Da für VNC Portnummern ab 5900 vorgesehen sind, entspricht :1 der Portnummer 5901. Ports sind, vereinfacht ausgedrückt, Kennzahlen, die Netzwerkpakete bestimmten Diensten zuordnen.

Der VNC-Server läuft nun als Hintergrundprozess, bis dieser explizit beendet wird. Dazu führen Sie `vncserver -kill` aus und geben mit `:n` die Display-Nummer an:

```
vncserver -kill :1
```

Das beim ersten Start angegebene VNC-Passwort wird in der Datei `.vnc/passwd` in verschlüsselter Form gespeichert. Bei weiteren Starts ist keine neuerliche Passwortangabe erforderlich. Um das Passwort später zu ändern, führen Sie `vncpasswd` aus.

VNC-Viewer unter Windows

Jetzt versuchen Sie von Ihrem Arbeitsrechner aus, die Verbindung zum VNC-Server herzustellen. Unter Windows installieren Sie zuerst das Programm *TightVNC*, das Sie hier kostenlos herunterladen können:

http://www.tightvnc.com/download.php

TightVNC enthält sowohl einen VNC-Server als auch einen Client. Deswegen erscheint nach der Installation ein Einstellungsdialog, in dem Sie die Passwörter für den VNC-Server einstellen müssen. Anschließend starten Sie aber nicht den VNC-Server, sondern das Programm TIGHTVNC • TIGHTVNC VIEWER, also den Client (siehe Abbildung 4.6).

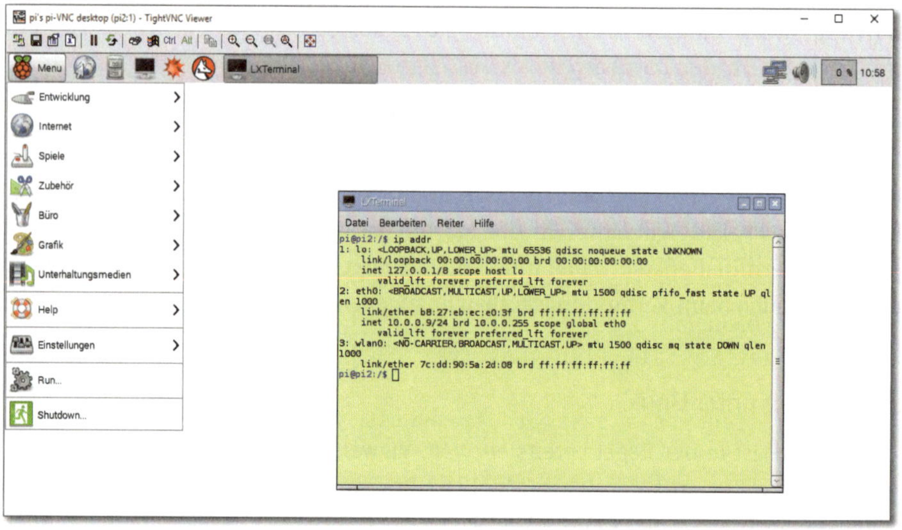

Abbildung 4.6 Der VNC-Client »TightVNC« unter Windows

Im Dialog zum Verbindungsaufbau müssen Sie den Hostnamen und die Portnummer angeben. In unserem Beispiel wäre das `pi2:5901`. Falls unter Windows der Hostname des Raspberry Pi unbekannt ist, müssen Sie stattdessen die IP-Nummer angeben, also z. B. `10.0.0.9:5901`. Die IP-Nummer können Sie auf dem Raspberry Pi mit dem Kommando `ip addr | grep inet` ermitteln. Schließlich müssen Sie noch das Passwort angeben, das Sie beim Start von `vncserver` auf dem Raspberry Pi verwendet haben. Nun erscheint das VNC-Viewer-Fenster mit dem Raspberry-Pi-Desktop.

Der VNC-Server hat seinen eigenen Desktop!

Möglicherweise irritiert es Sie, dass der Bildschirminhalt im VNC-Fenster nicht mit dem Monitorbild des Raspberry Pi übereinstimmt. Das liegt daran, dass für den VNC-Server ein *eigener* Desktop gestartet wird, der vom *echten* Desktop des Raspberry Pi unabhängig ist!

Ein VNC-Server agiert also nicht wie eine Fernwartungs-Software, die den vorhandenen Bildschirminhalt dupliziert.

VNC-Viewer unter OS X

Unter OS X ist standardmäßig ein VNC-Client installiert. Um diesen auszuführen, öffnen Sie den Finder und führen GEHE ZU • MIT SERVER VERBINDEN aus. Als Serveradresse geben Sie `vnc://hostname:portnr` an, also beispielsweise `vnc://pi2:5901` oder `vnc://10.0.0.9:5901`. Leider funktioniert der OS X-eigene VNC-Client mehr schlecht als recht. Insbesondere können Sie keine Sonderzeichen eingeben, die mit der rechten [Alt]-Taste zusammengesetzt werden, also z. B. `@\[]{}`.

Deswegen ist es zweckmäßig, auf dieses Programm zu verzichten und stattdessen das kostenlose Programm *Chicken* herunterzuladen und zu installieren:

http://sourceforge.net/projects/chicken

Nach dem Start geben Sie im Verbindungsdialog den Hostnamen oder die IP-Nummer sowie die Portnummer oder die Display-Nummer an. Chicken interpretiert beide Angaben korrekt. Anschließend können Sie in einem Fenster unter OS X Ihren Raspberry Pi bedienen.

VNC-Viewer unter Linux

Unter Linux ist in der Regel bereits ein VNC-Viewer installiert – allerdings hängt es von der Distribution ab, welcher. Mögliche Programmnamen sind unter anderem `vinagre`, `vncviewer`, `krdc` oder `remmina`. Unter Ubuntu steht standardmäßig `remmina` zur Verfügung. VERBINDUNG • NEU führt in einen sehr komplexen Einstellungsdialog. Am besten ist es, dem Verbindungsprofil eine BEZEICHNUNG zu geben und es anschließend zu speichern. Damit ersparen Sie sich die Neueingabe der Parameter bei jeder Verbindung.

Entscheidend sind nur drei Einstellungen: Sie geben als Protokoll VNC - VIRTUAL NETWORK COMPUTING, als Server `hostname:portnr` sowie das erforderliche Passwort an.

Für eine optimale Darstellungsqualität stellen Sie außerdem FARBTIEFE = ECHTFARBEN und QUALITÄT = BESTE ein (siehe Abbildung 4.7).

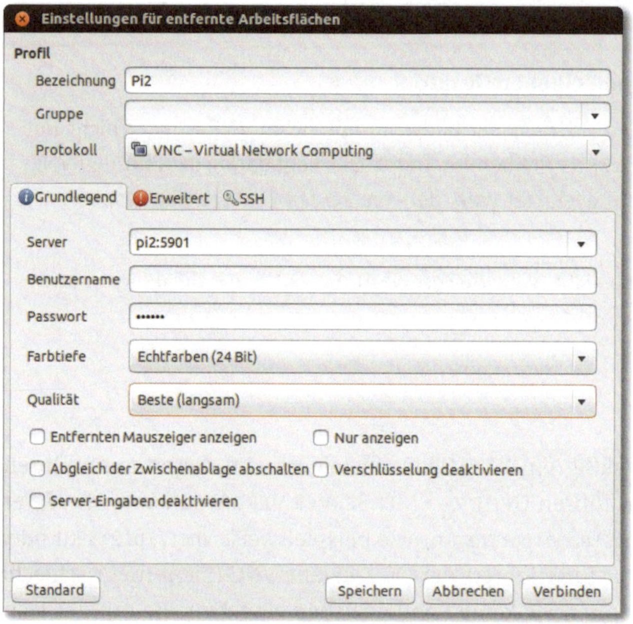

Abbildung 4.7 Einstellung der Verbindungsdaten in »Remmina« (Ubuntu)

Programme mit root-Rechten ausführen

Wenn Sie aus einer VNC-Sitzung heraus Programme mit grafischer Benutzeroberfläche mit root-Rechten starten möchten (also z. B. `sudo leafnode`), tritt der Fehler *cannot open display* auf. Das folgende Beispiel geht davon aus, dass Sie VNC nutzen und die Kommandos innerhalb des VNC-Viewers in einem Terminal ausführen:

```
sudo leafpad
  Client is not authorized to connect to Server (...)
  ...
```

Der Grund für die Fehlermeldungen besteht darin, dass X aus Sicherheitsgründen verbietet, dass fremde Benutzer Programme starten können. Abhilfe: Führen Sie vorher im Terminal `xhost +localhost` aus, um diese Sicherheitsregel zu deaktivieren:

```
xhost +localhost
  localhost being added to access control list
sudo leafpad
```

Start des VNC-Servers automatisieren

Nachdem Sie sich davon überzeugt haben, dass VNC prinzipiell funktioniert, geht es nun darum, einen automatischen Start des VNC-Servers sicherzustellen. Alle weiteren Konfigurationsarbeiten sind also wieder auf dem Raspberry Pi durchzuführen.

Der erste Schritt besteht darin, das folgende Listing in der Datei `/etc/init.d/vncserver` zu speichern. Dazu müssen Sie einen Editor mit root-Rechten ausführen, also z. B. `sudo leafpad`. Anstatt das Listing abzuschreiben, können Sie es von unserem Blog kopieren (*http://pi-buch.info/?p=87*).

Anschließend passen Sie die gewünschte Auflösung des VNC-Desktops in der Variablen `GEOMETRY` an. Da das Script den `vncserver` im Account `pi` startet (`USER`-Variable), gilt das VNC-Passwort in `/home/pi/.vnc/passwd`. Dieses Passwort können Sie gegebenenfalls mit `vncpasswd` ändern. Die Anweisung `OPTIONS=...` ist hier nur aus Platzgründen über zwei Zeilen verteilt; sie muss zu einer Zeile zusammengefasst werden.

```
#!/bin/sh -e
# Datei /etc/init.d/vncserver
### BEGIN INIT INFO
# Provides:          vncserver
# Required-Start:    networking
# Required-Stop:
# Default-Start:     2 3 4 5
# Default-Stop:      0 1 6
### END INIT INFO

# der Benutzer, für den der VNC-Server gestartet wird
export USER="pi"
export HOME="/home/pi"
# die Display-Nummer
DISPLAY="1"
# die Farbtiefe (8, 16 oder 24) und die Auflösung
DEPTH="16"
GEOMETRY="1300x800"
# der Name des VNC-Desktops
NAME="pi-VNC"
OPTIONS="-name ${NAME} -depth ${DEPTH} \
         -geometry ${GEOMETRY} :${DISPLAY}"

case "$1" in
start)
  su ${USER} -c "/usr/bin/vncserver ${OPTIONS}"
  ;;
```

```
stop)
  su ${USER} -c "/usr/bin/vncserver -kill :${DISPLAY}"
  ;;

restart)
  $0 stop
  $0 start
  ;;
esac
exit 0
```

Damit dieses Script ausgeführt werden kann, müssen Sie mit `chmod a+x` die *execute*-Bits setzen:

```
sudo chmod a+x /etc/init.d/vncserver
```

Mit den folgenden Kommandos können Sie den VNC-Server nur manuell starten und stoppen:

```
sudo service vncserver start
sudo service vncserver stop
```

Der eigentliche Sinn dieses Scripts besteht aber darin, dass der VNC-Server in Zukunft bei jedem Bootprozess automatisch gestartet werden soll. Diesen Auto-Start aktivieren Sie wie folgt (er gilt ab dem nächsten Neustart):

```
sudo insserv vncserver
```

Falls Sie zu einem späteren Zeitpunkt bemerken, dass Sie den VNC-Server nicht mehr oder nur ganz selten benötigen, sollten Sie den Auto-Start wieder deaktivieren. Der Betrieb eines Parallel-Desktops für den VNC-Server erfordert nämlich erheblichen Speicherplatz und verlängert den Bootprozess spürbar.

```
sudo insserv -r vncserver
```

Sollte es umgekehrt so sein, dass Sie Ihren Raspberry Pi *nur* noch via VNC auf Ihrem Arbeitsrechner bedienen, können Sie umgekehrt auch den Start des echten Desktops unterbinden. Ihr Raspberry Pi läuft dann nur noch im Textmodus:

```
sudo insserv -r lightdm
```

Wenn Sie Ihren Raspberry Pi nun direkt mit Tastatur und Monitor steuern möchten, melden Sie sich zuerst im Textmodus als Benutzer `pi` an. Anschließend können Sie das Grafiksystem manuell mit `sudo service lightdm start` hochfahren oder für die Zukunft dessen automatischen Start mit `sudo insserv lightdm` wieder aktivieren.

Init-V-Scripts und bash-Programmierung

Wenn Sie diese Anleitung nicht nur nachvollziehen, sondern auch verstehen möchten, dann sollten Sie einen Blick in Kapitel 5, »Linux-Grundlagen«, und Kapitel 21, »bash-Programmierung«, werfen. Dort wird einerseits der Linux-Startprozess mit den zugrunde liegenden Init-V-Scripts beschrieben, andererseits werden die Grundlagen der Programmierung einfacher bash-Scripts vorgestellt.

VNC über einen SSH-Tunnel

Das Protokoll VNC ist sicherheitstechnisch eine Katastrophe. Alle Daten inklusive des VNC-Passworts werden unverschlüsselt übertragen. Für den Heimgebrauch ist VNC natürlich dennoch gut geeignet. Sollte Ihr Raspberry Pi aber von außen über das Internet erreichbar sein, müssen Sie den VNC-Server absichern oder ganz darauf verzichten.

Die beste Form der Absicherung besteht darin, dass Sie den VNC-Server mit der zusätzlichen Option `-localhost` ausführen. Dazu erweitern Sie die `OPTIONS`-Variable in `/etc/init.d/vncserver` um diese Option:

```
OPTIONS="-name ${NAME} -depth ${DEPTH} -localhost \
        -geometry ${GEOMETRY} :${DISPLAY}"
```

Damit ist der VNC-Server nur noch lokal auf dem Raspberry Pi erreichbar, nicht aber im Netzwerk. Sie werden einwenden, dass der Sinn des VNC-Servers damit ad absurdum geführt ist – wozu einen VNC-Server betreiben, der im Netzwerk nicht erreichbar ist? Es gibt aber eine geniale Lösung für das Problem: Sie stellen zuerst via SSH eine sichere Verbindung zwischen Ihrem externen Rechner und dem Raspberry Pi her und nutzen diese Verbindung dann für die Übertragung der VNC-Daten. Die meisten VNC-Clients unterstützen diese Verbindungsvariante unter dem Stichwort *SSH-Tunnel*:

- **Chicken (OS X):** Hier aktivieren Sie die Option TUNNEL OVER SSH und geben als SSH-Host `pi@pi2` ein. Bei Bedarf ersetzen Sie `raspberrypi` durch Ihren tatsächlichen Hostnamen oder durch die IP-Adresse.

  Besonders komfortabel funktioniert VNC über SSH, wenn Sie die SSH-Authentifizierung wie im vorigen Abschnitt beschrieben mit Schlüsseln durchführen.

- **Remmina (Ubuntu):** Bei diesem Programm aktivieren Sie im Dialogblatt SSH die Optionen SSH-TUNNEL und TUNNEL ÜBER LOOPBACK-ADRESSE und geben als Benutzernamen `pi` ein. Es gibt hier kein Feld für den Hostnamen. Remmina verwendet automatisch den Hostnamen, den Sie im Dialogblatt GRUNDLEGEND im Feld SERVER bereits angegeben haben.

- **PuTTY und TightVNC-Viewer (Windows):** Unter Windows ist wie immer alles am kompliziertesten. Der TightVNC-Viewer unterstützt kein VNC via SSH. Deswegen muss der Tunnel zuerst manuell mit PuTTY errichtet werden. Dazu navigieren Sie im PuTTY-Konfigurationsdialog zur Seite CONNECTION • SSH • TUNNEL, geben als SOURCE PORT den Port `5901` und als DESTINATION den Port `localhost:5901` an (siehe Abbildung 4.8). Mit ADD speichern Sie diese Verknüpfung.

  Anschließend speichern Sie die gesamte Konfiguration in einem Profil. Beim SSH-Verbindungsaufbau müssen Sie wieder das SSH-Passwort angeben. Nun können Sie nicht nur interaktive Kommandos ausführen – gleichzeitig hat PuTTY einen Tunnel errichtet, der den Port 5901 des Raspberry Pi mit dem lokalen Port 5901 auf dem Windows-Rechner verbindet.

  Erst jetzt starten Sie auch TightVNC. Dort geben Sie im Feld REMOTE HOST die Adresse `localhost:5901` an. Der SSH-Tunnel transportiert die VNC-Daten ja schon bis auf den Windows-Rechner – daher also `localhost`!

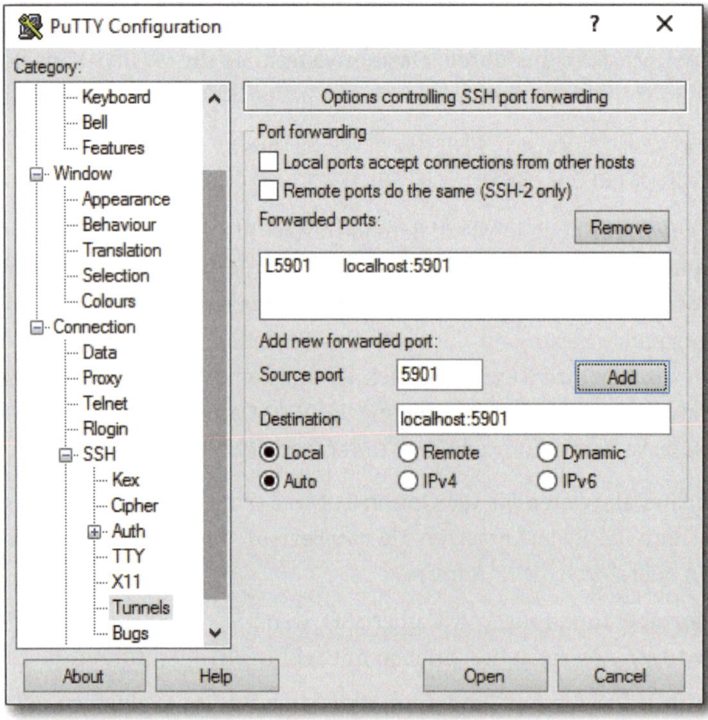

Abbildung 4.8 PuTTY-Konfiguration für einen SSH-Tunnel

4.5 Netzwerkverzeichnisse nutzen

Die direkte Speicherung großer Datenmengen auf der SD-Karte des Raspberry Pi scheitert an deren Maximalgröße von 32 GByte. Auch aus Gründen der Datensicherheit ist die SD-Karte nicht der optimale Ort. Schon sicherer ist ein USB-Stick oder eine externe Festplatte. Sofern in Ihrem lokalen Netzwerk ein Computer oder ein NAS-Gerät ständig läuft, gibt es noch eine bessere Alternative: Sie greifen auf ein Netzwerkverzeichnis dieses Geräts zu.

Es existieren verschiedene Protokolle für derartige Netzwerkverzeichnisse. In diesem Abschnitt behandeln wir nur das wichtigste Protokoll: Server Message Block, kurz SMB. Dieses Protokoll wird standardmäßig von Windows-Rechnern sowie von allen gängigen NAS-Geräten zur Freigabe von Verzeichnissen eingesetzt. OS X unterstützt dieses Protokoll in den Freigabeeinstellungen ebenfalls.

Unter Linux steht das Programm Samba zur Verfügung, um Netzwerkverzeichnisse Windows-kompatibel anzubieten. Das kann bei Bedarf auch Ihr Raspberry Pi leisten, wie wir Ihnen im nächsten Abschnitt zeigen werden. Vorerst geht es aber nicht um das Anbieten, sondern um die Nutzung bereits vorhandener Netzwerkverzeichnisse.

Grundlagen

Um ein Netzwerkverzeichnis in das lokale Dateisystem des Raspberry Pi einzubinden, ist ein `mount`-Kommando mit vielen Optionen erforderlich. Die Grundsyntax sieht so aus:

```
sudo mount -t cifs -o optionen //server/verz /mnt/nas
```

`-t cifs` gibt an, dass das auf SMB aufbauende *Common Internet File System* (CIFS) verwendet werden soll. `//server` müssen Sie durch den Netzwerknamen des NAS-Geräts, Windows-Rechners oder Samba-Servers ersetzen, `/verz` durch das freigegebene Netzwerkverzeichnis. Anstelle des Netzwerknamens können Sie wie üblich auch die IP-Adresse des Rechners oder NAS-Geräts angeben.

Bleiben also noch die `mount`-Optionen (siehe Tabelle 4.1), die alle in einer langen Zeichenkette ohne Leerzeichen zusammengefasst und mit `-o` übergeben werden. Im einfachsten Fall geht es sogar ganz ohne Optionen – nämlich dann, wenn eine Freigabe ohne Login eingerichtet wurde. Empfehlenswert ist das sicherlich nicht! Wenn ein Login erforderlich ist, müssen Sie zumindest mit `-o username=name` den Login-Namen angeben. `mount` fragt anschließend nach dem dazugehörenden Passwort.

Option	Bedeutung
credentials=datei	Liest den Login-Namen und das Passwort aus einer Datei.
dir_mode=n	Setzt die Zugriffsbits für Verzeichnisse.
domain=name	Bestimmt die Arbeitsgruppe oder Domäne.
file_mode=n	Setzt die Zugriffsbits für Dateien.
gid=n	Gibt an, welche Gruppe Zugriff auf die Dateien erhält.
iocharset=utf8	Verwendet den UTF8-Zeichensatz für Dateinamen.
nounix	Deaktiviert die Unix-Extensions des CIFS-Protokolls.
password=xxx	Gibt das Login-Passwort direkt an (unsicher!).
uid=n	Gibt an, wer Zugriff auf die Dateien erhält.
username=name	Gibt den Login-Namen an.
sec=ntlm	Verwendet ein älteres Authentifizierungsverfahren.

Tabelle 4.1 CIFS-»mount«-Optionen

Viele Optionen bedürfen einer näheren Erklärung: Die Optionen `uid=n` und `gid=n` steuern, welchem Benutzer und welcher Gruppe die Dateien auf dem Raspberry Pi zugeordnet werden sollen. Üblicherweise werden Sie beide Optionen auf 1000 stellen – das sind nämlich die internen User-IDs und Group-IDs für den Benutzer `pi` und dessen gleichnamige Gruppe. Diese Nummern können Sie übrigens mit dem Kommando `id` jederzeit feststellen:

```
id
  uid=1000(pi) gid=1000(pi)
  Gruppen=1000(pi),4(adm),20(dialout),24(cdrom),27(sudo),
          29(audio),44(video),46(plugdev),60(games),100(users),
          105(netdev),999(input),1001(indiecity)
```

Ergänzend dazu geben `dir_mode` und `file_mode` an, mit welchen Zugriffsrechten die Netzwerkverzeichnisse und Dateien auf dem Raspberry Pi sichtbar sein sollen. Die Zugriffsrechte werden in einer Oktalschreibweise angegeben, die in Abschnitt 5.2, »Zugriffsrechte«, näher erläutert wird. Zweckmäßige Einstellungen sind zumeist `0700` und `0600`. Damit kann der mit `uid` genannte Benutzer alle Verzeichnisse bearbeiten und alle Dateien lesen und verändern. Andere Benutzer des Raspberry Pi haben hingegen keinen Zugriff.

Ein wenig absurd mutet die Option `nounix` an: Der CIFS-Standard wurde nämlich um die sogenannten Unix Extensions erweitert, um eine bessere Kompatibilität mit Unix/Linux-Systemen zu erzielen. Bei manchen NAS-Geräten sind diese Extensions aktiv. In diesem Fall übernimmt `mount` die Benutzer- und Gruppeninformationen sowie die Zugriffsrechte vom NAS-Gerät und ignoriert die Optionen `uid`, `gid`, `dir_mode` und `file_mode`. Das ist aber nur zweckmäßig, wenn diese Daten zwischen dem NAS-Gerät und den Clients abgestimmt sind – und das ist selten der Fall. Somit ist die Option `nounix` erforderlich, damit `uid`, `gid`, `dir_mode` und `file_mode` wirksam bleiben. Mitunter können Sie mit `nounix` auch Inkompatibilitäten aus dem Weg gehen, die sich in der vagen Fehlermeldung *operation not supported* äußern.

`iocharset` vermeidet Probleme mit Nicht-ASCII-Zeichen in Datei- und Verzeichnisnamen.

Die Option `sec=ntlm` ist schließlich für das Zusammenspiel mit älteren NAS-Geräten oder Samba-Servern notwendig. Standardmäßig verwendet `mount` bei der Authentifizierung das Verfahren `ntlmssp`. Ältere Server unterstützen dieses Verfahren nicht – dann müssen Sie auf das weniger sichere Verfahren `ntlm` zurückgreifen. Unzählige weitere Optionen und Details verrät das Kommando `man cifs`.

Beispiele

Im Folgenden gehen wir davon aus, dass ein NAS-Gerät Netzwerkverzeichnisse anbietet. Um das Netzwerkverzeichnis zu nutzen, richten Sie zuerst ein Verzeichnis ein. Es wird oft Mount-Verzeichnis genannt, weil die Netzwerkfreigabe durch das Kommando `mount` mit diesem Verzeichnis verbunden wird. Mount-Verzeichnisse werden in der Regel als Unterverzeichnisse zu `/media` oder `/mnt` eingerichtet. Wir verwenden im Folgenden das Verzeichnis `/mnt/nas`:

```
sudo mkdir /mnt/nas
```

Kommen wir nun zum `mount`-Kommando. Ein erster Versuch könnte wie folgt aussehen, wobei Sie natürlich anstelle von `kofler`, `diskstation` und `data` Ihren Login-Namen, den Hostnamen Ihres NAS-Geräts oder Samba-Servers und ein dort freigegebenes Verzeichnis angeben müssen:

```
sudo mount -t cifs -o username=kofler //diskstation/data /mnt/nas
  Password: ********
ls -l /mnt/nas/
  drwxrwsrwx 14 1026 users 0 Dez  8  2013 archiv-cds
  drwxrwsrwx 16 1026 users 0 Mai  2 12:30 audio
  drwxrwsrwx  4 1026 users 0 Mai  9  2012 bak
```

`ls -l` zeigt in diesem Fall, dass zwar alles geklappt hat, dass aber jeder vollen Zugriff auf alle Verzeichnisse und Dateien hat. Schuld daran sind die vorhin schon erwähnten Unix Extensions und eine nachlässige Einstellung der Zugriffsrechte auf dem NAS-Gerät beim Hochladen der Dateien. Abhilfe: Führen Sie zuerst `umount /mnt/nas` aus, und versuchen Sie es erneut, diesmal mit mehr Optionen. Das `mount`-Kommando ist hier aus Platzgründen über drei Zeilen verteilt. Tatsächlich müssen Sie das Kommando in einer Zeile ohne /-Trennung und auch ohne Leerzeichen zwischen den Optionen ausführen! Ein neuerliches `ls -l` beweist, dass die Zugriffsrechte jetzt so sind, wie sie sein sollen:

```
sudo umount /mnt/nas
sudo mount -t cifs -o username=kofler,uid=1000,gid=1000,\
     dir_mode=0700,file_mode=0600,nounix \
     //diskstation/data /mnt/nas
  Password: ********
ls -l /mnt/nas/
  drwx------ 2 pi pi 0 Dez  8  2013 archiv-cds
  drwx------ 2 pi pi 0 Mai  2 12:30 audio
  drwx------ 2 pi pi 0 Mai  9  2012 bak
```

Das Kommando `df -h` liefert nun für den Raspberry Pi ganz ungewöhnlich hohe Werte:

```
df -h
  ...
  rootfs                  7,2G    5,2G  1,8G   75% /
  //diskstation/data/     682G    428G  254G   63% /mnt/nas
```

Das über `/mnt/nas` zugängliche Dateisystem wird wie ein lokales Dateisystem behandelt.

Nächster Versuchskandidat ist ein Netzwerkverzeichnis, das ein Apple-Rechner unter OS X zur Verfügung stellt. Hier scheitert der erste Versuch mit der Fehlermeldung *operation not supported*. Abhilfe schafft auch hier die Option `nounix`. Abermals sind die Optionen `uid`, `gid`, `dir_mode` und `file_mode` erforderlich, um die Zugriffsrechte richtig einzustellen.

```
sudo mkdir /mnt/mac
sudo mount -t cifs -o username=kofler //mymac/data /mnt/mac
  Password: ********
  mount error(95): Operation not supported
sudo mount -t cifs -o username=kofler,nounix //mymac/data \
     /mnt/mac
  Password: ********
ls -l /mnt/imac
  drwxr-xr-x 2 root root        0 Jun 14 14:55 data
  drwxr-xr-x 2 root root        0 Jun 17 11:59 Desktop
  drwxr-xr-x 2 root root        0 Mai 16 08:14 Documents
sudo umount /mount/mac
sudo mount -t cifs -o username=kofler,uid=1000,gid=1000,\
     dir_mode=0700,file_mode=0600,nounix //mymac/data /mnt/mac
ls -l /mnt/imac
  drwx------ 2 pi pi            0 Jun 17 11:59 Desktop
```

```
drwx------ 2 pi pi             0 Mai 16 08:14 Documents
drwx------ 2 pi pi             0 Jun 14 14:55 Pictures
```

Letztes Versuchskaninchen ist ein unter Windows freigegebenes Verzeichnis. Hier gelingt der erste Versuch ohne besondere Optionen, allerdings darf dann nur `root` Dateien ändern. `uid`, `gid`, `dir_mode` und `file_mode` lösen dieses Problem.

```
sudo mkdir /mnt/win7
sudo mount -t cifs username=kofler,uid=1000,gid=1000,\
    dir_mode=0700,file_mode=0600 //windows7/users/kofler \
    /mnt/mywin-vm
  Password: ********
```

Um all diese Verzeichnisse wieder zu lösen, führen Sie `umount` aus:

```
sudo umount /mnt/*
```

Verzeichnisse dauerhaft einbinden (/etc/fstab)

Vermutlich haben Sie keine Lust, ein `mount`-Kommando wie in den vorigen Beispielen immer wieder auszuführen, wenn Sie gerade Zugriff auf ein Netzwerkverzeichnis brauchen. Ihr Raspberry Pi soll *immer* darauf zugreifen können. Damit das Netzwerkverzeichnis beim Systemstart automatisch eingebunden wird, müssen Sie die Datei `/etc/fstab` um eine Zeile erweitern. Außerdem müssen Sie eine neue Datei anlegen, um dort die Login-Daten vor neugierigen Augen zu schützen.

Die Textdatei `/etc/fstab` enthält zeilenweise alle Dateisysteme, die beim Hochfahren des Raspberry Pi aktiviert, also in den Verzeichnisbaum eingebunden werden sollen. Den genauen Aufbau dieser Datei erläutern wir Ihnen in Abschnitt 5.4, »Verwaltung des Dateisystems«. Die Kurzfassung: Die erste Spalte enthält in unserem Fall das Netzwerkverzeichnis, die zweite das `mount`-Verzeichnis, die dritte den Dateisystemtyp `cifs`, die vierte die `mount`-Optionen, und die letzten zwei Spalten enthalten den Wert 0. Die neue `/etc/fstab`-Zeile muss somit wie das folgende Muster aussehen:

```
# Ergänzung in /etc/fstab
//diskstation/data /mnt/nas cifs optionen 0 0
```

Das größte Problem bei den Optionen ist die `password`-Option: Zwar ist es grundsätzlich möglich, damit das Passwort in `/etc/fstab` einzubauen, aber ein Klartextpasswort in einer für jeden lesbaren Datei ist ein unnötiges Sicherheitsrisiko. Deswegen ist es üblich, im Verzeichnis `/etc` eine neue Datei einzurichten und darin in der folgenden Form den Login-Namen, das Passwort und bei Bedarf auch die Domäne bzw. Arbeitsgruppe anzugeben:

```
# Datei /etc/nas-passwd
username=loginname
```

```
password=geheim
domain=workgroup
```

Nachdem Sie diese Datei erstellt und gespeichert haben (z. B. mit `sudo leafpad` oder `sudo nano`), stellen Sie die Zugriffsrechte auf die Datei so ein, dass nur `root` diese Datei lesen und schreiben darf:

```
sudo chmod 600 /etc/nas-passwd
```

Bei den Optionen in `/etc/fstab` verwenden Sie nun statt `username=...` die Option `credentials=/etc/nas-passwd`. Der vollständige Eintrag für die `/etc/passwd`-Datei kann damit wie folgt aussehen. Der Eintrag ist hier nur aus Platzgründen über mehrere Zeilen verteilt. In der `fstab`-Datei muss der ganze Eintrag in einer Zeile angegeben werden. Zwischen `gid=1000` und `dir_mode=0700` darf es keine Leerzeichen geben!

```
# Ergänzung in /etc/fstab
//diskstation/data /mnt/nas cifs
  credentials=/etc/nas-passwd,uid=1000,gid=1000,
  dir_mode=0700,file_mode=0600,nounix 0 0
```

Um auszuprobieren, ob der Eintrag korrekt ist, führen Sie zuerst `umount /mnt/nas` und dann `mount /mnt/nas` aus. Die beiden Kommandos beziehen nun alle fehlenden Informationen aus `/etc/fstab`.

In Zukunft wird das Netzwerkverzeichnis bei jedem Neustart des Raspberry Pi automatisch in den Verzeichnisbaum integriert – sofern das NAS-Gerät eingeschaltet ist. Wenn das Netzwerkverzeichnis während des Bootprozesses *nicht* verfügbar ist, wird das Einbinden später nicht automatisch nachgeholt. Vielmehr müssen Sie dann manuell `sudo mount /mnt/nas` ausführen.

Ist das Verzeichnis einmal erfolgreich aktiviert worden, bleibt das Netzwerkverzeichnis selbst dann aktiv, wenn das NAS-Gerät vorübergehend nicht verfügbar ist. Natürlich scheitert nun jeder Zugriff auf das Verzeichnis nach einer Wartezeit von mehreren Sekunden; `mount` ohne Parameter zeigt das Netzwerkverzeichnis aber weiterhin in der `mount`-Liste an. Sollte das Netzwerkverzeichnis später wieder auftauchen, kann es ohne neuerliches `mount`-Kommando weitergenutzt werden.

Wirklich zufriedenstellend funktioniert das Zusammenspiel zwischen dem Raspberry Pi und einem NAS-Gerät oder einem Computer mit einem Netzwerkverzeichnis leider nur, wenn beide Geräte im Dauerbetrieb laufen. Die Energiesparfunktionen des NAS sollten Sie also deaktivieren.

4.6 Netzwerkverzeichnisse anbieten (Samba-Server)

Im vorigen Abschnitt ging es darum, mit dem Raspberry Pi auf ein existierendes Netzwerkverzeichnis zuzugreifen. Aber auch der umgekehrte Weg ist möglich: Wenn Sie das Programm Samba installieren und korrekt konfigurieren, kann Ihr Raspberry Pi selbst Dateien so über ein Netzwerkverzeichnis anbieten, dass andere Computer im Netzwerk darauf zugreifen können – egal, ob unter Windows, Linux oder OS X.

Dafür gibt es eine Menge Anwendungsmöglichkeiten: Stellen Sie sich z. B. vor, Ihr Raspberry Pi befindet sich an irgendeinem entlegenen Ort und führt dort Messungen durch oder nimmt regelmäßig Fotos auf. Alle anfallenden Daten werden in einem Netzwerkverzeichnis gespeichert und können so unkompliziert von den anderen Rechnern bei Ihnen zu Hause ausgelesen werden. Natürlich ist auch ein Datentransport in die umgekehrte Richtung möglich. Das heißt, Sie können von Ihrem Arbeitsrechner aus Konfigurationsdateien ändern oder Jobs für den Raspberry Pi hochladen. Die einzige Voraussetzung ist wie üblich: Alle Geräte müssen sich im gleichen lokalen Netzwerk befinden, egal ob verkabelt oder via WLAN.

Der Raspberry Pi als »Network Attached Storage«?

Indem Sie dieser Anleitung folgen und Ihren Raspberry Pi mit einer externen Festplatte verbinden, können Sie aus dem Minicomputer ein NAS-Gerät machen. Tatsächlich kursieren im Internet etliche Konfigurationsvorschläge, die in diese Richtung gehen.

Wir raten Ihnen aber von derartigen Überlegungen ab: Der Raspberry Pi ist ein wunderbares Gerät für Hardware-Basteleien und Steuerungsaufgaben, aber als Plattform für ein NAS-Gerät nicht optimal geeignet. Das Hauptproblem besteht darin, dass zur Anbindung von Datenträgern nur die USB-Buchsen infrage kommen. Alle vier USB-Buchsen des Raspberry Pi teilen sich aber zusammen mit dem Ethernet-Ausgang einen USB-Kanal. Sie würden aus Ihrem tollen Raspberry Pi ein drittklassiges NAS machen – schade darum!

Samba-Installation, Defaultkonfiguration

Die Installation des Samba-Servers ist rasch erledigt:

```
sudo apt-get install samba samba-common-bin
```

Damit wird der Samba-Server in der Version 3.6 installiert. Das Programm wird sofort gestartet. Dabei gilt die Defaultkonfiguration in `/etc/samba/smb.conf`. Wenn man aus dieser Datei die unzähligen Kommentare entfernt, bleibt das folgende Grundgerüst übrig:

```
# Defaultkonfiguration in /etc/samba/smb.conf
[global]
  workgroup                = WORKGROUP
  server string            = %h server
  dns proxy                = no
  log file                 = /var/log/samba/log.%m
  max log size             = 1000
  syslog                   = 0
  panic action             = /usr/share/samba/panic-action %d
  encrypt passwords        = true
  passdb backend           = tdbsam
  obey pam restrictions    = yes
  unix password sync       = yes
  passwd program           = /usr/bin/passwd %u
  passwd chat              = ...
  map to guest             = bad user
  usershare allow guests = yes

[homes]
  ... (Read-Only-Freigabe der Heimatverzeichnisse)
[printers]
  ... (Freigabe der Drucker)
[print$]
  ... (Freigabe für Druckertreiber)
```

Bevor Sie die Konfiguration ändern, müssen Sie zumindest ungefähr verstehen, welche Funktion die Defaultkonfiguration hat: `[global]` leitet den Konfigurationsabschnitt mit den Grundeinstellungen ein. Mit `workgroup` stellen Sie den Namen der Arbeitsgruppe ein. `server string` gibt an, unter welchem Namen sich der Server identifiziert. `%h` wird dabei durch den Hostnamen des Raspberry Pi ersetzt.

`dns proxy = no` steuert, wie der Samba-Server Windows-Hostnamen auflöst. In der Defaulteinstellung `no` verwendet er dabei nur die Daten, die andere Rechner mit Windows-kompatiblen Netzwerkverzeichnissen zur Verfügung stellen. Mit `yes` greift der Samba-Server hingegen auf einen lokalen Nameserver zurück. Das setzt voraus, dass es in Ihrem lokalen Netzwerk einen Nameserver gibt. Manche ADSL-Router sind entsprechend konfiguriert.

Die Parameter `log file`, `max log size` und `syslog` steuern, welche Daten Samba wo protokolliert. Bei einem Absturz von Samba wird das Script `panic-action` ausgeführt. Es sendet eine E-Mail an `root`, die Informationen zum aufgetretenen Fehler enthält. Auf dem Raspberry Pi bleibt `panic-action` normalerweise wirkungslos, weil kein E-Mail-System installiert ist.

Samba verwendet standardmäßig das User-Level-Sicherheitsmodell, bei dem sich jeder Benutzer vor dem Zugriff auf ein Netzwerkverzeichnis mit Name und Passwort identifizieren muss. `encrypt passwords` legt fest, dass alle Passwörter verschlüsselt gespeichert werden. `passdb backend` gibt an, wie die Samba-Passwörter verwaltet werden sollen. Die Einstellung `tdbsam` bezieht sich auf ein relativ einfaches Datenbanksystem. Die Einstellung `obey pam restrictions` ist überflüssig – sie hat nur dann Einfluss auf die Passwortverwaltung, wenn Passwörter nicht verschlüsselt werden.

Die Schlüsselwörter `unix password sync`, `passwd program` und `passwd chat` beschreiben, ob und wie Samba seine Passwörter mit den Linux-Passwörtern abgleichen soll. In der Praxis funktioniert das leider selten zufriedenstellend, und für den Samba-Einsatz auf dem Raspberry Pi ist dieses Verfahren ohnedies nicht zielführend.

`map to guest = bad user` bewirkt, dass Login-Versuche mit einem nicht existenten Benutzernamen automatisch dem virtuellen Samba-Benutzer `guest` zugeordnet werden. Standardmäßig gibt es keine Netzwerkverzeichnisse, die `guest` nutzen darf.

`usershare allow guests` erlaubt die Freigabe von User Shares zur Benutzung durch den `guest`-Account, also ohne Passwortschutz. User Shares sind Netzwerkfreigaben, die nicht direkt in `smb.conf` enthalten sind, sondern in ergänzenden Konfigurationsdateien im Verzeichnis `/usr/share/samba/usershares`.

Wir möchten betonen, dass das wirklich ein oberflächlicher Schnelldurchgang war. Für unsere Zwecke reicht dieses Wissen aus – aber wenn Sie Samba wirklich verstehen möchten, geht am ausführlichen Studium der Dokumentation auf der Samba-Webseite und von `man smb.conf` kein Weg vorbei. Es gibt gute Gründe, warum eigene Bücher nur zu Samba existieren!

Ein Verzeichnis mit Passwortschutz freigeben

Wenn Sie Ihre Samba-Konfigurationsdatei wie im vorherigen Listing »aufräumen« möchten, führen Sie diese drei Kommandos aus:

```
cd /etc/samba
sudo cp smb.conf smb.conf.orig
sudo grep -Ev '^#|^;|^$' smb.conf.orig > smb.conf
```

Nun geht es darum, die Konfiguration an die eigenen Ansprüche anzupassen. Im ersten Schritt empfehlen wir Ihnen, aus `smb.conf` die Abschnitte `[homes]`, `[printers]` und `[print$]` vollständig rauszuwerfen. Weder ist es unsere Absicht, Heimatverzeichnisse in irgendeiner Form freizugeben, noch wollen wir den Raspberry Pi als Windows-kompatiblen Drucker-Server verwenden. Um `smb.conf` zu verändern, müssen Sie einen Editor mit root-Rechten starten, also z. B. mit `sudo leafpad` oder `sudo nano`.

In einem ersten Versuch möchten wir nun das Verzeichnis share innerhalb des Heimatverzeichnisses von pi als Netzwerkverzeichnis freigeben. Legen Sie also dieses Verzeichnis an, und kopieren Sie einige Testdaten dorthin:

```
cd
mkdir share
cp ein paar dateien share/
```

Nun erweitern Sie smb.conf um die folgenden Zeilen:

```
# Ergänzung in /etc/samba/smb.conf
[pishare]
  valid users = pi
  guest ok    = no
  path        = /home/pi/share
  writeable   = yes
```

Das bedeutet, dass nur der Benutzer pi auf den Inhalt des Verzeichnisses /home/pi/share zugreifen kann – lesend und schreibend. Das Verzeichnis wird unter dem Namen pishare freigegeben und erscheint unter diesem Namen auch in den Dateimanagern von Windows, OS X oder Linux in der Netzwerkansicht.

Die letzte Voraussetzung vor dem ersten Test besteht darin, für den Benutzer pi ein Passwort festzulegen. Das gibt es ja schon, werden Sie einwenden. Richtig, Raspbian kann das Login-Passwort für pi überprüfen – aber Samba kann das leider nicht. Der Grund: Linux und Samba speichern die Hash-Codes zur Überprüfung von Passwörtern an unterschiedlichen Orten und in unterschiedlichen Formaten.

Deswegen ist es erforderlich, für jeden Benutzer, der in smb.conf vorkommt, ein Samba-Passwort festzulegen. Dazu verwenden Sie das Kommando smbpasswd. Die Option -a bedeutet, dass Sie den angegebenen Benutzer neu in die Samba-Benutzerdatenbank einfügen wollen (*add*). Aus Sicherheitsgründen ist es zweckmäßig, ein *anderes* Passwort als Ihr Login-Passwort anzugeben! Wenn Sie das Samba-Passwort für pi später nochmals ändern wollen, rufen Sie smbpasswd ohne die Option -a auf.

```
sudo smbpasswd -a pi
  New SMB password: ********
  Retype new SMB password: ********
```

Es ist eine gute Idee, Ihre Änderungen an smb.conf vorab syntaktisch mit testparam zu überprüfen. Dabei sollten keine Fehlermeldungen erscheinen:

```
testparam
  Load smb config files from /etc/samba/smb.conf
  Processing section "[pishare]"
  Loaded services file OK.
  ...
```

Damit die Änderungen an `smb.conf` wirksam werden, müssen Sie Samba auffordern, die Konfigurationsdateien neu einzulesen:

```
sudo service samba reload
```

Freigabe testen

Jetzt können Sie auf Ihrem Arbeitsrechner ausprobieren, ob der Zugriff funktioniert. Ihr Raspberry Pi sollte in der Liste der Netzwerkgeräte erscheinen. Ein Doppelklick auf die Freigabe `pishare` führt dann in einen Login-Dialog, in dem Sie den Benutzernamen `pi` und das dazugehörende Samba-Passwort angeben (siehe Abbildung 4.9).

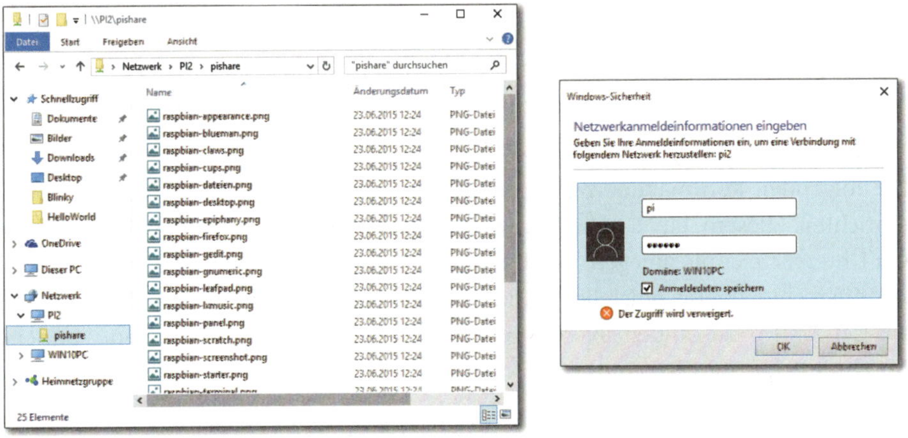

Abbildung 4.9 Ein Netzwerkverzeichnis des Raspberry Pi unter Windows nutzen

Mitunter kommt es vor, dass Ihr Raspberry Pi nicht in der Liste der im Netzwerk gefundenen Geräte erscheint. Unter Linux ist die wahrscheinlichste Fehlerursache eine aktive Firewall, die jede SMB-Kommunikation unterbindet. Das betrifft unter anderem Fedora, (open)SUSE und Red Hat. Sie müssen in der Firewall-Konfiguration die SMB-Ports freischalten. Alle Firewall-Systeme bieten diese Möglichkeit. Zur Not müssen Sie die TCP-Ports 135, 139 und 445 sowie die UDP-Ports 137, 138 und 445 für die Schnittstelle zum lokalen Netzwerk manuell freigeben.

Wenn Sie sicher sind, dass keine Firewall die Verbindung blockiert, müssen Sie im Dateimanager die Adresse des Netzwerkverzeichnisses direkt angeben. Unter Windows klicken Sie dazu auf die Adressleiste und verwenden dann die Schreibweise `\\hostname\verz`, für unser Beispiel also `\\pi2\pishare`. Unter OS X drücken Sie im Finder `cmd`+`K` und geben dann die Adresse in der Form `smb://hostname/verz` an. Unter Linux gilt dieselbe Syntax. Bei den meisten Dateimanagern gelangen Sie mit `Strg`+`L` in ein geeignetes Eingabefeld.

Weitere Verzeichnisse freigeben

Nach demselben Schema können Sie nun in smb.conf weitere Verzeichnisse für den Benutzer pi freigeben. Verzeichnisse nur für den Lesezugriff definieren Sie mit writeable=no.

Alle Verzeichnisse müssen sich jeweils in Ihrem Heimatverzeichnis oder dessen Unterverzeichnissen befinden, also z. B. in /home/pi/temperaturlog oder /home/pi/bilder/fotos. Für alle diese Verzeichnisse gelten dieselben Login-Daten, also pi und das dazugehörende Passwort. Mit anderen Worten: Wer auf *ein* Verzeichnis zugreifen darf, kann auch auf alle anderen Verzeichnisse zugreifen.

Etwas komplizierter wird es, wenn Sie Freigaben mit unterschiedlichen Login-Daten einrichten wollen: Samba verwendet zwar eine eigene Datenbank zur Benutzerverwaltung, berücksichtigt aber gleichzeitig die Linux-Zugriffsrechte. Das hat zur Folge, dass Sie zuerst unter Raspbian einen neuen Benutzer einrichten müssen, bevor Sie dann eines seiner Verzeichnisse freigeben können.

Die folgenden Kommandos zeigen, wie Sie zuerst den Linux-Benutzer filesharer einrichten, diesem ein Samba-Passwort zuweisen, in seinem Heimatverzeichnis ein Unterverzeichnis anlegen, dorthin einige Dateien kopieren und schließlich alle Zugriffsrechte richtig einstellen. Hintergrundinformationen zu den Kommandos adduser und chown finden Sie in Abschnitt 5.1, »Benutzer und Gruppen«, und in Abschnitt 5.2, »Zugriffsrechte«.

```
sudo adduser --disabled-login --gecos '' filesharer
sudo smbpasswd -a filesharer
  New SMB password: ********
  Retype new SMB password: ********
sudo mkdir /home/filesharer/data
sudo cp ein paar dateien /home/filesharer/data
sudo chown -R fileuser.fileuser  /home/filesharer/data
```

Jetzt muss nur noch smb.conf um ein paar Zeilen erweitert werden:

```
# Ergänzung in /etc/samba/smb.conf
...
[pidata]
  valid users = filesharer
  guest ok    = no
  path        = /home/filesharer/data
  writeable   = yes
```

sudo service samba reload macht schließlich die Änderungen für Samba bekannt.

Ein Verzeichnis ohne Passwortschutz freigeben

Vielleicht wollen Sie ein Netzwerkverzeichnis ganz ohne Passwort zugänglich machen. Das ist möglich, wenn die betreffende Freigabe die Anweisung `guest ok = yes` enthält. In aller Regel ist es zweckmäßig, für solche Verzeichnisse auch die Einstellung `read only = yes` zu verwenden.

Achten Sie aber darauf, dass Samba-Clients ohne Authentifizierung dem Linux-Benutzer `nobody` zugeordnet werden. Daher sehen Gäste nur solche Dateien in `/home/pi/all`, die für alle Benutzer lesbar sind oder die explizit `nobody` gehören.

```
# Ergänzung in /etc/samba/smb.conf
...
[piforall]
  path          = /home/pi/all
  guest ok      = yes
  read only     = yes
```

Absicherung und Grundeinstellungen

Es empfiehlt sich, Samba explizit so zu konfigurieren, dass das Programm nur Clients aus dem lokalen Netzwerk bedient. Dazu erweitern Sie den Abschnitt `[global]` um die folgenden zwei Zeilen. Sie bewirken, dass Samba nur mit `localhost` (also mit der IP-Adresse 127.0.0.1) sowie mit Clients im Adressbereich 10.0.0.* kommuniziert.

```
# Datei /etc/samba/smb.conf
[global]
  ...
  bind interfaces only = yes
  interfaces           = 10.0.0.0/24 127.0.0.1
```

Standardmäßig erlaubt Samba auch eine Kommunikation mit Client-Rechnern, die sich nicht authentifizieren. Diese werden dem Linux-Account `nobody` zugeordnet. Sofern Sie in Ihrer Samba-Konfiguration keine Verzeichnisse definiert haben, die ohne Login nutzbar sind, sollten Sie aus Sicherheitsgründen den Gastzugriff ganz unterbinden:

```
# Datei /etc/samba/smb.conf
[global]
  ...
  map to guest         = never
```

Die in diesem Abschnitt präsentierte Samba-Version 3.6 verwendet standardmäßig eine recht alte Version des SMB-Protokolls. Wenn Sie möchten, dass Samba mit modernen Clients in der etwas aktuelleren SMB-Version 2 kommuniziert, fügen Sie in den globalen Abschnitt die folgende Zeile ein:

```
# Datei /etc/samba/smb.conf
[global]
  ...
  max protocol = SMB2
```

4.7 Internetzugriff auf den Raspberry Pi

Die vorangegangenen Abschnitte haben gezeigt, dass die Einbindung des Raspberry Pi in ein lokales Netz samt Internetzugang einfach ist. Komplizierter ist die Konfiguration für den Datenfluss in umgekehrter Richtung, wenn Sie also erreichen möchten, dass Ihr Raspberry Pi auch aus dem Internet heraus erreichbar ist.

Vielleicht fragen Sie sich, welchen Zweck eine derartige Konfiguration haben könnte. Nehmen wir an, Sie verwenden Ihren Raspberry Pi zur Heimautomatisierung: Solange Sie zu Hause sind, können Sie Ihren Minicomputer unkompliziert steuern, entweder durch den direkten Zugriff mit Tastatur und Maus oder mit einem anderen Computer oder mit Ihrem Handy über das lokale Netz/WLAN.

Was aber, wenn Sie am Arbeitsplatz oder im Urlaub sind? Vielleicht wollen Sie wissen, welche Temperatur es gerade zu Hause hat und manuell die Heizung ein- oder ausschalten. Oder Sie möchten das letzte Bild sehen, das die Raspberry-Pi-Kamera von Ihrem Aquarium gemacht hat.

All diese Problemstellungen lassen sich am elegantesten lösen, wenn Ihr Raspberry Pi als Webserver agiert, der von überall auf der Welt ansprechbar ist – vorausgesetzt, es gibt dort einen Internetzugang. Dazu bedarf es zweier Schritte:

- Einerseits müssen Sie die Netzwerkanbindung an den Raspberry Pi so gestalten, dass Ihr Minicomputer im Internet gleichsam »sichtbar« wird. Das ist das Thema der folgenden Abschnitte. Dabei setzen wir voraus, dass Sie zu Hause über einen dauerhaften Internetzugang verfügen, z. B. durch einen ADSL-Router.
- Andererseits müssen Sie auf Ihrem Raspberry Pi einen Webserver einrichten. Wie das geht, verraten wir Ihnen in Kapitel 24, »PHP-Programmierung«. Dort lernen Sie, wie Sie Ihren Raspberry Pi durch einfache PHP-Programme über einen Webbrowser bedienen können.

Wo ist das Problem?

Der Internetzugang vieler Privathaushalte und kleiner Firmen erfolgt durch einen ADSL-Router (siehe Abbildung 4.10). Steht kein ADSL zur Verfügung, kommen alternativ Router zum Einsatz, die den Internetzugang über ein Kabel-TV-Netzwerk oder aus dem Handy-Netz beziehen – das ändert aber nichts an der prinzipiellen Ausgangslage.

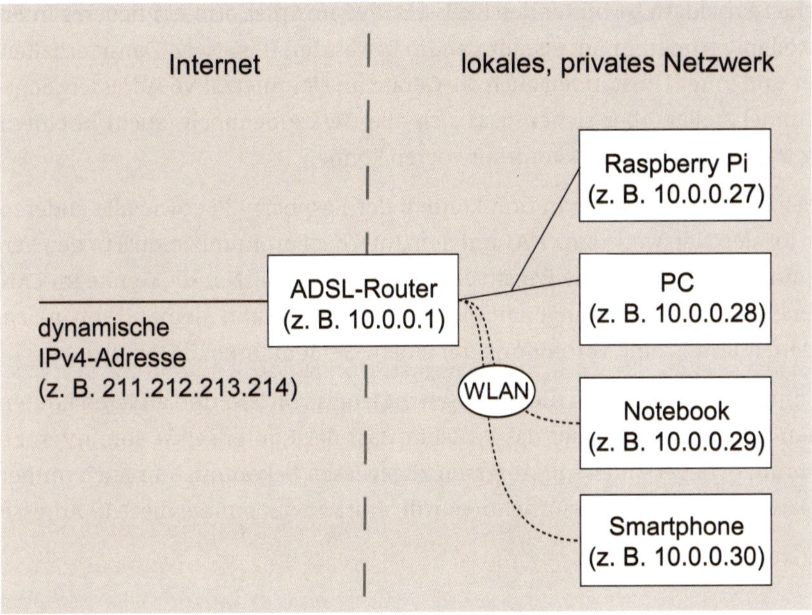

Abbildung 4.10 Internetzugang über einen ADSL-Router

Drei Faktoren definieren den gemeinsamen Nenner all dieser Produkte:

- **Privates Netzwerksegment:** Das lokale Netzwerk zu Hause, egal, ob LAN oder WLAN, nutzt ein privates Netzwerksegment. *Privat* bedeutet in diesem Zusammenhang, dass die IP-Adressen die Form 10.*.*.* oder 172.16.*.* bis 172.31.*.* oder 192.168.*.* haben und von außen, also aus dem Internet, nicht zugänglich sind. Das lokale Netz ist also vom öffentlichen Internet getrennt.
- **Wechselnde IP-Einwahladresse:** Das lokale Netz ist zwar privat, die Verbindung zum Internet muss aber über eine öffentliche IP-Adresse des Internet-Providers erfolgen. Diese IP-Adresse ist allerdings nicht statisch vorgegeben, sondern kann sich ändern – je nach Internetzugang recht häufig (jeden Tag) oder auch nur ganz selten (alle paar Wochen).
- **NAT:** Damit alle Geräte im lokalen LAN/WLAN Internetzugang bekommen, verwendet der Router *Network Address Translation* (NAT). Bei dieser Technik werden vom lokalen Netzwerk in das Internet gesendete Pakete so markiert, dass die aus dem Internet eintreffenden Antworten wenig später dem ursprünglichen Gerät im LAN zugeordnet werden können. NAT ist erforderlich, weil die einzelnen Geräte im LAN aus dem Internet heraus nicht sichtbar sind. Aus der Sicht des Internets ist nur der ADSL-Router öffentlich, nicht aber die dahinter befindlichen Geräte. Die NAT-Grundlagen können Sie in der Wikipedia nachlesen:

  http://de.wikipedia.org/wiki/Network_Address_Translation

Bei manchen Providern ist hinter den Kulissen IPv6 im Spiel, also ein neueres Internetprotokoll mit größerem Adressraum als im bewährten IPv4-Netz. Damit erhalten der Router und unter Umständen auch die Geräte im Heimnetz IPv6-Adressen. Sogenannte Tunnel stellen aber sicher, dass sich alle Geräte dennoch (auch) in einem IPv4-Netz wähnen und via IPv4 kommunizieren können.

In der oben skizzierten Konfiguration können der Raspberry Pi sowie alle anderen Geräte im lokalen Netzwerk dank NAT mit dem Internet kommunizieren. Für den Verbindungsaufbau gelten aber die Regeln einer Einbahnstraße. Nur die Geräte im LAN dürfen neue Internet-Verbindungen initiieren. Umgekehrt kann niemand von *außen*, also aus dem Internet, eine Verbindung mit einem Gerät in Ihrem LAN aufbauen.

Selbst wenn wir vorübergehend die technischen Details von NAT und anderen Router-Funktionen beiseitelassen, bleibt das Problem, dass der Router selbst vom Internet-Provider immer wieder andere IP-Adressen zugewiesen bekommt. Wer auch immer mit dem Raspberry Pi Kontakt aufnehmen will, muss zuerst einmal diese IP-Adresse kennen.

Lösungsvarianten

Es existieren zwei grundverschiedene Verfahren, um den Raspberry Pi aus dem Internet heraus zugänglich zu machen:

- **Dynamisches DNS in Kombination mit Port Forwarding:** Bei dieser Variante stellt ein Dienstleister wie *http://dyn.com* oder *http://noip.com* einen Hostnamen zur Verfügung, dessen IP-Adresszuordnung sich dynamisch an Ihren Router anpasst. Außerdem bedarf es im Router einer speziellen Konfiguration, damit an einen bestimmten Port adressierte IP-Pakete direkt an den Raspberry Pi weitergeleitet werden (*Port Forwarding*). Je nach Router ist die Konfiguration aufwendig und fehleranfällig, und bei manchen Internet-Providern funktioniert das Verfahren überhaupt nicht.
- **IPv6-Tunnel:** Weniger bekannt, dafür aber umso einfacher ist es, den Raspberry Pi mittels eines winzigen Programms mit einer fixen IPv6-Adresse auszustatten. Die IPv6-Anbindung erfolgt dabei durch einen sogenannten Tunnel, funktioniert also auch dann, wenn Sie über gar kein IPv6-Internet verfügen.

  Die Konfiguration eines IPv6-Tunnels ist deutlich einfacher als die für ein dynamisches DNS. Außerdem können alle und nicht nur ausgewählte Ports genutzt werden. Dafür gibt es einen anderen, grundlegenden Nachteil: Ihr Raspberry Pi ist nun nur von solchen Geräten aus erreichbar, die sich selbst im IPv6-Netz befinden.

Die beiden Varianten werden gleich im Detail in Abschnitt 4.8, »Dynamisches DNS«, und in Abschnitt 4.9, »IPv6«, beschrieben.

Sicherheit

Wenn Sie aus dem Internet über eine spezielle Webseite oder via SSH auf Ihren Raspberry Pi zugreifen können, dann kann das prinzipiell jeder! Es ist also unumgänglich, dass Sie sich mit dem Thema Sicherheit befassen. Es sollte selbstverständlich sein, dass sowohl der Login via SSH als auch jeder Zugriff auf Webseiten durch gute Passwörter abgesichert wird. Wie Sie den Webzugriff auf Ihren Raspberry Pi absichern, verrät Abschnitt 24.2, »Webverzeichnisse einrichten und absichern«. Tipps zur Absicherung des Secure-Shell-Servers, der unter Raspbian standardmäßig läuft, finden Sie in Abschnitt 4.3, »SSH«.

Alternativen

Egal ob Sie sich für dynamisches DNS oder IPv6 entscheiden, die korrekte Konfiguration verursacht einige Arbeit. Bevor Sie damit beginnen, sollten Sie die folgenden Alternativen in Erwägung ziehen. Mag sein, dass diese Alternativen dem Anspruch von IT-Perfektionisten nicht gerecht werden – aber mitunter sind es gerade die einfachen, pragmatischen Lösungen, die sich in der Praxis bewähren:

- **Dropbox, FTP & Co.:** Wenn es Ihnen primär darum geht, regelmäßig Informationen Ihres Raspberry Pi so zu veröffentlichen, dass Sie mit Ihren anderen Geräten darauf zugreifen können, dann sollten Sie einen automatisierten Upload von Dateien in Erwägung ziehen. Beispielsweise können Sie mit einem winzigen Python-Programm ein mit der Raspberry-Pi-Kamera aufgenommenes Bild automatisch in Ihr Dropbox-Verzeichnis hochladen. Ein entsprechendes Beispiel finden Sie in Abschnitt 20.5, »Dateien bei Dropbox hochladen«.

  Anstelle von Dropbox können Sie natürlich auch einen Ihnen zugänglichen FTP-Server verwenden. Werfen Sie einen Blick in Abschnitt 15.8 – dort finden Sie ein Beispiel zum FTP-Upload von mit dem Raspberry Pi erstellten Fotos.

- **Daten abholen:** Die Kommunikation kann auch in umgekehrter Richtung erfolgen: Sofern Sie über eine eigene Webseite oder ein Dropbox-Verzeichnis verfügen, können Sie dort in einer speziellen Datei Kommandos für Ihren Raspberry Pi hinterlegen. Auf Ihrem Minicomputer richten Sie nun einen Cron-Job ein, der diese Datei alle 10 Minuten ausliest. Wenn die Datei neue Anweisungen enthält – z. B., dass Ihr Raspberry Pi die Heizung einschalten soll – dann rufen Sie das entsprechende Programm auf.

- **E-Mail-Dienst:** Der Kommunikationsfluss lässt sich auch durch E-Mails herstellen. In die eine Richtung lässt sich das leicht bewerkstelligen, indem Ihnen Ihr Raspberry Pi z. B. einmal täglich eine E-Mail mit neuen Bildern, Messdaten etc. sendet. Ein entsprechendes Python-Programm finden Sie in Abschnitt 20.6, »E-Mails versenden«.

Etwas aufwendiger ist die E-Mail-Kommunikation hin zum Raspberry Pi: Dazu richten Sie ein eigenes E-Mail-Konto für Ihren Minicomputer ein. Ein Cron-Job ruft von dort regelmäßig neue Nachrichten ab. Trifft eine neue E-Mail ein, werden die darin enthaltenen Kommandos verarbeitet. Für die tatsächliche Implementierung gibt es viele Möglichkeiten. Eine Variante, die auf das Kommando `fetchmail` zurückgreift, ist auf der folgenden Seite beschrieben:

http://jasmeu.wordpress.com/2013/03/20/raspberry-pi-send-and-receive-gmail

4.8 Dynamisches DNS

In diesem Abschnitt geht es darum, einen Raspberry Pi im lokalen Netzwerk eines ADSL/Kabel/Mobilfunk-Routers im Internet sichtbar zu machen. Dazu sind zwei Schritte nötig:

- Sie müssen sich für einen Anbieter von dynamischem DNS entscheiden, der die öffentliche IP-Adresse Ihres Routers mit einem Hostnamen verbindet und die zugeordnete IP-Adresse regelmäßig aktualisiert.
- Außerdem müssen Sie den Router so konfigurieren, dass bestimmte Pakete, die beim Router von außen eintreffen (also aus dem Internet), direkt an den Raspberry Pi weitergeleitet werden.

Die Details der Konfigurationsarbeiten hängen stark von Ihrem Internet-Provider und dem Router ab und haben nichts bzw. nur wenig mit dem Raspberry Pi zu tun. Wir beschränken uns deswegen hier darauf, die grundsätzliche Vorgehensweise anhand von Beispielen zu erläutern, können aber leider keine perfekte Anleitung anbieten, die exakt für *Ihre* Konstellation passt.

Wozu dient und wie funktioniert dynamisches DNS?

Die Abkürzung DNS steht für *Domain Name Server*. Derartige Programme ermöglichen es Ihrem Webbrowser, nach der Adresseingabe *http://eine-seite.de* die richtige IP-Adresse herauszufinden, auf der der Webserver von *http://eine-seite.de* läuft.

Nameserver stellen also die Zuordnung zwischen Hostnamen und IP-Adressen her. Normalerweise ist diese Zuordnung statisch. IP-Adressen für Webseiten ändern sich nur ganz selten, z. B. dann, wenn eine Firma mit ihren Servern in ein neues Rechenzentrum umzieht.

Nun befindet sich Ihr Raspberry Pi aber in keinem Rechenzentrum, sondern zu Hause hinter einem ADSL-Router, dessen öffentliche IP-Adresse sich immer wieder ändert. Damit Sie auch derartigen Routern – und damit auch den dahinter befindlichen Geräten – einen Hostnamen zuordnen können, brauchen Sie einen dynamischen

Nameserver. Mehrere Anbieter haben sich darauf spezialisiert, z. B. *http://dyn.com* oder *http://noip.com*. Die folgenden Beispiele beziehen sich auf *http://noip.com*: Diese Firma bietet im Gegensatz zu manchen Mitbewerbern den Grunddienst noch immer kostenlos an – wenn auch mit gewissen Einschränkungen.

Jetzt ist noch eine Frage offen: Woher kennt ein dynamischer DNS-Dienst (DynDNS-Dienst) die gerade aktuelle IP-Adresse? Hier gibt es zwei Möglichkeiten: Entweder enthält der Router eine Funktion, um dem DynDNS-Dienst die IP-Adresse mitzuteilen, oder Sie müssen auf einem Rechner in Ihrem lokalen Netzwerk ein Programm installieren, das den DynDNS-Anbieter regelmäßig kontaktiert und ihm so die gerade gültige IP-Adresse verrät.

Dynamisches DNS mit noip.com einrichten

Wenn Sie dynamisches DNS beim Anbieter *http://noip.com* nutzen möchten, melden Sie sich auf der Webseite an und wählen aus, welchen Hostnamen Sie für Ihren Router und somit letzten Endes auch für Ihren Raspberry Pi verwenden möchten – z. B. `mein-rapi.noip.me`.

Wenn dieser Schritt erledigt ist, sehen Sie auf der Administrationsseite Ihres Routers nach, ob dieser den DynDNS-Dienst NoIP unterstützt. Wenn das der Fall ist, tragen Sie dort einfach Ihre NoIP-Login-Daten ein (siehe Abbildung 4.11). Der Router wird nun bei jeder IP-Änderung NoIP kontaktieren, sodass dort die Zuordnung zu Ihrem Hostnamen gespeichert werden kann.

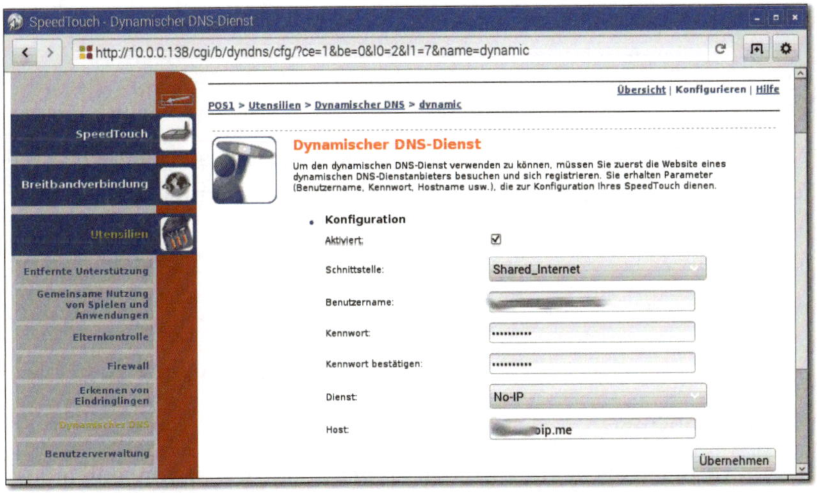

Abbildung 4.11 NoIP-Konfiguration auf einem SpeedTouch-ADSL-Router

Sollte Ihr Router keine DynDNS-Konfigurationsmöglichkeiten für NoIP anbieten, ist dies auch kein Problem. NoIP stellt auf seiner Webseite den Quellcode für ein winziges

Programm zur Verfügung, das die Kommuniktion mit NoIP übernimmt. Die folgenden Zeilen zeigen, wie Sie das Programm herunterladen, auspacken, kompilieren und installieren. Beim letzten Schritt müssen Sie die NoIP-Login-Daten angeben.

```
wget http://www.no-ip.com/client/linux/noip-duc-linux.tar.gz
tar xzf noip-duc-linux.tar.gz
cd noip-*
make
sudo make install
  [sudo] password for pi:
  if [ ! -d /usr/local/bin ]; then mkdir -p /usr/local/bin;fi
  if [ ! -d /usr/local/etc ]; then mkdir -p /usr/local/etc;fi
  cp noip2 /usr/local/bin/noip2
  /usr/local/bin/noip2 -C -c /tmp/no-ip2.conf
  Auto configuration for Linux client of no-ip.com.
  Please enter the login/email string for no-ip.com:
    <noip-username>
  Please enter the password for user 'noip-username':  *********
  Only one host [<hostname>.noip.me] is registered to this
  account. It will be used.
  Please enter an update interval:[30]
  Do you wish to run something at successful update?[N] (y/N) N
  New configuration file '/tmp/no-ip2.conf' created.
  mv /tmp/no-ip2.conf /usr/local/etc/no-ip2.conf
```

Das kompilierte Programm befindet sich nun in /usr/local/bin/noip2, die Konfigurationsdatei in /usr/local/etc/no-ip2.conf. Das folgende Kommando startet den NoIP-Client:

```
sudo noip2
```

Wenn Sie möchten, dass noip2 bei jedem Start des Raspberry Pi automatisch ausgeführt wird, ergänzen Sie die Datei /etc/rc.local *vor* dem exit-Kommando:

```
# Datei /etc/rc.local
...
/usr/local/bin/noip2
exit 0
```

Port Forwarding einrichten

Bis jetzt haben wir nur erreicht, dass wir den *Router* nun jederzeit von außen über einen gleichbleibenden Hostnamen ansprechen können – selbst dann, wenn sich die IP-Adresse des Routers immer wieder ändert. Wenn Sie nun z. B. versuchen, Ihren neuen NoIP-Hostnamen in einem Webbrowser einzugeben, werden Sie vermutlich gar nichts sehen – oder die Weboberfläche des Routers.

Das Problem ist, dass aus dem Internet eintreffende IP-Pakete *direkt* vom Router verarbeitet werden. Der Router entscheidet, ob das Paket zu einer bereits bestehenden Internetverbindung eines Geräts im LAN gehört. Ist das nicht der Fall, wird das Paket von den meisten Routern aus Sicherheitsgründen ganz einfach blockiert. Das heißt, der Router arbeitet als Firewall. Jetzt wollen wir aber erreichen, dass ganz bestimmte Pakete direkt an den Raspberry Pi weitergeleitet werden.

Zur Selektion der Pakete dient die Portnummer. Das Internetprotokoll TCP/IP kennzeichnet jedes Datenpaket mit einer Portnummer. Diese Nummer gibt an, um welche Art von Daten es sich handelt. Bekannte Portnummern sind z. B. 80 für HTTP, 443 für HTTPS oder 25 für SSH. Wenn Sie möchten, dass Ihr Raspberry Pi von außen wie ein Webserver sichtbar ist, dann muss der Router Pakete für den Port 80, die an den Router adressiert sind und eine neue Verbindung initiieren, an den Raspberry Pi weiterleiten. Diese Funktion wird *Port Forwarding* genannt.

Die Konfiguration dieser Funktion ist router-spezifisch und hat nichts mit dem Raspberry Pi zu tun. Sie müssen in der Weboberfläche Ihres Routers nach der entsprechenden Funktion suchen. Auf dem etwas betagten SpeedTouch-ADSL-Router, der bei einem der Autoren dieses Buchs im Einsatz ist, ist das Port Forwarding hinter dem seltsamen Menüeintrag GEMEINSAME NUTZUNG VON SPIELEN UND ANWENDUNGEN versteckt (siehe Abbildung 4.12). Entscheidend ist, dass Sie Pakete für den Port 80 bzw. für das Protokoll HTTP an einen bestimmten Rechner im lokalen Netzwerk weiterleiten – eben an den Raspberry Pi.

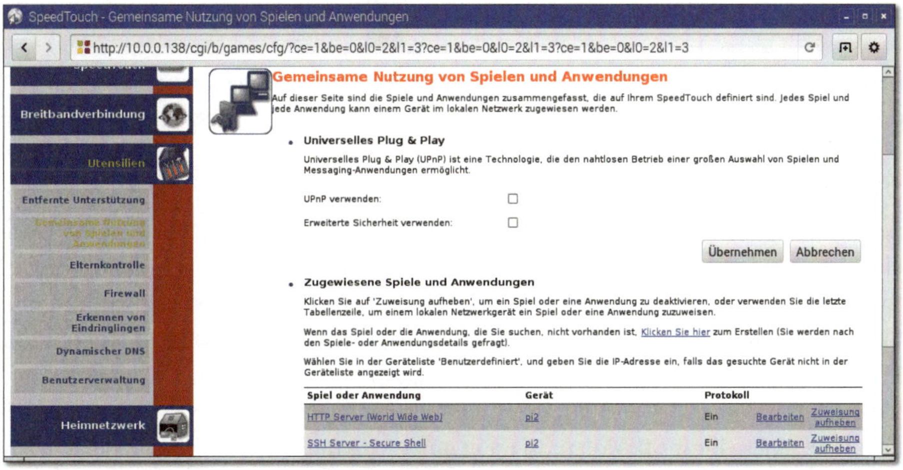

Abbildung 4.12 Port-Forwarding-Konfiguration auf einem SpeedTouch-ADSL-Router

Test

Ein Test, ob alles funktioniert, ist gar nicht so einfach: Sie können diese Tests nämlich *nicht* aus Ihrem lokalen Netz heraus durchführen, sondern müssen von *außen*, also aus dem Internet, auf Ihren NoIP-Hostnamen zugreifen. Am einfachsten gelingt das mit einem Smartphone, bei dem Sie vorübergehend das heimische WLAN deaktivieren, falls es eines gibt. Damit ist das Smartphone gezwungen, auf das Mobilfunknetz zurückzugreifen, und erhält so eine IP-Adresse außerhalb des lokalen Netzwerks.

Sofern Sie auf Ihrem Raspberry Pi Apache installiert haben (siehe Abschnitt 24.1, »Apache installieren und konfigurieren«), sollten Sie im Webbrowser nach der Eingabe Ihres NoIP-Hostnamens die Apache-Testseite des Raspberry Pi sehen (siehe Abbildung 4.13). Sollten Sie Zugang zu einem Root-Server haben, können Sie sich dort via SSH einloggen und dann versuchen, die Webseite Ihres Raspberry Pi anzusehen. Dazu setzen Sie einen textbasierten Webbrowser ein, z. B. das Programm `lynx`.

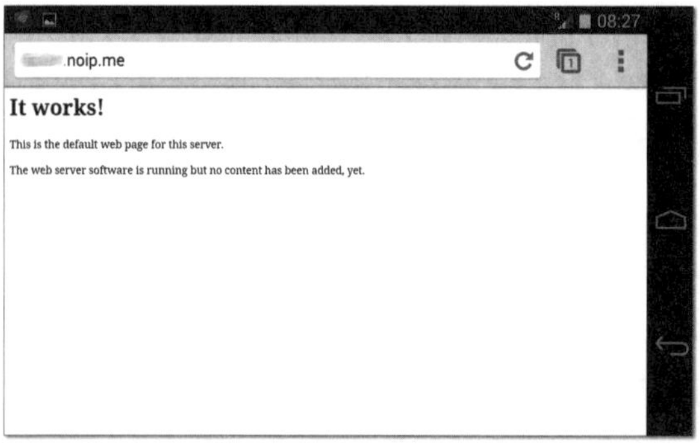

Abbildung 4.13 Die Apache-Testseite des Raspberry Pi über ein Mobilfunknetz ansehen

Fehlersuche

Leider treten in der Praxis oft Probleme auf – und dabei kommen diverse Ursachen infrage. Zuerst sollten Sie testen, ob NoIP funktioniert, d. h., ob die IP-Adresse Ihres NoIP-Hostnamens wirklich mit der Ihres ADSL-Routers übereinstimmt. Die aktuelle IP-Adresse Ihres ADSL-Routers finden Sie auf den Konfigurationsseiten des Routers. Welche IP-Adresse Ihrem NoIP-Hostnamen zugeordnet ist, können Sie auf jedem Linux-Computer, also auch auf dem Raspberry Pi, mit dem Kommando `host` ermitteln. Sollte dieses Kommando nicht zur Verfügung stehen, müssen Sie je nach Distribution das Paket `bind-utils` oder `bind9-host` installieren.

```
host mein-rapi.noip.me
  mein-rapi.noip.me has address 80.123.124.124
```

Vielleicht hakt es auch beim Port Forwarding. Nach unseren Erfahrungen ist der Port 80 für das Protokoll HTTP besonders fehleranfällig, weil dieser Port ja auch

Router-intern für die Weboberfläche des Routers genutzt wird. Der Router muss also zwischen internen und externen Port-80-Paketen differenzieren. Die internen, also aus dem LAN stammenden Pakete müssen vom Router-eigenen Webserver verarbeitet werden. Die externen, also aus dem Internet kommenden Pakete hingegen müssen an den Raspberry Pi weitergeleitet werden.

Es kann zweckmäßig sein, das Port Forwarding zumindest vorübergehend für einen weiteren Port einzurichten. Sofern Sie außerhalb Ihres lokalen Netzwerks Zugriff auf einen Linux-Computer haben, ist Port 22 besonders gut geeignet: Dann können Sie aus dem Internet heraus versuchen, sich via SSH auf Ihrem Raspberry Pi einzuloggen. Funktioniert das, wissen Sie, dass das Port Forwarding an sich funktioniert und nur Port 80 Probleme macht.

Ein Ausweg kann es nun sein, anstelle von HTTP das sicherere Protokoll HTTPS zu nutzen. Die entsprechende Apache-Konfiguration für den Raspberry Pi wird in Abschnitt 24.3, »HTTPS«, behandelt. Bei der Konfiguration Ihres ADSL-Routers müssen Sie nun das Port Forwarding für den Port 443 einrichten.

Eine andere Variante besteht darin, beim gewöhnlichen HTTP-Protokoll zu bleiben, hierfür aber nicht nur den Port 80, sondern einen weiteren, von Ihnen gewählten Port zu nutzen. Dazu fügen Sie auf Ihrem Raspberry Pi in `/etc/apache2/ports.conf` eine zusätzliche `Listen`-Anweisung mit der gewünschten Port-Nummer ein und starten Apache dann neu (`service apache2 restart`).

```
# in der Datei /etc/apache/ports.conf
Listen 9980
```

Für die gewählte Portnummer müssen Sie nun in der Router-Konfiguration eine weitere Regel für das Port Forwarding definieren. Im Adressfeld des Browsers müssen Sie ebenfalls die Portnummer angeben, wobei die folgende Syntax gilt:

http://mein-rapi.noip.me:9980

Elegant ist diese Lösung natürlich nicht, aber sofern nur Sie persönlich die Webseiten des Raspberry Pi nutzen möchten, haben Sie auf diese Weise zumindest alle technischen Hürden überwunden. Der unhandlichen Adresseingabe können Sie ja mit einem Bookmark unkompliziert ausweichen.

Vergewissern Sie sich schließlich mit `service`, dass die Programme für die von Ihnen genutzten Dienste tatsächlich auf Ihrem Raspberry Pi laufen! Der Raspberry Pi kann nur dann eine Webseite anzeigen, wenn der Webserver Apache läuft; ein SSH-Login ist nur möglich, wenn der SSH-Dämon läuft etc.

```
sudo service apache2 status
  Apache2 is running (pid 2116).
sudo service ssh status
  sshd is running.
```

4.9 IPv6

Dieser Abschnitt zeigt einen anderen Weg, um Ihren Raspberry Pi, der sich im lokalen Netzwerk befindet, weltweit im Internet erreichbar zu machen: Dazu installieren Sie auf dem Minicomputer ein Programm, das einen sogenannten Tunnel in das IPv6-Netz errichtet. Der Datentransport erfolgt durch speziell gekennzeichnete Pakete im vorhandenen IPv4-Netzwerk. Der Tunnel endet in der IPv6-Infrastruktur `freenet6`, die von der Firma Gogo6 kostenlos zur Verfügung gestellt wird.

Auch wenn die technischen Details komplex sind, ist das Einrichten des IPv6-Tunnels gänzlich unkompliziert und bereitet viel weniger Probleme als die im vorigen Abschnitt beschriebene Router-Konfiguration für dynamisches DNS und Port Forwarding!

Der entscheidende Nachteil ist ein anderer: Nach der erfolgreichen Konfiguration können Sie nur von solchen Geräten aus auf Ihren Raspberry Pi zugreifen, die sich selbst im IPv6-Netz befinden. Sofern es sich dabei um Linux-, Apple- oder Windows-Computer handelt, ist das keine große Einschränkung: Sie können auf diesen Geräten denselben Gogo-Client wie auf dem Raspberry Pi installieren und so jeden Internetzugang zu einem IPv6-Zugang machen. Auf Android- oder iOS-Geräten besteht diese unkomplizierte Option aber leider nicht. Wenn Ihnen Ihr Internet-Provider also kein IPv6 zur Verfügung stellt, können Sie mit Ihrem Smartphone oder Tablet nicht auf Ihren Raspberry Pi zugreifen.

IPv6 aktivieren

Der Linux-Kernel unterstützt zwar seit vielen Jahren IPv6, die dafür verantwortlichen Module sind unter Raspbian aber standardmäßig nicht aktiv. Abhilfe schafft das folgende Kommando, das allerdings nur bis zum nächsten Neustart gilt:

```
sudo modprobe ipv6
```

Um IPv6 dauerhaft einzuschalten, fügen Sie in die Datei `/etc/modules` eine neue Zeile mit `ipv6` ein:

```
# in /etc/modules
...
ipv6
```

gogoc-Installation

Den IPv6-Tunnel durch das vorhandene IPv4-Netz baut das Programm `gogoc` aus dem gleichnamigen Paket auf. Bei der Installation wird aber gleich auch `radvd` mitinstalliert. Das ist ein Hintergrundprogramm, mit dem Sie den Raspberry Pi zum

IPv6-Router machen können. Das haben wir nicht vor – entfernen Sie das Paket also gleich wieder:

```
sudo apt-get install gogoc
sudo apt-get remove radvd
```

gogoc funktioniert an sich ohne weitere Konfigurationsarbeiten. Allerdings erhält Ihr Raspberry Pi dann bei jedem Neustart eine andere IPv6-Adresse, und das ist für unsere Zielsetzung nicht wünschenswert. Um eine statische IPv6-Adresse zu erhalten, müssen Sie zuerst auf der folgenden Webseite ein endloses Formular mit Ihren Daten (oder Zufallseingaben) ausfüllen und so ein kostenloses Konto einrichten:

http://www.gogo6.com/freenet6/register-amsterdam

Im zweiten Schritt müssen Sie nun, immer noch auf derselben Seite, eine *Pro Account Registration* durchführen. Hier sind zum Glück nur noch drei Daten erforderlich – ein frei wählbarer Benutzername, eine E-Mail-Adresse und das Passwort. Der Benutzername gilt gleichzeitig auch als Bestandteil Ihres Domainnames, der sich aus username.broker.freenet6.net zusammensetzt.

Den gewählten Benutzernamen und das Passwort müssen Sie nun mit einem Editor in die Datei /etc/gogoc/gogoc.conf eintragen. Außerdem müssen Sie in dieser Datei zwei weitere Zeilen ändern, wie aus dem folgenden Listing hervorgeht:

```
# Datei /etc/gogoc/gogoc.conf
...
userid=<login-name>
passwd=<passwort>
server=amsterdam.freenet6.net
auth_method=any
```

Nun müssen Sie gogoc einmalig mit der Option -n starten und bestätigen, dass Sie einen Schlüssel herunterladen möchten. Der erfolgreiche Download wird leider nicht bestätigt – warten Sie einfach zehn Sekunden, und drücken Sie dann Strg+C. Mit service starten Sie das Programm neuerlich, diesmal als Hintergrunddienst. In Zukunft wird das Programm bei jeden Rechnerstart des Raspberry Pi ausgeführt.

```
sudo service gogoc stop
sudo gogoc -n
  amsterdam.freenet6.net is an unknown host, do you
  want to add its key? (Y/N) y
  ... nach etwa zehn Sekunden
  <Strg>+<C>
sudo service gogoc start
```

Mit ping6 überzeugen Sie sich, dass Sie nun eine IPv6-Verbindung zu Google herstellen können. Anstelle von Google können Sie natürlich auch eine andere Firma verwenden, von der Sie wissen, dass sie schon IPv6 nutzt. Allzu groß war die Auswahl Mitte 2015 aber nicht. Bekannte IPv6-kompatible Server betreiben z. B. Facebook und der Heise-Verlag.

```
ping6 google.com
  PING google.com(qro02s09-in-x08.1e100.net) 56 data bytes
  64 bytes from qro02s09-....net: icmp_seq=1 ttl=53 time=191 ms
  ...
  <Strg>+<C>
```

Ihre IPv6-Adresse stellen Sie mit dem `ip`-Kommando fest:

```
ip addr
  ...
  6: tun: <POINTOPOINT,MULTICAST,NOARP,UP,LOWER_UP> mtu 1280
         qdisc pfifo_fast state UNKNOWN qlen 500 link/none
     inet6 2001:5c0:1400:b::1234/128 scope global
         valid_lft forever preferred_lft forever
```

Weltweit kann nun jeder Computer mit IPv6-Zugang über die Adresse `2001:5c0:1400:b::1234` oder über den Domainnamen `username.broker.freenet6.net` Kontakt zu Ihrem Raspberry Pi herstellen, wobei `username` Ihr Benutzername bei der *Pro Account Registration* ist.

Beachten Sie, dass Sie auf Ihrem Raspberry Pi die betreffenden Netzwerkdienste neu starten müssen, wenn Sie `gogoc` gerade erst in Betrieb genommen haben. Andernfalls erkennen diese Dienste unter Umständen nicht, dass sie nun auch via IPv6 kommunizieren müssen. In Zukunft ist das nicht mehr erforderlich, weil IPv6 auf Ihrem Raspberry Pi nun immer aktiv ist.

```
sudo service ssh restart
sudo service apache2 restart
```

Definieren Sie sich einen kürzeren Hostnamen

Sofern Sie über eine eigene Domain verfügen und deren DNS-Einträge frei einstellen können, können Sie Ihrem Raspberry Pi auch einen kürzeren Hostnamen als `username.broker.freenet6.net` zuweisen. Dazu besuchen Sie die Seite zur DNS-Konfiguration Ihrer Domain und fügen einen AAAA-Eintrag (also einen IPv6-Namen) für Ihren Raspberry Pi hinzu, z. B. `rapi`. Sobald die Einstellung wirksam wird, was eventuell ein paar Stunden dauert, können Sie anstelle von `username.broker.freenet6.net` auch `rapi.ihr-hostname.de` verwenden.

Test

Um die Erreichbarkeit Ihres Raspberry Pi in einem IPv6-Netz zu testen, benötigen Sie einen zweiten Computer, der sich ebenfalls im IPv6-Netz befindet. Am einfachsten gelingt der Test mit einem Linux-Computer, auf dem Sie das Paket gogoc installiert haben. Wir haben für die folgenden Tests einen Ubuntu-PC verwendet. Mit ping6 überprüfen Sie, ob eine IPv6-Verbindung zwischen den beiden Rechnern möglich ist:

```
ping6 -n username.broker.freenet6.net
  PING username.broker.freenet6.net(2001:5c0:1400:b::1234)
    56 data bytes
  64 bytes from 2001:5c0:1400:b::1234:
    icmp_seq=1 ttl=63 time=87.7 ms
  64 bytes from 2001:5c0:1400:b::1234:
    icmp_seq=2 ttl=63 time=86.5 ms
  <Strg>+<C>
  --- username.broker.freenet6.net ping statistics ---
  2 packets transmitted, 2 received, 0% packet loss, time 1001ms
  rtt min/avg/max/mdev = 86.530/87.157/87.785/0.693 ms
```

Mit ssh können Sie sich auf Ihrem Raspberry Pi anmelden:

```
ssh pi@username.broker.freenet6.net
  pi@username.broker.freenet6.net's password: *******
```

Sofern auf dem Raspberry Pi Apache installiert ist (siehe Abschnitt 24.1, »Apache installieren und konfigurieren«), können Sie die Verbindung auch in einem Webbrowser testen (siehe Abbildung 4.14).

Abbildung 4.14 IPv6-Zugriff auf den Webserver eines Raspberry Pi

4.10 FTP-Server einrichten

Zum Austausch von Dateien des Raspberry Pi im lokalen Netzwerk bietet sich ein Samba-Server an. Wenn Ihr Raspberry Pi hingegen aus dem Internet heraus erreichbar ist – entweder weil er eine eigene IPv4-Adresse hat oder weil Sie dynamisches DNS und Port Forwarding nutzen oder weil Sie IPv6 eingerichtet haben –, dann ist Samba nicht die perfekte Wahl. Wesentlich einfacher und beliebter ist es in solchen Fällen, auf Ihrem Raspberry Pi einen FTP-Server zu betreiben. FTP steht für *File Server Protocol* und bietet ein recht simples Verfahren, um Dateien zwischen einem Server, eben Ihrem Raspberry Pi, und anderen Rechnern hin und her zu transportieren.

Das »File Transfer Protocol« ist inhärent unsicher

Sie werden es gleich sehen: Das Einrichten eines FTP-Servers ist schnell erledigt. Vorweg aber eine Warnung: FTP ist ein altes, unsicheres Protokoll. Passwörter werden generell im Klartext übertragen. FTP ist wegen seiner Einfachheit eine bequeme Lösung, aber keine sichere. Eine gute Alternative zum eigenen FTP-Server kann ein SSH-Server sein. Eine andere Variante ist der WebDAV-Standard, der das HTTP-Protokoll erweitert und die Datenübertragung in beide Richtungen erleichtert. Apache unterstützt WebDAV durch das Modul `mod_dav`:

http://httpd.apache.org/docs/2.2/mod/mod_dav.html

vsftpd installieren

Unter Raspbian stehen diverse FTP-Server zur Auswahl. Das populärste Programm ist `vsftpd`. Diese fast unaussprechliche Abkürzung steht für *Very Secure FTP Daemon*. Das Attribut *Very Secure* ist aber unter dem Vorbehalt zu sehen, dass auch der beste FTP-Server die Sicherheitsmängel des FTP-Protokolls aufweist.

```
sudo apt-get install vsftpd
```

Defaultkonfiguration

Der FTP-Server wird sofort nach der Installation gestartet, wobei eine Defaultkonfiguration in `/etc/vsftpd.conf` gilt:

```
# Defaultkonfiguration in /etc/vsftpd.conf
listen=YES
anonymous_enable=YES
dirmessage_enable=YES
use_localtime=YES
xferlog_enable=YES
connect_from_port_20=YES
secure_chroot_dir=/var/run/vsftpd/empty
pam_service_name=vsftpd
rsa_cert_file=/etc/ssl/private/vsftpd.pem
```

Erwähnenswert sind zwei Schlüsselwörter: `listen=YES` bedeutet, dass der FTP-Server als Hintergrundprogramm läuft. Aufgrund von `anonymous_enable=YES` akzeptiert der

FTP-Server Anonymous FTP, also FTP-Verbindungen ohne Passwort. Für derartige Verbindungen hat Raspbian bei der vsftpd-Installation den neuen Benutzer ftp eingerichtet. Anonymous-FTP-Benutzer können Dateien aus dem ftp-Heimatverzeichnis /srv/ftp herunterladen. Anfangs ist dieses Verzeichnis leer. Wenn Sie Dateien dorthin kopieren, müssen Sie darauf achten, dass die Dateien für den Benutzer ftp lesbar sind.

Eigene Konfiguration

Wenn Sie neben Anonymous FTP auch Benutzer-Logins benötigen, müssen Sie local_enable auf YES stellen. Wenn Sie bei dieser FTP-Form auch einen Daten-Upload zulassen möchten, müssen Sie zusätzlich write_enable auf YES stellen. Die folgenden Zeilen fassen die vier wichtigsten Einstellungen in vsftpd.conf zusammen. Aktivieren Sie nur die Funktionen, die Sie wirklich benötigen! Insbesondere anon_upload_enable=YES ist sicherheitstechnisch sehr problematisch!

```
# /etc/vsftpd.conf
...
local_enable=YES / NO          # FTP-Login zulassen
write_enable=YES / NO          # Uploads grundsätzlich zulassen
...
anonymous_enable=YES / NO      # Anonymous FTP zulassen
anon_upload_enable=YES / NO    # Uploads auch bei Anonymous FTP
```

Mit local_enable=YES haben FTP-Benutzer vollen Zugriff auf Heimatverzeichnisse. Beim Login müssen jeweils der Benutzername und das entsprechende Passwort angegeben werden. Damit Ihre Änderungen an vfsftpd.conf wirksam werden, fordern Sie vsftpd auf, die Konfiguration neu einzulesen:

```
sudo service vsftpd reload
```

FTP ausprobieren

Sobald der FTP-Server läuft, können Sie die FTP-Funktionen von Ihrem OS X- oder Linux-Arbeitsrechner aus ganz einfach mit dem Kommando ftp ausprobieren:

```
ftp pi2
  Connected to pi2.lan.
  Name (pi2:kofler): anonymous
  331 Please specify the password.
  Password: (E-Mail-Adresse oder einfach Return)
  230 Login successful.
  Remote system type is UNIX.
  Using binary mode to transfer files.
  ...
```

Unter Raspbian steht das Kommando `ftp` standardmäßig nicht zur Verfügung – Abhilfe schafft `apt-get install ftp`. Auch unter Windows müssen Sie zuerst einen FTP-Client installieren. Sehr viele Funktionen bietet das kostenlose Programm FileZilla (siehe Abbildung 4.15).

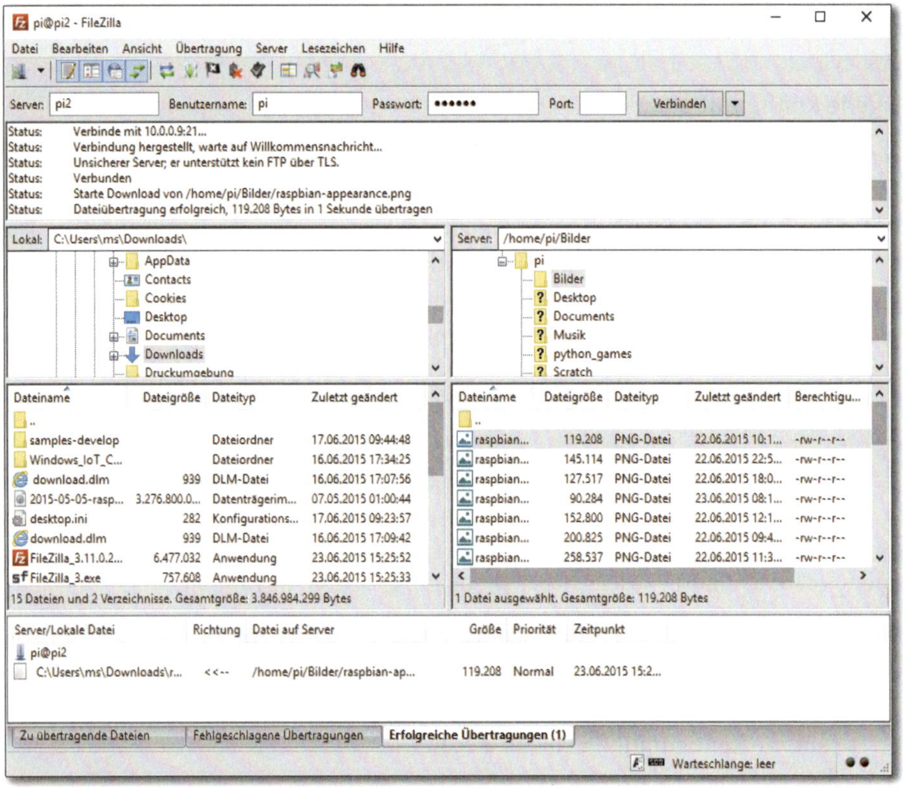

Abbildung 4.15 Test des FTP-Servers unter Windows mit FileZilla

4.11 Programme beim Systemstart ausführen

rc.local

Der Init-V-Prozess legt fest, welche Programme in welcher Reihenfolge beim Hochfahren Ihres Raspberry Pi gestartet werden. Im Detail ist dieser Prozess in Abschnitt 5.7, »Systemstart«, beschrieben. Wenn es Ihnen nur darum geht, ein einzelnes Kommando beim Systemstart auszuführen, gelingt das auch ohne viel Hintergrundwissen: Sie fügen das betreffende Kommando einfach in die Datei `/etc/rc.local` ein, und zwar *vor* der dort vorgesehenen Zeile `exit 0`! Die folgenden Zeilen geben ein Beispiel für die Anwendung dieser Datei:

```
#!/bin/sh -e
# Datei /etc/rc.local
# den GPIO-Pin 7 als Input verwenden:
/usr/local/bin/gpio -1 mode 7 in
exit 0
```

`rc.local` eignet sich zur Ausführung von textbasierten Kommandos sowie zur Durchführung von Konfigurationsarbeiten. Alle angegebenen Kommandos werden mit `root`-Rechten ausgeführt. Beachten Sie, dass die Kommandoausführung sofort endet, wenn ein Kommando einen Fehler auslöst (wegen der Option `-e` in der ersten Zeile dieses Scripts).

Autostart-Programme für den Desktop

Sie können in `/etc/rc.local` allerdings keine grafischen Programme starten, die auf dem Raspbian-Desktop erscheinen sollen. Wenn Sie das möchten, müssen Sie in Ihrem lokalen Verzeichnis, also in `/home/pi`, das Unterverzeichnis `.config/autostart` einrichten:

```
cd
mkdir .config/autostart
```

Dort richten Sie nun für jedes Programm, das automatisch auszuführen ist, eine Datei mit der Endung `.desktop` nach dem folgenden Muster ein:

```
# Datei .config/autostart/jmacs.desktop
[Desktop Entry]
Type=Application
Name=jmacs
Comment=Start jmacs in LXTerminal
Exec=lxterminal -e jmacs
```

Die `exec`-Zeile enthält das auszuführende Kommando. Im obigen Beispiel soll also ein Terminalfenster geöffnet und darin der Editor `jmacs` ausgeführt werden.

Wenn es Ihnen nur darum geht, eines der installierten Programme mit grafischer Benutzeroberfläche zu starten, dann reicht es aus, einen symbolischen Link auf die betreffende `.desktop`-Datei in `/usr/share/applications` einzurichten:

```
cd .config/autostart
ln -s /usr/share/applications/lxterminal.desktop .
```

Neben dem benutzerspezifischen Verzeichnis `.config/autostart` gibt es auch das globale Autostart-Verzeichnis `/etc/xdg/autostart`, das für alle Benutzer gilt.

Autostart-Dateien für Openbox

Ergänzend zu `rc.local` und den `autostart`-Verzeichnissen gibt es einen dritten Autostart-Mechanismus, den der unter Raspbian eingesetzte Window Manager Openbox zur Verfügung stellt. Die Konfiguration erfolgt durch die beiden folgenden Dateien:

```
/etc/xdg/openbox/autostart
~/.config/openbox/autostart
```

Diese Dateien enthalten die auszuführenden Programme in Form eines Scripts. Hintergrundprogrammen muss daher das Zeichen & hintangestellt werden. Vertiefende Informationen zum Openbox-Autostart-Mechanismus finden Sie hier:

https://wiki.archlinux.org/index.php/Openbox#autostart

4.12 Programme regelmäßig ausführen (Cron)

Die im vorigen Abschnitt beschriebenen Verfahren helfen dabei, ein Programm *einmal* beim Hochfahren des Raspberry Pi bzw. beim Start der grafischen Benutzeroberfläche auszuführen. Oft besteht aber der Wunsch, Logging-Kommandos, Backup-Scripts, Messprozesse etc. regelmäßig zu starten – einmal pro Stunde, einmal pro Woche etc. Dabei hilft der standardmäßig aktive Hintergrunddienst Cron. Sie müssen sich also nur noch um die korrekte Cron-Konfiguration kümmern.

/etc/cron.xxx-Verzeichnisse

Es bestehen verschiedene Möglichkeiten, Cron-Jobs einzurichten. Am einfachsten ist es, ein ausführbares Shell-Script in einem der Verzeichnisse `/etc/cron.hourly`, `/etc/cron.daily`, `/etc/cron.weekly` oder `/etc/cron.monthly` zu speichern. Es wird von nun an einmal stündlich, täglich, wöchentlich oder monatlich ausgeführt, und zwar 17 Minuten nach jeder vollen Stunde, täglich um 6:25 Uhr, wöchentlich am Sonntag um 6:47 Uhr bzw. an jedem Monatsersten um 6:52 Uhr. Was Shell-Scripts sind und wie Sie diese selbst erstellen, erfahren Sie in Kapitel 21, »bash-Programmierung«.

Beachten Sie, dass der Dateiname Ihres Scripts weder einen Punkt noch das Zeichen ~ enthalten darf! Außerdem müssen Sie das *Execute*-Bit setzen, damit Cron das Script berücksichtigt.

Mit dem folgenden Script erreichen Sie, dass einmal täglich ein Backup des `/etc`-Verzeichnisses erstellt wird. Jedes Backup erhält den Namen `/backup/etc-nn.tgz`, wobei `nn` der Tag des Monats ist, also 1 bis 31. Auf diese Weise haben Sie zu jedem Zeitpunkt immer Backup-Versionen der letzten 28 bis 31 Tage.

```
#!/bin/bash
```

```
# Datei /etc/cron.daily/etc-backup
n=$(date "+%d")
tar czf /backup/etc-$n.tgz /etc
```

Damit das Script tatsächlich ausgeführt wird, muss die Code-Datei als ausführbar markiert werden. Außerdem muss das Backup-Verzeichnis eingerichtet werden:

```
chmod a+x  /etc/cron.daily/etc-backup
mkdir /backup
```

/etc/crontab-Datei

Noch genauer können Sie den Zeitpunkt der Ausführung von Cron-Jobs steuern, wenn Sie sich auf die Syntax der Datei /etc/crontab einlassen. Diese Datei enthält zeilenweise Einträge mit sieben Spalten, die angeben, wann welches Kommando ausgeführt werden soll (siehe Tabelle 4.2).

```
min hour day month weekday user command
```

Spalte	Bedeutung
min	Gibt die Minute an (0–59).
hour	Gibt die Stunde an (0–23).
day	Gibt den Tag im Monat an (1–31).
month	Gibt den Monat an (1–12).
weekday	Gibt den Wochentag an (0–7, 0 und 7 bedeuten Sonntag).
user	Gibt an, für welchen Benutzer das Kommando ausgeführt wird (oft root).
command	Enthält das auszuführende Kommando.

Tabelle 4.2 »crontab«-Spalten

Wenn in den ersten fünf Feldern statt einer Zahl ein * angegeben wird, wird dieses Feld ignoriert. `15 * * * *` bedeutet beispielsweise, dass das Kommando immer 15 Minuten nach der ganzen Stunde ausgeführt werden soll, in jeder Stunde, an jedem Tag, in jedem Monat, unabhängig vom Wochentag. `29 0 * * 6` bedeutet, dass das Kommando an jedem Samstag um 0:29 Uhr ausgeführt wird.

Für die Zeitfelder ist auch die Schreibweise `*/n` erlaubt. Das bedeutet, dass das Kommando jede *n*-te Minute/Stunde etc. ausgeführt wird. `*/15 * * * *` würde also bedeuten, dass das Kommando viertelstündlich ausgeführt wird.

Die Cron-Syntax erfordert einen Zeilenumbruch nach der letzten Zeile. Achten Sie darauf, dass alle Cron-Konfigurationsdateien mit einem Zeilenumbruch enden müssen – andernfalls wird die letzte Zeile ignoriert!

Die folgende Zeile bewirkt, dass das Script `myscript` jeden Tag um 12:00 Uhr ausgeführt wird, und zwar mit den Rechten des Benutzers `pi`:

```
# in /etc/crontab
0 12 * * * pi /home/pi/myscript
```

Um einmal täglich um 2:30 Uhr ein in Python programmiertes Backup-Script mit root-Rechten auszuführen, sieht der entsprechende Eintrag so aus:

```
# in /etc/crontab
30 2 * * * root /usr/local/bin/mybackup.py
```

/etc/cron.d-Verzeichnis

Anstatt Ihre eigenen Cron-Jobs in der zentralen `crontab`-Datei zu speichern, können Sie stattdessen auch eine eigene Datei im Verzeichnis `/etc/cron.d` einrichten. Dort gilt dieselbe Syntax wie in `crontab`.

Benutzerspezifische Crontab-Dateien

Ergänzend zur zentralen Crontab-Konfiguration in `/etc` kann jeder Benutzer in `/var/spool/cron/crontabs` eine eigene Crontab-Datei administrieren. Der Name der Datei muss mit dem Benutzernamen übereinstimmen. Dafür entfällt in der Crontab-Datei die Spalte mit der Information über den Benutzernamen. Benutzerspezifische Crontab-Dateien weisen daher nur sechs und nicht sieben Spalten auf.

Der empfohlene Weg zur Veränderung der eigenen Crontab-Datei ist das Kommando `crontab -e`: Damit wird nicht nur der Defaulteditor zur Bearbeitung der Datei aufgerufen, beim Speichern erfolgt zudem eine Syntaxkontrolle.

Anacron

Cron wurde unter der Voraussetzung entwickelt, dass der Computer ständig läuft. Bei vielen Raspberry-Pi-Anwendungen ist das der Fall, und Cron wird zufriedenstellend funktionieren. Wenn Sie Ihren Raspberry Pi hingegen nur bei Bedarf einschalten, dann kann es vorkommen, dass der Rechner zu dem Zeitpunkt ausgeschaltet ist, zu dem Aufgaben erledigt werden sollen. In diesem Fall verfallen die Jobs, d. h., sie werden nicht später nachgeholt. Wenn Sie Ihren Raspberry Pi beispielsweise täglich von 8:00 bis 16:00 Uhr laufen lassen, werden die Scripts in `/etc/cron.daily`, `/etc/cron.weekly` und `/etc/cron.monthly` *nie* ausgeführt! Abhilfe schafft das Programm Anacron:

```
sudo apt-get install anacron
```

Mit der Installation übernimmt Anacron die Kontrolle über die Verzeichnisse `/etc/cron.daily`, `/etc/cron.weekly` und `/etc/cron.monthly`. Anacron merkt sich, wann es die dort angegebenen Jobs zuletzt ausgeführt hat. Wenn der Raspberry Pi aus- und später neu eingeschaltet wird, überprüft Anacron, ob in der Zwischenzeit Jobs hätten ausgeführt werden sollen. Ist dies der Fall, werden die Jobs nachgeholt.

Für die Konfiguration von Anacron ist die Datei /etc/anacrontab verantwortlich. Diese Datei besteht zeilenweise aus Einträgen, die einem der beiden folgenden Muster entsprechen:

```
period       delay  job-identifier  command
@period_name delay  job-identifier  command
```

Ein period-Wert ohne vorangestelltes @-Zeichen gibt an, wie oft der betreffende Job ausgeführt werden soll. 1 bedeutet täglich, 7 wöchentlich etc. Das einzige zulässige Schlüsselwort für die @-Schreibweise ist monthly, um monatliche Jobs zu definieren.

delay gibt an, wie viele Minuten nach Mitternacht bzw. nach dem Einschalten des Rechners die betreffenden Jobs ausgeführt werden sollen. Der job-identifier gibt an, unter welchem Namen Anacron unter /var/spool/anacron eine Timestamp-Datei anlegt, deren Änderungsdatum angibt, wann die Jobs zuletzt ausgeführt wurden. command ist schließlich das auszuführende Kommando. In der Defaultkonfiguration kümmert sich das Kommando run-parts um die Ausführung aller Scripts in /etc/cron .xxxly:

```
# Datei /etc/anacrontab
1         5 cron.daily   run-parts --report /etc/cron.daily
7        10 cron.weekly  run-parts --report /etc/cron.weekly
@monthly 15 cron.monthly run-parts --report /etc/cron.monthly
```

Anacron hat keinerlei Einfluss auf gewöhnliche Cron-Jobs, die in /etc/crontab, /etc /cron.d oder in /etc/cron.hourly definiert sind! Anacron übernimmt lediglich die Kontrolle über /etc/cron.daily, /etc/cron.weekly und /etc/cron.monthly.

4.13 Monitor ein- und ausschalten

In Abschnitt 2.3, »Die Benutzeroberfläche LXDE«, haben wir bereits erwähnt, dass es unter Raspbian zwar einen Bildschirmschoner gibt, der nach einigen Minuten Inaktivität den Bildschirm schwarz schaltet, dass dabei aber die Energiesparfunktionen des Monitors ungenutzt bleiben. Der Bildschirm zeigt zwar kein Bild mehr an, läuft aber weiter und verbraucht Strom.

Wenn Sie den Raspberry Pi verwenden, um ein ständig aktives Display anzusteuern, werden Sie vermutlich als Erstes den Bildschirmschoner deaktivieren. Dazu fügen Sie in /etc/lightdm/lightdm.conf die folgende Zeile in den Abschnitt [SeatDefaults] ein:

```
# in der Datei /etc/lightdm/lightdm.conf
...
[SeatDefaults]
xserver-command=X -s 0 -dpms
...
```

Monitor ein- und ausschalten

Wenn sich das mit dem Raspberry Pi verbundene Display nicht gerade auf einem Bahnhof oder Flughafen befindet, schießt ein 24-Stunden-Betrieb vermutlich über das Ziel hinaus. In einem Museum wäre es z. B. zweckmäßig, den Monitor nur während der Öffnungszeiten einzuschalten. Das Ausschalten ist einfach und gelingt mit dem folgenden Kommando:

```
tvservice --off
```

Es schaltet den HDMI-Signalausgang ab. Die meisten Monitore aktivieren damit ihren Energiesparmodus. Umgekehrt sollte

```
tvservice --preferred
```

den Monitor wieder aktivieren – aber das gelingt mit dem Raspberry Pi leider nur teilweise. Der Monitor schaltet sich nun zwar wieder ein, sein Bild bleibt aber schwarz. Abhilfe schafft ein vorübergehender Wechsel der aktiven Konsole. Das gelingt mit den folgenden Kommandos, die zuerst in die Konsole 1 und dann wieder in die normalerweise aktive Konsole 7 wechseln:

```
sudo chvt 1
sudo chvt 7
```

Jetzt müssen Sie das Ein- und Ausschalten nur noch automatisieren. Das gelingt am einfachsten mit zwei Einträgen in `/etc/crontab` und ist in unserem Blog detailliert beschrieben:

http://pi-buch.info/?p=413

4.14 Backups erstellen

Grundsätzlich gelten für den laufenden Betrieb eines Minicomputers dieselben Backup-Strategien wie für einen gewöhnlichen Computer: Wenn Sie auf Ihrem Minicomputer veränderliche Daten speichern, sollten Sie diese regelmäßig sichern. Im Idealfall steht Ihr Raspberry Pi in einer Verbindung zu einem NAS-Gerät. Dann bietet sich die Programmierung eines kleinen Backup-Scripts an, das einmal täglich alle relevanten Daten in einem Netzwerkverzeichnis sichert. Analog können Backups natürlich auch auf einen USB-Datenträger durchgeführt werden.

Davon losgelöst ist es zweckmäßig, hin und wieder eine Sicherungskopie der ganzen SD-Karte zu erstellen. Dieses Backup kann dann jederzeit auf eine neue, zumindest gleich große SD-Karte übertragen werden. Wenn es darum geht, Ihren Raspberry Pi nach einem SD-Kartendefekt schnell wieder zum Laufen zu bringen, geht nichts über ein derartiges Komplett-Backup.

Dieser Abschnitt zeigt Ihnen einige Verfahren, wie Sie im laufenden Betrieb Backups automatisieren können bzw. wie Sie die SD-Karte unter verschiedenen Betriebssystemen sichern und wiederherstellen können.

Backups mit rsync

Im Folgenden nehmen wir an, dass Sie ein Netzwerkverzeichnis eines NAS-Geräts unter `/mnt/nas` in den Verzeichnisbaum eingebunden haben (siehe Abschnitt 4.5, »Netzwerkverzeichnisse nutzen«). Unser Ziel besteht nun darin, den Inhalt des Heimatverzeichnisses regelmäßig dort zu sichern. Am einfachsten gelingt dies so:

```
mkdir /mnt/nas/backup
cp -a /home/pi /mnt/nas/backup
```

Das `cp`-Kommando können Sie nun regelmäßig durch ein Cron-Script ausführen. Das wäre aber Zeitverschwendung: Es würden jedes Mal *alle* Dateien kopiert, obwohl es ja ausreicht, nur die Dateien zu kopieren, die sich seit dem letzten Mal geändert haben oder die neu dazugekommen sind. Genau diese Aufgabe erfüllt das Kommando `rsync`: Das Kommando ist dazu da, zwei Verzeichnisse miteinander zu synchronisieren.

```
rsync -a /home/pi /mnt/nas/backup
```

Dateien, die Sie in Ihrem Heimatverzeichnis löschen, bleiben im Backup-Verzeichnis erhalten. Das ist einerseits sicher, weil so bei Bedarf gelöschte Dateien wiederhergestellt werden können; andererseits steigt der Speicherplatz des Backups ständig weiter, wenn Sie häufig Dateien löschen. Deswegen bietet `rsync` die Option `--delete`. Mit dieser Option löscht `rsync` im Zielverzeichnis alle Dateien und Unterverzeichnisse, die im Quellverzeichnis gelöscht wurden. Sie müssen selbst entscheiden, ob Sie die Option einsetzen möchten oder nicht.

Um den Backup-Vorgang zu automatisieren, verpacken Sie das `rsync`-Kommando in dem winzigen bash-Script `/etc/cron.daily/mybackup` (siehe Kapitel 21, »bash-Programmierung«). Dabei ist `[ -d /mnt/nas/backup ]` ein Test, ob das Backup-Verzeichnis überhaupt zur Verfügung steht. Das ist nur dann der Fall, wenn das NAS-Gerät eingeschaltet ist und das letzte `mount`-Kommando funktioniert hat.

```
#!/bin/bash -e
# Datei /etc/cron.daily/mybackup
if [ -d /mnt/nas/backup ]; then
  rsync -a /home/pi /mnt/nas/backup
else
  echo "Backup-Verzeichnis nicht hier"
  exit 1
fi
```

Jetzt müssen Sie die Datei nur noch als ausführbar kennzeichnen. Cron kümmert sich nun einmal täglich darum, alle Ihre Dateien mit einem Backup-Verzeichnis des NAS-Geräts zu synchronisieren.

```
sudo chmod a+x /etc/cron.daily/mybackup
```

Backups mit tar

Das Kopieren von Verzeichnissen mit vielen kleinen Dateien, insbesondere Konfigurations-, Text- und Code-Dateien, dauert relativ lange. In solchen Fällen ist es besser, zuerst mit `tar` ein komprimiertes Archiv zu erstellen und dieses dann zu sichern.

Das folgende Beispiel-Script erstellt einmal wöchentlich ein Backup des gesamten `/etc`-Verzeichnisses und speichert es im Verzeichnis `/backup`. Sollte dort bereits ein Backup existieren, wird dieses umbenannt.

```
#!/bin/bash -e
# Datei /etc/cron.weekly/etcbackup
if [ -f /backup/etc.tgz ]; then
  mv /backup/etc.tgz /backup/old-etc.tgz
fi
tar czf /backup/etc.tgz /etc
```

Backup einer SD-Karte unter Windows

Der größte Nachteil eines Komplett-Backups einer SD-Karte besteht darin, dass Sie dazu Ihren Raspberry Pi herunterfahren und die SD-Karte vorübergehend in Ihren Arbeitscomputer stecken müssen. Überwinden Sie aber Ihre Bequemlichkeit, und machen Sie zumindest hin und wieder ein komplettes Backup!

Die Durchführung ist relativ leicht: Unter Windows starten Sie das Programm Win32 Disk Imager, das wir Ihnen bereits in Abschnitt 1.4, »Image-Datei auf eine SD-Karte schreiben«, vorgestellt haben. Im Eingabefeld IMAGE FILE geben Sie nun eine neue, noch nicht existierende Image-Datei an, z. B. `backup.img`. Im Listenfeld DEVICE wählen Sie den Laufwerksbuchstaben der Boot-Partition der SD-Karte aus. Nun klicken Sie auf den Button READ, um den gesamten Inhalt der SD-Karte in die Image-Datei zu übertragen (siehe Abbildung 4.16).

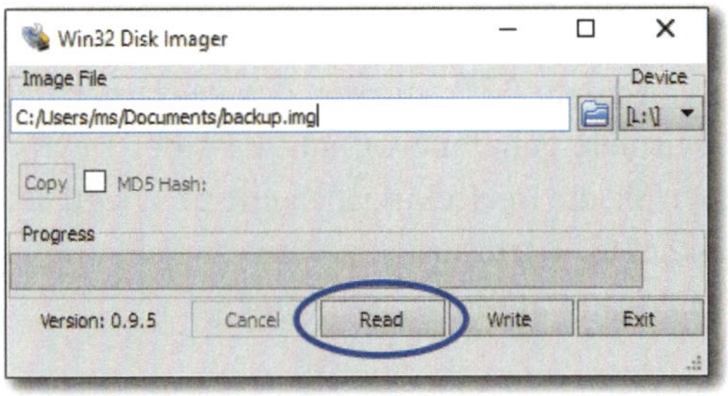

Abbildung 4.16 SD-Karten-Backup mit dem Win32 Disk Imager

Lassen Sie sich nicht davon irritieren, dass die zweite, viel größere Partition mit Ihren Daten unter Windows gar nicht angezeigt wird und somit im Win32 Disk Imager auch nicht zur Auswahl steht. Das liegt daran, dass Windows das Linux-Dateisystem nicht lesen kann und die Partition deswegen ignoriert. Der Win32 Disk Imager liest aber auf jeden Fall die ganze SD-Karte.

Riesen-Backup, obwohl die SD-Karte halb leer ist?

Die resultierende Image-Datei ist immer exakt genauso groß wie die SD-Karte – auch dann, wenn nur ein kleiner Teil der SD-Karte tatsächlich mit Daten gefüllt ist. Das liegt daran, dass in jedem Fall der gesamte Datenträger blockweise ausgelesen wird, egal ob diese Blöcke vom Raspbian-Dateisystem genutzt werden oder nicht.

Sie können nach dem Backup versuchen, die Image-Datei mit WinZIP oder einem ähnlichen Programm zu komprimieren. Die Platzersparnis ist aber nicht groß, vor allem dann, wenn die SD-Karte früher schon für andere Zwecke verwendet worden ist.

Um zur Wiederherstellung der Daten später eine neue SD-Karte mit dem Backup zu bespielen, wählen Sie als IMAGE FILE die Backup-Datei aus und als DEVICE den Laufwerksbuchstaben der SD-Karte. WRITE schreibt nun das Backup-Image auf die SD-Karte. Alle Daten, die sich auf der SD-Karte befinden, werden dabei überschrieben.

Backup einer SD-Karte unter OS X

Unter OS X verwenden Sie für SD-Karten-Backups das in Abschnitt 1.4, »Image-Datei auf eine SD-Karte schreiben«, präsentierte Programm ApplePi-Baker. Dort wählen Sie im Listenfeld links oben den Device-Namen der SD-Karte an und klicken dann auf den Button BACKUP SD-CARD. Es erscheint nun ein Dateiauswahldialog, in dem Sie den Namen der zu erstellenden Backup-Datei angeben.

Um das Backup auf einer gleich großen oder größeren SD-Karte wiederherzustellen, wählen Sie das Device der SD-Karte und das Backup-Image aus und klicken auf den Button IMG TO SD-CARD.

Backup einer SD-Karte unter Linux

Unter Linux verwenden Sie zuerst das Kommando `lsblk`, um den Device-Namen der SD-Karte festzustellen. Die folgenden Beispiele gehen davon aus, dass der Device-Name der SD-Karte `/dev/sdb` lautet. Passen Sie die Device-Angaben entsprechend an! Mit `umount` lösen Sie nun alle Partitionen der SD-Karte aus dem Verzeichnisbaum. `dd` überträgt den Inhalt der SD-Karte in die Backup-Datei:

```
umount /dev/sdb?
dd if=/dev/sdb of=backup.img bs=4M
```

Das Auslesen großer SD-Karten dauert leider ziemlich lange. Wenn Sie in dieser Zeit ein Feedback wünschen, setzen Sie statt `dd` das Kommando `dcfldd` ein. Optional können Sie die zu sichernden Daten auch gleich komprimieren:

```
dcfldd if=/dev/sdb bs=4M | gzip > backup.img.gz
```

Die Kommandos, um die SD-Karte wiederherzustellen, sehen wie folgt aus. Beachten Sie, dass dabei der gesamte Inhalt des Datenträgers `/dev/sdb` überschrieben wird!

```
umount /dev/sdb?
dd if=backup.img of=/dev/sdb bs=4M
```

Wenn Sie das Backup-Image komprimiert haben, gehen Sie so vor:

```
gunzip -c backup.img.gz | dd of=/dev/sdb bs=4M
```

4.15 Overclocking

Der Raspberry Pi ist ein genialer Minicomputer, aber keine Rakete. Auf Internetseiten und -foren zählen daher Tipps, wie man den Raspberry Pi schneller machen kann, zu den beliebtesten Themen. Das sogenannte Overclocking ermöglicht es, den Raspberry Pi schneller zu takten als vorgesehen. Gerade für CPU- oder GPU-intensive Aufgaben, z. B. für die HD-Wiedergabe von Videos, ist Overclocking natürlich eine willkommene Hilfe, um den Raspberry Pi schneller zu machen.

Welche Werte für das Overclocking zweckmäßig sind, hängt von der Version Ihres Raspberry Pi ab. Die Modelle der Version 1 verwenden die CPU BCM2835 mit einer Grundfrequenz von bis zu 700 MHz. Die Modelle der Version 2 verwenden hingegen die Nachfolge-CPU BCM2836; auf dem Raspberry Pi wird diese CPU mit bis zu 900 MHz getaktet. Bei beiden Modellen wird die Taktfrequenz in Ruhephasen automatisch reduziert, um Strom zu sparen und die Wärmeentwicklung zu minimieren.

Der Raspberry Pi 1 bietet mehr Spielraum für das Overclocking als der Raspberry Pi 2. Lesenswert ist z. B. die folgende Seite mit Stabilitätstests für diverse Einstellungskombinationen für die CPU- und RAM-Frequenz sowie für die Versorgungsspannung:

*http://linuxonflash.blogspot.com/2015/02/
a-look-at-raspberry-pi-2-performance.html*

Overclocking – Vor- und Nachteile

Laut den offiziellen Angaben auf der Raspberry-Pi-Website (*http://www.raspberrypi.org/archives/2008*) ist ein moderates Overclocking sicher. Das heißt, es sind weder Stabilitätsprobleme noch ein vorzeitiger Hitzetod zu erwarten, sofern die CPU-Temperatur 85 Grad Celsius nicht überschreitet. Dem widersprechen aber Foren-Berichte mit negativen Erfahrungen von Raspberry-Pi-Besitzern.

Sie müssen selbst entscheiden, ob Ihnen mehr Performance das damit verbundene Risiko wert ist. Wir zählen zum skeptischen Lager: Wenn die Rechenleistung des Raspberry Pi nicht ausreicht, kann daran auch ein Overclocking nichts ändern. Vielmehr stellt sich dann die Frage, ob nicht ein anderer (Mini-)Computer besser geeignet wäre. Der Raspberry Pi ist nicht für Hochleistungs-Computing ausgelegt: Nicht nur die CPU ist im Vergleich zu einem Desktop-Rechner langsam, sondern auch die Netzwerk- und Datenträgeranbindung. Das Drehen an der Taktfrequenz ändert daran wenig.

Aktuelle Taktfrequenz und Temperatur ermitteln

Die gerade aktuelle und die maximal zulässige CPU-Frequenz in kHz sowie die CPU-Temperatur in Milligrad können Sie wie folgt auslesen:

```
cat /sys/devices/system/cpu/cpu0/cpufreq/scaling_cur_freq
  600000  (entspricht 700 MHz)
cat /sys/devices/system/cpu/cpu0/cpufreq/scaling_max_freq
  900000  (entspricht 900 MHz)
cat /sys/class/thermal/thermal_zone0/temp
  44925   (entspricht 44,925 Grad)
```

Alternativ können Sie zur Ermittlung der CPU-Temperatur auch das Kommando `vcgencmd` zu Hilfe nehmen:

```
vcgencmd measure_temp
  temp=44.9'C
```

Overclocking-Parameter in config.txt

Aus technischer Sicht ist das Overclocking unkompliziert. Sie müssen lediglich einige Zeilen in `/boot/config.txt` ändern und Ihren Raspberry Pi neu starten:

```
# Overclocking-Parameter in /boot/config.txt
# Taktfrequenz der CPU in MHz.
# Default 700 MHz (RPi1) / 900 MHz (RPi2)
arm_freq=800
```

```
# Taktfrequenzen der Grafik- und Encoding-Cores.
# Default 250 MHz (RPi1/RPi2)
# GPU = Graphics Processing Unit.
gpu_freq=300

# RAM-Taktfrequenz.
# Default 400 MHz (RPi1) / 450 MHz (RPi2)
sdram_freq=450

# Immer die angegebene Taktfrequenz verwenden, keine dynamische
# Absenkung in Ruhepausen.
# force_turbo=1

# Die Spannung um n*0.025 V anheben.
# Nur bei starkem Overclocking erforderlich.
# Maximal 6 mit force_turbo=0 (entspricht 0.150 V),
# maximal 8 mit force_turbe=1 (entspricht 0.2 V).
over_voltage=0
over_voltage_sdram=0

# Limitiert die CPU-Temperatur (in Grad Celsius).
# Beim Erreichen der Temperatur werden Taktfrequenz und
# Spannung auf die Defaulteinstellung zurückgesetzt.
temp_limit = 85
```

gpu_freq verändert gleichermaßen die Taktfrequenz des Grafik-Cores sowie diverser anderer Video- und Encoding-Komponenten. Mit den Parametern core_freq, h264_freq, isp_freq und v3d_freq können für diese Komponenten auch jeweils eigene Taktfrequenzen eingestellt werden.

Das Overclocking erfolgt normalerweise dynamisch, d. h. nur dann, wenn die CPU- oder GPU-Leistung tatsächlich benötigt wird. In den Ruhezeiten laufen CPU und GPU in den Defaulttaktfrequenzen. force_turbo=1 verhindert die Taktabsenkung und bewirkt, dass die CPU/GPU immer mit der angegebenen Frequenz getaktet wird. Das ist stabiler, die CPU/GPU wird aber schneller heiß. Wenn Sie sich für force_turbo=1 entscheiden, sollten Sie die Chips des Raspberry Pi mit Kühlkörpern ausstatten und für eine gute Belüftung des Geräts sorgen.

Overclocking mit raspi-config

Am komfortabelsten stellen Sie das Overclocking mit raspi-config ein. Beim Raspberry Pi 1 können Sie zwischen fünf Parameterkombinationen wählen. Für den Raspberry Pi 2 gibt es nur ein Werteset (siehe Tabelle 4.3).

Einstellung	arm_freq	core_freq	sdram_freq	over_voltage
RPi1 - None	700 MHz	250 MHz	400 MHz	0
RPi1 - Modest	800 MHz	250 MHz	400 MHz	0
RPi1 - Medium	900 MHz	250 MHz	450 MHz	2
RPi1 - High	950 MHz	250 MHz	450 MHz	6
RPi1 - Turbo	1000 MHz	500 MHz	600 MHz	6
RPi2	1000 MHz	500 MHz	500 MHz	2

Tabelle 4.3 Overclocking-Einstellungen in »raspi-config«

4.16 Notfall-Tipps

Nicht immer klappt alles auf Anhieb. Wenn Sie Pech haben, stürzt Ihr Raspberry Pi beim Hochfahren nach wenigen Sekunden ab, bleibt hängen, zeigt unverständliche Fehlermeldungen an oder – was sicherlich der unangenehmste Fall ist – zeigt auf dem Bildschirm überhaupt nichts an. Dann ist eine Diagnose natürlich besonders schwierig. Dieser Abschnitt fasst Tipps zusammen, was Sie in solchen Fällen tun können.

Stromversorgung

Wenn man Forenberichten glauben darf, ist eine unzureichende Stromversorgung die bei Weitem häufigste Fehlerursache. Das Modell B des Raspberry Pi 1 benötigt laut Spezifikation an sich bereits 750 mA Strom – das ist wesentlich mehr, als typische Handy-Netzteile mit Micro-USB-Kabel liefern können. Das Modell B+ des Raspberry Pi 1 sowie die Modelle des Raspberry Pi 2 sind etwas sparsamer und kommen mit ca. 600 mA aus. Dazu kommt aber in allen Fällen der Strom für USB-Geräte, für die Raspberry-Pi-Kamera und für andere Zusatzkomponenten.

Sparen Sie daher nicht beim Netzteil, sondern kaufen Sie eines, das zumindest 1 A Strom liefern kann. Damit ergibt sich bei einer Ausgangsspannung von 5 V eine Leistung von 5 Watt.

Auch mit einem ausreichend dimensionierten Netzteil ist das Modell B des Raspberry Pi 1 nicht in der Lage, USB-Geräte mit jeweils mehr als 100 mA Strom zu versorgen! Wenn Sie mehr als Tastatur und Maus anschließen wollen, brauchen Sie unter Umständen bereits einen aktiven USB-Hub. Neuere Modelle, z. B. RPi1-B+ oder RPi2-B, sind in dieser Hinsicht stark verbessert. Sie können wesentlich mehr Strom an USB-Geräte weiterreichen, benötigen dann aber auch ein entsprechend leistungsstarkes Netzteil.

Wenn Sie also Stabilitätsprobleme haben oder Ihr Raspberry Pi immer wieder unmotiviert neu startet: Versuchen Sie es mit einem besseren Netzteil, verwenden Sie eventuell einen aktiven USB-Hub bzw. lösen Sie alle Verbindungen zu USB-Peripheriegeräten, die Sie nicht unbedingt brauchen. Deaktivieren Sie gegebenenfalls auch das Overclocking.

SD-Karte

An zweiter Stelle in der Hitliste der Probleme mit dem Raspberry Pi stehen SD-Karten. Es gibt Modelle, die nicht zum Raspberry Pi kompatibel sind, auch wenn diese Karten in einer Kamera oder im Kartenslot eines Notebooks problemlos funktionieren. Versuchen Sie es einfach mit einem anderen Modell, und werfen Sie vor dem Kauf einen Blick auf die folgende Seite des Embedded-Linux-Wikis:

http://elinux.org/RPi_SD_cards

Nicht immer ist die Karte an sich schuld. Eine mögliche Fehlerursache kann auch sein, dass Sie das Linux-Image nicht fehlerfrei auf die SD-Karte übertragen haben. Das Problem äußert sich in der Regel darin, dass der Boot-Prozess von diversen *Authentication*-Warnungen unterbrochen wird und schließlich ganz stoppt.

Abhilfe: Übertragen Sie die Image-Datei nochmals auf die SD-Karte. Vergleichen Sie vorher die SHA1-Prüfsumme der Image- oder ZIP-Datei mit dem Wert, der auf der Download-Seite angegeben ist.

SD-Karten sind keine Festplatten!

Generell sind SD-Karten – unabhängig von ihrem Preis – leider oft Billigprodukte, deren Lebensdauer und Stabilität nicht mit Festplatten oder SSDs mithalten kann. Überlegen Sie sich eine Backup-Strategie, vermeiden Sie nach Möglichkeit stark I/O-lastige Anwendungen, bzw. speichern Sie kritische Daten auf einem USB-Stick, einer USB-Festplatte oder einem NAS-Speichergerät.

Display-Probleme

Besonders schwierig ist die Fehlersuche, wenn Ihr Monitor oder Fernseher gar kein Bild zeigt. Klären Sie zuerst die naheliegenden Fragen: Funktioniert die Stromversorgung? Wenn im Raspberry Pi nicht zumindest eine rote Diode leuchtet, bekommt der Computer keinen bzw. zu wenig Strom. Ist das Kabel oder der Bildschirm schuld? Wenn möglich, versuchen Sie es mit einem anderen HDMI-Kabel bzw. mit einem anderen Monitor/Fernseher.

Wenn das alles nichts hilft, sollten Sie versuchen, in der Datei `config.txt` auf der ersten Partition der SD-Karte Veränderungen vorzunehmen. Diese Datei wird vom

Raspberry Pi unmittelbar nach dem Start gelesen und enthält unter anderem einige Parameter, die das HDMI-Signal und die Grafikauflösung betreffen. Bei Display-Problemen sollten Sie es mit dieser Einstellung versuchen:

```
# Datei config.txt
hdmi_force_hotplug=1
config_hdmi_boost=4
hdmi_group=2
hdmi_mode=4
disable_overscan=0
```

Ihr Raspberry Pi verwendet nun eine Auflösung von nur 640×480 Pixel, wobei der tatsächlich nutzbare Bereich wegen eines schwarzen Overscan-Bereichs an den Rändern noch etwas kleiner ist. Wirklich zufriedenstellend arbeiten können Sie so nicht, aber immerhin lässt sich auf diese Weise sicherstellen, dass Ihr Minicomputer an sich funktioniert.

Wenn auf dem Monitor nach dem Einschalten des Raspberry Pi nur ein buntes Farbmuster zu sehen ist (links oben Rot, rechts unten Hellblau), deutet das darauf hin, dass die Datei `start.elf` von der ersten Partition der SD-Karte gelesen werden konnte, dass aber der Linux-Kernel aus der Datei `kernel.img` nicht gelesen oder ausgeführt werden kann.

config.txt sicher ändern

Um die Datei `config.txt` zu verändern, unterbrechen Sie die Stromversorgung zum Raspberry Pi und stecken die SD-Karte in den Slot Ihres regulären Computers. Dort können Sie die Datei `config.txt` mit einem beliebigen Editor ändern. Speichern Sie die Veränderungen, werfen Sie die SD-Karte im Dateimanager aus, stecken Sie sie wieder in den Raspberry Pi, und stellen Sie dessen Stromversorgung wieder her.

Sobald Ihr Raspberry Pi läuft, können Sie `config.txt` auch im laufenden Betrieb ändern. Sie finden die Datei im `/boot`-Verzeichnis. Änderungen werden erst nach einem Neustart wirksam.

Status-Leuchtdioden (RPi1-A und RPi1-B)

Bei den Modellen A und B des Raspberry Pi 1 befindet sich zwischen den beiden USB-Buchsen und dem Audio-Ausgang eine Gruppe von fünf Leuchtdioden. Die LEDs geben Auskunft über den Status des Minicomputers:

- **Erste LED (gelb, am äußeren Rand):** gibt die Geschwindigkeit der Ethernet-Verbindung an. An: 100 Mbps. Aus: 10 Mbps oder keine Verbindung.
- **Zweite LED (grün):** leuchtet, wenn eine Ethernet-Netzwerkverbindung besteht.

- **Dritte LED (grün):** leuchtet, wenn über die Ethernet-Schnittstelle Daten in beide Richtungen übertragen werden (Full Duplex Mode).
- **Vierte LED (rot):** leuchtet, wenn der Raspberry Pi mit der Stromversorgung verbunden ist.
- **Fünfte LED (grün, nahe dem Audio-Ausgang):** leuchtet, wenn Daten von oder zur SD-Karte übertragen werden. Falls diese LED nach dem Einschalten nur schwach leuchtet, findet der Raspberry Pi auf der SD-Karte die zum Booten erforderlichen Dateien nicht bzw. kann überhaupt nicht mit der SD-Karte kommunizieren.

  Wenn der Raspberry Pi nur einen Teil der Boot-Dateien lesen kann, blinkt die grüne LED in einem speziellen Muster:

  - Dreimal Blinken bedeutet, dass die Datei `start.elf` nicht gefunden wurde.
  - Viermal Blinken bedeutet, dass `start.elf` nicht ausgeführt werden kann.
  - Siebenmal Blinken bedeutet, dass `kernel.img` nicht gefunden wurde.

Wenn Sie den Raspberry Pi mit der Stromversorgung verbinden, sollte sofort die rote LED zu leuchten beginnen. Wenn alles klappt, beginnt nach ein, zwei Sekunden die grüne LED unregelmäßig zu blinken. Das bedeutet, dass die Boot-Dateien von der SD-Karte gelesen werden.

Status-Leuchtdioden (RPi1-B+ und RPi2)

Beginnend mit dem Modell B+ des Raspberry Pi 1 haben sich Ort und Anzahl der Status-LEDs verändert:

- **Ethernet-LEDs:** Es gibt nur noch zwei Leuchtdioden für den Ethernet-Status. Diese befinden sich direkt in der Ethernet-Buchse. Die gelbe LED gibt weiterhin die Geschwindigkeit an (an: 100 Mbps). Die grüne LED leuchtet, wenn eine Netzwerkverbindung besteht; sie flackert, wenn gerade Daten übertragen werden.
- **Stromversorgungs-LED (rot):** Diese LED befindet sich am Beginn der GPIO-Leiste nahe Pin 1. Sie leuchtet, wenn der Raspberry Pi mit der Stromversorgung verbunden ist – und zwar nur dann, wenn die erforderliche Versorgungsspannung von 4,7 V zur Verfügung steht.
- **Status-LED (grün):** Diese LED befindet sich neben der gerade erwähnten Stromversorgungs-LED. Ihre Funktion entspricht der fünften LED der Modelle A und B.

Noch mehr Tipps

Eine detaillierte Beschreibung des Startprozesses folgt in Abschnitt 5.7, »Systemstart«. Dort ist auch die Datei `config.txt` näher beschrieben. Als *die* ultimative Referenz bei Hardware-Problemen mit dem Raspberry Pi gilt die folgende Webseite:

http://elinux.org/R-Pi_Troubleshooting

Kapitel 5
Linux-Grundlagen

Alle, die mit dem Raspberry Pi möglichst rasch konkrete Projekte realisieren möchten, werden dieses Kapitel vielleicht vorerst überspringen und stattdessen den Minicomputer als Media-Player oder als Basis für erste Programmier- und Elektronikexperimente einsetzen. Und das ist vollkommen in Ordnung! Natürlich war auch uns beim Verfassen dieses Kapitels klar, dass sich dessen Spaßfaktor in Grenzen hält.

Dennoch sind wir der Meinung, dass dieses Kapitel wichtig und unverzichtbar ist: Es erklärt Ihnen, wie Linux funktioniert. Wenn Sie nicht stur Anleitungen befolgen möchten, sondern auch verstehen wollen, was Sie tun, dann können Sie in diesem Kapitel eine Menge über das Linux-Fundament des Raspberry Pi lernen. Wichtige Themen sind dabei:

- Verwaltung von Benutzern und Gruppen
- Zugriffsrechte
- Paketverwaltung
- Verwaltung des Dateisystems
- Netzwerkkonfiguration
- Bluetooth
- Systemstart
- Systemeinstellungen in `config.txt`
- Grafiksystem
- Kernel und Module
- Device Trees

Dieses Wissen wird Ihnen dabei helfen, Probleme selbstständig zu lösen und verschiedene Konfigurationsarbeiten auch ohne grafische Konfigurationshilfen durchzuführen. Besonders wichtig ist dies, wenn Sie Ihren Raspberry Pi im Textmodus oder via SSH administrieren oder wenn Sie eine andere Distribution als Raspbian einsetzen.

Um Ihnen den Einstieg in die Linux-Interna besonders leicht zu machen, haben wir uns bemüht, die Inhalte dieses Kapitels möglichst so zu organisieren, dass Sie die Abschnitte jeweils für sich und in beliebiger Reihenfolge lesen können.

Linux versus Raspbian

Bereits im ersten Kapitel haben wir erläutert, dass es nicht *ein* Linux gibt, sondern viele Linux-Distributionen, die sich durchaus erheblich voneinander unterscheiden. Einige Themen dieses Kapitels, z. B. die Paketverwaltung oder der Startprozess, sind deswegen Raspbian-spezifisch. Andere Abschnitte gelten für *jedes* Linux-System, etwa die Konzepte der Benutzerverwaltung und Zugriffsrechte.

Wir möchten nochmals darauf hinweisen, dass dieses Buch Raspbian auf der Basis von Debian 7 (»Wheezy«) beschreibt. Seit Oktober 2015 gibt es eine neue Raspbian-Version auf der Basis von Debian 8 (»Jessie«). Lesen Sie dazu auch den Hinweiskasten »Raspbian-Versionen« am Anfang von Kapitel 2, »Erste Schritte in Raspbian«, sowie die Zusammenfassung aller Neuerungen in unserem Blog:

http://pi-buch.info/?p=540

PC-Hardware versus Raspberry Pi

In vielen Linux-Büchern gehen die Autoren davon aus, dass Linux auf einem Standard-PC läuft. Diese Annahme trifft für den Raspberry Pi nicht zu – und das hat spürbare Auswirkungen auf dieses Kapitel! Beispielsweise verläuft der Startprozess (Bootvorgang) auf einem Linux-Notebook oder -Server ganz anders als auf dem Raspberry Pi. Davon abgesehen gilt aber, dass sich der Raspberry Pi in den meisten Aspekten wie jeder andere Linux-Rechner verhält. Mit anderen Worten: Fast alles, was Sie in diesem Kapitel lernen, gilt auch für Linux-Installationen auf einem *gewöhnlichen* Rechner.

5.1 Benutzer und Gruppen

Linux basiert auf Unix, einem Betriebssystem, dessen erste Version mehr als 50 Jahre alt ist. Eines der Kernmerkmale von Unix war von Anfang an dessen Multi-User-Fähigkeit: Auf einem Unix-Rechner können also verschiedene Benutzer arbeiten, und das sogar gleichzeitig. Verschiedene Mechanismen (Passwörter, Zugriffsrechte) schützen dabei Verzeichnisse und Dateien eines Benutzers vor den neugierigen Augen bzw. böswilligen Veränderungen anderer Benutzer. Gleichzeitig gibt es natürlich auch Möglichkeiten, einzelne Dateien gezielt zwischen mehreren Benutzern zu *teilen*, also ein gemeinsames Bearbeiten zu ermöglichen.

Was Unix schon vor 50 Jahren konnte, kann Raspbian bzw. jede andere Linux-Distribution auf dem Raspberry Pi natürlich auch. Sie werden jetzt vielleicht einwenden, dass Sie davon noch nicht viel bemerkt haben: Auf dem Raspberry Pi gibt es normalerweise nur *einen* Benutzer `pi`, und sofern Sie die grafische Benutzeroberfläche aktiviert haben, können Sie *ohne* Login als Benutzer `pi` arbeiten. Es sind also weder mehrere Benutzer zu sehen noch ist etwas von der viel gelobten Sicherheit von Unix/Linux-Systemen zu spüren.

Dieser erste Eindruck täuscht aber bzw. hängt damit zusammen, dass sich die Entwickler von Raspbian bemüht haben, diese Distribution besonders anwenderfreundlich zu gestalten. Wie so oft bedeutet »anwenderfreundlich« in der Praxis leider auch »unsicher«. Auf den nächsten Seiten werden Sie sehen, dass es unter Raspbian durchaus eine Menge Benutzer und Gruppen gibt, dass Sie den vom Sicherheitsstandpunkt bedenklichen Auto-Login ganz leicht deaktivieren können und dass Sie mühelos weitere Benutzer und Gruppen einrichten können. Aber immer der Reihe nach ...

Benutzer und Passwörter

Alle Raspbian bekannten Benutzer sind in der Datei /etc/passwd verzeichnet. Ein schneller Blick in diese Datei zeigt, dass unter Raspbian standardmäßig rund 20 Benutzer definiert sind. Je nachdem, welche Pakete Sie installiert haben, können es auch deutlich mehr sein.

```
less /etc/passwd
  root:x:0:0:root:/root:/bin/bash
  daemon:x:1:1:daemon:/usr/sbin:/bin/sh
  bin:x:2:2:bin:/bin:/bin/sh
  ...
  pi:x:1000:1000:,,,:/home/pi:/bin/bash
```

/etc/passwd enthält in mehreren Spalten die folgenden Informationen:

- den Benuternamen (Login-Namen)
- das Zeichen x oder ! anstelle des Passworts
- die UID-Nummer des Benutzers (UID = User Identification)
- die Nummer der primären Gruppe des Benutzers (GID = Group Identification)
- unter Umständen den vollständigen Namen des Benutzers
- das Arbeitsverzeichnis bzw. Heimatverzeichnis des Benutzers
- die Standard-Shell des Benutzers

Warum /etc/passwd, wenn die Datei gar keine Passwörter enthält?

Der Dateiname passwd würde eigentlich vermuten lassen, dass diese Datei auch das Passwort des Benutzers enthält. Früher war das tatsächlich der Fall. Später ist man dazu übergegangen, verschlüsselte Passwort-Hashes stattdessen in der Datei /etc/shadow zu speichern. Während /etc/passwd für jedermann lesbar ist, hat nur der Benutzer root das Recht, in /etc/shadow hineinzuschauen bzw. dort Veränderungen durchzuführen. Diese Trennung zwischen gewöhnlichen Benutzerdaten und den Passwörtern hat diverse Sicherheitsvorteile. Den Namen der Datei passwd wollte man deswegen aber nicht mehr ändern.

In die Passwortdatei /etc/shadow können Sie nur mit root-Rechten sehen. Deswegen müssen Sie less mit sudo ausführen:

```
sudo less /etc/shadow`
  root:*:15745:0:99999:7:::
  daemon:*:15745:0:99999:7:::
  bin:*:15745:0:99999:7:::
  ...
  pi:$6$dvtJDIm5$ZPZ9V...:15745:0:99999:7:::
```

/etc/shadow enthält in der ersten Spalte wie die passwd-Datei den Benutzernamen. Die zweite Spalte enthält das Passwort – aber natürlich nicht im Klartext, sondern in Form eines sogenannten Hash-Codes. Derartige Codes ermöglichen es, ein Passwort zu überprüfen. Umgekehrt ist es aber (fast) unmöglich, aus einem Hashcode das dazugehörende Passwort zu ermitteln. Das hat mit den mathematischen Besonderheiten von Hashcodes zu tun, aber auch damit, dass selbst zu gleichlautenden Passwörtern immer wieder neue Hashcodes erzeugt werden. Wenn Sie sich für die Hintergründe interessieren, finden Sie in der Wikipedia Lesestoff für einige Stunden:

http://de.wikipedia.org/wiki/Hashfunktion
http://de.wikipedia.org/wiki/Salt_(Kryptologie)

Die weiteren Spalten von /etc/shadow steuern, wie lange Passwörter gültig sind, wann sie frühestens bzw. spätestens verändert werden müssen etc. Unter Raspbian sind diese Daten selten relevant, weswegen wir hier auf eine genauere Beschreibung verzichten. Werfen Sie gegebenenfalls einen Blick in den man-Text zum Kommando chage, mit dem Sie diese Daten am einfachsten einstellen.

Bei den meisten Benutzern enthält die Hashcode-Spalte in der shadow-Datei nur das Zeichen * oder !. Es bedeutet, dass es für den betreffenden Benutzer kein Passwort gibt. Ein direkter Login ist damit unmöglich. Unter Raspbian ist pi standardmäßig der *einzige* Benutzer, für den eine Authentifizierung möglich ist.

pi ist also der Account, unter dem Sie unter Raspbian normalerweise arbeiten. Die Bedeutung von root sollte nach der Lektüre der vorangegangenen Kapitel auch schon klar sein: Dieser Benutzer ist der Systemadministrator, hat also uneingeschränkte Rechte. Ein direkter root-Login ist mangels Passwort zwar nicht möglich, pi darf aber dank sudo vorübergehend mit root-Rechten arbeiten.

Wozu dienen nun die ganzen anderen Benutzer? Unter Linux ist es üblich, Systemdienste (sogenannte Dämonen) nach Möglichkeit nicht mit root-Rechten auszuführen, sondern nur mit den Rechten eines Accounts, der jeweils einer Funktion zugeordnet ist.

Wenn Sie beispielsweise den Webserver Apache installieren, wird dieses Programm nicht von root, sondern vom Benutzer www-data ausgeführt. Das hat einen entscheidenden Vorteil: Sollte Apache oder ein von Apache genutztes Programm (z. B. PHP) eine Sicherheitslücke enthalten, die es einem Angreifer ermöglicht, eigenen Code auszuführen, so wird dieser Code wenigstens nicht mit root-Rechten ausgeführt. Das Schadenspotenzial ist deswegen viel kleiner.

Gruppen

Gruppen geben mehreren Benutzern gemeinsam bestimmte Rechte – z. B. zur Ausführung administrativer Kommandos oder zum Zugriff auf bestimmte Dateien. Alle Gruppen sind in der Datei /etc/group definiert:

```
less /etc/group
  root:x:0:
  daemon:x:1:
  bin:x:2:
  ...
  pi:x:1000:
```

Der Aufbau der Gruppendatei ist noch einfacher als bei der passwd-Datei: Vier durch einen Doppelpunkt getrennte Spalten enthalten die folgenden Informationen:

- den Gruppennamen
- das Zeichen x oder ! anstelle des Passworts
- die GID-Nummer des Benutzers (GID = Group Identification)
- durch Kommata getrennte Login-Namen aller zugeordneten Benutzer

Grundsätzlich muss jeder Benutzer einer Gruppe zugeordnet sein – der primären Gruppe. Diese Gruppenzuordnung erfolgt durch den GID-Wert in der vierten Spalte von /etc/passwd. Außerdem kann jeder Benutzer Mitglied bei beliebig vielen sekundären Gruppen sein. Die Zuordnung erfolgt in diesem Fall durch die Nennung des Login-Namens in der vierten Spalte in /etc/group.

Sehen wir uns das Ganze für den Benutzer pi an:

```
grep pi /etc/passwd
  pi:x:1000:1000:,,,:/home/pi:/bin/bash
```

Die vierte Spalte der obigen Ausgabe zeigt, dass die primäre Gruppe von pi die GID 1000 hat. Das folgende grep-Kommando verrät uns nicht nur, dass es sich bei dieser Gruppe ebenfalls um pi handelt, sondern auch, dass der Benutzer pi einer ganzen Reihe von sekundären Gruppen zugeordnet ist, unter anderem adm, sudo, audio, video und users.

```
grep pi /etc/group
  adm:x:4:pi
  sudo:x:27:pi
  audio:x:29:pi,pulse
  video:x:44:pi,www-data
  users:x:100:pi
  pi:x:1000:
  ...
```

Diese Information erhalten wir weit bequemer, wenn wir im Terminal einfach das Kommando `groups` ausführen. Das Kommando gibt zuerst die primäre Gruppe des aktuellen Benutzers an, dann alle sekundären Gruppen:

```
groups
  pi adm dialout cdrom sudo audio video plugdev games users
```

Es ist möglich, Gruppen Passwörter zuzuweisen – in der Praxis wird dies aber selten praktiziert. Wenn doch, werden die Hashcodes der Gruppenpasswörter in `/etc/gshadow` gespeichert.

Warum haben viele Benutzer eine gleichnamige primäre Gruppe?

Es ist kein Zufall, dass die primäre Gruppe von `pi` ebenfalls `pi` heißt. Raspbian legt ebenso wie die meisten anderen Linux-Distributionen automatisch für jeden neuen Benutzer eine gleichnamige Gruppe an und macht diese zur primären Gruppe. Diese sogenannten *User Private Groups* vereinfachen in der Folge das Einrichten weiterer Gruppen und Verzeichnisse, damit mehrere Benutzer Dateien oder andere Ressourcen gemeinsam nutzen können. Im Detail ist das Konzept hier beschrieben:

https://wiki.debian.org/UserPrivateGroups

Bei `pi` stimmen auch die UID und die GID überein – beide Werte betragen 1000. Das ergibt sich oft so, ist aber nicht zwingend erforderlich.

Kommandos zur Benutzer- und Gruppenverwaltung

Grundsätzlich wäre es möglich, Gruppen und Benutzer durch direkte Veränderungen der Dateien `/etc/passwd`, `/etc/shadow` und `/etc/group` zu administrieren. Das wäre aber sehr fehleranfällig. Weit einfacher ist es, dazu Kommandos zu verwenden (siehe Tabelle 5.1). Auf eine umfassende Beschreibung dieser Kommandos verzichten wir hier. Stattdessen zeigen wir Ihnen anhand einiger Beispiele die Anwendung von `adduser`, dem wohl am häufigsten benötigten Kommando zur Benutzerverwaltung.

Kommando	Funktion
adduser	Richtet einen neuen Benutzer ein.
addgroup	Richtet eine neue Gruppe ein.
chage	Steuert, wie lange ein Passwort gültig bleibt.
delgroup	Löscht eine Gruppe.
deluser	Löscht einen Benutzer.
groups	Zeigt die Gruppen des aktuellen Benutzers an.
id	Zeigt die aktuelle Benutzer- und Gruppen-ID-Nummer an.
newgrp	Ändert die aktive Gruppe eines Benutzers.
passwd	Verändert das Passwort eines Benutzers.

Tabelle 5.1 Kommandos zur Benutzer- und Gruppenverwaltung

Ohne weitere Parameter richtet `adduser` nicht nur den angegebenen Benutzer ein, sondern auch eine gleichnamige primäre Gruppe und das Heimatverzeichnis /home/name. Zuletzt bietet `adduser` die Möglichkeit, das Passwort für den neuen Benutzer einzustellen, und stellt eine Menge lästiger Fragen nach dem vollständigen Namen, der Zimmernummer etc.

```
sudo adduser huber
  Lege Benutzer huber an ...
  Lege neue Gruppe huber (1003) an ...
  Lege neuen Benutzer huber (1002) mit Gruppe huber an ...
  Erstelle Home-Verzeichnis /home/huber ...
  Kopiere Dateien aus /etc/skel ...
  Geben Sie ein neues UNIX-Passwort ein: *******
  Geben Sie das neue UNIX-Passwort erneut ein: *******
  Geben Sie einen neuen Wert an oder drücken Sie ENTER für
  den Standardwert
    Vollständiger Name []: Hermann Huber
    Zimmernummer []:
    Telefon geschäftlich []:
    Telefon privat []:
    Sonstiges []:
  Sind die Informationen korrekt? [J/n] j
```

Durch diverse Optionen können Sie `adduser` steuern. Mit `--disabled-login` verzichtet das Kommando auf die Passwort-Frage. Für den neuen Benutzer ist damit vorerst kein Login möglich. Mit `--gecos 'Vor- und Nachname'` geben Sie den vollständigen Namen des neuen Benutzers ein und verhindern so überflüssige Fragen nach Zimmernummer, Telefonnummer etc.

In der Syntax adduser username groupname fügt adduser einen Benutzer einer Gruppe hinzu. Das folgende Kommando macht huber also zum Mitglied der sudo-Gruppe. Damit kann huber nun so wie pi das Kommando sudo verwenden, um administrative Kommandos auszuführen. groups username zeigt an, welchen Gruppen huber angehört.

```
sudo adduser huber sudo
  Füge Benutzer huber der Gruppe sudo hinzu ...
groups huber
  huber : huber sudo
```

Jeder Benutzer kann sein eigenes Passwort jederzeit mit passwd ändern. Dabei muss zuerst einmal das alte, dann zweimal das neue Passwort angegeben werden. Mit sudo passwd username können auch die Passwörter anderer Benutzer verändert werden.

sudo

Das Kommando sudo haben Sie ja in Kapitel 3, »Arbeiten im Terminal«, schon kennengelernt. Standardmäßig erlaubt es dem Benutzer pi, ohne Passworteingabe Kommandos mit root-Rechten auszuführen. Unbeantwortet sind bis jetzt aber die Fragen, wer das Recht hat, mit sudo zu arbeiten, wie sich sudo besser absichern lässt und wo diese durchaus wichtigen Einstellungen gespeichert sind. Die Lösung finden Sie in der Datei /etc/sudoers. Die Defaulteinstellungen sehen wie folgt aus:

```
# Datei /etc/sudoers
Defaults     env_reset
Defaults     mail_badpass
Defaults     secure_path="/usr/local/sbin:/usr/local/bin:
                         /usr/sbin:/usr/bin:/sbin:/bin"
root         ALL=(ALL:ALL) ALL
%sudo        ALL=(ALL:ALL) ALL
#includedir /etc/sudoers.d
pi           ALL=(ALL) NOPASSWD: ALL
```

Im Klartext bedeutet das, dass root, alle Mitglieder der Gruppe sowie der Benutzer pi jedes beliebige Kommando unter jedem beliebigen Account ausführen dürfen. Für pi gilt außerdem, dass dazu nicht einmal ein Passwort erforderlich ist. Die Syntaxdetails der sudoer-Konfiguration lesen Sie bei Bedarf mit man sudoers nach.

Grundsätzlich kann /etc/sudoers mit jedem beliebigen Editor verändert werden. Sicherer ist es aber, stattdessen das Kommando visudo zu verwenden. Es führt vor dem Speichern einen Syntax-Check aus und verhindert so, dass Sie sich womöglich durch eine Unachtsamkeit aus dem System aussperren. Ohne sudo-Rechte haben Sie dann ja auch keine Möglichkeit mehr, /etc/sudoers zu verändern!

Dass pi ohne Passwort sudo-Kommandos ausführen kann, ist natürlich bequem. Es ist aber auch ein erhebliches Sicherheitsrisiko, das Sie beheben sollten. Dazu müssen Sie lediglich der pi-Zeile in /etc/sudoer das Kommentarzeichen # voranstellen. pi kann wegen der %sudo-Regel weiterhin sudo nutzen. Die Schreibweise %sudo bedeutet, dass diese Regel für alle Mitglieder der Gruppe sudo gilt – und pi ist ein Mitglied dieser Gruppe.

Standardeditor einstellen

visudo startet standardmäßig den Editor vi. Wenn Sie mit diesem recht komplizierten Editor nicht umgehen können, ist es zweckmäßig, vorher mit update-alternatives den Editor nano als Defaulteditor einzustellen. Diese Einstellung gilt damit auch für andere Kommandos, die einen Editor ausführen, z. B. less oder crontab -e.

```
sudo update-alternatives --set editor /usr/bin/nano
```

Auto-Login abstellen

Wenn Sie mit raspi-config die grafische Benutzeroberfläche aktiviert haben, wird der Benutzer pi ohne Passwort standardmäßig angemeldet. Ein Passwort benötigen Sie nur, wenn Sie sich ab- und neu anmelden. Dieser Auto-Login ist zweifelsohne bequem, er kann aber auch ein Sicherheitsrisiko sein – je nachdem, wo Ihr Raspberry Pi läuft. Abhilfe ist einfach: Dazu öffnen Sie die Datei /etc/lightdm/lightdm.conf mit sudo in einem Editor und suchen nach der Zeile autologin-user=pi. Stellen Sie dann das Kommentarzeichen # an den Beginn dieser Zeile, und speichern Sie die Datei.

```
# Datei /etc/lightdm/lightdm.conf

[SeatDefaults]
...
# vor der folgenden Zeile muss das Kommentarzeichen # stehen
# autologin-user=pi
```

Die Änderung gilt ab dem nächsten Neustart des Raspberry Pi. lightdm.conf steuert den sogenannten Display Manager, der für den Login in der grafischen Benutzeroberfläche verantwortlich ist. Das Programm lightdm stellen wir Ihnen in Abschnitt 5.9, »Grafiksystem«, näher vor.

5.2 Zugriffsrechte

Zugriffsrechte auf Dateien

Zusammen mit jeder Datei speichert Linux auch, wem diese Datei gehört – und zwar getrennt für den eigentlichen Besitzer und die Gruppe. Normalerweise gehört die Datei dem Benutzer, der die Datei erzeugt hat, und seiner primären Gruppe. Außerdem werden zusammen mit jeder Datei sogenannte Zugriffsrechte gespeichert. Dabei handelt es sich um neun Bits, die angeben, wer was mit der Datei tun darf. Informationen über den Besitzer einer Datei und die Zugriffsrechte gibt das Kommando `ls -l`.

Im folgenden Beispiel erzeugt der Standardbenutzer `pi` zuerst mit `touch` eine neue Datei. `ls -l` zeigt dann detaillierte Informationen zur Datei an:

```
touch test
ls -l test
  -rw-r--r-- 1 pi pi 0 Jul  5 21:37 test
```

Kurz zur Interpretation des Ergebnisses:

- `-`: Dieses erste Zeichen gibt an, dass es sich um eine gewöhnliche Datei handelt, nicht um ein Verzeichnis, ein Device oder einen Link.
- `rw-r--r--`: Die neun Zugriffsbits besagen, dass der Besitzer die Datei lesen und verändern darf (`rw`). Gruppenmitglieder sowie alle anderen Linux-Benutzer auf diesem Rechner dürfen die Datei nur lesen (`r`).
- `1`: Es gibt keine Hardlinks auf die Datei. Die Datei ist im Dateisystem nur einmal sichtbar. Daher steht hier eine `1`.
- `pi`: Der Besitzer der Datei hat den Login-Namen `pi`.
- `pi`: Die Gruppe der Datei heißt ebenfalls `pi`.
- `0`: Die Dateigröße beträgt 0 Byte.
- `Jul 5 21:37`: Die Datei wurde am 5. Juli um 21:37 erzeugt bzw. zuletzt verändert.
- `test`: Der Dateiname lautet `test`.

Uns interessieren an dieser Stelle primär die neun Zugriffsbits: Dabei handelt es sich um drei Gruppen zu je drei Bits (`rwx` = *read/write/execute*), wobei nicht gesetzte Bits durch das Zeichen `-` dargestellt werden. Die erste `rwx`-Gruppe gilt für den Besitzer der Datei (*user*), die zweite für Gruppenmitglieder (*group*) und die dritte für alle anderen (*others*).

Bei der Beispieldatei `test` sind für den Besitzer die Bits `rw` gesetzt. Er kann die Datei somit lesen und verändern. Für Gruppenmitglieder und alle anderen gilt `r`, d. h., sie dürfen die Datei ebenfalls lesen, aber nicht modifizieren.

Das Execute-Bit `x` ist bei `test` gar nicht gesetzt. Es wird nur bei ausführbaren Dateien aktiviert, also z. B. bei Script-Dateien, Kommandos und Programmen. Wenn Sie selbst Scripts erstellen, müssen Sie das `x`-Bit explizit durch `chmod a+x name` setzen.

Zugriffsinformationen von Verzeichnissen ansehen

`ls -l verzeichnis` liefert nicht den Besitzer, die Gruppe und die Zugriffsbits von Verzeichnissen, sondern diese Informationen für alle in dem Verzeichnis enthaltenen Dateien. Um das Verzeichnis selbst anzusehen, müssen Sie zusätzlich die Option `-d` angeben. Somit liefert `ls -l -d verz` oder die kürzere Form `ls -ld verz` die gewünschten Daten.

Zugriffsrechte auf Verzeichnisse

Die neun Zugriffsbits gelten im Prinzip auch für Verzeichnisse, allerdings besitzen sie dort eine etwas abweichende Bedeutung: Das `r`-Bit erlaubt einem Anwender, die Liste der Dateinamen zu ermitteln (Kommando `ls`). Das `x`-Bit erlaubt einen Wechsel in das Verzeichnis (Kommando `cd`). Sie können aber nur auf Dateien zugreifen, deren Namen Sie kennen. Erst die Kombination `rx` ermöglicht es, ein Verzeichnis richtig zu bearbeiten, also z. B. mit `ls -l` eine Liste aller Dateinamen samt detaillierter Informationen zu jeder Datei zu ermitteln. Wenn sowohl `x` als auch `w` gesetzt sind, dürfen im Verzeichnis neue Dateien erzeugt werden.

Die ein wenig merkwürdige Interpretation der `r`- und `x`-Zugriffsrechte hat damit zu tun, dass Verzeichnisse vom Dateisystem als ein Sonderfall einer Datei betrachtet werden. Der Inhalt der Verzeichnis-*Datei* ist eine Auflistung der Namen der Dateien, die sich im Verzeichnis befinden, sowie von deren Inode-Nummern.

Aktion	Kommando	Datei	Verzeichnis
in Verzeichnis wechseln	`cd verzeichnis`	–	`x`
Liste der Dateien ermitteln	`ls verzeichnis/*`	–	`r`
Dateiinformationen lesen	`ls -l verzeichnis/*`	–	`rx`
neue Datei erzeugen	`touch verz/neuedatei`	–	`wx`
Datei lesen	`less verzeichnis/datei`	`r`	`x`
vorhandene Datei ändern	`cat > verzeichnis/datei`	`w`	`x`
Datei löschen	`rm verzeichnis/datei`	–	`wx`
Programm ausführen	`verzeichnis/programm`	`x`	`x`
Script-Datei ausführen	`verzeichnis/script`	`rx`	`x`

Tabelle 5.2 Erforderliche Zugriffsrechte für Standardaktionen

Linux-Einsteigern fällt es anfänglich oft schwer, die Zugriffsbits korrekt zu interpretieren. Deswegen haben wir oben zusammengefasst, welche Zugriffsrechte für ein Verzeichnis und die darin enthaltene Datei erforderlich sind, um bestimmte Aktionen durchzuführen (siehe Tabelle 5.2). Das Zeichen – in der Spalte *Datei* gibt an, dass die Zugriffsrechte auf die Datei nicht relevant sind. Wie üblich gelten diese Regeln nur für gewöhnliche Benutzer. `root` darf unabhängig von den eingestellten Zugriffsrechten alles!

Wer darf eine Datei löschen?

Die Zugriffsrechte einer Datei haben keinen Einfluss darauf, wer eine Datei löschen darf. Darüber entscheidet einzig und allein derjenige, der Zugriff auf das *Verzeichnis* hat, in dem sich die Datei befindet! Eine Datei darf somit löschen, wer für das Verzeichnis die Rechte `w` und `x` hat.

Setuid-, Setgid- und Sticky-Bit

Vorhin haben wir gesagt, dass es neun Zugriffsbits gibt. Genau genommen ist das falsch – außer den neun gewöhnlichen Bits gibt es noch drei weitere Bits mit einer besonderen Bedeutung:

- **Setuid:** Das Setuid-Bit wird oft verkürzt Suid-Bit genannt. Es bewirkt, dass Programme immer so ausgeführt werden, als hätte der Besitzer selbst das Programm gestartet. Oft ist der Besitzer von Programmen `root`; dann kann jeder das Programm ausführen, als wäre er selbst `root`. Intern wird für die Ausführung des Programms die User-Identifikationsnummer des Besitzers der Datei und nicht die UID des aktuellen Benutzers verwendet.

  Das Bit wird eingesetzt, um gewöhnlichen Besitzern zusätzliche Rechte zu geben, die nur bei der Ausführung dieses Programms gelten. Ein Beispiel für die Anwendung des Setuid-Bits ist das Kommando `/usr/bin/passwd`. Es ermöglicht jedem Benutzer, sein eigenes Passwort zu verändern. Die Passwörter werden aber in der Datei `/etc/shadow` gespeichert, auf die nur `root` Schreibzugriff hat. Daher muss `passwd` immer mit `root`-Rechten ausgeführt werden.

- **Setgid:** Das Setgit-Bit hat bei Programmen eine ähnliche Wirkung wie Setuid. Allerdings wird nun während der Ausführung des Programms die Gruppen-Identifikationsnummer der Datei verwendet, nicht die GID des aktuellen Benutzers.

  Bei Verzeichnissen hat das Setgid-Bit eine ganz andere Bedeutung: Wenn es gesetzt ist, wird neu erzeugten Dateien innerhalb dieses Verzeichnisses die Gruppe des Verzeichnisses zugeordnet – anstatt, wie sonst üblich, die Gruppe desjenigen, der die Datei erzeugt.

In der Praxis wird das Setgid-Bit eingesetzt, wenn mehrere Benutzer ein Verzeichnis gemeinsam benutzen sollen: Dann ist es nämlich zweckmäßig, dass neue Dateien der gemeinsamen Gruppe zugeordnet werden und nicht der gerade aktiven Gruppe desjenigen Benutzers, der die Datei erzeugt.

- **Sticky:** Das Sticky-Bit bewirkt bei Verzeichnissen, in denen alle die Dateien ändern dürfen, dass jeder nur seine *eigenen* Dateien löschen darf und nicht auch Dateien anderer Benutzer. Das Bit ist z. B. beim `/tmp`-Verzeichnis gesetzt. Das verhindert, dass jeder Benutzer nach Belieben fremde Dateien löschen kann.

`ls` zeigt immer nur neun Zugriffsbits an, auch wenn die Bits Setuid, Setgid oder Sticky gesetzt sind. Die entsprechenden Informationen werden jeweils in der *execute*-Spalte eingebettet: Wenn das Setuid-Bit gesetzt ist, zeigt die *execute*-Spalte des Besitzers (*user*) den Buchstaben `s` statt `x`. Ist das Setgid-Bit gesetzt, zeigt die *execute*-Spalte der Gruppe den Buchstaben `s` statt `x`. Und beim Sticky-Bit ändert sich die *execute*-Spalte in der dritten `rwx`-Gruppe (*others*) von `x` in `t`.

Oktalschreibweise

Statt in der Schreibweise `rwxrwxrwx` werden die neun Zugriffsbits sowie drei weitere Spezialbits oft oktal dargestellt. Den Zugriffsbits für den Benutzer, die Gruppe und alle anderen ist jeweils eine Ziffer zugeordnet (siehe Tabelle 5.3).

Code	Bedeutung
4000 = s = Setuid	Spezialbits
2000 = s = Setgid	
1000 = t = Sticky	
400 = r = Read	Zugriffsbits für Besitzer (u = user in chmod)
200 = w = Write	
100 = x = Execute	
40 = r = Read	Zugriffsbits für Gruppenmitglieder (g = group in chmod)
20 = w = Write	
10 = x = Execute	
4 = r = Read	Zugriffsbits für alle anderen (o = others in chmod)
2 = w = Write	
1 = x = Execute	

Tabelle 5.3 Oktalcodes für die Zugriffsbits

Jede Ziffer ist also aus den Werten 4, 2 und 1 für r, w und x zusammengesetzt. 660 bedeutet daher rw-rw----, und 777 steht für rwxrwxrwx. Die Spezialbits Setuid, Setgid und Sticky haben die Oktalwerte 4000, 2000 und 1000.

ls -l zeigt die Zugriffsbits immer in Textform an. Wenn Sie die Zugriffsbits einer Datei in oktaler Form ermitteln möchten, verwenden Sie das Kommando stat. Dabei übergeben Sie mit -c eine Formatierungszeichenkette. Dort wird %a durch den Oktalcode ersetzt, %n durch den Dateinamen. Weitere Formatierungscodes sind in man stat dokumentiert.

```
stat -c "%a %n" test
  644 test
```

Zugriffsrechte einstellen

Wenn Sie eine neue Datei erzeugen – sei es mit touch, mit einem Editor oder als Ergebnis eines Kommandos –, dann stellt Linux den gerade aktiven Benutzer, dessen aktive Gruppe sowie Defaultzugriffsrechte ein. So ist auch die Bit-Kombination rw-r--r-- der Datei test zustande gekommen.

Mit den Kommandos chown, chgrp und chmod können Sie den Besitzer, die Gruppenzugehörigkeit sowie die Zugriffsrechte ändern. Gewöhnliche Benutzer wie pi können den Besitzer einer Datei gar nicht ändern und die Gruppenzugehörigkeit nur im Rahmen der eigenen Gruppen (also das Ergebnis von groups). Einzig die Zugriffsrechte sind ohne Einschränkungen frei einstellbar. Nur root kann eine Datei einem anderen Besitzer zuordnen bzw. die Gruppenzugehörigkeit vollkommen frei einstellen.

Die Syntax von chown ist einfach: Im ersten Parameter geben Sie den neuen Besitzer an, in den weiteren Parametern die Dateien, auf die das Kommando angewendet werden soll:

```
sudo chown hubert datei1 datei2
```

Mit der Option -R kann chown die Besitzverhältnisse rekursiv für ganze Verzeichnisse ändern. chgrp funktioniert analog für Gruppen. Hier geben Sie im ersten Parameter die Gruppe an. Abermals können mit -R Änderungen für ganze Verzeichnisse durchgeführt werden:

```
sudo chgrp www-data -R /var/www/myphpcode
```

Wenn Sie sowohl den Besitzer als auch die Gruppe ändern möchten, können Sie an chown beide Daten in der Form name.gruppe übergeben. Das folgende Kommando ändert für das Verzeichnis /var/www/myphpcode und alle darin enthaltenen Dateien den Besitzer und die Gruppe:

```
sudo chown www-data.www-data -R /var/www/myphpcode
```

`chmod` funktioniert ähnlich wie `chown` und `chgrp`: Im ersten Parameter geben Sie an, wie die Zugriffsrechte eingestellt bzw. verändert werden sollen. Die weiteren Parameter enthalten die zu ändernden Dateien oder Verzeichnisse. Und `-R` bewirkt wiederum, dass der ganze Inhalt eines Verzeichnisses rekursiv verändert wird. Allerdings gibt es bei diesem Kommando unzählige Syntaxvarianten zur Angabe der gewünschten Zugriffsrechte, wobei wir uns hier auf die wichtigsten beschränken:

- Oktalcode: wertet die Zahl als Oktalcode aus (siehe Tabelle 5.3).
- `u+r`, `u+w`, `u+x`: Setzt das entsprechende Zugriffsbit für den Besitzer der Datei.
- `u-r`, `u-w`, `u-x`: Deaktiviert das entsprechende Zugriffsbit für den Besitzer der Datei.
- `g+r`, `g-r`: Setzt/deaktiviert das *read*-Zugriffsbit für die Gruppe.
- `o+w`, `o-w`: Setzt/deaktiviert das *read*-Zugriffsbit für alle anderen (`o` = *others*).
- `a+x`, `a-x`: Setzt/deaktiviert das *execute*-Zugriffsbit in allen Dreiergruppen (`a` = *all*).
- `+r`, `-r`: Setzt/deaktiviert das *read*-Zugriffsbit entsprechend der `umask`-Einstellung.

Default-Zugriffsbits (umask)

Vielleicht haben Sie sich schon gefragt, wie die Zugriffsbits *neuer* Dateien zustande kommen. Wer oder was entscheidet, welche Bitkombination hier verwendet wird?

Die Antwort gibt das Kommando `umask`. Es gibt in oktaler Form die Bits an, die *nicht* gesetzt werden. Unabhängig von der `umask`-Einstellung wird bei neuen Dateien nie das *execute*-Bit gesetzt; bei neuen Verzeichnissen entscheidet hingegen `umask` darüber, in welchen der drei Dreiergruppen das `x`-Bit aktiv ist.

`umask` hat unter Raspbian standardmäßig den Wert `022`. Somit erhalten neue Verzeichnisse den oktalen Zugriffscode `777 - 022 = 755`, neue Dateien den Code `666 - 022 = 644`. Die Voreinstellung für `umask` befindet sich in Raspbian in der Datei `/etc/login.defs`.

Das folgende Kommando macht die Datei `test` für jeden veränderbar:

```
chmod a+w test
```

Wenn nur der Besitzer der Datei diese lesen und ändern darf, führt `chmod 600` am schnellsten zum Ziel (entspricht `rw-------`):

```
chmod 600 test
```

Python- oder bash-Scripts müssen vor dem ersten Start explizit als ausführbar markiert werden:

```
chmod a+x myscript
```

Praxisbeispiele

Wenn eine Konfigurationsdatei Klartextpasswörter enthält, sollte diese Datei normalerweise nur für root lesbar sein:

```
sudo chown root.root /etc/geheim
sudo chmod 600 /etc/geheim
```

Die Neueinstellung von Zugriffsrechten eines ganzen Verzeichnisbaums erfordert oft, dass Sie zwischen Dateien und Verzeichnissen differenzieren. chmod -R ist deswegen nicht zielführend. Stattdessen suchen Sie mit find nach Verzeichnissen und Dateien. Für die Suchergebnisse führen Sie mit -exec das folgende Kommando bis \; aus, wobei {} durch den Verzeichnis- oder Dateinamen ersetzt wird. So können Sie die gewünschten Zugriffsbits getrennt für Verzeichnisse und Dateien modifizieren.

Beispielsweise sollen die Zugriffsrechte für einen bei /data/projekt beginnenden Verzeichnisbaum so eingestellt werden, dass alle Verzeichnisse für den Benutzer pi und die Gruppe admin les- und schreibbar sind. Dazu sind die folgenden Kommandos erforderlich:

```
cd /data
sudo chown -R pi.admin projekt
sudo find projekt -type f -exec chmod 660 {} \;
sudo find projekt -type d -exec chmod 770 {} \;
```

Wenn Sie möchten, dass in /data/projekt bzw. in dessen Unterverzeichnissen neu erstellte Dateien automatisch der Gruppe admin zugeordnet werden, müssen Sie außerdem das Setgid-Bit setzen (oktal 2000):

```
cd /data
sudo find projekt -type d -exec chmod 2770 {} \;
```

5.3 Paketverwaltung

Die wichtigsten Kommandos zur Paketverwaltung, also insbesondere apt-get, apt-cache und dpkg, haben Sie schon in Abschnitt 4.1, »Programme installieren und verwalten«, kennengelernt. An dieser Stelle geht es darum, wie die Paketverwaltung hinter den Kulissen funktioniert und welche Konfigurationsdateien dafür verantwortlich sind. Dieser Abschnitt ist Debian-spezifisch und gilt somit nur für Linux-Distributionen, die – wie Raspbian – von Debian abgeleitet sind.

APT (*Advanced Packaging Tool*) ist ein High-Level-Paketverwaltungssystem, das Pakete selbstständig von Paketquellen herunterlädt und Paketabhängigkeiten automatisch auflöst. Zur eigentlichen Paketverwaltung stehen zwei alternative Kommandos zur Auswahl: apt-get und aptitude. Beide Kommandos sind einander sehr ähnlich und weisen bei einfachen Operationen sogar dieselbe Syntax auf. Sowohl `apt-get install paketname` als auch `aptitude install paketname` laden das angegebene Paket und alle davon abhängigen Pakete herunter und installieren sie.

Konfiguration

APT erfordert spezielle Paketquellen (Repositories), die neben den DEB-Paketen auch Metainformationen über den Inhalt der Pakete und deren Abhängigkeiten zur Verfügung stellen. Die Konfigurationsdateien für APT befinden sich im Verzeichnis `/etc/apt`. Dort enthält `sources.list` die Definition der Hauptpaketquellen für Raspbian. Optional sind weitere Paketquellen im Unterverzeichnis `apt.sources.d` definiert.

Die Dateien `sources.list` bzw. `apt.sources.d/*.list` enthalten zeilenweise die APT-Paketquellen. Die Syntax jeder Zeile sieht so aus:

```
pakettyp uri distribution [komponente1] [komp2] [komp3] ...
```

Der Pakettyp lautet `deb` für gewöhnliche Debian-Pakete bzw. `deb-src` für Quellcodepakete. Die zweite Spalte gibt das Basisverzeichnis der Paketquelle an. Neben HTTP- und FTP-Verzeichnissen unterstützt APT auch gewöhnliche Verzeichnisse sowie SSH-Server. Die dritte Spalte bezeichnet die Distribution. Alle weiteren Spalten geben die Komponenten der Distribution an, die berücksichtigt werden können.

Hauptpaketquelle

Die Hauptpaketquelle von Raspbian entspricht einem regulären Debian-System für die ARMv6-CPU. Das folgende Listing zeigt die entsprechende Datei `sources.list`. Beachten Sie, dass der einzige Eintrag dieser Datei hier aus Platzgründen über zwei Zeilen verteilt werden musste:

```
# Datei /etc/apt/sources.list
deb http://mirrordirector.raspbian.org/raspbian/ wheezy \
  main contrib non-free rpi
```

Damit greift APT auf einen Mirror-Server von *http://raspbian.org* zurück. Der Distributionsname lautet *Wheezy*. Das ist der Code-Name für die Debian-Version 7, die als Basis für Raspbian dient. `sources.list` nennt schließlich vier Paketgruppen:

- `main`: Das sind die Basispakete von Debian. Der Quellcode dieser Pakete ist unter einer Lizenz verfügbar, die den strengen Open-Source-Regeln des Debian-Projekts entspricht.
- `contrib`: Pakete dieser Gruppe sind ebenfalls samt Quellcode frei verfügbar. Die Pakete können allerdings nur in Kombination mit *Non-Free*-Paketen verwendet werden. Das betrifft z. B. alle Programme, die auf Bibliotheken aufbauen, deren Lizenz in irgendeiner Weise Einschränkungen unterliegt.

- `non-free`: Pakete dieser Gruppe sind zwar kostenlos, ihre Lizenz entspricht aber nicht dem Open-Source-Ideal des Debian-Projekts. Zu vielen *Non-Free*-Paketen steht kein öffentlicher Quellcode zur Verfügung.
- `rpi`: Diese Gruppe ist für Raspberry-Pi-spezifische Pakete gedacht. In der Praxis wird diese Paketgruppe aber kaum genutzt; im Juli 2015 enthielt die Gruppe nur ein winziges SSH-Script, das bei Bedarf fehlende SSH-Schlüssel erzeugt.

Update auf Debian 8 alias »Jessie«

Raspbian basiert momentan (Mitte 2015) auf der Debian-Version 7 mit dem Codenamen »Wheezy«. Im April 2015 wurde die neue Debian-Version 8 »Jessie« freigegeben. Theoretisch ist es möglich, alle Raspbian-Pakete von Wheezy auf Jessie zu aktualisieren. Dazu müssen Sie nur in `sources.list` den Distributionsnamen `wheezy` durch `jessie` ersetzen und dann die Kommandos `apt-get update` und `apt-get dist-upgrade` ausführen. Empfehlenswert ist dies gegenwärtig definitiv nicht! Es fehlen momentan viele Raspberry-Pi-spezifische Anpassungen.

Hintergrundinformationen zu einem Distributions-Upgrade sowie zur Möglichkeit, nur einzelne Pakete aus *Jessie* mit dem Grundsystem von *Wheezy* zu mischen, finden Sie auf den folgenden Webseiten:

http://www.raspberrypi.org/forums/viewtopic.php?f=66&t=47944
http://vk5tu.livejournal.com/54182.html

Generell ist aber selbst die Verwendung ausgesuchter *Wheezy*-Pakete nur für Experten ratsam: Paketabhängigkeiten führen oft dazu, dass die Installation eines einzelnen neuen Pakets die Aktualisierung von Dutzenden, mitunter auch Hunderten weiterer Pakete erfordert.

Weitere Paketquellen

Im Verzeichnis `/etc/apt/sources.list.d` sind standardmäßig zwei weitere Paketquellen definiert:

- `collabora.list`: Diese Paketquelle macht experimentelle Pakete für das neue Grafiksystem *Wayland* verfügbar. Die hier enthaltenen Pakete, insbesondere `weston`, sind momentan aber nur für Wayland-Entwickler von Interesse.
- `raspi.list`: Diese Paketquelle enthält diverse Raspberry-Pi-spezifische Programme und Bibliotheken, die nicht Teil von Debian sind und deswegen in der Hauptpaketquelle fehlen. Die Paketquelle enthält z. B. das *Java Development Kit* (JDK) von Oracle.

Manche Software-Entwickler für den Raspberry Pi stellen selbst Paketquellen zur Verfügung. Um diese zu nutzen, müssen Sie `/etc/apt/sources.list` um eine entsprechende Zeile ergänzen oder eine neue `*.list`-Datei in `/etc/apt/sources.list.d` einrichten. Die Installation von Software aus einer derartigen Paketquelle hat gegenüber einem simplen Download des betreffenden Pakets den großen Vorteil, dass spätere Updates vom Paketverwaltungssystem automatisch berücksichtigt werden.

Aus welcher Paketquelle stammt ein Paket?

Bei einer Installation durchsucht `apt-get` alle Paketquellen nach dem gewünschten Paket. `apt-get` verrät aber nicht, aus welcher Quelle das jeweilige Paket stammt. Diese Information können Sie mit `apt-cache policy` ermitteln – im folgenden Beispiel für das Paket `nano`, das den gleichnamigen Editor enthält:

```
apt-cache policy nano
  nano:
  Installiert:             2.2.6-1
  Installationskandidat: 2.2.6-1
  Versionstabelle:
    500 http://mirrordirector.raspbian.org/raspbian/
            wheezy/main armhf Packages
    100 /var/lib/dpkg/status
```

Aus dem Ergebnis geht hervor, dass das Paket installiert ist (`/var/lib/dpkg/status`) und dass das Paket aus der `raspbian-main`-Quelle stammt.

5.4 Verwaltung des Dateisystems

Der Erfahrungsschatz aus wenigen Experimentiertagen mit dem Raspberry Pi gibt Ihnen schon eine gute Basis für diesen Abschnitt: Sie wissen, dass sich Ihre eigenen Dateien im Verzeichnis `/home/pi` befinden, die wichtigsten Systemkonfigurationsdateien hingegen in `/etc` oder in `/boot`. Aus Kapitel 3, »Arbeiten im Terminal«, kennen Sie den grundsätzlichen Aufbau des Linux-Verzeichnisbaums (siehe Tabelle 3.8). Sie wissen auch, dass es unter Linux keine Laufwerksbuchstaben wie unter Windows gibt (`C:`, `D:`) und dass Verzeichnisse mit / statt durch \ getrennt werden. Schließlich haben Sie sicher schon bemerkt, dass es neben den gewöhnlichen Verzeichnissen und Dateien auch unsichtbare gibt, deren Name mit einem Punkt beginnt.

Die folgenden Seiten beantworten einige weiterführende Fragen über die Interna des Linux-Dateisystems: Was ist überhaupt ein Dateisystem? Wie werden Dateisysteme in den Verzeichnisbaum integriert? Was sind Device-Dateien, und woher kommen sie?

Dateisysteme

Ein Dateisystem ist dafür verantwortlich, dass Dateien auf den Blöcken einer SD-Karte oder einer Festplatte sicher gespeichert und rasch wieder gelesen werden können.

Das Standarddateisystem unter Linux heißt ext4. Dabei handelt es sich um ein modernes Dateisystem mit Journaling-Funktionen. Diese ermöglichen nach einem Absturz oder Stromausfall eine schnelle Wiederherstellung der Konstistenz des Dateisystems.

Dem ext4-Dateisystem haben Sie es also zu verdanken, dass sich Ihr Raspberry Pi nach unfreiwilligen Stopps zumeist problemlos wieder hochfahren lässt. Freilich können auch die Journaling-Funktionen keine Dateien retten, in die gerade zum Zeitpunkt des Absturzes geschrieben wurde. Die betroffenen Dateien verbleiben im günstigsten Fall im alten Zustand, im ungünstigen Fall enthalten sie nach dem Neustart vollkommen falsche Daten oder ihre Daten sind ganz verschwunden.

Obwohl Linux also standardmäßig das ext4-Dateisystem verwendet, unterstützt das Betriebssystem auch eine Menge anderer Dateisysteme. Für den Einsatz auf dem Raspberry Pi sind die Windows-kompatiblen Dateisysteme vfat und ntfs am wichtigsten. Das vfat-Dateisystem kommt besonders häufig auf USB-Datenträgern zum Einsatz. Aber auch die erste Partition auf der SD-Karte des Raspberry Pi muss ein vfat-Dateisystem enthalten, in dem die für den Bootvorgang erforderlichen Daten gespeichert werden.

Neben lokalen Dateisystemen kennt Linux auch Netzwerkdateisysteme: Beispielsweise können mit cifs Windows-Netzwerkverzeichnisse in den Verzeichnisbaum integriert werden, mit nfs Unix/Linux-Netzwerkverzeichnisse.

Device-Dateien

Eine Grundidee von Unix/Linux besteht darin, dass viele Hardware-Komponenten ähnlich wie Dateien angesprochen werden können. Derartige Device-Dateien sind keine *echten* Dateien, sie verhalten sich nur so. In Wirklichkeit handelt es sich um Schnittstellen zu den betreffenden Treibern im Linux-Kernel. Device-Dateien ermöglichen den Zugriff auf Partitionen von Datenträgern, also von SD-Karten, USB-Sticks oder Festplatten. Sie erlauben die Kommunikation mit diversen Bus-Systemen, Netzwerkadaptern, dem Grafiksystem, Eingabegeräten wie der Maus oder der Tastatur etc.

Die Device-Dateien befinden sich alle im Verzeichnis /dev bzw. in dessen Unterverzeichnissen. Dieses Verzeichnis ist beim Start des Raspberry Pi leer. Es füllt sich, sobald der Kernel beim Hochfahren Hardware-Komponenten erkennt. Das sogenannte udev-System (eine Sammlung von Scripts, die mit dem Kernel interagieren) legt für jede erkannte Komponente eine geeignete Device-Datei an. Verantwortlich dafür ist das im Hintergrund laufende Programm udevd sowie dessen Konfigurationsdateien in /etc/udev.

Typische Beispiele für Device-Dateien sind /dev/mmcblk*. Dabei handelt es sich um die Devices, um die SD-Karte als Ganzes sowie deren Partitionen anzusprechen:

```
ls -l /dev/mmcblk0*
  brw-rw---T 1 root floppy 179, 0 Jan  1  1970 /dev/mmcblk0
  brw-rw---T 1 root floppy 179, 1 Jan  1  1970 /dev/mmcblk0p1
  brw-rw---T 1 root floppy 179, 2 Jul  7 12:51 /dev/mmcblk0p2
```

Das Ergebnis von `ls -l` verrät uns zuerst einmal durch den Buchstaben `b` am Beginn der Zugriffsbits, dass es sich um Block-Devices handelt. Alternativ gibt es auch Character-Devices, die Sie an einem `c` erkennen. Block-Devices sind für die Übertragung ganzer Datenblöcke optimiert, während Character-Devices Byte für Byte kommunizieren.

Die Device-Dateien sind für den Benutzer `root` sowie für alle Mitglieder der `floppy`-Gruppe zugänglich. Die Bezeichnung `floppy` ist ein Anachronismus aus vergangenen Zeiten, als Disketten die Rolle einnahmen, die heute SD-Karten haben. Sozusagen als traurigen gemeinsamen Nenner über zwei Jahrzehnte IT-Geschichte könnte man die Unzuverlässigkeit beider Medien sehen.

Zuletzt folgen im `ls`-Ergebnis zwei Zahlen, z. B. *179, 0* oder *179, 1*. Diese Zahlen geben die Major- und Minor-Device-Nummer an, also die Schnittstelle zum betreffenden Kerneltreiber. Alle Device-Nummern sind auf der folgenden Kernel-Webseite dokumentiert:

https://www.kernel.org/doc/Documentation/devices.txt

Dort können Sie nachlesen, dass die Major-Block-Device-Nummer 179 für SD-Karten reserviert ist. Die Minor-Nummer 0 bezeichnet die erste SD-Karte. Die Minor-Nummern 1 bis 7 adressieren die ersten sieben Partitionen auf dieser SD-Karte. Darauf folgen mit der Minor-Nummer 8 die zweite SD-Karte und mit 9 bis 15 deren Partitionen usw. Die Device-Dateien `/dev/mmcblk0*` machen also klar, dass der Kernel beim Hochfahren eine SD-Karte mit zwei Partitionen entdeckt hat.

Wenn Sie zusammen mit dem Raspberry Pi auch externe Datenträger verwenden, also z. B. einen USB-Stick oder eine USB-Festplatte, dann sollten Sie auch die Nomenklatur der hierfür üblichen Device-Dateien kennen:

- `/dev/sda`, `/dev/sdb`, `/dev/sdc` etc. bezeichnen den ersten, zweiten und dritten Datenträger in seiner Gesamtheit. Die Nummerierung hängt von der Reihenfolge ab, in der der Kernel die Datenträger entdeckt.
- `/dev/sda1`, `/dev/sda2` etc. sind Partitionen auf dem ersten Datenträger. Die Nummerierung der Partitionen kann Löcher aufweisen.
- Analog dienen `/dev/sdb1`, `/dev/sdb2` etc. zum Zugriff auf die Partition des zweiten Datenträgers.

Alle Block-Devices von Datenträgern auflisten

Ein außerordentlich praktisches Kommando für den Umgang mit Datenträgern ist `lsblk`. Es listet die Device-Namen aller Partitionen und anderer Block-Devices auf und gibt bei den aktiven Partitionen auch gleich das `mount`-Verzeichnis an.

Das mount-Kommando

Linux benötigt zum Hochfahren zumindest ein Dateisystem, das alle Dateien des Linux-Grundsystems enthält. Der Linux-Kernel erfährt durch die Option `root=...` die Partition, in der sich dieses Dateisystem befindet. Diese Option wird direkt beim Hochfahren übergeben. Auf dem Raspberry Pi wird die Option in der Datei `/boot/cmdline.txt` eingestellt. Sie enthält üblicherweise `/dev/mmcblk0p2`, also den Namen der Device-Datei für die zweite Partition der SD-Karte.

Sobald Linux einmal läuft, können mit dem `mount`-Kommando weitere Dateisysteme an einem beliebigen Ort in den Verzeichnisbaum integriert bzw. eingebunden werden. Sofern unter Raspbian die grafische Benutzeroberfläche läuft, kümmert sich diese darum, neu angeschlossene USB-Datenträger automatisch in das Dateisystem einzubinden – und das so, dass der eingeloggte Benutzer, in der Regel also `pi`, die Dateien lesen und verändern darf. Als Verzeichnis wird dabei `/media/name` verwendet, wobei sich `name` aus dem Dateisystemnamen (*label*) ergibt.

Haben Sie den Auto-Start der Benutzeroberfläche hingegen *nicht* in `raspi-config` aktiviert, müssen Sie sich selbst um `mount` kümmern: Wenn Sie beispielsweise einen USB-Stick mit Ihrem Raspberry Pi verbinden und dessen erste Partition unter dem Verzeichnis `/data` ansprechen möchten, führen Sie dazu die folgenden Kommandos aus:

```
sudo mkdir /data          # falls das Verzeichnis nicht existiert
sudo mount /dev/sda1 /data
```

Damit haben Sie zuerst das Verzeichnis `/data` erzeugt und dort das Dateisystem in der ersten Partition des USB-Sticks eingebunden. Der Inhalt des USB-Sticks kann nun über das `/data`-Verzeichnis gelesen und von `root` auch verändert werden.

Das `mount`-Kommando versucht automatisch zu errraten, um welchen Typ von Dateisystem es sich handelt. Mangels weiterer Optionen verwendet `mount` außerdem die Defaultoptionen des betreffenden Dateisystems. Bei einem USB-Stick wird es sich vermutlich um ein `vfat`-Dateisystem handeln. Mit `mount` ohne weitere Parameter können Sie sich davon vergewissern. Außerdem zeigt Ihnen dieses Kommando gleich, welche Optionen `mount` standardmäßig verwendet hat:

```
mount | grep sda1
  /dev/sda1 on /data type vfat (rw,relatime,fmask=0022,
    dmask=0022,codepage=437,iocharset=ascii,shortname=mixed,
    errors=remount-ro)
```

Eine detaillierte Beschreibung der zahlreichen mount-Optionen würde an dieser Stelle zu weit führen, weswegen wir Sie auf Linux-Grundlagenbücher oder auf die Online-Dokumentation in Form von man mount verweisen müssen. Kurz gesagt bewirken die Defaultoptionen, dass nur root Dateien verändern kann, dass alle Dateien ausführbar erscheinen und dass Linux annimmt, dass die Dateinamen den Zeichensatz CP437 verwenden. Alles in allem sind die Defaultoptionen denkbar ungeeignet, denn sie führen dazu, dass Sonderzeichen in Dateinamen falsch dargestellt werden und dass der Benutzer pi keinen Schreibzugriff auf den USB-Stick hat.

In der Praxis wollen Sie zumeist als Benutzer pi Dateien lesen und schreiben. Die Dateien sollen in der Regel *nicht* ausführbar sein, dafür soll als Zeichensatz zur bestmöglichen Kompatibilität mit Windows UTF8 verwendet werden. Um all diese Wünsche zu realisieren, führen Sie zuerst umount aus und binden den USB-Stick dann mit einer Menge Optionen neu in das /data-Verzeichnis ein:

```
sudo umount /data
sudo mount -t vfat \
        -o utf8,uid=1000,gid=1000,fmask=117,dmask=007,noatime \
        /dev/sda1 /data
```

Mit -t vfat geben Sie das gewünschte Dateisystem explizit an. Sollte der USB-Stick mit einem anderen Dateisystem formatiert worden sein, kommt es zu einer Fehlermeldung. Mit -o geben Sie die gewünschten Optionen an. Diese dürfen nur durch Kommata, aber nicht durch Leerzeichen getrennt sein. Die Optionen haben die folgende Bedeutung:

- utf8: Die Dateinamen verwenden den UTF8-Zeichensatz.
- uid=n,gid=m: Die Dateien des USB-Sticks sollen unter Linux dem Benutzer mit der UID n und der Gruppe mit der GID m zugeordnet werden.
- fmask=x,dmask=y: Die beiden Optionen geben an, welche Zugriffsbits bei Dateien und Verzeichnissen *nicht* gesetzt werden sollen. Dabei wird wie bei dem in diesem Kapitel schon kurz erwähnten umask-Kommando die oktale Schreibweise verwendet (siehe Abschnitt 5.2, »Zugriffsrechte«).

  fmask=117 bewirkt, dass für Dateien die oktalen Zugriffsbits 777 – 117 = 660 = rw-rw---- gelten. Die Dateien sind damit für den Besitzer und die zugeordnete Gruppe les- und veränderbar.

  dmask=007 ergibt 777 – 007 = 770 = rwxrwx---. Der Besitzer und die Gruppenmitglieder haben also uneingeschränkten Zugriff auf die Verzeichnisse.

- noatime: Die Option bewirkt, dass die *Inode Access Time* von Dateien nie aktualisiert wird. Ohne die Option wird bei jedem Lesezugriff der Zeitpunkt des Zugriffs gespeichert, was eine Menge unnötiger Schreiboperationen auslöst.

Sie sehen schon, dass Ihnen die grafische Benutzeroberfläche von Raspbian nicht nur den Komfort von Fenster und Maus gibt, sondern Ihnen auch einige Arbeit im Umgang mit externen Datenträgern abnimmt. Mit etwas Linux-Grundlagenwissen ist aber auch der manuelle Betrieb kein Problem!

Die Datei /etc/fstab

Die Kommandos mount und umount müssen jedes Mal mit root-Rechten ausgeführt werden, wenn ein externer Datenträger in den Verzeichnisbaum eingebunden oder wieder daraus gelöst werden soll. Bei vielen Anwendungen ist es aber so, dass ein USB-Stick *immer* in Ihrem Raspberry Pi angesteckt bleibt; Sie wollen ja, dass sein Inhalt *automatisch* in den Verzeichnisbaum eingebunden wird.

Derartige Wünsche kann Ihnen die Datei /etc/fstab erfüllen. Diese Systemkonfigurationsdatei enthält zeilenweise Einträge von Dateisystemen, die während des Systemstarts in den Verzeichnisbaum eingebunden werden sollen. Sowohl die dort genannten Verzeichnisse als auch die Device-Dateien der Datenträger müssen beim Hochfahren bereits existieren – andernfalls scheitert das Einbinden.

Jede Zeile in /etc/fstab besteht aus sechs Spalten:

- **Die erste Spalte (Device)** enthält normalerweise den Device-Namen, also z. B. /dev/sda1. Alternativ können Sie das gewünschte Dateisystem mit UUID=xxx oder LABEL=name auch durch dessen UUID oder Namen auswählen.
- **Die zweite Spalte (Pfad)** gibt an, bei welchem Verzeichnis der Datenträger in den Verzeichnisbaum eingebunden wird.
- **Die dritte Spalte (Dateisystemtyp)** gibt das Dateisystem an, z. B. ext4 oder vfat. Mit dem Eintrag auto versucht Linux, das Dateisystem selbst zu erkennen.
- **Die vierte Spalte (Optionen)** enthält die gewünschten mount-Optionen. Wenn Sie keine Optionen benötigen, geben Sie das Schlüsselwort defaults an. Mehrere Optionen werden nur durch Kommata getrennt, nicht durch Leerzeichen!
- **Die fünfte Spalte (dump)** wird unter Linux ignoriert. Es ist aber üblich, für die Systempartition 1 und für alle anderen Datenträger oder Partitionen 0 einzutragen.
- **Die sechste Spalte (fsck)** gibt an, ob und in welcher Reihenfolge die Dateisysteme beim Systemstart überprüft werden sollen. Oft wird 1 für die Systempartition und 0 für alle anderen Partitionen eingetragen. Das bedeutet, dass beim Rechnerstart nur die Systempartition auf Fehler überprüft und gegebenenfalls durch fsck

repariert wird. Falls Sie möchten, dass weitere Partitionen automatisch überprüft werden, geben Sie bei diesen Partitionen die Ziffer 2 an. Das heißt, die Überprüfung soll nach der Kontrolle der Systempartition erfolgen.

Standardmäßig sieht /etc/fstab auf einem Raspbian-System wie folgt aus:

```
# Datei /etc/fstab
proc            /proc   proc   defaults           0  0
/dev/mmcblk0p1  /boot   vfat   defaults           0  2
/dev/mmcblk0p2  /       ext4   defaults,noatime   0  1
```

Die proc-Zeile betrifft ein virtuelles Dateisystem, das Linux zum Austausch von Prozessinformationen verwendet. Die zweite Zeile ist für die erste Partition auf der SD-Karte verantwortlich; sie enthält ein VFAT-Dateisystem und soll über das Verzeichnis /boot genutzt werden. Die dritte Zeile betrifft schließlich das Wurzelverzeichnis in der zweiten Partition der SD-Karte.

Wenn Sie wie im einleitenden Beispiel wollen, dass das Dateisystem der ersten Partition des USB-Sticks im Verzeichnis /data eingebunden wird, ergänzen Sie /etc/fstab mit einem Editor um den folgenden Eintrag, der im folgenden Listing nur aus Platzgründen über zwei Zeilen verteilt werden musste:

```
# Datei /etc/fstab
/dev/sda1 /data vfat utf8,uid=1000,gid=1000,fmask=117,
                                    dmask=007,noatime 0 0
```

Datenträger partitionieren und formatieren

Auf einem Raspberry Pi ist es nur selten erforderlich, auf einem externen Datenträger neue Partitionen anzulegen oder auf einer Partition ein neues Dateisystem einzurichten – umgangssprachlich diese Partition also zu *formatieren*. Sollte sich diese Notwendigkeit aber doch ergeben, müssen Sie mit den Kommandos parted und mkfs.xxx umgehen lernen.

parted ist ein interaktives Kommando, mit dem Sie Partitionen auf einem Datenträger einrichten und wieder löschen können. Partitionen sind unabhängige Datenabschnitte, die ein Dateisystem beinhalten können. Auf vielen USB-Sticks gibt es nur *eine* Partition, die den ganzen Datenträger füllt. Auf Festplatten und SSDs ist es aber durchaus üblich, mehrere Partitionen einzurichten.

Es existieren gegenwärtig zwei unterschiedliche Partitionierungssysteme:

- **MBR:** Beim herkömmlichen MBR-System, dessen Konzepte aus DOS-Zeiten stammen, wird die Partitionstabelle im ersten Sektor des Datenträgers gespeichert. Dieser Sektor heißt *Master Boot Record* (MBR). Für USB-Sticks und SD-Karten dominiert das MBR-Verfahren bis heute.

- **GPT:** Das neuere GPT-Verfahren kommt in modernen Notebooks und PCs zum Einsatz. GPT steht für *GUID Partition Table*. Der Hauptvorteil besteht darin, dass es auch für Datenträger mit mehr als 2 TByte Speicherplatz geeignet ist.

Eine detaillierte Beschreibung von `parted` sprengt den Rahmen dieses Einführungsabschnitts zu Dateisystemen. Stattdessen zeigt Ihnen das folgende Listing die praktische Anwendung des Kommandos zur Neupartitionierung eines USB-Sticks. Auf dem USB-Stick wird zuerst mit `mklabel msdos` eine MBR-Partitionstabelle eingerichtet. Danach erzeugt `mkpart` eine primäre Partition für ein VFAT-Dateisystem, die den gesamten USB-Stick abzüglich des ersten und des letzten Megabyte ausfüllt.

`unit MiB` stellt die Einheit für das nachfolgende `print`-Kommando auf binäre MByte um, d. h., 1 MByte = 2^{20} Byte. `print` gibt dann die erzeugte Partitionstabelle aus.

```
sudo parted /dev/sda
(parted) mklabel msdos
  Warning: The existing disk label on /dev/sda will be destroyed
  and all data on this disk will be lost. Do you want to
  continue? Yes/No? yes
(parted) mkpart primary fat32 1MiB -1MiB
(parted) unit MiB
(parted) print
  Model: Corsair Flash Voyager (scsi)
  Disk /dev/sda: 7712MiB
  Sector size (logical/physical): 512B/512B
  Partition Table: msdos
  Number  Start    End      Size     Type     File system  Flags
   1      1,00MiB  7712MiB  7711MiB  primary               lba
(parted) quit
```

Im obigen Beispiel nehmen wir an, dass der Device-Name des USB-Sticks `/dev/sda` lautet. Beachten Sie, dass alle Dateisysteme dieses Datenträgers vorher gelöst werden müssen (`umount`) und dass der gesamte Inhalt des Datenträgers durch die folgenden Kommandos verloren geht!

Nun geht es noch darum, auf der ersten Festplattenpartition ein Dateisystem einzurichten. Wenn Sie kompatibel mit der Windows-Welt und mit OS X bleiben wollen, wählen Sie `vfat`. Das Kommando `mkfs.vfat` richtet ein derartiges Dateisystem ein, wobei die Option `-F 32` unabhängig von der Datenträgergröße ein VFAT32-Dateisystem erzwingt. Achten Sie darauf, dass Sie den Device-Namen der ersten Partition angeben (`/dev/sda1`), nicht den des ganzen Datenträgers (`/dev/sda`)!

```
sudo apt-get install dosfstools
sudo mkfs.vfat -F 32 /dev/sda1
```

Für Datenträger, die ausschließlich auf dem Raspberry Pi bzw. auf Linux-Systemen verwendet werden, bietet das Linux-Dateisystem `ext4` nicht nur mehr Datensicherheit, sondern vor allem auch eine bessere Kompatibilität zu Linux. Nur auf einem Linux-Dateisystem können Sie Metainformationen wie Dateibesitzer, Gruppenzugehörigkeit oder Zugriffsrechte speichern!

```
sudo mkfs.ext4 /dev/sda1
```


5.5 Netzwerkkonfiguration

Im einfachsten Fall müssen Sie sich um die Netzwerkkonfiguration gar nicht kümmern: Sobald Sie Ihren Raspberry Pi über ein Ethernet-Kabel mit Ihrem lokalen Netzwerk verbinden, bezieht der Raspberry Pi die Netzwerkkonfiguration per DHCP selbst. DHCP steht für *Dynamic Host Configuration Protocol* und bezeichnet ein Verfahren, mit dem ein Rechner im lokalen Netz allen anderen Rechnern IP-Adressen und andere Netzwerkparameter zuweist. Zu Hause fungiert oft ein ADSL-Router als DHCP-Server, in Firmen sind es hingegen oft dezidierte Server.

Kein WLAN ohne Adapter!

Der Raspberry Pi besitzt keinen eingebauten WLAN-Adapter. Jede WLAN-Anwendung setzt voraus, dass Sie einen USB-WLAN-Adapter verwenden. Dabei ist es wichtig, dass Sie ein Raspbian-kompatibles Modell einsetzen. Recherchieren Sie vor dem Kauf!

Sofern Sie Ihren Raspberry Pi per WLAN an das lokale Netzwerk anbinden, gelingt die Konfiguration am schnellsten über das Netzwerkmenü im Panel (siehe Abschnitt 2.5, »WLAN-Konfiguration«). An dieser Stelle geht es primär um die Interna des automatischen DHCP-Betriebs bzw. des WLAN-Konfigurationswerkzeugs.

Die folgenden Seiten sind vor allem dann für Sie relevant, wenn Sie Ihren Raspberry Pi *ohne* grafische Benutzeroberfläche mit Ihrem lokalen Netzwerk verbinden möchten oder wenn die Netzwerkkonfiguration statisch erfolgen soll. Dies ist z. B. dann wichtig, wenn Sie Ihren Raspberry Pi als Router einsetzen möchten (siehe Kapitel 37, »WLAN- und IPv6-Router«).

Glossar

In diesem Buch fehlt der Platz für einen längeren Ausflug in die Netzwerktheorie. Aber Sie können den folgenden Erklärungen nur dann folgen, wenn wir uns zuerst über die wichtigsten Grundbegriffe verständigen:

- **IP-Adressen und -Ports:** Für den Großteil des Datenverkehrs in lokalen Netzen und im Internet ist das Protokoll TCP/IP verantwortlich. TCP steht dabei für *Transmission Control Protocol*, IP für *Internet Protocol*.

  Netzwerkdaten werden in relativ kleinen Paketen transportiert. Zusammen mit jedem Paket werden mehrere Metadaten gespeichert, darunter die IP-Adresse und der IP-Port. Die IP-Adresse bestimmt den Empfänger des Pakets. Eine typische IPv4-Adresse für einen Rechner in einem lokalen Netz lautet 192.168.0.75. Die Port-Nummer gibt die Kategorie des Dienstes an. Vielen Internetdiensten sind eigene Port-Nummern zugeordnet, z. B. 80 für HTTP oder 22 für SSH.

- **Hostname:** IP-Adressen mögen für Computer praktisch sein, Menschen können sich IP-Adressen aber nur schwer merken. Aus diesem Grund werden Rechner im Netzwerk durch einen Hostnamen identifiziert. Unter Raspbian lautet dieser Name standardmäßig `raspberrypi`.

- **Schnittstellen:** Eine Netzwerkschnittstelle kann einen Hardware-Netzwerkadapter für Ethernet oder WLAN bezeichnen; eine Schnittstelle kann aber auch ein durch Software implementierter Verbindungspunkt zwischen verschiedenen Netzen sein.

  Ihr Raspberry Pi hat in der Regel *mehrere* aktive Schnittstellen mit unterschiedlichen IP-Adressen: die Loopback-, die Ethernet- und die WLAN-Schnittstelle. Linux-intern bekommen alle Netzwerkschnittstellen einen Namen zugewiesen. Typische Namen sind `lo` für die Loopback-Schnittstelle, `eth0` für die erste Ethernet-Schnittstelle und `wlan0` für die erste WLAN-Schnittstelle.

- **MAC-Adresse:** Bei der MAC-Adresse (*Media Access Control*) handelt es sich um eine eindeutige ID-Nummer, mit der jeder Ethernet-Controller ausgestattet ist. Die MAC-Nummer ermöglicht eine Identifizierung des Netzwerk-Controllers, noch bevor ihm eine IP-Adresse zugewiesen wird.

- **Loopback-Schnittstelle:** Die Loopback-Schnittstelle spielt eine besondere Rolle: Sie ermöglicht die Verwendung des Netzwerkprotokolls für lokale Dienste, also zur Kommunikation *innerhalb* des Rechners. Das klingt vielleicht widersinnig, ist aber für viele elementare Linux-Kommandos erforderlich. Der Grund: Manche Kommandos bauen ihre Kommunikation auf dem Netzwerkprotokoll auf, ganz egal, ob die Daten lokal auf dem Rechner bleiben oder über ein Netz auf einem fremden Rechner weiterverarbeitet werden. Ein Beispiel dafür ist das Druckersystem (CUPS), das Druckjobs sowohl lokal als auch von anderen Rechnern im Netzwerk akzeptiert. Als IP-Adresse für das Loopback-Interface ist 127.0.0.1 vorgesehen.

- **Netzwerkmaske, Netzwerk- und Broadcast-Adresse:** Die Ausdehnung eines lokalen Netzes wird durch eine sogenannte Maske ausgedrückt. Dabei handelt es sich um vierteilige Ziffernguppen, die intern als Bitmuster für IP-Adressen verwendet werden. Wenn das lokale Netz z. B. alle Nummern 192.168.0.*n* umfasst, lautet die dazugehörige Netzwerkmaske 255.255.255.0, die Netzwerkadresse 192.168.0.0 und die Broadcast-Adresse 192.168.0.255. Bei vielen Konfigurationsprogrammen brauchen Sie weder die Netzwerk- noch die Broadcast-Adresse anzugeben, da sich diese aus der IP-Adresse und der Maske ergeben.

Das resultierende Netzwerk wird jetzt mit 192.168.0.0/255.255.255.0 oder kurz mit 192.168.0.0/24 bezeichnet. Diese Kurzschreibweise heißt auch Präfix-Notation. Die Zahl hinter dem Schrägstrich gibt die Anzahl der binären Einser der Netzwerkmaske an. Zwei Rechner mit den IP-Adressen 192.168.0.71 und 192.168.0.72 können sich in diesem Netzwerk also direkt miteinander verständigen, weil die IP-Adressen im Bereich der Netzwerkmaske übereinstimmen. Die maximale Anzahl von Rechnern, die gleichzeitig in diesem Netz kommunizieren können, beträgt 254 (.1 bis .254) – die Nummern .0 und .255 sind reserviert.

- **Gateway:** Ein Gateway ist ein Rechner, der an der Schnittstelle zwischen zwei Netzen steht, oft zwischen dem lokalen Netz und dem Internet. Die Gateway-Adresse bezeichnet also einen besonderen Rechner im lokalen Netz. In Privathaushalten ist das Gateway oft ein ADSL-Modem oder ein damit verbundener WLAN-Router. Auch ein als HotSpot eingesetztes Smartphone (Tethering) kann als lokales Gateway dienen: In diesem Fall kommunizieren andere Rechner über das WLAN mit dem Smartphone und dieses leitet die IP-Pakete dann über das Mobilfunknetz in das Internet weiter.
- **Nameserver:** Ein Nameserver ist ein Programm, das Rechnernamen bzw. Internetadressen wie *yahoo.com* in IP-Adressen übersetzt. Auf Ihrem Raspberry Pi läuft üblicherweise kein eigener Nameserver; vielmehr greift Ihr Minicomputer für diese Aufgabe auf einen externen Nameserver zurück. Oft läuft auf dem Gateway-Rechner (ADSL-Router) ein lokaler Nameserver, der wiederum auf einen Nameserver Ihres Internet-Providers zurückgreift.

IPv4 und IPv6

Momentan sind zwei Versionen des Internet Protocols relevant: IPv4 und IPv6. Für lokale Netze reicht IPv4 aus, weswegen IPv6 unter Raspbian standardmäßig deaktiviert ist. Auch dieser Abschnitt bezieht sich ausschließlich auf IPv4.

Wir gehen aber an zwei Stellen näher auf IPv6 ein: In Abschnitt 4.9, »IPv6«, haben wir Ihnen bereits ein Verfahren präsentiert, mit dem Sie Ihren Raspberry Pi mit einem sogenannten Tunnel aus dem weltweiten Internet erreichbar machen. Und in Abschnitt 37.5, »IPv6-Router«, zeigen wir Ihnen, wie Sie aus Ihrem Raspberry Pi einen IPv6-Router für Ihr lokales Netzwerk machen. Dank eines Tunnels funktioniert das selbst dann, wenn Sie gar keinen IPv6-Internetzugang haben!

Die Datei /etc/network/interfaces

Für die Konfiguration aller Schnittstellen ist unter Raspbian sowie unter allen anderen Distributionen, die von Debian und Ubuntu abgeleitet sind, die Datei /etc/network/interfaces zuständig. Die Syntax ist ausgesprochen einfach: Jede Schnittstelle, die beim Rechnerstart aktiviert werden soll, muss durch auto name genannt werden. iface name optionen beschreibt die Basiskonfiguration der Schnittstelle. Bei einer statischen Konfiguration folgen in den weiteren Zeilen die Parameter address, netmask und gateway.

In der Raspbian-Defaultkonfiguration sieht die interfaces-Datei wie folgt aus:

```
# Datei /etc/network/interfaces (Defaultkonfiguration)
# Loopback-Schnittstelle
auto lo
iface lo inet loopback

# Ethernet-Schnittstelle: DHCP verwenden
auto eth0
iface eth0 inet dhcp

# WLAN-Schnittstelle: Konfiguration durch wpa_gui + DHCP
allow-hotplug wlan0
iface wlan0 inet manual
  wpa-roam /etc/wpa_supplicant/wpa_supplicant.conf
iface default inet dhcp
```

Die ersten beiden Zeilen beschreiben die Loopback-Schnittstelle mit dem Namen lo. Die Schnittstelle soll automatisch aktiviert werden. Zur Konfiguration ist iface lo inet loopback ausreichend – um die Details kümmern sich dann die Netzwerk-Scripts, die die interfaces-Datei auswerten.

Die nächsten zwei Zeilen aktivieren die Ethernet-Schnittstelle eth0 und geben an, dass die Parameter für die Netzwerkkonfiguration per DHCP bezogen werden sollen. Wenn die interfaces-Datei beim Hochfahren des Raspberry Pi ausgewertet wird, führt inet dhcp dazu, dass das Programm dhclient gestartet wird. Es versucht im lokalen Netzwerk einen DHCP-Server zu kontaktieren. Wenn dhclient eine Antwort erhält, führt es die Schnittstellenkonfiguration entsprechend der eingetroffenen Daten durch; andernfalls bleibt die Ethernet-Schnittstelle inaktiv. Das gilt auch für den Fall, dass an die Schnittstelle gar kein Kabel angeschlossen ist.

Etwas komplizierter ist die Konfiguration der WLAN-Schnittstelle, die durch die restlichen Zeilen erfolgt. Sinngemäß bedeuten die Zeilen, dass die WLAN-Schnittstelle nicht sofort automatisch aktiviert wird, sondern erst, wenn das im Hintergrund laufende Programm wpa_supplicant erkennt, dass es ein bereits konfiguriertes WLAN-Netzwerk in Funkreichweite gibt. Das WLAN-Passwort wird dann der Datei wpa_supplicant.conf entnommen. Sobald die Authentifizierung erfolgreich ist, werden die eigentlichen Netzwerkparameter wieder per DHCP ermittelt.

Das Programm wpa_supplicant und die vorhin abgedruckte Konfiguration in interfaces ist für den Roaming-Betrieb gedacht, d. h. für den Fall, dass sich Ihr Raspberry Pi mal im einen, dann wieder mal in einem anderen WLAN befindet und dabei jeweils automatisch eine Verbindung herstellt. Das ist eigentlich ein zweckmäßiges Szenario für ein Notebook, weniger für den Raspberry Pi. Aber in Kombination mit der grafischen Benutzeroberfläche wpa_gui funktioniert das Verfahren auch für den Raspberry Pi einfach und unkompliziert.

Eine Menge Hintergrundinformationen zu wpa_supplicant können Sie im *ubuntuusers*-Wiki nachlesen. Die dort zusammengetragenen Informationen treffen auch für Raspbian zu, weil sowohl Ubuntu als auch Raspbian auf Debian basieren.

http://wiki.ubuntuusers.de/WLAN/wpa_supplicant

Statische LAN-Konfiguration

Für den Server-Einsatz im lokalen Netzwerk ist es oft erforderlich, dem Raspberry Pi eine unveränderliche IP-Adresse zuzuweisen. Die Netzwerkverbindung soll also weiterhin über ein Ethernet-Kabel erfolgen, die IP-Adresse und die restlichen Parameter sollen aber nicht per DHCP bezogen, sondern statisch eingestellt werden.

Dieses Szenario lässt sich leicht realisieren, indem Sie vorhandene eth0-Zeilen in der interfaces-Datei durch die folgenden Zeilen ersetzen. Die restlichen Anweisungen in interfaces belassen Sie unverändert.

```
# Datei /etc/network/interfaces
...
# statische Konfiguration für eth0
auto eth0
iface eth0 inet static
  address    10.0.0.8
  netmask    255.255.255.0
  gateway    10.0.0.1
```

Vergessen Sie die Nameserver-Konfiguration nicht!

Die statische IP-Konfiguration ist mit der obigen Änderung in interfaces abgeschlossen und reicht zur Kommunikation im lokalen Netzwerk aus – sofern Sie bei allen Netzwerkkommandos immer die IP-Adresse angeben. Ihr Raspberry Pi ist aber nicht in der Lage, Hostnamen aufzulösen. Das Testkommando ping heise.de wird daher scheitern – außer /etc/resolv.conf enthält noch Einstellungen, die aus dem früheren DHCP-Betrieb stammen. Wie Sie den Nameserver korrekt in /etc/resolv.conf eintragen, beschreiben wir im folgenden Abschnitt »Nameserver-Konfiguration«.

Damit die geänderte Konfiguration wirksam wird, müssen Sie die Schnittstelle mit `ifdown` herunterfahren und dann mit `ifup` neu starten:

```
sudo ifdown eth0 && ifup eth0
```

Manuelle WLAN-Konfiguration

Eine manuelle WLAN-Konfiguration ist dann angebracht, wenn zumindest eine der beiden folgenden Voraussetzungen zutrifft:

- Sie wollen Ihren Raspberry Pi *ohne* grafische Benutzeroberfläche nutzen und deswegen auf `wpa_gui` und vergleichbare Werkzeuge verzichten.
- Ihr Raspberry Pi befindet sich immer am gleichen Ort und hat Zugang zu einem gleichbleibenden WLAN-Netz. Dieses Netz soll immer verwendet werden – und kein anderes.

Eine entsprechende Konfiguration kann dann z. B. so aussehen:

```
# Datei /etc/network/interfaces
...
# manuelle WLAN-Konfiguration mit DHCP
auto wlan0
iface wlan0 inet dhcp
  wpa-conf /etc/wpa.conf
```

Damit erreichen Sie, dass die WLAN-Schnittstelle automatisch aktiviert wird, dass die Authentifizierungsdaten aus `/etc/wpa.conf` gelesen werden und dass die Netzwerkkonfiguration anschließend per DHCP erfolgt.

Nun müssen Sie noch die Authentifizierungsdaten mit einem Editor in `/etc/wpa.conf` eintragen. Dabei müssen Sie die Syntax von `wpa_supplicant.conf` einhalten, die in der gleichnamigen `man`-Seite dokumentiert ist. Für ein typisches WLAN mit der Verschlüsselung WPA2 (WPA = *Wi-Fi Protected Access*) kann die Datei so aussehen:

```
# Datei /etc/wpa.conf
network={
  ssid="wlan-name"
  psk="ganzGeheim"
  proto=RSN
  key_mgmt=WPA-PSK
  pairwise=CCMP
  auth_alg=OPEN
}
```

Oft ist es hilfreich, die Parameter dieser Datei vorweg mit dem grafischen Konfigurationswerkzeug `wpa_gui` einzustellen und dann aus der Datei `/etc/wpa_supplicant/wpa_supplicant.conf` zu kopieren. Das erfordert einen Raspberry Pi in der Grundkonfiguration und mit grafischer Benutzeroberfläche oder auch ein beliebiges Linux-Notebook, auf dem das Programm wpa_gui installiert ist. Konfigurationsanleitungen für andere WLAN-Verschlüsselungsverfahren, unter anderem für WPA (Version 1) und WEP, finden Sie im bereits erwähnten *ubuntuusers*-Wiki:

http://wiki.ubuntuusers.de/WLAN/wpa_supplicant

Da wpa.conf ein Klartextpasswort enthält, sollte nur root Leserechte haben:

```
sudo chown root.root /etc/wpa.conf
sudo chmod 600 /etc/wpa.conf
```

Um die Konfiguration auszuprobieren, führen Sie für die WLAN-Schnittstelle ifdown und ifup aus. Das folgende Listing zeigt in verkürzter Form, welche Ausgaben über den Zustand der DHCP-Kommunikation dabei zu erwarten sind:

```
ifdown wlan0 && ifup wlan0
  Internet Systems Consortium DHCP Client 4.2.2
  ...
  Listening on LPF/wlan0/7c:dd:90:5a:2d:08
  Sending on   LPF/wlan0/7c:dd:90:5a:2d:08
  DHCPDISCOVER on wlan0 to 255.255.255.255 port 67 interval 3
  DHCPREQUEST on wlan0 to 255.255.255.255 port 67
  DHCPOFFER from 10.0.0.138
  DHCPACK from 10.0.0.138
  bound to 10.0.0.1 -- renewal in 742480540 seconds.
```

Sie können die manuelle WLAN-Konfiguration auch mit einer statischen IP-Adresse verbinden. Dazu ändern Sie die interfaces-Datei nochmals:

```
# Datei /etc/network/interfaces
...
# manuelle WLAN-Konfiguration mit statischer IP-Adresse
auto wlan0
iface wlan0 inet static
  address    10.0.0.250
  netmask    255.255.255.0
  gateway    10.0.0.138
  wpa-conf   /etc/wpa.conf
```

Wie für die statische Ethernet-Konfiguration gilt auch hier: Vergessen Sie nicht die Nameserver-Konfiguration, die wir im übernächsten Abschnitt beschreiben!

WLAN-Treiberprobleme (RTL8188eu)

Viele WLAN-Adapter werden von Raspbian unmittelbar unterstützt. Leider gibt es auch prominente Ausnahmen. Sie erkennen das Problem daran, dass das Kommando ip addr nach dem Anstecken des USB-Adapters keinen wlan0-Eintrag liefert. Mitunter gibt auch der Kernel Hinweise auf das Problem. Werfen Sie einfach mit `dmesg` einen Blick in die Kernel-Nachrichten! Die folgenden Zeilen betreffen einen WLAN-Adapter, der den von Raspbian nicht direkt unterstützten RTL8188eu-Chipsatz verwendet:

```
dmesg
  ...
  r8188eu 1-1.4:1.0: Direct firmware load for rtlwifi/rtl8188eufw
    .bin
    failed with error -2. Firmware rtlwifi/rtl8188eufw.bin not
    available
  ...
```

Abhilfe schafft in diesem Fall die manuelle Installation des entsprechenden Kernelmoduls, die Sie am einfachsten so bewerkstelligen:

```
wget \
  https://dl.dropboxusercontent.com/u/80256631/install-8188eu.tgz
tar xzf install-8188eu.tgz
sudo ./install-8188eu.sh
sudo reboot
```

Das bash-Script `install-8188eu.sh` ermittelt die Version des laufenden Kernels, lädt dann das dazu passende Kernelmodul `8188eu.ko` herunter und kopiert es in das Verzeichnis `/lib/modules/n.n/kernel/drivers/net/wireless`. Das Modul wurde vom Raspberry-Pi-Experten mit dem Pseudonym MrEngman kompiliert. Zur Ausführung des im Script enthaltenen `sudo`-Kommandos müssen Sie Ihr Login-Passwort angeben. Details zu diesem Kernelmodul können Sie hier nachlesen:

https://www.raspberrypi.org/forums/viewtopic.php?p=454488

Ab dem nächsten Neustart des Raspberry Pi wird das Modul automatisch geladen, sobald der WLAN-Adapter angesteckt wird. Sollten Sie später eine neuere Kernelversion installieren, müssen Sie die obige Installation wiederholen und darauf hoffen, dass MrEngman den WLAN-Treiber auch an die neue Kernelversion angepasst hat.

Nameserver-Konfiguration

Eine manuelle Netzwerkkonfiguration ist erst dann vollständig, wenn Ihr Raspberry Pi auch weiß, welchen Nameserver er verwenden soll. Die Aufgabe des Nameservers ist es, die IP-Adresse von Hostnamen zu ermitteln. Die Konfiguration erfolgt in der Datei `/etc/resolv.conf`. Im einfachsten Fall tragen Sie in diese Datei einfach nur das Schlüsselwort `nameserver` und die IP-Adresse des gewünschten Nameservers ein.

```
# Datei /etc/resolv.conf
nameserver 10.0.0.138
```

Insgesamt können Sie in resolv.conf bis zu drei Nameserver eintragen, wobei Sie jeden Nameserver in einer eigenen Zeile angeben. Das hat den Vorteil, dass die Namensauflösung selbst dann funktioniert, wenn einmal ein Nameserver ausfällt.

Änderungen in resolv.conf werden sofort wirksam. Beachten Sie aber, dass Ihre Einträge in resolv.conf überschrieben werden, wenn Sie für irgendeine Schnittstelle Netzwerkparameter per DHCP beziehen. Eine manuelle Konfiguration von resolv.conf ist also nur zweckmäßig, wenn Sie DHCP *nicht* verwenden!

Optional können Sie in resolv.conf mit den Schlüsselwörtern domain und search den Domainnamen Ihres lokalen Netzwerks eintragen:

```
# Datei /etc/resolv.conf
nameserver 10.0.0.138
domain mynet
search mynet
```

Damit erreichen Sie, dass unvollständige Namen mit dem Domainnamen erweitert werden. So wird beispielsweise jupiter zu jupiter.mynet. Das erhöht in erster Linie die Bequemlichkeit, weil lokale Hostnamen in verkürzter Form angegeben werden können. Bei search dürfen mehrere Domainnamen angegeben werden, bei domain aber nur einer. Dafür hat der domain-Name Vorrang vor den search-Namen, wird also zuerst getestet. Wenn wie hier nur ein einziger Domainname angegeben wird, kann auf die domain-Zeile verzichtet werden.

Der öffentliche Nameserver von Google

Wenn Sie die IP-Adresse des Nameservers Ihres Internet-Providers nicht kennen, können Sie stattdessen auch die des öffentlichen Nameservers von Google verwenden. Er hat die leicht zu merkende IP-Adresse 8.8.8.8. Es muss Ihnen natürlich klar sein, dass Google damit noch ein wenig mehr über Sie erfährt, als dies ohnehin schon der Fall ist: Google weiß jetzt, wann Sie auf Ihrem Raspberry Pi welche Seite besuchen.

Hostname ändern

Der Rechnername (Hostname) Ihres Raspberry Pi wird in der Datei /etc/hostname gespeichert. Um diesen Namen zu ändern, tragen Sie dort mit einem Editor einen neuen Namen ein. Standardmäßig wird die Änderung erst mit dem nächsten Neustart wirksam. Um den neuen Hostnamen ohne Neustart zu aktivieren, führen Sie das Kommando hostname aus. Im folgenden Beispiel wird der Hostname zuerst bleibend auf pi umgestellt; das zweite Kommando aktiviert die Einstellung sofort:

```
sudo echo "pi" > /etc/hostname
sudo hostname pi
```

5.6 Bluetooth

Mit der Nutzung von Bluetooth-Geräten verhält es sich ähnlich wie mit der WLAN-Konfiguration: Sie ersparen sich eine Menge Mühe und Ärger, wenn Sie die Konfigurationswerkzeuge einsetzen, die das Desktop-System bietet (siehe Abschnitt 2.6, »Bluetooth-Konfiguration«). Ist ein Betrieb im Grafikmodus aber nicht vorgesehen oder können Sie aus anderen Gründen nur im Textmodus oder via SSH arbeiten, dann führt an einer manuellen Konfiguration kein Weg vorbei.

Der erste Schritt besteht darin, die erforderlichen Bluetooth-Pakete zu installieren. Wenn Sie einfach `apt-get install` mit den Paketnamen ausführen, werden außer den eigentlichen Bluetooth-Paketen zahllose weitere Pakete installiert, unter anderem die gesamte Drucker-Infrastruktur (CUPS-Pakete). Das ist nicht vollkommen unvernünftig, weil es ja auch Bluetooth-Drucker gibt. Zum Anschließen einer Bluetooth-Tastatur oder -Maus sind diese Pakete allerdings überflüssig. Wenn Sie Ihr Raspbian-System gern möglichst kompakt halten, verwenden Sie bei der Installation die Option `--no-install-recommends`. Der Installationsumfang sinkt damit von 80 MByte auf läppische 2 MByte. Das folgende Kommando ist ohne \ in einer Zeile auszuführen:

```
sudo apt-get install --no-install-recommends \
  bluetooth bluez-utils python-gobject
```

Bluetooth-Geräte erkennen

Mit `hcitool dev` finden Sie nun den Device-Namen Ihres Bluetooth-Steckers heraus (in aller Regel `hci0`) und mit `hcitool scan` die ID des Bluetooth-Geräts, mit dem Sie die Verbindung herstellen möchten. Achten Sie darauf, dass das Gerät eingeschaltet ist!

```
hcitool dev
  Devices:
  hci0  00:1A:7D:DA:71:13
hcitool scan
  Scanning ...
  70:10:00:1A:92:20  Bluetooth 3.0 Keyboard
```

Pairing

`bluez-simple-agent` macht den Bluetooth-Empfänger und das Bluetooth-Gerät miteinander bekannt. In der Bluetooth-Nomenklatur wird dieser Vorgang *pairing* genannt. Dabei müssen Sie einen PIN-Code eingeben, bei einer Maus üblicherweise einfach 0000 oder 1234 und dann ↵. Zum Paring einer Bluetooth-Tastatur geben Sie zuerst z. B. `1234` und ↵ auf der mit dem Raspberry Pi verbundenen Tastatur bzw. via SSH an, dann wiederholen Sie diese Eingabe mit der Bluetooth-Tastatur.

```
bluez-simple-agent hci0 70:10:00:1A:92:20
  RequestPinCode (/org/bluez/9333/hci0/dev_70_10_00_1A_92_20)
  Enter PIN Code: <1234>     <-- USB-Tastatur oder SSH
  <1234>                     <-- Bluetooth-Tastatur
  Release
  New device (/org/bluez/9333/hci0/dev_70_10_00_1A_92_20)
```

bluez-test-input connect stellt die Verbindung zum angegebenen Eingabegerät her. Falls die Eingaben nicht berücksichtigt werden, muss unter Umständen das Kernelmodul uinput geladen werden.

```
bluez-test-input connect 70:10:00:1A:92:20
```

Ab jetzt sollte Ihre Bluetooth-Tastatur funktionieren. Das Kommando bluez-test-device trusted bewirkt schließlich, dass sich das Bluetooth-System merkt, dass das angegebene Gerät vertrauenswürdig ist. Damit gelingt später ein automatischer Verbindungsaufbau. Intern wird diese Information in der Datei /var/lib/bluetooth/<hci-id>/trusts gespeichert.

```
bluez-test-device trusted 70:10:00:1A:92:20 yes
```

Verbindungsaufbau erzwingen

Nun folgt die eigentliche Bewährungsprobe: Starten Sie Ihren Raspberry Pi mit reboot neu. Wenn alles klappt, sollte der Raspberry Pi Ihr Bluetooth-Gerät beim nächsten Start wieder korrekt erkennen. Bei unseren Tests sind wir an diesem Punkt mit manchen Bluetooth-Geräten gescheitert. Abhilfe schuf erst das Einbauen der Anweisung bluez-test-input connect in /etc/rc.local:

```
# Datei /etc/rc.local
...
bluez-test-input connect 70:10:00:1A:92:20
exit 0
```

Das bewirkt einen expliziten Verbindungsaufbau am Ende jedes Neustarts. Wenn Sie nicht nur ein, sondern mehrere Bluetooth-Geräte mit dem Raspberry Pi verbinden möchten, verfahren Sie mit diesen ebenso.

Bluetooth-Ärger

Die Verwendung von Bluetooth-Geräten mit dem Raspberry Pi sieht verlockend aus, bereitet in der Praxis aber leider oft Ärger. Wir haben die Erfahrung gemacht, dass in der Regel eine USB-Tastatur und eine USB-Maus zuverlässiger funktionieren als Bluetooth-Geräte.

5.7 Systemstart

Dieser Abschnitt erklärt Ihnen, wie Ihr Raspberry Pi hochfährt (siehe Abbildung 5.1). Es geht also um die ersten 30 bis 60 Sekunden nach dem Einschalten des Geräts. Vorweg einmal ein Überblick:

- Die GPU, also der Grafikteil des BCM2835 bzw. BCM2836, lädt den 1st-Stage-Bootloader aus dem ROM.
- Der 1st-Stage-Bootloader lädt die Datei `bootcode.bin` von der SD-Karte. Diese Datei enthält den 2nd-Stage-Bootloader.
- Der 2nd-Stage-Bootloader lädt `start.elf` mit der GPU-Firmware sowie `config.txt` mit diversen Konfigurationseinstellungen von der SD-Karte.
- Nun wird der Linux-Kernel (`kernel.img` oder `kernel7.img`) geladen und gestartet, wobei die Kerneloptionen aus `cmdline.txt` sowie der Device Tree Blob übergeben werden (siehe Abschnitt 5.11, »Device Trees«). Der Kernel führt eine erste Hardware-Initialisierung durch und startet dann das Init-V-System.
- Das Init-V-System vervollständigt die Hardware-Initialisierung, aktiviert diverse Hintergrund- und Netzwerkdienste und startet schließlich – bei entsprechender Konfiguration – den grafischen Desktop.

1st-Stage-Bootloader

Die erste Phase des Bootprozesses verläuft auf dem Raspberry Pi ganz anders als auf einem Linux-Notebook oder -PC: Es gibt weder ein BIOS noch ein EFI, und auch von dem auf PCs üblichen Bootloader GRUB ist keine Spur zu sehen. Stattdessen wird nach dem Einschalten des Raspberry Pi vorerst nur der GPU-Core aktiv, also der Grafikteil des BCM2835/-36. Dieser Chip ist das Herz des Raspberry Pi. Es handelt sich um ein sogenanntes *System-on-a-Chip* (SoC), also um einen Chip, der neben der eigentlichen CPU auch gleich diverse andere Komponenten enthält.

Die GPU lädt nun den ersten Teil des Bootloaders, den sogenannten 1st-Stage-Bootloader. Dieses Programm befindet sich in einem ROM, also in einem unveränderlichen Festspeicher des BCM2835/-36. Dabei handelt es sich um ein winziges Programm, das gerade genug Funktionen enthält, damit nun die CPU auf die SD-Karte zugreifen und dort `bootcode.bin` in den Cache der CPU lesen kann.

Eine wesentliche Voraussetzung für den weiteren Verlauf des Bootprozesses ist es, dass die SD-Karte eine MBR-Partitionstabelle und die erste Partition ein VFAT-Dateisystem enthält. Sofern Raspbian läuft, können Sie den Inhalt dieses Dateisystems über das Verzeichnis `/boot` ansprechen. Wenn Sie die SD-Karte in einen Windows- oder OS-X-Rechner stecken, scheint dieses Dateisystem der einzige Inhalt der SD-Karte zu sein. Tatsächlich gibt es noch eine weitere, viel größere Partition, die

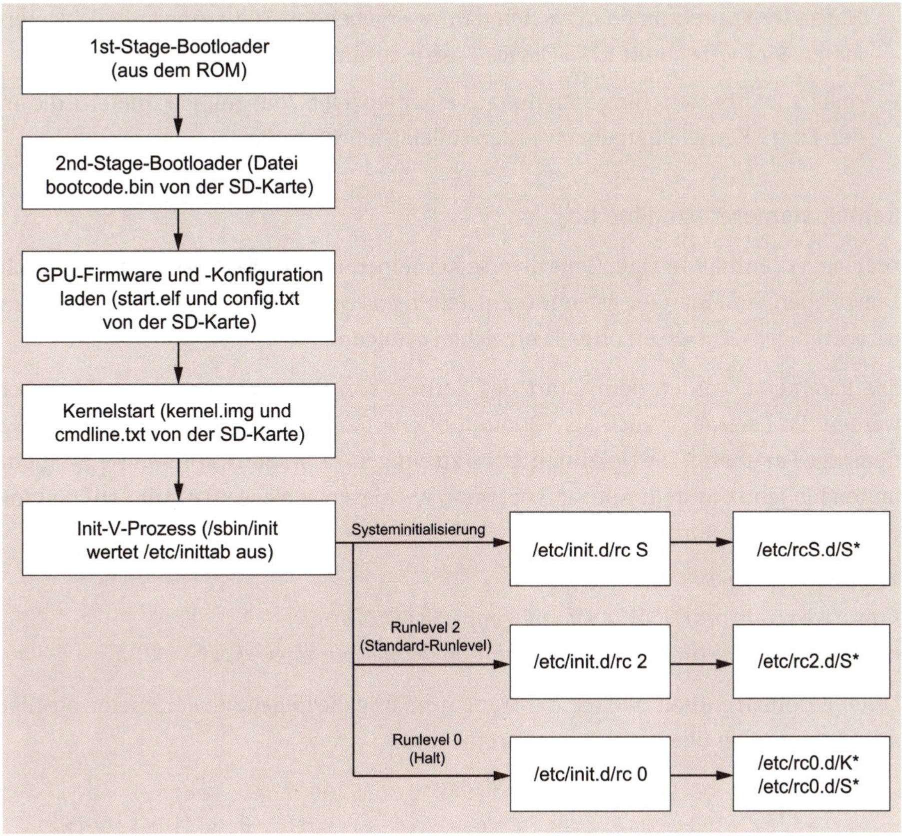

Abbildung 5.1 Überblick über den Bootprozess unter Raspbian

Raspbian enthält. Diese zweite Partition enthält aber üblicherweise ein `ext4`-Dateisystem, dessen Inhalt nur auf Linux-Rechnern angezeigt werden kann.

2nd-Stage-Bootloader (bootcode.bin)

Die Datei `bootcode.bin` enthält den restlichen Bootcode, den sogenannten 2nd-Stage-Bootloader. Dieses Programm lädt nun `start.elf` von der SD-Karte. Diese Datei enthält das Firmware-Image für die GPU des BCM2835/-36, also den Code für die Grafikhardware, den Broadcom bzw. die Raspberry Pi Foundation zur Verfügung stellt. Außerdem werden die Dateien `config.txt` und `cmdline.txt` ausgewertet:

- `config.txt` enthält diverse Grundeinstellungen für den Raspberry Pi. Die wichtigsten Parameter dieser Datei beschreiben wir in Abschnitt 5.8, »Systemeinstellungen in config.txt«. Einige weitere Parameter in `config.txt` betreffen die Steuerung des Device-Tree-Systems, also das Laden von Modulen für externe

Hardware-Komponenten. Die sich daraus ergebenden Steuerungsmöglichkeiten fassen wir in Abschnitt 5.11, »Device Trees«, zusammen.

- `cmdline.txt` besteht hingegen nur aus einer einzigen Zeile mit Parametern, die an den Linux-Kernel übergeben werden sollen (siehe unten).

Kernelparameter (cmdline.txt)

`cmdline.txt` enthält in einer Zeile diverse Kernelparameter. Die Parameter sind durch Leerzeichen voneinander getrennt. Einstellungen einzelner Parameter in der Form `parameter=inhalt` müssen ohne Leerzeichen erfolgen.

Die Parameter werden beim Start des Kernels von diesem ausgewertet. Mitunter werden die Parameter auch als »Bootoptionen« bezeichnet. Linux kennt Tausende derartige Parameter. Die Dokumentation zu einigen Parametern können Sie in einem laufenden Linux-System mit `man bootparam` nachlesen, viele weitere sind auf den folgenden Seiten dokumentiert:

http://elinux.org/RPi_cmdline.txt
http://www.tldp.org/HOWTO/BootPrompt-HOWTO.html
http://www.kernel.org/doc/Documentation/kernel-parameters.txt

Unter Raspbian enthält `cmdline.txt` standardmäßig die folgenden Parameter, die hier aus Platzgründen über zwei Zeilen verteilt sind:

```
dwc_otg.lpm_enable=0 console=ttyAMA0,115200 console=tty1
  root=/dev/mmcblk0p2 rootfstype=ext4 elevator=deadline rootwait
```

Die Bedeutung dieser Parameter wollen wir Ihnen im Folgenden kurz erläutern:

- `dwc_otg.lpm_enable=0` deaktiviert das *Link Power Management* (LPM) des USB-Treibers. Das vermeidet Probleme bei der Verwendung von USB-Geräten.
- `console=...` stellt ein, wo die Kernelmeldungen ausgegeben werden sollen. Die Standardeinstellung bewirkt, dass diese Meldungen sowohl in der ersten Textkonsole am Bildschirm (`tty1`) erscheinen als auch auf die serielle Schnittstelle übertragen werden (`ttyAMA0`). Wenn Sie die serielle Schnittstelle für eigene Zwecke verwenden möchten, müssen Sie `console=ttyAMA0,...` aus `cmdline.txt` entfernen.
- `root=/dev/xxx` ist die wichtigste Option, die an den Kernel übergeben wird. Sie gibt den Device-Namen der Linux-Systempartition an. Ohne diese Option findet Linux die Systempartition nicht und kann das Init-System nicht starten.

  Üblicherweise handelt es sich bei der Systempartition um die zweite Partition auf der SD-Karte, also um `/dev/mmcblk0p2`. Es sind aber auch andere Einstellungen möglich, z. B. `root=/dev/sda<n>`, wenn Sie Linux nicht auf eine SD-Karte, sondern auf einen USB-Stick installiert haben.

- `rootfstype` gibt den Dateisystemtyp der Systempartition an, in der Regel `ext4`.
- `elevator=deadline` wählt einen von mehreren möglichen Mechanismen aus, in welcher Reihenfolge I/O-Vorgänge ausgeführt werden, also Schreib- und Leseprozesse auf externen Datenträgern. Der Deadline-Scheduler verwendet dazu eine Warteschlange, in der die anstehenden Aufgaben nach Priorität sortiert werden. Andere I/O-Scheduler sind `cfq` (*Completely Fair Queuing*) und `noop` (ein simples *First-in-first-out*-Verfahren). Auf dem Raspberry Pi ist es selten zweckmäßig, einen anderen Scheduler einzusetzen.
- `rootwait` bedeutet, dass der Kernel unbegrenzt auf die Systempartition wartet, bis diese verfügbar ist. Das ist deswegen zweckmäßig, weil die Device-Dateien der Partitionen von Datenträgern beim Start des Kernels nicht *sofort* zur Verfügung stehen, sondern erst nach einer anfänglichen Hardware-Initialisierung.

Kernelstart

Die letzte Aufgabe des 2nd-Stage-Bootloaders besteht darin, den Kernel in den Arbeitsspeicher des Raspberry Pi zu laden, die aus `cmdline.txt` gelesene Zeichenkette an den Kernel zu übergeben und diesen auszuführen. Bei Raspberry Pis der Version 1 befindet sich der Kernel in der Datei `kernel.img`, bei Modellen der Version 2 hingegen in der Datei `kernel7.img`. Distributionen wie Raspbian sind mit beiden Raspberry-Pi-Versionen kompatibel und enthalten daher Kernel-Dateien sowohl für den BCM2835 als auch für das Nachfolgemodell BCM2836.

Der nun startende Linux-Kernel enthält die Grundfunktionen des Betriebssystems. Dazu zählen die Speicherverwaltung, die Prozessverwaltung sowie die Kommunikation mit allen möglichen Hardware-Komponenten und -Erweiterungen. Teilweise greift der Kernel dabei auf Module zurück (siehe Abschnitt 5.10, »Kernel und Module«). Sobald der Kernel seine Initialisierungsarbeiten abgeschlossen hat, startet er als einziges Programm `/sbin/init`. Es ist für den Init-V-Prozess und somit für den Start aller weiteren Prozesse verantwortlich.

Erst der Kernel hat Zugriff auf die Systempartition!

Bis zum Kernelstart werden für den Bootprozess ausschließlich Dateien aus der ersten Partition der SD-Karte berücksichtigt. Erst der Kernel selbst kann auf die zweite Partition der SD-Karte oder bei entsprechender Konfiguration auf eine Partition eines USB-Sticks zugreifen. Diese Partition wird oft auch als Systempartition bezeichnet. Sie enthält alle Dateien der Linux-Distribution – ganz egal, ob es sich dabei um Raspbian oder um irgendeine andere Distribution handelt.

Init-Systeme

Sobald der Kernel seine Initialisierung einmal abgeschlossen hat, übergibt er die Kontrolle über den Start weiterer Programme an das Init-System. Die Aufgabe des Init-Systems ist es, diverse Konfigurationsarbeiten durchzuführen und alle Prozesse zu starten, die ein komplettes Linux-System ausmachen. Zu den Teilaufgaben zählen z. B. die Initialisierung des Netzwerksystems, das Einbinden von Dateisystemen, der Start des Logging-Dienstes sowie der Start diverser Netzwerk-Dämonen: SSH-Server, Webserver, Drucker-Server, Datenbank-Server, je nachdem, welche Programme installiert sind.

Das Init-System ist auch für Shutdown und Reboot verantwortlich

Auch wenn wir uns momentan primär mit dem Startprozess beschäftigen, sei eines gleich vorweg erwähnt: Das Init-System kümmert sich auch um das Herunterfahren von Linux. Es reicht ja nicht, einfach die CPU anzuhalten. Vorher müssen all jene Dienste, die beim Hochfahren gestartet wurden, geordnet wieder beendet werden, sodass keine offenen Dateien oder ungesicherten Daten zurückbleiben.

In der Linux-Welt gibt es momentan drei verschiedene Init-Systeme:

- **Init-V**: Dieses von den Konzepten her sehr alte Init-System kommt auf immer weniger Linux-Distributionen zum Einsatz. Zu den Ausnahmen zählen Debian und damit auch Raspbian.
- **Upstart:** Um einen schnelleren Bootprozess zu ermöglichen, wurde vor rund 10 Jahren Upstart entwickelt. Es kommt in allen Ubuntu-Versionen bis 14.04 zum Einsatz, außerdem in älteren Fedora-Versionen sowie in Red Hat Enterprise Linux 6.
- **Systemd:** Das Init-System der Zukunft heißt Systemd. Viele Linux-Distributionen sind bereits auf Systemd umgestiegen, zuletzt Debian in Version 8. Es ist daher zu erwarten, dass auch künftige Raspbian-Versionen Systemd nutzen werden.

Die Runlevel des Init-V-Systems

Raspbian zählt somit zu den wenigen Distributionen, die noch das herkömmliche Init-V-System verwenden. Daher müssen wir uns hier wohl oder übel näher damit auseinandersetzen. Das Init-V-System wird durch das Programm `/sbin/init` gesteuert, das vom Kernel gestartet wird. `init` wertet zuerst die Konfigurationsdatei `/etc/inittab` aus. Aus dieser Datei geht unter anderem der gewünschte Default-Zustand des Systems hervor, der sogenannte Runlevel:

```
# Die Datei /etc/inittab (auszugsweise)
# Default-Runlevel: 2
id:2:initdefault:

# Systemkonfiguration und Initialisierung vor der
# Aktivierung eines Runlevels
si::sysinit:/etc/init.d/rcS

# Runlevel aktivieren
# Runlevel 0: Halt
# Runlevel 1: Single-User
# Runlevels 2-5: Multi-User
# Runlevel 6: Reboot
l0:0:wait:/etc/init.d/rc 0
l1:1:wait:/etc/init.d/rc 1
l2:2:wait:/etc/init.d/rc 2
l3:3:wait:/etc/init.d/rc 3
l4:4:wait:/etc/init.d/rc 4
l5:5:wait:/etc/init.d/rc 5
l6:6:wait:/etc/init.d/rc 6

# Sonstige Einstellungen
...
```

Runlevel sind verschiedene Zustände, die ein Linux-System einnehmen kann. Neben Sonderfällen wie Ausschalten (Halt) und Neustarten (Reboot) sind dies insbesondere der Single-User-Modus sowie mehrere Multi-User-Modi. Der Single-User-Modus dient nur für administrative Aufgaben; dabei ist immer nur ein Login möglich. Der Normalfall ist der Multi-User-Modus, in dem sich auf einem System mehrere Benutzer gleichzeitig anmelden können. Traditionell gibt es verschiedene Runlevel für den Multi-User-Modus. Unter Debian und Raspbian haben die Runlevel 2 bis 5 aber alle dieselbe Bedeutung. Standardmäßig kommt der Runlevel 2 zum Einsatz.

Systeminitialisierung

Beim Systemstart müssen noch vor der Aktivierung des Default-Runlevels Initialisierungsarbeiten durchgeführt werden. Dafür ist das Script `/etc/init.d/rcS` verantwortlich. Es führt wiederum alle Scripts aus, die im Verzeichnis `/etc/rcS.d` gespeichert sind und die mit dem Buchstaben `S` beginnen:

```
ls /etc/rcS.d/S*
  /etc/rcS.d/S01fake-hwclock
  /etc/rcS.d/S01hostname.sh
  /etc/rcS.d/S01mountkernfs.sh
  /etc/rcS.d/S02udev
```

```
/etc/rcS.d/S03keyboard-setup
/etc/rcS.d/S04mountdevsubfs.sh
...
```

Die Script-Namen machen schon klar, worum es hier geht: um das Initialisieren der Uhr, das Einstellen des Hostnamens, das Einbinden der Dateisysteme, das Starten des udev-Systems, das Einstellen des Tastaturlayouts etc.

Ganz egal, welcher Runlevel später aktiviert wird und wie oft später der Runlevel gewechselt wird: Die Scripts in `/etc/rcS.d` werden nur *einmal* ausgeführt.

Runlevel 2 aktivieren

Nach der Systeminitialisierung wird üblicherweise der Runlevel 2 aktiviert. Dazu führt das Init-System das Programm `/etc/init.d/rc` mit dem Parameter 2 aus. `rc` führt wiederum alle Scripts aus, die im Verzeichnis `/etc/rc2.d` gespeichert sind und die mit dem Buchstaben `S` beginnen:

```
ls -l /etc/rc2.d/S*
  /etc/rc2.d/S01bootlogs -> ../init.d/bootlogs
  /etc/rc2.d/S01ifplugd -> ../init.d/ifplugd
  ...
  /etc/rc2.d/S02cron -> ../init.d/cron
  /etc/rc2.d/S02ntp -> ../init.d/ntp
  /etc/rc2.d/S02ssh -> ../init.d/ssh
  /etc/rc2.d/S03lightdm -> ../init.d/lightdm
  ...
```

Im hier nur auszugsweise abgedruckten Ergebnis von `ls` gibt es einige bekannte Namen. Das Script `S02cron` startet den Cron-Dienst, der periodisch Programme ausführt. `S02ssh` startet den SSH-Server. `S02ntp` startet den NTP-Server, der die Uhrzeit auf dem Raspberry Pi mit der eines Zeit-Servers im Internet synchronisiert. `S03lightdm` startet über den Display Manager die grafische Benutzeroberfläche.

Die `ls`-Resultate machen auch klar, dass die Scripts sich nicht direkt im Verzeichnis `/etc/rc2.d` befinden. Vielmehr handelt es sich um Links auf eine zentrale Sammlung sogenannter Init-V-Scripts, die im Verzeichnis `/etc/init.d` gespeichert sind.

Runlevel wechseln

Das Init-V-System gibt mit dem Kommando `init x` die Möglichkeit, im laufenden Betrieb vom gerade aktiven Runlevel in den neuen Runlevel `x` zu wechseln. Dabei wertet das Programm `/etc/init.d/rc` alle Links im Verzeichnis `rc<x>.d` aus. Zuerst werden die mit `K` beginnenden Scripts ausgeführt, um nicht mehr benötigte Dienste zu stoppen, dann werden die mit `S` beginnenden Scripts zum Start neuer Dienste ausgeführt.

Reboot und Halt

Um den Raspberry Pi in einem Terminal oder einer Konsole herunterzufahren bzw. neu zu starten, führen Sie eines der folgenden Kommandos aus:

```
sudo halt           # herunterfahren
sudo shutdown       # herunterfahren, wie halt
sudo reboot         # neu starten
```

Alternativ können Sie mit `init` auch den entsprechenden Runlevel aktivieren – die Wirkung ist dieselbe:

```
sudo init 0         # herunterfahren
sudo init 6         # neu starten
```

In jedem Fall werden nun alle `K`-Scripts in `/etc/rc0.d` bzw. in `/etc/rc6.d` ausgeführt. Das `K` steht hierbei für *kill* – es geht also darum, alle laufenden Prozesse geordnet zu beenden. Der einzige Unterschied zwischen `halt` und `reboot` bzw. den zugeordneten Runleveln 0 und 6 besteht darin, dass im einen Fall die CPU zum Schluss angehalten wird, im anderen Fall aber ein Reset durchgeführt wird, um so einen Neustart auszulösen.

Systemdienste manuell starten und beenden

Nach so viel Init-V-Theorie kommen wir nun endlich zur praktischen Anwendung dieser Infrastruktur: Grundsätzlich ist es unter Debian und somit auch unter Raspbian so, dass einmal installierte Systemdienste automatisch im Runlevel 2 gestartet werden. Haben Sie also das Paket `apache2` mit dem gleichnamigen Webserver installiert, dann wird dieses Programm sofort nach der Installation und in Zukunft bei jedem Systemstart automatisch gestartet.

Mitunter ist es aber notwendig, Netzwerk- oder andere Systemdienste manuell zu stoppen, neu zu starten etc. Dazu führen Sie einfach das betreffende Init-V-Script mit dem Parameter `start`, `stop`, `restart`, `reload` oder `status` aus:

```
sudo /etc/init.d/ssh stop        # stoppt den SSH-Server
sudo /etc/init.d/ssh start       # startet ihn wieder
```

Anstatt das Init-V-Script direkt auszuführen, können Sie auch das `service`-Kommando zu Hilfe nehmen, das wir Ihnen bereits in Abschnitt 3.9, »Prozessverwaltung«, vorgestellt haben:

```
service ssh restart              # startet den SSH-Server neu
service apache2 reload           # fordert Apache dazu auf, seine
                                 # Konfiguration neu zu laden
```

Der Vorteil von service besteht weniger darin, dass Sie ein paar Zeichen weniger eintippen müssen. Vielmehr ist service ein Kommando, das auf fast allen Linux-Distributionen funktioniert, unabhängig davon, welches Init-System dort läuft.

Den Start von Systemdiensten aktivieren und deaktivieren

Egal ob Sie /etc/init.d/name oder service name nutzen – die durchgeführte Aktion gilt nur bis zum nächsten Neustart. Dann kommt wieder der Init-V-Automatismus zur Geltung. Wenn Sie möchten, dass ein bestimmter Systemdienst *dauerhaft* nicht mehr gestartet wird, müssen Sie die entsprechenden S-Links aus den betreffenden Runlevel-Verzeichnissen entfernen. Dabei hilft Ihnen das Kommando insserv -r:

```
sudo insserv -r ssh              # den SSH-Server nicht mehr
                                 # automatisch starten
```

insserv ohne die Option -r richtet die Links wieder ein:

```
sudo insserv ssh                 # den SSH-Server wieder
                                 # automatisch starten
```

In diesem Buch haben wir rc.local an mehreren Stellen verwendet, um eigenen Code auszuführen. Um ein Beispiel von vielen zu nennen: In Abschnitt 8.2, »MPD-Konfigurationsvarianten«, haben wir in rc.local ein mount-Kommando eingebaut, um ein Netzwerkverzeichnis bei jedem Bootprozess in den Verzeichnisbaum einzubinden.

Eigene Initialisierungsarbeiten durchführen

Recht häufig kommt es vor, dass Sie beim Hochfahren des Raspberry Pi eigene Initialisierungsarbeiten durchführen wollen – sei es, dass Sie die Funktion eines GPIO-Pins einstellen, ein eigenes Script ausführen oder eine Netzwerkfunktion verwenden möchten. Die einfachste Möglichkeit, derartige Aufgaben zu realisieren, bietet die Datei /etc/rc.local. Dieses Script wird unmittelbar nach der Aktivierung eines Multi-User-Runlevels ausgeführt, standardmäßig also, nachdem alle anderen Scripts des Runlevels 2 verarbeitet wurden.

Sie müssen eigene Änderungen in diese Datei *vor* der Schlusszeile exit 0 einbauen. Beachten Sie, dass das Script in der ersten Zeile die Option -e enthält. Das bedeutet, dass die Ausführung des Scripts beim ersten Fehler abgebrochen wird!

Die folgenden Zeilen zeigen die Voreinstellung der Datei. Sie bewirkt, dass nach Erreichen des Runlevels das Ergebnis des Kommandos hostname -I angezeigt wird, also die IP-Adresse des Rechners:

```
#!/bin/sh -e
# Datei rc.local
#
_IP=$(hostname -I) || true
if [ "$_IP" ]; then
  printf "My IP address is %s\n" "$_IP"
fi
exit 0
```


Eigene Systemdienste einrichten

Mitunter reicht das simple Ausführen eines Kommandos nicht aus. Wenn Sie einen eigenen Systemdienst einrichten möchten, der in manchen Runleveln automatisch gestartet wird und den Sie mit dem service-Kommando jederzeit stoppen oder neu starten können, dann müssen Sie ein eigenes Init-V-Script im Verzeichnis /etc/init.d einrichten. Dabei ist es selten zweckmäßig, das Rad neu zu erfinden. Besser ist es, ein vorhandenes, möglichst minimales Init-V-Script einfach zu kopieren und dann für die eigenen Zwecke anzupassen.

Das Grundgerüst eines eigenen Init-V-Scripts kann wie das folgende Muster aussehen. Dabei geben die Kommentare zwischen BEGIN und END INIT INFO Kontextinformationen zum Script an: Wie lautet der Name des Dienstes? Welche anderen Dienste müssen vorher gestartet bzw. vorher gestoppt werden? In welchen Runleveln soll der Dienst standardmäßig laufen bzw. nicht laufen?

/lib/lsb/init-functions enthält einige Funktionen, die in Init-Scripts oft praktisch sind. Dazu zählen log_action_begin_msg und log_action_end_msg, um Start- und Stoppvorgänge zu protokollieren.

In der case-Verzweigung verarbeiten Sie den an das Script übergebenen Parameter. Die Kommandos start und stop müssen Sie unbedingt implementieren. restart, reload und status sind optional, aber oft ebenfalls zweckmäßig.

```
#!/bin/sh -e
# Datei /etc/init.d/<name>

### BEGIN INIT INFO
# Provides:          <name>
# Required-Start:    networking
# Required-Stop:
# Default-Start:     2 3 4 5
# Default-Stop:      0 1 6
### END INIT INFO
```

```
# einige Standardfunktionen laden
. /lib/lsb/init-functions

# die Parameter start/stop/restart etc. verarbeiten
case "$1" in
start)
  log_action_begin_msg "Starting <name>"
  start_kommando
  ;;
stop)
  log_action_end_msg "Stopping <name>"
  stop_kommando
  ;;
restart)
  $0 stop
  $0 start
  ;;
esac
exit 0
```

Ein Beispiel für ein eigenes Init-V-Script

Ein konkretes Beispiel, wie Sie ein eigenes Init-V-Script realisieren können, gibt Abschnitt 4.4, »VNC«. Dort erklären wir Ihnen, wie Sie auf dem Raspberry Pi einen VNC-Server einrichten, der beim Hochfahren des Rechners automatisch gestartet und beim Herunterfahren auch wieder beendet wird.

5.8 Systemeinstellungen in config.txt

Im Rahmen der Beschreibung des Bootprozesses haben wir die Datei `config.txt` bereits kurz erwähnt. Diese Datei enthält eine Menge Optionen, die in einer sehr frühen Phase des Bootprozesses ausgewertet werden und zur Konfiguration der BCM2835- bzw. BCM2836-Chips dienen (genauer gesagt zur Konfiguration von deren GPUs). Dieser Abschnitt erläutert die wichtigsten Optionen, die Sie in dieser Datei einstellen können.

Grundsätzlich werden alle Einstellungen in `config.txt` erst mit dem nächsten Neustart des Raspberry Pi wirksam. Den aktuellen Zustand vieler Parameter können Sie im laufenden Betrieb mit `vcgencmd get_config` auslesen.

Innerhalb von `config.txt` gelten alle Zeilen, die mit # beginnen, als Kommentare. In der Defaulteinstellung unter Raspbian enthält `config.txt` keine aktiven Einstellungen, sondern lediglich diverse Kommentare mit einer kurzen Beschreibung einiger

Parameter. Auch wir beschränken uns in diesem Abschnitt darauf, lediglich die am häufigsten benötigten Parameter näher zu erläutern. Die umfassendste uns bekannte Beschreibung der `config.txt`-Parameter finden Sie auf der folgenden Webseite:

http://elinux.org/RPi_config.txt

Was tun, wenn der Raspberry Pi nicht mehr bootet?

Sollten fehlerhafte Einstellungen in `config.txt` dazu führen, dass der Raspberry Pi kein Bild mehr anzeigt oder überhaupt nicht mehr hochfährt, schalten Sie den Raspberry Pi aus, entnehmen die SD-Karte, stecken diese in den SD-Slot Ihres Arbeitsrechners und laden die Datei `config.txt` dort in einem Editor. In dem Editor stellen Sie den ursprünglichen Zustand der Datei wieder her. Allgemeine Tipps, wie Sie losgelöst von `config.txt` auf Boot- oder Hardware-Probleme reagieren, finden Sie in Abschnitt 4.16, »Notfall-Tipps«.

HDMI-Einstellungen

Normalerweise funktioniert die Grafikdarstellung via HDMI ohne weitere Konfiguration. Nur wenn es Probleme gibt, können Sie mit diversen `hdmi_xxx`-Parametern bestimmte Einstellungen erzwingen. Das folgende Listing gibt hierfür einige Beispiele:

```
# in /boot/config.txt
# HDMI-Ausgang verwenden, auch wenn kein Monitor erkannt wird
hdmi_force_hotplug=1
# HDMI-Auflösung 1400x1050 @ 60 Hz
# alle zulässigen hdmi_mode-Werte:
# siehe http://elinux.org/RPi_config.txt
hdmi_group=2
hdmi_mode=42
# Display-Drehung korrigieren
# 1 = 90 Grad, 2 = 180 Grad, 3 = 270 Grad
display_rotate=1
# HDMI-Signalstärke
# 0 = normal, 7 = maximal (Vorsicht!)
config_hdmi_boost=4
```

Wenn Sie nicht wissen, welche Video-Modi Ihr Monitor unterstützt, führen Sie das Kommando `tvservice` aus. Die aufgelisteten Modi mit der Option `-m CEA` gelten für `hdmi_group=1`, die Modi mit der Option `-m DMT` für `hdmi_group=2`. Die CEA-Modi, die von der *Consumer Electronics Association* definiert werden, eignen sich normalerweise besser für TV-Geräte, die DMT-Modi (*Display Monitor Timing*) für VESAkompatible Computer-Monitore. Das Kürzel VESA steht wiederum für die *Video Electronics Standards Association*. Den momentan aktiven Code verrät `tvservice -s`:

```
tvservice -m CEA
  Group CEA has 7 modes: ...
tvservice -m DMT
  Group DMT has 13 modes: ...
tvservice -s
  state 0x120016 [DVI DMT (68) RGB full 16:10],
  1920x1200 @ 60.00Hz, progressive
```

Wenn es keinen Modus gibt, der zu Ihrem Monitor passt, können Sie einen eigenen Custom-Mode (ID 87) mit dem Schlüsselwort `hdmi_cvt` definieren – beispielsweise so:

```
# in /boot/config.txt
hdmi_group=2
hdmi_mode=87
hdmi_cvt=1024 600 60 3 0 0 0
# hdmi_cvt <width> <height> <framerate> <aspect> <margins>
#         <interlace> <rb>
# width         width in pixels
# height        height in pixels
# framerate     framerate in Hz
# aspect        aspect ratio 1=4:3, 2=14:9,  3=16:9,
#                            4=5:4, 5=16:10, 6=15:9
# margins       0=margins disabled, 1=margins enabled
# interlace     0=progressive, 1=interlaced
# rb            0=normal, 1=reduced blanking
```

Weitere Details zu dieser Konfigurationsvariante können Sie im Raspberry-Pi-Forum nachlesen:

http://www.raspberrypi.org/forums/viewtopic.php?f=29&t=24679

Overclocking

Auf Overclocking, also den Betrieb des Raspberry Pi mit höheren Taktfrequenzen als vorgesehen, sind wir in Abschnitt 4.15, »Overclocking«, schon ausführlich eingegangen. Wenn Sie Overclocking verwenden möchten, stellen Sie in `config.txt` die Parameter `arm_freq`, `gpu_freq`, `sdram_freq`, `over_voltage`, `over_voltage_sdram` und `temp_limit` entsprechend ein.

Das Overclocking erfolgt normalerweise dynamisch, d. h. nur dann, wenn die CPU- oder GPU-Leistung tatsächlich benötigt wird. In den Ruhezeiten laufen CPU und GPU in den Defaulttaktfrequenzen. `force_turbo=1` verhindert die Taktabsenkung und bewirkt, dass die CPU/GPU immer mit der angegebenen Frequenz getaktet wird.

Video-Decodierung

Die Encoding-Komponenten der GPU können die Video-Decodierung unterstützen. Für manche Codecs ist das standardmäßig der Fall, für andere muss diese Funktion mit kostenpflichtigen Lizenzschlüsseln freigeschaltet werden (siehe Abschnitt 9.1, »OpenELEC-Installation und -Konfiguration«). Momentan sind zwei derartige Schlüssel vorgesehen: je einer für den MPG-2- und für den VC-1-Decoder. Die folgenden Werte sind natürlich nur Muster:

```
decode_MPG2=0x12345678
decode_WVC1=0x9abcedf0
```

Die Schlüssel müssen zur ID Ihrer CPU passen. Diese Identifikationsnummer entnehmen Sie der Datei `/proc/cpuinfo`:

```
grep Serial /proc/cpuinfo
   Serial          : 0000000013579bdf
```

Die Schlüssel können Sie nun auf der Website *http://www.raspberrypi.com* für wenige Euro erwerben.

Bootvorgang

Die folgenden Parameter modifizieren den Bootvorgang:

```
# Parameter für den Kernel (anstelle der Datei cmdline.txt)
cmdline=xxx
# Name der Kernel-Datei (default: kernel.img oder kernel7.img)
kernel=filename
# Wartezeit, bevor der Kernel geladen wird
# (in Sekunden, default 1)
boot_delay=2
```

Hardware-Parameter

Die folgenden Parameter verändern Hardware-Defaulteinstellungen. Bei den `uart`-Parametern haben wir jeweils die Defaultwerte angegeben.

```
# Kamera aktivieren
start_x=1
# LED der Kamera deaktivieren
disable_camera_led
### Geschwindigkeit der seriellen Schnittstelle
init_uart_baud=115200
### interne UART-Taktfrequenz
init_uart_clock=3000000
```

Für die Raspberry-Pi-Modelle der Version 2 sowie für das Modell B+ der Version 1 steuert der Parameter max_usb_current, wie viel Strom maximal an die vier USB-Anschlüsse geleitet werden kann. Standardmäßig ist der Strom bei den erwähnten Modellen auf insgesamt 600 mA limitiert, das entspricht einer Leistung von 3 Watt. Wenn Sie ein ausreichend starkes Netzteil verwenden (2 A / 10 W), dann kann der Raspberry Pi bis zu 1200 mA an die USB-Geräte weitergeben. Diese Funktion muss durch max_usb_current=1 explizit freigeschaltet werden:

```
# bis zu 1200 mA an USB-Geräte weitergeben
# gilt für den RPi1-B+ sowie für den RPi2-B
max_usb_current=1
```

Alternativ kann der maximale USB-Strom auch durch den BCM_GPIO 38 gesteuert werden. Das ermöglicht die Stromsteuerung im laufenden Betrieb ohne Neustart:

https://projects.drogon.net/testing-setting-the-usb-current-limiter-on-the-raspberry-pi-b

Speicheraufteilung zwischen CPU und GPU

Die meisten Modelle des Raspberry Pi 1 verfügen insgesamt über 512 MByte RAM, die Modelle der Version 2 sogar über 1 GByte. Das RAM wird zwischen der CPU und dem Grafikprozessor geteilt. Die Aufteilung muss beim Start endgültig mit dem Parameter gpu_mem festgelegt werden, wobei Sie dem Grafiksystem 16, 64, 128 oder 256 MByte zuweisen können. 16 MByte sind für den normalen Betrieb ausreichend. Für grafikintensive Anwendungen (3D-Grafik, HD-Filme abspielen etc.) benötigt das Grafiksystem hingegen 128 MByte Speicher. Auch die Nutzung der Kamera erfordert ein Minimum von 128 MByte Grafikspeicher.

```
gpu_mem=128
```

Es ist möglich, die Größe des Grafikspeichers abhängig von der Größe des RAMs einzustellen: gpu_mem_256=nn gilt nur für alte Raspberry-Pi-Modelle mit einem RAM von 256 MByte. Analog gilt die Einstellung gpu_mem_512=nn nur für Modelle mit 512 MByte RAM.

Das Kommando vcgencmd

Mit dem Kommando vcgencmd können Sie Statusinformationen der CPU auslesen. vcgencmd commands liefert eine Liste aller unterstützten Kommandos. Am wichtigsten ist das Kommando vcgencmd get_config name: Es liefert die Einstellung des betreffenden Parameters – oder 0, wenn die Defaulteinstellung gilt.

```
vcgencmd get_config config_hdmi_boost
  config_hdmi_boost=2
```

Um zu überprüfen, ob die Lizenzschlüssel für die Hardware-Decodierung korrekt eingetragen sind, verwenden Sie `vcgencmd codec_enabled`:

```
vcgencmd codec_enabled MPG2
  MPG2=enabled
vcgencmd codec_enabled WVC1
  WVC1=enabled
```


5.9 Grafiksystem

Wenn Sie aus der Windows- oder Apple-Welt kommen, werden Sie sich fragen, wovon wir hier überhaupt reden: Unter Windows bzw. OS X ist das Grafiksystem integraler Bestandteil des Betriebssystems. Ohne Grafiksystem ist weder ein Start noch eine Verwendung des Computers möglich. Aber Linux ist – wie so oft – anders: Es ist möglich, Linux in einem reinen Textmodus zu betreiben, und mitunter gibt es dafür durchaus gute Gründe: Der Start des optionalen Grafiksystems kostet Zeit während des Bootvorgangs und erfordert relativ viel Arbeitsspeicher. Wozu also ein Grafiksystem starten, wenn der Raspberry Pi für eine Aufgabe eingesetzt wird, die ohne Benutzeroberfläche auskommt?

Vielleicht erinnern Sie sich noch an den ersten Start von Raspbian: Auch da erschien Raspbian als schnöde Textoberfläche, in der Sie zwar Kommandos ausführen konnten, aber in der von Maus und Fenstern keine Rede war. Erst nachdem Sie in `raspi-config` die Option ENABLE BOOT TO DESKTOP aktiviert und den Raspberry Pi dann neu gestartet hatten, erschien der grafische Desktop.

In diesem Abschnitt geht es primär darum, wie dieses Grafiksystem samt der grafischen Benutzeroberfläche gestartet wird und wie Sie auf diesen Prozess Einfluss nehmen können. Außerdem versuchen wir Sie mit der doch etwas eigenwilligen Nomenklatur des Linux-Grafiksystems vertraut zu machen:

- **X Window System:** Seit mehreren Jahrzehnten ist das *X Window System* (nicht Windows!) die Basis für alle Grafiksysteme unter Linux. X ist eine Sammlung von Bibliotheken und Treibern, mit deren Hilfe grafische Informationen auf dem Bildschirm ausgegeben und Maus und Tastatur verwaltet werden. Diese Funktionen stehen auch für den Netzbetrieb zur Verfügung.
- **Display Manager:** Üblicherweise wird nicht X an sich gestartet, sondern ein sogenannter Display Manager. Dieses Programm kümmert sich um den Start von X, zeigt einen Login-Bildschirm an und startet nach dem Login das Desktop-System.

  Raspbian verwendet als Display Manager das Programm `lightdm`. Es ist so konfiguriert, dass beim ersten Hochfahren ein Auto-Login erfolgt. Als Desktop-System wird LXDE gestartet.

Anstatt durch den Display Manager kann X nach einem Login in einer Textkonsole auch direkt durch das Kommando `startx` hochgefahren werden.

- **Window Manager:** Der Window Manager ist ein unter X laufendes Programm, das für die Darstellung und Verwaltung der Fenster verantwortlich ist. Unter Raspbian kommt als Window Manager das Programm *Openbox* zum Einsatz.

Start des Grafiksystems

Wenn Sie den Raspberry Pi interaktiv mit Monitor, Tastatur und Maus verwenden, haben Sie Raspbian üblicherweise so eingestellt, dass das Desktop-System automatisch gestartet wird. Bei Bedarf können Sie diese Einstellung jederzeit mit `sudo raspi-config` im Menüpunkt ENABLE BOOT TO DESKTOP ändern.

Hinter den Kulissen funktioniert dieser automatische Start des Grafiksystems wie folgt:

- Das Init-V-System aktiviert den Runlevel 2.
- Der Link `/etc/rc2.d/S03lightdm` bewirkt, dass dabei der Display Manager `lightdm` gestartet wird.
- Dieser wertet die Konfigurationsdatei `/etc/lightdm/lightdm.conf` aus. Die Einstellungen in dieser Datei führen zum Start des X Window Systems. Beim ersten Start wird der Benutzer `pi` automatisch in das zuletzt verwendete Desktop-System eingeloggt. Diese Information wird in `/home/pi/.dmrc` gespeichert.
- Während des X-Starts werden die Script-Dateien `/etc/X11/Xsession` sowie `/etc/X11/Xsession.d/*` ausgeführt, um diverse Konfigurationsarbeiten durchzuführen.

In der Vergangenheit war zur Konfiguration des X Window Systems die Datei `/etc/X11/xorg.conf` erforderlich. Sie enthielt unter anderem Parameter des Grafiksystems, also z. B. den gewünschten Grafiktreiber, die Bildschirmauflösung und die Bildfrequenz. Mittlerweile erkennt das X Window System all diese Parameter selbstständig; deswegen ist die Datei `xorg.conf` unter Raspbian nicht erforderlich.

Auto-Start des Grafiksystems ein-/ausschalten

Wenn Sie nicht möchten, dass beim Hochfahren Ihres Raspberry Pi automatisch auch das Grafiksystem gestartet wird, deaktivieren Sie einfach das Init-V-Script für `lightdm`:

```
sudo insserv -r lightdm
```

Die Änderung wird mit dem nächsten Neustart wirksam, d. h., das Grafiksystem wird durch das obige Kommando nicht sofort gestoppt. Sollten Sie doch wieder einen automatischen Start wünschen, führen Sie `insserv` ohne die Option `-r` aus:

```
sudo insserv lightdm
```

Auto-Login ein-/ausschalten

Normalerweise müssen Sie sich im Grafiksystem einloggen – nicht aber unmittelbar nach dem Hochfahren des Raspberry Pi. Das ist bequem, aber ein Sicherheitsrisiko. Für den Auto-Login ist die Zeile `autologin-user=pi` in `lightdm.conf` verantwortlich. Um den Auto-Login zu deaktivieren, stellen Sie dieser Zeile das Kommentarzeichen # voran. Sie finden sie in dem Abschnitt, der mit `[SeatDefaults]` beginnt.


```
# Datei /etc/lightdm/lightdm.conf
...
[SeatDefaults]
# der Auto-Login ist deaktiviert
# autologin-user=pi
...
```

Manueller Start des Grafiksystems

Wenn Sie den Auto-Start des Grafiksystems deaktiviert haben, können Sie das Grafiksystem bei Bedarf immer noch manuell aus einer Textkonsole heraus starten. Dazu loggen Sie sich im Textmodus ein und führen dann `startx` aus.

Neue Grafiktreiber und Wayland

Das Grafiksystem des Raspberry Pi läuft stabil und erfüllt seinen Zweck. Wenn Sie aber durch eine Seite im Webbrowser scrollen, werden Sie sich unweigerlich fragen, warum diese Bewegung auf jedem noch so billigen Smartphone ungleich flüssiger verläuft als auf Ihrem Minicomputer. Dafür gibt es diverse Gründe: Die hohe Bildschirmauflösung und die vergleichsweise knappe RAM-Ausstattung sind zwei davon. Daneben hat die vergleichsweise lahme Anmutung des Grafiksystems aber auch hausgemachte Ursachen:

- Zum einen hat der aktuelle Grafiktreiber für die GPU des Raspberry Pi nur eine mäßige Qualität. Es handelt sich dabei um einen vom Broadcom zur Verfügung gestellten Binärtreiber ohne Quellcode. Erst im Winter 2013 konnte sich Broadcom dazu durchringen, die Spezifikation des Grafikkerns freizugeben und so die Entwicklung eines freien Treibers zu ermöglichen. Es ist zu hoffen, dass es demnächst (vielleicht noch 2015?) einen besseren und zudem freien Treiber für den Raspberry Pi geben wird.
- Zum anderen gilt das gesamte X Window System, auf dem momentan jede gängige Linux-Distribution fußt, als antiquiert und ineffizient. Das Wayland-Projekt arbeitet schon seit mehreren Jahren an einer neuen Grafik-Infrastruktur für Linux. Allerdings ist Wayland nur *ein* Puzzlestein: Der Grafiktreiber, das Desktop-System und alle darin ausgeführten Programme müssen dazu kompatibel sein. Das ist momentan noch nicht der Fall.

Kurzum: Es wird auf mehreren Ebenen daran gearbeitet, das Grafiksystem für den Raspberry Pi zu verbessern – aber momentan kann niemand sagen, wie lange es dauern wird, bis Raspbian davon profitiert. Für alle, die sich mehr Hintergrundinformationen wünschen, haben wir hier noch einige Links zu dem Thema zusammengestellt:

http://www.pro-linux.de/news/1/21200
http://www.raspberrypi.org/tag/wayland
http://de.wikipedia.org/wiki/Wayland_(Protokoll)
http://www.raspberrypi.org/quake-iii-bounty-we-have-a-winner

5.10 Kernel und Module

Der Linux-Kernel ist der Teil von Linux, der mit Low-Level-Funktionen die Arbeit des Betriebssystems aufrechterhält. Zu seinen Aufgaben zählen die Speicherverwaltung, die Prozessverwaltung und natürlich der Zugriff auf jede Art von Hardware-Komponenten, von der SD-Karte über USB-Geräte bis hin zur Ansteuerung des HDMI-Ausgangs. Die Versionsnummer des aktuell laufenden Kernels können Sie mit `uname` feststellen:

```
uname -r
  4.0.5-v7+
```

Kernelmodule

Der Binärcode des Linux-Kernels befindet sich in der Datei `/boot/kernel.img` für den BCM2835 mit ARMv6-Architektur bzw. in `/boot/kernel7.img` für den BCM2836 mit ARMv7-Architektur. Die Datei wird während des Bootprozesses geladen und ausgeführt. Mit rund 4 MByte ist diese Datei kleiner, als Sie vielleicht vermuten würden. Das liegt nicht nur daran, dass die Datei komprimiert ist, sondern hat auch damit zu tun, dass `kernel.img` nur die Basisfunktionen des Kernels enthält – also jene Funktionen, von denen die Entwickler der Meinung sind, dass sie unverzichtbar oder bereits in der Startphase erforderlich sind.

Alle weiteren Kernelfunktionen befinden sich in sogenannten Modulen, also in Erweiterungsdateien für den Kernel. Diese Module befinden sich im Verzeichnis `/lib/modules/<version>`. Sobald der Kernel erkennt, dass eine bestimmte Funktion benötigt wird oder eine neue Hardware-Komponente genutzt werden soll, lädt er das betreffende Kernelmodul automatisch. Für diesen Automatismus sind das in den Kernel integrierte Programm `kmod` und die Konfigurationsdateien `/etc/modprobe.conf.d/*.conf` verantwortlich.

Mit anderen Worten: Normalerweise funktioniert die Modulverwaltung wie von Zauberhand. Mit lsmod können Sie feststellen, welche Kernelmodule aktuell geladen sind:

```
lsmod
  Module                  Size  Used by
  snd_bcm2835            19761  3
  rt2800usb              17766  0
  rt2800lib              71899  1 rt2800usb
  crc_ccitt               1153  1 rt2800lib
  ...
```

Wenn Sie wissen möchten, wozu ein Modul dient, führen Sie modinfo aus:

```
modinfo rt2800usb
  filename:       /lib/modules/4.0.5-v7+/kernel/drivers/\
                  /net/wireless/rt2x00/rt2800usb.ko
  license:        GPL
  firmware:       rt2870.bin
  description:    Ralink RT2800 USB Wireless LAN driver.
  ...
```

Nur in Ausnahmefällen ist es nötig, Module manuell durch modprobe name zu laden – hier z. B., um den Treiber des Audio-Systems des BCM2835/-36 zu aktivieren:

```
sudo modprobe snd-bcm2835
```

Wenn Sie möchten, dass ein Kernelmodul bei *jedem* Hochfahren des Raspberry Pi automatisch geladen wird, fügen Sie dessen Namen in die Datei /etc/modules ein:

```
# Datei /etc/modules
# enthält zeilenweise Module, die manuell geladen werden sollen
snd-bcm2835
ipv6
```

Mitunter kommt es auch vor, dass Sie das automatische Laden eines Kernelmoduls *vermeiden* möchten. Das ist auch kein Problem: Dazu erstellen Sie in /etc/modprobe.d mit einem Editor eine neue Datei mit der Endung .conf. Der Dateiname selbst spielt keine Rolle. In die Datei tragen Sie zeilenweise diejenigen Module mit blacklist name ein, die *nicht* geladen werden sollen, also z. B. so:

```
# Datei /etc/modprobe.d/myblacklist.conf
blacklist i2c-bcm2708
```

Device Trees

Seit der Kernelversion 3.18 kümmert sich unter Raspbian das in Abschnitt 5.11 beschriebene Device-Tree-System darum, die Kernelmodule für die meisten Hardware-Funktionen und -Erweiterungen des Raspberry Pi zu laden.

Module selbst kompilieren

Auf den meisten Linux-Systemen ist es keine Hexerei, ein fehlendes Kernelmodul aus dem dazugehörenden Quellcode selbst zu kompilieren. Alles, was Sie dazu benötigen, sind einige elementare Entwicklungswerkzeuge sowie die Kernel-Include- bzw. Header-Dateien. Die Entwicklungswerkzeuge stehen unter Raspbian normalerweise zur Verfügung. Sollte dies nicht der Fall sein, führen Sie `sudo apt-get install build-essential` aus.

Das Problem sind auf dem Raspberry Pi aber die Header-Dateien: Sie enthalten Deklarationen von Funktionen und Konstanten des Kernelcodes. Die meisten Linux-Distributionen stellen diese in einem eigenen Paket zur Verfügung. Unter Debian wäre das `linux-headers-arch`, wobei Sie `arch` durch die CPU-Architektur Ihrer Distribution ersetzen müssen.

Unter Raspbian steht aber kein Header-Paket zur Verfügung, das zur laufenden Kernelversion passt. Das ist keine Schlamperei des Raspbian-Projekts, sondern liegt daran, dass Raspbian den Kernel binär von der Raspberry Pi Foundation übernimmt. Deswegen können Sie also nicht einfach ein Modul kompilieren, Sie müssen gleich den ganzen Kernel kompilieren. Das wiederum ist nur in Ausnahmefällen zu empfehlen.

Den Kernel selbst kompilieren

Der Linux-Kernel steht im Quellcode unter der Open-Source-Lizenz GPL im Internet zum Download zur Verfügung. Im Prinzip müssen Sie den Code nur herunterladen und kompilieren. Was bei kleineren Open-Source-Programmen oft schnell und unkompliziert gelingt, scheitert beim Raspberry Pi zumeist aus zwei Gründen:

- Bevor Sie mit dem Kompilieren beginnen, müssen Sie diverse Optionen einstellen, die angeben, welche Komponenten des Kernels wie kompiliert werden sollen – als integraler Bestandteil der Kerneldatei, als Modul oder gar nicht. Momentan gibt es mehr als 6000 derartige Optionen. Selbst für Linux-Profis ist es sehr schwer zu entscheiden, welche Optionen unverzichtbar sind und welche nicht.
- Der Raspberry Pi ist toll zur Durchführung von Steuerungsaufgaben und Experimenten, aber denkbar ungeeignet, um 100 MByte Quellcode zu kompilieren.

Weitere Hintergrundinformationen und Tipps können Sie auf den folgenden Seiten nachlesen:

https://www.raspberrypi.org/documentation/linux/kernel/building.md
https://github.com/notro/rpi-build/wiki (Projekt gestoppt)
http://raspberrypi.stackexchange.com/questions/192

5.11 Device Trees

Der Begriff »Device Tree« bezeichnet die hierarchische Darstellung von Hardware-Komponenten. Der Device Tree wird während des Bootvorgangs vom Kernel geladen und teilt diesem mit, welche Hardware-Komponenten zur Verfügung stehen und über welche Anschlüsse diese Komponenten genutzt werden.

Device Trees wurden von den Linux-Kernelentwicklern ersonnen, um der Vielfalt von Chips und Geräten auf Basis von ARM-CPUs Herr zu werden. Dank Device Trees ist es möglich, dass ein für ARM-Geräte kompilierter Kernel auf unterschiedlichen Geräten mit unterschiedlichen Zusatzkomponenten laufen kann. Bei PCs ist das selbstverständlich; in der ARM-Welt war dies aufgrund der Vielfalt von CPU- und Hardware-Varianten aber bisher unmöglich.

Im Fall des Raspberry Pi beschreibt der Device Tree also den Chip BCM2835/-36 mit all seinen vielen Steuerungsmöglichkeiten, Bus-Systemen, GPIOs etc. Die Beschreibung erfolgt in einem Textformat, das dann aus Platz- und Effizienzgründen in ein binäres Format umgewandelt wird. Die Details dieses Formats sind aus Anwendersicht nicht relevant. Wenn Sie sich dennoch dafür interessieren, finden Sie auf den folgenden Seiten eine umfassende technische Referenz:

http://devicetree.org
http://elinux.org/Device_Tree
http://www.linux-magazin.de/Ausgaben/2013/06/Kern-Technik

Device Trees werden in Raspbian ab der Kernelversion 3.18 standardmäßig eingesetzt. Diese Neuerung hat anfänglich bei vielen Raspberry-Pi-Anwendern für Ärger gesorgt, weil die bisherigen Mechanismen zum Laden von Kernelmodulen nicht mehr funktionierten.

Trotz dieser Umstellungsprobleme vereinfachen Device Trees längerfristig den Umgang mit dem Raspberry Pi: Beispielsweise ist es dank Device Trees möglich, dass ein Aufsteck-Board von Raspbian automatisch erkannt und ohne weitere Konfigurationsarbeiten genutzt werden kann. Damit das funktioniert, muss das Board die HAT-Spezifikation erfüllen (*Hardware Attached on Top*), auf die wir in Abschnitt 16.9, »Raspberry-Pi-HATs«, näher eingehen.

Device-Tree-Dateien und -Konfiguration

HATs sind gewissermaßen die Krönung des Device-Tree-Konzepts. An dieser Stelle geht es aber zuerst einmal um die grundlegenden Steuerungsmechanismen, die Device Trees mit sich bringen:

- **boot-Verzeichnis:** Das Verzeichnis /boot enthält Device-Tree-Beschreibungen für alle momentan gängigen Raspberry-Pi-Modelle. Die Dateikennung *.dtb steht dabei für *Device Tree Blob*, wobei ein »Blob« einfach ein binäres Objekt ist. Die Nummer 2708 bzw. 2709 ist eine Broadcom-interne Nummer zur Beschreibung der Chip-Familie. Die Modelle BCM2835 bzw. BCM2836 sind konkrete Implementierungen (»Familienmitglieder«, wenn Sie so wollen).
  - bcm2708-rpi-b.dtb: Raspberry Pi 1, Modell B
  - bcm2708-rpi-b-plus.dtb: Raspberry Pi 1, Modell B+
  - bcm2708-rpi-cm.dtb: Raspberry Pi 1, Compute Module
  - bcm2709-rpi-2-b.dtb: Raspberry Pi 2, Modell B

  Während des Bootprozesses übergibt start.elf den für das jeweilige Raspberry-Pi-Modell geeigneten Device Tree an den Kernel.
- **overlays-Verzeichnis:** Das Verzeichnis /boot/overlays enthält diverse weitere Device-Tree-Blobs, von denen wir hier nur einige wenige exemplarisch nennen:
  - hifiberry-dacplus-overlay.dtb: für die HiFiBerry-Erweiterung DAC+
  - lirc-rpi-overlay.dtb: für Infrarot-Fernbedienungen
  - i2c-rtc-overlay.dtb: für I^2C-Komponenten mit Real Time Clock
  - w1-gpio-overlay.dtb: für 1-Wire-Temperatursensoren

  »Overlays« sind Ergänzungen zum Haupt-Device-Tree bcmxxx. Diese DTBs werden *nicht* automatisch geladen, sondern nur, wenn die Konfigurationsdatei config.txt entsprechende Hinweise enthält. Sie ergänzen den Device Tree des BCM2835/-36.
- **config.txt:** Die Datei /boot/config.txt kennt zusätzlich zu den in diesem Kapitel beschriebenen Parametern drei neue Schlüsselwörter zum Umgang mit Device Trees:
  - dtparam=i2c_arm=on/off,i2s=on/off,spi=on/off aktiviert oder deaktiviert die Bussysteme I^2C, I^2S und SPI. Die Beschreibung dieser Bussysteme ist im Haupt-Device-Tree bereits enthalten. Standardmäßig sind alle drei Bussysteme inaktiv (entspricht dtparam=i2c_arm=off,i2s=off,spi=off). Wenn ein Bussystem oder mehrere genutzt werden sollen, müssen sie explizit aktiviert werden.
  - dtoverlay=name,key1=val1,key2=val2... bewirkt, dass die genannte Overlay-Datei geladen wird, wobei die übergebenen Parameter berücksichtigt werden.
  - device_tree=, also ohne die Zuweisung eines konkreten Werts, deaktiviert das gesamte Device-Tree-System.

  Die Schlüsselwörter dtparam und dtoverlay können mehrfach verwendet werden.

Anhand der Device-Tree-Konfiguration entscheidet der Linux-Kernel, welche Module er lädt. Daher ersetzt die Device-Tree-Konfiguration die bei älteren Raspbian-Installationen erforderlichen Einstellungen in /etc/modules bzw. in /etc/modprobe.d/*, wo blacklist-Kommandos entfernt werden mussten.

In einfachen Fällen können Sie `config.txt` mit dem Programm `raspi-config` im Untermenü ADVANCED OPTIPONS korrekt einrichten. Das gilt insbesondere, wenn Sie die Bussysteme I^2C und SPI verwenden möchten.

In allen anderen Fällen müssen Sie die entsprechenden Zeilen hingegen selbst in `config.txt` eintragen. Konkrete Anleitungen dafür finden Sie in diesem Buch unter anderem in Kapitel 8, »Audio-Player mit Smartphone-Fernbedienung«, in Kapitel 14, »Bussysteme«, und in Kapitel 15, »Sensoren«. Eine Referenz über alle verfügbaren Overlays samt der dazugehörenden Parameter gibt die Datei `/boot/overlays/README`. Das folgende Listing illustriert die Syntax anhand einiger Beispiele:

```
# Datei /boot/config.txt
# Beispiele zur Steuerung des Device-Tree-Systems
# (weitere Details siehe /boot/overlays/README)

# SPI-Bus aktivieren
dtparam=spi=on
# I2C-Bus aktivieren
dtparam=i2c_arm=on
# HiFi-Berry DAC+ verwenden
dtoverlay=hifiberry-dacplus
# 1-Wire-Temperatursensor mit Standardeinstellungen verwenden
dtoverlay=w1-gpio-pullup
# 1-Wire-Temperatorsensor verwenden, der mit
# GPIO X verbunden ist (per Default GPIO 4)
# und dabei den internen Pull-up-Widerstand aktivieren
dtoverlay=w1-gpio-pullup,gpiopin=X,pullup=y
# Echtzeituhr-Modell ds1307 verwenden
dtoverlay=rtc-i2c, ds1307
# IR-Empfänger verwenden
dtoverlay=lirc-rpi
```

Kapitel 6
Ubuntu

Mehrere Jahre lang haben Ubuntu-Fans beklagt, dass ihre Lieblingsdistribution nicht auf dem Raspberry Pi läuft. Der Grund bestand darin, dass die CPU der Version 1 des Raspberry Pi von Ubuntu nicht unterstützt wird. Das hat sich mit dem Modell 2 geändert: Dessen System-on-a-Chip (SoC) basiert nicht mehr auf der ARMv6-Architektur, sondern auf ARMv7. Mit anderen Worten: Auf einem Raspberry Pi 2 können Sie Ubuntu prinizipiell ausführen.

Zwei Voraussetzungen müssen allerdings weiterhin erfüllt sein: Zum ersten benötigen Sie ein für diese CPU kompiliertes Image, und zum zweiten darf das Desktop-System von Ubuntu keine zu großen 3D-Grafikanforderungen stellen. Aus diesem Grund scheidet das »gewöhnliche« Ubuntu aus. Ideal für den Raspberry Pi 2 geeignet ist hingegen die Ubuntu-Variante »Ubuntu MATE«. Aufbauend auf dem Ubuntu-Basissystem läuft hier das Desktop-System MATE, das zu Gnome 2 kompatibel ist. MATE vereint geringe Hardware-Anforderungen mit einer modernen, gut bedienbaren Benutzeroberfläche.

Dieses Kapitel zeigt, wie Sie Ubuntu MATE auf dem Raspberry Pi installieren und nutzen. Für dieses Kapitel haben wir Ubuntu MATE 15.04 getestet. Im Vergleich zu Raspbian besticht Ubuntu MATE vor allem Desktop-Anwender durch die sehr ansprechende Oberfläche – auch wenn diese aufgrund der höheren Systemanforderungen mitunter träge reagiert.

Ubuntu MATE zeichnet sich durch wesentlich aktuellere Software-Versionen aus. So stehen beispielsweise Python 3.4, PHP 5.6 oder Apache 2.4 zur Verfügung, während sich die Anwender des auf Debian Wheezy basierenden Raspbian mit oft mehrere Jahre alten Versionen begnügen müssen. Andererseits gibt es aber große Lücken im Software-Angebot, vor allem bei Raspberry-Pi-spezifischen Programmen und Bibliotheken. Auch Mathematica fehlt, weil Wolfram dieses Programm momentan nur für Raspbian zur Verfügung stellt.

Das Hauptproblem von Ubuntu MATE besteht darin, dass es für Bastelprojekte schlecht geeignet ist. Das hat primär mit dem Kernel zu tun, der nicht für die Bedürfnisse des Raspberry Pi konfiguriert ist: Unter anderem funktioniert deshalb die beliebte Python-Bibliothek RPi.GPIO nicht.

Dessen ungeachtet schlummert in Ubuntu MATE viel Potenzial: Sollte sich die Ubuntu-Gemeinde zusammentun und Ubuntu für den Raspberry-Pi-Einsatz besser optimieren, dann könnten zukünftige Ubuntu-MATE-Versionen durchaus zu einer interessanten Alternative zu Raspbian werden. In der aktuellen Version ist Ubuntu MATE aber primär für Anwender geeignet, die Ihren Raspberry Pi als einfachen Desktop-Rechner oder für Netzwerkaufgaben einsetzen, also als Router, Drucker-Server etc.

Xubuntu und Lubuntu

Wenn Sie Ubuntu einsetzen möchten und willens sind, beim Desktop Abstriche zu machen, können Sie anstelle von Ubuntu MATE auch Xubuntu oder Lubuntu ausprobieren. Diese Ubuntu-Varianten verwenden die deutlich sparsameren und damit auf dem Raspberry Pi schnelleren Desktop-Systeme Xfce bzw. LXDE. Allerdings gab es für diese »Ubuntus« Mitte 2015 nur inoffizielle Image-Dateien.

Snappy Ubuntu Core

Auf der Webseite *https://www.raspberrypi.org/downloads* finden Sie mit »Snappy Ubuntu Core« noch eine Ubuntu-Variante zum Download. Das ist eine besonders minimalistische Ubuntu-Variante ohne Desktop, die speziell für den Einsatz in der Cloud bzw. im sogenannten »Internet der Dinge« gedacht ist. Snappy Ubuntu Core ist insofern eher eine Spielwiese für Server-Experten. Typische Raspberry-Pi-Anwender und -Bastler werden damit kaum glücklich werden.

6.1 Installation

Um Ubuntu MATE auszuprobieren, laden Sie von der folgenden Webseite die für den Raspberry Pi vorgesehene Image-Datei hinunter:

https://ubuntu-mate.org

Das Image ist BZ2-komprimiert. Sie müssen es daher zuerst dekomprimieren. Unter OS X gelingt dies durch einen simplen Doppelklick. Unter Linux verwenden Sie das Kommando `bunzip2 umate.img.bz2`. Unter Windows müssen Sie ein Archivierungswerkzeug zuhilfe nehmen, das das BZ2-Verfahren unterstützt – z. B. das kostenlose Programm 7-Zip (*http://www.7-zip.de*). Die so erzeugte IMG-Datei müssen Sie nun auf eine zumindest 4 GByte große SD-Karte übertragen (siehe Abschnitt 1.4).

Beim ersten Start des Raspberry Pi 2 von der so vorbereiteten SD-Karte erscheint ein grafischer Assistent zur Systemkonfiguration. Darin wählen Sie im ersten Schritt die Sprache, im zweiten die Zeitzone und im dritten das Tastaturlayout aus. Zuletzt richten Sie den Benutzer ein, unter dem Sie in Zukunft arbeiten möchten. Anders als unter Raspbian gibt es also keinen vordefinierten Benutzer `pi`. Stattdessen wählen Sie den Login-Namen und das Passwort frei aus. Die weiteren Installations- und Konfigurationsarbeiten verlaufen automatisch, beanspruchen aber mehrere Minuten.

Ubuntu MATE erfordert einen Raspberry Pi 2

Um es nochmals zu betonen: Ubuntu MATE läuft nicht auf älteren Raspberry-Pi-Modellen der Version 1! Ein Modell der Version 2 ist zwingend erforderlich.

Bei einem unserer Tests endete die Installation unbefriedigend im Textmodus. Als letzte Nachricht wurde *failed to start oem-config* angezeigt. Ein mit Strg+Alt+Entf ausgelöster Neustart führte dann aber zum Login-Dialog. Anschließend funktionierte Ubuntu MATE einwandfrei. Bei weiteren Tests trat der Fehler nicht wieder auf.

Der MATE-Desktop

Der MATE-Desktop ist durch zwei Panels geprägt. Das obere Panel enthält links ein Menü zum Start von Programmen, zum Öffnen wichtiger Verzeichnisse im Datei-Manager sowie zur Durchführung von Konfigurationsarbeiten. Rechts zeigt das Panel den Netzwerkstatus und die Uhrzeit an. Das untere Panel enthält in der Art einer Task-Leiste Symbole für alle laufende Programme.

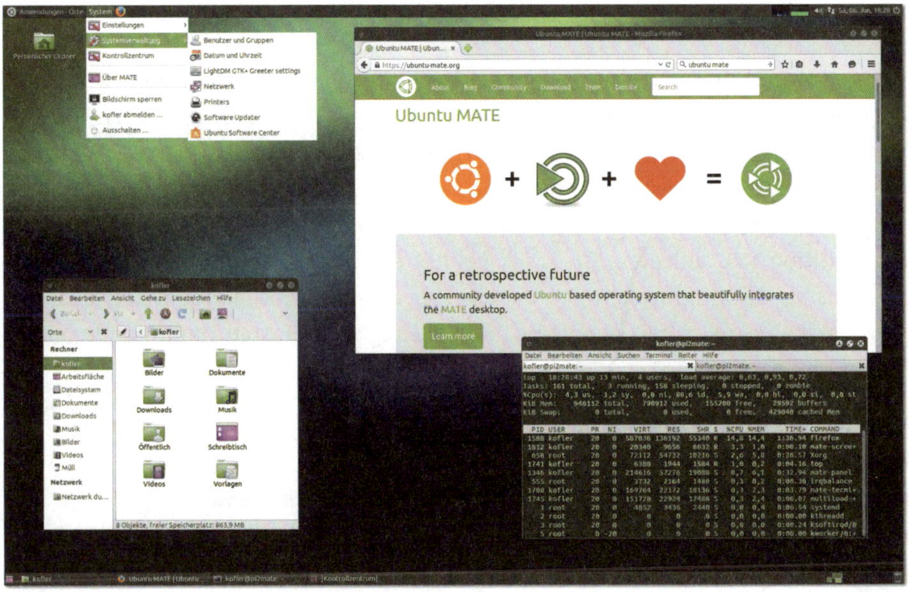

Abbildung 6.1 Der Desktop von Ubuntu MATE

Die beiden Panel lassen sich mit der rechten Maustaste weitgehend konfigurieren. Sie können in die Panel neue Elemente einfügen, vorhandene entfernen und bei Bedarf die beiden Panel sogar zu einem einzigen zusammenführen. Außerdem führt das SYSTEMMENÜ zu diversen Werkzeugen, mit denen Sie sowohl den Desktop als auch die Systemkonfiguration von Ubuntu MATE bearbeiten können.

Alten Linux-Hasen wird Ubuntu MATE sofort vertraut vorkommen: Der Desktop verhält sich genau so wie auf Gnome 2 basierende Distributionen, die bis vor wenigen Jahren in sehr vielen Linux-Distributionen zum Einsatz kamen. Es fehlt in diesem Buch leider der Platz, um den MATE-Desktop im Detail zu beschreiben. Linux-Neulinge sollten gegebenenfalls Ausschau nach einem circa fünf Jahre alten Linux-Buch halten und einen Blick in das Gnome-Kapitel werfen. Wir setzen im Folgenden aber voraus, dass Sie schon ein wenig Linux-Erfahrung haben, und konzentrieren uns auf die Raspberry-Pi-spezifischen Details von Ubuntu MATE.

6.2 Konfiguration und technische Details

Unter Ubuntu MATE müssen Sie auf die Bequemlichkeiten von `raspi-config` leider verzichten. Die im SYSTEM-Menü gesammelten Konfigurationswerkzeuge sind hierfür nur ein unvollständiger Ersatz. Dieser Abschnitt gibt daher einige Tipps, wie Sie in `raspi-config` enthaltene Arbeiten unter Ubuntu MATE durchführen.

Die SD-Karte vollständig nutzen

Ubuntu MATE nutzt nur etwa die ersten vier GByte einer SD-Karte. Wenn Sie Ubuntu auf eine größere SD-Karte installiert haben, müssen Sie zuerst die Root-Partition und dann das dort enthaltene Dateisystem vergrößern. Leider bieten die Partitionierungswerkzeuge `fdisk` und `parted` beide keine Möglichkeit, eine vorhandene Partition zu vergrößern; sie müssen die betreffende Partition löschen und dann mit der gleichen Startposition neu anlegen. Mit `fdisk` gelingt dies auch ohne ein technisches Verständnis der Hintergründe, wenn Sie das Programm zuerst in einem Terminal mit `sudo fdisk /dev/mmcblk0` starten und dann die folgenden Tastaturkommandos eingeben:

- [D] [↵] (Partition 2 löschen)
- [2] [↵]
- [N] [↵] (neue primäre Partition 2 in maximaler Größe einrichten)
- [P] [↵]
- [2] [↵] [↵] [↵]
- [W] [↵] (Änderungen ausführen)

fdisk zeigt zuletzt die Meldung *Re-reading the partition table failed* an. Das ist kein Grund zur Sorge. Sie müssen jetzt lediglich Ubuntu MATE neu starten, damit der Kernel die neue Partitionstabelle berücksichtigt. Danach passen Sie das Dateisystem an die neue Partitionsgröße an, indem Sie in einem Terminalfenster dieses Kommando ausführen:

```
sudo resize2fs /dev/mmcblk0p2
```


SSH-Server

Standardmäßig ist unter Ubuntu MATE kein SSH-Server installiert. Abhilfe schafft sudo apt-get install openssh-server. Damit wird der SSH-Server nicht nur installiert, sondern auch sofort gestartet.

Systemd

Raspbian auf der Basis von Debian Wheezy verwendet das Init-V-System. Es ist für den Start diverser Dienste während des Bootprozesses verantwortlich. Unter Ubuntu MATE kommt stattdessen das viel modernere Systemd zum Einsatz. Init-V und Systemd unterscheiden sich hinter den Kulissen sehr stark. In der Praxis sind die Unterschiede dann aber doch kleiner als erwartet, weil Ubuntu Systemd momentan erst recht halbherzig nutzt. Fast alle Netzwerk- und Systemdienste werden unverändert durch Init-V-Scripts im Verzeichnis /etc/init.d gestartet. Das ist möglich, weil Systemd eine Kompatibilitätsschicht zu Init-V enthält.

Am ehesten kommen Sie mit Systemd in Berührung, wenn Sie den Grafikmodus deaktivieren bzw. wieder aktivieren möchten. Dazu sind die folgenden Kommandos erforderlich:

```
# Grafiksystem sofort beenden
sudo systemctl isolate multi-user.target
# Grafiksystem sofort starten
sudo systemctl isolate graphical.target
# per Default im Textmodus starten
sudo systemctl set-default multi-user.target
# per Default im Grafikmodus starten
sudo systemctl set-default graphical.target
```

Die isolate-Kommandos werden sofort wirksam, aber nicht bleibend gespeichert. Gerade umgekehrt ist es bei isolate: Damit wird das Defaultverhalten festgelegt, das ab dem nächsten Reboot gelten soll.

Grundlegende Entwicklungswerkzeuge

Unter Ubuntu MATE sind standardmäßig keine Entwicklungswerkzeuge installiert – weder make noch ein C-Compiler. Abhilfe schafft das folgende Kommando. Es wird in den weiteren Abschnitten dieses Kapitels vorausgesetzt.

```
sudo apt-get install build-essential
```

Die Installation der WiringPi-Bibliothek zur bash- und C-Programmierung erfolgt wie unter Raspbian (siehe Abschnitt 21.4, »WiringPi«):

```
sudo apt-get install git-core
git clone git://git.drogon.net/wiringPi
cd wiringPi
./build
```

RPi.GPIO

Anders als unter Raspbian fehlt unter Ubuntu MATE das RPi.GPIO-Modul (siehe Abschnitt 20.2, »GPIO-Zugriff«). Die Installation gelingt mit den folgenden Kommandos:

```
apt-get install python3-pip
pip3 install RPi.GPIO
```

Glücklich werden Sie mit dieser unter Raspbian so beliebten Bibliothek aber nicht werden. RPi.GPIO setzt voraus, dass mit root-Rechten ausgeführte Programme auf /dev/mem zugreifen dürfen. Der Ubuntu-Kernel ist aber anders als der von Raspbian konfiguriert und verbietet diesen Zugriff. Deswegen stürzen Python-Scripts, die auf GPIOs zugreifen möchten, unter Ubuntu MATE ab. In den Kernelmeldungen, die Sie mit dmesg lesen können, wird die Fehlermeldung *Program xxx tried to access /dev/mem* protokolliert. Details können Sie hier nachlesen:

http://stackoverflow.com/questions/30442719

Eine Notlösung besteht darin, in Python-Scripts auf das gpio-Kommando der WiringPi-Bibliothek zurückzugreifen.

Kernelmodule

Diverse Funktionen des Raspberry Pi können nur genutzt werden, wenn ein entsprechendes Kernelmodul geladen wird. Unter Ubuntu gilt dabei der bei Linux-PCs übliche Ansatz, gemäß dem zusätzlich erforderliche Kernelmodule in /etc/modules aufgezählt werden müssen (siehe Abschnitt 5.10). Bei aktuellen Raspbian-Versionen erfolgt die Verwaltung dieser Hardware-Funktionen dagegen über den Device Tree (siehe Abschnitt 5.11). Zur Konfiguration verändern Sie die Datei /boot/config.txt.

Wenn Sie unter Ubuntu MATE also z. B. 1-Wire-Temperatursensoren auslesen möchten, laden Sie die erforderlichen Module zuerst mit `modprobe`:

```
sudo modprobe w1_therm
sudo modprobe w1_gpio
```

Nun können Sie die Temperatur der Datei `/sys/devices/w1_bus_master1/nnn/w1_slave` entnehmen:

```
cat /sys/devices/w1_bus_master1/10-000802ae1551/w1_slave
  32 00 4b 46 ff ff 0b 10 05 : crc=05 YES
  32 00 4b 46 ff ff 0b 10 05 t=25062
```

Wenn so weit alles funktioniert, tragen Sie die Module in `/etc/modules` ein, damit sie in Zukunft nach jedem Neustart automatisch geladen werden:

```
# Datei /etc/modules
...
w1_therm
w1_gpio
```

Analog gehen Sie für andere Hardware-Funktionen vor, z. B.:

- IR-Empfänger (z. B. TSOP4838): Modul `lirc_rpi`
- I^2C: Modul `i2c-bcm2708`
- I^2S: Modul `snd_soc_bcm2708_i2s`
- SPI: Modul `spi-bcm2708`

Zugriff auf die Kamera

Damit die Kamera verwendet werden kann, müssen Sie der Datei `/boot/config.txt` zwei Zeilen hinzufügen:

```
# Datei /boot/config.txt
...
start_x=1
gpu_mem=128
```

Außerdem fügen Sie die Gruppe `video` zu den anderen Gruppen Ihres Accounts hinzu. Dabei ersetzen Sie `kofler` durch Ihren Account-Namen.

```
sudo usermod -a -G video kofler
```

Nach einem Neustart des Raspberry Pi können Sie die standardmäßig bereits installierten Kommandos `raspistill` und `raspivid` verwenden, um Fotos bzw. Videos aufzunehmen:

```
sudo raspistill -o foto.jpg
sudo raspivid -o film.h264 -t 2000
```

Hardware-Decodierung und Video-Wiedergabe

Der Video-Player `omxplayer` ist unter Ubuntu MATE standardmäßig installiert. Sofern Sie in `/boot/config.txt` die entsprechenden Schlüssel eingetragen haben, kann das Programm MPEG-2- und VC-1-Filme mit Hardware-Unterstützung durch die GPU abspielen. Die Vorgehensweise entspricht der unter Raspbian und ist in Abschnitt 5.8, »Systemeinstellungen in config.txt«, beschrieben.

Kapitel 7
Windows 10

Mit Version 2 ist der Raspberry Pi nicht nur Ubuntu-kompatibel geworden, es kann jetzt sogar eine spezielle Version von Windows 10 auf ihm installiert werden. *http://golem.de* war eine der ersten deutschen IT-News-Sites, die diese Möglichkeit gründlich getestet hat. Bereits im zweiten Satz hieß es dort: *Microsoft hat alles getan, um den typischen Pi-Nutzer abzuschrecken*. Eigentlich gibt es dem nicht viel hinzuzufügen – aber unser Lektor meinte, im Rahmen einer »umfassenden Referenz« sollten wir nichtsdestotrotz auch auf diese Anwendungsmöglichkeit eingehen. Lesen Sie also selbst, was Sie erwartet, wenn Sie Linux den Rücken zukehren!

7.1 Installation

Bevor Sie beginnen, sollten Sie sich im Klaren darüber sein, welche Art von Windows Sie installieren werden. Microsoft bezeichnet diese Windows-Version sperrig als »Windows 10 IoT Core«. Dabei steht IoT für »Internet of Things«, also für das Internet der Dinge. Es handelt sich demnach nicht um ein Desktop-Windows, sondern um eine abgespeckte Windows-Version mit einer ganz eingeschränkten grafischen Benutzeroberfläche, in der Sie lediglich die Netzwerkanbindung und die Zeitzone konfigurieren können.

Microsoft erhofft sich, dass derartige Windows-Versionen in Zukunft auf miteinander vernetzten Geräten installiert werden. Windows 10 IoT Core richtet sich insofern nicht an den typischen Raspberry-Pi-Bastler, sondern an Entwickler, die diese spezielle Windows-Version ausprobieren möchten. Das ist die gleiche Zielsetzung wie bei dem im vorigen Kapitel kurz erwähnten Snappy Ubuntu Core. Eine weitere Gemeinsamkeit besteht darin, dass beide IoT-Betriebssysteme Mitte 2015 ähnlich unausgereift wirkten.

Grundvoraussetzung ist ein Windows-10-PC

Als Basis für alle Experimente benötigen Sie einen Windows-PC. Auf diesem sollte Windows 10 installiert sein. Es gibt im Internet zwar auch Anleitungen für ältere Windows-Versionen, Sie machen sich damit das Leben aber unnötig schwer!

Image-Datei schreiben

Die meisten Raspberry-Pi-Distributionen laden Sie einfach aus dem Internet herunter und schreiben sie dann auf eine SD-Karte. Bei Windows 10 ist die Angelegenheit ein wenig komplizierter. Der Download erfordert, dass Sie über eine Microsoft-ID verfügen, sich beim »Windows Embedded Pre-Release Program« anmelden und bei dieser Gelegenheit alle erdenklichen Lizenzbedingungen bestätigen. Anschließend steht Ihnen das Image von der folgenden Seite als ZIP-Datei zur Verfügung:

https://connect.microsoft.com/windowsembeddedIoT/Downloads/DownloadDetails.aspx?DownloadID=57782

Nach dem Download stellt sich heraus, dass die ZIP-Datei keineswegs eine simple Image-Datei enthält. Vielmehr handelt es sich um eine Datei im FFU-Format (Full Flash Update). Derartige Dateien können mit dem Kommando `dism.exe` auf eine SD-Karte übertragen werden. `dism.exe` ist allerdings erst ab Windows 10 standardmäßig installiert. Um das Kommando aufzurufen, starten Sie mit [Win]+[X] EINGABEAUFFORDERUNG (ADMINISTRATOR) ein Kommandofenster und führen dort die folgenden Anweisungen aus:

```
> cd C:\Users\ms\Downloads\Windows_IoT_Core_RPI2_BUILD

> diskpart
  DISKPART> list disk

    Datenträger ###  Status         Größe    Frei     Dyn  GPT
    ---------------  -------------  -------  -------  ---  ---
    Datenträger 0    Online          232 GB      0 B        *
    Datenträger 1    Online          931 GB   785 GB        *
    Datenträger 2    Online           14 GB      0 B

  DISKPART> exit

> dism.exe /Apply-Image /ImageFile:flash.ffu
           /ApplyDrive:\\.\PhysicalDriveN
           /SkipPlatformCheck
```

Dabei wird `diskpart` nur verwendet, um die Laufwerksnummer der SD-Karte herauszufinden – in unserem Fall also 2. Diese Zahl müssen Sie anstelle von `N` angeben, also z. B. `/ApplyDrive:\\.\PhysicalDrive2`. Der gesamte Inhalt der SD-Karte wird durch `dism` überschrieben. Dieses Kommando ist hier nur aus Platzgründen über drei Zeilen verteilt. Weitere Anweisungen können Sie gegebenenfalls hier nachlesen:

http://ms-iot.github.io/content/en-US/win10/SetupRPI.htm

Inbetriebnahme

Nach diesen Vorbereitungsarbeiten führen Sie im Explorer AUSWERFEN aus, stecken die SD-Karte in Ihren Raspberry Pi und starten diesen neu. Auf dem Bildschirm erscheint kurz das Windows-Logo, danach wird der Bildschirm vorübergehend schwarz. Aber keine Angst, Windows führt im Hintergrund Konfigurationsarbeiten durch und startet Ihren Minicomputer schließlich nach einigen Minuten neu.

Auf einem dunklen Bildschirmhintergrund werden nun ein Foto des Raspberry Pi, sein aktueller Hostname `minwinpc` und seine IP-Adresse angezeigt (siehe Abbildung 7.1). Wir haben leider auch keine Möglichkeit gefunden, einen Screenshot zu machen, und mussten den Statusbildschirm deswegen durch ein Foto dokumentieren.

Abbildung 7.1 Versuchsaufbau mit dem Raspberry Pi 2 und Windows 10 IoT Core

Mit der Maus erreichen Sie ein Einstellungsmenü. Dort können Sie die Zeitzone einstellen und eine Netzwerkkonfiguration durchführen, wenn Ihr Raspberry Pi nicht an ein Ethernet-Kabel angeschlossen ist. Es ist auch ein Menü zur Spracheinstellung vorgesehen, dort steht aber nur ENGLISH zur Auswahl. Davon abgesehen ist keine direkte Bedienung von Windows 10 vorgesehen.

Auf dem Raspberry Pi läuft ein Webserver, bei dem Sie sich mit dem Login-Namen `Administrator` und dem Passwort `p@ssw0rd` anmelden können. Dabei ist `0` eine Null.

Nun können Sie verschiedene Ressourcen der Windows-Installation beobachten, einen Shutdown einleiten etc. (siehe Abbildung 7.2).

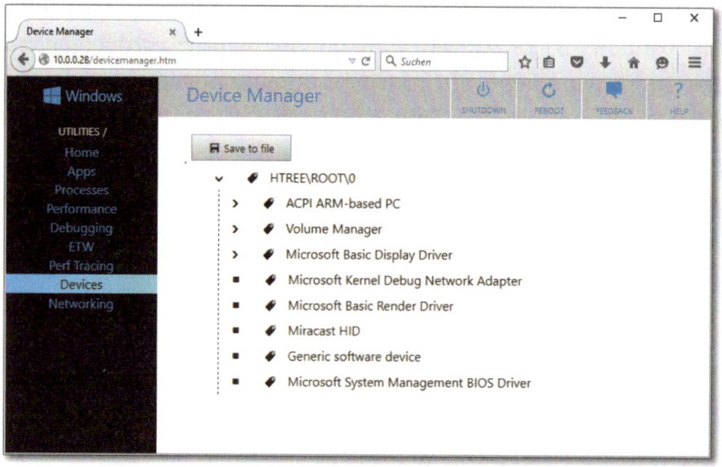

Abbildung 7.2 Die Weboberfläche von Windows 10 IoT Core

Außerdem gibt es einen FTP-Server, der Ihnen ohne Login Zugriff auf das gesamte Dateisystem von Windows 10 gibt – samt Schreibzugriff! Das Sicherheitsniveau erinnert an Windows-95-Zeiten. Auf einen SSH-Server müssen Sie hingegen verzichten.

7.2 Anwendung

Anders als unter Raspbian bzw. unter anderen Linux-Distributionen ist unter Windows 10 IoT Core nicht vorgesehen, dass Sie damit direkt arbeiten oder gar Programme entwickeln. Stattdessen müssen Sie Programme, die Sie auf dem Raspberry Pi auszuführen wollen, auf einem Windows-PC oder -Notebook entwickeln und kompilieren. Das fertige Programm kann dann auf den Raspberry Pi übertragen und dort getestet werden.

Fernwartung mit der PowerShell

Ein unentbehrliches Hilfsmittel bei der Arbeit mit Windows IoT ist die PowerShell. Dieses Programm ist eine zeitgemäße Alternative zum Eingabeaufforderungsfenster. Bei aktuellen Windows-Versionen ist `powershell.exe` standardmäßig installiert. Für den ersten Verbindungsaufbau starten Sie das Programm mit Administratorrechten und führen dann die folgenden vier Kommandos aus, um sich auf dem Raspberry Pi einzuloggen und diesen fernzusteuern:

```
> net start WinRM
> Set-Item WSMan:\localhost\Client\TrustedHosts -Value MINWINPC
```

```
> remove-module psreadline -force
> Enter-PsSession -ComputerName MINWINPC
                  -Credential MINWINPC\Administrator
```

Das erste Kommando startet auf Ihrem lokalen Windows-Rechner einen WinRM-Dienst. Das zweite Kommando fügt den Raspberry Pi zur Liste der vertrauenswürdigen Rechner hinzu. Das dritte Kommando verhindert einen Stackoverflow-Fehler der PowerShell. Die Ausführung des letzten Kommandos führt in einen Login-Dialog, in dem Sie sich wieder mit `p@ssw0rd` identifizieren. Anschließend vergehen einige Sekunden, bis schließlich der Prompt der PowerShell wieder erscheint – aber jetzt mit der vorangestellten Zeichenkette `[MINWINPC]`. Alle weiteren Kommandos werden also auf dem Raspberry Pi ausgeführt, ähnlich wie in einer SSH-Session unter Linux.

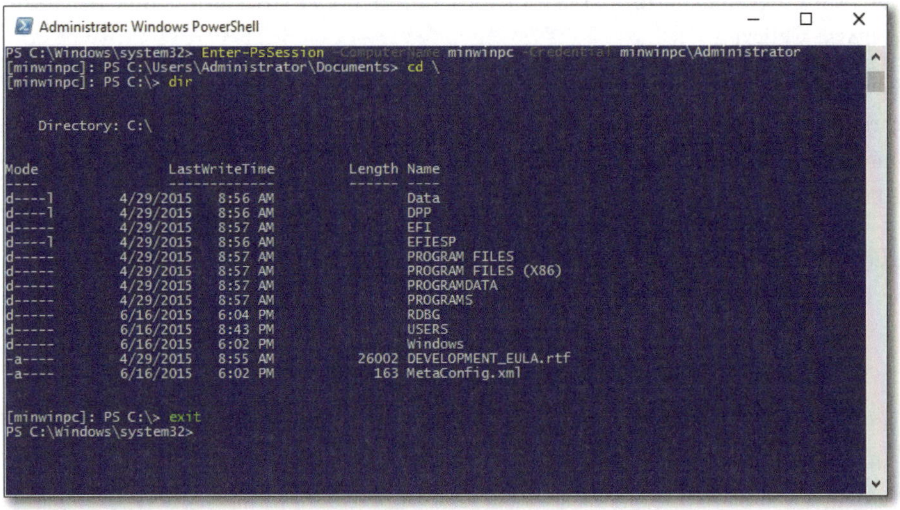

Abbildung 7.3 In der PowerShell können Sie sich auf dem Raspberry Pi anmelden und dort Kommandos ausführen.

Aus Sicherheitsgründen sollten Sie die Gelegenheit gleich nutzen und das Passwort des Windows Core Administrators ändern. `exit` beendet die Verbindung zum Raspberry Pi.

```
[WINMINPC]> net user Administrator ganzGeheim
[WINMINPC]> exit
```

In Zukunft reicht ein normaler Start der PowerShell, also ohne Administrationsrechte. Sie müssen auch nur noch das `Enter-PsSession`-Kommando ausführen (siehe Abbildung 7.3). Weitere Informationen zum Umgang mit der PowerShell und zu den dort verfügbaren Kommandos finden Sie hier:

http://www.powershellpro.com/powershell-tutorial-introduction
http://ms-iot.github.io/content/en-US/win10/tools/CommandLineUtils.htm

7.3 Programmentwicklung mit Visual Studio

Um Programme für Windows IoT Core zu entwickeln, benötigen Sie Visual Studio 2015. Die kostenlose Community Edition können Sie von der folgenden Webseite herunterladen:

https://www.visualstudio.com/en-us/downloads/visual-studio-2015-downloads-vs.aspx

Wir haben für unsere Tests den Release Candidate eingesetzt. Achten Sie bei der Installation darauf, dass Sie die Option TOOLS FÜR DIE UNIVERSELLE WINDOWS-APP-ENTWICKLUNG aktivieren! Das ist standardmäßig nicht der Fall. Sie können diesen Schritt gegebenenfalls nachholen, indem Sie das üblicherweise im Downloads-Verzeichnis gespeicherte Installationsprogramm nochmals starten und darin auf ANPASSEN klicken.

Bevor Sie mit der Entwicklung eigener Projekte beginnen können, müssen Sie für Ihren Windows-Rechner noch den Entwicklermodus aktivieren. Sie finden die entsprechende Option in den Systemeinstellungen in der Gruppe UPDATE UND SICHERHEIT (siehe Abbildung 7.4).

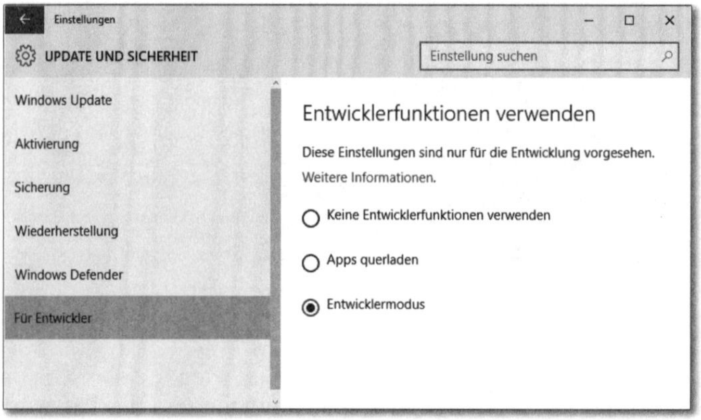

Abbildung 7.4 Den Entwicklermodus in Windows 10 aktivieren

Voraussetzungen

Im Folgenden setzen wir voraus, dass Sie prinzipiell mit Visual Studio und C# vertraut sind und dass Sie sich auch schon so weit mit der Hardware des Raspberry Pi befasst haben, dass Sie eine Leuchtdiode an einen GPIO-Pin anschließen können. Werfen Sie gegebenenfalls einen Blick in Kapitel 13, »LEDs, Motoren und Relais«.

Hello World!

Um ein erstes, selbst entwickeltes C#-Programm mit grafischer Benutzeroberfläche auf dem Raspberry Pi auszuführen, richten Sie in Visual Studio ein neues Projekt ein. Dabei verwenden Sie die Vorlage VISUAL C# • WINDOWS • WINDOWS UNIVERSAL • BLANK APP (siehe Abbildung 7.5).

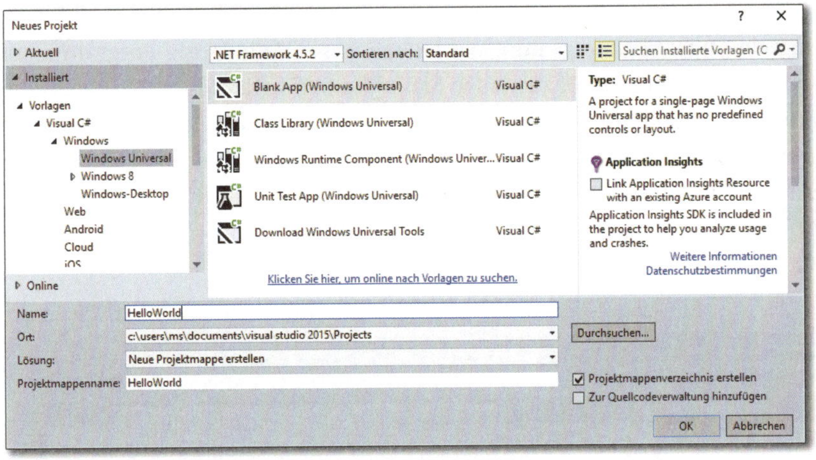

Abbildung 7.5 Ein neues Universal-Projekt in Visual Studio einrichten

Nun öffnen Sie die Datei `MainPage.xaml` und gestalten die grafische Benutzeroberfläche des Programms. Fügen Sie einen Textblock und einen Button ein, und beschriften Sie diese Elemente mit HELLO WORLD und ENDE. Durch einen Doppelklick auf den Button können Sie diesen mit Code verbinden, der ausgeführt wird, wenn der Benutzer auf den Button klickt. In der nun angezeigten Code-Datei `MainPage.xaml.cs` rufen Sie die Methode `exit` auf, um das Programm zu beenden. Die gesamte Methode `button_click` muss so aussehen:

```
private void button_Click(object sender, RoutedEventArgs e) {
  Application.Current.Exit();
}
```

Nun öffnen Sie noch die Datei `App.xaml.cs` und suchen dort nach dem Begriff `EnableFrameRateCounter`. Stellen Sie der gesamten Zeile zwei /-Zeichen voran, um sie als Kommentar zu kennzeichnen. Damit verhindern Sie, dass das Programm im Debug-Betrieb in der linken oberen Ecke zwei unschöne Frame-Counter anzeigt.

```
// this.DebugSettings.EnableFrameRateCounter = true;
```

Jetzt starten Sie Ihr Programm probeweise auf Ihrem lokalen Windows-PC (siehe Abbildung 7.6). Ein Klick auf den Button ENDE sollte das Programm wieder beenden.

Abbildung 7.6 »Hello World!« auf einem Windows-PC

Der spannende Augenblick folgt nun: Wir wollen unser Hello-World-Programm auf dem Raspberry Pi ausführen. Dazu stellen Sie in der Symbolleiste von Visual Studio die Architektur von x86 auf ARM um und wählen im danebenliegenden Listenfeld zur Programmausführung den Punkt REMOTECOMPUTER. Es erscheint ein kleiner Dialog zur Konfiguration der Kommunikation mit dem Raspberry Pi. Dort stellen Sie ADRESSE = MINWINPC und AUTHENTIFIZIERUNGSMODUS = KEINE ein (siehe Abbildung 7.7). Mit AUSWÄHLEN schließen Sie den Dialog.

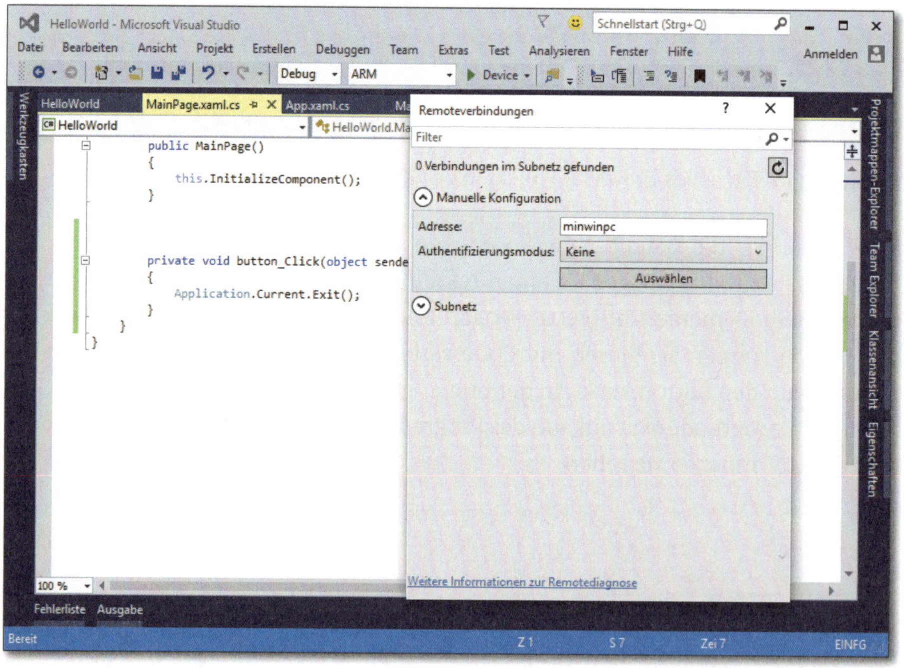

Abbildung 7.7 Erforderliche Einstellungen zur Programmausführung auf dem Raspberry Pi

Sollte Ihr Raspberry Pi unter dem Hostnamen `minwinpc` nicht im Netz auffindbar sein, müssen Sie statt des Namens seine IP-Adresse angeben. Sie können die Einstellungen bei Bedarf im Dialogblatt DEBUG der Projekteigenschaften ändern. (Sie öffnen es per Doppelklick auf PROPERTIES im Projektmappenexplorer.)

Wenn Sie das Programm nun neuerlich starten, wird es für die ARM-Plattform kompiliert, auf den Raspberry Pi übertragen und dort im Vollbildmodus ausgeführt. Bei unseren Tests hat das wunderbar funktioniert. Und auch wenn die Inbetriebnahme des Raspberry Pi unter Windows 10 IoT umständlich war – das Schreiben von Programmen mit grafischer Benutzeroberfläche ist zugegebenermaßen einfach und elegant (C#-Vorwissen einmal vorausgesetzt).

GPIOs steuern

Naturgemäß wollen wir es mit dem Hello-World-Beispiel nicht bewenden lassen – wir wollen Ihnen auch zeigen, wie Sie mit C#-Code GPIOs steuern. Das folgende Beispiel setzt voraus, dass der Pin 29 des J8-Headers (mit der internen Bezeichnung GPIO 5) über einen Vorwiderstand mit einer Leuchtdiode verbunden ist. Natürlich können Sie die Leuchtdiode auch mit einem anderen Pin verbinden – dann müssen Sie den Code entsprechend anpassen.

In Visual Studio müssen Sie Ihrem Projekt zuerst einen Verweis auf die Windows-IoT-SDK hinzufügen: Klicken Sie also im Projektmappenexplorer mit der rechten Maustaste auf Verweise, führen Sie Verweis hinzufügen aus, suchen Sie nach dem Eintrag Windows IoT Extension SDK, und aktivieren Sie diesen Eintrag (siehe Abbildung 7.8).

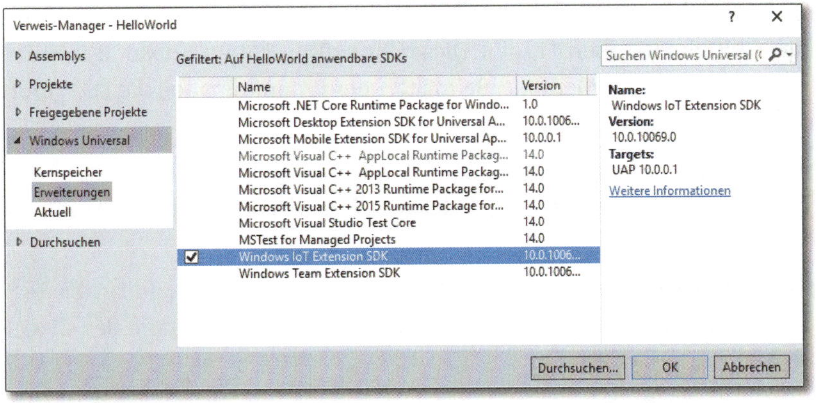

Abbildung 7.8 Verweis auf die Windows-IoT-Bibliothek einrichten

In die Benutzeroberfläche des Hello-World-Programms fügen Sie nun zwei weitere Buttons ein, die Sie mit LED ein und LED aus beschriften und denen Sie die Namen `button_led_on` und `button_led_off` geben (siehe Abbildung 7.9). Ein Doppelklick auf die beiden Buttons fügt die entsprechenden Ereignismethoden in den C#-Code ein.

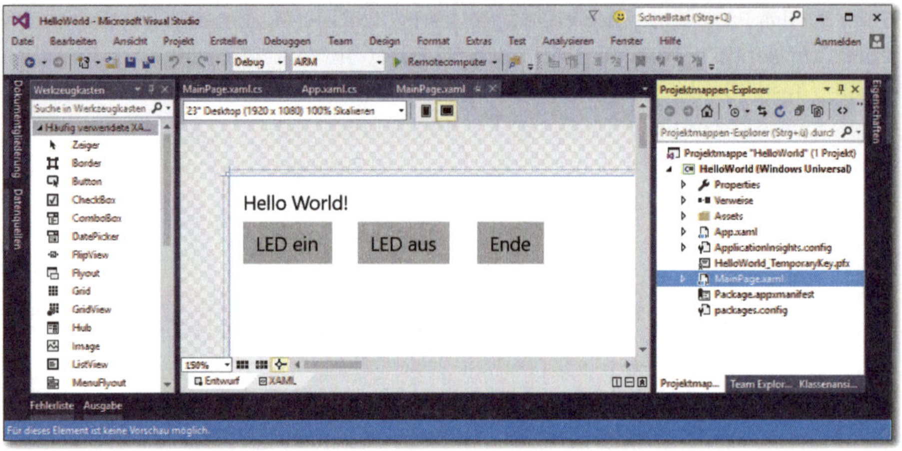

Abbildung 7.9 Entwurf der Benutzeroberfläche in Visual Studio

Nun gilt es nur noch, den Code zu vervollständigen:

- **Gpio-Bibliothek nutzen:** `using Windows.Devices.Gpio` erlaubt die unmittelbare Verwendung der Klassen aus dem Gpio-Namensraum.
- **Initialisierung:** In `MainPage` wird ein `GpioController`-Objekt erzeugt. Sofern der Code auf einem Raspberry Pi ausgeführt wird, sollte das ohne Fehler gelingen. Anschließend wird in der Variablen `pin` ein `GpioPin`-Objekt gespeichert, das Zugriff auf einen GPIO des Raspberry Pi gibt. Dieser Pin soll als Output verwendet werden – daher die `SetDriveMode`-Methode. Beim Start des Programms soll die LED sofort leuchten. Das erreicht die `write`-Methode.

  Beachten Sie, dass sich die Nummer in `LED_GPIO` auf die interne GPIO-Nummerierung bezieht, nicht auf die Pins des J8-Headers. GPIO 5 des Raspberry Pi wird über den Pin 29 angesprochen.
- **LED ein- und ausschalten:** Die Methoden `button_led_on_click` und `button_led_off_click` verwenden ebenfalls die `write`-Methode, um den Zustand des GPIO 5 entsprechend zu verändern.

Das gesamte Listing sieht so aus:

```
// Datei Mainpage.xaml.cs
using Windows.Devices.Gpio;
using Windows.UI.Xaml;
using Windows.UI.Xaml.Controls;

namespace HelloWorld {
  public sealed partial class MainPage : Page {
    private const int LED_GPIO = 5;  // Pin 29 des J8-Headers
    private GpioPin pin;
```

```
    // Initialisierung
    public MainPage() {
      this.InitializeComponent();
      var gpio = GpioController.GetDefault();
      if(gpio == null)  {
        pin = null;
        return;
      }
      pin = gpio.OpenPin(LED_GPIO);
      pin.SetDriveMode(GpioPinDriveMode.Output);
      pin.Write(GpioPinValue.High);
    }

    // Programmende
    private void button_Click(object sender, RoutedEventArgs e) {
      Application.Current.Exit();
    }

    // LED einschalten
    private void button_led_on_Click(object sender,
                                     RoutedEventArgs e)
    {
      if(pin != null)
        pin.Write(GpioPinValue.High);
    }

    // LED ausschalten
    private void button_led_off_Click(object sender,
                                      RoutedEventArgs e)
    {
      if (pin != null)
        pin.Write(GpioPinValue.Low);
    }
  }
}
```

Weitere Beispiele

Microsoft hat dankenswerterweise eine ganze Sammlung von Beispielprojekten zusammengestellt. Die Beispiele enthalten auch sogenannte *headless* Programme, also Programme, die ohne grafische Benutzeroberfläche im Hintergrund laufen. Einen guten Überblick sowie die entsprechende Dokumentation finden Sie hier:

http://ms-iot.github.io/content/en-US/win10/StartCoding.htm

Die Beispielprogramme laden Sie am einfachsten en bloc als ZIP-Datei von GitHub herunter und packen sie dann auf Ihrem Rechner aus:

https://github.com/ms-iot/samples/archive/develop.zip

TEIL II

Der Raspberry Pi als Media-Center

Kapitel 8
Audio-Player mit Smartphone-Fernbedienung

Manchmal ist weniger mehr: Bevor wir Ihnen in den nächsten Kapiteln die Distributionen OpenELEC und RasPlex mit den Multimedia-Programmen Kodi und Plex vorstellen, zeigen wir Ihnen hier, wie Sie Ihren Raspberry Pi als Audio-Player für Ihre Stereoanlage verwenden können. Der Raspberry Pi kann dabei *ohne* eigenes Display laufen. Er wird über ein Smartphone, Tablet oder Notebook fernbedient. Das setzt voraus, dass sowohl der Raspberry Pi als auch das als Fernbedienung eingesetzte Gerät mit einem lokalen WLAN verbunden sind.

Es gibt verschiedene Möglichkeiten, um aus Ihrem Raspberry Pi einen Audio-Player zu machen. Eine Variante besteht darin, den *Music Player Daemon* (MPD) unter Raspbian zu installieren und zu konfigurieren, was im folgenden Abschnitt beschrieben wird. Wenn Ihnen das zu mühsam ist, können Sie auch auf vorkonfigurierte Audio-Player-Distributionen zurückgreifen. Dieses Kapitel stellt Ihnen dazu *Volumio* und *Pi MusicBox* vor.

Wenn Sie Wert auf optimale Audio-Qualität legen, sollten Sie den 3,5-mm-Audio-Ausgang des Raspberry Pi vermeiden. Die optimale Alternative besteht darin, den digitalen Audio-Datenstrom über die I^2S-Schnittstelle des Raspberry Pi zu leiten und das Audio-Signal dann mit einem Digital Analog Converter zu erzeugen. In diesem Kapitel zeigen wir Ihnen, wie Sie dies mit dem beliebten Aufsteck-Board *HiFiBerry* bewerkstelligen. Es sei aber nicht verschwiegen, dass dieses Board samt Nebenkosten teurer ist als der Raspberry Pi selbst.

8.1 MPD-Installation und -Konfiguration

Der Music Player Daemon (MPD) läuft nach seiner Installation und Konfiguration als Hintergrunddienst, der über eine Netzwerkverbindung auf Port 6600 ferngesteuert wird (siehe Abbildung 8.1).

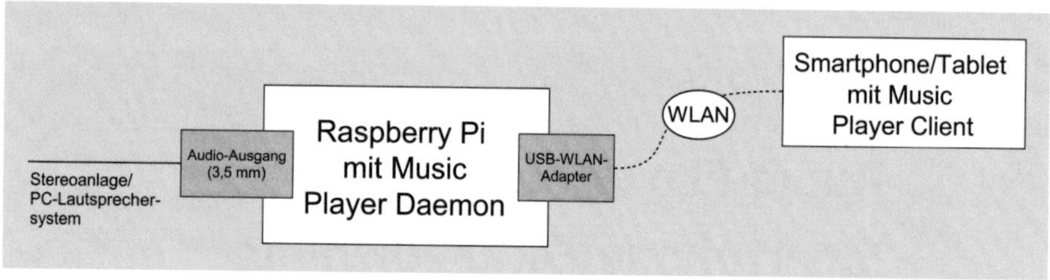

Abbildung 8.1 Der Raspberry Pi als Audio-Player

Der MPD hat selbst keine Benutzeroberfläche, ist also unsichtbar. Deswegen ist es für diese Anwendung auch überflüssig, den Raspberry Pi mit einem Bildschirm zu verbinden. Die Steuerung des MPD erfolgt durch ein Client-Programm, wobei die Auswahl an Client-Programmen riesig ist. Infrage kommen z. B. die folgenden Programme:

- MPDroid (Android)
- MPoD und MPaD (iOS)
- Xfmpc (XFCE-Client zur Verwendung auf dem Raspberry Pi)
- diverse Linux-, Windows- und OS-X-Clients

Eine schier endlose Liste weiterer Clients finden Sie auf der folgenden Seite:

http://mpd.wikia.com/wiki/Clients

Eine weitere Variante besteht darin, dass Sie zur Fernbedienung nicht das MPD-Protokoll verwenden, sondern eine Weboberfläche auf dem Raspberry Pi. Dazu müssen Sie den Raspberry Pi zuerst als Webserver mit Apache und PHP einrichten und haben dann die Wahl zwischen verschiedenen MPD-Webclients.

Egal für welche Variante Sie sich entscheiden, die Audio-Ausgabe erfolgt direkt durch den Raspberry Pi. Sie hören die Musik also nicht auf Ihrem Smartphone, Tablet oder Notebook, sondern aus den Boxen Ihrer Stereoanlage.

Netzwerkkonfiguration

Dieses Kapitel setzt voraus, dass es möglich ist, über ein lokales WLAN eine Verbindung zwischen dem Raspberry Pi und anderen Geräten herzustellen, also z. B. einem Smartphone. Die üblichste Konfigurationsvariante sieht so aus, dass Sie an Ihren Raspberry Pi einen USB-WLAN-Adapter anstecken und diesen so konfigurieren, dass sich das Gerät beim Hochfahren automatisch mit dem lokalen WLAN-Router verbindet. Die Vorgehensweise ist in Abschnitt 5.5, »Netzwerkkonfiguration«, beschrieben.

Ein WLAN-Adapter ist freilich nicht zwingend erforderlich: Ihr Raspberry Pi ist auch dann über das WLAN erreichbar, wenn er über ein Ethernet-Kabel mit einem WLAN- oder ADSL-Router mit integriertem Netzwerk-Switch verbunden ist.

MPD-Installation und -Konfiguration

Es empfiehlt sich, den MPD zuerst in einer simplen Basiskonfiguration in Betrieb zu nehmen. Die Audio-Dateien befinden sich dabei direkt auf der SD-Karte, die Audio-Ausgabe erfolgt über den Analog-Audio-Ausgang. Diverse Varianten – z. B. das Abspielen von Audio-Dateien, die sich auf einem USB-Stick oder einem NAS-Gerät befinden, die Verwendung eines anderen Audio-Systems, anderer Audio-Ausgabegeräte etc. – erläutern wir im weiteren Verlauf des Kapitels.

Neben `mpd` selbst benötigen Sie das Paket `alsa-utils`. Es enthält diverse Administrationsprogramme für die unter Raspbian aktive *Advanced Linux Sound Architecture* (ALSA). Zumeist ist `alsa-utils` bereits installiert.

```
sudo apt-get install mpd alsa-utils
```

Die Konfiguration für MPD befindet sich in der Datei `/etc/mpd.conf`. Anfänglich müssen Sie hier normalerweise nur zwei Einstellungen ändern:

- `mpd.conf` enthält die Zeile `bind_to_address "localhost"`. Das heißt, dass MPD *nicht* über das Netzwerk gesteuert werden kann, sondern nur durch Programme, die lokal auf dem Raspberry Pi laufen. Da es unsere Absicht ist, den Raspberry Pi im WLAN fernzusteuern, geben wir statt `localhost` die Adresse `0.0.0.0` an. Jedes Gerät, das eine Netzwerkverbindung zum Raspberry Pi herstellen kann, darf also den MPD steuern.
- `music_directory` gibt an, in welchem Verzeichnis sich die MP3-Dateien befinden. Sie haben zwei Möglichkeiten: Entweder behalten Sie die Standardeinstellung `/var/lib/mpd/music` bei und kopieren Ihre MP3-Dateien dorthin, oder Sie geben hier das Verzeichnis an, in dem sich Ihre MP3-Dateien momentan befinden. Egal für welche Variante Sie sich entscheiden: Stellen Sie sicher, dass dieses Verzeichnis sowie alle dort enthaltenen MP3-Dateien für den Account `mpd` lesbar sind! Gegebenenfalls führen Sie dazu die beiden folgenden Kommandos aus, die die Dateien für alle lesbar machen:

  ```
  cd /verzeichnis/der/mp3/dateien
  find -type f -exec chmod a+r {} \;
  find -type d -exec chmod a+rx {} \;
  ```

Die resultierende Datei `mpd.conf` sieht dann z. B. so aus:

```
# Datei /etc/mpd.conf
music_directory         "/home/pi/Musik"
bind_to_address         "0.0.0.0"
...
```

Nach den Änderungen in `/etc/mpd.conf` starten Sie den MPD neu:

```
sudo service mpd restart
```

Das Programm zeigt unter Umständen die Warnung *bind to 0.0.0.0:6600 failed, continuing, because binding to [::]:6600 succeeded* an. Das bedeutet, dass MPD das Protokoll IPv6 nach Möglichkeit vorzieht. Trotz dieser verwirrenden Meldung funktioniert MPD aber auch über das gebräuchlichere Protokoll IPv4.

Weitere MPD-Statusmeldungen werden in der Datei `/var/log/mpd/mpd.log` protokolliert. Bei Problemen sollten Sie als Erstes einen Blick in diese Textdatei werfen.

Erste Tests mit Xfmpc

Erste Tests, ob MPD prinzipiell funktioniert, führen Sie am besten direkt auf Ihrem Raspberry Pi durch. Dazu installieren Sie das Programm Xfmpc und starten dieses aus einem Terminal heraus.

```
sudo apt-get install xfmpc
xfmpc &
```

Xfmpc ist ein recht simpler MP-Client – aber für unsere Zwecke vollkommen ausreichend. Wie alle MP-Clients kommuniziert es über das Netzwerk mit dem MPD. Dass in diesem Fall sowohl der MPD als auch der Client auf demselben Rechner laufen, spielt keine Rolle. Der Verbindungsaufbau sollte Xfmpc in den Standardeinstellungen gelingen (siehe Abbildung 8.2).

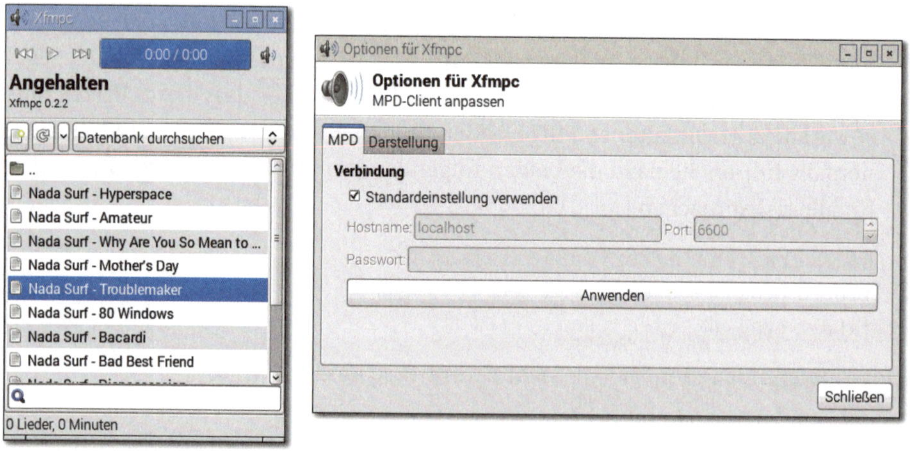

Abbildung 8.2 Der MP-Client Xfmpc mit seinem Konfigurationsdialog

Zunächst müssen Sie sich nun mit dem Bedienungskonzept aller MP-Clients anfreunden. Anfänglich zeigt Xfmpc nur ein leeres Fenster an. Mit dem Button DATENBANK AUFFRISCHEN fordert Xfmpc den MPD auf, nachzusehen, welche MP3-Dateien (neu)

verfügbar sind. Die Audio-Dateien können Sie nun in der Browser-Ansicht von Xfmpc ansehen (Listenfeld DATENBANK DURCHSUCHEN). Wie bei den meisten MP3-Playern sind die Dateien nach Genres und Alben geordnet. Per Kontextmenü können Sie nun ganze Alben oder einzelne Stücke in die Playlist kopieren. Sobald Sie auf den Play-Button drücken, beginnt MPD, die Playlist abzuarbeiten.

Nicht Xfmpc, sondern MPD ist der Audio-Player!

Sollten Sie Xfmpc beenden, werden Sie vielleicht konsterniert feststellen, dass die Musikwiedergabe unverändert weitergeht – und zwar so lange, bis die Playlist zu Ende ist! Xfmpc hat MPD den Auftrag gegeben, die Playlist abzuspielen. Xfmpc zeigt in der Playlist-Ansicht zwar an, welches Stück gerade an der Reihe ist, hat mit dem Abspielen aber nichts zu tun. Egal ob Xfmpc nun weiterläuft oder nicht, kümmert sich MPD um die Audio-Ausgabe. Das gilt sogar bei einem Neustart des Raspberry Pi: MPD merkt sich, wo die Wiedergabe aufgrund des Reboots abbricht, und setzt diese unaufgefordert nach dem Neustart an dieser Stelle fort!

Tonausgabe zwischen HDMI und Analog-Audio umschalten

Wenn Ihr Raspberry Pi mit einem HDMI-Monitor verbunden ist, erfolgt die Audio-Ausgabe standardmäßig über das HDMI-Kabel – ganz egal, ob der Monitor über Audio-Funktionen verfügt oder nicht. Das bedeutet: Wenn Sie den Raspberry Pi mit einem Audio-Kabel mit 3,5-mm-Klinkenstecker mit Ihrer Stereoanlage oder einem PC-Lautsprechersystem verbunden haben, werden Sie dort vermutlich nichts hören!

Bei aktuellen Raspbian-Versionen lösen Sie dieses Problem unkompliziert durch einen Klick mit der rechten Maustaste auf das Lautsprecher-Icon im Panel (siehe Abbildung 8.3).

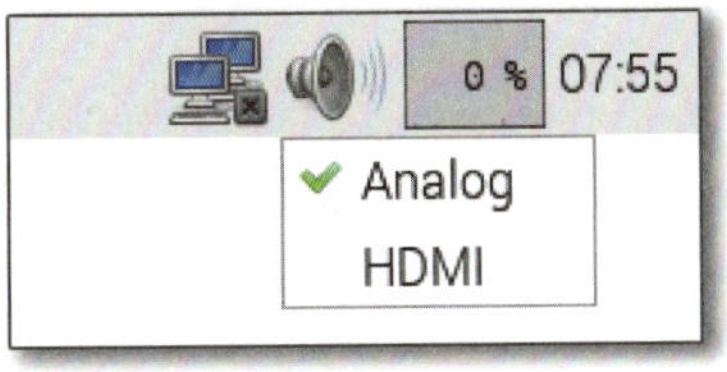

Abbildung 8.3 Audio-Ausgabe zwischen HDMI und Analog-Ausgang umschalten

Sie können die Analog-Audio-Ausgabe durch die 3,5-mm-Buchse des Raspberry Pi auch durch ein Kommando aktivieren:

```
amixer cset numid=3 1
```

Eine kurze Erklärung: `amixer` ist ein Kommando zur Online-Konfiguration des Linux-Audio-Systems ALSA. Mit `cset` wird die Einstellung für einen bestimmten Parameter verändert. `numid=3` ist der Parameter, der den Ausgabekanal steuert. Zulässige Werte sind 1 (Analog-Audio) und 2 (HDMI).

Beim Herunterfahren des Raspberry Pi werden die aktuellen ALSA-Einstellungen automatisch in der Datei `/var/lib/alsa/asound.state` gespeichert. Verantwortlich dafür ist das Script `/etc/init.d/alsa-utils`, das beim Herunter- und Hochfahren von Raspbian automatisch ausgeführt wird.

Den aktuellen Status des ALSA-Systems verrät das Kommando `amixer` ohne weitere Parameter. Etwas irritierend ist dabei die Ausgabe `Playback channels: Mono`. Selbstverständlich erfolgt eine Stereo-Wiedergabe! Sie können aber die Lautstärke nicht getrennt für den linken und rechten Kanal einstellen, sondern nur gemeinsam für beide Kanäle. Darauf bezieht sich die Ausgabe `Mono`.

```
amixer
  Simple mixer control 'PCM',0
    Capabilities: pvolume pvolume-joined pswitch pswitch-joined
    penum
    Playback channels: Mono
    Limits: Playback -10239 - 400
    Mono: Playback -662 [90%] [-6.62dB] [on]
```

Um auszuprobieren, ob beide Lautsprecher korrekt verkabelt sind, führen Sie das folgende Kommando aus. Es ist nun abwechselnd am linken Lautsprecher eine Stimme mit dem Text *front left* zu hören, dann am rechten Lautsprecher mit *front right* – so lange, bis Sie [Strg]+[C] drücken.

```
speaker-test -t wav -c2
```

MPDroid

Der populärste MP-Client für Android-Smartphones und Tablets ist *MPDroid*. Das Programm steht kostenlos im Play Store zur Verfügung. Nach der Installation müssen Sie zuerst eine Verbindung zum MPD herstellen. Dazu wählen Sie zunächst die aktive WLAN-Verbindung aus und geben dann den Hostnamen Ihres Raspberry Pi an. Sollte das nicht funktionieren, müssen Sie auf dem Raspberry Pi mit dem Kommando `ip addr` dessen IP-Adresse ermitteln und diese dann angeben.

Ist der Verbindungsaufbau einmal gelungen, können Sie MPDroid ähnlich wie Xfmpc bedienen: In der Ansicht BIBLIOTHEK werden alle dem MPD bekannten Alben angezeigt. Dort fügen Sie ganze Alben oder einzelne Stücke der Playlist hinzu und starten die Wiedergabe (siehe Abbildung 8.4).

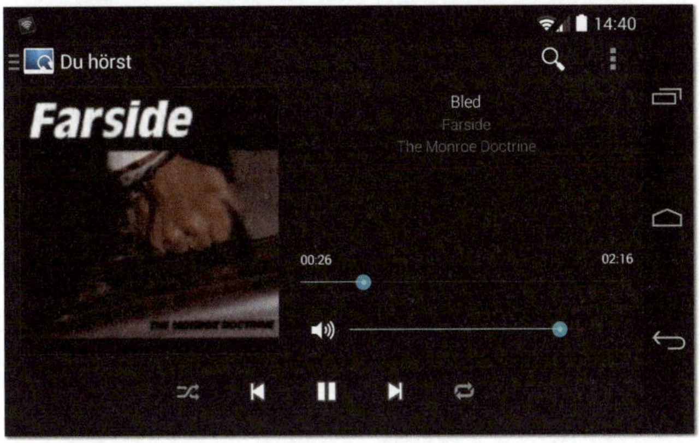

Abbildung 8.4 MPD-Steuerung durch das Android-Programm MPDroid

Bei unseren Tests gelang es MPDroid überraschend gut, geeignete Cover-Bilder zu den Alben aus dem Internet herunterzuladen. Leider ist MPD nicht in der Lage, diese oft in den MP3-Dateien eingebetteten Bilder weiterzugeben. Deswegen beziehen manche MP-Clients die Cover aus dem Internet, z. B. von den entsprechenden Produktseiten auf *http://amazon.com*.

8.2 MPD-Konfigurationsvarianten

Audio-Dateien auf einem USB-Stick

Sie wissen nun, wie Sie Ihren Raspberry Pi zur fernsteuerbaren Audio-Quelle für Ihre Stereoanlage machen können. Wenn Sie Ihre MP3-Sammlung auf die SD-Karte kopieren, sind Sie auf 64 GByte limitiert. Das reicht für rund 1000 Alben. Der genaue Wert hängt davon ab, in welcher Qualität die Dateien codiert sind, wie lang die Alben sind etc.

Da der Raspberry Pi keine SD-Karten mit mehr als 64 GByte unterstützt, müssen Sie bei größeren Audio-Bibliotheken auf externe Datenträger ausweichen. Die erste Wahl wird dabei vermutlich auf einen USB-Stick fallen. Am einfachsten ist es, auf dem USB-Stick das Windows-Dateisystem VFAT einzurichten – dann können Sie den USB-Stick auch als MP3-Speicher für andere Geräte verwenden, z. B. für Autoradios.

Der Raspberry Pi bindet USB-Sticks normalerweise während des Bootprozesses im Verzeichnis `/media/<name>` ein. Dieser Automatismus ist zwar komfortabel, aber für unsere Zwecke ungeeignet: Die Zugriffsrechte auf die Daten des USB-Sticks sind so gewählt, dass ausschließlich der Benutzer `pi` auf die Dateien zugreifen kann.

Deswegen ist ein wenig Handarbeit erforderlich: Zuerst richten Sie mit `mkdir` ein Verzeichnis ein, über das der USB-Stick in Zukunft verwendet werden soll. Das Verzeichnis muss zumindest für den Benutzer mpd lesbar sein. Dann ermitteln Sie zuerst mit lsblk den Device-Namen der größten Partition des USB-Sticks (hier /dev/sda1), dann mit blkid die UUID-Nummer des darauf enthaltenen Dateisystems:

```
sudo mkdir /mnt/usb-stick
sudo chmod a+rx /mnt/usb-stick
lsblk
  NAME        MAJ:MIN RM  SIZE RO TYPE MOUNTPOINT
  sda           8:0    1  7,5G  0 disk
    sda1        8:1    1  7,5G  0 part /media/<NAME>
  mmcblk0     179:0    0  7,4G  0 disk
    mmcblk0p1 179:1    0   56M  0 part /boot
    mmcblk0p2 179:2    0  7,4G  0 part /

sudo blkid /dev/sda1
  /dev/sda1: LABEL="MUSIK" UUID="7A75-1709" TYPE="vfat"
```

Jetzt erweitern Sie /etc/fstab um einen Eintrag. Die Optionen fmask und dmask bewirken, dass die Dateien und Verzeichnisse des USB-Sticks von allen Benutzern und Programmen des Raspberry Pi gelesen werden können.

```
# Datei /etc/fstab erweitern
...
UUID=7A75-1709  /mnt/usb-stick vfat fmask=33,dmask=22,utf8 0 0
```

Mit den beiden folgenden Kommandos lösen Sie den USB-Stick aus /media/<name> und binden ihn im Verzeichnis /mnt/usb-stick neu ein. In Zukunft erfolgt das beim Neustart automatisch.

```
sudo umount /media/<name>
sudo mount  /mnt/usb-stick
ls -l /mnt/usb-stick
```

In der MPD-Konfiguration müssen Sie lediglich die music_directory-Einstellung ändern. Dort geben Sie das Verzeichnis des USB-Sticks ein, also entweder /media/NAME oder /mnt/usb-stick:

```
# Datei /etc/mpd.conf
music_directory          "/mnt/usb-stick"
...
```

Ein Neustart des MPD aktiviert die Einstellung:

```
service mpd restart
```

Es ist nicht möglich, in music_directory *mehrere* Verzeichnisse anzugeben, um beispielsweise die auf der SD-Karte gespeicherten Audio-Dateien mit solchen vom USB-Stick zusammenzuführen. Das ist aber kein Problem: In diesem Fall belassen Sie `music_directory` in der bisherigen Einstellung, also z. B. bei `/home/pi/Musik`. Im Audio-Verzeichnis richten Sie nun einen symbolischen Link zum USB-Stick ein, damit MPD zusätzlich zu den Dateien im lokalen Verzeichnis auch die Dateien berücksichtigt, die in dem Verzeichnis liegen, auf das der Link verweist:

```
cd /home/pi/Musik
ln -s /mnt/usb-stick usb-stick
```

Audio-Dateien auf einem NAS

Vielleicht haben Sie ein NAS-Gerät als zentralen Datenspeicher und/oder als Backup-Gerät. NAS steht für *Network Attached Storage* und bezeichnet über das Netzwerk zugängliche Speichergeräte, die umgangsprachlich oft auch als Netzwerkfestplatten bezeichnet werden.

Der Zugriff auf die im NAS-Gerät gespeicherten Daten erfolgt normalerweise über das Windows-kompatible Protokoll SMB. Damit Ihr Raspberry Pi und damit auch der MPD die Audio-Dateien auf dem NAS-Gerät lesen kann, müssen Sie das Netzwerkverzeichnis in den Verzeichnisbaum des Raspberry Pi einbinden.

Die Vorgehensweise ist ähnlich wie bei einem USB-Stick. Sie richten ein Verzeichnis ein und machen es für alle lesbar:

```
sudo mkdir /mnt/nas
sudo chmod a+rx /mnt/nas
```

Am besten versuchen Sie anfänglich, das SMB-Verzeichnis manuell einzubinden, alle erforderlichen Optionen also direkt an `mount` zu übergeben (siehe Abschnitt 4.5, »Netzwerkverzeichnisse nutzen«). Bei der Ausführung des Kommandos müssen Sie das Passwort für den Verzeichniszugriff angeben. Das Kommando ist hier nur aus Platzgründen über mehrere Zeilen verteilt. Geben Sie es in *einer* Zeile ohne die \-Zeichen an und ohne Leerzeichen zwischen `0644,` und `iocharset`!

```
mount -t cifs -o \
  username=loginname,dir_mode=0755,file_mode=0644,\
          iocharset=utf8,nounix \
  //nashostname/audio/verzeichnis /mnt/nas
```

Dazu einige Erklärungen: `-t cifs` gibt an, dass Sie das *Common Internet File System* (CIFS) verwenden möchten, das Linux Zugang zu Windows-Netzwerkverzeichnissen gibt. Nach `-o` folgen diverse Optionen zum Verbindungsaufbau. Nun folgen der Hostname des NAS-Geräts und das gewünschte Verzeichnis in der Schreibweise `//hostname/verzeichnis`. Anstelle des Hostnamens können Sie auch die IP-Adresse angeben. Der letzte Parameter gibt an, in welchem Verzeichnis des Raspberry Pi Sie das Netzwerkverzeichnis nutzen möchten.

Nun zu den Optionen: Die Einstellungen für `dir_mode` und `file_mode` bewirken, dass nur `root` Dateien verändern darf. Alle anderen Benutzer dürfen die Dateien des Netzwerkverzeichnisses nur lesen. `iocharset` vermeidet Probleme mit Nicht-ASCII-Zeichen. `nounix` ist für den Fall gedacht, dass das NAS-Gerät die Unix-Extensions unterstützt: Dann blieben `dir_mode` und `file_mode` unwirksam, stattdessen würden die auf dem NAS-Gerät gespeicherten Zugriffsrechte gelten. Das ist hier aber nicht erwünscht.

Sobald das manuelle Einbinden funktioniert, lösen Sie das Netzwerkverzeichnis mit `umount /mnt/nas` wieder aus dem Dateisystem. Zur Automatisierung des Prozesses muss das Verzeichnis nun in `/etc/fstab` eingetragen werden. Der gesamte Eintrag muss in *einer* Zeile stehen, und die Optionen dürfen nicht durch Leerzeichen getrennt werden:

```
# Datei /etc/fstab (alles in einer Zeile!)
//diskstation/archive/audio/cds /mnt/nas cifs
  credentials=/etc/nas,dir_mode=0755,file_mode=0644,\
    iocharset=utf8,nounix 0 0
```

Den Benutzernamen und das Passwort für den Verbindungsaufbau speichern Sie aus Sicherheitsgründen nicht in `/etc/fstab`, sondern in der eigenen Datei `/etc/nas`:

```
username=loginname
password=strenggeheim
```

Diese Datei soll nur `root` lesen können:

```
chmod 600 /etc/nas
```

Nun versuchen Sie nochmals, ob das Einbinden des Netzwerkverzeichnisses funktioniert, wobei nun aber die Einstellungen aus `/etc/fstab` berücksichtigt werden:

```
mount /etc/nas
```

Eigentlich sollte Raspbian mit diesen Einstellungen das Netzwerkverzeichnis bei jedem Neustart automatisch einbinden. Bei unseren Tests hat das aber nicht immer funktioniert. Abhilfe schuf erst das Einfügen einer Zeile in `/etc/rc.local`. Die Anweisungen in dieser Datei werden von Raspbian am Ende des Bootprozesses ausgeführt. Das `mount`-Kommando muss *vor* dem vorhandenen `exit`-Kommando in der Datei eingefügt werden!

```
# Ergänzung in /etc/rc.local
...
mount /mnt/nas
exit 0
```

Hat so weit alles geklappt, müssen Sie nur noch in `/etc/mpd.conf` das `music_directory` korrekt einstellen und mit `service mpd restart` den MPD neu starten.

Das NAS als MPD verwenden

Wozu den Umweg über den Raspberry Pi gehen, wenn das NAS ebenso gut als MPD konfiguriert werden kann? Tatsächlich unterstützen viele NAS-Geräte diese Option. In der Praxis ist das aber nur zweckmäßig, wenn das NAS-Gerät neben der Stereoanlage steht und einen Audio-Ausgang hat oder mit einem USB-DAC ausgestattet wird. In der Praxis sind diese Voraussetzungen selten erfüllt.

PulseAudio

Immer wieder werden Sie im Internet auf Seiten stoßen, in denen empfohlen wird, das Audio-System *PulseAudio* anstelle des auf dem Raspberry Pi standardmäßig vorkonfigurierten ALSA zu verwenden. Viele dieser Empfehlungen stammen aus einer Zeit, als die Audio-Treiber für den Raspberry Pi noch weniger ausgereift waren als heute, weswegen zwischen jedem Titel Knackgeräusche zu hören waren.

Dazu einige Hintergrundinformationen: ALSA ist das Low-Level-Sound-System von Linux. Der netzwerkfähige Sound-Server PulseAudio befindet sich zwischen ALSA und den Audio-Programmen. Letztere kommunizieren nun nicht mehr direkt mit ALSA, sondern stattdessen mit PulseAudio. Insofern ist es falsch, wenn vielfach im Internet zu lesen ist, dass PulseAudio eine Alternative zu ALSA ist. Es ist vielmehr eine Ergänzung, die dem Audio-System zusätzliche Funktionen und Flexibilität gibt.

http://www.freedesktop.org/wiki/Software/PulseAudio

Sofern auf dem Raspberry Pi ein aktueller Kernel und eine aktuelle Firmware zum Einsatz kommen, haben wir mit ALSA allein gute Erfahrungen gemacht und keine Notwendigkeit für PulseAudio festgestellt. Sollten Sie PulseAudio dennoch ausprobieren wollen, installieren Sie zuerst das Paket `pulse-audio`:

```
apt-get install pulse-audio
```

`/etc/mpd.conf` enthält mehrere Blöcke, die mit `audio_output {` beginnen und mit `}` enden. Diese Blöcke geben an, wie MPD mit dem Audio-System kommuniziert. Standardmäßig sind nur einige Zeilen aktiv, die für ALSA gelten. Diesen Zeilen stellen Sie jeweils das Zeichen # voran und machen sie so zu Kommentaren. Dann suchen Sie nach dem bereits vorhandenen `audio_output`-Block und entfernen dort die Kommentarzeichen, sodass die folgenden Zeilen aktiv werden:

```
# Datei /etc/mpd.conf
...
audio_output {
  type   "pulse"
  name   "My Pulse Output"
}
```

Nun aktivieren Sie die Konfiguration:

```
service pulseaudio restart
service mpd restart
```

CD-Cover-Abbildungen

Wir haben es bereits kurz erwähnt: Auch wenn in vielen MP3-Dateien das Coverbild des jeweiligen Albums eingebettet ist – der MPD ignoriert diese Informationen und gibt sie nicht an MP-Clients weiter. Manchen Clients gelingt es dennoch, Album-Cover anzuzeigen. Diese Programme laden die Cover aus dem Internet herunter, vielfach von Webseiten, wo CDs oder MP3-Dateien verkauft werden. In der Praxis funktioniert das aber meist nur recht schlecht.

Es gibt zu diesem Problem allerdings eine Notlösung: Sie können parallel zum MPD auch einen Webserver einrichten und so konfigurieren, dass MP-Clients zu allen Alben das zugehörige Cover-Bild herunterladen können. Das setzt voraus, dass Ihre Audio-Bibliothek albumweise in Verzeichnissen organisiert ist und dass jedes Albenverzeichnis außer den MP3-Dateien eine Datei mit dem Cover-Bild enthält. Der Dateiname des Bilds muss immer derselbe sein, z. B. `cover.jpg`.

Ist diese Voraussetzung erfüllt, richten Sie zuerst den Webserver Apache ein, wie es in Abschnitt 24.1, »Apache installieren und konfigurieren«, beschrieben ist. Anschließend fügen Sie in die Datei `/etc/apache2/sites-available/default` einige Zeilen entsprechend dem folgenden Muster ein:

```
# Datei /etc/apache2/sites-available/default
<VirtualHost *:80>
   ...
   # mpd-Verzeichnis
   Alias /mpd /home/pi/Musik
   <Directory /home/pi/Musik>
      AllowOverride None
      Order deny,allow
      Deny from all
      Allow from 10.0.0.0/24
   </Directory>
</VirtualHost>
```

Achten Sie darauf, dass Sie anstelle von `/home/pi/Musik` dasselbe Verzeichnis wie für die `music_directory`-Einstellung in `/etc/mpd.conf` angeben. Ganz wichtig ist auch die Zugriffsabsicherung: Der Zugriff auf das `mpd`-Verzeichnis darf ausschließlich aus dem lokalen Netz heraus erfolgen! Sollten Sie das vergessen und ist Ihr Raspberry Pi aus dem Internet heraus erreichbar, kann jeder alle MP3-Dateien Ihrer Audio-Sammlung herunterladen. Die damit verbundenen Urheberrechtsprobleme sind Ihnen sicher klar. Zuletzt müssen Sie Apache dazu auffordern, die geänderte Konfiguration einzulesen:

```
service apache2 reload
```

Schließlich müssen Sie Ihrem MP-Client noch verraten, wie er die Cover findet – also den Hostnamen und das Verzeichnis Ihres Webservers sowie den Namen Ihrer Cover-Dateien (siehe Abbildung 8.5). Wenn Sie alles richtig gemacht haben, kann der MP-Client nun allen MP3-Dateien die entsprechenden Cover zuordnen und zeigt diese korrekt an (siehe Abbildung 8.6).

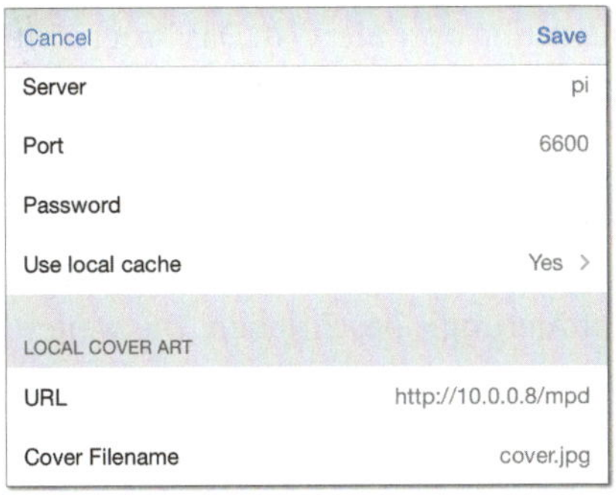

Abbildung 8.5 Cover-Konfiguration beim iPad-Programm mPAD

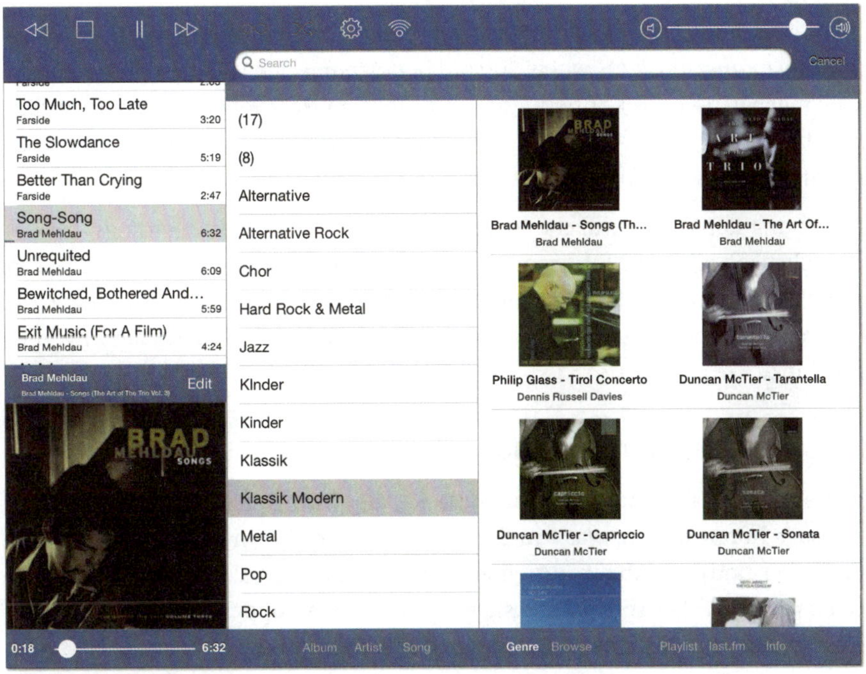

Abbildung 8.6 Darstellung der Audio-Bibliothek samt Cover im iPad-Programm mPAD

Weboberfläche zur Steuerung

Bis jetzt sind wir davon ausgegangen, dass Sie einen MP-Client zur Steuerung des MPD verwenden. Eine Alternative dazu ist, dass Sie auf dem Raspberry Pi den Webserver Apache, die Programmiersprache PHP sowie eine Weboberfläche zur MPD-Steuerung installieren. Damit können Sie Ihren Audio-Player nun über den Webbrowser bedienen – und das ohne jede Installationsarbeit auf jedem Gerät Ihres Haushalts mit Netzwerkverbindung!

Unter *http://mpd.wikia.com/wiki/Clients* finden Sie gleich eine ganze Sammlung geeigneter Webclients. Wir stellen Ihnen hier exemplarisch das Programm *MPD Web Remote* vor, das speziell für die Smartphone-Bedienung optimiert ist. Das Programm kann nur mit Webbrowsern auf der Basis der Rendering-Engine *Webkit* bedient werden. Das trifft unter anderem für Safari und Google Chrome zu, aber nicht für Firefox.

MPD Web Remote setzt voraus, dass Sie vorher auf Ihrem Raspberry Pi den Webserver Apache und die Programmiersprache PHP installieren und einrichten. Die genaue Vorgehensweise ist in Kapitel 24, »PHP-Programmierung«, beschrieben. Die weitere Installation ist dann rasch erledigt:

```
cd /var/www
sudo apt-get install git
sudo git clone https://github.com/tompreston/MPD-Web-Remote.git
sudo mv MPD-Web-Remote/ music
```

Das war es schon! Jetzt steuern Sie mit einem Webkit-Webbrowser die Seite *http://pi-hostname/music* an, wobei Sie statt *pi-hostname* den Hostnamen Ihres Raspberry Pi angeben. Je nach Konfiguration Ihres lokalen Netzwerks kann es auch sein, dass Sie stattdessen die IP-Adresse Ihres Raspberry Pi angeben müssen. Diese Adresse können Sie mit `ip addr` ermitteln.

Die Bedienung der Weboberfläche ist unkompliziert. Störend ist allerdings, dass es keine Möglichkeit gibt, die Musiksammlung nach Genres oder Alben zu durchstöbern. Um gezielt ein Album zur Playlist hinzuzufügen, klicken Sie zuerst ADD TRACK an, suchen dann nach dem Albumtitel und fügen schließlich mit ADD ALL alle angezeigten Titel hinzu.

Musik als Audio-Stream verteilen (Icecast)

Bis jetzt sind wir davon ausgegangen, dass Sie die Musik ausschließlich über Ihre Stereoanlage hören wollen. Was tun Sie aber, wenn Sie sich in einem anderen Zimmer befinden und Ihre Musik auf einem dort befindlichen Computer oder Tablet abspielen möchten? Für solche Fälle sieht der MPD eine Koppelung mit dem Audio-Streamer *Icecast* vor. Die vom MPD abgespielte Musik kann damit über das Netzwerk

Abbildung 8.7 MPD-Steuerung im Webbrowser eines Android-Smartphones

zur Verfügung gestellt werden und in jedem modernen Webbrowser, mit Internet-Radio-Programmen sowie mit ausgewählten MP-Clients angehört werden.

Bevor Sie sich mit Begeisterung an die Konfiguration machen, noch eine Warnung: Icecast recodiert die gerade abgespielte Musik, üblicherweise im MP3-Format. Das kostet auf einem Raspberry Pi der Version 1 rund 80 Prozent der zur Verfügung stehenden CPU-Leistung. Der Raspberry Pi ist damit für andere Aufgaben nur noch eingeschränkt zu gebrauchen und wird ziemlich warm.

Zusätzlich zum bereits installierten MPD und zu Icecast installieren Sie gleich auch den MP-Kommando-Client `mpc`, um das ganze System auszuprobieren:

```
apt-get install icecast2 mpc
```

Während der Installation von Icecast erscheint ein Konfigurationsprogramm. Dort müssen Sie den Hostnamen Ihres Raspberry Pi angeben, außerdem gleich drei Passwörter für Icecast: das Quellen-, das Relais- und das Admin-Passwort. Für unsere Zwecke ist nur das Quellenpasswort relevant – es muss nämlich gleichlautend auch in `mpd.conf` eingetragen werden. Die drei Icecast-Passwörter werden zusammen mit diversen anderen Konfigurationsdaten in der Datei `/etc/icecast2/icecast.xml` gespeichert.

Im nächsten Schritt müssen Sie in /etc/mpd.conf mit den folgenden Zeilen einen weiteren Audio-Ausgang definieren. mpd.conf enthält bereits passende Voreinstellungen, die Sie nur verändern brauchen:

```
# in der Datei /etc/mpd.conf
...
audio_output {
  type          "shout"
  encoding      "mp3"
  name          "MPD-Audio-Stream"
  host          "localhost"
  port          "8000"
  mount         "/mpd"
  password      "geheim"
  bitrate       "128"
  format        "44100:16:1"
}
```

Die Einstellung für name können Sie frei wählen. password muss mit dem Icecast-Quellenpasswort übereinstimmen. Anschließend starten Sie den MPD neu und vergewissern sich mit mpc, dass es nun zwei Audio-Ausgänge gibt, die beide aktiv sind.

```
sudo mpd restart
mpc outputs
  Output 1 (My ALSA Device) is enabled
  Output 2 (MPD-Audio-Stream) is enabled
```

Bei Bedarf können Sie nun mit mpc enable <n> oder mpc disable <n> einzelne Audio-Ausgänge aktivieren bzw. wieder deaktivieren. Auch die meisten MP-Clients bieten diese Möglichkeit. Eine Ausnahme ist jedoch Xfmpc.

```
mpc disable 1
```

Als weiteren Test können Sie sich mit dem Kommando netstat vergewissern, dass mpd und icecast die Ports 6600 und 8000 überwachen:

```
netstat -ltpn
  Aktive Internetverbindungen (Nur Server)
  Proto ... Local Address   Foreign Address State   PID/Program
  tcp   ... 0.0.0.0:22      0.0.0.0:*       LISTEN  2605/sshd
  tcp   ... 0.0.0.0:6600    0.0.0.0:*       LISTEN  5521/mpd
  tcp   ... 0.0.0.0:8000    0.0.0.0:*       LISTEN  5047/icecast2
  ...
```

Mit einem beliebigen MP-Client starten Sie nun die Audio-Wiedergabe. Wenn Sie wie vorhin angegeben den Audio-Ausgang deaktiviert haben, werden Sie nichts hören. Dafür stellt Icecast den Audio-Stream über die folgende Adresse zur Verfügung:

http://pi-hostname:8000/mpd.m3u

Wenn Sie diese recht unübersichtliche Adresse in einem modernen Webbrowser eingeben, hören Sie auf dem betreffenden Rechner die Musik. Auf Android-Geräten müssen Sie ein Internet-Radio-Programm wie *Just Playlist* installieren, um den Audio-Stream anzuhören. Noch komfortabler ist in dieser Hinsicht die bereits vorgestellte Android-App *MPDroid*. Sie kann bei richtiger Konfiguration *gleichzeitig* zur MPD-Steuerung und zum Anhören des resultierenden Streams verwendet werden. Dazu müssen Sie bei den Verbindungseinstellungen als STREAMING HOST den Hostnamen oder die IP-Adresse Ihres Raspberry Pi angeben. STREAMING PORT und STREAMING URL SUFFIX belassen Sie auf den Defaulteinstellungen, also auf 8000 und `mpd`. Geben Sie als URL-Suffix *nicht* `mpd.m3u` an – das funktioniert nicht!

8.3 HiFiBerry

Der Audio-Analog-Ausgang der ersten Modelle des Raspberry Pi hat unter Audiophilen keinen guten Ruf. Die neueren Modelle (Version 1 – Modell B+ sowie Version 2) wurden in diesem Punkt zwar etwas verbessert, Puristen sind aber auch damit nicht glücklich.

Perfekter Klang für Audiophile

Wenn Sie hohen Wert darauf legen, dass Ihre Musik möglichst rausch- und verzerrungsfrei aus Ihren womöglich sehr hochwertigen Lautsprechern kommt, dann sollten Sie in Erwägung ziehen, die Audio-Ausgabe über ein USB-Gerät mit einem *Digital Analog Converter* (USB-DAC) durchzuführen. Dabei haben Sie die Wahl zwischen sehr günstigen Geräten, die meist als *USB-Audio-Adapter* oder *USB-Soundkarte* bezeichnet werden, und High-End-Geräten, deren Preis ein Vielfaches des Raspberry Pi beträgt. Sie müssen allerdings unbedingt vorher recherchieren, ob das Gerät, das Sie erwerben möchten, kompatibel zum Raspberry Pi ist.

USB-Designmängel im Raspberry Pi

Auch der beste USB-DAC kann die grundsätzlichen Defizite im USB-System des Raspberry Pi nicht beheben. Mit etwas Pech erkaufen Sie sich die bessere Klangqualität eines USB-DACs durch winzige Tonaussetzer aufgrund verloren gegangener USB-Datenpakete. Die Problematik ist hier im Detail beschrieben:

http://hardware.slashdot.org/story/12/08/24/2228251
http://www.raspyfi.com/anatomy-of-a-pi-usb-audio-quality-and-related-issues-on-pi

Eine weitere Möglichkeit besteht darin, den digitalen Audio-Datenstrom über die I^2S-Schnittstelle des Raspberry Pi zu leiten und die entsprechenden GPIO-Pins mit einem I^2S-DAC zu verbinden. Geeignete I^2S-Geräte für den Raspberry Pi sind z. B. *HiFiBerry* und *RaspyPlay3*. Weitere Tipps und Informationen finden Sie auf den folgenden Seiten; interessant ist insbesondere die letzte Seite, die einen Vergleich verschiedener Minicomputer unter dem Gesichtspunkt bietet, welches Gerät optimal als Audio-Player geeignet ist:

http://raspberrypi.stackexchange.com/questions/3626
http://volumio.org/raspberry-pi-i2s-dac-sounds-so-good
http://volumio.org/devices

HiFiBerry DAC+

Wir haben uns für dieses Buch den wahrscheinlich beliebtesten I^2S-DAC näher angesehen, den zum RPi1-B+ bzw. RPi2 kompatiblen *HiFiBerry DAC+*:

https://www.hifiberry.com/dacplus

Von diesem Gerät gibt zwei Modelle, die sich darin unterscheiden, ob der Audio-Ausgang über einen 3,5-mm-Klinkenstecker erfolgt oder über zwei Cinch-Buchsen (RCA), wie sie bei HiFi-Anlagen üblich sind (siehe Abbildung 8.8).

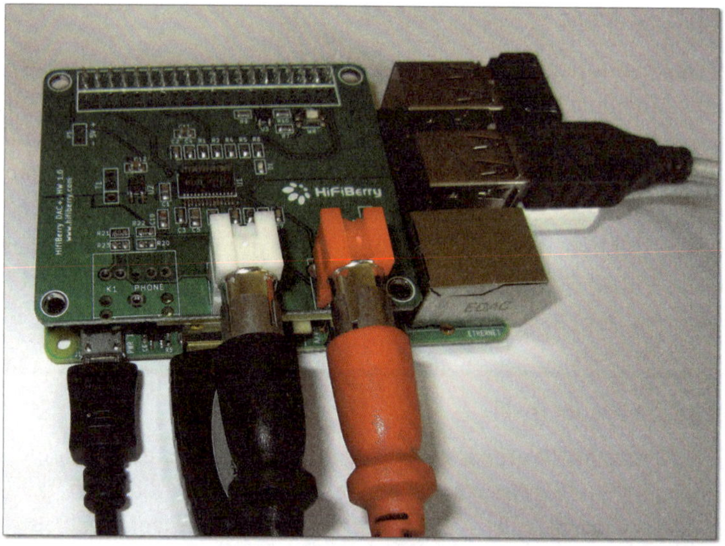

Abbildung 8.8 Der HiFiBerry DAC+, hier das Modell mit den Cinch-Buchsen, ist ein Aufsteck-Board für den Raspberry Pi B+ bzw. Raspberry Pi 2 B.

Beide Modelle werden von der Schweizer Firma Modul 9 für aktuell ca. 30 EUR angeboten. Dazu kommen aber Versandkosten und Zollgebühren, die die Gesamtkosten schnell verdoppeln. Deswegen sollten Sie versuchen, das Gerät bei einem Reseller innerhalb der EU zu erwerben.

Der HiFi-Berry wird einfach auf die 40-polige GPIO-Leiste des Raspberry Pi aufgesteckt. Dabei sollten Abstandhalter sicherstellen, dass es zu keinen Verbindungen zwischen den Lötpunkten des Audio-Ausgangs und den darunter befindlichen Steckern des Raspberry Pi kommt. Bei unserer Lieferung fehlten diese Abstandhalter aber, weswegen wir uns für den Versuchsaufbau mit einem mehrfach gefalteten Stück Papier als Isolator begnügt haben.

Konfiguration

Damit der HiFiBerry vom Raspberry Pi korrekt angesteuert wird, ist etwas Handarbeit erforderlich. Zuerst stellen Sie in `/etc/modules` der dort vorhandenen Zeile `snd-bcm2835` das Kommentarzeichen # voran. Dieses Kernelmodul soll also nicht mehr automatisch geladen werden.

Stellen Sie außerdem sicher, dass die Dateien `/etc/modprobe.d/*` die folgenden Zeilen *nicht* enthalten. Gegebenenfalls müssen Sie auch diese Zeilen durch ein Kommentarzeichen deaktivieren. Bei unseren Tests mit einer aktuellen Raspbian-Version bestand aber kein Handlungsbedarf.

```
# diese Zeilen dürfen NICHT in Dateien
# innerhalb /etc/modprobe.d/* vorkommen
blacklist i2c-bcm2708
blacklist snd-soc-pcm512x
blacklist snd-soc-wm8804
```

Schließlich müssen Sie in `/boot/config.txt` eine Zeile hinzufügen, die das Kernelmodul für das von Ihnen eingesetzte HiFiBerry-Modell aktiviert:

```
# Ergänzung in /boot/config.txt
...
dtoverlay=hifiberry-dacplus
```

Eine Auflistung der Modulnamen für andere HiFiBerry-Modelle finden Sie hier:

https://www.hifiberry.com/guides/configuring-linux-3-18-x

Zuletzt müssen Sie noch die Datei `/etc/asound.conf` erzeugen und dort die folgenden Zeilen speichern:

```
pcm.!default  {
 type hw card 0
}
ctl.!default {
 type hw card 0
}
```

Nach einem Reboot sollte die Audio-Wiedergabe über den HiFiBerry automatisch funktionieren. Das Kontextmenü des Lautsprecher-Icons enthält nun einen zusätzlichen Eintrag, so dass Sie zwischen den Audio-Ausgängen ANALOG, HDMI und SND_RPI_HIFIBERRY_DACPLUS wählen können (siehe Abbildung 8.9). Auf Kommandoebene listet `aplay -l` die gerade aktiven Audio-Geräte auf:

```
aplay -l
Karte 0: sndrpihifiberry [snd_rpi_hifiberry_dacplus], Gerät 0:
  HiFiBerry DAC+ HiFi pcm512x-hifi-0 []
  Sub-Geräte: 0/1
  Sub-Gerät #0: subdevice #0
```

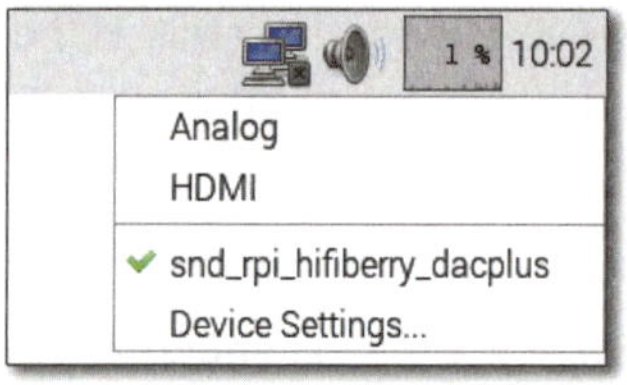

Abbildung 8.9 Das Audio-System nutzt den HiFiBerry-Audio-Ausgang.

Bei unseren Tests hat der HiFiBerry problemlos funktioniert. Leider waren unsere Ohren zu wenig geschult oder unsere Verstärker und Lautsprecher zu wenig potent, um einen spürbaren Unterschied zu erkennen. Oder es lag an unserer musikalischen Präferenz für (Hard-)Rock, dass der HiFiBerry seine Stärken nicht voll entfalten konnte.

8.4 Volumio

Speziell für den Einsatz des Raspberry Pi als Audio-Player gibt es unter dem Namen *Volumio* (ehemals RaspyFi) eine eigene Distribution. Sie enthält ein vorkonfiguriertes MPD-System mit einigen Zusatzfunktionen:

- Audio-Ausgänge: Analog-Audio, diverse USB- und I^2S-DACs
- Audio-Formate: MP3, FLAX, AAC, ALAC etc.
- Audio-Quellen: USB-Datenträger, NAS-Verzeichnisse, DLNA/UPnP-Geräte
- Internet-Radio
- AirPlay-Unterstützung

Die Konfiguration und Bedienung von Volumio erfolgt im Idealfall ausschließlich über eine sehr elegante Weboberfläche (siehe Abbildung 8.10). Volumio ist speziell für den audiophilen Einsatz optimiert und unterstützt diverse exotische DACs. Eine weitere Besonderheit des Volumio-Projekts besteht darin, dass es neben dem Raspberry Pi auch einige weitere Minicomputer unterstützt, unter anderem *CuBox*, *UDOO* und *BeagleBone Black*.

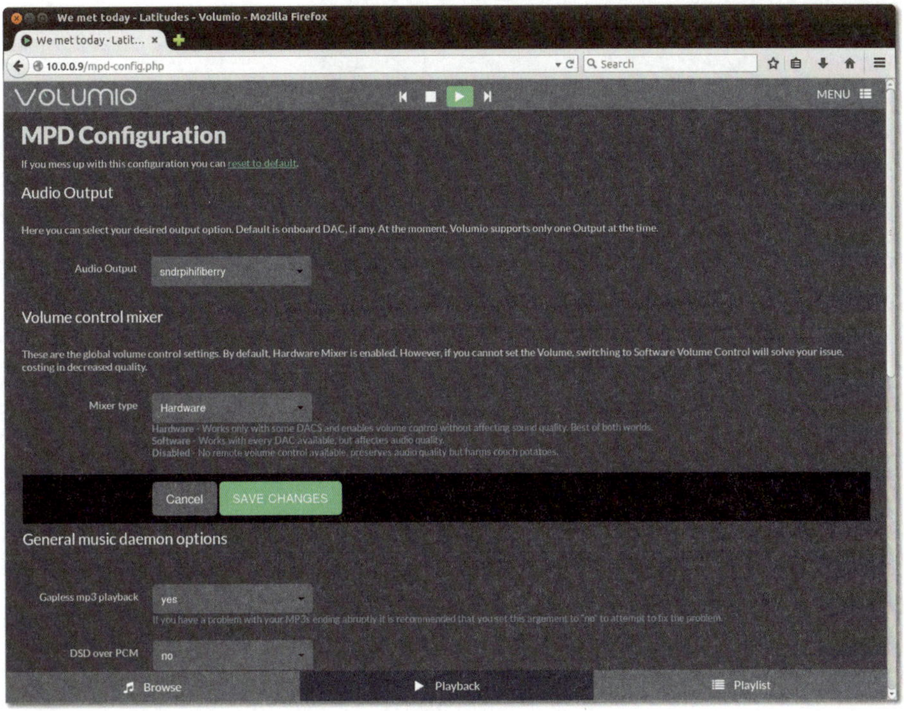

Abbildung 8.10 Volumio-Konfiguration in einem Webbrowser

Installation und Konfiguration

Um Volumio auszuprobieren, laden Sie sich das aktuelle Image von der Projektwebseite herunter und übertragen es auf eine freie SD-Karte (siehe Abschnitt 1.4). Damit starten Sie Ihren Raspberry Pi neu. Lösen Sie gegebenenfalls vorher das Monitorkabel, andernfalls funktioniert die Audio-Ausgabe über den Analog-Ausgang nicht!

http://volumio.org/get-started

Volumio läuft auf dem Raspberry Pi im Textmodus. Zur Konfiguration und Bedienung öffnen Sie die Webseite *http://volumio* (siehe Abbildung 8.11). Sollte Ihr Webbrowser den Hostnamen `volumio` nicht kennen, müssen Sie stattdessen die IP-Adresse eingeben. Welche das ist, können Sie mit dem Kommando `ip addr` herausfinden.

Über das Einstellungsmenü können Sie auch die WLAN-Konfiguration durchführen. Freilich scheint hier ein Henne-Ei-Problem vorzuliegen: ohne WLAN keine Netzwerkverbindung, ohne Netzwerkverbindung keine WLAN-Konfiguration. Die Lösung ist

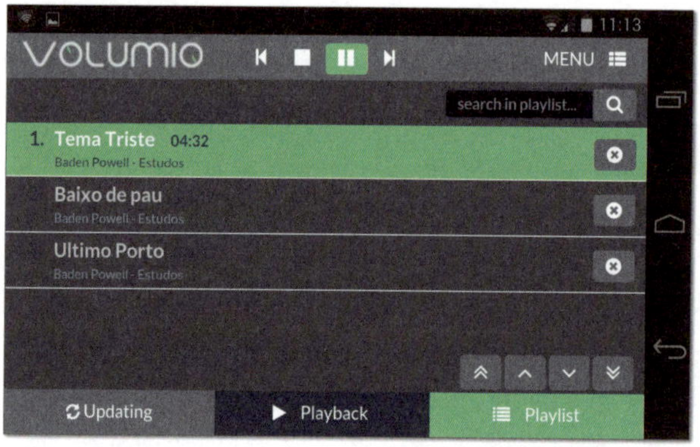

Abbildung 8.11 Optischer und akustischer Genuss mit Volumio, dessen Weboberfläche hier auf einem Android-Smartphone dargestellt wird

aber einfach: Zumindest bis zum Abschluss der WLAN-Konfiguration müssen Sie Ihren Raspberry Pi mit einem Ethernet-Kabel mit Ihrem lokalen Netzwerk verbinden.

Sobald die Volumio-Weboberfläche erreichbar ist, führen Sie LIBRARY • UPDATE MPD DATABASE aus. Volumio durchsucht dann USB-Datenträger sowie alle in Ihrem lokalen Netzwerk verfügbaren DLNA/UPnP-Geräte nach Audio-Dateien. Bleibt die Suche ergebnislos, müssen Sie im Konfigurationsdialog LIBRARY manuell ein NAS-Verzeichnis einbinden. Das Einlesen großer Bibliotheken erfordert allerdings etwas Geduld. Sofern Sie über einen Spotify-Account verfügen, können Sie diesen auf der SYSTEM-Seite als weitere Musikquelle einrichten.

Nichts als Abkürzungen!

DLNA ist das Kürzel für die *Digital Living Network Alliance*. UPnP steht für *Universal Plug and Play*. DLNA-Geräte mit UPnP sind für die unkomplizierte Vernetzung und Nutzung von Audio- und Video-Geräten gedacht. Viele Netzwerkfestplatten bzw. NAS-Geräte (*Network Attached Storage*) unterstützen DLNA/UPnP bzw. können so konfiguriert werden.

Über das Dialogblatt BROWSE können Sie nun die Audio-Bibliothek durchstöbern und Titel oder ganze Alben zur Playlist hinzufügen. Alternativ können Sie einen der unzähligen Internet-Radiosender auswählen.

HiFiBerry und AirPlay

Wenn Sie einen HiFiBerry oder einen anderen externen DAC einsetzen, finden Sie auf der SYSTEM-Seite den Punkt I2S DRIVER (siehe Abbildung 8.12). Dort wählen Sie den gewünschten Treiber aus und starten Volumio dann neu. Der Treiber wird von nun an automatisch verwendet, was bei unseren Tests mit einem HiFiBerry DAC+ problemlos funktionierte.

Ebenfalls auf der SYSTEM-Seite finden Sie eine Option, um AirPlay ein- oder auszuschalten. Damit können Sie von iPhones oder iPads Musik über Volumio wiedergeben.

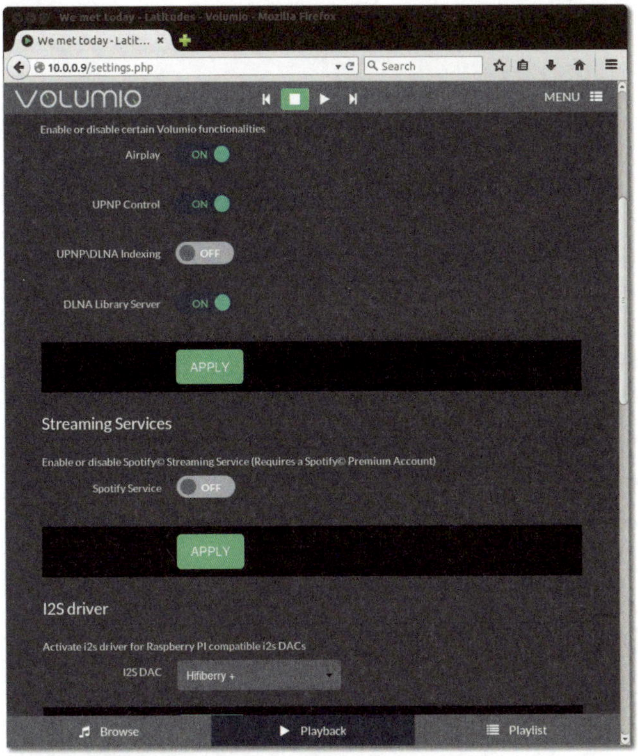

Abbildung 8.12 Volumio-Systemeinstellungen

Interna und Absicherung

Hinter den Kulissen verwendet Volumio die Paketquellen von Raspbian. Standardmäßig sind aber viel weniger Programme installiert. Deswegen ist Volumio ein vergleichsweises schlankes System, das nach der Installation gerade einmal 700 MByte auf der SD-Karte beansprucht. Standardmäßig sind unter Volumio die folgenden Benutzer eingerichtet:

- `root` mit dem Passwort `volumio`
- `volumio` mit dem Passwort `volumio`
- `pi` (unbekanntes Passwort)

Da auf dem Volumio ein SSH-Server zur Durchführung administrativer Arbeiten läuft, bietet der Raspberry Pi Root-Zugriff für jeden, der sich im lokalen Netzwerk befindet. Diesen eklatanten Sicherheitsmangel sollten Sie schnellstmöglich beheben. Dazu loggen Sie sich von einem anderen Rechner via SSH auf dem Raspberry Pi ein und ersetzen dann die Passwörter für `root`, `pi` und `volumio` durch eigene Passwörter:

```
ssh root@volumio
passwd
passwd volumio
passwd pi
exit
```

Einschränkungen

Volumio funktioniert perfekt und nahezu ohne Konfigurationsarbeiten, wenn Sie den Raspberry Pi mit Ihrer Stereoanlage verbinden, ohne Monitor verwenden und sich im lokalen Netzwerk ein DLNA-taugliches Gerät mit Audio-Dateien befindet. Die wunderschöne Weboberfläche begeistert und lässt sich selbst auf kleinen Smartphones gut bedienen (siehe Abbildung 8.11). Es gibt aber auch Einschränkungen (zuletzt getestet in Version 1.55):

- Volumio sieht keine Möglichkeit vor, Audio-Daten auf die SD-Karte zu übertragen bzw. von dort abzuspielen.
- Die Audio-Wiedergabe über den Analog-Ausgang funktioniert nur, wenn kein Monitor angeschlossen ist. Es gibt hierfür keine Konfigurationsmöglichkeit.
- Volumio unterstützt kein Audio-Streaming. Die Audio-Wiedergabe *muss* über eine Stereoanlage erfolgen.

8.5 Pi MusicBox

Eine Alternative zu Volumio ist die Raspberry-Pi-Distribution *Pi MusicBox*. Idee und Zielsetzung sind ganz ähnlich, die MusicBox bietet aber noch mehr Funktionen. Es werden deutlich mehr Musikquellen unterstützt, z. B. mit *SoundCloud* oder *Google Music*. Außerdem können Podcasts, verschiedene Internet-Radio-Varianten sowie der Ton von YouTube-Videos abgespielt werden. Die vielen Funktionen machen allerdings die Oberfläche und Bedienung deutlich unübersichtlicher.

Hinter den Kulissen greift die Pi MusicBox auf *Mopidy* zurück. Dieses in der Programmiersprache Python realisierte Open-Source-Projekt ist speziell dazu gedacht, Musik von Cloud-Angeboten zu beziehen und abzuspielen. Mopidy hat keine eigene Benutzeroberfläche, sondern tritt als HTTP- und MPD-Server auf.

http://www.mopidy.com

Installation

Die Image-Datei der Pi MusicBox laden Sie von der folgenden Webseite herunter:

http://www.woutervanwijk.nl/pimusicbox

Nachdem Sie die Image-Datei aus dem ZIP-Archiv ausgepackt haben, schreiben Sie diese auf eine SD-Karte (siehe Abschnitt 1.4). Sofern Sie auf der SD-Karte keine Audio-Dateien speichern möchten, reicht zur Installation eine SD-Karte mit nur 1 GByte gerade noch aus.

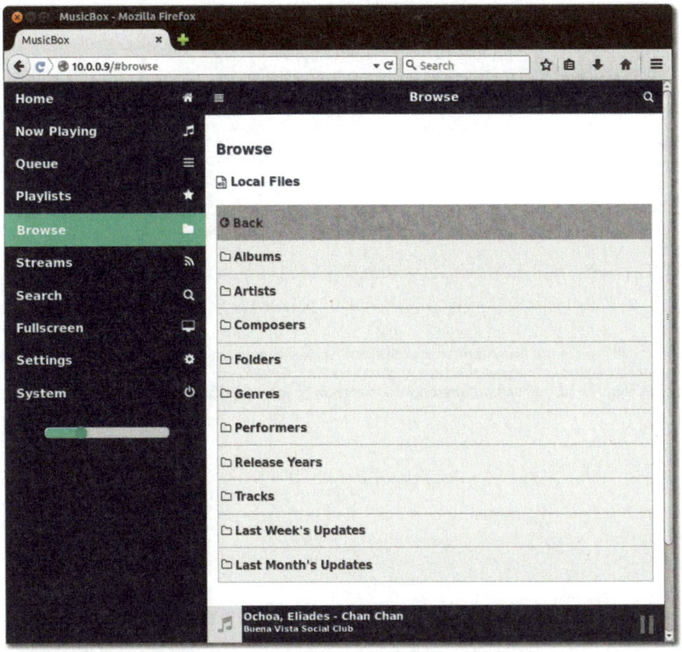

Abbildung 8.13 Die Weboberfläche der Pi MusicBox

Beim ersten Start wird das Dateisystem automatisch an die Größe der SD-Karte angepasst. Anschließend erfolgt automatisch ein Neustart.

Konfiguration

Aus dem Hauptmenü führt SETTINGS in einen Konfigurationsdialog, der aus vielen ausklappbaren Punkten besteht (siehe Abbildung 8.14). Wenn Sie alle Einstellungen vorgenommen haben, scrollen Sie zum Ende der Seite und klicken auf UPDATE SETTINGS (REBOOT). Jede Konfigurationsänderung erfordert also einen Neustart der Pi MusicBox!

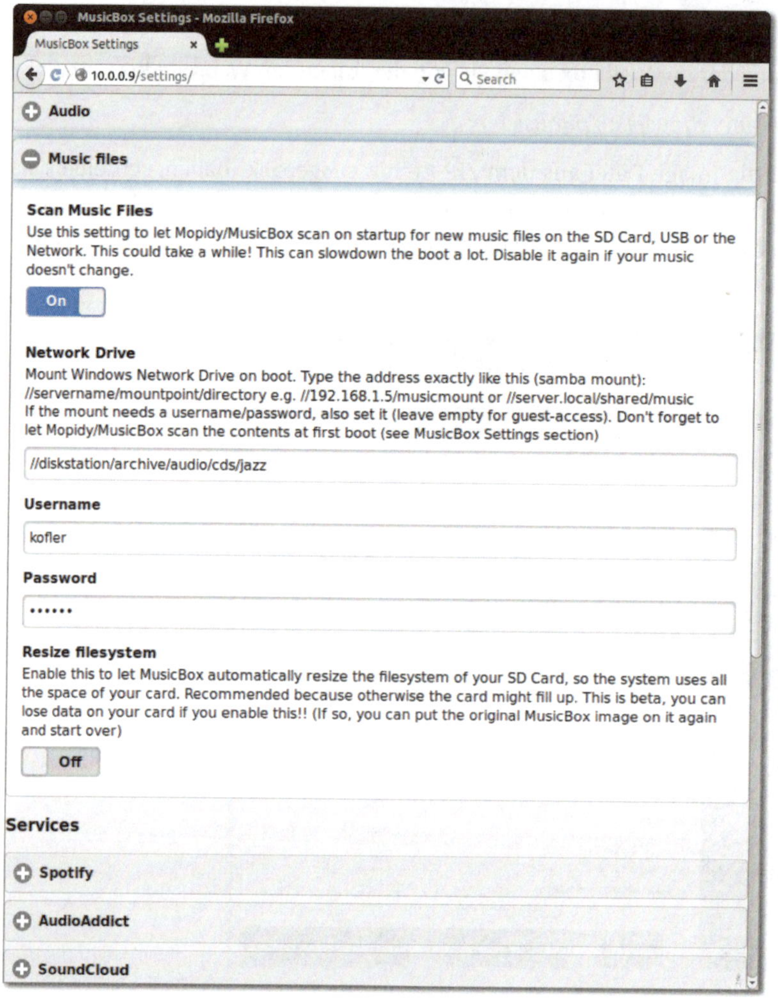

Abbildung 8.14 Konfiguration der Pi MusicBox

In der Einstellungsgruppe AUDIO können Sie den gewünschten Ausgabekanal einstellen. Neben HDMI und ANALOG unterstützt die MusicBox auch diverse HiFiBerry-Modelle, den IQ AUDIO DAC sowie USB-Geräte.

Wie Volumio wird die MusicBox normalerweise ausschließlich über die Weboberfläche bedient. Nur für Notfälle besteht auch die Möglichkeit eines direkten Logins. Das Passwort für `root` lautet `musicbox`. Ein SSH-Server läuft standardmäßig nicht, Sie können diesen aber bei Bedarf in der NETWORK-Gruppe der Einstellungen aktivieren. Vorher sollten Sie aber unbedingt das `root`-Passwort ändern!

Kapitel 9
Multimedia-Center mit Kodi und OpenELEC

Kodi (ehemals XBMC) ist eine Sammlung von Open-Source-Programmen zur Verwendung eines Computers als Multimedia-Center. Kodi erfüllt unter anderem die folgenden Aufgaben:

- auf USB-Datenträgern oder im lokalen Netzwerk verfügbare Audio- und Video-Dateien abspielen
- YouTube, Video-Mediatheken, Internet-Radios und -Fernsehstationen nutzen
- Video-Streams und Bilder von iOS-Geräten anzeigen (AirPlay)
- Fotos ansehen

Kodi ist so konzipiert, dass Sie Ihren Raspberry Pi mit einem Fernsehgerät verbinden und über eine Fernbedienung bzw. über ein Smartphone bedienen. Tastatur und Maus sind für die anfängliche Konfiguration natürlich praktisch, später aber nicht mehr erforderlich. Ideal lässt sich Kodi in Kombination mit einem NAS-Gerät nutzen, das die gesamte Foto-, Audio- und Video-Sammlung des Haushalts enthält. Ein Raspberry Pi mit Kodi stellt somit eine preislich und funktionell sehr interessante Alternative zu Apple TV, Google Chromechast, Amazon Fire TV und anderen Set Top Boxes dar.

Theoretisch wäre es möglich, ein vorhandenes Raspbian-System durch die Installation diverser Pakete Kodi-tauglich zu machen. Das ist wegen des damit verbundenen Overheads aber unüblich. Stattdessen gibt es zurzeit drei dezidierte Kodi-Distributionen, die ausschließlich die für den Kodi-Betrieb erforderlichen Programme enthalten:

- OpenELEC: *http://openelec.tv*
- OSMC (ehemals Raspbmc): *https://osmc.tv*
- XBian: *http://xbian.org*

In diesem Kapitel konzentrieren wir uns auf OpenELEC. Diese Distribution ist seit geraumer Zeit die populärste Kodi-Distribution für den Raspberry Pi. Die Entwicklergemeinde hinter OpenELEC ist sehr aktiv, fast wöchentlich gibt es neue Beta-Versionen bzw. Updates.

9.1 OpenELEC-Installation und -Konfiguration

OpenELEC (*Open Embedded Linux Entertainment Center*) ist keine abgespeckte Raspbian-Variante, sondern eine vollkommen eigenständige Distribution. OpenELEC ist zudem keine reine Raspberry-Pi-Distribution; vielmehr unterstützt OpenELEC auch Standard-PCs, Apple-TV-Geräte der ersten Generation sowie einige weitere *Home Theater Personal Computer* (HTPC). Wir beschäftigen uns hier aber natürlich nur mit der Raspberry-Pi-Variante.

Im Vergleich zu Raspbian gibt es einige frappierende technische Unterschiede:

- **Init-System:** OpenELEC verwendet Systemd als Init-System.
- **Paketverwaltung:** Es gibt keine Paketverwaltung. Stattdessen befindet sich die gesamte OpenELEC-Distribution in einer nur rund 100 MByte großen komprimierten Datei `/flash/SYSTEM`. Diese Datei wird im Read-only-Modus über die Device-Datei `/dev/loop0` als `squashfs`-Dateisystem genutzt.
- **Netzwerkanbindung:** OpenELEC agiert als Samba-Server und ist somit für Linux-, Windows- und OS-X-Rechner im lokalen Netzwerk sichtbar. Das macht die Übertragung von Video-Dateien auf die SD-Karte des Raspberry Pi besonders einfach.

Das Beschreiten neuer Wege hat allerdings den Nachteil, dass in OpenELEC bzw. Kodi nicht vorgesehene Einstellungen oder Erweiterungen nur schwierig zu realisieren sind. Aus Raspbian vertraute Vorgehensweisen funktionieren dabei in der Regel nicht.

OpenELEC und RasPlex

RasPlex ist eine weitere Multimedia-Distribution für den Raspberry Pi. Sie verwendet allerdings nicht Kodi als Multimedia-Center, sondern das halbkommerzielle Programm Plex. Details dazu folgen im nächsten Kapitel. Bemerkenswert ist aber, dass RasPlex als Unterbau ebenfalls OpenELEC verwendet. Insofern haben OpenELEC und RasPlex aus technischer Sicht sehr viele Ähnlichkeiten, auch wenn die eigentliche Oberfläche vollkommen anders aussieht.

Standardinstallation auf eine SD-Karte

Um OpenELEC zu installieren, laden Sie auf Ihrem regulären Computer das aktuelle, ca. 100 MByte große Disk-Image herunter. Achten Sie darauf, dass Sie die richtige Version herunterladen – es gibt *zwei* Images: eines für alte Raspberry Pis (Version 1) und ein zweites für das neue Modell mit ARMv7-CPU (Version 2). Die Downloads sind hier zu finden:

http://openelec.tv/get-openelec

Die komprimierte Datei hat die Endung `.img.gz`. Sie müssen die Datei nun zuerst dekomprimieren. Unter Linux verwenden Sie dazu das Kommando `gunzip`, unter Windows WinZip oder ein vergleichbares Programm. Unter OS X wird die Datei nach dem Download automatisch dekomprimiert. Die Image-Datei schreiben Sie dann auf eine SD-Karte (siehe Abschnitt 1.4).

Mit der SD-Karte starten Sie nun den Raspberry Pi. Dort werden zuerst die Partitionen auf der SD-Karte an deren Größe angepasst. Nach circa einer halben Minute erscheint das Programm *Welcome to OpenELEC*, das bei der Erstkonfiguration hilft (siehe den übernächsten Abschnitt »OpenELEC-Erstkonfiguration«).

Installation auf einen USB-Stick (für Fortgeschrittene)

Mit etwas Mühe können fortgeschrittene Raspberry-Pi-Fans OpenELEC auch auf einen USB-Stick installieren. Sie benötigen auch in diesem Fall eine kleine SD-Karte mit den Boot- und Systemdateien. Alle veränderlichen Dateien, d. h. der ganze Inhalt des `/storage`-Verzeichnisses, werden nun aber auf dem USB-Stick gespeichert. Das hat zwei Vorteile: Zum einen umgehen Sie das 32-GByte-Limit für SD-Karten, zum anderen sind USB-Sticks etwas zuverlässiger als SD-Karten.

Zweckmäßig ist die USB-Stick-Variante nur, wenn Sie vorhaben, große Filmdateien auf dem USB-Stick zu speichern. Wenn sich ohnedies alle Filme im Netzwerk befinden, also z. B. auf einem NAS-Gerät, ist eine normale Installation auf einer SD-Karte vollkommen ausreichend. OpenELEC verwendet die gesamte Systempartition ohnehin im Read-only-Modus. Datenverluste sind damit nahezu ausgeschlossen.

Die Installation erfolgt ähnlich wie bei einer Raspbian-Installation auf einen USB-Stick (siehe Abschnitt 1.5):

- Sie beginnen damit, dass Sie die OpenELEC-Image-Datei herunterladen und nun nicht auf die SD-Karte, sondern auf einen USB-Stick übertragen.
- Anschließend kopieren Sie die Dateien der Boot-Partition des USB-Sticks auf eine zuvor ganz gewöhnlich formatierte SD-Karte. Die SD-Karte muss also ein VFAT-Dateisystem enthalten. Die zu kopierenden Dateien umfassen unter anderem `bootcode.bin`, `cmdline.txt`, `kernel.img` und die rund 100 MByte große Datei `SYSTEM`. Diese Dateien müssen sich nun direkt auf der SD-Karte befinden, nicht in einem Unterverzeichnis!
- Zuletzt verändern Sie Datei `cmdline.txt` auf der SD-Karte. Diese Datei enthält anfänglich diesen Text:

  ```
  boot=/dev/mmcblk0p1 disk=/dev/mmcblk0p2 quiet
  ```

  Das bedeutet, dass der Kernel von der ersten Partition der SD-Karte bootet und die zweite Partition der SD-Karte als Datenspeicher verwendet. Diese Zeile ändern Sie wie folgt ab:

```
boot=/dev/mmcblk0p1 disk=/dev/sda2 quiet
```

Damit verwendet OpenELEC nun als Datenspeicher die zweite Partition des USB-Sticks.

Nun stecken Sie die SD-Karte und den USB-Stick in Ihren Raspberry Pi und starten das neue System. Beim ersten Bootvorgang wird die Datenpartition auf dem USB-Stick automatisch so groß wie möglich gemacht. Anschließend startet OpenELEC automatisch neu. Bei unseren Tests mussten wir uns an dieser Stelle rund zwei Minuten gedulden.

Nach dem Neustart erscheint das Programm zur Erstkonfiguration. Sobald Sie dort den SSH-Server aktiviert haben, können Sie sich anschließend via SSH in das OpenELEC-System einloggen. Nun überzeugen Sie sich mit `df`, ob alles geklappt hat. Das gekürzte Ergebnis sollte im Prinzip wie folgt aussehen:

```
df -h
  Filesystem         Size     Used   Avail.  Use% Mounted on
  devtmpfs         181.3M    97.9M   83.3M    54% /dev
  /dev/mmcblk0p1     7.3G   109.8M    7.2G     1% /flash
  /dev/sda2         28.2G     5.0M   28.2G     0% /storage
  /dev/loop0        98.0M    98.0M       0  100% /
  ...
```

Die Zeile für `/flash` besagt, dass OpenELEC das Device `/dev/mmcblk0p1` als Bootpartition verwendet, also die erste Partition der SD-Karte. Im Testsystem hatte die SD-Karte eine Größe von 8 GByte. Der Großteil davon bleibt unbenutzt. Eine SD-Karte mit nur 1 GByte wäre vollkommen ausreichend.

Die Kernaussage der `/storage`-Zeile lautet, dass als Datenspeicher für das OpenELEC-System die zweite Partition des USB-Sticks verwendet wird, also `/dev/sda2`. 28,2 GByte stehen dort als freier Speicherplatz zur Verfügung. Warum nicht die ganzen 32 GByte, werden Sie vielleicht fragen. Ein Teil der Diskrepanz ergibt sich daraus, dass `df` mit binären GByte rechnet (1 GByte entspricht also 2^{30} = 1.073.741.824 Byte), während die Größenangabe des USB-Sticks dezimal ermittelt wurde (1 GByte = 1.000.000.000 Byte). Außerdem gibt es auf dem USB-Stick eine kleine ungenutzte Partition mit einer Kopie der Bootpartition.

OpenELEC-Erstkonfiguration

Im Programm zur Erstkonfiguration (*Welcome to OpenELEC*) können Sie im ersten Schritt den Hostnamen verändern. Standardmäßig kommt der Name `openelec` zum Einsatz. Wenn Sie an Ihren Raspberry Pi einen WLAN-Adapter angesteckt haben, zeigt der nächste Konfigurationsdialog die in Reichweite befindlichen Funknetzwerke. Sie können nun eines davon auswählen und das dazugehörende Passwort angeben. Die WLAN-Konfiguration kann aber selbstverständlich auch später erfolgen.

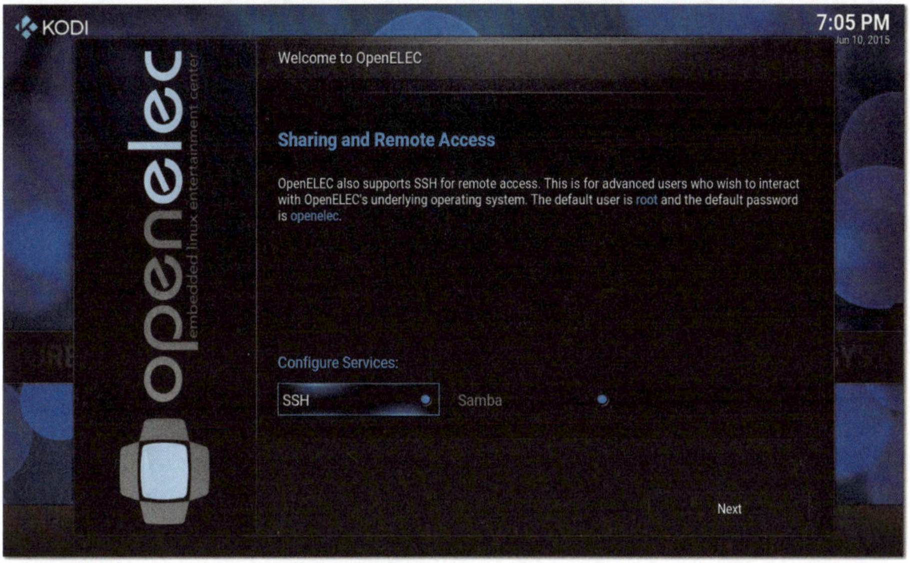

Abbildung 9.1 OpenELEC-Erstkonfiguration

Im nächsten Dialog geht es darum, welche Netzwerkdienste unter OpenELEC standardmäßig laufen (siehe Abbildung 9.1). Zur Auswahl stehen SSH und Samba, wobei SSH normalerweise nicht aktiv ist, Samba schon. Dazu ein paar Hintergrundinformationen:

- SSH steht für *Secure Shell* und ermöglicht es, sich über das Netzwerk am OpenELEC-System anzumelden und dort Administrationsarbeiten durchzuführen. Während der Konfigurationsphase ist das praktisch. SSH ist allerdings auch ein Sicherheitsrisiko, weil für `root` das Passwort `openelec` unveränderlich vorgegeben ist. Wie Sie SSH bei Bedarf dennoch absichern können, beschreiben wir im folgenden Abschnitt zur OpenELEC-Konfiguration.
- Samba ist ein Windows-kompatibler Dienst, um Netzwerkverzeichnisse anzubieten. OpenELEC ermöglicht mit solchen Netzwerkverzeichnissen ein unkompliziertes Hochladen von Filmen auf die SD-Karte Ihres Raspberry Pi.

Wir empfehlen Ihnen, anfänglich beide Dienste zu aktivieren. Wenn Sie die Dienste später nach Abschluss der Konfiguration nicht mehr benötigen, können Sie sie im Programm über SYSTEM • OPENELEC unkompliziert abschalten.

Damit ist die Erstkonfiguration abgeschlossen, und OpenELEC samt Kodi ist betriebsbereit. Je nachdem, wie Sie OpenELEC bedienen möchten, müssen Sie aber einige weitere Einstellungen vornehmen, die in den folgenden Abschnitten behandelt werden.

Sprache, Tastatur und Zeitzone

Anfänglich zeigt Kodi alle Menüs in englischer Sprache an, für die Tastatur gilt das US-Tastaturlayout. Zur Aktivierung der deutschen Sprache wählen Sie im Hauptmenü SYSTEM • SETTINGS aus. Im Dialogblatt INTERNATIONAL können Sie nun Sprache, Zeitzone und Tastaturlayout einstellen. Damit ändert sich auch das Hauptmenü, anstelle von SYSTEM • SETTINGS müssen Sie nun OPTIONEN • EINSTELLUNGEN auswählen, um die Konfiguration von Kodi zu verändern.

Bei unseren Tests bereitete die Konfiguration der Tastatur anfänglich Probleme. Abhilfe schuf erst die neuerliche Einstellung in einem OpenELEC-spezifischen Dialog. Diesen erreichen Sie mit OPTIONEN • OPENELEC • SYSTEM.

Bluetooth

Unter OpenELEC ist Bluetooth standardmäßig deaktiviert. Wenn Sie Bluetooth-Geräte verwenden möchten, stecken Sie einen Bluetooth-Adapter in eine freie USB-Buchse Ihres Raspberry Pi, führen OPTIONEN • OPENELEC aus und aktivieren Bluetooth im Dialogblatt SERVICES. Nun ist ein Neustart erforderlich.

Erst jetzt können Sie im Dialogblatt OPTIONEN • OPENELEC • BLUETOOTH Ihre Bluetooth-Geräte konfigurieren, was bei unseren Testkandidaten (eine Maus und eine Tastatur) anfänglich gut funktioniert hat. Das Problem ist aber, dass die Geräte nach einer Zeit der Inaktivität die Verbindung verlieren und dann mitunter umständlich neu aktiviert werden können.

Netzwerk- und WLAN-Konfiguration

Wenn Ihr Raspberry Pi über ein Netzwerkkabel mit dem lokalen Netzwerk verbunden ist, erübrigt sich die Netzwerkkonfiguration: Wie Raspbian bezieht auch OpenELEC die IP-Adresse und andere Parameter vom DHCP-Server des LANs.

Beinahe ebenso unkompliziert erfolgt die WLAN-Konfiguration – vorausgesetzt, Sie stecken den WLAN-Adapter bereits vor dem Hochfahren an und nicht erst im laufenden Betrieb. Standardmäßig sind die WLAN-Funktionen aktiv. Davon können Sie sich im Dialogblatt OPTIONEN • OPENELEC • NETZWERK bei der Einstellungsgruppe DRAHTLOSE NETZWERKE vergewissern. Anschließend wechseln Sie in das Dialogblatt VERBINDUNGEN: Dort werden alle in Funkreichweite befindlichen Netze aufgelistet (siehe Abbildung 9.2). Sobald Sie ein Netzwerk auswählen, können Sie das WLAN-Passwort eingeben. Die Netzwerkeinstellungen werden hier gespeichert:

```
/storage/.cache/connman/wifi_xxx_managed_psk/settings
```

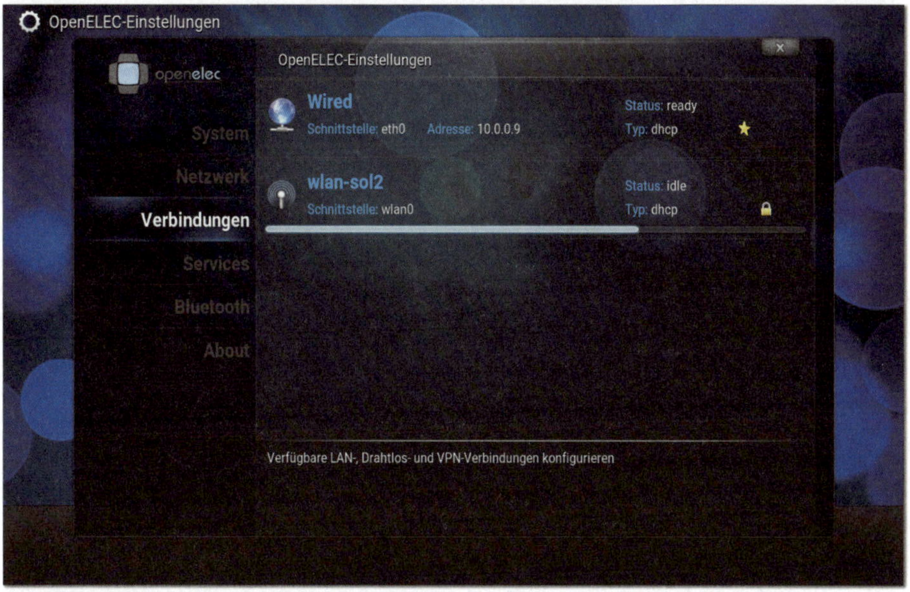

Abbildung 9.2 Übersicht über alle Netzwerkverbindungen in OpenELEC

SSH nutzen

Manche Administrationsarbeiten können Sie nur durchführen, indem Sie sich via SSH von einem anderen Computer aus in das OpenELEC-System einloggen. Voraussetzung dafür ist natürlich, dass unter OpenELEC der SSH-Server läuft. Falls Sie die entsprechende Option während der Konfiguration nicht aktiviert haben, können Sie dies jetzt nachholen. Im Kodi-Menü gelangen Sie mit OPTIONEN • OPENELEC • SERVICES in das entsprechende Dialogblatt. Dort stellen Sie sicher, dass die Option SSH AKTIVIEREN gesetzt ist.

Nun können Sie sich von einem beliebigen Linux- oder Apple-Rechner aus mit SSH als `root` mit dem Passwort `openelec` anmelden:

```
ssh root@openelec
  root@openelec's password: openelec
```

SSH-Sicherheitswarnung

Wenn Sie SSH schon bisher verwendet haben, um sich in Raspbian einzuloggen, wird SSH beim ersten OpenELEC-Login-Versuch eine Warnung anzeigen: OpenELEC verwendet einen anderen Schlüssel als Raspbian, aber in der Regel dieselbe IP-Adresse. SSH fällt diese Diskrepanz auf, und das Programm verweigert aus Sicherheitsgründen den Login. Abhilfe: Laden Sie auf Ihrem lokalen Rechner (nicht auf dem Raspberry Pi) die Datei `.ssh/known_hosts` in einen Editor, und entfernen Sie daraus die Zeile, die mit der IP-Adresse Ihres Raspberry Pi beginnt.

Sollte der Hostname `openelec` nicht bekannt sein, geben Sie stattdessen die IP-Adresse Ihres Raspberry Pi an, also z. B. `ssh root@10.0.0.8`. Diese wird im Dialogblatt OPTIONEN • SYSTEMINFO • INFO angezeigt.

SSH absichern

Unter OpenELEC können Sie das Root-Passwort nicht verändern: Zum einen steht das Kommando `passwd` gar nicht zur Verfügung, zum anderen wird das Dateisystem, in dem die Passwortdatei `/etc/shadow` gespeichert ist, aus Sicherheitsgründen im Read-only-Modus verwendet. Wenn Sie dennoch SSH verwenden möchten, empfiehlt die OpenELEC-Dokumentation, die Authentifizierung auf Schlüssel umzustellen. Am einfachsten gelingt das, wenn Sie zur Administration von OpenELEC einen Linux- oder Apple-Rechner verwenden.

Dazu öffnen Sie ein Terminalfenster und überprüfen, ob die Dateien `.ssh/id_rsa` und `.ssh/id_rsa.pub` bereits existieren. Ist das nicht der Fall, führen Sie das Kommando `ssh-keygen` aus. Es erzeugt diese beiden Schlüsseldateien. Der Zugriff auf den Schlüssel wird standardmäßig durch ein Passwort abgesichert. Wenn Sie statt der Passworteingabe einfach [↵] drücken, entfällt dieses Sicherheitsmerkmal. Sofern Sie den Schlüssel nur für die OpenELEC-Administration verwenden, gehen Sie damit kein großes Risiko ein. Mit `ssh-copy-id` übertragen Sie nun den Schlüssel auf den Raspberry Pi:

```
ssh-copy-id root@openelec
  root@openelec's password: openelec
```

ssh-copy-id unter OS X

Unter OS X ist das Kommando `ssh-copy-id` nicht installiert. Diesen Mangel können Sie aber leicht beheben, indem Sie ein winziges Shell-Script in der Datei `/usr/bin/ssh-copy-id` speichern. Den erforderlichen Code sowie genauere Anweisungen finden Sie hier:

https://kofler.info/ssh-copy-id-fuer-os-x

Von nun an können Sie sich von Ihrem Linux- oder Apple-Rechner aus *ohne* Login direkt auf dem OpenELEC-System anmelden:

```
ssh root@openelec
```

Sobald das funktioniert, können Sie den SSH-Server von OpenELEC so konfigurieren, dass eine Authentifizierung per Passwort nicht mehr zulässig ist. Dazu führen Sie im Kodi-Menü OPTIONEN • OPENELEC • SERVICES aus und setzen die Option SSH KENNWORT DEAKTIVIEREN. (Die hier beschriebene Authentifizierung per Schlüssel funktioniert bei allen anderen Linux-Distributionen, also z. B. auch unter Raspbian.

Dort müssen Sie, wenn Sie einen Login per Passwort deaktivieren wollen, in der Datei `/etc/sshd/sshd_config` die Einstellung `PasswordAuthentication no` speichern.)

Samba absichern

Samba ist nicht nur ein Tanz, sondern auch der Name für ein Programm, das als Hintergrunddienst arbeitet und Verzeichnisse so im lokalen Netzwerk freigibt, dass andere Rechner die dort enthaltenen Dateien lesen und verändern können. OpenELEC verwendet Samba, um Ihnen auf diese Weise einen besonders unkomplizierten Zugang zu den Audio- und Video-Verzeichnissen auf der SD-Karte zu ermöglichen. *Unkompliziert* bedeutet, dass alle im lokalen Netzwerk Lese- und Schreibrechte haben – und das ohne Passwort!

Erfreulicherweise bietet OpenELEC ebenfalls ganz unkompliziert die Möglichkeit, den Zugriff auf die Verzeichnisse durch einen Login abzusichern. Dazu aktivieren Sie im Dialog OPTIONEN • OPENELEC • SERVICES die Option SAMBA KENNWORTAUTHENTIFIZIERUNG BENUTZEN und geben einen Benutzernamen und das dazugehörende Passwort an.

Überblick über das OpenELEC-Dateisystem

Der Verzeichnisbaum von OpenELEC ist anders organisiert, als Sie es von Raspbian kennen:

- Das Verzeichnis `/flash` enthält nicht nur die für den Bootvorgang erforderlichen Dateien (die bei anderen Raspberry-Pi-Distributionen in `/boot` liegen), sondern auch die fast 100 MByte große Datei `SYSTEM`. Diese Datei enthält das gesamte OpenELEC-System inklusive Kodi.
- Sowohl `/flash` als auch das Root-Dateisystem / werden im Read-only-Modus genutzt. Damit wird unbeabsichtigten Veränderungen vergebeugt.
- Alle veränderlichen Daten befinden sich im Verzeichnis `/storage`. Das zugrunde liegende Dateisystem füllt beinahe die gesamte SD-Karte aus. Dort können z. B. eigene Filme, Audio-Dateien und Bilder gespeichert werden. Die entsprechenden Unterverzeichnisse dienen gleichzeitig als Netzwerkverzeichnisse. Daher können Sie unkompliziert von einem anderen Computer Dateien auf die SD-Karte des Raspberry Pi übertragen.

Hardware-Decodierung für MPEG-2 und VC-1 aktivieren

Der Grafikprozessor des Raspberry Pi kann zur Hardware-Decodierung mancher Video-Codecs eingesetzt werden. Wenn Sie MPEG-2- oder VC-1-Videos auf Ihrem Raspberry Pi ansehen möchten, sind diese Schlüssel *zwingend* erforderlich. Der VC-1-Codec wird z. B. in vielen WMV-Dateien verwendet.

Die Hardware-Decodierung muss durch einen Lizenzschlüssel freigeschaltet werden. Solche Schlüssel können Sie auf der Website *http://www.raspberrypi.com* erwerben. Beide Schlüssel zusammen kosten momentan etwas mehr als 4 EUR. Zum Bezahlen müssen Sie PayPal verwenden.

Beim Kauf müssen Sie die Seriennummer Ihres Raspberry Pi angeben. Diese können Sie dem Dialogblatt OPTIONEN • SYSTEMINFO • HARDWARE oder der Datei `/proc/cpuinfo` entnehmen:

```
grep Serial /proc/cpuinfo
   Serial          : 0000000013579bdf
```

Sie erhalten den Freischaltcode nach einer Weile per E-Mail. Der Raspberry-Pi-Store verspricht eine Zusendung innerhalb von 72 Stunden, bei uns hat es aber nur eine Stunde gedauert. Der Code ist mit der Seriennummer verknüpft und gilt somit nur für Ihren Raspberry Pi.

Sobald Sie den bzw. die Schlüssel erhalten haben, können Sie ihn bzw. sie in der Datei `/flash/config.txt` eintragen. Die erforderlichen Arbeiten müssen Sie via SSH durchführen. Dazu loggen Sie sich von einem anderen Computer aus als `root` in OpenELEC ein. Danach stellen Sie das `/flash`-Dateisystem vom Read-only- in den Read/Write-Modus um und laden `config.txt` in den Editor `nano`. Nach der Änderung starten Sie das System mit `reboot` neu:

```
ssh root@openelec
mount  -o remount,rw /flash
nano /flash/config.txt
reboot
```

In `nano` fügen Sie am Ende von `config.txt` zwei Zeilen ein, die wie im folgenden Listing aussehen – aber natürlich mit Ihren eigenen Freischaltcodes:

```
# Datei /flash/config.txt
...
decode_MPG2=0x12345678
decode_WVC1=0x9abcedf0
```

Ob alles funktioniert hat, können Sie nach dem Neustart via SSH verifizieren:

```
vcgencmd codec_enabled MPG2
  MPG2=enabled

vcgencmd codec_enabled WVC1
  WVC1=enabled
```

Freischaltcodes unter Raspbian

Dieselben Freischaltcodes gelten selbstverständlich auch für alle anderen Raspberry-Pi-Distributionen. Dort finden Sie `config.txt` allerdings nicht im Verzeichnis `/flash`, sondern im Verzeichnis `/boot`. Änderungen in `config.txt` sind auf Anhieb möglich, d. h., Sie können auf das `mount`-Kommando verzichten.

Overclocking

OpenELEC verzichtet im Gegensatz zu einigen anderen Raspberry-Pi-Distributionen standardmäßig auf das Overclocking, also darauf, die CPU des Raspberry Pi mit einer höheren Taktfrequenz als vorgesehen zu betreiben. Dennoch läuft die Oberfläche von OpenELEC ausreichend schnell. Sollten Sie dennoch ein Anhänger der Meinung »schneller ist immer besser« sein, können Sie natürlich auch in OpenELEC das Overclocking aktivieren.

Dazu müssen Sie in `/flash/config.txt` die bereits dort vorgesehenen Parameter `arm_freq`, `core_freq`, `sdram_freq` und `over_voltage` einstellen und in den betreffenden Zeilen das Kommentarzeichen # entfernen. Eine mögliche Konfiguration für Raspberry-Pi-Modelle der Version 1 könnte z. B. so aussehen:

```
# Datei /flash/config.txt (Raspberry Pi Version 1)
...
arm_freq=900
core_freq=333
sdram_freq=450
over_voltage=2
```

Für einen Raspberry Pi der Version 2 können Sie die folgenden Werte übernehmen. Damit steigt die maximale Taktfrequenz von 900 MHz auf 1 GHz:

```
# Datei /flash/config.txt (Raspberry Pi Version 2)
...
arm_freq=1000
core_freq=500
sdram_freq=500
over_voltage=2
```

Da die Systempartition im Read-only-Modus verwendet wird, gilt für die Veränderung von `config.txt` dieselbe Vorgehensweise wie im vorigen Abschnitt:

```
ssh root@openelec
mount  -o remount,rw /flash
nano /flash/config.txt
reboot
```

Audio-Ausgang wählen

Standardmäßig erfolgt die Audio-Ausgabe über das HDMI-Kabel. Falls Sie zur Wiedergabe einen Computer-Monitor ohne Audio-Funktionen verwenden, können Sie die Tonausgabe auch über den Analog-Audio-Ausgang des Raspberry Pi leiten. Dazu führen Sie im Kodi-Menü OPTIONEN • EINSTELLUNGEN • SYSTEM • AUDIO-AUSGABE aus und verändern dort das Audio-Ausgabegerät. In diesem Konfigurationsdialog können Sie auch gleich KLANGSCHEMA WIEDERGEBEN auf NIE stellen. Damit setzen Sie den lästigen Bling-Tönen ein Ende, die bei allen möglichen Aktionen erklingen. Bei unseren Tests wurde die Veränderung des Audio-Ausgangs erst nach einem Reboot wirksam.

RSS-Newsfeed abstellen

Standardmäßig wird in OpenELEC am unteren Bildschirmrand eine Art News-Ticker angezeigt, der über Neuigkeiten der OpenELEC-Webseite berichtet. Zum einen ist der Neuigkeitsgehalt minimal, zum anderen nervt die ständige Animation. Abhilfe: Führen Sie im Kodi-Menü OPTIONEN • EINSTELLUNGEN • DARSTELLUNG • SKIN aus, und entfernen Sie den Haken bei der Option RSS-NEWSFEED AKTIVIEREN.

Kodi-Layout (Skins)

Sogenannte *Skins* steuern den Hintergrund der Kodi-Benutzeroberfläche und ihrer Dialoge. Im Dialog DARSTELLUNG können Sie ergänzend zur Kodi-Defaultskin *Confluence* weitere Skins herunterladen und aktivieren. Beachten Sie aber, dass manche Skins große Anforderungen an das Grafiksystem stellen und für den Raspberry Pi deswegen ungeeignet sind.

Screenshots

Im normalen Betrieb ist es selten erforderlich, Bildschirmaufnahmen zu erstellen – es sei denn, Sie wollen einen Fehler dokumentieren. Für die Arbeit an diesem Kapitel war die Aufnahme von Screenshots aber essenziell. Am einfachsten gelingen Screenshots mit einer PC-Tastatur mit der Taste [Druck]. Mit OPTIONEN • EINSTELLUNGEN • SYSTEM • DEBUGGING können Sie einstellen, in welchem Verzeichnis Screenshots gespeichert werden sollen. In OpenELEC ist `/storage/screenshots` für diesen Zweck vorkonfiguriert. Dieser Ordner ist auch als Netzwerkverzeichnis zugänglich.

Wenn Sie an Ihren Raspberry Pi keine Tastatur mit der Taste [Druck] angeschlossen haben, können Sie Screenshots auch via SSH erstellen. Dazu führen Sie das folgende Kommando aus:

```
kodi-send --host=127.0.0.1 -a "TakeScreenshot"
```

Die resultierende Screenshot-Datei in `/storage/screenshots` wird anfänglich mit einer Größe von 0 Byte angezeigt. Es kann ein paar Sekunden dauern, bis die Datei in ihrer endgültigen Größe gespeichert wird.

Updates

Wenn OpenELEC Updates erkennt, weist es in der Kodi-Benutzeroberfläche auf diese Möglichkeit hin, unternimmt standardmäßig aber nichts. Um ein Update manuell zu starten, wählen Sie in OPTIONEN • OPENELEC • SYSTEM den Punkt JETZT NACH AKTUALISIERUNG SUCHEN. OpenELEC zeigt an, auf welche Version Sie OpenELEC aktualisieren können, und startet den Update-Prozess nach einer Rückfrage. Bei einer typischen Internet-Anbindung dauert der Download des neuen OpenELEC-Images einige Minuten. Nach dem Auspacken der Dateien wird OpenELEC zweimal neu gestartet: Nach dem ersten Mal wird das eigentliche Update durchgeführt, d. h., es werden einige Systemdateien ausgewechselt. Beim zweiten Start kommt das neue System dann zur Anwendung.

Insgesamt ist der gesamte Update-Prozess in der Regel in fünf Minuten erledigt und hat bei unseren Tests problemlos funktioniert. Dennoch eine Warnung: Wenn OpenELEC anstandslos funktioniert, ist es nicht notwendig, jedes Update mitzumachen. Die Kodi-Foren sind voll von Berichten wütender Benutzer, deren Media-Center nach einem Update nicht oder nicht mehr richtig funktionierte. Beherzigen Sie den IT-Leitspruch: *never change a running system*! (Sicherheits-Updates sind die Ausnahme zu dieser Regel.)

Eine genauere Beschreibung des Update-Prozesses sowie Tipps zur Durchführung manueller Updates finden Sie auf der folgenden Webseite:

http://wiki.openelec.tv/index.php/Updating_OpenELEC

Manuelle Updates sind beispielsweise bei Hauptversionssprüngen erforderlich, z. B. von OpenELEC 5 auf OpenELEC 6.

9.2 Fernbedienung

Normalerweise gibt es im Betrieb eines Raspberry Pi als Multimedia-Center zwei Phasen: In der ersten Phase konfigurieren Sie das Gerät. Während dieser Phase sind Tastatur und Maus natürlich praktisch. Ist die Konfiguration abgeschlossen, beginnt Phase zwei – die Nutzung des Geräts: Im Idealfall können Sie Kodi direkt mit der Fernbedienung Ihres TV-Geräts steuern.

CEC-Fernbedienung

Viele moderne Fernseher leiten Signale der Fernbedienung, die nicht für das TV-Gerät selbst bestimmt sind, über das HDMI-Kabel via CEC (*Consumer Electronics Control*) an den Raspberry Pi weiter. Dieser kann dann die Signale verarbeiten.

Laut Forenberichten funktioniert dieses Verfahren bei vielen Fernsehern auf Anhieb. Unsere eigenen Erfahrungen mit einem circa fünf Jahre alten Sony-Bravia-Fernseher waren aber unerfreulich: Obwohl das Gerät CEC an sich unter dem Sony-Markennamen »Bravia Sync« unterstützt, erkannte es den Raspberry Pi nicht als CEC-taugliches HDMI-Gerät.

Smartphone-Fernbedienung

Zur Steuerung Ihres Media-Centers können Sie auch eine XBMC- oder Kodi-App für Android- oder iOS-Geräte verwenden (siehe Abbildung 9.3). Entsprechende Apps sind kostenlos im Google Play Store oder im AppStore von Apple erhältlich. Sofern die Fernbedienung via CEC nicht funktioniert, ist ein Smartphone der unkomplizierteste Weg, um Kodi zu bedienen.

Damit Kodi Signale der Apps verarbeitet, müssen Sie in Kodi im Dialogblatt OPTIONEN • EINSTELLUNGEN • DIENSTE • FERNBEDIENUNG die Option FERNSTEUERUNG DURCH PROGRAMME AUF ANDEREN RECHNERN ZULASSEN aktivieren.

Die Kodi-Steuerung durch das Smartphone oder Tablet erfolgt über WLAN. Bei der Konfiguration der Kodi-App müssen Sie den Hostnamen oder die IP-Adresse Ihres Raspberry Pi angeben. Der Kodi-Webserver von OpenELEC verwendet standardmäßig den Port 80. Viele Apps sind aber für den Port 8080 vorkonfiguriert, d. h., diese Einstellung müssen Sie anpassen.

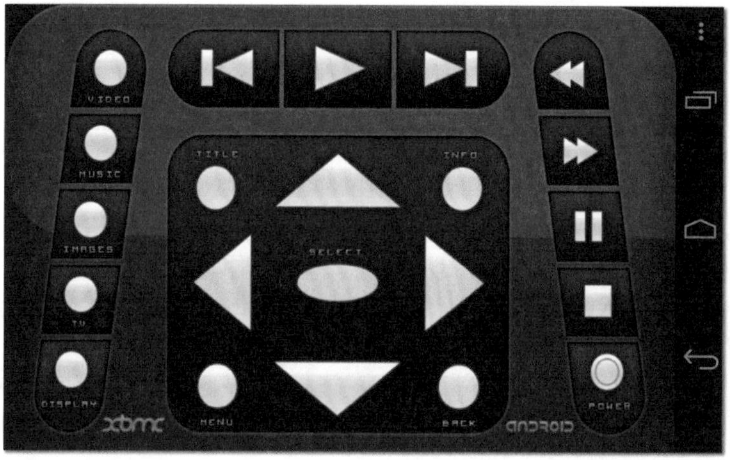

Abbildung 9.3 Kodi-Fernbedienung mit der Android-App »XBMC Remote«

Anstelle einer eigenen App können Sie auch einfach den Webbrowser Ihres Smartphones oder Tablets verwenden. Damit ersparen Sie sich Installationsarbeiten. Die entsprechenden Kodi-Einstellungen finden Sie in OPTIONEN • EINSTELLUNGEN • DIENSTE • WEBSERVER, wobei unter OpenELEC die Fernsteuerung per Webbrowser bereits standardmäßig aktiviert ist. Leider ist das Anklicken der Buttons in der winzigen Fernbedienung ausgesprochen mühsam (siehe Abbildung 9.4).

Abbildung 9.4 Kodi-Fernbedienung im Browser eines Android-Smartphones

Infrarot-Fernbedienung

Die Verwendung einer Infrarot-Fernbedienung, also der Normalfall bei den meisten kommerziellen Geräten, ist für die Kodi-Anwendungen auf dem Raspberry Pi eher ein Notfall. Das Problem besteht nicht darin, dass Sie Ihren Minicomputer zuerst um einen IR-Empfänger erweitern müssen: Das gelingt auch Raspberry-Pi-Anwendern, die keinen Lötkolben anfassen möchten – siehe Abschnitt 15.11, »IR-Empfänger«. Die Herausforderung besteht vielmehr darin, eine vorhandene IR-Fernbedienung korrekt zu konfigurieren. Dieser Vorgang hat sich als außerordentlich mühsam und frustrierend erwiesen.

Zur Konfiguration müssen Sie eine SSH-Verbindung zu OpenELEC herstellen. Danach werfen Sie einen Blick in die Datei `/etc/lirc/lircd.conf.rpi`. Wenn Sie Glück haben, finden Sie dort die erforderliche Konfiguration für Ihre Fernbedienung. In diesem Fall kopieren Sie die Datei nach `/storage/.config/lircd.conf` und löschen dann mit einem Editor alle Zeilen, die *nicht* zu Ihrer Fernbedienung passen. Zum Schluss darf es nur noch einen Block geben, der mit `begin remote` beginnt und mit `end remote` endet. Damit die Konfiguration wirksam wird, starten Sie OpenELEC mit `reboot` neu.

Wenn die Fernbedienung weiterhin nicht funktioniert, ist Handarbeit erforderlich. Dazu stoppen Sie zuerst den LIRC-Dämon. LIRC steht für *Linux Infrared Remote Control* und ist ein Paket von Programmen, das Infrarot-(IR-)Signale verarbeitet.

```
killall lircd
```

Nun löschen Sie die eventuell vorhandene Datei /storage/.config/lircd.conf und erstellen mit dem Programm irrecord eine neue Konfigurationsdatei, die genau für Ihre Fernbedienung passt. Während das Programm läuft, müssen Sie zuerst wahllos 160-mal eine Taste Ihrer Fernbedienung drücken. Jede Taste sollte mindestens einmal gedrückt werden.

```
irrecord -d /dev/lirc0 /storage/.config/lircd.conf
  irrecord -  application for recording IR-codes for usage
  with lirc
  ...
  Now start pressing buttons on your remote control.
  Don't stop pressing buttons until two lines of dots (2x80)
  have been generated.
  ...
```

In der zweiten Phase müssen Sie jeweils zuerst einen LIRC-Tastennamen angeben und dann die entsprechende Taste auf Ihrer Fernbedienung drücken. Mit [↵] schließen Sie diese überaus mühsame Konfiguration ab.

```
  Now enter the names for the buttons.
  Please enter the name for the next button (press <ENTER>
  to finish recording)
KEY_UP
  Now hold down button "KEY_UP".
<Pfeil nach oben der Fernbedienung>
  Please enter the name for the next button (press <ENTER>
  to finish recording)
KEY_DOWN
  Now hold down button "KEY_DOWN".
<Pfeil nach unten der Fernbedienung>
...
```

Welche LIRC-Tastennamen es gibt, ermitteln Sie am besten im Voraus oder in einer zweiten SSH-Sitzung mit irrecord -l:

```
irrecord -l | grep KEY
  KEY_0
  KEY_102ND
  KEY_1
  KEY_2
  ...
```

Ein prinzipielles Problem besteht darin, dass die KEY-Namen nicht immer eindeutig sind. Sollen Sie der Pfeiltaste nach oben KEY_UP oder KEY_VOLUMEUP zuordnen? Hier hilft leider nur Experimentieren oder eine Suche im Internet. Das folgende Listing zeigt ein Beispiel für die Konfiguration der Apple-Fernbedienung, deren größter Vorteil darin besteht, dass sie aus nur sieben Tasten besteht:

```
# Datei /storage/.config/lircd.conf
# mit irrecord aufgezeichnete Konfiguration für die
# Apple-Aluminium-Fernbedienung
begin remote
  name              lircd.conf
  bits              8
  flags             SPACE_ENC
  eps               30
  aeps              100
  header            9099  4462
  one               587  1646
  zero              587   535
  ptrail            587
  pre_data_bits     16
  pre_data          0x77E1
  post_data_bits    8
  post_data         0x30
  gap               38524
  toggle_bit_mask   0x0
  begin codes
    KEY_UP       0xD0
    KEY_DOWN     0xB0
    KEY_LEFT     0x10
    KEY_RIGHT    0xE0
    KEY_MENU     0x40
    KEY_PLAY     0x7A 0x20
    KEY_OK       0xBA 0x20
  end codes
end remote
```

9

Um die selbst erzeugte Konfigurationsdatei zu aktivieren, starten Sie OpenELEC abermals neu. Nach dem Neustart können Sie mit irw überprüfen, ob lircd funktioniert. Dazu starten Sie das Programm und drücken ein paar Tasten der Fernbedienung:

```
irw
  6a 0 KEY_RIGHT devinput
  6a 0 KEY_RIGHT_UP devinput
  69 0 KEY_LEFT devinput
  69 0 KEY_LEFT_UP devinput
  <Strg>+<C>
```

Sollte irrecord nicht funktionieren, testen Sie zuerst, ob Ihr Raspberry Pi überhaupt Signale von der Fernbedienung empfängt. Dazu stoppen Sie lircd und starten dann das Testprogramm mode2. Wenn Sie nun Tasten der Fernbedienung drücken, sollten Sie eine Ausgabe wie im folgenden Listing sehen. Ist das nicht der Fall, gibt es mehrere Fehlerursachen: Das Kernelmodul lirc_rpi ist nicht geladen (Abhilfe: modprobe lirc_rpi), der IR-Empfänger funktioniert nicht oder die Batterie der Fernbedienung ist ganz einfach leer.

```
killall lircd
mode2 -d /dev/lirc0
  space 3188411
  pulse 9129
  space 4442
  pulse 599
  <Strg>+<C>
```

9.3 Kodi-Betrieb

Nachdem wir seitenlang alle möglichen Konfigurationsdetails und OpenELEC-Eigenheiten beschrieben haben, gelangen wir jetzt endlich zur eigentlichen Multimedia-Nutzung: zum Abspielen von Audio- und Video-Dateien sowie zum Einrichten von entsprechenden Datenquellen.

Vorweg ein Überblick über das Bedienungskonzept von Kodi: Auf dem Startbildschirm befindet sich das Kodi-Menü. Es besteht aus den Einträgen BILDER, VIDEOS, MUSIK, PROGRAMME und OPTIONEN sowie aus dazugehörenden Untereinträgen (siehe Abbildung 9.5). Die Auswahl des gewünschten Menüpunkts erfolgt per Tastatur, Maus oder Fernbedienung. Anfänglich führen die Menüs VIDEOS, MUSIK und BILDER ins Leere. Das liegt daran, dass es im lokalen Dateisystem von Kodi noch keine Multimedia-Dateien gibt und Kodi auch keine Netzwerkquellen für derartige Dateien kennt.

Das erste Video abspielen

Um den ersten Film abzuspielen, suchen Sie im Dateimanager eines beliebigen Rechners im lokalen Netzwerk den Hostnamen openelec (siehe Abbildung 9.6). Sollte der Rechner openelec nicht sichtbar sein, stellen Sie die Verbindung manuell her und geben als Netzwerkadresse smb://openelec an. Nun kopieren Sie eine oder mehrere Video-Dateien in das Verzeichnis Videos.

Abbildung 9.5 Der Kodi-Startbildschirm mit dem Menü

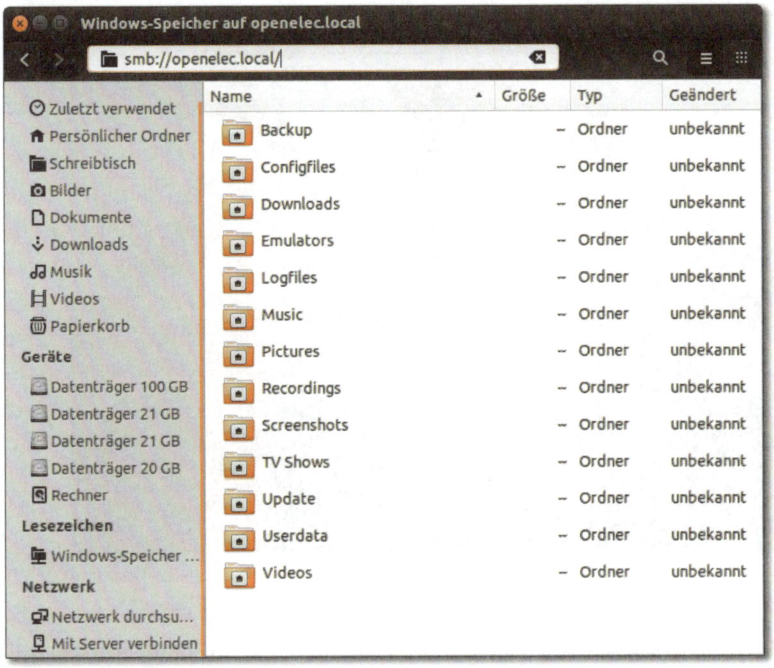

Abbildung 9.6 Netzwerkzugriff auf wichtige Verzeichnisse der SD-Karte des OpenELEC-Systems über einen Datei-Manager

Netzwerkprobleme

Bei unseren Tests hat das Kopieren großer Video-Dateien in das Netzwerkverzeichnis von OpenELEC immer wieder zu Problemen geführt. Die Fehlermeldung lautete beispielsweise: *Der Vorgang konnte nicht abgeschlossen werden, da das Objekt datei.mov in Verwendung ist.* Die Fehlerursache blieb unklar, die OpenELEC-Logging-Dateien enthielten keine Hinweise auf den Grund des Problems. Wir können Ihnen nur empfehlen, es einfach nochmals zu versuchen. Noch besser ist es in der Regel, große Video-Dateien auf einem NAS-Gerät oder einem anderen Server im lokalen Netzwerk zugänglich zu machen, wie es im nächsten Abschnitt beschrieben wird.

Zurück auf dem Raspberry Pi navigieren Sie nun durch die Menüs VIDEOS • DATEIEN • VIDEOS. Dort finden Sie die Video-Dateien, die Sie auf die SD-Karte kopiert haben, und können sie abspielen (siehe Abbildung 9.7). Sollte die Wiedergabe nicht funktionieren, vergewissern Sie sich, dass Sie die Lizenzschlüssel zur Hardware-Decodierung der Formate MPEG-2 und VC-1 korrekt eingerichtet haben. Grundsätzlich kann Kodi keine DRM-geschützten Video-Dateien abspielen.

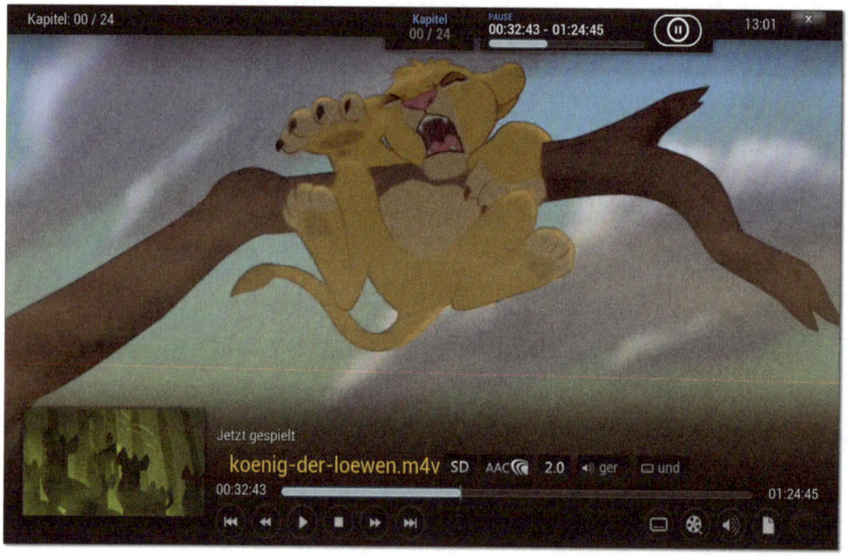

Abbildung 9.7 Videos abspielen in Kodi

Kodi zeigt die in einem Verzeichnis enthaltenen Dateien standardmäßig als Liste mit Dateinamen an. Über ein Menü am linken Bildschirmrand, das Sie per Fernbedienung mit der linken Pfeiltaste aufrufen, können Sie zwischen verschiedenen Darstellungsformen wechseln, z. B. LISTE oder VORSCHAUBILD (siehe Abbildung 9.8).

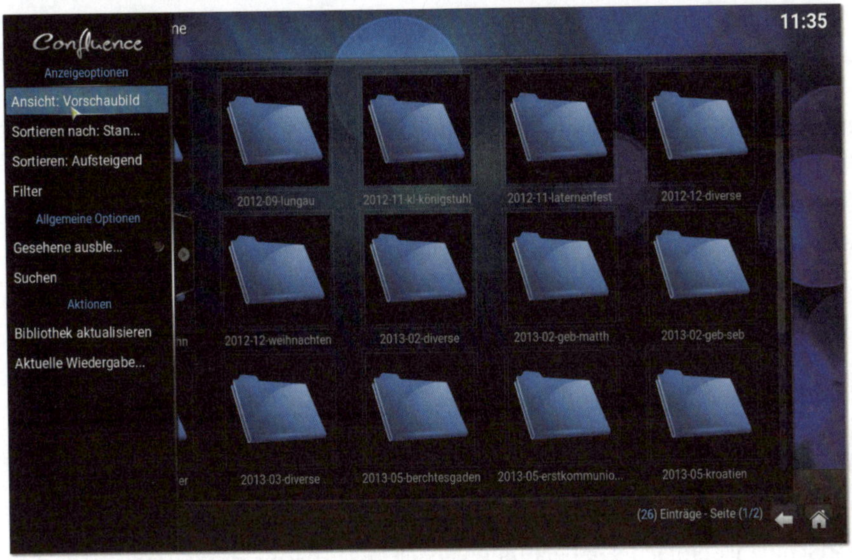

Abbildung 9.8 Kodi-Darstellungsoptionen einstellen

Video-Dateien eines USB-Sticks abspielen

Die SD-Speicherkarte Ihres Raspberry Pi ist für erste Experimente gut geeignet. Zur Speicherung der lokalen Mediathek ist sie aber zu klein, zu langsam und zu unzuverlässig. Eine mögliche Alternative besteht darin, die Video-Dateien auf eine externe Festplatte oder einen USB-Stick zu kopieren und diese bzw. diesen mit dem Raspberry Pi zu verbinden. Führen Sie nun VIDEOS • DATEIEN aus, erscheint der Name des Datenträgers in der Liste der zur Auswahl stehenden Datenquellen. Dort können Sie unkompliziert die Video-Dateien auswählen und abspielen.

Zugriff auf Video-Dateien aus Netzwerkverzeichnissen

Am elegantesten funktioniert der Kodi-Betrieb, wenn Sie über das lokale Netzwerk oder WLAN auf Audio- und Video-Dateien zugreifen, die ein anderer Computer oder ein NAS-Gerät bereithält. Kodi unterstützt die meisten gängigen Protokolle für Netzwerkverzeichnisse, unter anderem SMB (Windows/Samba), DLNA, AFP und NFS.

> **Richten Sie Medienverzeichnisse per Tastatur und Maus ein!**
>
> Es ist außerordentlich umständlich, Medienquellen per Fernbedienung einzurichten. Führen Sie diese Konfigurationsarbeiten daher mit Tastatur und Maus aus. Sind die Quellen einmal korrekt konfiguriert, ist die Auswahl von Filmen mit einer Fernbedienung ein Kinderspiel.

Wenn der Medien-Server bzw. das NAS-Gerät DLNA und UPnP unterstützt, ist die Kodi-Konfiguration am einfachsten. DLNA und UPnP stehen für *Digital Living Network Alliance* und *Universal Plug and Play* und bezeichnen Standards zur unkomplizierten Vernetzung und Nutzung von Audio- und Video-Geräten. Viele NAS-Geräte unterstützen DLNA/UPnP – suchen Sie gegebenenfalls nach der entsprechenden Option in der Benutzeroberfläche Ihres NAS-Geräts!

Um in Kodi auf ein DLNA-Gerät zuzugreifen, führen Sie VIDEOS • DATEIEN • VIDEOS HINZUFÜGEN aus. Im Dialog QUELLE FÜR VIDEOS HINZUFÜGEN führt der Button DURCHSUCHEN in den Unterdialog NACH EINER NEUEN QUELLE SUCHEN (siehe Abbildung 9.9). Dort wählen Sie UPNP DEVICES aus. Kodi zeigt dann eine Liste aller DLNA-Geräte und Plex-Server im lokalen Netzwerk an. Anschließend wählen Sie ein Verzeichnis des DLNA-Geräts aus und geben diesem bei Bedarf einen eigenen Namen. (Was es mit Plex auf sich hat, ist Thema des nächsten Kapitels.)

Auch der Zugriff auf Video-Dateien in einem Windows-Netzwerkverzeichnis ohne Passwortschutz ist einfach: Sie beginnen wieder mit VIDEOS • DATEIEN • VIDEOS HINZUFÜGEN • DURCHSUCHEN • NACH EINER NEUEN QUELLE SUCHEN. Im Auswahldialog finden Sie den Eintrag WINDOWS-NETZWERK (SMB) (siehe Abbildung 9.9). Damit können Sie Windows-Server in der Arbeitsgruppe WORKSTATION auswählen.

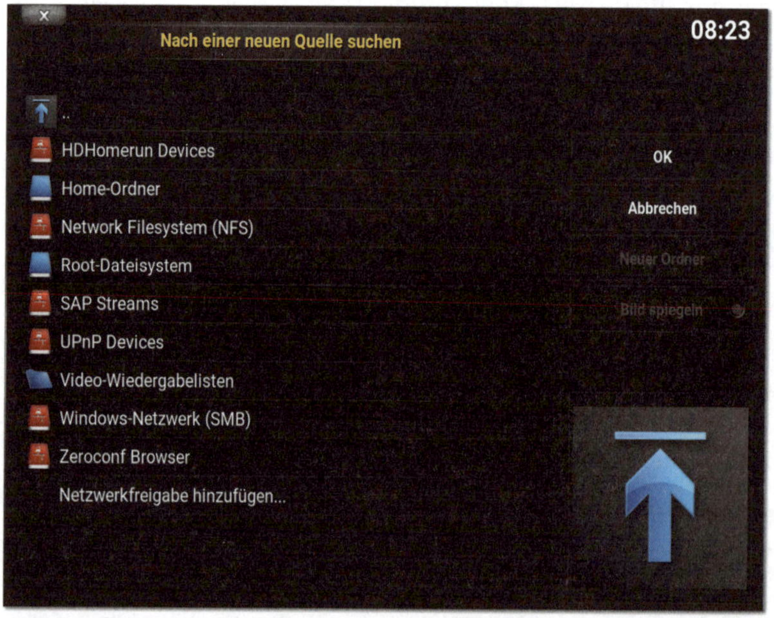

Abbildung 9.9 Auswahl einer neuen Medienquelle

Sollten Ihre Netzwerkverzeichnisse durch ein Passwort abgesichert sein, führt die Auswahl eines Servers durch WINDOWS-NETZWERK (SMB) zur wenig aussagekräftigen Fehlermeldung *Operation not permitted*. Lassen Sie sich davon nicht irritieren, sondern starten Sie die Auswahl des Netzwerkverzeichnisses mit VIDEOS • DATEIEN • VIDEOS HINZUFÜGEN • DURCHSUCHEN • NACH EINER NEUEN QUELLE SUCHEN neu. Nun wählen Sie aber den Eintrag NETZWERKFREIGABE HINZUFÜGEN. Dadurch gelangen Sie in einen Dialog, in dem Sie alle Parameter des Netzwerkverzeichnisses frei eingeben können: das Protokoll, den Namen des Servers oder NAS-Geräts, das Freigabeverzeichnis, den Benutzernamen und das Passwort (siehe Abbildung 9.10).

Abbildung 9.10 Zugriff auf ein passwortgeschütztes Netzwerkverzeichnis

Tipps zur Organisation Ihres Video-Archivs

Damit Sie unter Kodi unkompliziert auf Ihre Mediathek zugreifen können, sollten Sie sich bei der Organisation des Archivs Ihrer Videodateien einige Gedanken machen: Hilfreich sind eigene Verzeichnisse für verschiedene Genres, um z. B. Kinderfilme von Krimis zu trennen. Generell sollten Sie Verzeichnisse mit allzu vielen Einträgen vermeiden – das macht die Auswahl in Kodi mühsam. Verwenden Sie möglichst aussagekräftige Datei- und Verzeichnisnamen! Speichern Sie TV-Serien jeweils in eigenen Unterverzeichnissen.

Videos aus dem Internet

VIDEOS • ADD-ONS • MEHR … führt in eine Liste von Add-ons, mit denen Sie Filme aus diversen Internet-Angeboten auf Ihrem Media-Center ansehen können (siehe Abbildung 9.11). Unter anderem gibt es Add-ons für Apple iTunes-Podcasts, die ARD Mediathek, Arte +7, Netzkino.de, die ORF TVthek, Spiegel Online, YouTube sowie für die ZDF Mediathek. Die Installation eines Add-ons dauert typischerweise weniger als eine Minute. Alle installierten Add-ons werden je nach Einstellung als Liste oder in Bildform angezeigt und können nun bequem gestartet werden.

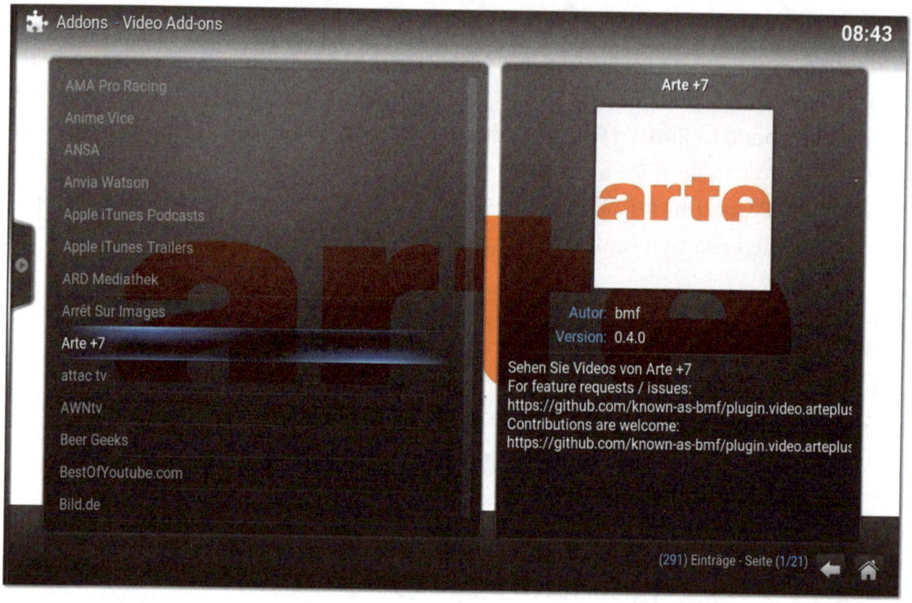

Abbildung 9.11 Video-Add-ons für Kodi

Audio-Dateien abspielen

Das Abspielen von Musik folgt demselben Muster wie die Wiedergabe von Videos: Sie müssen zuerst eine Musikquelle einrichten, also ein lokales Verzeichnis, ein Netzwerkverzeichnis, einen DLNA-Server etc., und können dann aus der Bibliothek einen Titel zur Wiedergabe auswählen (siehe Abbildung 9.12).

Abbildung 9.12 Kodi als Audio-Player

Kodi zeigt in der Thumbnail-Ansicht automatisch CD-Cover an, sofern das Verzeichnis jedes Albums eine entsprechende Datei `cover.jpg` enthält. Wenn die Cover-Bilder hingegen in die MP3-Dateien eingebettet sind, müssen Sie Kodi explizit dazu auffordern, die MP3-Tags auszuwerten und in eine Datenbank einzutragen. Die Erfassung der MP3-Tags hat außerdem den Vorteil, dass Sie nun Ihre Audio-Bibliothek besser nach Künstlern, Genres etc. durchsuchen können.

Den Datenbank-Scan starten Sie im Kontextmenü einer Musikquelle mit dem Eintrag IN BIBLIOTHEK AUFNEHMEN. In das Kontextmenü gelangen Sie mit der Taste [C], mit der rechten Maustaste oder mit der TITLE-Taste der Fernbedienung.

Internet-Radios und Spotify

Diverse Audio-Add-ons ermöglichen es, unzählige Internet-Radio-Stationen anzuhören. Ein wichtiges Add-on fehlt leider in der Sammlung: der Spotify-Client `spotimc`. Dieses Add-on lag Mitte 2015 nur in einer Beta-Version vor, deren Installation sich recht umständlich gestaltete: Zuerst loggen Sie sich via SSH in Ihrem OpenELEC-System ein und laden die aktuelle Beta-Version herunter. Die HTTP-Adresse ist hier nur aus Platzgründen zweigeteilt, Sie müssen alle Zeichen von `http` bis `beta5` in einer einzigen Zeichenkette ohne Leer- und \-Zeichen angeben!

```
curl http://azkotoki.org/download-file/35/\
  script-audio-spotimc-1-0-beta5 > /storage/spotimc.zip
```

Anschließend führen Sie OPTIONEN • EINSTELLUNGEN • ADD-ONS • AUS ZIP-DATEI INSTALLIEREN aus und suchen die ZIP-Datei aus dem Root-Dateisystem. Nach der Installation müssen Sie OpenELEC neu starten. Beim ersten Start von `spotimc` müssen Sie Ihre E-Mail-Adresse und Ihr Spotify-Passwort angeben. `spotimc` erfordert einen Premium-Account, eine kostenlose Nutzung mit Werbung wie in anderen Spotify-Clients ist nicht möglich!

AirPlay

Kodi kann auch Audio- und Video-Streams abspielen, deren Adresse über ein iPhone oder ein iPad zur Verfügung gestellt wird. Apple nennt diese Funktion *AirPlay*. Auch Bilder können so vom iOS-Gerät auf den Fernseher *gebeamt* werden.

Kodi-seitig ist die Konfiguration von AirPlay erfreulich einfach: In den Systemeinstellungen stellen Sie im Dialog DIENSTE • AIRPLAY sicher, dass die Option AIRPLAY UNTERSTÜTZUNG AKTIVIEREN gesetzt ist. Fertig! Wenn Sie nun auf Ihrem iPhone oder iPad das AirPlay-Menü öffnen, wird Kodi als möglicher AirPlay-Empfänger aufgelistet. Voraussetzung ist natürlich, dass beide Geräte WLAN-Zugang haben, also sowohl der Raspberry Pi mit Kodi als auch Ihr Smartphone bzw. Tablet.

Bei unseren Tests hat AirPlay zumeist problemlos funktioniert. Probleme gibt es nur, wenn Video-Streams in einem Format vorliegen, das Kodi nicht decodieren kann – dann versagt die Funktion, und das leider ohne irgendwelche Hinweise auf die Fehlerursache.

Kapitel 10
Multimedia-System mit Plex

Plex ist ein aus zwei Teilen bestehendes Multimedia-System: Ein Plex-Server stellt die Multimedia-Dateien im Netzwerk zur Verfügung, und Plex-Clients greifen auf den Server zu und können die dort befindlichen Audio- und Video-Dateien abspielen.

Plex-Clients gibt es für Windows, Linux, OS X, Android und iOS – und natürlich für den Raspberry Pi! Im Mittelpunkt dieses Kapitels steht *RasPlex*. Diese Distribution basiert auf OpenELEC, also auf der im vorigen Kapitel ausführlich beschriebenen Kodi-Distribution. Aus technischer Sicht hat RasPlex daher sehr viele Ähnlichkeiten mit OpenELEC. Das betrifft insbesondere auch viele Konfigurationsdetails, bei denen wir somit auf das vorige Kapitel verweisen. Ganz anders sieht aber naturgemäß die Benutzeroberfläche von Plex aus.

10.1 Kodi oder Plex?

Bevor wir Ihnen in diesem Kapitel die Details der RasPlex-Installation und -Konfiguration näher beschreiben, lohnt sich ein kurzer Vergleich zwischen Kodi und Plex. Welcher Ansatz ist besser, welches Programm bietet für Sie die optimale Multimedia-Lösung?

Beginnen wir mit den Gemeinsamkeiten: Die Wurzeln von Plex liegen im XBMC-Projekt, aus dem später Kodi wurde. 2008 kam es zu einem sogenannten *Fork*, also zu einer Aufspaltung zwischen dem XBMC- und dem Plex-Projekt. Seither haben sich beide Projekte in unterschiedliche Richtungen weiterentwickelt:

- **XMBC/Kodi:** Die Zielsetzung von Kodi ist es, ein universelles Multimedia-Center anzubieten, das mit allen erdenklichen Audio- und Video-Quellen zurechtkommt.
- **Plex:** Ganz anders ist der Denkansatz der Plex-Entwickler: Hier gibt es eine strenge Trennung zwischen der Verwaltung der Mediathek auf einem zentralen Server und Client-Programmen, die auf diesen Server zugreifen können.

Plex-Vorteile

Die Trennung zwischen Client und Server ist zweifellos die Kernidee hinter Plex – und diese Idee ist aus vielerlei Gründen vernünftig:

- Eine einmal gut organisierte Mediathek kann von beliebig vielen Clients genutzt werden – vom iPad im Wohnzimmer, vom Android-Handy im Schlafzimmer und von dem TV-Gerät, das mit einem Raspberry Pi samt RasPlex verbunden ist.
- Der Plex-Server läuft in aller Regel auf einem Gerät, das mehr Rechenleistung bietet und mit einem schnelleren Datenträger ausgestattet ist als der Raspberry Pi. Daher kann das Einrichten der Mediathek in einer viel höheren Geschwindigkeit erfolgen als auf dem Raspberry Pi.
- Die Konfiguration und Bedienung des Plex-Servers kann auf einem beliebigen Rechner mit einem modernen Webbrowser erfolgen, natürlich mit Maus und Tastatur. Das ist viel komfortabler als in der Benutzeroberfläche eines Multimedia-Centers, die im schlimmsten Fall mit einer Fernbedienung gesteuert werden muss.
- Es ist vergleichsweise einfach, Backups der Mediathek zu erstellen, die auf dem Server liegt.

Plex wirbt auf der Webseite *https://plex.tv/features* mit dem Slogan: *Make your media beautiful.* Tatsächlich unternimmt der Plex-Server große Anstrengungen, Ihre Mediendateien zu erkennen und wenn möglich mit einem passenden Bild und einer vollständigen Beschreibung zu versehen, also mit Informationen über den Inhalt des Films, seinen Regisseur, die wichtigsten Schauspieler etc. Plex-Clients profitieren davon und präsentieren die eigene Mediathek beinahe so professionell wie Filmangebote auf Amazon oder im iTunes-Store.

Ein letztes Argument für Plex: Sobald die Arbeit zur Organisation eines Plex-Servers einmal erledigt ist, lassen sich Plex-Clients deutlich eleganter bedienen als Kodi. Die große Flexibilität von Kodi ist eben auch mit unzähligen Optionen, Dialogen und (Unter-)Menüs verbunden – die bei Plex alle wegfallen. Wenn es Ihnen also darum geht, Ihren Raspberry Pi zu einem familientauglichen Video-Player zu machen, werden Sie mit Plex vermutlich auf mehr Begeisterung stoßen als mit Kodi.

Plex-Nachteile

Plex steht und fällt mit dem Client/Server-Modell. Wenn Sie keinen Plex-Server haben bzw. nicht bereit sind, einen einzurichten, können Sie Plex nicht verwenden. Jeder Plex-Client, also auch RasPlex, muss ständig auf den Plex-Server zugreifen können. Ein Offline-Abspielen von Musik oder Videos sieht die kostenlose Plex-Version nicht vor.

Plex ist sehr stark im Hinblick auf das Abspielen von Video-Dateien optimiert. Wie Kodi kann Plex natürlich auch MP3-Dateien abspielen, die Audio-Funktionen bleiben aber weit hinter denen von Kodi zurück. Sehr mager ist auch das Angebot von Add-ons, die im App Store zu finden sind und in der Plex-Nomenklatur nach der Installation *Kanäle* genannt werden.

Die für dieses Kapitel getestete RasPlex-Version wurde zwar als *Release Candidate* bezeichnet, wirkte aber nicht in jeder Hinsicht ausgereift. Es ist schwer vorherzusehen, wie weit sich das bis zum Erscheinen des Buchs noch ändern wird.

Plex unterstützt keine Maus!

Ein Multimedia-Center wird üblicherweise mit einer Fernbedienung gesteuert. Die Plex-Entwickler haben sich deswegen für ein Bedienungskonzept ohne Maus entschieden. Es gibt keinen Mauszeiger, und eine eventuell angeschlossene Maus wird einfach ignoriert. Sobald Plex einmal läuft, ergeben sich daraus keine Nachteile. Bei den Konfigurationsarbeiten irritiert das Fehlen der Maus aber erheblich.

Für Linux-Fans ist es ärgerlich, dass Plex im Gegensatz zu Kodi kein Open-Source-Programm ist. Zwar sind Plex-Client und -Server kostenlos erhältlich, aber nur ein Teil der Programme ist auch als Quellcode verfügbar.

Zu guter Letzt stehen hinter Plex kommerzielle Interessen. Die Plex-Clients für iOS und Android sind kostenpflichtig. Gleiches gilt für einige Zusatzfunktionen: Beispielsweise erlaubt *Plex Sync*, ausgewählte Audio- oder Video-Dateien offline zu nutzen. *Clound Sync* ermöglicht es Ihnen, eigene Mediendateien bei einem Cloud-Dienst wie Dropbox hochzuladen, um sie dann von dort, wenn Sie keinen Zugang zum lokalen Plex-Server haben, auch unterwegs abspielen zu können. Aber keine Sorge: Für den typischen Einsatz als Multimedia-Center sind die kostenlosen Grundfunktionen von Plex vollkommen ausreichend. Natürlich ist nicht auszuschließen, dass sich das in Zukunft ändert.

Glossar

Im nächsten Abschnitt leiten wir Sie durch die Grundzüge einer Plex-Server-Konfiguration. Dieser Abschnitt beschreibt vorab einige Begriffe, die dabei auftauchen werden.

- **Plex Home Theater:** Die offizielle Bezeichnung des Plex-Clients lautet seit Herbst 2013 *Plex Home Theater*. Damit wollte man offensichtlich eine klare Unterscheidung zwischen Client und Server herstellen, ohne diese Begriffe in den Mund zu nehmen. Ob der sperrige Begriff wirklich eine Hilfe ist, sei dahingestellt. Für dieses Kapitel gilt: *Plex* ohne weitere Angaben meint das Plex-System als Ganzes bzw. den

Plex-Client – also eben Plex Home Theater. Bei allen Server-Funktionen schreiben wir hingegen explizit *Plex-Server*.

- **Plex-Konto:** Bei der Konfiguration eines Plex-Servers werden Sie dringend gebeten, ein kostenloses Plex-Konto einzurichten. Sie müssen dazu lediglich einen Benutzernamen, eine E-Mail-Adresse und ein Passwort angeben. Ein Plex-Konto ist zwar nicht zwingend erforderlich, um Plex zu verwenden, es erleichtert in der Folge aber die Konfiguration der Clients erheblich.
- **Bibliothek und Mediathek:** Eine *Bibliothek* ist ein Verzeichnis mit Audio- oder Video-Dateien bzw. mit Fotos. Alle Bibliotheken zusammen bilden die *Mediathek*, also die Gesamtheit aller Plex zugänglichen Multimedia-Dateien.
- **Scanner und Agenten:** Plex versucht, Ihre Multimedia-Dateien zu erkennen und mit Metadaten zu versehen. Bei Video-Dateien sind das z. B. das Titelbild (das DVD-Coverbild), eine Beschreibung des Films, die Alterseinstufung etc. Bei Audio-Dateien zählen das CD-Cover, der Albumname, die Interpreten etc. zu den Metadaten. Die Ermittlung der Metadaten übernehmen gemeinsam sogenannte Scanner und Agenten. Der Scanner versucht zuerst, anhand von Datei- und Verzeichnisnamen sowie anhand weiterer Informationen (z. B. MP3-Tags) die Datei zu identifizieren. Agenten sind Programme, die für ein einmal erkanntes Video oder Album aus verschiedenen Internet-Datenquellen die dazugehörenden Metadaten herunterladen.
- **Kanäle:** Plex bietet wie Kodi die Möglichkeit, durch Add-ons auf Online-Medienquellen zuzugreifen. Einmal eingerichtete Add-ons werden als *Kanäle* bezeichnet. Leider ist das Add-on-Angebot im Vergleich zu Kodi äußerst bescheiden.

10.2 Plex-Server-Konfiguration

Wir haben es bereits erwähnt: Ohne eine Plex-Server-Installation können Sie RasPlex nicht verwenden, nicht einmal ausprobieren. Wenn es in Ihrem lokalen Netzwerk bereits einen Computer oder ein NAS-Gerät gibt, das als Plex-Server agiert, dann überspringen Sie diesen Abschnitt einfach. Andernfalls finden Sie hier eine kurze Zusammenfassung der wichtigsten Schritte zum Einrichten eines Plex-Servers.

Der erste Schritt besteht darin, den Plex-Server zu installieren. Wenn Sie einen Desktop-Computer oder ein Notebook als Plex-Server konfigurieren möchten, finden Sie auf der Plex-Webseite Download-Links und Installationsanweisungen. Wenn Sie hingegen ein NAS-Gerät zum Plex-Server machen möchten, gibt es für viele NAS-Geräte entsprechende Add-ons oder Plug-ins:

https://plex.tv/downloads

Unser Testkandidat war ein Synology-NAS-Gerät. In diesem Fall erfolgt die Bedienung des NAS-Servers ausschließlich über einen Webbrowser (siehe Abbildung 10.1).

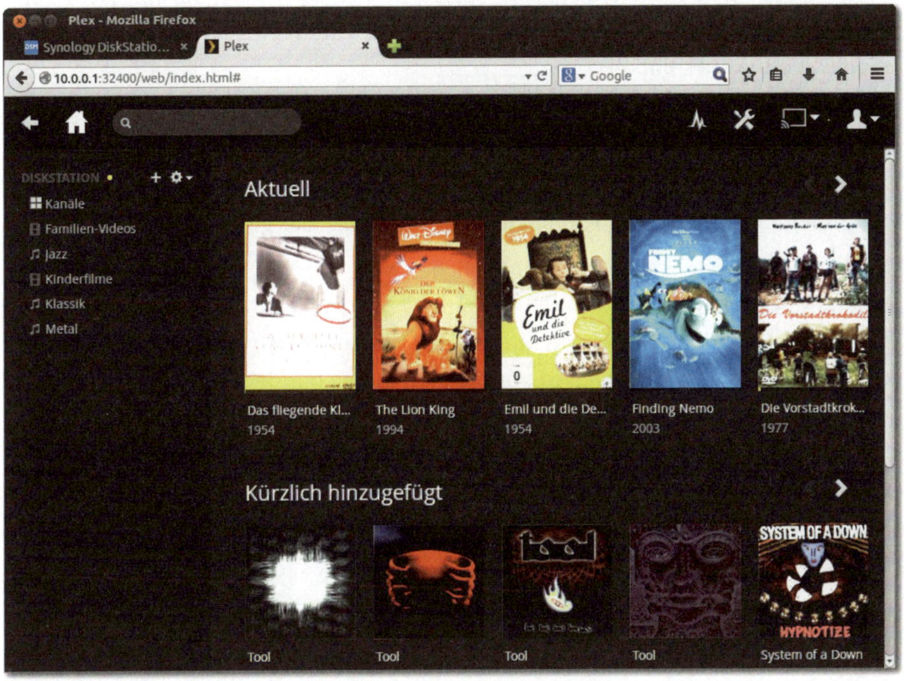

Abbildung 10.1 Bedienung des Plex-Servers in einem Webbrowser

Anfänglich ist die Mediathek leer. Auch wenn Ihr Computer bzw. NAS-Gerät jede Menge Audio- und Video-Dateien enthält – Plex kennt deren Ort nicht. Bevor Sie nun die entsprechenden Verzeichnisse hinzufügen, einige Tipps:

- Versuchen Sie als Erstes, Ihre Media-Dateien nach inhaltlichen Kriterien über mehrere Verzeichnisse aufzuteilen – also ein Verzeichnis für Kinderfilme, ein anderes für *Breaking Bad* etc.
- Achten Sie darauf, dass Ihre Mediendateien aussagekräftige Namen haben. Insbesondere bei Filmen bieten Dateinamen für Plex die einzige Möglichkeit, den Film zu identifizieren.
- Die Filmdateien von TV-Serien sollten in eigenen Verzeichnissen gespeichert werden, wobei jeder Dateiname die Staffelnummer *n* und die Episodennummer *m* in der Form `snnemm` enthalten soll, also z. B. `s01e02.mp4`:

  https://support.plex.tv/hc/en-us/articles/200220687-Naming-Series-Based-TV-Shows

- Wenn Sie viele eigene Videoaufnahmen haben, z. B. ad hoc mit einer Digitalkamera aufgenommene Kurzfilme von Familienfesten, sollten Sie diese auf mehrere Unterverzeichnisse aufteilen, beispielsweise für jedes Jahr eines. Anschließend richten Sie auch im Plex-Server für jedes dieser Unterverzeichnisse eine eigene Bibliothek ein.

  Natürlich ist die Versuchung groß, einfach aus dem Gesamtverzeichnis *eine* große Bibliothek zu machen. Das Problem ist aber, dass Plex aus allen Filmen – egal, in welchen Unterverzeichnissen sich diese befinden – eine endlose flache Liste von Dateien macht. Das macht es später sehr schwierig, das gewünschte Video in Plex zu finden.

Nach diesen Vorbereitungsarbeiten richten Sie nun in Plex die Bibliotheken ein. Der Plus-Button im Home-Bildschirm führt in den Dialog BIBLIOTHEK HINZUFÜGEN. Dort geben Sie zuerst an, um welche Art von Dateien es sich handelt (siehe Abbildung 10.2). Zur Auswahl stehen: FILME, TV-SERIEN, MUSIK, FOTOS sowie HOME VIDEOS, also eigene Aufnahmen. Die Auswahl des Medientyps ist wichtig, weil Plex in Abhängigkeit vom Medientyp versucht, die Video- bzw. Audio-Dateien korrekt zu identifizieren. Oder, um in der Plex-Nomenklatur zu bleiben: Der Medientyp entscheidet über die Voreinstellung des Scanners und des Agenten.

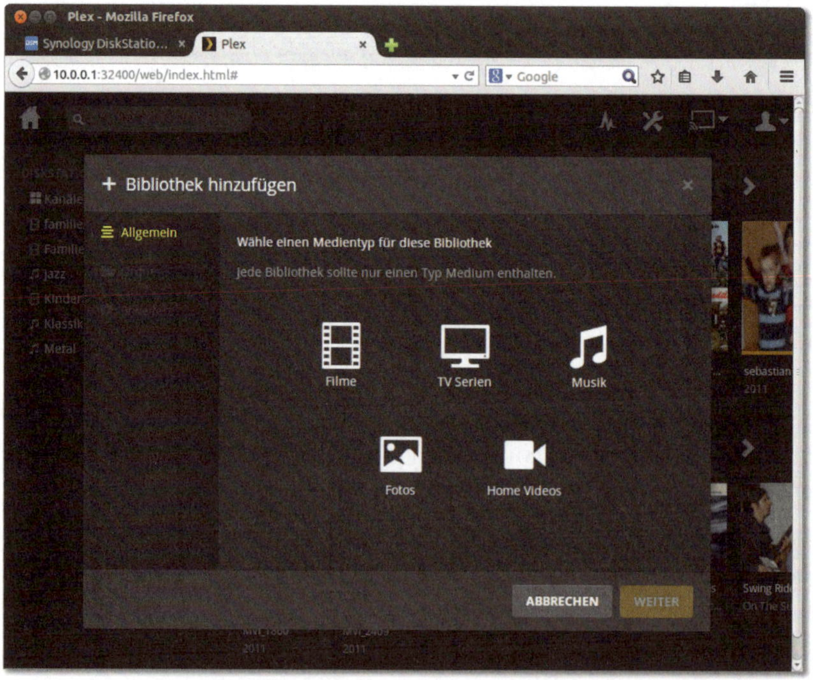

Abbildung 10.2 Definition einer neuen Bibliothek im Plex-Server

Im zweiten Schritt geben Sie an, in welchem Ordner bzw. in welchen Ordnern sich die Dateien befinden. Optional können Sie im Dialogblatt ERWEITERT die Voreinstellung des Scanners und des Agenten verändern. Insbesondere sollten Sie bei MP3-Dateien, die korrekte ID3-Tags enthalten, den Agenten PERSONAL MEDIA ALBUMS verwenden.

Das Erfassen großer Bibliotheken dauert relativ lange, weil der Plex-Server alle Dateien analysiert und nach Möglichkeit Cover-Bilder und andere Metadaten aus dem Internet herunterlädt. Erst wenn dieser Vorgang abgeschlossen ist, erscheinen die Filme samt einem Vorschaubild im Plex-Server. Sollte Plex einzelne Filme falsch erkennen, können Sie sich nun die Mühe machen, die Daten manuell zu korrigieren.

Lieber viele kleine Bibliotheken als wenige große!

Vermeiden Sie es bei der Plex-Server-Konfiguration, allzu große Bibliotheken einzurichten. Für die weitere Bedienung von Plex ist es wesentlich günstiger, wenn jede Bibliothek ein abgegrenztes Thema mit nicht allzu vielen Filmen umfasst!

Plex bietet noch weit mehr Konfigurationsmöglichkeiten und Optionen. Diese führen aber zu weit weg von unserem eigentlichen Thema, nämlich der Nutzung des Raspberry Pi. Werfen Sie gegebenenfalls einen Blick auf die Support-Webseite von Plex, die gewissermaßen als Plex-Handbuch fungiert:

https://support.plex.tv/hc/en-us

10.3 RasPlex-Installation und -Konfiguration

Für dieses Buch haben wir mit RasPlex 0.6.0 Pre-Release gearbeitet. RasPlex basiert auf der OpenELEC-Distribution, wobei Kodi durch den Plex-Client ersetzt wurde. RasPlex greift dabei auf den Quellcode des *Plex Home Theaters* zurück. Beachten Sie, dass weder der Plex-Client für Linux noch das RasPlex-Projekt offiziell von der Firma Plex unterstützt werden.

Installation

Auf der RasPlex-Webseite finden Sie Installationsprogramme für Windows, OS X und Linux. Bei der Ausführung dieser Programme auf dem jeweiligen Betriebssystem wird RasPlex zuerst heruntergeladen und dann auf die eingesteckte SD-Karte übertragen (siehe Abbildung 10.3). Wenn Sie die SD-Karte vorher schon für andere Zwecke verwendet haben, sollten Sie sie vor der Ausführung des Installationsprogramms neu formatieren.

http://www.rasplex.com/get-started/rasplex-installers.html

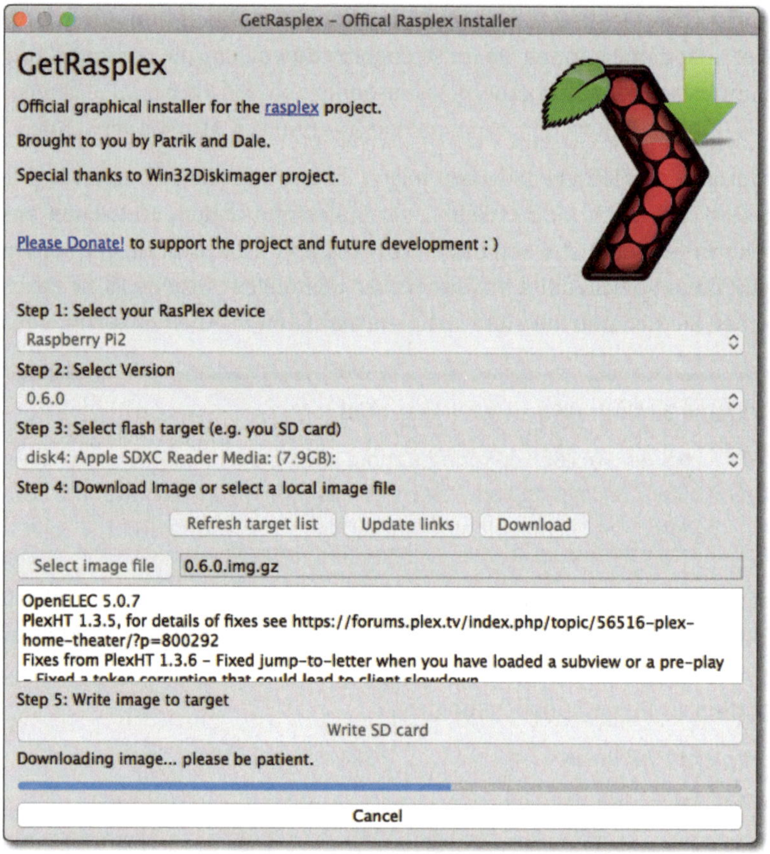

Abbildung 10.3 SD-Karte für Plex unter OS X erstellen

Alternativ können Sie auch eine komprimierte Image-Datei von der folgenden Webseite herunterladen und diese dann selbst auf eine SD-Karte schreiben (siehe Abschnitt 1.4, »Image-Datei auf eine SD-Karte schreiben«).

https://github.com/RasPlex/RasPlex/releases

Eine kleine SD-Karte genügt

Das Konzept von Plex besteht darin, dass sich alle Audio- und Video-Dateien auf einem Server befinden. RasPlex benötigt deswegen nur wenig lokalen Speicherplatz. Eine SD-Karte mit 2 GByte ist vollkommen ausreichend!

Anschließend stecken Sie die SD-Karte in Ihren Raspberry Pi und starten diesen. Es wird nun zuerst die Partitionsgröße optimiert, anschließend erscheint ein Konfigurationsprogramm, das große Ähnlichkeiten mit dem von OpenELEC hat (siehe auch Kapitel 9, »Multimedia-Center mit Kodi und OpenELEC«). Im ersten Dialog stellen Sie

Ihre Sprache ein. Wundern Sie sich nicht darüber, dass die Maus nicht funktioniert: Plex sieht generell keine Mausbedienung vor. Daher müssen Sie die gesamte Konfiguration mit der Tastatur durchführen.

Im nächsten Dialog können Sie eine WLAN-Verbindung einrichten. Den folgenden Dialog zur Kalibrierung des Bildschirms können Sie überspringen. Anschließend können Sie sich bei Ihrem Plex-Konto anmelden. Zuletzt fragt das Installationsprogramm, ob und für welche Plex-Server ein sogenanntes Pre-Caching vorgenommen werden soll. Der Auswahldialog ist leider recht unübersichtlich: Die Funktion ist aktiv, wenn der Name des Plex-Servers in fetter Schrift angezeigt wird.

Pre-Caching bedeutet, dass Bilder und andere Metadaten Ihrer Mediathek lokal auf dem Raspberry Pi zwischengespeichert werden. Die Initialisierung des Zwischenspeichers dauert je nach Größe Ihrer Mediathek einige Minuten. In der Folge stehen diese Daten dann aber ohne ständige Netzwerk-Transfers zwischen RasPlex und dem Plex-Server lokal zur Verfügung. Das heißt, Plex läuft dann flüssiger als ohne Pre-Caching. Sobald der Vorgang abgeschlossen ist, erscheint der Plex-Startbildschirm.

Konfigurationsprogramme

In RasPlex gibt es *zwei* Konfigurationsprogramme. Mitunter ist es nicht ganz einfach zu erraten, welche Einstellung sich in welchem Programm verändern lässt. Gegebenenfalls müssen Sie es einfach mit beiden Programmen versuchen.

Zum Start der Konfigurationsprogramme klicken Sie in der Fernbedienung bzw. auf der Tastatur im Plex-Hauptmenü auf den Pfeil nach links. Damit gelangen Sie in ein Menü mit den folgenden Punkten:

- NEUSTART/HERUNTERFAHREN beendet Plex bzw. startet Plex neu.
- APP STORE ermöglicht die Installation einiger weniger Add-ons. Die Add-ons erscheinen nach ihrer Installation im Plex-Hauptmenü unter dem Punkt KANÄLE.
- EINSTELLUNGEN führt in das allgemeine Plex-Konfigurationsprogramm (siehe Abbildung 10.4). In vier Gruppen können Sie dort Wiedergabe-, Erscheinungsbild-, System- und Netzwerkeinstellungen verändern.
- SYSTEM SETTINGS startet das RasPlex-spezifische Konfigurationsprogramm (siehe Abbildung 10.5). Dort können Sie das Tastaturlayout ändern, die LAN- und WLAN-Konfiguration durchführen, Bluetooth-Geräte einrichten etc.
- CONTROL PRECACHING führt in den schon aus der Anfangskonfiguration bekannten Dialog zur Einstellung des Pre-Cachings.

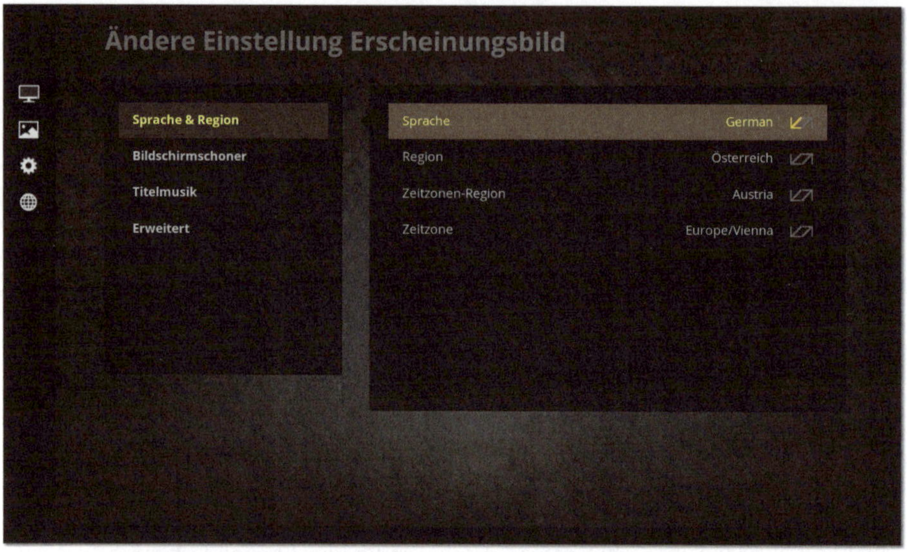

Abbildung 10.4 Plex-Einstellungen

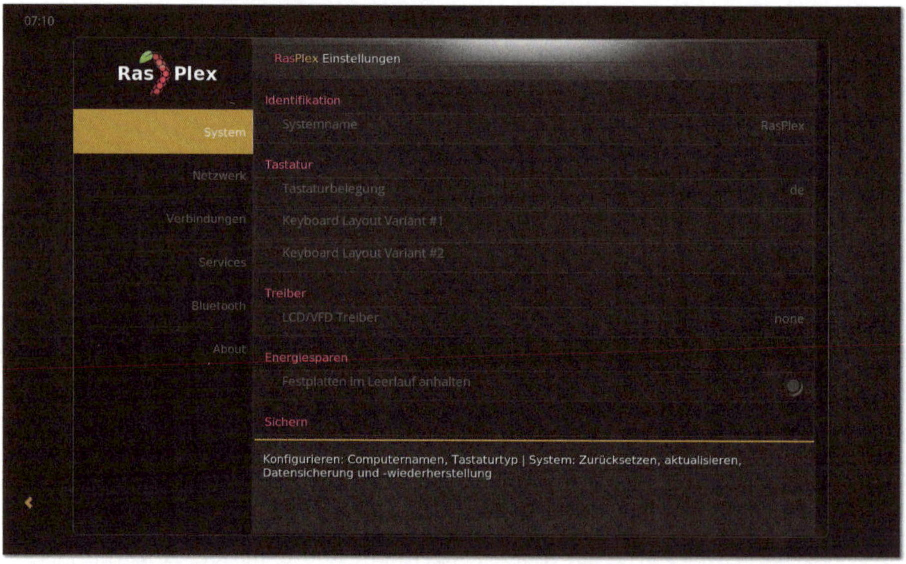

Abbildung 10.5 RasPlex-Settings

Sprache, Zeitzone und Tastaturlayout

Bei unseren Tests ignorierte RasPlex die bei der erstmaligen Konfiguration durchgeführte Spracheinstellung. Damit RasPlex deutschsprachige Dialoge und Menüs anzeigt, starten Sie das Konfigurationsprogramm PREFERENCES. Im Dialogblatt INTERNATIONAL korrigieren Sie die Einstellung für LANGUAGE.

Unabhängig von den Spracheinstellungen gilt anfangs das US-Tastaturlayout. Um das deutsche Tastaturlayout einzustellen, öffnen Sie in den RASPLEX EINSTELLUNGEN das Dialogblatt SYSTEM.

WLAN-Konfiguration

Zur Auswahl einer WLAN-Verbindung und zur Einstellung eines Passworts führen Sie RASPLEX SETTINGS • NETZWERK aus und wählen die gewünschte Verbindung. Die Netzwerkeinstellungen werden hier gespeichert:

```
/storage/.cache/connman/wifi_xxx_managed_psk/settings
```


Plex-Login

Wenn Sie sich nachträglich bei Ihrem Plex-Konto anmelden möchten, starten Sie das Konfigurationsprogramm EINSTELLUNGEN und wählen zuerst die Dialoggruppe SYSTEM und dann das Dialogblatt MYPLEX aus. Dort können Sie sich ab- bzw. neu anmelden.

SSH und Samba

Standardmäßig läuft unter RasPlex ein SSH-Server. Sie können sich als `root` mit dem Passwort `rasplex` anmelden. Nach Abschluss der Konfigurationsarbeiten sollten Sie in SYSTEM SETTINGS • SERVICES den SSH-Server aus Sicherheitsgründen stoppen oder zumindest den Login per Passwort unterbinden. Wie Sie sich ohne Passwortangabe mit einem Schlüssel authentifizieren, ist in Abschnitt 9.1, »OpenELEC-Installation und Konfiguration«, beschrieben.

Anders als bei OpenELEC ist in RasPlex standardmäßig kein Samba-Server aktiv. Da Plex die Mediendateien ohnedies von einem Plex-Server bezieht, besteht in der Regel kein Grund, über Netzwerkverzeichnisse auf die SD-Karte von RasPlex zuzugreifen.

Sollten Sie dies dennoch wünschen, können Sie den Samba-Server im Dialogblatt SYSTEM SETTINGS • SERVICES aktivieren und gegebenenfalls den Verzeichniszugriff durch ein Passwort absichern. Bei unseren Tests hat Samba allerdings nicht mit allen Betriebssystemen kooperiert: Während unter Linux der Zugriff auf die Netzwerkverzeichnisse problemlos gelang, lieferte OS X die nichtssagende Fehlermeldung *Das Originalobjekt wurde nicht gefunden*.

Hardware-Decodierung für MPEG-2 und VC-1 aktivieren

Die beiden RasPlex-Konfigurationsprogramme bieten leider keine Möglichkeit, die Hardware-Decodierungsfunktionen der Raspberry-Pi-CPU zu aktivieren. Eine detaillierte Anleitung, wie Sie dazu vorgehen müssen, finden Sie in Abschnitt 9.1, »OpenELEC-Installation und Konfiguration«.

Audio-Ausgang

Standardmäßig erfolgt die Audio-Ausgabe über das HDMI-Kabel. Falls Sie zur Wiedergabe einen Computer-Monitor ohne Audio-Funktionen verwenden, können Sie die Tonausgabe auch über den Analog-Audio-Ausgang leiten. Dazu starten Sie das Programm EINSTELLUNGEN und aktivieren die Einstellungsgruppe SYSTEM. (Die Einstellungsgruppe geht aus den Icons am linken Bildschirmrand hervor.) In der SYSTEM-Gruppe finden Sie dann das Dialogblatt AUDIO-AUSGABE zur Einstellung der Audio-Parameter. Bei unseren Tests wurde die Veränderung des Audio-Ausgangs erst nach einem Reboot wirksam.

Fernbedienung

Sie können RasPlex wie Kodi wahlweise mit der Fernbedienung Ihres TV-Geräts steuern, eine IR-Fernbedienung einsetzen oder ein Smartphone verwenden. Die erste Option kommt nur infrage, wenn Ihr TV-Gerät den Raspberry Pi als CEC-Gerät erkennt. Vor der Verwendung einer IR-Fernbedienung steht deren in der Regel aufwendige Konfiguration; Details dazu finden Sie in Abschnitt 9.2, »Fernbedienung«. Zur Smartphone-Fernbedienung müssen Sie eine entsprechende App installieren.

Wir haben auf einem Android-Smartphone das kostenlose Programm *Plex Remote* ausprobiert (siehe Abbildung 10.6). Das Bedienungskonzept ist interessant: Anstelle unzähliger Buttons gibt es einen Touchpad-Bereich. Wenn Sie darauf Ihren Finger nach links, rechts, oben oder unten bewegen, verändert sich entsprechend das gerade ausgewählte Objekt am Plex-Bildschirm.

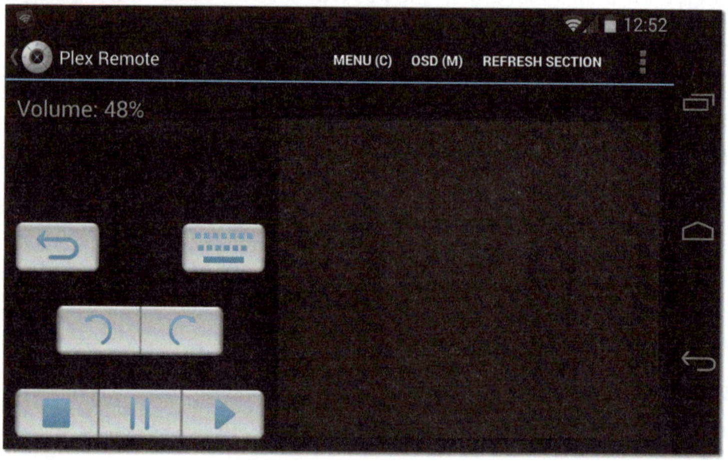

Abbildung 10.6 Plex-Fernbedienung mit einem Android-Smartphone

Eine einfache Berührung gilt als ein Mausklick bzw. [↵] als Auswahl- bzw. Startaufforderung. In der Praxis funktioniert das gut, aber nicht perfekt. Die korrekte Auswahl eines Elements aus einer Liste gelingt oft erst im zweiten oder dritten Versuch.

Bluetooth-Geräte

Im Dialogblatt BLUETOOTH des RasPlex-Konfigurationsprogramms tauchen alle in Funkreichweite befindlichen Geräte auf und können problemlos gekoppelt werden. Wirklich glücklich wurden wir damit aber nicht: Es gelang uns zwar, eine Maus und zwei Tastaturen zu koppeln, aber keines der Geräte konnte tatsächlich verwendet werden – die Maus nicht, weil Plex generell keine Mausbedienung vorsieht, und die Tastaturen streikten wohl aufgrund eines internen Konfigurationsfehlers. Sozusagen als Draufgabe funktionierte auch die USB-Tastatur nicht mehr, bis wir den Bluetooth-Dongle wieder entfernten.

Bildschirmschoner

Wir hatten bei unseren Tests massive Probleme mit dem Bildschirmschoner. Dieser aktiviert sich standardmäßig, wenn die Benutzeroberfläche einige Minuten nicht verwendet wird und kein Film abgespielt wird. Das wäre an sich kein Problem, ärgerlich ist nur, dass der Bildschirmschoner sich später weder per Fernbedienung noch durch eine angeschlossene Tastatur wieder abschalten ließ. Deswegen empfehlen wir Ihnen, im Dialogblatt EINSTELLUNGEN • WIEDERGABE • BILDSCHIRMSCHONER die Option BILDSCHIRMSCHONER auf KEINE zu stellen.

Screenshots

Bevor Sie einen Screenshot machen können, müssen Sie sich mit SSH einloggen und mit `nano` oder `vi` die Datei `/storage/.plexht/userdata/guisettings.xml` ändern. Dort suchen Sie die Zeile mit dem Tag `<screenshotpath ...>` und tragen den gewünschten Speicherort ein:

```
<screenshotpath pathversion="1">/storage/screenshots</
    screenshotpath>
```

Anschließend können Sie Screenshots mit [Strg]+[S] erstellen. Wenn Sie in den RASPLEX SETTINGS Samba aktiviert haben, können Sie die resultierenden Bilder unkompliziert über das Netzwerkverzeichnis `Screenshots` lesen.

10.4 Plex-Anwendung

Sind die Konfigurationsarbeiten endlich zu Ihrer Zufriedenheit erledigt, wird es Zeit, Plex zu nutzen und in Ruhe einen guten Film zu genießen! Auf der Plex-Startseite werden im Hauptmenü alle im Plex-Server eingerichteten Bibliotheken in alphabetischer Reihenfolge angezeigt (siehe Abbildung 10.7). Dazwischen eingebettet sind die Einträge KANÄLE mit den installierten Add-ons (Apps) sowie eine WARTESCHLANGE, die bei unseren Tests aber immer leer blieb.

Abbildung 10.7 Die Plex-Startseite mit dem Hauptmenü

Abbildung 10.8 Detailinformationen zu einem Film

Nach der Auswahl eines Films spielt Plex seine Stärken aus und zeigt ausführliche Informationen zum Film an (siehe Abbildung 10.8) – vorausgesetzt, dass es dem Plex-Server gelungen ist, den Film korrekt zu erkennen. Die eigentliche Filmwiedergabe hat erwartungsgemäß problemlos funktioniert. Wenn Sie die Wiedergabe eines Films unterbrechen, merkt Plex sich die Position im Film. Sie können den Film also jederzeit später fortsetzen.

Audio-Funktionen

Sie können im Plex-Server Ihrer Mediathek natürlich auch Ihre MP3-Verzeichnisse hinzufügen. Anschließend können Sie RasPlex auch als Audio-Player verwenden (siehe Abbildung 10.9). Uns konnten die Audio-Funktionen von Plex allerdings nicht überzeugen. Das Bedienungskonzept ist verwirrend. Es fehlt die Möglichkeit, eine große Audio-Bibliothek nach Genres oder nach anderen Kriterien zu durchsuchen. Es gibt keine richtigen Playlists, stattdessen werden einfach alle Titel des Albums der Reihe nach abgespielt. Irritierend ist auch, dass der Startbildschirm nicht anzeigt, welche Musik gerade abgespielt wird.

Abbildung 10.9 Plex als Audio-Player

TEIL III

Hardware-Grundlagen

Kapitel 11
Hardware-Einstieg

In diesem Kapitel stellen wir Ihnen einige Interna des Raspberry Pi genauer vor:

- **Platinenaufbau:** Wo finden Sie welche Anschlüsse auf Ihrem Raspberry Pi?
- **BCM2836:** Dieses *System-on-a-Chip* ist der Motor des Raspberry Pi. Es enthält neben einer Rechen- und Grafikeinheit auch unzählige Steuerungsfunktionen. Dieser Chip wird auf dem Raspberry Pi 2 das erste Mal eingesetzt. Die Vorgängermodelle waren mit dem BCM2835 ausgestattet.
- **GPIO-Kontakte:** Die Abkürzung GPIO steht für *General Purpose Input/Output* und bezeichnet eine Reihe von Pins, über die Sie externe Geräte, elektronische Bauteile oder Zusatz-Hardware anschließen können.
- **Mobile Stromversorgung:** Wenn Sie Ihren Raspberry Pi unterwegs oder im Freien einsetzen möchten, brauchen Sie eine Alternative zum Netzteil für die Steckdose.
- **Gehäuse:** Zuletzt geben wir einen kurzen Überblick über die vielfältigen Gehäuse, in die Sie Ihren Raspberry Pi verpacken können.

11.1 Platinenaufbau

Vor dem Einstieg in die Welt der Hardware-Experimente ist es sinnvoll zu wissen, welche Hardware und Anschlussmöglichkeiten der Raspberry Pi überhaupt bietet. Neben den offensichtlichen und bekannten Anschlussbuchsen wie USB oder LAN bietet der Raspberry Pi noch eine Menge weiterer Komponenten.

Interaktive Hardware-Übersicht

Der folgende Link führt Sie auf eine interaktive Übersicht der auf dem Raspberry Pi verbauten Hardware. Leider ist die Webseite zum aktuellen Zeitpunkt noch auf die alte Version 1 (Modell B) bezogen. Sicherlich wird hier in nächster Zeit ein Update folgen.

http://raspmap.everpi.net

- ❶ GPIO-Header J8 40-polig
- ❷ Status-LEDs
- ❸ P6-Header
- ❹ DSI-Anschluss für LC-Displays
- ❺ SoC BCM2836
- ❻ LAN-Controller
- ❼ 2x 2 USB-Ports
- ❽ Micro-USB-Buchse 5 V
- ❾ HDMI-Anschluss
- ❿ CSI-Anschluss für RPi-Camera-Board
- ⓫ 3,5-mm-Audio- und Videoausgang
- ⓬ RJ45-LAN-Anschluss

Abbildung 11.1 Komponentenübersicht des Raspberry-Pi-2-Boards

11.2 Der BCM2836

Alle verfügbaren Modelle des Raspberry Pi besitzen den gleichen Prozessor, den BCM2836. Genau genommen handelt es sich dabei um ein *SoC*, ein *System-on-a-Chip*. Dies bedeutet, dass alle nötigen Teilsysteme (wie die CPU, die GPU, USB-Controller etc.) nicht als Einzelchips auf dem Board verbaut sind, sondern allesamt in einem einzigen Chip.

Die Recheneinheit, die CPU des BCM2836, ist ein Cortex-A7-Quad-Core-Prozessor mit 900 MHz. Zudem besitzt der neue Chip nun vier Prozessorkerne (Quad-Core). Die CPU basiert auf der ARM-Architektur in der Version 7 (ARMv7) mit einer Adressbreite von 32 Bit.

Die Architektur ist das grundlegende Gerüst für die interne Funktionsweise des Prozessors. Andere bekannte Architekturen sind x64 oder x86, wie sie von Intel und AMD genutzt werden. Unterschiede in den Prozessorarchitekturen erfordern speziell angepasste Software. Ein für die x86-Architektur kompiliertes Programm kann deswegen auf einer ARM-CPU nicht ausgeführt werden. Raspbian ist speziell für ARM-Prozessoren kompiliert und läuft wiederum nur auf derartigen Systemen.

Der dazugehörige Grafikprozessor (GPU) ist eine VideoCore-4-GPU, die sogar in der Lage ist, Blu-ray-Formate ruckelfrei abzuspielen. Unterstützt wird der H.264-Standard mit 40 MBits/s.

SoCs wie die des Raspberry Pi werden sehr gern auch in modernen Smartphones genutzt. Dort werden jedoch deutlich höhere Taktungen und teilweise mehrere Prozessorkerne verwendet. Das platzsparende Design eines SoC ist gerade in den modernen, flachen Handys ein entscheidender Vorteil. Allerdings fehlen vielen für Smartphones optimierten SoCs die vielfältigen Hardware-Steuerungsmöglichkeiten des Allround-Systems BCM2836.

Kleine Geschichtsstunde

Alle Vorgängermodelle des Raspberry Pi waren mit dem BCM2835 ausgestattet – also einem ARMv6-Prozessor mit einem Prozessorkern, der mit 700 MHz getaktet war. Ebenso war der 512 MB große RAM-Speicher des BCM2835 im gleichen Chip verbaut. Im Raspberry Pi 2 ist der Arbeitsspeicher nun in einen separaten Chip unterhalb der Platine ausgelagert worden. Die GPU jedoch ist auch im neuen Raspberry Pi 2 dieselbe wie bei den alten Modellen.

Noch mehr technische Details zum BCM2836 bzw. BCM2835 können Sie auf den folgenden Webseiten oder im 200-seitigen ARM-Peripherals-Datasheet (PDF) nachlesen:

- *https://www.raspberrypi.org/documentation/hardware/raspberrypi/bcm2836/QA7_rev3.4.pdf*
- *http://www.broadcom.com/products/BCM2835*
- *https://github.com/hermanhermitage/videocoreiv/wiki/VideoCore-IV---BCM2835-Overview*
- *http://www.raspberrypi.org/wp-content/uploads/2012/02/BCM2835-ARM-Peripherals.pdf*
- *http://elinux.org/BCM2835_datasheet_errata*

Alternative SoCs

Der Raspberry Pi ist zwar der bekannteste, aber keineswegs der einzige Minicomputer mit GPIO-Pins auf dem Markt. Ein primäres Unterscheidungsmerkmal dieser Minicomputer ist der jeweils eingesetzte SoC. Mit dem Update des Prozessors wurde dem Raspberry Pi in der Tat einiges an zusätzlicher Rechenleistung spendiert. Zusammen mit dem Doppelten an Arbeitsspeicher wird eine bis zu sechsmal schnellere Arbeitsleistung angepriesen. Trotzdem hat der Raspberry Pi 2 noch immer sehr starke Konkurrenz. Kommende Einplatinencomputer sind bereits mit acht Prozessorkernen neuerer Technologie angekündigt und spielen damit in einer Liga mit modernen Smartphones und Tablets.

Wie so oft hängt die Auswahl davon ab, worin Ihre Zielsetzung besteht. Wenn es Ihnen primär um die Rechengeschwindigkeit geht, dann müssen wir zugeben: Es geht noch schneller! Der BCM2836 besticht jedoch wie sein Vorgänger durch seinen niedrigen Preis, seine Vielfalt an Hardware- und Multimediafunktionen und seinen noch immer niedrigen Stromverbrauch. Mit der neuen Ausstattung kann sich der Raspberry Pi 2 in Sachen Rechenleistung durchaus sehen lassen und wird auch in Zukunft noch zu den populärsten Minicomputern zählen.

11.3 GPIO-Kontakte

Die eigentliche Besonderheit des Raspberry Pi ist weder seine winzige Größe noch sein Preis – die riesige Faszination des Raspberry Pi geht vielmehr von den 40 Pins (elektrischen Kontakten) aus, die zur Messung und Steuerung elektronischer Geräte verwendet werden können. Sowohl Elektronik-Bastler als auch Embedded-Linux-Profis bekommen mit dem Raspberry Pi ein Spielzeug bzw. Werkzeug in die Hand, das die Entwicklung computergesteuerter Geräte so einfach wie selten zuvor macht.

Der J8-Header

Die Platine des Raspberry Pi enthält in einer Ecke eine Steckerleiste mit 2×20 Kontakten. Der Rasterabstand beträgt 2,54 mm. Diese Steckerleiste stellt die Basis für die weitergehenden Projekte dar und wird J8-Header genannt. Fast alle Hardware-Basteleien starten hier.

Die Steckerleiste stellt neben einigen allgemein verwendbaren Kontakten (*General Purpose Input/Output* = GPIO) auch zwei Versorgungsspannungen (3,3 V bzw. 5 V) sowie die Masse (also 0 V) zur Verfügung.

Bei den Modellen A und B des Raspberry Pi umfasste die GPIO-Steckerleiste 26 Pins. Für das Modell B+ sowie den aktuellen Pi 2 wurde die Steckerleiste auf 40 Pins vergrößert, wobei die ersten 26 Pins unverändert geblieben sind. In die 14 Zusatz-Pins wurden die bei den Modellen A und B schwer zugänglichen Kontakte des P5-Headers integriert; außerdem macht die erweiterte Steckerleiste einige bisher nicht verfügbarere GPIO-Funktionen des SoCs zugänglich (siehe Abbildung 11.2).

Häufig werden alle 40 Pins einfach als GPIO-Pins bezeichnet. Genau genommen ist das aber falsch! Vielmehr bilden diese Pins lediglich den sogenannten J8-Header. Nur ein Teil der J8-Kontakte sind tatsächlich GPIO-Pins.

Name	BCM	Pin	Header J8	Pin	BCM	Name
3,3 V	–	1		2	–	5 V
SDA	2	3		4	–	5 V
SCL	3	5		6	–	0 V
GPIO7	4	7		8	14	TxD
0 V	–	9		10	15	RxD
GPIO0	17	11		12	18	GPIO1
GPIO2	27	13		14	–	0 V
GPIO3	22	15		16	23	GPIO4
3,3 V	–	17		18	24	GPIO5
MOSI	10	19		20	–	0 V
MISO	9	21		22	25	GPIO6
SCLK	11	23		24	8	CE0
0 V	–	25		26	7	CE1
ID_SD	0	27		28	12	ID_SC
GPIO21	5	29		30	–	0 V
GPIO22	6	31		32	12	GPIO26
GPIO23	13	33		34	–	0 V
GPIO24	19	35		36	16	GPIO27
GPIO25	26	37		38	20	GPIO28
0 V	–	39		40	21	GPIO29

Abbildung 11.2 Pin-Belegung des J8-Headers des Raspberry Pi 2 inklusive Bezeichnung

Lassen Sie sich nicht verwirren!

Gerade in der ersten Zeit der Umstellung auf den Raspberry Pi 2 werden Sie in vielen Anleitungen im Netz noch die Bezeichnung »P1-Header« lesen. Dies war die Bezeichnung der J8-Pin-Leiste in den Vorgängermodellen.

Nummerierungssysteme bzw. Pin-Namen

Leider gibt es unterschiedliche Nummerierungssysteme zur Bezeichnung der Pins, die in der Praxis viele Verwechslungen verursachen (siehe Abbildung 11.2):

- **Physikalische Pins:** Die Spalte *Pin* bezeichnet die physische Position des Pins auf dem Board (von oben gesehen). Pin 1 ist auch auf dem Board durch ein quadratisches Lötpad markiert.

- **BCM-Pins:** Die BCM-Pin-Nummern beziehen sich auf die Nummerierung bzw. auf die offizielle Dokumentation des BCM2836-Chips. In den späteren Projekten und Programmen haben Sie immer die Wahl zwischen der Pin-Nummer und der BCM-Nummer.
- **Pin-Namen:** Zu guter Letzt haben die Raspberry-Pi-Entwickler den Pins Namen gegeben. Zum Teil weisen diese Namen auf die Funktion des Pins hin. Beispielsweise ist `SCLK` (Pin 23) das Taktsignal (Clock) für den SPI-Kanal 0. Zum Teil enthalten die Namen aber nur eine GPIO-Nummer, z. B. `GPIO3` (Pin 15). Vorsicht: Diese Nummern stimmen weder mit der physikalischen Pin-Nummer noch mit der BCM-Nummierung überein!

Das 50-mA-Limit

Pin 1 und 17 dürfen *zusammen* maximal mit 50 mA belastet werden. Pin 2 und 4 werden über eine selbstrückstellende Sicherung (*Poly Fuse*) geleitet. Fließt hier zu viel Strom, schaltet sich der Raspberry Pi für eine Weile ab. Mit etwas Glück kommt es zu keinen bleibenden Schäden.

Wenn Sie GPIO-Kontakte zur Steuerung verwenden (Konfiguration als Output), beträgt die Spannung am betreffenden GPIO-Pin 3,3 V. Der Steuerungsstrom pro Pin sollte 16 mA nicht überschreiten bzw. 50 mA für *alle* GPIOs inklusive Pin 1 und 17. Verwenden Sie also geeignete Vorwiderstände!

Wirklich klare Angaben zum maximal erlaubten GPIO-Strom haben wir nicht gefunden. Aus Experimenten von Raspberry-Pi-Anwendern geht hervor, dass das Gerät auch bei einem etwas höheren Strom nicht gleich beschädigt wird bzw. dass die Ausgangsspannung dann entsprechend absinkt, um die Leistung zu begrenzen. Noch mehr Details können Sie der folgenden Diskussion entnehmen. Diese bezieht sich zwar noch auf das Vorgängermodell des Raspberry Pi, jedoch sollten Sie sich an die dort genannten Werte auch beim aktuellen Modell halten:

http://www.raspberrypi.org/phpBB3/viewtopic.php?f=44&t=12248

Welcher Pin für welchen Zweck?

Viele Pins erfüllen je nach Programmierung alternative Funktionen. Beispielsweise können die Pins 3 und 5 nicht nur als GPIO-Kontakte verwendet werden, sondern auch zum Anschluss einer elektronischen Komponente mit I^2C-Bus.

Eine detaillierte Beschreibung jedes einzelnen GPIO-Kontakts inklusive aller alternativen Belegungen finden Sie unter:

http://elinux.org/RPi_BCM2835_GPIOs

Diese Seite enthält eine umfassende Beschreibung aller GPIO-Pins des Broadcom BCM2835 System-on-a-Chip. Dabei handelt es sich noch um den alten SoC. Jedoch sind fast alle Funktionen vergleichbar. Eine ebenso umfassende Dokumentation zum BCM2836 lag uns leider noch nicht vor.

Vor jedem Projekt müssen Sie sich die Frage stellen: Welche der vielen GPIO-Pins setzen Sie ein? Solange es nur darum geht, erste Experimente durchzuführen und ein paar Leuchtdioden ein- und auszuschalten, können Sie den GPIO-Pin frei auswählen. Diverse Spezialfunktionen stehen allerdings auf ausgewählten Pins zur Verfügung. Hier folgt ein kurzer Überblick der Spezialfunktionen, wobei sich die Pin-Nummern auf den J8-Header des Raspberry Pi 2 beziehen:

- **Pin 3 und 5** sind für I^2C-Komponenten erforderlich. Die beiden Pins sind mit einem 1,8-kΩ-Pull-up-Widerstand verbunden und eignen sich auch gut als Signaleingänge (z. B. für Schalter/Taster).
- **Pin 7** wird vom 1-Wire-Kerneltreiber verwendet oder kann als Taktgeber eingesetzt werden.
- **Pin 8 und Pin 10** werden beim Booten des Raspberry Pi standardmäßig als serielle Schnittstelle konfiguriert. Dort werden normalerweise die Kernelmeldungen ausgegeben. Wenn Sie die Pins für allgemeine I/O-Aufgaben nutzen möchten, müssen Sie diese umprogrammieren, z. B. mit dem Kommando `gpio` aus der wiringPi-Bibliothek.
- **Die Pins 11, 12 und 13** können zum Anschluss von SPI-Komponenten verwendet werden (SPI-Kanal 1).
- **Pin 12** wird standardmäßig vom LIRC-Kerneltreiber verwendet und eignet sich daher gut als Signaleingang für einen IR-Empfänger. Dieser Pin kann auch als PWM-Ausgang verwendet werden. Vorsicht: Wenn Sie Audio-Signale über den Kopfhörerausgang ausgeben, wird automatisch ein Audio-Kanal als PWM-Signal über Pin 12 geleitet.
- **Pin 19, 21, 23, 24 und 26** können zum Anschluss von SPI-Komponenten verwendet werden (SPI-Kanal 0).
- **Pin 27 und 28** bilden die Schnittstelle zum I^2C-Bus 0. Seit dem Raspberry Pi B+ und somit auch dem Raspberry Pi 2 ist der Bus jedoch reserviert für EEPROMS, die auf den standardisierten HAT-Erweiterungsboards zu finden sind. Nähere Informationen zum neuen HAT-Standard finden Sie in Abschnitt 16.9, »Raspberrry-Pi-HATs«.

Noch mehr Informationen finden Sie auf der folgenden Seite, die sich allerdings *nicht* auf die Pin-Nummern des J8-Headers beziehen, sondern die Pin-Nummerierung der BCM2835-Chips verwenden:

http://wiringpi.com/pins/special-pin-functions

Die P2-, P3-, P5- und P6-Header

In Ergänzung zu den Pins des P1-Headers enthält die Platine des Raspberry Pi weitere Kontaktstellen: die P2-, P3-, P5- und P6-Header. Diese Kontaktstellen sind nicht mit Steckern verbunden. Wenn Sie diese Kontakte nutzen möchten, müssen Sie gegebenenfalls eigene Stiftleisten einlöten. Viele dieser Schnittstellen sind seit dem Modell B+ nicht mehr auf der Platine verfügbar. Falls Sie noch ein älteres Modell nutzen, finden Sie hier eine kurze Übersicht der zusätzlichen Header.

Die **P2- und P3-Header** sind sogenannte JTAG-Schnittstellen (*Joint Test Action Group*) und werden lediglich bei der Produktion des Raspberry Pi verwendet. Sie dienen zum Testen der Komponenten auf Leiterplatten-Ebene. Theoretisch kann die Schnittstelle auch zum Programmieren verwendet werden. Das jedoch erfordert Software, die Broadcom bislang nicht freigegeben hat. Der Raspberry Pi B+ sowie das Modell 2 enthalten diesen Header nicht mehr!

Die P5- und P6-Header standen erst ab Revision 2 und bis zur Version B+ zur Verfügung. Die acht Kontakte des **P5-Headers** auf der Rückseite (!) der Platine stellten unter anderem die Kontakte GPIO28 bis -31 zur Verfügung (siehe Abbildung 11.3). Die Pins 3 und 4 des P5-Headers stellten in ihrer Primärfunktion den zweiten I^2C-Kanal zur Verfügung (I2C0) und in der Alternativ-Funktion zusammen mit den Pins 5 und 6 die I^2S-Schnittstelle für Audiosignale (siehe auch Kapitel 14, »Bussysteme«). Im neuen Modell Raspberry Pi 2 fällt der P5-Header komplett weg. Die acht Pins wurden in den 40-poligen J8-Header integriert.

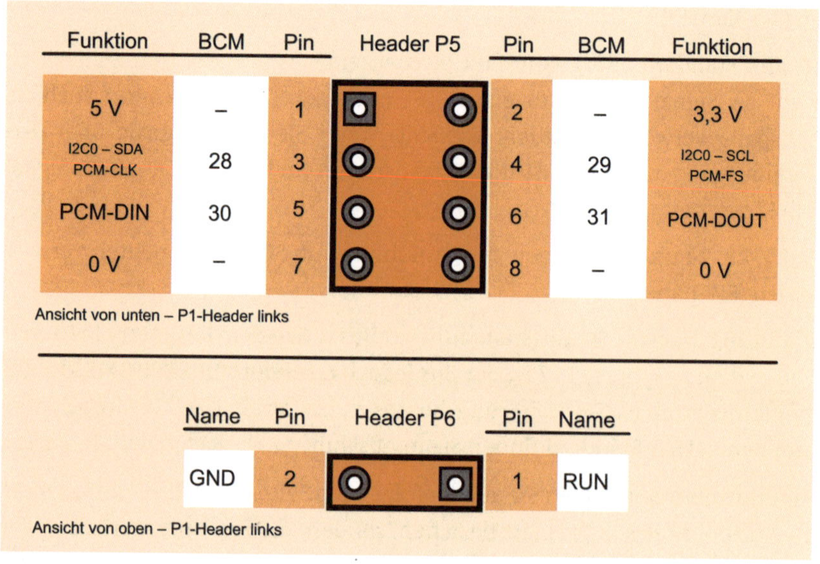

Abbildung 11.3 Das Layout der P5- und P6-Header

Der zweite I^2C-Bus und das Kameraboard

Sollten Sie vorhaben, den zweiten I^2C-Bus an Header P5 in Betrieb zu nehmen, so können Sie dies nur ohne angeschlossene Raspberry-Pi-Kamera tun: Die Kamera nutzt ebenfalls diesen I^2C-Kanal und kann daher nicht gleichzeitig mit dem I^2C-Kanal 0 betrieben werden. Falls Sie sich trotzdem an diese Aufgabe wagen möchten, finden Sie hier tiefergehende Informationen:

http://raspberrypi.znix.com/hipidocs/topic_i2cbus_2.htm

Eine Verbindung der beiden Kontakte des **P6-Headers** startet die CPU des Raspberry Pi neu und bietet so die Möglichkeit eines Hardware-Resets (siehe Abschnitt 20.3, »Reset/Shutdown-Taste«). Ab Modell B+ gibt es anstelle des P6-Headers den sogenannten Run-Header an einer neuen Position (siehe Abbildung 11.4).

Abbildung 11.4 Links die Position des P6-Headers bei Modell B, rechts der äquivalente Run-Header des Modells B+/RPi 2

Vielleicht vermissen Sie den **P4-Header**: Dessen Kontakte sind beim Modell B mit der Ethernet-Buchse verbunden und stehen daher nicht mehr für andere Aufgaben zur Verfügung.

Eine noch detailliertere Beschreibung der Hardware des Raspberry Pi sowie aller GPIO-Pins finden Sie hier:

http://elinux.org/RPi_Hardware

GPIO-Verbindungen herstellen

Bevor Sie Ihr erstes Bastelprojekt beginnen, müssen Sie sich überlegen, wie Sie den elektronischen Kontakt zu einem der 26 Pins herstellen. Für kleine Versuchsaufbauten auf einem Steckboard sind kurze Kabel mit Stecker und Buchse ideal, sogenannte *Jumperwires* (siehe Abbildung 11.5). Fertige Kabel sind in Deutschland schwer zu bekommen (suchen Sie z. B. in eBay nach *breadboard jumper wire male female*), werden aber in diversen Raspberry-Pi-Shops angeboten, oft auch zusammen mit einem Steckboard als Starter-Kit.

Abbildung 11.5 Male-Female-Jumperwire

Mit ein wenig Erfahrung im Löten und einer in jedem Elektronikmarkt erhältlichen Buchsenleiste im 2,54-mm-Raster können Sie sich selbst passende Stecker machen. Eine andere Alternative ist ein 26- oder 40-Pin-Stecker mit einem Flachbandkabel, dessen Drähte Sie dann trennen. Manche Raspberry-Pi-Händler bieten auch spezielle *Cobbler* an, um alle Pins des P1-Headers über ein Flachbandkabel mit den Kontaktreihen eines Steckboards zu verbinden (siehe Abschnitt 12.7, »Breadboardadapter«).

Löten Sie nie direkt auf die GPIO-Pins!

Löten Sie auf keinen Fall die Kabel direkt an die Stecker-Pins. Die unvermeidlichen Lötreste machen es unmöglich, später einen Flachbandstecker zu verwenden.

Vorsichtsmaßnahmen

Beim Umgang mit dem Raspberry Pi müssen Sie einige wichtige Grundregeln beachten, die natürlich auch für andere elektronische Komponenten gelten:

- Durch elektrostatische Ladungen können Sie Ihren Raspberry Pi durch bloßes Berühren eines elektrischen Kontakts zerstören! Verwenden Sie ein Antistatikband (ESD-Armband). Dabei steht ESD steht für *Electro Static Discharge*, also für eine elektrostatische Entladung. Dieses Phänomen kennen Sie sicher aus Ihrem Alltag. Ein sogenannter ESD-Event findet beispielsweise statt, wenn Sie sich nach dem Gang über einen Teppich an der Türklinke elektrisieren. Bei der Berührung entladen sich mehrere tausend Volt von Ihrem Körper in die metallische Türklinke.

  Stellen Sie sich nun vor, das Ziel der Entladung wäre nicht die Türklinke, sondern der Raspberry Pi: Vor allem die Prozessoreinheit kann durch die hohen Spannungen einer ESD-Entladung Schaden nehmen. Ratsam ist daher das Entladen des eigenen Körpers durch das Anfassen eines Heizkörpers oder das Tragen von ESD-Armbändern mit entsprechender Erdung. Mehr über das ESD-Phänomen und die Vorbeugung gegen Schäden finden Sie unter diesem Link:

  http://de.wikipedia.org/wiki/Elektrostatische_Entladung
- Auch versehentliche Kurzschlüsse, die falsche Beschaltung von Pins und dergleichen können Ihrem Minicomputer den Garaus machen.
- Schalten Sie Ihren Raspberry Pi immer aus, wenn Sie Veränderungen an der Schaltung durchführen.
- Beachten Sie schließlich, dass die meisten GPIO-Pins eine maximale Spannung von 3,3 Volt erwarten. Die für viele andere elektronische Bauteile üblichen 5 Volt sind zu hoch und können den Raspberry Pi ebenfalls kaputt machen.

11.4 Stromversorgung

Der Raspberry Pi kann auf vielfältige Weise mit seiner benötigten Betriebsspannung versorgt werden. Eine Spannungsquelle muss zwei Voraussetzungen unbedingt erfüllen:

- eine stabile Spannung von 5 V
- mindestens 1000 mA Strombelastbarkeit

Wir zeigen Ihnen ein paar Beispiele, die Sie zur Versorgung nutzen können – ob an der Steckdose oder für den mobilen Betrieb im Garten oder unterwegs. Fast alles ist mit der richtigen Versorgungsmethode machbar.

Das Steckernetzteil

Die gängigste Lösung, den Raspberry Pi mit Energie zu versorgen, ist über den Micro-USB-Anschluss mit einem Steckernetzteil. Die Auswahl an geeigneten Steckernetzteilen ist groß. Benötigt wird ein Micro-USB-Anschluss, eine Ausgangsspannung von 5 V sowie ein lieferbarer Strom von mindestens 1000 mA. Gut geeignet sind auch USB-Ladegeräte für Handys oder Tablets, vorausgesetzt, sie verfügen über eine ausreichende Leistung. So kann z. B. der USB-Ladeadapter von Apple-Geräten mit einem Micro-USB-Kabel wunderbar als Spannungsversorgung des Raspberry Pi dienen.

Bei der Stromversorgung des Raspberry Pi über den Micro-USB-Anschluss wird die im Raspberry Pi eingebaute Sicherung verwendet. Hierbei handelt es sich um eine *Poly Fuse*, also um eine selbstrücksetzende Sicherung.

Der Betrieb des Raspberry Pi ohne Erweiterungsgeräte erfordert ca. 700 mA Strom. Bei einem 1000-mA-Netzteil stehen somit für externe Peripherie, die über USB-Anschlüsse oder die GPIO-Leiste verbunden ist, maximal 300 mA zur Verfügung.

Bei den Modellen A und B durften über die USB-Anschlüsse nur jeweils 100 mA Strom fließen. Das Modell 2 kann USB-Geräte hingegen mit insgesamt 600 mA Strom versorgen. Wenn Sie in `/boot/config.txt` den Parameter `max_usb_current=1` verwenden, dürfen die USB-Geräte sogar insgesamt 1200 mA Strom verbrauchen. Das setzt aber voraus, dass Ihr Netzteil 1500 mA bzw. 2000 mA Strom zur Verfügung stellen kann! Sollten Ihre USB-Geräte mehr Strom brauchen, als der Raspberry Pi bzw. dessen Netzteil zur Verfügung stellen kann, benötigen Sie einen aktiven USB-Hub.

Betrieb mit einer USB-Powerbank

Möchten Sie den Raspberry Pi an Orten betreiben, wo es keinen Stromanschluss für das Steckernetzteil gibt, z. B. in Ihrer Gartenhütte, Garage oder im Garten, so benötigen Sie andere, netzunabhängige Lösungen zur Stromversorgung. Eine Möglichkeit hierfür ist eine USB-Powerbank. Das ist ein mobiler Akku, der oft zum Laden von Handys oder anderen USB-Geräten verwendet wird (siehe Abbildung 11.6). Die Kapazität einer Powerbank reicht je nach Ausführung von 1000 mAh bis über 10.000 mAh. Achten Sie beim Kauf darauf, dass der lieferbare Strom mindestens 1 A beträgt, da der Raspberry Pi sonst nicht zuverlässig arbeitet.

Die Vorteile dieser Art der Stromversorgung sind die einfache Beschaffung des Akkus sowie der unkomplizierte Anschluss über die Micro-USB-Buchse. Sie benötigen zusätzlich lediglich ein USB-zu-Micro-USB-Kabel, um die Verbindung zwischen der Powerbank und dem Raspberry Pi herzustellen.

Die Laufzeit der Akkus hängt von der Größe der angegebenen mAh (Milliampere-Stunden) ab. 1000 mAh bedeuten, dass genug Ladung vorhanden ist, um 1 Stunde lang konstant 1 A zu liefern. Ein Akku mit 3000 mAh kann demnach 3 Stunden lang einen Strom von 1 A liefern.

Abbildung 11.6 Eine 3000-mAh-Powerbank mit USB-Anschluss

Der Raspberry Pi 2 verbraucht ohne Peripheriegeräte ca. 2 W. Daraus ergibt sich bei 5 V Versorgungsspannung ein Strom von 400 mA. Ein 3000-mAh-Akku versorgt den Raspberry Pi demnach für knapp 7 Stunden mit ausreichend Strom. Ein Dauerlaufversuch mit einem 10.000-mAh-Akku hielt unseren Raspberry Pi sogar mehr als vierundzwanzig Stunden am Leben.

Die alten Modelle waren in ihrem Stromverbrauch recht konstant, auch bei starker CPU-Auslastung. Dieser lag beim alten Modell B bei ca. 3,5 W. Der Durchschnittswert von 2 W beim Raspberry Pi 2 liegt nun deutlich niedriger, ist allerdings nun sehr stark abhängig von der Auslastung des kleinen Rechners. Erfahrungswerte der Community zeigen Energiewerte von 0,6 W im totalen Ruhezustand bis hin zu mehr als 4 W bei einer Übertaktung der CPU auf 1,1 GHz.

Ebenso verbraucht jeder der vier CPU-Kerne bei voller Auslastung ca. 50 mA. Treiben Sie den Raspberry Pi also an sein Limit, so liegt der Stromverbrauch höher als beim ersten Modell. Rechnen Sie allerdings den deutlichen Leistungszuwachs dagegen, so ist dies zu verschmerzen.

Der *normale* Bastler wird den Raspberry Pi sicherlich für einfache Aufgaben verwenden und so den Stromverbrauch deutlich geringer halten. Zwei schöne Testreihen zum Stromverbrauch finden Sie unter den folgenden Links:

http://raspi.tv/2015/raspberry-pi2-power-and-performance-measurement
http://powerpi.de/erstaunlicher-stromverbrauch-vergleich-zwischen-raspberry-pi-1-2

Stromsparwunder

Für sehr simple Aufgaben kann auch ein Modell A+ genutzt werden. Dieses hat zwar keinen Ethernet-Port und nur eine USB-Buchse, verbraucht allerdings weniger als 0,5 W ohne Peripherie. Wenn Sie sich zum Thema Stromverbrauch noch tiefgehender informieren möchten, so sind im folgenden Link alle Raspberry-Pi-Modelle sowie vergleichbare Platinen in unterschiedlichen Zuständen verglichen worden:

http://www.elektronik-kompendium.de/sites/raspberry-pi/1910071.htm

Betrieb mit AA-Batterien

Eine weitere Versorgungsmöglichkeit stellt der Betrieb mit AA-Batterien dar. Findige Bastler möchten zur Stromversorgung eventuell nicht den *einfachen Weg* über die Micro-USB-Buchse nutzen, sondern eine eigene Versorung entwerfen. Am Beispiel von AA-Batterien zeigen wir Ihnen die dazu notwendigen Grundlagen und Berechnungen auf, die Sie für dieses Vorhaben im Hinterkopf haben sollten.

Für den Batteriebetrieb gibt es kleine Batteriefächer zum Einlegen der Batterien. Möchten Sie dem Raspberry Pi eine wirklich kleine, mobile Stromversorgung zur Verfügung stellen, so ist dies eine gute Möglichkeit.

Anders als bei der Powerbank-Methode sind in diesem Fall im Vorfeld einige Überlegungen anzustellen: Eine AA-Batterie besitzt eine Spannung von 1,5 V. Die Kapazität ist je nach Qualität der Batterie unterschiedlich. Meist liegt die Kapazität der Batterien im Bereich von 1000 mAh bis hin zu 3000 mAh bei sehr hochwertigen Batterien.

Vorsicht bei Akkus!

Sollten Sie AA-Akkus statt Batterien bevorzugen, so müssen Sie bei Akkus mit einer verminderten Spannung von nur 1,2 V rechnen!

Für die praktische Anwendung ist nun wieder ein kleiner Ausflug in die Grundlagen der Elektrotechnik notwendig: Der Raspberry Pi benötigt eine konstante Spannung von 5 V. Um diese zu erreichen, können Spannungsquellen, in diesem Fall die Batterien, in Reihe geschaltet werden. Seriell geschaltete Batterien addieren ihre Spannungen. Parallel geschaltete Batterien erhöhen hingegen die Kapazität (mAh).

Beim Umgang mit Batterien ist zu beachten, dass die Spannung mit abnehmender Ladung der Batterie sinkt. So kann es sein, dass eine voll geladene Batterie eine Spannung von fast 1,6 V besitzt, eine leere allerdings nur noch 0,9 V. Die Spannung ist also alles andere als konstant! Um dennoch eine konstante Spannung zur Verfügung zu stellen, empfiehlt sich die Verwendung eines Spannungsreglers. Wir verwenden für die folgenden Beispiele einen Linearregler *7805* sowie einen Schaltregler *LM2596S*.

Der Linearregler 7805

Ein Linearregler wie der 7805 (siehe Abbildung 11.7) erzeugt aus einer höheren Eingangsspannung eine konstante Spannung von 5 V. Das Bauteil hat drei Beinchen, die fast selbsterklärend mit *Vin* (Eingangsspannung), *Vout* (Ausgangsspannung) und GND (gemeinsame Masse) bezeichnet sind.

Schließen Sie an Vin eine Spannung von 7,5 V an (das entspricht fünf Batterien zu je 1,5 V), so werden Sie zwischen GND und Vout die gewünschten 5 V messen können. Der Knackpunkt bei diesem Bauteil ist allerdings die *Vernichtung* der 2,5 V Spannungsdifferenz zwischen Eingangs- und Ausgangsspannung. So müssen von dem Spannungsregler 2,5 V in Wärme umgewandelt werden. Das Bauteil erwärmt sich deswegen sehr stark.

Die Erwärmung ist abhängig von der zu vernichtenden Leistung. Zum Verständnis hilft folgende Berechnung: Der Regler wird mit 7,5 V Eingangsspannung versorgt. Die Last, in Ihrem Fall der Raspberry Pi, benötigt (im Mittel) 400 mA Strom. Gemäß der Formel $P = U\ x\ I$ ergibt sich eine Leistung von $2{,}5\ V\ x\ 0{,}4\ A = 1\ W$, die direkt in Wärmeenergie umgewandelt wird. Diese Leistung wird ebenfalls aus den Batterien entnommen und verpufft in die Umgebungsluft. Addieren Sie die Verlustleistung des Spannungsreglers und die aufgenommene Leistung des Raspberry Pi, so verbraucht diese Schaltung 3 W statt 2 W. Wie Sie bemerken, ist diese Variante sehr ineffizient.

Abbildung 11.7 Versuchsaufbau mit dem Linearspannungsregler 7805

Im Dauerversuch mit der zuvor erläuterten Schaltung lief der Raspberry Pi gerade einmal 60 Minuten. Zudem war es notwendig, den 7805 mit einem Kühlkörper auszustatten, da die Wärmeentwicklung des Bauteils extrem hoch war.

Der Schaltregler LM2596S

Als effizientere Alternative bietet sich ein vergleichbarer Aufbau mit dem Schaltregler LM2596S an. Ein Schaltregler nutzt eine Spule und einen getakteten Transistor zum Schalten der Spannung. Im Gegensatz zum Linearregler schaltet der Schaltregler die Eingangsspannung durch einen Transistor an und aus. In den »On-Phasen« steigt die Spannung und die Spule baut ihr Magnetfeld auf. In den »Off-Phasen» sinkt die Spannung und die Spule liefert weiterhin Strom.

Die Frequenz dieser Taktung regelt der Schaltregler intern durch einen Komparator. Sobald die Ausgangsspannung zu hoch wird, schaltet er ab. Wird sie zu klein, schaltet er die Eingangsspannung wieder ein. Extrem vergrößert dargestellt, ergibt sich ein »Zickzack»-Signal. In der Mitte der Berge und Täler liegen die gewünschten 5 V. Auf diese Weise können Schaltregler einen Wirkungsgrad von bis zu 90 % erreichen. Ein Linearwandler hingegen liegt bei einem Wirkungsgrad von nur 50 % bis 60 %.

Ein Schaltregler erwärmt sich viel weniger stark als ein Linearregler. Die Höhe der Differenz zwischen Ein- und Ausgangsspannung hat auf die Wärmeentwicklung des LM2596 keinen Einfluss.

Ein oft als Nachteil angesehener Punkt des Schaltregler ist die zusätzlich benötigte externe Beschaltung. So werden für den Betrieb des Wandlers eine Spule, eine Diode, Kondensatoren sowie Widerstände benötigt (siehe Abbildung 11.9). Um sich die Beschaffung der Bauteile sowie die Lötarbeit zu sparen, können Sie in bekannten Online-Auktionshäusern nach Schaltreglern suchen – und werden mit fertigen Platinen samt Einstellungsmöglichkeit der Ausgangsspannung belohnt. Der Preis liegt meist weit unter 10 EUR. Passende Suchbegriffe sind *DC/DC-Wandler*, *Schaltregler* oder *Switching mode regulator*.

Für unseren Testlauf haben wir ebenfalls ein fertiges Modul genutzt (siehe Abbildung 11.8). Auf der Platine sieht man die externe Beschaltung, wie sie auch im Datenblatt des LM2596S skizziert ist. So finden Sie zwei Kondensatoren zur Spannungsglättung, die benötigte Spule, zwei Dioden und zwei Widerstände – einen davon in Potenziometerausführung zum Einstellen der Ausgangsspannung.

Um eine lange Laufzeit zu erreichen, haben wir ein Batteriefach mit sechs seriell verschalteten AA-Batterien eingesetzt (siehe Abbildung 11.9). Dies entspricht einer Spannung von 9 V. Nach dem Anschluss der Ausgangsleitungen des Batteriefaches an die mit *IN+* und *IN-* bezeichneten Anschlüsse des Reglermoduls sollten Sie mit einem Multimeter an den Ausgangsklemmen des Moduls die erzeugte Spannung überprüfen. Liegt diese über oder unter den gewünschten 5 V, so muss sie mit einem kleinen Schraubendreher am Poti nachgeregelt werden. Der Praxistest dieser Schaltung ergab eine Gesamtlaufzeit von genau sechs Stunden.

Abbildung 11.8 Fertigmodul LM2596S

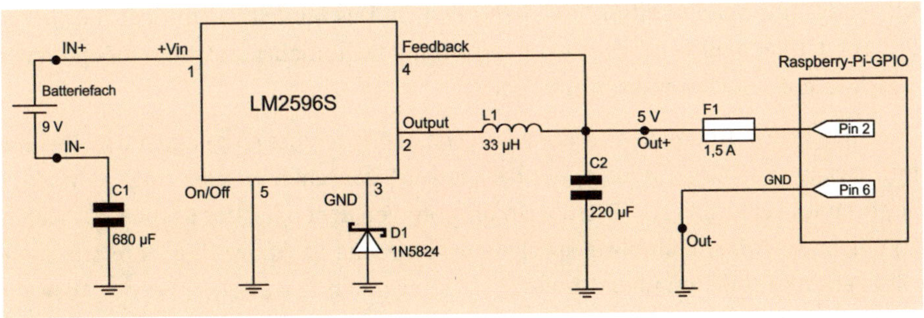

Abbildung 11.9 Schaltplan LM2596S

Die meisten Regler verfügen über keinen USB-Anschluss. Das ist kein großes Problem, da der Raspberry Pi nicht nur über die Micro-USB-Buchse versorgt werden kann. Wenn Sie sich die Mühe machen und den Schaltplan des Raspberry Pi einmal genauer ansehen, dann werden Sie erkennen, dass der 5-V-Eingang der Micro-USB-Buchse direkt mit dem Pin 2 des J8-Headers verbunden ist.

Ein wichtiger Punkt sei allerdings noch erwähnt: Wenn Sie zur Stromversorgung einen GPIO-Kontakt verwenden, so umgehen Sie die Sicherungen für die Eingangsspannung. Deswegen empfiehlt es sich, eine Feinsicherung in die Zuleitung einzubauen. Dafür gibt es Sicherungshalter, die direkt in einer Leitung verbaut sind (siehe Abbildung 11.10). Eine Sicherung bis 1,5 A ist ausreichend.

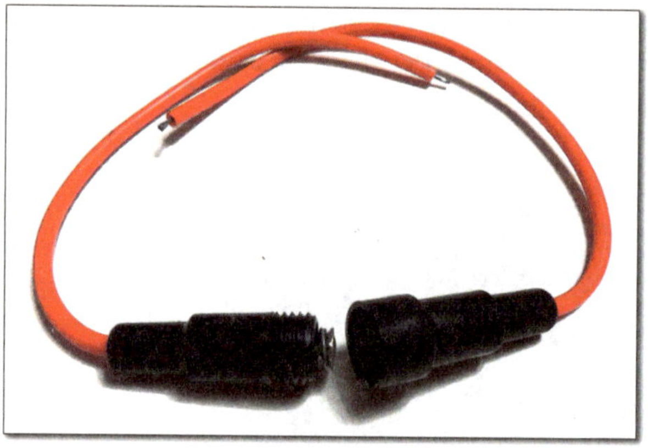

Abbildung 11.10 Leitungssicherung

Versorgung über den USB-Port

Die 5-V-Versorgung der beiden USB-Ports gleicht der Versorgungsspannung, die der Raspberry Pi für den Betrieb benötigt. Es ist möglich, die alten Modelle des Mini-PCs (bis Modell B+) über eine der beiden Buchsen mit seiner Spannung zu versorgen. Dieses Prinzip wird als *Backpowering* bezeichnet. Diese Art der Stromversorgung ist wie gesagt nur bei den alten Modellen möglich. Das Modell B+ und der Raspberry Pi 2 unterstützen diese Art der Stromversorgung nicht mehr! Trotzdem möchten wir diese Methode noch weiterhin erwähnen.

Die einfachste Methode des Backpowering ist der Anschluss eines aktiven USB-Hubs mit Backpower-Unterstützung. Die Backpower-Eigenschaft ist allerdings kein aktiv beworbenes Feature von USB-Hubs. In unseren Versuchen lief der Raspberry Pi auch an einem *No-Name*-Hub ohne speziell ausgewiesene Backpowering-Unterstützung. Hier geht oft Probieren über Studieren. Die folgenden Links helfen bei der Auswahl eines geeigneten USB-Hubs:

- *http://www.raspberrypi.org/forums/viewtopic.php?f=46&t=58452*
- *http://www.forum-raspberrypi.de/Thread-info-stromversorgung-raspberry-pi*
- *http://elinux.org/RPi_Powered_USB_Hubs*

Ein Standard-USB-Port kann ca. 500 mA liefern. Auf diesen Wert gibt es allerdings keine Gewähr. Viele Hersteller weichen von diesem Wert meist nach oben hin ab. Am zuverlässigsten ist es daher, mit einem Y-USB-Kabel zwei Buchsen des USB-Hubs in eine Buchse des Raspberry Pi zu führen. Der Gesamtstrom zweier Buchsen sollte für den Betrieb ausreichen.

Die zweite USB-Buchse des Raspberry Pi kann nun mit der *Verteilerleitung* des Hubs verbunden werden, sodass die übrigen Buchsen des Hubs als normale USB-Buchsen genutzt werden können. Mit diesem Aufbau benötigen Sie zwar nur noch ein Netzteil für den Raspberry Pi und den Hub, gehen aber ein gewisses Risiko ein: Die Eingangssicherung, die hinter der für die Versorgung vorgesehenen Micro-USB-Buchse sitzt, wird auf diesem Wege umgangen!

Unterbrechungsfreie Stromversorgung

In Kapitel 16, »Erweiterungsboards«, stellen wir Ihnen das Board *PiUSV* vor. Es bietet eine unterbrechungsfreie Stromversorgung, die den Raspberry Pi bei einem Stromausfall kurzzeitig weiterbetreiben oder ihn ordnungsgemäß herunterfahren kann.

11.5 Gehäuse

Gehäuse für den Raspberry Pi gibt es wie Sand am Meer – aus Holz, aus Kunststoff, farbig oder durchsichtig. So ziemlich jeder Geschmack wird bedient. Manche Modelle sehen elegant aus, gewähren aber keinen Zugriff auf die Steckerleiste. Für ein Media-Center ist das ideal, zum Basteln nicht. Zwei Dinge sollten Sie bei der Auswahl beachten:

- Ziehen Sie Gehäuse mit guter Durchlüftung vor!
- Achten Sie darauf, dass das Gehäuse zu Ihrem Raspberry-Pi-Modell kompatibel ist. Gehäuse für die Modelle A und B passen nicht für das Modell B+ bzw. den Raspberry Pi 2 (und umgekehrt)!

The Punnet – Das kostenlose Papiergehäuse

The Punnet ist ein kostenlos ausdruckbares Papiergehäuse, das von einem Community-Mitglied entworfen wurde. Es empfiehlt sich, die Faltvorlage des Gehäuses auf ein dickes Stück Pappe zu drucken, auszuschneiden und anschließend zu falten. Alternativ drucken Sie die Vorlage auf ein normales Papier und übertragen die Linien auf dickeres Material.

Gefaltet ist *The Punnet* ein schlichtes, eckiges Gehäuse mit Aussparungen für alle wichtigen Anschlüsse. Eine Aussparung für die GPIO-Leiste gibt es von Haus aus nicht. Die Vorlage ist allerdings ebenfalls als Vektorgrafik verfügbar und bietet somit viel Freiraum für die eigene Kreativität. Ursprünglich wurde das Papiergehäuse für das alte Layout des Raspberry Pi B entworfen. Unter folgendem Link finden Sie allerdings zwei überarbeitete Ausschneide-Schablonen für die aktuellen Platinen (B+ und 2):

http://www.homedomo.com/raspberry-pi/raspberry-pi-b/
2-paper-raspberry-pi-b-paper-case-templates-pdf-download

Das Legogehäuse

Komplett ohne fremde Designeinflüsse können Sie die alten LEGO-Bausteine wieder ausgraben und aus den kleinen Plastikklötzchen Ihr eigenes Heim für den Raspberry Pi gestalten. So sind der Fantasie keine Grenzen gesetzt. Sehr schön ist auch ein digitaler *LEGO-Planer*, mit dem Sie bereits digital einige Designversuche vornehmen und die notwendigen Steine planen können. Den *Lego Digital Designer* für PC und Mac können Sie unter folgendem Link herunterladen:

http://ldd.lego.com/de-de

Multi-Pi – Das stapelbare Raspberry-Pi-Gehäuse

Ganz große Ziele hatten die Entwickler des stapelbaren *Multi-Pi*-Gehäuses. Es erlaubt das Übereinanderbauen von beinahe unbegrenzt vielen Exemplaren des Mini-PCs (siehe Abbildung 11.11). Multi-Pi wird als kleiner Bausatz verkauft, der problemlos und schnell zusammengesetzt werden kann. Alle Anschlüsse des Raspberry Pi sind frei zugänglich, da die Platine mit Schrauben fixiert wird. Hier werden die auf der Raspberry-Pi-Platine vorgesehenen Bohrungen genutzt. Dieses Gehäuse finden Sie bei ModMyPi. In der neuen Version ist es auch mit dem Raspberry Pi 2 und dem Modell B+ kompatibel.

Abbildung 11.11 Multi-Pi – Das stapelbare Raspberry-Pi-Gehäuse (Quelle: ModMyPi)

Standardgehäuse für den Raspberry Pi 2

Während der Suche nach dem passenden Gehäuse für Ihren Raspberry Pi 2 werden Sie auf eine ganze Menge verschiedener Ausführungen stoßen. Leztendlich liegt es an Ihnen und Ihrem geplanten Vorhaben, welche Ausführung die optimale ist. Als kleinen Leitfaden sollten Sie sich folgende Fragen stellen:

- Brauche ich Zugang zur GPIO-Leiste?
- Benötige ich das Raspberry-Pi-Camera-Board?
- Nutze ich in meinem Projekt ein Erweiterungsboard (z. B. ein »Hat«)?
- Soll das Gehäuse optisch ansprechend sein und sichtbar platziert werden (z. B. bei einem Mediacenter)?

Abbildung 11.12 Zwei schlichte Gehäuse für den Raspberry Pi 2. Durch das rechte Gehäuse kann eine Flachbandleitung nach außen geführt werden.

Der Onlineshop *ModMyPi* bietet eine große Auswahl an Gehäusen für die Raspberry-Pi-Modelle an:

https://www.modmypi.com/raspberry-pi/cases

Kapitel 12
Elektrotechnik-Crashkurs

Auf den folgenden Seiten möchten wir auf die Grundlagen der Elektrotechnik eingehen. Die Wissenschaft der Elektronik ist sehr komplex und weitreichend. Eine vollumfängliche Erläuterung der Elektrotechnik würde Bücher gigantischen Umfangs füllen, und diese Bücher müssten aufgrund der rasanten technischen Entwicklung in unserer Zeit fast täglich aktualisiert werden. Aber machen Sie sich keine Sorgen, wir kratzen in den folgenden Kapiteln bewusst nur an der Oberfläche der Thematik. Sie werden ein Grundverständnis für die wichtigsten Kenngrößen und Bauteile erlangen, das es bereits erlaubt, wirklich spannende Projekte mit dem Raspberry Pi zu verwirklichen.

Sollten Sie bereits über Grundwissen in der Elektrotechnik verfügen, so können Sie dieses Kapitel ohne Bedenken auslassen. Steigen Sie jedoch mit diesem Buch und dem Raspberry Pi erstmals in die Welt der Elektronik ein, so empfehlen wir Ihnen, diesen kompakten Crashkurs vor dem Basteln zu studieren.

12.1 Strom, Spannung und das ohmsche Gesetz

Der Raspberry Pi macht es seinen Nutzern sehr einfach, auch externe Schaltungen und Verbraucher zu betreiben und ihn so z. B. als Gehirn eines Roboters zu nutzen. Trotz der »Hilfe« des Raspberry Pi bleiben wir den Regeln der Physik ausgeliefert und müssen uns an diese halten. Lassen Sie uns also direkt loslegen!

Eine elementare Grundvoraussetzung für jede elektronische Schaltung ist ein geschlossener Stromkreis. Das bedeutet, dass der Strom die Möglichkeit hat, vom Pluspol zum Minuspol einer Spannungsquelle zu fließen. Bereits in der Wortwahl macht sich der erste Unterschied bemerkbar: Ein *Strom* fließt, eine *Spannung* liegt an!

Als Spannung bezeichnet man auch die Differenz zweier Potenziale. In einem einfachen Stromkreis sind die Potenziale der Pluspol und der Minuspol der Spannungsquelle. Angenommen, der Pluspol hat ein Potenzial von 5 V, der Minuspol von 0 V. Die Spannung oder Potenzialdifferenz zwischen den beiden Polen beträgt somit 5 V.

Der beliebte Vergleich mit einem Wasserschlauch macht die Theorie etwas greifbarer: Stellt man sich die Leitungen eines Stromkreises als Wasserschlauch vor, so beschreibt die Spannung den Druck, mit dem das Wasser durch den Schlauch gepresst wird. Ist die Leitung frei und kann sich das Wasser in die Richtung bewegen, in die es gedrückt wird, so können Sie sich den Wasserfluss als elektrischen Strom vorstellen.

Strom beschreibt den Fluss der Elektronen innerhalb eines elektrischen Leiters. Je mehr Druck (Spannung) auf der Leitung anliegt, umso mehr Wasser (Strom) wird in einer bestimmten Zeit durch die Leitung gedrückt.

Tritt nun jemand auf den Wasserschlauch und verjüngt so den Querschnitt, so wird der Wasserfluss verlangsamt. Es kommt bei gleichem Druck zu weniger Wassermenge, die in der gleichen Zeit durch die Leitung fließt. Eine solche Verjüngung nennt man in der Elektrotechnik *Widerstand*.

Bereits jetzt wird deutlich, dass alle drei Werte voneinander abhängig sind. Genau dieses Verhalten beschreibt das ohmsche Gesetz. In der Elektrotechnik können alle drei Werte gemessen werden und haben eine Einheit sowie ein Formelzeichen:

$U = R \times I$

Name	Einheit	Formelzeichen
Spannung	Volt [V]	U
Strom	Ampere [A]	I
Widerstand	Ohm [Ω]	R

Tabelle 12.1 Einheit und Formelzeichen der drei wichtigsten elektrischen Kenngrößen

Stellen Sie sich das ohmsche Gesetz in einem Dreieck vor, so ist es ein Leichtes, diese Formel schnell im Kopf nach jeder beliebigen Einheit umzustellen (siehe Abbildung 12.1). Untereinanderstehende Einheiten werden dividiert, nebeneinanderstehende Einheiten multipliziert. Jetzt wird deutlich, dass die Änderung eines Wertes direkten Einfluss auf die beiden anderen Werte hat:

- $U = R \times I$
- $R = U / I$
- $I = U / R$

Das ohmsche Gesetz ist eine der einfachsten, aber wichtigsten Regeln der Elektrotechnik, und Sie sollten es jederzeit im Hinterkopf behalten. Zur Vervollständigung der Grundlagen ist eine weitere Einheit notwendig: die *Leistung*.

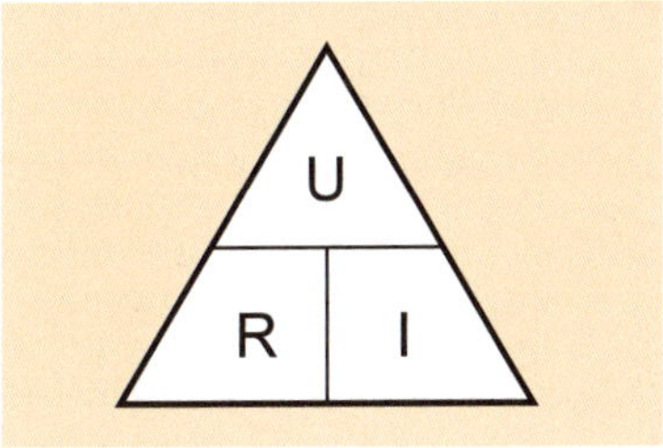

Abbildung 12.1 Das ohmsche Gesetz

Die Leistung hat das Formelzeichen P und wird in Watt mit der Einheit [W] gemessen. Sie ist das Produkt aus Spannung und Strom. Schauen wir uns ein typisches Raspberry-Pi-Netzteil an, so ist eine Ausgangsleistung von 5 W nicht untypisch. Diese ergibt sich aus der erzeugten Spannung (5 V) multipliziert mit dem lieferbaren Strom (1 A). Auch diese Formel kann visualisiert werden (siehe Abbildung 12.2).

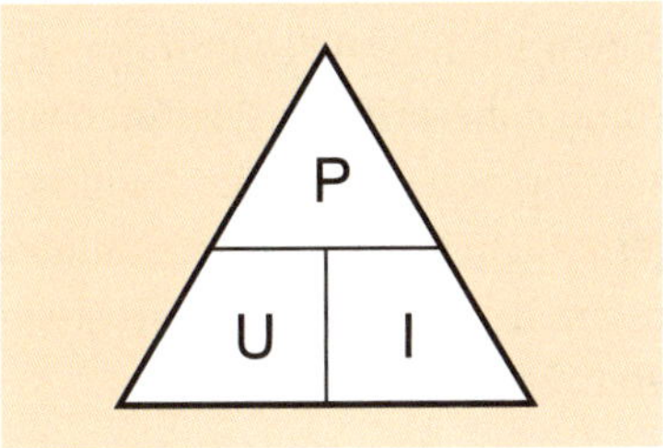

Abbildung 12.2 PUI

12.2 Grundschaltungen

Darstellung der Schaltpläne

Die Schaltpläne in diesem Buch sind bewusst immer nach demselben System aufgebaut. Die Pins der Raspberry-Pi-GPIO-Leiste finden Sie umrahmt von einem Kasten. Beschriftet sind diese mit der Pin-Nummer, also der physischen Position des Pins in der GPIO-Steckerleiste.

Im restlichen Schaltplan verwenden wir die gängige Symbolik für Bauteile, wie Widerstände, Transistoren, Kondensatoren oder Schalter. Vielleicht fällt Ihnen auf, dass für die Bauteilwerte im Schaltplan keine Einheiten zu finden sind. Dies ist kein Fehler, sondern lediglich die alphanumerische Schreibweise. Haben Sie einmal das Prinzip verstanden, so ist die Interpretation der Werte einfach (siehe Tabelle 12.2). Die Position des Buchstabens lässt Sie auf den ersten Blick den Bauteiltyp, die Zehnerpotenz sowie das Komma erkennen.

Werte mit Einheit	Alphanumerische Schreibweise
1 Ω	1R
3,3 Ω	3R3
10000 Ω / 10 kΩ	10k
1500 Ω / 1,5 kΩ	1k5
5,3 MΩ	5M3
4,7 nF	4n7
3,3 V	3V3

Tabelle 12.2 Die alphanumerische Schreibweise von Bauteilwerten

Reihenschaltung

Bevor Sie mit dem Basteln beginnen, möchten wir Ihnen noch zwei Schaltungsarten sowie das Messen von Strom, Spannung und Widerstand näherbringen. Beginnen wir mit der Reihenschaltung, die oft auch als Serienschaltung bezeichnet wird. In dieser Schaltungsart werden mehrere Widerstände oder Verbraucher direkt hintereinander geschaltet. Hierbei können Sie durch das Platzieren seriell geschalteter Widerstände den Gesamtwiderstand der Schaltung einfach addieren. Es gilt:

$R1 + R2 = R3$

Über jedem Einzelwiderstand ist eine Teilspannung messbar. Die Summe aller Teilspannungen ergibt wieder die Gesamtspannung, die so berechnet wird:

$U1 + U2 = Uges$

Der Strom verhält sich jedoch in der Reihenschaltung (siehe Abbildung 12.3) anders. Er ist nämlich an jeder Stelle der Schaltung gleich:

$I1 = I2 = Iges$

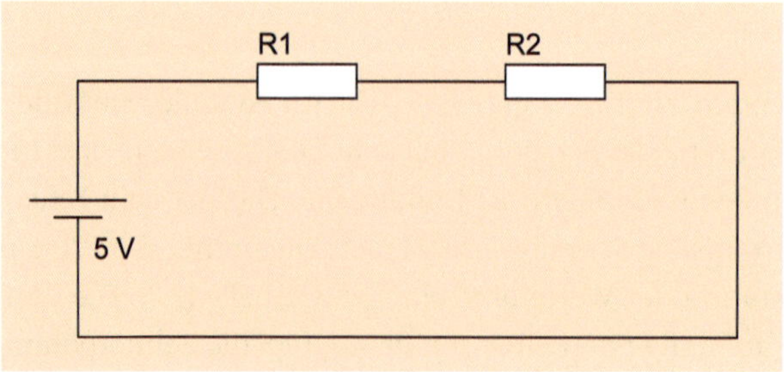

Abbildung 12.3 Reihenschaltung

Parallelschaltung

Wenn Sie nun Widerstände nicht hintereinander, sondern nebeneinander schalten, so haben Sie eine Parallelschaltung gebaut. Leider herrschen in diesem Fall andere Regeln. Möchten Sie den Gesamtwiderstand einer Parallelschaltung ermitteln, so ergibt sich dieser aus den Kehrwerten der Einzelwiderstände:

$1 / Rges = 1 / R1 + 1 / R2$

Bei einer Parallelschaltung (siehe Abbildung 12.4) lässt sich der Gesamtwiderstand wie folgt errechnen:

$1 / Rges = 1 / 50\ \Omega + 1 / 100\ \Omega$

$1 / Rges = 2 / 100\ \Omega + 1 / 100\ \Omega$

$Rges = 100\ \Omega / 3 \approx 33{,}3\ \Omega$

Faustregel

Der Gesamtwiderstand einer Parallelschaltung ist immer kleiner als der kleinste Teilwiderstand!

Einfacher verhält es sich beim Strom. Die Summe der Einzelströme ergibt in der Parallelschaltung die Gesamtstromstärke (siehe Abbildung 12.4):

$Iges = I1 + I2$

Anders als in der Reihenschaltung liegt an allen Widerständen einer Parallelschaltung die gleiche Spannung an. Diese ist gleich der Gesamtspannung *Uges*:

$Uges = U1 = U2$

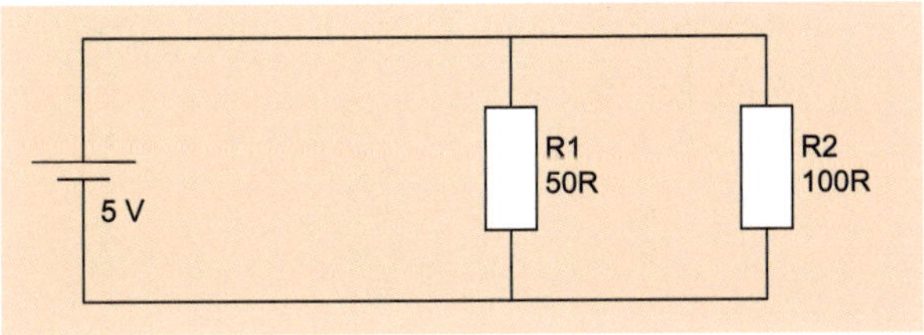

Abbildung 12.4 Parallelschaltung

Kombinierte Schaltung

Werden Parallel- und Reihenschaltung kombiniert (siehe Abbildung 12.5), so kann mit den zuvor gelernten Regeln der Gesamtwiderstand der Schaltung ermittelt werden. Hierzu ist es notwendig, dass die beiden parallel geschalteten Widerstände zu einem Ersatzwiderstand zusammengefasst werden.

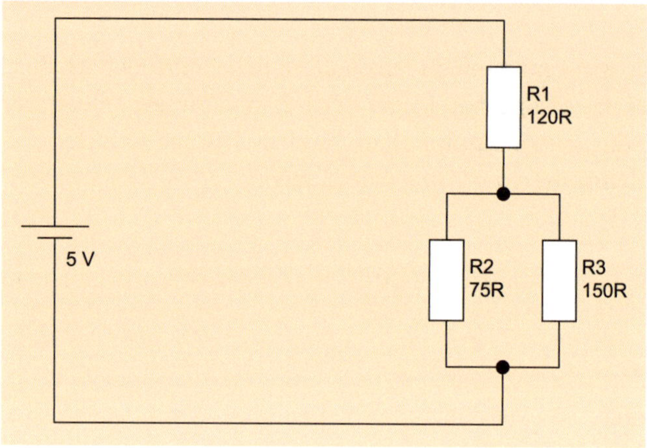

Abbildung 12.5 Kombinierte Schaltung

$1/Rges = 1/75\ \Omega + 1/150\ \Omega$

$1/Rges = 2/150\ \Omega + 1/150\ \Omega$

$Rges = 150\ \Omega / 3 = 50\ \Omega$

Im daraus resultierenden Ersatzschaltbild (siehe Abbildung 12.6) liegen nun zwei Widerstände in Reihe vor und können gemäß den Gesetzen der Reihenschaltung addiert werden:

$Rges = 120\ \Omega + 50\ \Omega$

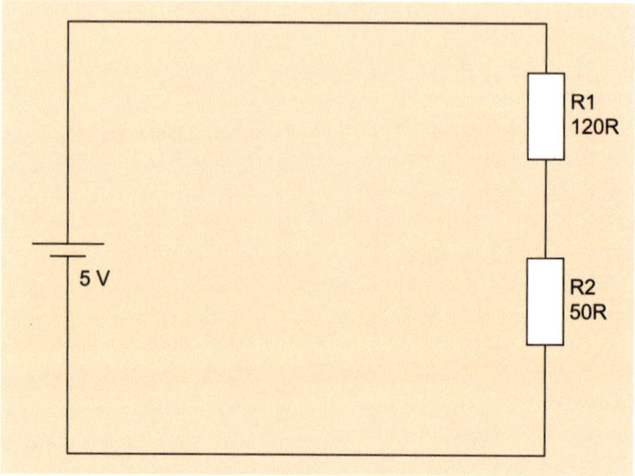

Abbildung 12.6 Kombinierte Schaltung im Ersatzschaltbild mit dem Widerstand R2 als Gesamtwiderstand der Parallelschaltung

Spannungsteiler

Während Ihrer Projekte mit dem Raspberry Pi werden Sie häufig Bauteilen begegnen, die 5-V-Signale ausgeben. Ohne Zwischenbeschaltung ist ein 5-V-Pegel an einem GPIO-Pin für den Raspberry Pi tödlich. Allerdings müssen Sie solche Bauteile nicht meiden. Mit einem einfachen Spannungsteiler zwischen dem gewünschten Bauteil und dem Raspberry Pi bringen Sie die Spannung auf einen brauchbaren Pegel.

Ein Spannungsteiler besteht aus zwei in Reihe geschalteten Widerständen. Das folgende Beispiel halbiert eine Spannung (siehe Abbildung 12.7). Messen Sie mit einem Multimeter vor R1 und nach R2, so messen Sie die Eingangsspannung von 5 V. Schließen Sie das Multimeter allerdings nach R1 und vor R2 an, so werden Sie genau die Hälfte, nämlich 2,5 V, messen. Das Verhältnis der beiden Widerstände zueinander bestimmt die Größe der Teilung. Nach folgenden Formeln errechnen Sie den Spannungsabfall über den beiden Widerständen:

12

$U1 = (Uges \times R1) / (R1 + R2)$

$U2 = (Uges \times R2) / (R1 + R2)$

Wählen Sie wie in unserem Beispiel R1 = R2, so fällt an beiden Widerständen die gleiche Spannung ab. In der Mitte kann nun die Hälfte der Spannung abgegriffen werden. In unserem Beispiel verringern Sie einen 5-V-Pegel auf 2,5 V. Für den Raspberry Pi ist dieser Wert vollkommen ausreichend, um ein High-Signal zu erkennen. Nutzen Sie diese Möglichkeit allerdings nur für reine Signalpegel, die keinen großen Strom führen.

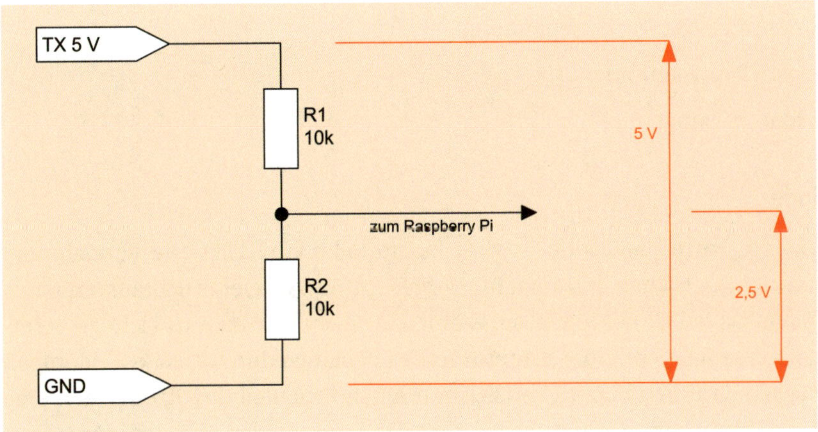

Abbildung 12.7 Beispiel eines Spannungsteilers für externe Signale größer 3,3 V

Noch viel mehr Details zu belasteten und unbelasteten Spannungsteilern können Sie in der Wikipedia nachlesen:

http://de.wikipedia.org/wiki/Spannungsteiler

12.3 Elektronische Grundbauteile

Diode

Die Diode ist die *Einbahnstraße* unter den elektronischen Bauteilen. Sie verfügt über eine Sperr- und eine Flussrichtung. Wird die Diode in Flussrichtung verbaut, so kann der Strom durch die Diode fließen. Drehen Sie die Diode um und verbauen sie somit in Sperrrichtung, so kann der Strom die Diode nicht durchfließen und der Stromkreis ist nicht geschlossen. Die Diode ist also ein gepoltes Bauteil. Das heißt, sie kann nicht in beliebiger Richtung (wie z. B. der Widerstand) verbaut werden.

Die Anschlüsse der Diode nennt man *Anode* (+) und *Kathode* (-). Eine gängige Anwendungsart ist z. B. der Verpolschutz. Fließt z. B. der Strom bei einer in der 5-V-Versorgungsleitung verbauten Diode durch das Bauteil hindurch, so würde beim versehentlichen Verpolen der Versorgungsspannung kein Schaden entstehen. Die Diode blockiert den Stromfluss im Verpolungsfall und bewahrt die Schaltung so vor weiteren Schäden.

Beim Umgang mit Dioden sollten Sie beachten, dass die Diode eine bestimmte Flussspannung benötigt, um leitend zu werden. Gewöhnliche Dioden, die wir für unsere Schaltungen verwenden, bestehen meist aus Silizium und haben eine Durchlassspannung von ca. 0,7 V. In der Schaltungsplanung bedeutet das für Sie, dass 0,7 V von z. B. einer Versorgungsspannung bereits an der Diode abfallen. Dies muss bei der Dimensionierung einer Versorgungsspannung berücksichtigt werden.

Für Dioden gibt es diverse weitere Einsatzmöglichkeiten:

- Gleichrichtung von Wechselspannung
- Schutz vor Überspannung
- Kaskadenschaltungen

Leuchtdiode

Eine besondere Form der Diode ist die Leuchtdiode, kurz LED. Die Bezeichnung kommt aus dem Englischen und steht für *Light Emitting Diode*, eine lichtaussendende Diode. Anders als bei Glühlampen muss eine LED nicht glühen, um Licht zu erzeugen. Die LED erzeugt Licht einer bestimmten Wellenlänge durch das Beschleunigen von Elektronen. Dadurch benötigen LEDs nur einen Bruchteil des Stroms, den eine Glühlampe verbrauchen würde. Auch bei der LED unterscheiden wir wieder zwischen Anode und Kathode.

In der simpelsten Bauform, der bedrahteten Diode, ist die Anode (+) am längeren Beinchen zu erkennen. Die LED ist ein stromgeführtes Bauteil. Das bedeutet, dass zum Betrieb von LEDs eine konstante Stromquelle oder ein Vorwiderstand zur Strombegrenzung notwendig ist.

Die LED benötigt (wie die normale Diode auch) eine bestimmte Durchlassspannung, die auch Fluss- oder Schwellenspannung genannt wird. Ist diese Spannung erreicht, beginnt die LED zu leuchten. Je nach Höhe der Durchlassspannung stellt sich ein Strom ein, der durch die LED fließt. Die Charakteristik einer Diodenkennlinie beschreibt das typische Verhalten. Eine Änderung von wenigen Millivolt Spannung an der LED führt zu einer drastischen Erhöhung des Stromflusses durch das Bauteil. Hier kann es schnell zum Abbrennen der LED kommen. Genau dieses Problem löst der Vorwiderstand.

Ein einfaches Beispiel zur Ermittlung des Vorwiderstandes am Beispiel einer weißen LED: Die LED hat eine Durchlassspannung von 3,2 V und benötigt einen Strom von maximal 20 mA. Als Versorgungsspannung stehen Ihnen 5 V zur Verfügung. Am Vorwiderstand soll also eine Spannung von 1,8 V abfallen und der Strom auf 20 mA begrenzt werden. Die Spannung ist Ihnen also bekannt. 1,8 V Spannungsdifferenz müssen am Vorwiderstand abfallen. Der ideale Stromfluss ist Ihnen mit 20 mA ebenfalls bekannt. Als einzige Unbekannte bleibt der Widerstand. Hier kommt wieder das ohmsche Gesetz zum Einsatz.

12

$R = U / I$

$R = 1{,}8\,V / 0{,}02\,A$

$R = 90\,\Omega$

In den seltensten Fällen werden Sie genau den Widerstand mit dem errechneten Wert zur Hand haben. Wählen Sie hier einfach den nächsthöheren.

Die Durchlassspannungen von farbigen LEDs unterscheiden sich ebenfalls nach ihren Farbwerten (siehe Tabelle 12.3). Den genauen Wert erfahren Sie jedoch immer im Datenblatt Ihrer LED.

LED-Farbe	Typische Flussspannung
weiß	3,0 V – 4,0 V
rot	1,6 V – 2,2 V
grün	1,9 V – 2,6 V
blau	3,0 V – 4,0 V
gelb	2,0 V – 2,2 V
infrarot	1,2 V – 1,8 V

Tabelle 12.3 Typische Flussspannungen von farbigen LEDs

LEDs können auf vielerlei Weise eingesetzt werden, z. B. als:

- Signalgeber
- Leuchtmittel in der Automobilindustrie
- Leuchtwände und Displays

Kondensator

Ein Kondensator ist ein Energiespeicher. Im einfachsten Fall besteht ein Kondensator aus zwei gegenüberliegenden Metallplatten, die von einer isolierenden Schicht getrennt werden, die auch Dielektrikum genannt wird. Die Ladungsmenge eines Kondensators wird *Kapazität* genannt und in der Einheit Farad (F) gemessen. Wie hoch die Kapazität eines Kondensators ist, hängt von mehreren Faktoren ab. Zum einen spielt der Abstand der Platten zueinander eine große Rolle, zum anderen die Fläche der Platten sowie das Material des Dielektrikums. Kondensatoren gibt es in den unterschiedlichsten Bauformen und Herstellungsarten. Gängige Arten von Kondensatoren sind Keramikkondensatoren, Folien- sowie Elektrolytkondensatoren.

In einer Gleichspannungsschaltung verbaut, verhält sich der Kondensator im ungeladenen Zustand wie ein Kurzschluss. Es fließt so lange ein Strom in den Kondensator, bis er seine volle Ladungsmenge erreicht hat. Stellt man den Stromverlauf während des Aufladevorgangs grafisch dar, so verhält sich der Stromfluss nach einer Exponentialfunktion (anfangs starker Stromfluss, im Verlauf weiter abnehmend). Im geladenen Zustand trennt der Kondensator die beiden Potenziale.

Oftmals wird ein Kondensator als Puffer oder Schutz vor Spannungsspitzen verwendet. Auf dem Raspberry Pi finden Sie einen Elektrolytkondensator direkt hinter der Micro-USB-Buchse. Dieser dämpft in erster Linie Spannungsspitzen des Netzteils ab und gleicht kurze Spannungseinbrüche durch seine Eigenschaft als Energiespeicher aus.

Spule

Auch die Spule dient als Energiespeicher, verhält sich aber bei Gleichspannung ganz anders als ein Kondensator. Die Spule ist eine *Induktivität* und wird in der Einheit Henry (H) gemessen. Eine einfache Spule besteht aus einem Eisenkern, der mit einem Kupferdraht umwickelt ist. Auf den ersten Blick ist das eine einfache Leitung, die dem Stromfluss nichts in den Weg stellt. Legt man an eine Spule eine Gleichspannung an, so fließt der Strom durch die Spule und baut dort erst ein Magnetfeld auf.

Stark vereinfacht ausgedrückt: Der Strom, der in die Spule fließt, braucht einige Zeit, bis er wieder aus der Spule herausfließt. Ist das Magnetfeld der Spule aufgebaut, so fließt der Strom fast ungehindert durch die Spule. Das Wort *fast* verrät, dass es doch etwas gibt, das sich dem Strom entgegenstellt. Zum einen ist dies der Leitungswiderstand des Kupferdrahtes, zum anderen der Effekt der Selbstinduktion. Diese wirkt dem Stromfluss der Spule entgegen und stellt einen induktiven Widerstand dar (lenzsches Gesetz).

Der Effekt der Energiespeicherung wird beim Abschalten der Versorgungsspannung deutlich. Entfällt die Eingangsspannung an der Spule, so baut sich das Magnetfeld der Spule ab. Durch die Rückbildung des Magnetfeldes wird ein Stromfluss erzeugt, der auch nach dem Entfernen der Spannung für kurze Zeit aufrechterhalten wird.

Auch für Spulen gibt es viele Einsatzmöglichkeiten. Sie dienen zum Beispiel als:

- Transformatoren
- Elektromagnete
- Schwingkreise

Transistor

Der Transistor ist vom Prinzip her ein elektronischer Schalter. Der Unterschied zum mechanischen Taster oder Schalter ist, dass der Transistor nicht durch eine manuelle, mechanische Kraft von außen betätigt wird, sondern durch einen elektronischen Strom oder eine Spannung. In der Regel besitzt ein Transistor drei Beinchen: die *Basis*, die das Steuersignal empfängt, und die zu schaltende Strecke, die sich zwischen den Beinchen *Kollektor* und *Emitter* einstellen wird. Das Grundprinzip ist sehr simpel: Fließt in die Basis ein ausreichender Strom, so wird die Strecke zwischen Kollektor und Emitter niederohmig und lässt einen Strom fließen. Bleibt der Strom an der Basis weg, so wird der Stromkreis zwischen Kollektor und Emitter wieder unterbrochen.

Etwas umfangreicher wird es, betrachtet man die unterschiedlichen Typen der Transistoren. So gibt es zum einen die *bipolaren Transistoren*: Diese bestehen aus drei unterschiedlich dotierten Schichten. Zum einen wäre dort die Kombination aus P(ositiv) – N(egativ) – P(ositiv) möglich. In diesem Fall spricht man von einem PNP-Transistor. Sind die Schichten in der Reihenfolge N-P-N aufgebaut, so handelt es sich um einen NPN-Transistor. Der Unterschied zwischen den beiden Typen ist die Polarität:

- Beim **NPN-Transistor** liegt der Kollektoranschluss an einer positiven Spannung, ebenso wie der Basisanschluss. Der Emitter wird an die Masse angeschlossen. Im geschalteten Zustand fließen der Kollektor- und der Basisstrom in Richtung des Emitters zur Masse. Ein typischer, preiswerter NPN-Transistor ist z. B. der BC547.
- Beim **PNP-Transistor** liegen der Kollektor und die Basis an Masse. Der Emitter wird an eine positive Spannung angeschlossen. Wird der PNP-Transistor angesteuert, so fließt ein großer Strom vom Emitter zum Kollektor und ein kleiner Strom fließt aus der Basis heraus. Ein gängiger PNP-Transistor ist z. B. der BC557.

Im Schaltplan unterscheiden Sie die Transistortypen an der Pfeilrichtung in der Symbolik (siehe Abbildung 12.8).

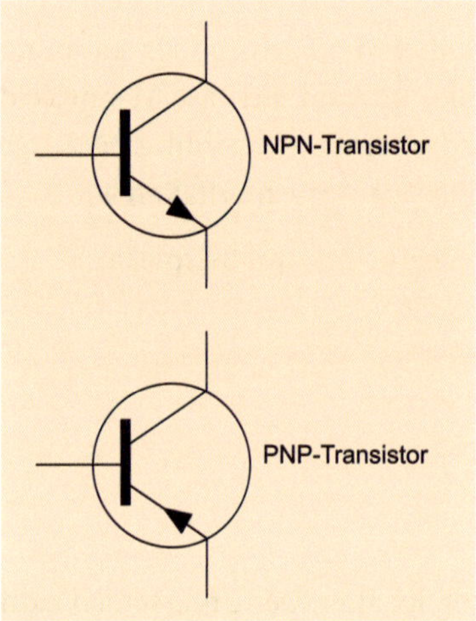

Abbildung 12.8 Schaltplansymbolik von NPN- und PNP-Transistoren

Eine weitere Art von Transistoren sind *Feldeffekttransistoren*, kurz FET. Diese Transistoren unterscheiden sich in ihrem physikalischen Wirkprinzip. So ist für das Ansteuern des FET im Gegensatz zum bipolaren Transistor nicht der Strom entscheidend, der in den Steuereingang fließt, sondern die Spannung, die dort anliegt. Ebenso werden die Anschlüsse eines FET-Transistors anders bezeichnet. Der Steuereingang ist das *Gate* (Tor), die Schaltstrecke liegt zwischen *Source* (Quelle) und *Drain* (Abfluss). Die spezielle Funktionsweise und die Unterschiede der Bauarten werden sehr gut in der Wikipedia erklärt:

http://de.wikipedia.org/wiki/Feldeffekttransistor

Relais

Mithilfe eines Relais können mit einer kleinen Steuerspannung größere Spannungen und Ströme geschaltet werden. Ein Relais ist von der Funktionsweise her zwischen einem mechanischen Schalter und einem Transistor anzusiedeln. Zum Schalten des Relais werden eine Spannung und ein Strom benötigt. Durch den Steuerstrom zieht ein Magnet im Innern des Relais an und verbindet mechanisch die Schaltstrecke. Fällt der Magnet ab, so trennen sich die Kontakte wieder.

Da im Relais eine mechanische Bewegung stattfindet, ist die Reaktionsgeschwindigkeit eines Relais um ein Vielfaches langsamer als die eines Transistors. Daher werden Relais meist eingesetzt, um große Lasten zu schalten. Ebenso kann mit einem Relais auch Wechselspannung geschaltet werden.

Durch die körperliche Trennung von Steuermagnet und Schaltkontakten ist der Steuerstromkreis vom Arbeitsstromkreis komplett galvanisch getrennt. Bei einem Kurzschluss im Arbeitskreis des Relais bleibt die Steuerseite (z. B. der Raspberry Pi) komplett schadfrei.

Ebenfalls bedingt durch den Aufbau des Relais, hören Sie ein Klacken, wenn das Relais schaltet. Bei vielen Bauformen ist der Schaltzustand auch bereits optisch erkennbar. Relais gibt es in den verschiedensten Größen und Bauformen. Zudem verfügen Relais über fast beliebig viele Anschlüsse. Es gibt Ausführungen mit Wechslern, Öffnern und Schließern sowie Kombinationen von allen dreien.

Sollten Sie ein Relais in Verbindung mit dem Raspberry Pi verwenden wollen, so ist es wichtig, dass Sie im Steuerkreis eine Freilaufdiode einbauen (siehe Abbildung 12.9). Die Magnetspule im Relais zählt zu den induktiven Lasten. Hier ist es notwendig, durch eine Freilaufdiode mögliche Spannungsspitzen zu begrenzen.

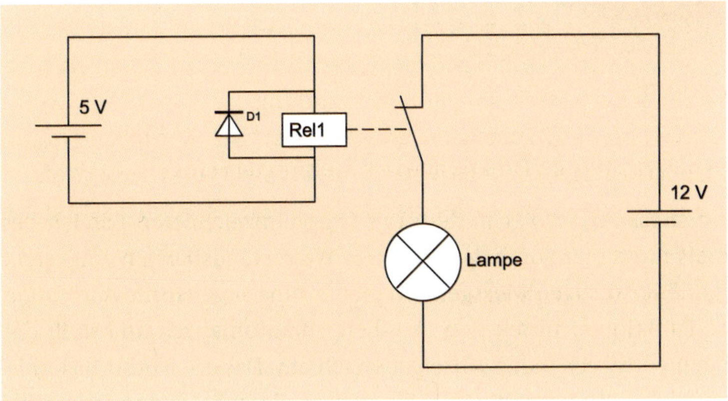

Abbildung 12.9 Ein Relais im Schaltplan mit Freilaufdiode

12.4 Das Multimeter

Zum Messen von Strom und Spannung wird in den Hardware-Projekten das Multimeter Ihr ständiger Begleiter sein. Es dient als Werkzeug zur Überprüfung der gebauten Schaltungen. In der Regel werden sich die Messaufgaben in den später folgenden Schaltungen auf das Messen von Strom, Spannung und Widerstand beschränken. Hierzu genügt jedes handelsübliche Multimeter.

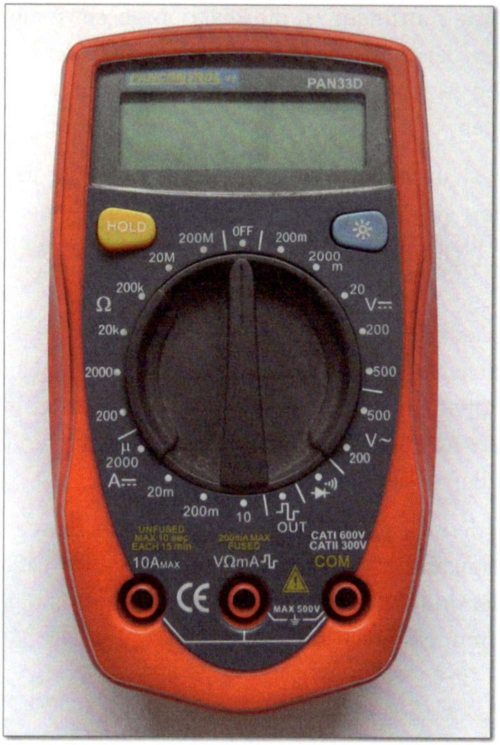

Abbildung 12.10 Multimeter

Gehen wir kurz auf die wichtigsten Funktionen des Multimeters ein:

- **Die Widerstandsmessung** erfolgt in dem mit Ω gekennzeichneten Bereich des Wahlrads. Oftmals muss hier vorab der erwartete Widerstandsbereich eingestellt werden. Nur bei höherwertigen Messgeräten gibt es eine sogenannte *Autorange*-Funktion. Diese Funktion ermittelt den Messbereich automatisch und stellt das Messgerät auf den entsprechenden Anzeigebereich ein. Das erleichtert das Ablesen der Messwerte, da z. B. ein Wert von 15 kΩ auch in dieser Form angezeigt wird und nicht z. B. als 15.000 Ω. Die Widerstandsmessung erfolgt parallel zum Widerstand.

- **Die Spannungsmessung** ist meist in zwei Bereichen des Wahlschalters möglich: zum einen für Wechselspannung, zum anderen für Gleichspannung. Generell sind die Bereiche meist mit *V* beschriftet. Für die Messaufgaben in diesem Buch ist ausschließlich der Gleichspannungsbereich notwendig. Achten Sie auch darauf, dass Sie bei älteren Modellen den erwarteten Messbereich voreinstellen.

  Eine Spannungsmessung erfolgt immer parallel zum Messobjekt. Voltmeter 1 misst im Schaltplan den Spannungsabfall über dem Widerstand R1 (siehe

Abbildung 12.11). Voltmeter 2 liegt parallel zur Spannungsquelle und misst somit die Versorgungsspannung.

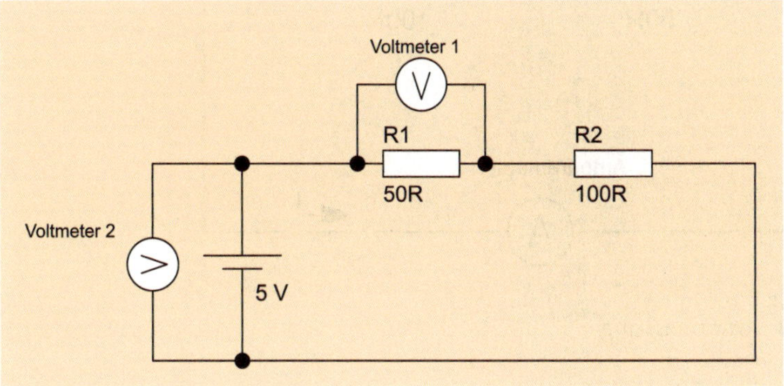

Abbildung 12.11 Spannungsmessung

- **Die Strommessung** (siehe Abbildung 12.12) ist mit *A* gekennzeichnet und erwartet meist ebenfalls die Einstellung des erwarteten Messbereichs. Sie hat im Vergleich zu den beiden vorigen Messungen eine Besonderheit. Das Multimeter hat in der Regel drei Anschlussbuchsen für die Messleitungen. Die *COM*-Buchse wird für alle Messungen benötigt und beinhaltet meist die schwarze Messleitung. Für eine Strommessung allerdings muss ab einer angegebenen Stromstärke die rote Messleitung umgesteckt werden. Die Sicherung der mittleren Buchse ist in der Regel für Ströme bis ca. 200 mA dimensioniert. Größere Ströme bis in etwa 10 A können nur über die extra gekennzeichnete Buchse gemessen werden.

  Die Strommessung muss immer in Reihe erfolgen. Das Multimeter wird also Teil des Stromkreises, sodass der Strom durch das Messgerät fließt. In der Praxis bedeutet das meist ein Auftrennen der Verbindung und den Einbau des Multimeters in die Leitung.

  Oftmals wird die Strommessung auch durch das Messen eines Spannungsabfalls über einem sehr präzisen Messwiderstand (Shunt) realisiert. Durch diese Methode sind bereits zwei Größen des ohmschen Gesetzes bekannt: die Größe des Messwiderstandes R und die gemessene Spannung über dem Widerstand U. Der Strom kann nun durch $I = U / R$ ermittelt werden.

- **Diodenmessung und Durchgangsprüfung** sind in der Regel in jedes Multimeter integriert. Bei der Diodenmessung handelt es sich um einen Betriebsmodus, in dem die Sperrrichtung einer Diode ermittelt werden kann. Er ist oft durch ein Diodenschaltsymbol gekennzeichnet. Bei der Durchgangsprüfung erzeugt das Multimeter ein akustisches Signal, sobald eine leitende Verbindung zwischen den Messpunkten besteht.

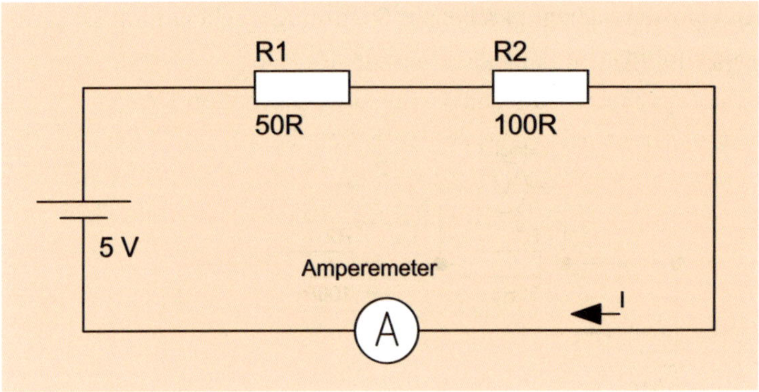

Abbildung 12.12 Strommessung

12.5 Breadboard oder Platine?

Breadboards

Um elektronische Schaltungen zu testen und zu entwickeln, bauen wir die Schaltungen sehr gerne auf einem Breadboard auf. Bei einem Breadboard handelt es sich um ein Steckbrett für bedrahtete Bauteile und Leitungsbrücken (siehe Abbildung 12.13). Gegenüber herkömmlichen Platinen hat das Breadboard den Vorteil, dass keine Lötarbeiten notwendig sind. Das ist vor allem bei Prototypen oder Experimenten ein großer Arbeits- und Zeitvorteil.

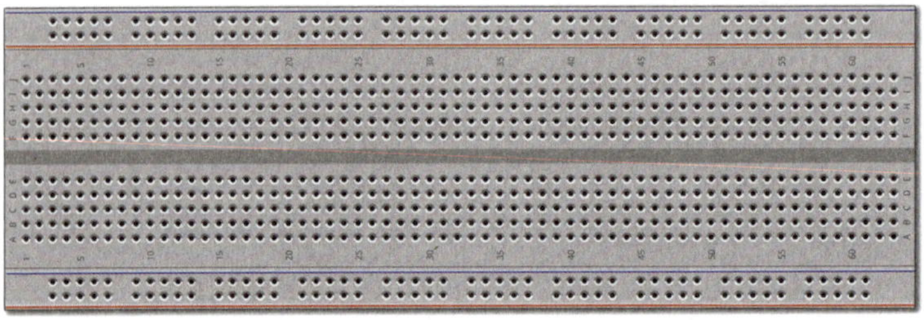

Abbildung 12.13 Breadboard

Die Anordnung der Verbindungspunkte zu kennen ist wichtig und sehr hilfreich im Umgang mit dem Breadboard. Die Löcher in Fünfergruppen oberhalb der roten Linie sind zeilenweise horizontal verbunden. Die Löcher im Mittelbereich sind spaltenweise vertikal verbunden. Durch eine größere Nut in der Mitte des Brettes wird diese Verbindung allerdings getrennt, sodass der Mittelbereich in einen oberen und einen unteren Teil unterteilt wird. Das hat den Zweck, dass Bauteile mit gegenüberliegenden Anschlussbeinchen über die mittlere Nut gesteckt werden können, ohne dass ein Kurzschluss zwischen den Beinchen einer Spalte entsteht.

Breadboards gibt es in unterschiedlichen Größen. Der Aufbau allerdings ist in der Regel immer der gleiche. Um im späteren Verlauf des Buches die GPIO-Pins des Raspberry Pi auf das Breadboard zu legen, bauen oder beschaffen Sie sich am besten einen Breadboardadapter. Hier ist z.B. der Pi-Cobbler zu empfehlen. Wie Sie aus einem Stück Streifenrasterplatine, Stiftleisten und Wannensteckern einen eigenen sehr günstigen Adapter bauen, beschreiben wir zum Abschluss des Elektronik-Crashkurses.

Streifen- oder Lochrasterplatinen

Eine weitere Möglichkeit zum Erstellen von Schaltungen sind Streifen- oder Lochrasterplatinen. Jede Variante hat ihre Vor-und Nachteile. Zu welcher Platinenart Sie greifen, ist Geschmackssache.

Eine Streifenrasterplatine verfügt über durchgängig verbundene Streifen (siehe Abbildung 12.14). Zum Teil können Sie sich mit dieser Variante einige Drahtbrücken sparen, müssen aber ggf. die Leiterbahnen auftrennen. Das ist notwendig, sobald Bauteile eingesetzt werden, die gegenüberliegende Anschlussbeinchen haben.

Abbildung 12.14 Streifenrasterplatine

Ein spezielles Werkzeug zum Auftrennen der Leiterbahnen nennt sich Leiterbahntrenner. Der Kauf eines solchen Werkzeugs lohnt sich in den meisten Fällen aber eher nicht. Das Auftrennen funktioniert problemlos mit einem Metallbohrer, dessen Durchmesser etwas größer als die Leiterbahn ist. Der Bohrer wird mit der Querschneide in das Loch gesetzt und einige Male per Hand gedreht. Das Kupfer um das bearbeitete Loch wird dabei entfernt und die Verbindung aufgetrennt. In den meisten Fällen können Sie bereits mit dem bloßen Auge erkennen, ob sich noch leitende Kupferreste im Randbereich des Loches befinden. Zur Kontrolle können Sie die Leiterbahn per Multimeter noch einmal durchmessen.

Punkt- oder Lochrasterplatinen haben keinerlei Verbindung zwischen den Lötpunkten (siehe Abbildung 12.15). Das Auftrennen einer Leiterbahn entfällt somit. Allerdings ist es hier notwendig, die Verbindungen zwischen den Löchern manuell herzustellen.

Dies können Sie mit einem Stück Kupferdraht lösen, den Sie auf der nicht verkupferten Seite der Platine verlegen und von unten anlöten.

Abbildung 12.15 Punktrasterplatine

Es ist Ihnen also freigestellt, welche Möglichkeit des Schaltungsaufbaus Sie verwenden. Das Breadboard bietet den schnellen Aufbau ohne Löt- oder Trennarbeiten, ist aber nicht für dauerhafte Aufbauten geeignet. Die Streifenrasterplatine erfordert das Auftrennen der Leiterbahnen, und das Arbeiten auf Punktrasterplatinen geht meist mit etwas mehr Lötarbeit einher. Die beiden Platinenarten eignen sich für feste Aufbauten, die Sie z. B. später in kleine Gehäuse verbauen können. Das Bearbeiten und Ablängen der Platinen geht mit einer kleinen Bügelsäge leicht von der Hand. Alternativ können Sie auch einen kleinen *Dremel* mit Trennscheibe einsetzen.

Atemschutz empfehlenswert!

Bitte beachten Sie, dass bei dem Zerspanen von Leiterplatten gesundheitschädliche Stäube entstehen. Leiterplatten sind in der Regel aus FR4-Material gefertigt. Dabei handelt es sich um Glasfasergewebe, das mit Epoxidharz umgossen wird. Speziell die Glasfaserpartikel sollten nicht eingeatmet werden, und es empfiehlt sich, einen Atemschutz zu tragen.

12.6 Löten

Das Löten ist eine nicht wegzudenkende Verbindungsart in der Elektrotechnik. Unterscheidet man zwischen lösbaren und nicht lösbaren Verbindungen, so zählt das Löten zu den Letzteren. Durch das Löten wird eine stoffschlüssige Verbindung hergestellt. Dies bedeutet, dass das Lötzinn mit dem zu lötenden Objekt eine feste Verbindung eingeht (Legierung). Damit kommen wir auch zu dem eigentlichen Verfahren. Ein

Lötvorgang erfordert zwei zu verbindende Objekte, die Zufuhr von Wärme durch den Lötkolben und ein Zusatzmaterial, das Lötzinn.

Mit dem Lötkolben werden die beiden Objekte, im häufigsten Fall das Bauteilbeinchen und das Lötpad, erhitzt. Das Lötzinn wird hinzugeführt und schmilzt am Bauteilbeinchen. Entfernen Sie den Lötkolben, so verfestigt sich das Lötzinn nach kurzer Zeit und erstarrt.

Ein wichtiges Hilfsmittel beim Löten ist das Flussmittel. Dieses kann vor dem Erhitzen der Lötstelle auf das Material aufgebracht werden. Das Flussmittel löst beim Erhitzen eine Oxidationsschicht, die sich eventuell auf den Materialien gebildet hat. Ist eine solche Schicht vorhanden, z. B. durch längeres Lagern von Rasterplatinen oder durch eine Oxidation des Kupfers nach dem Berühren mit den Fingern, so wird die Lötbarkeit deutlich verschlechtert. Ein weiterer Effekt des Flussmittels ist das Verringern der Oberflächenspannung. Dadurch zieht sich das flüssige Lot, bedingt durch die Kapillarwirkung, an den Beinchen hoch und sogar in die kleinsten Löcher.

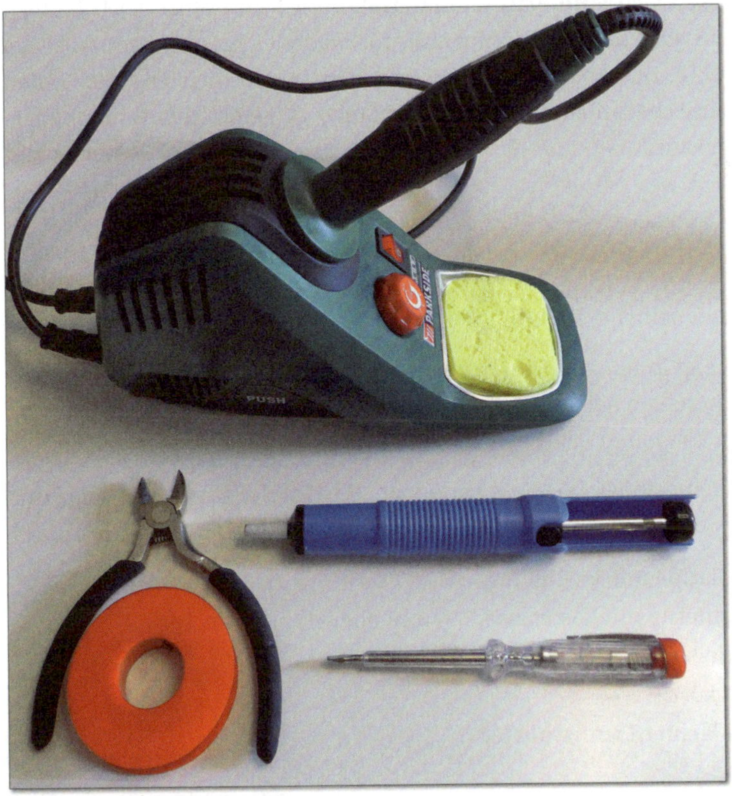

Abbildung 12.16 Lötstation, Lötzinn, Entlötpumpe, Seitenschneider und Schraubendreher – eine solide Grundausrüstung fürs Basteln

Die ersten Lötversuche werden leicht zur Herausforderung. Einige typische Fehler möchten wir Ihnen nachfolgend nennen:

- **Es bildet sich eine Lotperle, die am Lötkolben »kleben« bleibt und vom Bauteilbeinchen scheinbar abgewiesen wird:** Die zu verlötenden Oberflächen sollten sauber und fettfrei sein. Hier kann eine nachträgliche Reinigung mit sehr feinem Schmirgelpapier helfen. Zusätzlich empfiehlt sich das Auftragen von Flussmittel. Dies ist meist in Stiftform zu kaufen und begünstigt die Kapillarwirkung des Lötzinns.
- **Das Lötzinn schmilzt nicht am Bauteilbeinchen:** Wichtig ist, dass das Lötzinn am Objekt und nicht am Lötkolben aufschmilzt. Sollte dies nicht funktionieren, so ist die Wärmezufuhr vom Lötkolben in das Beinchen nicht ausreichend. Das kann z. B. an einer zu kleinen Lötspitze liegen. Abhilfe schafft hier ein leichtes Verzinnen der Lötspitze. Durch das flüssige Lot erhöht sich die Fläche für den Wärmeübergang von der Lötspitze zum Bauteil.
- **Die Lötpads lösen sich vom Platinenmaterial:** In diesem Fall ist der Lötkolben deutlich zu heiß. Eine ideale Löttemperatur für bleifreies Lötzinn liegt zwischen 350 °C und 370 °C. Das Ablösen der Pads bedeutet in den meisten Fällen einen nicht reparablen Schaden an der betroffenen Stelle, da keine Lötverbindung hergestellt werden kann.

12.7 Breadboardadapter

Breadboardadapter selbst erstellen

Dieser Abschnitt zeigt Ihnen, wie Sie einen eigenen Breadboardadapter aus gängigen und günstigen Materialien herstellen. Zudem können Sie auf diese Weise erste praktische Erfahrung im Löten und Bearbeiten der Platinen erlangen.

Zum Aufbau eines Breadboardadapters benötigen Sie die folgenden Werkzeuge und Materialien (siehe Abbildung 12.17):

- Streifenrasterplatine mit 3er-Teilung
- zweireihige Stiftleiste mit Rastermaß 2,54 mm oder Wannenstecker
- Präzisionsstiftleisten mit Rastermaß 2,54 mm
- Lötkolben und Lötzinn
- Laubsäge oder kleiner Trennschleifer
- Seitenschneider

Die Streifenrasterplatine liegt meist in dem Maß einer Euro-Platine (160 × 100 mm) vor. Sie benötigen ein Stück der Platine, das 40 bzw. 26 Löcher, sofern Sie ein älteres Raspberry-Pi-Modell verwenden, lang und 6 Löcher breit ist. Sägen Sie dieses Stück

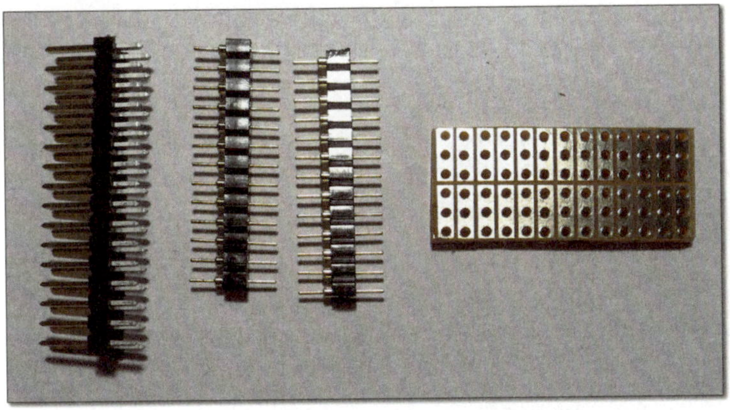

Abbildung 12.17 Das Material für den Breadboardadapter

aus der großen Platine aus. Beachten Sie, dass die 3er-Teilung des Rasters genau durch die Mitte der Platine verläuft. Die Stiftleiste wird nach 20 bzw. 13 Stiftreihen mit einem Seitenschneider abgetrennt. Stecken Sie nun die zweireihige Stiftleiste mit den kurzen Beinchen genau in die Mitte der Platine. Die verkupferte Seite der Platine liegt unten. Die Trennung des Rasters verläuft längs unter der Stiftleiste. Nun verlöten Sie die Stiftleiste auf der Unterseite. Achten Sie darauf, dass keine Brücken zwischen den Leiterbahnen entstehen.

Im nächsten Schritt bringen Sie die äußeren Stiftleisten an dem Adapter an. Wir nutzen hier Präzisionsstiftleisten, die Sie z. B. bei Conrad kaufen können. Der Vorteil dieser Leisten ist, dass sie einen kleinen Abstandshalter im Beinchen verbaut haben. Dadurch liegt die Kunststofffassung nicht auf der Leiterplatte auf, sondern behält einen kleinen Abstand. So ist es möglich, auch diese Leiste von der gleichen Seite zu verlöten.

Trennen Sie die Präzisionsstiftleisten mit einem Seitenschneider auf eine Länge von 40 bzw. 26 Pins ab. Stecken Sie die Leisten diesmal von der Unterseite in die äußere Lochreihe durch die Leiterkarte. Sie werden bemerken, dass die Leisten auf dem kupfernen Abstandshalter aufliegen und einen Spalt zur Kunststofffassung bilden.

Jetzt können Sie auch diese Leisten von der Unterseite verlöten. Fertig ist der selbst gebaute Breadboardadapter (siehe Abbildung 12.18 und Abbildung 12.19)! Noch zwei Anmerkungen:

- Falls Sie statt einer zweireihigen Stiftleiste einen 20×2- bzw. 13×2-Wannenstecker nutzen, so haben Sie direkt einen Verdrehschutz beim Aufstecken der Flachbandleitung, da ein Wannenstecker eine einseitige Nut besitzt.
- Markieren Sie auf dem Adapter und der Flachbandleitung Pin 1. So vermeiden Sie auch mit der Stiftleiste ein versehentliches Verdrehen der Leitung.

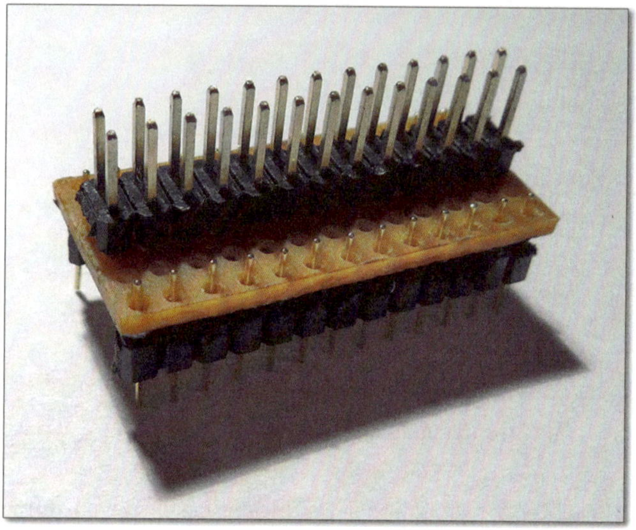

Abbildung 12.18 Der fertige Breadboardadapter

Abbildung 12.19 Das Eigenbau-Breadboard in Aktion

Cobbler

Als Alternative zum Eigenbauadapter bietet sich eine Reihe von sogenannten *Cobblern* an. Das sind fertige Leiterkarten, die per Fachbandleitung als Adapter zum Breadboard dienen. Die Auswahl an Cobblern ist riesig. Zwei davon verwenden wir beim Experimentieren mit dem Raspberry Pi (siehe Abbildung 12.21).

Abbildung 12.20 Alte Flachbandleitungen können mithilfe eines Stacking-Headers auch auf den Raspberry Pi 2 gesteckt werden.

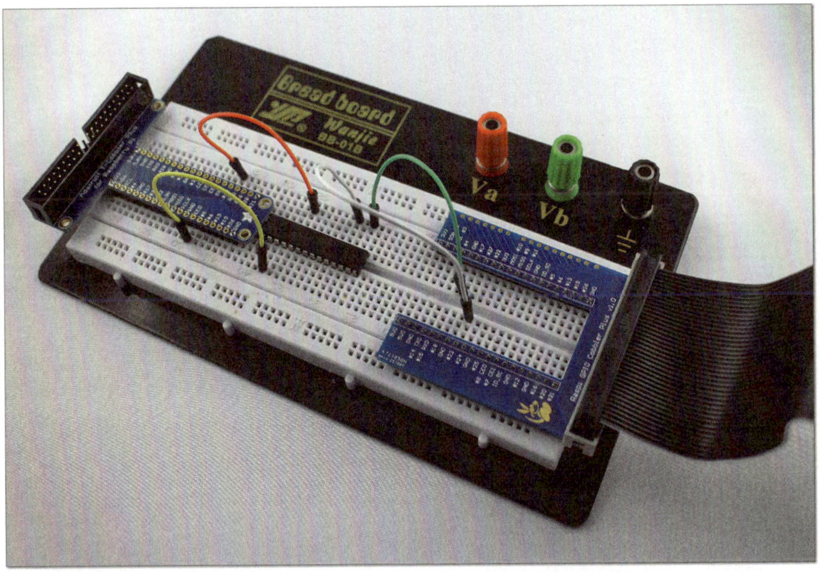

Abbildung 12.21 T-Cobbler und U-Cobbler auf einem Breadboard

Gängig sind der T-Cobbler und der U-Cobbler, die nach ihrer Form benannt wurden. Beide Modelle sind sowohl für das Raspberry-Pi-Modell 2 als auch für die Vorgängermodelle erhältlich. Die blauen Steckplatinen sind mit den Pin-Bezeichnungen beschriftet, was die Suche nach dem richtigen GPIO-Pin deutlich erleichtert. Für welches Modell Sie sich entscheiden, ist Ihrem Geschmack überlassen. Beide Modelle finden Sie unter den Suchbegriffen *T-Cobbler* und *U-Cobbler* zum Beispiel bei Amazon.

Kapitel 13
LEDs, Motoren und Relais

In diesem Kapitel zeigen wir Ihnen, wie Sie mit dem Raspberry Pi mit der Außenwelt agieren und kleine elektronische Bauteile ansteuern, Gleichstrommotoren oder Schrittmotoren bewegen und größere Spannungen schalten. Sobald Sie den Umgang mit diesen Bauteilen beherrschen, steht Ihren eigenen Projekten nicht mehr viel im Wege.

13.1 Leuchtdioden (LEDs)

Wir beginnen dieses Kapitel mit der Ansteuerung von Leuchtdioden (LEDs), da diese leicht zu verwenden sind und ein direktes optisches Feedback zum Erfolg der Schaltung geben. Leuchtdioden sind ein idealer Startpunkt für Elektronikneulinge und führen mit wenig Aufwand zu ersten Erfolgserlebnissen. Erste Versuchsaufbauten führen Sie am einfachsten mit einem Breadboard aus, also ganz ohne Lötkolben.

LED im Dauerbetrieb

Sozusagen als *Hello World!*-Projekt zeigen wir Ihnen hier, wie Sie mit Ihrem Raspberry Pi eine LED ein- und ausschalten. Die LED dient also als Signalgeber. Sie zeigt Ihnen an, ob Ihre Software richtig funktioniert und das Programm so arbeitet, wie Sie es sich wünschen.

Zunächst wollen wir die LED aber direkt an die 3,3-V-Spannungsversorgung anschließen, sodass diese immer leuchtet. Im Datenblatt Ihrer LED lesen Sie nach, wie groß der Spannungsabfall an der Diode ist und welchen Strom die Diode erwartet – z. B. 2 V und 10 mA. Die Größe des erforderlichen Vorwiderstands ergibt sich aus der Restspannung 3,3 V – 2 V = 1,3 V und der Formel $R = U / I$ = 1,3 V / 10 mA mit 130 Ω. Wenn Sie den nächstgrößeren Widerstand verwenden, den Sie finden, kann nichts passieren. Die LED leuchtet dann entsprechend weniger hell.

Da derselbe Schaltungsaufbau später über einen GPIO-Pin mit einem maximalen Ausgangsstrom von 8 mA gesteuert werden soll, ist es besser, den Widerstand gleich entsprechend größer zu dimensionieren (1,3 V / 8 mA = 163 Ω). Wir haben für unsere

Experimente mit 330-Ω-Widerständen gearbeitet, womit sich ein Strom von 4 mA ergibt.

Auf einem Steckboard bauen Sie nun die Schaltung auf und verbinden die Leuchtdiode mit den Pins 1 (3,3 V) und 25 (GND) des Raspberry Pi (siehe Abbildung 13.1 und Abbildung 13.2). Achten Sie auf die richtige Polung der LED. Der längere Draht der LED verbindet die Anode (Plus), der kürzere die Kathode (Minus).

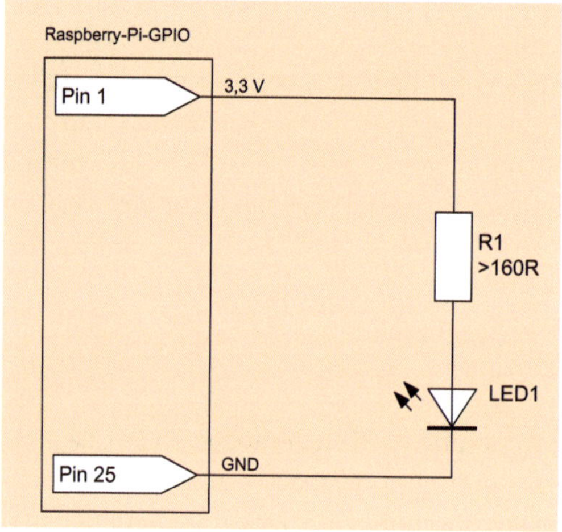

Abbildung 13.1 Simple LED-Schaltung

Abbildung 13.2 Versuchsaufbau zur LED-Steuerung

LED per Python ein- und ausschalten

Nachdem Sie sich überzeugt haben, dass die obige Schaltung prinzipiell funktioniert, verwenden Sie nun anstelle von Pin 1 (3,3 V) einen GPIO-Kontakt, z. B. Pin 26 für GPIO 7.

Beim Einschalten des Raspberry Pi wird die LED nun nicht mehr leuchten. Vielmehr können Sie die LED jetzt durch ein Python-Programm steuern. Den erforderlichen Quellcode geben Sie mit einem Editor ein. Sollten Sie noch nie mit Python programmiert haben, finden Sie in Kapitel 18, »Python kennenlernen«, Kapitel 19, »Python-Grundlagen«, und Kapitel 20, »Programmieren mit Python«, einen kompletten Programmierkurs.

```
#!/usr/bin/python3
import RPi.GPIO as GPIO
import time
# Pin-Nummern verwenden (nicht GPIO-Nummern!)
GPIO.setmode(GPIO.BOARD)
# Pin 26 (= GPIO 7) zur Datenausgabe verwenden
GPIO.setup(26, GPIO.OUT)

# Pin 26 einschalten
GPIO.output(26, GPIO.HIGH)
# Pin 26 nach fünf Sekunden wieder ausschalten
time.sleep(5)
GPIO.output(26, GPIO.LOW)

# alle vom Script benutzten GPIOs/Pins wieder freigeben
GPIO.cleanup()
```

Der Programmcode sollte auch ohne Python-Erfahrung auf Anhieb verständlich sein. `chmod` macht die Script-Datei ausführbar. Nur `root` darf GPIO-Funktionen steuern, daher muss das Script mit `sudo` ausgeführt werden:

```
chmod a+x led1.py
sudo ./led1.py
```

GPIO-Pins dienen nicht zur Stromversorgung!

GPIO-Pins sind zur Steuerung, nicht zur Stromversorgung gedacht. Wenn Sie ein elektronisches Bauteil mit mehr als 8 mA bei 3,3 V versorgen möchten, verwenden Sie zur Stromversorgung Pin 2 oder 4 (5 V) und steuern den Stromfluss durch einen GPIO-Ausgang über einen Transistor.

LEDs über Transistoren schalten

Den Umgang mit einem Transistor erlernen Sie wieder am Beispiel einer LED. Diesmal schalten Sie die LED nicht direkt über einen 3,3-V-GPIO-Pin, sondern durch den 5-V-Ausgang, gesteuert mit einem Transistor.

Diese Methode hat zum einen den Vorteil, dass Sie weitaus mehr Strom als 8 mA aus dem 5-V-Pin ziehen können. Zum anderen ist der 5-V-Pin der GPIO-Leiste nicht mit dem Mikrocontroller verbunden und kann somit im Falle eines Fehlers weniger Schaden anrichten.

Die Wahl des Transistors fällt in diesem Beispiel auf einen BC547. Dabei handelt es sich um ein »Wald-und-Wiesen-Bauteil«, das Sie für wenige Cents bei fast jedem Elektronikhändler kaufen können. Das Bauteil liegt in 3-Pin-Ausführung vor. Der BC547 ist für einen maximalen Kollektor-/Emitterstrom von 100 mA dimensioniert. Das ist also der Strom, der durch die später angeschlossene LED fließt – für unsere Anwendung also vollkommen ausreichend.

Die Basis ist der Anschluss, der zum Steuern des Transistors genutzt wird. An die Basis wird später ein GPIO-Pin des Raspberry Pi angeschlossen. Allerdings gilt es hierbei eine Kleinigkeit zu beachten: Bei einem bipolaren Transistor wie dem BC547 ist der Basisstrom ausschlaggebend für den Öffnungsgrad des Transistors. Ein zu großer Strom könnte womöglich den Ausgang des Raspberry Pi beschädigen, und ein zu kleiner Strom öffnet den Transistor nicht vollständig.

Um das zu verhindern, verwenden Sie zwischen dem GPIO-Pin und der Basis des BC547 einen Basiswiderstand. Mit diesem Widerstand bestimmen Sie den Strom, der in die Basis fließt. Zur Berechnung des Widerstandes ist es notwendig, dass Sie einen Blick auf das Datenblatt des BC547 werfen:

http://www.nxp.com/documents/data_sheet/BC847_BC547_SER.pdf

Meist wird im Datenblatt die Stromverstärkung des Transistors angegeben (z. B. Beta). Im Falle des BC547 hat die kleinste Stromverstärkung einen Faktor von 200. Dies bedeutet, dass der Kollektor-/Emitterstrom das Zweihundertfache des Basisstroms sein kann. Der benötigte Widerstand kann aus dem zu erwartenden Kollektor-/Emitterstrom und der Stromverstärkung errechnet werden. Gehen Sie bei einer weißen LED von einem Strom von 20 mA aus, so ergibt sich daraus folgende Formel:

$0{,}02\,A / 200 = 0{,}0001\,A = 100\,\mu A$

$(3{,}3\,V - 0{,}7\,V) / 0{,}0001\,A = 26000\,\Omega$

In der Praxis allerdings muss diese Berechnung nicht zwingend durchgeführt werden. Bei normalen Schaltaufgaben, wie dem Schalten einer LED, kann ohne Probleme ein gängiger Basiswiderstand von 1 kΩ verwendet werden. Hiermit ist der mögliche Kollektor-/Emitterstrom mehr als ausreichend. Zum anderen ist der Ausgang des

Raspberry Pi auf 3,3 mA begrenzt. Jetzt können Sie bereits die Schaltung aufbauen (siehe Abbildung 13.3).

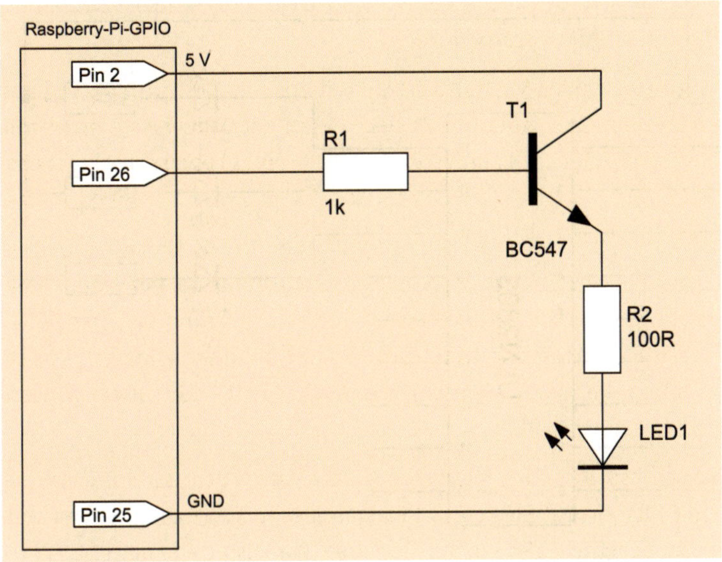

Abbildung 13.3 LED-Transistorschaltung

Bedenken Sie, dass der Vorwiderstand der LED neu berechnet werden muss, da Sie nun 5 V Versorgungsspannung für die LED nutzen und dementsprechend mehr Spannung am Vorwiderstand abfallen muss.

Das Python-Programm kann aus dem ersten Beispiel einfach kopiert werden. Sofern Sie den gleichen GPIO-Pin als Ausgang nutzen, ändert sich an der Software nichts.

LEDs mit Darlington-Transistoren ansteuern

Sollten Sie Schaltungen entwerfen, die mehrere Transistoren benötigen, so bietet sich ein sogenanntes *Darlington-Array* an. Dabei handelt es sich um einen integrierten Schaltkreis (IC), bei dem mehrere Transistoren in einem Gehäuse verbaut sind. Ein Darlington-Array spart Platz, Zeit und Drähte. Die Verwendung ist ganz einfach (siehe Abbildung 13.4) und gleicht der einfachen Transistorschaltung. Im folgenden Beispiel nutzen wir das gängige Darlington-Array ULN2803. Das dazugehörende Datenblatt finden Sie unter folgendem Link:

http://www.ti.com/lit/ds/symlink/uln2803a.pdf

Der ULN2803 invertiert das an den Eingängen anliegende Signal: Sobald ein High-Signal am Eingang anliegt, schaltet der entsprechende Ausgang gegen die gemeinsame Masse. Im Schaltplan sehen Sie eine mögliche Anwendungsart für den ULN2803. Software-technisch ändert sich nicht viel – Sie müssen den vorhandenen Code aus dem Einführungsbeispiel lediglich um die zusätzlich verwendeten Ausgänge erweitern.

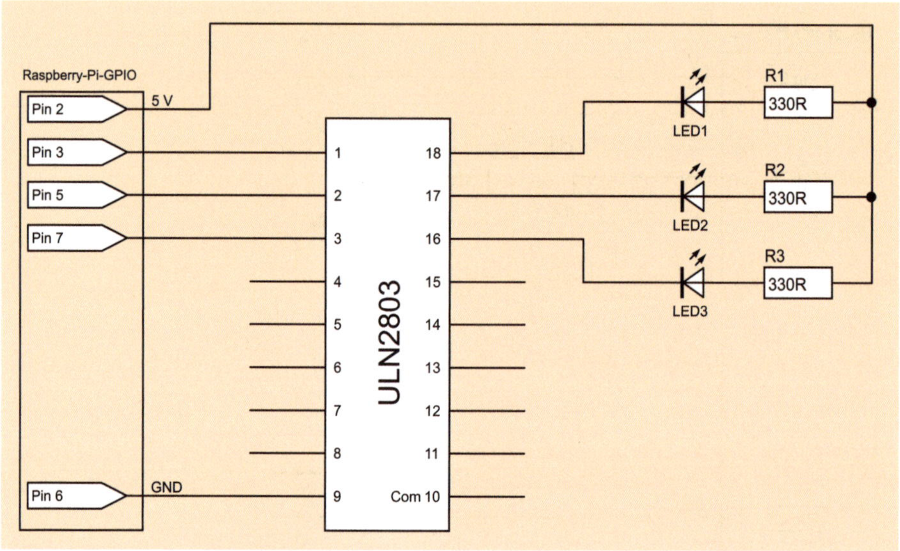

Abbildung 13.4 LED-Schaltung mit Darlington-Array

Möchten Sie induktive Lasten, z. B. einen Motor, mit dem ULN2803 schalten, so schließen Sie den Pin 10 an die Versorgungsspannung an, um die integrierten Freilaufdioden zu aktivieren. Bedenken Sie allerdings, dass der Baustein laut Datenblatt für maximal 500 mA pro Ausgang ausgelegt ist. Sie können problemlos zwei oder mehr Ausgänge parallel schalten, um den maximalen Strom zu erhöhen. Zudem benötigen Sie keinen Basiswiderstand vor den Eingängen. In den Baustein sind bereits 2,7-kΩ-Basiswiderstände integriert.

Abbildung 13.5 Die beiden Darlington-Arrays ULN2803 und ULN2003

Was ist ein IC?

Ein IC (Integrated Circuit) ist ein Bauteil, bei dem mehrere Elektronik-Komponenten in einem Gehäuse verschaltet sind. In einem IC-Gehäuse ist also eine komplette Schaltung verbaut. Einzelbauteile, wie z. B. einen Transistor oder eine Diode, bezeichnet man als *diskrete Bauteile*. ICs erfüllen die unterschiedlichsten Aufgaben. So gibt es Timer, Vergleicher, Operationsverstärker, Logikbausteine und vieles mehr. Oftmals besitzen ICs weitaus mehr Beinchen als diskrete Bauteile (siehe Abbildung 13.5).

LEDs mit einem Taster ein- und ausschalten

Die einfachste Form, Eingaben an den Raspberry Pi weiterzuleiten, ist ein simpler Taster, der den Stromkreis schließt, solange er gedrückt ist. Während umgangssprachlich oft alles, worauf man drücken kann, »Schalter« genannt wird, unterscheidet man in der Elektrotechnik zwischen *Schaltern*, die den Zustand beibehalten (wie ein Lichtschalter), und *Tastern*, die zurückspringen, wenn man sie loslässt (wie bei Ihrer Tastatur). Für dieses Beispiel benötigen Sie also einen Taster. Wenn Sie zum Testaufbau ein Steckboard verwenden, fragen Sie in Ihrem Elektronikgeschäft nach einem *Print-Taster*.

Das Ziel dieses Abschnitts ist eine Schaltung, bei der Sie durch einen kurzen Druck auf eine Taste eine LED einschalten. Drücken Sie nochmals, soll die LED wieder ausgehen. Die Aufgabenstellung klingt erdenklich trivial, aber Sie werden sehen, dass dieser Eindruck täuscht.

Bevor Sie den Taster mit einem GPIO-Pin verbinden, müssen Sie sich Gedanken darüber machen, wie der Raspberry Pi Eingaben verarbeitet. Es ist möglich, einen GPIO-Pin als *Input* zu konfigurieren. Die Ausgangsspannung dieses Pins ist damit undefiniert. Wenn von außen eine Spannung nahe 0 V angelegt wird, wird das als *Low* = 0 interpretiert. Ist die angelegte Spannung hingegen nahe 3,3 V, wird das Signal als *High* = 1 interpretiert. Als Input verwendete GPIOs können nicht zwischen anderen Zuständen unterscheiden und können somit nicht zur Messung der angelegten Spannung verwendet werden.

Ein Input-Pin soll nie unbeschaltet sein, weil seine Spannung dann undefiniert ist (*floating*). Gleichzeitig ist es nicht empfehlenswert, den Pin direkt mit der Masse oder mit der Versorgungsspannung (3,3 V) zu verbinden: Sollte der GPIO-Pin irrtümlich als Output-Pin programmiert sein, würden unter Umständen große Ströme fließen, die Ihren Raspberry Pi mit etwas Pech zerstören. Die Lösung für dieses Problem sind Pull-up- oder Pull-down-Widerstände in der Größenordnung von ca. 1 kΩ bis 10 kΩ, um den Signaleingang für beide möglichen Zustände des Tasters mit der Masse bzw. mit 3,3 V zu verbinden. Hintergrundinformationen zu Pull-up- und Pull-down-Widerständen können Sie in der Wikipedia nachlesen:

http://de.wikipedia.org/wiki/Open_circuit#Beschaltung_der_Signalleitungen

Bei der Beschaltung des Raspberry Pi können Sie sich Pull-up- und Pull-down-Widerstände unter Umständen sparen: Zum einen sind die Pins 3 und 5 des P1-Headers standardmäßig mit 1,8 kΩ externen Pull-up-Widerständen verbunden, zum anderen lassen sich alle GPIOs im Input-Modus so programmieren, dass CPU-interne Pull-up- oder Pull-down-Widerstände aktiviert werden. Der interne Schaltungsaufbau ist auf der folgenden Seite gut beschrieben:

http://www.mosaic-industries.com/embedded-systems/microcontroller-projects/raspberry-pi/gpio-pin-electrical-specifications

Dennoch ist es empfehlenswert, Signaleingänge grundsätzlich mit einem externen Pull-up- oder Pull-down-Widerstand zu versehen (siehe Abbildung 13.6). Sie vermeiden damit Probleme, wenn ein GPIO-Pin versehentlich falsch konfiguriert ist oder während der Initialisierung des Raspberry Pi einen anderen Zustand annimmt, als Ihre Schaltung voraussetzt. Gefahrlos auf Pull-up-Widerstände können Sie nur verzichten, wenn Sie Ihren Taster mit den Pins 3 oder 5 verbinden. Diese beiden Pins stehen aber nur zur freien Verfügung, wenn Ihre Schaltung keine I²C-Komponenten enthält.

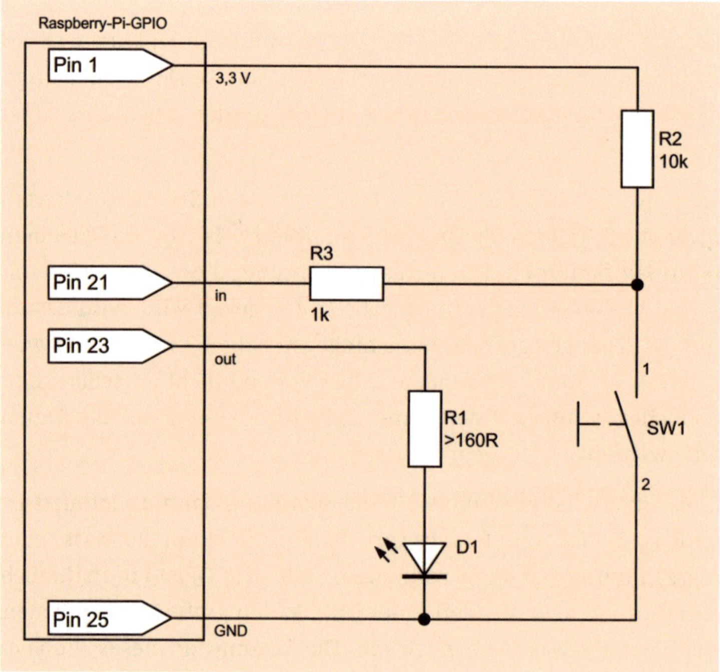

Abbildung 13.6 LED-Schaltung mit Eingabetaster

Soweit es die Leuchtdiode betrifft, gibt es keine Veränderung im Vergleich zum vorigen Abschnitt – wenn man einmal davon absieht, dass diesmal Pin 23 zur Ansteuerung verwendet wird. Der Taster ist direkt mit der Masse und über den Pull-up-Widerstand R2 mit der Versorgungsspannung 3,3 V verbunden. Im Normalzustand lautet der Signalzustand an Pin 21 also High, beim Drücken Low.

Der Widerstand R3 ist eine zusätzliche Sicherheitsmaßnahme. Er verhindert einen Kurzschluss für den zugegebenermaßen unwahrscheinlichen Fall, dass Pin 21 irrtümlich als Output programmiert wird, auf High gestellt und gleichzeitig der Taster gedrückt ist. Ohne R3 gäbe es dann eine direkte Verbindung zwischen 3,3 V an Pin 21 und der Masse, und es würde mehr Strom fließen, als der Raspberry Pi liefern kann. Dank R3 ist der Strom selbst in diesem Fall auf 3,3 mA begrenzt.

Bevor Sie sich an die Programmierung machen, sollten Sie kurz überprüfen, ob der Schaltungsaufbau funktioniert. Zuerst schalten Sie versuchsweise die LED ein/aus:


```
gpio -1 mode 23 out
gpio -1 write 23 1    # LED ein
gpio -1 write 23 0    # LED aus
```

Dann testen Sie den Signaleingang an Pin 21, wobei Sie einmal die Taste gedrückt halten:

```
gpio -1 mode 21 in
gpio -1 read 21    # Normalzustand
  1
gpio -1 read 21    # Taste gedrückt
  0
```

Wenn Sie ein direktes Feedback wünschen, können Sie Pin 21 mit einem kleinen Python-Script kontinuierlich abfragen:

```
#!/usr/bin/python3
import RPi.GPIO as GPIO
import time

# Pin-Nummern verwenden (nicht GPIO-Nummern!)
GPIO.setmode(GPIO.BOARD)

# GPIO 21 = Input
GPIO.setup(21, GPIO.IN)

while True:
  input = GPIO.input(21)
  print("Zustand: " + str(input))
  time.sleep(0.01)
```

Sobald Sie dieses Programm starten, gibt es den aktuellen Signaleingang von Pin 21 regelmäßig im Terminal aus – bis Sie das Programm mit [Strg]+[C] wieder stoppen.

Die Überwachung von Signalzuständen durch eine Schleife ist selten ein optimales Konzept. Wenn die Zeit kurz ist, verursacht das Programm eine Menge unnötige CPU-Last. Verwenden Sie eine längere Zeit, steigt die Reaktionszeit des Programms, und im ungünstigsten Fall übersieht es einen kurzen Impuls ganz. Wesentlich intelligenter ist es, das Python-Programm so zu formulieren, dass es einfach auf einen Signalwechsel wartet und erst dann durch ein Event aktiv wird.

Das folgende Python-Programm demonstriert diese Vorgehensweise: Mit `def` wird eine Callback-Funktion definiert, die immer dann aufgerufen werden soll, wenn die Taste gedrückt wird. Genau darum kümmert sich `add_event_detect`: Damit wird Pin 23 überwacht; immer, wenn dessen Signalpegel von High auf Low fällt, wird die Funktion `switch_on` aufgerufen. Das Programm soll laufen, bis es durch [Strg]+[C] beendet wird. Das ist der Zweck der Endlosschleife am Ende des Programms.

```
#!/usr/bin/python
import RPi.GPIO as GPIO
import time, sys

# Pin-Nummern verwenden (nicht GPIO-Nummern!)
GPIO.setmode(GPIO.BOARD)
ledStatus = 0

# GPIO 21 = Input, 23 = Ouptput
GPIO.setup(21, GPIO.IN)
GPIO.setup(23, GPIO.OUT)
GPIO.output(23, ledStatus)

# Funktion definieren, um bei Tastendruck den
# LED-Zustand zu ändern
def switch_on( pin ):
  global ledStatus
  ledStatus = not ledStatus
  GPIO.output(23, ledStatus)
  return

# switch_on-Funktion aufrufen, wenn Signal
# von HIGH auf LOW wechselt
GPIO.add_event_detect(21, GPIO.FALLING)
GPIO.add_event_callback(21, switch_on)
```

```
# mit minimaler CPU-Belastung auf das Programmende
# durch Strg+C warten
try:
  while True:
    time.sleep(5)
except KeyboardInterrupt:
  GPIO.cleanup()
  sys.exit()
```

Wenn Sie Schaltung und Programm nun ausprobieren, werden Sie feststellen, dass das Ein- und Ausschalten recht unzuverlässig funktioniert. Schuld daran ist ein Verhalten aller mechanischer Taster und Schalter: Diese prellen, d. h., ein Metallblättchen schlägt *mehrfach* gegen einen Kontaktpunkt und löst deswegen ganz rasch hintereinander *mehrere* Pegelwechsel am Input-Pin aus.

Für das Problem gibt es zwei einfache Lösungen: Entweder bauen Sie in Ihre Schaltung einen Kondensator ein, der während seiner Ladezeit das Prellen verhindert, oder Sie entscheiden sich für eine Software-Lösung und warten nach jedem Input-Event 200 ms, bevor Sie wieder Eingaben entgegennehmen. Die Software-Lösung ist in der GPIO-Bibliothek für Python bereits vorgesehen. Sie geben einfach bei der Funktion `add_event_detect` als zusätzlichen Parameter die gewünschte Entprellzeit in Millisekunden an:


```
GPIO.add_event_detect(21, GPIO.FALLING, bouncetime=200)
```

In der aktuellen `RPi.GPIO`-Version ist es nicht möglich, mit dieser Methode einen Eingang auf eine steigende und fallende Flanke gleichzeitig zu überwachen.

Ein *nicht* funktionierendes Beispiel ist Folgendes:

```
GPIO.add_event_detect(21, GPIO.FALLING)
GPIO.add_event_callback(21, switch_on)

GPIO.add_event_detect(21, GPIO.RISING)
GPIO.add_event_callback(21, switch_off)
```

Sie werden hier folgende Fehlermeldung angezeigt bekommen:

```
Edge detection already enabled for this GPIO channel
```

Verfahren Sie stattdessen wie in diesem *richtigen* Beispiel:

```
GPIO.add_event_detect(21, GPIO.BOTH)
GPIO.add_event_callback(21, switch_on)
```

In der Callback-Funktion, die nun aufgerufen wird, ermitteln Sie, ob eine steigende oder fallende Flanke erkannt wurde:

```
def switch_on( pin ):
    if GPIO.input(pin) == True:
        print "steigende Flanke"
    else:
        print "fallende Flanke"
```

Probleme mit Strg+C

Die abschließende `try/expect`-Konstruktion soll sicherstellen, dass das Programm durch [Strg]+[C] ordentlich beendet werden kann, d. h., dass zum Abschluss `cleanup` ausgeführt wird. Leider funktioniert das nicht immer zuverlässig. Das hat damit zu tun, dass die Exception-Verarbeitung für das durch [Strg]+[C] ausgelöste SIGINT-Signal nur in Python-eigenem Code funktioniert. In `time.sleep` greift Python aber auf eine Systemfunktion zurück, die ihrerseits unterbrochen wird.

Wie bereits anfangs erwähnt wurde, ist es möglich, auch die internen Pull-up- oder Pull-down-Widerstände zu aktivieren. Fügen Sie dazu einfach folgende Zeilen zu Ihrem Python-Code hinzu:

```
GPIO.setup(11, GPIO.IN, pull_up_down=GPIO.PUD_DOWN)
GPIO.setup(11, GPIO.IN, pull_up_down=GPIO.PUD_UP)
```

Die erste Zeile aktiviert den Pull-down-Widerstand an Pin 11, die zweite den Pull-up-Widerstand. Diese Funktionen ersetzen dann die externen Widerstände.

LEDs mit Software-PWM dimmen

Bedingt durch den Charakter der Diodenkennlinie lässt sich eine LED sehr schlecht über den Strom oder die Spannung dimmen. Die ideale Lösung besteht darin, ein PWM-Signal anzulegen (PWM = Pulsweitenmodulation). Hierbei wird die Spannung schnell gepulst. Der Spannungspegel bleibt in den High-Phasen immer gleich.

Die bekannte Python-Library `RPi.GIPO` bietet in der neusten Version 0.5.6 die Möglichkeit, ein Software-PWM-Signal an allen frei verfügbaren GPIO-Pins zu erzeugen. Beim Arbeiten mit einem PWM-Signal gibt es zwei Faktoren, die mit `RPi.GPIO` beeinflusst werden können: die Frequenz und den Duty Cycle. Die Frequenz bestimmt, wie oft pro Sekunde der Spannungspegel von Low auf High wechselt. Der Duty Cycle legt fest, wie lange eine High-Phase andauert, und wird in der Regel in Prozent angegeben (siehe Abbildung 13.7 bis 13.9).

Die Helligkeit der LED wird mit dem Duty Cycle beeinflusst. Die Frequenz wird lediglich auf einen Wert gesetzt, bei dem das menschliche Auge kein Flackern mehr wahrnimmt. Wir konnten ab einem Wert von 100 Hz kein Flackern mehr erkennen. Der Schaltungsaufbau entspricht dem der Transistorschaltung (siehe Abbildung 13.3).

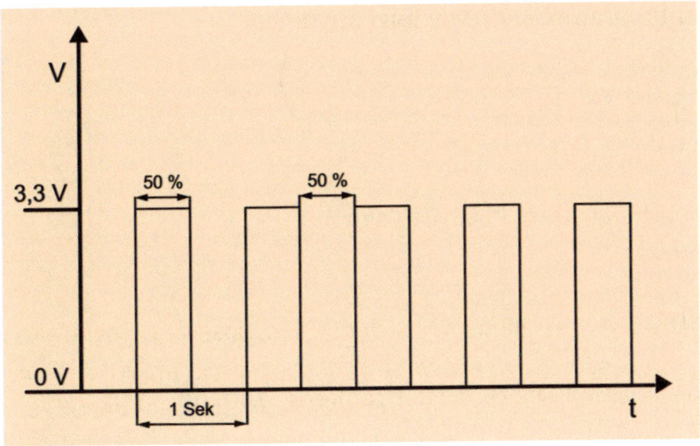

Abbildung 13.7 PWM-Signal mit einem Duty Cycle von 50 % und einer Frequenz von 1 Hz

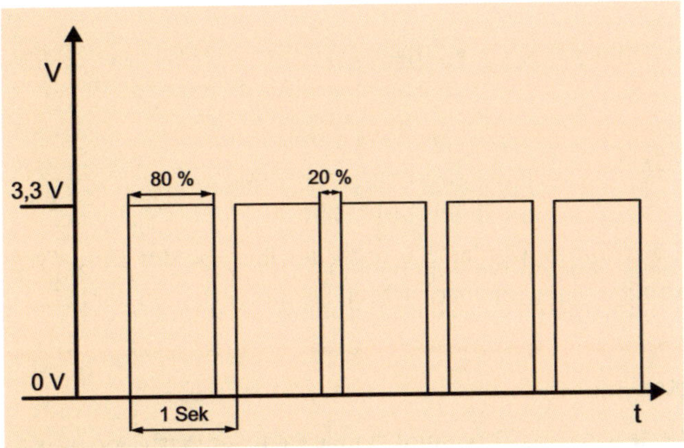

Abbildung 13.8 PWM-Signal mit einem Duty Cycle von 80 % und einer Frequenz von 1 Hz

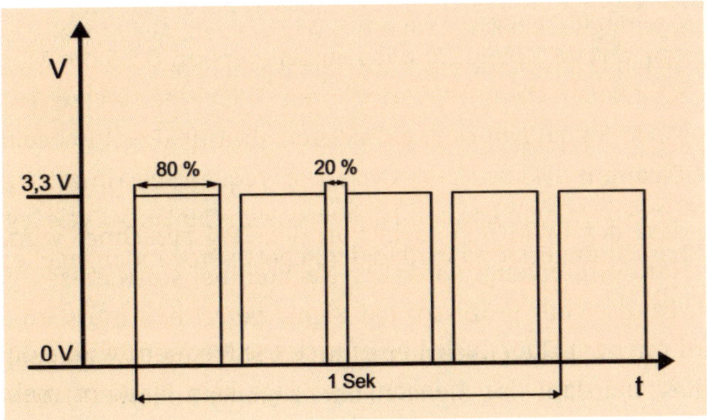

Abbildung 13.9 PWM-Signal mit einem Duty Cycle von 80 % und einer Frequenz von 5 Hz

Ein dazu passendes Python-Programm kann wie folgt aussehen:

```
#!/usr/bin/python3
from time import sleep
import RPi.GPIO as GPIO

# Physikalische Bezeichnung der Pins nutzen
GPIO.setmode(GPIO.BOARD)

GPIO.setup(26,GPIO.OUT)

# PWM-Instanz erstellen für Pin 16 mit Frequenz 100 Hz
pwm=GPIO.PWM(26,100)

# PWM starten mit Duty Cyle von 50 %
pwm.start(50)

# Manuelle Eingabe des Duty Cycle in Dauerschleife
while True:
    dc= input ("DC eingeben von 0 bis 100: ")
    pwm.ChangeDutyCycle(dc)
GPIO.cleanup
```

Sobald Sie das Programm ausführen, werden Sie nach der Eingabe des *Duty Cycle* gefragt. Ändern Sie diesen einige Male, und beobachten Sie das Verhalten der LED.

Zulässige PWM-Parameter

Für den Duty Cycle sind Werte von 0 bis 100 erlaubt, für die Frequenz Werte von 0 bis 1023 Hz. Mit der oben erläuterten Methode nutzen Sie Software-PWM. Das bedeutet, dass die Frequenz von der CPU berechnet wird. Der Raspberry Pi 2 unterstützt nur an den Pins 12 (BCM 18) und 35 (BCM 19) ein Hardware-PWM-Signal. Dieses kann bislang allerdings nur von der wiringPi-Bibliothek angesprochen werden. Alle Modelle vor Modell B+ können nur an Pin 12 das Hardware-PWM-Signal generieren.

LEDs mit Hardware-PWM dimmen

Hardware-PWM bedeutet, dass der PWM-Takt nicht von der CPU berechnet wird, sondern direkt durch die Hardware erzeugt wird. Der Nachteil bei software-seitig generierten PWM-Signalen ist, dass der Prozessor das Signal berechnen muss und demnach auch belastet wird. Gerade bei mehreren Pins, die ein Software-PWM-Signal gleichzeitig führen, kann dies zu unsauberen Signalen oder zu einer hohen CPU-Auslastung führen. Der Nachteil beim Hardware-PWM ist, dass nur der Pin 12 und Pin 35 der Raspberry-Pi-Steckerleiste J8 diesen Modus beherrschen.

Bislang wird diese Funktion lediglich von der wiringPi-Bibliothek unterstützt. Die aktuelle RPi.GPIO-Version bietet diese Funktion nicht. Um wiringPi zu installieren, sind folgende Schritte notwendig:

```
sudo apt-get install python3-dev python3-pip
sudo pip-3.2 install wiringpi2
```

Nach der Installation können Sie wiringPi bereits in Ihren Python-Code importieren:

```
import wiringpi2 as wiringpi
```

Das folgende Beispiel für ein Python-Programm erzeugt ein PWM-Signal am Hardware-PWM-fähigen Pin 12:

```
#!/usr/bin/python3
import wiringpi2 as wiringpi

# Physische Bezeichnung der Pins nutzen
wiringpi.wiringPiSetupPhys()

# Pin 12 in PWM-Modus versetzen
wiringpi.pinMode(12, 2)

# PWM-Signal generieren
# 0 = kein Signal, 1024 = Duty Cycle 100 %
wiringpi.pwmWrite(12, 500)
```

Weitere Infos zu Hardware-PWM finden Sie auf der wiringPi-Webseite:

http://wiringpi.com

RGB-LEDs

LEDs gibt es in verschiedenen Farben – Rot, Grün, Blau etc. Allerdings ist es auch möglich, alle diese Farben und solche Farben, die sich aus dem Mischen von Rot, Grün und Blau ergeben, in einer LED zu vereinen. Solche LEDs heißen RGB-LEDs. Schon der erste optische Eindruck weist auf einen Unterschied hin: Die RGB-LED hat vier statt zwei Beinchen. Im Innern der LED befinden sich drei Chips sehr nah nebeneinander. Jeder Chip erzeugt eine der drei Farben. Somit ist die Kathode von jedem der drei Chips als Beinchen ausgeführt. Das längste Beinchen ist die gemeinsame Anode (+) der Chips.

Beim Kauf einer RGB-LED sollten Sie darauf achten, dass Sie eine Ausführung mit einem diffusen oder matten Gehäuse wählen. Bei glasklaren Gehäusen lassen sich die einzelnen Chips später noch sehr gut auseinanderhalten, und somit sehen Sie statt einer gemischten Farbe drei einzelne Farben.

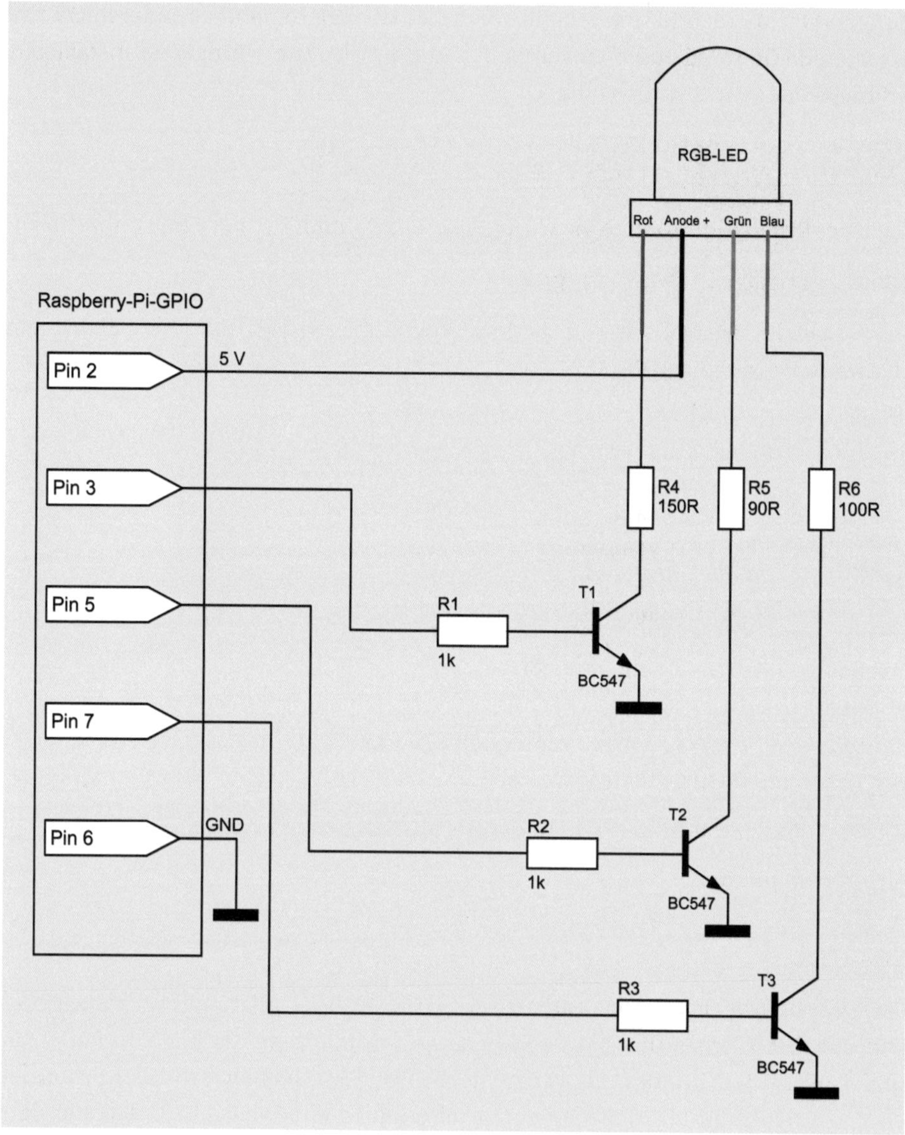

Abbildung 13.10 Anschluss einer RGB-LED an den Raspberry Pi

Auf dem Schaltplan (siehe Abbildung 13.10) sehen Sie, dass die Vorwiderstände der LEDs nicht vor der Anode platziert sind, sondern hinter der Kathode jedes einzelnen Chips. Zudem hat jede Farbe einen anderen Widerstandswert. Das ergibt sich daraus, dass jede Chipfarbe eine andere Flussspannung besitzt. Die rote LED hat eine Betriebsspannung von ca. 2,1 V, die grüne LED von 3,3 V, und die blaue LED benötigt 3,2 V. Jede LED benötigt bei dieser Spannung ca. 20 mA. Mit diesen Werten können Sie für jeden Chip den geeigneten Widerstand errechnen. Ein gemeinsamer Vorwiderstand an der Anode würde zu unterschiedlichen Helligkeiten der Farben führen. Schauen Sie in das Datenblatt Ihrer LED, um die genauen Werte für Ihr Modell zu erfahren.

Abbildung 13.11 RGB-LED auf einem Breadboard

Das folgende Python-Programm dient als Beispiel zur Ansteuerung der RGB-LED. Sie haben die Wahl zwischen einem Modus, der ein manuelles Mischen der Farben ermöglicht, und einem Modus für den automatischen Farbwechsel der LED.

```
#!/usr/bin/python3
from time import sleep
import RPi.GPIO as GPIO
GPIO.setmode(GPIO.BOARD)

# GPIO-Pins mit entsprechender LED-Farbe
rot = 3
gruen = 5
blau = 7
GPIO.setup(gruen, GPIO.OUT)
GPIO.setup(blau, GPIO.OUT)
GPIO.setup(rot, GPIO.OUT)

# Funktion, um alle genutzten Pins auf Low zu schalten
def all_off():
    GPIO.output(rot,False)
    GPIO.output(gruen,False)
    GPIO.output(blau,False)
    return
```

```
# Modusauswahl
auswahl = eval(input ("[1] Mischen    [2] Auto \n"))

# PWM festlegen mit Frequenz 100Hz
pwm_g=GPIO.PWM(gruen,100)
pwm_b=GPIO.PWM(blau,100)
pwm_r=GPIO.PWM(rot,100)

# PWM starten mit Frequenz 0 % Duty Cycle
pwm_g.start(0)
pwm_b.start(0)
pwm_r.start(0)

try:
    if auswahl == 1:
        while True:
            # Werte von 0-100 zulässig
            dcr= eval(input("Rotanteil [0-100]: \n" ))
            dcb= eval(input("Blauanteil [0-100]: \n"))
            dcg= eval(input("Gruenanteil [0-100]: \n"))

            # Duty Cycle entsprechend der Eingabe ändern
            pwm_g.ChangeDutyCycle(dcg)
            pwm_b.ChangeDutyCycle(dcb)
            pwm_r.ChangeDutyCycle(dcr)

    #Farbwechsel bei Modus "Auto"
    if auswahl == 2:
        while True:
            for i in range(100):
                pwm_g.ChangeDutyCycle(i)
                sleep (0.05)
                if i == 99:
                    for i in xrange(100, 0, -1):
                        sleep (0.05)
                        pwm_g.ChangeDutyCycle(i)

            for i in range(100):
                pwm_b.ChangeDutyCycle(i)
                sleep (0.05)
                if i == 99:
                    for i in xrange (100,0,-1):
                        sleep (0.05)
                        pwm_b.ChangeDutyCycle(i)
```

```
            for i in range(100):
                pwm_r.ChangeDutyCycle(i)
                sleep (0.005)
                if i == 99:
                    for i in xrange(100, 0, -1):
                        sleep (0.05)
                        pwm_r.ChangeDutyCycle(i)

except KeyboardInterrupt:
    all_off()
```

Spielen Sie ein wenig mit den Werten, und beobachten Sie das Verhalten der LED. Denken Sie sich auch eigene Abläufe für den automatischen Farbwechsel aus. Wenn Sie das Prinzip der RGB-LED verinnerlicht haben, so können Sie z. B. mehrere Status-LEDs durch eine RGB-LED ersetzen.

13.2 Optokoppler

In den vorhergehenden Beispielen haben wir Ihnen erläutert, wie Sie eine Last (z. B. eine LED) mithilfe eines Transistors schalten. Eine weitere Möglichkeit bietet ein Optokoppler. Hierbei handelt es sich um ein Bauteil, das im Prinzip eine LED sowie einen Fototransistor beinhaltet. Infrarote Lichteinstrahlung lässt die Kollektor-/Emitterstrecke leitend werden. Dies ist auch der große Unterschied zum normalen Transistor.

Die Basis des Transistors benötigt also keine leitende Verbindung zum Raspberry Pi. Dadurch liegt auch eine komplette galvanische Trennung des Steuer- und Laststromkreises vor. Der Eingang des Optokopplers wird wie eine LED behandelt und muss auch mit dem entsprechenden Vorwiderstand beschaltet werden. Schalten Sie also die interne Infrarot-LED des Optokopplers ein, so wird der dahinterliegende Transistor leitend. Durch diese Trennung der beiden Stromkreise kann ein sehr guter Schutz der Steuerelektronik, also des Raspberry Pi, gewährleistet werden. Im Falle eines Kurzschlusses oder einer Fehlbeschaltung auf der Ausgangsseite nimmt die Steuerelektronik im Regelfall keinen Schaden.

Ein gängiger Optokoppler ist z. B. das Modell PC817 (siehe Abbildung 13.12). Ein Datenblatt für das Bauteil finden Sie unter diesem Link:

http://www.farnell.com/datasheets/73758.pdf

Beachten Sie beim Verbauen des Bauteils die im Datenblatt angegebenen Strom- und Spannungsgrenzwerte! So verträgt der PC817 50 mA durch die Kollektor-/Emitterstrecke des Transistors. Dies ist zum Betreiben einer LED noch ausreichend. Zur Versorgung größerer Lasten wird allerdings eine weitere Transistorstufe hinter dem

Optokoppler notwendig. Hierzu schließen Sie einen weiteren Transistor, z. B. den BC547, an den Emitter des Optokopplers an. Um den idealen Schutz des Eingangskreises zu gewährleisten, sollten die beiden Massen der Eingangs- und Ausgangsseite getrennt werden. Der Aufbau und das Wirkprinzip des Optokopplers werden bereits im Ersatzschaltbild sehr gut deutlich (siehe Abbildung 13.13).

Abbildung 13.12 Der Optokoppler PC817

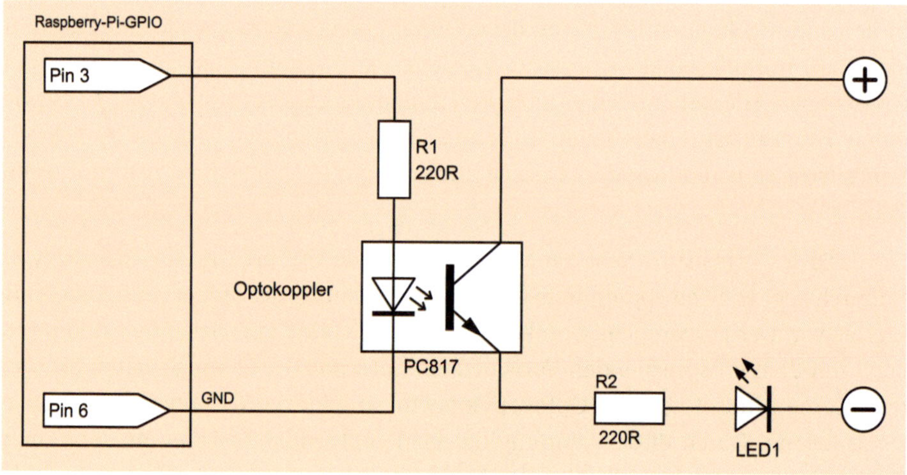

Abbildung 13.13 Beispielanwendung für einen Optokoppler

13.3 Elektromotoren

In diesem Abschnitt erlernen Sie den Umgang mit Motoren. Hierbei ist es besonders wichtig, dass die Steuersignale vom Leistungsteil getrennt werden. Motoren benötigen in der Regel viel mehr Strom und Spannung, als der Raspberry Pi liefern kann. Aus diesem Grund verwenden wir einen Motortreiberbaustein und eine externe Spannungsquelle zur Versorgung der Motoren.

Der geeignete Motor

In den späteren Beispielschaltungen beschränken wir uns auf Motoren aus dem Modellbau. Diese benötigen meist Versorgungsspannungen zwischen 7 und 12 V. Um kleine Lüfter drehen zu lassen, eignen sich z. B. Motoren mit einer kleinen Versorgungsspannung und einer hohen Drehzahl. Wenn Sie vorhaben, Antriebe z. B. für kleine Autos zu steuern, dann achten Sie bei der Motorauswahl auf einen hohen Drehmoment. Je nach Größe und Antriebsart Ihres Modells müssen die kleinen Motoren teilweise sehr viel leisten.

Generell können Sie die angegebene Versorgungsspannung von Motoren unterschreiten. So wird sich ein 24-V-Motor auch mit einer 12-V-Versorgungsspannung drehen. Allerdings nimmt in diesem Fall die Leistung drastisch ab. Die Werte zu Leistung und Drehmoment, die Sie im Datenblatt des Motors finden, setzen die angegebene Spannung voraus.

Vorsicht

Vermeiden Sie es unbedingt, die Versorgungsspannung aus der 5-V-Schiene des Raspberry Pi zu entnehmen! Die Stromaufnahme eines Motors übersteigt – vor allem beim Anlaufen und beim Blockieren – deutlich die für den Raspberry Pi angedachte Stromabgabe. Für Motoren sollten Sie daher immer ein zweites, externes Netzteil mit der geeigneten Versorgungsspannung nutzen.

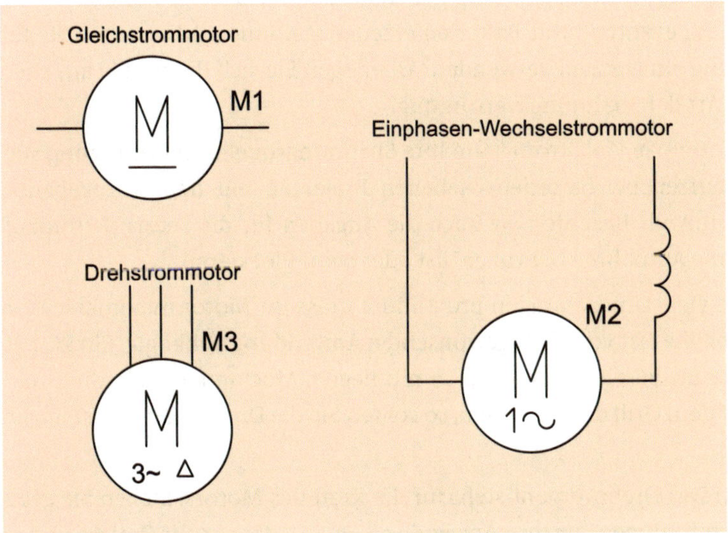

Abbildung 13.14 Schaltzeichen für unterschiedliche Motortypen

Gleichstrom- und Wechselstrommotoren

Der **Gleichstrommotor** ist ein gern verwendeter Motor im Modellbau. Durch die Gleichspannungsversorgung kann somit auf die gefährliche Wechselspannung verzichtet werden. Je nach Größe und Stärke des Motors wird eine andere Eingangsspannung benötigt. Für die Anwendung im Hobby-/Modellbaubereich sind meist Motoren mit einer Eingangsspannung von maximal 24 V ausreichend.

Die Anwendungsmöglichkeiten für Gleichstrommotoren sind sehr vielfältig. Aufgrund ihrer sehr unterschiedlichen Bauform und Größe sind Gleichstrommotoren auch im Alltag sehr oft wiederzufinden, z. B. als:

- Miniatur-Vibrationsmotoren im Handy
- Zoom einer Digitalkamera
- Lüfter in PC-Gehäusen
- Scheibenwischermotoren
- Modell-Autos, -Flugzeuge oder -Boote
- Garagentorantriebe
- Förderbänder

Bei der Suche nach dem geeigneten Motor für Ihr Vorhaben werden Sie von der riesigen Auswahl schier überwältigt. Machen Sie sich Gedanken über einige wichtige Kenngrößen, mit denen Sie die Auswahl an möglichen Motoren bereits weit eingrenzen können:

- **Betriebsspannung:** Welche Spannung haben Sie zur Verfügung? Können Sie die nötige Spannung eventuell mit Batterien erzeugen? Können oder wollen Sie für Ihre Anwendung ein Netzteil verwenden? Überlegen Sie sich die für Sie am ehesten geeignete Art der Spannungsversorgung.
- **Stromaufnahme:** Wie viel Strom kann Ihre Spannungsquelle zur Verfügung stellen? Ist die Laufzeit bei batteriebetriebenen Projekten mit dem angegebenen Strom noch sinnvoll? Beachten Sie auch die Angaben für die Leerlaufstromaufnahme sowie die Aufnahme bei voller Last oder beim Blockieren.
- **Drehzahl:** Wie viele Umdrehungen pro Minute muss Ihr Motor maximal leisten können? Dieser Wert ist von Ihrer gewünschten Anwendung abhängig. Ein PC-Lüftermotor sollte im Bereich von 5000 U/min liegen. Möchten Sie allerdings das Spanferkel auf dem Grill drehen lassen, so sollten Sie die Drehzahl im einstelligen Bereich wählen.
- **Drehmoment:** Das Drehmoment steht für die Kraft des Motors. Stellen Sie gegebenenfalls Berechnungen für Ihre Anwendung an, um das für Ihr Projekt nötige Drehmoment zu bestimmen. Auch hier gilt: Der PC-Lüfter sollte eine hohe Drehzahl erzeugen. Das benötigte Drehmoment allerdings ist in diesem Fall sehr niedrig, da keine großen Kräfte benötigt werden.

Das Spanferkel hingehen wiegt etwas mehr, soll sich aber sehr langsam drehen. Daher ist das Drehmoment in diesem Fall höher zu wählen. Beide Kenngrößen – die Drehzahl sowie das Drehmoment – können durch ein Getriebe am Motor beeinflusst werden. Dieses kann nachträglich angebaut werden oder aber bereits im Motorgehäuse verbaut sein.

Wechselstrommotoren und Drehstrommotoren zählen natürlich auch zu den Elektromotoren, finden in diesem Kapitel allerdings keine Anwendung. Sie sind meist leistungsfähiger als Gleichstrommotoren, benötigen aber eine Wechselspannung. Teilweise werden Wechselstrommotoren mit Spannungen von 230 V bis 400 V versorgt und sind daher für den Hobbybereich eher untauglich.

Eine Steuerung der Motoren wäre mit der Verwendung von Relais und Schützen möglich. Informationen zur Wirkungsweise und zum Anwendungsbereich von Wechselstrommotoren finden Sie wie üblich in der Wikipedia:

http://de.wikipedia.org/wiki/Wechselstrommotor

Die H-Brücke

Bevor Sie mit dem Basteln beginnen, müssen wir einen kurzen Theorieteil einschieben: Der Motortreiber L298, den wir für die Motorsteuerung verwenden, ist ein dualer Treiberbaustein mit integrierter H-Brücke. Eine H-Brücke ist eine Bezeichnung für eine Schaltung (siehe Abbildung 13.15), die es unter anderem ermöglicht, Motoren sehr einfach umzupolen, um die Drehrichtung umzukehren.

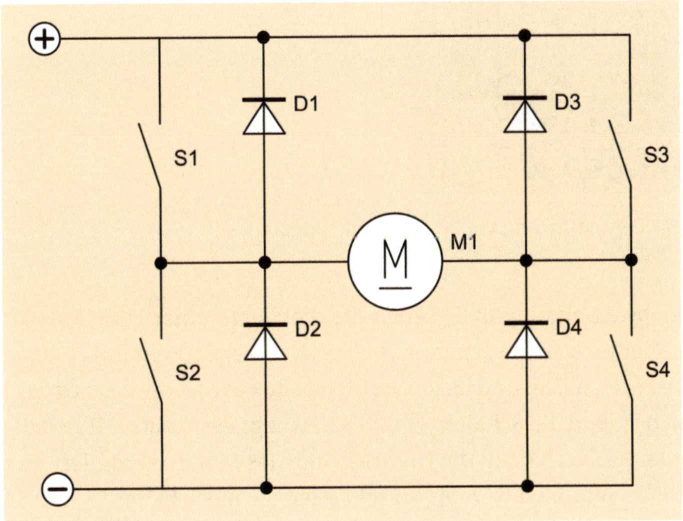

Abbildung 13.15 Prinzip einer H-Brücke

Zudem kann der L298 dies sogar für zwei Motoren leisten. Daher kristallisiert sich das Bauteil als ideal für den Bau von kleinen Autos oder Robotern heraus. Den L298 können Sie in unterschiedlichen Bauformen erhalten. Wir gehen von der Bauform im Multiwatt-Gehäuse aus. Bei der Bestellung heißt das Bauteil L298N. Eine SMD-Ausführung des Bauteils erhalten Sie unter der Bezeichnung L298P. Die Variante L298D besitzt bereits integrierte Freilaufdioden und erspart Ihnen somit ein wenig Lötarbeit.

SMD-Bauteile

Bauteile, die keine Beinchen besitzen, sondern Lötflächen, und somit nur auf der Oberfläche einer Leiterplattenseite verlötet werden, heißen »**S**urface **M**ounted **D**evices«. SMDs können viel kleiner ausgeführt werden als die bedrahteten Versionen (siehe Abbildung 13.16).

Abbildung 13.16 Oben: SMD-Ausführung von IC, LED und Transistor – unten: die bedrahteten Versionen dieser Bauteile

Auf dem Schaltplan (siehe Abbildung 13.15) sehen Sie die Skizze einer H-Brücke zur Motoransteuerung. Schließen sich die Schalter S1 und S4, so liegt an der linken Seite des Motors das positive Potenzial an und an der rechten Seite des Motors das negative Potenzial. Schließen sich jedoch die Schalter S3 und S2, so liegt das positive Potenzial rechts, das negative links. Dadurch kann die Drehrichtung des Motors verändert werden. Soll der Motor abrupt gebremst werden, so schließen Sie die Schalter S2 und S4 und schließen so den Motor kurz.

Die Dioden D1 bis D4 im Schaltplan sind Freilaufdioden, die die Ansteuerelektronik vor Spannungsspitzen aus den Wicklungen des Motors schützen. Diese Dioden sind zwingend notwendig und nicht zu unterschätzen. Sehr schnell kann der Treiberbaustein – oder im schlimmsten Fall sogar der Raspberry Pi – zerstört werden!

Der Motortreiber L298

Warum haben wir für dieses Buch den L298 als Motortreiber ausgewählt? Dieses Bauteil bekommen Sie in fast jedem Elektronikfachgeschäft. Durch seine große Bauform hält er selbst großen Belastungen stand. Die einfache Montage eines Kühlkörpers lässt große Motorströme zu. Der L298 erfüllt alle Funktionen einer H-Brücke – und dies sogar doppelt! Er beeinhaltet zwei H-Brücken, um zwei Motoren unabhängig voneinander anzusteuern. Die Versorgungsspannung darf maximal 46 V betragen, der maximale Strom jeweils 2 A.

Im Pin-Belegungsplan sind die Anschlüsse unterschiedlich lang dargestellt (siehe Abbildung 13.17). Die Pins sind zweireihig angeordnet. Aus dem Blickwinkel der Zeichnung sind die längeren vorne, die kürzeren hinten.

13

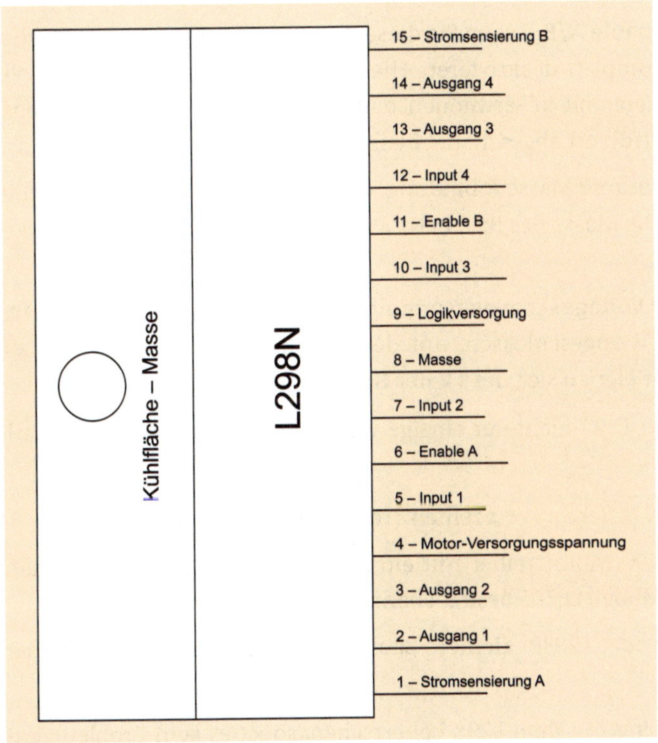

Abbildung 13.17 L298N-Pin-Belegung

Trotz der vielen verfügbaren Pins ist das System doch leicht zu verstehen:

- **Pin 1 und Pin 15 – Current Sensing A/B:** Schließen Sie an die beiden Pins einen Widerstand gegen Masse an, so kann durch das Messen des Spannungsabfalls über diesem Widerstand der aktuelle Strom zurückgelesen werden. Wird diese Funktion nicht benötigt, so können die beiden Pins auf Masse gelegt werden.
- **Pin 2, Pin 3, Pin 13, Pin 14 – Output 1/2:** Hier schließen Sie die beiden Versorgungsanschlüsse der Motoren A (Pin 2/3) und B (Pin 13/14) an. Sollten Sie Motoren verwenden, bei denen der L298 an seine Grenzen stößt (z. B. wegen einer Stromaufnahme > 2 A), empfiehlt es sich, an die Massefläche des L298 einen geeigneten Kühlkörper anzubringen.
- **Pin 4 – Supply Voltage:** Dieser Pin ist nur einmal ausgeführt. Hier wird die gemeinsame Versorgungsspannung der Motoren angeschlossen (maximal 46 V).
- **Pin 5, Pin 7, Pin 10, Pin 12 – Input 1–4:** Die Input-Pins dienen zur Ansteuerung des Bausteins. Sehr hilfreich ist, dass die Input-Pins einen High-Pegel bereits ab 2,3 V erkennen. Damit lässt sich der L298 direkt, ohne Zwischenbeschaltung, über die 3,3-V-Ausgänge der GPIO-Steckerleiste des Raspberry Pi ansteuern.
- **Pin 6 und Pin 11 – Enable A/B:** Legen Sie diese Pins auf Masse, so können Sie die H-Brücke A oder B komplett deaktivieren. Hier ist es unter Umständen sinnvoll, einen Pull-down-Widerstand zu verwenden, damit der L298 während des Bootens des Raspberry Pi kontrolliert abgeschaltet bleibt.
- **Pin 8 – GND:** Gemeinsame Masseanbindung. Die große Metallfläche am Bauteil ist ebenfalls Masse. Die Masse des Raspberry Pi muss mit der Masse des L298 verbunden werden.
- **Pin 9 – Logic Supply Voltage:** Logikversorgung des Bauteils. Hier wird eine Spannung von 4,5 bis 7 V angeschlossen, um den internen Logikteil des L298 zu versorgen. Ideal dafür eignen sich die 5 V der GPIO-Leiste.

Selbstverständlich ist der L298 nicht der einzige verfügbare Motortreiber. Alternativen wären:

- der Selbstbau einer H-Brücke aus einzelnen Transistoren oder Relais
- die Bauteilreihe L620X: Motortreiber mit einfacher H-Brücke, aber integrierten Freilaufdioden. Das Modell L6205 besitzt ebenfalls zwei H-Brücken.
- der Treiber-IC L293D oder L293B: kleinere Bauform, aber auch weniger belastbar als L298

Wenn Sie erst den Umgang mit dem L298 beherrschen, so ist es kein Problem, auf andere Motortreiber umzusteigen. Betrachten Sie dieses Kapitel daher als Grundlage für den Umgang mit Motortreiber-ICs.

Verdrahtung und Software

Schließen Sie nun den L298 dem Schaltplan entsprechend an (siehe Abbildung 13.18). Verwenden Sie dabei eine für Ihren Motor geeignete Spannung. Falls Sie die Variante L298D verwenden, können Sie die externen Freilaufdioden weglassen.

Vorsicht, Kurzschlussgefahr!

Falls Sie eine Batterie verwenden, müssen Sie unbedingt die Zuleitung der Batterie mit einer geeigneten Sicherung versehen. Bei Kurzschlüssen an 12-V-Blei-Gel-Akkus droht immer Brandgefahr!

In der Software können Sie nun mittels eines 3,3-V-Signals an den Input-Eingängen die Drehrichtung der Motoren beeinflussen (siehe Tabelle 13.1). Für Motor B nutzen Sie Input 3 und 4 sowie Enable B. Die Funktionen verhalten sich gleich.

Input 1	Input 2	Enable A	Funktion
0	0	0	Motor läuft aus.
0	0	1	Sofortiger Stopp
0	1	0	Motor läuft aus.
1	0	0	Motor läuft aus.
0	1	1	Rückwärts
1	1	1	Sofortiger Stopp
1	1	0	Motor läuft aus.
1	0	1	Vorwärts

Tabelle 13.1 Logiktabelle für den Motor A am L298

Wie Sie sehen, finden Motorenbewegungen nur dann statt, wenn der Enable-Eingang einen High-Pegel erhält. Liegt an Enable ein Low-Pegel an, so ist die Kombination der Input-Pins egal. Die gesamte H-Brücke ist deaktiviert.

Sobald der Status von Input 1 = Input 2 ist, wird der Motor kurzgeschlossen und es findet ein »Sofort-Stopp« statt. Wird das Enable-Signal auf Low gesetzt, so läuft der Motor ganz normal aus.

Sie können unter Umständen zwei Pins der GPIO-Leiste einsparen, indem Sie die Enable-Eingänge permanent auf 3,3 V legen. Somit entfällt allerdings die Auslauffunktion und der Motor macht eine Vollbremsung, anstatt sanft auszulaufen. Prüfen Sie hier aber, dass die Ausgänge des Raspberry Pi keine ungewollten Signale abgeben, z. B. beim Booten. Ansonsten können sich die Motoren ungewollt bewegen.

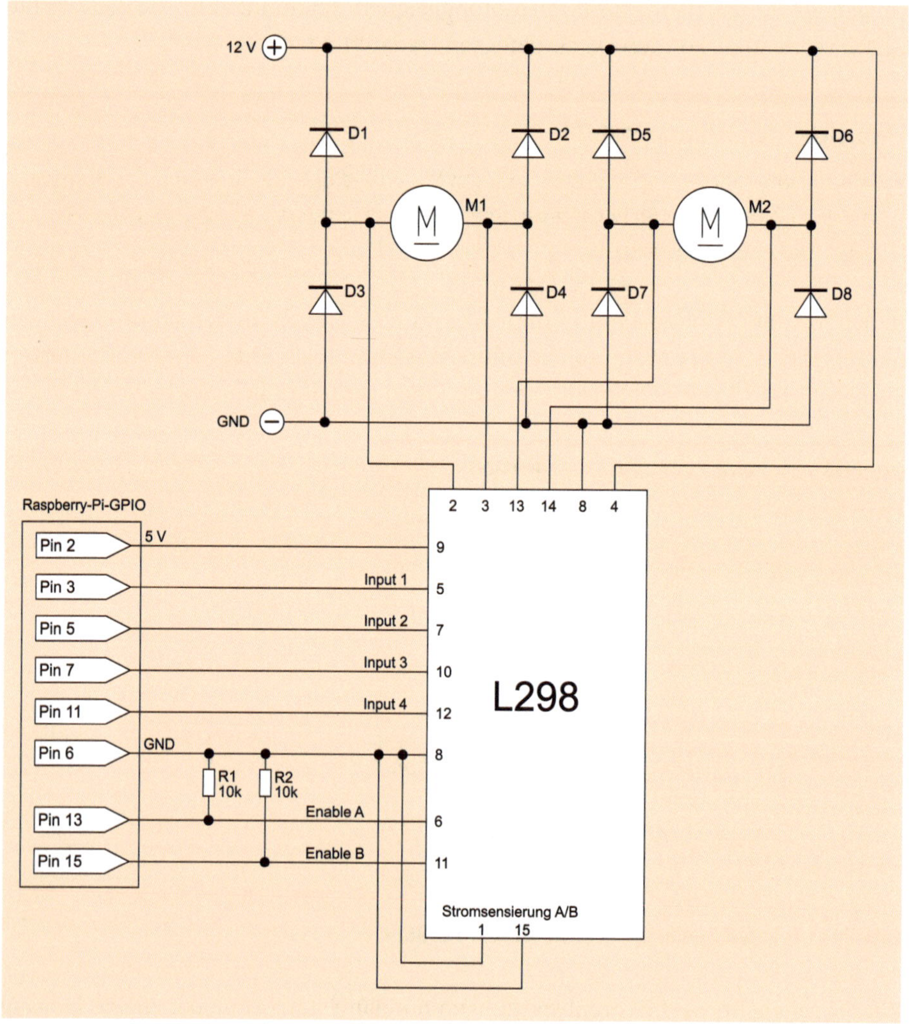

Abbildung 13.18 Verdrahtung des L298

Das folgende Python-Programm ist in zwei Teile aufgeteilt. Im ersten Teil definieren Sie die verwendeten GPIO-Pins. Zusätzlich haben wir die Funktion `all_off()` definiert, um alle Pins auf Low zu schalten. Sofern keine externen Pull-down-Widerstände genutzt werden, ist in diesem Fall die `all_off()`-Funktion sicherer als ein `GPIO.cleanup()`.

```
#!/usr/bin/python3
# Teil 1 des Codes

from time import sleep
import RPi.GPIO as GPIO
GPIO.setmode(GPIO.BOARD)

# Funktion, um alle genutzten Pins auf Low zu schalten
def all_off():
    GPIO.output(EnableA, False)
    GPIO.output(EnableB,False)
    GPIO.output(Input1,False)
    GPIO.output(Input2,False)
    GPIO.output(Input3,False)
    GPIO.output(Input4,False)
    return

# Den GPIO-Pins werden die Namen der L298-Eingänge zugewiesen.
EnableA = 13
EnableB = 15
Input1 = 3
Input2 = 5
Input3 = 7
Input4 = 11

# Alle genutzten GPIO-Pins als Ausgang deklarieren.
GPIO.setup(EnableA,GPIO.OUT)
GPIO.setup(EnableB,GPIO.OUT)
GPIO.setup(Input1,GPIO.OUT)
GPIO.setup(Input2,GPIO.OUT)
GPIO.setup(Input3,GPIO.OUT)
GPIO.setup(Input4,GPIO.OUT)

# Funktion "all_off" aufrufen
all_off()
```

Den zweiten Teil des Codes fügen Sie nahtlos hinter den ersten ein. Er bietet zwei manuelle Eingabemöglichkeiten, um einen der beiden Motoren auszuwählen und um dessen Drehrichtung anzugeben. Sollten Sie nur einen Motor am L298 angeschlossen haben, so verwenden Sie im Programmcode nur die Pins `Input1` und `Input2`. Der Steuerungsteil des Programms ist in eine `try`/`except`-Klammer gefasst. Dadurch wird auch im Falle des Programmabbruchs durch `Strg`+`C` die `all_off()`-Funktion ausgeführt. Damit können Sie sich jederzeit sicher sein, dass beim Programmende alle Ausgänge des Motortreibers abgeschaltet sind.

```
# Teil 2 des Codes
try:
  while True:
    # Eingabefeld zur Motorauswahl.
    # Groß-/Kleinschreibung beachten.
    motor = input("Geben Sie den Motor ein: 'A' oder 'B': ")
    # Eingabefeld zur Richtungsauswahl.
    richtung =
      input("Geben Sie die Drehrichtung ein: 'V' oder 'Z': ")

    # if-Schleifen zur Abfrage der vorherigen Eingabe
    if motor == "A" and richtung == "V":
        GPIO.output(EnableA, True)
        GPIO.output(Input1, True)
        GPIO.output(Input2, False)
        sleep (5)           # Motor dreht jeweils 5 Sekunden.
        GPIO.output(EnableA, False)
        GPIO.output(Input1, False)
    if motor == "A" and richtung == "Z":
        GPIO.output(EnableA, True)
        GPIO.output(Input1, False)
        GPIO.output(Input2, True)
        sleep (5)
        GPIO.output(EnableA, False)
        GPIO.output(Input2, False)

    if motor == "B" and richtung == "V":
        GPIO.output(EnableB, True)
        GPIO.output(Input3, True)
        GPIO.output(Input4, False)
        sleep (5)
        GPIO.output(EnableB, False)
        GPIO.output(Input3, False)
    if motor == "B" and richtung == "Z":
        GPIO.output(EnableB, True)
        GPIO.output(Input3, False)
        GPIO.output(Input4, True)
        sleep (5)
        GPIO.output(EnableB, False)
        GPIO.output(Input4, False)

# beim Programmende durch Strg+C wird "all_off" ausgeführt
except KeyboardInterrupt:
    all_off()
```

Motordrehzahl per Software ändern

Die Enable-Eingänge des L298 sind PWM-tauglich. Das können Sie nutzen, um in Python ein PWM-Signal auf den Pins 13 und 15 zu erzeugen und somit die Drehzahl zu beeinflussen. Dazu ändern Sie den oben gezeigten Python-Code ein wenig ab.

Nutzen Sie hier den kompletten Code aus Teil 1 des vorherigen Programms. Teil 2 des Codes ersetzen Sie durch den folgenden:

```
# PWM-Signal auf Pins 13 und 15 mit 100 Hz
pwmA=GPIO.PWM(EnableA,100)
pwmB=GPIO.PWM(EnableB,100)

try:
  while True:
    # Eingabefeld zur Motorauswahl.
    motor = input ("Wählen Sie den Motor: 'A' oder 'B': ")

    # Eingabefeld zur Richtungsauswahl.
    richtung =
      input ("Wählen Sie die Drehrichtung: 'V' oder 'Z': ")

    # Duty Cycle eingeben
    geschwindigkeit =
      input ("Wählen Sie die Geschwindigkeit: '1 - 100': ")

    if motor == "A" and richtung == "V":
        # PWM starten mit 100 Hz und dem eingegebenen Duty Cycle
        pwmA.start(float(geschwindigkeit))
        GPIO.output(Input1, True)
        GPIO.output(Input2, False)
        sleep (5)
        GPIO.output(EnableA, False)
        GPIO.output(Input1, False)

    if motor == "A" and richtung == "Z":
        pwmA.start(float(geschwindigkeit))
        GPIO.output(Input1, False)
        GPIO.output(Input2, True)
        sleep (5)
        GPIO.output(EnableA, False)
        GPIO.output(Input2, False)

    if motor == "B" and richtung == "V":
        pwmB.start(float(geschwindigkeit))
        GPIO.output(Input3, True)
```

```
            GPIO.output(Input4, False)
            sleep (5)
            GPIO.output(EnableB, False)
            GPIO.output(Input3, False)


        if motor == "B" and richtung == "Z":
            pwmB.start(float(geschwindigkeit))
            GPIO.output(Input3, False)
            GPIO.output(Input4, True)
            sleep (5)
            GPIO.output(EnableB, False)
            GPIO.output(Input4, False)

# Beim Beenden des Programms durch Strg+C wird
# all_off() ausgeführt.
except KeyboardInterrupt:
    all_off()
```

In dieser Abwandlung des ursprünglichen Codes verwenden Sie ein PWM-Signal auf den Enable-Pins. Am Anfang des Programms wird mit `pwmA=GPIO.PWM(EnableA,100)` die Frequenz festgelegt. Die PWM-Frequenz sollte, wie im Beispiel, im Bereich von 100 Hz liegen. Darunter fängt der Motor an zu stottern. Setzen Sie die Frequenz auf einen weitaus höheren Wert, so wird ein starkes Fiepen im Motor entstehen.

Im weiteren Ablauf des Programms kommt eine zusätzliche Eingabemöglichkeit hinzu. Sie können dort manuell den Duty Cycle des PWM-Signals bestimmen. Dieser Eingabewert bestimmt die Drehgeschwindigkeit des Motors. Experimentieren Sie ein wenig mit Frequenz und Duty Cycle, und beobachten Sie die Auswirkungen auf die Motorenbewegung. Lesen Sie bei Bedarf die Grundlagen zu PWM in Abschnitt 13.1.

Noch mehr Anwendungsmöglichkeiten für den L298 sowie Steuerungsdetails verrät das Datenblatt, das Sie unter der folgenden Adresse finden:

https://www.sparkfun.com/datasheets/Robotics/L298_H_Bridge.pdf

Spar-Tipp

Suchen Sie in Online-Auktionshäusern nach dem Stichwort *L298-Modul*, so finden Sie vor allem bei ausländischen Händlern sehr günstige Fertigmodule des L298 – meist fertig bestückt auf einer kleinen Leiterplatte, samt Freilaufdioden und Schraub- oder Steckverbindungen für Ein- und Ausgänge (siehe Abbildung 13.19).

Abbildung 13.19 Beispiel für ein L298-Fertigmodul

13.4 Schrittmotoren

Ein Schrittmotor (siehe Abbildung 13.20) ist eine besondere Form des Gleichstrommotors. Wie aus der Bezeichnung bereits abzuleiten ist, lässt sich ein Schrittmotor in einzelnen Schritten ansteuern. Das hat einen großen Vorteil, wenn Sie z. B. darauf angewiesen sind, die genaue Position eines Motors zu überwachen. Denkbare Situationen dafür wären z. B. die Konstruktion eines X/Y-Tisches, Roboterarme oder Hub-Dreh-Greif-Einrichtungen. Wenn Sie dazu ein cleveres Python-Script entwerfen, so kann in der Software die aktuelle Position jederzeit mitgeschrieben werden. Sehr gute Informationen zur Funktionsweise, Auswahl und Unterscheidung von Schrittmotoren finden Sie unter folgendem Link:

http://www.rn-wissen.de/index.php/Schrittmotoren

Schrittmotoren sind mitunter sehr teuer. Möchten Sie ein wenig Geld sparen und haben noch alte Elektronikgeräte zu Hause im Keller, so werfen Sie mal einen Blick ins Innere! In vielen Geräten sind Schrittmotoren verbaut, die sich ideal für Projekte und Experimente verwenden lassen. Dazu zählen z. B.:

- Drucker
- Scanner
- CD/DVD-Laufwerke
- RC-Modelle

Bei der Ansteuerung von Schrittmotoren unterscheidet man zwischen der bipolaren und der unipolaren Ansteuerung. Wir werden Ihnen beide Formen der Ansteuerung vorstellen und die nötige Hardware erläutern. In den folgenden Beispielen nutzten wir zwei verschiedene Schrittmotortypen: einen 4-poligen Motor mit bipolarer Ansteuerung sowie einen 5-poligen Motor für die unipolare Ansteuerung.

Abbildung 13.20 Verschiedene Schrittmotoren und Typenschild

Bipolare Ansteuerung

Motoren mit vier, sechs oder acht Anschlüssen müssen Sie bipolar ansteuern, wobei eine bestimmte Schrittabfolge zu beachten ist (siehe Tabelle 13.2). Diese Art der Ansteuerung ist etwas aufwendiger, allerdings erhalten Sie im Gegensatz zur unipolaren Ansteuerung einen höheren Drehmoment. Der größte Unterschied der beiden Ansteuerarten besteht im erforderlichen Treiber. Für eine bipolare Ansteuerung benötigen Sie eine H-Brücke, die die Spulen des Schrittmotors umpolt. Zur unipolaren Ansteuerung genügt ein einfaches Darlington-Array, das abwechselnd die Spulenenden gegen Masse schaltet.

Schritt	Spule A1	Spule A2	Spule B1	Spule B2
Schritt 1	1	0	1	0
Schritt 2	1	0	0	1
Schritt 3	0	1	0	1
Schritt 4	0	1	1	0

Tabelle 13.2 Bipolare Steuerung eines Schrittmotors

Wir nutzen im nächsten Beispiel einen bipolaren Schrittmotor mit der Bezeichnung PSM35BYG104. Dieser ist u. a. beim Elektronikversand Pollin zu bestellen. Als Treiber kann in diesem Fall wieder der L298 verwendet werden. Schließen Sie dazu den Schrittmotor wie im Schaltplan gezeigt an (siehe Abbildung 13.21). Um die beiden Spulen zu identifizieren, messen Sie die vier Leitungen mit einem Multimeter ohmsch durch. Sie erkennen die beiden Enden einer Spule an einem geringen Widerstandswert im Ohm-Bereich. Wenn Sie von Spule A zu Spule B messen, sollten Sie einen nahezu unendlichen Widerstand feststellen.

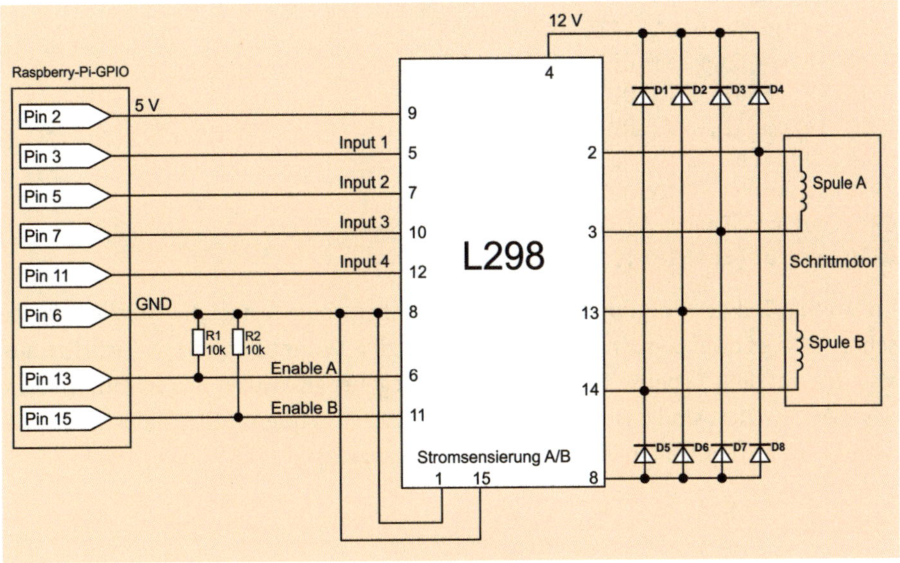

Abbildung 13.21 Anschluss des Schrittmotors an den L298

Das Programm für den oben genannten Aufbau haben wir in drei Abschnitte unterteilt. Nach jedem Teil erfolgt eine kurze Funktionserläuterung. Fügen Sie alle drei Codeabschnitte untereinander in eine Python-Datei ein.

Der erste Teil des Python-Codes legt die Pins fest, die wir für die Ansteuerung des L298 nutzen wollen. Passen Sie die Pin-Nummern im Programm entsprechend der Verdrahtung an, die Sie festgelegt haben. Die Variable `time` bestimmt später die Pause zwischen den einzelnen Schritten und somit die Drehgeschwindigkeit des Motors.

```
#!/usr/bin/python3
# Teil 1
from time import sleep
import RPi.GPIO as GPIO
GPIO.setmode(GPIO.BOARD)
```

```
# verwendete Pins am Raspberry Pi
EnableA = 13
EnableB = 15
a1 = 3
a2 = 5
b1 = 7
b2 = 11
# Pause zwischen den Schritten (beliebig veränderbar)
time = 0.005
# alle genutzten GPIO-Pins als Ausgang deklarieren
GPIO.setup(EnableA,GPIO.OUT)
GPIO.setup(EnableB,GPIO.OUT)
GPIO.setup(a1,GPIO.OUT)
GPIO.setup(a2,GPIO.OUT)
GPIO.setup(b1,GPIO.OUT)
GPIO.setup(b2,GPIO.OUT)
GPIO.output(EnableA, True)
GPIO.output(EnableB, True)
```

Im zweiten Teil des Programms legen Sie die Schrittfolge fest (siehe Tabelle 13.2). Sie sehen, dass es zwei Sequenzen im Programm gibt. Sequenz 1 führt Vollschritte aus, also den auf dem Typenschild des Motors angegebenen Winkel pro Schritt. Im Falle des PSM35BYG104 sind das 1,8° pro Schritt. Die zweite Sequenz führt Halbschritte aus. Somit wird pro Schritt ein Winkel von 0,9° zurückgelegt.

```
# Fortsetzung / Teil 2
z = 0
schritte = 0

# Sequenz für Vollschritt
steps1 = []
steps1 = list(range(0,4))
steps1[0] = [a1,b1]
steps1[1] = [a1,b2]
steps1[2] = [a2,b2]
steps1[3] = [a2,b1]
zaehler1 = 4
# Sequenz für Halbschritt
steps2 = []
steps2 = list(range(0,8))
steps2[0] = [a1,b1]
steps2[1] = [a1,0]
steps2[2] = [a1,b2]
steps2[3] = [b2,0]
steps2[4] = [a2,b2]
```

```
steps2[5] = [a2,0]
steps2[6] = [a2,b1]
steps2[7] = [b1,0]
zaehler2 = 8
```

Der letzte Teil des Programms besteht aus der Aufforderung zur Sequenzauswahl und der Ausführung der Schritte. Zur Demonstration haben Sie also die Möglichkeit, zum Start des Programms zwischen Voll- oder Halbschrittbetrieb zu wählen. Ist die Betriebsart festgelegt, so folgt die for-Schleife, in der die Ausgänge entsprechend gesetzt werden. Es wird jeweils eine komplette Umdrehung durchgeführt, bis das Programm automatisch endet. Die Berechnung der für eine Umdrehung nötigen Schritte ergibt sich aus den vorliegenden Werten des Datenblattes oder Typenschilds.

```
# Fortsetzung / Teil 3
# Sequenzauswahl
Auswahl =  eval(input("Druecken Sie [1] = Vollschritt
                                    [2] = Halbschritt: "))


if Auswahl == 1:
    steps = steps1
    zaehler = zaehler1
if Auswahl == 2:
    steps = steps2
    zaehler = zaehler2

# Schleife zum Durchlaufen der Sequenzen
while schritte < (zaehler * 50) :
    for i in range (0,zaehler):
        if (z == zaehler):
            z = 0

        GPIO.output(steps[z][0], True)
        if steps[z][1] != 0:
            GPIO.output(steps[z][1], True)
        sleep(time)
        GPIO.output(steps[z][0], False)
        if steps[z][1] != 0:
            GPIO.output(steps[z][1], False)
        schritte +=1
        print (z)
        z += 1
        print ("Aktueller Schritt : ", schritte)

GPIO.output(EnableA, False)
GPIO.output(EnableB, False)
```

13

Eine volle Umdrehung im Vollschrittbetrieb benötigt 200 Schritte:

360 / 1,8 = 200

Im Halbschrittbetrieb werden entsprechend 400 Schritte benötigt. In der `for`-Schleife werden jeweils 4 Schritte im Vollschrittbetrieb und 8 Schritte im Halbschrittbetrieb durchgeführt. In der Schleife `while schritte < (zaehler * 50)` multiplizieren Sie jeweils 4 bzw. 8 mit dem Wert 50 und erhalten in beiden Fällen eine volle Umdrehung. Um die Drehrichtung des Motors umzukehren, müssen Sie die Sequenzen `steps1` und `steps2` in umgekehrter Reihenfolge ablaufen lassen.

An der Software sehen Sie, dass alle Schrittfolgen durch das Python-Script festgelegt werden. Das macht den Code recht komplex. Ein weiterer Nachteil besteht darin, dass Sie jeweils sechs freie GPIO-Pins pro Motor benötigen.

Unipolare Ansteuerung

An einem unipolaren Schrittmotor gibt es fünf Leitungen: jeweils zwei Leitungen der zwei Motorspulen und ein zusammengelegter Mittenabgriff der beiden Spulen. Aufgrund der Funktionsweise des Motors wird hier keine H-Brücke benötigt, sondern es genügt ein einfaches Darlington-Array zur Ansteuerung. Der Grund dafür ist, dass die fünfte Leitung die gemeinsame Mitte beider Spulen ist. An diese wird die Motorbetriebsspannung angelegt, und die einzelnen Spulenenden werden abwechselnd nach Masse gezogen. Hier wird keine Umpolung durch eine H-Brücke wie beim bipolaren Schrittmotor benötigt.

Nutzen können Sie hier z. B. wieder das ULN2803 oder auch ein ULN2003. Wir nutzen in diesem Abschnitt ein ULN2003. Der einzige Unterschied zum bekannten ULN2803: Das Bauteil besitzt nur sieben Ein- bzw. Ausgänge. Für das Antreiben eines Schrittmotors werden lediglich vier Eingänge benötigt.

Bauen Sie eine Schaltung entsprechend dem Schaltplan auf (siehe Abbildung 13.22). Nutzen Sie einfach die gleichen GPIO-Pins wie im vorherigen Abschnitt über den bipolaren Schrittmotor. Dadurch können Sie auch das Python-Programm einfach übernehmen. Sie müssen nur die Schrittfolge für Voll- und Halbschritt der Schrittfolge bei der unipolaren Steuerung anpassen (siehe Tabelle 13.3 und Tabelle 13.4).

Schritt	Spule A1	Spule A2	Spule B1	Spule B2
Schritt 1	1	0	0	0
Schritt 2	0	1	0	0
Schritt 3	0	0	1	0
Schritt 4	0	0	0	1

Tabelle 13.3 Unipolare Steuerung im Vollschritt

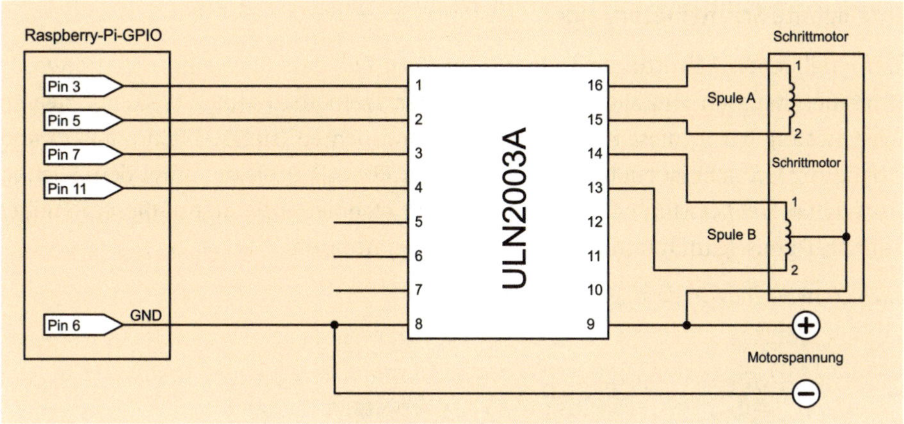

Abbildung 13.22 Anschluss eines unipolaren Schrittmotors an ein ULN2003

Schritt	Spule A1	Spule A2	Spule B1	Spule B2
Schritt 1	1	0	0	0
Schritt 2	1	1	0	0
Schritt 3	0	1	0	0
Schritt 4	0	1	1	0
Schritt 5	0	0	1	0
Schritt 6	0	0	1	1
Schritt 7	0	0	0	1
Schritt 8	1	0	0	1

Tabelle 13.4 Unipolare Steuerung im Halbschritt

Spar-Tipp

Der Schrittmotor 28BYJ-48 ist unter diesem Suchbegriff sehr oft als komplettes Set mit Treiberboard im Internet zu erstehen. Dies lohnt sich in erster Linie preislich. Verbaut sind ein ULN2003 als Treiber, vier LEDs zur Statusanzeige sowie Anschlüsse, Leitungen und der Motor selbst. Oftmals finden Sie das Set für weniger als fünf Euro. Einen schönen Bericht und eine Anleitung dazu finden Sie unter folgendem Link:

http://www.scraptopower.co.uk/Raspberry-Pi/how-to-connect-stepper-motors-a-raspberry-pi

Intelligente Schrittmotortreiber

Ein intelligenter Schrittmotortreiber trägt dazu bei, dass Sie weniger Python-Code schreiben müssen. Nützlich ist hier z. B. der Treiberbaustein A4988, auf dessen Ansteuerung wir in diesem Beispiel eingehen möchten (siehe Abbildung 13.23 und Abbildung 13.24). Er ist ein beliebter Treiber für Robotik-Projekte. Unter dem Suchbegriff *A4988 Stepper Motor Driver* finden Sie ein komplettes Board mit diesem Treiber sehr preisgünstig im Internet, beispielsweise bei Amazon:

http://www.amazon.de/dp/B00EDFFWR4

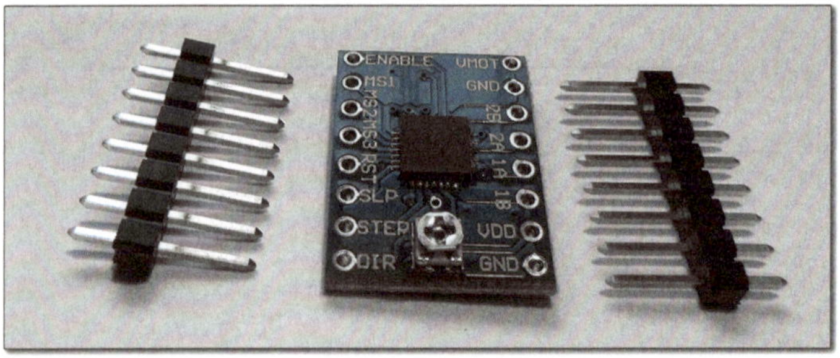

Abbildung 13.23 Bestücktes Treiberboard A4988

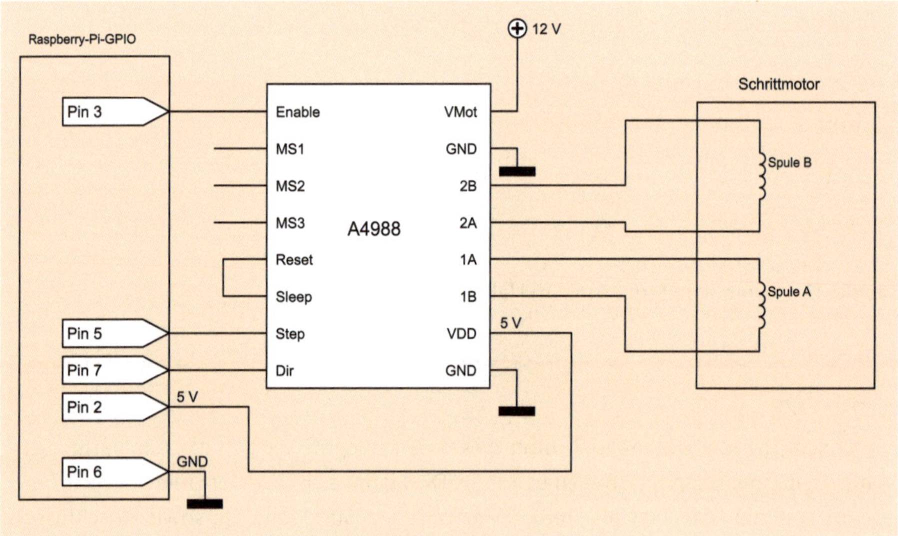

Abbildung 13.24 Anschluss des Schrittmotors A4988

Der entscheidende Vorteil eines intelligenten Treibers besteht darin, dass Sie die Schrittfolge nicht im Python-Programm definieren müssen. Dem Baustein A4988 reicht ein Impuls aus, um den Motor um einen Schritt zu drehen. Zwei weitere Pins können belegt werden, um die Drehrichtung zu bestimmen und um den Treiber zu aktivieren. Zudem bietet das Board noch einige weitere Features, auf die wir bei der Pin-Belegung eingehen:

- **Pin Enable:** Ist der Pin auf Low, so ist die Steuerung aktiviert und der Chip kann wie gewünscht angesteuert werden. Liegt hier ein High an, so sind alle Ausgänge deaktiviert und die Steuersignale werden ignoriert.
- **Pins MS1-MS3:** Diese drei Pins dienen zur Auswahl der Schrittweite. Der A4988 beherrscht Voll-, Halb-, Viertel-, Achtel- und sogar Sechzehntel-Schrittweiten. Bestimmen können Sie die durchgeführte Schrittweite durch eine Kombination aus High- und Low-Pegeln an den drei Pins. Für einen Low-Pegel legen Sie einen der Pins an Masse, für High an VDD (siehe Tabelle 13.5).

Schrittauflösung	MS1	MS2	MS3
Vollschritt	0	0	0
Halbschritt	1	0	0
Viertelschritt	0	1	0
Achtelschritt	1	1	0
Sechzehntelschritt	1	1	1

Tabelle 13.5 Wahrheitstabelle für die Schrittweiteneinstellung (MS1 bis MS3)

- **Pins Reset und Sleep:** Der Reset-Pin setzt, wenn er an Masse liegt, die interne Logik auf eine Home-Position innerhalb der Mikroschritte. Der Sleep-Pin kann, wenn auf Masse gezogen, den Treiber in einen Schlafmodus versetzen, der bei Bedarf Energie spart, wenn der Motor nicht benötigt wird. Sie sollten beide Pins an ein High-Signal legen oder untereinander verbinden, um den Reset- und Sleep-Modus zu deaktivieren.
- **Pin Step:** Das ist mitunter der wichtigste Pin des Treibers. Schließen Sie diesen Pin an einen freien Ausgang des Raspberry Pi an. Der Pin Step nimmt Ihnen die Arbeit ab, die Sie mit dem L298 noch von Hand im Python-Programm erledigen mussten. Der A4988 benötigt am Pin Step lediglich eine positive Flanke, um den Motor in der Schrittfolge einen Schritt weiter zu drehen. Als positive Flanke bezeichnet man einen Wechsel von Low zu High.
- **Pin Vmot:** Hier liegt die Versorgungsspannung des Motors an.
- **Pin Dir:** Dieser Pin wird mit dem Raspberry Pi verbunden. Hier wird die Drehrichtung des Motors definiert. Auch hier kann mittels High- oder Low- Signalen die Richtung beeinflusst werden.

- **Pins 1A, 1B, 2A und 2B:** Dies sind sind Ausgänge zum Schrittmotor. 1 und 2 benennen jeweils die Spule, A und B die Spulenenden. Durch das ohmsche Messen der Motorspulen können diese einfach identifiziert werden.
- **Pin VDD:** Hier benötigt der Treiber 3,3 V oder 5 V zur Versorgung der internen Logik.
- **Pins GND:** Gemeinsame Masse

Die Software fällt nun entsprechend einfach aus, da der Treiber für uns die Abfolge der Schritte steuert. Auch diese Software haben wir wieder in zwei Abschnitte aufgeteilt. Im ersten Teil des Programmcodes definieren Sie wie gewohnt die Ausgänge des Raspberry Pi. Passen Sie die Nummerierung gegebenenfalls an die von Ihnen verwendeten Pins an.

```
#!/usr/bin/python3
# Teil 1
from time import sleep
import RPi.GPIO as GPIO
GPIO.setmode(GPIO.BOARD)
step = 5
dir = 7
enable = 3

GPIO.setmode(GPIO.BOARD)
GPIO.setup(step,GPIO.OUT)
GPIO.setup(dir,GPIO.OUT)
GPIO.setup(enable,GPIO.OUT)

GPIO.output(step, False)
GPIO.output(dir, True)
GPIO.output(enable, True)
```

Im zweiten und letzten Teil des Programms definieren wir die Funktion `turn()`. Die Funktion beinhaltet die gesamte Ansteuerung des A4988. Sie sehen, dass der Pin `step` von High auf Low geschaltet wird. Die Pause zwischen den Wechseln und damit auch die Drehzahl bestimmt speed.

```
# Fortsetzung, Teil 2
# Funktion zur A4988-Steuerung
def turn(speed, steps, direction):
    if direction == 1:
        GPIO.output(dir, True)
    else:
        GPIO.output(dir, False)
```

```
    GPIO.output(enable, False)
    for i in range(0,steps):
        GPIO.output(step, True)
        sleep (speed)
        GPIO.output(step, False)

    GPIO.output(enable, True)
    return

turn(0.005,200,1)
GPIO.cleanup()
```

In der vorletzten Zeile des Programms rufen wir die Funktion auf und übergeben drei Parameter:

- **speed:** Pause zwischen den High- und Low-Wechseln des Step-Pins in Sekunden.
- **steps:** Wie viele Schritte soll der Motor drehen? Im Vollschrittbetrieb werden wieder 200 Schritte für eine Umdrehung benötigt.
- **direction:** Auswahl der Drehrichtung. Nur 1 oder 0 möglich.

Als Erweiterung des Programms können Sie z. B. die *MSx*-Pins mit freien GPIO-Ports verbinden. So können Sie auch in der Software die Schrittweite ändern. Ebenfalls sehr sinnvoll ist das Mitzählen der Schritte. Nutzen Sie in unserem Beispiel einfach die Variable `i` aus der `for`-Schleife, um jederzeit die Position des Motors zu ermitteln. So können Sie problemlos jederzeit wieder in eine festgelegte Ausgangsposition zurückfahren.

Nach dem Start des Programms mit angeschlossenem Treiberboard und Schrittmotor macht der Motor eine Umdrehung. Danach beendet sich das Programm.

Alternative Schrittmotortreiber

Weitere Alternativen für Schrittmotortreiber sind der L293D sowie eine kombinierte Schaltung aus L297 und L298. Schrittmotoren werden auch im Roboternetz sehr gut erklärt:

http://www.rn-wissen.de/index.php/Schrittmotoren#Schaltung_zum_Ansteuern_eines_Schrittmotors_mit_L298_und_L297n

13.5 Servomotoren

Servomotoren sind aus dem Modellbau nicht mehr wegzudenken und bestechen durch ihre einfache, aber genaue Ansteuerungsart. Einen Servomotor können Sie durch einen zeitlich bestimmten Impuls auf die gewünschte Position fahren. Häufig sind Servomotoren jedoch nur auf begrenzte Bewegungsradien ausgelegt. So sind 45° oder 180° gängige Drehwinkel.

Zur Ansteuerung des Servos benötigen Sie lediglich eine Signalleitung. Aus diesem Grund sind Servomotoren in der Regel mit drei Leitungen versehen:

- Versorgungsspannung
- Masse
- Signal/PWM

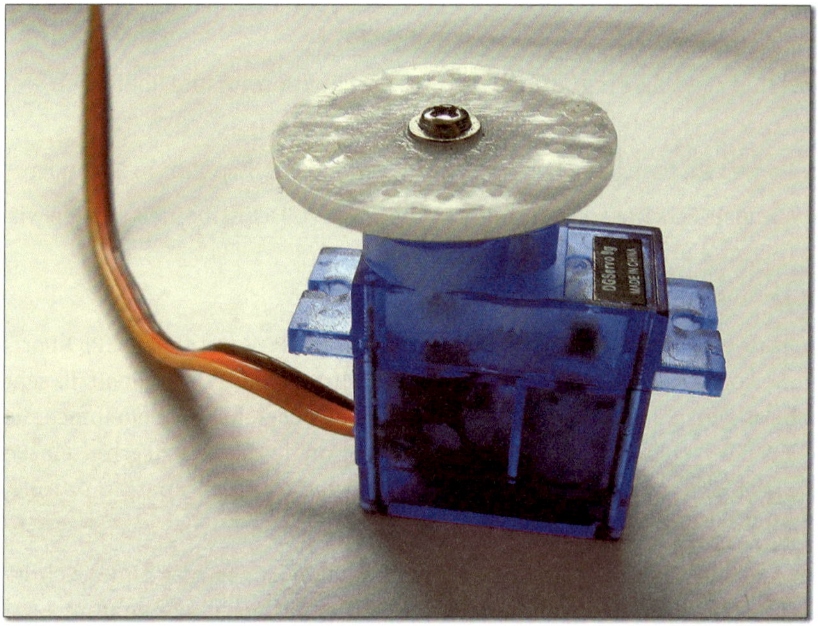

Abbildung 13.25 Ein kleiner Modellbauservo

Damit Sie in der Lage sind, einen Servo mit dem Raspberry Pi anzusteuern, schauen wir etwas genauer auf die Signalleitung.

Die interne Regelung des Servos arbeitet in sogenannten Perioden. Eine Periode ist 20 ms lang und stellt das Intervall dar, in dem sich der Steuerteil des Servos mit der tatsächlichen Position der Motorwelle abgleicht. Das heißt: Alle 20 ms erhält der Motor ein Signal von der Regelungselektronik.

Innerhalb dieser 20 ms erwartet der Servo nun von Ihnen einen Impuls. Die erwartete Impulsdauer liegt zwischen 1 ms und 2 ms. Eine Impulsdauer von 1 ms fährt den Servo ganz nach links. 2 ms dagegen fahren ihn an die rechte Endposition. Um die Mittelstellung zu erreichen, ist ein Impuls von 1,5 ms notwendig (siehe Abbildung 13.26).

Der gewünschte Impuls muss sich alle 20 ms wiederholen, da der Motor sonst kein Haltemoment in der eingestellten Position aufbringt.

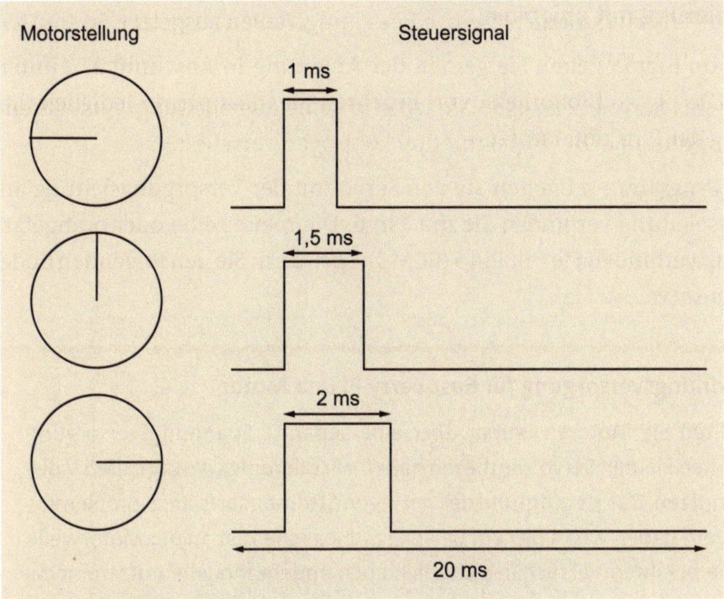

Abbildung 13.26 Steuerimpulse und resultierende Motorstellung

Analog vs. Digital

Die Periodendauer von 20 ms bezieht sich auf gängige Analogservos. Durch die Verwendung von digitalen Servos sind schnellere Reaktionszeiten möglich.

Für dieses Vorhaben nutzen wir ein PWM-Signal vom Raspberry Pi. Nun sei vorweg gesagt, dass wir bereits mehrere Versuche mit unterschiedlichen Python-Bibliotheken unternommen haben. Nicht jede (Software)-PWM-taugliche Bibliothek ist zur Steuerung von Servomotoren gut geeignet.

Die beliebte Bibliothek `RPi.GPIO` erzeugt ein PWM-Signal innerhalb der Software. Das hat zur Folge, dass die *Sauberkeit* des Signals sehr von der Auslastung der CPU abhängt. Läuft z. B. ein Web- oder Fileserver nebenbei, so kann es zu starken Verschiebungen der Impulse kommen. In der Elektronik wird dieser Effekt als *Jitter* bezeichnet. In der Praxis macht sich das *unsaubere* Software-PWM-Signal dadurch bemerkbar, dass der Motor ständig auf der Stelle zuckt.

Um einem Jitter vorzeubeugen, können Sie entweder das Hardware-PWM-Signal nutzen (siehe Abschnitt 13.1) oder z. B. die Python-Bibliothek `pigpio`. Wir haben uns in diesem Abschnitt für `pigpio` entschieden, da sie den DMA-Takt des Prozessors nutzt und somit ein auslastungsunabhängiges PWM-Signal generiert. Zudem bietet `pigpio` eine einfache Funktion zur Ansteuerung von Servos.

Servo-Programmierung mit »pigpio«

Zur Installation von pigpio gehen Sie gemäß der Anleitung in Abschnitt 27.2 unter dem Stichwort »Die pigpio-Bibliothek« vor. Beachten Sie, dass pigpio lediglich die BCM-Bezeichnung der Pins unterstützt.

Für das folgende Programm schließen Sie den Servo mit der Versorgungsleitung an Pin 2 an. Die Masseleitung verbinden Sie mit Pin 6. Die meist gelbe oder orangefarbene, Signalleitung verbinden Sie mit Pin 5 (BCM 3). Speichern Sie den folgenden Code unter dem Namen servo.py.

Getrennte Spannungsversorgung für Raspberry Pi und Motor

In der Regel sollten Sie Motoren immer über eine separate Spannungsversorgung betreiben! Für einen kleinen Servo wie diesen haben wir allerdings gewagt, die 5 V des Raspberry Pi zu nutzen. Das ist aufgrund des geringen Strombedarfs auch problemlos möglich. Außerdem haben wir in diesem Beispiel auf jegliche Last an der Motorwelle verzichtet. Da Sie bei Ihren Versuchen sicherlich auch andere Modelle nutzen möchten, sollten Sie Ihren Servomotor z. B. durch ein Batteriefach versorgen. Vergessen Sie dabei aber nicht, die Masse der externen Batterien mit der Masse des Raspberry Pi zu verbinden!

```
#!/usr/bin/python3
# servo.py
import time
import pigpio
import sys

servo = 3
pos = sys.argv[1] #  1000 bis 2000
pi = pigpio.pi()  # Verbindung zum pigpio-Deamon

pi.set_mode(servo, pigpio.OUTPUT)
pi.set_servo_pulsewidth(servo, pos)
time.sleep(5)
pi.set_servo_pulsewidth(servo, 0)
pi.stop()
```

In diesem kleinen Programm nutzen wir die Funktion set_servo_pulsewidth(). Diese erwartet als ersten Parameter den zu nutzenden Pin, den wir in der Variablen servo übergeben. Der zweite Parameter ist die Pulsweite in µs (1000 µs = 1 ms). Diesen geben wir der Funktion in der Variablen pos mit. Nach dem Aufruf der Pulsweiten-Funktion hält der Motor für fünf Sekunden seine Position. Danach stellt der Raspberry Pi das PWM-Signal ein.

Starten Sie das Programm nun wie folgt:

```
python3 servo.py 1500
```

Sollte Ihnen eine Fehlermeldung begegnen, so vergewissern Sie sich, dass Sie den für `pigpio` benötigten Dämon `pigpiod` gestartet haben (siehe Abschnitt 27.2, Abschnitt »Die pigpio-Bibliothek«). Anderenfalls holen Sie dies durch folgenden bash-Befehl nach und starten das Python-Programm dann erneut:

```
sudo pigpiod
```

Der Motor sollte nun auf seine Mittelstellung fahren. Ändern Sie die Variable `pos`, indem Sie den Wert beim Aufruf des Python-Codes anpassen.

Folgender Aufruf bewegt die Motorwelle in die linke Endlage:

```
python3 servo.py 1000
```

Beachten Sie, dass Werte von 1000 µs bis 2000 µs gängige Maximalwerte sind. Je nach Motortyp können die Endlagen jedoch leicht unter 1000 oder über 2000 liegen. Schauen Sie dazu in das Datenblatt Ihres Servomotors. In der Praxis ist jedoch das vorsichtige Annähern an die Endlagen eher zu empfehlen. Gerade im verbauten Zustand kann die Mechanik die maximale Position bestimmen. So ermitteln Sie Ihre persönlichen Maximalanschläge.

13

Versuchen Sie innerhalb der fünf Sekunden einmal die Motorwelle per Hand zu bewegen (Während time.sleep(5)). Sie werden merken, dass der Servo dagegen *ankämpft*. Nach Ablauf der Zeit ist es Ihnen wieder möglich, die Welle mit der Hand zu bewegen, da der Servomotor keine Positionsimpulse mehr bekommt.

Zu guter Letzt nehmen wir die PWM-Signale mit einem *Logic-Analyzer* auf und können verdeutlichen, was genau nach dem Start des Programms geschieht (siehe Abbildung 13.27). Sie sehen, dass innerhalb von je 20 ms ein Impuls von 1,5 ms erzeugt wird.

Anschließend haben wir die Haltezeit in `time.sleep()` auf 100 ms eingestellt und den Motor durch eine Impulslänge von 1,8 ms ein Stück weiter nach links bewegt (siehe Abbildung 13.28).

Mit diesem Wissen können Sie nun alle gängigen Modellservos ansteuern und für spannende Projekte nutzen. Ein Projekt mit zwei Servomotoren und einer Webcam folgt in Kapitel 41, »Die Servokamera«. Weiterführende Informationen zu Servomotoren und ihrer Ansteuerung finden Sie unter den folgenden Links:

http://rn-wissen.de/wiki/index.php/Servos
http://www.mikrocontroller.net/articles/Modellbauservo_Ansteuerung

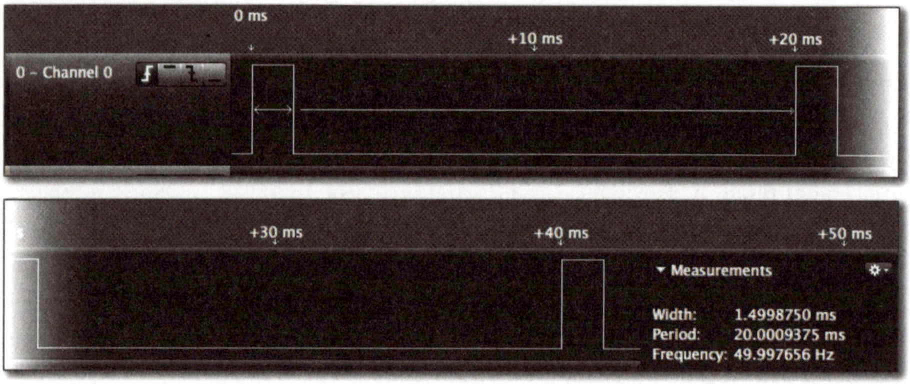

Abbildung 13.27 Steuerimpulse beim Programmstart und die resultierende Motorstellung

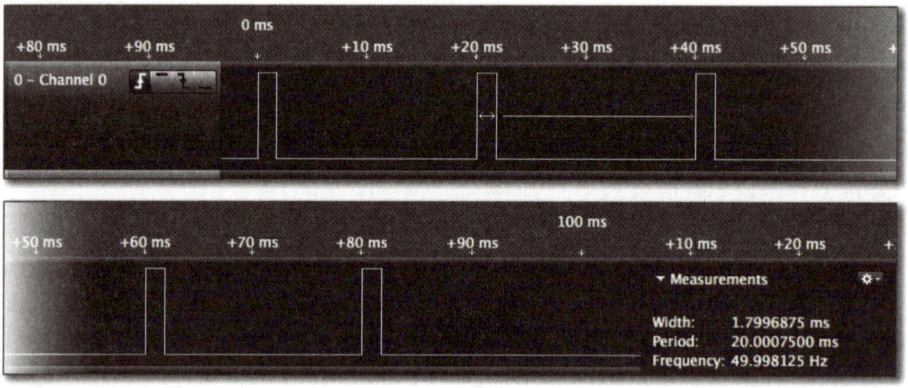

Abbildung 13.28 Steuerimpulse für eine Links-Bewegung und die resultierende Motorstellung

Selbst Signale erfassen

Wenn Sie sich fragen, wie wir das PWM-Signal des Raspberry Pi sichtbar gemacht haben, so suchen Sie z. B. bei Amazon nach *Saleae Logic Analyzer*. Die passende Software finden Sie auf der Herstellerseite *https://www.saleae.com*.

Bitte beachten Sie, dass Sie auf Amazon nicht das Originalprodukt finden werden, sondern eine sehr günstige Kopie, die allerdings mit der verlinkten Software funktioniert. Das weitaus höherwertige Originalprodukt können Sie ebenfalls auf der Herstellerseite beziehen.

13.6 Relais

Relais sind die ideale Wahl, wenn Sie größere Spannungen und Ströme mit dem Raspberry Pi schalten möchten. Die Ansteuerung eines Relais ist sehr einfach und benötigt nur einen High-Pegel auf dem anschlossenen GPIO-Pin. Beim Anschließen eines Relais müssen Sie wiederum sehr sorgfältig vorgehen.

Zuerst steht die Wahl des Relais an: Wählen Sie je nach Verwendungszweck eine Variante mit der gewünschen Anzahl an Arbeitskontakten aus. Beachten Sie auch die Spannungs- und Strombelastbarkeit des Bauteils.

Relaistypen

Relais gibt es in vielen unterschiedlichen Ausführungen. Die benötigte Spannung zum Schalten des Relais sowie die Anordnung und Funktion der Arbeitskontakte sind wichtige Faktoren, die Sie bei der Auswahl eines Relais beachten sollten. Die Steuerspannung kann z. B. auf die typischen Werte von 5 V, 12 V oder 24 V ausgelegt sein. Informationen dazu finden Sie meist in der Produktbeschreibung oder im Datenblatt des Relais.

Bei den Arbeitskontakten unterscheidet man drei Ausführungen:

- **Schließer (NO):** Ist ein Kontakt als Schließer ausgeführt, so ist der Arbeitskontakt im unbeschalteten Zustand geöffnet und schließt sich bei der Ansteuerung des Relais. Die Abkürzung NO steht für *Normally Open*.
- **Öffner (NC):** Der Öffner ist bereits im Ruhezustand des Relais geschlossen. Sobald der Steuerstromkreis angesprochen wird, öffnet sich der Kontakt und trennt somit die Verbindung der beiden Arbeitskontakte. Das Kürzel NC steht daher für *Normally Closed*.
- **Wechsler (CO):** Als Wechsler ausgeführte Arbeitskontakte schalten je nach Zustand des Relais zwischen zwei Kontakten *hin und her*. Vorstellen kann man sich einen Wechsler als Weiche, der den Stromfluss umleitet. Einer der beiden Wechslerkontakte ist in diesem Fall als NO ausgeführt, der andere als NC. Die Abkürzung CO steht für *Change Over*.

Die Kombination aus allen drei Varianten in einem Relais ist ebenfalls zulässig und auch sehr häufig zu finden. So kann ein Relais mit einem Steuerimpuls mehrere Schaltzustände ändern. Jede Kontaktausführung kann im Schaltplan durch ihre eigene Symbolik identifiziert werden (siehe Abbildung 13.29).

Der Steuerkreis Ihres Relais sollte im Idealfall mit 5 V betrieben werden können. So ist es möglich, ohne externe Spannungsquelle das Relais mit dem Raspberry Pi anzusteuern. Im Schaltplan ist zu erkennen, dass zusätzlich zum Relais ein Transistor und eine Diode verbaut werden müssen (siehe Abbildung 13.31). Der Transistor dient dazu, die 5 V auf den Steuerkreis des Relais zu schalten.

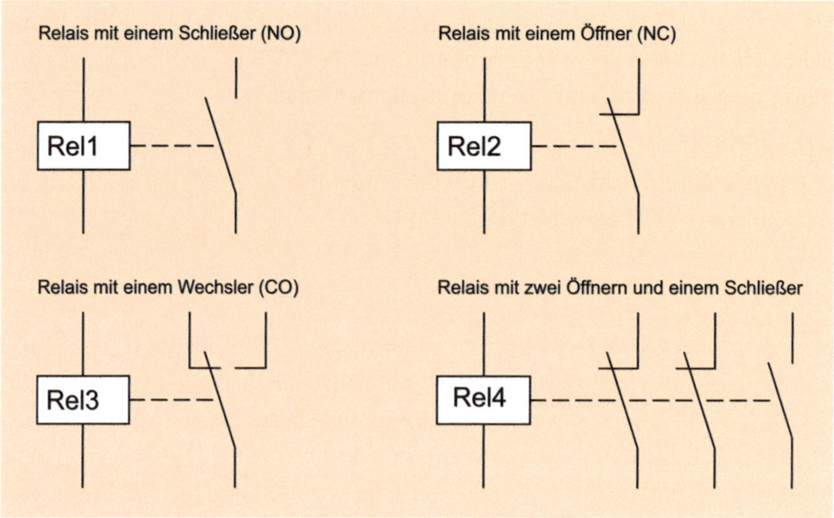

Abbildung 13.29 Beispiele für Relaistypen

Abbildung 13.30 Beispiele für Relaisbauformen

Strombelastbarkeit beachten!

Versuchen Sie niemals, einen 3,3-V-Pin zur Ansteuerung des Relais zu verwenden! Der verbaute Elektromagnet zum Anziehen der Arbeitskontakte benötigt viel mehr Strom, als ein 3,3-V-GPIO liefern kann.

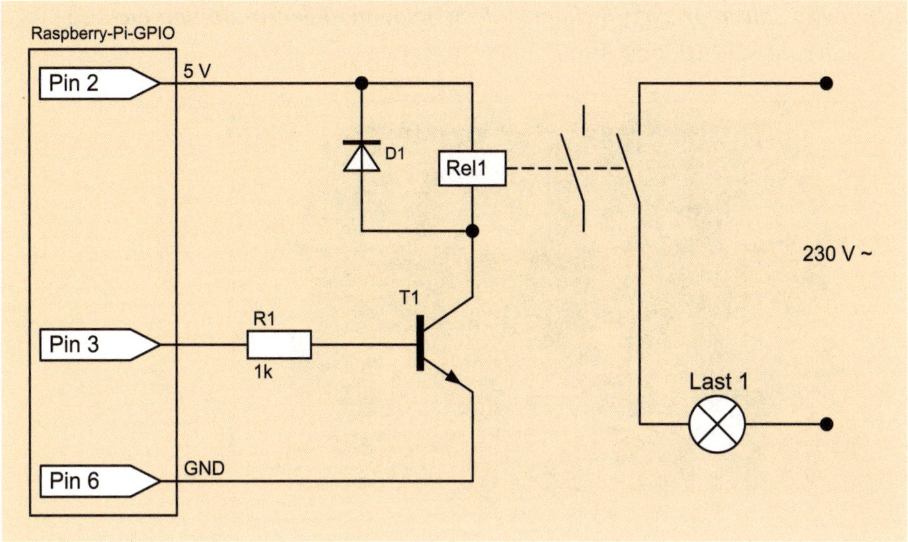

Abbildung 13.31 Beispiel einer Relaisschaltung für 230 V

Die Diode ist wieder als Freilaufdiode ausgeführt. Ähnlich wie bei dem Betrieb von Motoren gilt der Elektromagnet als induktive Last. Auch hier schützen Sie den Raspberry Pi mit der Freilaufdiode vor den Gefahren von Spannungsspitzen.

Im Schaltplan (siehe Abbildung 13.31) liegt im Laststromkreis eine 230-V-Wechselspannung an. Das Arbeiten mit der Netzspannung ist gefährlich und bedarf sehr großer Vorsicht! Der Schaltplan dient lediglich als Beispielanwendung. An der Lastseite des Relais können Sie natürlich jede Spannung anschließen, die innerhalb der Spezifikationsgrenze des verwendeten Relais liegt.

Testen Sie die aufgebaute Schaltung aus der Shell mit einem `wiringPi`-Befehl:

```
gpio -1 mode 3 out
gpio -1 write 3 1
```

Das Relais sollte nun mit einem hörbaren *Klacken* anziehen. Selbstverständlich kann der genutzte GPIO-Pin auch in einem Python-Programm angesprochen werden. Dies bedarf keiner besonderen Erläuterung, da der vorgeschaltete Transistor einfach durch das Setzen eines Ausgangs durchgeschaltet werden kann.

Es gibt sehr schöne Relaisboards im Internet zu kaufen. Diese Boards sind bereits komplett bestückt und sichern ihre Eingänge mit Optokopplern ab. Suchen Sie z. B. nach *4-Channel Relay Board*, und Sie erhalten haufenweise Ergebnisse für ein Board mit vier Relais (siehe Abbildung 13.32). Ein Beispiel finden Sie z. B. in diesem amerikanischen Onlineshop:

http://www.sainsmart.com/8-channel-dc-5v-relay-module-for-arduino-pic-arm-dsp-avr-msp430-ttl-logic.html

Abbildung 13.32 4-Kanal-Relaisboard

Oftmals sind diese Boards allerdings für die 5-V-Pegel eines Arduino ausgelegt. Es gibt jedoch Wege, diese Boards problemlos mit einem Raspberry Pi anzusteuern:

http://www.forum-raspberrypi.de/Thread-relaisboard-gefahr

Reaktionsgeschwindigkeit

Ein Relais ist nicht auf die Ansteuerung mit schnellen PWM-Signalen ausgelegt. Die Zeit für das Anziehen und Lösen des Ankers (Reaktionszeit) liegt je nach Ausführung bei ca. 3 ms. Damit zählt das Relais im Vergleich zu einem Transistor eher zu den Schnecken in der Elektrotechnik.

Kapitel 14
Bussysteme

Dieses Kapitel behandelt die verfügbaren Bussysteme des Raspberry Pi:

- SPI = Serial Peripheral Interface
- I^2C = Inter-Integrated Circuit
- UART = Universal Asynchronous Receiver/Transmitter (serielle Schnittstelle)
- I^2S = Integrated Interchip Sound (digitale Audiodaten)
- 1 Wire (einfache Sensoren, z. B. zur Temperaturmessung)

Ein Bussystem, kurz *Bus* (Binary Unit System), dient zur Datenübertragung zwischen mehreren Teilnehmern. Anders als beim manuellen Ein- und Ausschalten eines GPIO-Pins können über Bussysteme weitaus mehr Daten übertragen werden. Abhängig vom verwendeten System werden die Daten seriell (also hintereinander) oder parallel (also gleichzeitig) über den Bus geschickt. Dies kann notwendig sein, wenn Sie mit Ihrem Raspberry Pi mit externen Bausteinen kommunizieren möchten, z. B. mit Mikrocontrollern, EEPROMs oder Digital/Analog-Wandlern.

Die fünf oben genannten Bussysteme gelten in vielen Anwendungen als Standard und bieten eine hervorragende Möglichkeit, den Funktionsumfang des Raspberry Pi zu erweitern. In diesem Kapitel stellen wir Ihnen die Bussysteme nicht nur vor, sondern zeigen Ihnen jeweils ein paar Praxisbeispiele.

14.1 SPI

Der SPI-Bus (Serial Peripheral Interface) ist ein serieller Bus, der drei Leitungen für die Kommunikation benötigt. SPI basiert auf dem Master-Slave-Prinzip. Das bedeutet, dass es einen Master gibt, der die Slaves auffordert, ihre Daten auszugeben. Eigenständig können die Slaves demnach nicht untereinander kommunizieren. Der Master ist in unserem Fall der Raspberry Pi, der Slave kann ein beliebiges Bauteil mit SPI-Schnittstelle sein (siehe Abbildung 14.1).

In der Abbildung ist gut zu erkennen, dass es durch eine weitere Leitung pro Teilnehmer möglich ist, mehrere Teilnehmer am selben Bus anzuschließen. Die vierte Leitung ist das *Chip-Select*-Signal. Hierdurch kann der Master den Teilnehmer auswählen, mit dem kommuniziert werden soll.

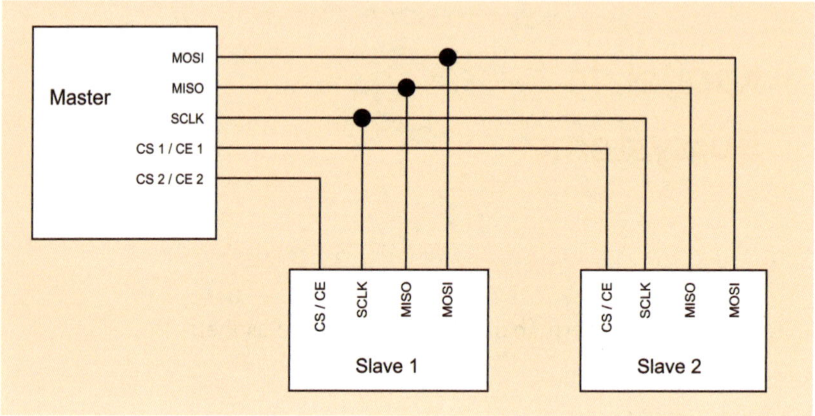

Abbildung 14.1 SPI-Bus mit einem Master und zwei Slaves

Dies ist einfach nachzuvollziehen: Alle Teilnehmer liegen parallel am selben Bus. Also *sehen* alle Teilnehmer die komplette Kommunikation, die auf dem Bus stattfindet. Ist eine Information aber nur für einen Teilnehmer bestimmt, so werden alle anderen durch das Chip-Select-Signal zum *Weghören* gezwungen und ignorieren die Informationen auf dem Bus. Nur der Teilnehmer, der durch das Chip-Select-Signal angesteuert wird, reagiert auf die Daten, die über den Bus geschickt werden. Das Chip-Select-Signal ist in der Regel Low-aktiv, das bedeutet, dass es eine negative Flanke benötigt, um als aktiv erkannt zu werden. Low-aktive Eingänge erkennen Sie im Datenblatt an dem Strich über der Bezeichnung.

Alle benötigten Pins sind auf der GPIO-Leiste des Raspberry Pi zu finden (gleichermaßen bei den Modellen A, B und B+):

- **MOSI** (Master Out Slave In): Pin 19 der GPIO-Steckerleiste
- **MISO** (Master In Slave Out): Pin 21 der GPIO-Steckerleiste
- **SCLK** (Serial Clock): Pin 23 der GPIO-Steckerleiste
- **CS/CE** (Chip Select oder Chip Enable): Pins 24 und 26 oder jeder beliebige freie Ausgang der GPIO-Steckerleiste

SPI per raspi-config einrichten

In der aktuellen Version von `raspi-config` ist die Aktivierung der SPI-Schnittstelle schnell erledigt (siehe Abbildung 14.2 und Abbildung 14.3). Aktualisieren Sie gegebenenfalls zuerst Ihre Systemdateien per

```
sudo apt-get update
sudo apt-get upgrade
```

und starten Sie dann das Konfigurationsmenü per `sudo raspi-config`. Navigieren Sie zum Punkt ADVANCED OPTIONS. Wählen Sie dort den Punkt SPI, und bestätigen Sie die Abfrage im darauffolgenden Fenster mit YES. Das SPI-Modul ist nun aktiviert. Daraufhin werden Sie in einem weiteren Fenster gefragt, ob Sie SPI direkt beim Systemstart verfübar machen möchten. Antworten Sie auch hier mit YES, um dies zu bestätigen. Nach einem Neustart ist die SPI-Schnittstelle von nun an jederzeit verfügbar.

Abbildung 14.2 Aktivieren der SPI-Schnittstelle in raspi-config

Abbildung 14.3 Bestätigen Sie auch die zweite Abfrage, um SPI automatisch beim Systemstart zu laden.

SPI manuell einrichten

Dieser Abschnitt beschreibt das manuelle Einrichten der SPI-Schnittstelle, z. B. für Distributionen, in denen `raspi-config` nicht zur Verfügung steht. Seit der Kernelversion 3.18 werden einige Bussysteme über den Device-Tree verwaltet. Sie werden in vielen Quellen noch Anleitungen finden, in denen steht, dass Sie SPI und I^2C durch ein Anpassen der Dateien `blacklist.conf` sowie `/etc/modules` freischalten sollen. Dies ist nun nicht mehr nötig. Eine manuelle Einrichtung von SPI erfolgt in der Datei `/boot/config.txt`. Öffnen Sie diese mit einem Editor:

```
nano /boot/config.txt
```

Fügen Sie am Ende der Datei die folgende Zeile ein, und speichern Sie die Datei:

```
dtparam=spi=on
```

Nach einem Neustart steht Ihnen die SPI-Schnittstelle zur Verfügung. Dieser Schritt wird genau so durchgeführt, wenn Sie das vorher beschriebene `raspi-config`-Menü nutzen. Nur eine der beiden Methoden ist notwendig.

Um mit Python Zugriff auf die SPI-Schnittstelle zu erlangen, benötigen Sie die Python-Bibliothek `spidev`:

```
git clone https://github.com/Gadgetoid/py-spidev
cd py-spidev
sudo python3 setup.py install
sudo shutdown -r now
```

Für die Installation für Python 2 ändern Sie die vorletzte Zeile in `sudo python setup.py install`.

Python.h nicht gefunden?

Sollten Sie bei der Ausführung der setup.py die Fehlermeldung erhalten, dass Python.h nicht gefunden wurde, so installieren Sie das Paket `python-dev` mit dem Befehl `sudo apt-get install python3-dev` und führen den abgebrochenen Befehl erneut aus. Für Python 2.x nutzen Sie `python-dev`.

Das digitale Potenziometer

Ein Potenziometer, auch kurz *Poti* genannt, ist ein einstellbarer Widerstand. In der Regel kennt man Potis als Bauteile mit einem mechanischen Drehregler. Durch Drehen an dem Regler kann der gewünschte Widerstand eingestellt werden. Ein digitales Poti hingegen können Sie optisch nicht als Poti erkennen, da die Bauform einem typischen IC entspricht (siehe Abbildung 14.4).

Für dieses Beispiel nutzen wir das digitale Poti MCP4132-502. Hierbei handelt es sich um einen einstellbaren Widerstand bis 5 kΩ. Angesteuert wird das Bauteil über SPI. Der Zusatz 502 in der Bauteilbezeichnung steht für den maximalen Widerstandswert.

Dieses Bauteil gibt es in Ausführungen für 10 kΩ, 50 kΩ und 100 kΩ. Dabei geben die ersten beiden Stellen der Bauteilnummer den Basiswert an, die letzte Stelle die Zehnerpotenz:

- **502:** $50 \times 10^2 = 5000$ (5 kΩ)
- **104:** $10 \times 10^4 = 100.000$ (100 kΩ)

Im Datenblatt des Bauteils finden Sie die komplette Dokumentation des Bauteils sowie eine Referenz aller verfügbaren Modelle:

http://ww1.microchip.com/downloads/en/DeviceDoc/22060b.pdf

Abbildung 14.4 Links zwei herkömmliche Potis, rechts das digitale Poti MCP4132

Das Bauteil müssen Sie nun mit dem Raspberry Pi verbinden (siehe Abbildung 14.5). Die Ausführung MCP4132, die in diesem Beispiel genutzt wird, hat zwei Beinchen des verstellbaren Widerstandes ausgeführt: den feststehenden Ausgang *P0B* sowie den Schieber (oder Wiper) *P0W*. Zwischen diesen beiden Pins messen Sie den eingestellten Widerstand. Verwenden Sie das Bauteil mit der Ausführung *MCP41X1*, so finden Sie wie bei einem herkömmlichen Poti drei Pins vor, an denen man den Widerstand abgreifen kann.

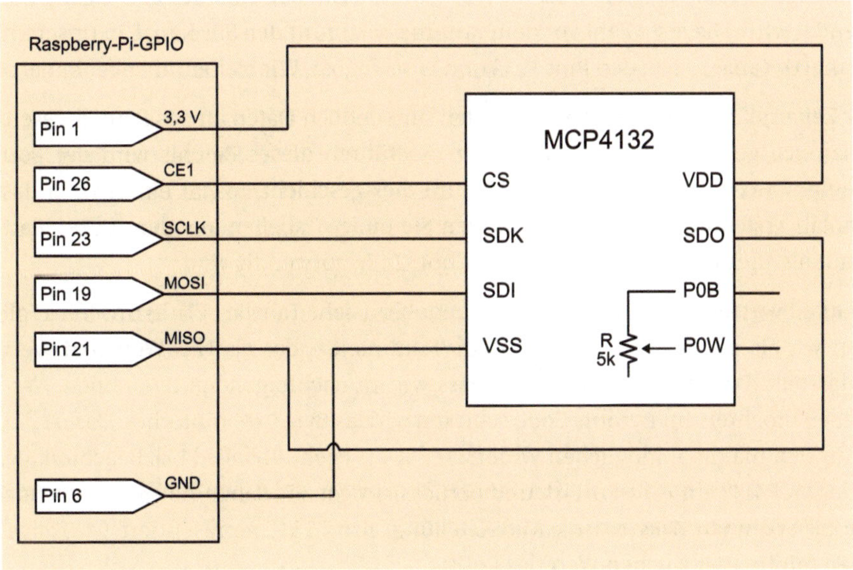

Abbildung 14.5 Anschluss des MCP4132 an den Raspberry Pi

Daten per SPI senden

Wir setzen hier voraus, dass Sie die Pakete python-dev und python-spi bereits installiert haben (siehe das Listing aus dem Abschnitt »SPI manuell einrichten«). Die SPI-Bibliothek kann in Python mit import spidev eingebunden werden. Die englische Dokumentation der spiDev-Bibliothek finden Sie unter:

http://tightdev.net/SpiDev_Doc.pdf

Ein einfaches Python-Programm kann z. B. so aussehen:

```
#!/usr/bin/python3
import spidev
import time
import RPi.GPIO as GPIO
spi = spidev.SpiDev()
spi.open(0,1)
spi.xfer([0x00, 0x80])
```

Um das Programm zu verstehen, müssen Sie die spiDev-Dokumentation und das Datenblatt des Bauteils lesen. Wir zeigen Ihnen nun Schritt für Schritt die Funktionen der einzelnen Codezeilen auf: Zuerst wird die zuvor installierte spiDev-Bibliothek importiert. spi = spidev.SpiDev() erstellt ein spiDev-Objekt und speichert es in der Variablen spi. Die Methode open legt den Chip-Select-Pin fest.

Der Raspberry Pi verfügt über zwei festgelegte Chip-Select- und Chip-Enable-Ausgänge: Pin 24 ist *CE0*, Pin 26 *CE1*. Verwenden Sie spi.open(0,0), wenn Sie das Bauteil an CE0 angeschlossen haben, oder spi.open(0,1), wenn der Chip-Select-Ausgang CE1 verwendet wird. Die erste Zahl vor dem Komma bestimmt den SPI-Kanal, in unserem Fall Kanal 0. Kanal 1 ist an den Pins 11, 12 und 13 verfügbar. Wir bleiben aber bei Kanal 0.

In der Zeile spi.xfer([0x00, 0x80]) werden nun endlich Daten an das Bauteil gesendet, nämlich genau zwei Byte. Nach dem Ausführen dieses Befehls wird der Poti auf seinen maximalen Wert gesetzt. Warum dies geschieht, macht ein Blick in das Datenblatt ersichtlich. Nachfolgend finden Sie einige Tabellen aus dem Datenblatt des Bauteils, die zur Interpretation der Python-Zeile notwendig sind.

Das Bauteil versteht verschiedene Kommandobits (siehe Tabelle 14.1). In unserem Fall nutzen wir als erstes Byte das *Write-Data*-Kommando, das als Hex-Wert den Wert 0x00 darstellt. Damit weiß das Bauteil, dass wir im nachfolgenden Byte einen Wert schreiben möchten. Im Python-Code schicken wir das Byte 0x80 hinterher. Das ist der Wert für den maximal möglichen Widerstandswert (siehe Tabelle 14.2). Beachten Sie, dass der MCP4132 ein 7-Bit-Poti ist, und berücksichtigen Sie daher die entsprechende Spalte. Sie erkennen, dass 0x40 die Mittelstellung, also 2,5 kΩ, repräsentiert, 0x00 dagegen den minimal möglichen Wert des Potis.

C1/C0-Bit-Status	Kommando	Bitanzahl
00	Write Data	16 Bits
01	Increment	8 Bits
10	Decrement	8 Bits
11	Read Data	16 Bits

Tabelle 14.1 Übersicht der Kommandobits (Quelle: Datenblatt MCP4132)

7-Bit-Poti	8-Bit-Poti	Eigenschaften
3FFh, 081h	3FFh, 101eh	Reserved (Full-Scale, W=A), increment and decrement commands ignored
080h	100h	Full-Scale (W=A), increment commands ignored
07fh, 041h	0FFh, 081h	W = N
040h	080h	W = N (Mid-Scale)
03Fh, 001h	07Fh, 001h	W = N
000h	000h	Zero Scale (W = B) decrement command ignored

Tabelle 14.2 Position des Wipers bezogen auf die gesendeten Bytes (Quelle: Datenblatt MCP4132)

TABLE 7-2: MEMORY MAP AND THE SUPPORTED COMMANDS

Address		Command	Data (10-bits) (1)	SPI String (Binary)	
Value	Function			MOSI (SDI pin)	MISO (SDO pin) (2)
00h	Volatile Wiper 0	Write Data	nn nnnn nnnn	0000 00nn nnnn nnnn	1111 1111 1111 1111
		Read Data	nn nnnn nnnn	0000 11nn nnnn nnnn	1111 111n nnnn nnnn
		Increment Wiper	—	0000 0100	1111 1111
		Decrement Wiper	—	0000 1000	1111 1111
01h	Volatile Wiper 1	Write Data	nn nnnn nnnn	0001 00nn nnnn nnnn	1111 1111 1111 1111
		Read Data	nn nnnn nnnn	0001 11nn nnnn nnnn	1111 111n nnnn nnnn
		Increment Wiper	—	0001 0100	1111 1111
		Decrement Wiper	—	0001 1000	1111 1111
02h	Reserved	—	—	—	—
03h	Reserved	—	—	—	—
04h	Volatile TCON Register	Write Data	nn nnnn nnnn	0100 00nn nnnn nnnn	1111 1111 1111 1111
		Read Data	nn nnnn nnnn	0100 11nn nnnn nnnn	1111 111n nnnn nnnn
05h	Status Register	Read Data	nn nnnn nnnn	0101 11nn nnnn nnnn	1111 111n nnnn nnnn
06h-0Fh	Reserved	—	—	—	—

Note 1: The Data Memory is only 9-bits wide, so the MSb is ignored by the device.
2: All these Address/Command combinations are valid, so the CMDERR bit is set. Any other Address/Command combination is a command error state and the CMDERR bit will be clear.

Abbildung 14.6 Übersicht der möglichen Bitkombinationen (Quelle: Datenblatt MCP4132)

14

Damit Sie nun frei jeden beliebigen Widerstandswert einstellen können, müssen Sie ein wenig rechnen. Das Poti hat eine Auflösung von 7 Bit bei 5000 Ω maximalem Widerstandswert. 2^7 entspricht 128 möglichen Schritten: 0 bis 127. Teilen Sie nun 5000 Ω durch 128 Schritte, so kommen Sie auf einen Wert von ca. 39 Ω pro Schritt. Sie können das Poti also in 39-Ω- Schritten bis 5 kΩ verstellen. In unseren Versuchen war der kleinstmögliche Wert des Potis 144 Ω, der Maximalwert lag bei 4,99 kΩ.

Sie kennen nun die Anzahl der Schritte, die Minimal-, Mittel- sowie Maxmialstellung des Potis. Um die Werte dazwischen zu erreichen, rechnen Sie am besten die Hexwerte in Dezimalwerte um. Ein paar Beispiele machen das deutlich (siehe Tabelle 14.3).

Hexadezimal	Dezimal	Binär
0x00	0	0
0x01	1	1
0x02	2	10
0x04	4	100
0x40	64	1000000
0x4b	75	1001011
0x80	128	10000000

Tabelle 14.3 Beispiele zur Hexwertumrechnung

Das Bauteil versteht auch einige weitere Kommandos, unter anderem *Increment* und *Decrement* (siehe Tabelle 14.1): Hiermit können Sie den Wert des Potis jeweils um einen Schritt nach oben oder unten verändern. Das Datenblatt zeigt den Hexwert, der für den Zugriff auf alle verfügbaren Register notwendig ist (siehe Abbildung 14.6). Die MOSI-Spalte enthält die Bitfolge für das Schreiben in eines der Register. Die MISO-Spalte zeigt an, mit welcher Bitfolge der Baustein auf eine Veränderung der Register antworten wird.

Das Increment-Kommando benötigt den Binärwert 0100, der dem Hexwert von 0x04 entspricht. Bauen Sie eine Schleife mit diesem Kommando, so wird der Widerstandswert jede Sekunde um den Wert eines Einzelschrittes erhöht:

```
while True:
    spi.xfer([0x04])
    time.sleep(1)
```

Wenn Sie den Wert 0x08 nutzen, um die Bitfolge 1000 für das Decrement-Kommando darzustellen, so sinkt der Widerstandswert bei jedem Schleifendurchlauf um den Wert eines Einzelschritts.

Daten per SPI lesen

Ein weiteres Kommando ist das Lesen des SPI-Teilnehmers. Im Fall des MCP4132 ist die Kommandobitfolge 1100 notwendig (siehe Tabelle 14.1). Der entsprechende Hexwert dazu ist 0x0c. Nun ist es notwendig zu wissen, dass beim SPI-Protokoll jeder Sendevorgang mit einem Empfangsvorgang einhergeht. Das heißt: Wird ein Byte vom Master gesendet, so sendet der Slave automatisch ein Byte zurück. Für das Schreiben der Widerstandswerte war das Antwortbyte irrelevant. Möchten Sie nun aber ein Byte aus dem Bauteil lesen, so müssen Sie vorher eines hinsenden.

Dazu ersetzen Sie die bisherige `while`-Schleife einfach durch folgende:

```
while True:
    spi.xfer([0x04])
    print ("Steigere um einen Schritt")
    antwort= spi.xfer([0x0c,0x00])
    print ("Aktuelle Position: ",antwort[1])
    time.sleep(1)
```


Also der Reihe nach: Die Zeile `spi.xfer([0x04])` fordert das Gerät auf, den Widerstand in Einzelschritten zu erhöhen. Die folgende Zuweisung `antwort = spi.xfer(...)` sendet die Bitfolge des Lesebefehls sowie ein Dummybyte und speichert die empfangenen Daten in der Variablen `antwort`. Die Antwort des Potis wird nun anstelle des Dummybytes zurückgegeben.

Lassen Sie den Inhalt von `antwort` nun durch `print` ausgeben, so sollte – je nach momentaner Position des Wipers – folgende Ausgabe erscheinen: `[254, 128]`. Das erste Byte ist die Quittierung für den Lesebefehl, die uns nicht interessiert. Das zweite Byte ist an die Stelle des Dummybytes getreten und zeigt die aktuelle Position des Wipers als Dezimalzahl. Filtern Sie nun die relevante Information aus der Variablen, indem Sie die Ausgabe wie folgt abändern:

```
print (antwort[1])
```

Nun erkennen Sie direkt, an welcher Position sich der Wiper aktuell befindet. Das Ergebnis der Schleife nach einigen Durchläufen sollte wie folgt aussehen, sofern Sie bei einer Position von 0 starten:

```
Steigere um einen Schritt
Aktuelle Position:  1
Steigere um einen Schritt
Aktuelle Position:  2
...
Steigere um einen Schritt
Aktuelle Position:  5
```

Sie haben nun bereits die wichtigsten Befehle erlernt, die Sie brauchen, um mit externen SPI-Bausteinen zu kommunizieren. Jedes Bauteil benötigt allerdings andere Adress- und Kommandobits und kann daher nicht universal erklärt werden. Es ist also immer erforderlich, in das Datenblatt des verwendeten Bausteins zu schauen und dort die nötigen Infos zur Ansteuerung herauszufiltern. Mitunter kann das anfangs eine sehr zeitaufwendige Angelegenheit sein. Am Beispiel des MCP4123 konnten Sie allerdings bereits erkennen, wonach Sie suchen müssen.

Nutzen Sie anfangs z. B. diesen Online-Converter, um schnell zwischen dem Binär-, dem Dezimal- und dem Hexadezimalsystem umzurechnen:

http://binaer-dezimal-hexadezimal-umrechner.miniwebapps.de

xfer() versus xfer2()

Diese beiden Funktionen dienen zum Senden sowie zum Empfangen von Bytes. Für jedes gesendete Byte wird eines empfangen und kann ausgegeben werden. Zudem nutzen diese beiden Funktionen die CE0- und CE1-Pins des Raspberry Pi. `xfer()` *toggelt* das Chip-Select-Signal nach jedem gesendeten Block. `xfer2()` dagegen hält das Chip-Select-Signal aktiv, bis alle Blöcke gesendet wurden. Je nach Bauteiltyp kann es notwendig sein, eine Transaktion mit einer CS-Flanke zu bestätigen. Sehen Sie hierzu auch im Datenblatt des Bauteils nach. Die Verwendung dieser beiden Funktionen setzt voraus, dass Sie unbedingt einen der beiden CE0- oder CE1-Pins als Chip- Select-Signal verwenden und durch `spi.open(0,X)` festlegen.

14.2 Der Analog-/Digitalwandler MCP3008

Der Raspberry Pi hat von Haus aus keine analogen Ein- und Ausgänge. Alle verfügbaren Ausgänge sind digital. Das bedeutet, dass GPIO-Ausgänge nur einen Wert von 0 oder 1 darstellen können, Low oder High, An oder Aus. Werte dazwischen können nicht abgebildet werden. Stellen Sie sich z. B. einen Drehregler vor, der die Lautstärke regeln soll. Dieser Regler soll auf kleinster Stufe 0 % an den Raspberry Pi weitergeben, auf maximaler Stufe 100 %. Alle dazwischenliegenden Schritte sollen so fein wie möglich erkennbar sein. Dies schafft der Raspberry Pi nicht ohne externe Hilfe.

Ein möglicher Helfer wäre der AD-Wandler MCP3008. Hierbei handelt es sich um ein Bauteil, das über den SPI-Bus kommuniziert. Das Bauteil wandelt analoge Spannungen an seinen acht Eingängen in binäre Daten um und überträgt sie per SPI zum Raspberry Pi. Auch dies ist kein Hexenwerk und kann mit sehr geringem Python-Programmieraufwand erledigt werden. Das Datenblatt des Bauteils können Sie sich hier ansehen:

http://ww1.microchip.com/downloads/en/DeviceDoc/21295d.pdf

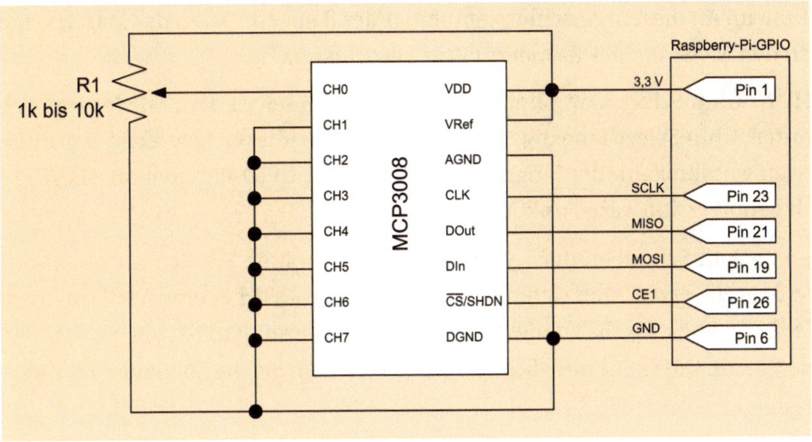

Abbildung 14.7 Pinbelegung und Verdrahtung des MCP3008

Auf die Pins des Bauteils gehen wir im Einzelnen etwas genauer ein:

- **CH0–CH7:** Dies sind die acht verfügbaren Analogeingänge des Bauteils. Hier schließen Sie die analogen Spannungen an. Im Schaltplan ist ein Poti eingezeichnet, über dem an CH0 eine Spannung von 0 bis 3,3 V abfallen kann (siehe Abbildung 14.7). Unsere Versuche zeigten, dass die ungenutzten Eingänge ein starkes Rauschen verursachen, wenn sie in einem undefinierten Zustand bleiben. Daher ist es sinnvoll, alle nicht belegten Eingangskanäle fest auf Masse zu legen.
- **VDD:** Versorgungsspannung des Bauteils. Hiermit werden die interne Logik sowie die SPI-Kommunikationstreiber versorgt. Das Bauteil verträgt eine Eingangsspannung von 2,7 V bis 5,5 V. Schließen Sie allerdings **immer** 3,3 V an diesen Pin an, da die SPI-Schnittstelle mit dem hier angelegten Pegel kommuniziert. Ein 5-V-Pegel würde den Raspberry Pi zerstören!
- **VRef:** Referenzspannung. Diese Spannung nutzt der AD-Wandler als Referenz für die anliegenden Eingangsspannungen. Der Wert der Spannung ist sehr wichtig und sollte eine genaue stabile Spannung sein. Ebenfalls wichtig ist, dass der maximale Analogwert eines Eingangskanals die Referenzspannung *niemals* übersteigt. Daher nutzen wir in diesem Beispiel die 3,3 V des Raspberry Pi als VDD, VRef sowie als maximalen Pegel am Eingangskanal.
- **AGND/DGND:** Analoge und digitale Masse. Beide Anschlüsse legen Sie in diesem Beispiel mit der Masse des Raspberry Pi zusammen.
- **CLK:** Clock oder Serial Clock. Dieser Anschluss ist Teil des SPI-Bus und wird mit dem SCLK-Pin des Raspberry Pi verbunden.
- **DOut:** Data out. Hier sendet der MCP3008 die angefragten Bitwerte über den Bus. Angebunden wird der Pin an den MISO-Pin des Masters.

- **DIn:** Data in. An diesem Anschluss empfängt der Baustein Daten des Masters und wird an den MOSI-Pin des Raspberry Pi angeschlossen.
- **CS/SHDN:** Chip-Select bzw. Shutdown. Hierbei handelt es sich wieder um den bekannten Chip-Select-Eingang. Beachten Sie, dass dieser Low-aktiv ist. Angeschlossen werden kann der Eingang an jeden freien GPIO-Pin oder an CE0/CE1 – je nach genutzer Software-Funktion.

Bevor Sie mit dem Schreiben der Software beginnen, sollten Sie sich noch ein paar Gedanken über die erwarteten Daten machen. Der MCP3008 hat eine Auflösung von 10 Bit. Dies bedeutet, dass die zu messende analoge Spannung in 1024 Schritte unterteilt werden kann. Die kleinstmögliche Einheit errechnen Sie mit folgender Formel:

VRef / 1024

In unserem Fall also:

3,3 V / 1024 = 0,003222 ~ 3,22 mV

Fein genug?

Wägen Sie ab, ob diese Auflösung für Ihre Zwecke ausreichend ist. Im Umkehrschluss bedeutet dies nämlich, dass Sie Veränderungen, die kleiner als 3,22 mV sind, nicht wahrnehmen können. Ein Alternativbauteil wäre der MCP3208 mit einer Auflösung von 12 Bit. Führen Sie die gleiche Rechnung durch, so kommen Sie bereits mit zwei Bit höherer Auflösung und 3,3 V Referenzspannung auf eine kleinstmögliche Einheit von 0,8 mV.

Um das Studium des Datenblattes kommen wir auch dieses Mal nicht herum. Das Datenblatt beschreibt, mit welchen Bitfolgen Sie die Kanäle auslesen können (siehe Abbildung 14.8), und verdeutlicht den Ablauf der Kommunikation (siehe Abbildung 14.9).

Diese Informationen reichen, um das Bauteil in der Software anzusprechen. Ein Beispiel für CH0: Zuerst muss das CS-Signal auf Low gezogen werden, damit das Bauteil sich angesprochen fühlt. Sofern Sie `xfer()` oder `xfer2()` nutzen, wird das automatisch erledigt. Nun senden Sie zuerst das Startbit als 1. Darauf folgt das SGL/DIFF-Bit ebenfalls in Form einer 1. Die nächsten drei Bits bestimmen den Kanal. Schauen Sie dazu in Zeile 1 der Bitfolgentabelle aus dem Datenblatt. Für CH0 senden Sie 0 0 0. Alle darauffolgenden Bits sind *Don't care*, also egal. Zuletzt senden Sie das bekannte Dummybyte 0.

Daraus ergeben sich zum Beispiel die folgenden Python-Funktionsaufrufe:

```
# CH0 auslesen (Binär)
spi.xfer([0b0001, 0b10000000,0b0000])

# CH3 auslesen(Binär)
spi.xfer([0b0001, 0b10110000,0b0000])

# CH0 auslesen (Hex)
spi.xfer([0x01, 0x80,0x00])

# CH3 auslesen (Dezimal)
spi.xfer([1,176,0])
```

TABLE 5-2: CONFIGURE BITS FOR THE MCP3008

Control Bit Selections				Input Configuration	Channel Selection
Single /Diff	D2	D1	D0		
1	0	0	0	single-ended	CH0
1	0	0	1	single-ended	CH1
1	0	1	0	single-ended	CH2
1	0	1	1	single-ended	CH3
1	1	0	0	single-ended	CH4
1	1	0	1	single-ended	CH5
1	1	1	0	single-ended	CH6
1	1	1	1	single-ended	CH7
0	0	0	0	differential	CH0 = IN+ CH1 = IN-
0	0	0	1	differential	CH0 = IN- CH1 = IN+
0	0	1	0	differential	CH2 = IN+ CH3 = IN-
0	0	1	1	differential	CH2 = IN- CH3 = IN+
0	1	0	0	differential	CH4 = IN+ CH5 = IN-
0	1	0	1	differential	CH4 = IN- CH5 = IN+
0	1	1	0	differential	CH6 = IN+ CH7 = IN-
0	1	1	1	differential	CH6 = IN- CH7 = IN+

Abbildung 14.8 Bitfolgen für die SPI-Kommunikation (Quelle: Datenblatt des Herstellers)

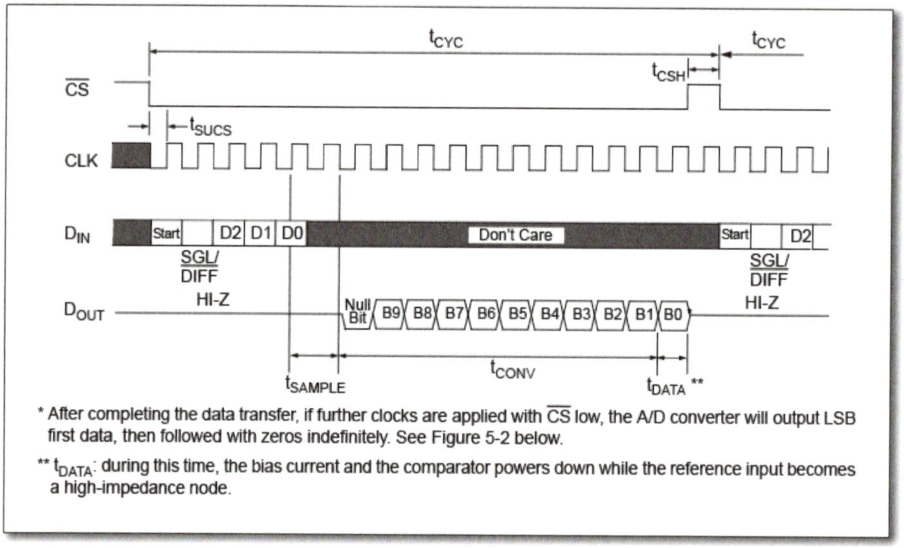

Abbildung 14.9 Kommunikationsablauf mit dem MCP3004 oder MCP3008 (Quelle: Datenblatt des Herstellers)

Sie sehen, dass Sie in der Schreibweise der Bits relativ frei sind. So können Sie die Werte binär, dezimal oder als Hexwert angeben. Ihr komplettes Python-Programm für den im Schaltplan gezeigten Aufbau (siehe Abbildung 14.7) könnte nun wie folgt aussehen:

```
#!/usr/bin/python3
import spidev
import time
spi = spidev.SpiDev()
spi.open(0,1)

while True:
    antwort = spi.xfer([1,128,0])
    if 0 <= antwort[1] <=3:
        wert = ((antwort[1] * 256) + antwort[2]) * 0.00322
        print (wert ," V")
        time.sleep(1)
```

Das Programm möchten wir kurz erläutern: Die `xfer()`-Funktion fragt den Wert von CH0 ab und speichert die drei zurückgegebenen Bytes in `antwort`. Sie erinnern sich: Für jedes gesendete Byte wird eines empfangen. Die drei Antwortbytes können als `antwort[0]` bis `antwort[2]` ausgelesen werden.

Das Messergebnis des MCP3008 ist in zwei Bytes gespeichert. Von den drei empfangenen Bytes benötigen wir daher nur die letzten beiden, Byte 0 interessiert uns nicht weiter. Das ergibt sich aus der Auflösung von 1024. Ein Byte kann maximal Dezimalwerte zwischen 0 und 255 speichern. Sie sehen, dass der Wert von Byte 1 jeweils $X \times 256$ zu Byte 2 hinzuaddiert werden muss, um den Maximalwert von 1023 darstellen zu können (siehe Tabelle 14.4). Bedenken Sie, dass wir bei 0 mit dem Zählen beginnen und der letzte Wert daher 1023 ist.

Byte 1	Byte 2	Dezimalwert
0	10	10
0	195	195
0	255	255
1	10	266
1	200	456
2	0	512
3	255	1023

Tabelle 14.4 Einige Beispiele für Messergebnisse

Während des Konvertierungsvorgangs gibt das Bauteil teilweise willkürliche Werte für Byte 1 aus. Wir wissen aber, dass dieses Byte mindestens 0, aber höchstens 3 sein darf. Die `if`-Abfrage prüft genau dies ab. Liegt der Wert zwischen 0 und 3, so wird er mit 256 multipliziert. Byte 2 wird dem Produkt hinzuaddiert. Durch die Multiplikation mit 0.00322 wird der Dezimalwert in die entsprechende Spannung umgerechnet. `Print` gibt den Wert auf dem Bildschirm aus. Falls Sie das Bauteil beim Abfragen allerdings während des Konvertierungsvorganges erwischen und Byte 1 kurzzeitig einen willkürlichen Wert beeinhaltet, so passiert nichts und die While-Schleife startet erneut. Die Ausgabe aktualisiert sich jede Sekunde (siehe Abbildung 14.10).

Sie können mit dem obigen Python-Code jeden der acht Eingänge abfragen, indem Sie den entsprechenden Wert in der `xfer()`-Funktion ändern (siehe Abbildung 14.8).

14.3 Der Digital-/Analogwandler MCP4811

Die beiden soeben vorgestellten Bauteile gaben Ihnen die Möglichkeit, einen Widerstand per Software zu beeinflussen sowie analoge Spannungen auszulesen. Im letzten Praxisbeispiel zu SPI erlernen Sie den Umgang mit einem D/A-Wandler. Hiermit erzeugen Sie selbst eine analoge Spannung, die an weitere Bauteile übergeben werden kann.

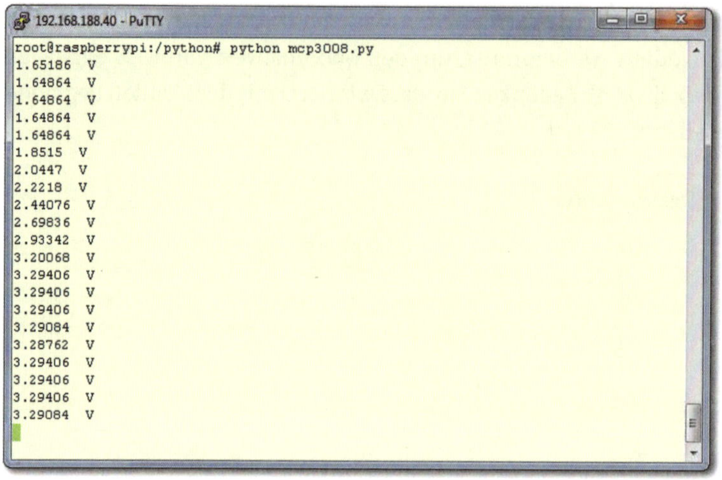

Abbildung 14.10 Ausgabe des Python-Beispielprogamms. Im Screenshot sehen Sie, dass das Poti während der Abfragen im Wert verändert wurde.

Der MCP4811, den wir nachfolgend verwenden, verfügt über eine 10-Bit-Auflösung sowie über einen Ausgangskanal für die analoge Spannung. Ein detailliertes Datenblatt finden Sie wieder auf der Seite des Herstellers:

http://ww1.microchip.com/downloads/en/DeviceDoc/22244B.pdf

Beim Blick auf die Pin-Belegung fällt auf, dass zwei aus den vorherigen Bauteilen bereits bekannte Pins fehlen: Der MCP4811 und seine Ableger MCP4801 und MCP4821 haben keinen SDO-Pin (Serial Data Out) und keinen Anschluss für die Referenzspannung. Das liegt daran, dass das Bauteil keine *Antworten* sendet, sondern lediglich Kommandos empfängt, worauf es die analoge Ausgangsspannung regelt.

Eine externe Referenzspannung ist nicht notwendig, da der MCP4811 diese intern in Höhe von 2,048 V erzeugt. Dieser Wert ist wichtig für die zu erwartende Ausgangsspannung. Es gibt zwei Betriebsarten, zwischen denen Sie wählen können: Der Normalbetrieb lässt eine maximale Ausgangsspannung von 2,048 V zu, was der internen Referenzspannung entspricht. Der *Gain*- oder Verstärkungsbetrieb erlaubt es, das Zweifache der Referenzspannung als maximale Analogspannung auszugeben. In diesem Betrieb kann die analoge Ausgangsspannung die Versorgungsspannung an VDD allerdings nicht überschreiten.

Dazu ein Beispiel: Beträgt VDD 5 V, so ist im Gain-Modus eine Ausgangsspannung von 4,096 V möglich. Beträgt VDD dagegen nur 3,3 V, so ist auch im Gain-Modus 3,3 V die maximale Spannung am Ausgang. Da der MCP4811 nur Empfänger und kein Sender auf dem SPI-Bus ist, können Sie in diesem Fall als Versorgungsspannung auch die 5 V des Raspberry Pi anlegen.

Die Erläuterung der Pin-Belegung des Bauteils erfolgt wieder in einer kurzen Übersicht:

- **Pin 1 VDD:** Versorgungsspannung. Der zulässige Bereich reicht von 2,7 V bis 5,5 V.
- **Pin 2 CS:** Low-aktives Chip-Select-Signal.
- **Pin 3 SCK:** Serial Clock. Notwendiger Eingang für die SPI-Kommunikation.
- **Pin 4 SDI:** Serial Data In. Auf diesem Pin empfängt das Bauteil die vom Raspberry Pi gesendeten Daten.
- **Pin 5 LDAC:** Latching. Dieser Pin erlaubt eine gezielte Übertragung der Ausgangswerte vom *Input Register* in das *Output Register*. Das Bauteil besitzt zwei interne Speicherregister. Nutzen Sie den LDAC-Pin, so können Sie Werte an das Bauteil senden, ohne dass direkt am Ende der Kommunikation die Ausgangsspannung eingestellt wird. Erst wenn am LDAC-Pin eine negative Flanke erkannt wird, wird der Inhalt des Eingangsspeichers in den Ausgangsspeicher geschoben und damit die Ausgangsspannung auf den gewünschten Wert aktualisiert.

  Wirklich sinnvoll ist der Pin allerdings erst ab Modell MCP4802, da dieses über zwei Ausgänge verfügt. So können Sie nacheinander die Daten für beide Ausgänge an das Bauteil senden und über LDAC gleichzeitig an das Ausgangsregister schicken. Legen Sie den LDAC-Pin allerdings fest auf Masse, so werden die gesendeten Werte mit einer steigenden Flanke des CS-Signals direkt an den Ausgang übertragen. Dies geschieht in der Regel direkt nach dem Senden der Daten. In unserem Beispiel liegt LDAC an Masse.
- **Pin 6 SDHN:** Shutdown, Low-aktiv. Liegt an diesem Pin eine logische Eins an, so befindet sich das Bauteil im Energiesparmodus. In diesem Modus verbraucht das Bauteil weniger Energie und deaktiviert die Ausgänge. Legen Sie diesen Pin am besten fest auf Masse, wenn Sie keine externe Abschaltung des Bauteils wünschen.
- **Pin 7 VSS:** Masse
- **Pin 8 VOUT:** Analoge Ausgangsspannung. Messen Sie zwischen VOUT und Masse die eingestellte analoge Ausgangsspannung.

Schließen Sie das Bauteil nun wie im Schaltplan (siehe Abbildung 14.11) an den Raspberry Pi an. Nun können Sie sich an die Ansteuerung des Bauteils machen. Dazu ist ein Blick in eine wichtige Tabelle aus dem Datenblatt notwendig (siehe Abbildung 14.12).

Sie sehen, dass je nach Ausführung zwischen 8 und 12 Bit zur Einstellung der Ausgangsspannung zur Verfügung stehen. Das komplette Kommando teilt sich auf zwei Byte auf. Byte 1 (Bit 0 bis Bit 7) besteht nur aus Datenbits für die Spannungseinstellung. Byte 2 (Bit 8 bis Bit 15) enthält Einstellungsbits sowie Datenbits. Gehen wir kurz auf die Bitreihenfolge von links nach rechts ein:

- **Bit 15:** Hier muss eine 0 gesendet werden, da das Bauteil sonst den kompletten Befehl ignoriert.
- **Bit 14:** Das *Don't care*-Bit. Der Wert dieses Bits ist egal.
- **Bit 13:** Der Gain-Modus ist bei 0 aktiv, bei 1 inaktiv.
- **Bit 12:** Das Shutdown-Bit. Ist dieses Bit 1, so wird an VOUT die gewünschte Spannung ausgegeben. Bei 0 befindet sich das Bauteil im *Schlafmodus* und es wird keine Spannung ausgegeben.
- **Bit 11 bis Bit 0:** Datenbits für die Spannungseinstellung. Bits mit X werden ignoriert.

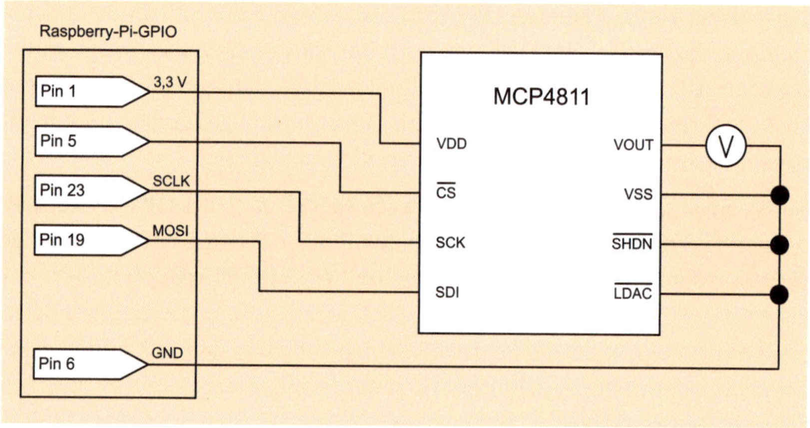

Abbildung 14.11 Anschluss des D/A-Wandlers MCP4811 an den Raspberry Pi

Die kleinstmögliche Schrittweite im Normal- oder Gain-Modus hängt davon ab, welches Modell der Baureihe Sie einsetzen (siehe Tabelle 14.5). Das kleinstwertige Bit, auch LSB (*Least Significant Bit*) genannt, entspricht beim MCP4811 2 mV. Das LSB ist in unserem Fall Bit 2, da die Bits 0 und 1 beim MCP4811 ignoriert werden.

Modell	Verstärkungsfaktor	LSB-Größe
MCP4801 (n=8)	1×	2,048 V / 256 = 8 mV
	2×	4,096 V / 256 = 16 mV
MCP4811 (n=10)	1×	2,048 V / 1024 = 2 mV
	2×	4,096 V / 1024 = 4 mV
MCP4821 (n=12)	1×	2,048 V / 4096 = 0,5 mV
	2×	4,096 V / 4096 = 1 mV

Tabelle 14.5 Auflösung der MCP48X1-Reihe im Normal- oder Gain-Modus mit Verstärkungsfaktor (Quelle: Datenblatt des Herstellers)

REGISTER 5-1: WRITE COMMAND REGISTER FOR MCP4821 (12-BIT DAC)

W-x	W-x	W-x	W-0	W-x	W-x	W-x	W-x	W-x	W-x	W-x	W-x	W-x	W-x	W-x	W-x
0	—	$\overline{GA}$	$\overline{SHDN}$	D11	D10	D9	D8	D7	D6	D5	D4	D3	D2	D1	D0
bit 15															bit 0

REGISTER 5-2: WRITE COMMAND REGISTER FOR MCP4811 (10-BIT DAC)

W-x	W-x	W-x	W-0	W-x	W-x	W-x	W-x	W-x	W-x	W-x	W-x	W-x	W-x	W-x	W-x
0	—	$\overline{GA}$	$\overline{SHDN}$	D9	D8	D7	D6	D5	D4	D3	D2	D1	D0	x	x
bit 15															bit 0

REGISTER 5-3: WRITE COMMAND REGISTER FOR MCP4801 (8-BIT DAC)

W-x	W-x	W-x	W-0	W-x	W-x	W-x	W-x	W-x	W-x	W-x	W-x	W-x	W-x	W-x	W-x
0	—	$\overline{GA}$	$\overline{SHDN}$	D7	D6	D5	D4	D3	D2	D1	D0	x	x	x	x
bit 15															bit 0

Where:

bit 15 [1] 0 = Write to DAC register
1 = Ignore this command

bit 14 — Don't Care

bit 13 **$\overline{GA}$:** Output Gain Selection bit
1 = 1x ($V_{OUT} = V_{REF} * D/4096$)
0 = 2x ($V_{OUT} = 2 * V_{REF} * D/4096$), where internal V_{REF} = 2.048V.

bit 12 **$\overline{SHDN}$:** Output Shutdown Control bit
1 = Active mode operation. VOUT is available.
0 = Shutdown the device. Analog output is not available. V_{OUT} pin is connected to 500 kΩ (typical).

bit 11-0 **D11:D0:** DAC Input Data bits. Bit x is ignored.

Legend			
R = Readable bit	W = Writable bit	U = Unimplemented bit, read as '0'	
-n = Value at POR	1 = bit is set	0 = bit is cleared	x = bit is unknown

Note 1: This bit must be '0'. The device ignores the write command if this MSB bit is not '0'.

Abbildung 14.12 Übersicht der möglichen SPI-Kommandos an den MCP4811 und die anderen Modelle dieser Baureihe (Quelle: Datenblatt des Herstellers)

Als Beispiel für eine analoge Spannung von 16 mV ergibt sich folgende Gesamtbitfolge:

```
00110000  00100000
```

Das erste Byte aktiviert den Ausgang und enthält für Gain und Shutdown jeweils eine 1. Die übrigen vier Datenbits bleiben auf 0. Die 1 im zweiten Byte entspricht einer 8 im Dezimalsystem. Multipliziert mit dem kleinstmöglichen Spannungswert von 2 mV, liegen am Ausgang nun 16 mV an.

```
00110001 00000000
```

In diesem Beispiel bleiben die Konfigurationsbits gleich. Das erste Bit im ersten Byte ist gleichzeitig das siebte Bit der insgesamt zehn Datenbits und gleicht somit dem Dezimalwert 64. Die Spannung am Ausgang sollte nun 128 mV betragen.

Sollten Sie bei höheren Spannungen Abweichungen zum theoretisch errechneten Wert feststellen, sind diese dem *INL Error* (Integral-Non-Linearity-Error) geschuldet. Dieser ergibt sich aus einer Differenz zwischen den gesendeten und den im Bauteil tatsächlich gesetzten Bits. Für nähere Informationen schauen Sie im Datenblatt unter dem Punkt *INL Accuracy* nach.

Mit diesem Theoriewissen können Sie nun das entsprechende Python-Programm erstellen, das den MCP4811 auf 128 mV einstellt:

```
#!/usr/bin/python3
import spidev
import time
import RPi.GPIO as GPIO
ce = 5
GPIO.setmode(GPIO.BOARD)
GPIO.setup(ce, GPIO.OUT)
spi = spidev.SpiDev()
spi.open(0, 0)
GPIO.output(ce, True)
GPIO.output(ce, False)
spi.writebytes([0b00110001, 0b00000000])
GPIO.output(ce, True)
```

Das vorherige Beispiel hat also eine weitere Methode der SPI-Kommunikation mit `spiDev` demonstriert. Da das Bauteil keine Daten an den Raspberry Pi sendet, verzichten wir auf die `xfer()`-Funktionen und nutzen einen Befehl zum Senden der Daten. Wie wir bereits eingangs erwähnt haben, ist es in diesem Fall allerdings nötig, dass Sie das CS-Signal manuell steuern. Vor `writebytes()` erzeugen wir eine negative Flanke für den Beginn der Kommunikation. Nach der Übertragung wird das Signal wieder zurückgesetzt.

Mit dieser Methode sind Sie nicht an die CE0- und CE1-Pins des Raspberry Pi gebunden und können jeden beliebigen freien GPIO-Pin als CS-Pin nutzen. Auch hier können Sie die Schreibweise der Bits anpassen. Für die Bitfolge aus dem Python-Code können Sie ebenfalls schreiben:

```
spi.writebytes([49, 0])
spi.writebytes([0x31, 0x00])
```

SPI-Bauteile

Die Liste der verfügbaren nützlichen Bauteile mit SPI-Schnittstelle ist groß und bietet fast für jeden Verwendungszweck das passende Bauteil. Eine kleine Auswahl an weiteren Bausteinen, die Sie per SPI ansteuern können, haben wir Ihnen nachfolgend zusammengefasst:

- **MCP4801:** 8-Bit-Digital-/Analogwandler. Das Bauteil gleicht dem MCP4811, bietet aber mit lediglich 8 Bit eine geringere Auflösung, was sich in den ebenfalls geringeren Anschaffungskosten widerspiegelt.
- **MCP4821:** 12-Bit-Digital-/Analogwandler, ebenfalls baugleich mit MCP4801 und MCP4811.
- **MCP4922:** 12-Bit-Digital-/Analogwandler. Ähnlich den beiden oberen Bauteilen, allerdings mit einer noch größeren Auflösung sowie zwei Ausgangskanälen zur analogen Spannungsausgabe. Dieses Bauteil benötigt eine externe Referenzspannung.
- **MCP3004:** Dieses Bauteil gleicht dem MCP3008, bietet aber nur vier Eingänge.
- **MCP3204/MCP3208:** Diese Bauteile sind die 12-Bit-Ausführung von MCP3004 und MCP3008.
- **MCP23S17:** Die SPI-Variante des MCP23017

14.4 I²C

Der I²C-Bus stellt eine weitere Schnittstelle des Raspberry Pi dar. Auch für dieses System gibt es einige externe Bausteine, die mit dem Raspberry Pi verwendet werden können.

I²C steht für *Inter-Integrated Circuit* und verwendet im Gegensatz zum SPI-Bus nur zwei Drähte. Die benötigten Anschlüsse am Raspberry Pi sind der Pin 3 *SDA* und der Pin 5 *SCL*. Ein Vorteil gegenüber dem SPI-Bus ist, dass bei der Verwendung mehrerer Teilnehmer auf dem Bus kein separates Chip-Select-Signal die Teilnehmer anwählt. Beim I²C-Bus besitzt jeder Teilnehmer eine Adresse, die einzeln angesprochen werden kann. Oft bieten die Bausteine auch die Möglichkeit, mittels Jumper oder Drahtbrücken die Adresse zu verändern. So können mehreren Bauteilen des gleichen Typs unterschiedliche Adressen zugewiesen werden, um diese gleichzeitig am Raspberry Pi zu nutzen.

In diesem Kapitel beziehen wir uns in erster Linie auf den ersten Kanal (I2C1) des I²C-Protokolls. Dieser ist über die Pins 3 und 5 zu erreichen. Kanal 0 (I2C0) kann zwar auch aktiviert werden, ist aber vor allem für EEPROMs reserviert. I2C0 wird durch die Pins 27 und 28 ausgeführt.

Der I²C-Bus verwendet in der Regel Open-Collector-Eingänge. Das bedeutet, dass die entsprechenden I²C-Bausteine keinen eigenen Spannungspegel an ihren I²C-Pins führen. Die SDA- und SCL-Pins des Raspberry Pi werden durch interne Pull-up-Widerstände auf ein 3,3-V-Level gezogen. Die Busteilnehmer schalten bei der Kommunikation diesen Pegel lediglich gegen Masse. Somit liegen auch an 5-V-I²C-Komponenten keine 5 V an den Bus-Pins an.

Trotzdem gilt: Wenn Sie die Möglichkeit haben, Ihre Bausteine, Sensoren oder ICs mit 3,3 V zu versorgen, sollten Sie diese Möglichkeit nutzen. Denn eine Schaltung, die durchweg maximal 3,3 V führt, minimiert das Risiko, den Raspberry Pi zu beschädigen.

Ausnahmen bestätigen die Regel!

Beliebte Fertigmodule, wie z. B. die Echtzeituhr, haben oft Pull-up-Widerstände an den SDA- und SCL-Pins. Gerade bei Modulen, die für den Arduino gefertigt wurden, liegen die I^{2}C-Pins dann an 5 V. Prüfen Sie dies vorab, und entfernen Sie gegebenenfalls Pull-ups auf Fertigmodulen.

Standardmäßig ist der I^{2}C-Bus deaktiviert und kann durch eine Einstellung im `raspi-config`-Menü aktiviert werden. Rufen Sie das Einstellungsmenü durch den Befehl `sudo raspi-config` auf, und navigieren Sie zu Punkt 8 `Advanced Options`. Im darauffolgenden Menübild wählen Sie den Punkt A7 `I2C` und beantworten die beiden kommenden Abfragen mit `Yes`. Die erste Bestätigung aktiviert den I^{2}C-Bus, und die zweite sorgt dafür, dass dieser ab sofort nach jedem Systemstart verfügbar bleibt.

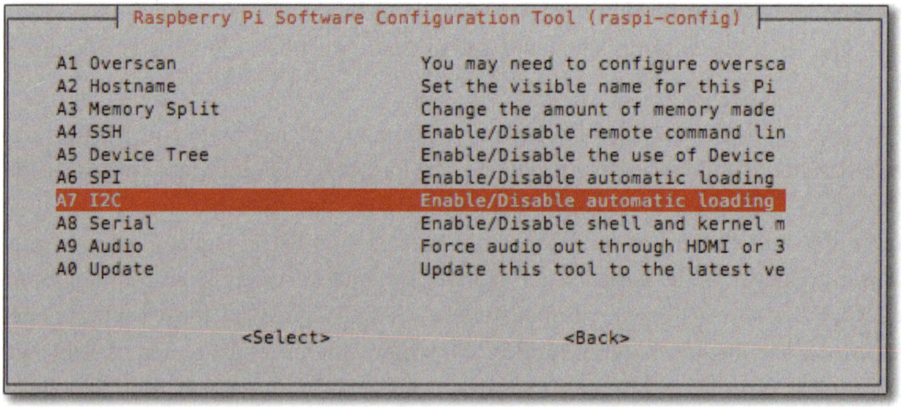

Abbildung 14.13 Der Menüpunkt »I2C« unter »Advanced Options«

Hinter den Kulissen erzeugt `raspi-config` den Eintrag `dtparam=i2c_arm=on` in der Datei `/boot/config.txt`. Dies aktiviert die I^{2}C-Schnittstelle im neuen Device-Tree.

Leider lädt `raspi-config` nicht automatisch das `i2c-dev`-Modul, das für den Zugriff auf die Schnittstelle vorhanden sein muss. Daher ist es notwendig, dass Sie es manuell der Datei `/ect/modules/` hinzufügen.

Öffnen Sie die Datei `/etc/modules` mit:

```
nano /etc/modules
```

Fügen Sie diese Zeile an das Ende der Datei an:

```
# Datei /etc/modules
...
i2c-dev
```

Speichern und schließen Sie die Datei anschließend wieder. Das I²C-Modul sollte nun nach einem Neustart geladen sein. Bedenken Sie, dass dadurch der I²C-Bus 1 nutzbar ist. Diesen finden Sie an den Pins 3 und 5. Bus 0 (Pins 27 und 28) ist in den neuen Raspberry-Pi-Modellen für die EEPROMs der sogenannten HATs reserviert. Dies sind neue, standardisierte Erweiterungsboards für den Raspberry Pi (siehe Abschnitt 16.9, »Raspberry-Pi-HATS«). Möchten Sie den Bus dennoch aktivieren, so fügen Sie zusätzlich die Zeile `dtparam=i2c0` in die Datei `/boot/config.text` ein.

Der Portexpander MCP23017

Ein beliebter Baustein mit I²C-Protokoll ist der MCP23017. Dabei handelt es sich um einen Porterweiterungsbaustein. Sie haben mit dem MCP23017 die Möglichkeit, dem Raspberry Pi bis zu 16 zusätzliche Ein- und Ausgänge hinzuzufügen. Sie opfern lediglich den SCL- und SDA-Anschluss des Raspberry Pi, um den Baustein mit dem Bus zu verbinden. Schauen wir uns nun zuerst wieder die Pin-Belegung an (siehe Abbildung 14.14).

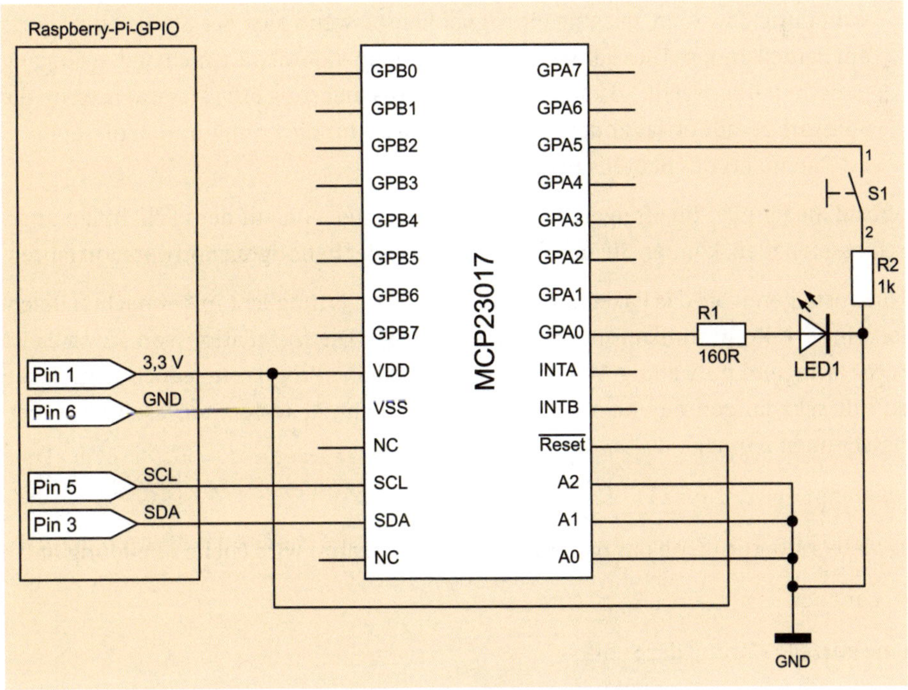

Abbildung 14.14 Pin-Belegung und Verdrahtung des MCP23017

- **GPA 0–7:** Bank A der verfügbaren Ports
- **GPB 0–7:** Bank B der verfügbaren Ports
- **VDD:** Versorgungsspannung. Der MCP23017 benötigt bei normaler Raumtemperatur eine Versorgungsspannung von 1,8 V bis 5,5 V. Schließen Sie hier wieder die 3,3 V des Raspberry Pi an.
- **VSS:** Masse
- **NC:** Not connected. Diese Pins sind nicht belegt und haben keine Funktion.
- **SCL:** Serial Clock Line. Bestandteil des I^2C-Bus.
- **SDA:** Serial Data Line. Ebenfalls ein Bestandteil des Bussystems.
- **Reset:** Low-aktiver Reset-Pin. Dieser Pin muss auf High, also 3,3 V liegen, damit der Baustein arbeitet.
- **A0–A2:** Adressierbits. Diese Pins bieten die Möglichkeit, die Adresse auf dem Bus zu ändern. Je nach Kombination von High- und Low-Pegeln an diesen Pins können Sie die Adresse verändern. Sie haben mit 3 Bit insgesamt 8 Adressiermöglichkeiten. Theoretisch können Sie ohne zusätzlichen Aufwand so acht MCP23017-Portexpander am I^2C-Bus betreiben.
- **INTA, INTB:** Diese beiden Anschlüsse sind Interrupt-Pins. Diese Pins können so konfiguriert werden, dass sie ein Signal liefern, wenn sich der Status eines Ports am Bauteil ändert. Dies kann sinnvoll sein, wenn die Software nicht jeden Eingang dauerhaft überwacht. So kann auch eine Statusänderung erfasst werden, wenn die Software gerade etwas anderes macht. Sehen Sie für die Konfiguration dieser Ports im Datenblatt des Bauteils nach.

Sobald Sie den I^2C-Bus freigeschaltet und das Bauteil wie auf dem Schaltplan angeschlossen haben, können Sie mit der Installation der benötigten Software fortfahren.

Nun installieren Sie das Paket *i2c-tools*. Dieses Paket ermöglicht mit einfachen Befehlen eine I^2C-Kommunikation direkt aus der bash. Die Installation von i2c-tools ist nicht zwingend notwendig. Wir empfehlen das kleine Programm jedoch sehr, da Sie so mit sehr kurzen Befehlen jeden I^2C-Bus-Teilnehmer testen, auslesen und auch beschreiben können.

```
sudo apt-get install i2c-tools
```

`i2cdetect` überprüft, ob das Bauteil auf dem Bus erkannt wird (siehe Abbildung 14.15):

```
i2cdetect -y 1
```

Eine kurze Erklärung der Syntax:

- **i2cdetect:** Befehl aus `i2c-tools` zum Auffinden von I^2C-Peripherie
- **-y:** Befehl ohne Nachfrage ausführen (*Sind Sie sicher?*)

- **1:** Nummer des Busses. Bus 1 nutzt die Pins 3 und 5. Bus 0 ist in der Regel für das EEPROM der HAT-Boards reserviert, kann aber über die Pins 27 und 28 erreicht werden.

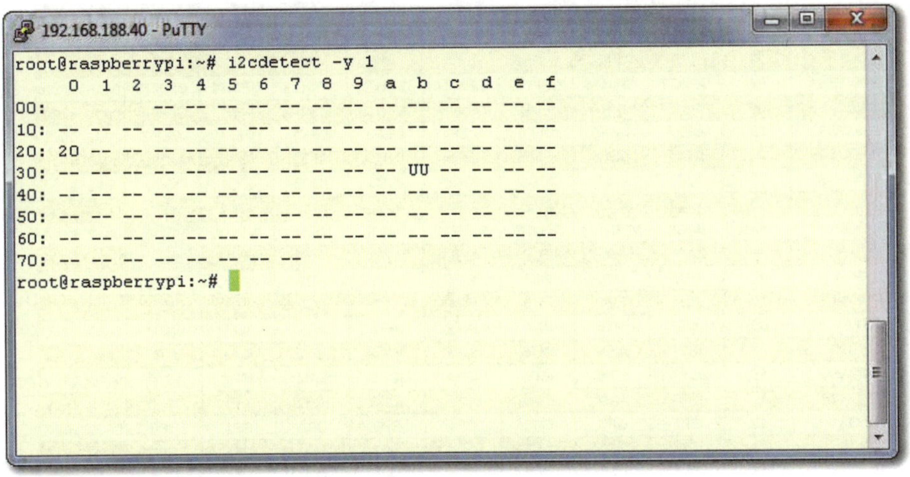

Abbildung 14.15 Ausgabe des Befehls »i2cdetect«. Der Baustein ist auf der Adresse 0x20 ansprechbar.

An der Ausgabe erkennen Sie, dass der Baustein auf der Adresse 0x20 liegt. Verändern Sie die High/Low-Kombination an den Pins A0–A2. So können Sie beobachten, wie sich die Adresse ändert. Liegen alle Pins auf GND, so ist 0x20 die Standardadresse des MCP23017. Sollten Sie keinen Wert angezeigt bekommen, prüfen Sie die korrekte Verdrahtung des Bausteins.

Im Schaltplan haben wir an GPA0 eine LED angeschlossen und an GPA5 einen Taster (siehe Abbildung 14.14). Widmen wir uns zuerst der LED. Um GPA0 nun als Ausgang zu definieren und auf High zu schalten, müssen Sie wieder einige wichtige Tabellen aus dem Datenblatt einsehen (siehe Abbildung 14.16).

Das vollständige Datenblatt des Bauteils finden Sie unter folgender Adresse:

http://ww1.microchip.com/downloads/en/DeviceDoc/21952b.pdf

Die weißen Zeilen beziehen sich auf Bank A, also GPA0–7, die farbigen Zeilen auf Bank B, GPB0–7. Unsere LED ist an GPA0 angeschlossen, somit sind nur die weißen Zeilen von Interesse. Im Ausgangszustand sind alle 16 Ports des MCP23017 als Eingänge definiert. Um die LED anzusteuern, muss GPA0 jedoch als Ausgang deklariert werden. Dies kann im Register IODIRA passieren. Lesen kann man die Abkürzung als *Input/Output Direction A*. Die zweite Spalte nennt Ihnen die Adresse des IODIRA-Registers, nämlich 0x00 (Address (hex)). GPA0 findet sich in der vorletzen Spalte als *IO0* unter Bit 0.

TABLE 1-6: CONTROL REGISTER SUMMARY (IOCON.BANK = 0)

Register Name	Address (hex)	bit 7	bit 6	bit 5	bit 4	bit 3	bit 2	bit 1	bit 0	POR/RST value
IODIRA	00	IO7	IO6	IO5	IO4	IO3	IO2	IO1	IO0	1111 1111
IODIRB	01	IO7	IO6	IO5	IO4	IO3	IO2	IO1	IO0	1111 1111
IPOLA	02	IP7	IP6	IP5	IP4	IP3	IP2	IP1	IP0	0000 0000
IPOLB	03	IP7	IP6	IP5	IP4	IP3	IP2	IP1	IP0	0000 0000
GPINTENA	04	GPINT7	GPINT6	GPINT5	GPINT4	GPINT3	GPINT2	GPINT1	GPINT0	0000 0000
GPINTENB	05	GPINT7	GPINT6	GPINT5	GPINT4	GPINT3	GPINT2	GPINT1	GPINT0	0000 0000
DEFVALA	06	DEF7	DEF6	DEF5	DEF4	DEF3	DEF2	DEF1	DEF0	0000 0000
DEFVALB	07	DEF7	DEF6	DEF5	DEF4	DEF3	DEF2	DEF1	DEF0	0000 0000
INTCONA	08	IOC7	IOC6	IOC5	IOC4	IOC3	IOC2	IOC1	IOC0	0000 0000
INTCONB	09	IOC7	IOC6	IOC5	IOC4	IOC3	IOC2	IOC1	IOC0	0000 0000
IOCON	0A	BANK	MIRROR	SEQOP	DISSLW	HAEN	ODR	INTPOL	—	0000 0000
IOCON	0B	BANK	MIRROR	SEQOP	DISSLW	HAEN	ODR	INTPOL	—	0000 0000
GPPUA	0C	PU7	PU6	PU5	PU4	PU3	PU2	PU1	PU0	0000 0000
GPPUB	0D	PU7	PU6	PU5	PU4	PU3	PU2	PU1	PU0	0000 0000
INTFA	0E	INT7	INT6	INT5	INT4	INT3	INT2	INT1	INTO	0000 0000
INTFB	0F	INT7	INT6	INT5	INT4	INT3	INT2	INT1	INTO	0000 0000
INTCAPA	10	ICP7	ICP6	ICP5	ICP4	ICP3	ICP2	ICP1	ICP0	0000 0000
INTCAPB	11	ICP7	ICP6	ICP5	ICP4	ICP3	ICP2	ICP1	ICP0	0000 0000
GPIOA	12	GP7	GP6	GP5	GP4	GP3	GP2	GP1	GP0	0000 0000
GPIOB	13	GP7	GP6	GP5	GP4	GP3	GP2	GP1	GP0	0000 0000
OLATA	14	OL7	OL6	OL5	OL4	OL3	OL2	OL1	OL0	0000 0000
OLATB	15	OL7	OL6	OL5	OL4	OL3	OL2	OL1	OL0	0000 0000

Abbildung 14.16 Übersicht der verfügbaren Register (Quelle: Datenblatt des Herstellers)

Jetzt kennen sie die benötigten Werte und können sie auch aus der Shell zum Bauteil senden. Dazu benutzen Sie wieder einen Befehl aus den `i2c-tools`:

```
i2cset -y 1 0x20 0x00 0xFE
```

Erklärung der Syntax:

- **i2cset:** Befehl aus den `i2c-tools` zum Schreiben auf dem I^2C-Bus
- **-y:** Befehl ausführen ohne Nachfrage (*Sind Sie sicher?*)
- **1:** Nummer des Bus
- **0x20:** Adresse des Bausteins, der beschrieben werden soll
- **0x00:** Dies ist die Adresse des IODIRA-Registers.
- **0xFE:** Dieser Wert setzt Bit 0 des IODRA-Registers auf 0 und somit als Ausgang.

Falls Sie sich fragen, woher der Hexwert `0xFE` stammt, so werfen Sie noch einmal einen Blick auf die Tabelle der verfügbaren Register. In der letzten Spalte der Tabelle können Sie sehen, dass im Ausgangszustand alle Bits des IODIRA-Registers 1 sind. Eine 1 in einem Bit dieses Registers definiert den entsprechenden Port als Eingang. Um ihn zu einem Ausgang zu machen, ändern Sie das entsprechende Bit in eine 0. Als Binärzahl ausgedrückt, würde diese in unserem Fall so aussehen:

```
11111110
```

GPA7–1 bleiben weiterhin als Eingang bestehen. GPA0, also das letzte Bit, wechselt seinen Status zu einem Ausgang. Rechnen Sie die Binärzahl in einen Hexwert um, so erhalten Sie 0xFE.

Sobald Sie den Befehl mit [↵] bestätigen, wird er ohne weitere Meldung ausgeführt. GPA0 ist nun ein Ausgang, allerdings noch nicht aktiv. Mit dem nächsten Befehl schalten Sie die LED ein. Hierzu schauen Sie wieder in die Tabelle aus dem Datenblatt. Das nötige Register ist in diesem Fall *OLATA* (Output Latch A). Die Adresse des Registers ist 0x14. Auch hier ist das gesuchte Bit für GPA0 wieder Bit 0. Diesmal wird dort allerdings eine 1 benötigt. Schreiben Sie nun mit `i2cset` in das OLATA-Register in Bit 0 eine 1:

```
i2cset -y 1 0x20 0x14 0x01
```

Die Syntax bleibt die gleiche wie im vorherigen Befehl. Lediglich die Registeradresse und die Bitwerte haben sich geändert. Sobald Sie den Befehl bestätigt haben, sollte die LED leuchten. GPA0 führt nun einen High-Pegel.

Mit diesem Prinzip können Sie nun alle 16 Ausgänge beliebig schalten. Die Registerübersicht aus dem Datenblatt gibt Ihnen alle nötigen Informationen. Wenn Sie Bank B, also GPB 0–7, verwenden, so benutzen Sie die Register *IODIRB* sowie *OLATB*.

Widmen wir uns nun dem an GPA5 angeschlossenen Taster: Zum Auslesen des Tasterzustands muss GPA5 als Eingang deklariert sein. Dies sollte bereits der Fall sein. Nutzen Sie ansonsten wieder den `i2cset`-Befehl, um GPA5 separat in einen Eingang zu ändern:

```
i2cset -y 1 0x20 0x00 0x20
```

Nach dem Senden dieses Befehls ist GPA5 ein Eingang, alle anderen Ports sind Ausgänge. Die Erklärung dafür liegt wieder im Binärcode von 0x20:

```
00100000
```

Die `i2c-tools` verfügen noch über den Befehl `i2cget`. Nutzen Sie diesen, um Daten auf dem Bus zu empfangen. Zum Auslesen des Status von GPA5 ziehen Sie den Wert direkt aus dem Output-Register *GPIOA* mit der Adresse 0x12:

```
i2cget -y 1 0x20 0x12
```

Der Befehl sollte nun einen Hex-Wert zurückgeben. Wenn Sie den Befehl öfter hintereinander ausprobieren, so scheint der ausgelesene Wert nicht stabil zu bleiben. Das hat den Grund, dass die anfangs im Schaltplan skizzierte Schaltung keinen Pull-up-Widerstand besitzt, der den Pegel immer auf einen definierten Wert zieht. Wir haben den Pull-up-Widerstand hier bewusst entfallen lassen, damit wir Ihnen die Funktion des internen Pull-ups verdeutlichen können.

Die Pull-up-Register verstecken sich hinter den Registernamen *GPPUA* sowie *GPPUB*. Schalten wir also nun einen Pull-up-Widerstand an GPA5:

```
i2cset -y 1 0x20 0x0C 0x20
```

Senden Sie den Befehl ab, und versuchen Sie nun erneut, GPA5 mit dem `i2cget`-Befehl auszulesen.

Haben Sie jeden Schritt bis hierhin genau befolgt, so sollte die LED noch immer leuchten. Die Ausgabe von `i2cget` lautet in diesem Fall 0x21. Rechnen Sie diesen Wert wieder in eine Binärzahl um, so können Sie direkt erkennen, welche Ports aktiv sind:

```
00100001
```

Sie sehen, dass Bit 0 (GPA0) sowie Bit 5 (GPA5) aktiv sind. Drücken Sie nun den Taster, und lesen Sie die Daten erneut aus. Die Ausgabe ändert sich in 0x01. Das entspricht folgendem Binärcode:

```
00000001
```

GPA5 wurde durch das Drücken des Tasters auf Masse gezogen und gibt somit eine 0 zurück. Auch das Auslesen funktioniert in Bank B nach dem gleichen Schema. Lesen Sie hierfür einfach aus dem Output-Register *GPIOB*, und schreiben Sie die Pull-up-Werte in *GPPUB*.

I²C in Python

Zum Abschluss dieses Abschnitts zeigen wir Ihnen ein Beispiel für die I²C-Anwendung in Python. Zur Verwendung von I²C in Python benötigen Sie die Python-Bibliothek *smbus*. Diese Bibliothek installieren Sie wieder mit dem Paketmanager:

```
sudo apt-get install python-smbus
```

Da wir auch in diesem Beispiel wieder Python 3 nutzen möchten, folgt nun eine Modifikation der `smbus`-Bibliothek. Wenn Sie `smbus` unter Python 2.x nutzen, so überspringen Sie nun die folgenden Punkte.

Installieren Sie ein notwendiges Paket:

```
sudo apt-get install libi2c-dev
```

Im nächsten Schritt laden Sie die Quelldateien der `i2c-tools` herunter, entpacken diese und wechseln in das neu erzeugte Verzeichnis:

```
wget http://ftp.de.debian.org/debian/pool/main/i/i2c-tools/i2c-
    tools_3.1.0.orig.tar.bz2
tar xf i2c-tools_3.1.0.orig.tar.bz2
cd i2c-tools-3.1.0/py-smbus
```

Sicherheitshalber sollten Sie nun die zu modifizierende Datei durch Umbenennen sichern:

```
mv smbusmodule.c smbusmodule.c.backup
```

Der nächste Befehl lädt die modifizierte C-Datei der Bibliothek herunter und ersetzt nun die Originaldatei:

```
wget https://gist.githubusercontent.com/sebastianludwig/\
  c648a9e06c0dc2264fbd/raw/\
  2b74f9e72bbdffe298ce02214be8ea1c20aa290f/smbusmodule.c
```

Die letzten beiden Befehle erzeugen und installieren die Bibliothek in der Python-3-Umgebung:

```
sudo python3 setup.py build
sudo python3 setup.py install
```

Bedenken Sie, dass diese Änderung von einem Community-Mitglied durchgeführt wurde. Es handelt sich dabei nicht um eine Anpassung der smbus-Autoren. Die Originalanleitung zu dieser Modifikation, der wir uns auch bedient haben, finden Sie unter folgendem Link:

http://procrastinative.ninja/2014/07/21/smbus-for-python34-on-raspberry

Python-3-Alternativen

Falls Sie den I²C-Bus in Python 3 ohne eine Modifikation der smbus-Bibliothek nutzen möchten, bietet sich zum einen pigpio an. Diese Bibliothek bietet auch in der neuesten Python-Version Zugriff auf den Bus. Die Handhabung von pigpio ist sehr gut dokumentiert:

http://abyz.co.uk/rpi/pigpio/python.html

Alternativ funktioniert die Quick2Wire-Bibliothek mit I²C-Funktionalität unter Python 3:

https://github.com/quick2wire/quick2wire-python-api

Nach der Installation kann die Bibliothek direkt genutzt werden:

```
#!/usr/bin/python3
import smbus, time
bus = smbus.SMBus(1)
adresse = 0x20 # I2C Adresse des MCP23017

def get(register):
    read = bus.read_byte_data(adresse,register)
    return read
```

```
def set(register, daten):
    write = bus.write_byte_data(adresse, register, daten)
    return

set (0x00,0x20)
while True:
    state = get(0x12)
    print (state)
    if state == 0x00:
        set (0x14,0x01)
        print ("Taster erkannt, LED an!")
    time.sleep(1)
    set (0x14,0x00)
```

Das Python-Programm definiert die Funktionen für das Lesen und das Schreiben. In der `while`-Schleife wird jede Sekunde geprüft, ob der Taster an GPA5 betätigt ist. Ist dies der Fall, so leuchtet die LED für einen Durchlauf. Das Python-Programm dient somit als Beispiel, an dem Sie lernen, wie `smbus`verwendet wird.

Hilfreiche Links zum Thema

`smbus`-Dokumentation:
http://wiki.erazor-zone.de/wiki:linux:python:smbus:doc

`i2c-tools`-Dokumentation:
http://www.lm-sensors.org/wiki/i2cToolsDocumentation

14.5 UART

UART (*Universal Asynchronous Receiver/Transmitter*) dient unter anderem zur Kommunikation mit RS232- oder RS485-Schnittstellen. Oft wird der UART zur Datenübertragung mit Mikrocontrollern oder dem PC eingesetzt. Der Raspberry Pi führt die UART-Schnittstelle an den Pins 8 und 10 (TxD und RxD) aus der GPIO-Steckerleiste aus.

Im kommenden Abschnitt beschreiben wir den Umgang mit der UART-Schnittstelle anhand der Kommunikation zwischen zwei Raspberry-Pi-Platinen. So ist es möglich, zwischen den beiden Mini-Computern zu kommunizieren.

UART aktivieren und säubern

Die UART-Schnittstelle muss nach einer Standardinstallation von Raspbian erst freigeschaltet und von unnötigem Ballast befreit werden. Als »Ballast« bezeichnen wir die

Eigenschaft, dass der Raspberry Pi den Bootvorgang standardmäßig über die UART-Schnittstelle ausgibt. Das bedeutet, dass beim Hochfahren jede Menge Informationen übertragen werden, die in der Regel nicht benötigt werden. Folgen Sie diesen Schritten für ein Großreinemachen:

- Öffnen Sie die Datei `/boot/cmdline.txt` mit einem Editor, z. B. mit Nano:

  ```
  nano /boot/cmdline.txt
  ```

- Dort sollte eine Zeile zu finden sein, aus der Sie den folgenden Teil löschen:

  ```
  console=ttyAMA0,115200 kgdboc=ttyAMA0,115200
  ```

  Die neue Zeile sieht nun z. B. wie folgt aus (alle Angaben stehen in *einer* Zeile!):

  ```
  dwc_otg.lpm_enable=0 console=tty1 root=/dev/mmcblk0p6
    rootfstype=ext4 elevator=deadline rootwait
  ```

- Je nach Konfiguration stehen hinter der Zeile noch weitere Einstellungen. Lassen Sie diese unberührt!

  Nun öffnen Sie die Datei `/etc/inittab` in einem Editor. Prüfen Sie, ob die letzte Zeile der Datei durch ein #-Symbol auskommentiert ist:

  ```
  T0:23:respawn:/sbin/getty -L ttyAMA0 115200 vt100
  ```

  Ist dies nicht der Fall, so schreiben Sie vor diese Zeile ein #-Zeichen. Speichern und schließen Sie die Datei danach. Sollte die Zeile bereits auskommentiert sein, müssen Sie keine weiteren Änderungen vornehmen. Die UART-Schnittstelle kann nun genutzt werden und gibt keine Daten während des Bootvorgangs mehr aus.

UART in raspi-config aktivieren

Alternativ können Sie diese Schritte auch in der `raspi-config` erledigen. Navigieren Sie dazu zu `Advanced Options -> Serial`, und bestätigen Sie die kommende Abfrage mit `Nein`. Dadurch werden die oben genannten Schritte ausgeführt. Auch hier ist nun ein Neustart erforderlich.

Zwei Raspberry Pi via UART verbinden

Im nächsten Schritt stellen Sie eine physische Verbindung zwischen den beiden Platinen her (siehe Abbildung 14.17). Verbinden Sie hierzu lediglich den TxD-Pin von Gerät 1 mit dem RxD-Pin des Gerätes 2. Den RxD-Pin von Gerät 1 verbinden Sie wiederum mit dem TxD-Pin von Gerät 2. Denken Sie daran, zusätzlich die beiden Massepotenziale miteinander zu verbinden. Erstellen Sie also eine Verbindung zwischen den GND-Pins der Geräte, z. B. Pin 6 von Gerät 1 zu Pin 6 von Gerät 2. Häufig wird dies vergessen, und bei der anschließenden Kommunikation erscheinen dann wirre Zeichen.

Bedenken Sie dies auch, wenn Sie mit anderen Mikrocontrollern oder PCs kommunizieren wollen.

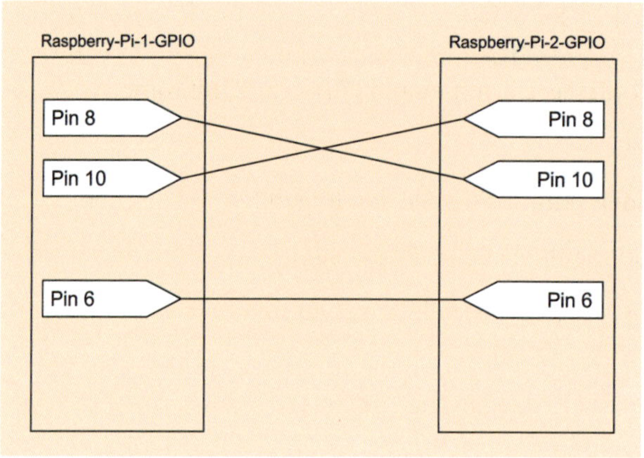

Abbildung 14.17 Verbinden zweier Raspberry Pi durch UART

Abbildung 14.18 Zwei Raspberry-Pi-Platinen, die wir mit UART verbunden haben

Minicom

Minicom ist ein Programm zum Senden und Empfangen von seriellen Daten. Dies nutzen wir, um die Funktion des UART zu verdeutlichen. Sollten Sie dieser Anleitung folgen und möchten Sie die Kommunikation zwischen zwei Raspberry Pi aufbauen, so müssen Sie auf beiden Geräten die gleichen Schritte wie oben durchführen. Installieren Sie also Minicom:

```
sudo apt-get install minicom
```

Nach der Installation starten Sie Minicom und übergeben die gewünschte Baudrate sowie die zu nutzende Schnittstelle:

```
minicom -b 9600 -o -D /dev/ttyAMA0
```

Führen Sie diesen Befehl auf beiden Geräten aus. Nun tippen Sie in einem der beiden Terminalfenster einen Text ein und sehen die empfangenen Daten auf dem anderen Gerät (siehe Abbildung 14.19). Sollte hier der geschriebene Text im Klartext empfangen werden, so haben Sie alles richtig gemacht. Falls keine Kommunikation stattfindet oder nur kryptische Zeichen empfangen werden, so prüfen Sie, ob die Massepotenziale beider Geräte zusammengelegt wurden und ob `minicom` auf beiden Computern mit der gleichen Baudrate gestartet wurde.

14

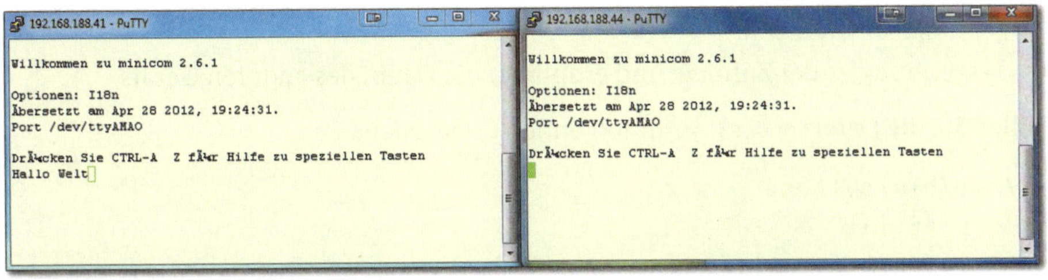

Abbildung 14.19 Kommunikation zwischen zwei Raspberry Pi mittels Minicom

Sie können nun auch auf diese Weise mit anderen Geräten (z. B. dem Arduino, Mikrocontrollern oder UART-Adaptern für den PC) kommunizieren. Auch einige RFID-Lesegeräte kommunizieren über UART – mehr dazu lesen Sie in Kapitel 29, »RFID-Türöffner mit Zutrittskontrolle«. Die Baudrate passen Sie entsprechend dem Datenblatt des Gerätes an, mit dem Sie kommunizieren. Gängige Baudraten bei des UART sind z. B.:

- 1200
- 2400
- 4800
- 9600
- 19200
- 115200

Die Kommunikation zwischen zwei Raspberry Pi funktioniert mit jeder Baudrate, sofern diese auf beiden Geräten identisch eingestellt wird.

UART in Python

Damit Sie die UART-Kommunikation in Ihre Python-Programme einbauen können, widmen wir uns nun der Integration von UART in Python. Als Beispiel nutzen wir weiterhin die beiden verbundenen Raspberry-Pi-Platinen. Bei der Programmierung hilft uns die Python-Bibliothek `pyserial`. Um diese Bibliothek zu installieren, benötigen Sie wiederum die `python-setuptools`:

```
sudo apt-get install python-setuptools
sudo apt-get install python3-pip
```

Installieren Sie nun `pyserial` mittels `pip`:

```
sudo pip-3.2 install pyserial
```

Die Bibliothek kann nun mittels `import serial` in jedem Python-Programm geladen werden. Zur Kommunikation zwischen den beiden Raspberry Pi erstellen Sie zwei Python-Programme:

- `sender.py` wird auf dem sendenden Raspberry Pi erstellt und dient zum Senden von Befehlen.
- `listener.py` ist der Zuhörer und empfängt die Daten des anderen Geräts.

Füllen Sie die Datei `sender.py` mit folgenden Codezeilen:

```
#!/usr/bin/python3
import serial
ser = serial.Serial("/dev/ttyAMA0")
ser.baudrate = 9600
print("Sende UART Daten...")
ser.write(b"Hallo Welt!\n")
ser.close()
```

Dieses simple Programm öffnet die UART-Schnittstelle und stellt eine Baudrate von 9600 ein. Die Funktion `ser.write()` sendet nun den Text *Hallo Welt*, gefolgt von einem Newline-String. Diese Zeichenfolge lässt den zweiten Raspberry Pi erkennen, dass das Ende der Nachricht erreicht ist. `ser.close()` gibt die UART-Schnittstelle nach dem Senden wieder frei.

`listener.py` auf dem anderen Gerät hat den folgenden Inhalt:

```
#!/usr/bin/python3
import serial
ser = serial.Serial("/dev/ttyAMA0", timeout = 10)
ser.baudrate = 9600
```

```
daten = ser.readline()
print(daten.decode('utf8'))
ser.close()
```

Auch hier wird der UART-Port ausgewählt und auf die gleiche Baudrate von 9600 eingestellt. Zusätzlich definieren Sie ein Timeout von 10 Sekunden. Dies ist notwendig, da die Lesefunktion `readline()` ohne diesen Timeout endlos weiterhorchen würde. In dieser Zeit wäre der UART-Port blockiert. Nach Ablauf des Timeouts wird der UART wieder freigegeben und das Programm läuft ab Zeile 9 weiter.

Starten Sie nun `listener.py` auf Gerät 1. Innerhalb von 10 Sekunden müssen Sie außerdem `sender.py` auf dem zweiten Gerät ausführen.

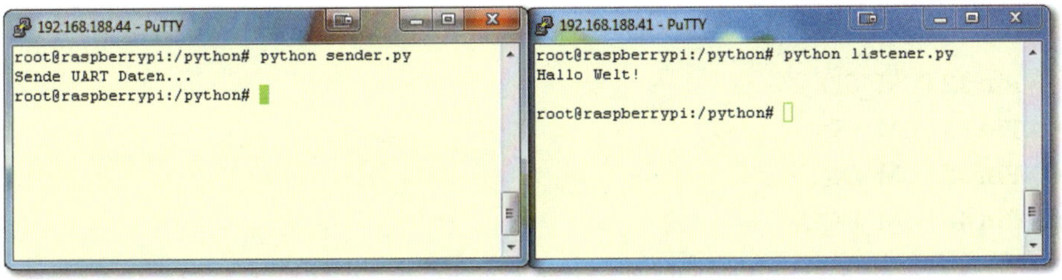

Abbildung 14.20 Kommunikation zwischen zwei Raspberry Pi über UART mittels Python

Wichtige pySerial-Funktionen

`pySerial` bietet durchaus einige weitere Funktionen, die nicht in den vorangegangenen Programmen zum Einsatz kamen. Einige wichtige Funktionen möchten wir Ihnen noch erläutern:

- `serial.Serial(port, rate, timeout)` bestimmt den UART-Port (`/dev/ttyAMA0`), die gewünschte Baudrate und den Timeout.
- `write("Text")` sendet den übergebenen String an die UART-Schnittstelle.
- `read(n)` liest den UART-Port aus. Wird kein Wert mitgegeben, so wird nur ein Byte ausgelesen; andernfalls bestimmt `n` die Anzahl der zu lesenden Bytes. Treffen innerhalb der Timeout-Zeit nicht ausreichend viele Bytes ein, endet die Funktion vorzeitig.
- `readline(nmax)` liest wie in unserem Beispielprogramm so lange den UART-Port aus, bis das EOL-Flag (End-of-Line-Flag) in Form von `\n` übermittelt wurde oder bis der Timeout erreicht ist. `nmax` limitiert optional die maximale Nachrichtenlänge. Ein eigenes EOL-Flag zu bestimmen ist seit der Version 2.6 von `pySerial` nicht mehr so einfach möglich. Eine Beschreibung, wie dies trotzdem zu meistern ist, findet sich in der offiziellen Dokumentation von `pySerial`:

  http://pythonhosted.org/pyserial/shortintro.html#eol

- readlines() liest mehrere Textzeilen und trennt diese entsprechend dem EOL-Flag (\n). Diese Funktion endet *nur* nach einem Timeout.

Eine komplette Dokumentation von pySerial und allen Möglichkeiten finden Sie unter:

http://pythonhosted.org/pyserial/index.html

14.6 Der Audiobus I^2S

Neben der Audioübertragung durch die Klinkenbuchse oder via HDMI bietet der Raspberry Pi auch die Möglichkeit, digitale Audiosignale über I^2S zu senden. Die nötigen Pins dafür finden Sie auf dem J8-Header:

- **Pin 12** PCM_CLK
- **Pin 35** PCM_FS
- **Pin 38** PCM_DIN
- **Pin 40** PCM_DOUT

I^2S steht für *Integrated Interchip Sound* und dient zum Übertragen von Audiodaten zwischen ICs. In den ersten Raspberry-Pi-Modellen fanden Sie diese vier Pins noch auf dem P5-Header. Seit dem Modell B+ sind die Pins in die 40-polige GPIO-Leiste J8 integriert worden und nun weitaus komfortabler zu erreichen.

Um die dort anliegenden Audiosignale in echten Ton umzuwandeln, benötigen Sie spezielle D/A-Wandler. Hier hat sich eine eigene HiFi-Community entwickelt, die mit ihren vielfältigen Audioboards für glasklare Audioqualität sorgt. Über den Klinkenanschluss wäre diese Tonqualität nicht zu erreichen. Zu den Ergebnissen der HiFi-Community zählen unter anderem die folgenden Komponenten bzw. Projekte:

- Crazy Audio HiFiBerry
- Wolfson Audio Card
- RPI-DAC
- Pi-DAC

Um die I^2C-Schnittstelle zu aktivieren, fügen Sie diese dem Device-Tree hinzu. Öffnen Sie dazu die Datei /boot/config.txt, und fügen Sie dort die Zeile dtparam=i2s=on ein.

Einige Audioboards, wie z. B. das beliebte HiFiBerry, erfordern zusätzliche Device-Tree-Overlays. Für das HiFiBerry DAC ist dies z. B. die Zeile dtoverlay=hifiberry-dac, die in die Datei /boot/config.txt eingefügt werden muss. Genaue Informationen finden Sie auf der Herstellerseite Ihrer Audiokarte. Die Einrichtung des HiFiBerry ist in Abschnitt 8.3, »HiFiBerry«, beschrieben.

Für audioverliebte Nutzer wurde sogar ein eigenes Betriebssystem namens *Volumio* entwickelt (siehe Abschnitt 8.4, »Volumio«). Dieses unterstützt I^2S ohne weitere Maßnahmen. Weitere Infos zur I^2S-Schnittstelle können Sie hier nachlesen:

http://blog.koalo.de/2013/05/i2s-support-for-raspberry-pi.html

14.7 1-Wire

Der 1-Wire-Bus ist ein Eindrahtbus, der ursprünglich von der Firma *Dallas* entwickelt wurde. Der Name des Bus rührt daher, dass nur eine Datenleitung (DQ) benötigt wird, um Daten zu senden und zu empfangen. Die Datenleitung versorgt den Sensor zusätzlich mit seiner Versorgungsspannung.

Hier ist es nötig, die Datenleitung über einen kleinen Pull-up-Widerstand (4,7 kΩ) mit der 3,3-V-Leitung zu verbinden. Dieser Widerstand hält die Datenleitung stabil auf dem 3,3-V-Pegel und kann vom 1-Wire-Sensor während der Kommunikation auf Masse gezogen werden. Eine wirkliche Eindrahtverbindung ist aber trotz des Namens nicht möglich. Die Masseanbindung muss ebenfalls immer zum 1-Wire-Sensor geführt werden. Der 1-Wire-Bus kann theoretisch beliebig viele Komponenten verarbeiten. So können Sie mehrere Temperatursensoren einfach parallel schalten, um Werte von jedem einzelnen Sensor auszulesen.

14

Um den 1-Wire-Bus zugänglich zu machen, benötigen Sie auch hier wieder eine Zeile in der `/boot/config.txt`, um dem Device-Tree die nötigen Informationen zu liefern. Öffnen Sie die Datei mit `nano /boot/config.txt`, und fügen Sie die folgende Zeile am Ende der Datei ein:

```
dtoverlay=w1-gpio, gpiopin=X
```

Für den Parameter `gpiopin` setzen Sie die BCM-Bezeichnung des Pins ein, den Sie für Ihre 1-Wire-Komponente nutzen möchten.

Es kann sein, dass Ihr verwendeter Sensor einen externen Pull-up-Enable-Pin benötigt. Ist dies der Fall, so fügen Sie stattdessen folgende Zeile ein:

```
dtoverlay=w1-gpio-pullup,gpiopin=X,extpullup=Y
```

Der Wert für den Parameter `gpiopin` muss nun wieder für den verwendeten GPIO-Pin angepasst werden. Das `Y` ist der Platzhalter für die BCM-Bezeichnung des Pull-up-Enable-Pins, den Sie verwenden möchten. Nachdem einem GPIO-Pin die Pull-up-Enable-Funktion zugewiesen wurde, kann dieser in der Regel nicht für andere Zwecke verwendet werden.

Die letzte Besonderheit sind 1-Wire-Komponenten, die direkt über die Datenleitung mit Strom versorgt werden. Auch diese Möglichkeit kann im Device-Tree abgebildet werden. Fügen Sie in diesem Fall ein Komma und den Parameter `pullup=on` am Ende Ihrer Zeile ein.

Für die komplette Inbetriebnahme eines 1-Wire-Temperatursensors inklusive Anschlussplan und des Ladens der Module lesen Sie Abschnitt 15.5, »Temperatursensoren«. Eine Übersicht über verschiedene Verschaltungsmöglichkeiten, auch abhängig von den Leitungslängen, kann hier eingesehen werden:

http://www.msxfaq.de/verschiedenes/bastelbude/raspi-1wire.htm

Ebenso gibt es weitere Möglichkeiten, Zugang zum 1-Wire-Bus zu bekommen. So gibt es I^2C-ICs, die die 1-Wire-Kommunikation auf den I^2C-Bus legen, oder USB-Adapter, die eine 1-Wire-Kommunikation per USB ermöglichen. Beispiele dazu finden Sie unter folgendem Link:

http://www.fhemwiki.de/wiki/Raspberry_Pi_und_1-Wire

Kapitel 15
Sensoren

Damit der Raspberry Pi ein wenig intelligenter wird und seine Umwelt wahrnehmen kann, bedarf es einer neuen großen Hardware-Familie: der Sensoren. Im Gegensatz zu Aktoren (wie LEDs oder Motoren) erwarten Sensoren keine Signale, sondern erzeugen selbst Daten, die der Raspberry Pi empfangen kann.

Die Auswahl an Sensoren ist schier unendlich. Nahezu alle verfügbaren Sensoren können auch mit dem Raspberry Pi arbeiten. Ob ein Sensor tatsächlich ohne weitere Vorbeschaltung verwendbar ist, erfahren Sie auch wieder in den Datenblättern der Bauteile. Eine Auswahl interessanter Sensoren stellen wir Ihnen in diesem Kapitel vor. Auf den folgenden Seiten lernen Sie, wie der Raspberry Pi verschiedene Parameter seiner Umgebung erfasst und auf diese reagieren kann. Ob Temperatur, Bewegung, Licht oder Luftdruck – lassen Sie Ihrer Fantasie freien Lauf!

15.1 PIR-Bewegungssensor

Der PIR-Sensor (*Passive Infrared Sensor*) ist einer der gängisten Bewegungsmelder und ist oftmals auch in bewegungssensitiven Außenleuchten oder Alarmanlagen verbaut. Erkennbar ist der PIR-Sensor an seiner meist runden, milchigen Kuppel, die mit vielen einzelnen Waben versehen ist (siehe Abbildung 15.1). Der Sensor reagiert auf Temperaturveränderungen in seinem Sichtfeld. Somit können Menschen oder Tiere im Aktionsradius des Sensors erkannt werden. Jedoch kann der Sensor nur Veränderungen wahrnehmen. Bleibt ein Objekt ruhig im Bereich des Sensors stehen, so wird es nicht weiter erkannt. Sobald es sich weiterbewegt, schlägt der Sensor erneut an.

Der PIR-Sensor ist sehr leicht zu handhaben, da das Ausgangssignal lediglich eine logische 1 in Form eines 3,3-V-Pegels ist. Sehr günstige Lösungen finden Sie in Online-Auktionshäusern unter den Suchbegriffen *HC-SR501* oder *PIR Sensor*. Rechnen Sie mit Preisen bis maximal drei Euro pro Stück. Im deutschen Onlineshop *EXP-Tech* finden Sie verschiedene Ausführungen des Sensors:

http://www.exp-tech.de

Abbildung 15.1 PIR-Sensor mit typischer matter Kuppel

Abbildung 15.2 Das PIR-Sensormodul HC-SR501 von der Unterseite. Zu sehen sind die beiden Potis für Empfindlichkeit und Verzögerung sowie die drei Anschlussbeinchen.

Das Funktionsprinzip ist immer gleich. Als Anschlussmöglichkeiten haben Sie drei Pins (siehe Abbildung 15.2):

- **VCC:** Versorgungsspannung 5 V
- **OUT:** digitaler Ausgang
- **GND:** Masse

Die Betriebsspannung für VCC liegt bei diesen Modulen zwischen 4,5 V und 20 V. Für den Betrieb des Sensors nutzen Sie also die 5 V des Raspberry Pi, z. B. an Pin 2. Der Ausgang des Sensors gibt jedoch ein 3,3-V-Signal zurück. Dieses kann der Raspberry Pi perfekt verarbeiten. Achten Sie allerdings bei Ihrem Modul auf diesen Wert! Überprüfen Sie die Angaben des Herstellers, oder messen Sie gegebenenfalls mit einem Multimeter nach. Sollte Ihr Modul mehr als 3,3 V am OUT-Pin ausgeben, so benötigen Sie zwingend einen Spannungsteiler zwischen dem OUT-Pin und dem GPIO-Eingangs-Pin am Raspberry Pi.

Schließen Sie nun das Modul nach folgendem Schema an:

- VCC an GPIO-Pin 2
- OUT an GPIO-Pin 7
- GND an GPIO-Pin 6

Programmierung

Ein einfaches Python-Script erkennt Bewegungen innerhalb des Sensorbereichs:

```
#!/usr/bin/python3
# Datei pir.py
import sys
import time
import RPi.GPIO as GPIO

GPIO.setmode(GPIO.BOARD)
GPIO.setup(7, GPIO.IN, pull_up_down=GPIO.PUD_DOWN)

def motion(pin):
    print("Achtung! Bewegung erkannt!")
    return

GPIO.add_event_detect(7, GPIO.RISING)
GPIO.add_event_callback(7, motion)

# mit minimaler CPU-Auslastung auf das Programmende durch
# Strg+C warten
try:
  while True:
    time.sleep(0.5)
except KeyboardInterrupt:
  GPIO.cleanup()
  sys.exit()
```

Pin 7 wird als Eingang definiert und mit einem internen Pull-down-Widerstand beschaltet. Die nächsten Zeilen definieren eine Funktion, die im Falle einer steigenden Flanke an Pin 7 ausgeführt wird. Wir nutzen in diesem Beispiel das Event- oder Interrupt-Prinzip. Da ein Bewegungsmelder nur Sinn macht, wenn sein Zustand

15

dauerhaft abgefragt wird, ist dies die ressourcenfreundlichste Lösung. Die CPU-Auslastung wird durch `sleep` so gering wie möglich gehalten.

Sobald aber der Bewegungsmelder eine Änderung wahrnimmt, wird diese *sofort* vom Python-Programm erkannt. Die `add_event`-Funktion unterbricht bei steigender Flanke jede andere Aktivität des Programms sofort. In der aufzurufenden Funktion `motion()` kann nun jede beliebige Aktion ausgeführt werden. Denkbar sind z. B.:

- das Einschalten der Außenbeleuchtung
- das Erzeugen eines Fotos
- das Abspielen von Ton
- das Senden einer E-Mail
- das Absetzen einer Twitter-Nachricht

Auf dem Sensormodul selbst befinden sich an der Unterseite in der Regel zwei Potis. Mit einem Poti kann die Empfindlichkeit eingestellt werden (meist mit *S* beschriftet). Wird das Poti nach rechts gedreht, so kann eine Reichweite von bis zu sieben Metern erzielt werden. Die kleinstmögliche Empfindlichkeit liegt bei drei Metern.

Das meist mit *t* beschriftete Poti bestimmt die Verzögerungszeit. Diese Zeit legt fest, wie lange nach dem Erkennen einer Bewegung der OUT-Pin ein High-Signal liefert. Minimal sind hier ca. 5 Sekunden möglich, maximal 300 Sekunden.

Zudem bieten die Module je nach Ausführung per Jumper oder Lötbrücke eine weitere Einstellungsoption. In der Beschreibung wird dies meist als *repeatable trigger* und *non-repeatable trigger* bezeichnet.

- Als Standardwert ist der *repeatable trigger* eingestellt: Falls innerhalb der Verzögerungszeit eine weitere Bewegung erkannt wird, wird die Verzögerungszeit zurückgesetzt und beginnt erneut bei null. So bleibt das Ausgangssignal aktiv, solange Bewegungen im Sensorbereich stattfinden.
- Der *non-repeatable trigger* setzt die Verzögerungszeit nicht zurück. Sobald nach einer Bewegung der Ausgang aktiv ist, fällt er nach Ablauf der Verzögerungszeit auf Low zurück. Erst nach erneuter Bewegungserkennung wird der Ausgang wieder aktiviert.

Bewegungserkennung mit Einschränkung

Der PIR-Sensor nimmt Temperaturveränderungen seiner Umgebung wahr. Daher wird dieses System auch meist als *human sensor* bezeichnet. Körper von Menschen oder Tieren werden recht zuverlässig erkannt, Objekte, die der Umgebungstemperatur entsprechen, dagegen kaum. Zudem kann es passieren, dass der Sensor ungewollt auslöst, wenn er in der Nähe von Wärmequellen platziert wird.

15.2 Ultraschallsensor

Hardware

Ultraschallsensoren können mittels Schallwellen Entfernungen messen. Diese Module gibt es in den gängigen Elektronik-Onlineshops oder z. B. bei Amazon:

http://www.amazon.de/dp/B00BIZQWYE

Ein gutes Stichwort bei der Suche nach weiteren Bezugsquellen ist »HCSR04« (siehe Abbildung 15.3). Auf diesem Modul befinden sich zwei *Töpfe*. Dabei handelt es sich um den Ultraschallsender und den Empfänger. Das Funktionsprinzip dieser Sensoren ist einfach: Der Sender schickt einen Ultraschallimpuls. Der Empfänger wartet darauf, dass der Impuls von einem Gegenstand reflektiert wird und zurückkommt.

Abbildung 15.3 Das Ultraschallmodul HCSR04

Die Ansteuerung des Sensors und die Verarbeitung der Signale sind ebenfalls sehr einfach gelöst. Die Module besitzen vier Anschlüsse:

- **VCC:** Versorgungsspannung 5 V
- **Trigger:** Auslöser
- **Echo:** Rückmeldung des Sensors
- **GND:** Masse

Wird am Pin Trigger ein High-Impuls erkannt, so sendet der Sensor ein Ultraschallsignal in die Umgebung. Fast zeitgleich kann an Echo ein High-Signal zurückgelesen werden. Der Pin Echo liefert nun so lange ein High-Signal, bis der reflektierte Schall empfangen wurde. In diesem Moment wechselt der Echo-Ausgang zurück auf Low. In Ihrer Software müssen Sie nun nur noch die Zeitdifferenz zwischen der steigenden und der fallenden Flanke des Echo-Pins ermitteln.

Bevor wir allerdings zur Software kommen, sollte der Sensor mit dem Raspberry Pi verbunden werden. In der Anschlussbeschreibung sehen Sie, dass VCC 5 V betragen sollte. Dies ist die optimale Betriebsspannung des Sensors, mit der Entfernungsmessungen von bis zu 450 cm möglich sein sollten.

Jetzt kommt der Clou an der Sache. Legen Sie VCC an 5 V, so liefert auch der Echo-Pin 5-V-Signale. Wie Sie bereits wissen sollten, sind Spannungen größer als 3,3 V an den GPIO Pins *unbedingt* zu vermeiden. Sie haben nun zwei Möglichkeiten:

- Sie versorgen den Sensor mit 3,3 V und büßen so eine Menge an Reichweite ein. Die maximale Reichweite beträgt nun nur noch ca. 50 cm.
- Sie versorgen den Sensor mit 5 V und verwenden am Echo-Pin einen einfachen Spannungsteiler. So erhalten Sie die volle Reichweite des Sensors, benötigen aber zwei externe Widerstände (siehe Abbildung 15.4). Die Pins 11 und 13 können gegen jeden beliebigen freien GPIO-Pin ausgetauscht werden.

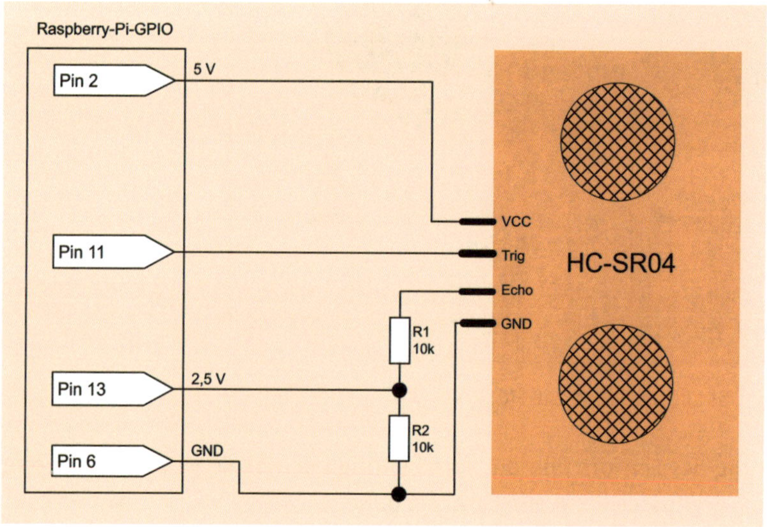

Abbildung 15.4 Anschluss des Ultraschallsensors an 5 V mit einem Spannungsteiler für das Echo-Signal

Programmierung

Im folgenden Python-Programm wird zweimal pro Sekunde eine Entfernungsmessung durchgeführt. Die eigentliche Bestimmung der Werte geschieht in der `while`-Schleife. Der Trigger wird für 10 µs aktiviert. Dies ist das Signal für den Sensor zum Aussenden des Schallimpulses. Zwischen dem Trigger-Signal und der positiven Flanke des Echo-Signals findet eine kurze Verzögerung statt. Diese Verzögerung beträgt nur Sekundenbruchteile, wird aber durch die darauffolgende `while`-Schleife berücksichtigt: Sobald das Echo-Signal auf High wechselt, wird die Startzeit ermittelt.

Die negative Flanke des Echo-Signals wird in der letzten `while`-Schleife erkannt, und daraufhin wird die Stoppzeit ermittelt. Subtrahieren Sie den Startpunkt vom Endpunkt, so haben Sie die Zeit vorliegen, die die Schallwelle für den Hin- und Rückweg gebraucht hat. Diese Zeit multiplizieren Sie nun mit der Schallgeschwindigkeit, die in Luft 343 m/s beträgt. Damit Sie die Werte in cm ausgeben können, ist eine weitere Multiplikation mit 100 notwendig. Es ergeben sich somit 34.300 cm/s. Zu guter Letzt teilen Sie alles durch 2, um nur *eine* Wegstrecke zu erhalten.

```
#!/usr/bin/python3
# Datei ultraschall.py
import time
import RPi.GPIO as GPIO

GPIO.setmode(GPIO.BOARD)
trig = 11  # GPIO-Pin-Nummern
echo = 13
GPIO.setup(echo, GPIO.IN)
GPIO.setup(trig, GPIO.OUT)

while True:
    GPIO.output(trig, True)
    time.sleep(0.00001) # 10 Mikrosekunden
    GPIO.output(trig, False)

    while GPIO.input(echo) == 0:
        pass
    start = time.time()
    while GPIO.input(echo) == 1:
        pass
    ende = time.time()
    entfernung = ((ende - start) * 34300) / 2
    print("Entfernung:", entfernung, "cm")
    time.sleep(0.5)
```

Probleme in der Praxis

Unsere Versuche zeigten, dass die Event- oder `wait_for_edge`-Funktionen in Python nicht schnell genug aufgerufen werden. Gerade bei kurzen Entfernungen werden Flanken nicht erkannt.

Der Hersteller des Sensors gibt eine Genauigkeit von 0,3 cm an. Im Praxisversuch wich die gemessene Entfernung aber um ca. 1 cm von der realen Entfernung ab. Eine Notlösung bietet hier ein Offsetwert. Ermitteln Sie die Abweichung zur realen Distanz, und addieren Sie diese zur Variablen `Entfernung`.

15.3 Wasserstandssensor

Manche Projekte entstehen erst durch ausreichend Inspiration. Eine solche Inspiration bot uns der Fund des Wassersensors von Sainsmart:

http://www.sainsmart.com/sainsmart-water-sensor-free-cables-arduino-compatile.html

Abbildung 15.5 Wasserstandssensor in einem Glas Wasser

Dabei handelt es sich um eine Leiterkarte, auf der blanke Leiterbahnen nebeneinander angeordnet sind (siehe Abbildung 15.5). Die Leiterbahnen führen die Versorgungsspannung und werden durch einen sehr hochohmigen Pull-up-Widerstand auf einem High-Pegel gehalten. Berührt nun Wasser diese Leiterbahnenanordnung, so ist das Wasser niederohmiger als der Pull-up-Widerstand und der Sensor erkennt die Berührung mit dem Wasser. Besonders nützlich ist es, dass der Sensor ein analoges Signal erzeugt, das sich nach der Eintauchtiefe richtet. So kann man sich zahlreiche Anwendungsmöglichkeiten vorstellen:

- Regensensor
- Wassersensor für den Keller
- Füllstandsanzeige
- Niederschlagsmesser

Die Handhabung ist simpel. Der Sensor verfügt über die drei Anschlüsse +, - und *S* für den Sensorausgang. Was Sie allerdings benötigen, ist ein A/D-Wandler. Der Sainsmart-Wassersensor kann einfach anstelle des Potenziometers mit dem dort beschriebenen MCP3008-A/D-Wandler verbunden werden (siehe Abschnitt 14.2). Sie müssen die folgenden Verbindungen herstellen:

- Plus des Wassersensors an 3,3 V (Pin 1)
- Minus des Wassersensors an GND (Pin 6)
- S des Wassersensors an CH0 des MCP3008

Alternativ können Sie auch ein Erweiterungsboard mit integrierten A/D-Wandlern einsetzen (siehe Kapitel 16, »Erweiterungsboards«). Sofern Sie den MCP3008 oder einen vergleichbaren A/D-Wandler nutzen, können Sie das folgende Python-Programm übernehmen:

```
#!/usr/bin/python3
# Datei wasser.py
import spidev
import time
spi = spidev.SpiDev()
spi.open(0,1)
while True:
    antwort = spi.xfer([1,128,0])
    if 0 <= antwort[1] <=3:
        wert = ((antwort[1] * 256) + antwort[2]) * 0.00322
        print(wert ," V")
        time.sleep(1)
```


Tauchen Sie den Sensor nun langsam bis zum Ende der Leiterbahnen in ein Glas Wasser, so bemerken Sie, dass sich der Spannungswert im Python-Programm ändert. Je tiefer der Sensor eingetaucht wird, umso höher ist die analoge Spannung. Ein komplett trockener Sensor erzeugt 0 V, ein komplett eingetauchter Sensor generiert ca. 3 V.

15.4 Bodenfeuchtigkeitssensor

Um die Anwendungsbereiche zu komplettieren, möchten wir Ihnen einen weiteren Feuchtigkeitssensor vorstellen. Diesmal handelt es sich um einen Sensor zur Messung der Bodenfeuchtigkeit. Als praktisches Anwendungsgebiet bietet sich natürlich die Überwachung von Topfpflanzen oder Beeten an. Da die Handhabung dieses Sensors ziemlich genau dem des Wasserstandssensors gleicht, erweitern wir diese Lektion zu einem kleinen Projekt. Am Ende dieses Abschnitts schließen wir eine kleine Pumpe an das System an und wässern die Pflanze automatisch, sobald der Boden zu trocken wird.

Sie finden dieses Modell (siehe Abbildung 15.6) sehr leicht bei eBay unter dem Suchbegriff *moisture sensor*. Die Preise liegen zwischen 2 Euro und 10 Euro, je nach Heimatland des Anbieters.

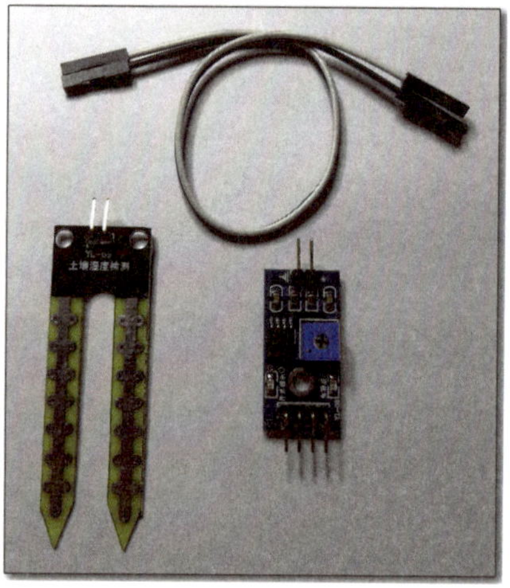

Abbildung 15.6 Ein typischer Bodenfeuchtigkeitssensor mit Analogwertausgabe

Sie haben nun die Wahl zwischen einer digitalen oder analogen Signalausgabe. Dies erkennen Sie an den Ausgangs-Pins des Signalboards. Sie sollten die vier Pins mit folgender Beschriftung und entsprechender Funktion vorfinden:

- **VCC:** Versorgungsspannung 2,5 V bis 5 V
- **GND:** Masse
- **DO:** Digitaler Ausgang
- **AO:** Analoger Ausgang

VCC verbinden Sie wie gewohnt mit den 3,3 V des Raspberry Pi (z. B. Pin 1). GND wird z. B. auf Pin 6 gelegt, um ihn mit der Masse des Raspberry Pi zu verbinden.

Nun kommen wir zu der Besonderheit dieses Moduls: Der Pin DO gibt ein High-Signal aus, sobald ein eingestellter Schwellenwert überschritten wurde. Dies können Sie mit dem Poti kontrollieren, das auf dem Board verbaut ist. Hier ist allerdings *Trial & Error* angesagt, da Sie auf Anhieb nicht wissen können, welche Einstellung dem Wasserbedürfnis Ihrer Pflanze entspricht. Sollten Sie die richtige Einstellung allerdings durch einige Feldversuche ausfindig gemacht haben, so verwerten Sie das ausgegebene Signal ganz einfach an einem beliebigen GPIO-Pin, der als Eingang deklariert wurde. Die Signalverarbeitung können Sie z. B. aus dem Abschnitt des Reed-Sensors übernehmen (siehe Abschnitt 15.9, »Reed-Kontakt«).

Der letzte Pin, AO, gibt ein analoges Signal aus, wie Sie es auch beim Wasserstandssensor finden (siehe Abschnitt 15.3). Um das Signal zu verarbeiten, müssen wir wieder Gebrauch vom MCP3008 machen. Damit Sie das folgende Programm übernehmen können, richten Sie zuerst die SPI-Schnittstelle sowie den MCP3008 korrekt ein (siehe Abschnitt 14.2). Schließen Sie also nun VCC an Pin 1 und GND an Pin 6 des Raspberry Pi an. AO verbinden Sie mit CH0 des MCP3008. Nun können Sie den folgenden Python-Code verwenden:

```
#!/usr/bin/python3
# bodenfeuchte.py
import spidev
import time
max= 460.0      # Maximalwert bei voller Feuchtigkeit
spi = spidev.SpiDev()
spi.open(0,1)
antwort = spi.xfer([1,128,0])
if 0 <= antwort[1] <=3:
    wert = 1023 - ((antwort[1] * 256) + antwort[2])
    prozentwert = ((wert/max)*100)
    print("Bodenfeuchtigkeit: ", prozentwert, " %")
```

Die Ermittlung des endgültigen Prozentwertes mag Ihnen anfangs etwas schleierhaft vorkommen, hat aber einen Hintergrund: Wenn Sie den Sensor an 3,3 V betreiben, so liefert er einen maximalen Digitalwert von ca. 460 im komplett feuchten Zustand, also z. B. beim Eintauchen in ein Wasserglas. Der trockene Sensor liefert 1023. Jetzt sind zwei Schritte notwendig, um einen sinnvollen Feuchtigkeitswert zu erhalten:

- Zuerst kehren wir den Sensor-Rohwert um, indem wir ihn von 1023 subtrahieren. Damit erhalten wir bei voller Feuchtigkeit den höchsten Wert.
- Die darauffolgende Zeile legt fest, dass der Maximalwert 460 beträgt, und rechnet den Wert in Prozent um.

Der günstige Preis des Sensormoduls spiegelt sich sicherlich auch in der Qualität des Produktes wider, weswegen Sie den Maximalwert durch den *Wasserglasversuch* selbst ermitteln sollten und die Variable in Zeile 6 dementsprechend anpassen. Vornehmer ausgedrückt, kann man dieses Zahlenjonglieren auch als *Kalibrieren* bezeichnen, wodurch die ganze Angelegenheit einen professionelleren Eindruck vermittelt.

Damit ist der Sensor eingestellt und kann in den Blumentopf gesteckt werden. Achten Sie dabei darauf, dass die Anschlusskontakte nicht isoliert sind und nur die verkupferten Gabelzinken im Boden versenkt werden sollten. Dementsprechend vorsichtig sollten Sie auch beim Gießen der Pflanzen sein.

Der Feldversuch zur Ermittlung des richtigen Wässerungszeitpunktes sei nun Ihnen überlassen. Klar ist jedoch, dass eine Gemüsepflanze sicherlich eher gegossen werden sollte als z. B. ein Kaktus.

Automatische Bewässerung

Nun folgt der optionale, aber durchaus spannendere Teil dieses Abschnitts. Was liegt bei der Überwachung der Bodenfeuchtigkeit näher, als das automatische Bewässern der Pflanze (siehe Abbildung 15.7)?

Abbildung 15.7 Die automatisch bewässerte Pflanze

Dazu haben wir unsere Schaltung ein wenig erweitert und ein Relais sowie eine kleine Pumpe hinzugefügt (siehe Abbildung 15.8). Besonderheiten beim Aufbau einer Relaisschaltung sind in Abschnitt 13.6, »Relais«, beschrieben.

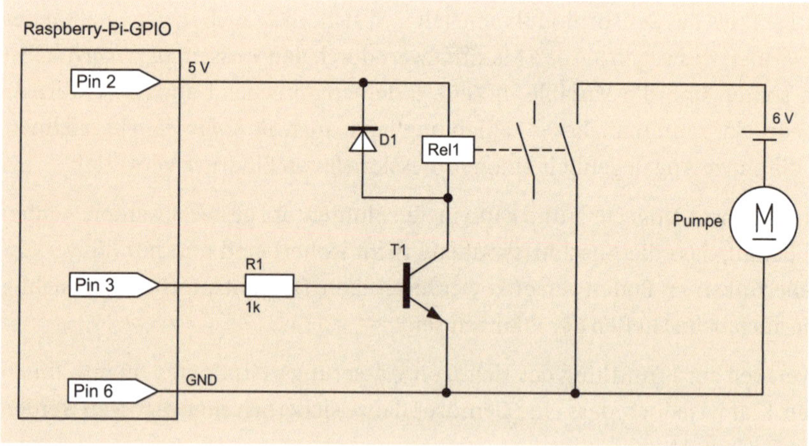

Abbildung 15.8 Relaisschaltung mit Wasserpumpe

Die Pumpe, die wir in diesem Beispiel verwenden, finden Sie bei eBay unter dem Suchbegriff *Wasserpumpe 3V*. Je nach Verfügbarkeit werden Sie dort kleine Pumpen finden, die mit 3 V bis 7,2 V Betriebsspannung arbeiten. Beachten Sie, dass in der Pumpe ebenfalls ein Motor verbaut ist, der mehr Strom benötigt, als der Raspberry Pi schadfrei liefern kann. Daher ist ein Anschluss einer externen Pumpenspannung notwendig.

Damit die Pflanze automatisch bewässert wird, müssen Sie das Python-Programm um die folgenden Zeilen zur GPIO-Steuerung von Pin 3 erweitern:

```
import RPi.GPIO as GPIO
GPIO.setmode(GPIO.BOARD)
relais = 3
GPIO.setup(rel,GPIO.OUT)
```

Außerdem fügen Sie den folgenden Code nach `print("Bodenfeuchtigkeit: " ...)` ein. (Die vollständige Code-Datei finden Sie wie immer in den Beispieldateien zum Buch.)

```
if prozentwert <= 30:
    GPIO.output(relais, True)
    time.sleep(3)
    GPIO.output(relais, False)
```

Diese kleine Erweiterung schaltet das Relais an Pin 3 für drei Sekunden ein und setzt somit die Pumpe in Gang. Als Grenzwert haben wir eine Bodenfeuchtigkeit von 30 % eingestellt.

Nun verlegen Sie einen Schlauch vom Ansaugstutzen der Pumpe in einen ausreichend großen Wasserbehälter. Vom Pumpenausgang legen Sie einen Schlauch in den Blumentopf.

Zu guter Letzt können Sie das fertige Python-Script per Cronjob z. B. jede Stunde aufrufen lassen, um stündlich die Bodenfeuchtigkeit zu kontrollieren. Speichern Sie dazu das Script unter `/pi/home/bodenfeuchte.py`, und bearbeiten Sie dann Ihre Crontab-Datei (siehe Abschnitt 4.12, »Programme regelmäßig ausführen (Cron)«):

```
crontab -e
```

Für den stündlichen Aufruf des Programms ist diese Zeile erforderlich:

```
@hourly python /pi/home/bodenfeuchte.py
```

Nun liegt es an Ihnen: Ermitteln Sie den richtigen Bewässerungszeitpunkt sowie die Dauer der Pumpenlaufzeit, bauen Sie ein elegantes Gehäuse für das ganze System oder fügen Sie weitere Sensoren, Pflanzen und Pumpen hinzu.

Praxistauglichkeit

Der hier vorgestellte Sensor ist billig, aber für den Dauereinsatz nicht zu empfehlen. Die Kupferschicht hat sich nach einer Woche im feuchten Boden des Pflanztopfes bereits aufgelöst (siehe Abbildung 15.9). Dies sorgt anfangs für immer stärker schwankende Messwerte bis hin zum Totalausfall. Auch der Pflanze wird das gelöste Metall im Nährboden auf Dauer nicht gefallen. Fazit: Zum Spielen und Experimentieren ist der hier vorgestellte Sensor sicherlich zu empfehlen; für den Dauerbetrieb greifen Sie besser zu teureren Sensoren (siehe Kapitel 42, »PomodoPi«).

Abbildung 15.9 Bereits nach wenigen Tagen Dauereinsatz löste sich der Billig-Sensor in seine Bestandteile auf.

15.5 Temperatursensoren

Der Temperatursensor DS1820

Das Ziel dieses Abschnitts ist die Messung der Umgebungstemperatur mit einem Temperatursensor. Der Raspberry Pi verfügt über keine Analog-Eingänge, an denen die Spannung mit einem Analog-/Digitalwandler gemessen werden kann. Alle GPIO-Inputs sind digitale Eingänge, die nur zwischen 0 und 1 unterscheiden können. Deswegen empfiehlt es sich, zur einfachen Temperaturmessung ein Bauelement mit einem integrierten A/D-Wandler zu verwenden.

Bewährt hat sich für diese Aufgabe das Bauelement DS1820, das oft auch als 1-Wire-Thermometer angepriesen wird. Dieser Name ergibt sich daraus, dass diese Komponente nur über drei Anschlüsse verfügt: Zwei dienen zur Stromversorgung, der dritte dient zur Signalübertragung in Form eines binären Datenstroms.

Der DS1820 kann sogar ohne explizite Versorgungsspannung betrieben werden und bezieht den Strom dann über die Signalleitung. Auf diese Schaltungsvariante gehen wir hier aber nicht ein. Hintergrundinformationen zum 1-Wire-Bus sowie zur richtigen Konfiguration von `/boot/config.txt` haben wir bereits in Abschnitt 14.7, »1-Wire«, zusammengefasst.

Der DS1820 misst Temperaturen in einem Messbereich zwischen –55 °C und +125 °C. Die Temperatur wird als 9- oder 12-Bit-Zahl übertragen. Da jeder DS1820 mit einer eindeutigen Seriennummer ausgestattet ist, können mehrere Elemente parallel geschaltet und getrennt ausgewertet werden (über einen einzigen GPIO-Pin!). Beim Auslesen der Thermometer hilft ein eigenes Linux-Kernelmodul.

Es existieren verschiedene Varianten zum originalen DS1820: Am leichtesten erhältlich ist zumeist das Bauteil DS18S20, das fast vollständig kompatibel zum Original ist und als Grundlage für diesen Abschnitt diente. Ebenfalls populär ist die Variante DS18B20, bei der die gewünschte Messgenauigkeit über ein Register programmiert werden kann. Eine kleinere Genauigkeit ermöglicht schnellere Messungen und reduziert den Stromverbrauch. Einige DS1820-Varianten werden zudem in einer wasserdichten Ausführung angeboten, die aber dieselben elektrischen Eigenschaften aufweist. Ein ausführliches Datenblatt sowie eine Beschreibung der Unterschiede zwischen den verschiedenen Varianten finden Sie hier:

http://datasheets.maximintegrated.com/en/ds/DS18S20.pdf
http://www.maximintegrated.com/app-notes/index.mvp/id/4377

Ähnlich wie bei mechanischen Schaltern muss auch beim DS1820 ein Pull-up-Widerstand verwendet werden (siehe Abbildung 15.10).

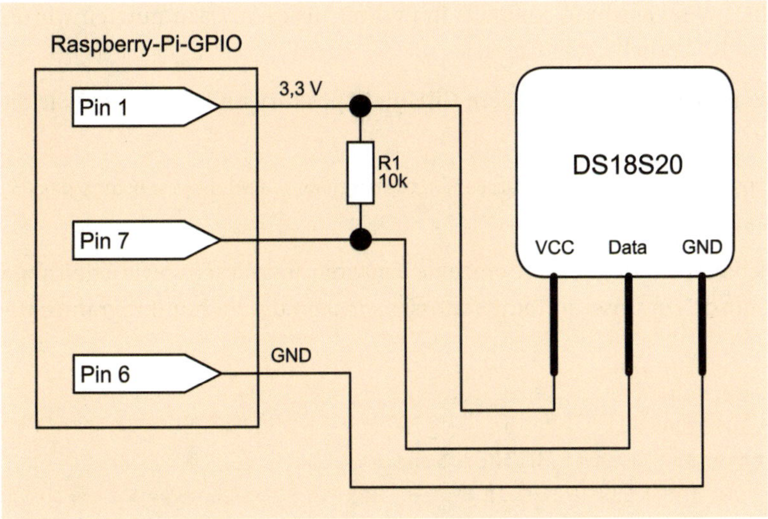

Abbildung 15.10 Anschlussplan des Temperatursensors DS1820

Welcher Pin des DS1820 ist Pin 1?

Die Belegung der Pins des DS1820 geht aus dem Datenblatt hervor. Dabei müssen Sie beachten, dass das Bauelement in der Sicht von unten (*bottom view*) dargestellt ist!

Bevor Sie die Temperatur auslesen können, müssen Sie in der Datei `/boot/config.txt` ein Device-Tree-Overlay einfügen. Öffnen Sie dazu die Datei, und fügen Sie am Ende die folgende Zeile ein:

```
dtoverlay=w1-gpio, gpiopin=4
```

Sie können auch jeden anderen freien GPIO-Pin für 1-Wire nutzen. Nach einem Neustart können Sie der Datei `/sys/devices/w1_bus_master1/w1_master_slaves` die IDs aller angeschlossenen DS1820-Sensoren entnehmen. In diesem Beispiel gibt es nur einen Sensor:

```
cat /sys/devices/w1_bus_master1/w1_master_slaves
  10-000802ae1551
```

Die Messdaten jedes Sensors liegen in einer Textdatei vor. Interessant ist die zweite Zeile: Sie gibt die Temperatur in Tausendstel Grad an, auch wenn die Messgenauigkeit geringer ist. Zum Messzeitpunkt betrug die Umgebungstemperatur also ca. 20,6 °C.

```
cat /sys/devices/w1_bus_master1/10-000802ae1551/w1_slave
  29 00 4b 46 ff ff 02 10 0c : crc=0c YES
  29 00 4b 46 ff ff 02 10 0c t=20625
```

Sie können die 1-Wire-Sensoren ebenfalls in Python auslesen. Dazu nutzten wir die simple Python3-Bibliothek `w1thermsensor`.

Klonen Sie die nötigen Dateien aus dem GitHub-Repository und installieren Sie die Erweiterung:

```
git clone https://github.com/timofurrer/w1thermsensor cd w1thermsensor python3
setup.py install
```

Die Bibliothek bietet die Möglichkeit, einzelne Sensoren auszulesen sowie jeden angeschlossenen Sensor. Für unseren Temperatursensor sieht das Python-Programm wie folgt aus:

```
#!/usr/bin/python3
# Datei ds18b20.py
from w1thermsensor import W1ThermSensor

# Einzelnen Sensor auslesen:
# Sensornummer zuvor mit
# "cat /sys/devices/w1_bus_master1/w1_master_slaves" auslesen.
# Nur die Bezeichnung nach dem Bindestrich eintragen.
sensor = W1ThermSensor(W1ThermSensor.THERM_SENSOR_DS18B20,
                       "000802ae1551")
temperature_in_celsius = sensor.get_temperature()
print("Einzelsensor:", temperature_in_celsius)


# Alle verfügbaren Sensoren auslesen:
for sensor in W1ThermSensor.get_available_sensors():
    print("Sensorliste:\nSensor %s hat die Temperatur %.2f" %
          (sensor.id, sensor.get_temperature()))
```

Der Aufruf des Programms führt zu diesem Ergebnis:

```
Einzelsensor: 21.812
Sensorliste:
Sensor 000802ae1551 hat die Temperatur 21.81
Sensor 03146badb5ff hat die Temperatur 21.81
```

Die Liste wird natürlich fortgeführt, sofern weitere Sensoren angeschlossen sind. Die Bibliothek bietet ebenfalls die Möglichkeit, die Temperaturen in Fahrenheit und Kelvin anzuzeigen. Werfen Sie dazu einen kurzen Blick in die Readme-Datei des Entwicklers:

https://github.com/timofurrer/w1thermsensor

Wasserdichte Ausführung

Unter dem Suchbegriff »DS18B20« finden Sie wasserdichte Ausführungen des Sensors. Diese bestehen meist aus einem Metallfühler und einer dreiadrigen Anschlussleitung (siehe Abbildung 15.11). Die Handhabung ist die gleiche wie die des dreibeinigen Bauteils. Die Anschlussfarben der Leitung sind meist:

Rot: VCC
Schwarz: GND
Gelb oder Weiss: Signal

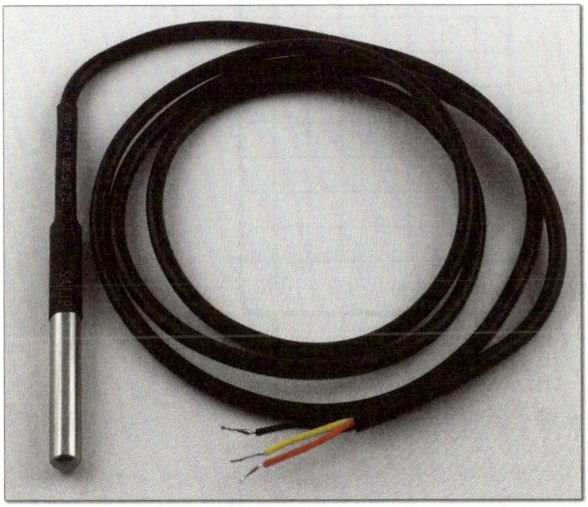

Abbildung 15.11 Die wasserdichte Ausführung des Sensors DS18B20

Temperatur- und Luftfeuchtigkeitssensor DHT22/AM2302

Der Sensor DHT22/AM2302 ist ein Sensor, der Temperatur- sowie Luftfeuchtigkeitswerte erfasst und diese ebenfalls über das 1-Wire-Protokoll ausgibt. Der Sensor besitzt ein größeres, gut verbaubares Gehäuse (siehe Abbildung 15.12). Daher muss er nicht zwangsweise auf einer Leiterplatte verlötet werden. Der DHT22/AM2302 hat für die Temperatur einen Messbereich von –40 °C bis +80 °C mit einer Toleranz kleiner als ± 0,5 °C. Die Luftfeuchtigkeit kann von 0 % bis 100 % mit einem Toleranzwert von ± 2 % gemessen werden. Verbinden Sie nun den Sensor mit dem Raspberry Pi (siehe Abbildung 15.13).

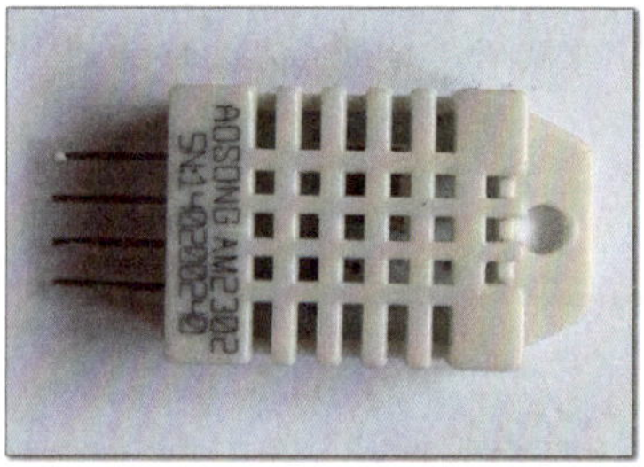

Abbildung 15.12 Der Temperatur- und Luftfeuchtigkeitssensor DHT22/AM2302

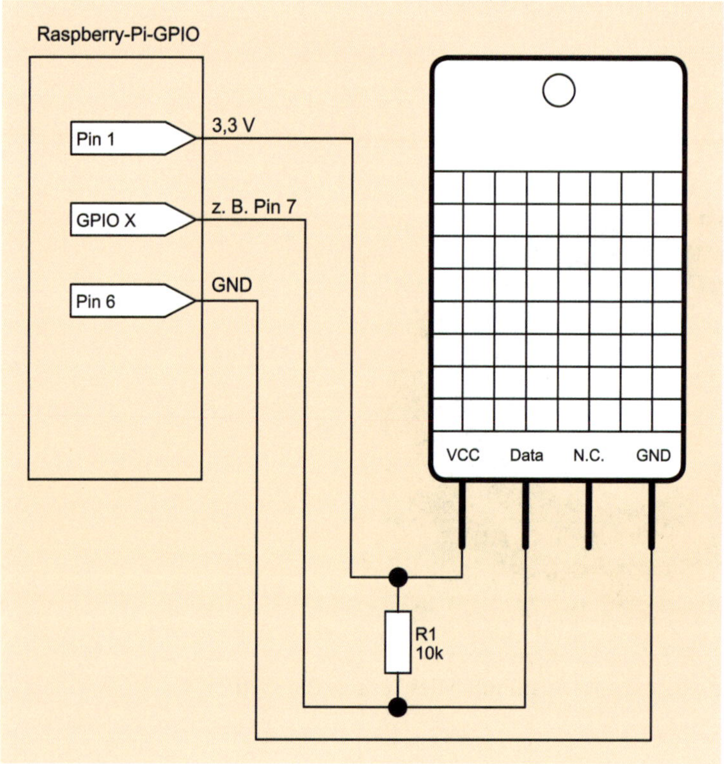

Abbildung 15.13 Anschlussplan des Sensors DHT22/AM2302

Bevor Sie mit der Software weitermachen, schauen Sie sich die Einrichtung des 1-Wire-Bus im Bussystem-Kapitel an (siehe Abschnitt 14.7, »1-Wire«).

Beachten Sie, dass der Daten-Pin in unserem Beispiel an jeden freien GPIO-Pin angeschlossen werden kann. Daher wird er im Schaltplan mit *GPIO X* bezeichnet. Passen Sie im späteren Python-Programm jedoch den entsprechenden Pin an. Die Datenleitung sollte – wie in unserem Schaltplan zu sehen ist – durch einen Pull-up-Widerstand gegen die VCC-Leitung geschaltet sein. Andernfalls kann es zu Fehlfunktionen des Sensors kommen.

Zur Programmierung nutzen wir eine Python-Library von Adafruit. Diese wurde leider bislang noch nicht für Python 3 angepasst. Daher verwenden wir in diesem Beispielcode noch Python 2. Sie installieren die Library per `git`. Falls es nicht bereits vorhanden ist, installieren Sie außerdem `git`:

```
sudo apt-get install git
cd /home/pi/
git clone https://github.com/adafruit/Adafruit_Python_DHT
cd Adafruit_Python_DHT
sudo python setup.py install
```


Sollten Sie beim Installieren der Treiber die Fehlermeldung *Python.h: Datei oder Verzeichnis nicht gefunden* erhalten, so fehlt Ihnen das Paket `python-dev`. Installieren Sie dieses per `sudo apt-get install python-dev`, und wiederholen Sie den Schritt `sudo python setup.py install`. Damit ist die Installation abgeschlossen. Wie simpel die Adafruit-Bibliothek zu nutzen ist, zeigt der folgende Python-Code:

```
#!/usr/bin/python
# coding=utf-8
import Adafruit_DHT

# Sensortyp
# Mögliche Eingaben:
# Adafruit_DHT.DHT11, Adafruit_DHT.DHT22, Adafruit_DHT.AM2302
sensor = Adafruit_DHT.DHT22

# 1-Wire-Pin. BCM-Bezeichnung nutzen!
pin = 4
humidity, temperature = Adafruit_DHT.read(sensor, pin)

if humidity is not None and temperature is not None:
    print "Temperatur: %.2f" % temperature
    print "Luftfeuchtigkeit: %.2f" % humidity
else:
    print "Lesefehler. Erneut versuchen!"
```

In der Variablen `sensor` werden die Typen DTH11 und DHT22/AM2302 unterstützt. Die Variable `pin` beeinhaltet den Pin, an dem Ihr Sensor angeschlossen ist. Achten Sie darauf, dass die BCM-Bezeichnung in der Variablen `pin` eingesetzt werden muss. Sprich: GPIO-Pin 7 = BCM 4. Die Ausgabe der Werte ist durch den Zusatz `%.2f` auf zwei Nachkommastellen begrenzt.

Es kann vorkommen, dass der Sensor keine Werte liefert. Dies liegt mitunter an der durch Software erzeugten Signalabfrage. Falls Sie zum Auslesen die Funktion `Adafruit_DHT.read_retry` nutzen, so wird der Sensor bis zu fünfzehnmal mit je zwei Sekunden Wartezeit abgefragt. Mit dieser Methode ist das Risiko von Programmabbrüchen durch fehlende Messwerte weitaus geringer.

Unter den folgenden Links finden Sie weitere Details zum Einsatz des Temperatur- und Luftfeuchtigkeitssensors:

https://www.adafruit.com/products/385
http://www.adafruit.com/datasheets/Digital%20humidity%20and%20temperature%20sensor%20AM2302.pdf

Abbildung 15.14 Der Sensor DHT22 auf einem Stück Leiterkarte. So können auch mehrere Sensoren bequem angeschlossen werden.

Die eigene Wetterstation

Als Ergänzung zu diesem Sensor – beispielsweise in einer Wetterstation – bietet sich der BMP085 an. Dieser Sensor gibt die Temperatur, den Luftdruck und die aktuelle Höhe über Normalnull wieder.

Auch zu diesem Sensor gibt es in dem Adafruit-Paket (zweiter Link) eine Python-Bibliothek, und er ist über I^2C sehr einfach mittels vier Leitungen anzuschließen. Eine Anleitung und Ideen zur grafischen Darstellung der Messdaten finden Sie hier:

http://www.kompf.de/weather/pibaro.html
https://github.com/adafruit/Adafruit-Raspberry-Pi-Python-Code

15.6 Fotowiderstand

Ein Fotowiderstand ist ein Widerstand, der seinen Wert in Abhängigkeit vom einstrahlenden Licht ändert. Ideal genutzt werden kann das Bauteil als Dämmerungs- oder Tag-/Nachtsensor. Fotowiderstände mit den unterschiedlichsten Hell-/Dunkelwerten finden Sie in jedem Elektronikhandel.

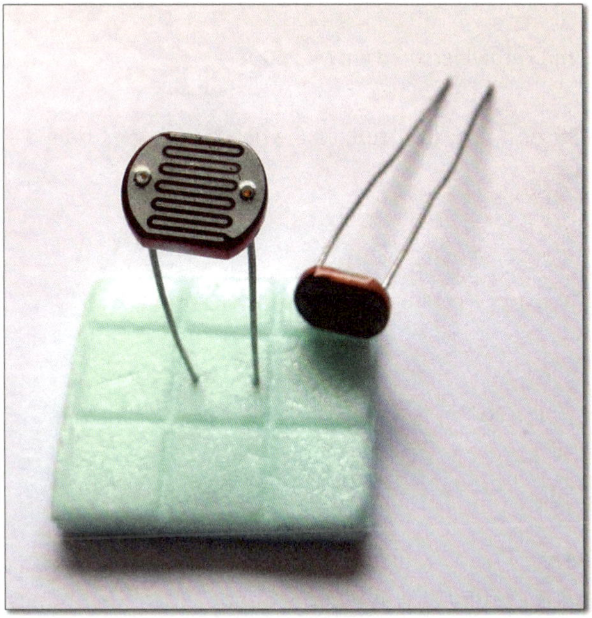

Abbildung 15.15 Das typische Erscheinungsbild von Fotowiderständen

Bei der Verwendung des Fotowiderstands lässt der Raspberry Pi allerdings keine direkte Verbindung zu. Damit der Widerstandswert verarbeitet werden kann, brauchen Sie einen externen Analog-/Digitalwandler. Wir nutzen hier wieder den MCP3008 (siehe Abschnitt 14.2, »Der Analog-/Digitalwandler MCP3008«) und haben den Schaltplan an den Fotowiderstand angepasst (siehe Abbildung 15.16).

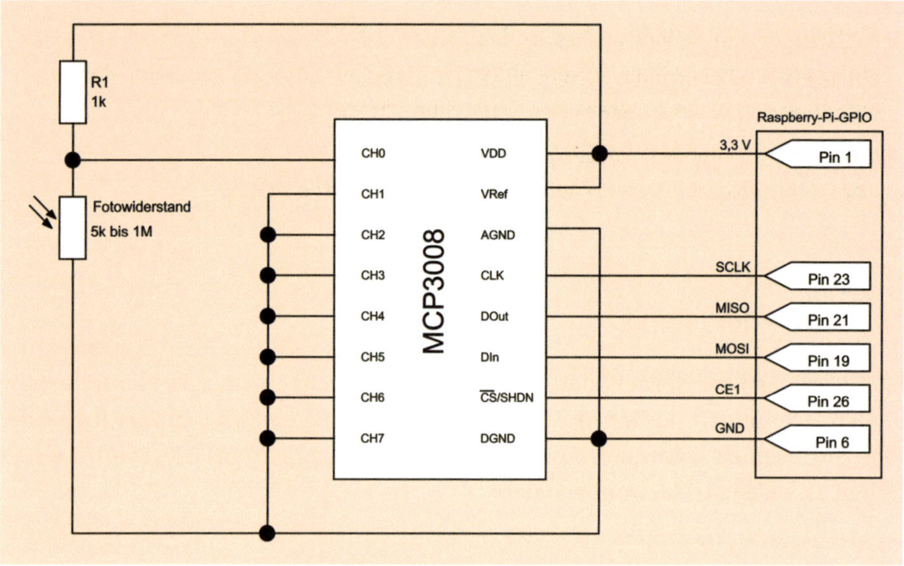

Abbildung 15.16 Spannungsteiler mit Fotowiderstand am MCP3008

Um den Fotowiderstand unter Python zu testen, nutzen Sie den folgenden Code:

```
#!/usr/bin/python3
# Datei fotowiderstand.py
import spidev
import time
spi = spidev.SpiDev()
spi.open(0,1)
while True:
    antwort = spi.xfer([1,128,0])
    if 0 <= antwort[1] <=3:
        wert = ((antwort[1] * 256) + antwort[2]) * 0.00322
        print(wert, " V")
        time.sleep(1)
```

Das Programm zeigt Ihnen nun im Intervall von einer Sekunde einen Spannungswert an. Dieser ergibt sich aus dem Verhältnis der Widerstände des Spannungsteilers (siehe Abschnitt 12.2, »Grundschaltungen«). Je nach Widerstandswert Ihres Fotowiderstands passen Sie den festen Widerstandswert an.

Da der Fotowiderstand nun der flexible Widerstand im Spannungsteiler ist, ergibt sich je nach Lichtverhältnissen ein anderer Spannungswert, der aber 3,3 V niemals übersteigen wird. Decken Sie den Widerstand mit dem Finger ab, und beobachten Sie die ausgelesenen Werte. Nun können Sie z. B. Bereiche definieren (beispielsweise in `if`-Abfragen), die zwischen Tag, Dämmerung und Nacht unterscheiden.

Temperatur statt Licht

Ebenso wie Fotowiderstände gibt es temperaturabhängige Widerstände: NTC- bzw. PTC-Widerstände (*Negative* bzw. *Positive Temperature Coefficient*) können wie Fotowiderstände verwendet werden.

15.7 Das Multi-Analogsensor-Board PCF8591

In diesem Abschnitt behandeln wir das Fertigboard PCF8591 (siehe Abbildung 15.17): Dabei handelt es sich um eine Leiterplatte, in deren Mitte der A/D- und D/A-Wandler PCF8591 verbaut ist. Praktisch daran ist, dass sich bereits einige Sensoren und frei belegbare analoge Ein- und Ausgänge auf ihr befinden. Dadurch erhalten Sie in einem Board:

- einen Fotowiderstand
- einen temperaturabhängigen Widerstand
- ein Potenziometer
- einen freien Analogeingang und einen analogen Ausgang

Abbildung 15.17 Das Analogsensor-Board mit PCF8591

Das Board ist z. B. bei Amazon erhältlich:

http://www.amazon.de/dp/B00JMZGAJE

Schnäppchen

Auch hier bieten sich Suchbegriffe wie *PCF8591 Modul* oder *PCF8591 Board* an, um in Online-Auktionshäusern ein Schnäppchen zu ergattern.

Auch wenn dieses Board günstig ist, möchten Sie vielleicht nur einen der vielen Sensoren auf dem Board verwenden, ohne sich das ganze Modul zu kaufen. Auch in diesem Fall lohnt sich ein Blick in diesen Abschnitt, denn die Vorgehensweise und Handhabung des Boards sind genauso gut auf die Verwendung des Einzelbausteins PCF8591 übertragbar. Der PCF8591 ist ein A/D-Wandler und verwendet das I^2C-Protokoll. Möchten Sie lieber mit dem SPI-Bus arbeiten, so schauen Sie bei der Anleitung für den MCP3008 in Abschnitt 14.2 nach.

Für das fertige Sensorboard benötigen Sie keinen Schaltplan. Verbinden Sie einfach die beschrifteten Pins mit dem Raspberry Pi. Dabei gilt wie so oft: Verwenden Sie maximal 3,3 V als Versorgungsspannung!

- **VCC:** an 3,3 V
- **GND:** an Masse
- **SDA:** an SDA-Pin 3
- **SCL:** an SCL-Pin 5

Der Baustein sollte nun standardmäßig unter der Busadresse 0x48 anzusprechen sein. Prüfen Sie dies noch einmal mit einem bash-Kommando:

```
i2cdetect -y 1
```

Folgende Ausgabe bestätigt, dass der Baustein an 0x48 zu finden ist:

```
     0  1  2  3  4  5  6  7  8  9  a  b  c  d  e  f
00:          -- -- -- -- -- -- -- -- -- -- -- -- --
10: -- -- -- -- -- -- -- -- -- -- -- -- -- -- -- --
20: -- -- -- -- -- -- -- -- -- -- -- -- -- -- -- --
30: -- -- -- -- -- -- -- -- -- -- -- -- -- -- -- --
40: -- -- -- -- -- -- -- -- 48 -- -- -- -- -- -- --
50: -- -- -- -- -- -- -- -- -- -- -- -- -- -- -- --
60: -- -- -- -- -- -- -- -- -- -- -- -- -- -- -- --
70: -- -- -- -- -- -- -- --
```

Nun kommen wir zur Software, um den Sensor auszulesen. Zuerst ist es auch hier wichtig, sich das Datenblatt des ICs genauer anzuschauen:

http://www.nxp.com/documents/data_sheet/PCF8591.pdf

```
#!/usr/bin/python3
# Datei pcf8591.py
import smbus
import time
bus = smbus.SMBus(1)
adresse = 0x48

def read(control):
    write = bus.write_byte_data(adresse, control, 0)
    read = bus.read_byte(adresse)
    return read

while True:
    poti = read(0x40)
    licht = read(0x41)
    temp = read (0x42)
    ain2 = read (0x43)
    print("Temperatur: ", temp, "Licht: ", licht,
          "Spannung-Poti: ", poti)
    time.sleep (0.5)
```


Die Bedienung des PCF8591 unterscheidet sich vom MCP3008: Hier wird nicht für jeden Eingang das entsprechende Register ausgelesen, sondern vorab ein Befehlsbyte an den Baustein gesendet. Nach dem Senden der Bytes stellt der Baustein die mit dem Befehlsbyte angeforderten Informationen zur Verfügung. Sofern Sie das Board nutzen, sind die Adressen in unserem Python-Beispiel für die entsprechenden Sensoren korrekt eingestellt. Falls Sie den PCF8591 als Einzelbaustein mit Ihrer eigenen Schaltung nutzen, so müssen Sie die Adresse entsprechend der Eingänge anpassen, die Sie verwenden.

In unserem Python-Beispiel beeinhalten die Ausgabewerte der Sensoren Rohwerte von 0 bis 255. Hier erfolgt keine Umrechnung in die entsprechenden Einheiten wie Candela, Volt oder Grad Celsius!

Der Baustein bietet zudem die Möglichkeit, eine analoge Spannung zu erzeugen. Auf dem Board wird diese am Pin AOUT ausgegeben. Der Baustein selbst erzeugt die Spannung an Pin 15. Die maximale Spannung entspricht VCC, also in unserem Fall 3,3 V. Gesteuert wird die Spannung ebenfalls mit dem Befehlsbyte. In der bash stellen Sie mit folgendem Befehl die Spannung an AOUT auf 50 % von VCC:

```
i2cset -y 1 0x48 0x40 0x80
```

Um die Ausgangsspannung auf den Maximalwert zu setzen, ändern Sie das letzte Byte in 255 bzw. 0xff:

```
i2cset -y 1 0x48 0x40 0xff
```

In Python handhaben Sie die Einstellung der Ausgangsspannung wie folgt:

```
def set (a_wert):
    write = bus.write_byte_data(adresse, 0x40, a_wert)

print("Spannung auf Maximalwert")
set (0xff)
```

15.8 Raspberry Pi Camera Board und PiNoIR

Das Camera Board und die PiNoIR sind kleine nackte Digitalkamera-Boards, die speziell für die Verwendung mit dem Raspberry Pi entwickelt wurden (siehe Abbildung 15.18). Das Camera Board kam zuerst auf den Markt und ist aufgrund des einfachen Anschlusses, der sehr leichten Bedienung und der vielfältigen Einsatzmöglichkeiten ein echtes Muss für Hobbybastler.

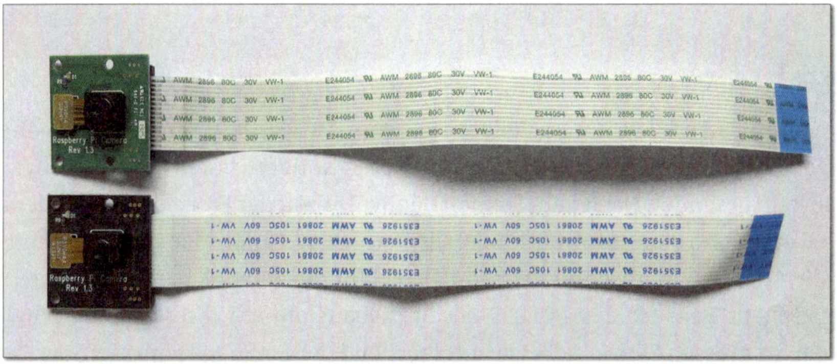

Abbildung 15.18 Die Raspberry Pi Camera (grün) und die PiNoIR (schwarz)

Einige Zeit später wurde ein zweites Modell der Kamera entwickelt, das den Namen PiNoIR trägt. In der PiNoIR ist der gleiche Bildsensor wie in ihrem Vorgänger verbaut, und sie unterscheidet sich auch von der äußeren Form her nicht. Der PiNoIR fehlt lediglich der Infrarotfilter in der Kameralinse. Mit so einem Filter ist es möglich, infrarotes Licht zu erfassen. Eine normale Fernbedienung wird im Bild der PiNoIR plötzlich zur Taschenlampe, die einen dunklen Raum ausleuchtet. Mehr dazu aber später.

Beide Kameramodule haben folgende Eckdaten:

- 1080p-Videoaufnahme
- CSI-Schnittstelle zum Raspberry Pi
- 5 Megapixel Auflösung
- Größe des Moduls etwa 20 × 25 × 9 mm

Anschluss

Auch der Anschluss beider Kameras ist identisch. Beide Module besitzen ein etwa 10 cm langes CSI-Flachbandkabel, das in die dafür vorgesehene Klemme am Raspberry Pi eingeführt wird. Da der Vorgang beim ersten Mal einiges an Fingerspitzengefühl erfordert, gehen wir darauf genauer ein.

Wenn Sie die Kamera anschließen, muss der Raspberry Pi ausgeschaltet sein! Trennen Sie den Minicomputer dazu vorab also *unbedingt* von der Versorgungsspannung! Die CSI-Buchse befindet sich hinter der LAN-Buchse. Auf dem Kontakt ist eine Klemme aus Kunststoff montiert, die das Kabel in Position hält. Die Position der CSI-Buchse ist in allen Raspberry-Pi-B-Versionen ähnlich, ab Modell B+ jedoch befindet sich zwischen dem Kamera-Anschluss und der LAN-Buchse noch der Audio/Video-Anschluss. Bei den A-Modellen finden Sie die Buchse zwischen HDMI- und Audio/Video-Anschluss.

Abbildung 15.19 Korrekter Anschluss des Raspberry-Pi-Kameramoduls

Heben Sie die Klemme mit zwei Fingern leicht an. Die Kunststoffklemme sollte nun locker über dem Steckanschluss stehen. Die Flachbandleitung des Kameramoduls führen Sie nun senkrecht von oben in die Klemme. Die blanken Kontakte der Leitung zeigen von der LAN-Buchse weg (siehe Abbildung 15.19)! Halten Sie die Anschlussleitung weiterhin fest, und drücken Sie nun mit der anderen Hand die Kunststoffklemme wieder nach unten. Diese sollte leicht einrasten. Kontrollieren Sie noch einmal den senkrechten Sitz der Leitung in der Buchse. Die Kamera ist jetzt startklar.

Leitung zu kurz?

Für das Kameramodul sowie für die PiNoIR sind inoffizielle Ersatzleitungen verfügbar. Ein Praxisversuch zeigte, dass eine 50-cm-Flachbandleitung problemlos funktioniert. Verfügbar sind teilweise Leitungen, die zwei Meter Verlängerung bieten. Die Erfahrungen der Community zeigen, dass es auch hier keinerlei Probleme gibt. Eine Diskussion zum Thema sowie Bezugsquellen finden Sie in diesem Thread:

http://www.forum-raspberrypi.de/Thread-kamera-modul-laengere-kabel-5cm-bis-200cm-fuer-das-camera-modul

In die aktuellen Raspbian-Distributionen sind bereits Treiber der Kameramodule integriert, die bei der Installation oder auch nachträglich aktiviert werden können. Fahren Sie den Raspberry Pi nun hoch. Nach der Anmeldung rufen Sie das Konfigurationsmenü mit folgendem Befehl auf:

```
sudo raspi-config
```

Wählen Sie nun den Punkt 5 – ENABLE CAMERA aus, und aktivieren Sie das Laden der Treiber im darauffolgenden Fenster (siehe Abbildung 15.20). Nach einem Neustart sind die Treiber geladen und Sie können die Kameras bereits komplett nutzen. Die Bedienung kann über unterschiedliche Wege erfolgen. Je nach Anwendungsziel können Sie die Kamera manuell in der bash bedienen oder in Python in ein Programm einbauen. Sie haben auch die Möglichkeit, einen Videostream einzurichten und diesen im Browser oder mit Videosoftware abzurufen.

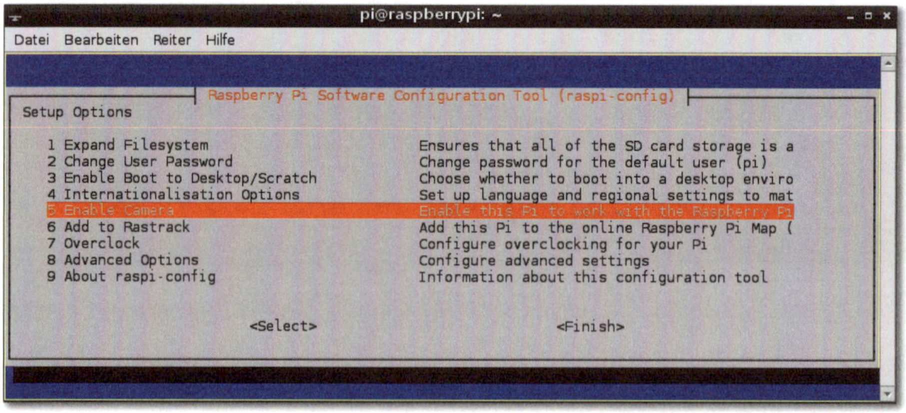

Abbildung 15.20 Aktivierung der Raspberry-Pi-Kamera im »raspi-config«-Menü

Die Pi-Kamera und der I^2C-0-Bus

Sofern Sie einen Device-Tree-Overlay für den zweiten I^2C-Bus erstellt haben, erzeugt die Kamera eine Fehlermeldung. Sollten Sie nach dem Ausführen von `raspistill` die Meldung `mmal: mmal_vc_component_create: failed to create component vc.ril.camera (1:ENOMEM)` angezeigt bekommen, so kommentieren Sie die Zeile `dtparam=i2c0=on` in der `/boot/config.txt` aus.

raspistill und raspivid

Beginnen wir mit den unter Raspbian standardmäßig verfügbaren Kommandos `raspistill` und `raspivid`, die eine einfache Bedienung im Terminal bzw. in bash-Scripts ermöglichen. `raspistill` nimmt ein Foto auf. Allerdings bedarf es einiger weiterer Parameter, die diese Funktion genauer definieren. Ein einfaches Foto im JPG-Format kann unter einem beliebigen Pfad mit folgendem Kommando gespeichert werden:

```
raspistill -o /tmp/meinBild.jpg
```

Die Standardauflösung beträgt 2592×1944 Pixel. Passen Sie die Auflösung mit den Parametern `-w` und `-h` an:

```
raspistill -o /tmp/meinBild.jpg -w 800 -h 600
```

Das daraus entstehende Foto hätte nun eine Auflösung von 800×600 Pixeln.

Ein Video unter dem gleichen Pfad wird mit folgendem Kommando erzeugt:

```
raspivid -o /tmp/meinVideo.h264
```

Ohne weitere Parameter nimmt der obige Befehl ein fünf Sekunden langes Video in der Auflösung 1920×1080 auf. Die Aufnahmelänge beeinflussen Sie mit dem Parameter `-t`. Die Angabe der Zeit erfolgt in Millisekunden. Beispielsweise nimmt der folgende Befehl ein zehn Sekunden langes Video auf:

```
raspivid -o /tmp/meinVideo.h264 -t 10000
```

`raspistill` und `raspivid` lassen sich durch diverse Optionen steuern (siehe Tabelle 15.1). Sie können mehrere Optionen in einem Befehl kombinieren, indem Sie die Optionen einfach hintereinanderschreiben. Beispiel:

```
raspivid -o video.h264 -w 1204 -h 768 -sh 50 -t 10000
```

15

Option	Funktion	Verfügbar für	Beispiel
`-o`	Bildspeicherort	`raspistill`	`-o /home/pi/bild.jpg`
`-o`	Videospeicherort	`raspivid`	`-o /home/pi/video.h264`
`-w -h -q`	Breite, Höhe und Qualität	beide	`-w 800 -h 600 -q 80`
`-tl n`	Timelapse (Bild alle n ms)	`raspistill`	`-tl 3000`
`-f`	HDMI-Vollbildvorschau	beide	`-f`
`-n`	keine Vorschau	beide	`-n`
`-sh n`	Schärfe (–100 bis 100)	beide	`-sh 75`
`-co n`	Kontrast (–100 bis 100)	beide	`-co 50`
`-rot n`	Drehung (0 bis 359 Grad)	beide	`-rot 275`
`-t n`	Länge des Videos (in ms)	`raspivid`	`-t 3000`
`-t n`	Zeit bis zum Foto (in ms)	`raspistill`	`-t 3000`
`-b n`	Bitrate (Bits/Sekunde)	`raspivid`	`-b 15000000`

Tabelle 15.1 Die wichtigsten Optionen für raspistill und raspivid

Eine Auflistung aller Parameter für `raspistill` und `raspivid` würde mehrere Seiten umfassen. Mit folgenden Befehlen können Sie sich in der bash die möglichen Parameter anzeigen lassen:

```
raspistill | less
raspivid | less
```

Eine komplette Dokumentation und Beschreibung aller Funktionen finden Sie unter den folgenden Links:

- *http://www.raspberrypi.org/wp-content/uploads/2013/07/RaspiCam-Documentation.pdf*
- *http://elinux.org/Rpi_Camera_Module#RaspiVid*

Kamerasteuerung durch Python

Die Integration der Kamera in Python eröffnet viele weitere Möglichkeiten zum automatisierten Einsatz der Kamera in Ihren Projekten. So sind Kombinationen mit verschiedenen Sensoren, wie Bewegungssensoren oder Tastern, zur Auslösung der Kamera denkbar. Der Einsatz in Python erfordert, wie gewohnt, eine eigene Library, die vorab installiert werden sollte. Wir empfehlen Ihnen, `picamera` in der gerade aktuellen Version zu verwenden. Den aktuellen Entwicklungsstand der Software entnehmen Sie den offiziellen Internetseiten:

http://picamera.readthedocs.org/en/latest/install3.html

Die Installation erfolgt bequem per Paketmanager:

```
sudo apt-get install python3-picamera
```

Picamera ist bei aktuellen Distributionen bereits installiert

Sofern Sie eine aktuelle Raspbian-Version nutzen, also ab Kernel 3.18, ist die Python-3-Bibliothek des Picamera-Moduls bereits vorinstalliert. Das gilt auch für aktuelle NOOBS-Versionen.

Die Software wird, wie jede andere Software auch, mit den Update- und Upgrade-Kommandos aktuell gehalten:

```
sudo apt-get update
sudo apt-get upgrade
```

Nach der Installation kann die Library wie gewohnt im Kopf des Programmcodes mit `import picamera` geladen werden. Im folgenden Beispiel erstellen wir ein kleines Programm, das Bilder mit der Raspberry Pi Camera erstellt, sobald ein Bewegungssensor ein Objekt erkannt hat. Um das Programm nutzen zu können, ist der Anschluss eines PIR-Bewegungssensors notwendig (siehe Abschnitt 15.1).


```
#!/usr/bin/python3
# Datei rpicam.py
import picamera, sys, time
import RPi.GPIO as GPIO
cam = picamera.PiCamera()
cam.resolution = (1920,1080)
GPIO.setmode(GPIO.BOARD)
GPIO.setup(7, GPIO.IN, pull_up_down=GPIO.PUD_DOWN)

def motion(pin):
    t = time.strftime("%Y_%m_%d-%H:%M:%S")
    print("Erzeuge Foto")
    cam.capture('/Ordner/Bild_%s.jpg' %t)
    print("Foto gespeichert")
    return

GPIO.add_event_detect(7, GPIO.RISING)
GPIO.add_event_callback(7, motion)

# mit minimaler CPU-Belastung auf das Programmende
# durch Strg+C warten
try:
  while True:
    time.sleep(5)
```

```
except KeyboardInterrupt:
  GPIO.cleanup()
  sys.exit()
  cam.close()
```

Den Python-Code haben wir aus Abschnitt 15.1, »PIR-Bewegungssensor«, übernommen. Die Funktion `motion` wurde allerdings abgeändert und enthält nun das Kommando zum Erzeugen eines Bildes. Bei jeder erkannten Bewegung wird nun ein Bild aufgenommen und mit dem aktuellem Datum und der aktuellen Uhrzeit nach folgendem Schema gespeichert:

```
Bild_2014_04_07-20:59:45.jpg
```

Der Programmcode stellt natürlich nicht alle verfügbaren Kommandos von `picamera` dar. Weitere Beispiele finden Sie in Abschnitt 20.4, »Kamera«. Noch mehr Optionen sind in der offiziellen Dokumentation des Pakets verzeichnet. Sie kann hier nachgelesen werden:

http://picamera.readthedocs.org/en/release-1.10

Videos und Bilder am Raspberry Pi anzeigen

Die aufgenommenen Bilder und Videos können Sie am Raspberry Pi direkt anzeigen lassen. Beachten Sie, dass Sie dazu ein Anzeigegerät (z. B. per HDMI) an den Raspberry Pi angeschlossen haben müssen. Eine Anzeige von Bildern und Videos über eine SSH-Verbindung funktioniert mit diesen Beispielen nicht.

Aufgenommene Fotos können Sie z. B. mit dem Programm `fbi` direkt in einer Textkonsole anzeigen lassen. Installieren Sie das Paket mit:

```
apt-get install fbi
```

Danach können Sie mit den folgenden Kommandos Bilder anzeigen lassen:

- Der Befehl `fbi /home/pi/bild.jpg` öffnet die Bildatei und zeigt sie an.
- Alle Bilder eines Ordners können Sie z. B. mit `fbi /home/pi/Bilder/*.jpg` anzeigen lassen.
- Eine Slideshow aller Bilder im Ordner mit einer Anzeigezeit von fünf Sekunden pro Bild erzeugen Sie mit dem Befehl `fbi /home/pi/Bilder/*.jpg -t 5`.

Alle weiteren Optionen von `fbi` entnehmen Sie `man fbi` oder der folgenden Webseite:

http://manpages.ubuntu.com/manpages/gutsy/man1/fbi.1.html

`fbi` lässt sich auch gut per Tastatur bedienen (siehe Tabelle 15.2).

Taste	Funktion
Cursortasten	Bild verschieben
Bild↑ / Bild↓	nächstes/vorheriges Bild anzeigen
+ / -	Bild zoomen
H	Hilfe anzeigen
V	Statusleiste anzeigen/verbergen
P	Slideshow stoppen
⇧+D	Bild löschen
R / L	Bild rotieren (rechts/links)
Q	Programm beenden

Tabelle 15.2 Bedienung des Bildanzeigers fbi

Zum Abspielen von Videos können Sie den *omxplayer* verwenden, der unter Raspbian standardmäßig installiert ist. Sie spielen ein gespeichertes Video mit dem folgenden Befehl ab:

```
omxplayer /home/pi/video.h264
```

Auch hier haben Sie während der Videowiedergabe einige Möglichkeiten zur Bedienung (siehe Tabelle 15.3). Eine Hilfe des Programms rufen Sie mit `omxplayer -h` auf.

Taste	Funktion
Leertaste	Play/Pause
← / →	einige Frames vor/zurück
↑ / ↓	Kapitel vor/zurück
1	langsamer abspielen
2	schneller abspielen
Q	Programm beenden

Tabelle 15.3 Bedienung des Videoplayers omxplayer

Videostreams und Online-Zugriff

Wirklich spannend werden die kleinen Kameramodule allerdings erst, wenn wir sie zusammen mit den Stärken des Raspberry Pi nutzen. So kann der kleine PC das Bild der Kamera sogar live streamen. Zudem bieten sich verschiedene Möglichkeiten an, auf das Livebild der Kamera zuzugreifen oder geknipste Fotos automatisch online abzulegen.

Wir beginnen mit dem wirklich einfachsten aller Livestreams. Um genau zu sein, handelt es sich nicht um ein Video, sondern um ein stetig aktualisiertes Bild. Ein flüssiges Video ist also nicht zu erwarten – dementsprechend einfach gestaltet sich dafür die Umsetzung.

Sie sollten einen Webserver auf dem Raspberry Pi installiert haben (siehe Kapitel 24, »PHP-Programmierung«). Erstellen Sie nun im `DocumentRoot`-Ordner des Servers, standardmäßig also in `/var/www/`, eine HTML-Datei mit dem Namen `cam.html`. Als Inhalt der Datei schreiben Sie die folgenden Zeilen:

```
<html>
<head>
  <meta http-equiv=Refresh Content="3;">
</head>

<body>
  <img src="bild.jpg">
</body>
</html>
```

Die Mini-Webseite zeigt lediglich die Bilddatei `bild.jpg` an. Der Befehl `Refresh Content` im `<head>`-Bereich der Datei aktualisiert die Webseite alle drei Sekunden. Das dazugehörige folgende Python-Script erzeugt regelmäßig ein Foto und speichert es unter `bild.jpg`. Sollte die Python-Datei im gleichen Ordner wie das Bild liegen, so können Sie den Code einfach übernehmen. Liegt das Script unter einem anderen Pfad, so passen Sie den Speicherort des Bildes auf `/var/www/bild.jpg` an.

```
#!/usr/bin/python3
# browserstream.py
import time, sys
import picamera
cam = picamera.PiCamera()

try:
    while True:
        cam.capture('bild.jpg')
        time.sleep(3)

except KeyboardInterrupt:
  cam.close()
  sys.exit()
```

Starten Sie nun das Python-Script, und lassen Sie es laufen. Wenn Sie nun die `cam.html` mit einem Browser aufrufen, so sehen Sie alle drei Sekunden ein neues Bild der Kamera.

VLC-Livestream

Eine weitere Methode ist das Streamen ins heimische Netzwerk via *VLC-Player*. Hiermit erreichen Sie ein recht flüssiges Video. Installieren Sie zuerst den VLC-Player auf dem Raspberry Pi:

```
sudo apt-get install vlc
```

Das folgende Kommando startet einen Livestream mit einer Auflösung von 800×600 Pixeln und macht diesen auf Port 8554 des Raspberry Pi zugänglich:

```
raspivid -t 0 -o - -w 800 -h 600 | \
  cvlc -vvv stream:///dev/stdin \
  --sout '#rtp{sdp=rtsp://:8554/}' :demux=h264
```

Fügen Sie ein zusätzliches `-n` nach `raspivid` ein, um die Vorschau-Ausgabe über HDMI zu deaktivieren. Der Stream läuft nun bis zum Abbruch des Befehls durch [Strg]+[C]. Über den Parameter `-t` bestimmen Sie die Laufzeit in Millisekunden (0 steht für »unendlich«).

15

Jetzt können Sie den Stream z. B. mit dem VLC-Player von einem anderen PC im Netzwerk aus abrufen. Wählen Sie bei Ihrem Videoplayer dazu den Punkt NETZWERKSTREAM ÖFFNEN, und tragen Sie die IP-Adresse des Raspberry Pi, gefolgt vom Port, ein. Die richtige Schreibweise sieht beispielsweise so aus:

```
rtsp://192.168.0.17:8554/
```

Der Videoplayer zeigt nun das Livebild der Raspberry-Pi-Kamera an.

Für das Streamen von Videos direkt in den Webbrowser werfen Sie einen Blick in das Servocam-Projekt. Dort streamen wir das Video einer beweglichen Servokamera, allerdings mit einer USB-Webcam, direkt in einen Browser (siehe Kapitel 41, »Die Servokamera«).

FTP-Upload

Eine weitere nützliche Methode ist der automatische Upload von Bildern in einen Onlinespeicher oder auf einen Webserver per FTP. Dazu wird die in Python mitgelieferte Library `ftplib` genutzt. Das Programm ähnelt dem ersten Script dieses Kapitels, wurde jedoch um die `upload`-Funktion erweitert:

```
#!/usr/bin/python3
import ftplib, picamera, sys, time
cam = picamera.PiCamera()

def upload():
    session = ftplib.FTP('ftp.beispiel.com',
                         'ftp_username@domain.de', 'PASSWORD')
    directory = "/PFAD_AUF_DEM_SERVER"
    session.cwd(directory)
    file = open('bild.jpg','rb')
    session.storbinary('STOR bild.jpg', file)
    file.close()
    session.quit()
    return

try:
    while True:
        cam.capture('bild.jpg')
        time.sleep(1)
        upload()

except KeyboardInterrupt:
  cam.close()
  sys.exit()
```

Sehr praktisch ist auch der automatische Upload von Bildern des Camera-Boards in einen Cloudspeicher (z. B. Dropbox). Ein entsprechendes Beispiel finden Sie in Abschnitt 20.5, »Dateien bei Dropbox hochladen«.

PiNoIR

Auch wenn die Bedienung und Handhabung der PiNoIR-Version mit der der normalen RasPi-Cam identisch ist, möchten wir speziell auf die Besonderheiten der PiNoIR eingehen. Die PiNoIR gleicht der Raspberry Pi Cam, verzichtet aber auf einen Infrarotfilter. Sie haben so die Möglichkeit, infrarote Lichtquellen als *Taschenlampe* zu nutzen und somit dunkle Umgebungen im Bild der PiNoIR zu beleuchten.

Infrarotes Licht wird vom menschlichen Auge nicht wahrgenommen und bietet sich so z. B. zum Einsatz als nächtliche Überwachungskamera an. Machen Sie den ersten Test mit einer normalen Infrarotfernbedienung. Verdunkeln Sie den Raum, halten Sie eine beliebige Taste auf der Fernbedienung gedrückt, und erstellen Sie ein Bild mit der PiNoIR. Sie werden erkennen, dass das infrarote Licht der Fernbedienung bereits ausreicht, um den komplett verdunkelten Raum teilweise zu erhellen. Das Prinzip nutzen wir nun für einen eigenen unsichtbaren Scheinwerfer.

Der blaue Filterstreifen

Der PiNoIR liegt ein blauer Farbfilter bei. Er ermöglicht es Hobbybiologen, die Photosynthese von Pflanzen sichtbar zu machen. Es handelt sich dabei um den Filter *#2007 Storaro Blue* der Firma Roscolux. Einige interessante Aufnahmen und die Ergebnisse der nachträglichen Bearbeitung mit Infragram sehen Sie hier:

http://publiclab.org/notes/show/9679
http://publiclab.org/wiki/infragram

Infrarot-Scheinwerfer für die PiNoIR

Als Grundlage für den Scheinwerfer dienen uns Infrarot-LEDs. Diese sind in jedem Elektrofachhandel oder Onlineshop problemlos und günstig zu beschaffen. Zusätzlich sollten Sie sich ein paar Widerstände bereitlegen, die auf der benötigten Durchlassspannung basieren, sowie ein Stück Loch- oder Streifenrasterplatine.

Eine infrarote LED hat in der Regel eine Durchlassspannung von 1,2 V bis 1,5 V und benötigt bei dieser Spannung einen Strom von ca. 20 mA.

Wir legen den Scheinwerfer nun so aus, dass er noch am 5-V-Pin des Raspberry Pi betrieben werden kann. Sollten Sie einen noch größeren Scheinwerfer bauen, so kann es eventuell nötig sein, ihn an einer externen Spannungsquelle zu betreiben.

Der von uns geplante Scheinwerfer besteht aus sechs LEDs (siehe Abbildung 15.21). Davon werden jeweils drei in Reihe geschaltet und zwei Reihen parallel. Jeder Strang bekommt einen Vorwiderstand. Wenn Sie unseren Scheinwerfer wie gezeigt nachbauen, kann er mit 5 V betrieben werden und benötigt weniger als 40 mA. Sie können ihn also am 5-V-Pin der GPIO-Leiste betreiben.

Bauen Sie den Scheinwerfer nach dem Schaltplan auf. Nutzen Sie dafür am besten eine Streifen- oder Lochrasterplatine. Wir haben die Anschlüsse als zweipolige Stiftleiste ausgeführt. Bei der Anschlussart haben Sie natürlich freie Auswahl.

Eine gewöhnliche Kamera nimmt den eingeschaltenen IR-Scheinwerfer ganz anders wahr als die PiNoIR-Kamera (siehe Abbildung 15.22). Die sechs LEDs reichen aus, um Objekte im stockdunklen Raum bis zu einer Entfernung von ca. 4 Metern auszuleuchten. Alles in ein schönes Gehäuse eingebaut, ergibt ein günstiges Eigenbau-Nachtsichtgerät.

Unbemerkt fotografieren oder filmen

Sie können die kleine LED an der Front der Kameramodule dauerhaft abschalten. Dazu öffnen Sie die Datei `/boot/config.txt`, fügen die Zeile `disable_camera_led=1` ein und starten den Raspberry Pi neu.

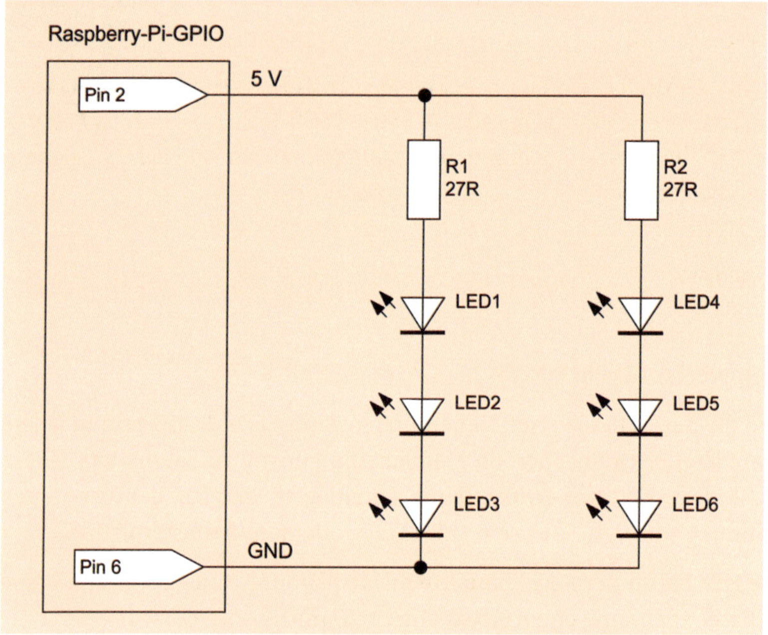

Abbildung 15.21 Schaltplan des Infrarotscheinwerfers

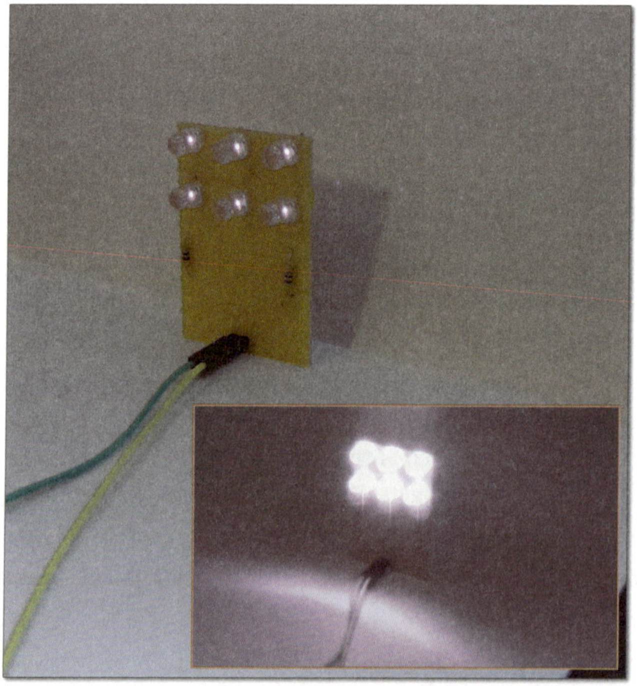

Abbildung 15.22 Großes Bild: IR-Scheinwerfer, aufgenommen mit normaler Digitalkamera. Kleines Bild: IR-Scheinwerfer, erfasst mit PiNoIR.

15.9 Reed-Kontakt

Ein sehr einfacher, aber durchaus nützlicher Sensor ist der Reed-Kontakt. Nimmt man es genau, handelt es sich hierbei nicht einmal um einen Sensor, sondern um einen Magnetschalter. Bauen Sie den Reed-Kontakt allerdings geschickt ein, so kann er wie ein Sensor ein Signal geben, sobald eine erwartete Aktion geschah. Denkbare Anwendungsmöglichkeiten sind:

- Montage an einer Tür zur Auf/Zu-Erkennung
- Näherungssensor
- Modellbau
- Umdrehungssensor
- Detektierung von offenen Fenstern oder Türen

Der Reed-Kontakt ist in unterschiedlichen Bauweisen verfügbar, seine Funktionsweise ist jedoch immer identisch. Im Inneren des Kontakts befinden sich zwei nah aneinanderliegende metallische Kontaktfähnchen. Nähert man sich dem Reed-Kontakt mit einem Magneten oder magnetischen Gegenstand, so schließt sich der Kontakt im Inneren und es entsteht eine leitende Verbindung. Dadurch ist der Reed-Kontakt im Gegensatz zu mechanischen Tastern kontaktlos und beinahe verschleißfrei einzusetzen.

Abbildung 15.23 Simpler Reed-Kontakt in einem Glasröhrchen. Die Größe ähnelt der eines Widerstands.

Der Reed-Kontakt funktioniert im Prinzip wie ein Taster. Genauso wird er auch in Verbindung mit dem Raspberry Pi behandelt. Dem Funktionsprinzip geschuldet, kann der Reed-Kontakt natürlich keine detaillierten Messwerte ausgeben, sondern lediglich eine logische 1 oder 0.

Angeschlossen wird der Kontakt wie gewohnt an einen freien GPIO-Pin, der als Eingang deklariert wird. Die andere Seite des Reed-Kontakts legen Sie gegen Masse oder 3,3 V. Davon hängt es ab, ob die logische 1 im geschlossenen oder offenen Zustand erkannt wird. Im Schaltplan (siehe Abbildung 15.24) ist der Kontakt am GPIO-Pin 15 angeschlossen. R1 dient als Pull-up-Widerstand und ist optional, wenn in Python der Pull-up für diesen Pin aktiviert wird. R2 dient zur Strombegrenzung, wenn der Kontakt geschlossen ist.

Die Abfrage des Sensors in Python erfolgt wie gewohnt durch das Zurücklesen des GPIO-Status von Pin 15:

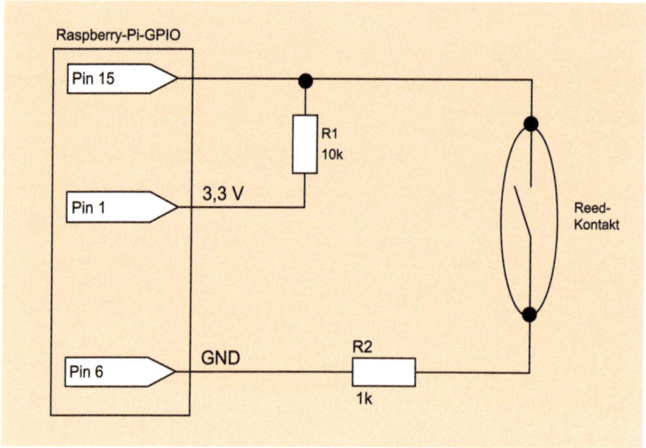

Abbildung 15.24 Reed-Kontakt an GPIO-Pin 15 als Eingang

```
#!/usr/bin/python3
# Datei reed.py
import time, sys
import RPi.GPIO as GPIO

GPIO.setmode(GPIO.BOARD)
GPIO.setup(15, GPIO.IN, pull_up_down=GPIO.PUD_UP)

while True:
    input = GPIO.input(15)
    print(input)
    time.sleep(1)
```

Das kleine Python-Programm gibt im Sekundentakt den Status des Reed-Kontakts an. Wird er nicht betätigt, erscheint eine 1, im betätigten Zustand wird eine 0 ausgegeben. Auch hier können Sie wie beim PIR-Sensor Events oder Interrupts einsetzen (siehe Abschnitt 15.1, »PIR-Bewegungssensor«).

15.10 Hardware Real Time Clock

Dieser Abschnitt beschreibt den Anschluss einer externen Uhr an den Raspberry Pi. Der Raspberry Pi selbst besitzt keine Hardware-Uhr und bezieht die aktuelle Uhrzeit über NTP (*Network Time Protocol*). Manchmal kann es erwünscht sein, dass eine *echte* Uhr vorliegt, die auch ohne Internetzugang die aktuelle Zeit mit dem Raspberry Pi abgleicht. Eine solche Uhr nennt man Hardware RTC (*Hardware Real Time Clock*). Zu empfehlen ist hier der Baustein DS1307. Dieses Bauteil ist wieder in mehreren Ausführungen verfügbar: einmal als einzelner IC, zum anderen auch wieder als Fertigmodul samt integrierter Knopfzelle.

Das Einzelbauteil benötigt für den Betrieb einen externen Quarz. Zudem muss bei dieser Methode das Bauteil nach jedem Neustart gestellt werden. Fertigmodule sind *fast* (siehe unten) komplett einsatzbereit mit einem Quarz und einer Knopfzelle, die eine Lebensdauer von mindestens einem Jahr verspricht. Egal für welche Methode Sie sich entscheiden, die Ansteuerung der Uhr ist gleich. Auch der Anschlussplan kann leicht auf das Modul oder den Einzelchip übertragen werden.

Kommen wir zurück auf das *fast*. Der auf solchen Modulen verbaute DS1307-Chip benötigt eine Versorgungsspannung von 5 V. Das ist eigentlich kein Problem, wären dort nicht zwei kleine Pull-up-Widerstände, die SDA und SCL auf den 5-V-Pegel ziehen (siehe Abbildung 15.25). Diese müssen Sie entfernen (siehe Abbildung 15.26)!

Abbildung 15.25 Die beiden Pull-up-Widerstände R2 und R3 auf dem RTC-Modul

Abbildung 15.26 Die beiden Pull-up-Widerstände wurden ausgelötet.

Wie Sie bereits schon mehrfach gelesen haben, tun dem Raspberry Pi 5 V an seinen GPIO-Pins gar nicht gut. Keine Sorge, die I^2C-Leitungen sind auch weiterhin mit Pull-up-Widerständen beschaltet, nämlich den internen Widerständen des Raspberry Pi, die den Pegel der I^2C-Leitungen auf gesunde 3,3 V ziehen. Mit Lötkolben und Pinzette entfernen Sie die beiden Widerstände auf dem RTC-Modul.

Abbildung 15.27 Fertiges RTC-Modul mit integrierter Knopfzelle

Schließen Sie das RTC-Modul wie auf dem Schaltplan gezeigt an (siehe Abbildung 15.28). Sollten Sie einen DS1307-Einzelchip verwenden, so benötigen Sie einen externen 32,768-kHz-Quarz, der zwischen den Pins X1 und X2 der Einzelkomponente geschaltet wird. Der Anschluss von GND, VCC und der I^2C-Pins SDA und SCL gleicht dem Anschluss beim Fertigmodul.

Falls Sie weitere Infos zum Einzelchip und zur Inbetriebnahme am Raspberry Pi benötigen, finden Sie unter folgendem Link eine gute Beschreibung:

https://www.raspiprojekt.de/anleitungen/schaltungen/14-i2c.html

Sobald die Echtzeituhr angeschlossen ist, erfolgt das Laden der Treiber im Betriebssystem des Raspberry Pi. Für den ersten Test nehmen Sie die Einstellungen von Hand vor. Am Ende dieses Abschnitts erfahren Sie, wie sich alle nötigen Einstellungen bereits automatisch beim Bootvorgang erledigen lassen.

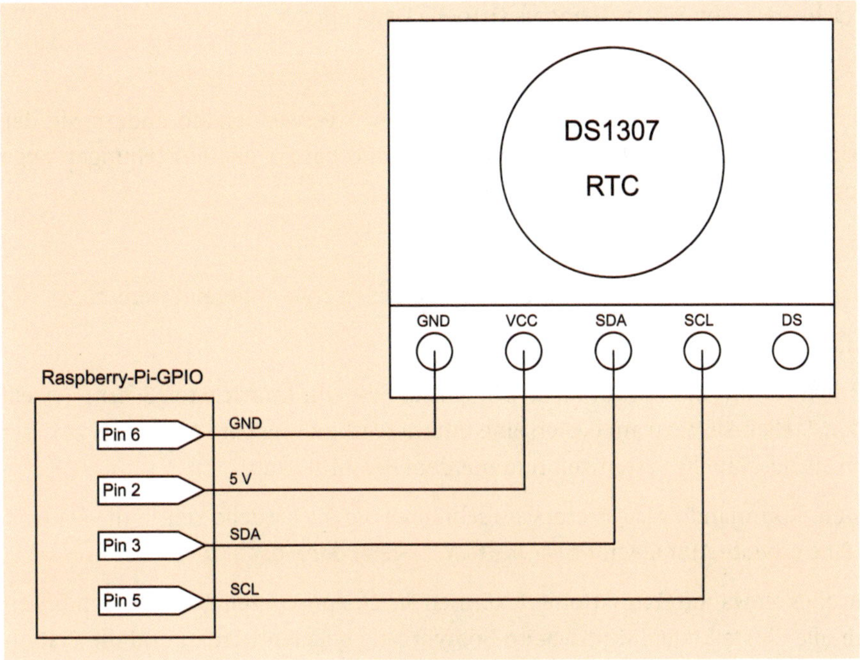

Abbildung 15.28 Anschlussplan für das DS1307-RTC-Modul

Stellen Sie sicher, dass Sie die I^2C-Schnittstelle freigeschaltet und die `i2c-tools` installiert haben (siehe Abschnitt 14.4, »I^2C«). Führen Sie nun im Terminal den Befehl zur Erkennung angeschlossener I^2C-Hardware aus:

```
i2cdetect -y 1
```

Nun sollte Ihnen eine Tabelle angezeigt werden, in der der Wert 68 eingetragen ist. Sofern weitere I^2C-Geräte angeschlossen sind, können dementsprechend weitere Adressen angezeigt werden. 68 ist jedoch die Adresse der Echtzeituhr.

Legen Sie nun wieder ein Device-Tree-Overlay in der Datei `/boot/config.txt` an. Fügen Sie dazu am Ende der Datei die folgende Zeile ein:

```
dtoverlay=rtc-i2c, RTC-Typ
```

`RTC-Typ` steht für den Typ der Echtzeituhr, den Sie verwenden. Ersetzen Sie den Platzhalter entprechend durch Ihren RTC-Typ. Möglich sind diese RTC-Modelle:

- `ds1307`
- `ds3231`
- `pcf2127`
- `pcf8523`

Als Beispiel: `dtoverlay=rtc-i2c, ds1307`

Als Nächstes tragen Sie das Gerät als virtuelle Datei ein:

```
sudo echo ds1307 0x68 > /sys/class/i2c-adapter/i2c-1/new_device
```

Falls Sie noch die alte Raspberry-Pi-Version Rev 1 verwenden, so ändern Sie den vorletzten Ordner der Zeile in `i2c-0` ab. Jetzt sind bereits alle Einstellungen abgeschlossen, und die Uhr kann ausgelesen werden:

```
sudo hwclock -r
```

Nun sollte ein ähnliches Datum wie in der folgenden Zeile angezeigt werden:

```
Sa 01 Jan 2000 01:00:05 CET
```

Natürlich stimmt das Datum nicht. Daher muss die Uhr im nächsten Schritt gestellt werden. Stellen Sie dazu am besten eine Internetverbindung per LAN oder WLAN her. Rufen Sie die aktuelle Systemzeit nun mit dem Befehl `date` ab.

Mit dem Kommando `sudo hwclock -w` schreiben Sie die aktuelle Zeit in die Echtzeituhr. Eine erneute Abfrage mit `sudo hwclock -r` zeigt dann das aktuelle Datum.

Wenn alles einwandfrei funktioniert, können Sie einen weiteren Schritt durchführen, damit alle Einstellungen direkt beim Bootvorgang geladen werden und die Systemuhr mit der RTC abgeglichen wird. Öffen Sie dazu die Datei `/etc/rc.local/`:

```
sudo nano /etc/rc.local
```

Schreiben Sie jetzt folgende Zeilen an das Ende der Datei, allerdings *vor* `exit 0`:

```
echo ds1307 0x68 > /sys/class/i2c-adapter/i2c-1/new_device
sudo hwclock -s
```

Speichern und schließen Sie nun die Datei. Ab jetzt ist keine Internetverbindung mehr nötig, um die Systemzeit des Raspberry Pi auf die aktuelle Zeit einzustellen. Mit jedem Neustart wird nun die Systemzeit der Echtzeituhr angeglichen. Selbstverständlich geschieht das nur, sofern Sie ein RTC-Modul mit Batterie verwenden oder an den Einzelchip eine Batterie anschließen. Die zweite Möglichkeit finden Sie auch im vorhin genannten Link gut erklärt.

Uhrzeit manuell einstellen

Falls Sie die Uhrzeit komplett manuell einstellen möchten, also ohne eine Internetverbindung, finden Sie einige hilfreiche Tipps z. B. hier:

http://kampis-elektroecke.de/?page_id=2257

15.11 IR-Empfänger

Wenn Sie Ihren Raspberry Pi als Media-Center verwenden und dieses mit einer Infrarot-(IR-)Fernbedienung steuern möchten, benötigen Sie einen IR-Empfänger. Das gängigste Bauteil hierfür hat die Bezeichnung TSOP4838. Es ist Mitglied einer ganzen Familie von IR-Empfängern, die für unterschiedliche Frequenzen optimiert sind. Das Bauteil TSOP4838 ist auf 38 kHz abgestimmt, also auf den Frequenzbereich typischer TV-Fernbedienungen. Technische Details können Sie im Datenblatt nachlesen. Beachten Sie, dass die Belegung der Pins je nach TSOP-Variante unterschiedlich ist!

http://www.vishay.com/docs/82459/tsop48.pdf

Die Schaltung entspricht dem Vorschlag aus dem Datenblatt (siehe Abbildung 15.29). Sowohl der Widerstand als auch der Kondensator sind optional; sie verbessern lediglich die elektrische Stabilität der Schaltung. Sie können also auch direkt die Pins 1, 2 und 3 des TSOP4838 mit den Pins 6 (GND), 12 und 1 (3,3 V) des P1-Headers des Raspberry Pi verbinden. Warum dient gerade Pin 12 als Signaleingang? Weil der mit ihm verbundene Eingang GPIO 18 standardmäßig vom *lirc*-Kerneltreiber verwendet wird.

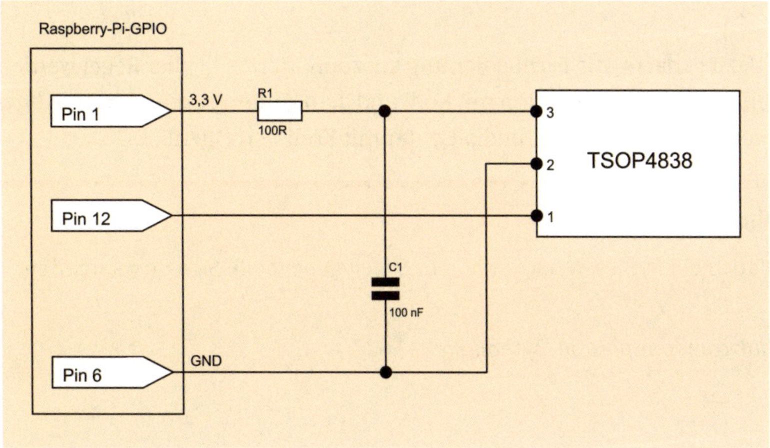

Abbildung 15.29 TSOP4838 – Anschluss an den Raspberry Pi

Vorab müssen Sie jedoch wieder einen neuen Device-Tree-Eintrag in der `boot/config.txt` vornehmen. Fügen Sie am Ende der Datei die Zeile `dtoverlay=lirc-rpi` ein, und starten Sie das System neu.

Um den IR-Empfänger auszuprobieren, benötigen Sie das Kernelmodul `lirc_rpi` und das Kommando `mode2` aus dem Paket `lirc`. Damit können Sie im Textmodus Signale der Device-Datei der IR-Schnittstelle auslesen. Jetzt müssen Sie nur noch eine Fernbedienung auf den IR-Empfänger richten und einige Tasten drücken.

```
apt-get install lirc
dmesg | grep lirc
  lirc_dev: IR Remote Control driver registered, major 251
  lirc_rpi: module is from the staging directory, the quality
    is unknown, you have been warned.
  lirc_rpi lirc_rpi.0: lirc_dev: driver lirc_rpi registered
    at minor = 0
  lirc_rpi: driver registered!
  input: lircd as /devices/virtual/input/input3
  lirc_rpi: auto-detected active low receiver on GPIO pin 18
mode2 -d /dev/lirc0
  space 1613
  pulse 584
  space 537
  pulse 593
  space 524
  pulse 603
  space 530
  ...
  <Strg>+<C>
```

`mode2` ist nur dazu gedacht, die Fernbedienung auszuprobieren. In aller Regel werden Sie den IR-Empfänger in Kombination mit Kodi und dem Hintergrundprogramm *lircd* verwenden (siehe Kapitel 9, »Multimedia-Center mit Kodi und OpenELEC«).

LIRC in Python

Es existiert auch ein Python-Modul, mit dem Sie eingehende IR-Signale verarbeiten können:

https://github.com/tompreston/python-lirc

15.12 Leitfaden für fremde Sensoren

Natürlich ist es uns nicht möglich, alle verfügbaren Sensoren in diesem Buch zu beschreiben. Sie finden fast für jeden Zweck einen passenden Sensor. Die bislang behandelten Sensoren sollten Ihnen allerdings einen guten Eindruck von den unterschiedlichen Funktionsweisen sowie von deren Handhabung geben.

Sie haben einen Sensor entdeckt, der nicht in diesem Buch behandelt wird, den Sie aber gern verwenden möchten? Oftmals ist das kein Problem. Als kleinen Leitfaden geben wir Ihnen einige Punkte mit, die Sie bei der Verwendung prüfen und beachten sollten. Gehen Sie bei jedem *fremden* Sensor oder Sensormodul nach dieser Checkliste vor:

- Die Versorgungsspannung beträgt idealerweise 3,3 V oder maximal 5 V.
- Die Ausgangssignale liegen bei maximal 3,3 V.
- Prüfen Sie die Möglichkeit eines Spannungsteilers, um ein eventuell höheres Potenzial am Ausgang entsprechend zu verkleinern.
- Die Ausgangsdaten werden in einem unterstützten Format kommuniziert (SPI, I^2C, UART, 1-Wire, binär).
- Ein Datenblatt ist verfügbar, und ihm können die relevanten Register, Bits und Funktionsweisen entnommen werden.
- Bei Bausteinen, die eine umfangreichere externe Beschaltung benötigen, sollten Sie nach Fertigmodulen suchen, die funktionsfertig aufgebaut sind. Dies erspart Ihnen eine Menge Arbeit und ist preislich teilweise sogar günstiger als die Beschaffung aller Einzelteile.
- Auf Ihrer Suche nach einem speziellen Sensor sollten Sie auch die Angebote für den Arduino prüfen. Für ihn sind in der Regel bereits weitaus mehr geeignete Sensoren verfügbar. Beachten Sie allerdings, dass Schaltungen, die für den Arduino entworfen wurden, oftmals 5-V-Signale ausgeben. Prüfen Sie also, ob die Funktion auch mit 3,3 V Betriebsspannung gewährleistet ist. Falls nicht, verfahren Sie nach dem dritten Punkt.
- Schreiben Sie kleine, sehr simple Python-Programme, oder testen Sie den Sensor anfangs mit bash-Kommandos. Dadurch können Sie sehr einfach und schnell die Funktionsweise testen und Änderungen vornehmen.
- Sobald Sie die gewünschte Funktion des Sensors in Python umgesetzt haben, erzeugen Sie nach Möglichkeit eine Klasse oder Funktion, um jederzeit im Programm durch sehr wenig Code auf den Sensor zuzugreifen.

Kapitel 16
Erweiterungsboards

In diesem Kapitel behandeln wir Erweiterungsboards, die speziell für den Raspberry Pi entwickelt wurden. Diese Boards erleichtern in erster Linie den Zugang zu GPIO-Ports und den dort verfügbaren Systemen und Kommunikationstechnologien (SPI, I^2C usw.).

Für viele Einsatzzwecke, die wir in den vorangegangenen Kapiteln behandelt haben, gibt es spezielle Boards. So sparen Sie sich die Anschaffung von und den Aufbau mit Einzelbausteinen. Gerade für Einsteiger ist es sinnvoll, auf eines der zahlreichen Boards zurückzugreifen. Viele Boards können Sie in bereits bestückter Ausführung oder als Bausatz kaufen (siehe Abbildung 16.1).

Abbildung 16.1 Eine Auswahl einiger verfügbarer Erweiterungsboards

Es muss nicht direkt die Mammuterweiterung *Gertboard* sein, oftmals reicht auch z. B. ein *PiFace* für die ersten Hardware-Versuche. Besonders Hardware-Neulinge schützen damit ihren wertvollen Raspberry Pi vor eventuellen Schäden. Oftmals sind die Erweiterungsboards durch Puffer, Optokoppler oder Transistoren abgesichert, und hinter den Boards kann sorgenfrei losgebastelt werden.

Auf einige der wichtigsten und hilfreichsten Boards möchten wir auf den nächsten Seiten eingehen. Vorweg ein erster Überblick:

- Das **Gertboard** ist eine Allround-Lösung, da es so gut wie alle Möglichkeiten der GPIO-Schnittstelle auf einer Leiterkarte abbildet.
- Das **RasPiComm** legt gezielt Wert auf den einfachen Umgang mit den Kommunikationsprotokollen.
- Suchen Sie nach einem Board zur Ansteuerung von Motoren oder Relais, dann bieten sich das **RTK Motor Controller Board** von Adafruit oder das **Step Your Pi Board** für Schrittmotoren von ModMyPi an. Das **PiFaceDigital 2** bietet unter anderem fertig bestückte Relais.

Kompatibilität mit dem Modell 2

Die folgenden Kapitel enthalten immer wieder Anmerkungen zur Kompatibilität mit dem Raspberry Pi 2. Einige Erweiterungen sind direkt kompatibel. Bei den meisten anderen Boards ist es möglich, durch einen sogenannten *Stacking Header* die ersten 26 Pins etwas höher zu legen und dort wie gewohnt alte Erweiterungen aufzustecken. Einen solchen Adapter finden Sie beispielsweise bei EXP-Tech.de:

http://www.exp-tech.de/Zubehoer/Steckverbinder/Stacking-Header-for-Raspberry-Pi-2x13-Extra-Tall.html

16.1 Das Gertboard

Das Gertboard ist eines der ersten und umfangreichsten Erweiterungsboards, die für den Raspberry Pi erhältlich sind. Entwickelt wurde das Board von Gert van Loo, einem Entwickler des Raspberry Pi, der dem Board auch seinen Namen verlieh. Das Gertboard zählt zu den Allroundern und ist perfekt geeignet, um erste Prototypen der eigenen Projekte zu erstellen. Durch seine extra abgesicherten Ein- und Ausgänge bleibt der Raspberry Pi auch im Falle von elektrischen Fehlern in der Regel geschützt.

Im Verlauf dieses Kapitels werden Sie einige Bilder finden, die das Gertboard auf dem alten Raspberry Pi B zeigen. Das Gertboard ist für alle Raspberry-Pi-Modelle uneingeschränkt verwendbar. Es gibt noch keine Version des Gertboard, das an die neue 40-polige Steckerleiste angepasst ist. Da die ersten sechsundzwanzig Pins der Steckerleiste jedoch denen der alten Modelle entsprechen, kann mit diesen das Gertboard auch weiterhin noch perfekt zum Experimentieren verwendet werden.

Das Gertboard stellt die folgenden Funktionen zur Verfügung:

- 12 geschützte Ein- und Ausgänge
- 3 Taster
- 6 Open-Collector-Ausgänge (50 V, 0,5 A)
- Motortreiber für maximal 18 V und 2 A
- ATmega328-Microcontroller zur Auslagerung von Programmen
- 12 Status-LEDs
- ein 8-Bit-D/A-Wandler
- ein 10-Bit-A/D-Wandler

Inbetriebnahme

In der aktuell verfügbaren Version des Gertboards wird das komplette Board auf den Raspberry Pi gesteckt (siehe Abbildung 16.2). Frühere Versionen benötigten eine Flachbandleitung, um das Gertboard mit dem Raspberry Pi zu verbinden. Das Gertboard ist auch mit dem Modell 2 oder B+ kompatibel. Stecken Sie den Steckverbinder einfach auf die ersten 26 Pins der 40-poligen Steckerleiste (siehe Abbildung 16.3).

Abbildung 16.2 Auf dem Raspberry Pi montiertes Gertboard

Das Gertboard ist in verschiedene Funktionsblöcke aufgeteilt (siehe Abbildung 16.4). Die beiliegenden Verbindungskabel und Jumper machen es Ihnen möglich, gezielt einzelne Blöcke zu aktivieren bzw. miteinander zu verbinden. Wir beginnen nun als

Beispiel, die einzelnen Blöcke in Betrieb zu nehmen und deren Funktion am Raspberry Pi zu testen. Ein umfangreiches Handbuch sowie die Belegung und das Layout des Gertboards finden Sie in der offiziellen PDF-Datei:

http://www.element14.com/community/servlet/JiveServlet/previewBody/51727-102-1-265829/Gertboard_UM_with_python.pdf

Abbildung 16.3 Das Gertboard kann problemlos auf den Raspberry Pi 2 oder B+ gesteckt werden.

Die drei Taster

Das Gertboard enthält drei Druckknöpfe, die bei Betätigung den entsprechenden GPIO-Pin über einen 1-k-Widerstand gegen Masse ziehen. Die Taster sind nicht fest an bestimmte Ports gebunden. Hier kommen die mitgelieferten Kabel und Jumper zum Einsatz, um den Tastern einen beliebigen GPIO-Pin zuzuweisen.

Um die Taster mit dem Raspberry Pi zu verbinden, benötigen Sie die mitgelieferten Jumper und Jumper-Kabel. Werfen Sie einen Blick auf das gesamte Gertboard, so finden Sie dort die Steckerleiste *J2*. Diese Leiste ist mit GP1, GP17 usw. beschriftet. Dies spiegelt die GPIO-Pins des Raspberry Pi wider. Die Bezeichnung dieser Pins ist in der BCM-Variante gewählt. In diesem Beispiel möchten wir die drei Taster den GPIO-Pins 11, 13 und 15 zuweisen. Dies entspricht den BCM-Namen 17, 27 und 22. Wir wählten diese Konstellation, um auf eine Besonderheit hinzuweisen: GPIO 27 trägt seinen Namen erst seit der Raspberry-Pi-Revision 2. Die alte Bezeichnung war GPIO 21. Auf dem aktuellen Gertboard ist allerdings der GP27 noch weiterhin mit GP21 beschriftet!

Abbildung 16.4 Das Gertboard in der Detailansicht

Vorsicht, irreführende Pin-Bezeichnungen!

Auch die Beschriftung der Pins GP 0 und GP 1 bezieht sich auf die kaum mehr gebräuchliche Revision 1 des Modells B. Im aktuellen Modell 2 des Raspberry Pi entsprechen diese Pins den Ports GPIO 2 und GPIO 3.

Die Steckerleiste *J3* enthält die mit B1 bis B3 gekennzeichneten Pins. Diese sind bereits mit den Tastern verbunden. Sie müssen nun lediglich folgende Verbindungen durch die Jumper-Kabel herstellen:

- J3-B1 zu J2-GP17
- J3-B2 zu J2-GP21
- J3-B3 zu J2-GP22

Bereits jetzt könnten die Taster als Eingabeknöpfe am Raspberry Pi verwendet werden. Das Gertboard bietet allerdings zusätzlich noch die Option, den Status der Taster durch die verbauten LEDs anzuzeigen. Platzieren Sie hierzu den Jumper auf der Leiste *J7* (siehe Abbildung 16.5). Hierbei handelt es sich um die Spannungsversorgung von 3,3 V, die durch das Platzieren des Jumpers auf das Board geführt wird. Sobald der Jumper platziert ist, sollten alle LEDs auf dem Gertboard leuchten.

Betrachten Sie das Gertboard aus dem Blickwinkel der Abbildung, so befindet sich unter dem mit *U3* markierten Gebiet eine weitere Steckleiste, die die Pins B1, B2, B3 und B4 mit dem Hinweis *out* beinhaltet. Stecken Sie je einen Jumper über die Pins B1 bis B3 (siehe Abbildung 16.5).

Abbildung 16.5 Verdrahtung des Gertboards zur Inbetriebnahme der Taster

Ein Tastendruck zieht jetzt den entsprechenden Raspberry-Pi-Pin gegen Masse. Dieses Verhalten spiegeln auch die LEDs wider. Sobald ein Taster betätigt ist, erlischt die entsprechende LED. Die Tasteneingaben verarbeiten Sie in einem Python-Script:

```
#!/usr/bin/python3
import RPi.GPIO as GPIO
from time import sleep

GPIO.setmode(GPIO.BCM)
GPIO.setup(17, GPIO.IN, pull_up_down=GPIO.PUD_UP)
GPIO.setup(27, GPIO.IN, pull_up_down=GPIO.PUD_UP)
GPIO.setup(22, GPIO.IN, pull_up_down=GPIO.PUD_UP)

while True:
    if not GPIO.input(17):
        print("S1")
        sleep(0.5)
    elif not GPIO.input(27):
        print("S2")
        sleep(0.5)
```

```
    elif not GPIO.input(22):
        print("S3")
        sleep(0.5)
```

Dieses kleine Beispielprogramm zeigt Ihnen, wie die Taster des Gertboards in Python verwendet werden können. Achten Sie darauf, die internen Pull-up-Widerstände zu aktivieren: Auf dem Gertboard selbst sind an den Tastern keine Pull-up-Widerstände verbaut. Um mit der Bezeichnung der Pins nicht durcheinanderzugeraten, bietet es sich bei der Arbeit mit dem Gertboard an, stets die BCM-Bezeichnungen der GPIO-Ports zu verwenden, da diese auf dem Gertboard aufgedruckt sind.

Digitale Ein- und Ausgänge und Leuchtdioden

Neben den drei Tastern auf dem Gertboard gibt es natürlich auch die Möglichkeit, jedes beliebige digitale Signal mit einem 3,3-V-Pegel zu verarbeiten. Hierzu werden mittels Jumpern auf dem Gertboard die Ports als Ein- oder Ausgang bestimmt. Als Beispiel dafür erstellen wir eine kleine Schaltung, in der durch einen Taster ein Signal erzeugt wird, woraufhin der Raspberry Pi eine externe LED schaltet.

Werfen Sie noch einen Blick auf das Board: Dort sind insgesamt zwölf gepufferte Ein- bzw. Ausgänge verfügbar. Den Zugang dazu finden Sie in der Pin-Leiste *J3*. Die Leiste *J2* führt alle GPIO-Ports als Pins aus dem Gertboard heraus. Verbinden Sie für diese Schaltung den Pin J2-GP22 mit J3-B4. Der vierte der zwölf verfügbaren I/Os auf dem Gertboard ist nun mit dem GPIO-Pin BCM 22 verbunden.

Im nächsten Schritt legen Sie fest, ob B4 ein Ein- oder Ausgang werden soll. Dies geschieht über die mitgelieferten Jumper: Stecken Sie den Jumper auf die Position U3-out-B4. Diese befindet sich oberhalb des ICs, der mit *U3* auf dem Gertboard eingezeichnet ist. Durch das Platzieren dieses Jumpers kann B4 nun als Ausgang genutzt werden. Die Verbindung nach *außen* geschieht über die Pins unterhalb der LEDs. Diese sind mit BUF1 bis BUF12 markiert. Hierbei handelt es sich um die Ausgänge bzw. Eingänge der Puffer-ICs.

Generell gilt: Die Puffer-ICs trennen jegliche Schaltung, die hinter den BUF*n*-Pins liegt, von den eigentlichen GPIO-Ports des Raspberry Pi. Sie dienen somit als Schutz vor Fehlbeschaltung. Zu guter Letzt setzen Sie auf die unteren beiden Pins der Leiste *J7* einen Jumper und versorgen so das Gertboard mit 3,3 V Betriebsspannung.

Wenn Sie die oben beschriebene Verdrahtung vornehmen, lässt sich der Puffer B4 bereits durch den Raspberry Pi schalten. Das Ausgangssignal wird bei einem aktiven Ausgang nun an BUF4 anliegen. Um dieses Beispiel ein wenig zu verdeutlichen, bauen wir wieder ein kleines Experiment auf: Wir nutzen einen der Taster, um dem Raspberry Pi ein Signal zu senden. Ein Python-Programm wertet das Signal aus und bringt eine externe LED zum Leuchten.

Dazu fügen Sie zu der oben beschriebenen Verdrahtung noch die Verbindung eines Tasters zu einem GPIO-Port hinzu. Wenn Sie den Taster S3 nutzen möchten, verbinden Sie also die Pins J3-B3 mit J2-GP17. Zusätzlich nehmen Sie nun eine LED und verbinden die Anode über einen Vorwiderstand mit BUF4 und die Kathode mit dem danebenliegenden GND-Pin (siehe Abbildung 16.6).

Abbildung 16.6 Die gesamte Verdrahtung zum Testen der digitalen Ein-/Ausgänge

Das dazugehörige Python-Programm kann in einer Minimalausführung wie folgt aussehen:

```
#!/usr/bin/python3
import RPi.GPIO as GPIO
from time import sleep

GPIO.setmode(GPIO.BCM)
GPIO.setup(17, GPIO.IN, pull_up_down=GPIO.PUD_UP)
GPIO.setup(22, GPIO.OUT)

while True:
    if not GPIO.input(17):
        GPIO.output(22, True)
    else:
        GPIO.output(22, False)
    sleep (0.1)
```

Beachten Sie, dass die gepufferten Ein- und Ausgänge des Gertboards ebenfalls mit maximal 3,3 V zu belasten sind. Zum Schalten von höheren Spannungen nutzen Sie den im Folgenden beschriebenen Open-Collector-Treiber.

Der Open-Collector-Treiber

Auf dem Gertboard sind sechs Open-Collector-Ausgänge verfügbar. Diese werden durch IC *ULN2803A* realisiert. Dank dieses Darlington-Arrays ist es möglich, Spannungen von bis zu 50 V mit einer Strombelastung von 500 mA pro Ausgang zu schalten. Eine detaillierte Beschreibung des ULN2803A samt Beschaltungs- und Verwendungsbeispielen finden Sie in Abschnitt 13.1, »Leuchtdioden (LEDs)«.

In diesem Abschnitt erstellen wir eine kleine Schaltung, die es ermöglicht, externe Spannungen mit dem Gertboard zu schalten. Stellen Sie dazu mit einem Jumper-Kabel folgende Verbindung auf dem Gertboard her:

- J2-GP7 zu J4-RLY1

Damit kann nun bereits über GPIO 7 der Port 1 des ULN2803A geschaltet werden. In unserem Beispiel schalten wir eine LED über ein externes Netzteil. Dazu wird J12-RLY1 mit der Kathode der LED verbunden. Ein externes Netzteil versorgt die LED an der Anode sowie J6-RPWR auf dem Gertboard mit der externen Spannung. Empfehlenswert für dieses Beispiel sind 3 bis 5 V. J6-GND wird mit der Masse des Netzteils verbunden (siehe Abbildung 16.7).

Jetzt fehlt nur noch das dazugehörende Programm: Sofern Sie die Anschlüsse wie oben beschrieben vorgenommen haben, können Sie den Python-Code aus dem Beispiel in Abschnitt 13.1, »Leuchtdioden (LEDs)«, unverändert übernehmen.

Der Motortreiber

Neben dem ULN2803A kann auch der integrierte Motortreiber BD6222HFP größere Lasten schalten. Den Motortreiber finden Sie physisch in dem mit U7 markierten Gebiet auf dem Gertboard. In der Platinenversion *21. Oct. 2012* des Gertboards ist der oben genannte BD6222HFP als Treiber verbaut. Die Vorgängerversion verwendete den L6203. In der Bedienung macht sich dies nicht bemerkbar, wohl aber bei den maximal zulässigen Spannungen und Strömen: Der BD6222HFP kann mit 18 V und maximal 2 A an seinen Motorausgängen umgehen. Der alte L6203 konnte aufgrund seiner größeren Bauform sogar Spannungen bis 48 V und Ströme bis 5 A schalten.

Angesteuert wird der Motortreiber lediglich über zwei Pins: *MOTA* und *MOTB* in der Pin-Leiste J5. Die Ausgänge des Treibers sind als Schraubanschlüsse neben der Sicherung ausgeführt. Die 2-A-Feinsicherung sorgt für den Schutz vor Überstrom am Treiberausgang. Zudem hat der BD6222HFP einen internen Überhitzungsschutz. Lesen Sie dazu gegebenenfalls vorab Abschnitt 13.3, »Elektromotoren«!

Abbildung 16.7 Eine LED wird über ein externes Netzteil am ULN2803A des Gertboards betrieben

Um den Motortreiber auszuprobieren, benötigen wir ein externes Netzteil, das die Motorbetriebsspannung liefert, sowie einen Gleichstrommotor. Die Drehrichtung des Motors bestimmen Sie über die Taster S1 und S3 auf dem Gertboard. Stellen Sie mit den Jumper-Kabeln die beiden folgenden Verbindungen her:

- J2-GP17 zu J5-MOTA
- J2-GP18 zu J5-MOTB
- J3-B1 zu J2-GP23
- J3-B2 zu J2-GP24

Die Schraubklemmen in J19 belegen Sie wie folgt (siehe Abbildung 16.8):

- GND mit der Masse des Netzteils
- MOT+ mit dem Pluspol des Netzteils
- MOTA mit Motorleitung 1
- MOTB mit Motorleitung 2

Abbildung 16.8 Verkabelung des Gertboards zur Nutzung des Motortreibers und der Taster

Warnung

Bei unseren Experimenten mit dem Motortreiber auf dem Gertboard haben wir einen Treiber zerstört – und das trotz sachgemäßer Verkabelung und Handhabung. Der Schaden zeigte sich durch einen Kurzschluss zwischen MOT+ und GND der Schraubklemme auf dem Gertboard. Wie die Diskussion im Raspberry-Pi-Forum zeigt, scheint dies kein Einzelfall zu sein:

http://www.raspberrypi.org/forums/viewtopic.php?f=42&t=38188

Im dazugehörenden Python-Programm werden die beiden Eingänge für die Taster (b1 und b2) mit einem internen Pull-up-Widerstand versehen. Die Pins in den Variablen mota und motb werden als Ausgang definiert, da diese den Motortreiber ansteuern.

Wir nutzen in diesem Programm Interrupts zur Flankenerkennung: Die Eingänge b1 und b2 werden auf steigende sowie fallende Flanken überwacht. Die Callback-Funktionen mot_v und mot_z unterscheiden anhand der if-Abfrage, ob für den Pin eine positive oder negative Flanke vorlag.

Was erwartet Sie nach dem Start des Programms? Drücken Sie den Taster S1, so dreht der Motor in eine Richtung. Lassen Sie den Taster los, so bleibt er stehen. Ebenso gilt dies für den Taster S2 in die entgegengesetzte Richtung.

```
#!/usr/bin/python3
import RPi.GPIO as GPIO
import time
mota = 17
motb = 18
b1 = 23
b2 = 24
GPIO.setmode(GPIO.BCM)
GPIO.setup(b1, GPIO.IN, pull_up_down=GPIO.PUD_UP)
GPIO.setup(b2, GPIO.IN, pull_up_down=GPIO.PUD_UP)
GPIO.setup(mota, GPIO.OUT)
GPIO.setup(motb, GPIO.OUT)

def mot_v( pin ):
    if GPIO.input(pin) == False:
        GPIO.output(mota, GPIO.HIGH)
        GPIO.output(motb, GPIO.LOW)
    else:
        GPIO.output(mota, GPIO.LOW)
        GPIO.output(motb, GPIO.LOW)
    return

def mot_z( pin ):
    if GPIO.input(pin) == False:
        GPIO.output(mota, GPIO.LOW)
        GPIO.output(motb, GPIO.HIGH)
    else:
        GPIO.output(mota, GPIO.LOW)
        GPIO.output(motb, GPIO.LOW)

GPIO.add_event_detect(b1, GPIO.BOTH, bouncetime=50)
GPIO.add_event_callback(b1, mot_v)
```

```
GPIO.add_event_detect(b2, GPIO.BOTH, bouncetime=50)
GPIO.add_event_callback(b2, mot_z)

try:
  while True:
    time.sleep(5)
except KeyboardInterrupt:
  GPIO.cleanup()
  sys.exit()
```

Motorgeschwindigkeit steuern

Um auch die Motorgeschwindigkeit zu steuern, generieren Sie an den Motortreibereingängen MOTA und MOTB ein PWM-Signal. Eine entsprechende Anleitung finden Sie in Abschnitt 13.3, »Elektromotoren«.

Der Analog/Digital-Wandler

Als A/D-Wandler ist der MCP3002 im Gertboard verbaut. Dieses SPI-Bauteil stammt aus der gleichen Familie wie der in Abschnitt 14.2 vorgestellte MCP3008. Der MCP3002 jedoch ist nur ein Dual-Channel-ADC, also ein A/D-Wandler mit zwei Kanälen, während der MCP3008 gleich über acht Kanäle verfügt. Beide Bausteine haben eine Auflösung von 10 Bit. Um den ADC des Gertboards zu nutzen, stellen Sie folgende Jumper-Verbindungen her:

- J2-GP11 zu J11-SCLK
- J2-GP10 zu J11-MOSI
- J2-GP9 zu J11-MISO
- J2-GP8 zu J11-CSnA

Auf der Pin-Leiste J28 am linken oberen Rand des Gertboards finden Sie die Pins *AD0* und *AD1*. Dies sind die beiden Kanäle des MCP3002. Die darunterliegenden Pins *DA0* und *DA1* gehören zum D/A-Wandler, der im nächsten Abschnitt behandelt wird.

Zum Ausprobieren des A/D-Wandlers benötigen Sie ein Potenziometer. Wir haben ein Modell mit einer Reichweite von 0 Ω bis 1 kΩ verwendet. Das Potenziometer schließen Sie nun wie folgt an das Gertboard an (siehe Abbildung 16.9):

- Pin 1 an den rechten Pin von J28-AD0 (GND)
- Pin 2, also den Schleifer des Potis, an den linken Pin von J28-AD0
- Pin 3 an 3,3 V (ganz oben links auf dem Gertboard)

Denken Sie daran, dass Sie für dieses und das nächste Kapitel die SPI-Schnittstelle auf dem Raspberry Pi freischalten müssen (siehe Abschnitt 14.2, »Der Analog-/Digitalwandler MCP3008«). Auch den Steuerungscode können Sie aus diesem Abschnitt übernehmen. Einige Details müssen allerdings verändert werden: Da im Gertboard ein A/D-Wandler sowie ein D/A-Wandler verbaut sind, die *beide* über die SPI-Schnittstelle verbunden sind, sind zwei SPI-Kanäle in Verwendung. Der hier verwendete A/D-Wandler liegt an SPI-Kanal 0, der D/A-Wandler an Kanal 1. Dies führt zu folgender Konfiguration für das Beispielprogramm:

```
spi.open(0,0)
```

Das vollständige Programm für ein Poti an AD0 sieht wie folgt aus:

```
#!/usr/bin/python3
import spidev
import time

spi = spidev.SpiDev()
spi.open(0, 0)
while True:
    antwort = spi.xfer([1, 128, 0])
    if 0 <= antwort[1] <=3:
        wert = ((antwort[1] * 256) + antwort[2]) * 0.00322
        print(wert, " V")
        time.sleep(1)
```

Abbildung 16.9 Jumper-Positionen und Poti zur Nutzung des A/D-Wandlers

Wenn Sie den Kanal DA1 verwenden möchten, müssen Sie die Konfigurationsbits gemäß dem Datenblatt anpassen:

http://ww1.microchip.com/downloads/en/DeviceDoc/21294E.pdf

Für das Beispielprogramm heißt das, dass der Funktion `xfer` folgende Parameter mitgegeben werden müssen:

```
spi.xfer([1, 192, 0])
```

Der Digital-/Analogwandler

Als D/A-Wandler ist im Gertboard je nach Verfügbarkeit ein Baustein aus der MCP48XX-Familie verbaut, also beispielsweise ein MCP4822, MCP4812 oder ein MCP4802. Unser Gertboard enthielt einen MCP4802. Prüfen Sie dies anhand der Bauteilbeschriftung des ICs in dem mit *U10* markierten Gebiet (siehe Abbildung 16.10). Die Bauteile unterscheiden sich durch ihre Auflösung, die beim MCP4802 8 Bit, beim MCP4812 10 Bit und beim MCP4822 12 Bit beträgt.

Alle drei möglicherweise verbauten Bausteine besitzen zwei Ausgangskanäle. Eine grundsätzliche Einführung in die Funktionen des D/A-Wandlers finden Sie in Abschnitt 14.3, »Der Digital-/Analogwandler MCP4811«. Der dort verwendete MCP4811 hat allerdings nur einen Kanal. Dennoch ist die Handhabung gut übertragbar, insbesondere was die Berechnung der Auflösung und die Steuerung der verschiedenen Betriebsmodi betrifft.

16

Abbildung 16.10 Auf unserem Gertboard ist ein MCP4802 verbaut. Das ist an der Beschriftung im Gebiet U10 zu erkennen.

Um den Zugriff auf den D/A-Wandler zu ermöglichen, sind die Jumper wie folgt zu setzen:

- J2-GP11 zu J11-SCLK
- J2-GP10 zu J11-MOSI
- J2-GP9 zu J11-MISO
- J2-GP7 zu J11-CSnB

Die erzeugte Analogspannung wird an J28-DA0 respektive DA1 ausgegeben. Um die Funktion des folgenden Python-Programms zu verifizieren, schließen Sie an den beiden Pins von DA0 ein Multimeter zur Spannungsmessung an. Der Code entspricht weitgehend dem Beispiel aus Abschnitt 14.3, »Der Digital-/Analogwandler MCP4811«. Beachten Sie aber, dass wir mit `spi.open(0, 1)` den SPI-Kanal 1 ansprechen, um den D/A-Wandler des Gertboards anzusprechen. Damit ergibt sich der folgende Python-Code:

```
#!/usr/bin/python3
import spidev
import time
import RPi.GPIO as GPIO

ce = 7
GPIO.setmode(GPIO.BCM)
GPIO.setup(ce, GPIO.OUT)
spi = spidev.SpiDev()
spi.open(0,1)

GPIO.output(ce, True)
GPIO.output(ce, False)
spi.writebytes([0b10110001 , 0b00000000])
GPIO.output(ce, True)
```

Beachten Sie die Zeile `spi.writebytes([0b10110001, ..])`: Das erste Bit der Bitfolge, also das höchstwertige, ist in diesem Fall eine 1. Damit wird der Ausgang DA1 auf dem Gertboard angesprochen. DA0 erreichen Sie, wenn Sie das erste Bit in eine 0 abändern. Das ist ein Unterschied zum MCP4811, der hier zwingend eine 0 benötigte, da er nur einen Kanal besitzt.

Nach dem Start des Programms zeigt Ihnen Ihr Multimeter eine Spannung an. Die effektive Ausgangsspannung müssen Sie individuell für den auf Ihrem Gertboard verbauten D/A-Wandler errechnen (siehe Tabelle 16.1). Das komplette Datenblatt der MCP48X2-Familie finden Sie hier:

http://ww1.microchip.com/downloads/en/DeviceDoc/22249A.pdf

Modell	Verstärkungsfaktor	LSB-Größe
MCP4802 (n=8)	1×	2,048 V / 256 = 8 mV
	2×	4,096 V / 256 = 16 mV
MCP4812 (n=10)	1×	2,048 V / 1024 = 2 mV
	2×	4,096 V / 1024 = 4 mV
MCP4822 (n=12)	1×	2,048 V / 4096 = 0,5 mV
	2×	4,096 V / 4096 = 1 mV

Tabelle 16.1 Schrittweiten der MCP48X2-Familie. Der MCP3002 hat beispielsweise eine Schrittweite von 8 mV ohne aktivierten Gain-Modus (Verstärkungsfaktor). (Quelle: Datenblatt des Herstellers)

16.2 Der ATmega auf dem Gertboard

Neben den im vorigen Abschnitt beschriebenen Hardware-Funktionen ermöglicht das Gertboard auch die Nutzung eines Arduino-kompatiblen Mikrocontrollers. Das Gertboard enthält dazu einen vormontierten ATmega168- oder ATmega328-Mikrocontroller. Dadurch können Sie Arduino-Programme auf den Mikrocontroller laden und ausführen. Der auf unserem Gertboard verbaute ATmega328P hat 2 kByte RAM, einen Flash-Speicher von 32 kByte und arbeitet aufgrund der 3,3-V-Versorgungsspannung mit ca. 12 MHz.

Im Gertboard-Handbuch sind einige Beispielprogramme samt Verkabelung beschrieben. Eines davon nehmen wir in diesem Abschnitt als Beispiel und gehen detailliert auf die Hard- und Software-Installationen ein, die hierfür erforderlich sind. Die Pins des ATmega sind in der Leiste *J23* aufgeführt (siehe Abbildung 16.12).

Wenn Sie den vollen Umfang der Mikrocontroller-Funktionen nutzen möchten, führt kein Weg an der Lektüre des Datenblatts des ATmega vorbei:

http://www.atmel.com/Images/doc8161.pdf

Hello World!

Als *Hello-World*-Projekt nutzen wir das Arduino-Programm *Blink*. Dieses lässt eine einfache LED auf dem Gertboard blinken, gesteuert allerdings durch den ATmega-Mikrocontroller. Denken Sie dieses Prinzip weiter, so kann der ATmega zahlreiche Aufgaben für Sie erledigen und den Raspberry Pi so entlasten. Zu den Einsatzmöglichkeiten zählen unter anderem:

- Analogwertverarbeitung
- Timer
- Counter
- Speichern von Zuständen im EEPROM
- Porterweiterung
- allgemeine Logikverarbeitung

Für unser Beispielprojekt beginnen wir mit der Verkabelung. Diese ist nur einmalig notwendig, um das Mikrocontroller-Programm über SPI vom Raspberry Pi auf den ATmega zu laden. Danach können bei Bedarf Leitungen entfernt werden.

Sie benötigen vier Jumper-Kabel, mit denen Sie die Verbindungen von der Leiste *J2* zur Leiste *J23* herstellen (siehe Abbildung 16.11). Die Pins der SPI-Schnittstelle sind leider nicht beschriftet – orientieren Sie sich also am Schaltplan und an dem Foto des Versuchsaufbaus (siehe Abbildung 16.12).

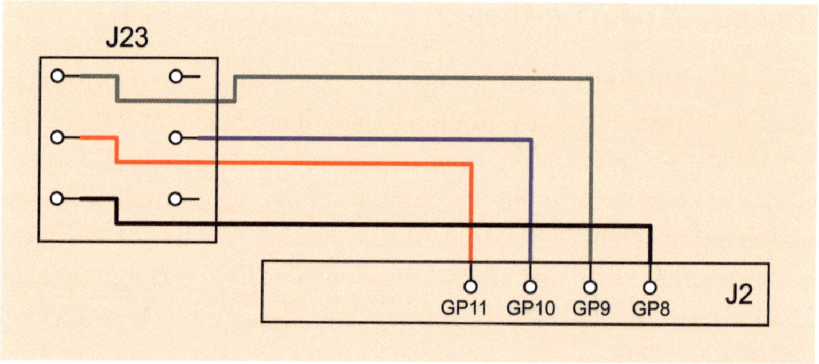

Abbildung 16.11 Schematische Darstellung der erforderlichen Gertboard-Verbindungen zur Programmierung des ATmega

Für unser Beispiel benötigen Sie außerdem ein Jumper-Kabel von J29-PB5 auf BUF1 in der darüberliegenden Leiste. Dieses Kabel verbindet einen Ausgang des ATmega mit der LED D1.

Stromversorgung für den Mikrocontroller

Setzen Sie im letzten Schritt einen Jumper auf die oberen beiden Pins der 3-Pin-Leiste J7. Dies versorgt die Bauteile auf dem Board mit einer 3,3-V-Spannung. Dieser Jumper wird im Gertboard-Handbuch nicht in den Schaltplänen dargestellt. Ohne die Verbindung schlägt aber jeder Programmierversuch fehl!

Abbildung 16.12 Die vier nötigen Leitungen von der SPI-Schnittstelle des Raspberry Pi zum ATmega. Der Mikrocontroller ist ganz links im Bild zu sehen.

avrdude

Zur Übertragung von Mikrocontroller-Code vom Raspberry Pi auf den Mikrocontroller des Gertboards ist ein spezielles Programm notwendig. Es wurde von Gordon Henderson entwickelt, dem die Raspberry-Pi-Community auch die WiringPi-Bibliothek zu verdanken hat:

https://projects.drogon.net/raspberry-pi/gertboard

Zur Installation führen Sie die folgenden Kommandos aus:

```
cd /tmp
wget http://project-downloads.drogon.net/gertboard/\
      avrdude_5.10-4_armhf.deb
sudo dpkg -i avrdude_5.10-4_armhf.deb
sudo chmod 4755 /usr/bin/avrdude
```

Im nächsten Schritt werden einige Einstellungen am System vorgenommen sowie ein paar Gertboard-spezifische Parameter im Arduino-IDE angepasst. Eine detaillierte Beschreibung aller Änderungen, die das Script `setup.sh` ausführt, finden Sie auf der oben erwähnten Webseite von Gordon Henderson.

```
cd /tmp
wget http://project-downloads.drogon.net/gertboard/setup.sh
chmod +x setup.sh
sudo ./setup.sh
```

Führen Sie nun mit `reboot` einen Neustart des Raspberry Pi durch. Sobald Sie sich wieder angemeldet haben, führen Sie das Kommando `avrsetup` aus:

```
avrsetup
```

Nun werden Sie nach Ihrem ATmega-Modell gefragt. Prüfen Sie die Bauteilbeschriftung, und drücken Sie [1] für ATmega328P oder [2] für ATmega168. Dem Mikrocontroller werden nun einige Parameter für den weiteren Betrieb übermittelt. Sollte die daraufhin erscheinende Meldung mit *Looks all OK - Happy ATmega programming!* enden, so ist die Einrichtung des Mikrocontrollers geglückt und Sie können mit der Programmierung beginnen.

Die Arduino-IDE

Nach diesen Vorbereitungsarbeiten erfolgt die eigentliche Mikrocontroller-Programmierung in der Arduino-IDE, also einer grafischen Entwicklungsumgebung. Diese installieren Sie wie folgt:

```
sudo apt-get install arduino
```

Da es sich hierbei um ein grafisches Programm handelt, müssen Sie spätestens jetzt einen Monitor an den Raspberry Pi anschließen oder eine VNC-Verbindung herstellen. Rufen Sie ELEKTRONIK • ARDUINO IDE im Startmenü Ihres Desktops auf. Nach dem ersten Start müssen Sie einmalig zwei Einstellungen vornehmen:

- Navigieren Sie zu TOOLS • BOARD, und aktivieren Sie den Eintrag GERTBOARD WITH ATMEGA328 (GPIO) beziehungsweise GERTBOARD WITH ATMEGA328 (GPIO) (siehe Abbildung 16.13).
- Außerdem wählen Sie unter TOOLS • PROGRAMMER den Eintrag RASPBERRY PI GPIO als Programmierschnittstelle aus (siehe Abbildung 16.14).

Nun öffnen Sie mit DATEI • BEISPIELE • 01 BASICS • BLINK das fertige Blink-Beispielprogramm. Sie sehen den C-Programmcode in einem neuen Fenster und können diesen gegebenenfalls verändern. Dieses Beispiel funktioniert so, wie es ist, daher können Sie direkt mit dem Upload fortfahren. Wählen Sie nun im neuen Fenster DATEI • UPLOAD MIT PROGRAMMER, um das kompilierte Programm mit dem speziellen Raspberry-Pi-Uploader auf den Mikrocontroller zu übertragen (siehe Abbildung 16.15).

Erscheint keine Fehlermeldung im unteren Bereich des Fensters, so ist die Übertragung abgeschlossen. Die LED auf dem Gertboard blinkt nun.

Werfen Sie einen Blick in das englische Handbuch des Gertboard! Dort sind einige weitere Beispielprogramme beschrieben. Dort finden Sie auch eine Menge Informationen zur Pin-Belegung sowie zu den Unterschieden in den Pin-Bezeichnungen zwischen dem Arduino und der Mikrocontroller-Programmierung auf dem Gertboard:

http://www.element14.com/community/servlet/JiveServlet/previewBody/51727-102-1-265829/Gertboard_UM_with_python.pdf

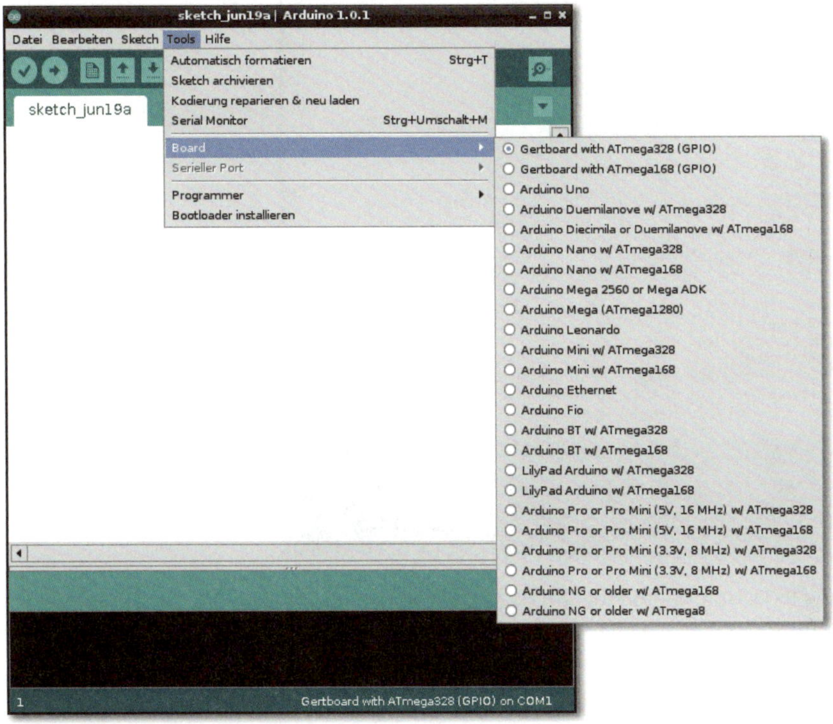

Abbildung 16.13 Auswahl des verwendeten Mikrocontrollers

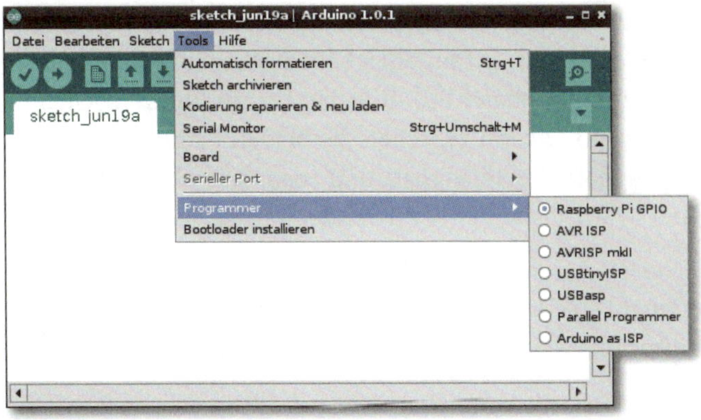

Abbildung 16.14 Wahl der Programmierschnittstelle

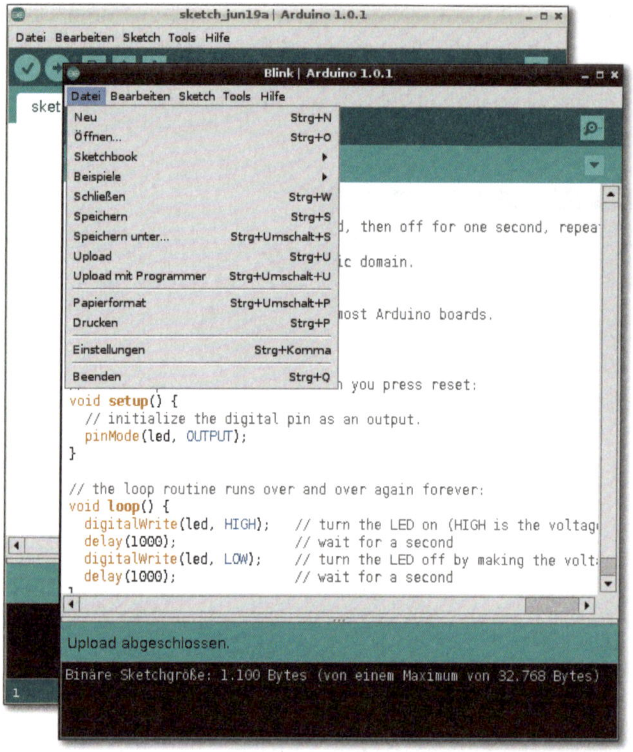

Abbildung 16.15 Upload des Programms auf den ATmega

16.3 Logic-Level-Converter

Nicht direkt eine Raspberry-Pi-Erweiterung, aber ein sehr nützlicher kleiner Helfer ist ein Logic-Level-Converter, zu Deutsch: Pegelwandler. Diese kleinen Module erleichtern die Kommunikation mit Plattformen unterschiedlicher TTL-Spannungslevel ungemein. Ein Arduino zum Beispiel führt an allen seinen Ausgangs-Pins 5 V. Ein direktes Signal vom Arduino zum Raspberry Pi würde das Aus für unseren geliebten Mini-PC bedeuten. Ein Pegelwandler kann zwischen die beiden Platinen geschaltet werden und wandelt so 5-V-Signale in 3,3-V-Signale und sogar umgekehrt um. Auch einige 5-V-Sensoren können so am Raspberry Pi verwendet werden.

Wir nutzen den 4-Kanal-Konverter von Adafruit. Dieser trägt den Namen *Adafruit 4-channel I2C-safe Bi-directional Logic Level Converter - BSS138* und unterstützt sogar die I^2C- und SPI-Kommunikation zweier Systeme mit unterschiedlichen Spannungspegeln.

Die Verwendung eines Pegelwandlers ist denkbar einfach. Das kleine Board besitzt eine *Low-Volt*-Seite und eine *High-Volt*-Seite. Jede Seite besitzt einen LV- beziehungsweise HV-Pin, der mit dem jeweiligen Spannungspegel der verwendeten Hardware verbunden wird.

Im Beispiel »Raspberry Pi und Arduino«, schließen Sie die 3,3 V des Raspberry Pi an LV und die 5 V des Arduino an HV an. Sehr praktisch: Die HV-Seite des Moduls kann bis zu 10 V vertragen. Die beiden GND-Pins verbinden Sie mit den Massen ihrer Geräte.

Wenn Sie nun an einen der mit A1–A4 markierten Pins einen GPIO-Pin des Raspberry Pi anschließen und auf High schalten, so führt der gegenüberliegende Pin (mit B1–B4 markiert) einen 5-V-Pegel.

Das von uns verwendete Modell ist bidirektional. Das bedeutet, dass im Umkehrschluss ein 5-V- bis 10-V-Pegel an einem Pin der HV-Seite 3,3 V auf der LV-Seite erzeugt. Somit ist eine gefahrlose Kommunikation zwischen dem Raspberry Pi und anderen Einplatinencomputern möglich (siehe Abbildung 16.16).

Abbildung 16.16 Ein Logic-Level-Converter wandelt die 3,3 V eines GPIO-Pins in 5 V um.

16.4 RasPiComm

Das RasPiComm ist eines der kleineren Erweiterungsboards für den Raspberry Pi. Der Hersteller *Amescon* bietet auf seiner Webseite Bezugsquellen, Software, Support und einige Beispielprogramme an:

http://www.amescon.com

Das RasPiComm ist eine kleine Platine, die auf die GPIO-Pin-Leiste gesteckt wird (siehe Abbildung 16.17). Entwickelt wurde sie für Modelle mit 26-poliger Stiftleiste. RasPiComm ist jedoch auch direkt kompatibel mit dem Raspberry Pi 2 (siehe Abbildung 16.18). Einmal montiert und eingerichtet, bietet es folgende Features:

- eine RS-485-Schnittstelle
- eine RS-232-Schnittstelle
- eine Echtzeituhr mit Batterie
- einen I^2C-Steckverbinder
- zwei 5-V-Ausgänge
- einen 5-Wege-Joystick

Abbildung 16.17 Das auf das Modell B gesteckte RasPiComm

Abbildung 16.18 Das RasPiComm auf dem Modell 2

Nach dem Aufstecken des Boards laden Sie das Einrichtungs-Script des Herstellers herunter und führen es aus:

```
wget http://downloads.amescon.com/rpc_setup.sh
chmod +x ./rpc_setup.sh
sudo ./rpc_setup.sh
```

Dabei erscheint ein kleines Auswahlmenü, in dem der Revisionsstand des Raspberry Pi ausgewählt werden muss. Zudem können Sie alle Änderungen über dieses Menü wieder rückgängig machen. Nach einem Neustart des Raspberry Pi können die Funktionen des RasPiComm genutzt werden.

Der Joystick und die 5-V-Ausgänge

Die Taster des Joysticks sind mit fünf GPIO-Ports verbunden (siehe Tabelle 16.2). Die Richtungsangaben gelten aus der Aufnahmeperspektive der beiden obigen Fotos.

GPIO (BCM)	Richtung
4	unten
22	herunterdrücken
23	links
24	oben
25	rechts

Tabelle 16.2 Die Richtungen des Joysticks an den GPIO-Ports

Links neben dem Joystick befindet sich eine nicht bestückte 4-Pin-Leiste mit der Beschriftung *out*. Dabei handelt es sich um zwei Ausgänge mit jeweils einem GND-Anschluss. Sind die Ausgänge aktiviert, so schalten diese 5 V und können mit maximal 100 mA belastet werden. Laut Hersteller können z. B. 5-V-Relais direkt angeschlossen werden, da bereits Schutzdioden im RasPiComm integriert sind. Die Ausgänge sind auf die GPIO-Ports BCM 18 und BCM 21 gelegt.

Die Echtzeituhr

Die integrierte Hardware-Echtzeituhr verspricht eine Laufzeit von circa zehn Jahren. Auch diese Uhr wird über das Einrichtungs-Script eingebunden. Eine detaillierte Anleitung, wie Sie die Uhr stellen und auslesen, finden Sie in Abschnitt 15.10, »Hardware Real Time Clock«.

Die Schnittstellen

Die RS-485-Schnittstelle wird über den mittleren Block der schwarzen Schraubklemmen angeschlossen. Sie verspricht eine Baudrate von bis zu 230.400 Baud. In Linux ist die Schnittstelle unter `/dev/ttyRPC0` anzusprechen. Sie können diese Schnittstelle z. B. für spezielle Schrittmotoren mit RS-485-Elektronik nutzen.

Der untere Dreierblock der Schraubklemmen führt die RS232-Schnittstelle mit den Anschlüssen TX, RX und GND aus. Damit sind Geschwindigkeiten bis zu 115.200 Baud möglich. Nutzen können Sie diese Schnittstelle für die Kommunikation mit dem PC oder einem Mikrocontroller, beispielsweise mittels `minicom` (siehe Abschnitt 14.5, »UART«).

Der Schraubklemmenzweierblock, der auf den Fotos jeweils links oben zu sehen ist (siehe Abbildung 16.17 und Abbildung 16.18), beinhaltet je einen Anschluss für 5 V und GND. Wird der Raspberry Pi über die Mini-USB-Buchse versorgt, so liegen hier auch 5 V an. Umgekehrt kann der Raspberry Pi auch über diese beiden Klemmen mit seiner Betriebsspannung versorgt werden.

Die I^2C-Pins können über eine 2×4-Buchsenleiste genutzt werden. Die SPI-Schnittstelle ist als unbestücktes Lochraster ausgeführt. Anwendungsbeispiele finden Sie im offiziellen Forum oder im GitHub-Repository:

https://github.com/amescon/rpc-python-examples
http://www.amescon.com/de/forum.aspx

16.5 PiFace Digital 2

Das *PiFace Digital 2* ist ein kleines Erweiterungsboard für digitale Ein- und Ausgänge (siehe Abbildung 16.19). Es legt den Fokus auf das sichere Basteln mit externer Peripherie. Durch die vielen Schraub- und Steckverbinder kann auch der Lötkolben kalt bleiben und die gewünschte Hardware kinderleicht an das PiFace Digital angeschlossen werden. Das PiFace Digital 2 ist der Nachfolger des ersten Modells und wurde für das Layout des Raspberry Pi 2 sowie für die Modelle A+ und B+ angepasst. Neben ein paar kleinen Änderungen im Layout der PiFace-Platine selbst ist die größte Neuerung der nun 40-polige Verbindungsstecker. Die Anzahl der Ein- und Ausgänge hat sich nicht geändert.

Falls Sie ein PiFace Digital der ersten Generation besitzen, können Sie dieses auch noch auf dem Raspberry Pi 2 verwenden. Nutzen Sie dazu einen Stacking-Header und kleine Kunststoff-Abstandshalter, damit die Platine sicher aufliegt. Da die ersten sechsundzwanzig Pins der alten Modelle dem neuen Modell 2 gleichen, sind keine Kompatibilitätsprobleme zu erwarten.

Abbildung 16.19 Das alte PiFace Digital auf dem Raspberry Pi B

Abbildung 16.20 Das PiFace Digital 2 auf dem Raspberry Pi 2

Kaufinformationen, weiterführende Informationen und Herstellerhinweise sind auf der offiziellen Website zu finden:

http://www.piface.org.uk/products/piface_digital

Das PiFace Digital bietet folgende technische Merkmale:

- zwei Wechslerrelais für maximal 20 V und 5 A
- vier Druckknöpfe, die als Signaleingang dienen
- acht frei belegbare digitale Eingänge
- acht Open-Collector-Ausgänge mit acht Status-LEDs
- einen grafischen Emulator des PiFace

Als Treiber-ICs sind ein MCP23S17 und ein ULN2803 verbaut. Die Installation erfolgt durch Aufstecken des Erweiterungsboards auf die GPIO-Steckerleiste. Das Board bedeckt den kompletten Raspberry Pi und enthält Aussparungen für die USB- und LAN-Buchsen.

Nach dem Aufstecken installieren Sie die dazugehörende Software. Diese beinhaltet unter anderem einen Emulator, auf den wir gleich eingehen, sowie eine Python-Bibliothek, die den Umgang mit den Ein- und Ausgängen sehr komfortabel gestaltet.

```
sudo apt-get install python3-pifacedigital-emulator
```

Ob die Installation erfolgreich verlaufen ist, testen Sie mit einem einfachen Beispielprogramm. Dazu führen Sie den nachfolgenden Befehl aus und achten auf die LEDs des PiFace:

```
python /usr/share/doc/python-pifacedigitalio/examples/blink.py
```

Sollte eine von ihnen nun blinken, ist alles in Ordnung. Andernfalls sollten Sie als Erstes überprüfen, ob Sie SPI aktiviert haben (siehe Abschnitt 14.1, »SPI«).

Der PiFace Digital Emulator

Der PiFace-Emulator mit dem Kommandonamen `pifacedigital-emulator` stellt das PiFace-Board auf dem Bildschirm dar und zeigt Eingangssignale und Tastendrücke an (siehe Abbildung 16.21). Zudem können Sie über Schaltflächen die Ausgänge des PiFace kontrollieren.

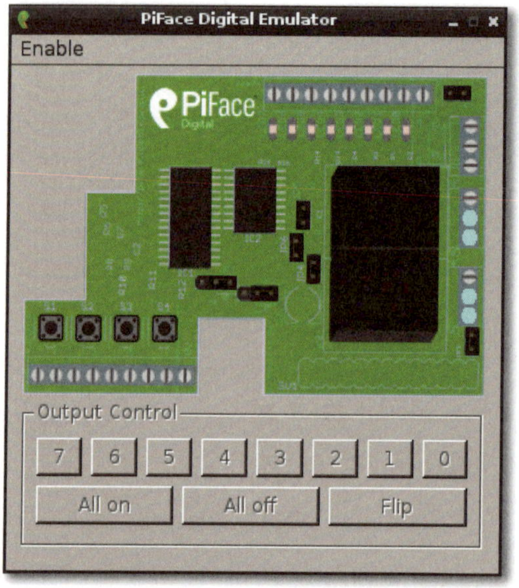

Abbildung 16.21 Das Emulations-Tool für PiFace Digital

Zum Ausprobieren aktivieren Sie über den Menüpunkt ENABLE die beiden Funktionen OUTPUT CONTROL und INPUT PULLUPS. Nun drücken Sie einige der kleinen Taster auf dem PiFace-Board. Im Emulator sehen Sie, welcher Taster betätigt wurde. Wenn Sie mit der Maus eine der nummerierten Schaltflächen anklicken, so leuchtet am PiFace-Board die LED des entsprechenden Ausgangs. Der Ausgang ist also geschaltet. Die Relais sind den Ausgängen 0 und 1 zugeordnet. Klicken Sie auf diese beiden Schaltflächen, so hören Sie die Relais klacken.

Die PiFace-Bibliothek

Mit dem zuvor installierten Paket wurde eine bedienerfreundliche Python-Library installiert. Da im PiFace Digital mit dem MCP23S17 ein Portexpander verbaut ist, würde sich die Handhabung des Boards ohne passende Bibliothek recht schwierig gestalten. Der MCP23S17 gleicht dem MCP23017, verwendet zur Kommunikation jedoch SPI statt I^2C. Die Python-Bibliothek verpackt die SPI-Kommunikation in praktische Funktionen. Damit kann das PiFace Digital ähnlich komfortabel wie mit dem RPi.GPIO-Modul gesteuert werden.

Geladen wird die Bibliothek mit `import pifacedigitalio`. Um die Funktionen noch bequemer aufzurufen, geben Sie dem Ganzen noch einen kürzeren Namen. Importieren Sie die PiFace-Bibliothek z. B. als `pf`:


```
import pifacedigitalio as pf
```

Nach der Initialisierung durch `pf.init()` können die weiteren Funktionen verwendet werden. Wir beschreiben die Handhabung hier an einem kleinen Beispiel: Unser Ziel ist es, den Status der Taste *S1* auszulesen und das Relais *K0* entsprechend zu steuern. Sobald der Taster *S1* betätigt wird, zieht das Relais *K0* an; lassen Sie *S1* los, fällt auch das Relais wieder ab.

```
#!/usr/bin/python3
import pifacedigitalio as pf
from time import sleep

pf.init()
while True:
    if pf.digital_read(0):
        pf.digital_write(0, 1)
    else:
        pf.digital_write(0, 0)
    sleep(0.1)
```

Das Beispiel zeigt die grundlegende Handhabung der Bibliothek. Das Auslesen der Eingänge geschieht über `pf.digital_read(0)`. In diesem Fall wird der Status von Eingang 0 abgefragt. Ersetzen Sie die 0 durch einen Wert von 0 bis 7 für die entsprechenden acht Eingänge. Die Ausgabe der Funktion ist bei anliegendem Signal *1*, bei keinem Signal *0*. Dies kann auch einfach kontrolliert werden:

```
print pf.digital_read(0)
```

Die vier Onboard-Taster liegen an den Eingängen 0 bis 3 parallel. Damit können weiterhin externe Signale an diese Eingänge angeklemmt werden. Werden nun aber die Taster betätigt, wird das externe Signal womöglich überstimmt.

Das Schalten der Ausgänge erfolgt nach dem gleichen Schema. Die folgende Funktion setzt den Ausgang 0 von Low auf High:

```
pf.digital_write(0,1)
```

Der erste Übergabeparameter bestimmt den Ausgang (Wertebereich 0 bis 7), der zweite Parameter definiert den gewünschten Status: 1 für High, 0 für Low.

Die beiden Relais sind an den Ausgängen 0 und 1 parallel geschaltet. Trotzdem ist es möglich, die Ausgänge 0 und 1 der gelben Schraubklemmenleiste zu verwenden. Wichtig zu wissen ist, dass die acht Ausgänge kein Signal ausgeben, sondern im angesteuerten Zustand gegen Masse schalten. Die darüberliegenden LEDs zeigen immer den Schaltzustand der Ausgänge an.

Interrupts und Events in der PiFace-Bibliothek

Da alle Ein- und Ausgänge des PiFace durch SPI gesteuert werden, können die gewohnten Event- und Interrupt-Funktionen zur Überwachung eines Eingangs nicht verwendet werden. Aber auch hierfür hat die PiFace-Bibliothek eine hauseigene Lösung parat: Das folgende Python-Programm überwacht CPU-schonend die Eingänge 0 und 3, also die Taster *S1* und *S4*.

```
#!/usr/bin/python3
import pifacedigitalio as pf
import sys, time
pf.init()
pfc = pf.PiFaceDigital()

def an(event):
    pf.digital_write(0, 1)

def aus(event):
        pf.digital_write(0,0)

listener = pf.InputEventListener(chip=pfc)
listener.register(0, pf.IODIR_FALLING_EDGE, an)
listener.register(3, pf.IODIR_RISING_EDGE, aus)
listener.activate()
```

```
try:
    while True:
        time.sleep(5)
except KeyboardInterrupt:
    listener.deactivate()
    sys.exit()
```

In der aktuellen Version der PiFace-Bibliothek sind die Flanken genau entgegengesetzt zu verwenden. Ein Tasterdruck erzeugt eine fallende Flanke, das Loslassen eine steigende. Damit funktioniert das Programm wie folgt: Drücken Sie den Taster *S1*, so zieht das Relais *K0* an. Um das Relais zurückzusetzen, drücken Sie den Taster *S4* und lassen ihn wieder los. Beim Loslassen fällt das Relais wieder ab. Damit haben Sie beide möglichen Flanken durch Python erfasst.

PiFace Rack und die Jumper

Der PiFace-Hersteller bietet auch ein *PiFace Rack* an. Hierbei handelt es sich um eine Platine, mit der Sie bis zu vier PiFace-Platinen gleichzeitig an einen Raspberry Pi anschließen können. Aus technischer Sicht ist dies dank der SPI-Kommunikation kein Problem. Sollten mehrere Boards verwendet werden, so kann die Adresse jedes einzelnen Boards über die Jumper *JP1* und *JP2* in der Mitte des PiFace eingestellt werden (siehe Tabelle 16.3). Auch in Python kann mit der Bibliothek gezielt jedes Board angesprochen werden: 16

```
pf.digital_read(0, 1)      # liest Eingang 0 auf Board 1 aus
pf.digital_write(0, 1, 2) # setzt Ausgang 0 des Boards 2 auf High
```

Board-Nummer	JP1	JP2
0	0	0
1	1	0
2	0	1
3	1	1

Tabelle 16.3 Adressierung mehrerer PiFace-Boards durch Jumper

Weitere Infos zum PiFace Rack finden Sie auf der Herstellerseite:

http://www.piface.org.uk/products/piface_rack

Auf dem PiFace Digital befinden sich noch fünf weitere Jumper:

- **JP3** stellt die Verbindung zur 5-V-Schiene des Raspberry Pi her.
- **JP4** versorgt die Freilaufdioden des Darlington-Arrays ULN2803. Dieser Jumper muss nur entfernt werden, wenn die zu schaltende Spannung an den Ausgängen höher als 5 V ist.
- **JP5 und JP6** können entfernt werden, um die Relais aus der Schaltung zu trennen.
- **JP7** schaltet beim Entfernen die Versorgung aller Ausgänge und der Relais ab.

PiFace Control and Display

Die Hersteller des PiFace bieten außerdem ein *PiFace Control and Display* an. Dabei handelt es sich ebenfalls um ein aufsteckbares Board, in das ein 16×2-LC-Display verbaut ist. Weitere Features sind ein Infrarotempfänger, ein 3-Wege-Navigationsknopf, fünf Taster sowie eine Python-Bibliothek zur Steuerung dieser Funktionen.

16.6 Quick2Wire Interface Board

Das *Quick2Wire Interface Board* ist ein verhältnismäßig kleines Erweiterungsboard. Es bietet nur wenige eigene Features, sondern legt den Fokus darauf, die Schnittstellen des Raspberry Pi einfach zugänglich zu machen. Das Quick2Wire-Board enthält:

- acht Ein- und Ausgänge
- eine I^2C-Schnittstelle
- zwei SPI-Schnittstellen
- eine serielle UART-Schnittstelle
- Anschlüsse für 3,3 V, 5 V und GND
- einen Taster und eine LED

Das Quick2Wire-Board wird über ein Flachbandkabel mit dem Raspberry Pi verbunden (siehe Abbildung 16.22). Die Steckverbinder des Kabels sind an den Enden etwas breiter und passen somit nicht auf die ersten 26 Pins des neuen Raspberry-Pi-Modells. Auch hier ist ein Stacking-Header notwendig (siehe Abbildung 16.23).

Das Board wird als Bausatz geliefert, das heißt, Sie müssen alle notwendigen Bauteile selbst auf die Leiterplatte löten. Das sollte allerdings auch mit Hobby-Löt-Equipment kein Problem darstellen, da die Löt-Pads großzügig und gut zugänglich gestaltet wurden. Unter dem folgenden Link finden Sie zudem eine detaillierte Anleitung zum Auflöten der Bauteile. Das Bestücken der Platine ist in ca. 30 Minuten erledigt.

Anleitungen, Bezugsquellen sowie den Schaltplan finden Sie auf der Herstellerseite:

http://quick2wire.com/products/quick2wire-interface-board-kit

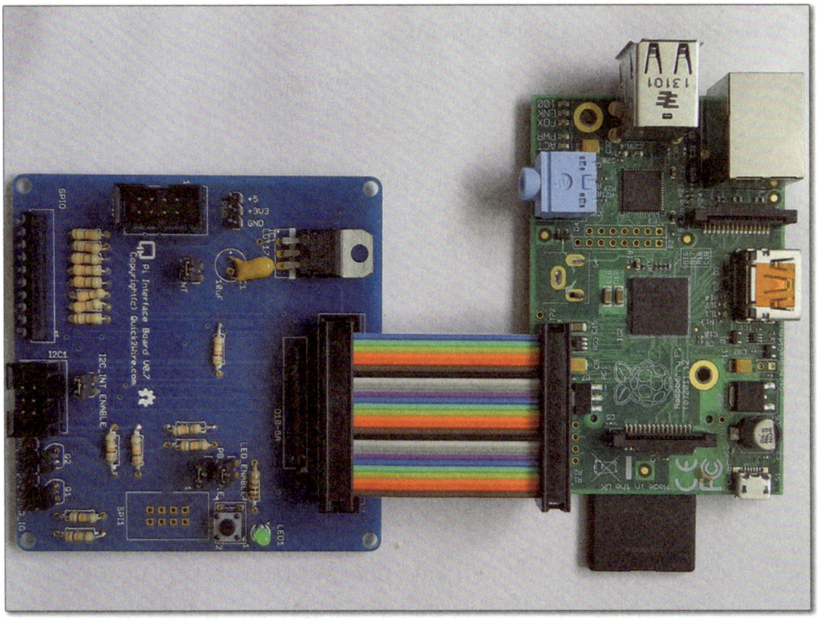

Abbildung 16.22 Das fertig bestückte Quick2Wire-Board mit dem Modell B

Abbildung 16.23 Das Quick2Wire-Board wird mit einem Stacking-Header an das Modell 2 angeschlossen.

Anschlüsse

Die acht ausgeführten GPIO-Pins (siehe Tabelle 16.4) sind durch strombegrenzende Widerstände sowie Schutzdioden gegen Fehlbeschaltung abgesichert. Die I^2C-Schnittstelle wird durch einen sechspoligen Wannenstecker einfach zugänglich gemacht. Dort sind SDA, SCL, 3,3 V, 5 V und GND als Pin verfügbar.

Bezeichnung bei Quick2Wire	GPIO-Pin (BCM)
P0 (Taster)	17
P1 (LED)	18
P2	27 (Rev2) bzw. 21 (Rev1)
P3	15
P4	23
P5	24
P6	25
P7	4

Tabelle 16.4 Quick2Wire-Ausgänge und ihre GPIO-Pin-Zuordnung

Auch die SPI-Schnittstellen SPI0 und SPI1 sind über Wannenstecker zugänglich. Es wird allerdings nur ein Stecker mitgeliefert, den wir an SPI0 aufgelötet haben.

Die UART-Kommunikation erfolgt über eine sechspolige Steckerleiste. Die Besonderheit hier ist, dass durch einen Pegelwandler auf dem Board auch 5-V-Komponenten angeschlossen werden können. Ein 5-V-Signal wird so auf 3,3 V reduziert, bevor es zum Raspberry Pi gelangt und dort Schaden anrichten kann.

Die LED ist mit Pin 12 (BCM 18) des Raspberry Pi verbunden. Parallel dazu liegt der Ausgang P1. Sofern Sie die WiringPi-Bibliothek installiert haben, können Sie die LED und den Ausgang P1 auf Anhieb testen:

```
gpio -g mode 18  out
gpio -g write 18 1
```

Die LED sollte nun leuchten. Parallel dazu führt der Pin 1 nun ein High-Signal. Sie können den Jumper *LED_ENABLE* abziehen, um die LED aus der Schaltung zu entfernen. Das Gleiche gilt für den Taster, der an Pin 11 (BCM 17) angeschlossen ist. Diesen deaktivieren Sie durch das Entfernen des Jumpers *PB_ENABLE*.

Die Jumper *SPI_INT* und *I2C_INT_ENABLE* aktivieren im gesetzten Zustand die entsprechenden Interrupt-Funktionen. Sie benötigen dafür einen Baustein, der Interrupt-Signale liefert. Sowohl das unten beschriebene *Quick2Wire-Port-Expander-Board* als auch die Python-3-Bibliothek von Quick2Wire unterstützen diese Funktion.

Quick2Wire-Bibliothek

Quick2Wire stellt eine eigene Python-Bibliothek zur Verfügung:

https://github.com/quick2wire/quick2wire-python-api

Die Bibliothek setzt Python 3 voraus. Der Einsatz der Bibliothek ist optional. Alle Funktionen des Quick2Wire-Boards können ebenso gut über die in diesem Buch erläuterten Standardverfahren genutzt werden.

Das Quick2Wire-Port-Expander-Board

Das *Quick2Wire-Port-Expander-Board* ist eine Erweiterung für das soeben vorgestellte Interface-Board (siehe Abbildung 16.24). Es besitzt einen MCP23017 als Port-Erweiterungsbaustein und ist durch das mitgelieferte Kabel einfach anzuschließen. Das Board stellt Ihnen 16 zusätzliche Ein- und Ausgänge zur Verfügung, ohne dass Sie sich die Schaltung aus Einzelkomponenten zusammenbauen müssen.

Abbildung 16.24 Im Hintergrund der Raspberry Pi, in der Mitte das Quick2Wire-Board, vorne der Quick2Wire-Port-Expander

Auch dieses Board wird als Bausatz geliefert und muss von Ihnen selbst verlötet werden. Quick2Wire bietet hierfür eine hervorragende Anleitung:

http://quick2wire.com/products/quick2wire-i2c-port-expander-board-kit

Einmal angesteckt, können die zusätzlichen Ports durch die Steckverbinder am Expander-Board erreicht werden. Zur Steuerung der neuen Ports verwenden Sie entweder die im vorigen Abschnitt erwähnte Quick2Wire-Bibliothek oder die Python-Bibliothek `smbus`, deren Einsatz wir bereits in Abschnitt 14.4, »I^2C«, erläutert haben.

16.7 Unterbrechungsfreie Stromversorgung mit der PiUSV+

Die Firma CW2 bietet unter dem Namen *PiUSV+* eine unterbrechungsfreie Stromversorgung für den Raspberry Pi an. Hierbei handelt es sich um ein kleines Erweiterungsboard, das auf die GPIO-Steckerleiste aufgesteckt wird. In erster Linie dient die PiUSV+ dem schonenden Herunterfahren des Raspberry Pi, falls die Hauptversorgungsspannung des Netzteils abbricht.

Bei der PiUSV+ handelt es sich um eine überarbeitete Version der PiUSV. Das neue Modell wurde an die 40-polige GPIO-Leiste angepasst und bietet einige neue Funktionen.

Inbetriebnahme

Die Installation ist einfach: Stecken Sie die Platine auf den J8-Header. Die Micro-USB-Buchse des Raspberry Pi und die Micro-USB-Buchse der PiUSV+ sollten nun übereinander liegen (siehe Abbildung 16.25).

Das Micro-USB-Kabel wird nun in die Micro-USB-Buchse der PiUSV+ gesteckt. Wird das Micro-USB-Kabel wie gewohnt mit einem Netzteil verbunden, so passiert zuerst noch gar nichts. Das ist einer der neuen Funktionen zu schulden. Die PiUSV+ verfügt über einen kleinen Taster, der sich rechts oberhalb der HDMI-Buchse des Raspberry Pi befindet.

Ab Werk ist die PiUSV+ so konfiguriert, dass das Board den Raspberry Pi erst einschaltet, wenn der Schalter betätigt wird. Möchten Sie gern, dass der Raspberry Pi direkt nach dem Anlegen der Versorgungsspannung hochfährt, so finden Sie auf der Rückseite der PiUSV+-Platine unterhalb der Micro-USB-Buchse einen kleinen Jumper. Enfernen Sie diesen, so startet der Raspberry Pi direkt nach dem Anlegen einer geeigneten Spannung.

Bei der Wahl der Versorgungsspannung lässt die Firma CW2 Ihnen einige Möglichkeiten. So können Sie wie gewohnt ein Micro-USB-Kabel an die Buchse des PiUSV+ anschließen oder aber eine Spannungsquelle zwischen 5 V und 25 V an die rechten bei-

Abbildung 16.25 Die auf den Raspberry Pi 2 gesteckte PiUSV+

den Anschlussbuchsen anschließen (neben der LAN-Buchse). Mögliche Spannungsquellen sind z. B. Batteriefächer, Autobatterien, Netzteile oder Solarzellen.

Die mittleren beiden Anschlussbuchsen sind für den Akku reserviert. Dieser ist ausschließlich dafür gedacht, den Raspberry Pi sicher herunterzufahren. Längere Überbrückungsphasen sind nicht möglich. Das wird aus der Spezifikation des Akkus deutlich. Verwendet werden darf nur ein Akku mit folgenden Eckdaten:

- **Technologie:** Lithium Ionen (LiIon) oder Lithium Polymer (LiPo)
- **Zellen:** 1
- **Kapazität:** min. 300 mAh
- **Spannung:** +3,7 V
- **Entladestrom:** min. 3 A
- **Ladespannung:** +4,2 V
- **Ladestrom:** 100 mA

Der Elektronikhändler Pollin hat einen geeigneten Akku im Sortiment:

http://www.pollin.de/shop/dt/NTA5ODI3OTk-/Stromversorgung/Akkus/LiIon_Akkus/LiIon_Akku_ANSMANN_2347 3003_18650_1S1P_3_7_V_2250_mAh.html

Ein typischer Aufbau besteht nun also aus einer dauerhaften Stromversorgung am Micro-USB-Port oder an den alternativen Anschlussklemmen und einem geeigneten

Akku. Damit die PiUSV+ ihre Arbeit aufnehmen und den Raspberry Pi vor Stromausfällen schützen kann, muss ein Programm auf dem Raspberry Pi installiert werden. Eine wichtige Voraussetzung für den Betrieb der Software der PiUSV+ ist das Aktivieren der I^2C-Schnittstelle (siehe Abschnitt 14.4, »I^2C«).

Laden Sie nun die Software mit dem folgenden Befehl von der Herstellerseite herunter:

```
wget http://piusv.de/support/piupsmon-0.8.deb
```

Der nächste Befehl entpackt und installiert die Software:

```
sudo dpkg -i piupsmon-0.8.deb
```

Mit den beiden folgenden Kommandos können Sie nun die Software im Hintergrund starten oder stoppen:

```
sudo /etc/init.d/piupsmon start
sudo /etc/init.d/piupsmon stop
```

Bevor überhaupt irgendetwas geschieht, müssen Sie in der Konfigurationsdatei der Software der PiUSV+ einige Einstellungen verändern. Öffnen Sie dazu die Datei `/etc/piupsmon/piupsmon.conf` mit `nano`:

```
nano /etc/piupsmon/piupsmon.conf
```

Die Datei beinhaltet die folgenden Parameter:

- `PowerOffTimer=n`: Zeit in Sekunden, bis die PiUSV+ ausgeschaltet wird, nachdem der Shutdown-Befehl gesendet wurde. Mögliche Werte: 1–255.
- `ShutdownTimer=n`: Zeit in Sekunden, bis das im nächsten Parameter hinterlegte Shutdown-Script ausgeführt wird. Die Zeit beginnt ab dem Moment, in dem die PiUSV+ auf den Akkubetrieb wechselt.
- `ShutdownCmd=cmd`: Hier kann ein Shutdown-Befehl hinterlegt werden, z. B. `init 0` oder `shutdown -h now`. Alternativ können Sie auch den Pfad zu einen Script angeben, das noch ein Backup durchführt, bevor es den Raspberry Pi herunterfährt.
- `LogLevel=notice/error/debug`: Hiermit legen Sie fest, welche Einträge in der Logdatei gesichert werden. Diese finden Sie unter dem Pfad `/var/log/piupsmon.log`.
- `LogStatusDesc=0/1`: Mit dieser Einstellung steuern Sie, ob bei Statusänderungen nur ein numerischer Wert oder auch die Beschreibung zu diesem Wert protokolliert wird.

Neben der Überwachung durch die Software und der Protokollierung in der Logdatei wird der aktuelle Status auch über die vier kleinen LEDs auf der PiUSV+ angezeigt:

- **LED1 (Rot):** Akkubetrieb
- **LED2 (Gelb):** Statusanzeige des Akkus. LED blinkt: Akku wird geladen; LED leuchtet: Akku ist voll geladen
- **LED3 (Grün):** Statusanzeige der PiUSV+. LED blinkt: Die PiUSV+ funktioniert ordnungsgemäß.
- **LED4 (Grün):** Betrieb über Primäreingang (Micro-USB-Buchse)

Viele weitere Informationen, Anschlusspläne und eine Dokumentation zur PiUSV+, finden Sie auf der Herstellerseite:

http://www.piusv.de/support

16.8 GertDuino

Neben dem Gertboard, hat der Entwickler Gert van Loo auch das *GertDuino* entworfen. Hierbei handelt es sich um einen Arduino-Klon, der auf den Raspberry Pi gesteckt werden kann (siehe Abbildung 16.26). Ähnlich wie die Erweiterung *Alamode* kann das GertDuino vom Raspberry Pi programmiert werden. Zudem bietet dieses Board zwei Knöpfe und insgesamt sechs LEDs, die mit den Ausgängen des GertDuino angesteuert werden können.

Abbildung 16.26 Das GertDuino auf dem Raspberry Pi 2

Zusätzlich zum verbauten ATmega-328 befindet sich noch ein ATmega-48 auf dem Board. Beide Microcontroller können auf die Schnittstellen des GertDuino zugreifen, unterscheiden sich aber in ihrer Taktfrequenz und dem Stromverbrauch. Alle weiteren Spezifikationen, Anschlüsse und auch das Layout entsprechen dem Arduino Uno. Damit ist das GertDuino voll kompatibel zu allen Arduino-Uno-Shields.

Aber worin liegt nun der Reiz, diese beiden Systeme zu verbinden? Wozu einen Arduino auf den Raspberry Pi stecken, wenn Letzterer doch *fast* alles kann? Dem Arduino, also ebenso dem GertDuino, fehlt es sicherlich an der vergleichbar riesigen Rechenleistung des Raspberry Pi. Allerdings punktet das Arduino-System mit seiner einfachen Programmierbarkeit und der Vielfalt an digitalen und analogen Schnittstellen. Ein ATmega benötigt kein riesiges Betriebssystem wie der Raspberry Pi und kann so zeitkritische Aufgaben präziser erledigen.

Im folgenden Beispiel nutzen wir einen analogen Eingang des GertDuino, um eine Spannung auszulesen. Diese übergeben wir über die serielle Schnittstelle an den Raspberry Pi. Spinnen Sie dieses Projekt weiter, so können Sie die vergleichbar einfache Aufgabe des *Analogwert-Auslesens* dem GertDuino überlassen, während der Raspberry Pi diese Werte auf einem Webserver zur Verfügung stellt. So werden die beiden Systeme ein perfektes Team, in dem jedes der beides Boards seine Stärken nutzen kann.

Die Einrichtung

Bevor Sie allerdings mit dem GertDuino arbeiten können, müssen Sie es einrichten. Zu allererst legen wir Ihnen die offizielle Anleitung ans Herz, die die Grundfunktionen und den Aufbau der Platine beschreibt:

http://www.farnell.com/datasheets/1778121.pdf

Beginnen Sie damit, das GertDuino auf den Raspberry Pi zu stecken. Stellen Sie sicher, dass der Raspberry Pi dabei ausgeschaltet ist. Sie wundern sich vielleicht anfangs über den nur 26-poligen Anschlussstecker. Dieser passt sowohl auf die alten Raspberry-Pi-Modelle als auch auf das aktuelle Modell 2. Die fehlenden Pins bedeuten keinerlei Funktionseinbußen, da die Kommunikation zwischen dem GertDuino und dem Raspberry Pi über die UART-Schnittstelle verläuft. Diese ist in den ersten sechsundzwanzig Pins mit inbegriffen.

Nun installieren Sie die Arduino-IDE und *avrdude*, wie wir dies in Abschnitt 16.2, »Der ATmega auf dem Gertboard«, beschrieben haben.

Die vier mitgelieferten Jumper stecken Sie auf die Programmierstellung. Zusätzlich stellen Sie durch zwei gekreuzte Brücken die UART-Verbindung zwischen Raspberry Pi und dem ATmega328 her (siehe Abbildung 16.27).

Abbildung 16.27 Alle vier Programmier-Jumper und in Gelb/Blau die benötigte UART-Verbindung

Anschließend muss der ATmega-328 des GertDuino auf eine Taktfrequenz von 16 MHz gestellt werden. Dies geschieht über ein Kommando, das im Terminal auszuführen ist:


```
avrdude -qq -c gpio -p atmega328p -U lock:w:0x3F:m \
  -U efuse:w:0x07:m - U lfuse:w:0xE7:m -U hfuse:w:0xD9:m
```

Die Entwicklungsumgebung starten Sie im Raspbian-Menü mit ENTWICKLUNG • ARDUINO-IDE. Die Einrichtung und der Upload der Programme erfolgt ebenfalls so wie in Abschnitt 16.2, »Der ATmega auf dem Gertboard«, beschrieben. Zunächst gab es allerdings ein Problem mit der Kommunikation: So war es anfangs nicht möglich, eine *saubere* UART-Kommunikation aufzubauen, da sowohl der Raspberry Pi als auch das GertDuino nur Wirrwarr empfingen. Der Fehler lag in einem fehlerhaften Parameter der Arduino-IDE. Sie können das Problem bereits beheben, bevor es auftritt. Dazu laden Sie die Anpassungen von Gordon Henderson herunter:

```
cd /tmp
wget http://project-downloads.drogon.net/gertboard/boards.txt
wget http://project-downloads.drogon.net/gertboard/\
  programmers.txt
```

In einem Editor suchen Sie in `boards.txt` die Zeile `gert328.build.f_cpu=12000000L`, und ändern Sie den Wert in `16000000L`. Durch die Anpassung stimmt nun auch die Taktfrequenz der Programmkonfiguration mit den tatsächlichen 16 MHz des ATmega328 überein. Danach speichern und schließen Sie die Datei und kopieren beide Dateien in den Arduino-IDE-Ordner.

```
cd /usr/share/arduino/hardware/arduino
sudo mv boards.txt board.txt.bak
sudo mv /tmp/boards.txt .
sudo mv programmers.txt programmers.txt.bak
sudo mv /tmp/programmers.txt .
```

Der Arduino Sketch

Starten wir nun mit dem Arduino Sketch. Dieses Programm fällt sehr simpel aus, da es nur einen Wert ausliest, diesen in eine Spannung umrechnet und über UART verschickt.

```
void setup() {
  Serial.begin(9600);
}
void loop() {
  int analog = analogRead(A0);
  float spannung = analog *(5.0/1023.0);
  delay(1000);
  Serial.println(spannung);
}
```

Der Pin A0 des GertDuino erwartet nun eine Spannung von 0 bis maximal 5 V, die Sie z. B. mit einem Potenziometer als Spannungsteiler erzeugen können. Falls Sie Hilfe beim Anschluss des Potenziometers benötigen, hilft ein Blick in die sehr gute Arduino-Datenbank. Unter folgendem Link finden Sie auch einen Anschlussplan für den Arduino Uno und das Potenziometer. Die Anschlüsse sind direkt auf das Gert-Duino übertragbar:

http://www.arduino.cc/en/Tutorial/ReadAnalogVoltage

Vergewissern Sie sich, dass sich die vier Jumper noch immer in der Programmierstellung befinden und dass die Arduino-IDE wie in Abschnitt 16.2, »Der ATmega auf dem Gertboard«, beschrieben eingestellt ist. Laden Sie das Programm nun über den Menüpunkt Datei • Upload mit Programmer auf das GertDuino.

Das Python-Programm auf dem Raspberry Pi

Das kleine C-Programm befindet sich nun im ATmega328. Im nächsten Schritt erstellen Sie ein Python-Script für den Raspberry Pi. Es soll den Inhalt der zuvor gesendeten Variable `spannung` empfangen:

```
#!/usr/bin/python3
# Datei gertduino.py
import serial, import time, RPi.GPIO as GPIO
```

```
# Reset-Modus des Arduino abschalten
GPIO.setmode(GPIO.BCM)
reset = 8
GPIO.setup(reset, GPIO.OUT)
GPIO.output(reset, GPIO.HIGH)
ser = serial.Serial("/dev/ttyAMA0", timeout = 10)
ser.baudrate = 9600
while True:
    daten = ser.readline()
    print("Spannung am Arduino: ", daten.decode('utf-8'))
    time.sleep(.5)
ser.close()
```

Um das Programm fehlerfrei ausführen zu können, muss der UART-Port freigeschaltet sein und *pySerial* installiert werden. Folgen Sie dazu den Anweisungen in Abschnitt 14.5, »UART«.

Zu Beginn des Programms wird GPIO 8 aktiviert. Dies ist nötig, damit bei gesetztem Reset-Jumper (*Re* der vier Programmier-Jumper) – das GertDuino-Board aus dem Reset-Modus aufwacht. Alternativ können Sie vor dem Start des Programms den Jumper entfernen. Lesen Sie die letzten Seiten der zuvor verlinkten GertDuino-Anleitung für weitere Details.

Programme starten

Mit dem Start des Python-Programms lösen Sie also den ATmega aus dem Reset-Schlaf. Dadurch beginnt dieser sofort mit der Ausführung des übertragenen Sketches. Das GertDuino-Programm läuft nun in einer Endlosschleife und sendet jede Sekunde den aktuellen Spannungswert von A0 an den Raspberry Pi. Eine Konsolenausgabe des Python-Programms zeigt Ihnen ebenfalls im Sekundentakt diesen Wert an (siehe Abbildung 16.28).

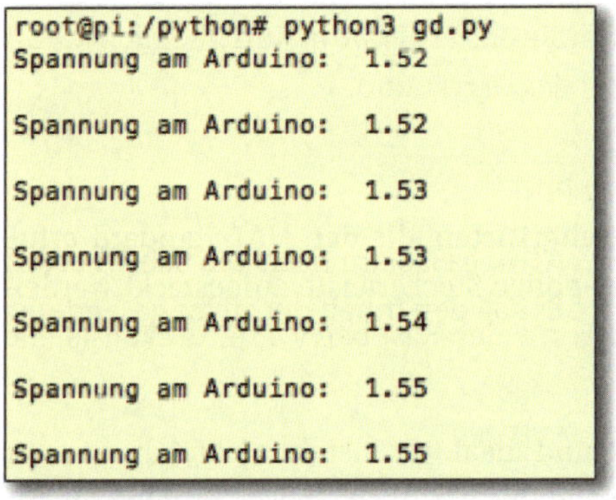

Abbildung 16.28 Konsolenausgabe des Python-Programms

16.9 Raspberrry-Pi-HATs

Etwa gleichzeitig mit dem Erscheinen des Raspberry Pi B+ und der damit verbundenen Layout-Änderung der Platine hat die Raspberry-Pi-Stiftung eine Richtlinie zur Standardisierung von Erweiterungsboards entworfen. Dieser Standard nennt sich *HAT*, was für *Hardware Attached on Top* steht. Das Ziel dieses Standards ist es, dass Anwender zukünftige Erweiterungsboards sehr einfach in Betrieb nehmen können und die Kompatibilität gewährleistet wird.

Nun ist nicht jeder Hersteller verpflichtet, seine Boards nach dem HAT-Standard zu entwerfen. Jedoch darf er sein Board dann auch nicht HAT nennen. Was braucht man also, damit ein Board ein richtiger HAT wird?

- **Mechanische Spezifikationen:** Der HAT-Standard gibt die Geometrie der Erweiterungsplatine vor. So benötigt ein HAT die richtigen Abmaße, Bohrungen sowie die passende Form und Aussparungen. Zudem *muss* das Board Kontakte für die komplette 40-polige GPIO-Leiste enthalten.
- **Elektrische Spezifikationen:** Ein Board muss Vorgaben zur I^2CO-Schnittstelle sowie zur Möglichkeit des Backpowering erfüllen, um sich HAT nennen zu dürfen. Dazu zählen ein EEPROM sowie die Strombelastbarkeit beim Backpowering.
- **Das EEPROM:** Speziell zu erwähnen ist das für HATs erforderliche EEPROM. Ein EEPROM ist ein kleiner Speicherbaustein. Dieser soll in Zukunft einzigartige Informationen zu jedem HAT beinhalten. Dazu gehören eine Identifikationsnummer, Herstellerinformationen sowie eine GPIO-Konfiguration. Letztere soll beim Booten des Raspberry Pi mit aufgestecktem HAT die GPIO-Pins bereits korrekt konfigurieren. Somit entfällt das manuelle Einrichten der benötigten Pins (auch interner Pull-ups), und es vermeidet Fehler, wie z. B. Eingangspins, die eigentlich Ausgänge sein müssten.

Alle Spezifikationen und bislang verfügbaren Infos zum Thema HATs finden Sie im offiziellen GitHub-Repository:

https://github.com/raspberrypi/hats

Prototyping HATs

Prototyping HATs sind leere, unbestückte Leiterkarten, die den HAT-Standard erfüllen. Das heißt, dass diese Boards auf die 40-polige Steckerleiste aufgesteckt werden können und sich genau mit der äußeren Form des Raspberry Pi 2 decken (siehe Abbildung 16.29).

Diese kleinen und recht preiswerten HATs sind ideal für Bastelprojekte, da sie sehr einfach verlötet werden können und aufgrund des geringen Preises problemlos für

Abbildung 16.29 Zwei Prototyping-HATS: links auf dem Raspberry Pi 2, rechts bereits mit einer kleinen Schaltung bestückt

jedes neue Projekt angeschafft werden können. Das spart Platz und sorgt für Ordnung im Leitungs-Chaos.

Wir haben uns das *Watterott Prototyping-Hat* sowie das *Adafruit Perma-Proto Pi Hat* angesehen. Produktinformationen finden Sie unter den folgenden Links:

http://www.watterott.com/de/RPi-Proto-HAT-ID-EEPROM
https://www.adafruit.com/products/2314

Beide Boards werden, sofern gewünscht, mit bereits bestücktem EEPROM, jedoch ohne verlöteten Steckverbinder verkauft. Jedoch sind die vierzig Lötpunkte schnell abgearbeitet. Es gibt jeweils bereits belegte Lochreihen für GND, 5 V und 3,3 V. Alle anderen Löcher können von Ihnen beliebig für Ihre Schaltung verwendet werden.

HATs und das EEPROM

Auch wir haben der neuen EEPROM-Unterstützung, die der Raspberry Pi ab Modell B+ bietet, anfangs zu wenig Aufmerksamkeit geschenkt. Einsteiger sind mit diesem Thema sicherlich auch ein wenig überfordert, da es bislang nur sparsame Informationen hierzu gibt. Doch das soll kein Hindernis sein. Das HAT-EEPROM verdient Aufmerksamkeit und bringt einige tolle Funktionen auf die HAT-Boards.

Beginnen wir mit einem kleinen Beispiel: Sie entwerfen eine Schaltung, die einige LEDs leuchten lassen soll und ein Relais schalten kann. Diese Schaltung löten Sie auf ein leeres Prototyping-HAT, das ein EEPROM besitzt. Sobald alles wie gewünscht funktioniert, möchten Sie Ihrem eigenen Erweiterungsboard einige Einstellungen mitgeben, die permanent auf dem Board gespeichert bleiben. Kramen Sie das Board nämlich nach einiger Zeit wieder aus der Bastelkiste und stecken es auf Ihren Raspberry Pi, so wird dieser direkt beim Bootvorgang alle nötigen Einstellungen für Ihr Board laden und ist somit direkt einsatzbereit.

So weit die Theorie. Die Praxis erfordert jedoch ein wenig Geduld.

EEPROM flashen

Wir gehen nun davon aus, dass Sie ein Board mit einem korrekt angeschlossenen EEPROM verwenden. Sollten Sie ein eigenes EEPROM nutzen und anschließen wollen, so schauen Sie sich zunächst die wichtigen Informationen zum EEPROM-Typ sowie zur Verdrahtung an:

https://github.com/raspberrypi/hats

In der Elektronik nennt man das Beschreiben von digitalen Speicherbausteinen *flashen*. In diesem Vorgang wird eine entsprechende Datei auf das EEPROM geladen und dort gespeichert.

Jedes HAT-EEPROM verfügt über eine I^2C-Schnittstelle. Dieses wird jedoch nicht an die bekannten I^2C-Pins 3 und 5 angeschlossen, sondern an den I^2C-Bus 0. Dieser befindet sich an den Pins 27 und 28 und soll auch *nur* für die EEPROM-HATs verwendet werden. Um auf den I^2C-Bus 0 zugreifen zu können, bedarf es einer kleinen Änderung in der `/boot/config.txt` in Form eines Device-Tree-Overlays. Öffnen Sie dazu die oben genannte Datei:

```
sudo nano /boot/config.txt
```

Fügen Sie im unteren Teil der Datei, jedoch vor dem ersten `dt`-Parameter, die folgende Anweisung in einer eigenen Zeile ein: `dtparam=i2c0=on`. Die resultierende Datei sieht dann beispielsweise so aus:

```
# Datei /boot/config.txt
# Additional overlays and parameters are documented
# in /boot/overlays/README
start_x=0
dtparam=i2c0=on
dtparam=spi=on
dtparam=i2c_arm=on
```

Nach dem Speichern der Datei sollten Sie den Raspberry Pi neu starten, um die Änderungen wirksam zu machen.

Nun laden Sie von der offiziellen HAT-Repo auf GitHub die *EEPROM-Utils* herunter. Dies sind drei kleine Programme, die das Beschreiben und Auslesen des EEPROMs ermöglichen.

```
sudo git clone https://github.com/raspberrypi/hats/tree/master/eepromutils
```

Wechseln Sie nun in das heruntergeladene Verzeichnis, und installieren Sie die EEPROM-Utils:

```
cd hats/eepromutils
make
chmod +x eepflash.sh
```

Im nächsten Schritt schauen wir uns den zukünftigen Inhalt des EEPROMs etwas genauer an. Eine Beispieldatei, die wir für unsere Zwecke abändern werden, haben Sie mit dem vorangegangenen `git-clone`-Befehl bereits auf Ihren Raspberry Pi geladen. Öffnen Sie die Datei `eeprom_settings.txt` im Ordner `eepromutils`:

```
sudo nano eeprom_settings.txt
```

Der obere Teil der Datei trägt den Titel *Vendor Info* und beeinhaltet Informationen, die ein Hersteller eines HATs seinem Produkt mitgeben kann. Das sind z. B. eine einzigartige Produkt-ID sowie der Produktname und der Hersteller. Wir passen vier Zeilen dieses Bereichs an unser Vorhaben an:

```
# 16-bit product id
product_id 0x0001

# 16-bit product version
product_ver 0x0002

# ASCII vendor string  (max 255 characters)
vendor "Max Mustermann"

# ASCII product string (max 255 characters)
product "Mein erster Hut"
```

Der darauffolgende Abschnitt beinhaltet nun die für uns wichtigen Informationen. Hier können Einstellungen zum GPIO-Port festgelegt werden.

- **gpio_drive:** Dieser Parameter kann Werte von 0 bis 8 beinhalten und bestimmt die Strombegrenzung der frei verwendbaren GPIO-Pins. 0 behält die Standardwerte bei, 1–8 entsprechen 2, 4, 6, 8, 10, 12, 14, 16mA.
- **gpio_slew:** Die Slew-Rate bestimmt die Anstiegs- oder Abfallgeschwindigkeit einer Ausgangsspannung. Kurz gesagt: Sie bestimmt die Zeit, die Ihr GPIO-Pin von Low auf High benötigt. In der Regel ist dies zu vernachlässigen. Im Extremfall jedoch, wenn Sie sehr viele GPIOs auf einmal einschalten, können kurzzeitig sehr große Ströme fließen, die zum Einbruch der Versorgungsspannung führen können. Um die Anstiegszeit zu begrenzen und so einen *sanfteren* Wechsel der Zustände zu ermöglichen, können Sie mit diesem Parameter die Slew-Rate begrenzen. Der Parameter versteht die Werte 0 = Standard, 1 = Ein (Slew-Rate-Limitierung) 2 = Aus (Keine Slew-Rate-Limitierung).

- **gpio_hysteresis:** Der Wechsel eines Eingangspins vom Zustand Low zu High findet bei einem minimal anderen Spannungspegel statt als der Wechsel von High zu Low. Durch dieses Phänomen gibt es einen kleinen Spannungsbereich, der einen undefinierten Zustand erzeugt. Durch die Schalthysterese kann dieses Problem vermieden werden. Mögliche Werte sind:
  - 0 = Standard
  - 1 = Hysterese
  - 2 = Hysterese Aus

  Die Slew-Rate und die Schalthysterese erfordern in der Regel nur Änderungen bei speziellen Sensoren. Ob und wie Sie die Werte anpassen müssen, entnehmen Sie dem Datenblatt Ihres Sensors. Beide Werte stehen im Zusammenhang mit dem sogenannten Schmitt-Trigger. Um ein tieferes Verständnis zu erlangen, machen Sie sich mit dem Schmitt-Trigger-Prinzip vertraut:

  https://de.wikipedia.org/wiki/Schmitt-Trigger

- **back_power** legt fest, ob Ihr HAT das Backpowering nutzt, den Raspberry Pi also über die GPIO-Leiste mit 5 V versorgt. Ein Wert von 0 sollte eingetragen werden, falls Sie den Raspberry Pi ganz normal über die Micro-USB-Buchse versorgen. Eine 1 besagt, dass Ihr Board mindestens 1,3 A liefern kann. Der Wert 3 sollte genutzt werden, wenn Ihr HAT mindestens 2 A liefert.

Der letzte Parameterblock bestimmt nun die Funktion der genutzten GPIO-Pins. Der BCM-Pin 5 (physischer Pin 29) kann nun mit der folgenden Zeile als Ausgang definiert werden:

```
setgpio  5      OUTPUT      DEFAULT
```

Der erste Parameter dieser Zeile beschreibt den BCM-Pin, der zweite Wert die Funktion (`INPUT`, `OUTPUT`, `ALT0-ALT5`). Im dritten Parameter können Sie die internen Pull-up-/Pull-down-Widerstände hinzuschalten. Hier werden `UP`, `DOWN`, `NONE` sowie `DEFAULT` erwartet. `Default` lässt die Einstellung unverändert. Die folgende Zeile definiert den BCM-Pin 27 als Eingang mit aktiviertem Pull-up-Widerstand:

```
setgpio  27     INPUT      UP
```

Die beiden oben genannten Zeilen haben wir nun angepasst und danach speichern wir die Datei. Achten Sie darauf, dass Sie in der Beispieldatei das #-Zeichen vor der entsprechenden Zeile entfernen. Alle anderen Zeilen können Sie unverändert in der Datei belassen.

Im nächsten Schritt erzeugen Sie aus der Textdatei eine `.eep`-Datei, die vom EEPROM verarbeitet werden kann. Hierzu nutzen Sie das Programm `eepmake` aus den EEPROM-Utils:

```
sudo ./eepmake eeprom_settings.txt eeprom_settings.eep
```

Im Ordner sollte nun die Datei `eeprom_settings.eep` vorhanden sein. Diese kann nun in das EEPROM geflasht werden:

```
sudo ./eepflash.sh -w -t=24c32 -f=eeprom_settings.eep
```

Bestätigen Sie die darauffolgende Sicherheitsabfrage mit `yes`. Nach wenigen Sekunden gibt das kleine Programm `Done.` zurück und der Flash-Vorgang ist erfolgreich beendet. Starten Sie nun den Raspberry Pi neu, so sind die beiden Pins bereits im zuvor eingestellten Modus.

Sie können auch jederzeit den EEPROM-Inhalt aus dem Baustein auslesen. Nutzen Sie dafür das Programm *eepflash* mit geänderten Parametern:

```
sudo ./eepflash.sh -r -t=24c32 -f=backup.eep
```

Mit diesem Befehl wird das EEPROM ausgelesen und die Datei `backup.eep` erstellt. Sie ist in diesem Zustand allerdings noch nicht lesbar. Mithilfe von *eepdump* erzeugen Sie aus den Informationen die lesbare Textdatei `backup.txt`:

```
sudo ./eepdump backup.eep backup.txt
```

Eigener Device-Tree-Eintrag

Um einen eigenen Device-Tree-Eintrag zu erstellen und somit auch Treiber für Ihr Board zu laden (falls notwendig), müssen Sie sich sehr gut mit dem Betriebssystem Linux auskennen. Möchten Sie es dennoch versuchen, so finden Sie in dieser Anleitung aus dem englischen Raspberry-Pi-Forum einige erste Schritte:

https://www.raspberrypi.org/forums/viewtopic.php?f=29&t=108134

16

16.10 Adafruit PWM/Servo-HAT

Die Entwickler von Adafruit haben mit dem Servo/PWM-HAT ein sehr nützliches HAT entwickelt, das Hobby-Bastlern bei der Ansteuerung mehrerer Servomotoren hilft. Zudem kann das Board genutzt werden, um 16 unabhängige PWM-Signale zu erzeugen. Falls die zwei Hardware-PWM-Pins (Pins 12 und 33) des Raspberry Pi 2 für Ihr Projekt nicht ausreichen, so ist dieses Erweiterungsboard eine sehr gute Alternative. Das HAT kommuniziert über I^2C mit dem Raspberry Pi. Der auf dem Board verbaute Controller empfängt lediglich die Einstellparameter und erzeugt dann, unabhängig vom Raspberry Pi, die gewünschten Pulsweitensignale.

Das Board finden Sie direkt bei Adafruit:

https://www.adafruit.com/products/2327

Nachdem Sie es ausgepackt haben, müssen Sie nur noch die Steckerleisten in die Leiterplatte löten. Das ist zwar ein wenig Fleißarbeit, geht aber schnell von der Hand. Nach dem Aufstecken auf den Raspberry Pi ist das Board betriebsbereit (siehe Abbildung 16.30).

Abbildung 16.30 Das PWM/Servo-HAT auf dem Rücken des Raspberry Pi 2

PWM-Signale erzeugen

Prüfen Sie zuerst, ob das HAT erfolgreich am I^{2}C-Bus erkannt wird. Nutzen Sie dafür die *i2c-tools*. Das Board sollte an der Adresse `0x40` sichtbar sein. Stellen Sie vorab sicher, dass Sie die I^{2}C-Schnittstelle korrekt eingerichtet haben (siehe Abschnitt 14.4, »I^{2}C«).

Die Ausgabe von `i2cdetect -y 1` sollte Ihnen nun das Board an `0x40` anzeigen (siehe Abbildung 16.31).

```
pi@pi ~ $ i2cdetect -y 1
     0  1  2  3  4  5  6  7  8  9  a  b  c  d  e  f
00:          -- -- -- -- -- -- -- -- -- -- -- -- --
10: -- -- -- -- -- -- -- -- -- -- -- -- -- -- -- --
20: -- -- -- -- -- -- -- -- -- -- -- -- -- -- -- --
30: -- -- -- -- -- -- -- -- -- -- -- -- -- -- -- --
40: 40 -- -- -- -- -- -- -- -- -- -- -- -- -- -- --
50: -- -- -- -- -- -- -- -- -- -- -- -- -- -- -- --
60: -- -- -- -- -- -- -- -- -- -- -- -- -- -- -- --
70: 70 -- -- -- -- -- -- --
```

Abbildung 16.31 Das PWM/Servo-HAT wurde an Adresse 0x40 erkannt.

Das Generieren von PWM-Signalen ist mit der Adafruit-Python-Bibliothek ein Kinderspiel. Laden Sie sich die Code-Sammlung auf Ihren Raspberry Pi:

```
git clone https://github.com/adafruit/Adafruit-Raspberry-Pi-Python-Code.git
```

Nun wechseln Sie in den Ordner für das PWM/Servo-HAT:

```
cd Adafruit-Raspberry-Pi-Python-Code
cd Adafruit_PWM_Servo_Driver
```

Dort finden Sie die Dateien `Adafruit_I2C.py` sowie `Adafruit_PWM_Servo_Driver.py`. Um ein lauffähiges Python-Script zu schreiben, das die Adafruit-Bibliothek nutzt, ist es notwendig, dass Sie die beiden Dateien in denselben Ordner kopieren, in dem Ihr zukünftiges Python-Script abgelegt wird. Leider sind die Bibliotheken noch nicht an das neue Python 3 angepasst. Daher nutzen wir hier Python 2. Mit ein wenig Arbeit können Sie allerdings die beiden oben genannten Dateien an die Python-3-Syntax anpassen.

Erzeugen Sie nun die Datei `pwm-hat.py`, und füllen Sie diese mit folgendem Inhalt:

```
#!/usr/bin/python
# Datei pwm-hat.py
from Adafruit_PWM_Servo_Driver import PWM
import time

pwm = PWM(0x40)
pwm.setPWMFreq(1000) # 1000 Hz
pwm.setPWM(15, 0, 410) # 10 % Duty-Cycle
pwm.setPWM(8, 0, 1024) # 25 % Duty-Cycle
pwm.setPWM(4, 0, 2048) # 50 % Duty-Cycle
time.sleep(2)
pwm.setAllPWM(0, 0)
```

In diesem kleinen Programm werden die Kanäle 4, 8 und 15 des PWM/Servo-HATs angesprochen. Auf jedem Kanal wird ein unterschiedliches Signal erzeugt. Nach zwei Sekunden werden alle Signale gestoppt.

Die gesamte Bibliothek bietet drei Funktionen, die Ihnen die Möglichkeit geben, das Board in vollem Umfang zu nutzen:

- **setPWMFreq(freq):** Führen Sie diese Funktion aus, bevor Sie den Duty Cycle einstellen, denn Sie erzeugen mit ihr eine Frequenz, auf die sich der Duty-Cycle bezieht. Hier sind Werte von 40 bis 1000 erlaubt, wobei dieser Wert direkt für die Frequenz in Hertz steht.
- **pwm.setPWM(Kanal, An, Aus):** Diese Funktion startet ein PWM-Signal mit dem eingestellten Duty Cycle. Dieser wird in den Parametern `An` und `Aus` definiert. Sie geben für `An` den Startpunkt und für `Aus` den Endzeitpunkt des High-Pegels an.

Der integrierte Controller bietet eine Auflösung von 12 Bit. Aus diesem Grund können Sie den Maximalwert von 4096 angeben. Möchten Sie nun einen Duty Cycle von 25 % einstellen, so geben Sie für `An` den Wert 0 ein, für `Aus` den Wert 2048. Mit einem einfachen Dreisatz können Sie nun jeden beliebigen Duty Cycle wählen. Außerdem müssen Sie noch den Parameter `Kanal` füllen. Dieser gibt den PWM-Kanal des Boards an, auf dem das Signal erzeugt werden soll, und erwartet einen Wert zwischen 0 und 15 (16 Kanäle).

- **pwm.setAllPWM(An, Aus):** Mit dieser Funktion stellen Sie an allen 16 Kanälen das gewünschte Signal ein. Handhaben Sie diese Funktion genau wie die vorige, jedoch ohne Angabe des Kanals.

Dauerbetrieb?

Durch das Ausführen der obigen Funktionen wird ein Befehl über den Bus an den Controller auf dem HAT geschickt. Dieser nimmt sofort seine Arbeit auf und setzt sie danach endlos fort. Nutzen Sie daher die Funktionen `setPWM(Kanal, 0, 0)` beziehungsweise `setAllPWM(0,0)`, um die Signalerzeugung wieder zu beenden.

Servomotoren ansteuern

Der zweite Verwendungszweck dieses Boards ist das Ansteuern von Servomotoren. Das Prinzip dieser Motoren und die Ansteuerung ohne ein Erweiterungsboard haben wir Ihnen im Abschnitt der Motoren aufgezeigt (siehe Abschnitt 13.5, »Servomotoren«).

Das PWM/Servo-HAT bietet eine Hohlbuchse, an die ein externes Netzteil angeschlossen werden kann. Dort kann eine Spannung von 5 bis 6 V genutzt werden, um die Motoren zu versorgen. Prinzipiell kann ein an das Board angeschlossener Servomotor auch ohne Netzteil funktionieren. Er wird dann über die 5 V des Raspberry Pi versorgt. Da Motoren allerdings in der Regel sehr viel Strom benötigen, empfehlen wir, die externe Versorgung vorzuziehen.

```
#!/usr/bin/python
# Datei servo-hat.py
from Adafruit_PWM_Servo_Driver import PWM
import time

pwm = PWM(0x40)
servoMin = 150
servoMax = 600
pwm.setPWMFreq(60)
```

```
while (True):
  pwm.setPWM(5, 0, servoMin)  # Minimale Endlage
  time.sleep(1)
  pwm.setPWM(5, 0, servoMax)  # Maximale Endlage
  time.sleep(1)
```

16.11 BrickPi

Die Erweiterung *BrickPi* stellt eine Verbindung zwischen dem Raspberry Pi und dem *LEGO Mindstorms*-System her. Damit können Sie vier NXT- und EV3-Motoren sowie fünf digitale sowie analoge LEGO-Sensoren anschließen und vom Raspberry Pi aus steuern bzw. auslesen. Das Steuern bzw. Automatisieren von LEGO-Fahrzeugen oder Robotern wird damit besonders einfach.

Die Installation erfolgt auch hier wieder durch das Aufstecken der BrickPi-Platine auf den Raspberry Pi. Die Stromversorgung von BrickPi ist so entworfen worden, dass mehrere Methoden möglich sind. So kann z. B. ein Batterie-Pack verwendet werden, um die selbst gebauten Roboter mobil zu halten. Alternativ ist die Versorgung via Micro-USB möglich.

BrickPi gibt es in unterschiedlichen Versionen zu kaufen. So gibt es Pakete, die den Raspberry Pi bereits enthalten. Des Weiteren ist ein Gehäuse verfügbar, das direkt auf LEGO- bzw. LEGO-Technics-Bausteine aufgesteckt werden kann. So kann die Platine nahtlos in den LEGO-Aufbau integriert werden (siehe Abbildung 16.32 bis 16.34).

Abbildung 16.32 BrickPi samt Gehäuse für die nahtlose Adaption von LEGO-Bausteinen (Quelle: Dexter Industries)

Abbildung 16.33 Die Anbindung der LEGO-Motoren an BrickPi erfolgt durch die Standardleitungen. (Quelle: Dexter Industries)

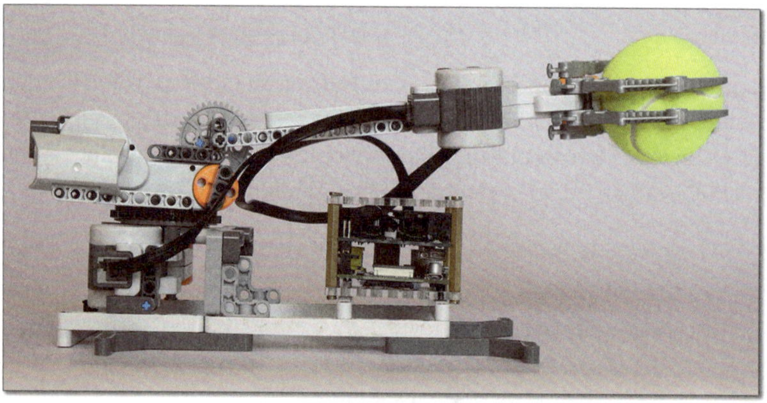

Abbildung 16.34 LEGO-Greifarm für einen Tennisball (Quelle: Dexter Industries)

Kompatibilitätsproblem mit EV3-Sensoren

BrickPi funktioniert tadellos mit Motoren des LEGO-Mindstorms-EV3-Systems. Lediglich die Sensoren sind momentan noch nicht mit BrickPi kompatibel. Der Grund dafür ist ein spezielles Protokoll der EV3-Sensoren, das von den Entwicklern von BrickPi noch nicht implementiert wurde. Das Team und die Community arbeiten an einigen Beta-Versionen der Software. Es lohnt sich ein Blick in das betreffende Forenthema, um hier auf einem aktuellen Stand zu bleiben:

http://www.dexterindustries.com/forum/?topic=ev3-and-brickpi

16.12 GrovePi

GrovePi führt die Idee des *Plug & Play* noch einen Schritt weiter und ermöglicht es, Sensoren und Aktoren mithilfe von genormten Steckern durch simples Anstecken an die GrovePi-Platine zu nutzen (siehe Abbildung 16.35).

Abbildung 16.35 Das GrovePi-System samt angeschlossener Module (Quelle: Dexter Industries)

GrovePi ist nicht nur ein Erweiterungsboard, sondern ein komplettes System. Das System entstand aus dem von *Seeedstudio* entwickelten System *Grove*. Dieses stellt mehr als 100 Module zur Verfügung, die durch Plug & Play an den Arduino angeschlossen werden können.

Dexter Industries führte dieses Konzept weiter und entwickelte eine Methode, um die vorhandenen Komponenten auch dem Raspberry Pi zugänglich zu machen. Das eigentliche Board stellt die Steckverbindungen zur Verfügung und sorgt mit einem ATmega 328P für die Kompatibilität zwischen Raspberry-Pi- und Arduino-Modulen. Möchten Sie nun die Einfachheit dieses Systems nutzen, so benötigen Sie die Sensoren und Aktoren aus der Grove-Reihe. Die Auswahl ist mittlerweile recht vielfältig und umfasst unter anderem:

- Taster
- LEDs
- Schalter
- Relais
- Temperatursensoren

- Geräuschsensoren
- Displays
- Berührungssensoren
- Alkoholsensoren

GrovePi wurde für den Raspberry Pi B entworfen, ist allerdings auch mit dem Raspberry Pi 2 kompatibel:

http://www.dexterindustries.com/GrovePi/get-started-with-the-grovepi/raspberry-pi-model-b-grovepi

Die komplette Auswahl an unterstützten Komponenten finden Sie bei Dexter Industries (siehe Abbildung 16.36):

http://www.dexterindustries.com/GrovePi/sensors/supported-sensors

Abbildung 16.36 Die Auswahl an unterstützten Fertigmodulen ist riesig. (Quelle: Dexter Industries)

Kapitel 17
Displays

Die einfachste Art, Ausgaben des Raspberry Pi anzuzeigen, ist der Anschluss eines HDMI-tauglichen Monitors oder Fernsehers. Allerdings ist dies nicht immer möglich oder gewollt. Oftmals sollen nur ganz bestimmte Ausgaben auf einem Display angezeigt werden, z. B. Messwerte, Befehle oder kurze Infos. In diesem Fall bieten sich einige Alternativen an, die wir Ihnen in diesem Kapitel aufzeigen möchten. Neben einfachen Displays für Zahlen und Buchstaben lernen Sie in diesem Kapitel auch ein Grafikdisplay, einen LCD-Touchscreen sowie Bildschirme für den Einbau in kleine Gehäuse kennen.

17.1 7-Segment-Anzeige

Wir beginnen dieses Kapitel mit der simpelsten Darstellungsform der hier vorgestellten Displays, der 7-Segment-Anzeige. Den Namen trägt diese Display-Art bedingt durch ihre Bauweise. Mit ihr ist es möglich, durch sieben LED-Segmente jede Zahl und jeden Buchstaben des Alphabets darzustellen, Umlaute ausgenommen.

Wir verwenden das *Adafruit 7-Segment LED Backpack*. Dieses Display besitzt vier Digits. Das heißt Sie können maximal vier Ziffern oder Buchstaben darstellen. Zusätzlich gibt es die Möglichkeit, in der Mitte einen Doppelpunkt sowie nach jeder Stelle einen Dezimalpunkt einzublenden.

Sie können das Display direkt bei Adafruit oder über deutsche Händler kaufen, wie zum Beispiel *EXP-Tech*. Es kostet zwischen 15 EUR und 20 EUR. Zudem ist es in verschiedenen Farben erhältlich:

http://www.adafruit.com/product/880
http://www.exp-tech.de/adafruit-1-2-4-digit-7-segment-display-w-i2c-backpack-rot

Wir haben uns für das oben verlinkte Modell entschieden, weil es eine I^2C-Schnittstelle bietet. Ältere 7-Segment-Anzeigen verwenden meist für jedes Segment jedes Digits eine Leitung. Dies endet oft in einem riesigen Kabelwust. Bei vier Digits würden Ihnen – ohne Porterweiterung – sogar die verfügbaren GPIOs des Raspberry Pi ausgehen. Durch das von Adafruit entwickelte Backpack mit HT16K33-Controller benötigen Sie neben VCC und GND nur die SDA- und SCL-Leitung des I^2C-Bus.

Bevor Sie das Display an den Raspberry Pi anschließen können, löten Sie die Anzeige auf die Controllerplatine. Durch den Bestückungsdruck auf der Platine finden Sie leicht die korrekte Orientierung. Ebenso löten Sie die vierpolige Stiftleiste in die vier Anschlusslöcher.

Die Verbindung zum Raspberry Pi ist simpel. Daher verzichten wir hier auf die Darstellung in einem Schaltplan. Verbinden Sie:

- VCC mit Pin 3 (3,3 V)
- GND mit Pin 6
- SDA mit Pin 3
- SCL mit Pin 5

Wundern Sie sich nicht: Trotz der bereits anliegenden Versorgungsspannung wird das Display nichts anzeigen! Kontrollieren Sie jedoch in einem Terminalfenster, ob das Display an der Adresse 0x70 des I²C-Bus erkannt wurde. Die Ausgabe sollte das Display an 0x70 anzeigen (siehe Abbildung 17.1).

```
i2cdetect -y 1
```

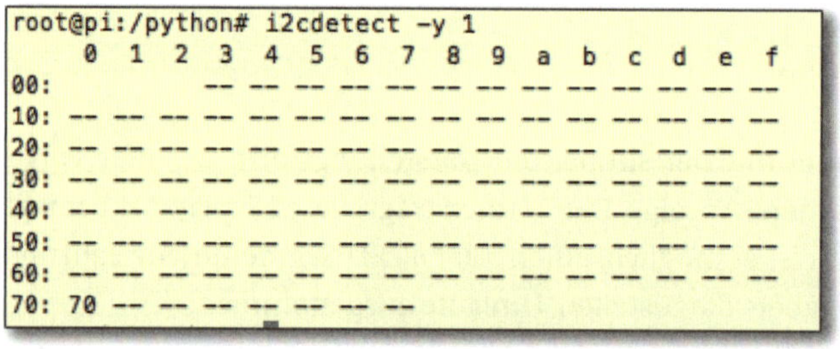

```
root@pi:/python# i2cdetect -y 1
     0  1  2  3  4  5  6  7  8  9  a  b  c  d  e  f
00:          -- -- -- -- -- -- -- -- -- -- -- -- --
10: -- -- -- -- -- -- -- -- -- -- -- -- -- -- -- --
20: -- -- -- -- -- -- -- -- -- -- -- -- -- -- -- --
30: -- -- -- -- -- -- -- -- -- -- -- -- -- -- -- --
40: -- -- -- -- -- -- -- -- -- -- -- -- -- -- -- --
50: -- -- -- -- -- -- -- -- -- -- -- -- -- -- -- --
60: -- -- -- -- -- -- -- -- -- -- -- -- -- -- -- --
70: 70 -- -- -- -- -- -- --
```

Abbildung 17.1 Die 7-Segment-Anzeige an Adresse 0x70

Um den obigen Befehl verwenden zu können und zum Betrieb des Displays sollten Sie sicherstellen, dass Sie die I²C-Schnittstelle des Raspberry Pi aktiviert haben und die Pakete *smbus* sowie *i2ctools* installiert haben. Alle drei Arbeitsschritte haben wir in Abschnitt 14.4, »I²C«, erläutert.

Zur Ansteuerung via Python nutzen Sie wieder eine Bibliothek aus der umfangreichen Adafruit-Codesammmlung. Laden Sie die Codesammlung von GitHub herunter, und wechseln Sie danach in den Ordner, der die Bibliothek für die 7-Segment-Anzeige enthält:

```
sudo apt-get install git
git clone https://github.com/adafruit/Adafruit-Raspberry-Pi-
    Python-Code.git
cd Adafruit-Raspberry-Pi-Python-Code
cd Adafruit_LEDBackpack
```

Kopieren Sie nun die beiden Dateien Adafruit_LEDBackpack.py und Adafruit_7-Segment.py in das Verzeichnis, in dem Sie Ihr späteres Python-Programm ablegen möchten. Dies ist notwendig, damit Sie die beiden Bibliotheken einfach in Ihr Programm importieren können.

Im Beispielprogramm stellen wir die aktuelle CPU-Temperatur auf der 7-Segment-Anzeige dar, die sich jede Sekunde aktualisiert. Wir verwenden hier Python 2.x, da die Adafruit-Codesammlung noch nicht an Python 3 angepasst wurde.

```
#!/usr/bin/python
# coding=utf-8
from Adafruit_7Segment import SevenSegment
import commands, time
segment = SevenSegment(address=0x70)
while True:
    temp= commands.getoutput("/opt/vc/bin/vcgencmd measure_temp")
    segment.writeDigit(0, int(temp [5]))
    segment.writeDigit(1, int(temp [6]),1)
    segment.setColon(0) #Doppelpunkt
    segment.writeDigit(3, int(temp [8]))
    #segment.writeDigit(4, 5)
    time.sleep(1)
```

Abbildung 17.2 Die Ausgabe der CPU-Temperatur auf der 7-Segment-Anzeige

Einige Grundfunktionen des Programms möchten wir Ihnen im Folgenden erläutern. segment = SevenSegment(address=0x70) gibt die Adresse an, an der das Display anzusprechen ist. Die Darstellung von Zeichen erfolgt in den writeDigit()-Funktionen. Definieren Sie diese wie folgt:

```
segment.writeDigit(Stelle, Zeichen, Punkt)
```

Der Parameter `Stelle` bestimmt, an welcher Position des Displays das Zeichen angezeigt werden soll. Beachten Sie dabei diese Reihenfolge:

- 0 = Stelle 1
- 1 = Stelle 2
- 3 = Doppelpunkt
- 4 = Stelle 3
- 5 = Stelle 4

Für Sie heißt das, dass Sie in der `writeDigit()`-Funktion nur die Stellen 0, 1, 4 und 5 verwenden. Der Doppelpunkt besitzt eine eigene Funktion, die wir später erläutern.

Im Parameter `Zeichen` übergeben Sie die Zahl, die angezeigt werden soll, als Integer-Wert. Um nach einer der vier Stellen einen Dezimalpunkt einzublenden, übergeben Sie im Parameter `Punkt` noch zusätzlich eine 1. Wünschen Sie keinen Dezimalpunkt, so können Sie diesen Wert einfach weglassen.

Der Doppelpunkt in der Mitte des Displays kann z. B. bei der Darstellung einer Uhrzeit eingesetzt werden. Nutzen Sie dafür die Funktion `segment.setColon(1)`. Eine 1 setzt den Doppelpunkt, eine 0 oder das Weglassen der Funktion lässt ihn erlöschen.

Die Bibliothek unterstützt auf die oben beschriebene Weise jedoch nur die Darstellung der Zahlen 0 bis 9. Sie haben aber die Möglichkeit, sich Ihre eigenen Zeichen zu basteln. Dazu nutzen Sie die Funktion `writeDigitRaw(Stelle, Zeichen)`. Diese Funktion erwartet nun allerdings eine eigens zusammengebaute Zeichenform. Wie dies funktioniert, möchten wir Ihnen erläutern.

Beginnen wir damit, den Buchstaben *A* darzustellen. Schauen Sie sich die sieben Segmente eines Digits an, so sollten für ein A folgende Segmente leuchten:

- oben links
- oben
- oben rechts
- Mitte
- unten links
- unten rechts

Die Adressen der einzelnen Segmente sind nach diesem Schema geordnet:

- 1 = oben
- 2 = oben rechts
- 4 = unten rechts
- 8 = unten
- 16 = unten links
- 32 = oben links
- 64 = Mitte

Um nun das A darzustellen, addieren Sie die benötigten Segmentadressen:

A = 1 + 2 + 4 + 16 + 32 + 64

Das Ergebnis dieser Rechnung ist 119. Diesen Wert übergeben Sie nun im Parameter `Zeichen`. Die komplette Funktion für Ihr selbst gebautes A an Digit 1 liest sich nun so: `segment.writeDigitRaw(0, 119)`. Sie können die Adresse ebenfalls als Hexwert übergeben, für diesen Fall lautet sie `0x77`. Nun können Sie jedes beliebige Zeichen anzeigen lassen, das sich aus sieben Segmenten erzeugen lässt.

17.2 16×2-LC-Display

Das 16×2-LC-Display ist ein sehr preisgünstiges zweizeiliges Anzeigeelement (siehe Abbildung 17.3). Es verfügt meist über eine Hintergrundbeleuchtung und kann mit 5 V direkt vom Raspberry Pi versorgt werden. Es eignet sich prima für den Einbau in Kunststoff- oder Holzboxen oder generell zur Anzeige ausgewählter Daten.

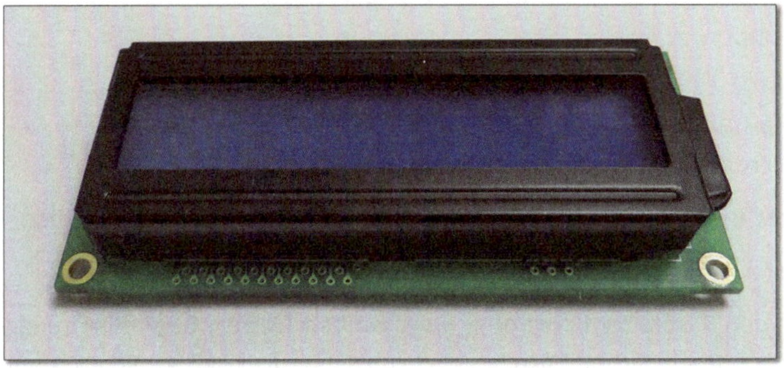

Abbildung 17.3 16×2-LCD-Modul von Pollin

Sie können das Modul beispielsweise beim Elektronikhändler Pollin beziehen:

http://www.pollin.de/shop/dt/NDE2OTc4OTk-/Bauelemente_Bauteile/Aktive_Bauclcmcntc/Displays/LCD_Modul_GOLDENTEK_GC_1602GO.html

http://www.pollin.de/shop/dt/Nzc1OTc4OTk-/Bauelemente_Bauteile/Aktive_Bauelemente/Displays/LCD_Modul_TC1602A_09.html

Achten Sie beim Kauf eines 16×2-LCD-Moduls darauf, dass ein HD44780-Controller oder ein kompatibler Controller verbaut ist. Beim HD44780 handelt es sich um den im Modul verbauten Display-Controller, der die Befehle des Raspberry Pi in Zeichen auf dem Display umsetzt. Die beiden Modelle unter den aufgeführten Links sind für dieses Kapitel nutzbar. Weiterhin finden Sie unter dem Stichwort *HD44780* auch etliche weitere Bezugsquellen im Internet.

Pin-Belegung

Das LCD-Modul verfügt über 16 Anschluss-Pins. Je nach Ausführung besitzt es bereits eine Stiftleiste. Die Pin-Belegung liest sich wie folgt:

- **Pin 1:** GND (VSS)
- **Pin 2:** PVCC 5 V (VCC)
- **Pin 3:** Kontrast (VO)
- **Pin 4:** Register Select (RS)
- **Pin 5:** Read/Write (R/W)
- **Pin 6:** Enable (E)
- **Pin 7:** Bit 0 – nicht benötigt (DBO)
- **Pin 8:** Bit 1 – nicht benötigt (DB1)
- **Pin 9:** Bit 2 – nicht benötigt (DB2)
- **Pin 10:** Bit 3 – nicht benötigt (DB3)
- **Pin 11:** Bit 4 (DB4)
- **Pin 12:** Bit 5 (DB5)
- **Pin 13:** Bit 6 (DB6)
- **Pin 14:** Bit 7 (DB7)
- **Pin 15:** Hintergrundbeleuchtung Anode (LED+)
- **Pin 16:** Hintergrundbeleuchtung Kathode (LED-)

Eine ausführlichere Beschreibung des Controllers finden Sie unter folgendem Link:

http://www.mikrocontroller.net/articles/HD44780

Der Anschluss an den Raspberry Pi benötigt insgesamt sechs freie GPIO-Pins zuzüglich 5 V und GND. Schließen Sie das Display so wie im Schaltplan dargestellt an (siehe Abbildung 17.4).

Im Schaltplan liegt der Anschluss zur Kontrasteinstellung des Displays auf Masse. Alternativ können Sie vor diesen Anschluss ein Potenziometer schalten, um die Kontrasteinstellung des Displays anzupassen. Mit unserer Methode hat das Display immer vollen Kontrast und ist ideal zu lesen.

Vorsicht

Pin 5 (R/W) des Display-Moduls muss auf GND gelegt werden. Dadurch wird erzwungen, dass das Display lediglich Daten empfängt und keine sendet. Auch hier ist der Hintergrund wieder die zu hohe Versorgungsspannung von 5 V. Würden Daten gesendet werden, so geschähe dies mit einem 5-V-Pegel, der den Raspberry Pi schädigen könnte.

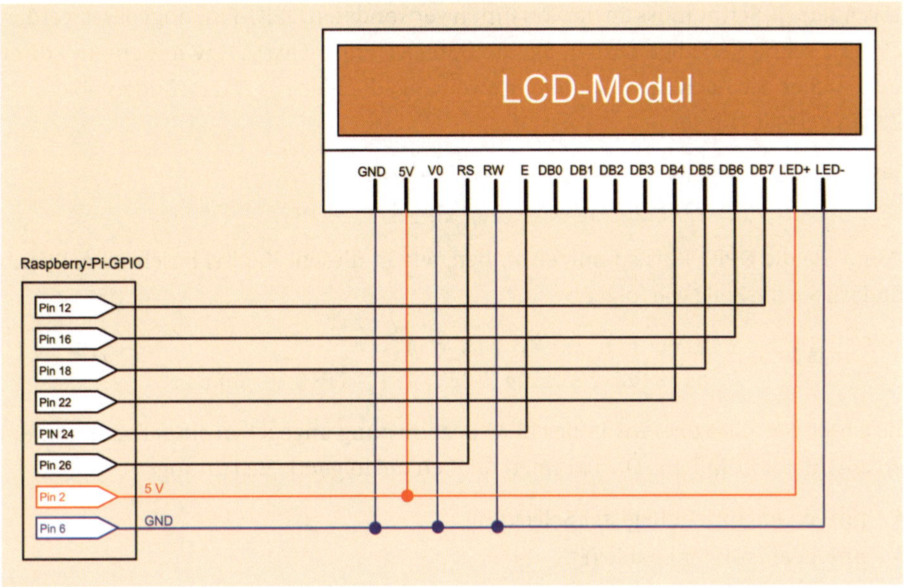

Abbildung 17.4 Anschluss des LC-Displays an den Raspberry Pi

Programmierung

Zur Ansteuerung des Displays nutzen wir eine Python-Bibliothek von Adafruit. Diese ist perfekt auf das Display zugeschnitten und enthält alle nützlichen Funktionen, die für den Betrieb des Displays notwendig sind.

Laden Sie sich zuerst den Quellcode der Adafruit-Python-Sammlung auf den Raspberry Pi:

```
git clone \
  git://github.com/adafruit/Adafruit-Raspberry-Pi-Python-Code.git
```

Sollte die Meldung auftauchen, dass der `git`-Befehl nicht bekannt ist, müssen Sie dieses Kommando zunächst noch installieren:

```
sudo apt-get install git
```

Wechseln Sie nun am Raspberry Pi in den Ordner `Adafruit-Raspberry-Pi-Python-Code`, oder verwenden Sie einen Dateimanager wie z. B. WinSCP für Windows oder Cyberduck für Mac OS zum Durchstöbern des Ordners. Sie finden hier einige Python-Bibliotheken und Treiber von Adafruit für viele beliebte Erweiterungen des Raspberry Pi. Für diesen Abschnitt ist der Ordner `Adafruit_CharLCD` relevant. Sie benötigen die Datei `Adafruit_CharLCD.py`. Kopieren Sie diese Datei in den Ordner, in dem Sie Ihr zukünftiges Python-Script abspeichern werden.

Das Adafruit-Script muss an die von Ihnen verwendeten GPIO-Pins angepasst werden. Dies ist schnell erledigt. Öffnen Sie die Datei `Adafruit_CharLCD.py` mit einem Editor, und suchen Sie nach der folgenden Anweisung, die hier aus Platzgründen über zwei Zeilen verteilt wurde:

```
def __init__(self, pin_rs=25, pin_e=24,
             pins_db=[23, 17, 21, 22], GPIO = None):
```

Wenn Sie die GPIO-Pins so nutzen wollen, wie in diesem Kapitel beschrieben, dann ändern Sie die Zeile wie folgt ab:

```
def __init__(self, pin_rs=7, pin_e=8,
             pins_db=[25, 24, 23, 18], GPIO = None):
```

Beachten Sie, dass die Pins in der BCM-Bezeichnung angegeben sind. Das heißt, Pin 26 entspricht BCM 7 etc. Die Parameter haben die folgende Bedeutung:

- **pin_rs:** entspricht Register Select (RS).
- **pin_e:** entspricht Enable (E).
- **pins_db=[...]:** steuert (von links nach rechts) Bit 4 bis Bit 7.

Sie können die Pins frei wählen und müssen dazu nur die Zeile entsprechend anpassen. Danach beginnen Sie mit dem Schreiben Ihrer Software. Im folgenden Beispiel werden das aktuelle Datum und die CPU-Temperatur im Display dargestellt und alle fünf Sekunden aktualisiert.

LCD-Steuerung mit Python 3

Da die Adafruit-Bibliotheken bislang nicht für Python 3 optimiert wurden, setzen wir hier Python 2 ein. Eine Python-3-taugliche LCD-Bibliothek ist RPLCD:

https://github.com/dbrgn/RPLCD

```
#!/usr/bin/python
from Adafruit_CharLCD import Adafruit_CharLCD
import time, commands
lcd = Adafruit_CharLCD()
lcd.begin(16,2)
while True:
    zeit = time.strftime("%y.%b %H:%M:%S")
    temp= commands.getoutput("/opt/vc/bin/vcgencmd measure_temp")
    lcd.message ("%s\nCPU-Temp: %s1f" %(zeit, temp[5:]))
    time.sleep(5)
    lcd.home()
```

Die erste Zeile importiert die zuvor heruntergeladene Adafruit-Bibliothek. Die Funktion `lcd.message()` stellt die übermittelten Werte als Zeichen auf dem Display dar.

Abbildung 17.5 Die Ausgabe des Python-Beispielcodes auf dem LCD-Modul. Die Anzeige wird alle fünf Sekunden aktualisiert.

Enthält der übermittelte Text den Newline-String `\n`, so findet dort ein Zeilenumbruch in die zweite Zeile des Displays statt.

`lcd.home()` setzt den Cursor des Displays wieder an den Anfang, sodass der gesamte Inhalt des LCD-Moduls alle fünf Sekunden überschrieben wird. Der Shell-Befehl für die Temperaturausgabe gibt die Temperatur als `temp=35°C` zurück. Für unsere Anzeige benötigen wir allerdings erst den Zahlenwert nach dem fünften Zeichen, also nach dem Zeichen =. Das erledigt `temp[5:]` im Programmcode.

Funktion	Bedeutung
`lcd.clear()`	Leert das komplette Display.
`lcd.setCursor(spalte,zeile)`	Setzt den Cursor an die definierte Position.
`lcd.noDisplay()`	Schaltet das Display aus.
`lcd.display()`	Schaltet das Display wieder ein.
`lcd.scrollDisplayLeft()`	Scrollt den Text einer Zeile nach links.
`lcd.scrollDisplayRight()`	Scrollt den Text einer Zeile nach rechts.

Tabelle 17.1 Wichtige »lcd«-Funktionen

In der Datei `Adafruit_CharLCD.py` sind diverse weitere Funktionen zur Display-Steuerung enthalten (siehe Tabelle 17.1). Die Funktionen `scrollDisplayLeft` und `scrollDisplayRight` erfordern eine spezielle Handhabung in Python. Damit Sie z. B. einen Text mit mehr als 16 Zeichen in einer Zeile als Laufschrift darstellen können, nutzen Sie eine `for`-Schleife:

```
text=("Viel zu langer Text fuer eine Zeile")
lcd.message (text)
for i in range (len(text) - 16):
    lcd.scrollDisplayLeft()
    time.sleep(0.5)
```

GPIO-Leitungen sparen

Für gängige 16×2-LC-Displays gibt es sogenannte I^2C-Adapter. Dabei handelt es sich um Boards, auf die das Display aufgesteckt werden kann. Die Verbindung zum Raspberry Pi erfolgt danach nur noch über die I^2C-Leitungen. So halten Sie sich den Zugriff auf die sonst belegten GPIO-Pins frei. Unter dem Suchbegriff *I2C LCD Adapter* finden Sie im Internet weitere Informationen dazu.

17.3 RaspiLCD

Das RaspiLCD ist ein monochromes Grafikdisplay mit einer 1,8 Zoll großen Anzeige (siehe Abbildung 17.6). Zusätzlich besitzt das Display insgesamt sechs frei belegbare Buttons auf der Platine. Als nettes Extra ist eine DS1338 Real Time Clock mit einer Pufferbatterie integriert. Die Herstellerseite bietet Kaufmöglichkeiten und weitere Infos:

http://www.emsystech.de/raspi-lcd

Abbildung 17.6 Das RaspiLCD, montiert auf einem Raspberry Pi 1, Modell B

Der Anschluss an den Raspberry Pi

Der Anschluss des Displays scheint auf den ersten Blick sehr einfach zu sein, da eine vorhandene Buchsenleiste unterhalb der Platine genau auf die GPIO-Leiste des Raspberry Pi passt. Allerdings müssen Sie vorab die gelbe Cinchbuchse auf dem Raspberry Pi entfernen (siehe Abbildung 17.7). Das ist recht ärgerlich, da diese danach nicht mehr genutzt werden kann und auch das Entfernen ein paar Risiken mit sich bringt. Der Hersteller beschreibt den Entlöt- und den Entfernungsvorgang der Buchse auf einer eigenen Seite:

http://www.emsystech.de/raspi-lcd-buchse

Abbildung 17.7 Vor der Montage des RaspiLCD auf einem Raspberry Pi 1, Modell B, müssen Sie die Video-Buchse entfernen.

Abbildung 17.8 Das RaspiLCD auf einem Raspberry Pi 1, Modell B+ bzw. auf einem Raspberry Pi 2, Modell B

Montagetipps

Das RaspiLCD kann auf dem Raspberry Pi 2 bzw. auf dem Raspberry Pi 1, Modell B+, nur mittels eines Stacking-Headers montiert werden. Es muss zwar keine Buchse entfernt werden, jedoch schwebt das LCD-Board nun ziemlich hoch über dem Pi (siehe Abbildung 17.8). Verwenden Sie kleine Abstandshalter aus Kunststoff, um das Display zu stabilisieren!

Alternativ bietet sich eine Verbindung mit Jumper-Kabeln an. Sollten Sie das Display fest verbauen wollen, so empfiehlt sich früher oder später ein kleiner selbst gebauter Adapter, der die GPIO-Pins mit dem Display verbindet.

Für unsere Versuche haben wir die Buchse entfernt. Danach passt das RaspiLCD wie angegossen auf den Mini-PC und liegt fest auf den integrierten Abstandshaltern auf. Die komplette GPIO-Leiste ist nun belegt. RaspiLCD führt allerdings die I^2C- und UART-Pins in Form eines 6-poligen Lochrasters aus, sodass Sie diese auch mit aufgesetztem Display weiterhin nutzen können.

Die Ansteuerung mit Python

Nachdem Sie sich für eine Anschlussmethode entschieden haben, können wir mit der Ansteuerung des Displays fortfahren. Auf der Herstellerseite finden sich einige Links zu C- und Python-Libraries, die einige Demo-Programme beinhalten. Sehr viel Dokumentation finden Sie dort allerdings nicht. Daher sind Sie bei der Erforschung der Möglichkeiten auf sich allein gestellt. Wir versuchen, Ihnen den Einstieg mit dem Display ein wenig zu erleichtern.

Als Beispiel schreiben wir ein kleines Programm, das die CPU-Temperatur und das aktuelle Datum auf dem RaspiLCD anzeigt. Beide Funktionen werden über ein Hauptmenü aufrufbar sein.

Die Software steht auf der Herstellerseite zur Verfügung. Zur Auswahl stehen Bibliotheken in C, Java, PHP und Python. Wie bisher beschränken wir uns in diesem Buch auf die Python-Bibliothek.

Laden Sie zuerst die Python-Library, und entpacken Sie diese in einen Ordner. Führen Sie die Aktionen entweder auf Ihrem PC aus, oder führen Sie auf dem Raspberry Pi die folgenden Kommandos aus. Mit `apt-get` installieren Sie `mercurial`. Dieses Versionsverwaltungsprogramm ist erforderlich, um die Dateien von *Bitbucket* zu laden.

```
cd
sudo apt-get install mercurial
hg clone https://bitbucket.org/Svedrin/raspilcd
```

Anschließend kompilieren Sie die Bibliothek. Im Shell-Script `buildrun.sh` sind die nötigen Befehle enthalten. Ist der Kompiliervorgang abgeschlossen, startet direkt das Demoprogramm auf dem RaspiLCD. Betätigen Sie die Tasten am LCD-Bildschirm, um alle Funktionen des Demoprogramms auszuprobieren.

```
cd raspilcd/RaspiLCD\ V0.9.0
chmod +x buildrun.sh
./buildrun.sh
```

Im Verzeichnis /home/pi/raspilcd/RaspiLCD V0.9.0/ ist nun die Datei lcd.so vorhanden. Diese ist für den späteren Gebrauch der Python-Bibliothek sehr wichtig. Am besten lassen Sie die Datei erst mal dort, wo sie jetzt ist. Unsere Versuche zeigten, dass es am einfachsten ist, den Pfad der Datei lcd.so in der Python-Bibliothek als kompletten Pfad anzugeben.

Wechseln Sie dazu in das Verzeichnis pylcd, und öffnen Sie raspilcd.py:

```
cd /home/pi/raspilcd/pylcd
nano raspilcd.py
```

Ändern Sie nun die Zeile raspi_lcd = ctypes.cdll.LoadLibrary("lcd.so") wie folgt ab:

```
raspi_lcd = ctypes.cdll.LoadLibrary(
  "/home/pi/raspilcd/RaspiLCD V0.9.0/lcd.so")
```

Speichern und beenden Sie die Datei. Damit ist die Library einsatzbereit. Alle weiteren Funktionen, die für den Betrieb des RaspiLCD notwendig sind, liegen ebenfalls im Verzeichnis pylcd. Kopieren Sie den gesamten Inhalt des Verzeichnisses in den Pfad, in dem Ihr eigenes Programm gespeichert werden soll. Oder erstellen Sie Ihr eigenes Programm im pylcd-Verzeichnis.

Der folgende Python-Code erzeugt ein kleines Hauptmenü und die Unterpunkte TEMPERATUR und ZEIT (siehe Abbildung 17.9 bis 17.11). Zudem enthält das Programm Funktionen zur Anzeige der CPU-Temperatur und des Datums. Wir nutzen dabei viele Grundfunktionen der raspilcd-Bibliothek, die aufgrund ihrer Namensgebung meist selbsterklärend sind.


```
#!/usr/bin/python
# coding=utf-8
from raspilcd import RaspiLCD, font_terminal_6x8,
    font_fixedsys_8x15
import time
import commands
from PIL import Image         # optional
img = Image.open("bild.bmp") # optional
lcd = RaspiLCD()
lcd.backlight = True

def zeit():
    now = time.strftime("%y.%b %H:%M:%S")
    lcd.clear_framebuffer()
    lcd.font = font_fixedsys_8x15
    lcd.print_xy(0, 20, now)
    lcd.font = font_terminal_6x8
    lcd.print_xy(0, 50, "Menu")
```

```
def temp():
    temp= commands.getoutput("/opt/vc/bin/vcgencmd measure_temp")
    lcd.clear_framebuffer()
    lcd.font = font_fixedsys_8x15
    lcd.print_xy (0,20,"CPU-Temp: %s1f" %(temp[5:]))
    lcd.font = font_terminal_6x8
    lcd.print_xy(0, 50, "Menu")

def menu():
    lcd.clear_framebuffer()
    lcd.font = font_terminal_6x8
    lcd.image_xy(0, 0, img) #optional
    lcd.print_xy(60, 10, "Temperatur")
    lcd.print_xy(95, 45, "Zeit")

menu()
lcd.write_framebuffer()

lcd.event['btn:center:pressed'].addListener( zeit )
lcd.event['btn:left:pressed'].addListener( temp )
lcd.event['btn:right:pressed'].addListener( menu )
lcd.run()
```

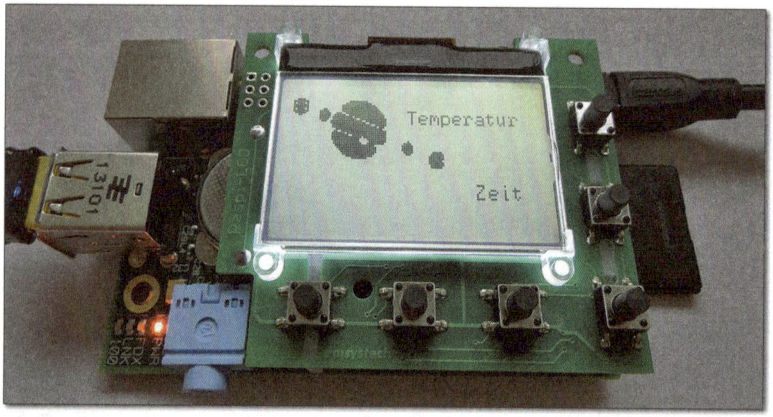

Abbildung 17.9 Das RaspiLCD-Beispielprogramm – Hauptmenü

Das kleine Programm erstellt ein Übersichtsmenü und weist dreien der sechs Buttons eine Funktion zu:

- Temperatur
- Uhrzeit
- zurück zum Menü

Abbildung 17.10 Das RaspiLCD-Beispielprogramm – Temperaturanzeige

Abbildung 17.11 Das RaspiLCD-Beispielprogramm – aktuelle Uhrzeit

Durch die Betätigung der mit TEMPERATUR und ZEIT markierten Knöpfe springt die Anzeige zum gewählten Wert (siehe Abbildung 17.9 bis 17.11). Zur fehlerfreien Ausführung des Programms muss ein Bild `bild.bmp` vorhanden und die Library `PIL` installiert sein. Löschen Sie die mit `#optional` markierten Zeilen, um das Programm auch ohne Bild auszuführen.

Funktionsübersicht

Im Folgenden sind die wichtigsten Methoden und Eigenschaften der `RaspiLCD`-Klasse beschrieben. Sie müssen also zuerst ein `RaspiLCD`-Objekt erzeugen und können dann die genannten Schlüsselwörter auf dieses Objekt anwenden:

```
lcd = RaspiLCD()
lcd.backlight = ...
lcd.print_xy(...)
```

- `backlight = True/False`: LCD-Hintergrundbeleuchtung an/aus.
- `print_xy(x, y, "Text")`: Diese Funktion stellt Text auf dem Display dar. Für `x` und `y` setzen Sie die Position in Pixel ein. Bedingt durch die Auflösung des Displays beträgt `x` maximal 128 und `y` maximal 64 Pixel.
- `font = fontname`: Stellt die Schriftgröße für die folgenden Schriftbefehle ein. Verfügbare Schriftarten sind: `font_terminal_6x8`, `font_fixedsys_8x15`, `font_lucida_10x16` und `font_terminal_12x16`.

  Der Aufruf dieser Funktion erfordert im Kopf des Programms das Importieren der Schriftarten:

  ```
  from raspilcd import RaspiLCD, font_terminal_6x8,
    font_fixedsys_8x15, font_lucida_10x16, font_terminal_12x16
  ```
- `draw_line(x0, y0, x1, y1)`: Stellt eine Linie auf dem Display dar. `x0/y0` bestimmen den Startpunkt, `x1/y1` den Endpunkt der Linie.
- `draw_circle(x0, y0, r)`: Zeichnet einen Kreis. Benötigte Werte: `x0/y0` = Position für den Kreismittelpunkt, `r` = Radius.
- `draw_rect(x0, y0, x1, y1, line)`: Zeichnet ein Rechteck. `x0/x1` und `y0/y1` bestimmen wieder die Koordinaten. Der vierte Wert legt die Linienstärke fest. Wird kein Wert mitgegeben, so beträgt die Linienstärke 1 Pixel.
- `draw_ellipse(x, y, b, h)`: Zeichnet eine Ellipse. `x/y` steht für die Position, `b/h` für Breite und Höhe der Ellipse.
- `clear_framebuffer()`: Leert den Framebuffer. Zum Leeren des Displays müssen Sie den leeren Puffer durch den nachfolgenden Befehl ans Display senden.
- `write_framebuffer()`: Überträgt den Framebuffer an das Display. Stellen Sie sich die Funktionsweise wie folgt vor: Jede Text-/Zeichenfunktion schreibt in einen internen Puffer. Auf dem Display passiert noch nichts. Erst nach dem Ausführen von `write_framebuffer()` wird der interne Puffer auf das Display übertragen. Es ist kein Übergabewert innerhalb der Klammer notwendig. Sollten Sie die Funktion `run()` am Ende des Programms ausführen, so wird der Puffer automatisch übertragen.
- `clear_display()`: Diese Funktion führt die beiden vorigen Befehle nacheinander aus und löscht so den gesamten Bildschirminhalt.
- `image_xy(x, y, img)`: Stellt ein Bild auf dem LC-Display dar. Hierzu wird die Bibliothek `PIL` benötigt. Installieren Sie diese bei Bedarf nach:

```
apt-get install python-setuptools
easy_install pip
pip install PIL
```

x/y geben die Position des Bildes an, und img gibt den Pfad zum anzuzeigenden Bild im BMP-Format an.

- run(): Führen Sie diese Funktion immer am Ende des Programms aus. Sie führt write_framebuffer() aus und ermöglicht die Nutzung der Buttons.
- event['btn:center:pressed'].addListener(funktionsname): Erstellt ein Event, das durchgehend einen Knopf überwacht. Beim Betätigen des Knopfes wird die Funktion funktionsname ausgeführt. Den Knopf passen Sie durch das Ändern des mittleren Wertes an: center, top, left, right oder bottom.

Wie eingangs erwähnt, besitzt das RaspiLCD auch eine integrierte Echtzeituhr mit Knopfzelle. Zur Inbetriebnahme der Uhr gehen Sie so vor, wie wir es in Abschnitt 15.10, »Hardware Real Time Clock«, beschrieben haben.

17.4 PiTFT – Der Touchscreen für den Raspberry Pi

Der PiTFT von Adafruit ist ein durchdachter, kompakter 2,8-Zoll-Touchscreen für den Raspberry Pi. Das Display hat eine Auflösung von 320×240 Pixeln und lässt sich per Finger oder Eingabestift bedienen. Sehr interessant wird der PiTFT dadurch, dass er wie angegossen auf den B-Modellen des Raspberry Pi sitzt, wenn man ihn einmal auf die Steckerleiste gedrückt hat (siehe Abbildung 17.12).

Der PiTFT erschien zwar noch zu Zeiten des alten Raspberry-Pi-Layouts, passt jedoch auch problemlos auf das Modell 2 (siehe Abbildung 17.13). Isolieren Sie gegebenenfalls die USB- und LAN-Buchsen mit etwas Klebeband ab, da dort nun die Durchkontaktierungen des PiTFT aufliegen.

Die GPIO-Pins werden an einer weiteren Steckerleiste auf dem PiTFT wieder ausgeführt. Für den PiTFT werden die Anschlüsse SCK, MOSI, MISO, CE0, CE, GPIO 25 und GPIO 24 benötigt. Die übrigen Pins können so weiterhin zum Basteln verwendet werden. Zudem hat der PiTFT unterhalb des Displays Platz für vier Knöpfe, die allerdings separat gekauft werden müssen. Erwerben können Sie den PiTFT unter anderem bei Adafruit. Aber auch Amazon hat den Touchscreen gelegentlich im Sortiment.

http://www.adafruit.com/products/1601

Als der Bildschirm neu auf dem Markt war, war es sehr aufwendig, ihn einzurichten. Mittlerweile werden von Adafruit zwei Möglichkeiten geboten, die das Einrichten des PiTFT ungemein erleichtern. Die erste Möglichkeit möchten wir zwar erwähnen, allerdings gehen wir auf diese nicht weiter ein. Sie beinhaltet das Installieren eines angepassten Raspbian-Images, das Sie von der Adafruit-Seite herunterladen und auf Ihre SD-Karte kopieren können. Sofern Sie diese Möglichkeit bevorzugen, benötigen Sie keine weiteren Arbeitsschritte. Das Display ist mit dem Image direkt einsatzbereit. Adafruit stellt das Image unter folgendem Link zur Verfügung:

https://learn.adafruit.com/adafruit-pitft-28-inch-resistive-touchscreen-display-raspberry-pi/easy-install

Abbildung 17.12 Der PiTFT von Adafruit, auf dem Modell B des Raspberry Pi 1 montiert

Abbildung 17.13 Der PiTFT passt problemlos auch auf den Raspberry Pi 2.

Die zweite Möglichkeit ist das Anpassen einiger Kernelmodule durch den *adafruit-pitft-helper*. Dieses kleine Programm führt eine Menge Änderungen durch, die es allerdings ermöglichen, eine vorhandene Raspbian-Installation mit der Display-Unterstützung nachzurüsten. In den folgenden zwei Abschnitten beschreiben wir, wie Sie das Display zusammenbauen und montieren und dann den *adafruit-pitft-helper* installieren.

Der Zusammenbau

Geliefert wird der PiTFT ohne eingebaute Stift- und Buchsenleisten. Auch der eigentliche Bildschirm ist nicht befestigt. Das ist für den Zusammenbau aber auch gut so. Setzen Sie zuerst die mitgelieferte Buchsenleiste von unten in die Platine. Die Beinchen schauen oben raus, die schwarze Kunststoffbuchse zeigt vom Bildschirm nach unten weg. Löten Sie die Leiste nun ein. Klappen Sie den Bildschirm während des Lötens am besten zur Seite weg, um Hitzeschäden am Display zu vermeiden.

Achten Sie darauf, dass alle Pins sauber verlötet sind, damit auch der Kontakt zur zweiten Steckerleiste gegeben ist. Nun können Sie optional die zweite Stiftleiste einlöten. Diese führt wie erwähnt alle GPIO-Pins wieder nach außen. Stecken Sie die Leiste von unten in die Bohrungen an der rechten kurzen Seite der Leiterplatte. Auch diese 26 Pins verlöten Sie wieder sauber und prüfen sie anschließend auf Lotbrücken. Nun kann von unten z. B. eine Flachbandleitung angeschlossen werden, um die GPIO-Pins weiter zugänglich zu machen.

Ist das Löten abgeschlossen, ziehen Sie die Abdeckung der Klebefolien unter dem Display ab. Klappen Sie das Display nun auf die Leiterplatte, und richten Sie es anhand des aufgedruckten weißen Rahmens aus. Drücken Sie das Display vorsichtig fest. Lassen Sie am besten die Schutzfolie wo sie ist, und drücken Sie das Modul mit der Display-Seite nach unten auf einen sauberen Tisch.

Optional sind kleine Knöpfe für das Display verfügbar, die in die vier Kontakte unterhalb des Displays eingesetzt werden können. Falls Sie dies wünschen, so löten Sie die Knöpfe ebenfalls vor dem Aufkleben des Displays ein. Folgender Link führt Sie zu den Knöpfen:

http://www.adafruit.com/product/1489

Jetzt kann der PiTFT bereits auf den Raspberry Pi gesteckt werden. Nach dem Einschalten des Mini-PCs leuchtet das Display weiß. Als nächster Arbeitsschritt ist nun die Integration in das Betriebssystem notwendig.

Die Einrichtung unter Raspbian

Fügen Sie mit folgendem Befehl die Quelle `apt.adafruit.com` zur Liste des Pakete-Index hinzu. Dadurch haben Sie Zugriff auf die benötigten Pakete:

```
curl -SLs https://apt.adafruit.com/add | sudo bash
```

Nun laden Sie die nötigen Pakete herunter und installieren diese. Dieser Vorgang dauert ein paar Minuten. Lassen Sie Ihrem Mini-PC ein wenig Zeit, um die Änderungen vorzunehmen, und geraten Sie auch bei länger stockendem Bild nicht in Panik.

```
sudo apt-get install raspberrypi-bootloader
sudo apt-get install adafruit-pitft-helper
```

Der folgende Befehl startet nun den `adafruit-pitft-helper`, fügt notwendige Device-Tree-Änderungen hinzu und nimmt noch einige Konfigurationen vor:

```
sudo adafruit-pitft-helper -t 28r
```

Sie werden nun gefragt, ob Sie die Text-Konsole auf dem PiTFT sehen möchten und ob Sie GPIO 23 als An/Aus-Schalter verwenden möchten. Beide Optionen können Sie mit »Yes« oder »No« beantworten. Je nach geplantem Einsatz des PiTFT bleibt die Entscheidung Ihnen überlassen.

Laut der Adafruit-Webseite ist die Installation nun abgeschlossen. Wir haben allerdings die Erfahrung gemacht, dass Sie zwar die Konsole sehen können – sofern Sie diese Option vorab ausgewählt haben – jedoch keinen X-Desktop. Um die Anzeige des Desktops auf das Display umzuleiten, erstellen Sie eine Konfigurationsdatei mit *nano*:

```
sudo nano /usr/share/X11/xorg.conf.d/99-pitft.conf
```

Füllen Sie die noch leere Datei mit folgendem Inhalt:

```
Section "Device"
  Identifier "Adafruit PiTFT"
  Driver "fbdev"
  Option "fbdev" "/dev/fb1"
EndSection
```

Nach einem Neustart kann mittels `startx` der Desktop gestartet werden und wird auf dem PiTFT angezeigt. Alternativ können Sie in `raspi-config` den automatischen Boot auf den Desktop aktivieren. Eine Kalibrierung des Touchscreens ist nicht notwendig.

Erfahrene Nutzer möchten gegebenenfalls einen Blick hinter die Kulissen des *pitft-helper* werfen, um zu erfahren, welche Änderungen am Betriebssystem vorgenommen werden. Hierzu hat Adafruit eine detaillierte Anleitung veröffentlicht, die alle Änderungen aufzeigt:

https://learn.adafruit.com/adafruit-pitft-28-inch-resistive-touchscreen-display-raspberry-pi/software-installation

Um die Schriftgröße und die Schriftart anzupassen, rufen Sie das Konfigurationsmenü auf:

```
sudo dpkg-reconfigure console-setup
```

Dort wählen Sie der Reihe nach:

- UTF8
- Guess optimal character set (versucht, den optimalen Zeichensatz zu erkennen)
- z. B. Terminus (eine speziell für den Konsolenbetrieb optimierte Schriftart)
- 6x12 (framebuffer only)

Nach einer kurzen Wartezeit wird die neue Schriftart auf dem PiTFT angepasst und erscheint auch nach einem Neustart wieder.

Weiterführende Links

Die Anwendungsmöglichkeiten des PiTFT-Displays sind nahezu unerschöpflich. Auf einige Aspekte können wir hier aus Platzgründen nicht eingehen. Daher einige Leseempfehlungen:

- **WLAN-Kamera mit Touchscreen:**
  https://learn.adafruit.com/diy-wifi-raspberry-pi-touch-cam
- **Videos und Bilder auf dem PiTFT anzeigen:**
  https://learn.adafruit.com/adafruit-pitft-28-inch-resistive-touchscreen-display-raspberry-pi/playing-videos
- **Virtuelle Tastatur:**
  http://www.adafruit.com/blog/2014/02/28/from-the-forums-virtual-keyboard-for-pitft-raspberry_pi-piday-raspberrypi
- **Die Tasten des PiTFT nutzen:**
  http://www.3bm.de/2014/01/12/adafruit-pitft-buttons-mit-python-ansteuern
- **Hintergrundbeleuchtung steuern und Power-Button einrichten:**
  https://learn.adafruit.com/adafruit-pitft-28-inch-resistive-touchscreen-display-raspberry-pi/extras

17.5 Kfz-Rückfahrmonitore

Neben den Displays, die via GPIO oder HDMI angeschlossen werden, bietet auch der Composite-Ausgang des Raspberry Pi die Möglichkeit zur Bildübertragung. Es gibt sehr günstige Bildschirme, die diesen Anschluss unterstützen (siehe Abbildung 17.14). Sie können aber auch Kfz-Rückfahrmonitore zweckentfremden. Diese sind in vielen Größen – von 3 Zoll bis teilweise 10 Zoll – verfügbar. Der Anschluss erfolgt direkt an die gelbe RCA-Buchse des Raspberry Pi. Für die Verbindung benötigen Sie ein male/male-Cinch-Kabel, wie z. B. dieses:

http://www.amazon.de/dp/B00005UP6N

Abbildung 17.14 Darstellung des Raspbian-Desktops auf einem 3,5-Zoll-TFT-Monitor ohne optimierte Darstellung

Neues Kabel für den RPi1 B+ und den RPi2 B

Ab dem Modell B+ besitzt der Raspberry Pi keine Cinch-Buchse mehr. Sie benötigen ein spezielles Kabel für die kombinierte Audio-und Video-Buchse. Beachten Sie auch die Belegung der Ringe des Klinkensteckers. Weitere Infos finden Sie unter folgendem Link:

http://www.raspberrypi-spy.co.uk/2014/07/raspberry-pi-model-b-3-5mm-audiovideo-jack

Bei Amazon finden Sie ein geeignetes Kabel z. B. hinter dem folgenden Link oder unter dem Suchbegriff *Audio-Video-Kabel für Raspberry Pi 2*:

http://www.amazon.de/dp/B00NTBHRBC

Zur Stromversorgung benötigen diese Monitore allerdings meist die im Fahrzeug üblichen 12 V. Daher ist für den Betrieb in der Regel in externes Netzteil notwendig. Die Raspberry-Pi-Community hatte allerdings bereits einige Ideen, wie man diese Monitore von 12 V auf 5 V umbauen kann. Hierzu ist es notwendig, den Bildschirm zu öffnen und den internen Spannungsregler zu überbrücken oder zu entfernen. Er regelt die vorgesehene 12-V-Eingangsspannung intern auf 5 V. Wird das Bauteil überbrückt, so kann der Monitor direkt mit 5 V betrieben werden.

Mit dieser Maßnahme ist es möglich, dass sich der Raspberry Pi und der Monitor ein Netzteil teilen. Noch viel praktischer wird es, wenn an der neuen 5-V-Versorgungsleitung ein USB-Stecker angelötet wird. So ist es sogar möglich, diese Monitore über die USB-Buchsen des Mini-Computers zu versorgen. Bedenken Sie aber, dass durch das Öffnen der Monitore jegliche Garantie verloren geht. Auch der Umgang mit dem Lötkolben sollte Ihnen vertraut sein, da die Gefahr besteht, den Monitor komplett zu zerstören. Möchten Sie allerdings einen Versuch wagen, so stehen Ihnen zahlreiche Anleitungen zur Auswahl, die sich je nach verwendetem Modell unterscheiden:

- *http://kampis-elektroecke.de/?page_id=2631*
- *http://www.raspberrypi.org/forums/viewtopic.php?f=41&t=17651&sid=98b66f0306c76660eae73624793ccd22*
- *http://www.elektronx.de/tutorials/43-tft-monitor-am-raspberry-pi-nutzen-und-auf-usb-versorgung-umbauen*
- *http://www.wisegai.com/2012/11/29/raspberry-pi-using-a-3-5-tft-car-monitor-optional-powered-using-usb*

Bei einer normalen Raspbian-Installation wird das Bild entweder direkt über die Composite-Buchse oder über den HDMI-Ausgang ausgegeben werden – je nachdem, ob ein HDMI-Monitor erkannt wird. Sobald also ein HDMI-Kabel eingesteckt ist, wird kein Bild über Composite ausgegeben. Um den Composite-Ausgang zu testen, schließen Sie dort einen Monitor an und lösen dann das HDMI-Kabel.

Beachten Sie, dass bei vielen Monitormodellen der Monitor erst aktiviert wird, wenn er ein Videosignal erhält. Die Versorgungsspannung allein reicht meist nicht aus, um den Monitor einzuschalten.

Sollten Sie trotzdem kein Bild bekommen, versuchen Sie, den Composite-Ausgang manuell zu aktivieren: Haben Sie eine Installation mit NOOBS vorgenommen, so halten Sie beim Bootvorgang [⇧] gedrückt. Drücken Sie danach die Taste [3] für PAL oder [4] für NTSC. Beide Tasten aktivieren den Composite-Ausgang.

Eine dauerhafte Lösung besteht darin, die Datei `/boot/config.txt` in einem Editor zu verändern. Dort suchen Sie die Zeile `hdmi_force_hotplug=1` und kommentieren diese durch ein vorangestelltes #-Zeichen aus. Bei einer NOOBS-Installation befindet sich am Ende der Datei der Block `# NOOBS Auto-generated Settings`. Die gesuchte Zeile befindet sich in diesem Block. Die Änderung wird nach einem Neustart wirksam.

```
# Datei /boot/config.txt
...
# der folgenden Zeile muss ein #-Zeichen vorangestellt werden
# hdmi_force_hotplug=1
```

Darstellung optimieren

Sobald der Bildschirm angeschlossen ist und der Raspberry Pi ein Bild liefert, ist der Monitor bereits funktionsfähig. Die Darstellung ist allerdings alles andere als optimal. Besonders der Text in der Shell lässt sich bei kleinen Modellen nur schwer lesen. Das können Sie ändern, indem Sie ein paar kleine Einstellungen vornehmen. Öffnen Sie dazu das Konfigurationsmenü mit:

```
sudo dpkg-reconfigure console-setup
```

Im ersten Schritt wählen Sie die Option UTF-8. Im nächsten Bildschirm entscheiden Sie sich für VERMUTLICH OPTIMALER ZEICHENSATZ bzw. GUESS OPTIMAL CHARACTER SET. Daraufhin wählen Sie VGA aus und im darauffolgenden Menü den Punkt 16×28 (NUR FRAMEBUFFER). Nach einem Neustart bietet die Anzeige eine deutlich größere Schriftart, was das Lesen auf kleinen Monitoren ungemein erleichtert (siehe Abbildung 17.15 bis 17.19).

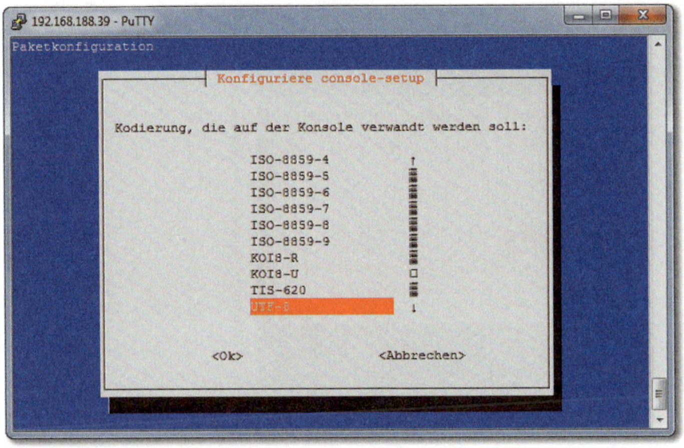

Abbildung 17.15 Optimierung der Anzeige in »console-setup« – Schritt 1

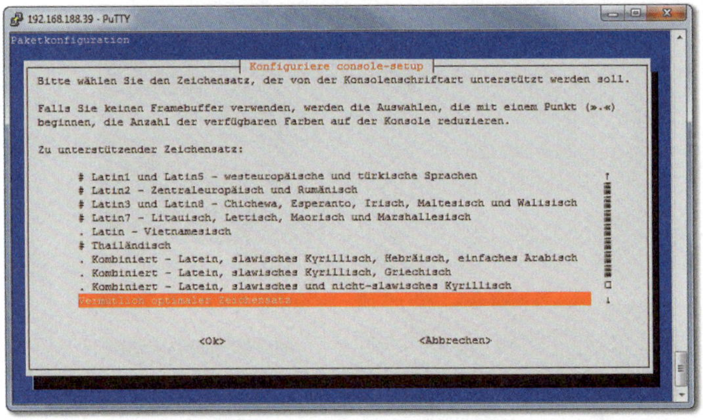

Abbildung 17.16 Optimierung der Anzeige in »console-setup« – Schritt 2

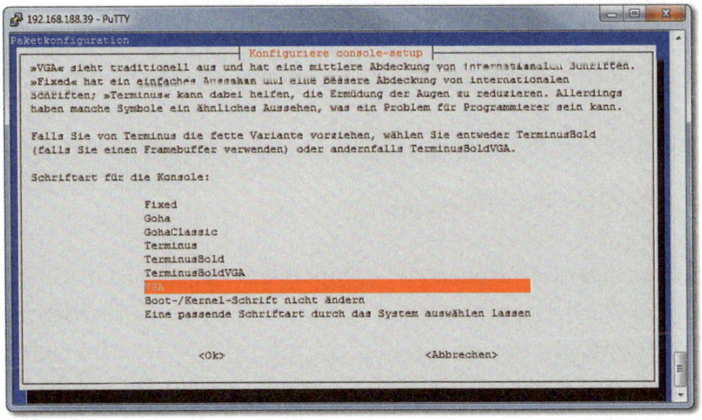

Abbildung 17.17 Optimierung der Anzeige in »console-setup« – Schritt 3

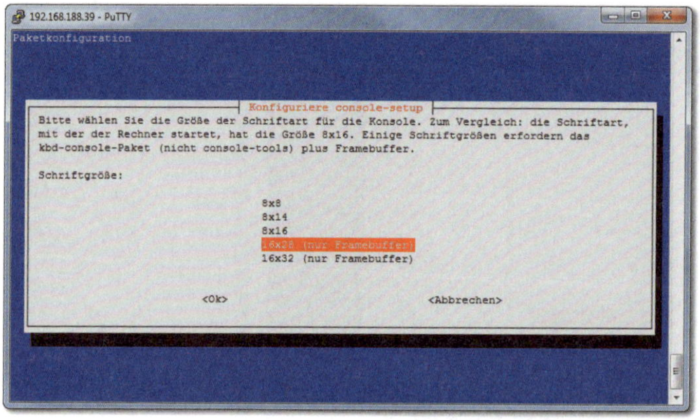

Abbildung 17.18 Optimierung der Anzeige in »console-setup« – Schritt 4

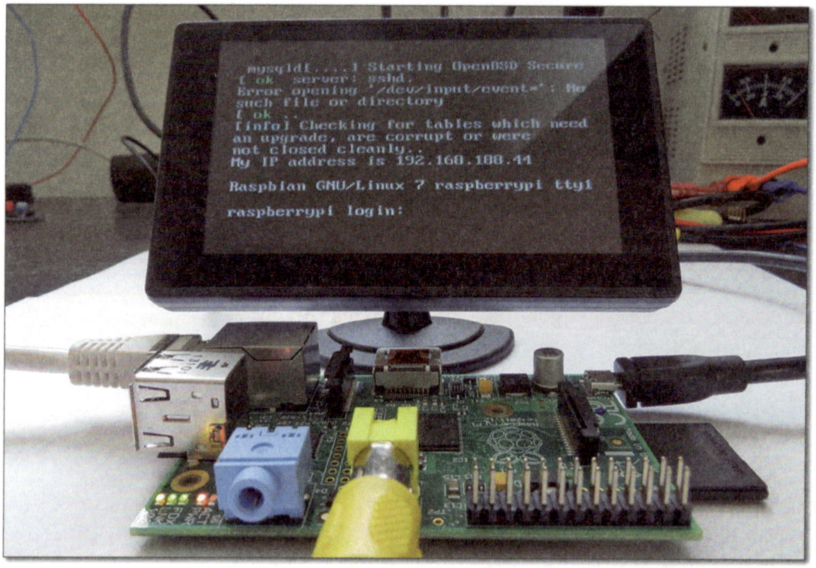

Abbildung 17.19 Anzeige auf einem 3,5-Zoll-TFT-Monitor mit optimierter Darstellung

17.6 LS-7T – Der Plug&Play-Touchscreen

Ein ganz besonderer Fund unter den Raspberry-Pi-kompatiblen Displays ist das *LS-7T* von Pollin (siehe Abbildung 17.20): Dabei handelt es sich um einen 7-Zoll-Touchscreen mit einer Auflösung von 1024×600 Pixeln. Das Bildschirmformat ist 16:9. Im Lieferumfang des Displays sind das Display selbst, eine Signalplatine, ein kleines Board mit fünf Tastern, die zum Zugriff auf die Display-Einstellungen dienen, sowie ein USB-Touchcontroller enthalten. Letzterer ist die Besonderheit dieses Systems. Das mitgelieferte USB-Kabel wird einfach in einen USB-Port des Raspberry Pi gesteckt und automatisch erkannt. Lediglich eine kurze Kalibrierung ist notwendig, damit das Display in vollem Umfang genutzt werden kann.

Auch in Sachen Konnektivität hat das LS-7T einiges zu bieten: So kann die Steuerplatine über HDMI, DVI, VGA oder RCA nicht nur an den Raspberry Pi angeschlossen werden. Mit ausreichend Strom versorgt wird das Display über ein 9- bis 18-V-Netzteil mit einer Hohlbuchse (Außen-/Innenmaß: 5,5 mm / 2,1 mm). Das genutzte Netzteil sollte in der Lage sein, mindestens 500 mA Strom zu liefern.

Abbildung 17.20 Der Touchscreen LS-7T besticht durch die einfache Einrichtung.

Sie finden das Display bei Pollin unter folgender Adresse:

http://www.pollin.de/shop/dt/NTMwOTc4OTk-

Ein Netzteil befindet sich nicht im Lieferumfang. Unter dem Suchbegriff *Steckernetzteile* finden Sie passende 9- bis 18-V-Netzteile. Achten Sie jedoch auf die Maße des Hohlsteckers von 5,5 mm / 2,1 mm.

Die Qual der Display-Wahl

Als Alternative zu dem Pollin-Display bietet sich eine Variante von Sainsmart an. Auch dort ist ein 7-Zoll-Touchscreen mit einer etwas geringeren Auflösung erhältlich. Der Aufbau sowie die Einrichtung des Displays erfolgen wie oben beschrieben. Weitere Infos dazu erhalten Sie unter:

http://www.sainsmart.com/7-inch-tft-lcd-monitor-for-raspberry-pi-touch-screen-driver-board-hdmi-vga-2av.html

Der Anschluss

Um das Display an den Raspberry Pi anzuschließen, verbinden Sie die Flexleitungen des Displays und des Touchcontrollers wie in der mitgelieferten Anleitung beschrieben mit der Signalplatine. Die schwarze Hohlbuchse verbinden Sie dann mit einem geeigneten Netzteil. Den Touchcontroller stecken Sie in eine freie USB-Buchse des Raspberry Pi und nutzen ein HDMI-Kabel, um den Mini-PC mit dem Signalboard zu verbinden.

Nach dem Anlegen der Versorgungsspannung startet der Bildschirm mit einem Pollin-Logo. Wählen Sie dann über das Taster-Board die Quelle HDMI aus. Sobald Sie den Raspberry Pi starten, ist auch bereits die Konsole auf dem Display sichtbar.

Bildausschnitt anpassen

Beim ersten Start werden Sie merken, dass der Abstand des Bildes zum Bildschirmrand relativ groß ist (siehe Abbildung 17.21). Um die komplette Fläche des LS-7T auszunutzen, passen Sie mit einem Editor die `overscan`-Parameter in der Datei `/boot/config.txt` an:

```
# in der Datei /boot/config.txt
...
overscan_left= -25
overscan_right= -25
overscan_top= -30
overscan_bottom= -30
```

Sofern Sie eine Raspbian-NOOBS-Installation auf Ihrem Raspberry vorliegen haben, finden Sie diese Parameter am Ende der Datei. Nach einem Neustart füllt das Bild den kompletten Bildschirm aus.

Abbildung 17.21 Der Randabstand vor der Anpassung des Bildausschnitts

Die Kalibrierung des Touchscreens

Bereits jetzt können Sie den X-Desktop durch `startx` starten. Der Desktop sollte perfekt an die Größe des Displays angepasst sein. Tippen Sie jedoch mit dem Finger auf das Display, so werden Sie feststellen, dass der Mauszeiger nicht ganz mit der eigentlichen Fingerposition übereinstimmt. Dies können Sie sehr einfach korrigieren. Hierzu nutzen Sie den `xinput-calibrator` von Adafruit. In einer Textkonsole, einem Terminal oder per SSH laden Sie das Paket und installieren das Kalibrierungstool:


```
wget http://adafruit-download.s3.amazonaws.com/\
  xinput-calibrator_0.7.5-1_armhf.deb
sudo dpkg -i -B xinput-calibrator_0.7.5-1_armhf.deb
```

Wenn Sie den Raspberry Pi nun neu starten, können Sie nach dem Neustart den Eintrag TOUCHSCREEN KALIBRIEREN im Startmenü unter EINSTELLUNGEN finden. Rufen Sie nun diesen Menüpunkt auf, am besten noch per Maus. Folgen Sie den Anweisungen auf dem Bildschirm, und berühren Sie alle vier Fadenkreuze (siehe Abbildung 17.22). Hierfür bietet sich ein feiner Stylus-Stift an.

Nach dem Berühren des letzten Fadenkreuzes sehen Sie auf dem Bildschirm ein Konsolenfenster. Die Kalibrierung ist nun abgeschlossen, aber noch nicht permanent. Nach einem Neustart müsste sie erneut ausgeführt werden. Um die Einstellungen zu speichern, kopieren Sie den folgenden Bereich aus der Konsole:

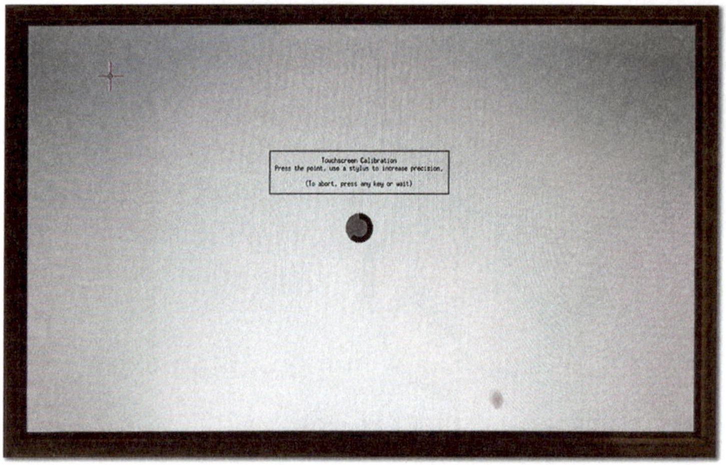

Abbildung 17.22 Das Kalibrierungstool »xinput-calibrator«

```
Section "InputClass"
    Identifier   "calibration"
    MatchProduct     "eGalax Inc. Touch"
    Option  "Calibration"    "33 1989 124 1960"
EndSection
```

Im nächsten Schritt erstellen Sie die Konfigurationsdatei `99-calibration.conf` und legen die ermittelten Werte dort ab. Erstellen Sie die Datei mit folgendem Befehl:

```
nano /etc/X11/xorg.conf.d/99-calibration.conf
```

Die zuvor kopierten Zeilen fügen Sie nun in die Datei ein, speichern diese und schließen den Editor. Dadurch sind auch nach einem Neustart die Kalibrierungsdaten gespeichert und das Display kann über die Touch-Oberfläche verwendet werden.

17.7 Weitere Display-Boards

Natürlich gibt es noch viele weitere Displays und Display-Boards, die mit dem Raspberry Pi kompatibel sind oder speziell für ihn entwickelt wurden. Einige Module möchten wir Ihnen hier kurz vorstellen.

C-Berry

C-Berry ist ein 3,5 Zoll großes Farbdisplay. Die Ansteuerung erfolgt über SPI. Hierzu wird die mitgelieferte SPI-Adapterplatine auf die GPIO-Steckerleiste montiert. Die Verbindung zum Display erfolgt dann über eine dünne Flachbandleitung. Die Auflösung des C-Berry liegt bei 240 × 320 Pixeln. Erhältlich ist es unter anderem bei *Conrad.de*:

http://www.conrad.de/ce/de/product/1020910

Ein ausführlicher Test sowie eine Anleitung zur Inbetriebnahme finden Sie im deutschen Raspberry-Pi-Forum:

http://www.forum-raspberrypi.de/Thread-test-c-berry-3-5-tft-display

C-Berry wurde zwar noch für das Modell B des Raspberry Pi entworfen, läuft nach einer kleinen Änderung allerdings auch problemlos auf dem Raspberry Pi 2:

http://www.forum-raspberrypi.de/Thread-raspberry-pi-2-c-berry-und-pi2-fehler

RPi-Display Plus von Watterott

Das RPi-Display von Watterott ist eine Alternative zum PiTFT. Dabei handelt es sich ebenfalls um ein aufsteckbares Board, das die komplette Fläche des Raspberry Pi abdeckt. Das Display ist 2,8 Zoll groß, hat eine Farbdarstellung mit 262.000 Farben und besitzt eine Touch-Oberfläche. Die Ansteuerung erfolgt via SPI. Kaufinformationen, Treiber und ein Produktvideo finden Sie unter:

http://www.watterott.com/de/RPi-Display-B-Plus

Ein guter Testbericht ist im deutschen Raspberry-Pi-Forum zu finden:

http://www.forum-raspberrypi.de/Thread-test-watterott-mi0283qt-9a-2-8-lcd-touchpanel

SainSmart Mini TFT Display

Ein echtes *Mini*-Display ist das *SainSmart 1.8 ST7735R*, ein 1,8 Zoll großes Display, das ebenfalls wieder über SPI angesprochen wird. Die Auflösung beträgt 128×160 Pixel. Zusätzlich ist der Bildschirm mit einer LED-Hintergrundbeleuchtung ausgestattet. Das kleine Display eignet sich perfekt für den Einbau in Raspberry-Pi-Gehäuse. Es ist in Deutschland unter anderem bei Conrad erhältlich:

http://www.conrad.de/ce/de/product/791898/Raspberry-Pi-Display-Modul TFT-Display
http://www.gtkdb.de/index_36_2227.html
http://www.sainsmart.com/arduino-compatibles-1/lcd-module/sainsmart-1-8-spi-lcd-module-with-microsd-led-backlight-for-arduino-mega-atmel-atmega.html

HDMIPi

HDMIPi ist ein sehr ambitioniertes Display-Projekt von Alex Eames. Er ist der Inhaber der Seite *http://raspi.tv* und arbeitet derzeit an einem sehr erfolgreichen Kickstarter-Projekt. Das Ziel seiner Crowdfunding-Initiative waren ursprünglich 55.000 britische Pfund. Erzielt wurde am Ende mehr als das Vierfache.

Aber was ist das für ein Projekt, das die Raspberry-Pi-Community so sehnlich erwartet? HDMIPi ist ein 9 Zoll großer Monitor mit einer Auflösung von 1280×720 Pixeln. Die Bildqualität des Bildschirms wird bereits mit der gängiger Tablet-PCs verglichen. Geliefert werden soll HDMIPi mit dem 9-Zoll-Display und einem Treiberboard, das unter anderem HDMI-, VGA- und USB-Schnittstellen bietet. Nach jetzigem Stand kann HDMIPi mit einem 5,2-V-Netzteil mit 2 A betrieben werden. Zusätzlich sind Gehäuse geplant, die sowohl das Display als auch den Raspberry Pi aufnehmen. Im Set inbegriffen ist eine kleine Leiste mit Tastern, die das Einstellen des Bildschirms erlaubt.

Ein kleiner Wermutstropfen bleibt jedoch: HDMIPi kann bislang nur vorbestellt werden. Wir hatten im Zuge der Arbeiten an diesem Buch leider keine Möglichkeit, das Display selbst in der Hand zu halten, fanden die Idee jedoch so interessant, dass wir uns entschieden haben, den HDMIPi hier zu erwähnen. Der Preis für Vorbestellungen liegt bei umgerechnet ca. 100 EUR. Sobald HDMIPi den freien Markt erreicht, wird es wohl ebenfalls in dieser Preisklasse verfügbar sein. Es lohnt sich also ein regelmäßiger Blick auf die Webseite des Projekts:

http://hdmipi.com

Displays für den DSI-Anschluss

Auf dem Raspberry Pi gibt es in der Nähe der Micro-USB-Buchse eine 15-polige Klemmleiste mit DSI-Kontakten. Die Klemmleiste sieht ganz ähnlich wie die CSI-Klemmleiste zum Anschluss der Raspberry-Pi-Kamera aus. DSI steht für *Display Serial Interface*, d. h., die Schnittstelle ist zum unkomplizierten Anschluss von Displays gedacht.

Wenn Sie hier nun aber eine Auflistung kompatibler Displays erwarten, müssen wir Sie leider enttäuschen: Bislang gibt es keine Hardware, die an diesem Anschluss nutzbar ist. Das liegt primär daran, dass Broadcom weder eine ausreichende Dokumentation noch geeignete Treiber zur Verfügung stellen konnte. Ein kleiner Hoffnungsschimmer ist die Ankündigung eines Prototyps eines DSI-Displays durch die Raspberry Pi Foundation. Erste Details dazu finden Sie hier:

http://raspi.tv/2014/raspberry-pi-official-7-inch-dsi-prototype-preview

TEIL IV

Programmierung

Kapitel 18
Python kennenlernen

Programmieren bedeutet, einem Computer Anweisungen zu geben, was er in Zukunft wie erledigen soll. Derartige Anweisungen müssen in einer Programmiersprache erfolgen. Auf dem Raspberry Pi stehen Ihnen eine Menge derartiger Sprachen zur Auswahl, z. B. bash, C, C++, Java oder PHP.

In diesem und den beiden folgenden Kapiteln steht aber die Sprache Python im Vordergrund. Sie gilt als Standardprogrammiersprache für den Raspberry Pi und wird bevorzugt eingesetzt, wenn nicht gute Gründe für eine andere Sprache sprechen. Python ist einfach zu erlernen, braucht keine komplizierten Zusatzwerkzeuge und eignet sich gut, um die Hardware-Funktionen des Raspberry Pi anzusprechen.

Die Beschreibung von Python wurde für dieses Buch auf drei Kapitel verteilt:

- **Python kennenlernen:** Dieses Kapitel stellt grundlegende Konzepte von Python vor. Nahezu alle Beispiele können direkt in der Entwicklungsumgebung IDLE bzw. im Python-Kommandointerpreter ausprobiert werden. Obwohl es sich bei diesen Beispielen noch nicht um *richtiges* Programmieren handelt, lernen Sie hier eine Menge grundlegender Eigenschaften von Python kennen. Natürlich darf in diesem Kapitel das obligatorische Hello-World-Beispiel nicht fehlen!
- **Python-Grundlagen:** Das folgende Kapitel beschreibt systematisch die wichtigsten Sprachelemente von Python. Hier wird referenzartig zusammengefasst, wie Sie mit Zahlen, Zeichenketten und Listen umgehen, wie Sie Verzweigungen und Schleifen formulieren, wie Sie eigene Funktionen und Klassen definieren, wie Sie mit Dateien umgehen etc.
- **Programmieren mit Python:** Im dritten Python-Kapitel stehen dann praktische Beispiele im Vordergrund. Neben typischen Lernprogrammen, die grundlegende Programmierkonzepte demonstrieren, geht es hier auch um die Hardware-Programmierung und um die Gestaltung einfacher Benutzeroberflächen.

Die drei Python-Kapitel richten sich ausdrücklich an Programmiereinsteiger. Wenn Sie schon Erfahrung mit anderen Programmiersprachen haben und nur die Besonderheiten von Python kennenlernen möchten, können Sie die meisten Abschnitte *diagonal* lesen. Geht es Ihnen primär um die GPIO-Steuerung, lesen Sie gleich in Kapitel 20, »Programmieren mit Python«, weiter.

Python 2 oder 3?

Dieses und die beiden folgenden Kapitel beziehen sich grundsätzlich auf die Version 3 von Python. Unter Raspbian sind standardmäßig *zwei* Python-Versionen installiert, nämlich Python 2.7 und Python 3.2. Im Sommer 2015 enthielt Raspbian leider noch keine Pakete für die im Herbst 2012 freigegebene Python-Version 3.3, geschweige denn für die seit März 2014 verfügbare Version 3.4. Die exakte Versionsnummer von Python stellen Sie fest, indem Sie in einem Terminalfenster `python --version` bzw. `python3 --version` ausführen.

In der Python-Version 3 wurde die Syntax der Sprache in vielen Details verbessert. Einige Sprachänderungen sind allerdings inkompatibel zur bisherigen Version 2. Aus diesem Grund werden auf vielen Linux-Systemen beide Versionen parallel installiert, um sicherzustellen, dass alte Python-Programme problemlos ausgeführt werden können. Für Python-Neueinsteiger gibt es aber kaum Gründe, sich noch mit Python-2-Eigenheiten zu belasten. Führen Sie Ihre Programme, wenn möglich, also mit `python3` aus!

Leider stehen manche Python-Erweiterungen nur für die Version 2 zur Verfügung. Sowohl im Internet als auch in den Hardware-Kapiteln unseres Buchs werden Sie zudem viele in Python 2 formulierte Lösungen finden – ganz einfach deswegen, weil wir unseren Code oft an die Beispiele der Hersteller bzw. der Originaldokumentation angeglichen haben. Kurz und gut: Python 3 ist in vielerlei Hinsicht besser als Python 2, aber ganz auf Python 2 zu verzichten ist dennoch schwierig.

18.1 Python ausprobieren

Python in einem Terminalfenster ausführen

Im Gegensatz zu den meisten anderen Programmiersprachen können Sie Python ausprobieren, *ohne* Code in eine Datei zu schreiben. Dazu öffnen Sie ein Terminalfenster und führen darin das Kommando `python3` aus. Damit starten Sie eine interaktive Python-Umgebung. Die drei Zeichen `>>>` geben darin den Ort an, an dem Sie selbst Eingaben durchführen können. [↵] beendet die Eingabe, und Python zeigt daraufhin das Ergebnis an (siehe Abbildung 18.1).

```
>>> 1+2
3
```

Beim interaktiven Ausprobieren von Python können Sie zumeist auf `print` verzichten, weil Ergebnisse ohnedies automatisch angezeigt werden:

```
>>> x=5
>>> print(x + 7)
```

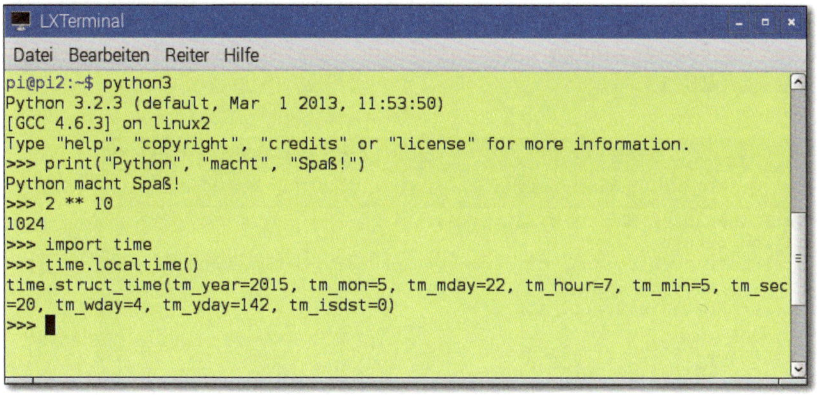

Abbildung 18.1 Python interaktiv ausprobieren

```
12
>>> x + 7
12
```

Sie können sogar mehrzeilige Anweisungen eingeben, z. B. `for`-Schleifen. Dabei sind zwei Dinge beachten: Zum einen müssen die Anweisungen innerhalb der Schleife durch Leerzeichen eingerückt werden, und zum anderen müssen Sie die gesamte Eingabe durch *zweimaliges* [↵] abschließen. Der Python-Interpreter stellt der ersten Zeile >>> voran, bei allen Folgezeilen erscheinen drei Punkte:


```
>>> for i in range(3):
...    print(i)
...
0
1
2
```

Um Python zu beenden, drücken Sie [Strg]+[D].

IDLE

IDLE steht für *Integrated Development Environment* und ist eine recht einfache Benutzeroberfläche zur Python-Programmierung. Sie werden dieses Programm in Abschnitt 18.3, »Hello World!«, noch näher kennenlernen. Vorerst nutzen wir IDLE aber nur zur interaktiven Ausführung von Python-Kommandos.

Im Startmenü finden Sie den Python-Interpreter unter ENTWICKLUNG • IDLE 3. Im vorerst leeren Fenster PYTHON SHELL können Sie nun ebenfalls interaktiv Python-Kommandos ausprobieren (siehe Abbildung 18.2). Der Interpreter hebt dabei verschiedene Komponenten des eingegebenen Codes in unterschiedlichen Farben hervor. Die Schriftgröße können Sie bei Bedarf mit OPTIONS • CONFIGURE IDLE einstellen.

```
>>> import time
>>> print("Es ist gerade", time.strftime("%H:%M."))
Es ist gerade 10:13.
```

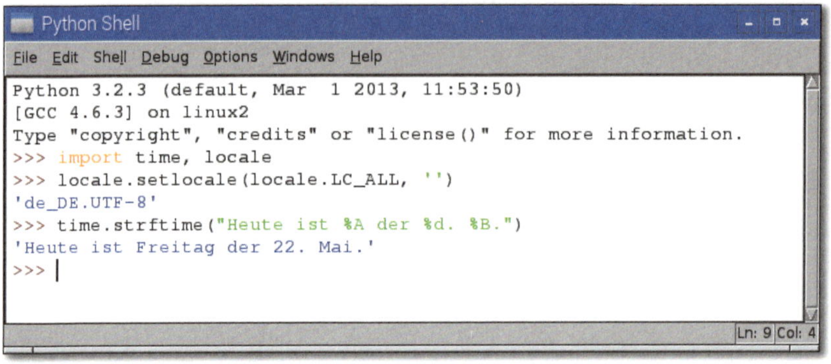

Abbildung 18.2 Python in IDLE interaktiv ausprobieren

Eingabetipps

Um in IDLE eine Eingabe zu wiederholen, beispielsweise um ein fehlerhaft eingegebenes Kommando zu korrigieren, bewegen Sie den Cursor mit den Cursortasten in die betreffende Zeile und drücken [↵]. Damit wird der zuvor eingegebene Text in die unterste Zeile von IDLE kopiert und kann nun verändert werden.

Mit [Tab] vervollständigen Sie Eingaben. Wenn Sie also die ersten Buchstaben einer Funktion oder Methode eingegeben haben und [Tab] drücken, fügt Python automatisch die fehlenden Zeichen hinzu. Gibt es mehrere mögliche Vervollständigungen, so erscheint eine Auswahlliste. Dort wählen Sie den gewünschten Eintrag mit den Cursortasten aus und drücken nochmals [Tab].

18.2 Python-Konzepte interaktiv kennenlernen

Dieser Abschnitt stellt grundlegende Python-Sprachelemente und -Konzepte anhand kleiner, interaktiver Beispiele vor. Die Kommandos müssen von einem Python-Interpreter ausgeführt werden, wobei es keine Rolle spielt, ob Sie IDLE 3 verwenden oder in einem Terminalfenster `python3` ausführen. Achten Sie aber darauf, dass einige Beispiele spezifisch für die Python-Version 3 gelten und nicht funktionieren, wenn Sie IDLE 2 bzw. `python` verwenden!

Einzugeben ist jeweils das Kommando, das hinter >>> bzw. bei mehrzeiligen Kommandos hinter ... beginnt. # leitet einen Kommentar ein, der in diesem Buch die Beispiele verdeutlicht, dessen Eingabe aber nicht erforderlich ist. Im folgenden Beispiel gilt also nur 2 ** 100 als Eingabe.

```
>>> 2 ** 100    # entspricht 2^100
1267650600228229401496703205376
```

Zahlen

Naturgemäß können Sie in Python alle elementaren Rechenarten durchführen:

```
>>> 7+12
19
>>> 3*6
18
>>> 100-3*5
85
```

Divisionen werden in Python grundsätzlich in Fließkommaarithmetik durchgeführt. Wenn Sie explizit eine ganzzahlige Division wünschen, verwenden Sie den Operator //. Das Prozentzeichen liefert den Rest einer ganzzahligen Division.

```
>> 17 / 4      # Python 3 führt immer Fließkommadivisionen durch
4.25
>>> 17 // 4    # Verwenden Sie // für ganzzahlige Divisionen
4
>>> 17 % 4     # % liefert den Rest einer ganzzahligen Division
1
```

Wenn auch nur eine Zahl des Ausdrucks eine Fließkommazahl ist, führt Python die gesamte Berechnung in Fließkommaarithmetik durch. Die Genauigkeit beträgt dabei sechzehn Stellen:

```
>>> 12.0 - 2*3
6.0
>>> 100 / 7
14.285714285714286
```

Eine Besonderheit von Python 3 besteht darin, dass der Zahlenraum für Berechnungen mit ganzen Zahlen unbegrenzt ist. Mit _ können Sie das letzte Ergebnis weiterverarbeiten:

```
>>> 12345 * 6789 * 5678 * 6543 * 4563
14207565934731338910
>>> _ * 2
28415131869462677820
```

18

Sie können Zahlen in der Schreibweise 0xnnn hexadezimal schreiben bzw. mit der Methode hex in eine Zeichenkette in hexadezimaler Schreibweise umwandeln:

```
>>> 0xff
255
>>> hex(240)
'0xf0'
```

Viele mathematische Funktionen und Konstanten befinden sich im Modul math, das vor seiner ersten Verwendung importiert werden muss:

```
>>> import math
>>> math.sqrt(2)
1.4142135623730951
>>> math.sin(math.pi / 8)
0.3826834323650898
```

Zufallszahlen können mit den Funktionen des random-Moduls erzeugt werden. randrange(n) liefert eine zufällige ganze Zahl zwischen 0 und n–1. randrange(10, 20) liefert eine Zufallszahl zwischen 10 und 19. Bei randint sind die Grenzen hingegen inklusive, d. h., randint(10, 20) ergibt eine Zufallszahl zwischen 10 und 20. random() liefert eine zufällige Fließkommazahl zwischen 0 und 1.

```
>>> import random
>>> random.randrange(100)
58
>>> random.random()
0.26011495295431664
```

Mathematik-Experten wird es freuen, dass Python sogar mit komplexen Zahlen rechnen kann, also mit Zahlen, die einen Real- und einen Imaginärteil aufweisen. Die Notation solcher Zahlen lautet x+yj, wobei x der Real- und y der Imaginärteil ist. Diesem muss der Buchstabe j hintangestellt werden. Das folgende Beispiel verwendet zur Speicherung zweier komplexer Zahlen die Variablen c1 und c2. (Jetzt haben Sie also auch gleich Variablen kennengelernt! Variablen dienen dazu, Daten innerhalb eines Programms zu speichern.)

```
>>> c1 = 4+2j
>>> c2 = 3+1j
>>> c1 + c2
(7+3j)
>>> c1*c2
(10+10j)
```

Zeichenketten

Wenn Sie schon etwas Programmiererfahrung haben, dann wissen Sie vielleicht bereits, dass in vielen Programmen der Umgang mit Zeichenketten weit mehr Arbeit verursacht als die Durchführung von Berechnungen. In Python können Zeichenketten wahlweise in einfache oder doppelte Apostrophe gestellt werden. Beide Schreibweisen sind gleichwertig und unterscheiden sich nur dadurch, dass der jeweils andere Apostroph unkompliziert in die Zeichenkette integriert werden kann. In den folgenden Zeilen werden drei Zeichenketten definiert. Sie werden in den drei Variablen s, t und u gespeichert.

```
>>> s = 'Python macht Spaß!'
>>> t = "O'Reilly"
>>> u = '<img src="http://xxx">'
```

Unabhängig vom Apostrophtyp können Apostrophe mit \' oder \" in die Zeichenkette eingebaut werden. Außerdem gibt es einige weitere \-Zeichenkombinationen, z. B. \n für einen Zeilenumbruch und \t für ein Tabulatorzeichen. Zeichenketten mit solchen Sonderzeichen verhalten sich unterschiedlich, je nachdem, ob sie direkt oder mit print ausgegeben werden:

```
>>> v='abc\nefg'
>>> v
'abc\nefg'
>>> print(v)
abc
efg
```

Mit den Operatoren + und * werden Zeichenketten aneinandergefügt bzw. vervielfältigt:

```
>>> 'abc' + 'efg'
'abcefg'
>>> 'abc' * 3
'abcabcabc'
```

Steht eine Zeichenkette einmal zur Verfügung, kann sie auf vielfältige Weise analysiert und verarbeitet werden:

```
>>> len(s)              # Anzahl der Zeichen
18
>>> s.upper()           # in Großbuchstaben umwandeln
'PYTHON MACHT SPAß!'
>>> s.lower()           # in Kleinbuchstaben umwandeln
'python macht spaß!'
```

```
>>> s.find('macht')       # ermittelt die Position, an der die
                          # Zeichenkette 'macht' in s vorkommt
7
>>> s.count('a')          # zählt das Vorkommen des
                          # Buchstabens 'a'
2
>>> s.replace('a', 'A')  # ersetzt 'a' durch 'A'
'Python mAcht SpAß!'
>>> s.split(' ')          # zerlegt s in eine Liste
['Python', 'macht', 'Spaß!']
```

Mit der Schreibweise s[n] extrahieren Sie ein einzelnes Zeichen aus einer Zeichenkette. n gibt dabei die Position des Zeichens an, wobei 0 für das erste Zeichen steht. (Diese Regel gilt generell in Python: Bei jeder Art von Aufzählung bezeichnet 0 das erste Element!) Bei negativen Zahlen wird vom Ende der Zeichenkette gerechnet.

```
>>> s[0], s[1], s[2]     # liefert das erste, das zweite
                         # und das dritte Zeichen
('P', 'y', 't')
>>> s[-1], s[-2]         # liefert das letzte und das vorletzte
                         # Zeichen
('!', 'ß')
```

Um mehrere Zeichen auf einmal zu lesen, kennt Python die Syntax s[start:ende], wobei start den Beginn und ende das Ende des Teilstrings angibt. Beide Angaben sind optional. Die Startposition wird *inklusive*, die Endposition aber *exklusive* angegeben! s[:5] liefert also alle Zeichen bis einschließlich des fünften Zeichens. s[:5] meint also die fünf Zeichen an den Positionen 0, 1, 2, 3 und 4. Die offizielle Bezeichnung für diese Art der Zeichenzugriffs lautet *Slicing*.

```
>>> s[:]                  # alles
>>> s[:5]                 # alles bis zum fünften Zeichen
'Pytho'
>>> s[5:]                 # alles ab dem sechsten Zeichen
'n macht Spaß!'
>>> s[5:10]               # vom sechsten bis zum zehnten Zeichen
'n mac'
```

Die Start- und die Endposition können Sie auch durch negative Zahlen angeben – dann beginnt Python vom Ende der Zeichenkette her zu zählen:

```
>>> s[:-3]               # alles außer den letzten drei Zeichen
'Python macht Sp'
>>> s[-3:]               # alles ab dem drittletzten Zeichen
'aß!'
```

Durch einen optionalen dritten Parameter kann eine Art Schrittweite angegeben werden. In der Praxis ist hier am häufigsten der Wert –1 gebräuchlich, um die Reihenfolge einer Zeichenkette umzudrehen:

```
>>> s[::2]                  # jedes zweite Zeichen
'Pto ah pß'
>>> s[::-1]                 # alles in umgekehrter Reihenfolge
'!ßapS thcam nohtyP'
```

Listen

Viele Programmiersprachen kennen Arrays, um damit mehrere gleichartige Daten (z. B. hundert ganze Zahlen) gemeinsam zu speichern und zu verarbeiten. Python bietet stattdessen mit *Listen* ein ungleich flexibleres Sprachkonstrukt: Listen werden in eckigen Klammern formuliert. Listen können Elemente beliebigen Datentyps aufnehmen. Der Zugriff auf die Listenelemente erfolgt wie auf die Zeichen einer Zeichenkette, also in der Form `liste[start:ende]`. Vergessen Sie nicht, dass Python die Nummerierung mit 0 beginnt und dass die Startposition inklusive, die Endposition aber exklusive ist!

```
>>> l = [1, 2.3, 'abc', 'efg', 12]
>>> l[2]                    # das dritte Element
'abc'
>>> l[2:4]                  # vom dritten bis zum vierten Element
['abc', 'efg']
>>> l[::-1]                 # umgekehrte Reihenfolge
[12, 'efg', 'abc', 2.3, 1]
>>> l[0] = 3                # ändert das erste Listenelement
>>> l
[3, 2.3, 'abc', 'efg', 12]
```

Da als Listenelement jedes beliebige Python-Objekt erlaubt ist, sind auch verschachtelte Listen zulässig:

```
>>> l = [[1, 2],
...      [3, 4]]
>>> l
[[1, 2], [3, 4]]
```

Die Zeichen einer Zeichenkette können mit `list` in eine Liste umgewandelt werden:

```
>>> s = list('Hello World!')
>>> s
['H', 'e', 'l', 'l', 'o', ' ', 'W', 'o', 'r', 'l', 'd', '!']
```

Mit der Funktion list(range(start, ende, schrittweite)) können Sie unkompliziert Listen erzeugen, die Zahlen in einem bestimmten Wertebereich enthalten. Es wird Sie nun wohl nicht mehr verwundern, dass auch bei range der Endwert exklusive ist, also nicht erreicht wird. Damit die Liste 10, 20 ... mit dem Wert 100 endet, muss also ein Endwert *größer* 100 angegeben werden! Im folgenden Beispiel wird die Liste wieder in einer Variablen gespeichert:

```
>>> l = list(range(10, 101, 10))    # erzeugt eine Liste
>>> l                               # und zeigt sie an
[10, 20, 30, 40, 50, 60, 70, 80, 90, 100]
```

len ermittelt die Anzahl der Elemente. extend bzw. += fügt eine zweite Liste am Ende der ersten Liste hinzu. insert fügt ein Element an einer beliebigen Position ein, pop entfernt es wieder. del löscht die in der [start:ende]-Notation angegebenen Elemente. remove entfernt das erste passende Objekt.

```
>>> len(l)          # ermittelt die Anzahl der Elemente
10
>>> l.extend([110]) # fügt ein Element am Ende hinzu
>>> l.insert(5, 55) # fügt ein Element in der Mitte hinzu
>>> l
[10, 20, 30, 40, 50, 55, 60, 70, 80, 90, 100, 110]
>>> l.pop(5)        # entfernt das Element an der Position 5
55
>>> l
[10, 20, 30, 40, 50, 60, 70, 80, 90, 100, 110]
>>> l += [120, 130] # fügt eine zweite Liste hinzu
>>> l
[10, 20, 30, 40, 50, 60, 70, 80, 90, 100, 110, 120, 130]
>>> del l[-3:]      # entfernt die letzten drei Elemente
>>> l
[10, 20, 30, 40, 50, 60, 70, 80, 90, 100]
>>> l.remove(80)    # entfernt die Zahl 80 aus der Liste
>>> l
[10, 20, 30, 40, 50, 60, 70, 90, 100]
```

Python bietet viele Möglichkeiten, Listenelemente zu verarbeiten. Am elegantesten ist zumeist das Konzept der sogenannten *List Comprehension*: Dabei wird eine Anweisung in der Form [ausdruck for x in liste] gebildet. Python setzt nun der Reihe nach jedes Element der Liste in die Variable x ein und wertet dann den Ausdruck aus. Die Ergebnisse ergeben eine neue Liste. Im zweiten Beispiel ist jedes Ergebnis selbst eine aus zwei Elementen bestehende Liste, sodass die resultierende Liste verschachtelt ist.

```
>>> [x*2+1 for x in l]
[21, 41, 61, 81, 101, 121, 141, 181, 201]
>>> [ [x, x*x] for x in l]
[[10, 100], [20, 400], [30, 900], [40, 1600], [50, 2500],
 [60, 3600], [70, 4900], [90, 8100], [100, 10000]]
```

Erfahrene Programmierer mögen erleichtert sein, dass die Verarbeitung der Liste natürlich auch in traditionellen Schleifen zulässig ist. Dies ist aber selten der effizienteste Weg. Die folgende Schleife zeigt zu allen Listenelementen das Quadrat und die dritte Potenz an. Dabei bildet `for` eine Schleife, während der jedes Listenelement in die Variable `x` eingesetzt wird. `print` gibt die Daten aus, wobei die drei Zahlen jeweils durch ein Tabulator-Zeichen getrennt werden. Die Eingabe dieser Anweisung im Python-Interpreter müssen Sie durch ein zweimaliges ↵ abschließen. Das ist notwendig, weil es möglich ist, mit jedem Durchlauf der `for`-Schleife mehrere Anweisungen auszuführen.

```
for x in l: print(x, x**x, x**3, sep='\t')
10      100     1000
20      400     8000
30      900     27000
40      1600    64000
50      2500    125000
60      3600    216000
70      4900    343000
90      8100    729000
100     10000   1000000
```


Tupel (Sequenzen)

Listen sind in sehr vielen Python-Programmen die dominierende Datenstruktur, wenn es darum geht, mehrere gleichartige oder ähnliche Daten zu speichern und zu verarbeiten. Dennoch ist es gut zu wissen, dass Python zwei weitere elementare Möglichkeiten zur Speicherung von Datenmengen anbietet, nämlich *Tupel* (Sequenzen) und *Sets* (Mengen, siehe den folgenden Abschnitt).

Kurz gesagt ist ein Tupel eine unveränderliche Liste. Während Sie bei Listen Elemente hinzufügen, ersetzen und entfernen können, ist ein einmal definiertes Tupel nicht mehr veränderlich. Tupel sind also gewissermaßen die *primitivere* Datenstruktur. Ihre interne Verwaltung ist deswegen mit weniger Overhead verbunden. Tupel werden in runden Klammern formuliert. Wenn es zu keinen syntaktischen Mehrdeutigkeiten kommen kann, ist es erlaubt, auf die Klammern zu verzichten.

```
>>> t = (12, 73, 3)
>>> t
(12, 73, 3)
>>> t = 12, 73, 3
>>> t
(12, 73, 3)
```

Sets (Mengen)

Ein *Set* ist eine ungeordnete Menge von Elementen ohne Doppelgänger. Anders als bei zu Listen kann sich die Reihenfolge der Elemente im Set jederzeit ändern. Sie dürfen sich nicht darauf verlassen, dass die Elemente in derselben Reihenfolge verarbeitet werden, in der Sie sie eingefügt haben. Es ist unmöglich, dass ein Set mehrfach dasselbe Objekt enthält.

Sets werden in geschwungenen Klammern formuliert. Zeichenketten können mit `set` in ein Zeichen-Set umgewandelt werden, wobei Doppelgänger automatisch eliminiert werden.

```
>>> s = {1, 2, 3}
>>> s
{1, 2, 3}
>>> s = set('Hello World!')
>>> s
{'r', 'W', '!', ' ', 'e', 'd', 'H', 'l', 'o'}
```

Sets bieten sich besonders zum Finden und Löschen von Doppelgängern sowie zum Durchführen von Mengenoperationen an, also z. B., wenn Sie herausfinden möchten, welche Objekte aus Set 1 auch in Set 2 enthalten sind. Vielleicht rufen die folgenden Beispiele Erinnerungen an die Mengenlehre aus dem Mathematikunterricht wach?

```
>>> x = set('abcdef')
>>> y = set('efgh')
>>> x | y    # Vereinigung
{'a', 'c', 'b', 'e', 'd', 'g', 'f', 'h'}
>>> x - y    # Differenz
{'a', 'c', 'b', 'd'}
>>> x & y    # Schnittmenge (gemeinsame Elemente)
{'e', 'f'}
>>> x ^ y    # unterschiedliche Elemente (XOR)
{'a', 'c', 'b', 'd', 'g', 'h'}
```

Dictionaries (Assoziative Arrays)

Bei Listen und Tupeln erfolgt der Zugriff auf einzelne Elemente durch einen numerischen Index, also in der Form `liste[n]` oder `tupel[n]`. Python-Dictionaries ermöglichen es hingegen, Elementaufzählungen mit einem beliebigen Schlüssel zu verwalten. In manchen Programmiersprachen werden derartige Datenstrukturen als assoziative Arrays bezeichnet.

Dictionaries werden wie Sets in geschwungenen Klammern formuliert. Im Unterschied zu Sets werden aber immer Schlüssel-Wert-Paare gespeichert. Das folgende Beispiel speichert einige HTML-Farbcodes, wobei als Schlüssel der Name der Farbe verwendet wird:

```
>>> d = {'Rot' : 0xff0000, 'Grün' : 0xff00, 'Blau' : 0xff,
...       'Weiß' : 0xffffff}
>>> d
{'Blau': 255, 'Rot': 16711680, 'Weiß': 16777215, 'Grün': 65280}
```

Die Ausgabe von `d` zeigt bereits, dass Dictionaries nicht nur syntaktisch, sondern auch funktionell mit Sets verwandt sind: Die Reihenfolge der Elemente bleibt nicht erhalten. Zum Zugriff auf die Elemente des Dictionaries können Sie nun den Schlüssel verwenden. `hex` wandelt die dezimal gespeicherten Zahlen in die hexadezimale Schreibweise um:

18

```
>>> d['Rot']          # Zugriff auf ein Element
16711680
>>> hex(d['Rot'])
'0xff0000'
```

Der Versuch, auf ein nicht vorhandenes Element zuzugreifen, führt zu einem *KeyError*. Um das zu vermeiden, können Sie vorweg mit `schlüssel in d` testen, ob das Dictionary ein Element für einen bestimmten Schlüssel enthält:

```
>>> d['Gelb']
Traceback (most recent call last):
  File "<stdin>", line 1, in <module>
KeyError: 'Gelb'
>>> 'Gelb' in d
False
```

`len` liefert wie bei Listen, Sets und Tupeln die Anzahl der Elemente. Mit der Anweisung `d[neuerSchlüssel]=neuerWert` können Sie das Dictionary erweitern:

```
>>> len(d)
4
>>> d['Schwarz']=0  # fügt ein Element hinzu
```

`del d[schlüssel]` entfernt ein Element:

```
>>> del d['Rot']         # löscht ein Element
>>> d                    # alle Key-Value-Paare ausgeben
{'Schwarz': 0, 'Blau': 255, 'Weiß': 16777215, 'Grün': 65280}
```

Die Methoden `keys` und `values` liefern alle Schlüssel bzw. alle Werte des Dictionary. Gegebenenfalls können Sie diese Daten mit `list` oder `set` in Listen oder Sets umwandeln:

```
>>> d.values()
dict_values([0, 255, 16777215, 65280])
>>> d.keys()
dict_keys(['Schwarz', 'Blau', 'Weiß', 'Grün'])
>>> set(d.keys())
{'Schwarz', 'Blau', 'Weiß', 'Grün'}
>>> list(d.keys())
['Schwarz', 'Blau', 'Weiß', 'Grün']
```

Wenn Sie eine `for`-Schleife über ein Dictionary bilden, setzt Python in die Schleifenvariable alle Schlüssel ein:

```
>>> for f in d:
      print("Die Farbe", f, " hat den Farbcode", hex(d[f]))
Die Farbe Schwarz  hat den Farbcode 0x0
Die Farbe Blau  hat den Farbcode 0xff
Die Farbe Weiß  hat den Farbcode 0xffffff
Die Farbe Grün  hat den Farbcode 0xff00
```

Auch Dictionarys können durch *Comprehension*-Ausdrücke verarbeitet werden. Hier erzeugen wir eine Liste aller Farben, bei denen der Farbcode ungleich 0 ist:

```
>>> [ color for (color, code) in d.items() if code!=0 ]
['Blau', 'Weiß', 'Grün']
```

In den obigen Beispielen wurden immer Zeichenketten als Schlüssel verwendet. Grundsätzlich ist aber jedes Python-Objekt als Schlüssel geeignet. Die einzige Voraussetzung besteht darin, dass die Schlüssel eindeutig sind.

18.3 Hello World!

Jetzt haben Sie die wichtigsten Python-Datenstrukturen zumindest oberflächlich kennengelernt, richtig programmiert haben Sie aber noch nichts. Traditionell ist *Hello World* das erste Programm in jeder Programmieranleitung bzw. in jedem Programmierbuch. Die Aufgabe dieses Programms besteht darin, die Zeichenkette `'Hello World'` auf dem Bildschirm bzw. in einem Terminalfenster auszugeben.

Eine ziemlich triviale Aufgabe, werden Sie einwenden – dazu muss ich nicht das Programmieren lernen! Damit haben Sie natürlich recht. Tatsächlich besteht der Sinn des Hello-World-Programms nicht darin, eine Zeichenkette auszugeben, sondern vielmehr darin, die Syntax und Werkzeuge einer neuen Programmiersprache erstmals auszuprobieren. Und genau darum geht es in diesem Abschnitt.

Texteditoren

Der nächste Schritt hin zum *richtigen* Programmieren besteht darin, eigenen Code in einer Textdatei zu speichern. Dazu benötigen Sie einen Texteditor. Unter Linux stehen unzählige Editoren zur Wahl; unter Raspbian sind drei schon vorinstalliert:

- `nano`: minimalistischer Texteditor, läuft in einem Terminalfenster.
- `vim`: Texteditor mit sehr vielen Funktionen, allerdings schwierig zu erlernen, läuft ebenfalls in einem Terminalfenster.
- LeafPad: einfacher Editor, läuft in einem eigenen Fenster.

`nano` und `vim` starten Sie direkt in einem Terminalfenster, z. B. in der Form `nano dateiname`. LeafPad können Sie über das Startmenü mit Zubehör • Text Editor ausführen oder mit [Alt]+[F2] `leafpad`.

> **Gedit – Komforteditor für Einsteiger**
>
> Bei Bedarf können Sie mit `sudo apt-get install paketname` andere Editoren nachinstallieren. Empfehlenswert für Einsteiger ist das Programm Gedit (Paketname `gedit`): Dabei handelt es sich um den Standardeditor des Gnome-Desktops. Im Vergleich zu LeadPad bietet Gedit eine komfortablere Benutzeroberfläche. Außerdem zeigt das Programm verschiedene Codeteile in unterschiedlichen Farben an, was die Orientierung im Code erleichtert. Der größte Nachteil im Vergleich zu LeafPad ist der deutlich höhere Speicherbedarf des Programms.

»Hello World« mit LeafPad verfassen und ausprobieren

Für erste Experimente ist der Editor LeafPad eine gute Wahl (siehe Abbildung 18.3). Starten Sie das Programm, geben Sie die folgende Codezeile ein, und speichern Sie die Textdatei dann unter dem Namen `hello-world.py` im Heimatverzeichnis. Die übliche Kennung für Python-Programme lautet `.py`.

```
print("Hello World!")
```

Um das Programm nun auszuführen, öffnen Sie ein Terminalfenster und führen dort das folgende Kommando aus (siehe Abbildung 18.4):

```
python3 hello-world.py
```

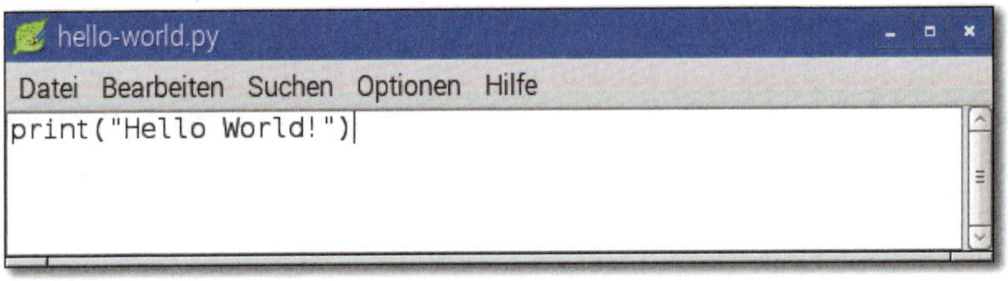

Abbildung 18.3 Der Programmcode für das Hello-World-Programm im Editor LeafPad

Abbildung 18.4 »Hello World« in einem Terminalfenster ausführen

Damit starten Sie das Programm `python3`, also den Interpreter zur Ausführung von Python-Scripts in der aktuellen Version 3. Als Parameter geben Sie das auszuführende Script an, also die Codedatei. Sofern Sie `hello-world.py` ohne Tippfehler eingegeben und gespeichert haben, wird das Programm die Zeichenkette *Hello World!* ausgeben. Damit haben Sie Ihr erstes Python-Script erfolgreich programmiert!

Unter Linux und OS X ist es üblich, Scripts mit einer sogenannten Shebang- oder Hashbang-Zeile einzuleiten. Diese Zeile gibt an, durch welchen Interpreter das Script ausgeführt werden soll. *Shebang* bzw. *Hashbang* steht dabei für die Zeichenkombination `#!`. Die Shebang-Zeile für Python 3 lautet `#!/usr/bin/python3`. Wenn Sie diese Zeile in den Hello-World-Code einbauen, sieht das vollständige Listing so aus:

```
#!/usr/bin/python3
print("Hello World!")
```

In einem zweiten Schritt können Sie das Script nun noch als ausführbar kennzeichnen, indem Sie mit `chmod` das Execute-Bit setzen:

```
chmod a+x hello-world.py
```

Das Execute-Bit in Kombination mit der korrekten Shebang-Zeile ermöglicht es nun, das Script mit weniger Tippaufwand auszuführen (siehe Abbildung 18.5):

```
./hello-world.py
```

Abbildung 18.5 »Hello World« als eigenständiges Script ausführen

Was ist ein Script?

In diesem Buch ist häufig von Scripts die Rede. Was ist nun ein Script, und worin besteht der Unterschied zu einem Programm? Ein Script ist eine Sonderform eines Programms, bei dem der Quellcode direkt von einem Interpreter ausgeführt wird. Das Programm python3 verhält sich wie ein solcher Interpreter. Somit kann jedes Python-Programm als Script betrachtet werden. Die beiden Begriffe *Script* und *Programm* werden deswegen in diesem Kapitel synonym verwendet.

Bei vielen anderen Programmiersprachen (wie Java) muss ein Programm zuerst explizit kompiliert werden. In C oder C++ müssen außerdem sogenannte Objektdateien, also die Ergebnisse des Kompilierens, miteinander zu einer ausführbaren Datei verbunden werden (»gelinkt werden«). All das macht die Programmentwicklung etwas umständlicher.

Es geht an dieser Stelle eigentlich zu weit, aber der Korrektheit wegen wollen wir Ihnen nicht verschweigen, dass auch Python-Programme kompiliert werden. Daher ist es genau genommen nicht korrekt, von Python-Scripts zu sprechen! Sie merken vom Kompilieren nichts, weil dieser Vorgang durch den sogenannten Just-in-Time-Compiler automatisch erfolgt. Der resultierende Byte-Code von Einzeldateien wird nur im RAM abgelegt, aber nicht gespeichert.

Nur bei größeren Python-Projekten, die aus mehreren Modulen bestehen, werden Byte-Code-Dateien im Unterverzeichnis __pycache__ gespeichert, um ein wiederholtes Kompilieren zu vermeiden. Wenn Sie sich mehr für derartige Implementierungsdetails interessieren, legen wir Ihnen das im O'Reilly-Verlag erschienene Buch *Learning Python* von Mark Lutz ans Herz: Es ist das unserer Meinung nach beste Python-Buch auf dem Markt, auch wenn seine über 1500 Seiten auf den ersten Blick abschreckend erscheinen mögen.

»Hello World« in IDLE3 verfassen und ausprobieren

Zur Verfassen von Python-Scripts können Sie auch die Benutzeroberfläche IDLE3 verwenden. Um ein neues Script zu entwickeln, öffnen Sie mit FILE • NEW WINDOW oder [Strg]+[N] ein neues Editor-Fenster. Dort geben Sie Ihren Code ein und speichern ihn mit [Strg]+[S]. Anschließend können Sie den Code mit [F5] ausführen und auf diese Weise testen. Alle Ausgaben erscheinen im Fenster PYTHON SHELL (siehe Abbildung 18.6).

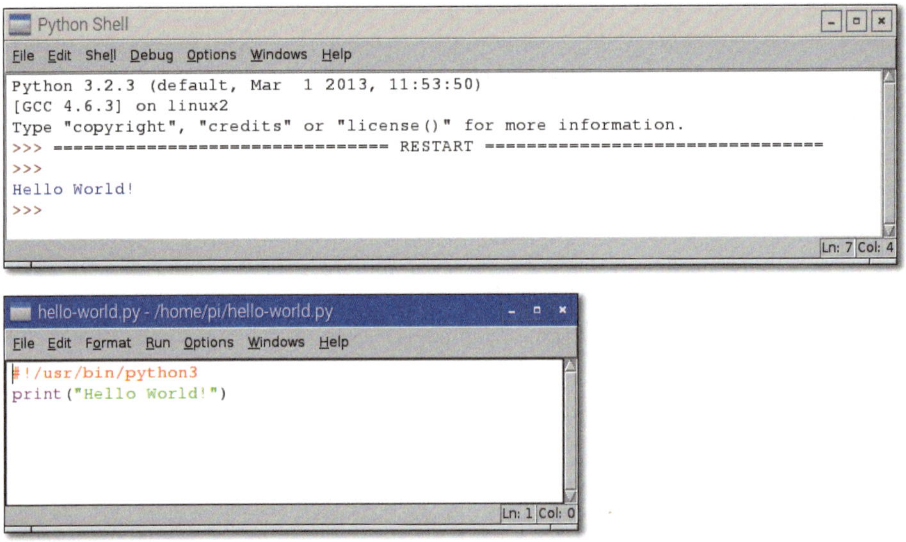

Abbildung 18.6 Oben die »Python Shell« der Entwicklungsumgebung IDLE 3, unten ein Codefenster

Im Vergleich zum Editor LeafPad bietet IDLE bei der Python-Programmentwicklung einige Vorteile:

- Verschiedene Teile des Codes, z. B. Zeichenketten, Schlüsselwörter oder Kommentare, werden in verschiedenen Farben dargestellt. Das erhöht die Übersichtlichkeit.
- Bei der Codeeingabe können Sie Funktionsnamen und Methoden durch [⇆] vervollständigen. Wenn es mehrere passende Namen gibt, erscheint eine Liste, in der Sie den gewünschten Eintrag auswählen können.
- Bei der Programmausführung wird der erste Syntaxfehler im Programmcode gekennzeichnet.
- Mit der rechten Maustaste können sogenannte Haltepunkte (*break points*) gesetzt werden. An diesen Stellen wird die Programmausführung automatisch unterbrochen. Das hilft bei der Fehlersuche.

Auch wenn IDLE im Vergleich zu *großen* Entwicklungsumgebungen wie Eclipse (Java) oder Visual Studio (C#, Visual Basic) ein recht einfaches Programm ist, bietet es gerade Python-Einsteigern viele hilfreiche Funktionen.

Noch ein Einführungsbeispiel

Natürlich wollen Sie mehr, als *Hello World* in einem tristen Terminalfenster auszugeben. Aber bevor Sie komplexere Programme verfassen können, müssen Sie zuerst die Grundlagen von Python kennenlernen. Sie sind Thema der folgenden Abschnitte. Um Ihnen vorweg schon ein bisschen Appetit zu machen, stellen wir Ihnen hier ein weiteres Python-Programm vor, das besser als das Hello-World-Programm einen Eindruck davon vermittelt, wie ein Python-Script für den Raspberry Pi in der Praxis aussieht.

Das folgende Script setzt voraus, dass der GPIO-Pin 26 über einen Vorwiderstand mit einer Leuchtdiode verbunden ist (siehe Abbildung 20.1). Das Script bringt die Leuchtdiode zehnmal für eine Sekunde zum Leuchten. Das Programm greift dabei auf das RPi.GPIO-Modul zurück. Das entsprechende Paket `python3-rpi.gpio` ist unter Raspbian standardmäßig installiert. Die `import`-Anweisung bewirkt, dass das Modul unter dem Namen `gpio` angesprochen werden kann.

```
#!/usr/bin/python3
import RPi.GPIO as gpio
import time

# Pin-Nummern verwenden (nicht GPIO-Nummern)
gpio.setmode(gpio.BOARD)

# Pin 26 (= gpio 7) zur Datenausgabe verwenden
gpio.setup(26, gpio.OUT)

# LED über Pin 26 zehnmal ein- und ausschalten
for i in range(10):
    gpio.output(26, gpio.HIGH)
    time.sleep(1)
    gpio.output(26, gpio.LOW)
    time.sleep(1)

# alle vom Script benutzten GPIOs/Pins wieder freigeben
gpio.cleanup()
```

Da der Zugriff auf die GPIOs root-Rechte voraussetzt, muss dieses Script mit `sudo` ausgeführt werden:

```
sudo ./led-ein-aus.py
```

Kapitel 19
Python-Grundlagen

Nachdem das vorige Kapitel anhand interaktiver Beispiele und des kurzen Hello-World-Programms Python eher spielerisch vorgestellt hat, steht in diesem Kapitel eine systematische Beschreibung der wichtigsten Sprachelemente von Python im Vordergrund. Wenn Python Ihre erste Programmiersprache ist, werden die Details Sie anfangs vielleicht überfordern. Das ist nicht so schlimm: Wichtig ist, dass Sie einen ersten Überblick bekommen. Die Einzelheiten können Sie später nachlesen, sobald Sie sie brauchen. Konzentrieren Sie sich vorerst vor allem auf die Beispiele! Vieles wird klarer, sobald Sie beginnen, selbst zu programmieren.

19.1 Elementare Syntaxregeln

Anweisungen

Python-Anweisungen sind normalerweise einzeilig. Sie werden im Gegensatz zu vielen anderen Programmiersprachen nicht durch einen Strichpunkt oder ein anderes Zeichen abgeschlossen.

Mehrzeilige Anweisungen sind erlaubt, wenn deren Anfang und Ende durch Klammern eindeutig hervorgeht, z. B. bei Funktionsaufrufen. Alternativ können mehrzeilige Anweisungen auch mit dem Trennzeichen \ gebildet werden:

```
print("abc",
      "efg")
a = 1 + 2 + \
    3 + 4
```

Anweisungen dürfen mit einem Strichpunkt abgeschlossen werden. Normalerweise ist dieser Strichpunkt optional und hat keine Auswirkungen auf die Programmausführung. Strichpunkte erlauben es aber, mehrere Anweisungen in einer Zeile zu formulieren:

```
a = 1; b=2; c=3
```

Die obige Dreifachzuweisung können Sie auch auf eine andere Art durchführen, indem Sie sowohl die Variablen als auch die Werte in Gruppen angeben, deren

Bestandteile jeweils durch Kommas getrennt werden. Python-intern werden dabei Tupel gebildet. Beide Varianten sind *richtig*, aber die zweite Variante entspricht eher den Sprachkonzepten von Python.

```
a, b, c = 1, 2, 3
```

Blockelemente

In Python gibt es wie in jeder anderen Programmiersprache einige Sprachelemente, die einen ganzen Block weiterer Anweisungen einleiten, z. B. Verzweigungen mit `if`, Schleifen mit `for` und `while` oder Funktionsdefinitionen mit `function`. In Python enden derartige Sprachelemente immer mit einem Doppelpunkt. Alle weiteren Anweisungen, die zum entsprechenden Block gehören, müssen eingerückt werden. Dafür entfallen die in anderen Sprachen üblichen Klammern. Also:

```
if xxx:
    anweisung1a
    anweisung1b
else:
    anweisung2a
    anweisung2b
    anweisung2c
```

Wenn die Bedingung `xxx` erfüllt ist, werden die Anweisungen 1a und 1b ausgeführt; ist sie nicht erfüllt, werden stattdessen die Anweisungen 2a, 2b und 2c ausgeführt. Mehr Details zu `if` und `else` folgen in Abschnitt 19.4, »Verzweigungen (if)«.

Entscheidend ist in Python, dass die Codeeinrückung nicht wie bei anderen Programmiersprachen optional ist, sondern Teil der Syntax! Für das Ausmaß der Einrückung gibt es keine starren Regeln: Ein Zeichen reicht, üblich sind aber wegen der besseren Lesbarkeit vier Zeichen. Vorsicht ist in diesem Zusammenhang bei Editoren angebracht, die Tabulatorzeichen zum Einrücken verwenden. Python nimmt an, dass sich die Tabulatorposition an Vielfachen von acht Zeichen befindet. Wenn Sie in Ihrem Editor eine andere Tabulatorbreite eingestellt haben und Tabulator- und Leerzeichen mischen, dann kann es passieren, dass Python bei der Interpretation der Einrückungen durcheinanderkommt.

Code darf auch direkt nach einem Blockelement angegeben werden. In einfachen Fällen lassen sich so einzeilige Bedingungen oder Schleifen formulieren:

```
if xxx: anweisung
```

Zur Not können Sie auf diese Weise sogar mehrere Anweisungen in einer Zeile ausführen:

```
if xxx: anweisung1; anweisung2; anweisung3
```

print

Beim Kennenlernen von Python sowie in ersten Testprogrammen ist die print-Funktion allgegenwärtig. Damit können Sie unkompliziert im Terminal Variableninhalte oder Testnachrichten ausgeben. Die Bedeutung von print wird aber im Laufe der Zeit nachlassen: Je intensiver Sie programmieren, desto seltener werden Sie Ausgaben mit print durchführen – entweder schreiben Sie Resultate direkt in Dateien, oder Sie verwenden eine einfache grafische Benutzeroberfläche zur Interaktion mit den Anwendern.

Die Syntax von print ist einfach: Sie übergeben einen oder mehrere Parameter an die Funktion in runden Klammern. print wandelt jeden der Parameter in Zeichenketten um und gibt alle Zeichenketten aus. Dabei wird zwischen den Parametern jeweils ein Leerzeichen und am Ende ein Zeilenumbruchzeichen gesetzt, sodass jede print-Anweisung in einer neuen Zeile startet. print ist also sehr unkompliziert zu verwenden und kommt mit nahezu jeder Art von Python-Objekt zurecht, also auch mit Listen, Tupeln und Sets.

```
>>> print(1, 2, 3/4, 'abc', 2==3)
1 2 0.75 abc False
>>> print('1/7 ist', 1/7)
1/7 ist 0.14285714285714285
>>> x, y, z = ['eine', 'Liste'], ('ein', 'Tupel'), {'ein', 'Set'}
>>> print(x, y, z)
['eine', 'Liste'] ('ein', 'Tupel') {'ein', 'Set'}
```


print kennt drei optionale Parameter:

- sep stellt die Zeichenkette ein, die zwischen den Parametern ausgegeben wird – standardmäßig ' '.
- end definiert die Zeichenkette, die nach dem letzten Parameter ausgegeben wird – standardmäßig '\n'.
- file bestimmt, wo die Ausgabe durchgeführt wird. Normalerweise werden die Ausgaben zur Standardausgabe umgeleitet. file gibt Ihnen die Möglichkeit, die Ausgaben in eine Textdatei zu schreiben.

```
>>> print(1, 2, 3, sep='---')
1---2---3
>>> print(1, 2, 3, sep=';', end='.\nEOF\n')
1;2;3.
EOF
>>> f = open('out.txt', 'w')
>>> print(1, 2, 3, file=f)
>>> f.close()
```

print in Python 2

Dieses Kapitel bezieht sich grundsätzlich auf die Python-Version 3. Bei print wollen wir aber eine Ausnahme machen: Kein anderes Sprachkonstrukt hat sich beim Wechsel von Python 2 zu Python 3 so stark und offensichtlich geändert. In Python 2 ist print keine Funktion, sondern ein elementares Schlüsselwort. Daher entfallen die Klammern:

```
# gilt für Python 2
>>> print 1, 2, 3
1 2 3
```

Die Ausgabe endet immer mit dem Zeilenumbruch \n, es sei denn, am Ende von print wird ein Komma ohne weitere Parameter angegeben. Zwischen den Parametern wird wie bei print() jeweils ein Leerzeichen ausgegeben – aber auch hier gibt es eine Ausnahme: Wenn Python erkennt, dass der vorherige Parameter mit einem Tabulator oder Zeilenumbruch endet, also mit \t oder \n, dann wird kein zusätzliches Leerzeichen eingebaut. Die Syntaxvariante `print >> file, para1, para2 ...` ermöglicht es, Ausgaben in eine Datei umzuleiten:

```
# gilt für Python 2
f = open('out.txt', 'w')
print >> f, 123
f.close()
```

input

So wie Sie mit print Ausgaben in einem Terminalfenster durchführen können, verarbeitet input Texteingaben. (Falls Sie mit Python 2 arbeiten, müssen Sie anstelle von input die Funktion raw_input verwenden.)

input gibt zuerst den im optionalen Parameter angegebenen Text aus und erwartet dann eine Eingabe, die mit [↵] abgeschlossen werden muss.

```
name = input('Geben Sie Ihren Namen an:')
print('Ihr Name lautet:', name)
```

Leere Eingaben, also ein [↵] ohne Text, quittiert input mit einem EOFError. Wenn Ihr Programm das readline-Modul lädt, dann stehen bei wiederholten Eingaben Editierfunktionen zur Verfügung. Beispielsweise kann der Nutzer Ihres Programms dann mit den Cursortasten zuvor eingegebene Zeichenketten wiederverwenden und ändern.

Module und »import«

Für Einsteiger wirkt Python oft sehr groß und komplex, aber in Wirklichkeit ist die Anzahl der unmittelbar in Python implementierten Funktionen durchaus überschaubar. Alle erdenklichen Zusatzfunktionen sind nämlich nicht im Sprachkern von Python realisiert, sondern in Form von Modulen, die selbst in Python programmiert wurden. Diese Module müssen vor ihrer Verwendung importiert werden. Dafür gibt es diverse Syntaxvarianten, von denen wir hier nur die wichtigsten nennen:

- `import modulname`: Diese Anweisung liest das Modul. Anschließend können Sie alle darin definierten Funktionen in der Schreibweise `modulname.funktionsname()` nutzen. Mit `import m1, m2, m3` können Sie auch mehrere Module auf einmal importieren.
- `import modulname as m`: Bei dieser Variante können die im Modul definierten Funktionen in der Form `m.funktionsname()` verwendet werden. Vor allem bei langen Modulnamen minimiert das den Tippaufwand und macht den Code übersichtlicher.
- `from modulname import f1, f2`: Bei dieser Variante können Sie die Funktionen `f1` und `f2` ohne das Voranstellen des Modulnamens verwenden.
- `from modulname import *`: Diese Anweisung importiert alle Symbole aus dem angegebenen Modul, deren Name nicht mit __ beginnt (also mit zwei Unterstrichen). Vorsicht: Bei dieser Variante kann es passieren, dass Sie unbeabsichtigt den Inhalt gleichnamiger Variablen überschreiben!

Python-intern bewirkt `import`, dass die Datei `modulname.py` gelesen und ausgeführt wird. Viele Module enthalten einfach die Definition diverser Funktionen; damit sind diese Funktionen Python nun bekannt und können genutzt werden. Module können aber auch Code enthalten, der sofort ausgeführt wird, beispielsweise um Initialisierungsarbeiten durchzuführen.

Es ist üblich, `import`-Anweisungen immer an den Anfang eines Python-Scripts zu setzen. Module können selbst weitere Module importieren. Python merkt sich, welche Module es bereits eingelesen hat, und vermeidet so einen neuerlichen Import bereits aktivierter Module.

`import` wertet bei der Suche nach den Moduldateien `sys.path` aus und berücksichtigt alle dort genannten Verzeichnisse. Der erste Eintrag mit der leeren Zeichenkette bedeutet, dass auch das lokale Verzeichnis durchsucht wird.

```
>>> import sys
>>> print(sys.path)
['',
 '/usr/lib/python3.2',
 '/usr/lib/python3.2/plat-linux2',
```

```
 '/usr/lib/python3.2/lib-dynload',
 '/usr/local/lib/python3.2/dist-packages',
 '/usr/lib/python3/dist-packages']
```

Mehr Details zum Umgang mit Modulen können Sie in der Python-Dokumentation nachlesen:

http://docs.python.org/3.2/reference/simple_stmts.html#import

Namenskonflikte zwischen Ihrem Script und dem Modul

Vermeiden Sie im lokalen Verzeichnis Dateinamen, die mit den von Ihnen verwendeten Modulnamen übereinstimmen! Wenn Sie beispielsweise in einem Python-Script `import csv` ausführen und im lokalen Verzeichnis gibt es die Datei `csv.py`, dann wird diese Datei anstelle des Python-Moduls zur Verarbeitung von CSV-Dateien importiert.

Kommentare

Einfache Kommentare werden mit dem Zeichen # eingeleitet und reichen bis zum Ende der Zeile:

```
# ein Kommentar
print("abc")  # noch ein Kommentar
```

Mit """ können Sie mehrzeilige Kommentare bilden:

```
""" ein langer
    Kommentar """
```

Wenn derartige Kommentare richtig platziert sind (z. B. unmittelbar nach der Definition einer Funktion oder einer Klasse), gelten sie als sogenannte *Docstrings* und werden vom Python-internen Dokumentationssystem ausgewertet. Auf die Details gehen wir hier nicht ein, Sie können sie im Internet nachlesen:

http://www.python.org/dev/peps/pep-0257
http://en.wikipedia.org/wiki/Docstring

Eingebaute Hilfe

Zu Python finden Sie im Internet umfassende Dokumentation, Handbücher etc. Bei Detailproblemen führt eine kurze Websuche meist rasch zum Ziel, vor allem, wenn Sie der englischen Sprache mächtig sind. Achten Sie immer darauf, auf welche Python-Version sich die gefundene Seite bezieht – mitunter gibt es deutliche Unterschiede zwischen den Python-Versionen 2 und 3!

Python enthält aber auch integrierte Hilfefunktionen. Besonders hilfreich ist die Funktion dir aus dem sys-Modul. Sie listet alle Methoden auf, die auf ein bestimmtes Datenelement angewendet werden können. Wenn Sie z. B. wissen möchten, welche Methoden zur Bearbeitung von Zeichenketten es in Python gibt, gehen Sie so vor:

```
>>> dir('abc')
['__add__', '__class__', '__contains__', ..., 'capitalize',
 'casefold', 'center', 'count', 'encode', ..., 'zfill']
```

Methodennamen, die mit __ (also zwei Unterstrichen) beginnen und enden, sind für den internen Gebrauch oder für Operatoren vorgesehen. Eine kurze Beschreibung zu Datentypen, Klassen oder Methoden erhalten Sie, wenn Sie den Inhalt der Docstring-Zeichenkette __doc__ ausgeben:

```
>>> print(str.__doc__)       # Hilfe zu str (Datentyp/Funktion)
str(object='') -> str
str(bytes_or_buffer[, encoding[, errors]]) -> str
Create a new string object from the given object. ...

>>> print(str.find.__doc__) # Hilfe zur Methode find für
                            # Zeichenketten
S.find(sub[, start[, end]]) -> int
Return the lowest index in S where substring sub is found, ...
```

Wesentlich längere Hilfetexte liefert help, wobei Sie als Parameter ein Schlüsselwort, eine Methode oder einen Datentyp angeben. Der Hilfetext wird formatiert und seitenweise angezeigt. [Q] beendet das Anzeigeprogramm.


```
>>> help(str)                # umfassende Hilfe zu str
Help on class str in module builtins:
class str(object)
 |  str(object='') -> str
 |  str(bytes_or_buffer[, encoding[, errors]]) -> str
...
```

19.2 Variablen und Objekte

Variablen dienen dazu, während des Programmablaufs vorübergehend Daten zu speichern. Der Inhalt der Variablen geht verloren, sobald das Programm endet. Um Daten dauerhaft zu speichern, muss der Inhalt von Variablen in eine Datei oder Datenbank übertragen werden.

Alle Daten gelten in Python als Objekte – einfache Zahlen, Zeichenketten, Listen, Tupel, Sets, Dateien und Funktionen (!) ebenso wie Instanzen vordefinierter oder eigener Klassen. Wenn Sie schon klassische objektorientierte Programmiersprachen wie

Java, C# oder C++ kennen, müssen Sie in diesem Punkt umdenken. Python verzichtet auf die sonst übliche Unterscheidung zwischen elementaren Datentypen (z. B. Integer, Double, Boolean) und Klassen und behandelt alle Daten gleich.

Variablen

Für den Umgang mit Variablen gelten in Python einfache Regeln:

- **Zuweisung vor der Verwendung:** Jeder Variablen muss ein Startwert zugewiesen werden, bevor die Variable in einem Ausdruck ausgewertet werden kann. Es ist also nicht erlaubt, `x=x+1` auszuführen, wenn Sie nicht vorher eine erstmalige Zuweisung wie `x=0`, `x=1`, `x=n` durchgeführt haben.
- **Keine Typdeklaration:** In Python-Variablen können Objekte jedes beliebigen Typs gespeichert werden. Python merkt sich den Typ und weiß somit, auf welche Art von Daten eine Variable verweist. Im Gegensatz zu vielen anderen Programmiersprachen kann der Typ einer Variable aber nicht festgelegt oder eingeschränkt werden. Es ist ohne Weiteres möglich, in ein und derselben Variablen Daten unterschiedlichen Typs zu speichern, also z. B. zuerst eine Zahl (`x=1`), später eine Zeichenkette (`x='abc'`) und schließlich eine Liste (`x=[3,2,1]`).
- **Namen:** Variablennamen müssen mit Buchstaben oder einem Unterstrich beginnen. Allerdings ist der Unterstrich am Beginn von Variablennamen für Python-interne Daten vorgesehen, weswegen Sie ihn in eigenen Scripten möglichst nicht verwenden sollten. Die weiteren Zeichen dürfen auch Ziffern enthalten, allerdings keine Bindestriche oder Leerzeichen. Deutsche Sonderzeichen wie »äöüß« sind ebenso wie viele andere Unicode-Zeichen zulässig, aber unüblich.

  Normalerweise bestehen Variablennamen aus lauter Kleinbuchstaben. Großbuchstaben werden zumeist nur für Wortzusammensetzungen verwendet, z. B. bei `einLangerName`.

```
a = 1
b = 'abc'
a = a+1
a = c+1                 # Fehler: An c wurde nie etwas
                        # zugewiesen.
einLangerName = 3       # OK
ein_langer_name = 4     # auch OK
so gehts nicht = 5      # Fehler: Leerzeichen sind nicht
                        # erlaubt.
so-gehts-auch-nicht = 6 # Fehler: Als einziges Sonderzeichen
                        # ist _ erlaubt.
```

Python kennt keine Konstanten

Python bietet keine Möglichkeit, Konstanten zu definieren. Es ist üblich, den Namen einer Variablen, die wie eine Konstante verwendet werden soll, aus lauter Großbuchstaben zu bilden, also z. B. KURSIV=3. Sie können aber nicht verhindern, dass dieser Variablen später ein anderer Wert zugewiesen wird.

Mutable oder immutable

Was passiert bei b=a, also bei der Zuweisung einer Variablen an eine andere? Die Frage ist nicht so trivial, wie es den Anschein hat. Beginnen wir mit einem Beispiel mit ganzen Zahlen. Im folgenden Code wird zuerst in a der Wert 3 gespeichert. Bei der Zuweisung b=a wird a durch 3 ersetzt. Also wird auch in b die Zahl 3 gespeichert. Um es exakter zu formulieren: a und b sind nun zwei Variablen, die beide auf ein Objekt mit der ganzen Zahl 3 verweisen. Durch a=4 wird a ein neuer Wert zugewiesen. Auf b hat dies keinen Einfluss. a und b sind unabhängig voneinander, a enthält nun den Wert 4, b den Wert 3.

```
a=3
b=a           # b
a=4
print(a, b)   # Ausgabe 4, 3
```

Der Code für das zweite Beispiel sieht ganz ähnlich aus. Allerdings werden hier in a und b keine einfachen Zahlen gespeichert, sondern Listen. Nach der Zuweisung b=a verweisen beide Variablen auf dieselbe Liste. Durch a[0]=4 wird ein Element der Liste geändert. Wie der print-Aufruf beweist, gilt diese Änderung sowohl für a als auch für b! a und b sind also nicht wie im vorigen Beispiel unabhängig voneinander!

19

```
a=[1, 2, 3]
b=a           # b verweist auf dieselbe Liste wie a
a[0] = 4      # ändert das erste Listenelement
print(a, b)   # Ausgabe [4, 2, 3] [4, 2, 3]
```

Warum verhält sich Python bei zwei scheinbar ganz ähnlichen Programmen so unterschiedlich? Der Grund besteht darin, dass Python zwischen veränderlichen und unveränderlichen Datentypen unterscheidet – in der Fachsprache zwischen *mutable* und *immutable types*. Zahlen, Zeichenketten und Tupel sind *immutable*, d. h., eine Änderung ist unmöglich. Stattdessen wird jedes Mal, wenn ein Ausdruck neue Daten ergibt, auch ein neues Objekt erzeugt!

Wenn Sie also zuerst x=10 und dann x=x+1 ausführen, dann erzeugt Python zuerst ein Objekt mit der Zahl 10; x verweist auf dieses Objekt. Die Berechnung x+1 liefert dann die Zahl 11. Für diese Zahl wird ein weiteres Objekt im Speicher angelegt. Die Variable x wird nun so geändert, dass sie auf das neue Objekt 11 zeigt. Dasselbe ist auch im ersten Codebeispiel in der Zeile a=4 passiert: Python hat ein neues Objekt für die Zahl 4 erzeugt. a verweist nun auf dieses Objekt. Das hat aber keinen Einfluss auf b; b verweist weiterhin auf das Objekt für die Zahl 3.

Viele andere Datentypen und insbesondere Listen sind hingegen *mutable*. Daher ist es möglich, die Elemente einer Liste zu verändern, *ohne* gleich ein neues Objekt zu erzeugen. Die Zuweisung a[0] ändert somit nicht die Liste als Ganzes, sondern nur ein Element der Liste. Im zweiten Beispiel verweisen a und b daher weiterhin auf dasselbe Objekt, dessen *Inhalt* sich geändert hat.

Veränderliche Daten kopieren

Wie gehen Sie vor, wenn Sie z. B. von einer Liste eine unabhängige Kopie benötigen, sodass zwei anfänglich gleichartige Listen über zwei Variablen unabhängig voneinander verändert werden können? In solchen Fällen verwenden Sie die Methoden copy oder deepcopy aus dem copy-Modul:

```
import copy
a=[1, 2, 3]
b=copy.copy(a)  # b verweist auf eine unabhängige Kopie von a.
a[0] = 4        # ändert das erste Listenelement von a,
                # b bleibt unverändert.
print(a, b)     # Ausgabe [4, 2, 3] [1, 2, 3]
```

Die copy-Methode erstellt eine Kopie des angegebenen Objekts. Im obigen Beispiel wird also für b ein neues Listenobjekt erzeugt, das dann dieselben Objekte wie a enthält. deepcopy geht noch einen Schritt weiter: Es erstellt auch Kopien aller veränderlichen Objekte, auf die das Ausgangsobjekt verweist. Im obigen Beispiel ist deepcopy überflüssig, weil die Liste nur drei ganze Zahlen enthält, also unveränderliche Objekte. Wenn die Liste aber selbst veränderliche Objekte enthält, dupliziert deepcopy den gesamten Objektbaum, was in der Praxis oft aufwendig ist.

Das folgende Beispiel verdeutlicht den Unterschied zwischen copy und deepcopy. a enthält eine verschachtelte Liste. copy dupliziert zwar die Liste in ihrer ersten Ebene, das dritte Listenelement zeigt aber in beiden Fällen auf ein weiteres Listenobjekt mit dem Inhalt [3, 4]. Eine Veränderung dieser Subliste gilt deswegen gleichermaßen für a und b, daran ändert auch copy nichts.

Das Objekt für d wird hingegen mit deepcopy aus c erzeugt. Hier wird auch das Listenobjekt [3, 4] dupliziert, sodass beide Listen (also c und d) als drittes Listenelement wieder zwei unabhängige Listen enthalten. Deswegen gilt nun die Veränderung c [2][0] wirklich nur für c, aber nicht für d.

```
import copy
a=[1, 2, [3, 4]]
b=copy.copy(a)
a[2][0] = 7     # gilt trotz copy für a und b
print(a, b)
# Ausgabe [1, 2, [7, 4]] [1, 2, [7, 4]]

c=[1, 2, [3, 4]]
d=copy.deepcopy(c)
c[2][0] = 7     # gilt wegen deepcopy nur für c
print(c, d)
# Ausgabe [1, 2, [7, 4]] [1, 2, [3, 4]]
```

Datentypen

Python kennt etliche vordefinierte Datentypen (siehe Tabelle 19.1). Außerdem können von Klassen, die in externen Modulen definiert sind, Objekte erzeugt werden. Wir geben Ihnen hier einen Überblick über die wichtigsten Python-Datentypen und -Klassen samt einem Beispiel und der Einordnung, ob die Daten veränderlich (*mutable*) oder unveränderlich (*immutable*) sind.

Datentyp	Funktion	Beispiel	veränderlich
`int`	ganze Zahlen	`x=3`	nein
`float`	Fließkommazahlen	`x=3.0`	nein
`complex`	komplexe Zahlen	`x=3+4j`	nein
`bool`	boolesche Zahlen	`x=bool(1)`	nein
`str`	Zeichenketten	`x='abc'`	nein
`tupel`	Tupel	`x=(1, 2, 3)`	nein
`list`	Listen	`x=[1, 2, 3]`	ja
`set`	Sets	`x={1, 2, 3}`	ja
`dict`	Dictionaries	`x={1:'rot', 2:'blau'}`	ja
`bytearray`	Byte-Arrays	`x=bytearray(...)`	ja
`io.TextIOWrapper`	Dateien	`x=open('readme.txt')`	ja
`...`	sonstige Klassen	`...`	ja

Tabelle 19.1 Wichtige Python-Datentypen und -Klassen

Python unterscheidet zwischen Variablen und Daten. Variablen sind eigentlich nur Namen, die auf Objekte verweisen, vergleichbar mit Zeigern in C oder mit Links in HTML. Wenn Variablen auf der linken Seite einer Zuweisung vorkommen (`x=...`), wird ein Verweis auf das Objekt gespeichert, das aus dem rechten Ausdruck resultiert. Wenn Variablen hingegen in Ausdrücken vorkommen, ersetzt Python den Namen durch das Objekt, auf das die Variable zeigt.

Aufgrund dieser Trennung von Variablen und Daten ist es unmöglich, den Datentyp einer *Variablen* festzustellen! Sie können nur den Typ der Daten ermitteln, auf die die Variable zeigt. Die Variable selbst hat keinen Typ! Den Typ von Objekten finden Sie mit `type` heraus. Die folgenden Beispiele können Sie interaktiv ausprobieren:

```
>>> x=3; type(x)
<class 'int'>
>>> x=3.1; type(x)
<class 'float'>
>>> x={1, 2, 3}; type(x)
<class 'set'>
>>> type(1==2)
<class 'bool'>
```

Typumwandlung

Nur in wenigen Fällen kümmert sich Python selbstständig um die Typumwandlung, wenn in einem Ausdruck Daten unterschiedlichen Typs vermischt werden. Wenn Sie beispielsweise eine ganze Zahl mit einer Fließkommazahl multiplizieren, wird die ganze Zahl automatisch in eine Fließkommazahl umgewandelt, sodass danach eine Fließkommamultiplikation möglich ist.

Von solchen Ausnahmen abgesehen, müssen Sie sich selbst um die Typumwandlung kümmern. Dazu verwenden Sie Funktionen, deren Namen mit dem jeweiligen Datentyp übereinstimmen (siehe Tabelle 19.1). Um beispielsweise eine Zeichenkette und eine Zahl zu einer neuen, längeren Zeichenkette zusammenzusetzen, verwenden Sie die Funktion `str`:

```
s = 'abc'
x = 3
s = s + str(x)  # Ergebnis 'abc3'
```

In die umgekehrte Richtung wandeln `int` und `float` eine Zeichenkette in eine Zahl um. Beachten Sie, dass dabei der Fehler *invalid literal* auftreten kann, z. B. wenn Sie versuchen, die Zeichenkette `'abc'` in eine Zahl umzuwandeln.

```
>>> int('123'), float('123.3')
(123, 123.3)
```

Variablen und Daten vergleichen

Um zu testen, ob zwei Variablen gleich sind, können Sie a==b oder a is b ausführen. In diesem Abschnitt geht es um den Unterschied zwischen diesen beiden Varianten und darum, was *Gleichheit* bedeutet. Beginnen wir mit ==: Damit vergleichen Sie Daten bzw. den Inhalt von Objekten. Im folgenden Beispiel werden in a und in b dieselben Zeichenketten gespeichert. Erwartungsgemäß trifft der Vergleich a==b zu, und das Programm gibt an, dass die Zeichenketten in a und b übereinstimmen.

```
a='abc'
b='abc'
if a==b:
  print("Der Inhalt der Variablen a und b stimmt überein.")
```

Im zweiten Beispiel wird wieder in a eine Zeichenkette gespeichert. Anschließend wird b der Inhalt von a zugewiesen. Intern verweisen a und b auf dasselbe Objekt. Der Test a is b trifft daher zu.

```
a='abc'
b=a
if a is b:
  print("a und b verweisen auf dasselbe Objekt.")
```

Diffiziler ist das dritte Beispiel: Hier werden zwei Listen gebildet, die identisch sind. Der erste print-Aufruf gibt erwartungsgemäß zwei gleiche Listen aus. Durch a==b vergleicht Python die Listen. Sie stimmen überein, daher trifft a==b zu. Der Vergleich a is b trifft hier aber *nicht* zu! a und b verweisen auf zwei unterschiedliche Objekte. Die dort gespeicherten Listen wurden ganz unterschiedlich gebildet.

```
a=['a', 'b', 'c']
b=['a']
b.append('b')
b.append('c')

print(a, b) # Ausgabe ['a', 'b', 'c'] ['a', 'b', 'c']

if a==b:     # trifft zu
  print("Die Listen der Variablen a und b stimmen überein.")

if a is b:  # trifft nicht zu
  print("a und b verweisen auf dasselbe Objekt.")
```

Soll ich nun mit == oder mit is vergleichen?

Manche Einsteiger werden sich nach den obigen Ausführungen vielleicht fragen, womit sie nun die Gleichheit testen sollen: mit == oder mit is? In den meisten Fällen wird es Ihnen darum gehen, festzustellen, ob die Daten übereinstimmen. Dann ist == der richtige Operator. Nur in seltenen Fällen ist es wichtig, festzustellen, ob zwei Variablen auf dasselbe Objekt verweisen; dann ist is die richtige Wahl. Übrigens gibt es auch Operatoren für *nicht gleich*, und zwar != für die Daten und is not für Objektreferenzen.

Gültigkeit von Variablen

Innerhalb eines gewöhnlichen Scripts ohne die Definition eigener Funktionen oder Klassen unterscheidet Python nicht zwischen Gültigkeitsebenen. Sobald eine Variable einmal definiert ist, kann sie weiterverwendet werden. Ein Beispiel:

```
if 1:       # das ist immer erfüllt
  x=1       # daher wird diese Zuweisung ausgeführt
print(x)    # ok, Ausgabe 1
```

Nur zum Vergleich: In Java würde ein vergleichbarer Code wie folgt aussehen und nicht funktionieren! Dieser Vergleich zeigt auch, wie kompakt und übersichtlich Python-Code im Vergleich zum Code vieler anderer Sprachen ist:

```
// Java-Code
if(1) {
  int x = 1;
}
System.out.println(x);    // Fehler, x ist hier nicht bekannt
```

Kommen wir zu Python zurück. Das folgende Miniprogramm löst einen Fehler aus. Hier ist die if-Bedingung nicht erfüllt. Das Programm läuft bis print(x), dann beanstandet Python, dass für x noch kein Wert bekannt ist (Fehlermeldung: *name x is not defined*).

```
if 0:       # das ist nie erfüllt
  x=1       # daher wird diese Zuweisung nicht ausgeführt
print(x)    # Fehler: name 'x' is not defined
```

Ein Sonderfall sind Funktionen und Klassen. Dort definierte Variablen gelten nur *innerhalb* der Funktion bzw. nur für ein Objekt der Klasse. Das folgende Codefragment zeigt die Grundidee. Mehr Details und Besonderheiten werden in Abschnitt 19.9, »Funktionen«, und in Abschnitt 19.10, »Objektorientiertes Programmieren«, behandelt.

```
def f():     # definiert die Funktion f
  x = 3      # lokale Variable, gilt nur innerhalb von f!
  print(x)

f()          # ruft f auf, Ausgabe 3
print(x)     # Fehler: name 'x' is not defined
```

Garbage Collection

Stellen Sie sich vor, Ihr Python-Programm geht wie folgt vor, um eine HTML-Datei zu erzeugen:

```
s = ''
for i in range(1, 101):
  s+='<p>Absatz ' + str(i) + '\n'
f = open('out.html', 'w')
f.write(s)
f.close()
```

In einer Schleife wird also Schritt für Schritt eine Zeichenkette zusammengesetzt, wobei jede Zeile mit `<p>` einen neuen HTML-Absatz einleitet. Jeder Absatz enthält den Text *Absatz nnn*. Mit `open` wird dann die Datei `out.html` erzeugt und der Text dort gespeichert.

Beachten Sie bitte, dass die hier präsentierte Vorgehensweise *nicht effizient* und daher nicht empfehlenswert ist! Interessant macht dieses Beispiel die Zeile `s+='xxx'`. Was geschieht hier? Python erstellt 100-mal eine neue Zeichenkette. Zuerst enthält die Zeichenkette `<p>Absatz 1\n`, dann `<p>Absatz 1\n<p>Absatz 2\n`, dann `<p>Absatz 1\n<p>Absatz 2\n<p>Absatz 3\n` usw.

19

Nun haben wir oben darauf hingewiesen, dass Zeichenketten unveränderlich (*immutable*) sind. Hinter den Kulissen muss Python also bei jeder `s+=...`-Anweisung eine *neue* Zeichenkette erzeugen. Was passiert aber mit den alten Zeichenketten? Wenn Sie die `for` Schleife mit `range(1,10001)` bilden, beansprucht Python dann Speicherplatz für 10.000 Zeichenketten? Und was passiert, wenn der Arbeitsspeicher erschöpft ist?

Um das zu vermeiden, entfernt Python nicht mehr benötigte Objekte aus dem Speicher. Das funktioniert in der Regel vollautomatisch. Woran aber erkennt Python, dass es ein Objekt löschen darf? Ganz einfach: Python zählt mit, wie viele Variablen bzw. andere Objekte auf ein Objekt verweisen. Sobald dieser Zähler auf 0 sinkt, ist klar, dass nichts und niemand mehr das Objekt benötigt. Es kann gelöscht werden.

Probleme können allerdings zirkuläre Verweise verursachen, bei denen zumeist mehrere Objekte gegenseitig aufeinander verweisen – aber selbst mit diesem Sonderfall kommt Python meistens zurecht. Für das Entfernen solcher geschlossener Objektketten aus dem Speicher ist der sogenannte *Garbage Collector* verantwortlich. Technisch interessierte Leser finden hier Hintergrundinformationen:

http://docs.python.org/3.2/library/gc.html
http://stackoverflow.com/questions/10962393

Shared References

Als letztes Detail zur Variablen- und Objektverwaltung möchten wir Ihnen ganz kurz die Idee der *Shared References* vorstellen: In größeren Programmen gibt es oft an mehreren Stellen Variablen, die auf gleichartige Objekte verweisen. Beispielsweise gibt es im folgenden Beispiel die zwei Variablen a und b, die beide die Integerzahl 15 beinhalten – oder, um es exakter auszudrücken, die beide auf ein Objekt mit der Zahl 15 verweisen. Da liegt es eigentlich nahe, für beide Variablen ein- und dasselbe Objekt zu verwenden. Der Fachbegriff hierfür lautet *Shared References* – mehrere Variablen verweisen also auf ein Objekt, das sie sich gewissermaßen teilen.

```
a=15         # a=15
b=14         # mit einem kleinen Umweg
b+=1         # gilt nun auch b=15
if a is b:  # ist unter Python 3.2 am Raspberry Pi erfüllt
  print('a und b zeigen auf dasselbe Objekt')
```

Die Idee ist simpel, die Realisierung ist aber viel schwieriger, als es den Anschein hat. Damit das Konzept funktioniert, muss Python jedes Mal, wenn in einer Variable ein Verweis auf ein neues Objekt gespeichert wird, testen, ob es schon ein gleiches Objekt im Speicher gibt. Dieser Test muss äußerst schnell erfolgen, andernfalls würde der eingesparte Speicherplatz mit zu hohen Performance-Einbußen erkauft.

Tatsächlich ist es oft schwer vorherzusehen, wann Python diese Optimierung gelingt und wann nicht. Im folgenden Beispiel, bei dem in a und b zwei gleiche Zeichenketten gespeichert werden, versagt die Erkennung:

```
a=' ' * 2
b='  '
if a is b: # ist unter Python 3.2 am Raspberry Pi nicht erfüllt
  print('a und b zeigen auf dasselbe Objekt')
```

Ob die gemeinsame Nutzung gleichartiger Daten gelingt, ist stark implementierungsabhängig und kann sich sowohl je nach eingesetzter Python-Version als auch je nach Plattform ändern. Falls Sie neugierig sind, wie viele Verweise es auf ein bestimmtes Objekt gibt, können Sie dies mit der Methode sys.getrefcount feststellen:

```
import sys
print('1 wird von Python ' + sys.getrefcount(1) +
      '-mal verwendet')
print('15 wird von Python ' + sys.getrefcount(15) +
      '-mal verwendet')
print("' ' wird von Python " + sys.getrefcount(' ') +
      '-mal verwendet')
# Ergebnis
# 1 wird von Python 636-mal verwendet
# 15 wird von Python 21-mal verwendet
# ' ' wird von Python 3-mal verwendet
```

Es ist schon bemerkenswert, dass es im Python-internen Code offensichtlich über 600 Variablen gibt, die alle auf ein Objekt mit der ganzen Zahl 1 verweisen!

19.3 Operatoren

Python kennt im Wesentlichen dieselben Operatoren wie die meisten anderen Programmiersprachen. Auf einige Besonderheiten möchten wir aber hinweisen:

- **Division:** Der Operator / verhält sich in Python 2 und Python 3 unterschiedlich. Wenn in Python 2 `a` und `b` ganze Zahlen sind, liefert `a/b` das Ergebnis einer ganzzahligen Division. In Python 3 wird hingegen immer eine Fließkommadivision durchgeführt! Wenn Sie explizit eine ganzzahlige Division wünschen, müssen Sie den Operator // verwenden.
- **Zuweisung und Berechnung verbinden:** Zuweisungen können mit Grundrechenarten verbunden werden. Das heißt, `a=a+1` kann auch in der Form `a+=1` formuliert werden. Diese Kurzschreibweise ist nicht nur für die Grundrechenarten zulässig, sondern für fast alle Python-Operatoren. Im Gegensatz zu anderen Programmiersprachen sind `a++` und `a--` im Sinne von `a=a+1` und `a=a-1` aber *nicht* zulässig.
- **Mehrfachvergleiche:** Bei den Vergleichsoperatoren <, > etc. sind auch Mehrfachvergleiche möglich. Beispielsweise testet `10 <= x <= 20`, ob `x` einen Wert zwischen 10 und 20 hat. Intern werden alle Vergleiche mit einem logischen Und verknüpft, d. h., `10 <= x <= 20` entspricht `10<=x and x<=20`.
- **Inhalte vergleichen:** `==` testet, ob zwei Ausdrücke denselben Inhalt haben, also beispielsweise, ob die Variable `x` den Wert 3 hat (`if x==3: ...`) oder ob die Zeichenkette `s` mit `'abc'` übereinstimmt (`if s=='abc': ...`).
- **Objekte vergleichen:** Im Gegensatz dazu überprüft der Operator `a is b`, ob die Variablen `a` und `b` auf das gleiche Objekt verweisen. Selbst wenn `a==b` gilt, kann es durchaus sein, dass `a` und `b` auf unterschiedliche Objekte mit demselben Inhalt verweisen. `a is b` entspricht also einer tiefer gehenden Gleichheit als `a==b`.

Operator	Funktion
+ -	Vorzeichen
+ - * /	Grundrechenarten; / liefert in Python 3 float-Ergebnisse!
//	ganzzahlige Division (20 // 6 ergibt 3.)
%	Rest der ganzzahligen Division (20 % 6 ergibt 2.)
**	Exponentialfunktion bzw. Hochstellen (2**8 ergibt 256.)
+ *	Strings verbinden bzw. vervielfachen ('ab'*2 ergibt 'abab'.)
%	Zeichenkette formatieren (printf-Syntax)
=	Zuweisung (var=3)
+=	Zuweisung und Addition (var+=3 entspricht var=var+3.)
-=	Zuweisung und Subtraktion
*=	Zuweisung und Multiplikation
/=	Zuweisung und Division
==	Gleichheit testen (if a==3: ...)
!=	Ungleichheit testen
< > <= >=	kleiner, größer, kleiner-gleich, größer-gleich
is	testen, ob zwei Variablen auf dasselbe Objekt zeigen
is not	testen, ob zwei Variablen auf unterschiedliche Objekte zeigen

Tabelle 19.2 Rechen-, String- und Vergleichsoperatoren

Operator	Funktion
& |	binäres Und und binäres Oder
^	binäres Exklusiv-Oder
~	binäres Nicht
<<	binär nach links schieben (2<<4 ergibt 32.)
>>	binär nach rechts schieben (768>>2 ergibt 192.)
or	logisches Oder
and	logisches Und
not	logisches Nicht

Tabelle 19.3 Binäre und logische Operatoren

Operator	Funktion
|	Vereinigung: `{1, 2} | {2, 3}` ergibt `{1, 2, 3}`.
-	Differenz: `{1, 2} - {2, 3}` liefert `{1}`.
&	Schnittmenge: `{1, 2} & {2, 3}` liefert `{2}`.
^	Symmetrische Differenz: `{1, 2} ^ {2, 3}` liefert `{1, 3}`.

Tabelle 19.4 Operatoren für Sets

Zuweisungen

Gewöhnliche Zuweisungen der Art `variable = ausdruck` gibt es in jeder Programmiersprache. Python kennt darüber hinaus aber einige ungewöhnliche Varianten. Beispielsweise können Sie mehreren Variablen auf einmal denselben Inhalt zuweisen. Python geht dabei von rechts nach links vor. Das heißt, im Beispiel unten werden der Reihe nach die folgenden Zuweisungen durchgeführt: `c=16`, dann `b=c` und schließlich `a=b`. Zuletzt verweisen alle drei Variablen auf dasselbe Objekt im Speicher, das die ganze Zahl 16 repräsentiert.

```
a = b = c = 16          # drei Variablen denselben Wert zuweisen
```

Wenn Sie mehreren Variablen in kompakter Schreibweise unterschiedliche Werte zuweisen möchten, können Sie hierfür Listen oder Tupel verwenden. Beispielsweise funktionieren die folgenden Zuweisungen:

```
a, b = 2, 3
[e, f, g] = [7, 8, 9]
e, f, g = [7, 8, 9]     # gleichwertig
```

Diese Art der Zuweisung können Sie auch verwenden, um den Inhalt zweier Variablen zu vertauschen. Bei den meisten anderen Programmiersprachen würden Sie dazu eine dritte, temporäre Variable benötigen.

```
x, y = y, x             # x und y vertauschen
```

Eine spezielle Variante von Listen- und Tupel-Zuweisungen betrifft den Fall, dass es auf der linken Seite weniger Variablen gibt als auf der rechten Seite Listenelemente. In diesem Fall können Sie *einer* Variablen einen Stern voranstellen. Dieser Variablen werden dann alle überschüssigen Elemente als Liste zugewiesen, wie das folgende Beispiel zeigt:

```
>>> a, *b, c = [1, 2, 3, 4, 5]
>>> a
1
>>> b
[2, 3, 4]
```

```
>>> c
5
```

Extended Sequence Unpacking

Diese Art der Zuweisung steht erst ab Python 3 zur Verfügung und wird *Extended Sequence Unpacking* genannt. Der Mechanismus kann auch für Zeichenketten verwendet werden:

```
>>> a, *b = '123456'
>>> a
'1'
>>> b
['2', '3', '4', '5', '6']
```

Achten Sie darauf, dass maximal eine Variable mit einem Stern gekennzeichnet werden darf. Die Anzahl der Elemente auf der rechten Seite des Ausdrucks muss zumindest so groß sein wie die Anzahl der nicht durch den Stern markierten Variablen. Der Stern-Variablen wird dann eine leere Liste zugewiesen, also `[]`. Liegen zu wenige Listenelemente oder Zeichen vor, tritt ein `ValueError` auf.

```
>>> *a, b, c = [1, 2]
>>> a
[]
>>> *a, b, c = [1]
Traceback (most recent call last): ...
ValueError: need more than 1 values to unpack
```

19.4 Verzweigungen (if)

if-Verzweigungen

`if`-Verzweigungen sind ja schon in vielen Beispielen vorgekommen. Die Syntax ist leicht verständlich und lässt sich so zusammenfassen:

```
if bedingung1:
    block1
elif bedingung2:
    block2
elif bedingung3:
    block3
else:
    block4
```

Es sind beliebig viele `elif`-Bedingungen erlaubt, auch null. Der `else`-Block ist optional. Python durchläuft die gesamte Konstruktion bis zur ersten zutreffenden Bedingung.

Dann werden die dieser Bedingung zugeordneten Anweisungen ausgeführt; anschließend wird der Code nach dem letzten elif oder else-Block fortgesetzt.

Vergessen Sie die Doppelpunkte nicht, die sowohl nach den Bedingungen als auch nach else zu setzen sind! Im Gegensatz zu anderen Programmiersprachen kennt Python keine switch- oder case-Konstruktionen.

Bedingungen

Bedingungen werden in der Regel mit Vergleichsoperatoren gebildet, z. B. x==3 oder a is b. Mehrere Bedingungen können mit and bzw. or logisch verknüpft werden (siehe Tabelle 19.3).

```
if x>0 and (y>0 or z==1):
  ...
```

Python führt bei and und or eine sogenannte *short circuit*-Auswertung durch:

- Wenn bei einer and-Verknüpfung der erste Teilausdruck false ergibt, wird der zweite nicht mehr ausgewertet, weil das Ergebnis auf jeden Fall false lautet.
- Wenn bei einer or-Verknüpfung der erste Teilausdruck true ergibt, wird der zweite nicht mehr ausgewertet, weil das Ergebnis auf jeden Fall true lautet.

Anstelle von a<x and x<b ist die Kurzschreibweise a<x<b erlaubt. Bedingungen können auch ohne Vergleichsoperator formuliert werden, beispielsweise in dieser Form:

```
if x:
  ...
```

Diese Bedingung ist erfüllt, wenn:

- x eine Zahl ungleich 0 ist
- x eine nicht leere Zeichenkette ist
- x der boolesche Wert 1 (true) ist
- x eine Liste, ein Tupel oder ein Set mit mindestens einem Element ist
- x ein initialisiertes Objekt ist (nicht None)

if-Kurzschreibweise

Mitunter benötigen Sie if-Konstruktionen nur, um eine Variable zuzuweisen:

```
if bedingung:
    x=wert1
else
    x=wert2
```

Für derartige Konstruktionen gibt es eine platzsparende Kurzschreibweise:

```
x = wert1 if bedingung else wert2
```

19

19.5 Schleifen (for und while)

Schleifen werden in Python zumeist mit `for var in elemente` gebildet. Die Schleifenvariable nimmt dabei der Reihe nach jedes der angegebenen Elemente an.

```
for var in elemente:
    anweisungen
```

Die Schleifenvariable `var` kann auch im Code nach dem Ende der Schleife verwendet werden und enthält dann den zuletzt zugewiesenen Wert:

```
for i in [7, 12, 3]:
    anweisungen
print(i)     # Ausgabe 3
```

Alternativ können Schleifen mit `while` formuliert werden. Die eingerückten Anweisungen werden dann so lange ausgeführt, wie die Bedingung erfüllt ist.

```
while bedingung:
    anweisungen
```

`break` beendet `for`- und `while`-Schleifen vorzeitig:

```
for var in elemente:
    anweisung1
    if bedingung: break        # die Schleife abbrechen
    anweisung2
```

`continue` überspringt die restlichen Anweisungen für den aktuellen Schleifendurchgang, setzt die Schleife aber fort:

```
for var in elemente:
    anweisung1
    if bedingung: continue     # anweisung2 überspringen
    anweisung2
```

Python kennt auch einen `else`-Block für Schleifen und unterscheidet sich damit von den meisten anderen Programmiersprachen. Der `else`-Block wird ausgeführt, nachdem bei einer `for`-Schleife alle Elemente durchlaufen wurden bzw. wenn bei einer `while`-Schleife die Schleifenbedingung nicht mehr erfüllt ist.

```
for var in elemente:
    anweisung1
    anweisung2
else:
    anweisung3
```

Profi-Tipp: break und continue in verschachtelten Schleifen

Bei verschachtelten Schleifen gelten `break` und `continue` nur für die innerste Schleife. Um unkompliziert eine verschachtelte Schleife abzubrechen, verpacken Sie sie in eine Funktion und verlassen diese mit `return`. Eine andere Möglichkeit besteht darin, sämtliche Schleifen durch `try` abzusichern und zum Abbruch der Schleifen eine Exception auszulösen.

Schleifen über Zahlenbereiche (range)

Für Schleifen über einen vorgegebenen Zahlenraum werden die Elemente in der Regel durch `range(start, ende)` erzeugt, wobei der Endwert exklusiv ist. Die folgende Schleife durchläuft daher die Werte von 1 bis 9 (nicht 10!). Die Option `end=' '` in `print` bewirkt, dass nach jeder Ausgabe kein Zeilenumbruch erfolgt, sondern lediglich ein Leerzeichen ausgegeben wird.

```
for i in range(1, 10):
    print(i, end=' ')

# Ausgabe: 1 2 3 4 5 6 7 8 9
```

An `range` kann im optionalen dritten Parameter die Schrittweite angegeben werden:

```
for i in range(0, 20, 3): print(i, end=' ')
# Ausgabe: 0 3 6 9 12 15 18

for i in range(100, 0, -10):  print(i, end=' ')
# Ausgabe: 100 90 80 70 60 50 40 30 20 10
```


range in Python 2 und Python 3

`range` ist in Python 2 und Python 3 ganz unterschiedlich implementiert. In Python 2 erzeugt `range` eine Liste. Diese wird im Speicher abgelegt und kann dann z. B. in einer `for`-Schleife verarbeitet werden. In Python 3 ist `range` hingegen ein sogenannter *Generator*, der die Elemente erst bei Bedarf erzeugt. Vor allem bei Schleifen über eine große Anzahl von Elementen spart das eine Menge Speicherplatz. In Python 2 ist es in solchen Fällen hingegen zweckmäßig, anstelle von `range` mit `xrange` zu arbeiten.

`range` kann nur für ganze Zahlen verwendet werden, nicht für Fließkommazahlen. Wenn Sie eine Schleife von 0 bis 1 mit einer Schrittweite von 0.1 bilden möchten, können Sie z. B. so vorgehen:

```
for i in range(0, 11): x=i/10.0; print(x, end=' ')
# Ausgabe 0.0 0.1 0.2 0.3 0.4 0.5 0.6 0.7 0.8 0.9 1.0
```

Naturgemäß können Sie Schleifen über Zahlenbereiche auch mit `while` bilden. Das ist insbesondere dann vorteilhaft, wenn die Zahlen unregelmäßige Abstände aufweisen sollen.

```
i=1
while i<100000:
    print(i, end=' ')
    i += i*i
# Ausgabe: 1 2 6 42 1806
```

Schleifen über die Zeichen einer Zeichenkette

So können Sie eine Zeichenkette Zeichen für Zeichen verarbeiten:

```
for c in 'abc': print(c)
# Ausgabe: a
#          b
#          c
```

Unter Umständen ist es zweckmäßiger, die Zeichenkette mit `list` in eine Liste umzuwandeln, deren Elemente jeweils ein Zeichen enthalten. Dann können Sie in der Folge alle Listenfunktionen verwenden.

```
>>> list('abc')
['a', 'b', 'c']
```

Schleifen über Listen, Tupel und Sets

Die Elemente von Listen, Tupeln und Sets können Sie mühelos mit `for` verarbeiten:

```
for i in (17, 87, 4): print(i, end=' ')
# Ausgabe: 17 87 4

for s in ['Python', 'macht', 'Spaß!']: print(s)
# Ausgabe: Python
#          macht
#          Spaß!
```

Oft ist das Ziel solcher Schleifen, eine neue Liste, einen neuen Tupel oder ein neues Set zu bilden. Dann ist es zumeist eleganter und effizienter, *List/Tupel/Set Comprehension* zu verwenden. Hinter diesem Fachausdruck verbirgt sich eine besondere Variante der `for`-Schleife, die *in* einer Liste, einem Tupel oder einem Set gebildet wird. Die folgenden Beispiele beziehen sich alle auf Listen, können aber analog auch für Tupel oder Sets formuliert werden.

In der einfachsten Form lautet die Syntax `[ ausdruck for var in liste ]`. Dabei werden alle Listenelemente in die Variable eingesetzt. Die ausgewerteten Ausdrücke ergeben eine neue Liste. Optional kann der Liste mit `if` eine Bedingung für die Schleifenvariable nachgestellt werden: Dann werden nur die Listenelemente berücksichtigt, für die die Bedingung zutrifft.

```
>>> l = [1, 2, 3, 10]
>>> [ x*x for x in l ]                # Quadrat aller Listenelemente
                                      # bilden
[1, 4, 9, 100]
>>> [ x*x for x in l if x%2==0 ]      # nur gerade Zahlen
                                      # berücksichtigen
[4, 100]
```

Der Ausdruck darf dabei natürlich selbst eine Liste, ein Set oder ein Tupel sein – dann ist das Ergebnis ein verschachtelter Ausdruck:

```
>>> [ [x, x*x] for x in l ]
[[1, 1], [2, 4], [3, 9], [10, 100]]
```

Um aus einer Liste, einem Tupel oder einem Set ein Dictionary zu bilden, verwenden Sie die Schreibweise `{k:v for x in liste }`, wobei `k` und `v` Ausdrücke für den Schlüssel (Key) und den Wert (Value) jedes Dictionary-Elements sind.

```
>>> { x:x*x for x in l }
{1: 1, 2: 4, 3: 9, 10: 100}
```

map, filter und reduce machen viele Schleifen überflüssig!

Mitunter können Sie auf Schleifen ganz verzichten und stattdessen mit `map`, `filter` und `reduce` arbeiten. Entsprechende Beispiele finden Sie in Abschnitt 19.7, »Listen«.

Schleifen über Dictionaries

Die vorhin beschriebene Comprehension-Syntax kann auch für Dictionaries verwendet werden. In der einfachsten Form wird dabei eine Schleife über die Schlüssel der Dictionary-Elemente gebildet. Je nachdem, ob Sie den Ausdruck in eckige oder geschwungene Klammern stellen, ist das Ergebnis eine Liste oder ein Set.

```
>>> d = {'a':12, 'c':78, 'b':3, 'd':43}
>>> { x for x in d }
{'a', 'c', 'b', 'd'}
>>> [ x for x in d ]
['a', 'c', 'b', 'd']
```

Wenn Sie in der Schleife zwei Variablen für das Schlüssel/Wert-Paar benötigen, verwenden Sie die `items`-Methode bzw. `iteritems` in Python 2:

```
>>> { k for k,v in d.items() }
{'a', 'c', 'b', 'd'}
>>> { v for k,v in d.items() }
{43, 3, 12, 78}
```

Damit das Ergebnis des Ausdrucks selbst wieder ein Dictionary wird, bilden Sie den Ergebnisausdruck in der Form `schlüssel:wert`:

```
>>> { k:v*2 for k,v in d.items() }
{'a': 24, 'c': 156, 'b': 6, 'd': 86}
```

Schleifen über alle Script-Parameter

Wenn Sie an ein Python-Script Parameter übergeben, können Sie diese im Script mit der Anweisung `sys.argv` auswerten. `sys` ist eines von vielen Python-Modulen; es muss mit `import` gelesen werden, damit die darin enthaltenen Funktionen verwendet werden können.

`argv` ist eine Liste, deren erstes Element der Dateiname des Scripts ist. Die weiteren Listenelemente enthalten die übergebenen Parameter. Da der Script-Name selten benötigt wird, wird er mit dem Ausdruck `[1:]` eliminiert.

```
#!/usr/bin/python3
import sys
if(len(sys.argv)<=1):
    print("Es wurden keine Parameter übergeben.")
else:
    for x in sys.argv[1:]:
        print("Parameter:", x)
```

Ein möglicher Aufruf des Scripts könnte nun so aussehen:

```
./test.py zwei parameter
Parameter: zwei
Parameter: parameter
```

Im Terminalfenster läuft normalerweise die bash. Diese wertet Ausdrücke wie `*.txt` sofort aus und übergibt an das aufgerufene Kommando dann die Liste der gefundenen Dateien. Wenn im aktuellen Verzeichnis also die drei Dateien `readme.txt`, `copyright.txt` und `gpl.txt` gespeichert sind, dann werden mit `./test.py *.txt` die Namen aller drei Dateien übergeben:

```
./test.py *.txt
Parameter: copyright.txt
Parameter: gpl.txt
Parameter: readme.txt
```

Schleifen über die Zeilen einer Textdatei

Es kommt recht oft vor, dass Sie eine Textdatei zeilenweise verarbeiten müssen. Python akzeptiert daher file-Objekte in for-Schleifen und übergibt jeweils eine Zeile an die Schleifenvariable. Bei der print-Anweisung verhindert end='', dass nach jeder ausgegebenen Zeile eine Leerzeile erscheint. Die in die Schleifenvariable eingesetzten Zeichenketten enthalten bereits die Zeilenumbruchcodes aus der Textdatei.

```
f = open('readme.txt', 'r')
cnt = 0
for line in f:
      cnt+=1
      print("Zeile ", cnt, ": ", line, sep='', end='')
f.close()
```

Schleifen über alle Dateien eines Verzeichnisses

Die Funktion os.listdir liefert eine ungeordnete Liste aller Dateien und Unterverzeichnisse in einem Verzeichnis. Mit for können Sie unkompliziert eine Schleife darüber bilden. Bei der Verarbeitung der Dateien müssen Sie aber beachten, dass listdir die Dateinamen ohne Pfadinformationen liefert, also z. B. readme.txt, nicht /home/pi/readme.txt. Zur Weiterverarbeitung müssen Sie deswegen zumeist mit os.path.join den vollständigen Dateinamen bilden, wie dies im folgenden Listing gezeigt wird:


```
import os
startdir = os.path.expanduser("~")
print(startdir)
for filename in os.listdir(startdir):
    fullname = os.path.join(startdir, filename)
    if os.path.isfile(fullname):
        print("Datei: ", fullname)
    elif os.path.isdir(fullname):
        print("Verzeichnis: ", fullname)
```

Im obigen Beispiel liefert os.path.expanduser("~") den Pfad des Heimatverzeichnisses. Wenn Sie nur an *.pdf-Dateien in diesem Verzeichnis interessiert sind, gehen Sie wie folgt vor:

```
import os
startdir = os.path.expanduser("~")
print(startdir)
for filename in os.listdir(startdir):
    if not filename.lower().endswith('.pdf'): continue
    fullname = os.path.join(startdir, filename)
    ...
```

19.6 Zeichenketten

Python-Zeichenketten haben Sie ja schon im vorigen Kapitel kennengelernt. Zur Wiederholung ganz kurz die wichtigsten Eckdaten:

- Zeichenketten werden wahlweise in einfache oder doppelte Apostrophe gestellt, also `'abc'` oder `"abc"`. Beide Varianten sind gleichwertig.
- In Zeichenketten können mit \ markierte Sonderzeichen eingebettet werden, z. B. `\n` für einen Zeilenumbruch (siehe Tabelle 19.5). Eine vollständige Referenz aller String-Literale finden Sie hier:

  http://docs.python.org/3.2/reference/lexical_analysis.html#literals
- Sollen Zeichenketten im Code über mehrere Zeilen reichen, müssen sie in dreifache Apostrophe gestellt werden, also wahlweise `'''` oder `"""`.
- Für den Zugriff auf Teile einer Zeichenkette gilt die Slicing-Syntax. `s[n]` gibt das n-te Zeichen zurück, wobei `n=0` das erste Zeichen meint. `s[start:ende]` liefert die Zeichen von `start` (inklusive) bis `ende` (exklusive). Mit negativen Werten geben Sie den Offset vom Ende der Zeichenkette an.
- Die Funktion `len(s)` ermittelt die Anzahl der Zeichen einer Zeichenkette.
- Zeichenketten können mit diversen Funktionen und Methoden bearbeitet werden (siehe Tabelle 19.6). Eine vollständige und detaillierte Beschreibung aller String-Methoden finden Sie hier:

  http://docs.python.org/3.2/library/stdtypes.html#string-methods

Zeichensequenz	Bedeutung
\a	Bell (Signalton)
\f	Formfeed (neue Seite)
\n	Zeilenumbruch
\r	Wagenrücklauf (für Windows-Textdateien)
\t	Tabulatorzeichen
\unnnn	Unicode-Zeichen mit dem Hexcode &xnnnn
\'	das Zeichen '
\"	das Zeichen "
\\	das Zeichen \

Tabelle 19.5 Ausgewählte Escape-Sequenzen

Methode	Funktion
`len(s)`	Ermittelt die Anzahl der Zeichen.
`str(x)`	Wandelt x in eine Zeichenkette um.
`sub in s`	Testet, ob sub in s vorkommt.
`s.count(sub)`	Ermittelt, wie oft sub in s vorkommt.
`s.endswith(sub)`	Testet, ob s mit sub endet.
`s.expandtabs()`	Ersetzt Tabulatorzeichen durch Leerzeichen.
`s.find(sub)`	Sucht sub in s und liefert die Startposition oder –1 zurück.
`s.isxxx()`	Testet Eigenschaften von s (`islower()`, `isupper()` etc.).
`s.join(x)`	Verbindet die Zeichenketten in x (Liste, Set, Tupel).
`s.lower()`	Liefert s mit lauter Kleinbuchstaben zurück.
`s.partition(sub)`	Trennt s auf und liefert drei Teile als Tupel zurück.
`s.replace(old, new)`	Liefert s zurück, wobei old jeweils durch new ersetzt wird.
`s.rfind(sub)`	Wie `find`, aber beginnt die Suche am Ende der Zeichenkette.
`s.split(sub)`	Zerlegt s bei jedem Vorkommen von sub, liefert eine Liste.
`s.startswith(sub)`	Testet, ob s mit sub beginnt.
`s.upper()`	Liefert s mit lauter Großbuchstaben zurück.

Tabelle 19.6 Ausgewählte String-Methoden und -Funktionen

Unicode

Ab Version 3 stellt Python intern alle Zeichenketten in Unicode dar und erwartet auch den Quelltext in der UTF-8-Codierung. Wenn Ihre Scripts kompatibel zu Python 2 sein sollen, fügen Sie in der ersten oder zweiten Zeile des Scripts einen Kommentar mit der Anweisung `-*- coding: utf-8 -*-` ein.

```
# -*- coding: utf-8 -*-
# nur in Python 2 erforderlich, wenn der Code Zeichen
# in UTF-8-Codierung enthält
```

Auch bei der Verarbeitung von Textdateien geht Python generell von einer UTF-8-Codierung aus. Auf dem Raspberry Pi ist diese Annahme für nahezu alle Dateien korrekt. Müssen Sie dennoch Dateien in einer anderen Codierung lesen oder speichern, geben Sie den erforderlichen Zeichensatz im `encoding`-Parameter von `open` an:

```
f = open('readme.txt', encoding='latin-1')
```

raw-Zeichenketten

Python interpretiert \-Sequenzen als Sonderzeichen (siehe Tabelle 19.5). Wenn Sie das nicht möchten und jedes \-Zeichen als solches gewertet werden soll, stellen Sie der gesamten Zeichenkette den Buchstaben `r` (*raw*) voran:

```
latexcode = r'\section{überschrift}'
```

String-Konvertierung und -Formatierung

Häufig müssen Sie aus Zahlen, Datums- und Zeitangaben etc. Zeichenketten bilden. Im einfachsten Fall verwenden Sie dazu die Funktionen `str(x)` oder `repr(x)`, die jedes beliebige Objekt als Zeichenkette darstellen. Die Funktion `repr` geht dabei so vor, dass die resultierende Zeichenkette mit `eval` wieder eingelesen werden kann. `str` bemüht sich hingegen, die Zeichenketten so zu formatieren, dass diese für Menschen gut leserlich sind.

Allerdings haben Sie mit beiden Methoden keinerlei Einfluss auf die Formatierung. Wenn Sie Zahlen rechtsbündig formatieren oder mit Tausendertrennung darstellen möchten, dann benötigen Sie spezielle Formatierungsfunktionen. Unter Python haben Sie dabei die Wahl zwischen mehreren Verfahren. Am populärsten sind der %-Operator und die `format`-Methode:

- `formatzeichenkette % (daten, daten, daten)`: Hier wird die Formatzeichenkette in der Syntax der `printf`-Funktion der Programmiersprache C formuliert. Innerhalb dieser Zeichenkette geben %-Zeichen die Position der einzusetzenden Daten an.
- `formatzeichenkette.format(daten, daten, daten)`: Der Aufbau der Zeichenkette hat große Ähnlichkeiten mit dem Aufbau der gleichnamigen Methode des .NET-Frameworks von Microsoft. Innerhalb dieser Zeichenkette geben {}-Klammernpaare die Position der Parameter an.

Zuerst drei Beispiele für das %-Verfahren:

```
>>> '%s ist %d Jahre alt.' % ('Matthias', 7)
'Matthias ist 7 Jahre alt.'

>>>'1/7 mit drei Nachkommastellen: %.3f' % (1/7)
'1/7 mit drei Nachkommastellen: 0.143'

>>> '<img src="%s" alt="%s" width="%d">' % ('foto.jpg',
...    'Portrait', 200)
'<img src="foto.jpg" alt="Portrait" width="200">'
```

Nun folgen einige Beispiele für die neuere `format`-Methode. Ihr größter Vorteil besteht darin, dass die Platzhalterreihenfolge durch `{n}` frei gewählt werden kann:

```
>>> '{} ist {} Jahre alt.'.format('Sebastian', 9)
'Sebastian ist 9 Jahre alt.'

>>> '{1} ist {0} Jahre alt.'.format(9, 'Sebastian')
'Sebastian ist 9 Jahre alt.'

>>> '{name} ist {alter} Jahre alt.'.format(alter=9,
...     name='Sebastian')
'Sebastian ist 9 Jahre alt.'

>>> '1/7 mit drei Nachkommastellen: {:.3f}'.format(1/7)
'1/7 mit drei Nachkommastellen: 0.143'

>>> 'select * from table where id={:d}'.format(324)
'select * from table where id=324'
```

Es gibt unzählige Codes zum Aufbau der Zeichenketten für die beiden Formatierungssysteme (siehe Tabelle 19.7 und Tabelle 19.8). Für eine vollständige Referenz fehlt uns allerdings der Platz. Es gibt im Internet genügend Seiten, die alle zulässigen Codes in allen denkbaren Varianten beschreiben. Die beiden folgenden Links verweisen auf die offizielle Python-Dokumentation:

http://docs.python.org/3.2/library/stdtypes.html#old-string-formatting-operations
http://docs.python.org/3.2/library/string.html#format-string-syntax

Code	Bedeutung
`%d`	ganze Zahl (dezimal)
`%5d`	ganze Zahl mit fünf Stellen, rechtsbündig
`%-5d`	ganze Zahl mit fünf Stellen, linksbündig
`%f`	Fließkommazahl (*float*)
`%.2f`	Fließkommazahl mit zwei Nachkommastellen
`%r`	Zeichenkette, Python verwendet `repr`.
`%s`	Zeichenkette, Python verwendet `str`.
`%10s`	Zeichenkette mit zehn Zeichen, rechtsbündig
`%-10s`	Zeichenkette mit zehn Zeichen, linksbündig
`%x`	ganze Zahl hexadezimal ausgeben

Tabelle 19.7 Ausgewählte Codes für die %-Formatierung (printf-Syntax)

Code	Bedeutung
{}	Parameter, beliebiger Datentyp
{0}, {1}, ...	nummerierte Parameter
{eins}, {zwei}, ...	benannte Parameter
{:d}	ganze Zahl
{:<7d}	ganze Zahl mit sieben Stellen, linksbündig
{:>7d}	ganze Zahl mit sieben Stellen, rechtsbündig
{:^7d}	ganze Zahl mit sieben Stellen, zentriert
{:f}	Fließkommazahl
{:.5f}	Fließkommazahl mit fünf Nachkommastellen
{:s}	Zeichenkette

Tabelle 19.8 Ausgewählte Codes für die format-Methode

Die Qual der Wahl

Was ist nun besser, das %-Verfahren oder die format-Methode? In der Regel kommen Sie mit beiden Verfahren zum Ziel. Wenn Ihnen die printf-Syntax vertraut ist, spricht nichts dagegen, beim %-Verfahren zu bleiben. Ansonsten sollten Sie für neuen Code format vorziehen – der resultierende Code ist zumeist besser lesbar.

Reguläre Ausdrücke

Reguläre Ausdrücke bzw. *regular expressions* sind eine eigene Art von Sprache, um Suchmuster für Zeichenketten zu beschreiben. Sie können damit z. B. alle Links aus einem HTML-Dokument extrahieren oder komplexe Suchen-und-Ersetzen-Vorgänge durchführen. In Python sind die entsprechenden Funktionen im Modul re gebündelt (siehe Tabelle 19.9).

Funktion	Bedeutung
match(pattern, s)	Testet, ob s dem Muster pattern entspricht.
search(pattern, s)	Liefert die Position, an der das Muster vorkommt.
split(pattern, s)	Zerlegt s bei jedem Vorkommen des Suchmusters.
sub(pattern, r, s)	Ersetzt das erste gefundene Muster in s durch r.

Tabelle 19.9 Ausgewählte Funktionen des re-Moduls

Die folgenden Zeilen zeigen eine einfache Anwendung: Das Programm erwartet mit input die Eingabe einer E-Mail-Adresse. pattern enthält einen regulären Ausdruck zum Testen, ob die Adresse formalen Kriterien entspricht. Dazu muss der erste Teil der Adresse aus den Buchstaben a–z, den Ziffern 0–9 sowie einigen Sonderzeichen bestehen. Danach folgt ein @-Zeichen, dann ein weiterer Block aus Buchstaben, Ziffern und Zeichen, schließlich ein Punkt und zuletzt ein reiner Buchstabenblock für die Top-Level-Domain (z. B. info).

```
import re
pattern = r'^[A-Za-z0-9\.\+_-]+@[A-Za-z0-9\._-]+\.[a-zA-Z]+$'
email = input("Geben Sie eine E-Mail-Adresse ein: ")

if re.match(pattern, email):
  print("Die E-Mail-Adresse ist OK.")
else:
  print("Die E-Mail-Adresse sieht fehlerhaft aus.")
```

Das Beispiel macht auch gleich klar, dass das Zusammenstellen regulärer Ausdrücke alles andere als einfach ist. Für gängige Problemstellungen finden Sie oft im Internet passende Lösungen. Der obige Code folgt z. B. einem Vorschlag auf der Seite *stackoverflow.com*. Andernfalls müssen Sie den regulären Ausdruck selbst zusammenbasteln (siehe Tabelle 19.10). Weitere Details und Beispiele können Sie in der Dokumentation zum re-Modul nachlesen:

http://docs.python.org/3.2/library/re.html

Code	Bedeutung
^	Beginn der Zeichenkette
$	Ende der Zeichenkette
.	ein beliebiges Zeichen
[a-z]	ein Kleinbuchstabe zwischen a und z
[a,b,f-h]	ein Buchstabe aus a, b, f, g und h
[^0-9]	ein beliebiges Zeichen außer 0 bis 9
<muster>*	Das Muster darf beliebig oft vorkommen (auch 0-mal).
<muster>+	Das Muster darf beliebig oft vorkommen (mindestens einmal).
\x	Spezialzeichen angeben (\$ steht also für ein '$'-Zeichen.)

Tabelle 19.10 Aufbau regulärer Ausdrücke

Das Muster [a-z]+ trifft beispielsweise auf beliebige aus Kleinbuchstaben zusammengesetzte Zeichenketten zu, z. B. auf abc oder x oder xxx, nicht aber auf a b (Leerzeichen), Abc (Großbuchstabe), a1 (Ziffer) oder äöü (internationale Buchstaben).

19.7 Listen

Listen haben Sie ja schon im vorigen Kapitel kennengelernt. Diverse Beispiele haben Ihnen mittlerweile sicher klargemacht, dass Listen in Python zu den wichtigsten Datenstrukturen zählen. In diesem Abschnitt fassen wir die wichtigsten Listen-Methoden nochmals zusammen (siehe Tabelle 19.11) und stellen einige fortgeschrittene Methoden zur Bearbeitung von Listen vor.

Funktion/Methode	Bedeutung
`del l[start:ende]`	Entfernt die angegebenen Listenelemente.
`n = len(l)`	Liefert die Anzahl der Elemente.
`l.append(x)`	Fügt das Element x am Ende der Liste hinzu.
`l.clear()`	Löscht die Liste (entspricht `l=[]`).
`n = l.count(x)`	Ermittelt, wie oft das Element x in der Liste vorkommt.
`l1.extend(l2)`	Fügt die Liste l2 am Ende von l1 hinzu (also `l1 += l2`).
`iterator = filter(f, l)`	Liefert die Elemente zurück, für die `f(element)==true` gilt.
`n = l.index(x)`	Ermittelt die erste Position von x in der Liste.
`l.insert(n, x)`	Fügt das Element x an der Position n in die Liste ein.
`iterator = map(f, l)`	Wendet die Funktion f auf alle Elemente an.
`x = l.pop(n)`	Liest das Element an der Position n und entfernt es.
`l.remove(x)`	Entfernt das Element x aus der Liste.
`l.reverse()`	Dreht die Liste um (das erste Element zuletzt etc.).
`l.sort()`	Sortiert die Liste.
`iterator = zip(l1, l2)`	Verbindet die Listenelemente paarweise zu Tupeln.

Tabelle 19.11 Wichtige Funktionen und Methoden zur Bearbeitung von Listen

map

Die hier vorgestellten Funktionen map, reduce und filter sind keine ausgesprochenen Listenfunktionen. Sie können auf jedes Objekt angewendet werden, das *iterable* ist, d. h., das mehrere Elemente enthält, über die eine Schleife gebildet werden kann.

Außer auf Listen trifft dies unter anderem auch auf Sets, Tupel und Dictionaries zu. Der sprachlichen Einfachheit halber ist hier aber dennoch nur von Listen die Rede.

map wendet eine Funktion auf alle Elemente einer Liste an. map liefert aus Effizienzgründen nicht unmittelbar eine Ergebnisliste, sondern einen *Iterator*. Dieses Objekt kann z. B. in einer Schleife ausgewertet oder mit list in eine Liste umgewandelt werden. Im folgenden Beispiel wird erst die Funktion quad definiert, um eine Zahl zu quadrieren. Diese wird dann mit map auf eine Liste angewendet.

```
>>> def quad(x): return x*x
...
>>> l=[1, 2, 3, 4, 5]
>>> map(quad, l)          # map liefert einen Iterator
<map object at 0x1006c1250>
>>> list(map(quad, l))   # list(map(..)) liefert eine Liste
[1, 4, 9, 16, 25]
```

Es ist nicht notwendig, die an map zu übergebende Funktion zuerst mit def zu definieren. Sie können die Funktion auch ad hoc als Lambda-Funktion angeben. Dabei verwenden Sie das Schlüsselwort lambda, um zuerst einen Variablennamen und dann die Funktion für diese Variable anzugeben. Mehr Details zu diesem Thema können Sie in Abschnitt 19.9, »Funktionen«, unter dem Stichwort »Lambda-Funktionen« nachlesen.

```
>>> list(map(lambda x: x*x, l))
[1, 4, 9, 16, 25]
```


Anstelle von map können Sie auch *List Comprehension* einsetzen (siehe Abschnitt 19.5, »Schleifen über Listen, Tupel und Sets«). Dazu formulieren Sie die for-Schleife in den eckigen Klammern einer Liste:

```
>>> [ x*x for x in l ]
[1, 4, 9, 16, 25]
```

map kann auch *mehrere* Listen verarbeiten. In diesem Fall wird aus jeder Liste das jeweils n-te Element an eine Funktion übergeben, die so viele Parameter erwartet, wie Sie Listen an map übergeben. Wenn die Listen unterschiedlich lang sind, liefert map so viele Elemente wie die kürzeste Liste.

```
#!/usr/bin/python3
def f(x, y):
  return x+y

l1 = [ 7,  1,  4]
l2 = [10, 11, 12]
l3 = list(map(f, l1, l2))
print(l3)  # Ausgabe [17, 12, 16]
```

reduce

Auch bei `reduce` wird eine Funktion auf die Listenelemente angewendet. Die Funktion muss diesmal aber *zwei* Parameter verarbeiten. Die Funktion wird von links nach rechts paarweise angewendet, zuerst auf die beiden ersten Listenelemente, dann auf das vorherige Ergebnis und das dritte Element, dann auf das vorige Ergebnis und das vierte Element etc. Wenn die Listenelemente `x1`, `x2`, `x3` etc. lauten, dann entspricht `reduce(f, l)` dem Ausdruck `f(f(f(f(x1, x2), x3), x4), ...)`. `reduce` macht aus einer Liste also ein singuläres Ergebnis. Das erklärt auch den Namen: Die Funktion *reduziert* die Liste zu einem Wert.

Beachten Sie, dass `reduce` in Python 3 im Modul `functools` enthalten ist, das importiert werden muss. In Python 2 zählte `reduce` hingegen zu den Standardfunktionen. Im folgenden Beispiel wird mit `lambda` eine Funktion definiert, die die Summe der beiden Parameter ausrechnet. `reduce(...)` bildet dann die Summe über alle Elemente.

```
>>> l=list(range(1,11)); l
[1, 2, 3, 4, 5, 6, 7, 8, 9, 10]
>>> from functools import reduce
>>> reduce(lambda x,y: x+y, l)
55
```

filter

`filter` wendet ähnlich wie `map` eine Funktion auf jedes Listenelement an. Das Ziel ist es diesmal aber nicht, die Funktionsergebnisse zurückzugeben, sondern vielmehr alle Listenelemente, bei denen die Filterfunktion `true` liefert. Es geht also darum, alle Elemente aus einer Liste herauszufiltern, die einer Bedingung genügen. Das Ergebnis ist wie bei `map` ein Iterator, der bei Bedarf mit `list` zu einer Liste ausgewertet werden kann.

Das folgende Beispiel filtert aus einer Liste alle geraden Zahlen heraus. Der Lambda-Ausdruck ergibt `true`, wenn bei einer Division durch 2 kein Rest bleibt.

```
>>> l=list(range(1,11))
>>> l
[1, 2, 3, 4, 5, 6, 7, 8, 9, 10]
>>> l=list(range(1,11)); l
[1, 2, 3, 4, 5, 6, 7, 8, 9, 10]
>>> ergebnis = filter(lambda x: x%2==0, l)
>>> list(ergebnis)
[2, 4, 6, 8, 10]
```

Das gleiche Ergebnis können Sie wiederum auch mit *List Comprehension* erzielen:

```
>>> [ x for x in l if x%2==0 ]
[2, 4, 6, 8, 10]
```

zip

zip verbindet zusammengehörige Elemente mehrerer Listen zu Tupeln. Wenn Sie also an zip zwei Listen übergeben, besteht das Ergebnis aus Tupeln, die die jeweils ersten, zweiten, dritten Elemente der Listen enthalten. Wie map und filter liefert auch zip einen Iterator, den Sie mit list zu einer Liste oder mit set zu einer Menge auswerten können. zip kann bei Bedarf auch mehr als zwei Listen verarbeiten. Wenn die Listen unterschiedlich viele Elemente haben, bestimmt die Liste mit der kleinsten Elementanzahl das Ergebnis.

```
>>> l1=list(range(1,11)); l1
[1, 2, 3, 4, 5, 6, 7, 8, 9, 10]
>>> l2=list('abcdefghij'); l2
['a', 'b', 'c', 'd', 'e', 'f', 'g', 'h', 'i', 'j']
>>> list(zip(l1, l2))
[(1, 'a'), (2, 'b'), (3, 'c'), (4, 'd'), (5, 'e'),
 (6, 'f'), (7, 'g'), (8, 'h'), (9, 'i'), (10, 'j')]
```

Mit dict(zip(keylist, valuelist)) können Sie aus zwei Listen mit Schlüsseln und Werten ein Dictionary bilden:

```
>>> dict(zip(l1, l2))
{1: 'a', 2: 'b', 3: 'c', 4: 'd', 5: 'e',
 6: 'f', 7: 'g', 8: 'h', 9: 'i', 10: 'j'}
```


19.8 Umgang mit Fehlern (Exceptions)

Wie reagiert Python, wenn bei der Ausführung eines Programms ein Fehler auftritt? Wenn Sie also eine Division durch null durchführen, mit l[5] auf das fünfte Element einer Liste mit nur vier Elementen zuzugreifen versuchen oder wenn Sie eine Datei mit open(name, 'w') öffnen möchten, für die Ihr Programm keine Leseberechtigung hat. In solchen Fällen löst Python wie viele andere moderne Programmiersprachen eine *Exception* aus, die über den Ausnahmezustand informiert. Wenn Ihr Programm keine Absicherung gegen derartige Exceptions vorsieht, dann endet es mit einer unschönen Fehlermeldung. Eben das können Sie vermeiden, wenn Sie Ihren Code mit try/except absichern.

try/except

Die Syntax für try/except ist einfach:

```
try:
  fehleranfälliger Code
except aaaError:
  Reaktion auf einen bestimmten Fehler
```

```
except bbbError as err:
  Reaktion auf noch einen Fehler; die
  Variable err enthält Informationen zum Fehler.
except (cccError, dddError):
  Reaktion auf die aufgezählten Fehler
except (eeeError, fffError) as err:
  Reaktion auf die aufgezählten Fehler; die
  Variable err enthält Informationen zum Fehler.
except:
  Reaktion auf alle anderen Fehler
else:
  wird ausgeführt, wenn kein Fehler aufgetreten ist.
finally:
  wird immer ausgeführt, egal, ob ein Fehler
  aufgetreten ist oder nicht.
```

Im Anschluss an `try` und den abzusichernden Code muss zumindest ein `except`- oder `finally`-Block folgen. Alle anderen Teile der `try`-Konstruktion sind optional. Tritt ein Fehler auf, sucht Python die erste auf den Fehler zutreffende `except`-Anweisung. `except` ohne einen Fehlernamen gilt dabei als Defaultanweisung, die auf jede Art von Fehler zutrifft.

Sofern es einen zutreffenden `except`-Block gibt, wird der dort angegebene Code ausgeführt. Anschließend gilt der Fehler als erledigt. Das Programm wird im Anschluss an die `try`-Konstruktion fortgesetzt.

Der Code im `else`-Block wird im Anschluss an den `try`-Code ausgeführt, sofern dort kein Fehler aufgetreten ist. In der Praxis ist ein `else`-Block nur selten sinnvoll. Die einzige Ausnahme: Mit hier platziertem Code können Sie unkompliziert feststellen, dass der `try`-Code ohne Fehler ausgeführt worden ist.

Code im `finally`-Block wird *immer* ausgeführt, entweder im Anschluss an den fehlerfreien `try`-Code oder nach einem Fehler im Anschluss an den entsprechenden `except`-Code. Im Unterschied zu `else` wird `finally` in der Praxis recht häufig verwendet, um Aufräumarbeiten durchzuführen, die auf jeden Fall erforderlich sind, beispielsweise um offene Dateien zu schließen oder um Datenbank- oder Netzwerkverbindungen zu beenden.

Im folgenden Beispiel ist der Code zum Auslesen einer Datei abgesichert. Gegebenenfalls wird eine kurze Fehlermeldung ausgegeben. Interessant ist aber der `finally`-Code: Hier wird getestet, ob `f` eine Variable ist und ob sie nicht leer ist: In diesem Fall wird die Datei geschlossen. Alternativ können Sie auch mit `with/as` arbeiten (siehe die übernächste Überschrift »with/as«).

```
try:
  f=open('readme.txt')
  for line in f:
      print(line, end='')
except:
  print('Es ist ein Fehler aufgetreten.')
finally:
  if 'f' in locals() and f: f.close()
```

Wenn Sie die `except`-Anweisung in der Form `except xxxError as var` formulieren, enthält `var` ein Objekt einer Klasse, die von der `BaseException`-Klasse abgeleitet ist. Details zu den vielen vordefinierten `Exception`-Klassen können Sie hier nachlesen:

http://docs.python.org/3.2/library/exceptions.html

Bei der Auswertung von `Exception`-Objekten ist in der Regel nur deren Variable `args` von Interesse. Sie liefert einen Tupel mit allen Parametern, die beim Auslösen des Fehlers übergeben wurden. Wenn ein `Exception`-Objekt in eine Zeichenkette umgewandelt wird – wahlweise explizit durch `str(e)` oder implizit in der `print`-Funktion, dann wird der Inhalt von `args` automatisch in eine Zeichenkette umgewandelt.

```
try:
  n=1/0
except ZeroDivisionError as e:
  print(e)  # Ausgabe: 'division by zero'
```


Nichts tun mit »pass«

Mitunter kommt es vor, dass Sie einen bestimmten Fehler erwarten, darauf aber nicht reagieren möchten. Mit `except xxx:` fangen Sie den Fehler ab. Aber wie formulieren Sie Ihr Programm, damit es in diesem Fall nichts tut, keine Fehlermeldung anzeigt etc.?

Irgendeinen Code *müssen* Sie nach `except xxx:` angeben, sonst ist das Programm syntaktisch nicht korrekt. Für solche Fälle sieht Python die Anweisung `pass` vor. Die folgenden Zeilen zeigen eine mögliche Anwendung in einer Endlosschleife, die durch [Strg]+[C] unterbrochen werden kann. Sie erwarten also einen `KeyboardInterrupt` und wollen in diesem Fall Ihr Programm ordentlich beenden.

```
try:
  while 1:
    do_something()
except KeyboardInterrupt:
  pass          # keine Fehlermeldungen anzeigen
finally:
  xxx.close()  # Aufräumarbeiten
```

Fehler in Funktionen und Methoden

Bei Code, der durch Funktionen oder Klassen strukturiert ist, wird der Umgang mit Fehlern ein wenig interessanter: Beim Auftreten eines Fehlers stellt Python zunächst fest, ob der Code direkt durch `try` abgesichert ist. Ist das nicht der Fall, wird die Funktion oder Methode verlassen.

Jetzt kommt es darauf an, ob der Code an der Stelle durch `try` abgesichert wurde, an der der Funktions- oder Methodenaufruf stattfand. Bei verschachtelten Funktions- und Methodenaufrufen hangelt sich Python gewissermaßen bis zur untersten Ausführebene Ihres Programms herunter. Nur wenn die Fehlerabsicherung auch dort fehlt, wird das Programm mit einer Fehlermeldung abgebrochen.

Für die Fehlersuche ist es oft wichtig, festzustellen, wie eine Exception zustandekommt. Dabei helfen die Funktionen des `traceback`-Moduls. `print_exc()` gibt an, welche Funktionen und Methoden in welcher Reihenfolge aufgerufen wurden, als der letzte Fehler auftrat.

Im folgenden Beispiel wird in der `try`-Konstruktion `f1` aufgerufen. `f1` ruft wiederum `f2` auf, und dort tritt eine Division durch 0 auf. Da weder `f2` noch `f1` gegen Fehler abgesichert sind, kommt die `try`-Konstruktion auf der untersten Ebene zur Anwendung. Dort wird der Fehler festgestellt.

```
#!/usr/bin/python3
import traceback
def f2(x):
  return 2/(x-1)
def f1(x):
  ergebnis = f2(x) + 7
  return ergebnis

try:
  n=f1(1)
  print(n)
except ZeroDivisionError as e:
  print(traceback.print_exc())
```

Das Programm zeigt die folgende Fehlermeldung an:

```
Traceback (most recent call last):
  File "./test.py", line 12, in <module>
    n=f1(1)
  File "./test.py", line 8, in f1
    ergebnis = f2(x) + 7
  File "./test.py", line 5, in f2
    return 2/(x-1)
ZeroDivisionError: division by zero
```

with/as

Eine Grundregel für den Zugriff auf Dateien sowie für die Verwendung von Datenbank- und Netzwerkverbindungen besteht darin, die Datei bzw. die Verbindung so rasch wie möglich wieder zu schließen, um diese zumeist knappen Ressourcen nicht unnötig lange zu blockieren. Traditioneller Code zur Lösung dieses Problems ist oft nach dem folgenden Muster aufgebaut:

```
try:
  f = open('dateiname')
  ...
finally:
  f.close()
```

In der obigen Form garantiert der `finally`-Block, dass die Datei auf jeden Fall wieder geschlossen wird – selbst wenn ein Fehler auftritt. Oft wird der Code auch noch mit `except`-Blöcken kombiniert, um eventuell auftretende Fehler abzufangen.

Eine alternative Vorgehensweise bietet `with/as`: Damit können Sie eine oder mehrere Ressourcen öffnen und diese im nachfolgenden Block nutzen. Am Ende des Blocks werden die Ressourcen automatisch geschlossen. Die allgemeine Syntax für `with/as` sieht so aus:

```
with ausdruck1 as var1, ausdruck2 as var2, ...:
  Code, der var1, var2 etc. nutzt
```

Die in `var1`, `var2` etc. enthaltenen Objekte werden nach dem `with`-Block automatisch geschlossen. Das setzt voraus, dass die entsprechenden Klassen als sogenannte *Kontextmanager* konzipiert sind und hierfür die entsprechenden `__enter__`- und `__exit__`-Methoden zur Verfügung stellen. Diese Voraussetzung ist unter anderem für `file`-Objekte gegeben. Wenn Sie also eine Textdatei auslesen möchten und gleichzeitig garantieren wollen, dass die Datei auch im Falle eines Fehlers geschlossen wird, dann können Sie Ihren Code ganz kompakt so formulieren:


```
with open('readme.txt') as f:
  for line in f:
      print(line, end='')
```

with/as schützt nicht vor Exceptions!

`with/as` garantiert zwar, dass die in der Konstruktion genannten Ressourcen auch beim Auftreten eines Fehlers geschlossen werden, der eigentliche Fehler tritt aber anschließend dennoch auf. `with/as` ersetzt also nicht `try/except`!

Selbst Exceptions auslösen

In selbst programmierten Funktionen und Methoden ist es mitunter zweckmäßig, selbst eine Exception auszulösen. Auf diese Weise können Sie den Anwender Ihrer Funktionen oder Klassen davon informieren, dass ein Fehler aufgetreten ist. Sofern Sie für die Fehlerweitergabe mit den in Python vordefinierten Ausnahmen Ihr Auslangen finden, ist der Codeaufwand minimal. Sie übergeben einfach ein entsprechendes `Exception`- oder `Error`-Objekt an `raise`:

```
def f(x, y):
  if x<0 or y<0:
    raise ValueError('Sie müssen positive Parameter angeben')
  return x*y
```

Wenn Sie mit den vordefinierten Fehlerklassen nicht zufrieden sind, müssen Sie sich die Mühe machen und selbst eine entsprechende Klasse definieren. Ein entsprechendes Beispiel finden Sie im Python-Handbuch:

http://docs.python.org/3.2/tutorial/errors.html#user-defined-exceptions

Programmunterbrechungen abfangen

Python-Programme, die im Terminal ausgeführt werden, können jederzeit durch [Strg]+[C] abgebrochen werden. Es gibt zwei Möglichkeiten, dies zu verhindern bzw. beim Drücken dieser Tastenkombination zumindest einen geordneten Rückzug einzuleiten. Die eine Variante nutzt die in diesem Abschnitt vorgestellte `try/except`-Konstruktion. Der Programmabbruch durch [Strg]+[C] gilt nämlich ebenfalls als `KeyboardInterrupt`-Exception und kann somit abgefangen werden:

```
try:
  # Endlosschleife
  cnt=0
  while 1:
    cnt+=1
    print(cnt)
except KeyboardInterrupt:
  # Aufräumarbeiten ...
  print('Strg+C wurde gedrückt, Programmende')
```

Die andere Variante verwendet das `signal`-Modul, um gezielt auf das SIGINT-Signal zu reagieren, das hinter den Kulissen versendet wird, wenn ein Anwender [Strg]+[C] drückt. Im folgenden Beispiel wird die Funktion `abbruch` definiert. Diese Funktion *muss* zwei Parameter enthalten, auch wenn diese hier gar nicht benutzt werden. `signal.signal` legt nun fest, dass die `abbruch`-Funktion aufgerufen wird, sobald das Programm ein SIGINT-Signal erhält.

```
import signal, sys

def abbruch(signal, frame):
  # Aufräumarbeiten
  print('Strg+C wurde gedrückt, Programmende')
  sys.exit(0)

signal.signal(signal.SIGINT, abbruch)
cnt=0
# Endlosschleife
while 1:
    cnt+=1
    print(cnt)
```

Wenn der Programmabbruch nicht funktioniert

In der Theorie ist es also ganz einfach, auf [Strg]+[C] zu reagieren. In der Praxis funktionieren die beiden obigen Codebeispiele aber oft unzuverlässig oder gar nicht – abhängig davon, welcher Code gerade ausgeführt wird, wenn der Benutzer [Strg]+[C] drückt. Handelt es sich dabei nämlich um eine Systemfunktion, auf die Python zurückgreift, kann Python nicht selbst auf [Strg]+[C] reagieren. Das betrifft unter anderem die meisten I/O-Funktionen, also `print`-Ausgaben am Bildschirm und das Lesen und Schreiben von Dateien, sowie `time.sleep()`. Hintergrundinformationen können Sie hier nachlesen:

http://stackoverflow.com/questions/4606942

19.9 Funktionen

Python stellt diverse vordefinierte Funktionen zur Verfügung. Beispielsweise ermittelt `len` die Anzahl der Elemente einer Liste bzw. die Anzahl der Zeichen einer Zeichenkette; `print` gibt die in den Parametern angegebenen Daten aus etc. Daneben gibt es unzählige weitere Funktionen, die in Modulen definiert sind, z. B. `sin` oder `sqrt` im Modul `math`, `randint` oder `random` im Modul `random`, `sleep` im Modul `sys` etc.

In diesem Abschnitt geht es darum, selbst eigene Funktionen zu definieren. Damit können Sie Ihren Code besser und übersichtlicher strukturieren. In vielen Fällen können Funktionen auch Redundanz im Code vermeiden – z. B. wenn Sie bestimmte Aufgaben an mehreren Stellen in Ihrem Code durchführen müssen.

Python bietet zur Definition von Funktionen gleich zwei Möglichkeiten: Den Code für gewöhnliche Funktionen leiten Sie mit `def` ein. Außerdem können Sie mit minimalem Overhead sogenannte Lambda-Funktionen definieren und sofort anwenden.

Das bietet sich insbesondere dann an, wenn Sie einfache Funktionen nur an einer Stelle in Ihrem Programm benötigen.

Eigene Funktionen definieren

Die Definition eigener Funktionen beginnt mit dem Schlüsselwort def. Dem folgt der Funktionsname, für den dieselben Regeln wie für Variablennamen gelten. Die Parameter müssen in runde Klammern gestellt werden.

```
def funktionsname(para1, para2, para3):
  code
```

Für die Programmierung und Anwendung von Funktionen gelten einige Regeln:

- Funktionen müssen definiert werden, bevor sie verwendet werden können. Deswegen ist es üblich, zuerst alle Funktionen zu definieren und erst im Anschluss daran den restlichen Code anzugeben. Die Codeausführung beginnt somit in der ersten Zeile, die *nicht* zu einer Funktionsdefinition gehört.
- Funktionen ohne Parameter sind zulässig, die runden Klammern sind aber immer erforderlich.
- Funktionen können vorzeitig mit return verlassen werden. Die Verwendung von return ist optional.
- Mit return kann die Funktion ein Ergebnis zurückgeben. Hierfür ist jeder Python-Datentyp erlaubt, also auch Listen, Tupel etc. Auf diese Weise kann eine Funktion ganz einfach *mehrere* Werte zurückgeben.
- Funktionen dürfen verschachtelt werden. Es ist also zulässig, in einer Funktion f1 eine weitere Funktion f2 zu definieren. f2 kann dann allerdings nur innerhalb von f1 genutzt werden, weswegen die verschachtelte Definition von Funktionen in der Praxis nur selten vorkommt. Eine mögliche Anwendung folgt im Abschnitt »Funktionales Programmieren«, wo eine neue Funktion gebildet und das Ergebnis mit return zurückgegeben wird.

Im folgenden Miniprogramm werden zuerst zwei Funktionen definiert und diese dann aufgerufen, um den prinzipiellen Umgang mit Funktionen zu zeigen:

```
#!/usr/bin/python3
# Funktion ohne Ergebnis
def f1(x, y):
  print('Parameter 1:', x)
  print('Parameter 2:', y)

# Funktion mit Ergebnis
def f2(x, y):
  return x+y
```

```
# hier beginnt die Programmausführung
f1(2, 3)      # gibt die Parameter aus
# Ausgabe: Parameter 1: 2
#          Parameter 2: 3

n = f2(4, 5)
print(n)
# Ausgabe: 9
```

Lokale und globale Variablen

Funktionen können Variablen lesen, die außerhalb der Funktion definiert sind:

```
#!/usr/bin/python3
def f1():
  print(x)

x=3
f1()  # Ausgabe 3
```

Umgekehrt gelten Variablen, die in einer Funktion initialisiert werden – die also auf der linken Seite einer Zuweisung stehen –, als *lokal*: Sie können nur innerhalb der Funktion verwendet werden. Intern verwendet Python zur Speicherung lokaler Variablen einen sogenannten Namensraum. Was das ist, wird in Abschnitt 19.10 unter dem Stichwort »Klassenvariablen und Namensräume« näher beschrieben.


```
#!/usr/bin/python3
def f1():
  y=5
  print(y)  # Ausgabe 5

f1()
print(y)    # Fehler, y ist nicht definiert!
```

Diese Regel gilt auch dann, wenn eine Variable in einer Funktion denselben Namen hat wie eine Variable außerhalb der Funktion oder in einer anderen Funktion. Im folgenden Beispiel gibt es also zwei Variablen `z`: eine innerhalb von `f1`, die andere außerhalb. Die Variablen sind vollkommen unabhängig voneinander und beeinflussen sich nicht!

```
#!/usr/bin/python3
def f1():
  z=5
  print(z) # Ausgabe 5
```

```
z=3
f1()
print(z)    # Ausgabe 3!
```

Im folgenden Miniprogramm kommt es zu einem Fehler. z gilt als lokale Variable innerhalb der Funktion f1. Deswegen kann z=z+3 nicht funktionieren, weil z auf der rechten Seite des Zeichens = verwendet wird, bevor die Variable innerhalb der Funktion definiert wurde.

```
#!/usr/bin/python3
def f1():
  z=z+3  # Fehler, z ist nicht definiert
  print(z)

z=3
f1()
```

Dieser Fehler tritt auch dann auf, wenn z oberhalb der Funktionsdefinition initialisiert wird. Entscheidend ist hier nur, dass z eine lokale Variable innerhalb der Funktion f1 ist.

```
#!/usr/bin/python3
z=3

def f1():
  z=z+3    # Fehler, z ist nicht definiert
  print(z)

f1()
```

Wenn Sie in einer Funktion eine Variable verändern möchten, die außerhalb der Funktion initialisiert wurde, dann können Sie diese Variable in der Funktion als global kennzeichnen. Genau genommen sagen Sie damit, dass die Funktion z nicht als lokale Variable betrachten soll, sondern als eine Variable aus dem globalen Gültigkeitsbereich (*Global Scope*) des Programms.

```
#!/usr/bin/python3
def f1():
  global z
  z=z+3
  print(z) # Ausgabe 6

z=3
f1()
print(z)    # Ausgabe 6
```

Vermeiden Sie globale Variablen in Funktionen!

In der Praxis wird das Schlüsselwort `global` meist vermieden, weil es oft zu unübersichtlichem Code führt. Stattdessen ist es in der Regel besser, das Funktionsergebnis mit `return` zurückzugeben und dann zu speichern. Das folgende Listing gibt hierfür ein Beispiel. Hintergrundinformationen zum Umgang mit Parametern folgen im nächsten Abschnitt.

```
#!/usr/bin/python3
def f1(x):
  return x+3

z=3
z = f1(z)
print(z)    # Ausgabe 6
```

Lokale Variablen sind für jeden Funktionsaufruf lokal!

Funktionen dürfen sich selbst oder andere Funktionen aufrufen. Dabei sind lokale Variablen ebenso wie die im nächsten Abschnitt beschriebenen Parameter für *jeden* Funktionsaufruf lokal und beeinflussen einander nicht. Nur so ist die Programmierung rekursiver Algorithmen möglich, bei der eine Funktion immer wieder sich selbst aufruft, beispielsweise um eine hierarchische Datenstruktur Ebene für Ebene abzuarbeiten.

Funktionsparameter

Parameter dienen dazu, um Daten an eine Funktion zu übergeben. Intern verhalten sich die Parameter wie lokale Variablen. Ein Parameter mit dem Namen `x` ist somit vollkommen unabhängig von einer gleichnamigen Variablen, die außerhalb der Funktion definiert ist:

```
#!/usr/bin/python3
def f1(x):
  x=6
  print(x) # Ausgabe 6

x=3
f1(x)
print(x)    # Ausgabe 3
```

Für die Übergabe von Daten in den Parametern einer Funktion gelten dieselben Regeln wie bei Variablenzuweisungen (siehe Abschnitt 19.2, Stichwort »Mutable oder immutable«). Das bedeutet, dass bei unveränderlichen Datentypen eine Änderung der Daten durch die Funktion ausgeschlossen ist, wie auch das obige Beispiel beweist.

Etwas komplizierter ist die Lage bei veränderlichen Datentypen, z. B. bei Listen oder allgemein bei Objekten. Auch in diesem Fall führt eine direkte Zuweisung dazu, dass die Daten nur innerhalb der Funktion, aber nicht außerhalb verändert werden:

```
#!/usr/bin/python3
def f1(x):
  x=[4, 5]
  print(x) # Ausgabe [4, 5]

x=[1, 2]
f1(x)
print(x)    # Ausgabe [1, 2]
```

Sehr wohl möglich ist hingegen eine Veränderung am *Inhalt* eines Objekts, einer Liste, eines Sets etc., also beispielsweise das Hinzufügen eines weiteren Elements!

```
#!/usr/bin/python3
def f1(x):
  x.append(3)
  print(x) # Ausgabe [1, 2, 3]

x=[1, 2]
f1(x)
print(x)    # Ausgabe [1, 2, 3]
```

Optionale Parameter

Mit `para=default` kann für einen Parameter ein Defaultwert definiert werden. Dieser Parameter ist damit gleichzeitig optional. Alle optionalen Parameter müssen am Ende der Parameterliste angegeben werden.

Damit der Aufruf von Funktionen mit vielen optionalen Parametern übersichtlicher ist, können die Funktionsparameter auch in der Schreibweise `name=wert` übergeben werden. Der Funktionsaufruf mit benannten Parametern hat zudem den Vorteil, dass Sie sich nicht an die Reihenfolge der Parameter halten müssen und der Code unter Umständen besser lesbar wird.

```
#!/usr/bin/python3
def f(a, b, c=-1, d=0):
  print(a, b, c, d)

f(6, 7, 8, 9)      # Ausgabe 6 7  8 9
f(6, 7, 8)         # Ausgabe 6 7  8 0
f(a=6, b=7, d=9)   # Ausgabe 6 7 -1 9
```

```
f(d=9, b=7, a=6)  # Ausgabe 6 7 -1 9
f(6, 7)           # Ausgabe 6 7 -1 0
f(6, 7, d=3)      # Ausgabe 6 7 -1 3

f(6)              # Fehler, b fehlt
f(b=6, c=7)       # Fehler, a fehlt
```

Variable Parameteranzahl

Wenn Sie einen Parameter in der Form `*para` oder `**para` definieren, nimmt dieser Parameter beliebig viele Werte entgegen. Bei `*para` stehen diese Parameter anschließend als Tupel zur Verfügung, bei `**para` als Dictionary. `**para`-Argumente *müssen* als benannte Parameter übergeben werden.

```
#!/usr/bin/python3
def f(a, b, *c):
  print(a, b, c)

f(1, 2, 3)            # Ausgabe 1 2 (3,)
f(1, 2, 3, 4)         # Ausgabe 1 2 (3, 4)
f(1, 2, 3, 4, 5, 6)   # Ausgabe 1 2 (3, 4, 5, 6)
```

Wenn die Daten, die Sie an eine Funktion übergeben wollen, in einer Liste, einem Tupel oder einer anderen aufzählbaren Datenstruktur vorliegen, ist beim Funktionsaufruf auch die Schreibweise `function(*liste)` erlaubt. Damit werden die Elemente der Liste automatisch auf die Parameter verteilt:

19

```
#!/usr/bin/python3
def f(a, b, *c):
  print(a, b, c)

l = [1, 2, 3, 4, 5, 6]
f(*l)                 # Ausgabe 1 2 (3, 4, 5, 6)
```

Die Schreibweise `*liste` können Sie in den Parametern *jeder* Funktion verwenden, z. B. auch in `print`:

```
l = [1, 2, 3]
print(l)   # ganze Liste ausgeben, also [1, 2, 3]
print(*l)  # Listenelemente werden zu Parametern, Ausgabe 1 2 3
```

In Kombination mit der *List Comprehension* können sich Ausdrücke ergeben, die auf den ersten Blick merkwürdig aussehen. Im folgenden Beispiel bildet `[x*x for ...]` Quadrate aller Listenelemente. `*` bewirkt, dass die Ergebnisse als `print`-Parameter verwendet werden:

```
#!/usr/bin/python3
l = [1, 2, 3]
print(*[x*x for x in l])  # Ausgabe 1 4 9
```

Innerhalb der Funktion können Sie mit `len(c)` feststellen, wie viele Parameter übergeben wurden. Das folgende Beispiel demonstriert den Umgang mit einem `**`-Parameter:

```
#!/usr/bin/python3
def f(a, b, **c):
  print(a, b, c)

f(1, 2)               # Ausgabe 1 2 {}
f(1, 2, x=4, y=7)     # Ausgabe 1 2 {'y': 7, 'x': 4}
```

Benannte Parameter können auch aus einem Dictionary mit der Schreibweise `**dict` in die Parameterliste übertragen werden:

```
#!/usr/bin/python3
def f(a, b, **c):
  print(a, b, c)

dict = {'a': 1, 'b': 2, 'x': 3, 'y': 4, 'z': 5}
f(**dict)             # Ausgabe 1 2 {'y': 4, 'x': 3, 'z': 5}
```

In der Parameterliste darf es maximal einen `*`- oder `**`-Parameter geben. Einem `**`-Parameter dürfen keine weiteren Parameter mehr folgen. Bei `*`-Parametern sind weitere einfache Parameter erlaubt. Diese müssen aber immer benannt werden, wie das folgende Beispiel zeigt:

```
#!/usr/bin/python3
def f(a, b, *c, x):
  print(a, b, c, x)

f(1, 2, x=3)         # Ausgabe 1 2 () 3
f(1, 2, 3, 4, x=5)   # Ausgabe 1 2 (3, 4) 5
```

Keep it simple, stupid!

Python erlaubt also sowohl den Aufbau von ziemlich komplexen Parameterlisten als auch die Übergabe von Parametern in vielen erdenklichen Syntaxvarianten. Ihr Ziel sollte es aber immer bleiben, dass der Code gut lesbar und verständlich bleibt. Übertreiben Sie es also nicht!

Lambda-Funktionen

Eigene Funktionen verwenden Sie oft aus zwei Gründen: einerseits, um komplexen Code in überschaubare Teile zu zerlegen, oder andererseits, weil Sie eine bestimmte Aufgabe an verschiedenen Stellen im Code erledigen möchten und so redundanten Code vermeiden möchten. Mitunter gibt es aber eine dritte Variante: Sie brauchen an *einer* Stelle im Code – z. B. in `map`, `filter` oder zur Formulierung einer einfachen Callback-Funktion – eine oft recht einfache Funktion. Der herkömmliche Weg ist dann recht umständlich: Sie müssen eine oft nur einzeilige Funktion explizit mit `def` definieren, um sie dann nur ein einziges Mal zu verwenden.

Für solche Fälle bieten sich Lambda-Funktionen als platzsparende Alternative an: Dabei handelt es sich um Funktionen, die ad hoc definiert *und* gleichzeitig an dieser Stelle im Code auch sofort verwendet werden. Aus diesem Grund besteht auch keine Notwendigkeit, der Funktion einen Namen zu geben, weswegen Lambda-Funktionen korrekt als *anonyme Funktionen* bezeichnet werden. Etwas salopper könnte man auch von »Wegwerf-Funktionen« sprechen, die nur für den einmaligen Einsatz definiert werden.

Die folgende Zeile zeigt die Syntax zur Definition einer Lambda-Funktion. Die größte Einschränkung von Lambda-Funktionen im Vergleich zu anderen Funktionen besteht übrigens darin, dass Lambda-Funktionen nur aus einem einzigen Ausdruck bestehen dürfen!

```
lambda var1, var2, var3, ...: ausdruck
```

19

Das folgende Miniprogramm zeigt den Einsatz von gleich zwei Lambda-Funktionen: Der erste Lambda-Ausdruck erkennt durch 3 teilbare Zahlen und verwendet dieses Kriterium zur Aufnahme der Elemente in `l2`. Der zweite Lambda-Ausdruck wird auf alle Elemente von `l2` angewandt, um diese ganzzahlig durch 3 zu dividieren. Die resultierende Liste landet in `l3`:

```
#!/usr/bin/python3
l1 = [1, 2, 3, 9, 345, 36, 33]
# l2 enthält alle durch 3 teilbaren Elemente von l1
l2 = list(filter(lambda x: x%3==0, l1))
print(l2)  # Ausgabe [3, 9, 345, 36, 33]
# alle Elemente von l2 durch 3 dividieren
l3 = list(map(lambda x: x//3, l2))
print(l3)  # Ausgabe [1, 3, 115, 12, 11]
```

Unüblich, aber syntaktisch erlaubt ist es, eine Lambda-Funktion einer Variablen zuzuweisen. Diese Variable kann dann wie eine gewöhnliche Funktion verwendet werden. Die beiden Funktionen `f1` und `f2` im folgenden Code sind daher gleichwertig:

```
#!/usr/bin/python3
def f1(x, y):
  return (x+1)*(y+1)

f2 = lambda x, y: (x+1)*(y+1)
print(f1(2, 3))  # Ausgabe 12
print(f2(2, 3))  # Ausgabe 12
```

Funktionales Programmieren

Python kann mit Funktionen ungemein flexibel umgehen. Das vorige Beispiel hat bereits gezeigt, dass Sie Funktionen so wie Zahlen, Listen oder Objekte ohne Weiteres in einer Variablen speichern können – um diese Variable dann wie eine Funktion einzusetzen.

Ebenso können Funktionen selbst an die Parameter einer anderen Funktion übergeben werden. Funktionen können auch mit `return` eine Funktion als Ergebnis zurückgeben. Betrachten Sie das folgende Beispiel:

```
#!/usr/bin/python3
import math

def funcbuilder(f, n):
  def newfunc(x): return f(n*x)
  return newfunc

# bildet die Funktion sin(2*x)
f1 = funcbuilder(math.sin, 2)
print(f1(0.4), math.sin(0.4*2))
# Ausgabe 0.7173560908995228 0.7173560908995228

# bildet die Funktion cos(4*x)
f2 = funcbuilder(math.cos, 4)
print(f2(0.07), math.cos(0.07*4))
# Ausgabe 0.9610554383107709 0.9610554383107709
```

`funcbuilder` erwartet als Parameter eine Funktion und eine Zahl. Damit wird die neue Funktion `neu(x)=f(n*x)` gebildet. `return` gibt die Funktion zurück. Die restlichen Zeilen zeigen die Anwendung von `funcbuilder`.

Wenn Sie in `funcbuilder` einen Lambda-Ausdruck verwenden, können Sie den Code weiter verkürzen. Es gibt nur wenige Programmiersprachen, die solche Konstrukte derart elegant unterstützen.

```
def funcbuilder(f, n):
  return lambda x: f(n*x)
```

Das nächste Beispiel verfolgt eine ähnliche Idee, liefert allerdings keine Funktion, sondern gleich ein Ergebnis zurück. Die Funktion erwartet drei Parameter: f, g und x. Dabei müssen f und g Funktionen sein. Das Resultat ist f(g(x)).

```
#!/usr/bin/python3
import math
def verschachteln(f, g, x):
  return f(g(x))

verschachteln(print, math.sin, 0.2) # 0.19866933079506122
print(math.sin(0.2))                # 0.19866933079506122

ergebnis = verschachteln(math.sin, math.sqrt, 0.5)
print(ergebnis == math.sin(math.sqrt(0.5)))  # True
```

Über den praktischen Nutzen dieser Spielereien kann man geteilter Meinung sein. Vor allem mathematisch ausgebildete Programmierer werden Freude an ihnen haben. Viele mathematische Konzepte lassen sich in Python einfacher realisieren als in anderen Programmiersprachen. Es ist kein Zufall, dass Guido van Rossum, der Erfinder der Programmiersprache Python, selbst Mathematik studiert hat. Einen guten Einführungsartikel in die funktionale Programmierung finden Sie z. B. hier:

http://maryrosecook.com/blog/post/a-practical-introduction-to-functional-programming

19.10 Objektorientiertes Programmieren

Eines gleich vorweg: Python ist *nicht* eine primär objektorientierte Programmiersprache. Sie müssen die Konzepte der Objektorientierung nicht kennen, um ausgezeichnete Python-Programme zu entwickeln. Objektorientierung oder kurz OO kann aber dabei helfen, den Code umfangreicher Projekte besser zu strukturieren und so zu organisieren, dass Sie Teile Ihres Codes später in anderen Projekten besser wiederverwenden können.

Grundsätzlich müssen Sie differenzieren, ob Sie lediglich Klassen und Objekte *nutzen* möchten oder ob Sie selbst Klassen entwickeln möchten. Ersteres ist vollkommen unkompliziert und wird in den drei Python-Kapiteln dieses Buchs an unzähligen Stellen praktiziert, ohne groß darüber zu reden. Ein Beispiel: Sie möchten eine Zeichenkette in Kleinbuchstaben umwandeln. Das geht so:

```
s1 = 'Objektorientierte Features von Python'
s2 = s1.lower()
print(s2)  # objektorientierte features von python
```

In diesem winzigen Programm sind s1 und s2 Variablen, die auf Objekte verweisen. Bei diesen Objekten handelt es sich um *Instanzen*, also um konkrete Realisierungen der Klasse str. lower ist eine *Methode* dieser Klasse. Methoden agieren wie Funktionen, beziehen sich aber automatisch auf die Daten eines Objekts.

Die str-Klasse ist insofern ein Sonderfall, als es sich dabei um einen tief in Python integrierten Datentyp handelt. Deswegen können Sie ein neues str-Objekt einfach in der Form s1 = 'abc' erzeugen. Bei *gewöhnlichen* Klassen erzeugen Sie Objekte hingegen mit einer Zuweisung der Art var = name(), wobei name der Name der Klasse ist. var zeigt dann auf ein Objekt dieser Klasse. In der OO-Nomenklatur nennt man dieses Objekt eine *Instanz* der Klasse. Bei vielen Klassen können an name() Parameter übergeben werden, um das Objekt gleich mit Daten zu initialisieren.

Sobald Sie ein Objekt dieser Klasse haben, können Sie es nutzen, also z. B. seine Methoden aufrufen oder seine Daten auslesen oder verändern:

```
# Objekte und Klassen nutzen
var = eineKlasse()
var.einAttribut = 123
ergebnis = var.eineMethode(17)
```

Im nächsten Kapitel stellen wir Ihnen unter anderem die PiCamera-Klasse vor, mit der Sie Bilder und Videos mit der Raspberry-Pi-Kamera aufnehmen können. Die Nutzung dieser Klasse entspricht genau dem obigen Schema: Sie erzeugen ein Objekt der PiCamera-Klasse, die im Modul picamera definiert ist. Dann stellen Sie die Helligkeit für die Aufnahme ein und führen mit der Methode capture eine Aufnahme durch, die in der Datei image.jpg gespeichert wird:

```
#!/usr/bin/python3
import picamera
camera = picamera.PiCamera()
camera.brightness = 10
camera.capture('image.jpg')
```

Sie sehen also: Objekte zu verwenden ist kinderleicht und gelingt auch dann, wenn Sie die zugrunde liegenden Konzepte objektorientierter Programmierung nicht kennen.

Eigene Klassen definieren

In den weiteren Abschnitten gehen wir davon aus, dass Sie mit den Ideen der Objektorientierung bereits vertraut sind, z. B. weil Sie C++, C# oder Java schon gut kennen. Der Platz in diesem Buch reicht für eine richtige OO-Einführung einfach nicht aus. Stattdessen konzentrieren wir uns auf den folgenden Seiten darauf, Ihnen zu zeigen, wie Sie Ihr OO-Wissen auf Python anwenden können, um eigene Klassen zu definieren.

```
# Definition einer Klasse
class MeineKlasse:
  code ...
```

Wie Funktionen müssen auch Klassen definiert werden, *bevor* sie verwendet werden können. Der Code einer Klasse besteht normalerweise aus Definitionen von Funktionen, die im Kontext von Klassen bzw. Objekten aber *Methoden* genannt werden.

Es ist üblich, Klassennamen mit einem Großbuchstaben zu beginnen. Diese Konvention ist zwar nicht zwingend vorgeschrieben, erhöht aber die Lesbarkeit des Codes, vor allem für andere Programmierer. Variablen- und Methodennamen beginnen hingegen mit Kleinbuchstaben.

Old Style versus New Style

Vor mehr als zehn Jahren wurden in Python 2.2 sogenannte *New Style Classes* eingeführt. Damit wurden selbst definierte Klassen auf dieselbe Ebene wie interne Python-Datentypen gestellt. Python 2.n unterscheidet bis heute zwischen *Old Style* und *New Style Classes*, wobei Erstere in der Form `class name:`, Zweitere hingegen in der Form `class name(basisklasse):` definiert werden. Dabei muss als Basisklasse eine andere New-Style-Klasse oder einfach `object` angegeben werden.

Python 3.n unterstützt nur noch New-Style-Klassen! Jede Klasse – unabhängig davon, wie sie definiert ist – gilt als New-Style-Klasse. Dementsprechend behandelt dieses Kapitel ausschließlich New-Style-Klassen. Sollten Sie Code für Python 2.n entwickeln, vergessen Sie nicht, eigene Klassen in der Form `class name(object)` zu definieren!

Methoden

Methoden werden zumeist in der Form `obj.methode(para1, para2)` aufgerufen, um die durch die Variable `obj` bezeichnete Instanz der Klasse zu bearbeiten. Die Instanz wird dabei an den ersten Parameter der Methode übergeben. Es ist üblich, diesen Parameter `self` zu nennen:

```
class MeineKlasse:
  def methode(self, x, y):
    self.data = x + y
    ...
```

Intern entspricht `obj.methode(1, 2)` dem Aufruf von `Klasse.methode(obj, 1, 2)`:

```
obj = MeineKlasse()
obj.methode(127, 234)
MeineKlasse.methode(obj, 127, 234)     # gleichwertiger Code
```

Sie können auch statische Methoden *ohne* den self-Parameter definieren. Diese werden dann in der Form MeineKlasse.methode(...) aufgerufen, *nicht* in der Form obj.methode(...).

```
class MeineKlasse:
  def methode(x, y):
    return x + y
```

Für Python ist self ein Parameter wie jeder andere. Insofern weiß Python bei der obigen Methode nicht, ob hier nicht x die Rolle von self einnimmt. Sollten Sie die oben definierte Methode irrtümlich in der Form obj.methode(1, 2) aufrufen, meldet Python einen Fehler, weil die Parameteranzahl nicht korrekt ist. Das sieht auf den ersten Blick überraschend aus – es sind ja zwei Parameter. Aber denken Sie daran: Hinter den Kulissen entspricht obj.methode(1, 2) dem Aufruf MeineKlasse(obj, 1, 2), und damit ist ein Parameter zu viel vorhanden!

Derartige Fehler können Sie vermeiden, wenn Sie der Definition der Methode @staticmethod voranstellen. In der Python-Nomenklatur ist @xxx ein Dekorator, d. h., Sie versehen (dekorieren) die Methode mit einer zusätzlichen Information. Python weiß nun, dass die Methode nur statisch verwendet werden soll, und akzeptiert jetzt überraschenderweise auch den Aufruf obj.methode(1, 2). Intern entspricht der Aufruf nun aber – wie beabsichtigt – dem Aufruf MeineKlasse(1, 2).

```
#!/usr/bin/python3
class MeineKlasse:
  @staticmethod
  def methode(x, y):
    return x + y

# so ist's beabsichtigt
print(MeineKlasse.methode(1, 2))  # Ausgabe 3

# aber so funktioniert es jetzt auch
obj=MeineKlasse()
print(obj.methode(1, 2))          # Ausgabe 3
```

Konstruktor

Wenn Sie Ihre Klasse mit einem Konstruktor ausstatten möchten, also mit Code, der die Initialisierung einer neuen Instanz der Klasse erledigt, nennen Sie diese Methode __init__. An diese Methode werden die Daten übergeben, die Sie beim Erzeugen einer neuen Objektinstanz angeben.

```
#!/usr/bin/python3
class MeineKlasse:
  def __init__(self, a, b):
    self.a=a
    self.b=b

obj = MeineKlasse(1, 2)
obj.c=3
print(obj.a, obj.b, obj.c)  # Ausgabe 1 2 3
```

Klassenvariablen und Namensräume

Für Klassenvariablen gelten im Prinzip die gleichen Regeln wie für gewöhnliche Variablen in Python: Eine vorherige Deklaration ist nicht erforderlich. Eine Klassenvariable *entsteht*, sobald im Code der Klasse `self.name=...` ausgeführt wird. Klassenvariablen können aber auch erst später bei der *Nutzung* eines Objekts erzeugt werden – beim obigen Beispiel z. B. durch die Zuweisung `obj.c=...` Klassenvariablen können durch `del self.name` in der Klasse bzw. durch `del obj.name` außerhalb wieder gelöscht werden.

Wie in Python üblich, werden Klassenvariablen *nicht* deklariert. Sie entstehen durch die Zuweisung `self.name=...` in einer Methode einer Klasse. Die dynamische Natur von Python erlaubt es, Klassen oder Objekte auch *nachträglich* durch weitere Methoden oder Variablen zu ergänzen:

```
obj = MeineKlasse()
obj.neueVariable = 23   # neue Variable für obj
def f(x): return(2*x)
MeineKlasse.f = f       # neue Funktion für MeineKlasse
```

19

Intern verwendet Python für jede Klasse sowie für jede davon abgeleitete Objektinstanz einen eigenen Namensraum (Namespace). Bei einer Klasse enthält dieser Namensraum anfänglich alle Methoden, wobei es sich bei den Methoden genau genommen ja auch um Variablen (Attribute) handelt, die aber nicht auf Daten, sondern auf Funktionen verweisen. Sollte es *direkt* in einer Klasse, also außerhalb der Methoden, Code geben, wird dieser Code beim Einlesen der Klasse auch durchgeführt und kann ebenfalls Klassenvariablen erzeugen und initialisieren. Mitunter wird derartiger Code anstelle oder ergänzend zum Konstruktor verwendet. Das nächste Beispiel zeigt dies:

```
#!/usr/bin/python3
class MeineKlasse():
    var=3
    def methode(self, p1):
        self.var=p1
```

```
obj = MeineKlasse()
print(obj.var) # Ausgabe 3
obj.var=4;
print(obj.var) # Ausgabe 4
obj.methode(5)
print(obj.var) # Ausgabe 5
```

Namensräume haben zwei Aufgaben: Einerseits stellen sie sicher, dass es keine Konflikte zwischen gleichnamigen Variablen innerhalb und außerhalb einer Klasse bzw. eines Objekts gibt. Andererseits dient der Namensraum als eine Art Container, also als ein Speicherort.

Momentan werden Namensräume mit Dictionaries realisiert – das ist aber ein Implementierungsdetail, das sich in zukünftigen Python-Versionen ändern kann. Die Funktion `vars` bietet die Möglichkeit, in den Namensraum eines Objekts oder einer Klasse gleichsam hineinzusehen. Die Ausgabe der beiden folgenden `print`-Anweisungen gilt im Anschluss an das obige Codebeispiel. Auf die Wiedergabe diverser interner Datenstrukturen im Namensraum haben wir aus Gründen der Übersichtlichkeit verzichtet.

```
print(vars(MeineKlasse))
# Ausgabe {'var': 3, 'methode': <function MeineKlasse.methode
#            at 0x1007e5200>, ...}
print(vars(obj))    # Ausgabe {'var': 5}
```

Im Zusammenhang mit Python-Namensräumen sind einige Details bemerkenswert:

- Der Inhalt von Namensräumen ist vollkommen dynamisch: Sie können sowohl eine Klasse als auch eine spezifische Objektinstanz jederzeit um Variablen oder Methoden erweitern, wie dies zu Beginn dieses Abschnitts gezeigt wurde. Sie können Variablen und Methoden mit `del obj.var` sogar wieder löschen!
- Wenn ein neues Objekt erzeugt wird (`obj=MeineKlasse()`), dann ist der Namensraum der Objektinstanz anfänglich leer! Erst Zuweisungen von `self.name=...` im Klassencode bzw. von `obj.name=...` außerhalb erzeugen ein neues Element (ein neues Attribut) im Namensraum.
- Wenn Sie `obj.xy` auslesen und Python das Attribut im Namensraum des Objekts nicht findet, durchsucht es anschließend den Namensraum der Klasse. Sollten Sie Vererbung verwenden, werden anschließend auch alle Namensräume der Basisklassen durchsucht. Erst wenn das Attribut in keinem dieser Namensräume gefunden wird, kommt es zu einem Fehler (*object has no attribute 'xxx'*).

Klassen, Objekte und Instanzen besser verstehen

Werfen Sie zum besseren Verständnis dafür, wie Python mit Attributen umgeht, also mit Variablen und Methoden, auch einen Blick in den Abschnitt »Klassen, Objekte und Instanzen« etwas weiter unten!

Private Klassenvariablen

In Python fehlt ein relativ elementares Konzept, das in fast allen anderen Programmiersprachen selbstverständlich ist: Es gibt keine privaten Attribute und somit weder private Methoden noch private Klassenvariablen. Es ist daher nicht möglich, Variablen oder Methoden zu definieren, die nur dem Code innerhalb der Klasse zugänglich sind. Diese Einschränkung wird durch zwei Konventionen umgangen:

- Attribute, deren Namen mit einem Unterstrich _ beginnen, gelten als privat. Wer auch immer eine Klasse nutzt, die derartige Variablen enthält, sollte auf diese Variablen nicht von außen zugreifen. (*Innen* bedeutet in diesem Kontext »Code innerhalb der Klasse«, also im eingerückten Codeblock nach `class Name():`. *Außen* bedeutet »Code, der ein Objekt nutzt«, z. B. `obj.xxx=...`)
- Ein wenig wirkungsvoller ist es, Attributsnamen zwei Unterstriche voranzustellen. Python führt dann ein sogenanntes *Name Mangling* durch und ersetzt `__varname` durch `_klassenname__varname`. Die Variable ist somit besser vor irrtümlichen Zugriffen geschützt.

Wie es mit Konventionen so ist – man kann sich daran halten oder eben auch nicht. Die folgenden Zeilen zeigen, wie leicht sich der Schutz umgehen lässt:

```
#!/usr/bin/python3
class Test():
    _privat=1
    __nochPrivater=2

obj=Test()
print(obj._privat)              # Ausgabe 1
print(obj._Test__nochPrivater)  # Ausgabe 2
```

Getter- und Setter-Methoden

Oft möchten Sie beim Design einer Klasse den Lese- und Schreibzugriff auf eine Klassenvariable kontrollieren – beispielsweise, um einen bestimmten Wertebereich zu garantieren. Bei vielen objektorientierten Programmiersprachen wird dazu die betroffene Variable privat deklariert. Der Zugriff erfolgt dann über eine get- und eine set-Methode. Manche Programmiersprachen sehen für diesen Zweck auch Eigenschaften (Properties) vor. In Python kennzeichnen Sie in diesem Fall zwei gleichnamige Methoden mit `@varname.setter` bzw. mit `@property`. Dabei ist zu beachten, dass die `@property`-Methode zuerst definiert werden muss.

Im einfachsten Fall sieht der Code für eine Setter- und eine Getter-Methode damit so wie im folgenden Listing aus. Jedes Mal, wenn Sie `obj.meineEigenschaft=...` ausführen, greift Python auf die `meineEigenschaft`-Setter-Methode zurück. Bei Lesezugriffen ruft Python dagegen die `meineEigenschaft`-Getter-Methode auf. Ein weiteres Beispiel folgt im Abschnitt »Beispiel: Rechteck-Klasse«.

```
# Klasse mit Getter/Setter für 'meineEigenschaft'
class MeineKlasse:
  # Getter-Methode für meineEigenschaft
  @property
  def meineEigenschaft(self):
    return self.__meineEigenschaft

  # Setter-Methode für meineEigenschaft
  @meineEigenschaft.setter
  def meineEigenschaft(self, wert):
    self.__meineEigenschaft=wert

# Verwendung der Klasse
obj = MeineKlasse()
obj.meineEigenschaft=1
print(obj.meineEigenschaft)
```

Operator Overloading

Operator Overloading erlaubt es, Operatoren wie +, -, < oder > neue Funktionen zuzuweisen, die dann wirksam werden, wenn der Operator auf Objekte der jeweiligen Klasse angewendet wird. Dazu müssen Sie lediglich dafür vorgesehene Funktionen wie `__add__`, `__sub__` etc. in Ihrer Klasse neu implementieren. Ein konkretes Beispiel finden Sie im folgenden Abschnitt.

Python kennt kein Overloading für Funktionen/Methoden

Manche Programmiersprachen lassen die Definition mehrerer gleichnamiger Funktionen oder Methoden zu, die sich nur durch die Anzahl oder die Typen der Parameter unterscheiden. Auch das wird als *Overloading* bezeichnet. In Python ist das nicht möglich. Dafür bietet Python mehr Freiheiten bei der Gestaltung der Parameterliste.

Beispiel: Rechteck-Klasse

Das folgende Beispiel zeigt eine Klasse zur Speicherung von Rechtecken. Die Setter-Methoden für die Länge und Breite des Rechtecks stellen sicher, dass diese beiden Daten immer größer als 0 sind. Auch der Konstruktor greift auf diese Methoden zurück. Die Methoden `flaeche` und `umfang` liefern den Flächeninhalt und den Umfang des Rechtecks zurück.

```
#!/usr/bin/python3
# Rechteck-Klasse
class Rechteck():
  # Konstruktor
  def __init__(self, laenge, breite):
    self.laenge = laenge
    self.breite = breite

  # Getter und Setter für Länge
  @property
  def laenge(self):
    return self.__laenge
  @laenge.setter
  def laenge(self, laenge):
    if laenge>0:
      self.__laenge=laenge
    else:
      raise ValueError('Die Länge muss größer 0 sein.')

  # Getter und Setter für Breite
  @property
  def breite(self):
    return self.__breite
  @breite.setter
  def breite(self, breite):
    if breite>0:
      self.__breite=breite
    else:
      raise ValueError('Die Breite muss größer 0 sein.')

  # Methoden für Umfang und Fläche
  def umfang(self):
    return (self.__laenge + self.__breite) * 2
  def flaeche(self):
    return self.__laenge * self.__breite
```

Als Kriterium zum Vergleich zweier Rechtecke dient deren Flächeninhalt. Mit den Methoden __eq__, __lt__ und __le__ stellt die Klasse Code für die Operatoren ==, < und <= zur Verfügung.

Eine Implementierung von __ne__, __gt__ und __ge__ für !=, > und >= ist nicht nötig. Python verwendet einfach die passenden Methoden __eq__, __lt__ und __le__ und invertiert das Ergebnis. __str__ und __repr__ dienen dazu, Rechteckobjekte in Form von Zeichenketten darzustellen.

```
# Fortsetzung des Klassencodes der Rechteck-Klasse
  # Operator Overloading für <, >, <=, >=, == und !=
  def __eq__(self, other):
    return self.flaeche() == other.flaeche()
  def __lt__(self, other):
    return self.flaeche() < other.flaeche()
  def __le__(self, other):
    return self.flaeche() <= other.flaeche()

  # Umwandlung in Zeichenketten
  def __str__(self):
    return 'R(%.1f,%.1f)' % (self.laenge, self.breite)
  # für die Ausgabe durch print
  def __repr__(self):
    return 'R(%.1f,%.1f)' % (self.laenge, self.breite)
```

Die folgenden Zeilen zeigen die Anwendung der Klasse. sorted kann eine Liste von Rechtecken dank der Methoden __eq__, __lt__ und __le__ neu ordnen:

```
# Anwendung der Klasse
r1 = Rechteck(2, 4)
r2 = Rechteck(7, 12)
print(r1.flaeche(), r2.flaeche())  # Ausgabe 8, 84
if r2>r1:
  print("Der Flächeninhalt von r2 ist größer als der von r1.")

l = [ r2, r1, Rechteck(4,4) ]
print(sorted(l))
# Ausgabe [R(2.0,4.0), R(4.0,4.0), R(7.0,12.0)]
```

Vererbung

Dank Vererbung können Sie eigene Klassen von anderen Klassen ableiten. Dazu definieren Sie Ihre neue Klasse wie folgt:

```
class MeineKlasse(BasisKlasse):
  ...
```

Damit stehen in `MeineKlasse` alle Attribute der Basisklasse zur Verfügung – und natürlich auch alle Attribute der Klassen, von denen die Basisklasse selbst abgeleitet wurde. Sie können die entsprechenden Methoden unverändert übernehmen oder in Ihrer eigenen Klasse neu implementieren. Python unterstützt sogar die Vererbung von *mehreren* Basisklassen:

```
class MeineKlasse(BasisKlasse1, BK2, BK3):
  ...
```

Damit übernimmt `MeineKlasse` die Attribute aller aufgezählten Basisklassen. Wenn es in mehreren Basisklassen gleichnamige Attribute gibt, haben die Attribute der in der Vererbungsliste zuerst genannten Klasse Vorrang.

Im Code der neuen Klasse können Sie mit `super()` Methoden einer Basisklasse aufrufen, z. B. mit `super().__init(parameter)__` den Konstruktor der Super-Klasse. Die Verwendung von `super` ist nur erforderlich, wenn Sie die betreffende Methode in Ihrer eigenen Klasse neu implementiert haben und es für Python ohne `super` nicht klar ist, ob Sie Ihre eigene Methode `xy` meinen oder die Methode `xy` der Basisklasse.

Klassen, Objekte und Instanzen

Dieser Abschnitt fasst nochmals einige Besonderheiten zusammen, die in Python für den Umgang mit Klassen und Objekten gelten. Der Abschnitt richtet sich speziell an Personen, die schon mit anderen objektorientierten Programmiersprachen zu tun hatten. Diese haben oft mehr Verständnisprobleme als Python-Neueinsteiger.

Bei den meisten objektorientierten Programmiersprachen gibt es eine scharfe Trennung zwischen Klassen und Objekten: Klassen bestehen aus Code, der Variablen, Attribute und Methoden vorgibt, also gewissermaßen den Bauplan für die weitere Nutzung. Objekte sind hingegen tatsächliche Instanzen dieser Klassen, also die eigentlichen Daten. Die Grundidee ist einfach: Zuerst wird die Klasse definiert, dann werden Objekte für diese Klasse erzeugt. Und all dies ist natürlich auch in Python möglich:

```
class MeineKlasse:
  code ...

obj1 = MeineKlasse()   # drei Instanzen (Objekte)
obj2 = MeineKlasse()   # von meineKlasse
obj3 = MeineKlasse()
```

In Python sind die Grenzen aber weniger scharf, weil auch die Klasse *an sich* als Objekt gilt! Dieses Objekt wird als *Class Object* bezeichnet, im Gegensatz zu den *Instance Objects*. Zur Illustration dieses Konzepts dient im folgenden Beispiel die Klasse `minimalist`, die keinen Code außer `pass` enthält, somit also keine vordefinierten Attribute/Methoden. In der Praxis werden solche *Ad-hoc-Klassen* sogar recht oft benutzt, wenn man auf unkomplizierte Art und Weise simple Datenstrukturen nachbilden möchte, also `records` oder `structs` anderer Programmiersprachen.

Die Variable `obj1` verwendet diese Klasse als Objekt! Die Zuweisungen `obj1.a=...` und `obj1.b=...` ergänzen die Klasse nachträglich um zwei Attribute. Anstelle von `obj1` könnten wir auch direkt `minimalist` schreiben. `obj1` soll hier nur die Idee verdeutlichen, dass die Klasse an sich als Objekt genutzt werden kann. Hinter den Kulissen sind `obj1` und `minimalist` gleichwertig. Beide Variablen zeigen auf die Klasse, die hier als Objekt verwendet wird.

`obj2=minimalist()` oder die gleichwertige Anweisung `obj2=obj1()` erzeugen hingegen eine *neue Instanz* der Klasse. Entscheidend sind hier die runden Klammern, die Python klarmachen, dass wir nicht einfach eine Zuweisung durchführen möchten, sondern ein neues Objekt erzeugen wollen. Damit wird speziell für `obj2` ein neuer Namensraum geschaffen. Dieser ist anfänglich leer! Beim Auslesen von `obj2.a` erkennt Python, dass es im Namensraum des Objekts kein Attribut `a` gibt, und greift deswegen auf die zugrunde liegende Klasseninstanz zurück. Dort hat `a` den Wert 3.

```
#!/usr/bin/python3

class Minimalist: pass

obj1 = Minimalist  # obj1 und Minimalist sind 'Class Objects'
obj1.a = 3
obj1.b = 4

obj2 = Minimalist() # obj2 und obj3 sind zwei voneinander
obj3 = Minimalist() # unabhängige 'Instance Objects'
obj2.c = 5
obj3.c = 6

# Attribute in den Namensräumen der Klasse sowie der
# beiden Instanzen
print(vars(obj1))   # Ausgabe {'a': 3, 'b': 4, ...}
print(vars(obj2))   #         {'c': 5}
print(vars(obj3))   #         {'c': 6}
print(obj1.a, obj2.a, obj3.a) # Ausgabe 3 3 3
print(obj1.b, obj2.b, obj3.b) # Ausgabe 4 4 4
print(obj2.c, obj3.c)         # Ausgabe   5 6
```

Wird nun `obj1.a` geändert, gilt diese Änderung auch für `obj2` und `obj3`, weil es dort noch kein eigenes Attribut `a` gibt. Die Zuweisung `obj2.b=...` schafft nun ein neues Attribut im Namensraum von `obj2`. Attribute im Namensraum einer Objektinstanz haben immer Vorrang gegenüber Attributen der zugrunde liegenden Klasse.

```
# Fortsetzung
obj1.a=7
print(obj1.a, obj2.a, obj3.a) # Ausgabe 7 7 7
obj2.b=8
print(obj1.b, obj2.b, obj3.b) # Ausgabe 4 8 4
```

Wird nun `obj1.b` geändert, gilt die Änderung natürlich für `obj1`, außerdem für `obj3`, weil es in dessen Namensraum kein Attribut `b` gibt. `obj2.b` bleibt aber 8. Die Zuweisung `obj2.c=...` beweist, dass die Attribute in den Namensräumen von Objektinstanzen unabhängig voneinander sind.

```
# Fortsetzung
obj1.b=9
print(obj1.b, obj2.b, obj3.b) # Ausgabe 9 8 9
obj2.c=10
print(obj2.c, obj3.c)         # Ausgabe  10 6
print(vars(obj1))    # Ausgabe {'a': 7, 'b': 9, ...}
print(vars(obj2))    #         {'b': 8, 'c': 10,}
print(vars(obj3))    #         {'c': 6}
```

Leseempfehlungen

Wenn Sie sich mehr für die Interna von Klassen und Objekten sowie für fortgeschrittene Programmiertechniken interessieren, möchten wir Ihnen abschließend noch die folgenden Webseiten empfehlen:

http://en.wikibooks.org/wiki/Python_Programming/Classes
http://docs.python.org/3.2/tutorial/classes.html
https://www.python.org/download/releases/2.2.3/descrintro
http://stackoverflow.com/questions/54867

19.11 Systemfunktionen

Zum Abschluss dieses Python-Sprachüberblicks stellen wir Ihnen in diesem Abschnitt einige grundlegende Systemfunktionen vor, von denen sich viele im Modul `sys` befinden. Dieses Modul muss also mit `import` eingebunden werden:

```
import sys
```

Zugriff auf die Programmparameter

`sys.argv` enthält die Liste aller Parameter, die an ein Python-Script übergeben wurden. Dabei müssen Sie beachten, dass das erste Listenelement den Programmnamen enthält, den Sie in der Regel nicht auswerten wollen. Auf die restlichen Elemente greifen Sie dann am einfachsten in der Form `sys.argv[1:]` zu.

Zugriff auf Standardeingabe und Standardausgabe

`sys.stdin` und `sys.stdout` enthalten `file`-Objekte, die Sie zur Ausgabe von Daten an die Standardausgabe bzw. zum Einlesen von Daten aus der Standardeingabe verwenden können. Dabei stehen Ihnen dieselben Funktionen zur Verfügung wie bei gewöhnlichen Dateien (siehe Abschnitt 20.7, »Textdateien lesen und schreiben«). Fehler- und Logging-Meldungen senden Sie am besten an `sys.stderr`.

Modul-Metainformationen ermitteln

`sys.path` liefert den Pfad, in dem Python nach Modulen sucht. Sie können die Liste bei Bedarf um weitere Verzeichnisse erweitern, um anschließend Module aus diesen Verzeichnissen zu laden. `sys.modules` liefert eine Liste aller bereits geladenen Module.

Programm beenden

Normalerweise endet ein Python-Programm mit der Ausführung der letzten Anweisung oder wenn ein nicht behandelter Fehler auftritt. Wenn Sie ein Programm vorzeitig beenden möchten, führen Sie `sys.exit()` aus. Mit `sys.exit(n)` können Sie dabei auch einen Fehlercode zurückgeben (siehe Tabelle 19.12). Alternativ können Sie an die `exit`-Methode auch eine Zeichenkette übergeben, die dann als Fehlermeldung angezeigt wird. Als Fehlercode kommt in diesem Fall automatisch 1 zur Anwendung.

Fehlercode	Bedeutung
0	OK, kein Fehler
1	allgemeiner Fehler
2	fehlerhafte Parameter (also in `argv`)
3–127	spezifische Fehlercodes des Programms

Tabelle 19.12 Typische Linux-Fehlercodes

exit produziert eine Exception!

Beachten Sie, dass die `exit`-Methode intern eine `SystemExit`-Exception auslöst. Das Programmende kann daher durch `try`/`except` verhindert werden.

Andere Programme bzw. Kommandos aufrufen

Mit subprocess.call können Sie aus einem Python-Script heraus ein anderes Programm oder Kommando ausführen. Im einfachsten Fall übergeben Sie an call eine Liste mit dem Kommandonamen und den dazugehörenden Optionen:

```
#!/usr/bin/python3
import subprocess
returncode = subprocess.call(['ls', '-l'])
```

Damit wird das Kommando ls ausgeführt. Bei einem Python-Script, das in einem Terminal läuft, sehen Sie dort die Ausgabe des Kommandos. Sie können diese aber in Ihrem Programm nicht weiterverarbeiten. Wenn Sie das möchten, verwenden Sie anstelle von call die Metode check_output. Sie liefert die Ausgabe des Kommandos als Byte-String. Mit decode('utf8') machen Sie daraus einen gewöhnlichen Unicode-String. Zur zeilenweisen Verarbeitung verwenden Sie am einfachsten readline:

```
#!/usr/bin/python3
import subprocess
ergebnis = subprocess.check_output(["ls", "-l"])
for line in ergebnis.decode('utf8').splitlines():
  print(line)
```

Wenn Sie möchten, dass Ihr Kommando von der Standard-Shell ausgeführt wird, auf dem Raspberry Pi also von der bash, übergeben Sie an call oder check_output den zusätzlichen Parameter shell=True. Das hat zwei Vorteile:

- Zum einen können Sie nun das oder die auszuführenden Kommandos in einer einfachen Zeichenkette angeben, wobei auch das Pipe-Zeichen | funktioniert, also beispielsweise:

  ```
  ergebnis = \
    subprocess.check_output('dmesg | grep -i eth', shell=True)
  ```

- Zum anderen wertet die Shell die Jokerzeichen * und ? aus, womit Sie unkompliziert Dateien verarbeiten können, die einem bestimmten Muster entsprechen:

  ```
  ergebnis = \
    subprocess.check_output('ls -l *.py', shell=True)
  ```

Die Verwendung der Shell verursacht allerdings einen höheren Overhead. Wenn es Ihnen darum geht, viele Kommandos möglichst schnell auszuführen, sollten Sie auf shell=True nach Möglichkeit verzichten. Auf der folgenden Website finden Sie Tipps, wie Sie gängige Aufgabenstellungen auch ohne shell=True realisieren können:

http://docs.python.org/3.2/library/subprocess.html

Wenn im aufgerufenen Kommando ein Fehler auftritt bzw. wenn dieses einen Rückgabewert ungleich 0 liefert, tritt im Python-Programm eine Exception auf. Deswegen sollten Sie call und check_output immer durch try/except absichern. Dabei können Sie den Exception-Typ OSError verwenden. Bei call sollten Sie außerdem den Rückgabecode auswerten. Zahlen kleiner 0 gelten als Fehlercodes.

```
try:
  returncode = subprocess.call("ls", shell=True)
  if returncode < 0:
    print("Fehlercode", returncode)
  else:
    print("Alles bestens, Rückgabecode", returncode)
except OSError as e:
  print("OSError-Exception", e)
```

Warten (sleep)

Gerade am Raspberry Pi besteht oft die Notwendigkeit, im Programm auf ein bestimmtes Ereignis zu warten, z. B. auf das Drücken einer Taste. Auf keinen Fall sollten Sie hier einfach eine Schleife formulieren, die ununterbrochen den Zustand eines GPIO-Pins abfragt. Die Schleife würde vollkommen unnötig die gesamten CPU-Ressourcen des Raspberry Pi blockieren. Besser ist es in solchen Fällen, Ihr Programm mit time.sleep(n) für die angegebene Zeit in Sekunden in den Schlaf zu versetzen. n kann eine Fließkommazahl sein, sodass die Möglichkeit besteht, nur einige Sekundenbruchteile zu warten. Das folgende Mini-Script zeigt die Anwendung von sleep:

```
#!/usr/bin/python3
import time
for i in range(100):
    print(i)
    time.sleep(0.2)
```

Kapitel 20
Programmieren mit Python

Programmieren lernen kann man nur auf eine Weise: indem man programmiert, je mehr, desto besser. Ein Buch wie dieses kann Grundlagen vermitteln und Programmiertechniken zeigen. Aber sobald Sie das erste Mal gewissermaßen *allein* vor einer Aufgabenstellung sitzen und versuchen, Ihre Ideen in Code umzusetzen, werden unweigerlich Fragen auftauchen. Google gibt fast immer die richtige Antwort, das Problem ist nur, diese unter Tausenden von Suchergebnissen zu entdecken. Die Behebung trivialer Programmierfehler wird anfangs viel Zeit kosten und frustrierend sein. Das können wir Ihnen nicht abnehmen.

Richtig Spaß zu machen beginnt das Programmieren dann, wenn das erste Programm so läuft, wie Sie es sich vorstellen. Wenn Ihr Raspberry Pi plötzlich Messdaten richtig verarbeitet und zum richtigen Zeitpunkt ein Licht einschaltet, die Heizung zurückdreht oder die Drehzahl eines Motors erhöht.

Nachdem die vorangegangenen zwei Python-Kapitel recht theoretisch waren, stehen in diesem Kapitel also Beispiele im Vordergrund. Die Beispiele reichen von Programmierübungen bis hin zu praktischen Anwendungen, z. B. zum Lesen und Schreiben von Textdateien und zur Gestaltung einer einfachen Benutzeroberfläche.

Ein Schwerpunkt dieses Kapitels liegt auf der Steuerung des Raspberry Pi: Sie lernen hier Module kennen, um die GPIO-Ports des Raspberry Pi auszulesen bzw. einzustellen sowie um Bilder der Raspberry-Pi-Kamera zu lesen. Weitere Python-Beispiele sind über den Rest des Buchs verteilt: Sowohl bei der Beschreibung spezieller Hardware-Komponenten (Teil III) als auch in vielen Projekten (Teil V) wird zumeist Python als Programmiersprache eingesetzt.

20.1 Programmieren lernen

Dieser Abschnitt soll Ihnen anhand von drei konkreten Programmieraufgaben dabei helfen, möglichst schnell auf die Erfolgsspur zu kommen. Die Beispiele haben nichts mit dem Raspberry Pi zu tun und lassen sich ohne Bastelarbeiten sofort realisieren. Sie dienen ausschließlich dazu, Sie mit einfachen Aufgabenstellungen zum selbstständigen Programmieren zu führen.

Tipp

Der Lerneffekt ist natürlich dann am größten, wenn Sie sich bemühen, die Aufgaben selbst zu lösen. Lesen Sie sich die Aufgabenstellung durch, die zumeist nur einen Absatz oder zwei lang ist. Dann legen Sie das Buch rasch zur Seite, starten IDLE oder Ihren Lieblingseditor und versuchen, den erforderlichen Code selbst zu schreiben. Widerstehen Sie der Versuchung, die Lösung anzusehen, bevor Sie wirklich in eine Sackgasse geraten sind!

Beispiel 1: die Summe der Zahlen von 1 bis 1000 ausrechnen

Wissen Sie, wie viel 1 + 2 + 3 + ... + 999 + 1000 ist? Nein? Es gibt eine tolle mathematische Formel, mit der man diese Summe rasch ausrechnen kann – aber wir wollen ja programmieren, oder?

Um die Summe auszurechnen, benötigen wir aus Programmiersicht zwei Dinge: eine Variable, in der wir die Summe speichern, und eine Schleife von 1 bis 1000, in der wir jede dieser Zahlen zur Summenvariablen hinzufügen. Der erforderliche Python-Code sieht so aus:

```
#!/usr/bin/python3
summe=0
for i in range(1, 1001):
    summe = summe +i
print('Die Summe lautet', summe)
```

Ganz kurz Hinweise auf drei Fallstricke:

- Sie müssen die Variable `summe` mit 0 initialisieren. Wenn Sie die Zeile `summe=0` weglassen, kann Python `summe = summe + i` nicht ausführen. Die ein wenig irreführende Fehlermeldung lautet *name 'summe' not defined*. Gemeint ist eigentlich, dass der Inhalt von `summe` ausgelesen wird, bevor die Variable mit einem Startwert belegt wurde.
- `range(1, 1000)` wäre vielleicht naheliegender, ist aber falsch. Bei `range` gibt der erste Parameter den Startwert an (inklusive), der zweite den Endwert (exklusive!). Damit die Schleife von 1 bis 1000 läuft, *muss* der Endwert also 1001 lauten!
- Beachten Sie die Syntaxregeln für Schleifen: Nach `for` müssen Sie einen Doppelpunkt angeben, und alle Kommandos, die durch die Schleife mehrfach ausgeführt werden sollen, müssen eingerückt sein. Für die `print`-Anweisung gilt dies nicht – das Ergebnis soll ja nur *einmal* nach dem Ende der Schleife angezeigt werden. Wenn Sie auch `print` einrücken, werden alle 1000 Zwischenergebnisse angezeigt.

Beispiel 2: die Fakultäten von 1! bis 40! ausrechnen

In der Mathematik ist die Fakultätsfunktion einer ganzen Zahl *n* als Produkt aller Zahlen von 1 bis *n* definiert. Die Fakultät von 6 ergibt sich also aus `1*2*3*4*5*6`.

Python kennt keine vordefinierte Funktion, um die Fakultät auszurechnen. Insbesondere funktioniert die aus der Mathematik bekannte Schreibweise `i!` nicht. Sie müssen die Berechnung also selbst in die Hand nehmen.

Der einfachste Lösungsweg sieht ganz ähnlich aus wie beim vorigen Summenbeispiel: Eine Variable – wir nennen sie hier einfach `fakultät` – wird in einer Schleife der Reihe nach mit den Zahlen von 1 bis 40 multipliziert. Diesmal wird jedes Zwischenergebnis ausgegeben, d. h., die `print`-Anweisung ist *in* der Schleife (also eingerückt), nicht außerhalb.

```
#!/usr/bin/python3
fakultät=1
for i in range(1, 41):
  fakultät = fakultät * i
  print('Die Fakultät von', i, 'lautet', fakultät)
```

Bemerkenswert ist das Ergebnis. Python rechnet anscheinend beliebig genau:

```
Die Fakultät von 2 lautet 2
Die Fakultät von 3 lautet 6
Die Fakultät von 4 lautet 24
Die Fakultät von 5 lautet 120
Die Fakultät von 6 lautet 720
...
Die Fakultät von 38 lautet
    523022617466601111760007224100074291200000000
Die Fakultät von 39 lautet
    20397882081197443358640281739902897356800000000
Die Fakultät von 40 lautet
    815915283247897734345611269596115894272000000000
```


Tatsächlich gilt dies nur für ganze Zahlen. Wenn der Zahlenbereich von 32- oder 64-Bit-Integerzahlen überschritten wird, wechselt Python automatisch in eine Zahlendarstellung mit beliebig vielen Stellen. Damit durchgeführte Berechnungen sind dann allerdings deutlich langsamer. Wenn Sie im obigen Listing in der zweiten Zeile die Initialisierung `fakultät=1.0` verwenden, dann verwendet Python für alle Berechnungen Fließkommazahlen. Deren Genauigkeit ist auf 16 Stellen limitiert. Das Ergebnis sieht dann so aus:

```
Die Fakultät von 1 lautet 1.0
Die Fakultät von 2 lautet 2.0
Die Fakultät von 3 lautet 6.0
```

```
...
Die Fakultät von 38 lautet 5.23022617466601e+44
Die Fakultät von 39 lautet 2.0397882081197442e+46
Die Fakultät von 40 lautet 8.159152832478977e+47
```

Sollten Sie die Fakultätsfunktion in Ihrem Programm häufiger benötigen (das ist unwahrscheinlich, aber nehmen wir es aus didaktischen Gründen einmal an), dann wäre es zweckmäßig, den Code in eine Funktion zu verpacken. Haben Sie eine Idee, wie Sie vorgehen könnten? Die Funktion soll natürlich möglichst gut vor Bedienungsfehlern, also vor der Übergabe unzulässiger Parameter geschützt werden.

Bei der Lösungsvariante 1 sieht der Code ganz ähnlich aus wie im obigen Beispiel, das heißt, die Berechnung erfolgt in einer Schleife. Als Erstes werden drei Sonderfälle überprüft: Bei negativen bzw. nicht ganzen Zahlen wird ein Fehler ausgelöst, und beim Parameter 0 wird gemäß der mathematischen Definition für die Fakultätsfunktion das Ergebnis 1 zurückgegeben. Im verbleibenden Normalfall wird die Fakultät in einer Schleife berechnet.

```
#!/usr/bin/python3
# Definition der Fakultätsfunktion
def fakultät(n):
  if n<0:
    raise ValueError('Die Funktion erwartet eine positive Zahl!')
  if not isinstance(n, int):
    raise ValueError('Die Funktion erwartet eine ganze Zahl!!')
  if n==0:
    return 1
  else:
    ergebnis=1
    for i in range(2, n+1):
      ergebnis *= i
    return ergebnis

# Funktion ausprobieren
test=22
print('Die Fakultät von', test, 'lautet', fakultät(test))
```

Wenn Sie im Internet nach *Python Fakultät* suchen, werden Sie auf eine Menge rekursiver Lösungsansätze stoßen. Das hat damit zu tun, dass sich die Fakultätsfunktion gut dazu eignet, das Prinzip der Rekursion zu demonstrieren. Von Rekursion spricht man, wenn eine Funktion sich selbst aufruft. Die folgenden Zeilen zeigen, wie die Fakultät rekursiv berechnet werden kann:

```
#!/usr/bin/python3
# Definition einer rekursiven Fakultätsfunktion
def fakultät(n):
    if n<0:
        raise ValueError('Geben Sie eine positive Zahl an!')
    if not isinstance(n, int):
        raise ValueError('Geben Sie eine ganze Zahl an!')
    if n==0:
        return 1
    else:
        return n * fakultät(n-1)

# Funktion ausprobieren
test=6
print('Die Fakultät von', test, 'lautet', fakultät(test))
```

Auf den ersten Blick ist zu sehen, dass der Code ein wenig kürzer geworden ist. Anstatt die Fakultät in einer Schleife auszurechnen, greift die Anweisung `return n * fakultät(n-1)` selbst wieder auf die Fakultätsfunktion zurück – diesmal aber mit dem Parameter `n-1`. Wenn Sie `fakultät(40)` aufrufen, kommt es hinter den Kulissen zu 39 weiteren Aufrufen, also `fakultät(39)`, `fakultät(38)` etc. Bitte beachten Sie, dass der rekursive Lösungsansatz hier zwar mit weniger Tippaufwand verbunden ist, aber auch mit einer schlechteren Performance. Rekursive Algorithmen lassen sich häufig kompakt und elegant formulieren, aber sie stellen nicht immer die beste bzw. schnellste Lösung eines Problems dar!

Beispiel 3: Palindromtest

Ein Palindrom ist ein Wort oder Satz, der vorwärts und rückwärts gelesen jeweils dasselbe ergibt. Leer- und Satzzeichen werden dabei nicht berücksichtigt. Demnach sind *Otto* oder *Trug Tim eine so helle Hose nie mit Gurt?* beides Palindrome. Eine Menge weiterer Beispiele finden Sie in der Wikipedia:

http://de.wikipedia.org/wiki/Palindrom

Das Ziel unseres Miniprogramms ist es nun, für eine Zeichenkette festzustellen, ob es sich um ein Palindrom handelt oder nicht.

Geradezu verblüffend ist die Lösung dieser Aufgabe: Bei der `tmp`-Zuweisung kommt die sogenannte *List Comprehension* zum Einsatz: `for zeichen in tst` bildet eine Schleife über alle Zeichen. `if zeichen.isalpha()` bewirkt, dass die Schleife nur Buchstaben verarbeitet und die restlichen Zeichen überspringt. Aus der Testzeichenkette wird damit die folgende Liste:

```
['t', 'r', 'u', 'g', 't', 'i', 'm', 'e', 'i', 'n', 'e',
 's', 'o', 'h', 'e', 'l', 'l', 'e', 'h', 'o', 's', 'e',
 'n', 'i', 'e', 'm', 'i', 't', 'g', 'u', 'r', 't']
```

Jetzt muss nur noch getestet werden, ob diese Buchstaben in umgekehrter Reihenfolge dasselbe ergeben. Dazu wird mit `tmp[::-1]` die Reihenfolge umgedreht.

```
#!/usr/bin/python3
tst='Trug Tim eine so helle Hose nie mit Gurt?'
tmp = [ zeichen.lower() for zeichen in tst if zeichen.isalpha() ]
if tmp == tmp[::-1]:
  print(tst, 'ist ein Palindrom.')
else:
  print(tst, 'ist kein Palindrom.')
```

20.2 GPIO-Zugriff

Zum Lesen bzw. Verändern des Status der GPIO-Pins steht Ihnen das Python-Modul RPi.GPIO zur Verfügung. Mit der hier vorgestellten Version 0.5.11 des Moduls können Sie einzelne Pins auslesen oder verändern sowie die Software-Pulse-Width-Modulation verwenden. *Nicht* unterstützt werden momentan serielle Schnittstellen, die Bussysteme SPI und I^2C, Hardware-PWM sowie das Auslesen von 1-Wire-Temperatursensoren. Die Online-Dokumentation des RPi.GPIO-Moduls finden Sie hier:

https://pypi.python.org/pypi/RPi.GPIO

Allen Beispielen in diesem Abschnitt liegt eine äußerst einfache Beschaltung des Raspberry Pi zugrunde (siehe Abbildung 20.1): Pin 26 des P1- bzw. J8-Headers ist über einen Vorwiderstand mit einer Leuchtdiode verbunden, und Pin 21 dient als Signaleingang für einen Taster mit Pull-up-Widerstand.

GPIO-Pins lesen und verändern

Beim Import des Moduls ist es zweckmäßig, mit `as gpio` ein Kürzel zu definieren, damit nicht beim Zugriff auf jede Funktion `RPi.GPIO` vorangestellt werden muss. Vor dem ersten Zugriff auf GPIOs müssen Sie festlegen, ob Sie mit den internen GPIO-Nummern der BCM-CPU arbeiten möchten oder die Pin-Nummerierung des J8-Headers verwenden möchten. Dazu führen Sie *eine* der beiden folgenden `setmode`-Funktionen aus. Alle Beispiele in diesem Kapitel verwenden die Pin-Nummern des J8-Headers bzw. des P1-Headers, wenn Sie einen alten Raspberry Pi verwenden (Modell A/B der Version 1).

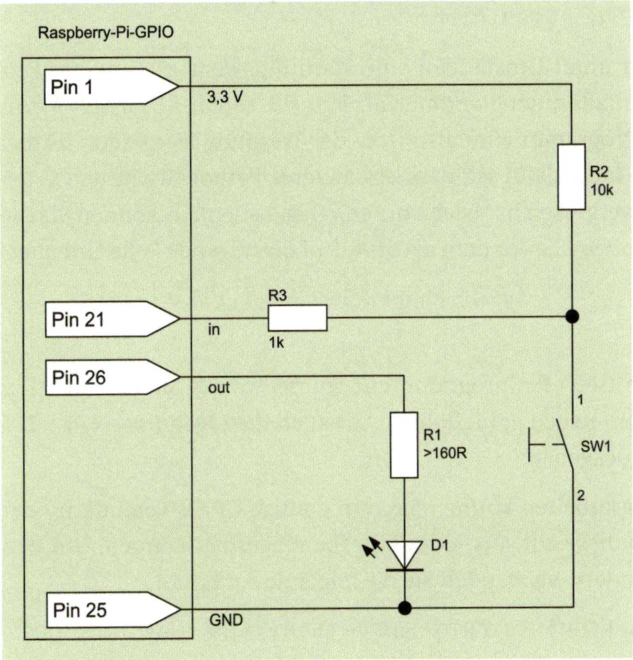

Abbildung 20.1 Versuchsaufbau zum Test der RPi.GPIO-Funktionen

```
import RPi.GPIO as gpio
gpio.setmode(gpio.BOARD)    # Pin-Nummern des J8-Headers
gpio.setmode(gpio.BCM)      # oder Broadcom-GPIO-Nummern
```


Zuordnung zwischen Pin-Nummern und BCM-Nummern

Die Zuordnung zwischen den Pin-Nummern des J8-Headers und den Broadcom-GPIO-Nummern finden Sie am leichtesten mit dem Kommando `gpio -g readall` heraus. Das `gpio`-Kommando ist Teil der WiringPi-Bibliothek, die wir Ihnen in Kapitel 21, »bash-Programmierung«, vorstellen.

Schließlich müssen Sie jeden GPIO-Pin einrichten, den Sie in Ihrem Script nutzen wollen. Dazu geben Sie mit `setup` an, ob der Pin zur Ein- oder zur Ausgabe dient. Zulässige Einstellungen sind `IN` und `OUT`.

```
gpio.setmode(gpio.BOARD)    # Pin-Nummern des P1/J8-Headers
gpio.setup(26, gpio.OUT)    # Pin 26 zur Datenausgabe
gpio.setup(21, gpio.IN)     # Pin 21 zur Dateneingabe
```

Optional können Sie bei Ausgängen auch gleich den Startzustand angeben (`HIGH` oder `LOW`).

```
gpio.setup(26, gpio.OUT, gpio.HIGH)
```

Die setup-Funktion liefert unter Umständen eine Warnung, wenn ein anderes Programm den GPIO-Pin ebenfalls nutzt: *RuntimeWarning: This channel is already in use, continuing anyway.* Das Programm wird also trotz der Warnung fortgesetzt, zumal die Warnung oft nur ein Indiz dafür ist, dass ein anderes Python-Script den erforderlichen cleanup-Aufruf vergessen hat (siehe unten). Gegebenenfalls können Sie die Warnung unterdrücken, indem Sie vor dem setup-Aufruf die folgende Zeile einbauen:

```
gpio.setwarnings(False)      # Warnungen unterdrücken
gpio.setup(...)
```

Um zu ermitteln, wie ein GPIO-Pin programmiert wurde, werten Sie die Funktion gpio_function aus. Sie kann neben gpio.IN und .OUT auch die Ergebnisse .SPI, .I2C, .SERIAL oder .UNKNOWN zurückgeben.

Nach diesen Vorbereitungsarbeiten können Sie nun endlich GPIOs verändern oder auslesen, je nachdem, ob diese zur Aus- oder Eingabe eingestellt wurden. Um den Ausgangszustand zu verändern, verwenden Sie die folgende Funktion:

```
gpio.output(26, gpio.HIGH)  # GPIO auf High stellen
...
gpio.output(26, gpio.LOW)   # GPIO auf Low stellen
```

Bei Signaleingängen liefert die input-Funktion den aktuellen Zustand 0 oder 1 (entspricht LOW bzw. False oder HIGH bzw. True):

```
status = gpio.input(21)
```

Die gpio-Funktionen erfordern root-Rechte!

Der tatsächliche Zugriff auf die GPIO-Pins funktioniert nur, wenn Sie Ihr Python-Programm mit sudo ./script.py ausführen. Wenn Sie das vergessen, tritt beim ersten Aufruf der setup-Funktion ein Runtime-Error auf. Den sollten Sie mit try so absichern, wie es im folgenden Listing gezeigt wird.

```
try:
  # Initialisierungsarbeiten durchführen
  import RPi.GPIO as gpio, sys
  gpio.setmode(gpio.BOARD)   # P1/J8-Pin-Nummern
  gpio.setup(26, gpio.OUT)   # Pin 26 zur Datenausgabe
  ...
except RuntimeError:
  print('Dieses Script muss mit sudo ausgeführt werden.')
  sys.exit()
```

Zum Programmende sollten Sie alle von Ihrem Script genutzten GPIO-Pins wieder freigeben. Dazu führen Sie normalerweise einfach `cleanup` aus. Stellen Sie durch `try/finally` sicher, dass `cleanup` auch dann ausgeführt wird, wenn im Script ein Fehler aufgetreten ist:

```
try:
  rpio-Code
finally:
  rpio.cleanup()
```

Sollten Sie nicht alle GPIO-Pins, sondern nur einen ausgewählten Pin freigeben wollen, übergeben Sie an `cleanup` je nach `setmode`-Einstellung die betreffende Pin- oder GPIO-Nummer:

```
rpio.cleanup(n)
```

Taster und Schalter

Wie kann ein Python-Script den Zustand des Tasters überwachen? Eine einfache und naheliegende Lösung sieht so aus:

```
while True:
  input = gpio.input(21)
  print('Zustand: ' + str(input))
  time.sleep(0.05)
```

In einer Schleife wird also ca. 20-mal pro Sekunde festgestellt, ob der Taster gerade gedrückt ist oder nicht. Die Überwachung von Signalzuständen durch eine Schleife ist aber selten ein optimales Konzept. Wenn die `sleep`-Zeit kurz ist, verursacht das Programm eine Menge unnötige CPU-Last; wenn Sie eine längere Zeit angeben, steigt die Reaktionszeit des Programms, und im ungünstigsten Fall übersieht es einen kurzen Impuls ganz. Wesentlich intelligenter ist es, das Python-Programm so zu formulieren, dass es einfach auf einen Signalwechsel wartet und erst dann wieder aktiv wird.

Das `RPi.GPIO`-Modul bietet hierfür drei Funktionen an, die für mehr Komfort bei der Programmierung sorgen und außerdem sparsam mit CPU-Ressourcen umgehen:

- `wait_for_edge` wartet auf einen Zustandswechsel eines GPIO-Pins. Dabei können Sie auf einen fallenden oder auf einen steigenden Signalpegel warten oder auch auf beides. Bis der Pegelwechsel eintritt, tut das Programm nichts und verbraucht nur vernachlässigbar wenige CPU-Zyklen.

  ```
  gpio.wait_for_edge(n, gpio.RISING)
  gpio.wait_for_edge(n, gpio.FALLING)
  gpio.wait_for_edge(n, gpio.BOTH)
  ```

20

- Mit add_event_detect können Sie eine Hintergrundüberwachung eines GPIO-Pins einrichten. Später können Sie mit event_detected feststellen, ob das erwartete Ereignis in der Zwischenzeit eingetroffen ist. event_detected kann wiederholt getestet werden. Es gibt immer an, ob seit dem letzten Aufruf ein weiteres Ereignis eingetroffen ist. event_detected eignet sich besonders gut, um im Main-Loop von Spielen oder Benutzeroberflächen regelmäßig GPIO-Eingänge abzufragen.

  ```
  gpio.add_event_detect(n, gpio.FALLING)
  # andere Dinge erledigen ...
  if gpio.event_detected(n):
    # auf das Ereignis reagieren
  ```

  Wollen Sie die Signalüberwachung vor dem Programmende wieder stoppen, führen Sie remove_event_detect(n) aus.

- Zu guter Letzt können Sie mit add_event_callback auch eine sogenannte Callback-Funktion angeben, die jedes Mal automatisch aufgerufen werden soll, sobald ein Pegelwechsel eintritt. add_event_callback setzt einen vorherigen add_event_detect-Aufruf voraus.

  An die Callback-Funktion wird ein Parameter übergeben, der je nach setmodus die Pin- oder GPIO-Nummer enthält. Im folgenden Code wird die Callback-Funktion während der Wartezeit von 10 Sekunden jedes Mal automatisch aufgerufen, wenn der Taster gedrückt oder wieder losgelassen wird:

  ```
  def myCallback(n):
    print('Pegelwechsel für Pin', n, 'festgestellt.')

  gpio.add_event_detect(21, gpio.BOTH)
  gpio.add_event_callback(21, myCallback)
  time.sleep(10)
  ```

  Optional können Sie an add_event_detect als dritten Parameter bouncetime=n übergeben und damit die minimale Zeitspanne zwischen zwei Pegelwechseln in Millisekunden angeben. Damit sollten mehrfache Events vermieden werden, wenn Schalter oder Taster prellen. Leider hat bouncetime bei unseren Tests sehr unzuverlässig funktioniert. Anwendungsbeispiele zur add_event_callback-Funktion finden Sie in Abschnitt 20.9, »Grafische Benutzeroberflächen mit tkinter«, und in Abschnitt 13.1 unter dem Stichwort »Eine LED mit einem Taster ein- und ausschalten«.

  Ein Beispiel, wie das Entprellen durch eigenen Code realisiert werden kann, finden Sie in Abschnitt 39.4, »Video-Player mit Menü«.

Software-PWM

Das RPi.GPIO-Modul unterstützt softwaregesteuerte *Pulse Width Modulation* (PWM), also das regelmäßige Ein- und Ausschalten eines GPIO-Pins in einer vorgegebenen Frequenz. Dazu erzeugen Sie zuerst ein PWM-Objekt, wobei Sie die gewünschte Frequenz in Hertz angeben (maximal 1023 Hertz). Anschließend können Sie die PWM mit `start` beginnen und mit `stop` wieder beenden. An `start` übergeben Sie einen Parameter zwischen 0 und 100, der angibt, wie viel Prozent einer Periode der Signalausgang auf High geschaltet werden soll.

Der folgende Code bewirkt, dass die mit dem GPIO-Pin 26 verbundene Leuchtdiode zweimal pro Sekunde ein- und ausgeschaltet wird. Innerhalb einer Schwingungsperiode ist die LED zu 50 % ein- und zu 50 % ausgeschaltet.

```
gpio.setup(26, gpio.OUT) # LED an GPIO-Pin 26
pwm = gpio.PWM(26, 2)     # Frequenz: 2 Hertz
pwm.start(50)             # Duty: 50 %
time.sleep(10)
pwm.stop()
```

Sowohl die Frequenz als auch der Prozentanteil des High-Signals können jederzeit mit den Methoden `ChangeFrequency` und `ChangeDutyCycle` verändert werden. Die folgenden Einstellungen bewirken, dass die LED alle zwei Sekunden kurz aufleuchtet:

```
pwm.ChangeFrequency(0.5) # Frequenz: 0,5 Hertz
pwm.DutyCycle(10)         # Duty: 10 %
```

Ein weiteres Beispiel zur Anwendung von Software-PWM finden Sie in Abschnitt 13.1, »Leuchtdioden (LEDs)«.

Version des Raspberry-Pi-Modells herausfinden

Wenn Sie wissen möchten, mit welcher RPi.GPIO-Version Sie es zu tun haben bzw. auf welcher Version des Raspberry Pi Ihr Script läuft, werten Sie die Variablen `VERSION` und `RPI_INFO` aus. Beachten Sie, dass die von älteren RPi.GPIO-Versionen unterstützte Variable `RPI_REVISION` als veraltet gilt und nicht mehr verwendet werden sollte! Die folgenden Ausgaben sind auf einem Raspberry Pi 2, Modell B entstanden:

```
print('RPi.GPIO-Version', gpio.VERSION)
  RPi.GPIO-Version 0.5.11
print(gpio.RPI_INFO)
  {'P1_REVISION': 3,          'RAM': '1024M',
   'REVISION': 'a01041',      'TYPE': 'Pi2 Model B',
   'PROCESSOR': 'BCM2836',    'MANUFACTURER': 'Sony'}
print(GPIO.RPI_INFO['TYPE'])
  Pi2 Model B
```

20.3 Reset/Shutdown-Taste

Immer wieder taucht die Frage auf, wie der Raspberry Pi über einen Taster neu gestartet oder einfach nur heruntergefahren werden kann. Dieser Abschnitt zeigt Ihnen dafür zwei Möglichkeiten.

Hard-Reset-Button

Alle aktuellen Raspberry-Pi-Modelle unterstützen einen *Hard-Reset*. Beim Raspberry Pi 1, Modell B müssen dazu die zwei Kontakte des P6-Headers für einen Moment kurzgeschlossen werden, z. B. durch einen Taster. Beim Modell B+ sowie beim Raspberry Pi 2 bieten die Run-Header dieselbe Funktion (siehe Abbildung 11.4).

Der einfachste Weg zu einem Reset-Schalter – also ganz ohne Python! – besteht darin, an diese beiden Kontakte Kabel anzulöten und diese mit einem Taster zu verbinden. Ein Druck auf den Taster führt nun zu einem *Hard-Reset*, d. h., der Raspberry Pi wird übergangslos neu gestartet – so, als hätten Sie kurz den Netzstecker gezogen.

Vorsicht, Gefahr von Datenverlusten!

Generell ist ein Hard-Reset immer eine Notlösung. Dabei wird ein laufendes System ohne Vorwarnung einfach ausgeschaltet bzw. neu gestartet. Es besteht keine Möglichkeit, offene Dateien zu schließen, Speichervorgänge abzuschließen oder das Dateisystem korrekt herunterzufahren. Normalerweise reagiert der Raspberry Pi auf derartige Resets erstaunlich robust. Dennoch ist nicht auszuschließen, dass das Dateisystem irgendwann nachhaltigen Schaden nimmt oder dass gerade zum Zeitpunkt des Resets eine wichtige Datei geschrieben wird und diese dann nach dem Neustart nur noch in einem unvollständigen oder fehlerhaften Zustand zur Verfügung steht.

Sollte sich der Raspberry Pi beim Drücken des Reset-Buttons bereits in einem Halt-Zustand befinden (z. B. nach dem vorherigen `sudo halt`), dann bewirkt das Drücken des Reset-Buttons einen Neustart des Raspberry Pi.

Soft-Reset-Button

Von einem *Soft-Reset* spricht man, wenn ein Knopfdruck einen ordentlichen Shutdown des Raspberry Pi auslöst. Eine derartige Funktion realisieren Sie am einfachsten durch einen Taster, den Sie mit einem als Input konfigurierten GPIO-Pin verbinden. Beim Hochfahren des Rechners starten Sie ein Script, das diesen GPIO-Pin ständig überprüft. Sobald der Taster gedrückt ist, führen Sie in Ihrem Script `reboot` oder `halt` aus. Wenn Sie möchten, können Sie Ihren Soft-Reset-Code auch so formulieren, dass es nur dann zu einem Neustart kommt, wenn der Taster mehrere Sekunden lang gedrückt wird.

Die folgenden Zeilen zeigen ein ganz simples Python-Script, das `reboot` ausführt, sobald der Taster am GPIO-Pin 21 gedrückt wird. Die Beschaltung des Tasters ist so gewählt, dass das Drücken den GPIO-Pin auf Low zieht (siehe Abbildung 20.1).

```
#!/usr/bin/python3
# Datei /home/pi/reboot.py
import os, sys, time, RPi.GPIO as gpio
gpio.setmode(gpio.BOARD)  # Pin-Nummern des P1/J8-Headers
gpio.setup(21, gpio.IN)   # Pin 21 = Reset-Button
while 1:
  if gpio.input(21)==gpio.LOW:
    os.system("reboot")
    sys.exit()
  time.sleep(0.3)
```

Soll der Raspberry Pi durch den Soft-Reset-Button neu starten (Kommando `reboot`) oder einfach nur angehalten werden (`halt`)? Es kommt darauf an, was Sie bezwecken: Nach einem `halt` kann der Raspberry Pi gefahrlos von der Stromversorgung getrennt werden, beispielsweise um Wartungsarbeiten am Präsentationssystem durchzuführen, einen neuen USB-Stick anzustecken etc. `halt` hat aber den Nachteil, dass sich der Raspberry Pi nun nur neu starten lässt, indem die Stromversorung unterbrochen wird – oder durch einen zusätzlichen Hard-Reset-Button.

Vergessen Sie nicht, das Script mit `chmod a+x reboot.py` ausführbar zu machen. Nun fügen Sie in `/etc/rc.local` vor `exit` eine Zeile ein, um das Script zum Ende des Bootprozesses zu starten. Beachten Sie das Zeichen `&` am Ende des Kommandos: Es bewirkt, dass das `reboot`-Script als Hintergrundprozess ausgeführt wird.


```
# Datei /etc/rc.local
...
/home/pi/reboot.py &
...
exit 0
```

Hard-Reset versus Soft-Reset

Was ist nun besser, ein Hard- oder ein Soft-Reset? Sollte der Raspberry Pi aus irgendeinem Grund komplett abstürzen (z. B. Hardware-Problem, Kernel-Fehler), dann hilft nur ein Hard-Reset. Da auf dem Raspberry Pi keine Programme mehr laufen, ist auch keine Reaktion auf den Soft-Reset-Button mehr möglich.

Andererseits ist dieser Fall zum Glück die Ausnahme, und sollte er wirklich eintreten, können Sie ebenso gut kurz die Stromversorgung trennen. Der Vorteil des Soft-Resets besteht darin, dass der Rechner *ordentlich* heruntergefahren wird. Wenn Sie also ein Präsentationssystem für einen Endkunden bauen und einen Reset-Button zur Verfügung stellen möchten, würden wir eher zu einem Soft-Reset tendieren.

20.4 Kamera

Sie haben zwei Möglichkeiten, um in Python-Scripts Bilder oder Videos mit der Raspberry-Pi-Kamera aufzunehmen:

- Sie rufen mit `subprocess.call` das Kommando `raspistill` auf. Die Optionen dieses Kommandos sind in Abschnitt 15.8, »Raspberry Pi Camera Board und PiNoIR«, beschrieben.
- Oder Sie verwenden das Modul `picamera`, mit dem Sie die Kamera direkt durch Python-Code steuern können.

Dieser Abschnitt behandelt nur die zweite Variante. Als Erstes müssen Sie das Paket `python3-picamera` für Python 3 bzw. `python-picamera` für Python 2 installieren – oder gleich beide Versionen:

```
sudo apt-get install python-picamera python3-picamera
```

Im Python-Code erzeugen Sie zuerst ein `PiCamera`-Objekt, das Ihnen dann eine Menge Methoden zur Verfügung stellt. Am wichtigsten sind:

- `capture`: macht ein Foto und speichert es in einer Datei.
- `start_recording`: startet eine Video-Aufnahme und speichert den Film in einer Datei.
- `stop_recording`: beendet die Video-Aufnahme.
- `close`: beendet den Zugriff auf die Kamera.

Die folgenden Absätze beschreiben nur die wichtigsten Funktionen aus dem `picamera`-Modul. Eine umfassende Referenz aller Klassen und Methoden sowie eine Menge Beispiele finden Sie in der Online-Dokumentation. Dort sind unter anderem eine Menge fortgeschrittene Anwendungsfälle beschrieben, z. B. die Übertragung von Bildern und Videos im Netzwerk oder die Verwendung eines Puffers für eine vordefinierte Zeit, wobei die jeweils älteste Aufnahme dann durch die gerade aktuelle überschrieben wird (*Circular Stream*).

http://picamera.readthedocs.org

Fotos aufnehmen

In ihrer einfachsten Form sieht die Anwendung des `picamera`-Moduls so aus:

```
#!/usr/bin/python3
import picamera
camera = picamera.PiCamera()
camera.capture('image.jpg')
camera.close()
```

capture unterstützt unter anderem die Bitmap-Formate JPEG, PNG und GIF. Die Methode versucht anhand des Dateinamens das gewünschte Format zu erkennen. Bei Dateinamen ohne Kennung müssen Sie das Format durch den optionalen Parameter format='xxx' angeben. Für das JPEG-Format können Sie durch den optionalen Parameter quality=n die gewünschte Bildqualität im Bereich zwischen 1 und 100 angeben. Die Standardeinstellung beträgt 85. Je höher der Wert ist, desto besser wird die Bildqualität. Gleichzeitig steigt aber auch die Größe der Datei.

Die Bildgröße beträgt standardmäßig 1920×1200 Pixel. Wünschen Sie größere oder kleinere Bilder, geben Sie resize=(breite, höhe) an. Dabei müssen Sie allerdings aufpassen, dass das Verhältnis von Breite und Höhe unverändert bleibt – andernfalls werden die Bilder verzerrt!

Wenn die Aufnahme sehr schnell gehen soll, geben Sie use_video_port=True an. Das picamera-Modul greift dann die Videoschnittstelle der Kamera ab. Das geht deutlich schneller, die resultierenden Bilder sind aber weniger scharf.

```
camera.capture('image.jpg', resize=(480, 300),
               use_video_port=True, quality=80)
```

Mit capture_sequence nehmen Sie ganze Bilderfolgen auf. Im ersten Parameter muss eine Liste von Dateien übergeben werden. Mit den folgenden Parametern nimmt picamera beachtliche 16 Bilder pro Sekunde auf:

```
filenames = [ 'image%02d.jpg' % i for i in range(100) ]
camera.capture_sequence(filenames, resize=(480, 300),
                        use_video_port=True, quality=80)
```

capture_continuous funktioniert ähnlich wie capture_sequence, allerdings generiert die Methode die Dateinamen selbst. Dazu bauen Sie in den Dateinamen die Zeichenkette {counter} oder {timestamp} ein. Dieses Muster wird dann durch einen durchlaufenden Zähler oder durch das aktuelle Datum samt Uhrzeit ersetzt. Optional können Sie diese Zahlen bzw. Zeitangaben mit format-Codes formatieren (siehe Abschnitt 19.6, »Zeichenketten«), beispielsweise so:

```
'image{counter:03d}.jpg'          dreistelliger Zähler
'image{timestamp:%H-%M-%S}.jpg'   Zeitangabe in der Form 23-59-59
```

Sie können sogar {counter} und {timestamp} in einer Zeichenkette kombinieren. capture_sequence liefert einen Generator zurück, muss also in einer Schleife verwendet werden. In jedem Schleifendurchgang erzeugt die Methode ein Generatorobjekt, das Sie aber nicht weiter auswerten müssen.

Das folgende Script läuft endlos, bis es durch [Strg]+[C] beendet wird. Es nimmt kontinuierlich Bilder auf und speichert diese unter dem Namen image-nn.jpg, wobei nn die Sekunde der Aufnahmezeit ist. Bereits existierende Bilder werden damit überschrieben. Im aktuellen Verzeichnis stehen dadurch immer Bilddateien mit Aufnahmen der letzten 60 Sekunden zur Verfügung.

```
#!/usr/bin/python3
import picamera, time
camera = picamera.PiCamera()
filenames = 'image-{timestamp:%S}.jpg'
try:
  for obj in camera.capture_continuous(filenames,
                                       resize=(480, 300)):
    time.sleep(0.1)
except KeyboardInterrupt:
  pass  # keine Fehlermeldungen anzeigen
finally:
  camera.close()
```

Videos aufnehmen

`start_recording` nimmt Videos auf und codiert diese wahlweise im H.264- oder im M-JPEG-Format. Das gewünschte Format geht entweder aus der Endung `.h264` oder `.mjpeg` des Dateinamens hervor oder muss mit dem optionalen Parameter `format='h264|mjpeg'` eingestellt werden. Vor dem Start der Aufnahme ist es zumeist zweckmäßig, die Auflösung mit `camera.resulution` zu reduzieren.

`stop_recording` beendet die Aufnahme. Wenn Sie ein Video von 10 Sekunden aufnehmen möchten, empfiehlt es sich, anstelle von `time.sleep` die Wartezeit mit `wait_recording` zu überbrücken. Der Vorteil dieser Methode gegenüber `sleep` besteht darin, dass ein Fehler während der Aufnahme (beispielsweise unzureichender Platz, um die Videodatei zu speichern) zum sofortigen Programmende führt. Bei `sleep` tritt die Fehlermeldung hingegen erst nach dem Verstreichen der vorgegebenen Schlafpause auf. Das folgende Miniprogramm nimmt ein 10-Sekunden-Video in einer Auflösung von 800×600 Pixeln auf:

```
#!/usr/bin/python3
import picamera
camera = picamera.PiCamera()
try:
  camera.resolution=(800, 600)
  camera.start_recording('video.h264')
  camera.wait_recording(10)
  camera.stop_recording()
except KeyboardInterrupt:
  pass
finally:
  camera.close()
```

Videos abspielen

Auf dem Raspberry Pi können Sie H.264-Videos direkt mit dem `omxplayer` abspielen. Mit M-JPEG-Aufnahmen ist dieses Programm aber überfordert. Abhilfe schafft die Installation des Video-Players VLC mit `sudo apt-get install vlc`. Das Programm ist allerdings recht umfangreich und beansprucht rund 100 MByte Speicherplatz. Außerdem nutzt die VLC-Version aus den Raspbian-Paketquellen keine Hardware-Beschleunigung bei der Wiedergabe. Deswegen ist das Programm nur für Videos in kleiner Auflösung geeignet.

Kameraparameter steuern

Vor der Aufnahme eines Fotos oder Videos können Sie zahlreiche Kameraparameter einstellen, z. B. die Auflösung, die Helligkeit oder den Kontrast (siehe Tabelle 20.1). Eine ausführliche Referenz aller Parameter finden Sie in der API-Dokumentation des `picamera`-Moduls:

http://picamera.readthedocs.org/en/release-1.2/api.html

Parameter	Bedeutung	Werte	Default
`brightness`	Helligkeit	0 bis 100	50
`contrast`	Kontrast	–100 bis 100	0
`crop`	Ausschnitt	`(x, y, b, h)`	(0.0, 0.0, 1.0, 1.0)
`framerate`	Bilder pro Sekunde	1 bis 30	30
`resolution`	Bildauflösung	`(b, h)`	(1920, 1200)
`rotation`	Drehung des Bilds	0, 90, 180, 270	0
`saturation`	Farbsättigung	–100 bis 100	0
`sharpness`	Schärfe	–100 bis 100	0

Tabelle 20.1 Ausgewählte Kameraparameter

Das folgende Miniprogramm erstellt neun Aufnahmen mit unterschiedlichen Einstellungen:

```
#!/usr/bin/python3
import picamera
camera = picamera.PiCamera()
camera.resolution=(1280, 960)
cnt=1
```

```
for c in (-10, 0, 10):
  for b in (40, 50, 60):
    camera.brightness = b
    camera.contrast = c
    camera.capture('image-%d.jpg' % cnt)
    cnt+=1
camera.close()
```

20.5 Dateien bei Dropbox hochladen

Gerade im Zusammenhang mit der Raspberry-Pi-Kamera besteht oft der Wunsch, ein Foto oder eine Video-Datei automatisiert in das eigene Dropbox-Konto hochzuladen. Im Internet finden Sie dazu diverse Python-Scripts, die diese Aufgabe unkompliziert an der Dropbox-API vorbei erledigen. Leider hat sich gezeigt, dass derartige Lösungen nicht dauerhaft stabil funktionieren. Deswegen erläutern wir Ihnen hier den »offiziellen«, von Dropbox empfohlenen Weg.

Die Grundvoraussetzung besteht natürlich einmal darin, dass Sie über ein eigenes Dropbox-Konto verfügen. Auf den Dropbox-Developer-Seiten richten Sie in der sogenannten »App Console« eine neue Dropbox-App ein:

https://www.dropbox.com/developers/apps

Für dieses Beispiel haben wir der App den Namen *rapi-uploader* gegeben. In der Einstellungsseite dieser App finden Sie nun den Button GENERATE, um einen App-spezifischen Code (ein *Token*) zu generieren (siehe Abbildung 20.2).

Die Python-Funktionen zur Kommunikation mit Dropbox befinden sich in einem Erweiterungspaket, das sich am einfachsten mit `pip` installieren lässt. Der Kommandoname `pip` steht für *Pip Installs Python* und ist ein eigenes Paketverwaltungssystem für Python. Wir setzen hier passend zu der in Raspbian vorhandenen Python-Version 3.2 `pip-3.2`

```
sudo apt-get install python3-pip
sudo pip-3.2 install dropbox
```

Mit dem zuvor generierten Token können wir nun testen, ob der Verbindungsaufbau zu Dropbox gelingt. Das folgende Mini-Script sollte Informationen über Ihren Dropbox-Account liefern:

```
#!/usr/bin/python3
import dropbox
dbc = dropbox.client.DropboxClient('xxx-token-code-xxx')
print('Account infos: ', dbc.account_info())
```

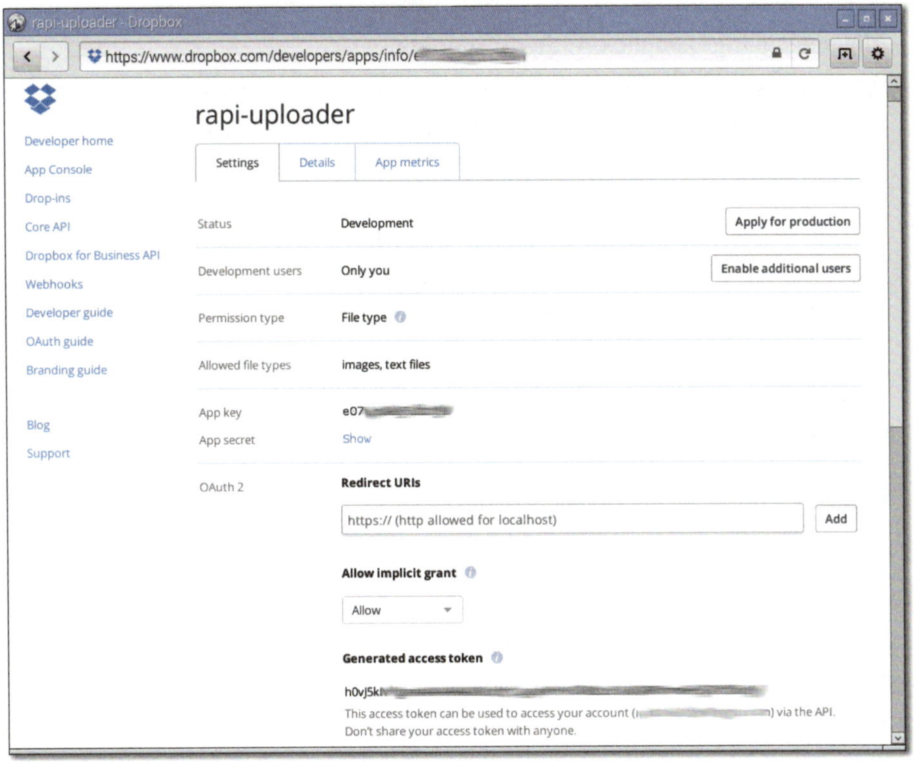

Abbildung 20.2 Dropbox-App einrichten

Klappt so weit alles, ist es Zeit für den ersten Upload. Die folgenden Zeilen laden die Datei `test.jpg` aus dem lokalen Verzeichnis in das Root-Verzeichnis Ihres Dropbox-Kontos hoch:

```
#!/usr/bin/python3
# Datei dropbox-upload.py
import dropbox
dbc = dropbox.client.DropboxClient('xxx-token-code-xxx')

fname = 'test.jpg'                  # Datei öffnen,
f = open(fname, 'rb')

response = dbc.put_file(fname, f)  # ... hochladen
print('uploaded:', respone)

f.close()                           # ... und schließen
```

Allgemeingültige Dropbox-Authentifizierung

Wir sind hier davon ausgegangen, dass Ihr Script nur mit Ihrem eigenen Dropbox-Konto kommunizieren möchte. Ganz anders ist die Ausgangslage, wenn Sie ein Script zur Weitergabe an andere Benutzer entwickeln, die jeweils ihre eigenen Dropbox-Konten verwenden möchten.

In diesem Fall müssen Sie im Script Code vorsehen, der dem Benutzer die Möglichkeit gibt, den jeweiligen Dropbox-Zugriff zu authentifizieren. Der Benutzer wird dabei auf eine Seite von Dropbox geleitet, muss dort sein Dropbox-Passwort angeben und erhält dann einen speziellen Code für das Script. Ihr Script bittet um die Eingabe dieses Codes und speichert ihn so, dass es später wieder darauf zugreifen kann. Mehr Details können Sie hier nachlesen:

https://stackoverflow.com/questions/23894221
https://www.dropbox.com/developers/core/docs/python

Foto mit Datum- und Zeitinfos hochladen

Ein wenig praxisnäher ist das zweite Beispiel: Es erstellt zuerst ein Foto und lädt dieses dann in das Dropbox-Verzeichnis hoch. Der Dateiname des Fotos unter Dropbox setzt sich aus `Rapi-` und dem Datum zusammen, z. B. `Rapi-2015-06-30.jpg`.

```
#!/usr/bin/python3
# Datei dropbox-foto.py
import datetime, dropbox, picamera
dbc = dropbox.client.DropboxClient('xxx-token-code-xxx')

# Foto erstellen und lokal speichern
localname = 'tmp.jpg'
camera = picamera.PiCamera()
camera.resolution=(1280, 960)
camera.capture(localname)
camera.close()

# Foto hochladen
f = open(localname, 'rb')
today = datetime.date.today()
upname = today.strftime('Rapi-%Y-%m-%d.jpg')
dbc.put_file(upname, f)
f.close()
```

20.6 E-Mails versenden

Das Versenden von E-Mails in einem Python-Programm ist an sich nicht schwierig, setzt aber voraus, dass diverse Module zusammenspielen. Die Aufgabenstellung für das erste Beispiel ist, eine E-Mail zu versenden, bei der sowohl der Betreff- als auch der Nachrichtentext Nicht-ASCII-Zeichen enthalten. Für den eigentlichen E-Mail-Transport müssen Sie Zugriff auf einen SMTP-Server haben. Das Kürzel SMTP steht für *Simple Mail Transfer Protocol*. Das ist das übliche Protokoll zum Versenden von E-Mails.

Im Python-Programm müssen Sie zuerst die eigentliche E-Mail in einem `MIMEText`-Objekt zusammensetzen. Sie besteht aus einem Absender, einem oder mehreren Empfängern, dem Betreff sowie dem eigentlichen Text.

Zum Versenden erzeugen Sie ein `SMTP`-Objekt, wobei Sie an den Konstruktor den Hostnamen des SMTP-Servers übergeben. Die Methode `starttls` initiiert den verschlüsselten Verbindungsaufbau, der mittlerweile bei fast allen SMTP-Servern üblich ist. Anschließend führt `login` die Authentifizierung durch. `sendmail` versendet schließlich die E-Mail.

```
#!/usr/bin/python3
# Datei sendmail-text-only.py
import smtplib, sys
from email.mime.text import MIMEText
from email.header import Header

frm  = 'Absender <absender@myhost.com>'
to   = 'Empfänger <an.irgendwen@gmail.com>'
subj = 'Betreff mit äöüß'
msg  = 'Nachrichtentext mit äöüß.\nZweite Zeile.\nDritte Zeile.'

try:
  mime = MIMEText(msg, 'plain', 'utf-8')
  mime['From'] = frm
  mime['To']   = to
  mime['Subject'] = Header(subj, 'utf-8')

  smtp = smtplib.SMTP("myhost.com")
  smtp.starttls()
  smtp.login("loginname", "strenggeheim")
  smtp.sendmail(frm, [to], mime.as_string())
  smtp.quit()
except:
  print("Beim E-Mail-Versand ist ein Fehler aufgetreten:",
        sys.exc_info())
```

Eine E-Mail mit Bitmap versenden

Wenn Sie zusammen mit der E-Mail auch ein Bild versenden möchten, wird das Zusammensetzen des E-Mail-Objekts noch ein wenig umständlicher: Ausgangspunkt ist nun ein `MIMEMultipart`-Objekt, dem Sie den Absender, Empfänger, Betreff sowie den Nachrichtentext als `MIMEText` hinzufügen. Die einzubettende Bilddatei lesen Sie zuerst in ein `MIMEImage`-Objekt ein und fügen dieses Objekt dann dem `MIMEMultipart`-Objekt hinzu. Diese Vorgehensweise wiederholen Sie, falls Sie mehrere Bilder auf einmal übertragen wollen.

```
#!/usr/bin/python3
# Datei sendmail.py
import smtplib
from email.header import Header
from email.mime.image import MIMEImage
from email.mime.multipart import MIMEMultipart
from email.mime.text import MIMEText

frm  = 'Name <absender@myhost.com>'
to   = 'Noch ein Name <an.irgendwen@gmail.com>'
subj = 'Betreff'
msg  = 'Nachrichtentext'
fn   = 'tmp.jpg'  # diese Bitmap-Datei mitsenden

try:
  # E-Mail zusammensetzen
  mime = MIMEMultipart()
  mime['From'] = frm
  mime['To']   = to
  mime['Subject'] = Header(subj, 'utf-8')
  mime.attach(MIMEText(txt, 'plain', 'utf-8'))

  # Bild hinzufügen
  f = open(fn, 'rb')
  img = MIMEImage( f.read() )
  f.close()
  mime.attach(img)

  # versenden
  smtp = smtplib.SMTP("...")
  ... wie im vorigen Beispiel
except:
  print("Beim E-Mail-Versand ist ein Fehler aufgetreten:",
        sys.exc_info())
```

Eine Aufnahme der Raspberry-Pi-Kamera versenden

Mit diesem Grundlagenwissen ist es nun kein Problem mehr, ein Python-Script zu programmieren, das zuerst eine Aufnahme mit der Raspberry-Pi-Kamera erstellt und das Foto dann per E-Mail versendet.

```
#!/usr/bin/python3
# Datei sendmail-foto.py
import picamera, smtplib, sys
from email.header import Header
from email.mime.image import MIMEImage
from email.mime.multipart import MIMEMultipart
from email.mime.text import MIMEText

frm  = 'Name <absender@myhost.com>'
to   = 'Noch ein Name <an.irgendwen@gmail.com>'
subj = 'Foto'
msg  = 'Nachrichtentext'
fn   = 'foto.jpg'

try:
  # Foto erstellen
  camera = picamera.PiCamera()
  camera.capture(fn, resize=(640,480))
  camera.close()

  # E-Mail zusammensetzen
  # Bild hinzufügen
  # versenden
  ... alles wie im vorigen Beispiel
except:
  print("Beim E-Mail-Versand ist ein Fehler aufgetreten:",
        sys.exc_info())
```

20.7 Textdateien lesen und schreiben

Bevor Sie eine Textdatei lesen oder schreiben können, müssen Sie die Datei mit `open` öffnen. Dabei übergeben Sie im ersten Parameter den Dateinamen und im zweiten den gewünschten Zugriffsmodus (siehe Tabelle 20.2).

`open` liefert ein `file`-Objekt, das nun mit diversen Methoden bearbeitet werden kann (siehe Tabelle 20.3). `file` zählt zu den elementaren Python-Datentypen. Sie brauchen also kein Modul zu importieren, um einfache Dateioperationen durchzuführen.

Modus	Bedeutung
'r'	Datei lesen (gilt standardmäßig)
'w'	Datei schreiben; existierende Dateien werden überschrieben!
'a'	an das Ende einer vorhandenen Datei schreiben (append)
'r+'	Datei lesen und schreiben

Tabelle 20.2 Zugriffsmodi der open-Methode

Methode	Bedeutung
s=f.read()	Liest die gesamte Datei.
s=f.read(n)	Liest n Bytes und liefert diese als Zeichenkette.
s=f.readline()	Liest eine Zeile der Datei.
f.write(s)	Schreibt die Zeichenkette s in die Datei.
n=f.tell()	Gibt die aktuelle Lese-/Schreibposition an.
f.seek(n, offset)	Verändert die Lese-/Schreibposition.
close()	Schließt die Datei.

Tabelle 20.3 Wichtige Methoden für file-Objekte

close() beendet den Zugriff auf die Datei und gibt diese wieder für andere Programme frei. In kurzen Scripts können Sie auf close() verzichten – zum Programmende werden in jedem Fall alle geöffneten Dateien geschlossen. Sofern es die Struktur Ihres Code zulässt, sollten Sie den gesamten Code zur Bearbeitung einer Datei wie im nächsten Beispiel mit with open() as f formulieren. Damit ersparen Sie sich nicht nur den expliziten close()-Aufruf, sondern Sie stellen zudem sicher, dass die Datei auch beim Auftreten eines Fehlers geschlossen wird.

Mit readline() können Sie eine Datei zeilenweise einlesen. readline() liefert immer auch das Zeilenendezeichen jeder Zeile mit, also \n auf dem Raspberry Pi. Wenn das Ende der Datei erreicht ist, gibt readline() eine leere Zeichenkette zurück. Da leere Zeilen *innerhalb* der Datei zumindest aus \n bestehen, gibt es hier keine Doppeldeutigkeiten. Um eine Textdatei zeilenweise zu verarbeiten, können Sie auch einfach eine for-Schleife bilden und sich so das Hantieren mit readline() ersparen:

```
#!/usr/bin/python3
with open('test.py') as f:
  for line in f:
    print(line, end='')
```

Wenn Sie Textdateien schreiben, vergessen Sie nicht, \n in die Zeichenketten einzubauen, die Sie ausgeben möchten. write() kümmert sich nicht um Zeilenenden! Beachten Sie auch, dass write im Gegensatz zu print nur einen Parameter erwartet und dass dieser Parameter wirklich eine Zeichenkette sein muss. Wenn Sie Zahlen oder andere Daten in der Textdatei speichern möchten, müssen Sie diese zuerst in Zeichenketten umwandeln. Dabei helfen die Formatfunktionen von Python, die in Abschnitt 19.6, »Zeichenketten«, beschrieben sind. Das folgende Programm produziert eine Textdatei mit zehn Zeilen:

```
#!/usr/bin/python3
with open('test.txt', 'w') as out:
  for i in range(1, 11):
    out.write('Zeile %d\n' % i)
```

CSV-Dateien

CSV-Dateien (*Comma Separated Values*) sind Textdateien mit tabellarischen Daten. Die Elemente bzw. Spalten sind je nach Datenherkunft durch ein Komma oder durch ein Semikolon voneinander getrennt. Zeichenketten können zudem in doppelte Anführungszeichen gestellt sein. Beim Lesen und Schreiben derartiger Dateien helfen die Methoden des csv-Moduls.

Mit reader() bzw. writer() erzeugen Sie ein CSV-Lese- bzw. ein CSV-Schreibobjekt. An den Konstruktor übergeben Sie ein zuvor erzeugtes file-Objekt sowie einige Parameter, die die Syntax Ihrer CSV-Datei beschreiben (siehe Tabelle 20.4).

20

Parameter	Bedeutung
delimiter	Gibt das Spaltentrennzeichen an (Default ',').
lineterminator	Gibt das bzw. die Zeilentrennzeichen an ('\r\n').
quotechar	Gibt an, wie Zeichenkettena markiert sind ('"').
skipinitialspace	Gibt an, ob leere Zeilen übersprungen werden sollen (False).
strict	Gibt an, ob bei Syntaxfehlern ein Fehler ausgelöst wird (False).
escapechar	Gibt an, welches Zeichen der writer Sonderzeichen voranstellt.
doublequote	Gibt an, ob Apostrophe verdoppelt werden (True).

Tabelle 20.4 CSV-Format-Parameter

lineterminator gilt nur für writer-Objekte. Beim Lesen kommt der reader automatisch mit beliebigen Kombinationen aus '\r' und \n zurecht. doublequote gibt an, wie das CSV-Modul mit dem Sonderfall umgehen soll, dass eine Zeichenkette selbst das quotechar-Zeichen enthält. Standardmäßig wird das Zeichen dann verdoppelt. Mit doublequote=False wird dem Zeichen hingegen das mit escapechar einzustellende Zeichen vorangestellt, üblicherweise ein \-Zeichen. Beachten Sie, dass es für escapechar keine Defaulteinstellung gibt.

Um mit dem CSV-Reader eine Zeile zu lesen, bilden Sie einfach eine for-Schleife. Die Schleifenvariable enthält die einzelnen Elemente als Liste:

```
#!/usr/bin/python3
import csv

with open('/var/log/temp.csv') as f:
  c = csv.reader(f, delimiter=';')
  for line in c:
    print(line)
    # Ausgabe ['Spalte 1', 'Spalte 2', ...]
```

Beim CSV-Writer fügt die Methode writerow eine Zeile in die CSV-Datei ein. Die Elemente müssen als Liste übergeben werden:

```
#!/usr/bin/python3
import csv
with open('out.csv', 'w') as out:
  cw = csv.writer(out, delimiter=';', lineterminator='\n',
                  quotechar='"')
  cw.writerow(['Spalte 1', 2, 'Spalte 3', 1/4])
  cw.writerow(['Text mit " und ; und \\', 'äöü'])
# Inhalt von out.csv
# Spalte 1;2;Spalte 3;0.25
# "Text mit "" und ; und \";äöü
```

Beachten Sie, dass der CSV-Writer Zeichenketten nur dann in Anführungszeichen stellt, wenn andernfalls ein korrektes Einlesen nicht möglich wäre. Wenn *jedes* Element in Anführungszeichen gestellt werden soll, übergeben Sie an den Konstruktor von writer den zusätzlichen Parameter quoting=csc.QUOTE_ALL.

Messdaten verarbeiten

Nehmen wir an, Sie überwachen mit einem 1-Wire-Temperatursensor eine Temperatur und speichern diese regelmäßig in einer CSV-Datei, die das folgende Format hat:

```
2015-02-03T10:35,t=23437
2015-02-03T10:40,t=23500
...
```

Sie wollen aus dieser Datei für jeden Tag die Durchschnittstemperatur, das Minimum und das Maximum extrahieren. Das Ergebnis soll in *zwei* Dateien gespeichert werden: einer leicht lesbaren Textdatei und einer CSV-Datei. Die Textdatei soll so aussehen:

```
2015-02-03 Minimum: 18.7°C  Maximum: 24.3°C  Durchschnitt: 21.1°C
```

Die CSV-Datei soll hingegen die Standardformatierung des CSV-Writers verwenden:

```
2015-02-03,18.7,24.3,21.1
```

Der erforderliche Python-Code sieht so aus:

```
#!/usr/bin/python3
# Datei templog.py
import csv
with open('/var/log/temp.csv') as csvfile, \
     open('temperaturen.txt', 'w') as txtout, \
     open('temperaturen.csv', 'w') as csvout:
  cr = csv.reader(csvfile, delimiter=',')
  cw = csv.writer(csvout)
  datumvorher=''
  temperaturen=[]

  # Schleife über alle Zeilen der CSV-Datei
  for line in cr:
    try:
      datum = line[0][:10]                # 1. Spalte, die
                                          # ersten 10 Zeichen
      temp  = int(line[1][2:]) / 1000 # 2. Spalte, ab
                                          # dem 2. Zeichen
      if datum==datumvorher:
        # Temperaturwerte in Liste sammeln
        temperaturen.append(temp)
      else:
        if len(temperaturen)>0:
          # Temperaturen ausgeben
          txt = '%s  Minimum: %.1f°C  Maximum: %.1f°C
                 Durchschnitt: %.1f°C \n'
          tmin =   min(temperaturen)
          tmax =   max(temperaturen)
          tdurch = sum(temperaturen) / len(temperaturen)
          txtout.write(txt % (datum, tmin, tmax, tdurch))
          cw.writerow([datumvorher, '%.1f' % tmin, '%.1f' % tmax,
                       '%.1f' % tdurch])
        # neue Liste für den nächsten Tag
        temperaturen=[temp]
        datumvorher=datum
    except:
      print('Syntaxfehler in CSV-Datei,
             die fehlerhafte Zeile lautet:')
      print(line)
```

Dazu einige Anmerkungen: with öffnet drei Dateien zum Lesen und Schreiben. In der Zeile datum=... wird zuerst aus der Liste in line das erste Element gelesen. Dabei muss es sich um eine Zeichenkette handeln, aus der wiederum die ersten 10 Zeichen gelesen werden. Das ist das Datum.

temp=... agiert ähnlich und extrahiert aus der zweiten Spalte alle Zeichen mit Ausnahme der ersten zwei (also 't='). Die Zeichenkette wird mit int als Zahl interpretiert und durch 1000 dividiert. Wenn die CSV-Datei nicht das vorgeschriebene Format einhält, kann dabei eine Menge schiefgehen – daher die Fehlerabsicherung durch try.

In der Liste temperaturen werden alle Temperaturen eines Tages gespeichert. Wenn sich das Datum ändert, die Bedingung datum==datumvorher also nicht mehr erfüllt ist, ermittelt das Programm das Minimum, das Maximum und den Durchschnittswert der Temperaturen. write schreibt das Ergebnis in die Textdatei temperaturen.txt. Die Liste temperaturen wird nun neu mit der Temperatur des neuen Datums initialisiert. Beachten Sie, dass die Messdaten des letzten Tags nicht in das Ergebnis einfließen.

20.8 Grafikprogrammierung

In einem Terminalfenster ausgeführte Python-Scripts sind sicherlich nützlich und wichtig. Viel mehr Spaß macht das Programmieren aber mit sichtbarem Feedback. Dieser Abschnitt zeigt Ihnen, wie Sie mit der pygame-Bibliothek einfache Grafikprogramme entwickeln. Diese Bibliothek ist eigentlich zur Programmierung von Spielen konzipiert, aber damit würden wir den Rahmen dieses Buchs sprengen. Wir beschränken uns in diesem Abschnitt auf reine Grafikfunktionen.

pygame und Python 3

Für Raspbian steht momentan leider kein offizielles pygame-Paket zur Verfügung, das zu Python 3 kompatibel ist. Die einfachste Lösung besteht darin, pygame-Anwendungen so wie die Beispiele in diesem Abschnitt einfach mit Python 2 zu entwickeln. Achten Sie also darauf, dass die erste Zeile Ihres Scripts #!/usr/bin/python lautet, und verwenden Sie im Code keine Funktionen, die Python 3 voraussetzen. Das betrifft insbesondere print, das in Python 2 ohne Klammern zu verwenden ist.

Damit sich Python 2 mehr wie Python 3 verhält, können Sie mit den folgenden Anweisungen einige Python-3-Features auch unter Python 2 nutzen. Beachten Sie, dass diese Anweisungen am Beginn Ihres Python-Programms *vor* allen anderen import-Anweisungen stehen müssen!

```
from __future__ import print_function   # print()
from __future__ import division         # float-Division mit /
```

Wenn Sie partout nicht auf Python 3 verzichten wollen (wir können das verstehen), müssen Sie die aktuelle pygame-Entwicklerversion herunterladen und selbst kompilieren. Das ist weniger schwierig, als es klingt, der Prozess dauert aber fast eine halbe Stunde. Dazu führen Sie die folgenden Anweisungen im Terminal aus:

```
sudo apt-get install libsdl1.2-dev libsdl-image1.2-dev \
  libsdl-mixer1.2-dev libsdl-ttf2.0-dev libsmpeg-dev \
  libportmidi-dev libavformat-dev libswscale-dev \
  mercurial python3-dev
hg clone https://bitbucket.org/pygame/pygame
cd pygame
python3 setup.py build
sudo python3 setup.py install
```

Es werden also zuerst einige Bibliotheken heruntergeladen, die zum Kompilieren erforderlich sind. `hg clone` lädt den pygame-Quellcode in das gleichnamige Verzeichnis. In diesem wird pygame kompiliert (`build`). Die resultierenden Moduldateien werden dann in ein Verzeichnis kopiert, wo Python sie findet (`install`).

Hello World!

Das folgende Programm veranschaulicht die prinzipielle Nutzung des pygame-Moduls: Das Modul muss zuerst importiert werden. Die Anweisung `from pygame.locals import *` erlaubt es, Konstanten des pygame-Moduls zu verwenden, ohne jedes Mal den Modulnamen voranzustellen.

`pygame.init()` initialisiert die Bibliothek. `set_mode` erzeugt ein Fenster mit einem `Surface`-Objekt und gibt dieses Objekt zurück. Es gibt Zugriff auf eine Bitmap mit der Zeichenfläche. An `set_mode` übergeben Sie die gewünschte Breite und Höhe der Bitmap als Tupel `(b,h)`. Die beiden anderen Parameter geben den gewünschten Modus und die Farbtiefe an. Die Farbtiefe 32 bedeutet, dass zur Speicherung jedes Pixel der Bitmap 32 Bit, also 4 Byte, vorgesehen werden – je ein Byte für die drei Farbanteile Rot, Grün und Blau sowie ein Byte für den Alpha-Kanal für Transparenzeffekte.

Weder die Fenster- noch die `Surface`-Größe kann verändert werden. Wenn Sie das möchten, müssen Sie an `set_mode` anstelle von 0 die Konstante `RESIZABLE` übergeben. Das macht die Programmierung aber aufwendiger. Wenn Ihr Programm den gesamten Bildschirm nutzen soll, dann geben Sie anstelle von 0 den Wert `FULLSCREEN` an. Das pygame-Programm überdeckt dann alle Fenster der Raspberry-Pi-Benutzeroberfläche.

`set_caption` gibt dem pygame-Fenster seinen Titel (siehe Abbildung 20.3). `fill` färbt den gesamten ursprünglich schwarzen Hintergrund weiß ein. Anschließend folgen diverse Zeichenmethoden, die im nächsten Kapitel näher beschrieben werden. Damit die Grafikausgaben tatsächlich sichtbar werden, muss der Fensterinhalt durch `display.update()` aktualisiert werden. Der restliche Code bildet eine Schleife zur pygame-Ereignisverarbeitung. Sobald eine beliebige Taste gedrückt oder das Fenster geschlossen wird, endet das Programm.

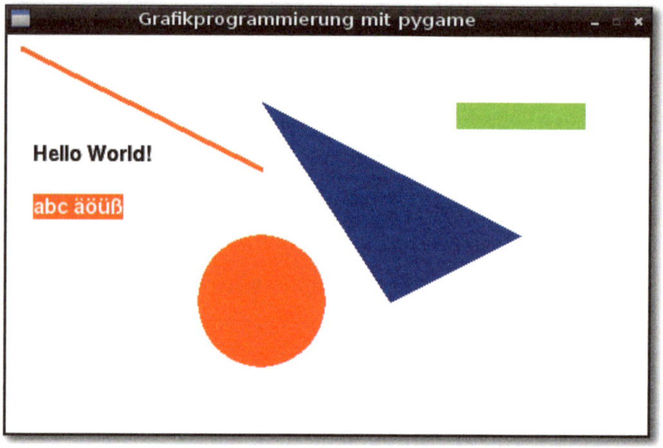

Abbildung 20.3 Hello-World-Programm zur pygame-Programmierung

```
#!/usr/bin/python
# -*- coding: utf-8 -*-
# Datei grafik-hw.py
import pygame, time, sys
from pygame.locals import *

# Konstanten
(B, H) = (500, 300)         # Größe der Zeichenfläche
WHITE  = (255, 255, 255)  # Rot-, Grün- und Blauanteil
RED    = (255, 0, 0)        # diverser Farben
GREEN  = (0, 255, 0)
BLUE   = (0, 0, 255)

# pygame initialisieren, Fenster erzeugen
pygame.init()
surf = pygame.display.set_mode((B, H), 0, 32)
pygame.display.set_caption('Grafikprogrammierung mit pygame')

# weißer Hintergrund
surf.fill(WHITE)

# diverse Zeichenmethoden, siehe nächstes Listing
...

# Fensterinhalt aktualisieren
pygame.display.update()
```

```
# auf Tastendruck oder Fenster-Schließen warten
while 1:
  event = pygame.event.wait()
  if event.type == KEYDOWN or event.type == QUIT:
    pygame.quit()
    sys.exit()
  time.sleep(0.05)
```

pygame-Zeichenmethoden

pygame kennt eine Menge Zeichenmethoden (siehe Tabelle 20.5). Dabei werden Farben als Tupel in der Form (r, g, b) angegeben, wobei r, g und b jeweils Zahlen zwischen 0 und 255 sind. Koordinatenpunkte werden als Tupel oder Listen in der Form (x, y) bzw. [x, y] übergeben. Bei rect werden die Position und die Größe des Rechtecks in der Form (x, y, b, h) angegeben. Alle Koordinatenangaben sind relativ zum linken oberen Eckpunkt des Fensters.

```
# Grafikausgabe im pygame-Hello-World-Programm
# Linie, vier Pixel breit
pygame.draw.line(surf, RED, (10,10), (200, 100), 4)

# gefülltes Rechteck (x, y, b, h)
pygame.draw.rect(surf, GREEN, (350, 50, 100, 20))

# gefülltes Dreieck
pygame.draw.polygon(surf, BLUE, [(200,50), (300,200), (400,150)])

# Kreis
pygame.draw.circle(surf, RED, (200, 200), 50)
```


Die aa-Methoden zeichnen besonders glatte Linien oder Kreise. aa steht dabei für *Anti-Aliasing*. Das ist eine besondere Zeichentechnik, bei der benachbarte Pixel entlang der Linie in schattierten Farben gezeichnet werden. Das gibt Linien ein schärferes, weniger pixelhaftes Aussehen. Leider stellt das pygame-Modul nur wenige aa-Methoden zur Verfügung, die im Vergleich zu den gewöhnlichen Zeichenmethoden zudem mit Einschränkungen verbunden sind. Eine detaillierte Beschreibung aller Grafikmethoden enthält die pygame-API-Referenz:

http://www.pygame.org/docs/ref/draw.html

Deutlich mehr Methoden enthält das experimentelle Modul pygame.gfxdraw. Es muss explizit mit import pygame.gfxdraw aktiviert werden. Beachten Sie aber, dass für diese Methoden eine andere Parameterreihenfolge gilt und dass sich die Methoden in künftigen pygame-Versionen noch ändern können.

http://www.pygame.org/docs/ref/gfxdraw.html

Methode	Funktion
`line(surf, farbe, von, bis, breite)`	Linie zeichnen
`aaline(surf, farbe, von, bis)`	eine glatte, dünne Linie zeichnen
`rect(surf, farbe, rect)`	ein gefülltes Rechteck zeichnen
`rect(surf, farbe, rect, breite)`	einen rechteckigen Linienzug zeichnen
`circle(surf, farbe, mitte, radius)`	einen Kreis zeichnen
`polygon(s, farbe, punktliste)`	ein gefülltes Vieleck zeichnen
`polygon(s, farbe, pliste, breite)`	einen Polygonzug zeichnen

Tabelle 20.5 Ausgewählte pygame.draw-Zeichenmethoden

Textausgaben sind etwas umständlicher: Sie müssen zuerst ein `font`-Objekt erzeugen, wobei Sie an `SysFont` den Namen einer TTF-Datei sowie die gewünschte Größe übergeben. Eine Liste aller geeigneten Fonts ermitteln Sie im Terminal mit dem Kommando `fc-list | grep ttf`. Die `render`-Methode für die `font`-Klasse liefert als Ergebnis ein neues `Surface`-Objekt. Im zweiten Parameter von `render` geben Sie an, dass die Textausgabe mit Anti-Aliasing in möglichst guter Qualität durchgeführt werden soll. Der dritte Parameter gibt die Textfarbe an. Standardmäßig erfolgt die Textausgabe transparent. Wenn Sie stattdessen eine Hintergrundfarbe wünschen, geben Sie diese im vierten Parameter an.

Das `render`-Ergebnis übertragen Sie schließlich mit `blit` in das Surface-Objekt des Fensters. An `blit` übergeben Sie im zweiten Parameter einen Koordinatenpunkt, der die linke obere Ecke der Ausgabe angibt.

`render` erwartet Zeichenketten in Latin-1-Codierung. Wenn Sie Ihren Quellcode wie am Raspberry Pi üblich als UTF-8-Text speichern, dann müssen Sie die Codierung der Zeichenkette vorher ändern.

```
# Textausgabe im pygame-Hello-World-Programm
myfont = pygame.font.SysFont('FreeSerif.ttf', 24)
textsurf = myfont.render('Hello World!', 1, (0,0,0))
surf.blit(textsurf, (20, 80))

msg = u'abc äöüß'
msg = msg.encode('latin-1')
textsurf = myfont.render(msg, 1, WHITE, RED)
surf.blit(textsurf, (20, 120))
```

Bilder speichern

Um den aktuellen Inhalt eines pygame-Fensters in einer PNG-Datei zu speichern, bauen Sie einfach die folgende Zeile in Ihren Code ein:

```
pygame.image.save(surf, 'bild.png')
```

Falls das Erzeugen einer Bitmap das eigentliche Ziel Ihres Scripts ist, wollen Sie womöglich nie ein Fenster anzeigen. Damit vereinfacht sich Ihr Code, wie die folgende Codeschablone zeigt. Insbesondere entfallen die set_mode- und set_caption-Aufrufe sowie die gesamte Ereignisverwaltung.

```
import pygame
from pygame.locals import *
pygame.init()
surf = pygame.Surface((B, H), 0, 32)  # Surface-Objekt erzeugen
pygame.drax.xxx()                     # darin zeichnen
pygame.image.save(surf, 'bild.png')   # und speichern
```

Grafikspielereien

Die Möglichkeit, Grafikkommandos in Schleifen auszuführen, lädt geradezu ein, dies spielerisch auszuprobieren. Ein minimales mathematisches Verständnis reicht aus, um nette Effekte zu erzielen. Im ersten Beispiel wird die Methode aaline verwendet, um ein Netz von Gitterlinien zu zeichnen. Die Start- und Endpunkte jeder Linie wandern dabei an den Kanten des Fensters von oben nach unten bzw. von links nach rechts (siehe Abbildung 20.4).


```
#!/usr/bin/python
# -*- coding: utf-8 -*-
# Datei grafik-gitter.py
import pygame, time, sys
from pygame.locals import *

# Konstanten
(B, H) = (900, 600)          # Größe des Zeichenbereichs
WHITE  = (255, 255, 255)
BLAU   = (0,0,180)

# pygame initialisieren, Fenster erzeugen
pygame.init()
surf = pygame.display.set_mode((B, H), 0, 32)
pygame.display.set_caption('Grafikprogrammierung mit pygame')
surf.fill(WHITE)
```

```
# Gitter zeichnen
(xmin, xmax, ymin, ymax) = (1, B-2, 1, H-2)
for i in range(0,101):
  n = i/100.0
  x1=xmin+(xmax-xmin)*n
  x2=xmax-(xmax-xmin)*n
  y1=ymin+(ymax-ymin)*n
  y2=ymax-(ymax-ymin)*n
  pygame.draw.aaline(surf, BLAU, (xmin, y2), (x1, ymin))
  pygame.draw.aaline(surf, BLAU, (xmin, y1), (x1, ymax))
  pygame.draw.aaline(surf, BLAU, (x2, ymin), (xmax, y2))
  pygame.draw.aaline(surf, BLAU, (x2, ymax), (xmax, y1))

# Fensterinhalt aktualisieren, auf Tastendruck warten
pygame.display.update()
while 1:
  time.sleep(0.05)
  event = pygame.event.wait()
  if event.type == KEYDOWN or event.type = QUIT: sys.exit()
```

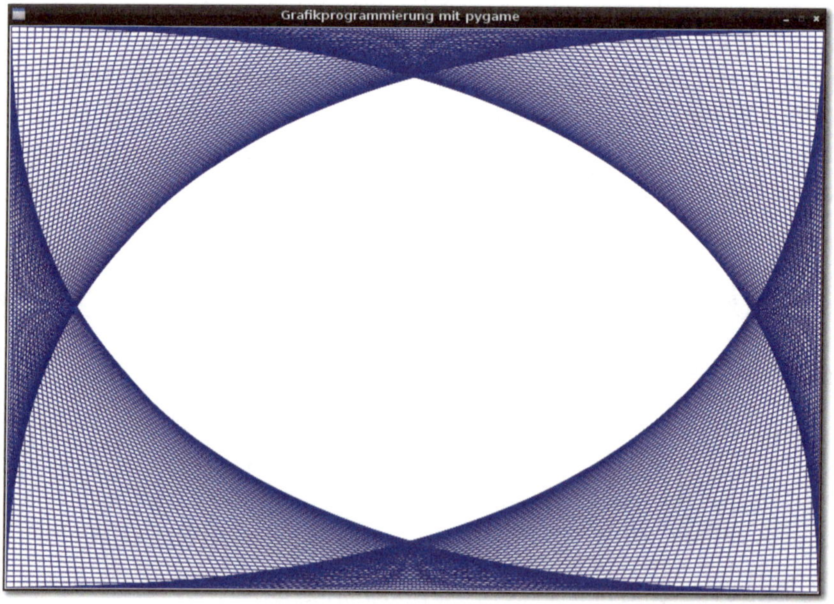

Abbildung 20.4 Eine einfache Gitternetzgrafik

Auch auf der Grundlage von Zufallszahlen lässt sich schön zeichnen. Im zweiten Beispiel ergeben eine Menge kleiner Rechtecke ein buntes Muster (siehe Abbildung 20.5).

Abbildung 20.5 Zufällig platzierte Rechtecke

```
#!/usr/bin/python
# -*- coding: utf-8 -*-
# Datei grafik-zufall.py
import pygame, time, sys
from pygame.locals import *
from random import randrange

# Konstanten
(B, H) = (800, 500)        # Größe des Zeichenbereichs

# pygame initialisieren, Fenster erzeugen
pygame.init()
surf = pygame.display.set_mode((B, H), 0, 32)
pygame.display.set_caption('Grafikprogrammierung mit pygame')
surf.fill( (128,128,128) )    # grauer Hintergrund

# 1000 zufällige Rechtecke zeichnen
for i in range(1000):
  farbe = (randrange(256), randrange(256), randrange(256))
  x = randrange(B-50)
  y = randrange(H-50)
  b = 10+randrange(40)
  h = 10+randrange(40)
  pygame.draw.rect(surf, farbe, (x, y, b, h))
```

```
# Fensterinhalt aktualisieren, auf Tastendruck warten
pygame.display.update()
while 1:
  time.sleep(0.05)
  event = pygame.event.wait()
  if event.type == KEYDOWN or event.type == QUIT: sys.exit()
```

Werden die Rechtecke entlang einer Kurve platziert, deren Koordinaten mit Sinus- und Cosinus-Funktionen berechnet werden, ergeben sich sogenannte Lissajous-Figuren (siehe Abbildung 20.6).

Abbildung 20.6 Eine Lissajous-Figur mit 3D-Effekt

```
#!/usr/bin/python
# -*- coding: utf-8 -*-
# Datei grafik-lissajous.py
import math, pygame, time, sys
from pygame.locals import *

# Konstanten
(B, H) = (1000, 700)        # Größe des Zeichenbereichs
bhalbe = (B-30)/2
hhalbe = (H-20)/2
```

```
# pygame initialisieren, Fenster erzeugen
pygame.init()
surf = pygame.display.set_mode((B, H), 0, 32)
pygame.display.set_caption('Grafikprogrammierung mit pygame')

for i in range(1500):
  winkel = 0.05 + 2 * math.pi * i / 1500
  farbe = (100+math.sin(winkel)*100,
           100+math.sin(winkel+math.pi/2)*100,
           100+math.sin(winkel+math.pi)*100)
  x = bhalbe + math.sin(winkel*5) * bhalbe
  y = hhalbe + math.sin(winkel*4) * hhalbe
  b = 30
  h = 20
  pygame.draw.rect(surf, farbe, (x, y, b, h))
  pygame.draw.rect(surf, (255, 255, 255), (x, y, b, h), 1)

# Fensterinhalt aktualisieren, auf Tastendruck warten
pygame.display.update()
while 1:
  time.sleep(0.05)
  event = pygame.event.wait()
  if event.type == KEYDOWN or event.type == QUIT: sys.exit()
```

Temperaturkurve zeichnen

Dieses wieder stärker praxisorientierte Beispiel greift nochmals das CSV-Beispiel aus Abschnitt 20.7, »Textdateien lesen und schreiben«, auf. Vorausgesetzt wird, dass es im aktuellen Verzeichnis die Datei `temperaturen.csv` gibt, deren Inhalt zeilenweise je ein Datum, die minimale und die maximale Temperatur sowie einen Tagesdurchschnittswert enthält:

```
2015-02-03,18.7,24.3,21.1
```

Unser `pygame`-Programm soll die Temperaturen der letzten 14 Tage grafisch darstellen (siehe Abbildung 20.7). Um den Code einfacher zu machen, sind der mögliche Temperaturbereich mit 15 bis 30 °C sowie die Fenstergröße fix eingestellt.

Beim Einlesen der CSV-Datei greifen wir nochmals auf das in Abschnitt 20.7, »Textdateien lesen und schreiben«, vorgestellte `csv`-Modul zurück. Nach dem Ende der `for`-Schleife enthält `data` eine verschachtelte Liste in der folgenden Form:

```
[ ['2015-03-21', '19.8', '23.1', '22.0'],
  ['2015-03-22', '21.7', '24.1', '22.5']
  ... ]
```

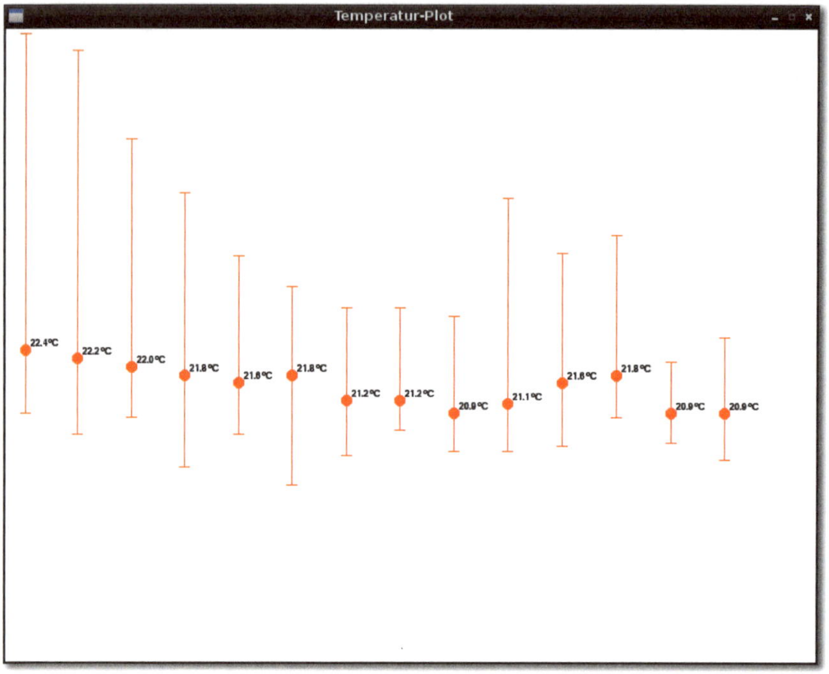

Abbildung 20.7 Grafische Darstellung von Temperaturen mit pygame

```
#!/usr/bin/python
# -*- coding: utf-8 -*-
# Datei grafik-csv.py
from __future__ import division, print_function
import csv, pygame, pygame.gfxdraw, time, sys
from pygame.locals import *

# Konstanten
(B, H) = (800, 600)         # Bitmapgröße
(TMIN, TMAX) = (15, 30)     # Temperaturbereich
(ANZTAGE) = 14              # Anzahl der Messpunkte
WHITE  = (255, 255, 255)
RED    = (255, 0, 0)
GREEN  = (0, 255, 0)
BLUE   = (0, 0, 255)

# CSV-Daten in verschachtelte Liste einlesen
data = []
with open('temperaturen.csv') as f:
  cr = csv.reader(f)
  for line in cr:
    data.append(line)
```

```
# nur die Daten der letzten n Tage
data = data[-ANZTAGE:]
```

Nach den pygame-Initialisierungsarbeiten und dem Laden eines Fonts zur Textausgabe werden die Messdaten in einer Schleife verarbeitet. Die Messdaten liegen als Zeichenketten vor und müssen mit float in Fließkommazahlen umgewandelt werden. x, ymin, ymax und yavg enthalten die Bitmap-Koordinaten zum Zeichnen eines Messpunkts. int(...) ist erforderlich, weil manche pygame-Methoden nur ganze Zahlen verarbeiten. Zum Zeichnen des Kreises für die Durchschnittstemperatur werden gfxdraw-Methoden verwendet. Dadurch wirkt der Kreis weniger pixelig.

```
# pygame initialisieren, Fenster erzeugen
pygame.init()
surf = pygame.display.set_mode((B, H), 0, 32)
surf.fill(WHITE)
pygame.display.set_caption('Temperatur-Plot')
myfont = pygame.font.SysFont('FreeSerif.ttf', 14)
x=20
# Schleife über die Messdaten
for messpunkt in data:
  tmin = float(messpunkt[1])
  tmax = float(messpunkt[2])
  tavg = float(messpunkt[3])
  ymin = int(H - (tmin-TMIN) / (TMAX-TMIN) * H)
  ymax = int(H - (tmax-TMIN) / (TMAX-TMIN) * H)
  yavg = int(H - (tavg-TMIN) / (TMAX-TMIN) * H)
  # Grafikausgabe
  pygame.draw.line(surf, RED, (x, ymin), (x, ymax), 1)
  pygame.draw.line(surf, RED, (x-5, ymin), (x+5, ymin), 1)
  pygame.draw.line(surf, RED, (x-5, ymax), (x+5, ymax), 1)
  pygame.gfxdraw.aacircle(surf, x, yavg, 5, RED)
  pygame.gfxdraw.filled_circle(surf, x, yavg, 5, RED)
  # Durchschnittstemperatur als Text
  txt = u'%.1f°C' % tavg
  textsurf = myfont.render(txt.encode('latin-1'), 1, (0,0,0))
  surf.blit(textsurf, (x+5, yavg-12))
  # X-Koordinate für den nächsten Messpunkt
  x+=B // (ANZTAGE+1)

# Fensterinhalt aktualisieren, auf Tastendruck warten
pygame.display.update()
while 1:
  time.sleep(0.05)
  event = pygame.event.wait()
  if event.type == KEYDOWN or event.type == QUIT: sys.exit()
```

Das Programm könnte nun natürlich in vielen Details verbessert werden, z. B. indem die Daten vorweg analysiert werden, um den tatsächlichen Temperaturbereich der Messdaten zu ermitteln, indem das Diagramm beschriftet und mit Koordinatenachsen versehen wird etc.

20.9 Grafische Benutzeroberflächen mit tkinter

Es existieren diverse Python-Module, die dabei helfen, grafische Benutzeroberflächen zu programmieren – z. B. *wxPython*, *PyQt* oder *PyGTK*. In diesem Buch beschränken wir uns auf eine Einführung zu `tkinter`. Dieses Modul zählt zum Lieferumfang von Python und ist unter Raspbian standardmäßig installiert. `tkinter` gilt trotz gewisser Nachteile als De-facto-Standard für die GUI-Programmierung mit Python, wobei GUI die Abkürzung für *Graphical User Interface* ist. Der Name `tkinter` ist wiederum eine Abkürzung für das *Tk Interface*. Und *Tk* ist eine Bibliothek zur Programmierung von Benutzeroberflächen, die ursprünglich für die Sprache *Tcl* konzipiert wurde.

Der Programmcode für *Hello World!* mit `tkinter` umfasst nur wenige Zeilen. `Tk()` erzeugt das `tkinter`-Wurzelobjekt, also ein Fenster (siehe Abbildung 20.8). `wm_title()` stellt dessen Titel ein. `Label` erzeugt ein Textfeld innerhalb dieses Fensters, wobei zwei Parameter den gewünschten Text und die Schriftart angeben. `pack()` macht das Textfeld so groß, dass es genau Platz für den anzuzeigenden Text bietet; außerdem wird das Textfeld erst durch diese Methode sichtbar. `mainloop()` kümmert sich um die Ereignisverwaltung des Programms – und zwar so lange, bis das Programm beendet wird, in dem das Fenster geschlossen wird.

```
#!/usr/bin/python3
# Datei tkinter-hellow.py
from tkinter import *
import tkinter.font as tkf
mywin = Tk()
mywin.wm_title('Hello World')
myfont = tkf.Font(family='DejaVuSans', size=20)
mylabel = Label(mywin, text='Hello World!', font=myfont)
mylabel.pack()
mywin.mainloop()
```

Abbildung 20.8 »Hello World!« mit tkinter

Tkinter versus tkinter

Der Name des tkinter-Moduls beginnt je nach Python-Version mit einem kleinen oder einem großen Anfangsbuchstaben:

```
from tkinter import * # für Python 3
from Tkinter import * # für Python 2
```

Auch eine Menge anderer verwandter Pakete haben in Python 3 neue Namen bekommen, z. B. tkinter.font (ehemals tkFont) oder tkinter.messagebox (ehemals tkMessageBox). In diesem Kapitel gehen wir bei allen Beispielen davon aus, dass Sie mit Python 3 arbeiten.

Der Platz in diesem Buch reicht nur für eine tkinter-Einführung. Ungleich mehr Details enthält das kostenlose, rund 170 Seiten umfassende Referenz-Handbuch von John Shipman. Beachten Sie aber, dass sich dieses Handbuch auf Python 2.7 bezieht. Sie müssen also alle import-Anweisungen anpassen!

http://infohost.nmt.edu/tcc/help/pubs/tkinter/tkinter.pdf

Ebenfalls sehr hilfreich ist die folgende Website mit einer Sammlung von Artikeln zu elementaren tkinter-Programmiertechniken:

http://effbot.org/tkinterbook

Steuerelemente anordnen

Steuerelemente, die in der tkinter-Nomenklatur *Widgets* heißen, sind die Bausteine zur Gestaltung eigener Benutzeroberflächen (siehe Tabelle 20.6). Sie erzeugen Steuerelemente durch den Aufruf des gleichnamigen Konstruktors.

Dabei übergeben Sie im ersten Parameter das Fenster, in das das Steuerelement eingefügt werden soll; alternativ können Sie hier auch ein Container-Steuerelement angeben, wenn Sie beispielsweise mehrere Radio-Buttons in einem Frame-Steuerelement gruppieren möchten. Die weiteren Parameter des Konstruktors werden in der Regel in der Form parametername=wert übergeben. Damit können Sie Eigenschaften des Steuerelements in beliebiger Reihenfolge voreinstellen:

```
mylabel = Label(container, text='Bla bla', fg="blue", bg="white")
```

Spätere Änderungen an Steuerelementeigenschaften führen Sie mit der configure-Methode durch. Um eine Eigenschaft auszulesen, verwenden Sie cget():

```
mylabel.configure(text='Neuer Text')
txt = mylabel.cget('text')
```

Steuerelement	Funktion
Button	Button
Canvas	Grafikelement (Linie, Rechteck, Ellipse etc.)
Checkbutton	Auswahlkästchen
Entry	einzeiliges Texteingabefeld
Frame	Rahmen, Container für andere Widgets
Label	Textanzeige, auch mehrzeilig
LabelFrame	beschrifteter Rahmen/Container
ListBox	Listenfeld
RadioButton	Options-Button
Scale	Schiebebalken zur Einstellung eines Zahlenwerts
Scrollbar	Bildlaufleiste
Text	mehrzeiliges Texteingabefeld

Tabelle 20.6 Die wichtigsten tkinter-Steuerelemente

Mit dem Erzeugen der Steuerelemente ist es allerdings noch nicht getan. Sie müssen die Steuerelemente innerhalb des Fensters auch korrekt anordnen – und das ist gar nicht so einfach! Die tkinter-Bibliothek unterstützt mehrere Platzierungsstrategien, von denen pack() und grid() am populärsten sind.

Im Hello-World-Beispiel mit nur einem Steuerelement bewirkte pack(), dass für das Steuerelement die optimale Größe ermittelt wurde. Das tkinter-Fenster passte sich automatisch an die Größe an. Wenn es mehrere Steuerelemente gibt, werden diese durch pack() untereinander angeordnet und jeweils horizontal zentriert. Das Fenster wird so groß, dass alle Steuerelemente Platz finden (siehe Abbildung 20.9).

```
#!/usr/bin/python3
# Datei tkinter-pack1.py
from tkinter import *
mywin = Tk()
mylabel1 = Label(mywin, text='Text', bg="yellow")
mylabel2 = Label(mywin, text='Noch mehr Text', fg="blue")
mybutton1 = Button(mywin, text='Button 1')
mybutton2 = Button(mywin,
                   text='Button 2 mit einem längeren Text')
mylabel1.pack()
mylabel2.pack()
```

```
mybutton1.pack()
mybutton2.pack()
mywin.mainloop()
```

Abbildung 20.9 Steuerelemente mit pack() untereinander anordnen

Mit dem pack-Parameter side=LEFT erreichen Sie, dass Steuerelemente nebeneinander statt untereinander angeordnet werden. Allerdings sollten Sie innerhalb eines Fensters oder Containers alle Steuerelemente einheitlich anordnen – andernfalls sind die Resultate schwer vorhersehbar.

anchor=W|NW|N|NE|E|SE|S|SW|CENTER bestimmt, an welchem Rand bzw. an welcher Ecke des Fensters oder Containers die Steuerelemente ausgerichet werden sollen. Die Buchstabenkombinationen geben Himmelsrichtungen an; SE steht beispielsweise für South-East und bedeutet rechts unten. Standardmäßig gilt CENTER.

Das folgende Beispiel zeigt, dass die pack-Strategie in Kombination mit Containern durchaus eine Menge Gestaltungsmöglichkeiten bietet: Der obere Container enthält zwei Labels und ein mehrzeiliges Texteingabefeld. Darunter befindet sich ein zweiter Container, der nebeneinander zwei Buttons enthält. Der Container mit den Buttons wird rechtsbündig dargestellt (siehe Abbildung 20.10). 20

```
#!/usr/bin/python3
# Datei tkinter-pack2
from tkinter import *
mywin = Tk()

# Container für Textfelder
upperframe = Frame(mywin)
mylabel1 = Label(upperframe, text='Text', bg="yellow")
mylabel2 = Label(upperframe, text='Noch mehr Text', fg="blue")
mytext = Text(upperframe, height=4, width=50)
mytext.insert('1.0', 'Zeile 1\nZeile 2\nZeile 3')
mylabel1.pack(anchor=W)  # Label 1 linksbündig
mylabel2.pack(anchor=E)  # Label 2 rechtsbündig
mytext.pack(anchor=W)    # Textfeld wieder linksbündig
upperframe.pack()
```

```
# Container für Buttons
lowerframe = Frame(mywin)
mybutton1 = Button(lowerframe, text='Abbrechen')
mybutton2 = Button(lowerframe, text='OK')
mybutton1.pack(side=LEFT)  # Buttons nebeneinander anordnen
mybutton2.pack(side=LEFT)
lowerframe.pack(anchor=E)  # Button-Container rechtsbündig

mywin.mainloop()
```

Abbildung 20.10 Ein etwas komplexeres pack()-Layout

Anstelle von `pack()` können Sie zur Anordnung Ihrer Steuerelemente `grid()` verwenden. Die Grundidee dieser Methode ist einfach: Jedes Steuerelement landet in der Zelle eines virtuellen Rasters. Die Breite der Spalten ergibt sich aus dem jeweils breitesten Steuerelement, die Höhe aus dem jeweils höchsten Steuerelement. Steuerelemente dürfen auch über mehrere Zeilen oder Spalten reichen (`rowspan=n` bzw. `columnspan=n`). Steuerelemente, die kleiner als die jeweilige Zelle sind, werden darin standardmäßig zentriert. Mit `sticky=W|NW|N|NE|E|SE|S|SW` können Sie die Ausrichtung bei Bedarf ändern. Steuerelemente füllen ihre Zelle normalerweise vollständig aus. Mit `padx=n` bzw. `pady=n` können Sie zwischen dem Zellrand und dem Steuerelement horizontalen oder vertikalen Leerraum hinzufügen.

pack() oder grid(), aber nicht beide!

Innerhalb eines Containers dürfen Sie `pack()` und `grid()` nicht mischen! Sie müssen sich also für eine Strategie entscheiden.

Das folgende Beispielprogramm verwendet `grid()`, um ein Label, einige Options- und Auswahlfelder sowie einen Button anzuordnen. Die Radiobuttons werden über die Variable `optVar` miteinander zu einer Gruppe verbunden.

```
#!/usr/bin/python3
from tkinter import *
mywin = Tk()
txt    = Label(mywin, text='Diverse Optionen')
```

```
optVar  = IntVar()
opt1    = Radiobutton(mywin, text='Montag-Freitag',
                      variable=optVar, value=1)
opt2    = Radiobutton(mywin, text='Samstag',
                      variable=optVar, value=6)
opt3    = Radiobutton(mywin, text='Sonntag',
                      variable=optVar, value=7)
check1 = Checkbutton(mywin, text='Ferrari-Rot')
check2 = Checkbutton(mywin, text='Weiß')
check3 = Checkbutton(mywin, text='Mokka-Braun')
check4 = Checkbutton(mywin, text='Vanille')
btn    = Button(mywin, text='OK')

txt.grid(column=0, row=0, columnspan=2, pady=10)
opt1.grid(column=0, row=1, sticky=W)
opt2.grid(column=0, row=2, sticky=W)
opt3.grid(column=0, row=3, sticky=W)
check1.grid(column=1, row=1, sticky=W)
check2.grid(column=1, row=2, sticky=W)
check3.grid(column=1, row=3, sticky=W)
check4.grid(column=1, row=4, sticky=W)
btn.grid(column=1, row=5, sticky=E, padx=4, pady=4)
mywin.mainloop()
```

Abbildung 20.11 Beispiel für ein Grid-Layout

Noch mehr Tipps zur optimalen Anordnung von Steuerelementen können Sie auf den folgenden Seiten nachlesen:

http://effbot.org/tkinterbook/pack.htm
http://effbot.org/tkinterbook/grid.htm

Ereignisverarbeitung

Die bisherigen Beispiele vermitteln zwar einen ersten Eindruck davon, wie eine grafische tkinter-Benutzeroberfläche aussehen kann, die Programme sind aber noch ohne Funktion. Das heißt, sie reagieren nicht auf das Anklicken von Optionen oder Buttons. Abhilfe schaffen selbst definierte Funktionen, die mit einem Steuerelement verbunden werden. Um die eigentliche Ereignisverwaltung kümmert sich die tkinter-Bibliothek, genau genommen deren mainloop-Methode, die läuft, bis das Programm endet.

Die folgenden Zeilen geben ein erstes Beispiel: Beim Klick auf den Button *OK* wird die Funktion btn_click aufgerufen und das Programm beendet. Die Verbindung zwischen dem Button und btn_click wird hier durch den command-Parameter des Konstruktors hergestellt:

```
#!/usr/bin/python3
import sys
from tkinter import *
mywin = Tk()

# Funktion, reagiert auf Button-Klick
def btn_click():
  sys.exit()

Button(mywin, text='OK', command = btn_click).pack()
mywin.mainloop()
```

Bei vielen Steuerelementen gibt es unterschiedliche Arten von Ereignissen, z. B. Mausklicks oder Tastatureingaben. Der command-Parameter des Konstruktors gewährt hierfür zu wenig Flexibilität. Stattdessen muss die aufzurufende Methode in solchen Fällen mit bind angegeben werden, wobei der erste Parameter in einer Zeichenkette das Ereignis beschreibt.

Im folgenden Beispiel enthält das Fenster keine Steuerelemente. Seine Innengröße ist mit 100×100 Pixel voreingestellt. bind bewirkt, dass bei jedem Klick mit der linken Maustaste die Funktion win_click und bei jeder Tastatureingabe die Funktion win_key aufgerufen wird. An diese Funktion wird ein Ereignisobjekt übergeben, das bei einem Mausklick die x- und y-Koordinate der Mausposition enthält und bei einer Tastatureingabe eine Zeichenkette mit dem eingegebenen Zeichen.

```
#!/usr/bin/python3
import sys
from tkinter import *
mywin = Tk()
```

```
# Reaktion auf Mausklick im Fenster
def win_click(event):
  print("Mausklick", event.x, event.y)

# Reaktion auf Tastatureingabe
def win_key(event):
  print("Tastatureingabe", event.char)
  if event.char.lower() == 'q': sys.exit()

mywin.geometry("100x100")
mywin.bind('<Button-1>', win_click)
mywin.bind('<Key>', win_key)
mywin.mainloop()
```

Einen guten Überblick über weitere tkinter-Ereignistypen gibt die folgende Webseite:

http://effbot.org/tkinterbook/tkinter-events-and-bindings.htm

Aufräumarbeiten beim Programmende

Mitunter müssen Sie beim Programmende Aufräumarbeiten durchführen. Dazu ist es erforderlich, auf das Schließen des Fensters zu reagieren. Die auszuführende Funktion geben Sie nun aber nicht mit bind, sondern mit protocol für das tkinter-Fenster an. In der Funktion müssen Sie nun quit() ausführen:

```
# Code wie bisher
...
mywin = Tk()

# Reaktion auf das Programmende
def win_close():
  # Aufräumarbeiten ..
  mywin.quit()

mywin.protocol("WM_DELETE_WINDOW", win_close)
```

Ein weiterer Sonderfall ist die korrekte Reaktion auf Strg+C im Terminal. Normalerweise reagiert ein tkinter-Programm auf Strg+C erst, wenn im tkinter-Fenster das nächste reguläre Ereignis auftritt. Das liegt daran, dass die Ausführung in der Funktion mainloop() »gefangen« ist und Python daher gar nicht auf Strg+C reagieren kann. Abhilfe schafft das Einrichten einer Funktion, die regelmäßig aufgerufen wird, z. B. alle 200 Millisekunden. Dazu verwenden Sie die Methode after. Außerdem benötigen Sie, wie in Abschnitt 19.8, »Umgang mit Fehlern (Exceptions)«, beschrieben, einen Signal-Handler für das SIGINT-Signal.

```
#!/usr/bin/python3
# Datei tkinter-strg-c.py
import sys, signal
from tkinter import *
mywin = Tk()
...
# Programmende durch Strg+C im Terminal
def strg_c(signal, frame):
  mywin.quit()

# regelmäßiger Aufruf, damit Strg+C funktioniert
def do_nothing():
  mywin.after(200, do_nothing)

signal.signal(signal.SIGINT, strg_c)
mywin.after(200, do_nothing)

# Fenster öffnen
mywin.mainloop()
```

LED ein- und ausschalten

Dieses Grundlagenwissen in Kombination mit der einen oder anderen Websuche sollte ausreichen, um einfache `tkinter`-Anwendungen selbst zu gestalten. Die verbleibenden Abschnitte dieses Kapitels zeigen, wie Sie typische Steuerungsaufgaben für den Raspberry Pi über eine grafische Benutzeroberfläche steuern. Im ersten Beispiel geht es wie in Abschnitt 20.2, »GPIO-Zugriff«, darum, eine Leuchtdiode ein- und auszuschalten – aber eben komfortabel per Button. Das Programm setzt voraus, dass die LED mit Pin 26 der GPIOs verbunden ist.

Das Programm greift auf das `RPi.GPIO`-Modul zurück und funktioniert daher nur, wenn es mit `sudo` ausgeführt wird! Der Button wurde als `Checkbutton` realisiert, um dauerhaft zwischen den Zuständen *ein* und *aus* differenzieren zu können. `indicatoron=0` bewirkt, dass das Steuerelement nicht wie ein Auswahlkästchen, sondern wie ein Button aussieht. Der Button ist mit dem `IntVar`-Objekt `ledstatus` verbunden. Bei jedem Klick wird in diesem Objekt der aktuelle Zustand des Buttons gespeichert.

Die Funktion `led_change` wird dank `command=...` automatisch bei jeder Zustandsänderung aufgerufen. Dort wird `ledstatus` ausgewertet und der GPIO-Pin 26 entsprechend auf High oder Low gestellt. Die `padx`- und `pady`-Zuweisungen bewirken, dass innen und außen rund um den Button ein wenig mehr Platz ist (siehe Abbildung 20.12).

```
#!/usr/bin/python3
# Datei tkinter-led-ein-aus.py
from tkinter import *
import RPi.GPIO as gpio
gpio.setmode(gpio.BOARD)
gpio.setwarnings(False)
gpio.setup(26, gpio.OUT, gpio.LOW)    # Pin 26 = LOW

# Reaktion auf Mausklick im Fenster
def led_change():
  if ledstatus.get():
    gpio.output(26, gpio.HIGH)
    lbl.configure(text='Die LED leuchtet.')
  else:
    gpio.output(26, gpio.LOW)
    lbl.configure(text='Die LED ist ausgeschaltet.')

# Benutzeroberfläche mit Ereignisverwaltung
mywin = Tk()
ledstatus = IntVar()
lbl = Label(mywin, text='Die LED ist ausgeschaltet.')
ledbtn = Checkbutton(mywin, text='LED ein-/ausschalten',
                     indicatoron=0,
                     variable=ledstatus,
                     command=led_change,
                     padx=10, pady=10)
lbl.grid(column=0, row=0, padx=5, pady=5)
ledbtn.grid(column=0, row=1, padx=5, pady=5)
mywin.mainloop()
```


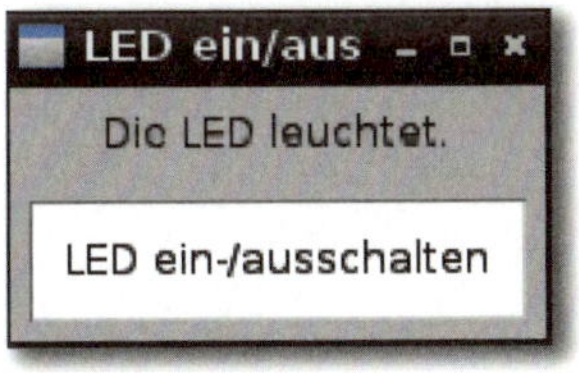

Abbildung 20.12 Eine Leuchtdiode per Button ein- und ausschalten

Helligkeit einer Leuchtdiode mit PWM steuern

Im folgenden Beispiel geht es darum, die Helligkeit einer LED durch *Pulse Width Modulation* (PWM) zu steuern. Dabei wird die PWM-Frequenz auf 1000 Hz eingestellt. Über einen Slider, also ein Scale-Steuerelement, kann nun der »Duty Cycle« zwischen 0 und 100 Prozent eingestellt werden (siehe Abbildung 20.13). Der Startwert beträgt

50 Prozent, also mittlere Helligkeit. Im Vergleich zum vorigen Beispiel ist hier auch Code für Aufräumarbeiten enthalten. `win_close()` wird sowohl ausgeführt, wenn das Fenster geschlossen wird, als auch, wenn der Benutzer im Terminalfenster [Strg]+[C] drückt.

```
#!/usr/bin/python3
# Datei tkinter-led-pwm.py
from tkinter import *
import RPi.GPIO as gpio, signal
gpio.setmode(gpio.BOARD)
gpio.setwarnings(False)
gpio.setup(26, gpio.OUT)
pwm = gpio.PWM(26, 1000)     # Frequenz: 1000 Hertz
pwm.start(50)                # Duty Cycle: anfangs 50 %

# Reaktion auf Mausklick im Fenster
def pwm_change(value):
  pwm.ChangeDutyCycle(float(value))

# Programmende durch Windows-Close-Button
def win_close():
  mywin.quit()
  gpio.cleanup()
  sys.exit()

# Programmende durch Strg+C im Terminal
def strg_c(signal, frame):
  win_close()

# alle 200 ms aufrufen, damit Strg+C funktioniert
def do_nothing():
  mywin.after(200, do_nothing)

# Benutzeroberfläche
mywin = Tk()
mywin.wm_title('LED-Helligkeit')
lbl = Label(mywin, text='LED-Helligkeit mit PWM steuern')
ledscale = Scale(mywin, from_=0, to=100, orient=HORIZONTAL,
                 command=pwm_change)
ledscale.set(50)
lbl.grid(column=0, row=0, padx=5, pady=5)
ledscale.grid(column=0, row=1, padx=5, pady=5)
```

```
# Ereignisverwaltung
mywin.protocol("WM_DELETE_WINDOW", win_close)
signal.signal(signal.SIGINT, strg_c) # Reaktion auf Strg+C
mywin.after(200, do_nothing)         # damit Strg+C funktioniert
mywin.mainloop()
```

Abbildung 20.13 Helligkeitssteuerung einer LED

Tastenzustand anzeigen

Die Aufgabe des nächsten Beispielprogramms besteht darin, die Temperatur eines 1-Wire-Temperatursensors sowie den Zustand eines Tasters in einem `tkinter`-Fenster regelmäßig anzuzeigen. Für die Temperaturanzeige ist die Funktion `temp` verantwortlich, die alle 10 Sekunden die in der Konstanten `WIRE` eingestellte 1-Wire-Datei ausliest. Der Aufbau dieser Datei sieht so aus:

```
30 00 4b 46 ff ff 0e 10 7c : crc=7c YES
30 00 4b 46 ff ff 0e 10 7c t=23875
```

`temp()` liest zuerst die erste, dann die zweite Zeile aus dieser Datei und sucht dann darin nach `t=`. Die nachfolgende Zeichenkette wird mit `int` in eine Zahl umgewandelt und dann durch 1000 dividiert. Die sich nun ergebende Temperatur wird im Label `lbl2` angezeigt.

Als deutlich aufwendiger hat sich das korrekte Ermitteln des Tastenzustands herausgestellt. Anfänglich gab es im Programm hierfür nur die Ereignisprozedur `taster`, die, wie in Abschnitt 20.2, »GPIO-Zugriff«, beschrieben, mittels `add_event_callback` automatisch bei jedem Pegelwechsel aufgerufen wird. Dabei ist eine Entprellzeit von 50 ms vorgesehen. Dies führt allerdings dazu, dass das Programm immer wieder einen Pegelwechsel übersieht und im Label dann der falsche Tastenzustand angegeben wird.

Deswegen haben wir zusätzlich die Funktion `polltaster` eingerichtet, die alle 50 Millisekunden aufgerufen wird. Sie ruft ebenfalls `taster` auf und aktualisiert bei Bedarf die Anzeige.

```
#!/usr/bin/python3
# Datei tkinter-io-info.py
from tkinter import *
import RPi.GPIO as gpio, signal

# Konstanten, GPIO-Initialisierung
SWITCH=21
WIRE='/sys/devices/w1_bus_master1/10-000802ae1551/w1_slave'
gpio.setmode(gpio.BOARD)
gpio.setwarnings(False)
gpio.setup(SWITCH, gpio.IN)

# Reaktion auf Tastendruck an GPIO-Pin 21
def taster(n):
  if n!=SWITCH: return
  if gpio.input(SWITCH) == gpio.LOW:
    lbl.configure(text='Der Taster ist gedrückt')
  else:
    lbl.configure(text='Der Taster ist nicht gedrückt')

# Tastenzustand alle 50 ms auslesen
def polltaster():
  taster(SWITCH)
  mywin.after(50, polltaster)

# Temperatur alle 10 s auslesen und anzeigen
def temp():
  with open(WIRE) as f:
    f.readline()    # erste Zeile ignorieren
    s=f.readline()  # zweite Zeile
  n=s.find('t=')    # dort 't=' suchen
  if(n > 0):
    t = int(s[n+2:]) / 1000
  lbl2.configure(text='Temperatur: %.1f°C' % t)
  mywin.after(10000, temp)

# Benutzeroberfläche
mywin = Tk()
mywin.geometry("250x120")
mywin.wm_title('Input-Verarbeitung')
lbl = Label(mywin)
lbl.pack(pady=20)
```

```
polltaster()   # Tastenzustand ermitteln, lbl-Text einstellen
lbl2 = Label(mywin)
lbl2.pack(pady=20)
temp()         # Temperatur auslesen, lbl2-Text einstellen
# Ereignisse
# 50 ms Entprellzeit
gpio.add_event_detect(21, gpio.BOTH, bouncetime=50)
gpio.add_event_callback(21, taster)
mywin.mainloop()
```

Abbildung 20.14 Programm zur Anzeige einer Temperatur und eines Tastenzustands

Kapitel 21
bash-Programmierung

Sie haben die *Bourne Again Shell* (bash) bereits in Kapitel 3, »Arbeiten im Terminal«, kennengelernt. Die bash läuft in jedem Terminalfenster und ist dafür verantwortlich, Ihre Kommandos entgegenzunehmen, auszuführen und die Ergebnisse anzuzeigen. Die bash kann aber auch zur Script-Programmierung verwendet werden. Dazu speichern Sie die Kommandos in einer speziellen Textdatei und führen diese aus. Diese Art der Script-Programmierung steht im Mittelpunkt dieses Kapitels.

21.1 Einführung

Hello World!

Das klassische Hello-World-Programm umfasst nur zwei Zeilen:

```
#!/bin/bash
echo "Hello World!"
```

Die erste Zeile gibt wie bei Python-Scripts den Ort des Interpreters an. Die Datei soll also vom Programm `/bin/bash` verarbeitet werden. Zur Ausgabe einer Zeichenkette verwenden Sie das Kommando `echo`. Wenn Sie die beiden obigen Zeilen mit einem Editor in einer Textdatei speichern, ist das Ergebnis vorerst nur ein Text. Um daraus ein ausführbares Programm zu machen, müssen Sie für die Datei im Terminal das Execute-Bit setzen. Anschließend können Sie das Programm in der Form `./dateiname` ausführen: 21

```
chmod a+x hello-world
./hello-world

  Hello World!
```

Noch ein Beispiel

Das folgende Script ist nur um eine Zeile länger, erfüllt aber bereits eine sinnvolle Aufgabe: Es erstellt mit der Raspberry-Pi-Kamera ein Foto und speichert es unter dem Namen `/home/pi/Bilder/img-hh-mm.png`. Dabei wird `hh` durch die Stunde und `mm` durch die Minute ersetzt. Diese Daten ermittelt das Kommando date. Der Aufruf von date erfolgt in der Form $(...). Das bedeutet, dass das Ergebnis von date in die Zeichenkette eingebaut wird. Das Script selbst hat den Dateinamen /home/pi/makephoto.

```
#!/bin/bash
filename=/home/pi/Bilder/img-$(date '+%H-%M').jpg
raspistill -n -w 1280 -h 800 -t 1 -o $filename
```

Die folgende Datei /etc/cron.d/makephotos bewirkt, dass das Script automatisch alle 10 Minuten aufgerufen wird (siehe Abschnitt 4.12, »Programme regelmäßig ausführen (Cron)«). pi in der sechsten Spalte bewirkt, dass das Script unter dem Account pi ausgeführt wird, nicht mit root-Rechten. Generell sollten Sie sich bemühen, Cron-Jobs nur dann im root-Account auszuführen, wenn dies unbedingt erforderlich ist.

```
# Datei /etc/cron.d/makephotos
PATH=/usr/local/sbin:/usr/local/bin:/usr/sbin:/usr/bin:/sbin:/bin
*/10 * * * *  pi  /home/pi/makephoto
```

Das bash-Script in Kombination mit der Cron-Einstellung bewirkt, dass während der ersten 24 Stunden 144 Bilder aufgenommen und gespeichert werden. In der Folge werden ältere Bilder durch neuere ersetzt, sodass zu jedem Zeitpunkt Aufnahmen der letzten 24 Stunden zur Verfügung stehen. Der Platzbedarf für alle Bilder in der gewählten Auflösung von 1280×800 Pixel beträgt ca. 100 MByte.

Elementare Syntaxregeln

- **Shebang/Hashbang:** Die erste Zeile des bash-Scripts gibt in der Form #!/bin/bash den Ort des Shell-Interpreters an. Verwenden Sie hier nicht #!/bin/sh! Damit wird Ihr Script nicht von der bash ausgeführt, sondern durch den Interpreter dash. Dieses Programm ist auf höhere Geschwindigkeit optimiert, aber nicht vollständig kompatibel zur bash.
- **Kommentare:** Kommentare werden mit dem Zeichen # eingeleitet und reichen bis zum Ende der Zeile.
- **Anweisungen:** Grundsätzlich gilt die Regel: eine Anweisung pro Zeile. Bei sehr langen Anweisungen besteht die Möglichkeit, diese mit dem Zeichen \ in der nächsten Zeile fortzusetzen. Umgekehrt können Sie einige kurze Kommandos durch das Zeichen ; getrennt auch innerhalb einer Zeile angeben.

  Ausgeführt werden können neben bash-internen Kommandos wie cd auch alle im Terminal verfügbaren Linux-Kommandos, also von apt-get zur Paketverwaltung bis zip zum Erstellen von ZIP-Archiven. Letzeres Kommando setzt voraus, dass Sie zuvor das gleichnamige Paket installiert haben.

- **Zeichenketten:** Zeichenketten können wahlweise in den Formen `'abc'` oder `"abc"` angegeben werden. Diese Formen sind aber *nicht* gleichwertig! Zeichenketten in einfachen Apostrophen werden immer unverändert weitergegeben. Bei Zeichenketten in doppelten Anführungszeichen versucht die bash hingegen, darin enthaltene Zeichenketten in der Form `$varname` durch ihren Inhalt zu ersetzen.
- **Variablen:** Variablen werden normalerweise durch ein vorangestelltes $-Zeichen gekennzeichnet. Ein wenig ungewöhnlich ist in diesem Zusammenhang aber, dass Zuweisungen an Variablen *ohne* das $-Zeichen erfolgen! Es heißt also `var=3`, aber `echo $var`. bash-intern speichern Variablen ausschließlich Zeichenketten, d. h., es gibt keinen Unterschied zwischen `var=3` und `var='3'`.

Kommandos aufrufen

Viele bash-Programme sind nichts anderes als eine Aneinanderreihung von Linux-Kommandos, die ausgeführt werden sollen. Der Aufruf externer Werkzeuge, der bei fast allen anderen Programmiersprachen einen Sonderfall darstellt, ist in der bash der Normalfall und bedarf keiner besonderen Funktionen: Jede Anweisung, die die bash nicht als internes Kommando erkennt, führt zum Aufruf des entsprechenden externen Kommandos. Dabei sucht die bash das Kommando in allen Verzeichnissen, die in der Umgebungsvariablen `PATH` aufgelistet sind. Findet die bash das Kommando nicht – z. B. aufgrund eines Tippfehlers oder weil das betreffende Kommando gar nicht installiert ist –, tritt ein Fehler auf.

<table>
<tr><th>Syntax</th><th>Bedeutung</th></tr>
<tr><td><code>cmd</code></td><td>das Kommando <code>cmd</code> ausführen</td></tr>
<tr><td><code>cmd \tblcol</code></td><td><code>cmd</code> im Hintergrund ausführen</td></tr>
<tr><td><code>cmd1; cmd2</code></td><td>zuerst <code>cmd1</code>, dann <code>cmd2</code> ausführen</td></tr>
<tr><td><code>(cmd1; cmd2)</code></td><td><code>cmd1</code> und <code>cmd2</code> in der gleichen Shell ausführen</td></tr>
<tr><td><code>cmd1 & cmd2</code></td><td>Führt <code>cmd2</code> nur aus, wenn <code>cmd1</code> erfolgreich ist.</td></tr>
<tr><td><code>cmd1 || cmd2</code></td><td>Führt <code>cmd2</code> nur aus, wenn <code>cmd1</code> einen Fehler liefert.</td></tr>
<tr><td><code>cmd1 | cmd2</code></td><td><code>cmd2</code> verarbeitet die Ausgaben von <code>cmd1</code>.</td></tr>
<tr><td><code>x=$(cmd)</code></td><td>Speichert die Ausgaben von <code>cmd</code> in der Variablen <code>x</code>.</td></tr>
<tr><td><code>x=`cmd`</code></td><td>wie oben</td></tr>
</table>

Tabelle 21.1 Aufruf von Kommandos

21

Da der Aufruf von Kommandos für die bash derart elementar ist, verwundert es nicht, dass es hierfür eine Menge syntaktischer Varianten gibt (siehe Tabelle 21.1). Oft sollen die aufzurufenden Kommandos Dateien verarbeiten. Dabei darf der Dateiname Jokerzeichen enthalten. `cat *.txt` zeigt also alle Dateien mit der Endung `.txt` an. Noch wesentlich mehr Möglichkeiten zur Suche nach Dateien bietet das Kommando `find`.

Naturgemäß können Sie bei allen Kommandos, die Sie in einem bash-Script aufrufen, von der Ein- und Ausgabeumleitung Gebrauch machen und so z. B. die Ergebnisse eines Kommandos mit `> dateiname` in einer temporären Datei speichern.

In andere Scripts verzweigen

Andere bash-Scripts können Sie aus Ihrem bash-Script einfach durch die Nennung des Dateinamens ausführen. Bei Scripts aus dem aktuellen Verzeichnis dürfen Sie nicht vergessen, `./` voranzustellen: Die bash sucht Kommandos und Scripts nämlich nur in den in `PATH` aufgelisteten Verzeichnissen. Das aktuelle Verzeichnis, dessen Ort einfach durch `.` abgekürzt wird, zählt aus Sicherheitsgründen nicht dazu.

```
#!/bin/bash
kommando
./ein-anderes-script-im-aktuellen-Verzeichnis
/usr/local/bin/noch-ein-script
```

Anstatt ein anderes Script wie ein eigenständiges Programm auszuführen, können Sie dessen Code mit `source datei` bzw. durch `. datei` auch in das aktuelle Script integrieren. Dadurch kann es aber leicht zu Konflikten durch gleichnamige Variablen oder Funktionen kommen – oder zu einem unbeabsichtigten Programmende durch `exit`. Deshalb ist es zumeist sicherer, andere Scripts wie Kommandos auszuführen. Der Vorteil von `source` besteht darin, dass der Ressourcenaufwand kleiner ist. Insbesondere muss keine neue Instanz der `bash` gestartet werden. Zweckmäßig ist diese Vorgehensweise vor allem dann, wenn Sie eigenen Code über mehrere Dateien verteilen und z. B. alle Funktionsdefinitionen in einer eigenen Datei speichern möchten.

bash oder Python?

Welches ist nun die bessere Sprache: bash oder Python? Sie werden es schon vermutet haben: Eine klare Antwort ist hier nicht zu erwarten. Wie so oft hängt es davon ab, was Sie bezwecken möchten. Die bash bietet sich vor allem dann als Script-Sprache an, wenn Sie Ihre Aufgaben primär mit vorhandenen Linux-Kommandos lösen können. Die bash eignet sich ausgezeichnet dazu, Daten von einem Kommando zum nächsten weiterzuleiten. Das bedeutet aber auch: Eine Grundvoraussetzung für den Einsatz der bash ist eine gute Kenntnis der Kommandos, die unter Linux bzw. speziell auf dem Raspberry Pi zur Auswahl stehen.

Die bash stößt rasch an ihre Grenzen, wenn es darum geht, komplexe Algorithmen zu entwickeln oder große Datenmengen im Arbeitsspeicher zu manipulieren. Die bash bietet hierfür nur recht primitive syntaktische Möglichkeiten und eine vergleichsweise niedrige Verarbeitungsgeschwindigkeit. Besonders ungeeignet ist die bash für jede Art von mathematischen Berechnungen: Die bash kennt nicht einmal Fließkommazahlen!

In der Praxis wird die bash unter Linux häufig als Werkzeug zur Systemadministration verwendet, z. B. um Backups durchzuführen oder um Dateien automatisiert auf eine Website hochzuladen oder aus dem Internet herunterzuladen. bash-Scripts sind im Vergleich zu Python-Programmen oft sehr kurz und bestehen vielfach gerade mal aus 10 oder 20 Zeilen.

21.2 Variablen

Die Zuweisung von Variablen erfolgt durch den Operator =. Dabei darf zwischen dem Variablennamen und dem Zeichen = kein Leerzeichen stehen! `var = abc` ist syntaktisch falsch und funktioniert nicht! Zum Auslesen von Variablen müssen Sie dem Namen ein $-Zeichen voranstellen. Den Inhalt einer Shell-Variablen zeigen Sie am einfachsten mit `echo` an:

```
var=abc
echo $var   # Ausgabe abc
```

Grundsätzlich enthalten alle bash-Variablen Zeichenketten. `var=abc` ist insofern nur eine Kurzschreibweise für `var='abc'`. Die Apostrophe sind unbedingt erforderlich, wenn die zu speichernde Zeichenkette Leer- oder Sonderzeichen enthält.

Bei der Zuweisung können mehrere Zeichenketten unmittelbar aneinandergereiht werden. Im folgenden Beispiel wird der Variablen eine neue Zeichenkette zugewiesen, die aus ihrem alten Inhalt, der Zeichenkette und nochmals dem ursprünglichen Inhalt besteht:

```
a=3
a=$a'xxx'$a
echo $a      # Ausgabe 3xxx3
```

Wenn Variablen ganze Zahlen enthalten, können Sie damit rechnen. Dabei müssen Sie allerdings die gewöhnungsbedürftige Syntax `$[ausdruck]` einhalten. Die bash kann nur mit ganzen Zahlen rechnen und kennt keine Fließkommazahlen:

```
echo $[2+3]    # Ausgabe 5
a=3
b=4
```

```
c=$[$a/$b+1]
echo $c          # Ausgabe 1 (3/4 ergibt 0, +1)
```

Variablen und $-Ausdrücke in Zeichenketten mit doppelten Apostrophen werden ausgewertet. Für Zeichenketten in einfachen Apostrophen gilt dies nicht:

```
echo "a=$a b=$b c=$c $[$a+$b+$c]"  # Ausgabe a=3 b=4 c=1 8
echo 'a=$a b=$b c=$c $[$a+$b+$c]'  # Ausgabe a=$a ...
```

Variablen mit read einlesen

Mit `read` können Sie Benutzereingaben durchführen. In der Regel geben Sie dazu zuerst mit `echo` einen kurzen Text aus, in dem Sie den Anwender darüber informieren, welche Eingabe Sie erwarten, beispielsweise *y/n*, einen numerischen Wert etc. Dabei ist die Option `-n` sinnvoll, damit die Eingabe unmittelbar hinter dem `echo`-Text und nicht in der nächsten Zeile erfolgt. Bei der Ausführung des anschließenden `read`-Kommandos wartet die `bash` so lange, bis der Anwender eine Zeile eingibt und diese mit [↵] abschließt.

Im folgenden Beispielprogramm wird die `while`-Schleife so lange ausgeführt, bis die Zeichenkette in der Variablen nicht mehr leer ist. Nach der Eingabe durch `readline` wird der gesamte Inhalt der Variablen via Parametersubstitution gelöscht, wenn darin irgendein Zeichen außer einer Ziffer, einem Minuszeichen oder einem Leerzeichen vorkommt. Diese Kontrolle ist zwar nicht perfekt, weil sie Zeichenketten wie `"12-34-5"` und `"12 34"` akzeptiert, aber schon recht wirkungsvoll. Informationen zur Parametersubstitution mit `${var##muster}`, zur Durchführung von Vergleichen sowie zur Bildung von Schleifen folgen auf den nächsten Seiten.

```
#! /bin/bash
# einen numerischen Wert einlesen
a=                            # a löschen
while [ -z "$a" ]; do
  echo -n "Geben Sie eine Zahl ein: "
  read a
  a=${a##*[^0-9,' ',-]*}     # Zeichenketten eliminieren, die
                              # irgendwelche Zeichen außer 0-9, dem
                              # Minuszeichen und dem Leerzeichen
                              # enthalten
  if [ -z "$a" ]; then
    echo "Ungültige Eingabe, bitte Eingabe wiederholen"
  fi
done
echo $a
```

Umgebungsvariablen

Die bash kennt auch sogenannte Umgebungsvariablen. Dabei handelt es sich einerseits um alle vordefinierten Variablen, die bereits im Terminalfenster bekannt sind und die Sie mit dem Kommando `printenv` ermitteln können (siehe Tabelle 21.2). Andererseits können Sie mit `export var[=wert]` selbst eine Variable zur Umgebungsvariablen machen. Das hat zur Folge, dass diese Variable in allen Kommandos oder Scripts ausgelesen werden kann, die Sie aus Ihrem Programm heraus aufrufen.

Variable	Bedeutung
HOME	das Heimatverzeichnis
LANG	Lokalisierungseinstellungen, also Sprache und Zeichensatz
PATH	Verzeichnisse, in denen nach Programmen gesucht wird
PS1	Inhalt/Aussehen des Kommandoprompts
PWD	das aktuelle Verzeichnis
USER	der Login-Name des aktiven Nutzers

Tabelle 21.2 Wichtige Umgebungsvariablen

Vordefinierte bash-Variablen

bash-Scripts können auf einige vordefinierte Variablen zugreifen. Diese Variablen können nicht durch Zuweisungen verändert, sondern nur gelesen werden – beispielsweise, um die an ein Script übergebenen Parameter zu verarbeiten. Der Name der Variablen wird durch verschiedene Sonderzeichen gebildet (siehe Tabelle 21.3). Die Abkürzung PID steht dabei für *Process ID*, also für die interne Prozessnummer.

Variable	Bedeutung
`$?`	Rückgabewert des letzten Kommandos
`$!`	PID des zuletzt gestarteten Hintergrundprozesses
`$$`	PID der aktuellen Shell
`$0`	Dateiname des ausgeführten Scripts
`$#`	Anzahl der Parameter
`$1` bis `$9`	Parameter 1 bis 9
`$*` oder `$@`	Gesamtheit aller übergebenen Parameter

Tabelle 21.3 Vordefinierte bash-Variablen

Felder

Neben einfachen Variablen kennt die bash auch Felder (Arrays). Das sind Datenstrukturen zur Speicherung mehrerer Werte. Gewöhnliche Arrays verwenden ganze Zahlen als Index. Beachten Sie die von vielen anderen Programmiersprachen abweichende Syntax `${feld[n]}` für den Zugriff auf das n-te Element.

```
x=()                # Definition eines leeren Arrays
x[0]='a'            # Array-Elemente zuweisen
x[1]='b'
x[2]='c'
x=('a' 'b' 'c')     # Kurzschreibweise für die obigen 4 Zeilen
echo ${x[1]}        # ein Array-Element lesen
echo ${x[@]}        # alle Array-Elemente lesen
```

Die bash kennt auch assoziative Arrays. Dazu müssen Sie die Feldvariable explizit mit `declare -a` als assoziativ deklarieren!

```
declare -A y        # Definition eines leeren assoziativen Arrays
y[abc] = 123        # Element eines assoziativen Arrays zuweisen
y[efg] = xxx
y=( [abc]=123 [efg]=xxx )     # Kurzschreibweise
echo ${y[abc]}      # ein Array-Element lesen
```

Mit `mapfile` übertragen Sie eine ganze Textdatei zeilenweise in die Elemente eines gewöhnlichen Arrays:

```
mapfile z < textdatei
```

Parametersubstitution

Der bash fehlen die in den meisten anderen Programmiersprachen üblichen Funktionen oder Methoden zur Bearbeitung von Zeichenketten, also um z. B. die ersten drei Zeichen zu lesen oder die letzten fünf. Dafür kennt die bash unter dem Begriff *Parametersubstitution* einige durchaus leistungsfähige Mechanismen, um Informationen aus Zeichenketten zu extrahieren, die in Variablen gespeichert sind:

- `${var:-default}`: Wenn die Variable leer ist, liefert die Konstruktion die Defaulteinstellung als Ergebnis, andernfalls den Inhalt der Variablen. Die Variable wird nicht geändert.

  ```
  var=
  echo ${var:-abc}    # Ausgabe abc
  var=123
  echo ${var:-abc}    # Ausgabe 123
  ```

- `${var:=default}`: Wie oben, es wird aber gleichzeitig der Inhalt der Variablen geändert, wenn diese bisher leer war.
- `${var:+neu}`: Wenn die Variable leer ist, bleibt sie leer. Wenn die Variable dagegen bereits belegt ist, wird der bisherige Inhalt durch eine neue Einstellung ersetzt. Die Konstruktion liefert den neuen Inhalt der Variablen.
- `${var:?fehlermeldung}`: Wenn die Variable leer ist, werden der Variablenname und die Fehlermeldung ausgegeben, und das Shell-Programm wird anschließend beendet. Andernfalls liefert die Konstruktion den Inhalt der Variablen.
- `${#var}`: liefert die Anzahl der in der Variablen gespeicherten Zeichen als Ergebnis oder 0, falls die Variable leer ist. Die Variable wird nicht geändert.

```
x='abcde'
echo ${#x}          # Ausgabe 5
```

- `${var\#muster}`: vergleicht den Anfang der Variablen mit dem angegebenen Muster. Wenn das Muster erkannt wird, liefert die Konstruktion den Inhalt der Variablen abzüglich des kürzestmöglichen Textes, der dem Suchmuster entspricht. Wird das Muster dagegen nicht gefunden, wird der ganze Inhalt der Variablen zurückgegeben. Im Suchmuster können die zur Bildung von Dateinamen bekannten Joker-Zeichen verwendet werden, also *, ? und `[abc]`. Die Variable wird in keinem Fall verändert.

```
dat=/home/pi/Bilder/img123.png
echo ${dat#*/}      # Ausgabe home/pi/Bilder/img123.png
echo ${dat#*.}      # Ausgabe png
```

- `${var##muster}`: wie oben, allerdings wird jetzt die größtmögliche Zeichenkette, die dem Muster entspricht, eliminiert:

```
echo ${dat##*/}     # Ausgabe img123.png
echo ${dat##*.}     # Ausgabe png
```

- `${var%muster}`: wie `${var#muster}`, allerdings erfolgt der Mustervergleich jetzt am Ende des Variableninhalts. Es wird die kürzestmögliche Zeichenkette vom Ende der Variablen eliminiert. Die Variable selbst bleibt unverändert.

```
echo ${dat%/*}      # Ausgabe /home/pi/Bilder
echo ${dat%.*}      # Ausgabe /home/pi/Bilder/img123
```

- `${var%%muster}`: wie oben, allerdings wird nun die größtmögliche Zeichenkette eliminiert:

```
echo ${dat%%/*}     # keine Ausgabe (leere Zeichenkette)
echo ${dat%%.*}     # Ausgabe /home/pi/Bilder/img123
```

21

- `${var/find/replace}`: ersetzt das erste Auftreten des Musters `find` durch `replace`:

  ```
  x='abcdeab12ab'
  echo ${x/ab/xy}      # Ausgabe xycdeaab12ab
  ```

- `${!var}` liefert den Inhalt derjenigen Variablen, deren Name in der Zeichenkette enthalten ist:

  ```
  abc=123
  efg='abc'
  echo ${!efg}        # Ausgabe 123
  ```

Zeichenketten bzw. Aufzählungen bilden

Wenn Sie mehrere Zeichenketten aneinanderfügen möchten, geben Sie die Zeichenketten bzw. die entsprechenden Variablen einfach direkt hintereinander an:

```
a=123
b=efg
echo $a$b             # Ausgabe 123efg
```

Mit der Syntax `{a,b,c}` bzw. `{n1..n2}` bzw. `{zeichen1..zeichen2}` können Sie Aufzählungen bilden, beispielsweise um diese anschließend in einer Schleife zu verarbeiten. In den folgenden Beispielen werden die Aufzählungen nur ausgegeben:

```
echo {1,3,5}          # Ausgabe 1 3 5
echo {1..6}           # Ausgabe 1 2 3 4 5 6
echo {a..g}           # Ausgabe a b c d e f g
```

Werden mehrere `{}`-Ausdrücke aneinandergereiht, bildet die bash alle möglichen Kombinationen. Die bash-Nomenklatur nennt diese `{}`-Syntax *Brace Expansion*.

```
echo {ab,cd}{1,2,3}   # Ausgabe ab1 ab2 ab3 cd1 cd2 cd3
echo {a..d}{4..7}     # Ausgabe a4 a5 a6 a7 b4 b5 b6 b7
                      #         c4 c5 c6 c7 d4 d5 d6 d7
```

21.3 Schleifen, Bedingungen und Funktionen

Viele bash-Scripts bestehen nur aus einer Aneinanderreihung von Kommandos, die nacheinander aufgerufen werden sollen. Darüber hinaus bietet die bash aber auch diverse Möglichkeiten, um den Programmfluss zu steuern und Verzweigungen und Schleifen zu bilden:

- Verzweigungen in Shell-Programmen werden mit den Kommandos `if` und `case` gebildet. Während sich `if` eher für einfache Fallunterscheidungen eignet, ist `case` für die Analyse von Zeichenketten prädestiniert (Mustervergleich).

- Mit for, while und until bilden Sie Schleifen. Schleifen können mit break vorzeitig abgebrochen werden. continue überspringt die Kommandos im Inneren der Schleife, setzt diese aber fort.
- Bedingungen für Verzweigungen und Schleifen können wahlweise mit dem Kommando test *ausdruck* oder in der Kurzschreibweise [*ausdruck*] formuliert werden. Bei der Kurzschreibweise muss nach [und vor] jeweils mindestens ein Leerzeichen stehen!
- Mit function definieren Sie eigene Funktionen.
- exit beendet das Script vorzeitig und gibt einen Rückgabe- oder Fehlerwert zurück.

if-Verzweigungen

Die Syntax für if-Verzweigungen sieht wie folgt aus:

```
if bedingung; then
  kommandos
[elif bedingung; then
  kommandos ]
[else
  kommandos ]
fi
```

Dabei sind beliebig viele elif-Blöcke erlaubt. Das folgende Beispiel testet, ob an das Script zwei Parameter übergeben wurden. Wenn das nicht der Fall ist, wird eine Fehlermeldung ausgegeben. Das Programm wird durch exit mit einem Rückgabewert ungleich 0 beendet, um so einen Fehler anzuzeigen. Andernfalls wird der Inhalt der beiden Parameter auf dem Bildschirm angezeigt.


```
#!/bin/bash
if test $# -ne 2; then
  echo "Dem Kommando müssen zwei Parameter übergeben werden!"
  exit 1
else
  echo "Parameter 1: $1, Parameter 2: $2"
fi
```

Als Kriterium für die Verzweigung gilt der Rückgabewert des letzten Kommandos vor then. Die Bedingung ist erfüllt, wenn dieses Kommando den Rückgabewert 0 liefert. Wenn then noch in derselben Zeile angegeben wird und nicht erst in der nächsten, dann muss das Kommando mit einem Semikolon abgeschlossen werden.

Verkehrte Logik

Beachten Sie, dass in der bash die Wahrheitswerte für wahr (0) und falsch (ungleich 0) genau umgekehrt definiert sind als in den meisten anderen Programmiersprachen! Kommandos, die ordnungsgemäß beendet werden, liefern den Rückgabewert 0. Jeder Wert ungleich 0 deutet auf einen Fehler hin. Manche Kommandos liefern je nach Fehlertyp unterschiedliche Fehlerwerte.

Im obigen Beispiel wurde die Bedingung unter Zuhilfenahme des bash-Kommandos `test` gebildet. Der Operator `-ne` steht dabei für ungleich (*not equal*). `test` kommt immer dann zum Einsatz, wenn zwei Zeichenketten oder Zahlen miteinander verglichen werden sollen, wenn getestet werden soll, ob eine Datei existiert, etc. Das Kommando wird im nächsten Abschnitt näher beschrieben.

Das obige Programm könnte auch anders formuliert werden: Statt des `test`-Kommandos kann eine Kurzschreibweise in eckigen Klammern verwendet werden. Dabei muss nach [und vor] jeweils ein Leerzeichen angegeben werden!

Außerdem kann das zweite `echo`-Kommando aus der `if`-Struktur herausgelöst werden, weil wegen der `exit`-Anweisungen alle Zeilen nach `fi` nur dann ausgeführt werden, wenn die Bedingung erfüllt ist.

```
#!/bin/bash
if [ $# -ne 2 ]; then
  echo "Dem Kommando müssen zwei Parameter übergeben werden!"
  exit 1
fi
echo "Parameter 1: $1, Parameter 2: $2"
```

Grundsätzlich ist es möglich, auch einzeilige `if`-Konstruktionen zu bilden, beispielsweise so:

```
if [ $a -gt 1 ]; then echo "a ist größer als 1."; fi
```

Beachten Sie im obigen Code den nun erforderlichen Strichpunkt nach `echo`. Besonders gut lesbar sind derartige Konstruktionen freilich nicht. Für einfache Fälle besser geeignet ist diese Konstruktion, die gleichwertig zum obigen `if` ist:

```
[ $a -gt 1 ] && echo "a ist größer als 1."
```

Hier kommt der logische Und-Operator anstelle von `if` zum Einsatz: Zuerst wird mit `[ ... ]` die Bedingung überprüft. Nur wenn diese erfüllt ist, wird das Kommando nach `&&` ausgeführt.

test

In der bash ist es nicht möglich, Bedingungen direkt in der Form `if $a>1` anzugeben. Zum einen basiert die bash darauf, dass alle Aktionen über ein einheitliches Kommandokonzept durchgeführt werden, zum anderen sind Sonderzeichen wie > und < bereits für die Umleitung von Ein- und Ausgaben reserviert. Aus diesem Grund müssen Sie zur Formulierung von Bedingungen in Schleifen und Verzweigungen das bash-Kommando `test` verwenden.

`test` liefert als Rückgabewert 0 (wahr), wenn die Bedingung erfüllt ist, oder 1 (falsch), wenn die Bedingung nicht erfüllt ist. Um den Schreibaufwand zu verringern, ist eine Kurzschreibweise in eckigen Klammern vorgesehen.

`test` wird primär in drei Aufgabenbereichen eingesetzt: zum Vergleich zweier Zahlen, zum Vergleich von Zeichenketten und zum Test, ob eine Datei existiert und bestimmte Eigenschaften aufweist (siehe Tabelle 21.4).

Testausdruck	**Bedeutung**
`[ zk ]`	wahr, wenn die Zeichenkette nicht leer ist
`[ -n zk ]`	wie oben
`[ zk1 = zk2 ]`	wahr, wenn die Zeichenketten übereinstimmen
`[ z1 -eq z2 ]`	wahr, wenn die Zahlen gleich groß sind (*equal*)
`[ z1 -ne z2 ]`	wahr, wenn die Zahlen ungleich sind (*not equal*)
`[ z1 -gt z2 ]`	wahr, wenn `z1` größer `z2` ist (*greater than*)
`[ z1 -ge z2 ]`	wahr, wenn `z1` größer gleich `z2` ist (*greater equal*)
`[ z1 -lt z2 ]`	wahr, wenn `z1` kleiner `z2` ist (*less than*)
`[ z1 -le z2 ]`	wahr, wenn `z1` kleiner gleich `z2` ist (*less equal*)
`[ -d dat ]`	wahr, wenn `dat` ein Verzeichnis ist (*directory*)
`[ -f dat ]`	wahr, wenn `dat` eine Datei ist (*file*)
`[ -r dat ]`	wahr, wenn die Datei gelesen werden darf (*read*)
`[ -w dat ]`	wahr, wenn die Datei verändert werden darf (*write*)
`[ dat1 -nt dat2 ]`	wahr, wenn Datei 1 neuer als Datei 2 ist (*newer than*)

Tabelle 21.4 Die wichtigsten Ausdrücke zur Formulierung von Bedingungen

Die folgenden Beispiele zeigen drei Anwendungsfälle. Eine Referenz zu *allen* `test`-Einsatzmöglichkeiten gibt wie üblich `man test`.

- `test "$x"` überprüft, ob `x` belegt ist. Das Ergebnis ist falsch, wenn die Zeichenkette 0 Zeichen aufweist, andernfalls ist es wahr.
- `test $x -gt 5` testet, ob die Variable `x` einen Zahlenwert größer 5 enthält. Wenn `x` keine Zahl enthält, kommt es zu einer Fehlermeldung. Statt `-gt` können auch die Vergleichsoperatoren `-eq`, `-ne`, `-lt`, `-le` und `-ge` verwendet werden.
- `test -f $x` testet, ob eine Datei mit dem in `x` angegebenen Namen existiert.

Anstelle von `test ausdruck` wird in der Regel die Kurzschreibweise `[ ausdruck ]` verwendet. Dabei dürfen Sie aber nicht vergessen, zwischen den eckigen Klammern und dem Ausdruck beidseitig mindestens ein Leerzeichen anzugeben! Egal, ob Sie mit `test` oder `[ ... ]` arbeiten: Denken Sie daran, dass die `bash`-Syntax einen Strichpunkt nach der Bedingung verlangt: `if [ $a -gt 1] then ...` ist syntaktisch falsch, es muss `if [ $a -gt 1]; then ...` heißen!

case

`case`-Konstruktionen werden mit dem Schlüsselwort `case` eingeleitet. Darauf folgt der Parameter, den Sie analysieren wollen. Er wird meistens in einer Variablen angegeben. Nach dem Schlüsselwort `in` können dann mehrere mögliche Musterzeichenketten angegeben werden, mit denen der Parameter verglichen wird. Dabei sind die gleichen Jokerzeichen wie bei Dateinamen erlaubt.

```
case ausdruck in
  muster1 ) kommandos;;
  muster2 ) kommandos;;
  ...
esac
```

Jedes Muster wird mit einer runden Klammer `)` abgeschlossen. `--*)` erkennt z. B. Zeichenketten, die mit zwei Minuszeichen beginnen. Mehrere Muster können durch `|` voneinander getrennt werden. In diesem Fall werden beide Muster getestet. Beispielsweise dient `*.c|*.h)` zur Erkennung von `*.c`- und `*.h`-Dateien im selben Zweig.

Die der Klammer folgenden Kommandos müssen durch zwei Semikolons abgeschlossen werden. Wenn ein `else`-Zweig benötigt wird, dann muss als letztes Muster `*` angegeben werden – alle Zeichenketten entsprechen diesem Muster. Bei der Abarbeitung einer `case`-Konstruktion wird nur der erste Zweig berücksichtigt, bei dem der Parameter dem angegebenen Muster entspricht.

Das folgende Beispiel zeigt die Anwendung von `case` zur Klassifizierung der übergebenen Parameter in Dateinamen und Optionen. Die Schleife für die Variable `i` wird für alle Parameter ausgeführt, die Sie an das Script übergeben haben. Innerhalb dieser

Schleife wird jeder einzelne Parameter mit case analysiert. Wenn der Parameter mit einem Bindestrich beginnt, wird der Parameter an das Ende der Variablen opt angefügt, andernfalls an das Ende von dat.

```
#!/bin/bash
for i do      # Schleife für alle übergebenen Parameter
  case "$i" in
    -* ) opt="$opt $i";;
    *  ) dat="$dat $i";;
  esac
done          # Ende der Schleife
echo "Optionen: $opt"
echo "Dateien:  $dat"
```

Ein Beispiellauf des Scripts beweist die Wirkungsweise dieser einfachen Fallunterscheidung. Die in ihrer Reihenfolge wahllos übergebenen Parameter werden in Optionen und Dateinamen untergliedert:

```
test-script -x -y dat1 dat2 -z dat3
  Optionen:  -x -y -z
  Dateien:   dat1 dat2 dat3
```

Nach demselben Schema können Sie case-Verzweigungen auch zur Klassifizierung von bestimmten Dateikennungen verwenden, indem Sie im Suchmuster *.abc angeben.

for

Die bash kennt drei Kommandos zur Bildung von Schleifen: for führt eine Schleife für alle Elemente einer angegebenen Liste aus. while führt eine Schleife so lange aus, bis die angegebene Bedingung nicht mehr erfüllt ist. until führt die Schleife dagegen so lange aus, bis die Bedingung zum ersten Mal erfüllt ist. Alle drei Schleifen können mit break vorzeitig verlassen werden. continue überspringt den restlichen Schleifenkörper und setzt die Schleife mit dem nächsten Schleifendurchlauf fort. Die folgenden Zeilen fassen die Syntax von for zusammen:


```
for var [in liste;] do
  kommandos
done
```

for-Schleifen können auch einzeilig formuliert werden. Dann muss das Kommando innerhalb der Schleife mit einem Strichpunkt abgeschlossen werden:

```
for var [in liste;] do kommando; done
```

Das erste Beispiel weist der Variablen i der Reihe nach die Zeichenketten a, b und c zu. Der Schleifenkörper zwischen do und done gibt den Inhalt der Variablen aus:

```
for i in a b c; do echo $i; done
  a
  b
  c
```

Die äquivalente mehrzeilige Formulierung des obigen Kommandos in einer Script-Datei würde so aussehen:

```
#!/bin/bash
for i in a b c; do
  echo $i
done
```

Die Liste für `for` kann auch mit Jokerzeichen für Dateinamen oder mit `{..}`-Konstruktionen zur Bildung von Zeichenketten umgehen. Im folgenden Beispiel werden alle `*.jpg`-Dateien in `*.jpg.bak`-Dateien kopiert:

```
for file in *.jpg; do cp "$file" "$file.bak"; done
```

Oft benötigen Sie Schleifen, um eine Textdatei Zeile für Zeile abzuarbeiten. Kein Problem: Übergeben Sie an das Schlüsselwort `in` einfach das Ergebnis von `cat datei`! Das folgende Miniprogramm erstellt für alle Datenbanken, die in der Datei `dbs.txt` zeilenweise genannt sind, ein komprimiertes Backup in der Datei `dbname.sql.gz`:

```
#!/bin/bash
# Schleife über alle Datenbanken in dbs.txt
for db in $(cat dbs.txt); do
  mysqldump $db | gzip -c > $db.sql.gz
done
```

Bei `for`-Schleifen ohne `in ...` werden der Schleifenvariablen der Reihe nach alle beim Script-Aufruf angegebenen Parameter übergeben; das entspricht also `in $*`. Ein Beispiel für so eine Schleife finden Sie bei der Beschreibung von `case`.

while und until

Die folgenden Zeilen fassen die Syntax für `while`- und `until`-Schleifen zusammen:

```
while/until bedingung; do
  kommandos
done
```

Im folgenden Beispiel wird der Variablen `i` der Wert 1 zugewiesen. Anschließend wird die Variable im Schleifenkörper zwischen `do` und `done` so oft um 1 erhöht, bis der Wert 5 überschritten wird. Die Schleifenbedingung formulieren Sie wie bei `if` mit `test` oder mit `[ ... ]`. Das Miniprogramm gibt also die Zahlen 1, 2, 3, 4 und 5 aus:

```
#!/bin/bash
i=1
while [ $i -le 5 ]; do
  echo $i
  i=$[$i+1]
done
```

Bei der einzeiligen while-Variante dürfen Sie den Strichpunkt vor done nicht vergessen!

```
#!/bin/bash
i=1; while [ $i -le 5 ]; do echo $i; i=$[$i+1]; done
```

Die folgende Schleife verarbeitet alle *.jpg-Dateien im lokalen Verzeichnis. Dabei wird das Ergebnis von ls mit dem Pipe-Operator | an while weitergegeben:

```
#!/bin/bash
ls *.jpg | while read file
do
  echo "$file"
done
```

Mit while können Sie auch alle Zeilen einer Textdatei verarbeiten. Dazu verwenden Sie den Operator <, um den Inhalt der Textdatei an die while-Schleife umzuleiten. In der Schleife liest read jeweils eine Zeile – so lange, bis das Ende der Textdatei erreicht wird:

```
#!/bin/bash
while read zeile; do
  echo $zeile
done < textdatei.txt
```


Der einzige Unterschied zwischen until-Schleifen und while-Schleifen besteht darin, dass die Bedingung logisch negiert formuliert wird. Das folgende Kommando gibt wie das erste while-Beispiel die Zahlen 1 bis 5 aus:

```
#!/bin/bash
i=1
until [ $i -gt 5 ]; do
  echo $i
  i=$[$i+1]
done
```

break und continue

Alle bash-Schleifenvarianten können Sie vorzeitig mit break beenden. continue überspringt alle Kommandos bis done, setzt die Schleife dann aber fort.

Das folgende Beispiel zeigt eine Anwendung von break und continue. In der for-Schleife soll die Variable i die Werte von 1 bis 10 durchlaufen. rest enthält den Rest der ganzzahligen Division durch 2. Mit [$rest -eq 1] testet das Script, ob der Rest 1 beträgt, ob es sich bei i also um eine ungerade Zahl handelt. In diesem Fall werden die folgenden Kommandos mit continue übersprungen. echo gibt den Inhalt von i aus. Wenn i den Wert 6 erreicht, wird die Schleife mit break beendet. Somit gibt das Programm die Zahlen 2, 4 und 6 aus.

```
#!/bin/bash
for i in {1..10}; do
  rest=$[$i%2]
  [ $rest -eq 1 ] && continue
  echo $i
  [ $i -eq 6 ] && break
done
```

function

Das Schlüsselwort function definiert eine Subfunktion, die wie ein neues Kommando aufgerufen werden kann. Der Code der Funktion muss in geschwungene Klammern gesetzt werden. Innerhalb der Funktion können Sie mit local lokale Variablen definieren. Funktionen können rekursiv aufgerufen werden, und sie müssen *vor* ihrem ersten Aufruf deklariert werden!

An Funktionen können Parameter übergeben werden. Anders als bei vielen Programmiersprachen werden die Parameter nicht in Klammern gestellt. Innerhalb der Funktion können die Parameter den Variablen $1, $2 entnommen werden. Das heißt, eine Funktion verarbeitet Parameter auf die gleiche Art und Weise wie ein bash-Script. Das folgende Mini-Script gibt *Hello World, Raspberry Pi!* aus:

```
#!/bin/bash
function myfunc {
  echo "Hello World, $1!"
}

myfunc "Raspberry Pi"
```

Das Schlüsselwort function ist optional. Wenn auf function verzichtet wird, müssen dem Funktionsnamen allerdings zwei runde Klammern folgen. Somit ist das folgende Programm gleichwertig zum vorigen Beispiel:

```
#!/bin/bash
myfunc() {
  echo "Hello World, $1!"
}

myfunc "Raspberry Pi"
```

Umgang mit Fehlern

In den meisten Programmiersprachen gilt: Sobald ein unbehandelter Fehler auftritt, wird das Programm beendet. Wesentlich entspannter geht es in bash-Scripts zu: Dass bei der Kommandoausführung Fehler passieren, wird als etwas Alltägliches hingenommen. Die Ausführung des Scripts wird einfach mit der nächsten Anweisung fortgesetzt.

Das gilt allerdings nicht für offensichtliche Syntaxfehler, z. B. für eine `for`-Schleife ohne `done` oder für eine Zeichenkette, die mit " beginnt, bei der das zweite "-Zeichen aber fehlt: In solchen Fällen kann die bash die weitere Programmstruktur nicht mehr entschlüsseln: Sie zeigt eine Fehlermeldung an und bricht die Codeausführung ab. Anweisungen bis zum ersten Syntaxfehler werden aber auch in diesem Fall ausgeführt.

Wenn Sie nach einem Kommando feststellen möchten, ob es korrekt ausgeführt wurde oder nicht, werten Sie die vordefinierte Variable `$*` aus. Sie enthält den Fehlercode des letzten Kommandos. Dabei bedeutet der Wert 0, dass alles in Ordnung war (siehe Tabelle 21.5).

```
#!/bin/bash
command_might_fail
errcode=$?
if [ $errcode -ne 0 ]; then
  echo "Fehlercode $errcode"
fi
```

Auch wenn die hohe Fehlertoleranz der bash oft bequem ist – manchmal wollen Sie, dass ein Script beim ersten Fehler abbricht und nicht womöglich noch mehr Folgefehler produziert. Das erreichen Sie, wenn Sie in den Code `set -e` einbauen. Ab dieser Position führen Fehler zum sofortigen Ende. Wenn diese strikte Fehlerkontrolle für das ganze Script gelten soll, geben Sie die Option `-e` gleich in der ersten Zeile an:

```
#!/bin/bash -e
# dieses Script wird beim ersten Fehler abgebrochen
...
```

Bei miteinander verknüpften Kommandos gelten `set -e` bzw. die bash-Option `-e` nur für das Gesamtergebnis. Wenn im folgenden Beispiel `cmd1` scheitert – und sei es daran, dass es das Kommando gar nicht gibt –, dann wird `cmd2` ausgeführt. Nur wenn auch dieses Kommando zu einem Fehler führt, wird das Script abgebrochen.

```
#!/bin/bash -e
cmd1 || cmd2
```

exit

`exit` beendet das laufende Script. Damit gibt das Script den Rückgabewert des zuletzt ausgeführten Kommandos zurück. Wenn Sie das nicht wünschen, können Sie an `exit` explizit einen Wert übergeben. Dabei wird der Wert 0 verwendet, um ein fehlerfreies Programmende zu signalisieren. Alle anderen Zahlen signalisieren einen Fehler (siehe Tabelle 21.5).

exit-Code	Bedeutung
0	OK, kein Fehler
1	allgemeiner Fehler
2	Fehler in den übergebenen Parametern
3–255	andere Fehler, Bedeutung programmspezifisch

Tabelle 21.5 Übliche exit-Codes

Reaktion auf Signale (trap)

Das Konzept der Prozessverwaltung unter Unix/Linux sieht vor, dass Prozessen Signale gesendet werden können (siehe Tabelle 21.6). Noch mehr Signale listet `kill -l` auf. Wenn Sie z. B. während der Ausführung eines bash-Scripts [Strg]+[C] drücken, wird das Signal `SIGINT` versendet, und die Script-Ausführung wird abgebrochen.

Signalname	Code	Bedeutung
`SIGHUP`	1	Aufforderung, die Konfiguration neu zu lesen
`SIGINT`	2	Unterbrechung durch [Strg]+[C]
`SIGKILL`	9	`kill`-Signal, kann nicht abgefangen werden.
`SIGTERM`	15	Aufforderung, das Programm zu beenden

Tabelle 21.6 Die wichtigsten Signale

Mit trap können Sie gezielt auf solche Signale reagieren. Die Syntax von trap ist einfach:

```
trap 'commands' signals
```

commands gibt ein oder mehrere Kommandos an, die ausgeführt werden sollen, wenn eines der aufgezählten Signale empfangen wird. Die Signale können wahlweise durch ihre Namen oder durch ihre Codes angegeben werden. Wenn Sie komplexen Code in Reaktion auf ein Signal ausführen möchten, definieren Sie den Code in einer Funktion und geben beim trap-Kommando den Funktionsnamen an.

trap wird oft dazu verwendet, um vor einem Programmabbruch, der durch ein Signal ausgelöst wird, Aufräumarbeiten durchzuführen. So können Sie beispielsweise eine temporäre Datei löschen. Mit dem simplen Kommando trap '' 2 erreichen Sie, dass Ihr Script [Strg]+[C] einfach ignoriert.

21.4 WiringPi

Das Projekt *WiringPi* stellt das Kommando gpio zur Verfügung. Damit können Sie einzelne GPIO-Pins im Terminal bzw. in einem bash-Script auslesen und verändern. gpio kann auch das populäre Gertboard sowie das PiFace-Board steuern. Teil des *WiringPi*-Projekts sind zudem die C-Bibliothek wiringPi und devLib, die Programmierern dabei hilft, die Hardware-Funktionen des Raspberry Pi sowie diverse Zusatz-Hardware zu steuern, z. B. den DS1302-Chip (Real Time Clock) oder verschiedene LC-Displays. Diverse Anwendungsbeispiele und Hintergrundinformationen finden Sie auf der Website des WiringPi-Projekts:

http://wiringpi.com

21

WiringPi steht nicht als Raspbian-Paket zur Verfügung. Sie müssen stattdessen den Quellcode aus einem Git-Repository herunterladen und selbst kompilieren. Keine Angst: Der Vorgang ist unkompliziert und in wenigen Minuten erledigt. Das Kommando gpio wird dabei in das Verzeichnis /usr/local/bin installiert.

```
sudo apt-get install git-core
git clone git://git.drogon.net/wiringPi
cd wiringPi
./build
```

Die Versionsnummer von WiringPi sowie Informationen über Ihr Raspberry-Pi-Modell verrät das Kommando gpio -v:

```
gpio -v
  gpio version: 2.26
  Copyright (c) 2012-2015 Gordon Henderson
  Raspberry Pi Details:
  Type: Model 2, Revision: 1.1, Memory: 1024MB, Maker: Sony
```

gpio-Kommando

Dieser Abschnitt konzentriert sich auf die Kernfunktionen des gpio-Kommandos, also auf die Steuerung der GPIO-Pins (siehe Tabelle 21.7). Der mode-Befehl kennt neben den vier Hauptmodi input, output, clock und pwm (für Pulse Width Modulation) auch noch die Zustände up, down und tri. Damit kann der interne Pull-up- bzw. Pull-down-Widerstand mancher GPIO-Eingänge gesteuert werden (betrifft z. B. Pin 3 und 5 des P1- bzw. J8-Headers). Noch mehr Details und Befehle können Sie mit man gpio nachlesen.

Option/Befehl	Bedeutung
-1	Pin-Nummern des P1-/J8-Headers verwenden (eins, nicht L)
-g	BCM-GPIO-Nummerierung verwenden
mode n m	Pin n für Modus nutzen (in, out, pwm ...)
read n	Signaleingang bei Pin n auslesen
write n 0/1	Signalausgang an Pin n auf 0/1 setzen
readall	alle Pins auslesen und als Tabelle darstellen
reset	alle GPIO-Pins auf Input umstellen
pwm n	PWM-Duty-Cycle steuern (0–1023, nur für GPIO 18 = Pin 12)

Tabelle 21.7 Die wichtigsten gpio-Optionen und -Befehle

gpio readall verrät den aktuellen Status aller GPIO-Pins. Die Bedeutung der Spalten ist wie folgt:

- **BCM**: Diese Spalte bezieht sich auf die Nomenklatur der Broadcom-CPU BCM2835, die aber nicht mit den üblichen Raspberry-Pi-Bezeichnungen übereinstimmt! Wenn Sie sich bei gpio-Kommandos auf diese Nomenklatur beziehen möchten, müssen Sie immer die Option -g verwenden.
- **wPi:** Diese Spalte enthält die WiringPi-internen Nummern der Pins. Diese Nummerierung gilt standardmäßig für das gpio-Kommando, wenn weder die Option -g noch die Option -1 verwendet wird.
- **Name:** Diese Spalte erläutert die Funktion des Pins. 0v entspricht GND.
- **Mode:** Diese Spalte gibt an, ob der Pin als Ein- oder Ausgabe verwendet wird.

- **V:** Die Spalte gibt den aktuellen Zustand (*value*) des Pins an (High oder Low).
- **Physical:** Diese Spalte gibt die Pin-Nummern des P1- bzw. J8-Headers des Raspberry Pi an. Wenn Sie sich bei `gpio`-Kommandos auf diese Pin-Nummern beziehen, müssen Sie die Option `-1` verwenden (eins, nicht L).

Die folgende Ausgabe ist auf einem Raspberry Pi 2 entstanden:

```
gpio readall   # zeigt die WiringPi-Nummerierung
 +---+---+-------+----+-+---Pi 2---+-+----+-------+---+---+
 |BCM|wPi|  Name |Mode|V| Physical |V|Mode|Name   |wPi|BCM|
 +---+---+-------+----+-+----++----+-+----+-------+---+---+
 |   |   |   3.3v|    | |  1 || 2  | |    |5v     |   |   |
 |  2|  8|  SDA.1|  IN|1|  3 || 4  | |    |5V     |   |   |
 |  3|  9|  SCL.1|  IN|1|  5 || 6  | |    |0v     |   |   |
 |  4|  7|GPIO. 7|  IN|1|  7 || 8  |1|ALT0|TxD    |15 |14 |
 |   |   |     0v|    | |  9 || 10 |1|ALT0|RxD    |16 |15 |
 | 17|  0|GPIO. 0|  IN|0| 11 || 12 |0|IN  |GPIO. 1|1  |18 |
 | 27|  2|GPIO. 2|  IN|0| 13 || 14 | |    |0v     |   |   |
 | 22|  3|GPIO. 3|  IN|0| 15 || 16 |0|IN  |GPIO. 4|4  |23 |
 |   |   |   3.3v|    | | 17 || 18 |0|IN  |GPIO. 5|5  |24 |
 | 10| 12|   MOSI|  IN|0| 19 || 20 | |    |0v     |   |   |
 |  9| 13|   MISO|  IN|1| 21 || 22 |0|OUT |GPIO. 6|6  |25 |
 | 11| 14|   SCLK|  IN|0| 23 || 24 |0|OUT |CE0    |10 |8  |
 |   |   |     0v|    | | 25 || 26 |1|OUT |CE1    |11 |7  |
 |  0| 30|  SDA.0|  IN|1| 27 || 28 |1|IN  |SCL.0  |31 |1  |
 |  5| 21|GPIO.21| OUT|1| 29 || 30 | |    |0v     |   |   |
 |  6| 22|GPIO.22|  IN|1| 31 || 32 |0|IN  |GPIO.26|26 |12 |
 | 13| 23|GPIO.23|  IN|0| 33 || 34 | |    |0v     |   |   |
 | 19| 24|GPIO.24|  IN|0| 35 || 36 |0|IN  |GPIO.27|27 |16 |
 | 26| 25|GPIO.25|  IN|0| 37 || 38 |0|IN  |GPIO.28|28 |20 |
 |   |   |     0v|    | | 39 || 40 |0|IN  |GPIO.29|29 |21 |
 +---+---+-------+----+-+----++----+-+----+-------+---+---+
 |BCM|wPi|  Name |Mode|V| Physical |V|Mode|Name   |wPi|BCM|
 +---+---+-------+----+-+---Pi 2---+-+----+-------+---+---+
```

LED ein- und ausschalten

Die erste Beispiel bezieht sich auf dieselbe Testschaltung, die bereits im vorigen Kapitel zum Einsatz kam (siehe Abbildung 20.1): Pin 26 des P1- bzw. J8-Headers ist über einen Vorwiderstand mit einer LED verbunden. Um die LED ein- und auszuschalten, programmieren Sie den GPIO-Pin als Ausgang und stellen ihn auf `1` oder `0`. Im Gegensatz zu dem im vorigen Kapitel vorgestellten `RPi.GPIO`-Modul für Python sind dabei keine root-Rechte erforderlich. Die LED-Steuerung funktioniert also ohne `sudo`. Die `gpio`-Option `-1` (eins, nicht L) bewirkt, dass `gpio` die physischen Pin-Nummern als Parameter erwartet.

```
gpio -1 mode 26 out    # GPIO auf P1-Pin 26 als Ausgang nutzen
gpio -1 write 26 1     # LED ein
gpio -1 write 26 0     # LED aus
```

LED-Helligkeit steuern (PWM)

Wenn Sie auch die Helligkeit einer Leuchtdiode variieren möchten, müssen Sie auf *Pulse Width Modulation* (PWM) zurückgreifen. Im Gegensatz zum Python-Modul `RPi.GPIO` unterstützt `gpio` nur Hardware-PWM. Deswegen kann `gpio` nur zur PWM-Steuerung für den GPIO 18 verwendet werden, der am P1- bzw. J8-Header des Raspberry Pi über Pin 12 zugänglich ist. Nachdem Sie diesen Pin über einen Vorwiderstand mit einer Leuchtdiode verbunden haben, sehen die erforderlichen `gpio`-Kommandos so aus:

```
gpio -1  mode 12 pwm    # GPIO auf P1-Pin 12 für PWM nutzen
gpio -1 pwm 12 0        # LED aus
gpio -1 pwm 12 500      # LED in mittlerer Helligkeit
gpio -1 pwm 12 1023     # LED in maximaler Helligkeit
```

Mit `gpio pwm` steuern Sie den Duty-Cycle des PWM-Signals, also den Zeitanteil, während dem das Ausgangssignal High sein soll. Der Wertebereich reicht von 0 bis 1023 (entspricht 100 Prozent Duty Cycle). Sie haben keinen Einfluss auf die Frequenz des PWM-Signals.

LED-Temperatur-Ampel

Im zweiten Beispiel geht es darum, die CPU-Temperatur auszulesen und in Abhängigkeit von der Temperatur eine grüne, eine gelbe oder eine rote Leuchtdiode einzuschalten. Die grüne LED soll leuchten, wenn die CPU-Temperatur zwischen 30 und 45 Grad beträgt, die gelbe LED bei Temperaturen zwischen 45 und 60 Grad und die rote LED bei Temperaturen darüber. Die drei LEDs werden durch die GPIOs 7, 8 und 25 gesteuert, also durch Pin 26, 24 und 22 des P1- bzw. J8-Headers (siehe Abbildung 21.1).

Nachdem Sie die Schaltung aufgebaut haben, testen Sie in einem Terminal, ob alle drei LEDs funktionieren:

```
gpio -1 mode 26 out
gpio -1 write 26 1     # grüne LED ein
gpio -1 write 26 0     # grüne LED aus
gpio -1 mode 24 out
gpio -1 write 24 1     # gelbe LED ein
gpio -1 write 24 0     # gelbe LED aus
gpio -1 mode 22 out
gpio -1 write 22 1     # rote LED ein
gpio -1 write 22 0     # rote LED aus
```

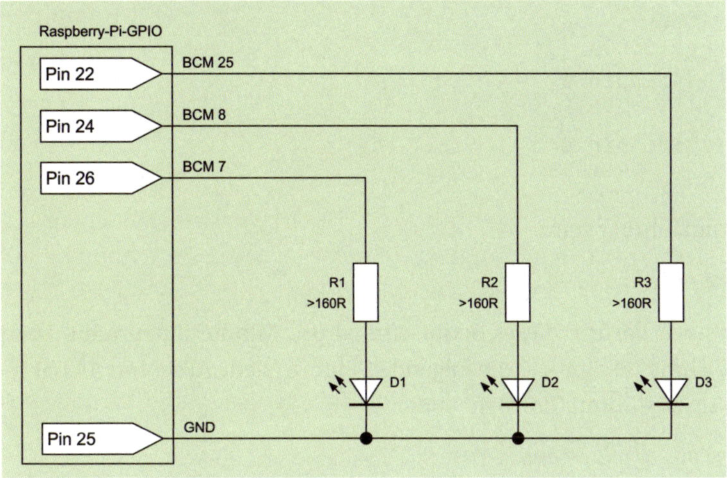

Abbildung 21.1 Eine grüne, eine gelbe und eine rote Leuchtdiode visualisieren die CPU-Temperatur.

Ein Shell-Script zum Ein- und Ausschalten der drei LEDs in Abhängigkeit von der CPU-Temperatur ist rasch geschrieben:

```
#!/bin/bash
# Datei /home/pi/cpu-led
greenpin=26
yellowpin=24
redpin=22
gpio -1 mode $greenpin  out
gpio -1 mode $yellowpin out
gpio -1 mode $redpin    out

# CPU-Temperatur
temp=$(cat /sys/class/thermal/thermal_zone0/temp)
echo $temp
# grüne LED ansteuern
if [[ "$temp" -ge 30000 &&  "$temp" -lt 45000 ]]; then
  gpio -1 write $greenpin 1
else
  gpio -1 write $greenpin 0
fi
# gelbe LED ansteuern
if [[ "$temp" -ge 45000 &&  "$temp" -lt 60000 ]]; then
  gpio -1 write $yellowpin 1
else
  gpio -1 write $yellowpin 0
fi
```

```
# rote LED ansteuern
if [[ "$temp" -ge 60000 ]]; then
  gpio -1 write $redpin 1
else
  gpio -1 write $redpin 0
fi
```

Diese Datei muss ausführbar sein:

```
chmod a+x /home/pi/cpu-led
```

Jetzt geht es nur noch darum, dieses Script einmal pro Minute aufzurufen. Dazu legen Sie im Verzeichnis /etc/cron.d die folgende Datei an (siehe Abschnitt 4.12, »Programme regelmäßig ausführen (Cron)«):

```
# Datei /etc/cron.d/cpu-temp
PATH=/usr/local/sbin:/usr/local/bin:/usr/sbin:/usr/bin:/sbin:/bin
*/1 * * * *  root  /home/pi/cpu-led
```

Von nun an werden die drei LEDs minütlich je nach CPU-Temperatur ein- und ausgeschaltet. Vergessen Sie nicht, /etc/cron.d/cpu-led zu löschen, wenn Sie die Pins 22, 24 und 26 später für eine andere Schaltung verwenden möchten!

Kapitel 22
C-Programmierung

Die Programmiersprache C ist eine Low-Level-Programmiersprache. In der Linux-Welt wird C von vielen Kernel- und Treiberprogrammierern eingesetzt – vor allem deswegen, weil C-Code oft viel effizienter ausgeführt wird als vergleichbarer Code anderer Programmiersprachen. Leider ist die Entwicklung von C-Programmen vergleichsweise mühsam und fehleranfällig.

Da es für die eingebauten Funktionen des Raspberry Pi und für nahezu alle Erweiterungskomponenten bereits fertige Treiber und vielfach sogar Python-Module gibt, ist der Einsatz von C für die meisten Raspberry-Pi-Projekte überflüssig. Das gilt auch für alle in diesem Buch vorgestellten Raspberry-Pi-Erweiterungen und -Projekte! Das erklärt auch die Kürze dieses Kapitels. Es stellt Ihnen den GNU-C-Compiler, das Programm `make` sowie die Bibliotheken *WiringPi* und *bcm2835* vor.

22.1 Hello World!

Der GNU-C-Compiler

Als Beispiel zum Kennenlernen des C-Compilers dient wie in den anderen Programmierkapiteln »Hello World!«. Die einzige Aufgabe dieses minimalistischen Programms besteht darin, eine Zeichenkette auszugeben. Den Code geben Sie in einem beliebigen Editor ein:

```
/* Datei hellow.c */
#include <stdio.h>
int main(void) {
  printf("Hello World!\n");
}
```

Das Programm müssen Sie nun mit dem GNU-C-Compiler (`gcc`) kompilieren. Die Option `-o` gibt dabei an, in welche Datei der ausführbare Code geschrieben werden soll. Das resultierende Programm `hellow` wird automatisch als ausführbar markiert. Sie können es in der Schreibweise `./name` ausführen, die Sie bereits aus den vorangegangenen Kapiteln kennen.

```
gcc -o hellow hellow.c
./hellow
  Hello World!
```

make

Größere C-Programme bestehen aus vielen `*.c`- und `*.h`-Dateien, wobei die `*.c`-Dateien den eigentlichen Code enthalten und die `*.h`-Dateien (Header-Dateien) öffentliche Funktionsdefinitionen und gemeinsame Konstanten beinhalten.

Das Kompilieren erfolgt in zwei Schritten: Zuerst wird jede `*.c`-Datei für sich zu einer Objektdatei mit der Dateikennung `*.o` kompiliert, und danach werden alle `*.o`-Dateien zu einem Programm verbunden (gelinkt). Diese Vorgehensweise hat insbesondere den Vorteil, dass bei einer Änderung in *einer* Datei nicht alle Dateien neu kompiliert werden müssen, sondern nur die geänderten Dateien.

Nehmen wir an, Ihr Projekt besteht aus den folgenden fünf Dateien:

```
/* Datei func1.h */
#define THENUMBER 42
int func1(void);

/* Datei func1.c */
#include "func1.h"
int func1(void) {
  return(THENUMBER);
}

/* Datei func2.h */
int func2(int a, int b);

/* Datei func2.c */
int func2(int a, int b) {
  return(a+b);
}

/* Datei main.c */
#include <stdio.h>
#include "func1.h"
#include "func2.h"
int main(void) {
  int x, y;
  x = func1();
  y = func2(x, 7);
  printf("Ergebnis %d\n", y);
}
```

Wenn Sie immer alles neu kompilieren möchten, wie es bei kleinen Projekten oft der Fall ist, reicht weiterhin ein gcc-Aufruf. Dabei gibt -I den Pfad zu eigenen Header-Dateien an. Das ist insbesondere dann erforderlich, wenn diese Dateien in einem eigenen Verzeichnis gespeichert werden.

```
gcc -I . -o myprog *.c
```

Sie können aber auch jede *.c-Datei für sich zu einer Objektdatei kompilieren und dann alle Objektdateien zusammenfügen:

```
gcc -I . -c func1.c
gcc -I . -c func2.c
gcc -I . -c main.c
gcc -o myprog *.o
```

Um diesen Vorgang so bequem und effizient wie möglich zu gestalten, können Sie make zu Hilfe nehmen. Dieses Programm wertet die Datei makefile aus. makefile enthält wiederum Regeln, wie Ihr Programm kompiliert werden soll. make kümmert sich dann darum, alle geänderten Dateien neu zu kompilieren und das ausführbare Programm zusammenzusetzen.

Die makefile-Syntax ist ziemlich komplex, und es wurden schon ganze Bücher geschrieben, um ihre Logik begreiflich zu machen. Wir beschränken uns hier auf ein Beispiel:

```
# Datei makefile
CC     = gcc
CFLAGS = -I .
INCL   = func1.h func2.h
OBJ    = func1.o func2.o main.o

myprog: $(OBJ)
        $(CC) $(CFLAGS) -o myprog $(OBJ)

%.o: %.c $(INCL)
        $(CC) $(CFLAGS) -c -o $@ $<

clean:
        rm *.o myprog
```


In den ersten Zeilen werden Konstanten definiert: CC gibt an, welcher Compiler eingesetzt werden soll. CFLAGS enthält alle Optionen, die an den Compiler übergeben werden sollen. INCL zählt alle Header-Dateien des Projekts auf, OBJ alle Objektdateien.

Nun folgen die makefile-Regeln, die in der Form ziel: abhängigkeiten angegeben werden. Der Ausdruck vor dem Doppelpunkt gibt also an, was kompiliert werden soll, während der Ausdruck dahinter festlegt, welche Dateien dabei berücksichtigt werden müssen. In den weiteren Zeilen folgen dann die Kommandos, die ausgeführt werden müssen, wenn sich abhängige Dateien seit der letzten make-Ausführung verändert haben. Die erste Regel besagt also, dass das Programm myprog aus den Objektdateien zusammengesetzt werden soll.

Woher aber stammen die Objektdateien? Dafür ist die zweite Regel zuständig. Sie besagt, dass jede Objektdatei name.o aus der zugehörigen Datei name.c resultiert. Außerdem müssen Objektdateien neu erzeugt werden, wenn sich eine Include-Datei ändert. Die Kompilieranweisung enthält zwei makefile-Besonderheiten: $@ bezeichnet den linken Regelausdruck. Wird der Regelausdruck %.o also auf die Datei func1.o angewendet, enthält $@ den Dateinamen func1.o. Der Ausdruck $< wird wiederum durch den ersten Namen des rechten Regelausdrucks ersetzt, in diesem Fall also durch func1.c.

Die erste Regel von makefile gilt als Defaultregel, d. h., make ohne weitere Parameter verarbeitet die Regel myprog. Dabei werden Abhängigkeiten automatisch berücksichtigt, sodass auch die zweite Regel zum Einsatz kommt. Darüber hinaus können Sie Zusatzregeln wie die clean-Regel definieren. Um die Anweisungen dieser Regel auszuführen, müssen Sie an make den Regelnamen übergeben, also make clean.

Jetzt können Sie das makefile ausprobieren. make clean löscht alle Objektdateien und das Kompilat. make kompiliert das Programm nun von Grund auf neu. Wenn Sie anschließend die Datei func2.c verändern, erzeugt make die neue Objektdatei func2.o und linkt das Programm neu zusammen, verzichtet aber auf das neuerliche Kompilieren von func1.c und main.c.

```
make clean
  rm *.o myprog
make
  gcc -I . -c -o func1.o func1.c
  gcc -I . -c -o func2.o func2.c
  gcc -I . -c -o main.o main.c
  gcc -I . -o myprog func1.o func2.o main.o
touch func2.c
make
  gcc -I . -c -o func2.o func2.c
  gcc -I . -o myprog func1.o func2.o main.o
```

make erfordert Tabulatoren!

Beim Verfassen eines makefiles müssen Sie darauf achten, dass Sie die Regelanweisungen durch echte Tabulatoren einrücken, nicht durch Leerzeichen!

22.2 GPIOs steuern

Zur Steuerung der GPIOs durch ein C-Programm bestehen verschiedene Möglichkeiten. Die folgende Aufzählung fasst die drei wichtigsten Varianten kurz zusammen:

- **sysfs-Dateisystem:** Wenn Sie ganz ohne externe Bibliotheken auskommen möchten, können Sie in Ihrem C-Programm Dateien, die den GPIOs zugeordnet sind, im Verzeichnis `/sys/class/gpio` lesen bzw. schreiben. Diese Vorgehensweise ist ziemlich umständlich, weswegen wir Ihnen davon abraten. Alle grundlegenden Informationen sowie Beispielcode finden Sie auf diesen Webseiten:

  https://www.kernel.org/doc/Documentation/gpio/sysfs.txt
  http://elinux.org/RPi_Low-level_peripherals

- **WiringPi-Bibliothek:** Die WiringPi-Bibliothek ist eine speziell für den Raspberry Pi entwickelte C-Bibliothek, die neben allen GPIO-Grundfunktionen inklusive I^2C, SPI und UART auch diverse externe Hardware-Komponenten unterstützt, die oft in Raspberry-Pi-Projekten eingesetzt werden.

- **bcm2835-Bibliothek:** Die bcm2835-Bibliothek hat einen ähnlichen Funktionsumfang wie die WiringPi-Bibliothek. Sie ist für alle Embedded-Systeme geeignet, die wie der Raspberry Pi auf die BCM2835- oder BCM2836-CPU zurückgreifen.

GPIO-Steuerung mit der WiringPi-Bibliothek

In Kapitel 21, »bash-Programmierung«, haben wir Ihnen bereits das Kommando `gpio` des WiringPi-Projekts vorgestellt. Es ermöglicht eine unkomplizierte GPIO-Steuerung im Terminal bzw. in bash-Scripts. Teil des WiringPi-Projekts ist aber auch die gleichnamige Bibliothek zur C-Programmierung, die im Mittelpunkt dieses Abschnitts steht. Dabei setzen wir voraus, dass Sie die Installation der Bibliothek bereits durchgeführt haben, die in Abschnitt 21.4, »WiringPi«, beschrieben ist. Da die WiringPi-Bibliothek der *Lesser General Public License* (LGPL) untersteht, kann sie bedenkenlos auch in kommerziellen Projekten eingesetzt werden. 22

Bei der Anwendung der WiringPi-Funktionen müssen Sie beachten, dass die WiringPi-Bibliothek eine eigene Pin-Nummerierung verwendet, die weder mit den Pin-Nummern noch mit der GPIO-Nummerierung in der Dokumentation der BCM2835-Bibliothek übereinstimmt:

http://wiringpi.com/pins

Wenn man von diesem Detail einmal absieht, ist der Einsatz der Bibliothek denkbar unkompliziert. Das im Folgenden abgedruckte Programm schaltet eine mit dem Pin 26 des P1- bzw. J8-Headers verbundene Leuchtdiode zehnmal ein und aus. Die Funktion `wiringPiSetup` ist für die Initialisierung verantwortlich. `pinMode` steuert, wie der

GPIO-Pin verwendet werden soll – in diesem Beispiel als Signalausgang. `digitalWrite` stellt den Ausgang anschließend auf High bzw. Low.

```
// Datei ledonoff.c
#include <wiringPi.h>

// Die Leuchtdiode ist mit Pin 26 des P1/J8-Headers verbunden.
// Die Wiring-Nummer dieses Pins lautet 11.
#define LEDPIN 11

int main(void) {
  if(wiringPiSetup() == -1)
    return 1;

  // GPIO-Pin als Signalausgang verwenden
  pinMode(LEDPIN, OUTPUT);

  // LED zehnmal ein- und ausschalten
  int i;
  for (i=0; i<10; i++) {
    digitalWrite(LEDPIN, 1);
    delay(500);                  // 1/2 Sekunden
    digitalWrite(LEDPIN, 0);
    delay(500);
  }
  return 0;
}
```

Beim Kompilieren müssen Sie mit der gcc-Option `-l` angeben, dass das Programm mit der WiringPi-Bibliothek verbunden werden soll:

```
gcc -I . -o ledonoff ledonoff.c -l wiringpi
```

Das resultierende Programm funktioniert nur, wenn es mit root-Rechten ausgeführt wird:

```
sudo ./ledonoff
```

Die WiringPi-Bibliothek kann auch dazu verwendet werden, um die Bussysteme SPI und I²C zu steuern. Außerdem gibt es diverse Erweiterungsmodule zur Steuerung von Hardware-Komponenten, die oft in Raspberry-Pi-Projekten zum Einsatz kommen. Die vollständige Dokumentation sowie eine Menge Beispielprogramme finden Sie hier:

http://wiringpi.com

GPIO-Steuerung mit der bcm2835-Bibliothek

Die bcm2835-Bibliothek ist nach der CPU benannt, die im Raspberry Pi eingebaut ist. Sie hilft bei der Programmierung vieler Hardware-Funktionen. Die Bibliothek unterliegt der General Public License (GPL) und kann somit in den meisten Fällen kostenlos verwendet werden, also zur privaten Nutzung sowie in Open-Source-Projekten. Kommerzielle Projekte, bei denen das resultierende Programm ohne Codeweitergabe verkauft werden soll, erfordern hingegen eine spezielle Lizenz des Autors der Bibliothek.

http://www.airspayce.com/mikem/bcm2835

Bevor Sie die bcm2835-Bibliothek verwenden können, müssen Sie den Quellcode entsprechend den folgenden Anweisungen herunterladen, kompilieren und die resultierenden Dateien in die Verzeichnisse `/usr/local/lib` und `/usr/local/include` installieren. Vermutlich wird es bereits eine neuere Version geben, wenn Sie dieses Buch lesen. Aktuelle Download-Links finden Sie auf der Webseite des Projekts.

```
wget http://www.airspayce.com/mikem/bcm2835/bcm2835-1.42.tar.gz
tar xzf bcm2835-*.tar.gz
cd bcm2835-*
./configure
make
sudo make check
sudo make install
```

An die `bcm2835`-Funktionen werden keine Pin-Nummern übergeben, sondern die GPIO-Nummern gemäß der BCM2835-Nomenklatur. Pin 26 des P1- bzw. J8-Headers entspricht dem GPIO 7, dementsprechend erwarten die bcm2835-Funktionen im ersten Parameter den Wert 7. Wenn Sie – wie viele Raspberry-Pi-Anwender – in Pin-Nummern denken, verwenden Sie am besten die vordefinierten Konstanten `RPI_V2_GPIO_P1_nn`, wobei `nn` die Pin-Nummer ist. `RPI_V2_GPIO_P1_26` enthält somit den Wert 7. Werfen Sie gegebenenfalls auch einen Blick in die Include-Datei `/usr/local/include/bcm2835.h`!

Das folgende C-Programm schaltet die mit dem GPIO-Pin 26 des P1- bzw. J8-Headers verbundene Leuchtdiode zehnmal ein und aus. Der Code sollte auf Anhieb verständlich sein: `bcm2835_init` initialisiert die Bibliothek. `bcm2835_gpio_fsel` steuert, wie ein GPIO-Pin verwendet werden soll – hier als Ausgang. `bcm2835_gpio_write` stellt den Signalausgang auf Low oder High.

```
// Datei ledonoff.c
// die Leuchtdiode ist mit Pin 26 des P1/J8-Headers verbunden
#define LEDPIN RPI_V2_GPIO_P1_26

int main(void) {
  // bcm2835_set_debug(1);
  if (!bcm2835_init())
    return 1;

  // den Pin als Signalausgang verwenden
  bcm2835_gpio_fsel(LEDPIN, BCM2835_GPIO_FSEL_OUTP);

  // zehnmal ein- und ausschalten
  int i;
  for(i=0; i<10; i++) {
    bcm2835_gpio_write(LEDPIN, HIGH);
    delay(500);
    bcm2835_gpio_write(LEDPIN, LOW);
    delay(500);
  }
  return 0;
}
```

Mit dem folgenden Kommando kompilieren Sie das Programm. Die gcc-Option -l gibt an, welche Bibliothek mit dem Programm verbunden werden soll.

```
gcc -I . -o ledonoff ledonoff.c -l bcm2835
```

Wie beim WiringPi-Beispiel funktioniert auch hier das resultierende Programm nur, wenn es mit root-Rechten ausgeführt wird:

```
sudo ./ledonoff
```

Sie können die bcm2835-Bibliothek auch dazu verwenden, um die PWM-Funktionen des Raspberry Pi sowie die Bussysteme I^2C und SPI zu steuern. Beispielprogramme finden Sie hier:

http://www.airspayce.com/mikem/bcm2835/examples.html

Kapitel 23

Java-Programmierung

Für viele Schüler und Studenten ist Java die erste Programmiersprache. Auf dem Raspberry Pi ist Java weniger populär und selten die erste Wahl, dennoch lassen sich einfache Programme zur Steuerung der GPIO-Pins mit Java ebenso gut wie mit Python realisieren.

Dieses kurze Kapitel fasst zusammen, wie Sie mit Java auf dem Raspberry Pi umgehen. Das Kapitel soll keine Empfehlung sein, Java einzusetzen, aber es soll all jenen helfen, die für ihre ersten Programmierexperimente auf dem Raspberry Pi auf eine vertraute Programmiersprache zurückgreifen wollen.

23.1 Erste Schritte

Unter Raspbian ist standardmäßig das *Java Development Kit* (JDK) von Oracle in der Version 8 installiert. Die aktuelle Versionsnummer stellen Sie wie folgt fest:

```
java -version
  java version "1.8.0"
  Java(TM) SE Runtime Environment (build 1.8.0-b132)
  Java HotSpot(TM) Client VM (build 25.0-b70, mixed mode)
```

Oracle hat sich einige Mühe gegeben, Java speziell für die CPU des Raspberry Pi zu optimieren. Die von Oracle zur Verfügung gestellte Java-Version bietet spürbare Geschwindigkeitsgewinne im Vergleich zu OpenJDK, also der reinen Open-Source-Implementierung von Java, die in den meisten anderen Linux-Distributionen zum Einsatz kommt:

http://www.raspberrypi.org/oracle-java-on-raspberry-pi

Hello World!

Als ersten Test für den Java-Compiler und -Interpreter bietet sich das obligatorische Hello-World-Programm an. Starten Sie also einen Editor, z. B. Leafpad, geben Sie darin die folgenden Zeilen an, und speichern Sie die Datei unter dem Namen `HelloWorld`.

java. Achten Sie darauf, dass der Dateiname der .java-Datei exakt mit dem Namen der Klasse übereinstimmen muss – auch in der Groß- und Kleinschreibung!

```
// Datei HelloWorld.java
class HelloWorld {
  public static void main(String[] args) {
    System.out.println("Hello World!");
  }
}
```

In einem Terminalfenster wechseln Sie nun in das Verzeichnis, in dem Sie Ihre Codedatei gespeichert haben. javac macht aus dem Quellcode den Java-typischen Byte-Code, und java führt ihn aus. An java übergeben Sie den Klassennamen ohne Endung, also weder name.java noch name.class!

```
javac HelloWorld.java

java HelloWorld
  Hello World!
```

Für die weitere Programmentwicklung ist es hilfreich, das Kompilieren und Ausführen in einem einzigen Kommando zu verknüpfen:

```
javac HelloWorld.java && java HelloWorld
  Hello World!
```

Damit versucht zuerst der Java-Compiler das Programm zu übersetzen. Nur wenn das ohne Syntaxfehler gelingt, wird das Programm anschließend ausgeführt.

Entwicklungsumgebungen (IDEs)

Viele Java-Einsteiger verwenden von Anfang an Eclipse als komfortable Umgebung zur Entwicklung von und zur Fehlersuche in Java-Programmen. Diese Option kommt nicht infrage, wenn Sie direkt auf dem Raspberry Pi arbeiten möchten: Eclipse ist für den Raspberry Pi zu groß und zu langsam. Das gilt ebenso für andere »große« Java-IDEs, wie NetBeans oder IntelliJ.

Der einfachste Weg zur Java-Entwicklung führt über einen simplen Editor, z. B. Gedit. Damit verfassen Sie Code, den Sie dann in einem Terminalfenster kompilieren und ausführen. Für kleine Programme funktioniert das gut – zumindest so lange, bis Sie zum ersten Mal einen Debugger benötigen, um Ihr fehlerhaftes Programm Schritt für Schritt auszuführen.

Mehr Komfort als ein reiner Editor bietet Geany (sudo apt-get install geany): Diese kompakte Entwicklungsumgebung vereinfacht das Kompilieren und Ausführen von Code, stellt Code übersichtlich in verschiedenen Farben dar, ermöglicht es, Klassen und Methoden ein- und auszuklappen, und hilft bei der Suche nach Syntaxfehlern (siehe Abbildung 23.1). Echte Debugging-Funktionen fehlen allerdings.

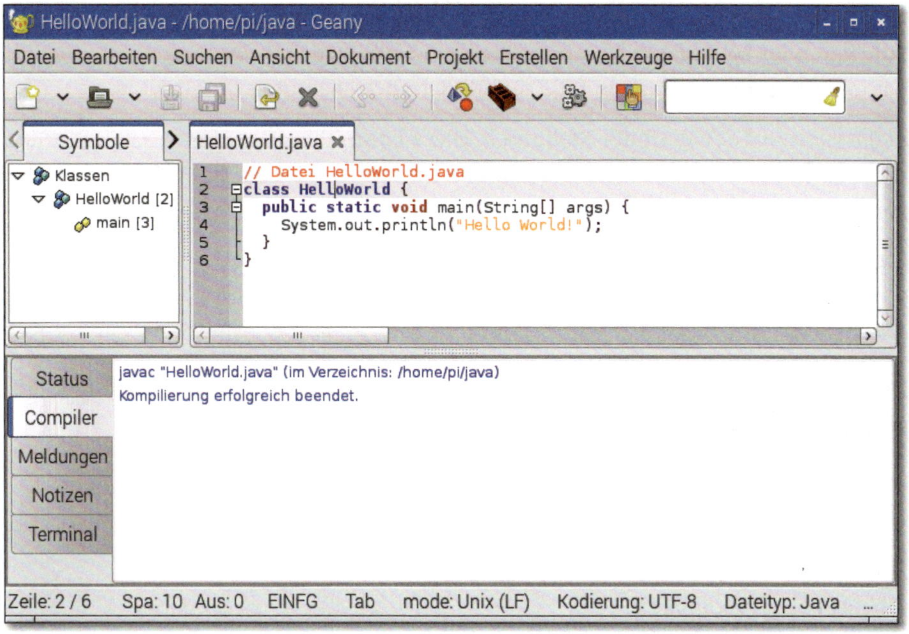

Abbildung 23.1 Der Code-Editor Geany

Java versus Python

Wir haben in der Einleitung dieses Kapitels bereits erwähnt, dass die populärste Programmiersprache des Raspberry Pi Python ist. Warum ist das so, welche Vorteile sprechen für Python?

- Die Syntax von Python ist einfacher, der resultierende Code fast immer kürzer.
- Der Overhead bei der Entwicklung ist geringer. Das bei großen Java-Projekten zeitaufwendige Kompilieren entfällt.
- Es gibt viel mehr Raspberry-Pi-spezifische Bibliotheken, um alle erdenklichen Hardware-Funktionen und -Komponenten zu steuern.
- Nahezu alle im Internet dokumentierten Raspberry-Pi-Projekte verwenden Python als Programmiersprache. Daher ist es bei Problemen viel einfacher, relevante Hilfe zu finden.

23.2 GPIO-Steuerung mit Java

Die populärste Bibliothek zur Steuerung der GPIO-Pins durch Java ist Pi4J. Sie können damit GPIO-Pins als Input oder Output programmieren, die entsprechenden Pins auf High oder Low setzen bzw. den aktuellen Signalpegel auslesen, mit I^2C- und SPI-Bauteilen kommunizieren und die serielle Schnittstelle nutzen.

Pi4J basiert auf der WiringPi-Bibliothek. Diese ist im Pi4J-Paket integriert und muss nicht extra installiert werden. Die Dokumentation zu Pi4J befindet sich auf der folgenden Webseite:

http://pi4j.com

Installation

Die Projektwebseite enthält Download-Links für die aktuelle Version. Die Installation gelingt am schnellsten mit dem folgenden Kommando:

```
curl -s get.pi4j.com | sudo bash
  The Pi4J JAR files are located at:
  /opt/pi4j/lib
  Example Java programs are located at:
  /opt/pi4j/examples
  You can compile the examples using this script:
  sudo /opt/pi4j/examples/build
```

Hello Pi4J!

Für das Hello-Pi4J-Programm nehmen wir an, dass der GPIO-Pin 26 über einen Vorwiderstand eine Leuchtdiode steuert (siehe Abbildung 20.1). Diese Leuchtdiode wollen wir über ein Java-Programm ein- und wieder ausschalten.

Der Dreh- und Angelpunkt zur GPIO-Steuerung ist ein `GpioController`-Objekt. Die Pi4J-Dokumentation stellt fest, dass jedes Programm nur *eine* Instanz dieses Controllers erzeugen und diese Instanz im gesamten Programm verwenden soll.

Bei den GPIO-Pins muss vor der ersten Benutzung definiert werden, in welcher Funktion der jeweilige Pin benutzt werden soll, als Input oder als Output. Die Methode `provisionDigitalXxxPin` liefert dann ein entsprechendes Objekt zurück, mit dem Eingänge mit `getState` gelesen bzw. der Zustand von Ausgängen mit `setState` verändert werden kann.

Für jeden vom Programm genutzten Output-Pin kann mit `setShutdownOptions` eingestellt werden, welchen Zustand der Pin nach dem Programmende einnehmen soll. Zum Programmende bzw. sobald Sie die GPIO-Funktionen nicht mehr benötigen, führen Sie die `shutdown`-Methode für den GPIO-Controller aus.

Pin-Nummern

Pi4J spricht Pins ausschließlich über die WiringPi-internen Namen an, *nicht* über die Pin-Nummer des P1- bzw. J8-Headers! Die Nomenklatur geht aus dem Ergebnis von `gpio readall` hervor. Werfen Sie gegebenenfalls einen Blick in Abschnitt 21.4, »WiringPi«! Pin 26 des P1- bzw. J8-Headers hat nach dieser Nomenklatur die WiringPi-Nummer 11. Im Java-Programm verwenden Sie daher `RaspiPin.GPIO_11`.

Das folgende Programm verwendet GPIO 11 (also Pin 26) als Ausgang, schaltet ihn auf High und nach einer Wartezeit von zwei Sekunden wieder auf Low. Die `try/catch`-Absicherung ist nur für die `sleep`-Methode erforderlich.

```
// Datei HelloPi4J.java
import com.pi4j.io.gpio.*;

class HelloPi4J {

  // Zugriff auf die GPIOs
  public static final GpioController gpio =
    GpioFactory.getInstance();

  public static void main(String[] args) {
    try {
      GpioPinDigitalOutput led =
        gpio.provisionDigitalOutputPin(RaspiPin.GPIO_11);
      led.setShutdownOptions(true, PinState.LOW);
      led.setState(PinState.HIGH);  // LED einschalten
      Thread.sleep(2000);           // zwei Sekunden warten
      led.setState(PinState.LOW);   // LED wieder ausschalten
    } catch(InterruptedException ex) {
      Thread.currentThread().interrupt();
    }
    gpio.shutdown();
  }
}
```

Beim Kompilieren und Ausführen Ihres Codes müssen Sie jeweils die Option `-classpath .:classes:/opt/pi4j/lib/'*'` angeben, damit Java die Pi4J-Bibliotheken findet.

Beim Ausführen müssen Sie außerdem `sudo` angeben, weil der Zugriff auf GPIO-Pins durch ein Java-Programm root-Rechte erfordert:

```
javac -classpath .:classes:/opt/pi4j/lib/'*' HelloPi4J.java
sudo java -classpath .:classes:/opt/pi4j/lib/'*' HelloPi4J
```

Mehr DigitalOutput-Steuerungsmöglichkeiten

Außer mit der Methode `setState(...)` können Sie GPIO-Pins mit etwas weniger Tippaufwand auch mit den Methoden `high()` und `low()` ein- und ausschalten. `toggle()` verändert den gerade aktiven Zustand. `pulse(n)` schaltet die Pins für `n` Millisekunden auf High und dann automatisch wieder auf Low. Das Programm wird nach `pulse()` sofort fortgesetzt.

`blink(n)` bewirkt, dass der Output-Pin alle `n` Millisekunden zwischen High und Low umgeschaltet wird. Wenn der Pin mit einer Leuchtdiode verbunden ist, blinkt diese von nun an bis zum Programmende.

```
GpioPinDigitalOutput led =
  gpio.provisionDigitalOutputPin(RaspiPin.GPIO_11);
led.blink(1000);  // 1 Sekunde an, 1 Sekunde aus usw.
```

Im optionalen zweiten Parameter können Sie die Gesamtdauer des Blinkens einstellen. Im folgenden Beispiel blinkt die LED in einem Zeitraum von 20 Sekunden jeweils einmal pro Sekunde (also 500 ms High, 500 ms Low):

```
led.blink(500, 20000);  // für 20 Sekunden blinken
```

Pulse Width Modulation

Die Helligkeit von LEDs können Sie durch *Pulse Width Modulation* (PWM) steuern. Für Hardware-PWM ist einzig der GPIO-Pin 12 geeignet, das ist `RaspiPin.GPIO_01` in der für Pi4J gültigen WiringPi-Nummerierung.

Um Hardware-PWM zu nutzen, müssen Sie zuerst ein `GpioPinPwmOutput`-Objekt erzeugen. Dessen Methode `setPwm(n)` steuert die Helligkeit. In der Pi4J-Bibliothek ist die Bedeutung des Parameters `n` nicht dokumentiert. Offensichtlich steuert der Parameter den *Duty Cycle* in einem Wertebereich von 0 bis 1000 oder von 0 bis 1023. Höhere Werte führen nicht zu einem Fehler, machen die LED aber auch nicht mehr heller.

Das folgende Miniprogramm zeigt, wie die Helligkeit einer LED an Pin 12 kontinuierlich von Dunkel auf Hell gesteuert wird. Zum Programmende wird der *Duty Cycle* wieder auf 0 zurückgesetzt, die LED erlischt also.

```
// Datei PWMPi4J.java
import com.pi4j.io.gpio.*;

class PWMPi4J {
  public static final GpioController gpio =
    GpioFactory.getInstance();

  public static void main(String[] args) {
    GpioPinPwmOutput pwm = null;
```

```
    try {
      pwm = gpio.provisionPwmOutputPin(RaspiPin.GPIO_01);
      for(int i=0; i<1024; i++) {
        pwm.setPwm(i);
        Thread.sleep(10);
      }
    } catch(InterruptedException ex) {
      Thread.currentThread().interrupt();
    }
    pwm.setPwm(0);
    gpio.shutdown();
  }
}
```

Eingaben verarbeiten

Um digitale Eingaben zu verarbeiten, benötigen Sie ein `GpioPinDigitalInput`-Objekt. Dessen Methode `getState()` verrät, ob an dem Signaleingang High oder Low anliegt. Das folgende Beispielprogramm setzt voraus, dass Sie Pin 21 mit einem Taster mit einem Pull-up-Widerstand verbunden haben (siehe Abbildung 20.1). In der WiringPi-Nummerierung entspricht dieser Pin `RaspiPin.GPIO_13`. Der Zustand des Tasters wird nun in einer Schleife abgefragt und ausgegeben:

```
// Datei InputPi4J.java
import com.pi4j.io.gpio.*;
class InputPi4J {
  public static final GpioController gpio =
    GpioFactory.getInstance();

  public static void main(String[] args) {
    try {
      GpioPinDigitalInput btn =
        gpio.provisionDigitalInputPin(RaspiPin.GPIO_13);
      for(int i=0; i<20; i++) {
        System.out.println(btn.getState());
        Thread.sleep(300);
      }
    } catch(InterruptedException ex) {
      Thread.currentThread().interrupt(); }
    gpio.shutdown();
  }
}
```

Schleifen zum Abfragen von Eingaben sind nie elegant. Die GPIO-Bibliothek bietet deswegen auch die Möglichkeit, durch Trigger-Objekte automatisiert auf Eingaben zu reagieren und beispielsweise einen Output-Pin entsprechend zu verändern. Das folgende Beispiel verwendet zwei GpioSetStateTrigger: Der erste Trigger wird aktiv, wenn der Signaleingang von Pin 21 auf Low geht, d. h., wenn der Taster gedrückt wird. In diesem Fall soll die LED leuchten, Pin 26 soll also auf High gesetzt werden.

Gerade umgekehrt soll die Reaktion sein, wenn der Taster losgelassen wird. Pin 21 geht dann auf High, Pin 26 soll auf Low gesetzt werden. Die LED leuchtet nicht mehr.

```
// Datei TriggerPi4J.java
import com.pi4j.io.gpio.*;
import com.pi4j.io.gpio.trigger.*;
class TriggerPi4J {
  public static final GpioController gpio =
    GpioFactory.getInstance();

  public static void main(String[] args) {
    try {
      // Taster auf Pin 21 (entspricht RaspiPin.GPIO_13)
      GpioPinDigitalInput btn =
        gpio.provisionDigitalInputPin(RaspiPin.GPIO_13);

      // Leuchtdiode auf Pin 26 (entspricht RaspiPin.GPIO_11)
      GpioPinDigitalOutput led =
        gpio.provisionDigitalOutputPin(RaspiPin.GPIO_11);
      led.setShutdownOptions(true, PinState.LOW);

      // LED einschalten, wenn Taste gedrückt wird
      btn.addTrigger(new
        GpioSetStateTrigger(PinState.LOW, led, PinState.HIGH));

      // LED ausschalten, wenn Taste losgelassen wird
      btn.addTrigger(new
        GpioSetStateTrigger(PinState.HIGH, led, PinState.LOW));

      // zehn Sekunden lang auf Tastendrücke reagieren
      System.out.println("Drücken Sie den Taster!");
      Thread.sleep(10000);
    } catch(InterruptedException ex) {
      Thread.currentThread().interrupt();
    }
    gpio.shutdown();
  }
}
```

Kapitel 24
PHP-Programmierung

PHP wird fast ausschließlich zur Programmierung dynamischer Webseiten verwendet. Unzählige Foren, Wikis und CMS (Content-Management-Systeme) sind in PHP realisiert. PHP ist eine sehr einsteigerfreundliche Sprache: Die Syntax ist einfach, erste Erfolgserlebnisse stellen sich rasch ein.

Ist der Raspberry Pi als Webserver geeignet?

Wozu braucht man ein PHP-Kapitel in einem Buch zum Raspberry Pi? Wollen wir Ihnen hier den Raspberry Pi als Webserver verkaufen? Nein. Im Gegenteil, wir sind überzeugt davon, dass der Raspberry Pi für die meisten Server-Aufgaben ungeeignet ist. Das Problem ist dabei weniger die RAM-Ausstattung oder die CPU-Leistung, die beim Raspberry Pi 2 für Seiten mit wenigen Besuchen mehr als ausreichend ist. In der Praxis viel schwerer wiegen drei andere Einschränkungen:

- Die Ethernet-Schnittstelle des Raspberry Pi ist intern via USB ausgeführt. Wenn Sie USB auch zum Anschluss eines externen Datenträgers verwenden, dann teilen sich diese Geräte mit der Ethernet-Schnittstelle den gemeinsamen Bus. Das macht den Raspberry Pi für jeden ernsthaften Server-Einsatz zu langsam.
- Hinzu kommt, dass ein Webserver normalerweise nicht nur im lokalen Netzwerk, sondern weltweit im Internet zugänglich sein sollte. Diese Voraussetzung ist beim Raspberry Pi im Heimbetrieb selten erfüllt: Zwar können andere Geräte im lokalen Netzwerk mit dem Raspberry Pi kommunizieren, von außerhalb ist aber kein Zugang möglich.

  Diese Einschränkung lässt sich durch eine geschickte Konfiguration umgehen. In Kapitel 4, »Arbeitstechniken«, haben wir zwei Varianten beschrieben: Entweder verwenden Sie dynamisches DNS und Port Forwarding, oder Sie richten einen IPv6-Tunnel ein, der Ihrem Raspberry Pi eine fixe IPv6-Adresse gibt.
- Viele Privatanwender sind via ADSL mit dem Internet verbunden; die Download-Geschwindigkeit ist passabel, die Upload-Geschwindigkeit aber mager. Gerade diese Upload-Geschwindigkeit ist aber entscheidend, wenn jemand aus dem Internet auf Seiten zugreifen will, die der Raspberry Pi als Webserver zur Verfügung stellt.

PHP zur webbasierten Hardware-Steuerung

Jetzt haben wir Ihnen also erklärt, warum Sie Ihren Raspberry Pi besser nicht zum Webserver für Ihr privates Blog oder für Ihre Firma machen. Vielmehr verfolgen wir hier eine ganz andere Zielrichtung: Das PHP-Kapitel soll Ihnen zeigen, wie Sie Raspberry-Pi-Hardware aus dem Internet heraus steuern. Mit einem kleinen PHP-Programm können Sie z. B. die letzte Aufnahme Ihrer Raspberry-Pi-Kamera ansehen, über den Raspberry Pi gesteuerte Jalousien öffnen, Lichter ein- und ausschalten oder von Ihrem Urlaubsort aus die Temperatur in Ihrer Wohnung ablesen.

Bevor Sie die erste Zeile programmieren können, müssen Sie freilich erst einige Installationsarbeiten erledigen: PHP wird unter Linux fast immer zusammen mit dem Webserver Apache verwendet, oft in Kombination mit dem Datenbank-Server MySQL. Die ersten Abschnitte dieses Kapitels zeigen, wie Sie diese Programme installieren, konfigurieren und administrieren. Erst dann wird es Zeit für das erste PHP-Programm.

24.1 Apache installieren und konfigurieren

Die Installation von Apache erfordert nur ein einziges Kommando und ist in weniger als einer Minute erledigt:

```
sudo apt-get install apache2
```

Der Webserver wird nach der Installation automatisch gestartet. Davon können Sie sich überzeugen, indem Sie auf dem Raspberry Pi den Webbrowser starten und sich dort die Seite *http://localhost* ansehen. Dort ist anfänglich nur eine sehr schlichte Testseite zu sehen (siehe Abbildung 24.1).

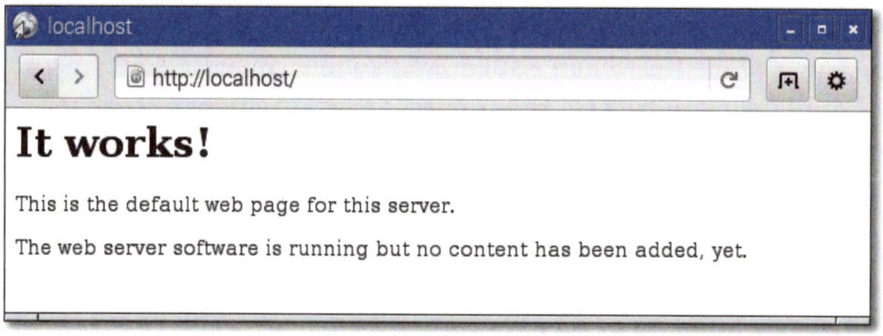

Abbildung 24.1 Die Testseite des Webservers Apache

Apache wird bei jedem Neustart des Raspberry Pi automatisch aktiviert. Wenn Sie das nicht wollen, deaktivieren Sie den automatischen Start mit dem folgenden Kommando:

```
sudo insserv -r apache2
```

Die folgenden Kommandos starten bzw. stoppen Apache nun manuell:

```
sudo service apache2 start
sudo service apache2 stop
```

So richten Sie den Auto-Start wieder ein:

```
sudo insserv apache2
```

Apache-Konfiguration

Unter Raspbian kommt die nicht mehr taufrische Apache-Version 2.2 zum Einsatz. Aktuell wäre eigentlich Version 2.4 – aber Raspbian basiert momentan (Mitte 2015) noch auf Debian 7 und nicht auf dem aktuelleren Debian 8. Für den Einsatz am Raspberry Pi spielt die Apache-Version ohnedies nur eine zweitrangige Rolle: Viele Optimierungsmaßnahmen in Apache 2.2 sind für den Sparbetrieb auf dem Raspberry Pi ohnedies nicht relevant. Wichtig ist hingegen, dass somit auch für die ganze Konfiguration die Regeln von Apache 2.2 gelten. Passen Sie also bei Ihren Recherchen im Web auf – suchen Sie explizit nach Apache 2.2!

Apache läuft unter dem Account `www-data`. Das ist vor allem zur korrekten Einstellung der Zugriffsrechte wichtig: Alle Dateien, die der Webserver lesen und in Form von Webseiten anzeigen oder als PHP-Programme ausführen soll, müssen für den Account `www-data` lesbar sein. Das gilt natürlich auch für die Verzeichnisse, in denen diese Dateien gespeichert sind!

Standardmäßig gilt `/var/www/` als sogenanntes `DocumentRoot`-Verzeichnis: Apache liest die dort gespeicherten Dateien und zeigt sie als Webseiten an. Anfänglich befindet sich in diesem Verzeichnis nur die Datei `index.html` mit der Testseite.

Die Apache-Konfiguration ist über eine Vielzahl von Dateien im Verzeichnis `/etc/apache2` verteilt (siehe Tabelle 24.1). Die Unterscheidung zwischen den Verzeichnissen `*-available` und `*-enabled` vereinfacht das Aktivieren und Deaktivieren einzelner Erweiterungen oder ganzer Websites. Dazu werden mit den Kommandos `a2enXxx` und `a2disXxx` Links eingerichtet (*enable*) bzw. wieder entfernt (*disable*).

Anfänglich ist die Datei `/etc/apache2/sites-available/default` am wichtigsten. Diese Datei enthält die Defaulteinstellung für die Hauptseite, deren HTML-Dateien in `/var/www/` gespeichert sind. In dieser Datei sollten Sie die Variablen `ServerName` und `ServerAdmin` korrekt einstellen. Damit Änderungen an der Apache-Konfiguration wirksam werden, führen Sie das folgende Kommando aus:

```
sudo service apache2 reload
```

Datei	Inhalt
apache2.conf	Startpunkt
httpd.conf	benutzerspezifische Konfiguration
ports.conf	überwachte Ports, normalerweise Port 80
conf.d/*	weitere Konfigurationsdateien
mods-available/*	verfügbare Erweiterungsmodule
mods-enabled/*	aktive Erweiterungsmodule (Links)
sites-available/*	verfügbare Websites (virtuelle Hosts)
sites-enabled/*	aktive Websites (Links)
envvars	Umgebungsvariablen für das Init-Script

Tabelle 24.1 Apache-Konfigurationsdateien innerhalb von /etc/apache2

Grundsätzlich können Sie mit Apache mehrere virtuelle Hosts verwalten, d.h. Webseiten für unterschiedliche Hostnamen realisieren. In diesem Fall richten Sie zuerst eine entsprechende Konfigurationsdatei in /etc/apache2/sites-available ein und aktivieren diese dann mit a2ensite name. Auf dem Raspberry Pi ist es aber eher unwahrscheinlich, dass Sie diese Funktion tatsächlich benötigen werden.

24.2 Webverzeichnisse einrichten und absichern

Für die Grundkonfiguration von Apache ist die Datei /etc/sites-available/default verantwortlich. Neben einigen globalen Einstellungen (ServerAdmin, DocumentRoot, Logging) sind hier vor allem die Einstellungen für das Verzeichnis /var/www entscheidend: Sie bewirken, dass Apache im Verzeichnis /var/www gespeicherte Dateien ohne Zugriffseinschränkungen als Webseiten ausliefern kann (Allow from all), dass es aber innerhalb dieses Verzeichnisses nicht zulässig ist, durch eine .htaccess-Datei Änderungen an der Konfiguration vorzunehmen (AllowOverride None).

```
# Datei /etc/sites-available/default
<VirtualHost *:80>
   ServerAdmin webmaster@localhost
   DocumentRoot /var/www
   # Defaulteinstellungen für alle Verzeichnisse
   <Directory />
          Options FollowSymLinks
          AllowOverride None
   </Directory>
```

```
    # Einstellungen speziell für /var/www
    <Directory /var/www/>
            Options Indexes FollowSymLinks MultiViews
            AllowOverride None
            Order allow,deny
            Allow from all
    </Directory>

    # Einstellungen für das CGI-Verzeichnis
    ScriptAlias /cgi-bin/ /usr/lib/cgi-bin/
    <Directory "/usr/lib/cgi-bin">
            AllowOverride None
            Options +ExecCGI -MultiViews +SymLinksIfOwnerMatch
            Order allow,deny
            Allow from all
    </Directory>

    # Logging
    ErrorLog ${APACHE_LOG_DIR}/error.log
    LogLevel warn
    CustomLog ${APACHE_LOG_DIR}/access.log combined
</VirtualHost>
```

Für die in diesem Buch skizzierten Anwendungen besteht keine Notwendigkeit, diese Grundeinstellungen zu verändern. Sie werden aber vermutlich selbst Webverzeichnisse einrichten wollen, für die abweichende Einstellungen gelten. Dazu erweitern Sie die Datei `default` zwischen `<VirtualHost>` und `</VirtualHost>` um einige Zeilen und fordern Apache dann dazu auf, die Konfiguration neu einzulesen (`service apache2 reload`).

Eigene Webverzeichnisse definieren

Alle Einstellungen für ein Verzeichnis werden mit `<Directory "/pfad/">` eingeleitet und enden mit `</Directory>`. Die folgenden Absätze beschreiben ganz kurz die wichtigsten Schlüsselwörter zur Definition eigener Webverzeichnisse:

`DirectoryIndex` gibt an, welche Datei Apache senden soll, wenn eine Adresse mit / endet und somit ein ganzes Verzeichnis betrifft. Standardmäßig sucht Apache dann nach der Datei `index.html` und überträgt deren Inhalt. Wenn mehrere Dateien angegeben werden, arbeitet Apache alle Angaben der Reihe nach bis zum ersten Treffer ab (z. B. `DirectoryIndex index.php index.html`).

`Options` ermöglicht die Angabe diverser Optionen, die für das Verzeichnis gelten (siehe Tabelle 24.2). `AllowOverride` gibt an, welche Einstellungen verzeichnisspezifisch durch eine `.htaccess`-Datei verändert werden dürfen (siehe Tabelle 24.3).

24

Option	Bedeutung
`ExecCGI`	CGI-Scripts ausführen
`FollowSymLinks`	symbolische Links verfolgen
`Includes`	Include-Dateien hinzufügen (Modul `mod_include`)
`Indexes`	Dateiliste anzeigen, wenn `index.html` fehlt
`MultiViews`	automatische Sprachauswahl (Modul `mod_negotiation`)

Tabelle 24.2 Apache-Verzeichnisoptionen

Option	Bedeutung
`AuthConfig`	Authentifizierungsverfahren einstellen
`FileInfo`	Datei- und Dokumenttypen einstellen
`Indexes`	Verzeichnisindex modifizieren
`Limit`	Zugriffsrechte ändern (`Allow`, `Deny`, `Order`)
`Options`	Verzeichnisoptionen ändern

Tabelle 24.3 AllowOverride-Verzeichnisoptionen

`Alias` stellt eine Zuordnung zwischen einem Webverzeichnis und einem beliebigen Verzeichnis der Festplatte auch außerhalb von `DocumentRoot` her. Beispielsweise bewirkt `Alias /mytool /usr/local/mytool`, dass bei Zugriffen auf *http://hostname/mytool* die Dateien aus dem Verzeichnis `/urs/local/mytool` gelesen werden.

Beispiel

Nehmen wir an, Sie wollen Ihre eigenen HTML-Seiten und PHP-Scripts im Verzeichnis `/var/www/mycode` speichern. Dazu richten Sie dieses Verzeichnis zuerst einmal so ein, dass Sie dort in Zukunft als Benutzer `pi` arbeiten können, ohne ständig mit `sudo` die Zugriffsrechte Ihrer Dateien anpassen zu müssen:

```
sudo mkdir /var/www/mycode
sudo chown pi.www-data /var/www/mycode
sudo chmod 2750 /var/www/mycode
```

Damit gehört das Verzeichnis nun dem Benutzer `pi`. Apache unter dem Account `www-data` kann auf alle Dateien zugreifen. Neu eingerichtete Dateien werden automatisch der Gruppe `www-data` zugeordnet.

Im zweiten Schritt müssen Sie die Apache-Konfiguration für dieses Verzeichnis in `/etc/apache/sites-available/default` eintragen. Mit der `Alias`-Zeile erreichen Sie, dass Apache das Verzeichnis unter der Adresse *http://hostname/my-pi* anbietet.

DirectoryIndex bewirkt, dass automatisch die Datei hellow.html geladen wird, wenn im Webbrowser nur das Verzeichnis angegeben wird. Alle anderen Einstellungen werden vom übergeordneten Verzeichnis /var/www/ übernommen.

```
# in /etc/apache/sites-available/default
<VirtualHost *:80>
  ...
  # mycode-Verzeichnis, Webadresse http://hostname/my-pi
  Alias /my-pi /var/www/mycode
  <Directory /var/www/mycode>
      DirectoryIndex hellow.html
  </Directory>
  ...
</VirtualHost>
```

Damit die geänderte Konfiguration wirksam wird, müssen Sie Apache auffordern, die Konfigurationsdatei neu einzulesen:

```
service apache2 reload
```

Als Benutzer pi können Sie nun mit einem beliebigen Editor die Datei /var/www/mycode/hellow.html verfassen und dort den folgenden Text speichern:

```
<h1>Hello World!</h1>
```

Wenn Sie nun auf dem Raspberry Pi im Webbrowser die Adresse *http://localhost/my-pi* eingeben, sollten Sie die Hello-World-Seite sehen (siehe Abbildung 24.2).

Abbildung 24.2 Die Hello-World-Seite in einem eigenen Webverzeichnis

Verzeichnisse absichern

Bei der in Raspbian eingesetzten Apache-Version 2.2 stellen Sie innerhalb der <Directory>-Gruppe mit Order, Allow und Deny ein, unter welchen Umständen Apache Dateien aus dem jeweiligen Verzeichnis lesen und weitergeben darf. Zugriffsregeln gelten auch für alle Unterverzeichnisse, sofern nicht explizit in einer weiteren <Directory>-Gruppe andere Regeln definiert werden. Die Zugriffsregeln für das Verzeichnis / geben daher Standardregeln vor, die für den gesamten Verzeichnisbaum gelten!

`Order Allow, Deny` bedeutet, dass zuerst alle `Allow`- und dann alle `Deny`-Regeln ausgewertet werden. Wenn auf einen Seitenzugriff keine Regel angewendet werden kann, wird der Zugriff blockiert. `Order Deny, Allow` dreht die Reihenfolge der Regeln um. Beachten Sie aber: Wenn keine Regel zutrifft, ist der Zugriff nun erlaubt!

`Allow from` gibt an, von welchen Hostnamen bzw. IP-Adressen Zugriffe erlaubt sind. IP-Adressbereiche können Sie in der Form 213.214 oder 213.214.0.0/255.255.0.0 oder 213.214.0.0/16 (für 213.214.*.*) angeben. Bei Hostnamen gilt `site.de` auch für `www.site.de`, `sub.site.de` etc. Die Regel `Allow from all` erlaubt jeden Zugriff. `Deny from` funktioniert gerade umgekehrt und blockiert den Zugriff für die angegebenen Hosts bzw. Adressen.

In Apache gilt per Default `Order Deny,Allow`; mangels anderer Regeln ist somit der gesamte Zugriff auf alle Verzeichnisse blockiert! Davon abweichend finden Sie in der Konfigurationsdatei `/etc/apache/sites-available/default` die Einstellung `Order Allow, Deny`. Das heißt, für dieses Verzeichnis und alle Unterverzeichnisse ist jeder Zugriff erlaubt.

Passwortschutz für Webverzeichnisse

Häufig sollen Webverzeichnisse nur nach einer Authentifizierung durch einen Benutzernamen und das dazugehörende Passwort freigegeben werden. Das ist insbesondere dann wichtig, wenn Sie webbasierte Steuerungsfunktionen nicht nur in Ihrem lokalen Netzwerk anbieten möchten, sondern auch öffentlich über das Internet. Dann sollten Sie das Verzeichnis mit Ihren PHP-Scripts unbedingt durch ein Passwort absichern!

Der erste Schritt hin zum Passwortschutz ist eine Passwortdatei. Die Datei sollte aus Sicherheitsgründen außerhalb aller Webverzeichnisse angelegt werden, um einen Zugriff per Webadresse auszuschließen. Im folgenden Beispiel gehen wir davon aus, dass die Passwortdatei im Verzeichnis `/var/www-private` gespeichert wird. Apache muss Leserechte für das Verzeichnis haben:

```
sudo mkdir /var/www-private
sudo chgrp www-data /var/www-private/
sudo chmod 2750 /var/www-private/
```

Um eine neue Passwortdatei anzulegen, verwenden Sie das Kommando mit der Option `-c` (*create*). Das Passwort wird selbstverständlich verschlüsselt.

```
cd /var/www-private
htpasswd -c passwords.pwd username
  New password: ********
  Re-type new password: ********
  Adding password for user username
```

Weitere Benutzername/Passwort-Paare werden ohne die Option -c hinzugefügt:

```
htpasswd passwords.pwd user2
  New password: ********
  Re-type new password: ********
  Adding password for user user2
```

Damit Apache die Passwortdatei tatsächlich berücksichtigt, müssen Sie in die <Directory>-Gruppe Authentifizierungsoptionen einfügen. Wenn es für das zu schützende Verzeichnis noch keine eigene <Directory>-Gruppe gibt, legen Sie eine neue Gruppe an. Dabei werden automatisch alle Optionen vom übergeordneten Verzeichnis übernommen. Sie müssen also nur die Authentifizierungsoptionen hinzufügen.

Wenn das im vorigen Abschnitt eingerichtete Verzeichnis /var/www/mycode durch ein Passwort abgesichert werden soll, fügen Sie in die default-Datei die AuthXxx- und Require-Zeilen gemäß dem folgenden Muster ein:

```
# in /etc/apache2/sites-available/default
<VirtualHost *:80>
  ...
  # mycode-Verzeichnis durch Passwort absichern
  <Directory "/var/www/mycode/">
      DirectoryIndex hellow.html
      ...
      AuthType     Basic
      AuthUserFile /var/www-private/passwords.pwd
      AuthName     "admin"
      Require      valid-user
  </Directory>
  ...
</VirtualHost>
```

Kurz eine Erklärung der Schlüsselwörter: AuthType gibt den Authentifizierungstyp an. In diesem Buch gehen wir nur auf den einfachsten Typ, nämlich Basic, ein. AuthUserFile gibt den Ort der Passwortdatei an.

AuthName bezeichnet den Bereich (Realm), für den der Zugriff gültig ist. Der Sinn besteht darin, dass Sie nicht jedes Mal einen Login durchführen müssen, wenn Sie auf unterschiedliche Verzeichnisse zugreifen möchten, die durch dieselbe Passwortdatei geschützt sind. Sobald Sie sich mit einer bestimmten AuthName-Bezeichnung eingeloggt haben, gilt dieser Login auch für alle anderen Verzeichnisse mit diesem AuthName.

Require bedeutet, dass als Login jede gültige Kombination aus Benutzername und Passwort erlaubt ist. Alternativ können Sie hier auch angeben, dass ein Login nur für ganz bestimmte Benutzer erlaubt ist:

```
Require user name1 name2
```

Damit Apache die Änderungen berücksichtigt, müssen Sie das Programm auffordern, die Konfiguration neu einzulesen:

```
sudo service apache2 reload
```

.htaccess-Datei

Im Internet ist oft beschrieben, wie Sie einen Passwortschutz durch Einstellungen in der `.htaccess`-Datei im betreffenden Verzeichnis erreichen. Das ist eine alternative Vorgehensweise, die vor allem dann zweckmäßig ist, wenn Sie die Apache-Konfigurationsdateien nicht verändern dürfen. Das ist bei den meisten Webhosting-Angeboten der Regelfall. Wenn Sie Apache aber (wie in diesem Buch beschrieben) ohnedies selbst administrieren, ist es einfacher, die betreffenden Einstellungen direkt in einer Konfigurationsdatei vorzunehmen.

Wollen Sie dennoch mit `.htaccess` arbeiten, speichern Sie in dieser Datei dieselben Anweisungen, die vorhin innerhalb der `<Directory>`-Gruppe angegeben wurden, also `AuthType`, `AuthUserFile`, `AuthName` und `Require`.

Beachten Sie außerdem, dass Einstellungen in `.htaccess` nur dann von Apache berücksichtigt werden, wenn die Verzeichniskonfiguration dies vorsieht. `AuthConfig`-Anweisungen in `.htaccess` werden nur in Verzeichnissen beachtet, für die die Einstellung `AllowOverride` den Wert `AuthConfig` oder sogar `All` enthält.

24.3 HTTPS

Für den gewöhnlichen Austausch von Daten zwischen Webserver und Browser kommt das Protokoll HTTP zum Einsatz. Es überträgt aber alle Daten unverschlüsselt und ist deswegen für die Übermittlung vertraulicher Daten ungeeignet. Für diesen Zweck ist das Protokoll HTTPS vorzuziehen. HTTPS vereint die Protokolle *Hypertext Transfer Protocol* (HTTP) und *Secure Sockets Layer* (SSL) und fügt HTTP so Verschlüsselungsfunktionen hinzu.

Die auf dem Raspberry Pi installierte Apache-Version ist für die Verwendung von HTTPS bereits vorbereitet. Um die HTTPS-Funktionen zu aktivieren, führen Sie einfach die folgenden Kommandos aus:

```
sudo a2ensite default-ssl
sudo a2enmod ssl
sudo service apache2 restart
```

Ab jetzt können Sie auch via *https://localhost* auf Ihre Webseite zugreifen und dabei eine verschlüsselte Verbindung nutzen. Leider hat diese simple Lösung einen Schönheitsfehler: Es kommen dabei automatisch erzeugte Zertifikate zum Einsatz. Diese

Zertifikate wurden von niemandem überprüft. Die meisten Webbrowser zeigen deswegen unmissverständliche Warnungen an, dass diesen Zertifikaten nicht zu trauen ist. Midori, der Default-Webbrowser von Raspbian, verzichtet zwar auf derartige Warnungen, versieht dafür aber die Adressleiste mit einem roten Hintergrund.

Wenn Sie über Ihre Webseite Waren oder Dienstleistungen verkaufen möchten, ist dieser Umstand natürlich inakzeptabel – dann benötigen Sie *richtige* Zertifikate. Geht es Ihnen aber nur darum, abhörsicher auf Ihren Raspberry Pi zuzugreifen, dann sind die automatisch erzeugten Zertifikate vollkommen ausreichend. Die Verschlüsselungsqualität der Verbindung ist genauso gut wie bei jedem anderen Zertifikat.

Die automatisch erzeugten Zertifikate stammen vom Paket `ssl-cert`, das zusammen mit Apache installiert worden ist. Dabei wurden automatisch Zertifikate erzeugt, die scherzhaft Snakeoil-Zertifikate genannt werden. (»Snakeoil« wird im Englischen als Bezeichnung für vorgebliche Wunder- oder Allheilmittel verwendet.) Die Zertifikate berücksichtigen die Hostname-Einstellungen laut `/etc/hostname`. Wenn Sie Ihren Hostnamen später verändern, passen die Zertifikate und Ihr Hostname nicht mehr zusammen. Abhilfe: Erzeugen Sie neue Zertifikate, und aktivieren Sie diese durch einen Neustart von Apache:

```
sudo make-ssl-cert generate-default-snakeoil --force-overwrite
sudo service apache2 restart
```

Die Snakeoil-Zertifikate werden in den Dateien `/etc/ssl/certs/ssl-cert-snakeoil.*` gespeichert. Die folgenden Zeilen in `/etc/apache2/sites-available/default-ssl` sind dafür verantwortlich, dass die Zertifikate automatisch berücksichtigt werden:

```
# Datei /etc/apache2/sites-available/default-ssl
<IfModule mod_ssl.c>
  <VirtualHost _default_:443>
    ...
    SSLCertificateFile    /etc/ssl/certs/ssl-cert-snakeoil.pem
    SSLCertificateKeyFile /etc/ssl/private/ssl-cert-snakeoil.key
    ...
  </VirtualHost >
</IfModule >
```

Für den privaten Zugriff auf Ihren Raspberry Pi ist es überflüssig, *richtige* Zertifikate von einer etablierten Zertifizierungsstelle zu verwenden, z. B. von Verisign oder Thawte. Sollten Sie dies dennoch wünschen, müssen Sie ein entsprechendes Zertifikat erwerben und dessen Zertifikats- und Schlüsseldateien in das Verzeichnis `/etc/ssl/certs` und `/etc/ssl/private` kopieren. Damit die Zertifikate von Apache berücksichtigt werden, müssen Sie in der Datei `/etc/apache2/sites-available/default-ssl` die Einstellungen für `SSLCertificateFile` und `-KeyFile` modifizieren. Anschließend starten Sie Apache mit `service apache2 restart` neu.

24.4 PHP installieren und konfigurieren

Apache an sich kann nur statische Webseiten übertragen. Alle modernen Websites nutzen aber dynamische Seiten: Jedes Mal, wenn eine derartige Seite angefordert wird, startet Apache ein externes Programm, verarbeitet den Code der Seite und liefert als Ergebnis eine Seite, die individuell angepasst ist. Damit kann die Seite beispielsweise die aktuelle Uhrzeit oder das aktuelle Bild der Raspberry-Pi-Kamera enthalten.

Zur Programmierung dynamischer Webseiten eignen sich zahllose Programmiersprachen – z. B. Perl, PHP oder Java. Dieses Buch geht allerdings nur auf PHP ein. Die Grundidee einer PHP-Webseite besteht darin, dass die Datei mit der Kennung `*.php` sowohl HTML- als auch PHP-Code enthält. PHP-Code wird mit dem Tag `<?php` eingeleitet und endet mit `?>`. Apache übergibt PHP-Seiten an den PHP-Interpreter, der den PHP-Code ausführt. Das Ergebnis des Codes wird als HTML-Seite übertragen. Der Webbrowser des Nutzers sieht also nie den PHP-Code, sondern immer nur die resultierende HTML-Seite.

Damit Sie in PHP programmieren können, installieren Sie mit Ihrem Paketverwaltungsprogramm die erforderlichen `php5`-Pakete. Was *erforderlich* ist, ist allerdings gar nicht so einfach festzustellen: Ähnlich wie bei Apache ist auch PHP über zahlreiche Pakete verteilt, die die Sprache an sich sowie diverse Erweiterungen enthalten. Für erste Experimente reichen üblicherweise `php5`, `php5-common` sowie `libapache2-mod-php5`. Während der Installation wird Apache automatisch neu gestartet.

```
sudo apt-get install php5 php5-common libapache2-mod-php5
```

Zahllose Optionen des PHP-Interpreters werden durch die Datei `/etc/php5/apache2/php.ini` gesteuert. Im Regelfall können Sie die Grundeinstellungen einfach beibehalten. Sollten Sie Änderungen durchführen, müssen Sie Apache anschließend neu starten, damit Ihre Einstellungen wirksam werden:

```
sudo service apache2 restart
```

PHP ausprobieren

Um zu testen, ob die PHP-Installation funktioniert (siehe Abbildung 24.3), erstellen Sie die Datei `/var/www/phptest.php`, die aus nur einer einzigen Zeile Code besteht:

```
<?php phpinfo(); ?>
```

Diese Datei muss für den Account `www-data` lesbar sein. Selbst wenn Sie die Datei mit einem Editor als root erzeugt haben, ist diese Voraussetzung standardmäßig erfüllt. Obwohl es sich bei PHP-Dateien eigentlich um Script-Dateien handelt, reichen simple Leserechte. Das Execute-Zugriffsbit ist nicht erforderlich.

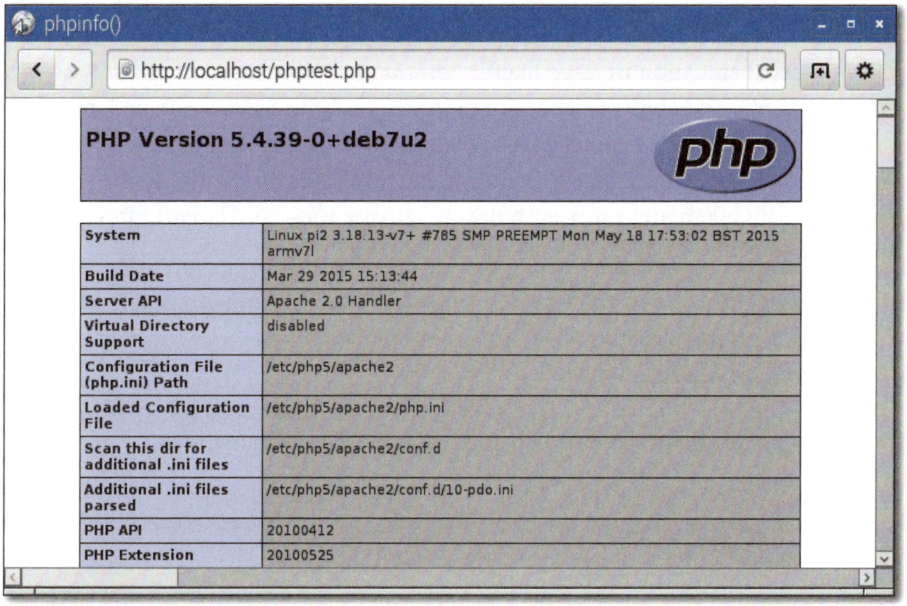

Abbildung 24.3 Die PHP-Testseite

Mit einem Webbrowser sehen Sie sich nun die Seite *http://localhost/phptest.php* an. Das Ergebnis ist eine sehr umfangreiche Seite, die alle möglichen Optionen und Einstellungen von Apache und PHP enthält. Die Seite verrät auch, dass unter Raspbian PHP 5.4 zum Einsatz kommt. Wie bei Apache ist das nicht die aktuellste Version (aktuell war Mitte 2015 PHP 5.6), für die Programmierung am Raspberry Pi ist dies aber nicht mit nennenswerten Einschränkungen verbunden.

Aus Sicherheitsgründen ist es nicht empfehlenswert, eine Seite mit `phpinfo()` frei zugänglich ins Internet zu stellen. Sie enthält eine Menge Informationen über Ihre Konfiguration.

24.5 MySQL installieren und administrieren

MySQL ist der populärste Datenbank-Server der Open-Source-Welt. MySQL wird besonders oft in Kombination mit PHP eingesetzt, um die Inhalte von dynamischen Webseiten zu speichern, also Forenbeiträge, Wiki-Texte oder CMS-Artikel.

MySQL installieren

Um den MySQL-Server sowie die PHP-Erweiterung zum MySQL-Zugriff zu installieren, führen Sie das folgende Kommando aus:

```
sudo apt-get install mysql-server php5-mysql
```

Während der Installation müssen Sie für den Datenbankbenutzer `root` ein Passwort angeben. Wählen Sie hier ein sicheres Passwort, aber keines, das Sie an anderer Stelle verwenden. Der MySQL-Benutzer `root` spielt für MySQL eine ähnliche Rolle wie der Benutzer `root` für Linux: Dieser Benutzer hat uneingeschränkten Zugriff auf alle MySQL-Datenbanken und kann alle administrativen Aufgaben durchführen.

Wie Apache wird nun auch MySQL sofort und in Zukunft bei jedem Start des Raspberry Pi ausgeführt. Wenn Sie MySQL nur bei Bedarf manuell starten möchten, verhindern Sie den Auto-Start wie folgt:

```
sudo insserv -r mysql
```

Die folgenden Kommandos starten bzw. stoppen MySQL nun manuell:

```
sudo service mysql start
sudo service mysql stop
```

So richten Sie den Auto-Start wieder ein:

```
sudo insserv mysql
```

Muss es MySQL sein oder reicht SQlite?

MySQL ist ein sehr komplexes Programm, das selbst im Leerlauf einigen Speicherplatz beansprucht. Daher sollten Sie MySQL nur installieren, wenn Sie diesen Datenbank-Server wirklich benötigen. Viele PHP-Programme brauchen gar keinen Datenbank-Server, andere können statt MySQL auch andere Datenbanksysteme nutzen.

Ideal für Anwendungen mit kleinen Datenmengen ist SQlite (Installation mit `sudo apt-get install sqlite`). Diese minimalistische Bibliothek stellt alle wichtigen Datenbankfunktionen für einfache Anwendungen zur Verfügung, beansprucht aber viel weniger Ressourcen und ist einfacher zu administrieren.

MySQL-Konfiguration

Die MySQL-Grundkonfiguration befindet sich in der Datei `/etc/mysql/my.conf`. Wenn Sie an dieser Datei Änderungen vornehmen wollen, müssen Sie genau wissen, wie der MySQL-Server funktioniert.

Der MySQL-Server speichert alle Datenbanken im Verzeichnis `/var/lib/mysql`. Die meisten Dateien liegen in einem binären Format vor und sollten nicht angerührt werden, solange der MySQL-Server läuft. Nur wenn Sie den MySQL-Server vorher stoppen, können Sie das gesamte Verzeichnis sichern. Auf diese Weise können Sie ein Backup *aller* MySQL-Datenbanken auf einmal erstellen. Zweckmäßiger ist es aber zumeist, Backups mit `mysqldump` durchzuführen.

Das mysql-Kommando

Der MySQL-Server ist ein Programm ohne Benutzeroberfläche. Er läuft im Hintergrund als »Dämon« und ist gewissermaßen eine unsichtbare Blackbox. Um den Server zu steuern, um neue Datenbanken anzulegen, um Backups durchzuführen sowie für viele weitere Aufgaben brauchen Sie Administrationswerkzeuge. In diesem Kapitel stellen wir Ihnen dafür die Kommandos `mysql` und `mysqldump` sowie die Weboberfläche phpMyAdmin vor.

Das Kommando `mysql` ist eine Art Kommandointerpreter für SQL-Kommandos. Beim Start des Kommandos stellt `mysql` eine Verbindung zum MySQL-Server her. In der Folge können Sie dann SQL-Kommandos ausführen und deren Ergebnisse ansehen.

Sie starten `mysql` in einem Terminalfenster. Dabei müssen Sie zumindest zwei Optionen angeben: `-u <name>` gibt an, welchen MySQL-Account Sie nutzen möchten. Für administrative Arbeiten ist das zumeist `root`. Die Option `-p` ohne weitere Angaben bewirkt, dass `mysql` unmittelbar nach dem Start interaktiv nach dem Passwort fragt. Außerdem können Sie als weiteren Parameter die Datenbank angeben, die Sie mit `mysql` bearbeiten möchten.

Sofern der Verbindungsaufbau zum MySQL-Server gelingt, können Sie nun SQL-Kommandos eingeben und ausführen. Dabei ist zu beachten, dass jedes Kommando mit einem Strichpunkt enden muss. `exit` oder [Strg]+[D] beendet `mysql`.

```
mysql -u root -p
  Enter password: ********
  Welcome to the MySQL monitor.

mysql> SELECT 1+1;
  2

mysql> exit
```


MySQL, `mysql` oder *mysql*?

Wenn man von MySQL schreibt oder spricht, stößt man unweigerlich auf das Problem, dass der Begriff *MySQL* mehrdeutig ist. Für dieses Buch gelten die folgenden Regeln: MySQL bezeichnet das Datenbanksystem als Ganzes. `mysql` ist ein MySQL-Kommandointerpreter, also ein administratives Werkzeug für die Kommandozeile. Die Schreibweise *mysql* hingegen verwenden wir für eine besondere MySQL-interne Datenbank, die zur Speicherung der Zugriffsrechte aller MySQL-Benutzer verwendet wird.

Neue Datenbanken einrichten

Das folgende Listing zeigt, wie Sie mit mysql zuerst eine neue Datenbank und dann einen Benutzer mit uneingeschränktem Zugriffsrecht auf diese Datenbank einrichten. Bei den folgenden Kommandos müssen Sie lediglich dbname durch den tatsächlichen Datenbanknamen, dbuser durch den gewünschten MySQL-Benutzernamen und geheim durch das Passwort ersetzen:

```
mysql -u root -p
  Enter password: ********
mysql> CREATE DATABASE dbname;
mysql> GRANT ALL ON dbname.* TO dbuser@localhost
       IDENTIFIED BY 'geheim';
mysql> exit
```

Die Datenbank dbname ist vorerst leer. Mit dem SQL-Kommando CREATE TABLE können Sie nun bei Bedarf Tabellen in der Datenbank einrichten, sofern es nicht ein Installationsprogramm gibt, das sich darum kümmert.

Sollten Sie die Datenbank und den betreffenden Benutzer wieder löschen wollen, führen Sie diese Kommandos aus:

```
mysql -u root -p
  Enter password: ********
mysql> DROP DATABASE dbname;
mysql> DROP USER dbuser@localhost;
mysql> exit
```

MySQL-intern werden MySQL-Benutzer und deren Zugriffsrechte in der vordefinierten Datenbank *mysql* gespeichert. SELECT * FROM mysql.user listet alle MySQL-Benutzer sowie deren globalen Rechte auf, die in der MySQL-Nomenklatur *Privilegien* heißen.

Datenbanken sichern und wiederherstellen

Um ein vollständiges Backup einer Datenbank in einer komprimierten Datei zu erstellen, verwenden Sie mysqldump in Kombination mit gzip. Das Kommando mysqldump erwartet dieselben Optionen -u und -p wie das mysql-Kommando:

```
mysqldump -u root -p dbname | gzip -c > dbname.sql.gz
```

Sollte es später notwendig sein, eine Datenbank aus diesem Backup wiederherzustellen, erzeugen Sie zuerst mit mysqladmin eine leere Datenbank. gunzip dekomprimiert dbname.sql.gz und leitet dann die SQL-Kommandos an mysql weiter.

```
mysqladmin -u root -p create dbname
gunzip -c dbname.sql.gz | mysql -u root -p \
  --default-character-set=utf8 dbname
```

Administration mit phpMyAdmin

Wenn Ihnen die Administration des MySQL-Servers auf Kommandoebene, also mit `mysql` oder `mysqldump`, zu sperrig erscheint, installieren Sie die Weboberfläche phpMyAdmin:

```
sudo apt-get install phpmyadmin
```

Während der Installation müssen Sie angeben, für welchen Webserver phpMyAdmin eingerichtet werden soll; hier wählen Sie Apache2. Außerdem fragt das Installationsprogramm, ob es eine Datenbank einrichten soll, in der phpMyAdmin diverse Einstellungen speichern kann. Diese Datenbank ist nicht unbedingt erforderlich, ermöglicht aber die Nutzung einiger Zusatzfunktionen von phpMyAdmin. Wenn Sie sich für das Einrichten dieser Datenbank entscheiden, müssen Sie im nächsten Dialog das Passwort des MySQL-Benutzers `root` angeben. Schließlich fragt das Installationsprogramm noch nach einem Passwort für einen eigenen MySQL-Account, der für phpMyAdmin eingerichtet wird. Drücken Sie hier einfach [↵], damit ein zufälliges Passwort generiert und in die Konfigurationsdateien eingetragen wird.

Sie können phpMyAdmin nun über die Seite *http://localhost/phpmyadmin* verwenden. Im Login-Dialog geben Sie `root` sowie das dazu passende MySQL-`root`-Passwort an. In der Weboberfläche (siehe Abbildung 24.4) können Sie nun Datenbanken und Tabellen einrichten, SQL-Kommandos ausführen, MySQL-Benutzer einrichten etc. Auch wenn die Weboberfläche viele administrative Aufgaben vereinfacht, kann sie ein Datenbankgrundwissen nicht ersetzen. Ein großer Nachteil von phpMyAdmin besteht darin, dass der Seitenaufbau nur schleppend erfolgt – die Kombination aus Apache, PHP und MySQL bringt den Raspberry Pi an seine Grenzen.

Wenn Ihr Raspberry Pi über das Internet erreichbar ist, stellt phpMyAdmin ein Sicherheitsrisiko dar. Sie sollten das phpMyAdmin-Verzeichnis unbedingt durch ein Passwort absichern. Dazu richten Sie zuerst wie in Abschnitt 24.2, »Webverzeichnisse einrichten und absichern«, beschrieben eine `htpasswd`-Datei ein und ergänzen dann die Datei `/etc/phpmyadmin/apache.conf` um drei `AuthXxx`-Zeilen und eine `Require`-Zeile:


```
# Datei /etc/phpmyadmin/apache.conf
...
<Directory /usr/share/phpmyadmin>
    AuthType     Basic
    AuthUserFile /var/www-private/passwords.pwd
    AuthName     "admin"
    Require      valid-user
   ...
</Directory>
...
```

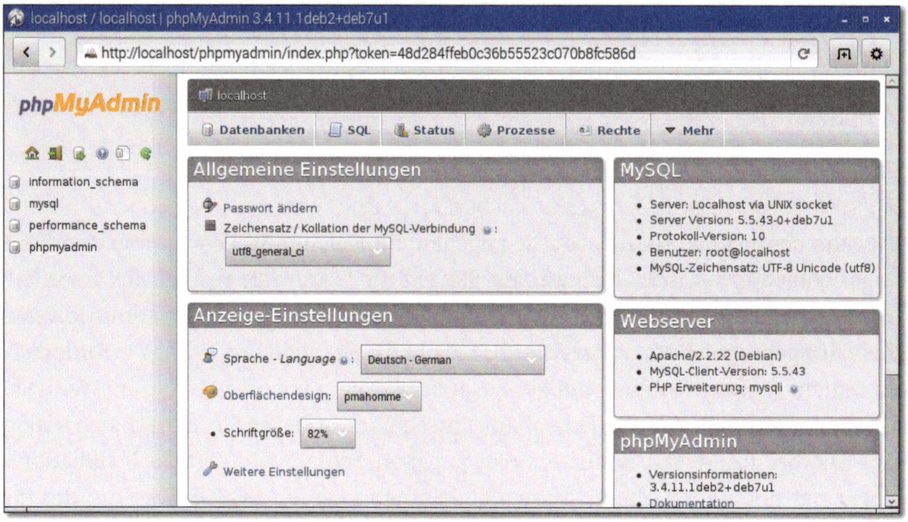

Abbildung 24.4 MySQL-Administration im Webbrowser mit phpMyAdmin

24.6 Hello World! in PHP

Die Grundidee der Programmiersprache PHP ist einfach: Wenn jemand über den Webbrowser eine PHP-Seite ansehen will, dann lädt Apache die betreffende Datei und übergibt sie an den PHP-Interpreter. Dieser durchsucht die Datei nach Code-Sequenzen, die mit `<?php` beginnen und mit `?>` enden. Der dazwischen befindliche Code wird nun ausgeführt. Alle Ausgaben von PHP werden anstelle des PHP-Codes in die Datei eingebettet. Apache sendet dann das Ergebnis via HTTP an die IP-Adresse, die die Seite angefordert hat.

Als erstes Beispiel verfassen Sie mit einem Editor die Datei `hellow.php`:

```
<!DOCTYPE html>
<meta charset="utf-8">
<h1>Hello World!</h1>
<?php
  echo "<p>Dynamischer Test mit Datum und Uhrzeit: " .
    date("j.n.Y H:i", time());
  echo "<p>Sonderzeichentest: äöüß€"
?>
```

Diese Datei speichern Sie im Verzeichnis `/var/www`. Im Gegensatz zu den Script-Sprachen Python oder bash besteht bei PHP-Dateien keine Notwendigkeit, diese als ausführbar zu kennzeichnen. Wichtig ist nur, dass der Benutzer `www-data`, mit dessen Rechten der Webserver Apache ausgeführt wird, die Datei lesen darf. Wenn Sie die Seite *http://localhost/hellow.php* aufrufen, machen Apache und PHP daraus den folgenden HTML-Code:

```
<!DOCTYPE html>
<meta charset="utf-8">
<h1>Hello World!</h1>
<p>Dynamischer Test mit Datum und Uhrzeit: 28.5.2015 07:53
<p>Sonderzeichentest: äöüß€
```

Die Teile der PHP-Datei, die nicht zwischen <?php und ?> eingeschlossen sind, bleiben also unverändert und werden eins zu eins weitergegeben. Die PHP-Codepassagen werden hingegen vom PHP-Interpreter ausgeführt. Im resultierenden HTML-Dokument sind von den Codepassagen nur die Ergebnisse sichtbar, also die mit echo durchgeführten Ausgaben. Dieses HTML-Dokument sendet Apache nun an den Webbrowser, der es darstellt (siehe Abbildung 24.5).

Wenn Sie noch nie mit PHP programmiert haben, dann sollten Sie sich jetzt ein paar Tage Zeit nehmen und sich in die Grundlagen von PHP, HTML, CSS und eventuell auch noch JavaScript einarbeiten. Es gibt unzählige Bücher und noch mehr Webseiten zu diesem Thema. Die weiteren Abschnitte dieses Kapitels konzentrieren sich auf Raspberry-Pi-spezifische Programmiertechniken und setzen voraus, dass Sie mit PHP und HTML umgehen können.

Abbildung 24.5 »Hello World« in PHP

Fehlersuche

Wenn ein PHP-Script nicht so funktioniert, wie Sie es erwarten, sollten Sie einen Blick in die Datei /var/log/apache2/error.log werfen. Dort protokolliert Apache alle Fehler, die im Betrieb auftreten – und dazu zählen auch PHP-Syntaxfehler.

Während der Entwicklungsphase ist es noch praktischer, wenn Fehlermeldungen direkt im Webbrowser angezeigt werden. Dazu verändern Sie eine Zeile in der PHP-Konfigurationsdatei php.ini:

```
; Datei /etc/php5/apache2/php.ini
...
; alle PHP-Fehler anzeigen
display_errors = On
error_reporting = E_ALL
```

Vergessen Sie nicht, die Einstellungen auf ihre Defaultwerte zurückzusetzen, sobald Ihre Programme zufriedenstellend laufen! Es ist aus Sicherheitsgründen nie empfehlenswert, dass ein Besucher Ihrer Webseiten Fehlermeldungen zu sehen bekommt!

```
; Datei /etc/php5/apache2/php.ini
...
; sichere Defaulteinstellung für den Betrieb
display_errors = Off
error_reporting =  E_ALL & ~E_DEPRECATED & ~E_STRICT
```

Änderungen an `php.ini` werden erst wirksam, wenn Sie Apache neu starten:

```
sudo service apache2 restart
```

24.7 GPIO-Programmierung mit PHP

Alle PHP-Scripts zur Hardware-Steuerung sind nicht nur für Sie zugänglich, sondern für jeden, der mit einem Webbrowser auf Ihren Raspberry Pi zugreifen kann – sei es im lokalen Netzwerk oder bei entsprechender Konfiguration weltweit über das Internet! Deswegen empfehlen wir Ihnen dringend, alle PHP-Dateien in einem Webverzeichnis zu speichern, dessen Zugriff durch ein Passwort geschützt ist.

Wie Sie dazu vorgehen müssen, haben wir in Abschnitt 24.2, »Webverzeichnisse einrichten und absichern«, für das Verzeichnis `/var/www/mycode` beschrieben. Alle in diesem Verzeichnis gespeicherten Scripts können im Webbrowser unter den Adressen *http://localhost/my-pi/name.php* bzw. *http://hostname/my-pi/name.php* aufgerufen werden. Der folgende Code zeigt nochmals die relevanten Zeilen der Apache-Konfiguration. Beachten Sie insbesondere auch die `Alias`-Anweisung, die das `mycode`-Verzeichnis mit der Webadresse `hostname/my-pi` verbindet.

```
# in /etc/apache/sites-available/default
<VirtualHost *:80>
  ...
  # mycode-Verzeichnis, Webadresse http://hostname/my-pi
  Alias /my-pi /var/www/mycode
  <Directory /var/www/mycode>
      AuthType      Basic
      AuthUserFile  /var/www-private/passwords.pwd
      AuthName      "admin"
      Require       valid-user
  </Directory>
  ...
</VirtualHost>
```

GPIOs auslesen und verändern

PHP enthält selbst keine Funktionen zur GPIO-Programmierung. Deswegen ist es am einfachsten, im PHP-Code auf das gpio-Kommando aus der WiringPi-Bibliothek zurückzugreifen. Die Installation dieser Bibliothek und die Syntax der gpio-Kommandos sind in Abschnitt 21.4, »WiringPi«, ausführlich beschrieben.

Zum Aufruf externer Kommandos sieht PHP die Funktionen shell_exec und exec vor. Die beiden Funktionen unterscheiden sich darin, dass shell_exec alle Ausgaben des aufgerufenen Kommandos zurückgibt, exec hingegen nur die letzte Zeile. Bei exec können Sie dafür zwei zusätzliche Variablen angeben, die nach dem Aufruf die Ausgaben als String-Array und den Rückgabewert des Kommandos enthalten:

```
exec('gpio -1 write 26 1');         // Pin 26 auf HIGH stellen
$state = exec('gpio -1 read 26');   // Status von Pin 26 ermitteln
```

LED ein- und ausschalten

Das folgende Beispiel setzt voraus, dass der GPIO-Pin 26 über einen Vorwiderstand mit einer Leuchtdiode verbunden ist. Wird dieser Pin als Signalausgang verwendet und auf *High* gestellt, dann leuchtet die LED. Das Script led.php ermittelt den aktuellen Zustand und zeigt ihn an. Außerdem erzeugt das Programm den HTML-Code für einen Button, um den Zustand der Leuchtdiode zu ändern (siehe Abbildung 24.6).

Abbildung 24.6 Eine Leuchtdiode über eine Webseite ein- und ausschalten

24

```
<!DOCTYPE html>
<meta charset="utf-8">
<?php
  // Pin 26 als Output verwenden
  exec('gpio -1 mode 26 out');

  // POST-Formulardaten verarbeiten
  if(isset($_POST['newstate'])) {
    $new = $_POST['newstate'];
    if($new=='0' || $new=='1')
      exec("gpio -1 write 26 $new");
  }
```

```
  // aktuellen Zustand und Button zum Umschalten anzeigen
  $current = exec('gpio -1 read 26');
  if($current == '0') {
    echo "<p>Die LED ist momentan ausgeschaltet.";
    echo "<p><form action='led.php' method='post'>
            <input type='hidden' name='newstate' value='1'>
            <input type='submit' value='LED einschalten'>
            </form>";
  } else {
    echo "<p>Die LED ist momentan eingeschaltet.";
    echo "<p><form action='led.php' method='post'>
            <input type='hidden' name='newstate' value='0'>
            <input type='submit' value='LED ausschalten'>
            </form>";
  }
?>
```

Temperatur auslesen

Das folgende PHP-Script soll die Temperatur eines 1-Wire-Temperatursensors anzeigen. Der 1-Wire-Kerneltreiber macht diese Temperatur in der Datei /sys/devices/w1_bus_master1/nnn1/w1_slave zugänglich, wobei nnn ein ID-Code des Temperatursensors ist. Die Datei hat den folgenden Aufbau:

```
30 00 4b 46 ff ff 0e 10 7c : crc=7c YES
30 00 4b 46 ff ff 0e 10 7c t=23875
```

Die Aufgabe des PHP-Programms besteht also darin, diese Datei zu lesen, daraus die Temperatur zu extrahieren, sie in Grad Celsius umzurechnen und anzuzeigen (siehe Abbildung 24.7).

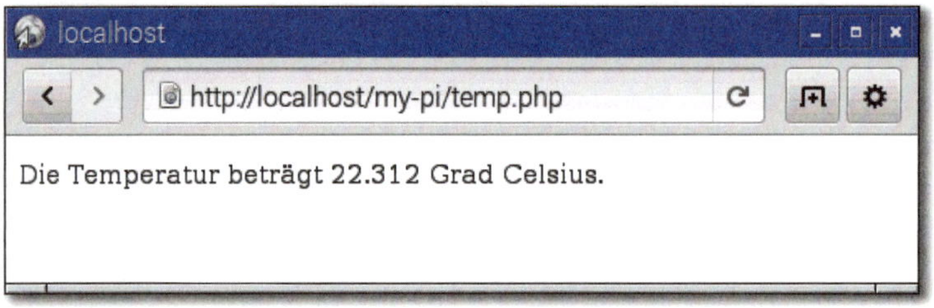

Abbildung 24.7 1-Wire-Temperatursensor auslesen

Der Code ist leicht zu verstehen. file_get_contents liest die gesamte Sensordatei in eine Zeichenkettenvariable. strpos ermittelt, an welcher Position in dieser Zeichenkette t= steht. subpos extrahiert dann die Temperatur, die in Tausendstel Grad angegeben ist. intval macht daraus eine Zahl. Der Code ist durch try/catch abgesichert. Die wahrscheinlichste Fehlerursache ist ein falscher ID-Code für den Temperatursensor. Vergessen Sie nicht, die Zuweisung für die Variable $id an den ID-Code Ihres Sensors anzupassen!

```
<!DOCTYPE html>
<meta charset="utf-8">
<?php
try {
  $id = '10-000802ae1551';
  $fname = "/sys/devices/w1_bus_master1/$id/w1_slave";
  $data = file_get_contents($fname);
  $pos= strpos($data, 't=');
  $temp = intval(substr($data, $pos+2)) / 1000;
  echo "<p>Die Temperatur beträgt $temp Grad Celsius.";
} catch(Exception $e) {
  echo "<p>Es ist ein Fehler aufgetreten.";
}
?>
```

24.8 Kamerafunktionen mit PHP nutzen

Grundsätzlich gibt es zwei prinzipielle Vorgehensweisen, wie Sie eine aktuelle Aufnahme Ihrer Raspberry-Pi-Kamera auf einer Webseite anzeigen lassen können: Die eine Variante besteht darin, dass Sie mit einem Cron-Job regelmäßig, z. B. alle fünf Minuten, eine Aufnahme machen und das resultierende Bild unter /var/www/foto.jpg speichern. Über den Webbrowser können Sie das Bild jederzeit unter *http://hostname/foto.jpg* ansehen. Alternativ können Sie das Bild natürlich auch in eine HTML-Seite einbetten, etwa so:

```
<!DOCTYPE html>
<img width="500" alt="Foto" src="foto.jpg" >
```

PHP ist also durchaus nicht erforderlich, um Raspberry-Pi-Fotos webbrowsertauglich anzubieten. Wenn Sie aber bereit sind, ein paar Zeilen PHP zu programmieren, können Sie Raspberry-Pi-Kameraaufnahmen über das Internet fernsteuern und dabei auch diverse Kameraparameter einstellen. Wie das geht, lernen Sie in diesem Abschnitt.

Apache den Kamerazugriff erlauben

raspistill und raspivid kommunizieren nicht direkt mit der Kamera, sondern verwenden dafür die Device-Datei /dev/vchiq. Eine Device-Datei ist eine spezielle Datei, die es unter Linux ermöglicht, auf viele Hardware-Funktionen so zuzugreifen, als würde es sich um Dateien handeln. Allerdings dürfen unter Raspbian nur root sowie alle Mitglieder der Gruppe video auf die Datei /dev/vchiq zugreifen:

```
ls -l /dev/vchiq
  crw-rw---T 1 root video 250, 0 Jan  1  1970 /dev/vchiq
```

Der Webserver Apache und somit auch alle PHP-Scripts werden aber unter dem Account www-data ausgeführt. Deswegen ist es anfänglich unmöglich, in einem PHP-Script raspistill aufzurufen. Zum Glück ist es nicht weiter schwierig, dieses Problem zu beheben: Sie müssen einfach den Account www-data der Gruppe video hinzufügen und Apache dann neu starten:

```
sudo usermod -a -G video www-data
sudo service apache2 restart
```

Ein Echtzeitfoto erstellen und übertragen

Das folgende Mini-Script verwendet raspistill, um ein Foto zu machen. Die Optionen -w und -h geben die gewünschte Größe an. -n deaktiviert die Bildvorschau. -t 1 bewirkt, dass das Foto nahezu sofort gemacht wird. Eine kleinere Verzögerungszeit als eine Millisekunde ist nicht möglich. -o - leitet die Bilddaten an die Standardausgabe um. Damit kann shell_exec den Byte-Stream des Bildes in einer Variablen speichern.

Die erste header-Anweisung teilt dem Webbrowser mit, dass es sich bei den vom Webserver übertragenen Daten nicht um ein HTML-Dokument, sondern um ein Bild handelt. Content-length gibt die Bildgröße in Byte an. Mit echo werden dann die binären Bilddaten an den Webserver übergeben, der die Daten an den Browser sendet. Bei diesem Beispiel ist es wichtig, dass die PHP-Datei mit <?php beginnt und keinen HTML-Header enthält!

```
<?php
$imgdata =
  shell_exec("/usr/bin/raspistill -w 640 -h 400 -n -t 1 -o -");
header('Content-type: image/jpeg');
header('Content-length: ' . strlen($imgdata));
echo $imgdata;
?>
```

Ein Foto mit frei wählbaren Aufnahmeparametern erstellen

Das gerade vorgestellte Script kann nun so erweitert werden, dass zuvor in einem HTML-Formular eingestellte Aufnahmeparameter ausgewertet werden. Sie können damit zuerst auf einer Webseite die Auflösung, Helligkeit etc. einstellen (siehe Abbildung 24.8), dann die entsprechende Aufnahme durchführen und sich das Ergebnis im Webbrowser ansehen.

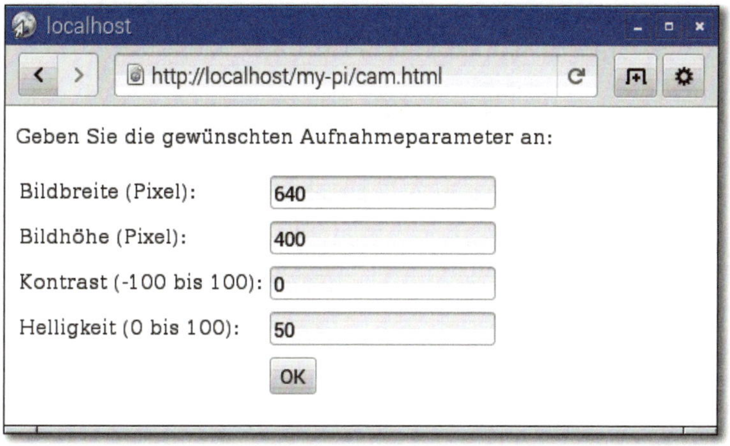

Abbildung 24.8 HTML-Formular zur Eingabe der Aufnahmeparameter

Der HTML-Code für die Datei `cam.html` sieht so aus:

```
<!DOCTYPE html>
<meta charset="utf-8">
<p>Geben Sie die gewünschten Aufnahmeparameter an:

<table>
<form action='cam.php' method='post'>
<tr><td>Bildbreite (Pixel):
    <td><input type='text'  name='width' value='640' />
<tr><td>Bildhöhe (Pixel):
    <td><input type='text'  name='height' value='400' />
<tr><td>Kontrast (-100 bis 100):
    <td><input type='text'  name='contrast' value='0' />
<tr><td>Helligkeit (0 bis 100):
    <td><input type='text'  name='brightness' value='50' />
<tr><td><td><input type='submit' name='okbtn' value='OK' />
</form>
</table>
```

Für die Auswertung der Formulardaten ist `cam.php` zuständig. Die vier Parameter werden dann als Optionen an `raspistill` übergeben. Das resultierende Bild wird wiederum direkt im Webbrowser angezeigt (siehe Abbildung 24.9).

```
<?php
$FVI = FILTER_VALIDATE_INT;
$width      = filter_input(INPUT_POST, 'width',      $FVI);
$height     = filter_input(INPUT_POST, 'height',     $FVI);
$contrast   = filter_input(INPUT_POST, 'contrast',   $FVI);
$brightness = filter_input(INPUT_POST, 'brightness', $FVI);
```

```
// sinnvolle Defaultwerte sicherstellen
if(!$width || $width<100 || $width>2592)
  $width = 640;
if(!$height || $height<100 || $height>1944)
  $height = 480;
if(!$contrast || $contrast<-100 || $contrast>100)
  $contrast = 0;
if(!$brightness || $brightness<0 || $brightness>100)
  $brightness = 50;

$opts = "-w $width -h $height -co $contrast -br $brightness ";
$imgdata = shell_exec("/usr/bin/raspistill $opts -n -t 1 -o -");
header('Content-type: image/jpeg');
header('Content-length: ' . strlen($imgdata));
echo $imgdata;
?>
```

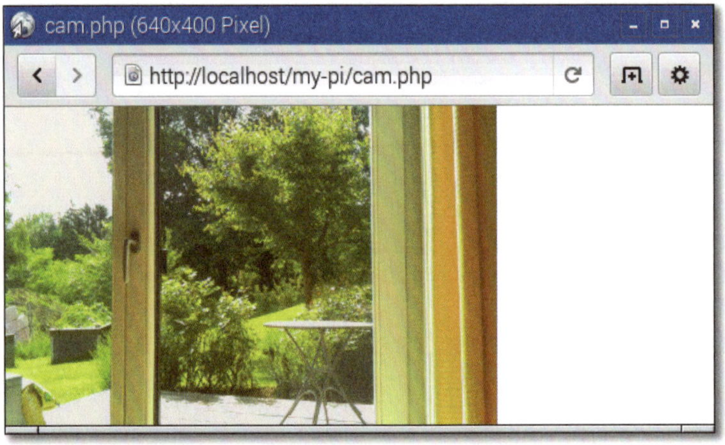

Abbildung 24.9 Das resultierende Foto im Webbrowser

Kapitel 25
Mathematica und die Wolfram Language

In den 1990er-Jahren war das Programm Mathematica eine Sensation: Es war das erste weit verbreitete Werkzeug, mit dem man mathematische Ausdrücke nicht nur numerisch auswerten und grafisch darstellen konnte, sondern mit dem man auch symbolisch rechnen konnte. Die Software war allerdings immer schon relativ teuer, weswegen sich Mathematica nur in relativ kleinen Nischen durchsetzen konnte, vor allem im wissenschaftlichen Umfeld.

Ende 2013 überraschte die Firma Wolfram mit der Ankündigung, dass Mathematica und mit ihr auch eine neue Programmiersprache, die *Wolfram Language*, ab sofort für den Raspberry Pi frei zur Verfügung steht. In Zukunft sollen auch andere Minicomputer unterstützt werden, unter anderem das Intel-Edison-System, ein auf das Format einer SD-Karte geschrumpfter Computer.

Geschwindigkeit

Wer Mathematica schon einmal auf einem anderen Rechner ausprobiert hat, wird sich vielleicht fragen, ob die RAM-Größe und CPU-Geschwindigkeit des Raspberry Pi ausreichen, um Mathematica in einer angemessenen Geschwindigkeit auszuführen. Seit der Raspberry Pi 2 verfügbar ist, kann man mit reinem Gewissen antworten: Ja! Der erstmalige Start von Mathematica dauert zwar rund eine halbe Minute, danach lässt sich die Notebook-Oberfläche von Mathematica aber flüssig bedienen.

Über die kommerzielle Intention dieses Geschenks für die Raspberry-Pi-Community kann man momentan nur spekulieren. Sicher ist aber, dass damit allen Raspberry-Pi-Anwendern ein überaus faszinierendes Software-System zur Verfügung steht und dass es sich lohnt, die Wolfram Language kennenzulernen.

Open-Source-Puristen seien gewarnt: Mathematica und die Wolfram Language stehen zwar kostenlos zur Verfügung, allerdings nur für die private Nutzung und für den Einsatz in der Schule. Es handelt sich nicht um Open-Source-Code; die kommerzielle Nutzung ist nicht zulässig!

25.1 Arbeiten mit Mathematica

In Raspbian ist Mathematica standardmäßig installiert. Die erforderlichen Pakete befinden sich in der Raspbian-Paketquelle. Unter anderen Distributionen ist Mathematica leider nicht verfügbar. Der Start von Mathematica erfolgt wahlweise mit ENTWICKLUNG • MATHEMATICA oder mit ENTWICKLUNG • WOLFRAM. Das erste Kommando startet die grafische Benutzeroberfläche (siehe Abbildung 25.1), das zweite den textbasierten Kommandointerpreter der *Wolfram Language* in einem Terminal.

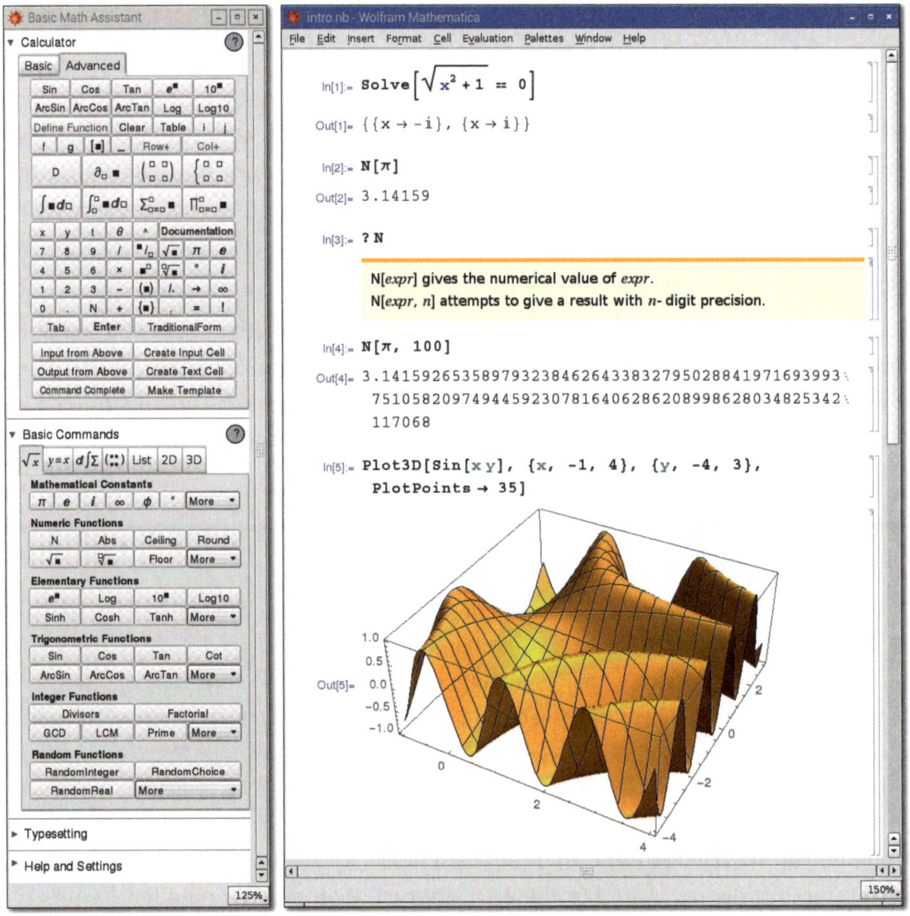

Abbildung 25.1 Die grafische Benutzeroberfläche von Mathematica

Die grafische Benutzeroberfläche von Mathematica

Der Start der grafischen Benutzeroberfläche von Mathematica dauert rund eine Minute. Anschließend erscheint ein sogenanntes Mathematica-Notebook als vorerst leeres Fenster. Darin können Sie nun Mathematica-Anweisungen eingeben. Damit diese ausgeführt werden, drücken Sie [⇧]+[↵]. Unternehmen Sie einen ersten Versuch mit 2+3. Mathematica berechnet das Ergebnis und zeigt erwartungsgemäß 5 an.

Eingabehilfen

Bei der Eingabe mathematischer Formeln hilft der *Basic Math Assistent*. Dieses Zusatzfenster öffnen Sie mit PALETTES • BASIC MATH ASSISTANT, wobei Sie geraume Zeit warten müssen, bis das Fenster tatsächlich erscheint.

Wenn Sie den zuletzt eingegebenen Ausdruck neuerlich bearbeiten möchten, können Sie ihn mit [Strg]+[L] kopieren.

Rechnen in Mathematica

Mathematische Funktionen werden in Mathematica grundsätzlich in eckigen Klammern formuliert. Um die Sinusfunktion für den Winkel *Pi/4* zu berechnen, geben Sie `Sin[Pi/4]` ein. Als Ergebnis liefert Mathematica nun freilich keine Zahl, sondern den mathematischen Ausdruck `1/Sqrt[2]`. Wenn Sie ein numerisches Ergebnis wünschen, führen Sie `N[Sin[Pi/4]]` aus. Das Ergebnis lautet nun 0.707107 – mit mageren sechs Nachkommastellen. Kann Mathematica denn nicht genauer rechnen? Doch, natürlich – Sie müssen nur die gewünschte Stellenanzahl angeben. `N[Sin[Pi/4], 50]` liefert Ihnen das Ergebnis mit 50 Nachkommastellen (siehe Abbildung 25.2). Auch 500 Stellen sind kein Problem – probieren Sie es aus!

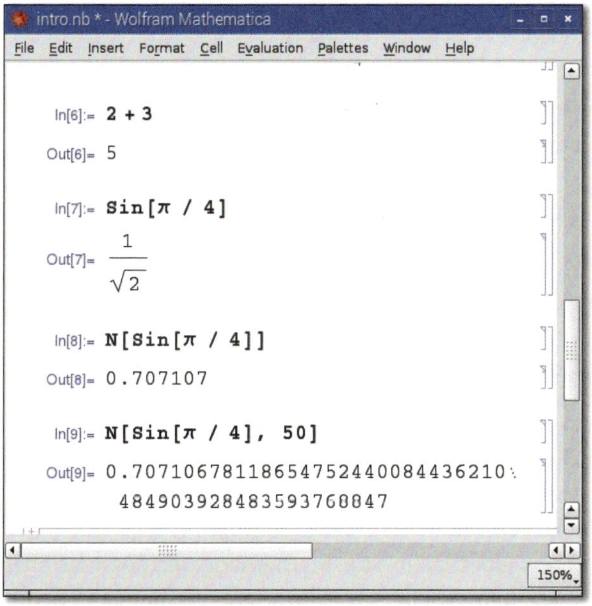

Abbildung 25.2 Numerische Auswertung von Ergebnissen

Die beiden wichtigsten Mathematica-Funktionen zum symbolischen Rechnen sind `Simplify` und `Solve` (siehe Abbildung 25.3):

- `Simplify` versucht den angegebenen mathematischen Ausdruck zu vereinfachen. Falls `Simplify` nicht zum Ziel führt, können Sie Ihr Glück auch mit `FullSimplify` versuchen – Mathematica greift dann auf noch mehr Vereinfachungsregeln zurück.
- `Solve` versucht eine Gleichung für die im zweiten Parameter angegebene Variable zu lösen.

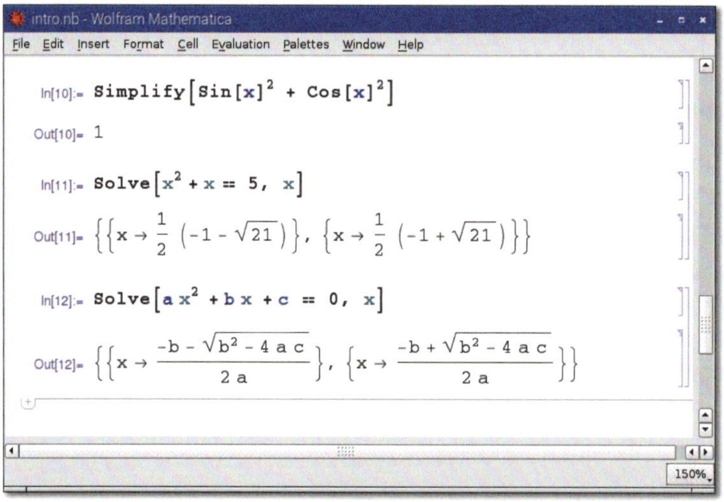

Abbildung 25.3 Symbolisches Rechnen

Online-Hilfe und Dokumentation

Mit `?Kommando` bzw. `??Kommando` erhalten Sie eine kurze bzw. etwas ausführlichere Beschreibung des betreffenden Kommandos. Die viel detailliertere Online-Hilfe des originalen Mathematica-Pakets fehlt bei der Raspberry-Pi-Version aus Platzgründen. Das ist nicht wirklich schlimm – Sie können die gesamte Dokumentation auch online nachlesen:

http://reference.wolfram.com/mathematica/guide/Mathematica.html

Formeleingabe

Sie können mathematische Ausdrücke als reinen Text eingeben, z. B. in der Form `N[Sqrt[1 + Pi^2/2]]`. Die Notebook-Oberfläche von Mathematica ermöglicht aber auch die Tastatureingabe von Formeln (siehe Abbildung 25.4). Dabei helfen das

Zusatzfenster PALETTES • BASIC MATH ASSISTANT, diverse Kommandos des Menüs INSERT • TYPESETTING sowie eine Menge Tastenkürzel (siehe Tabelle 25.1).

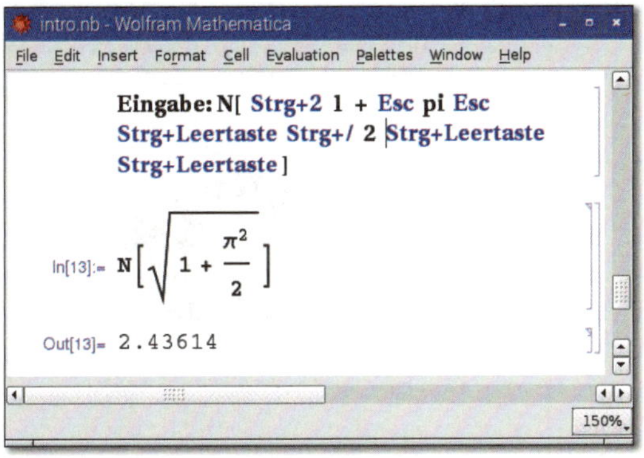

Abbildung 25.4 Formeleingabe

Tastenkürzel	Funktion
Strg + 2	Quadratwurzel
Strg + 6	hochstellen
Strg + /	Bruch
Esc name Esc	Eingabe griechischer Buchstaben
Esc p Esc	Eingabe des Symbols Pi
Esc ii Esc	Eingabe der imaginären Einheit I
Esc int Esc	Eingabe eines Integrals
Esc dd Esc	Eingabe des Differenzialoperators
Strg +Leertaste	Eingabeebene verlassen

Tabelle 25.1 Tastenkürzel zur Eingabe mathematischer Formeln

Grafik

Seine hohe Bekanntheit hat Mathematica nicht zuletzt seinen tollen Grafikfunktionen zu verdanken (siehe Abbildung 25.5). Um eine mathematische Funktion zu zeichnen, verwenden Sie `Plot`. Dabei übergeben Sie an den ersten Parameter die Funktion und an den zweiten Parameter den zu zeichnenden Wertebereich in der Form `{var, start, ende}`.

Für 3D-Grafiken gibt es das analoge Kommando `Plot3D`. Es erwartet drei Parameter: die Funktion sowie die Wertebereiche für zwei Variablen. 3D-Grafiken werden standardmäßig in einer recht groben Auflösung dargestellt. Durch die Option `PlotPoints -> 30` können Sie die Darstellungsqualität spürbar verbessern.

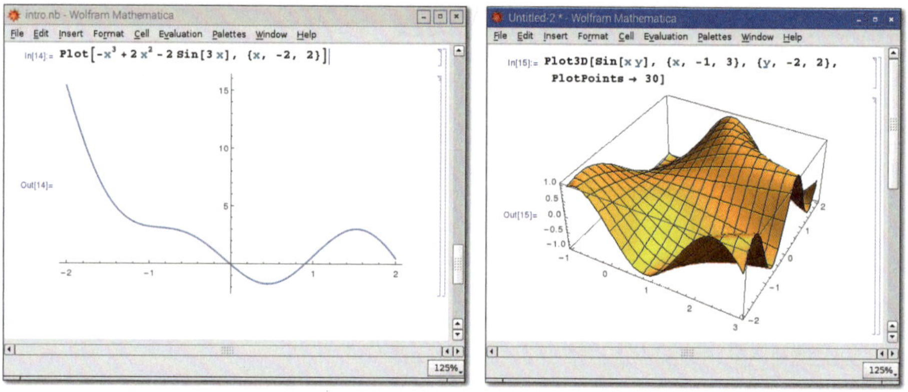

Abbildung 25.5 Zwei- und dreidimensionale Darstellung mathematischer Formeln

Mathematica im Textmodus

Mathematica kann auch im Textmodus verwendet werden (siehe Abbildung 25.6): Dazu führen Sie im Startmenü BILDUNG • WOLFRAM aus bzw. geben in einem Terminalfenster das Kommando `wolfram` ein.

Im Vergleich zur schicken Notebook-Oberfläche werden Ihnen gleich einige Unterschiede auffallen:

- Eingaben werden einfach durch ↵ abgeschlossen.
- Zuvor durchgeführte Eingaben können einfach mit den Cursortasten ↑ und ↓ angesprochen und bei Bedarf korrigiert werden.
- Die Ein- und Ausgabe mathematischer Formeln erfolgt ausschließlich im Textmodus. Auf die Darstellung von griechischen Buchstaben, Integralen und mathematischen Sonderzeichen müssen Sie verzichten.
- Es können keine Grafiken angezeigt werden.

Tipp

Mathematica erkennt bei der Eingabe automatisch, ob ein mathematischer Ausdruck noch nicht abgeschlossen ist. In diesem Fall schließt ↵ die Eingabe nicht ab, vielmehr können Sie die Eingabe in der nächsten Zeile abschließen. Das wiederholt sich so lange, bis alle Klammernebenen geschlossen sind. Sollten Sie sich in einem komplexen Ausdruck *verirrt* haben, können Sie die Eingabe mit Strg+G abbrechen. Dieses Tastenkürzel muss am Beginn einer Zeile eingegeben werden.

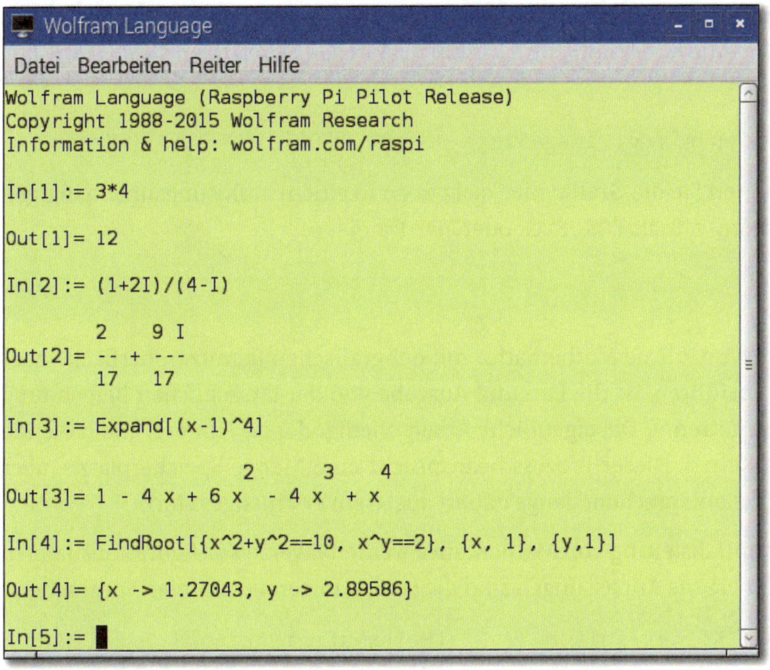

Abbildung 25.6 Mathematica im Textmodus

Bleibt noch die Frage, wie Sie Mathematica wieder beenden. Eine Variante besteht darin, einfach das Terminalfenster zu schließen. Alternativ führen Sie das Kommando `Quit` aus oder drücken am Beginn einer Eingabezeile [Strg]+[D].

Grafiken im Textmodus anzeigen

Solange es nur darum geht, rasch einige Berechnungen durchzuführen, reicht ein Terminalfenster also vollkommen aus. Der Verzicht auf die Grafiken stößt aber bitter auf. Tatsächlich müssen Sie keineswegs ganz darauf verzichten, allerdings wird der Umgang mit Grafiken ein wenig umständlicher. Um eine Grafik anzusehen, speichern Sie das Ergebnis des `Plot`-Kommandos in einer Variablen. Der nachfolgende Strichpunkt bewirkt, dass der Mathematica-Interpreter auf die Ausgabe `-Graphics-` verzichtet. Anschließend können Sie die Grafik mit `Export` in einer Datei speichern:

```
p = Plot[Sin[x], {x, 0, 2 Pi}];
Export["bild.png", p]
```

`bild.png` wird in Ihrem Heimatverzeichnis gespeichert, standardmäßig also in `/home/pi`. Um die Grafik nun anzuzeigen, verwenden Sie den Viewer `gpiview`. Das Programm können Sie bei Bedarf direkt aus dem Mathematica-Terminal starten:

```
Run["gpicview test.png &"];
```

25

Standardmäßig ist die mit `Export` erstellte Grafikdatei freilich nur 360 Pixel breit, also recht klein. Um eine höher aufgelöste Grafik zu erstellen, verwenden Sie das folgende Kommando:

```
Export["bild.png", p, ImageSize -> {800, 600}]
```

Alternativ können Sie die Grafik mit `Export` auch in einem auflösungsunabhängigen Format speichern, z. B. als EPS-, SVG- oder PDF-Datei.

Interna

Unabhängig davon, ob Sie Mathematica mit der grafischen Benutzeroberfläche oder im Terminal ausführen, ist die Ein- und Ausgabe von der tatsächlichen Berechnung der Ergebnisse getrennt. Die eigentliche Arbeit erledigt der im Hintergrund laufende Mathematica-Kernel. Dieser Prozess beansprucht eine Menge Speicherplatz – über 100 MByte! Dementsprechend lange dauert auch sein erstmaliger Start.

Während der Initialisierung von Mathematica werden diverse Konfigurationsdateien eingelesen. Für eigene Anpassungen sind die beiden folgenden Dateien vorgesehen:

```
.Mathematica/Kernel/init.m        (Mathematica-Kernel)
.Mathematica/FrontEnd/init.m      (grafische Benutzeroberfläche)
```

25.2 Programmieren mit der Wolfram Language

Mathematica war schon immer programmierbar. Große Teile von Mathematica, insbesondere die zahllosen Erweiterungspakete (Packages), sind selbst in Mathematica programmiert. Was ist nun die *Wolfram Language*? Im Prinzip ist sie nichts anderes als ein neuer Name für die Mathematica-Programmiersprache. Neu ist eigentlich nur, dass die Firma Wolfram nun erreichen will, dass diese Programmiersprache auch außerhalb der Kernanwenderschicht von Mathematica eingesetzt wird. Um diese Ambitionen marketingtechnisch zu unterstützen, hat man dem Kind einen neuen Namen gegeben – eben *Wolfram Language*.

Hello World!

Das klassische Hello-World-Programm lässt sich in der Wolfram Language in einer einzigen Zeile formulieren. Starten Sie einen Editor, und speichern Sie die folgende Anweisung in einer Textdatei. Die vorgesehene Dateikennung lautet `*.wl`, an diese Vorgabe müssen Sie sich aber nicht halten.

```
Print["Hello World!"]
```

Dieses Miniprogramm führen Sie in einem Terminalfenster so aus:

```
wolfram -script hello-world.wl
```

Eine alternative Vorgehensweise besteht darin, die Textdatei in der ersten Zeile mit dem `#!` als Script zu kennzeichnen und den Pfad zum Kommando `wolfram` anzugeben. Die Hello-World-Datei sieht dann so aus:

```
#!/usr/bin/wolfram -script
Print["Hello World!"]
```

Außerdem müssen Sie mit `chmod` das Execute-Bit der Datei setzen:

```
chmod a+x hello-world.wl
```

Damit können Sie das Programm nun etwas bequemer wie ein bash- oder Python-Script ausführen:

```
./hello-world.wl
```

Syntax

Anweisungen werden in der von Mathematica vertrauten Syntax angegeben (siehe Tabelle 25.2).

Code	Bedeutung
`(* abc *)`	Kommentar, kann über mehrere Zeilen reichen
`ausdruck`	Ausdruck auswerten
`ausdruck;`	Ausdruck auswerten (wie oben)
`x=123`	Zuweisung
`y:=ausdruck`	verzögerte Zuweisung, Auswertung erst, wenn y gelesen wird
`f[x, Option->123]`	vorübergehende Zuweisung
`f[x_] := ausdruck`	Definition einer Funktion mit einem Parameter
`Solve[x^2==-3]`	Test auf Gleichheit mit ==
`z->ausdruck`	vorübergehende Zuweisung
`(2+3)*4`	Gruppierung von Ausdrücken mit ()
`{a, b, c}`	Formulierung von Listen mit {}
`Sin[x]`	Angabe von Parametern mit []
`lst[[2]]`	Zugriff auf ein Listenelement mit [[n]]
`"abc"`	Zeichenkette
`"abc"<> "efg"`	Zeichenketten verbinden

Tabelle 25.2 Syntaktische Grundelemente der Wolfram Language

25

Anweisungen dürfen über mehrere Zeilen reichen, sofern die Wolfram Language anhand offener Klammern erkennen kann, wie weit die Anweisung reicht:

```
a=3
b=4
Print[a
  b]
(* Ausgabe 12, also das Produkt von a mal b *)

c=a
  b
Print[c]
(* Ausgabe 3; die Zeile 'b' wird als eigene
   Anweisung betrachtet *)
```

Wenn Sie möchten, können Sie Anweisungen mit einem Strichpunkt abschließen. Der Strichpunkt ist optional. Er verändert weder die Codeausführung noch hat er Einfluss auf die Ausgabe. Anders als im interaktiven Modus führt die Wolfram Language im Script-Modus normalerweise keine Ausgaben durch. Um etwas auszugeben, verwenden Sie die Funktion `Print`.

Funktionale Programmierung und symbolische Ausdrücke

Die Stärken der Wolfram Language liegen in der funktionalen Programmierung sowie in der symbolischen Interpretation von Ausdrücken. Um beispielsweise eine Menge von Zahlen zu verarbeiten, benötigen Sie keine herkömmliche Schleife. Stattdessen formulieren Sie die Daten als Liste (`{element1, element2, ...}`) und wenden darauf eine Funktion oder einen Operator an. Die folgenden Zeilen zeigen die Definition der Funktion `f`, die einen als Parameter übergebenen Ausdruck quadriert. Dabei kennzeichnet der nachgestellte Unterstrich in `x_` das Symbol `x` als Parameter. Diese Funktion wird mit dem Postfix-Operator // auf alle Elemente der Liste angewendet.

```
f[x_]:=x^2
lst = {1, 2, 3, a, b}
ergebnis = lst // f
Print[ergebnis]

(* Ausgabe *)

              2   2
{1, 4, 9, a , b }
```

Funktionen mit komplexerem Code bzw. mit lokalen Variablen werden mit dem Schlüsselwort `Module` definiert. Die prinzipielle Syntax sieht folgendermaßen aus:

```
f[x_, y_, ...] = Module[{var1, var2 ...}, ausdruck]} (* bzw. *)
f[x_, y_, ...] = Module[{var1=wert1, var2=wert2, var3=wert3 ...},
                   ausdruck]}
```

Im Unterschied zur direkten Definition von Funktionen können Sie nun auch lokale Variablen verwenden, die unabhängig von allen anderen Variablen sind. (Grundsätzlich gelten in der Wolfram Language alle Variablen als global.) `Module` darf verschachtelt werden, d. h., Sie können innerhalb einer Funktion eine weitere Subfunktion definieren.

Das folgende Beispiel veranschaulicht den Umgang mit `Module`: Die Funktion `shrink` erwartet als Argument eine Liste von Punkten. Innerhalb des Moduls ist `mid` eine lokale Variable. In dieser Variablen wird der Mittelpunkt der übergebenen Punkte zwischengespeichert. Mit `Map` wird nun für jeden Punkt der Argumentliste der Mittelwert dieses Punkts mit dem `mid` berechnet. Die resultierende Liste ist das Ergebnis von `shrink`. Die Funktion bewirkt, dass alle Punkte nach innen wandern und das durch die Punkte definierte Polygon also schrumpft (siehe Abbildung 25.7).

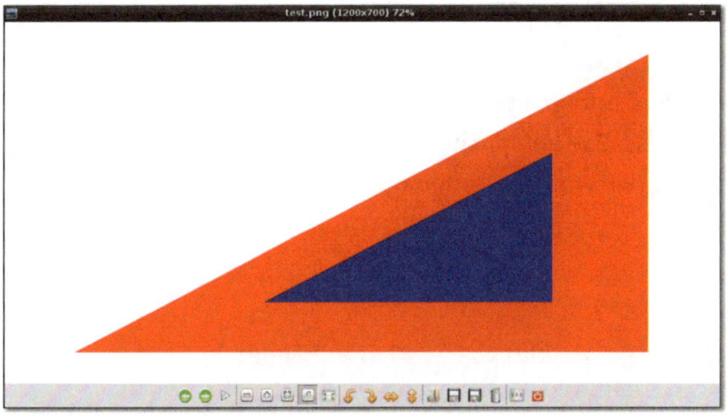

Abbildung 25.7 Das ursprüngliche Polygon ist hier in Rot dargestellt, die geschrumpfte Variante in Blau.

```
#!/usr/bin/wolfram -script
# Datei shrink.wl
shrink[pts_List] :=
  Module[ {mid},
          mid = Plus@@pts / Length[pts]
          Map[ # + mid&, pts] / 2]
polygon = {{1,1},{3,1},{3,2}}
smallerPolygon = shrink[polygon]
Print[smallerPolygon]
g = Graphics[{RGBColor[1, 0, 0], Polygon[polygon],
              RGBColor[0, 0, 1], Polygon[smallerPolygon]}]
Export["test.png", g, ImageSize -> {1200, 700}]
```

Die Wolfram Language kennt auch einige prozedurale Sprachelemente, wie `If`, `Which`, `Switch`, `For`, `Do` und `While`. Deren zu häufiger Einsatz deutet aber meist darauf hin, dass Sie die Stärken von Mathematica nicht optimal nutzen. Objektorientierte Konzepte fehlen in Mathematica.

GPIO-Zugriff

Für die Raspberry-Pi-Edition wurden Mathematica bzw. die Wolfram Language um einige Zusatzfunktionen erweitert. Um den Zustand von GPIO-Pins auszulesen bzw. zu verändern, setzen Sie die Funktionen `DeviceRead` und `DeviceWrite` ein. Vorher muss mit `FindDevices` die GPIO-Belegung ermittelt werden. Dann kann mit `DeviceConfigure` eingestellt werden, wie ein GPIO-Pin verwendet werden soll. Dabei sind nur die Zustände `"Input"`, `"Output"` und `None` (ohne Anführungszeichen!) zulässig. Die direkte Nutzung von GPIO-Spezialfunktionen ist also nicht möglich. Der Zugriff auf GPIO-Pins erfordert, dass Sie den Kommandointerpreter `wolfram` bzw. Ihr Script mit `root`-Rechten ausführen. Für interaktive Tests beginnen Sie also mit `sudo wolfram`.

Vorsicht

Die Adressierung der GPIO-Pins erfolgt über die Broadcom-GPIO-Nummern, *nicht* über die Pin-Nummer! Beispielsweise entspricht Pin 26 des P1- bzw. J8-Headers der Broadcom-GPIO-Nummer 7. In der Wolfram Language sprechen Sie diesen Kontakt somit über die Nummer 7 an.

```
FindDevices["GPIO"]
DeviceConfigure["GPIO", {7 -> "Output", 9 -> "Input"}]

(* GPIO 9 auslesen *)
state = DeviceRead["GPIO", 9]

  {9 -> 0}

(* GPIO 7 auf 1 schalten *)
DeviceWrite["GPIO", 7 -> 1]
```

Beachten Sie, dass `DeviceRead` nicht direkt den Zustand eines Pins liefert, sondern eine mit dem Operator `->` formulierte Substitutionsregel in der Form `gpionummer->zustand`, also z. B. `{17 -> 0}`. Man könnte eine derartige Regel auch als Key-Value-Paar betrachten. Wenn Sie nur den Wert und nicht die ganze Regel benötigen, können Sie die Regel mit dem Operator `/.` auf die GPIO-Nummer anwenden:

```
9 /. state

  0
```

Besser lesbar wird Ihr Code, wenn Sie vorweg die GPIO-Nummern als Variablen definieren:

```
#!/usr/bin/wolfram -script
# Datei gpio.wl
FindDevices["GPIO"]
DeviceConfigure["GPIO", {7 -> "Output", 9 -> "Input"}]

led = 7;                (* GPIO 7 = Pin 26*)
pushbutton = 9;         (* GPIO 9 = Pin 21 *)

(* Button-Zustand auslesen *)
state = DeviceRead["GPIO", pushbutton];
onoff = pushbutton /. state;
Print[onoff];

(* LED einschalten *)
DeviceWrite["GPIO", led -> 1];
```

RaspiCam

`DeviceRead["RaspiCam"]` macht mit der Raspberry-Pi-Kamera ein Foto in einer Auflösung von 320×240 Pixeln und gibt das resultierende Bild zurück. Dieses können Sie dann mit diversen Bildverarbeitungskommandos von Mathematica verarbeiten. Beispielsweise führt `EdgeDetect` eine Kantendetektion durch und liefert ein entsprechendes Schwarz-Weiß-Bild (siehe Abbildung 25.8).

Dem Kommando `DeviceRead` fehlen leider Optionen zur Einstellung der Bildauflösung, des Kontrasts oder anderer Kameraeinstellungen. Deswegen ist es oft zweckmäßig, die Aufnahme mit dem Kommando `raspistill` durchzuführen und die Bilddaten dann zu importieren, wie dies im folgenden Beispiel demonstriert ist:

```
image = Import[ "!raspistill -n -w 800 -h 600 -t 1 -o -", "JPG"];
```

Kurz eine Erklärung zu den `raspistill`-Optionen: `-n` unterdrückt die Anzeige des Preview-Fensters, `-w` und `-h` geben die gewünschte Bildgröße an, `-t 1` führt die Aufnahme nach nur einer Millisekunde aus (`-t 0` hat bei unseren Tests nicht funktioniert), und `-o -` leitet das resultierende Bild in die Standardausgabe um, von wo es durch `Import` gelesen wird. Das vorangestellte Ausrufezeichen im ersten `Import`-Parameter bewirkt, dass `Import` die Zeichenkette nicht als Dateinamen, sondern als Kommando interpretiert.

Weitere Tipps zur Verwendung der Raspberry-Pi-Kamera in Mathematica finden Sie hier:

http://community.wolfram.com/groups/-/m/t/157704

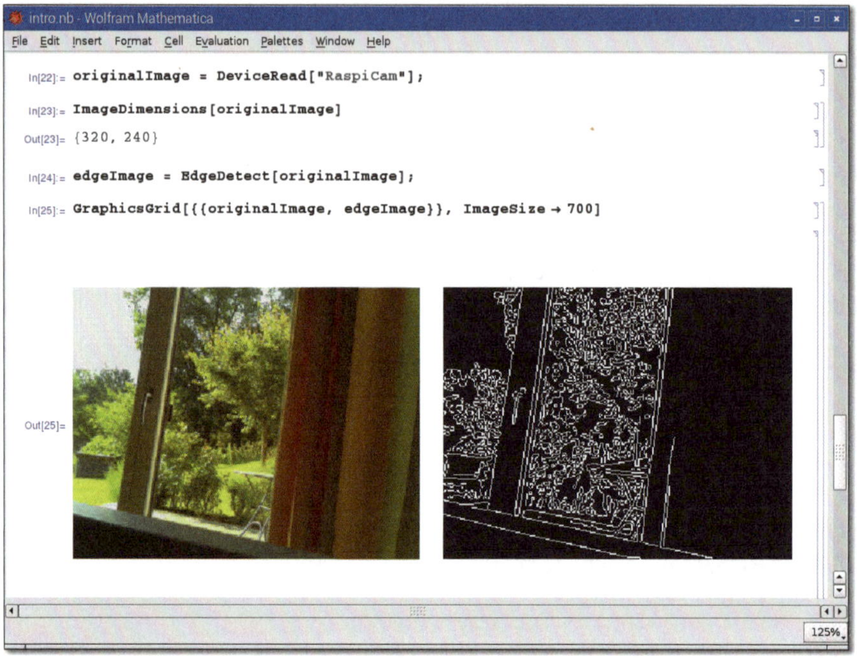

Abbildung 25.8 Verarbeitung einer Aufnahme der Raspberry-Pi-Kamera

Serial, UltimateGPS etc.

Die Wolfram Language stellt einige Zusatzfunktionen zum Auslesen von Daten externer Hardwarekomponenten zur Verfügung:

- Mit `DeviceOpen["Serial", "/dev/ttyXxx"]` können Sie eine serielle Schnittstelle ansprechen. Anschließend können Sie mit `DeviceRead` und `DeviceWrite` mit einem anderen Gerät kommunizieren, das über eine serielle Schnittstelle mit dem Raspberry Pi verbunden ist.
- In Zukunft sollen auch weitere Geräte unterstützt werden, z. B. das UltimateGPS-Modul oder die PiWeather-Station.
- Manche Hardware-Firmen wie TinkerForge stellen für ihre Sensoren oder Raspberry-Pi-Erweiterungen selbst Mathematica-Module zur Verfügung.

Weitere Informationen können Sie hier nachlesen:

http://reference.wolfram.com/language/guide/RaspberryPi.html

Wolfram Language – Pro und Kontra

Die Wolfram Language ist sicherlich eine der leistungsfähigsten Programmiersprachen, die für den Raspberry Pi verfügbar sind. Wenn der Spracherfinder Steven

Wolfram sein Kind mit lauter Superlativen beschreibt, fällt es schwer, seine Argumente sachlich zu widerlegen. Für den Raspberry-Pi-Alltag spielen diese Argumente dennoch eine untergeordnete Rolle. Hier gilt es, das optimale Werkzeug für den jeweiligen Zweck auszuwählen. Glänzen kann die Wolfram Language vor allem in zwei Punkten:

- wenn Sie zur Verarbeitung von Messdaten und Bildern anspruchsvolle mathematische Funktionen benötigen
- wenn Sie Daten(reihen) elegant visualisieren möchten

Insbesondere für die zweite Aufgabe gibt es wohl kein anderes kostenloses Werkzeug, das vergleichbare Möglichkeiten wie die Wolfram Language bietet. Leider sprechen mehrere Punkte gegen den Einsatz der Wolfram Language:

- Die Programmiersprache ist schwer erlernbar. Der Preis des großen Funktionsumfangs ist eine komplexe, stark mathematisch orientierte Syntax, die auch bei fundierten Vorkenntnissen in anderen Programmiersprachen eine echte Hürde darstellen kann.
- Die Wolfram Language beansprucht sehr viele Ressourcen (RAM, CPU) und ist vergleichsweise langsam. Die Generierung der Temperaturkurve für das Beispiel im folgenden Abschnitt dauert auf einem Raspberry Pi 2 rund 15 Sekunden – und das unter der Voraussetzung, dass die Wolfram Language zuletzt verwendet wurde und sich die erforderlichen Dateien bereits im Cache befinden.

Weitere Informationen und Links

Dieses Kapitel konnte nur an der Oberfläche von Mathematica bzw. der Wolfram Language kratzen. Zum Glück mangelt es im Internet nicht an Informationen:

- *http://reference.wolfram.com/language*
- *http://reference.wolfram.com/language/guide/LanguageOverview.html*
- *http://reference.wolfram.com/language/guide/Syntax.html*
- *http://reference.wolfram.com/language/tutorial/TheSyntaxOfTheWolframLanguage.html*
- *http://community.wolfram.com/content?curTag=raspberry%20pi*

25.3 Grafische Darstellung von Temperaturdaten

Das Abschlussbeispiel dieses Kapitels zeigt, wie die Wolfram Language dazu eingesetzt wird, um regelmäßige Temperaturmessungen grafisch darzustellen. Dabei gelten die folgenden Voraussetzungen:

- Zur Temperaturmessung wird ein DS1820-kompatibles Bauteil verwendet (siehe Abschnitt 15.5, »Temperatursensoren«).
- Der GPIO-Pin 7 ist als Input programmiert. Dazu bauen Sie mit `sudo nano` in `/etc/rc.local` die folgende Zeile ein:

```
# Datei /etc/rc.local
...
/usr/local/bin/gpio -1 mode 7 in
...
exit 0
```

- Die Kernelmodule `w1_gpio` und `w1_therm` für den 1-Wire-Sensor werden automatisch geladen. Dazu fügen Sie die Zeile `dtoverlay=w1-gpio-pullup` in `/boot/config.txt` ein.

Temperaturaufzeichnung durch ein bash-Script

Das Script `/etc/myscripts/log-temp` liest die Temperatur aus und speichert die aktuelle Zeit und den Messwert in der Textdatei `/var/log/temp.csv`:

```
#!/bin/bash
# Script-Datei /etc/myscripts/log-temp
d=$(date +'%Y-%m-%dT%H:%M,')
awk -vd=$d 'NR==2 {print d $10}' \
  /sys/devices/w1_bus_master1/10-*/w1_slave >> /var/log/temp.csv
```

Dabei werden in der ersten Zeile Datum und Uhrzeit zu einer Zeichenkette in der Form `2015-12-31T17:55` zusammengesetzt. `awk` extrahiert dann aus der DS1820-Temperaturdatei die zehnte Spalte aus der zweiten Zeile, also die Angabe `t=nnnnn`. Zusammen mit Datum und Uhrzeit werden somit in `/var/log/temp.csv` die folgenden Angaben protokolliert:

```
2015-02-03T10:35,t=23437
2015-02-03T10:40,t=23500
...
```

Cron kümmert sich darum, das Script `log-temp` alle 10 Minuten aufzurufen. Dazu ist die folgende Ergänzung in `/etc/crontab` erforderlich:

```
*/10 * * * * root /etc/myscripts/log-temp
```

Damit das Wolfram-Language-Script die Log-Datei ohne root-Rechte lesen kann, führen Sie noch das folgende Kommando aus:

```
chmod a+r /var/log/temp.csv
```

Grafische Verarbeitung durch die Wolfram Language

Das folgende Script in der Wolfram Language erstellt aus allen verfügbaren Messdaten ein Diagramm:

```
#!/usr/bin/wolfram -script
# Datei plot-temp.wl
raw = Import["/var/log/temp.csv"];
trans[x_List] :=
  {x[[1]], ToExpression[StringDrop[x[[2]], 2]]/1000};
data = Map[trans, raw];
graphic = DateListPlot[data, Joined->True];
Export["test.png", graphic, ImageSize -> 800]
```

`Import` erzeugt aus der CSV-Datei eine Liste, die wie folgt aufgebaut ist:

```
{{"2015-02-03T10:38", "t=23437"},
 {"2015-02-03T10:38", "t=23500"},
 {"2015-02-03T10:54", "t=23562"}, ... }
```

Mit `Map` wird auf alle Listenelemente die Funktion `trans` angewendet. Diese Funktion erwartet als Parameter selbst wieder eine Liste mit zwei Elementen. Sie lässt die Zeitangabe im ersten Element unverändert und macht aus der Temperaturzeichenkette eine Zahl. Dazu werden mit `StringDrop` die beiden ersten Zeichen entfernt. `ToExpression` macht aus der verbleibenden Zeichenkette eine Zahl, die durch 1000 dividiert werden kann. Die resultierende Liste in `data` sieht so aus:

```
{{"2015-02-03T10:38", 23.437},
 {"2015-02-03T10:38", 23.500},
 {"2015-02-03T10:54", 23.562}, ... }
```

`DateListPlot` stellt diese Daten als Diagramm dar (siehe Abbildung 25.9). Die Option `Joined->True` bewirkt, dass die Messpunkte durch eine Kurve verbunden werden. Um im Diagramm nur die Messdaten der letzten 24 Stunden zu berücksichtigen, verändern Sie das Script wie folgt:


```
#!/usr/bin/wolfram -script
# Datei plot-temp2.wl
raw = Import["/var/log/temp.csv"];
last = raw[[-1,1]];            (* Zeitpunkt der letzten Messung *)
start = DatePlus[last, {-1, "Day"}];         (* ein Tag vorher *)
startstr = DateString[start, {"Year", "-", "Month", "-", "Day",
  "T", "Hour", ":", "Minute"}];            (* als Zeichenkette *)
rawlast24h = Select[raw, Order[#[[1]], startstr] == -1 & ];
trans[x_List] :=
  {x[[1]], ToExpression[StringDrop[x[[2]], 2]] / 1000};
data = Map[trans, rawlast24h];
```

```
graphic = DateListPlot[data, Joined->True];
Export["test.png", graphic, ImageSize -> 800]
```

Dabei extrahiert raw[[-1, 1]] den Zeitpunkt der letzten Messung aus der Liste. -1 bezieht sich auf das letzte Wertepaar, 1 auf das erste Element in diesem Paar. Die Wolfram Language kann diese Zeichenkette in DatePlus als Datum plus Zeit interpretieren und einen beliebigen Zeitraum hinzufügen bzw. wegrechnen. Das resultierende Startdatum – also der Zeitpunkt, ab dem die Messdaten berücksichtigt werden sollen – muss nun wieder in eine Zeichenkette zurückverwandelt werden, was mit DateString nur recht umständlich gelingt. Nun können mit Select alle relevanten Messdaten in eine neue Liste übertragen werden. Order vergleicht dabei zwei Zeichenketten: die des Messzeitpunkts mit der des Startzeitpunkts.

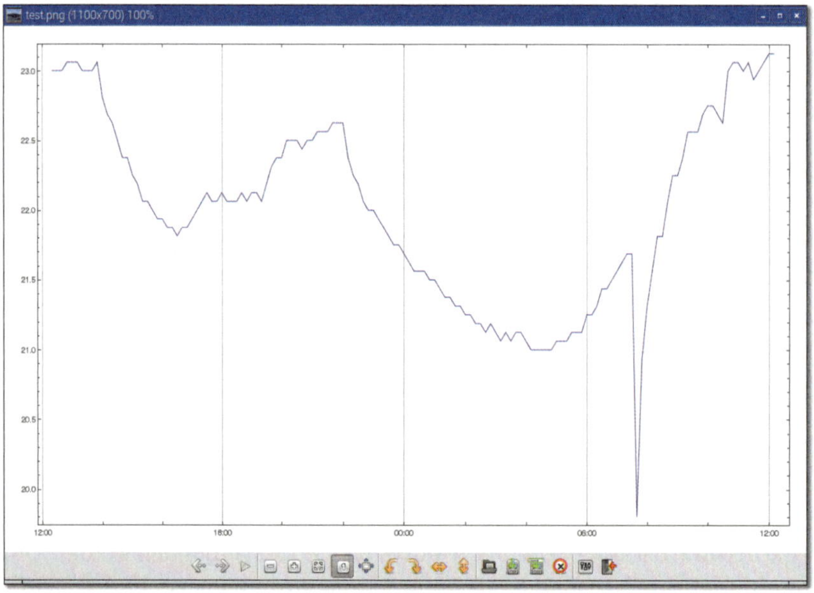

Abbildung 25.9 Eine 24-Stunden-Temperaturkurve in einem Arbeitsraum. Der starke Temperaturabfall ist kein Messfehler, sondern das Ergebnis des morgendlichen Stoßlüftens des Raums bei winterlichen Temperaturen.

Der Platzbedarf für die Speicherung der Temperaturmessdaten in temp.csv beträgt etwa 6 kByte pro Tag bzw. 2,2 MByte pro Jahr. Wenn das Sie stört, können Sie die Datei durch einen weiteren Cron-Job einmal monatlich auf die letzten 10.000 Zeilen kürzen, also auf einen Zeitraum von etwas mehr als zwei Monaten.

```
#!/bin/bash
# Datei /etc/cron.monthly/shorten-temp-log
tail -n 10000 /var/log/temp.csv > /var/log/temp.new
mv /var/log/temp.new /var/log/temp.csv
```

TEIL V

Projekte

Kapitel 26
Der Raspberry Pi im Vogelhaus

Der Winter war schon fast vorbei, als die Idee aufkam, ein Vogelhäuschen im Garten aufzuhängen. Ein eher kleines sollte es sein, geeignet für Meisen. Ob es vielleicht möglich wäre, mithilfe eines Raspberry Pi und einer Kamera die Vögel beim Brüten zu beobachten, ohne sie zu stören? »Versuch macht kluch!« Dabei ist das Vogelhaus natürlich nur der Aufhänger, um Ihnen die Möglichkeiten des Raspberry-Pi-Kameramoduls näherzubringen: In diesem Kapitel lernen Sie, wie Sie Einzelbilder, Videos und Zeitrafferaufnahmen anfertigen, und realisieren zum Schluss eine rein software-gesteuerte Bewegungserkennung. Diese können Sie nicht nur zur Beobachtung von Tieren, sondern auch als Alarmanlage nutzen.

26.1 Einbau des Raspberry Pi samt Kameramodul in ein Vogelhaus

Als Grundlage für unser Projekt diente ein Vogelhaus aus dem Gartenmarkt (siehe Abbildung 26.1); handwerklich geschickte Menschen greifen sicher lieber selbst zur Säge. Das Vogelhaus, auf das die Wahl fiel, ist ein Mehrfamilienhaus: Es hat drei separate Brutkammern, jede mit einem eigenen Eingang.

Von den drei Kammern soll nur die mittlere für brütende Meisen (auf deren Größe sind die Einfluglöcher bemessen) zur Verfügung stehen. Die beiden äußeren Kammern sollen die Technik aufnehmen (siehe Abbildung 26.2). Zuerst wird der Raspberry Pi installiert und die Kamera ausgerichtet. Die Befestigung erfolgte mit kurzen Stahlnägeln, die durch die unteren Belüftungslöcher des Kunststoffgehäuses geführt wurden.

Vom Raspberry-Pi-Kameramodul gibt es zwei Varianten: eine »normale« und das sogenannte »NoIR«-Modul. Wir wählten hier die »NoIR«-Variante, weil sie auch bei dämmrigem Licht noch ansehnliche Bilder liefert. Der Name (NoIR = *No Infrared*, außerdem ist *noir* das französische Wort für *schwarz*) deutet darauf hin, dass diesem Kameramodul der sonst übliche Filter für infrarotes Licht fehlt. Das führt am Tag zu verfälschten Farben. Bei Dunkelheit oder bei Beleuchtung mit einem Infrarotscheinwerfer liefert die NoIR-Variante aber auch dann noch Bilder, wenn das normale Kameramodul schon lange aufgegeben hat.

Abbildung 26.1 Das Vogelhaus, frisch aus dem Gartenmarkt

Das Modul löst fünf Megapixel auf, liefert also Bilder mit 2592×1944 Pixeln. Kleinere Formate lassen sich per Software einstellen. Im Videobetrieb liefert das Modul maximal 1080p (Full HD) bei 30 Bildern pro Sekunde. Es misst 25×20×9 Millimeter und wiegt 3 Gramm.

Im Vogelhaus reicht das durch die Einflugöffnung scheinende Mondlicht aus, um der Kamera brauchbare Aufnahmen zu ermöglichen (siehe Abbildung 26.3).

Flachbandkabel zu kurz?

Wenn das Flachbandkabel der Kamera zu kurz ist, können Sie inzwischen im Fachhandel eine längere Ausführung erwerben. Auch verschiedene Gehäuse für das Kameramodul (das in der Regel ohne Gehäuse verkauft wird) sind erhältlich.

Greifen Sie beim Stromanschluss unbedingt auf eine Steckdose zurück, die für den Betrieb im Außenbereich ausgelegt ist. In unser Vogelhaus hat es zwar nie hineingeregnet, aber Kondensfeuchte kann natürlich trotzdem entstehen. Achten Sie auch auf eine Zugentlastung der Zuleitung. Die Stromversorgung für den Raspberry Pi ist durch die Brutkammer geführt (siehe Abbildung 26.2). Bei Meisen funktioniert das, denn sie zerknabbern keine Kabel.

Abbildung 26.2 Eine Kammer für die Stromversorgung, eine für den Raspberry Pi, eine für die Mieter

Abbildung 26.3 Die bezugsfertige Kammer, von innen fotografiert durch den Raspberry Pi bei Mondlicht ohne künstliche Beleuchtung

Wenn Sie ein Vogelhaus wählen, das auch größeren Vögeln Platz bietet, sollten Sie das Kabel entweder anders führen oder es durch ein stabiles Rohr schützen. Auch für das Kameragehäuse wählen Sie in diesem Fall eine möglichst robuste Ausführung.

Zum Schluss schadet es nicht, das aufklappbare Dach der Vogelhauses zusätzlich mit etwas Dichtband abzudichten. Die Öffnung, aus der das Stromkabel austritt, kleben Sie mit wetterfestem Band, etwa Gewebeband, ab.

26.2 Kamerapraxis

Wir haben das Kameramodul für den Raspberry Pi ja bereits in Abschnitt 15.8, »Raspberry Pi Camera Board und PiNoIR«, näher vorgestellt. Dieser Abschnitt fasst nochmals zusammen, wie Sie das Modul in Betrieb nehmen und wie Sie Bild- und Filmaufnahmen erstellen. Außerdem erfahren Sie hier, wie Sie aus Einzelbildern einen Zeitrafferfilm machen, und lernen Möglichkeiten zur Bildoptimierung kennen.

Das Kameramodul betriebsbereit machen

Nachdem Sie das Kameramodul angeschlossen haben, rufen Sie einmal `sudo raspi-config` auf (siehe Abbildung 26.4). Wählen Sie den Menüpunkt `Enable Camera` und danach `Finish`. Sie werden nun aufgefordert, den Raspberry Pi einmal neu zu starten. Danach ist das Kameramodul betriebsbereit.

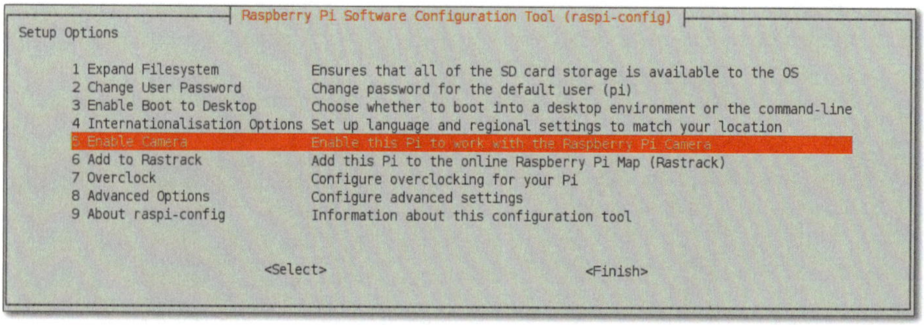

Abbildung 26.4 Aktivierung des Raspberry-Pi-Kameramoduls in raspi-config

Kamera-LED deaktivieren

Immer wenn die Kamera aktiv ist, also ein Bild oder Video aufzeichnet, leuchtet eine rote Leuchtdiode (LED) an der Vorderseite des Moduls. Das ist im Vogelhaus nicht erwünscht, denn auf so kleinem Raum ist die LED sehr hell und würde die Vögel mit Sicherheit verschrecken.

Sie können die Aktivierung der LED zum Glück unterdrücken. Editieren Sie dazu die Datei `/boot/config.txt`, und hängen Sie die folgende Zeile an das Ende der Datei an:

```
disable_camera_led=1
```

Auch diese Einstellung wird erst nach einem Neustart wirksam.

Standbilder mit raspistill aufnehmen

Bereits vorinstalliert sind die Programme `raspistill` und `raspivid`. Das eine ist für Bilder zuständig (engl. *still* = Standbild), das andere für Videos. Mit `raspistill` können Sie nicht nur einfach Bilder anfertigen, sondern diese auch in vielfältiger Weise manipulieren und nachbearbeiten. Es gibt Korrekturmöglichkeiten für die meisten gängigen Bildfehler, und Sie können auf Belichtung, Schärfe, Sättigung und vieles Weitere Einfluss nehmen. Sogar Reihen- und Zeitrafferaufnahmen sind möglich.

Im einfachsten Fall entlocken Sie Ihrer Kamera mit diesem Kommando ein Standbild:

```
raspistill -o bild.jpg
```

Das Ergebnis `bild.jpg` wird im aktuellen Verzeichnis abgelegt. Es wird in voller Auflösung erzeugt (2595 breit, 1944 Pixel hoch) und im JPEG-Format gespeichert. Obwohl das JPEG-Format eine Kompression beinhaltet, ist die Qualitätsstufe standardmäßig so gewählt, dass in der Regel keine Bildstörungen sichtbar sind. Falls Sie direkt auf dem Raspberry Pi arbeiten, also Monitor und Tastatur angeschlossen haben, ist Ihnen sicher aufgefallen, dass das aufgenommene Bild auf dem Monitor eingeblendet wird. Das ist die *Preview*-Funktion (Preview = Vorschau). Sie können diese Funktion mit dem Parameter `-n` abschalten:

```
raspistill -o bild.jpg -n
```

Auch die anderen Bildeigenschaften können Sie durch weitere Parameter beeinflussen. Wollen Sie etwa ein kleineres Bild haben, können Sie Höhe und Breite angeben:

```
raspistill -o bild.jpg -w 640 -h 480
```

Sind Ihnen die Bilddateien zu groß, können Sie die Qualität herunterschrauben und erhalten so kleinere Dateien. Hier wird die JPEG-Qualität auf 60 Prozent reduziert:

```
raspistill -o bild.jpg -q 60
```

Möchten Sie Ihre Bilder nicht im JPEG-Format bekommen, so stehen Ihnen auch noch die Ausgabeformate GIF, PNG und BMP zur Verfügung. Um die Ausgabe im PNG-Format zu wählen, geben Sie Folgendes ein:

```
raspistill -o bild.png -e png
```

Möglichkeiten zur Bildkorrektur

Wenn die Standardwerte des Kameramoduls keine zufriedenstellenden Ergebnisse liefern, gibt es einige Stellschrauben, an denen Sie drehen können. Ist Ihr Bild chronisch unterbelichtet, ohne dass Sie das Problem durch eine Änderung der Beleuchtungssituation beheben können, kommt Ihnen vielleicht der Parameter `-ev` (Exposure Value, Belichtungskorrektur) zur Hilfe. Das Bild wird, wenn Sie hier einen positiven Wert angeben, künstlich aufgehellt. Dieser und weitere Parameter zu Bildkorrektur werden in Abschnitt 15.8, »Raspberry Pi Camera Board und PiNoIR«, erläutert.

ISO-Einstellung

Wenn heute ein Kindergartenkind gebeten wird, Filmdöschen zum Basteln mitzubringen, guckt es in der Regel ein wenig verwirrt aus der Wäsche. Wir Älteren wissen aber noch, dass es Filmrollen in verschiedenen Empfindlichkeitsstufen gibt, die an der ISO-Zahl erkennbar sind und von Anhängern der analogen Fotografie noch heute gern benutzt werden. Je höher der ISO-Wert ist, umso empfindlicher ist der Film, also umso weniger Licht muss auf ihn fallen, um ein ansehnliches Bild zu produzieren.

Die Sensoren heutiger Kameras können ebenfalls in ihrer Empfindlichkeit eingestellt werden. Höhere ISO-Werte erhöhen auch hier die Empfindlichkeit und ermöglichen Aufnahmen bei schlechten Lichtverhältnissen. Diesen Vorteil erkauft man sich in der Regel mit zunehmendem Bildrauschen.

Auch den ISO-Wert der Raspberry-Pi-Kamera können Sie einstellen. Standardmäßig kommt eine Automatik zum Einsatz, die selbstständig versucht, die richtige ISO-Einstellung zu wählen. Bei schwierigen Lichtverhältnissen kann die Automatik aber versagen und über- oder unterbelichtete Bilder liefern. In diesem Fall stellen Sie den Wert manuell ein:

```
raspistill -o bild.jpg -ISO 800
```

Im Vogelhaus wurde die Kamera auf die höchste Empfindlichkeitsstufe eingestellt. Die Skala reicht bei der Raspberry-Kamera von 100 bis 800 in Hunderterschritten. Den ISO-Parameter können Sie auch für Videoaufnahmen mit `raspivid` nutzen.

Zeitverzögerung und Zeitrafferfilme

Sie können die Kamera eine Zeitlang warten lassen, bevor das Bild erzeugt wird. Die Länge der Pause geben Sie in Millisekunden an, für fünf Sekunden Verzögerung also 5000:

```
raspistill -o bild.jpg -t 5000
```

Eine Zeitrafferaufnahme erstellen Sie, indem Sie den zusätzlichen Parameter `-tl` (*tl = timelapse*, Zeitraffer) hinzunehmen. Das folgende Kommando erstellt alle fünf Sekunden ein Bild, insgesamt sechzig Sekunden lang. Das `%03d` im Dateinamen führt dazu, dass `raspistill` die Bilder mit einer fortlaufenden dreistelligen Nummer versieht, also `bild-001.jpg`, `bild-002.jpg` und so weiter.

```
raspistill -o bild-%03d.jpg -t 60000 -tl 5000
```

Jetzt haben Sie eine Reihe von Einzelaufnahmen, die Sie zu einem Zeitraffervideo zusammensetzen können. Das gelingt mit `avconv` (audio-video-converter). Sollte `avconv` auf Ihrem Raspberry Pi noch nicht installiert sein, können Sie das schnell mit `sudo apt-get -fym install libav-tools` nachholen. Das folgende Kommando erstellt aus Ihren Einzelbildern ein Video im MP4-Format mit fünf Bildern pro Sekunde:

```
avconv -r5 -f image2 -i bild-%03d.jpg zeitraffer.mp4
```

Dieser Vorgang ist sehr rechenintensiv und dauert auf dem Raspberry Pi eine ganze Weile. Falls Sie noch einen weiteren, schnelleren Linux-Rechner zur Verfügung haben, ist es eine gute Idee, die Einzelbilder auf diesen zu kopieren und das Zeitraffervideo dort erstellen zu lassen.

Videos aufzeichnen mit raspivid

Das Aufzeichnen von Videos mit `raspivid` ist genau so einfach wie das Anfertigen von Standbildern, und viele Parameter sind ebenfalls gleich oder ähnlich. Das folgende Kommando nimmt ein Video von 10 Sekunden Länge auf (auch hier wieder in Millisekunden angegeben). Die Größe ist dabei auf 640 mal 480 Pixel reduziert.

```
raspivid -o video.h264 -w 640 -h 480 -t 10000
```

Das Videoformat `H.264`, das standardmäßig verwendet wird, können die meisten Abspieler problemlos verarbeiten. Sollten Sie doch einmal Probleme haben, können Sie das Video mit `avconv` konvertieren, das Sie bei den Zeitrafferaufnahmen schon kennengelernt haben. Das folgende Kommando rechnet Ihr Video in das MP4-Format um:

```
avconv -i video.h264 -vcodec copy video.mp4
```

Hier gilt wie beim Zeitraffer: Es dauert auf dem Raspberry Pi recht lange. Sie können tricksen, indem Sie die Bildwiederholrate reduzieren, etwa auf 15 Bilder pro Sekunde:

```
avconv -i video.h264 -r 15 -vcodec copy video.mp4
```

Das geht natürlich zulasten der Bildqualität. Bei 15 Bildern pro Sekunde nimmt das menschliche Auge schon ein störendes Ruckeln wahr. Besser ist es, Sie nehmen die Konvertierung auf einem anderen, schnelleren Rechner vor.

26.3 Bewegungserkennung mit motion

Zeitrafferaufnahmen und Videos sind gut und schön, aber wenn sich vor der Linse nichts tut, sind sie genauso langweilig wie ein Standbild. Daher wäre es sinnvoll, eine Bewegungserkennung zu haben, die die Kamera nur dann zu einer Aufnahme veranlasst, wenn tatsächlich etwas passiert. Das ist nicht nur für unser Vogelhaus sinnvoll, sondern eignet sich auch gut als Alarmanlage während des Urlaubs oder zur Beobachtung schreckhafter Tiere.

Das Paket `motion` ermöglicht es Ihnen, diese Idee mit dem Raspberry-Pi-Kameramodul und natürlich auch mit anderen Webcams umzusetzen. Mit den folgenden Kommandos installieren Sie `motion` und das Paket `v4l-utils`. Dieses Paket enthält einen v4l-Treiber (*v4l = video for linux*), der das Raspberry-Pi-Kameramodul unter der Bezeichnung `/dev/video0` für `motion` sicht- und nutzbar macht.

```
apt-get update
apt-get upgrade
apt-get -fym install v4l-utils motion
```

Das folgende Kommando lädt das Treibermodul. Nachdem Sie es ausgeführt haben, existiert die Datei `/dev/video0`.

```
modprobe bcm2835-v4l2
```

Dass das Modul korrekt geladen und die Kamera erkannt wurde, sehen Sie auch im System-Logfile. Schauen Sie sich die letzten Zeilen mit `tail -n 20 /var/log/syslog` einmal an:

```
[  864.023270] Linux video capture interface: v2.00
[  864.068272] bcm2835-v4l2: scene mode selected 0, was 0
[  864.074260] bcm2835-v4l2: V4L2 device registered as
               video0 - stills mode > 1280x720
[  864.079525] bcm2835-v4l2: Broadcom 2835 MMAL video capture
               ver 0.0.2 loaded.
```

Das Treibermodul wird noch weiterentwickelt, deshalb können bei Ihnen andere Versionsnummern auftauchen. Wichtig ist `registered as video0`, denn das bedeutet, dass Ihre Kamera startklar ist.

Motion konfigurieren

Das Paket `motion` bringt bei der Installation eine Konfigurationsdatei mit, die `/etc/motion/motion.conf` heißt. Lassen Sie sich nicht von der Größe der Datei abschrecken! Man kann sehr viel einstellen, aber fast alle Werte haben sinnvolle Voreinstellungen und müssen nicht geändert werden. Um mit `motion` loslegen zu können, reichen ganz wenige Modifikationen, die wir nun Schritt für Schritt erläutern. Trotzdem ist es immer eine gute Idee, die unveränderte Konfigurationsdatei unter einem anderen Namen zu sichern, etwa so:

```
sudo cp /etc/motion/motion.conf /etc/motion.motion.conf.sicher
```

Jetzt kann es losgehen. Öffnen Sie die `motion.conf`, und suchen Sie diese Zeilen:

```
# Datei /etc/motion/motion.conf
# Image width (pixels).
# Valid range: Camera dependent, default: 352
width 320

# Image height (pixels).
# Valid range: Camera dependent, default: 288
height 240
```

Hier können Sie die Bildgröße einstellen, die `motion` aufzeichnen wird. 320×240 Pixel ist arg klein, diese Werte können Sie getrost verdoppeln.

Danach stellen Sie die Empfindlichkeit ein, mit der `motion` auf Änderungen im Bild reagiert. Die Bewegungserkennung funktioniert so, dass `motion` nacheinander aufgenommene Bilder miteinander vergleicht und prüft, wie viele Bildpunkte sich von einem zum anderen Bild geändert haben. Ist eine gewisse Schwelle überschritten, startet `motion` die Aufnahme und stoppt sie wieder, wenn das Bild sich beruhigt. Diese Schwelle stellen Sie an folgender Stelle der Konfigurationsdatei ein:

```
# Datei /etc/motion/motion.conf
# Threshold for number of changed pixels in an image that
# triggers motion detection (default: 1500)
threshold 1500
```

Standardmäßig müssen sich also 1500 Pixel zwischen zwei Bildern ändern, damit `motion` dies als Bewegung interpretiert und reagiert. Für Ihre ersten Experimente können Sie diesen Wert niedrig ansetzen. Später finden Sie den richtigen Wert eigentlich nur durch ein wenig Experimentieren heraus, denn er hängt natürlich auch ganz wesentlich davon ab, was Sie beobachten oder überwachen möchten. Eine Beobachtungskamera in einem Vogelhaus benötigt hier natürlich andere Werte, als wenn Sie `motion` nachts als Einbruchsüberwachung in einer Lagerhalle einsetzen.

Nun kommen wir zum Ausgabeformat. Per Default speichert `motion` alle Videos im Shockwave-Flash-Format mit der Dateiendung `.swf`:

```
# Datei /etc/motion/motion.conf
ffmpeg_video_codec swf
```

Dafür benötigen Sie jedoch eine proprietäre Abspielsoftware, was unschön ist. Um stattdessen Videos im MP4-Format zu erhalten, ändern Sie die Zeile so ab:

```
# Datei /etc/motion/motion.conf
ffmpeg_video_codec mpeg4
```

Nicht notwendig, aber eine nette Spielerei ist die `locate`-Funktion. Wenn `motion` irgendwo im Bild eine Bewegung erkannt hat, kann es diesen Bildbereich mit einem rechteckigen Rahmen kennzeichnen. Diese Funktion ist zunächst deaktiviert (`off`). Ändern Sie sie zu `locate on`, wenn Sie diese Funktion nutzen möchten.

```
# Datei /etc/motion/motion.conf
locate off
```

Auf Port 8081 stellt `motion` einen Mini-Webserver zur Verfügung, auf dem Sie das aktuelle Bild der Kamera live verfolgen können. Es gibt aber zwei Haken: Erstens ist `motion` zunächst so konfiguriert, dass sich das Live-Bild nur bei einer erkannten Bewegung aktualisiert. Zweitens ist dieser Webserver nicht von anderen Rechnern im gleichen Netz erreichbar, denn er ist nur an das lokale Loopback-Interface gebunden. Glücklicherweise lässt sich beides leicht ändern. Finden Sie die folgenden Zeilen:

```
# Datei /etc/motion/motion.conf
# rate given by webcam_maxrate when motion is detected
# (default: off)
webcam_motion off
...
# Restrict webcam connections to localhost only
# (default: on)
webcam_localhost on
```

Ändern Sie nun `off` bzw. `on` in das jeweilige Gegenteil:

```
# Datei /etc/motion/motion.conf
webcam_motion on
...
webcam_localhost off
```

Jetzt stellt der Livestream ein Bild pro Sekunde dar, auch wenn nichts passiert (ein Video speichert `motion` natürlich trotzdem nur dann, wenn eine Bewegung erkannt wird). Außerdem ist der Livestream jetzt auch von den Netznachbarn Ihres Raspberry Pi zu bewundern. Das können Sie auch gleich einmal ausprobieren, denn die grundlegende Konfiguration ist damit abgeschlossen.

Sie starten `motion` mit dem gleichnamigen Kommando im Terminal. Es sucht nach der Konfigurationsdatei `/etc/motion/motion.conf` und liest sie ein. Jetzt können Sie auf einem Browser die Adresse Ihres Raspberry Pi, gefolgt von `:8081` eingeben. Hat der Raspberry Pi also zum Beispiel die IP-Adresse 192.168.2.10, so geben Sie in die Adresszeile des Browsers `192.168.2.10:8081` ein. Jetzt sehen Sie ein Bild pro Sekunde live aus der Raspberry-Pi-Kamera. Wenn eine Bewegung im Bild erkannt wird, umrahmt `motion` den Bereich (siehe Abbildung 26.5) und startet gleichzeitig die Aufnahme.

Abbildung 26.5 motion erkennt eine Bewegung.

Der fehlende Infrarotfilter des NoIR-Kameramoduls verfälscht die Farben, wenn man es bei Tageslicht einsetzt. Die Aufnahmen speichert `motion` im Verzeichnis `/tmp/motion`. Es ist sinnvoll, alte Dateien regelmäßig aus diesem Verzeichnis zu löschen, denn je nach Aktivität kann es dort bald recht eng zugehen. Es empfiehlt sich, der in Linux eingebauten Zeitsteuerung `Cron` diese Aufgabe zu überlassen. `Cron` hat eine Art To-do-Liste, die `crontab`. Sie editieren sie mit dem Kommando `sudo crontab -e`. Fügen Sie diese Zeile hinzu:

```
0 0 * * * find /tmp/motion/ -iname "*"  mtime +7 -delete
```

Verlassen Sie nun den Editor. Jetzt werden täglich um Mitternacht alle Dateien aus `/tmp/motion` gelöscht, die älter als 7 Tage sind.

26.4 Das Vogelhaus im praktischen Einsatz

Nach so vielen Tipps zur optimalen Verwendung der Kamera sollen Sie zum Abschluss noch erfahren, welche der bisher dargestellten Möglichkeiten wir tatsächlich im Vogelhaus genutzt haben: Die Bewegungserkennung mit `motion`, die ein durchaus breites Einsatzspektrum hat, haben wir nicht genutzt. Der Grund: Wären tatsächlich Meisen in das Haus eingezogen, so wäre dort permanent Bewegung gewesen, und motion hätte praktisch unablässig gefilmt – jedenfalls, solange das Licht ausreicht.

Stattdessen wurde mit raspistill alle 60 Sekunden ein Einzelbild in der Auflösung 1024×768 Pixel geschossen. Es bietet sich an, das von cron erledigen zu lassen (siehe Abschnitt 4.12). Der folgende crontab-Eintrag ist hier nur aus Platzgründen über zwei Zeilen verteilt. Geben Sie das gesamte Kommando ohne \ in einer Zeile an!

```
* * * * * raspistill -o /var/www/html/birdpi.jpg -w 1024 -h 768 \
                    -ex night -ifx denoise -sh 50
```

Der Parameter -ex night schaltet die Kamera dabei in eine Art Nachtmodus. Dieser bewirkt hauptsächlich, dass die Kamera hohe ISO-Werte nutzt, die sonst nicht zum Einsatz kämen. Mit -ifx denoise wird eine Nachbearbeitung vorgenommen, die das Bildrauschen reduzieren soll, das durch die hohen ISO-Werte entsteht. Dadurch wird das Bild aber recht stark »gebügelt«, und es besteht die Gefahr, dass Details verloren gehen. Deshalb wird zum Schluss noch mit -sh 50 ein wenig nachgeschärft.

Abgelegt wird das Bild unter /var/www/html. Das ist das Standardverzeichnis des Webservers Apache, der ebenfalls auf dem Raspberry Pi installiert ist. Im gleichen Verzeichnis liegt eine sehr einfach gestrickte HTML-Datei, die nichts weiter macht, als dieses Bild anzuzeigen:

```
<html>
  <head>
    <title>BirdPi</title>
  </head>
  <body>
    <img src="./birdpi.jpg" alt="Vogelhaus">
  </body>
</html>
```

Durch Eingabe der IP-Adresse des Vogelhaus-Raspberry-Pi wird nun das Bild aus der Brutkammer angezeigt.

Lichtverhältnisse und Bildqualität

Wir waren uns nicht sicher, wie Meisen auf zusätzliches Infrarotlicht in der Brutkammer reagieren, und haben es daher nicht eingesetzt. Das hat zur Folge, dass für einige Stunden in der Mitte der Nacht ein rein schwarzes Bild entsteht. Allerdings ist die NoIR-Variante der Raspberry-Kamera ausreichend lichtstark, um auch bei sehr geringem Umgebungslicht, etwa bei Mondschein oder in der Morgen- und Abenddämmerung, schon erkennbare Bilder zu liefern. Falls doch irgendwann ein Hilfslicht zum Einsatz kommen wird, werden wir zu einer einzelnen Infrarot-Diode greifen – alles andere wäre für den Einsatz auf so kleinem Raum völlig übertrieben.

Die Bildqualität haben wir getestet, indem wir kleine Gegenstände in das Vogelhaus gelegt haben, etwa ein Spielzeugauto oder eine Tomate. Die entstandenen Bilder waren brauchbar, wenn auch nicht hundertprozentig scharf. Das liegt daran, dass man bei dieser Entfernung an der Naheinstellgrenze der Kamera kratzt. Sie kennen das von Ihren eigenen Augen – was Sie sich direkt vor die Pupille halten, können Ihre Augen nicht scharf abbilden, ein gewisser Mindestabstand muss sein. Trotzdem war das Bild hinreichend gut, um von weiteren Modifikationen abzusehen.

Wo ist nun die brütende Meise?

Gern hätten wir Ihnen an dieser Stelle noch ein Foto von brütenden Meisen gezeigt, aber unser Vogelhaus wurde leider nur temporär bezogen. Im Winter übernachtete dort regelmäßig eine Kohlmeise (siehe Abbildung 26.6), zum Nestbau kam es aber nicht. Wir versuchen es weiter und halten Sie im Blog zu diesem Buch unter der Adresse *http://pi-buch.info* auf dem Laufenden!

Abbildung 26.6 Eine Kohlmeise im Vogelhaus

Kapitel 27
Zeitmessung mit Lichtschranken

In diesem kleinen Projekt machen wir einen Ausflug in den Physikunterricht. Die Aufgabenstellung ist einfach: *Die horizontale und vertikale Entfernung von Start- und Zielpunkt seien definiert: Finden Sie nun den schnellsten Weg vom Start zum Ziel.* Bei diesem Vorhaben hilft Ihnen eine Kugel sowie eine selbst gebaute Kugelbahn. Der Raspberry Pi kommt bei der Messung der benötigten Zeit ins Spiel. Wenn die Kugel über die Startlinie rollt, löst sie einen Timer aus, der gestoppt wird, wenn die Kugel die Ziellinie erreicht.

Hinweise auf den sinnvollsten Verlauf der Kugelbahn sowie die physikalischen Hintergründe finden Sie unter dem Stichwort *Brachistochrone* bei Wikipedia. So viel vorweg: Gerade bei flachen Bahnen ist der direkte Weg erstaunlicherweise *nicht* der schnellste!

http://de.wikipedia.org/wiki/Brachistochrone

27.1 Versuchsaufbau (Hardware)

Holz, Metall oder Papier? Bei dem Design der Bahn ist Ihre Kreativität gefragt – oder die Ihrer Schüler. Wir entschieden uns für ausrangierte Laufrohre eines Hamsterkäfigs. Um Ihnen die Lösung des Experiments nicht gleich zu verraten, gehört unsere Streckenführung sicherlich nicht zu den Top-Favoriten (siehe Abbildung 27.1). Zugegeben, den mechanischen Part dieses Projekts hätte man sicher eleganter ausführen können.

Schaltungsaufbau mit IR-Lichtschranken

Beginnen wir mit der Start- und Zielerkennung. Hierfür nutzen Sie am besten kleine Infrarotlichtschranken. Diese gibt es bei eBay oder auch im Elektrofachhandel zumeist paarweise. Die Lichtschranke benötigt nämlich einen Sender und einem Empfänger. In unserem Fall nutzten wir das Lichtschrankenpaar *Temic K153P*. Unter diesem Suchbegriff finden Sie das Bauteilpaar auch beim Elektronikhändler Pollin.

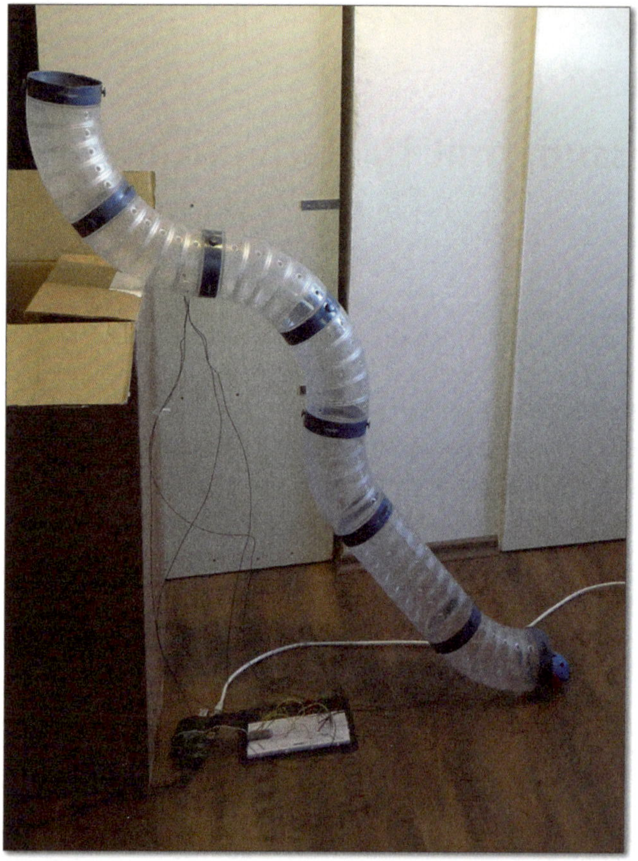

Abbildung 27.1 Kugelbahn aus Nagetierlaufröhren

Die Funktionsweise ist denkbar einfach: Der Sender ist eine LED. Sie ist gepolt und besitzt Anode und Kathode. Ist sie in Betrieb, so werden Sie dies mit bloßem Auge allerdings nicht erkennen. Die Sende-LED strahlt infrarotes Licht im Bereich von 985 nm aus.

Der Empfänger hingegen ist ein Transistor. Aus dem Gehäuse ausgeführt sind jedoch nur zwei Beinchen: Kollektor und Emitter. Ein Basisbeinchen ist nicht notwendig, da der Transistor leitend wird, sobald infrarotes Licht in die Linse fällt. Das gleiche Prinzip, nur in einem gemeinsamen Gehäuse, kennen Sie sicher vom Optokoppler (siehe Abschnitt 13.2, »Optokoppler«).

Beachten Sie, dass Sie je nach Modell die Versorgungsspannung der Sende-LED und den Vorwiderstand gegebenenfalls anpassen müssen. Die beiden Empfängertransistoren *hängen* über einem Widerstand an GND (siehe Abbildung 27.2). Die Eingänge der Pins 16 und 18 ziehen Sie später im Programmcode durch einen internen Pull-up-Widerstand auf 3,3 V. Schaltet der Transistor also durch, liegt an den Eingängen ein Low-Signal an.

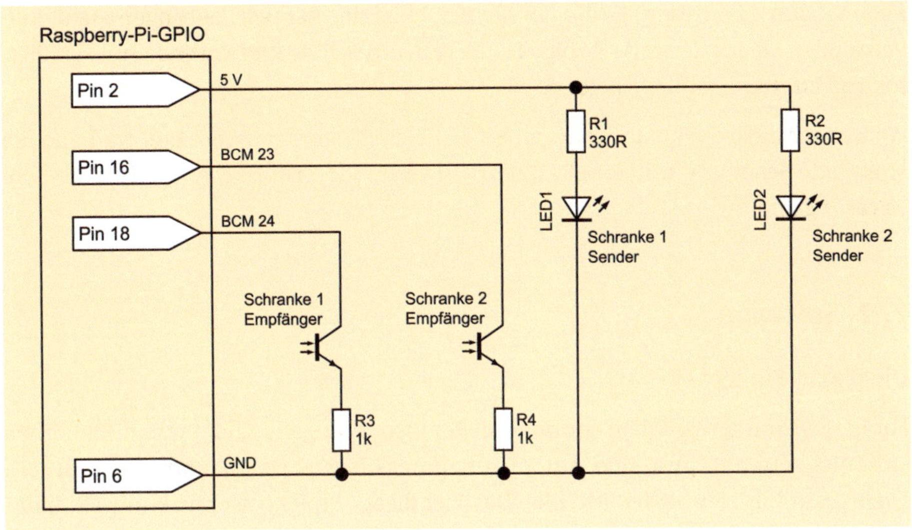

Abbildung 27.2 Anschluss der Lichtschrankenpaare

Die beiden Lichtschrankenpaare bringen Sie nun rechts und links von Ihrer Kugelbahn an (siehe Abbildung 27.3). Die Reichweite der Lichtschranke betrug in unseren Versuchen mindestens 5 cm.

Abbildung 27.3 Ziel-Lichtschranke am Röhrenausgang

Das Ausrichten der Bauteilpaare kann mitunter sehr mühsam werden. Gerade bei größeren Abständen ist eine sehr genaue Ausrichtung notwendig. Starten Sie dazu am besten das Python-Programm dieses Projekts, und beobachten Sie die Ausgaben am Bildschirm. So erkennen Sie sofort, wenn einer der Transistoren reagiert.

Zudem kann es notwendig sein, an die Beinchen der Bauteile Leitungen anzulöten. Verwenden Sie idealerweise farbige Leitungen, um Anode und Kathode sowie Kollektor und Emitter zu unterscheiden.

Wenn der Aufbau steht, die Lichtschranken befestigt sowie ausgerichtet sind und die komplette Schaltung mit dem Raspberry Pi verbunden ist, können Sie mit der Software fortfahren.

27.2 Software

Die pigpio-Bibliothek

Für dieses Programm haben wir uns von der bisher oft genutzten Python-Bibliothek `RPi.GPIO` getrennt und sind auf `pigpio` umgestiegen. Der Grund dafür ist das Event-Handling der beiden Module. Das Ziel dieses Projekts ist das Ermitteln einer Geschwindigkeit. Dazu sind – gerade bei kurzen Strecken – auch sehr genaue Start- und Zielsignale notwendig. `RPi.GPIO` unterstützt zwar Events, nennt uns aber nicht den genauen Zeitpunkt der erkannten Flanke.

Natürlich kann eine Funktion aufgerufen werden, die z. B. per `time.time()` die genaue Uhrzeit ermittelt. Auch wenn Sie es kaum wahrnehmen: All dies dauert Zeit, und das Aufrufen der Funktionen kann sogar von der aktuellen Prozessorauslastung beeinflusst werden und somit von Mal zu Mal schwanken. Für eine Geschwindigkeitsmessung ist das nicht optimal. Wir möchten Ihnen daher eine Methode aufzeigen, die in der Wiederholgenauigkeit der Flankenerkennung deutlich zuverlässiger funktioniert.

Die Python-Bibliothek `pigpio` speichert im Moment der Flankenerkennung einen Zeitstempel in Form von *CPU-Ticks*, wobei jeder Tick einer Mikrosekunde entspricht. Diesen Zeitpunkt können Sie danach auslesen und für die Berechnungen verwenden. Es geht also keine Zeit mehr für Zwischenschritte verloren.

Installieren Sie dazu erst einmal `pigpio`:

```
wget abyz.co.uk/rpi/pigpio/pigpio.zip
unzip pigpio.zip
cd PIGPIO
make
make install
```

Eine C-Bibliothek, Dokumentation und weitere Beispiele finden Sie auf der Webseite von `pigpio`:

http://abyz.co.uk/rpi/pigpio

pigpio nutzt einen Dämon, der im Hintergrund läuft. Nur so ist es pigpio möglich, direkten Zugriff auf die GPIOs zu erhalten, also ohne den Umweg über Python. Der Dämon muss *vor* dem Start des Programms gestartet werden:

```
sudo pigpiod
```

Um den Dämon automatisch bei jedem Start des Raspberry Pi zu starten, fügen Sie folgende Zeile in die Datei /etc/rc.local vor exit 0 ein:

```
sudo  pigpiod
```

Programmcode

Das Python-Code für das Kugelrennen sieht wie folgt aus:

```
#!/usr/bin/python3
# coding=utf-8
# Datei geschwindigkeitsmessung.py
import time, sys
import pigpio

pi = pigpio.pi()
pi.set_mode(23, pigpio.INPUT)
pi.set_mode(24, pigpio.INPUT)
pi.set_pull_up_down(23, pigpio.PUD_UP)
pi.set_pull_up_down(24, pigpio.PUD_UP)

# Callback-Funktion zum Start der Stoppuhr
def start(pin,status,tick):
    global tick_start
    tick_start = tick
    print ("Start")

# Callback-Funktion, um die Uhr zu stoppen
def ende (pin,status,tick_end):
    diff = (pigpio.tickDiff(tick_start, tick_end) * 10 ** (-6))
    print (diff, "Sekunden")
    # 1000 = 1 m. Entspricht der Bahnlänge.
    v = (1000 / diff) * 0.0036
    print (v, "km/h")
    return

# Start des Hauptprogramms
event_start = pi.callback(24, pigpio.FALLING_EDGE, start)
event_ende = pi.callback(23, pigpio.FALLING_EDGE, ende)
```

```
try:
  while True:
    time.sleep(5)
except KeyboardInterrupt:
  pi.stop()
  sys.exit()
```

Gehen wir das Programm kurz durch: `pi = pigpio.pi()` instanziiert `pgpio`. Die vier darauffolgenden Zeilen setzen GPIO 23 und 24 als Eingang und statten diese mit den internen Pull-up-Widerständen aus. Beachten Sie, dass `pigpio` ausschließlich die BCM-Nummerierung der GPIO-Pins nutzt!

Es folgen die beiden Funktionen, in denen die Start- und Zielzeit ermittelt und umgerechnet wird. Der Start-Zeitstempel (Tick) wird von `pi.callback(24, pigpio.FALLING_EDGE, start)` an die Funktion `start` übergeben. Entsprechend verhält sich der Zeitstempel des Zieldurchlaufs für die Funktion `ende`. Dort wird die Differenz der beiden Zeitstempel in `km/h` konvertiert.

Stellen Sie sicher, dass Sie den `pigpio`-Dämon gestartet haben, und führen Sie dann das Python-Programm aus. Nun können Sie die Kugel rollen lassen. Die Ausgabe sieht in etwa so aus:

```
Start
3.061313 Sekunden
1.1759659989 km/h
```

`pigpio` hinterließ in unserem Test einen ausgezeichneten Eindruck, was seine Wiederholgenauigkeit betrifft. Die Werte auf einer geraden Bahn nach drei Durchläufen:

- 8,5 km/h
- 8,6 km/h
- 8,5 km/h

Bedenken Sie, dass der Raspberry Pi mit seinem Linux kein Echtzeitsystem ist. Die Verzögerung werden Sie in solch einer Anwendung kaum feststellen, aber sie ist vorhanden. Für sehr zeitkritische Anwendungen bietet sich der Arduino an.

Keine echte Geschwindigkeitsangabe

Die Umrechnung in km/h wird hier nur als Beispiel durchgeführt. Sie spiegelt nicht die tatsächliche Geschwindigkeit der Kugel am Ausgang der Kugelbahn wider, sondern ist ein Durchschnittswert.

Kapitel 28
Das autonome Auto

In diesem Projekt bauen wir ein kleines, vom Raspberry Pi gesteuertes Auto, das in der Lage ist, eigenständig einer schwarzen Linie zu folgen. Vielleicht kennen Sie aus Schule oder Ausbildung noch den kleinen *ASURO*. Das war ein Mini-Roboter, der nach schier endlosen Stunden Lötarbeit dann *mit Glück* in der Lage war, einer Linie zu folgen. Dasselbe Ziel verfolgen auch wir, und wir brauchen dazu nicht einmal einen Lötkolben.

Grundvoraussetzung sind die folgenden Komponenten:

- ein Raspberry Pi
- eine mobile Stromversorgung (siehe Abschnitt 11.4, »Stromversorgung«)
- ein RC-Car-Chassis
- ein Dual-Motortreiber, z. B. L298 (siehe Abschnitt 13.3, »Elektromotoren«)
- zwei Line-Follower-Module
- idealerweise ein WLAN-Stick zur Vermeidung von Kabeln

28.1 Hardware

Das Chassis

Als Basis des Autos können Sie im Prinzip jedes Chassis eines ferngesteuerten Autos verwenden. Alternativ finden Sie in vielen Online-Modellbau-Shops RC-Car-Chassis jeglicher Art. Wir haben das Modell *Dagu Rover 5* von *http://www.cxp-tech.de* verwendet (siehe Abbildung 28.1). Dass es sich hierbei um ein Kettenfahrzeug handelt, ist für unseren Fall von Vorteil: So benötigen wir keine separate Lenkung, sondern können die Fahrtrichtung über das einseitige Ansteuern einer Fahrzeugseite realisieren.

http://www.exp-tech.de/Roboter/UGV/Dagu-Rover-5-Chassis-4WD-4-Motors-4-Encoders-.html

Das Chassis enthält, wie viele andere auch, je zwei Motoren pro Fahrzeugseite. Wir werden die Motoren einer Seite parallel schalten. Damit behandeln wir jede Seite als einzelnen Motor. Zusätzlich sind vier Encoder an den Motoren angebracht, mit denen die Drehzahl zurückgelesen werden kann. Für dieses Projekt lassen wir die Encoder aber links liegen.

Abbildung 28.1 Das Kettenchassis »Dagu Rover 5«

Der Liniensensor

Als *Auge* des Autos verwenden wir einen *Line-Follower* (siehe Abbildung 28.2). Das ist ein kleiner Sensor, der durch infrarotes Licht dunkle und helle Flächen unterscheiden kann. So einen Sensor bekommen Sie ebenfalls in Modellbau-Shops oder bei eBay unter dem Suchbegriff *line follower*. Ein kompatibles Modul finden Sie z. B. auch bei EXP-Tech:

http://www.exp-tech.de/Sensoren/Entfernung-Naeherung/RedBot-Sensor-Line-Follower.html

Der Sensor verfügt über drei Anschlussbeinchen: VCC, GND und OUT. Die Funktionsweise ist ganz einfach. Der Sensor wird mit Spannung versorgt und erzeugt beim Erkennen einer dunklen Oberfläche ein Signal am OUT-Ausgang. Der Sensor macht sich die Lichtreflexion zunutze. Er besitzt eine infrarote Diode, die neben einem Fototransistor sitzt. Der Fototransistor bekommt nur infrarote Strahlung ab, sofern diese vom Untergrund reflektiert wird. Das ist nur auf hellen Oberflächen der Fall. Unsere spätere schwarze Linie wird das Licht nicht reflektieren, und der Sensor wechselt sein Ausgangssignal von High auf Low.

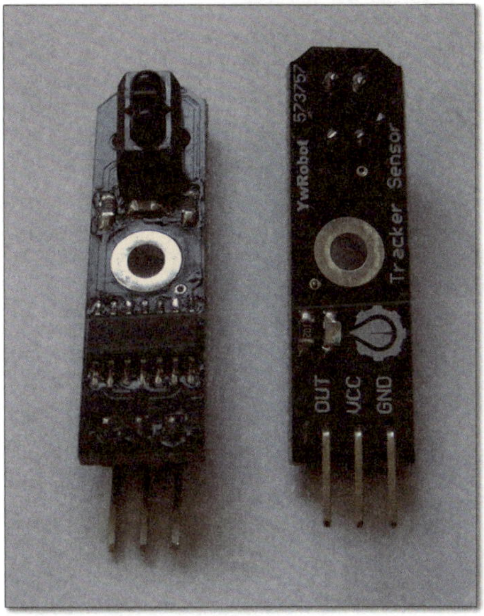

Abbildung 28.2 Die zwei Line-Follower-Sensoren, die an das Chassis montiert werden

Bei unseren Versuchen war es kein Problem, den Sensor mit 3,3 V zu versorgen. Der Sensor wird nämlich den Spannungspegel ausgeben, mit dem er versorgt wird. Stellen Sie also sicher, dass 3,3 V nicht überschritten werden, anderenfalls nutzen Sie einen Spannungsteiler am Ausgang (siehe Abschnitt 12.2, »Grundschaltungen«).

Die Mechanik

Beginnen wir nun mit dem mechanischen Teil dieses Projekts. Er verteilt sich auf mehrere Unterpunkte:

- Schaffen einer Grundfläche auf dem Chassis
- Montage der Line-Follower
- Befestigung des Raspberry Pi und des Motortreibers

Als Grundfläche haben wir eine dünne Holzplatte verwendet. Diese wird einfach auf das Chassis aufgeschraubt (siehe Abbildung 28.3). Mit zwei kleinen Bohrungen können die Motorleitungen an die Oberseite geführt werden. Sie können natürlich auch Ihre eigene Idee einer Grundplatte umsetzen. Beachten Sie allerdings, dass diese nicht zu schwer wird. Die kleinen Motoren kommen leicht an ihre Grenzen. Nutzen Sie daher Grundplatten aus Holz, Kunststoff oder maximal aus Aluminium.

Abbildung 28.3 Das Chassis mit Holzplatte als Grundfläche. Durch vier kleine Bohrungen können die Motorleitungen geführt werden.

Für dieses Vorhaben benötigen Sie zwei Line-Follower-Module. Angebracht haben wir diese auf zwei Metallwinkeln, die am Vorderbau des Chassis befestigt wurden, wodurch unser Auto nun einem Gabelstabler ähnelt (siehe Abbildung 28.4 bis 28.6). Der Abstand zwischen den beiden Sensoren beträgt ca. 2 cm. Unser Ziel ist es, die schwarze Linie zwischen den beiden Sensoren *einzusperren*. Berührt einer der beiden Sensoren die Linie, wird sofort ein Richtungswechsel des Fahrzeugs durchgeführt.

Abbildung 28.4 Zwei Metallwinkel dienen als Montagefläche für die Sensoren.

Abbildung 28.5 Die Montageflächen müssen nah am Boden sein. Ein idealer Abstand vom Boden zu den Sensoren beträgt 3 mm.

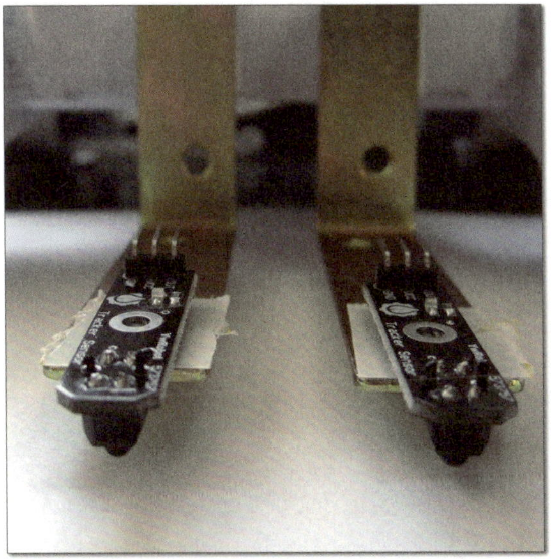

Abbildung 28.6 Die Line-Follower-Sensoren wurden mit Klebeband auf den Gabeln fixiert.

Als Motortreiber verwenden wir ein Fertigmodul. Das erspart uns eine Menge Verdrahtungsaufwand und minimiert damit auch das Fehlerpotenzial. Unser Fertigmodul verwendet den Treiber L298 und ist direkt kompatibel mit der Anleitung aus Kapitel 13, »LEDs, Motoren und Relais«.

Das Fertigmodul hat den Vorteil, dass alle Bauteile auf einer kleinen Leiterkarte montiert sind. Diese lässt sich einfach auf die Grundplatte aufschrauben. Ein weiterer

Vorteil besteht darin, dass die meisten L298-Fertigmodule einen 5-V-Ausgang besitzen. Sie erzeugen also aus der angelegten Motorspannung zusätzlich 5 V. Damit haben Sie die Möglichkeit, auch den Raspberry Pi zu versorgen. Da das Auto möglichst mobil bleiben soll, ist es anzustreben, keine Netzleitungen zu benutzen. Mehr zu den möglichen Stromversorgungsmethoden folgt gleich.

Anschlusspläne

Das Gesamtprojekt besteht aus mehreren Einzelblöcken (siehe Abbildung 28.7). Dazu zählen:

- der Raspberry Pi
- die Line-Follower-Sensoren
- der Motortreiber L298
- die Motoren
- die Spannungsquelle(n)

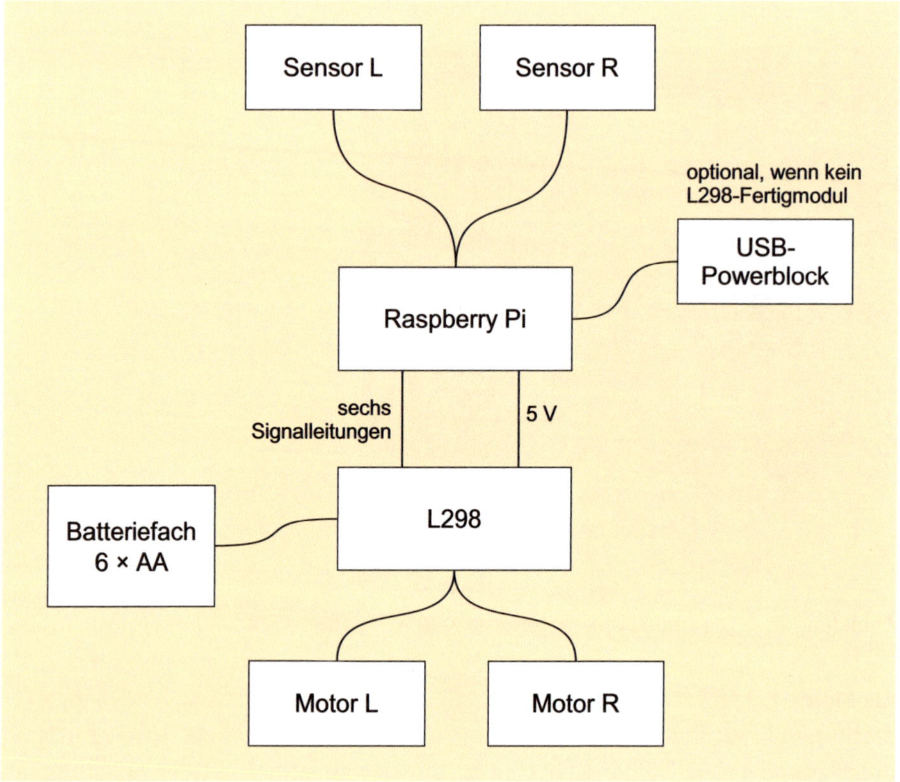

Abbildung 28.7 Die schematische Darstellung der Verbindung aller Einzelkomponenten

Für den Anschluss des Motortreibers und der beiden Sensoren haben wir einen detaillierten Schaltplan erstellt (siehe Abbildung 28.8). Der Schaltplan bezieht sich allerdings nur auf den Anschluss der Signalleitungen zum L298. Für ein Fertigmodul ist dies ausreichend. Wenn Sie einen Einzelbaustein verwenden, so schließen Sie die restlichen Pins gemäß den Anleitungen aus Kapitel 13, »LEDs, Motoren und Relais«, an.

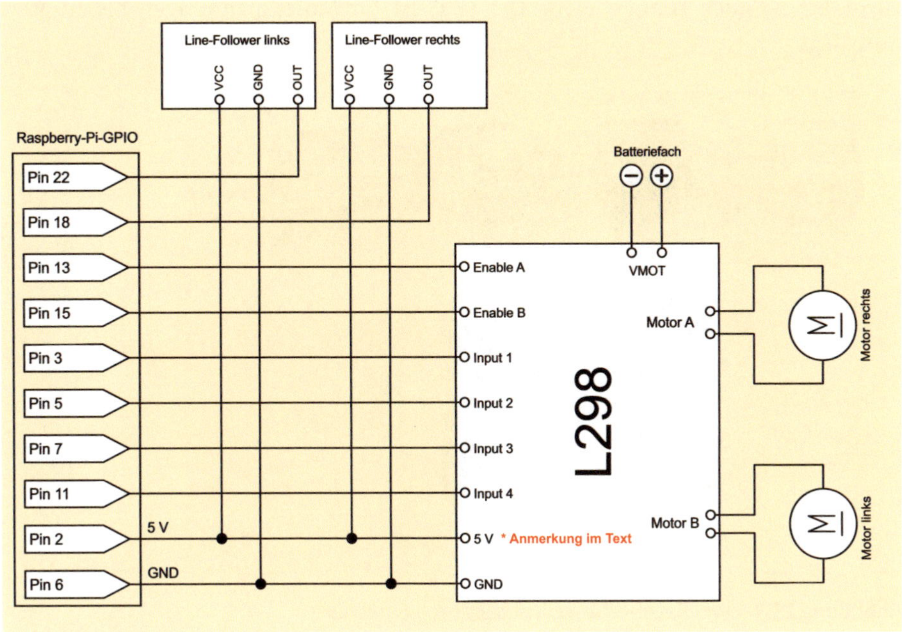

Abbildung 28.8 Anschluss des Motortreibers L298, der Line-Follower-Sensoren und der Motoren

Die mobile Stromversorgung des Raspberry Pi

Da das Auto beweglich sein soll, ist es notwendig, auf Zuleitungen von einem Netzteil zu verzichten. Wie wir bereits vorab erwähnt haben, erzeugen einige L298-Fertigmodule aus der angelegten Motorspannung intern 5 V. Diese können auch zur Versorgung des Raspberry Pi verwendet werden. Verbinden Sie dazu den 5-V-Ausgang des Moduls mit einem 5-V-GPIO-Pin, also z. B. mit Pin 2.

Falls Sie lieber einen Einzelbaustein als Motortreiber verwenden möchten oder Ihr Modul keine 5 V erzeugt, müssen Sie eine andere Möglichkeit zur Versorgung des Raspberry Pi wählen. In Abschnitt 11.4, »Stromversorgung«, finden Sie einige Vorschläge. Die ideale Wahl für dieses Projekt ist eine kleine USB-Powerbank. Diese kann einfach per Micro-USB-Kabel mit dem Raspberry Pi verbunden und vom Auto transportiert werden.

Stromversorgung der Motoren

Die Motoren des Dagu-Rover-5-Chassis laufen mit einer Betriebsspannung von 9 V. Es bietet sich hier ein Sechsfach-Batteriefach für AA-Batterien an (siehe Abbildung 28.9). Dieses schließen Sie an den Eingang für die Motorspannung und GND am L298-Modul an. Der Anschluss für die Motorversorgung wird meist mit VMS oder VMOT bezeichnet. Wenn Sie andere Motoren verwenden, die eine höhere Spannung benötigen, ist das auch kein Problem. Der L298 ist für Motorspannungen bis zu 40 V ausgelegt.

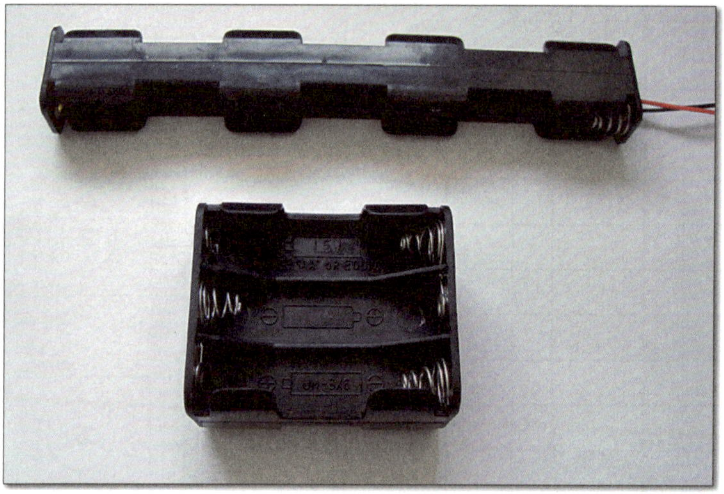

Abbildung 28.9 Zwei Batteriefächer für sechs AA-Batterien

Ausrichtung und erste Tests

Sie haben nun alle Einzelkomponenten zusammengefügt und verdrahtet. Der Raspberry Pi sollte jetzt mit Spannung versorgt und hochgefahren werden. Drucken Sie dann eine ca. 1 cm breite schwarze Linie auf ein weißes Blatt Papier. Legen Sie das Blatt nun so unter die Sensorengabel, dass die schwarze Linie zwischen den Sensoren liegt. Die LEDs auf den beiden Sensoren sollten nun leuchten, was signalisiert, dass das infrarote Licht vom weißen Papier reflektiert wird. Spricht ein Sensor bei Ihnen nicht an, so überprüfen Sie den Abstand der Sensoren zum Papier. Dieser sollte idealerweise 3 mm betragen (siehe Abbildung 28.10). Justieren Sie die Sensoren gegebenenfalls etwas nach.

Schieben Sie nun die schwarze Linie unter die Sensoren, und stellen Sie sicher, dass die LED erlischt, sobald die Linie in den Sensorbereich geschoben wird (siehe Abbildung 28.11).

Abbildung 28.10 Die Sensorengabel mit den angeschlossenen Line-Follower-Sensoren

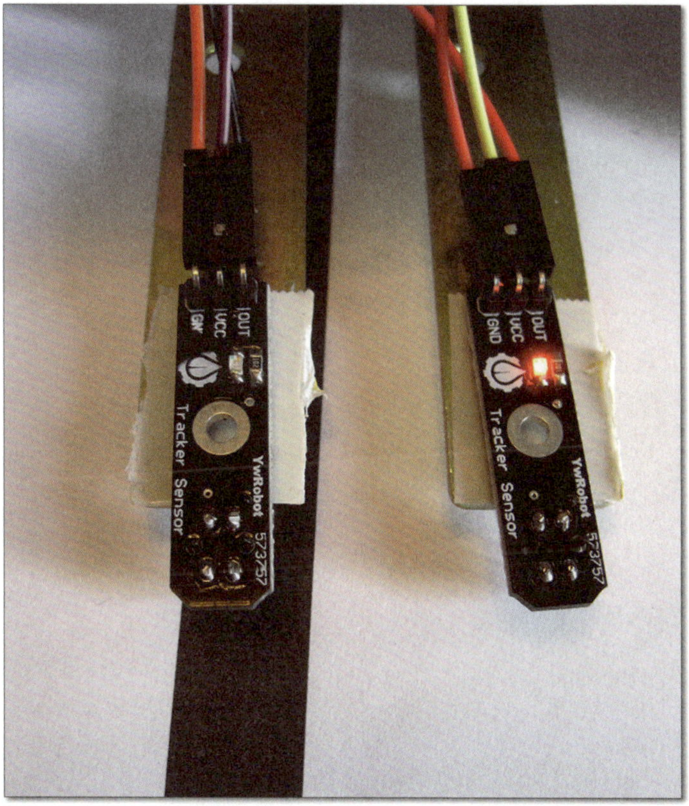

Abbildung 28.11 Ist die Linie im Sensorbereich, so wechselt der Line-Follower-Sensor von High auf Low und die LED erlischt.

28.2 Die Software

Sie sollten an diesem Punkt alle mechanischen und elektrischen Aufgaben erledigt haben. Auch die Sensoren sind justiert und reagieren wie gewünscht. Damit können Sie sich nun der Software widmen. Als Programmiersprache verwenden wir wie üblich Python.

Wir haben das Programm in zwei Abschnitte aufgeteilt: Im ersten Teil des Programms werden alle GPIO-Pins definiert und die benötigten Funktionen erstellt. Wir haben die Möglichkeit der PWM-Ansteuerung der beiden Enable-Eingänge eingefügt. Damit können Sie die Geschwindigkeit des Fahrzeugs kontrollieren. Wir haben festgestellt, dass die Linie übersehen werden kann, wenn das Auto mit maximaler Geschwindigkeit losrast. Ihre Idealgeschwindigkeit finden Sie durch Ausprobieren. Passen Sie dazu die Werte in `pwmX.start(n)` im Bereich von 0 bis 100 an.

```
#!/usr/bin/python3
# coding=utf-8
# Datei auto.py, Teil 1
from time import sleep
import RPi.GPIO as GPIO
import sys
GPIO.setmode(GPIO.BOARD)

EnableA = 13
EnableB = 15
Input1 = 3
Input2 = 5
Input3 = 7
Input4 = 11

# die beiden Line-Follower (r)echts und (l)inks
lf_r=18
lf_l=22

GPIO.setup(EnableA,GPIO.OUT)
GPIO.setup(EnableB,GPIO.OUT)
GPIO.setup(Input1,GPIO.OUT)
GPIO.setup(Input2,GPIO.OUT)
GPIO.setup(Input3,GPIO.OUT)
GPIO.setup(Input4,GPIO.OUT)
GPIO.setup(lf_l, GPIO.IN, pull_up_down=GPIO.PUD_DOWN)
GPIO.setup(lf_r, GPIO.IN, pull_up_down=GPIO.PUD_DOWN)

pwmA=GPIO.PWM(EnableA,100)
pwmB=GPIO.PWM(EnableB,100)
```

```
# Funktion zum Geradeausfahren
def vor():
        pwmA.start(90)
        GPIO.output(Input3, True)
        GPIO.output(Input4, False)

        pwmB.start(90)
        GPIO.output(Input1, True)
        GPIO.output(Input2, False)

# Funktion zum Linksabbiegen
def links():
        pwmA.start(90)
        GPIO.output(Input1, True)
        GPIO.output(Input2, False)

        pwmB.start(90)
        GPIO.output(Input3, False)
        GPIO.output(Input4, True)

# Funktion zum Rechtsabbiegen
def rechts():
        pwmB.start(90)
        GPIO.output(Input3, True)
        GPIO.output(Input4, False)

        pwmA.start(90)
        GPIO.output(Input1, False)
        GPIO.output(Input2, True)
```

Der zweite Teil des Programms enthält nun die eigentliche Logik des Autos. Sie erkennen, dass die Funktionsweise wirklich simpel ist. Zwei `if`-Abfragen prüfen ständig den Zustand der Sensoren. Trifft der linke Sensor auf die Linie, so fährt das Auto nach rechts und umgekehrt. *Sehen* beide Sensoren nur das weiße Papier, so muss sich die Linie genau zwischen den Sensoren befinden, und das Auto fährt geradeaus, bis einer der Sensoren wieder die Linie erkennt.

Die Wartezeit `sleep(0.01)` ist eher experimentell. Falls Sie merken, dass Ihr Auto die Linie teilweise übersieht, verringern Sie einfach die Wartezeit.

```
# Datei auto.py, Teil 2
while True:
   try:
     if GPIO.input(lf_l) == False and GPIO.input(lf_r) == True:
        rechts()
```

```
    elif GPIO.input(lf_r) == False and GPIO.input(lf_l) == True:
      links()
    else:
      vor()
    sleep(0.01)

except KeyboardInterrupt:
  GPIO.cleanup()
  sys.exit()
```

Die Jungfernfahrt

Denken Sie sich nun einen Linienverlauf aus. Drucken Sie einige Linien aus, und fixieren Sie die Blätter hintereinander auf dem Boden, sodass eine durchgängige Linienführung entsteht. Bauen Sie ruhig einige Kurven ein, damit das Auto auch gefordert wird. Setzen Sie nun wieder das Auto mit der Linie zwischen den Sensoren an den Anfang der Fahrbahn (siehe Abbildung 28.12). Per SSH starten Sie nun das Python-Programm. Das Auto fährt nun los und hangelt sich entlang der schwarzen Linie bis zum Ziel.

Abbildung 28.12 Das fertige Auto bei der Jungfernfahrt

Das Video zu diesem Kapitel

Auf dem Blog zu diesem Buch haben wir ein Video des fahrenden Autos veröffentlicht. Dort können Sie überprüfen, ob das Verhalten Ihres Fahrzeugs unserem ähnelt.

http://pi-buch.info/?p=63

Don't drink and drive!

Wenn Sie feststellen sollten, dass das Auto unwillkürliche Bewegungen macht, die Sie nicht programmiert haben, so prüfen Sie den Anschluss der Motoren an den Motortreiber. Am einfachsten ist es, wenn Sie das Chassis aufbocken und testen, ob die Motoren vorwärts drehen, wenn sie vorwärtsfahren sollen. Dreht ein Motor rückwärts, so tauschen Sie dessen Polarität.

Kapitel 29
RFID-Türöffner mit Zutrittskontrolle

In diesem Projekt bauen wir einen Türöffner, der mit RFID-Technologie ausgestattet wird. Man kennt diese Technologie beispielsweise von modernen Zutrittskontrollen, z. B. auf Firmengeländen oder öffentlichen Einrichtungen. Wenn Sie eine Karte vor ein Lesegerät halten, werden Informationen angezeigt bzw. wird der Zutritt gewährt. In unserem Fall nutzen wir eine kreditkartengroße RFID-Karte als Schlüssel. Unser Projekt bietet Ihnen die Möglichkeit, jedem Zugangsberechtigten eine eigene Karte zuzuweisen. So kann erfasst werden, wer zu welcher Zeit wie oft die Tür öffnete.

Nach Fertigstellung dieses Projekts stehen Ihnen die folgenden Funktionen zur Verfügung:

- Öffnen eines Schlosses durch das Vorhalten einer RFID-Karte
- Automatische Verriegelung nach Betreten der Tür
- Anlegen, Ändern und Löschen von Zutrittsberechtigten
- Anzeige von Zutrittszeiten

Für dieses Projekt benötigen Sie:

- einen Raspberry Pi
- einen RFID-Reader mit UART-Schnittstelle
- einige RFID-Karten oder Schlüsselanhänger
- ein paar Widerstände (2 × 10k)
- eine Lochrasterplatine oder ein Breadboard
- ein Relais
- eincn elektronischen Schließmechanismus
- Python mit `pySerial`
- eine eingerichtete MySQL-Datenbank und einen Apache-Server
- optional ein 16×2-LCD-Modul

Je nach Anwendung sind die unterschiedlichsten Schließmechanismen für die zu bedienende Tür denkbar. So gibt es elektronische Türschlösser für den Türrahmen, elektromagnetische Verriegelungen, z. B. für Schranktüren oder Gartenhütten, oder Eigenbaulösungen mit Motoren. Wie Sie Ihr Projekt gestalten, bleibt Ihnen überlassen. Alle diese Schlösser lassen sich in der Regel durch ein Relais auslösen. Daher geht unser Aufbau bis zum Relais.

29.1 RFID-Hardware

Die RFID-Technologie

RFID steht für *Radio Frequency IDentification*, also eine Identifikation via Funk, d. h. berührungslos. Diese Technologie besteht aus einem Sender und einem Empfänger. Die Sender sind meist Karten, Schlüsselanhänger oder sogenannte *Tags*. Wir bleiben bei dem allgemeinen Begriff Transponder. Diese beeinhalten eine Antenne. Von außen nicht zu sehen, schlängelt sich meist rund oder viereckig eine hauchdünne Drahtspule durch eine kreditkartengroße RFID-Karte. Am Ende der Spule befindet sich ein ebenso winziger Mikrocontroller. Dort ist für jede Karte ein eindeutiger und einzigartiger Zahlencode hinterlegt.

Wird eine RFID-Karte nun vor ein Lesegerät gehalten, passiert Folgendes: Das Lesegerät erzeugt ein Magnetfeld. Dies reicht der RFID-Karte aus, um den Mikrocontroller kurzzeitig mit Strom zu versorgen. In diesem Moment sendet der Mikrocontroller durch die Antenne seine ID an das Lesegerät.

Reader und Transponder

Den RFID-Reader (siehe Abbildung 29.1) sowie die passenden RFID-Karten oder Schlüsselanhänger gibt es in vielen Elektronikshops. Nutzen Sie für unser Projekt die gängige 125-kHz-Frequenz und den EM410X-Standard. Dabei handelt es sich um *Read-Only*-Transponderkarten (siehe Abbildung 29.2), die eine ID-Nummer in der Länge von fünf Byte zurückgeben.

Ein RFID-Readermodul finden Sie z. B. bei *Seeedstudio.com*:

http://www.seeedstudio.com/depot/electronic-brick-125khz-rfid-card-reader-p-702.html

Des Weiteren finden Sie ähnliche Modelle unter den Stichwörtern *RFID Reader 125 kHz* bei eBay oder Amazon. Achten Sie lediglich darauf, dass Ihr gewähltes Lesemodul über eine serielle Schnittstelle (UART) kommuniziert. Oftmals kann auf dem Modul mittels Jumper zwischen *Wiegand* oder UART gewählt werden.

Transponderkarten, Tags oder Schlüsselanhänger finden Sie z. B. auf diesen Seiten:

http://www.pollin.de/shop/dt/NDM5OTgxOTk-/Bausaetze_Module/Bausaetze/RFID_Transponderkarte_EM4102_ReadOnly_125_kHz.html
http://www.transponder.de/orderon.htm

Alternativ suchen Sie nach den Begriffen *EM4102 RFID Tag* in Auktionshäusern oder Onlineshops.

Abbildung 29.1 Ein typisches RFID-Lesemodul mit Antenne

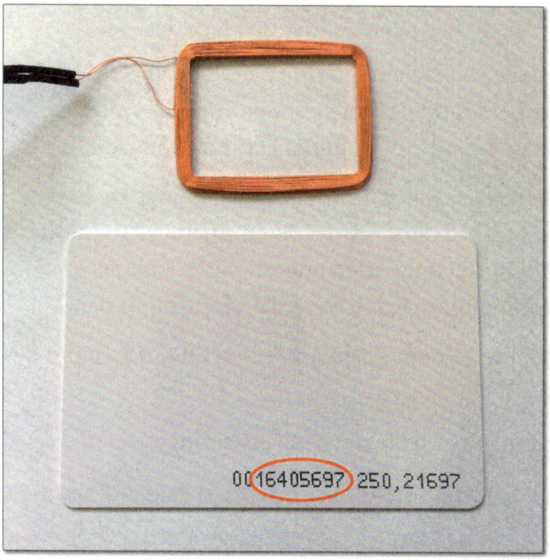

Abbildung 29.2 Ein RFID-Transponder in Kartenform. Markiert: die Transpondernummer als Dezimalzahl

Verdrahtung

Sobald Sie über die nötige Hardware verfügen, kann es mit der Verdrahtung weitergehen. Sofern Sie eines der oben erwähnten Module nutzen, bauen Sie die Schaltung nach dem gezeigten Schaltplan auf (siehe Abbildung 29.3). Beachten Sie, dass die meisten Module mit 5 V betrieben werden müssen. Aus diesem Grund ist ein Spannungsteiler am TxD-Ausgang notwendig.

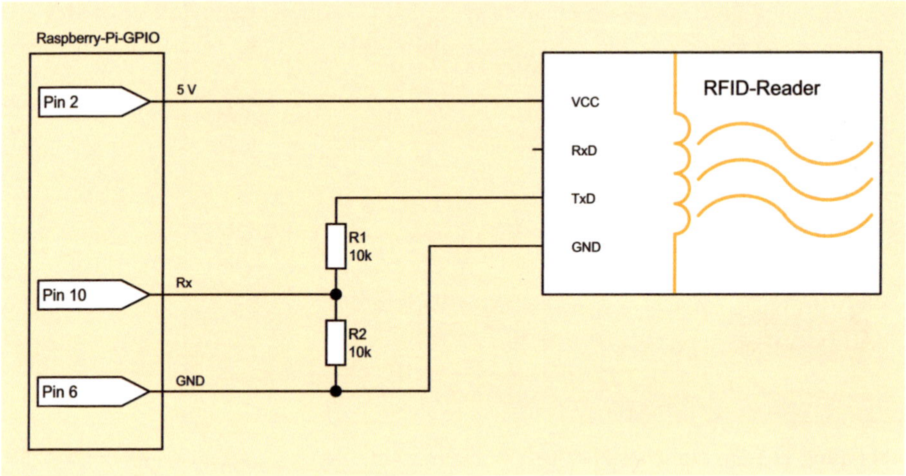

Abbildung 29.3 Schaltplan für den Anschluss des RFID-Readers

Sobald Sie den Raspberry Pi nun wieder einschalten, sollte bereits eine LED auf dem Lesemodul leuchten. Halten Sie nun einen RFID-Transponder über die Antenne des Moduls, so wird dies durch das Aufleuchten einer weiteren LED quittiert.

Im Schaltplan haben wir nur den Anschluss des RFID-Moduls abgebildet. In der Wahl Ihres Auslösers für den Schließmechanismus sind Sie frei. Es empfiehlt sich allerdings ein Relais an einem beliebigen GPIO-Pin. Das dadurch angesteuerte Türschloss kann z. B. das *ABUS 215322* sein, das Sie unter diesem Namen z. B. bei Amazon finden.

Wir sehen uns nun die Software an, die es dem Raspberry Pi erlaubt, die Daten des RFID-Readers zu verarbeiten.

Vor dem Start des Python-Programms müssen Sie noch ein paar Dinge klären:

- Haben Sie Apache samt MySQL und phpMyAdmin installiert (siehe Kapitel 24, »PHP-Programmierung«)?
- Ist die UART-Schnittstelle des Raspberry Pi eingerichtet und `pySerial` installiert (siehe Abschnitt 14.5, »UART«)?

29.2 Software

Sobald Sie den RFID-Reader mit dem Raspberry Pi verbunden haben, müssen Sie sich mit dessen Steuerung befassen. Neben einer Menge Python-Code brauchen Sie auch eine Datenbank, die alle gültigen IDs enthält.

Die Zugangsdatenbank

In einer Datenbanktabelle sollen alle zugangsberechtigten Karten-IDs verwaltet werden. Sinnvolle Informationen für die Datenbank sind:

- RFID-ID
- Name
- Zeitstempel der Zutritte

Die daraus resultierende Tabelle kann wie folgt aufgebaut werden:

rfid	name	timestamp
3E00FA54C151	Christoph	15-07-2014
3E00FB568C25	Michael	16-07-2014
3100396E0264	Charly	17-07-2014
3100407F1373		25-07-2014
...		

Tabelle 29.1 Mögliche Struktur der Zugangsdatenbank

In der Tabelle können nun alle zutrittsberechtigten Personen gespeichert werden. Die `timestamp`-Spalte speichert den Zeitpunkt, wann eine RFID-Karte zuletzt verwendet wurde.

Um diese Daten zu speichern, verwenden wir das Datenbanksystem MySQL und das Administrationsprogramm phpMyAdmin (siehe Abschnitt 24.5, »MySQL installieren und administrieren«). Nach der Installation von Apache, PHP, MySQL und phpMyAdmin öffnen Sie die phpMyAdmin-Seite in einem Webbrowser, legen dort zuerst die neue Datenbank `rfid` an, wählen diese aus und klicken anschließend auf den Reiter SQL. Dort fügen Sie die folgenden SQL-Befehle ein und bestätigen sie mit OK. Damit wird die Tabelle `user` in der Datenbank `rfid` erzeugt.

```
CREATE TABLE IF NOT EXISTS `user` (
  `id`        int(11) NOT NULL AUTO_INCREMENT,
  `name`      varchar(45) CHARACTER SET utf8 DEFAULT NULL,
```

```
  `rfid`      text CHARACTER SET utf8,
  `timestamp` timestamp NOT NULL DEFAULT '0000-00-00 00:00:00'
              ON UPDATE CURRENT_TIMESTAMP,
  PRIMARY KEY (`id`)
)
```

Die Datenbank steht, nun fehlt noch der Zugriff via Python auf die Daten. Dazu installieren Sie zuerst python-setuptools und python3-pip. Anschließend können Sie mit python3-pip PyMySQL für Python 3 installieren:

```
sudo apt-get install python-setuptools
sudo apt-get install python3-pip
sudo pip-3.2 install PyMySQL
```

Nach der Installation kann die Bibliothek in jedem Python-Programm durch import pymysql verwendet werden.

Python-Code zum Auslesen der RFID-Transponder

Wir haben den Code für dieses Projekt über mehrere Abschnitte aufgeteilt. Der erste Teil in der Datei functions.py beinhaltet die Funktionen zum Auslesen der RFID-Transponder und für den Zugriff auf die Datenbank. Im Hauptprogramm importieren wir diese Funktionsdatei und halten so das eigentliche Programm sehr schlank.

```
#!/usr/bin/python3
# coding=utf-8
# Datei functions.py

import serial
import pymysql
import sys

# Auslesen der RFID-Transponder

def read_rfid():
    ser = serial.Serial("/dev/ttyAMA0")
    ser.baudrate = 9600
    daten = ser.read(14)
    ser.close()
    daten = daten.replace(b'\x02', b'' )
    daten = daten.replace(b'\x03', b'' )
    return daten
```

In der Funktion read_rfid() wird die serielle Schnittstelle geöffnet und der Variablen ser zugeteilt. Ebenso ist es wichtig, die richtige Baudrate einzustellen. Unser verwendeter RFID-Reader benötigt eine Einstellung von 9600 Baud. Die Information dazu finden Sie im Datenblatt Ihres Moduls.

Die Funktion `ser.read(14)` liest die komplette Identifikationsnummer der Karte aus und gibt diese als Hexadezimalwert zurück. Für Transponder mit EM410X-Standard ist `14` die korrekte Einstellung. Falls Sie andere Transponder verwenden, müssen Sie diesen Wert gegebenenfalls – je nach Länge der ID-Nummer – anpassen.

Die vorletzte und die drittletzte Zeile entfernen das Start- und Endsignal, das das RFID-Modul mitsendet. Dies ist notwendig, damit erkannt werden kann, wo die Nachricht beginnt und wo sie aufhört. Wir schneiden diese Markierungen allerdings ab, um die reine Transpondernummer zu erhalten. Konvertieren Sie die ausgelesene Transpondernummer in eine Dezimalzahl, so finden Sie diese meist auf den Transpondern aufgedruckt wieder (siehe Abbildung 29.2).

Python-Code zum MySQL-Zugriff

In den folgenden Zeilen wird eine Klasse für die Handhabung der Datenbank definiert. So ist es möglich, die Datenbankverbindung auch später im Hauptprogramm zu nutzen. `USERNAME` und `PASSWORD` ersetzen Sie durch Ihre MySQL-Zugangsdaten. `db.autocommit(True)` sorgt dafür, dass jede Änderung in der Datenbank automatisch übernommen wird.

```
# Datei functions.py, Fortsetzung
class DB():
    def __init__(self):
        db = pymysql.connect(host="localhost", user="USERNAME",
                             passwd="PASSWORD", db="rfid")
        db.autocommit(True)
        self.cur = db.cursor()

    def close_db( self ):
        self.cur.close()
```

Die Klasse enthält drei Methoden:

- **add_user():** Erlaubt es, neue Transpondernummern und somit neue Zugangsberechtigte dem System hinzuzufügen.
- **mysql_read():** Durchsucht die Datenbank nach der eingescannten Transpondernummer. Sollte sie bereits hinterlegt sein, so gibt die Funktion die Werte ID, Name, Zeitstempel sowie die eigentliche Transpondernummer zurück.
- **update_timestamp():** Mit dieser Methode kann der Zeitstempel auf die aktuelle Uhrzeit gesetzt werden. Das geschieht im Hauptprogramm direkt nach dem erfolgreichen Öffnen der Tür.

```
# Datei functions.py, Fortsetzung
def add_user(self,rfid_id, name):
    add=self.cur.execute("INSERT INTO user (rfid, name) " +
                         "VALUES (%s,%s)", (rfid_id, name))


def mysql_read(self, rfid_id):
    a=self.cur.execute("SELECT id, name, timestamp, rfid " +
                       "FROM user WHERE rfid = %s" ,rfid_id)
    id = 0
    name = 0
    timestamp = 0
    rfid = 0
    for row in self.cur.fetchall():
        id = int(row[0])
        name = str(row[1])
        timestamp = str(row[2])
        rfid = str(row[3])
    return id, name, timestamp,rfid

def update_timestamp(self, rfid_id):
    a=self.cur.execute("UPDATE user SET timestamp = NOW() " +
                       "WHERE rfid = %s" ,rfid_id)
```

Python-Code zum Hinzufügen der Transpondernummern

Der Code in der Datei add.py erlaubt es Ihnen, bequem neue Nutzer ins System einzupflegen:

```
#!/usr/bin/python3
# Datei add.py
import RPi.GPIO as GPIO
from functions import *
db = DB()
print("Neuer Zugangsberechtigter\n")
print("Transponder einlesen...\n")
id = read_rfid()
name = input("Name eingeben: ")
try:
    db.add_user(id,name)
    print ("Neuer Datensatz angelegt")
except:
    print ("Fehler beim Schreiben")

db.close_db()
```

Nach dem Start des obigen Programms werden Sie gebeten, einen Transponder vor das Lesegerät zu halten (siehe Abbildung 29.4). Anschließend wird der Name der dazugehörigen Person abgefragt. Beide Informationen werden nun in der Datenbank abgelegt. `db = DB()` instanziiert die Klasse `DB` aus `functions.py`, um auch hier auf die Datenbankverbindung zugreifen zu können.

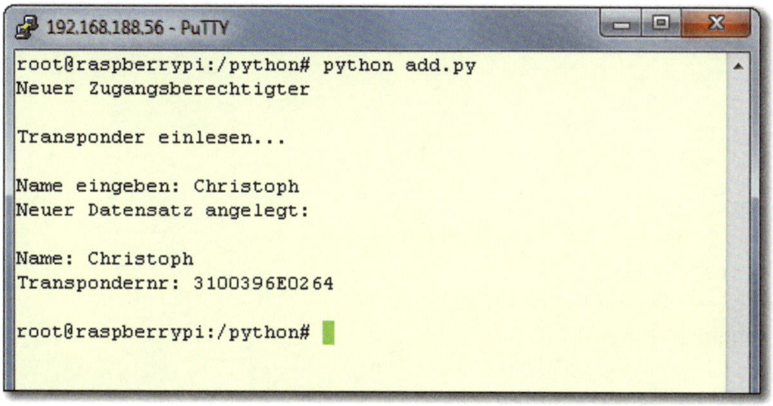

Abbildung 29.4 Die Ausgabe von »add.py« nach dem Hinzufügen einer neuen Berechtigung

Python-Hauptprogramm

Das Hauptprogramm in der Datei `main.py` wartet in einer Endlosschleife auf Zutrittswillige. Wenn das Programm einen Transpondercode erkennt und dieser in der Datenbank vorhanden ist, dann öffnet sich die Tür für fünf Sekunden (siehe Abbildung 29.5). Danach fällt das Relais wieder ab, und die Tür ist verriegelt. Wird die Karte in der Datenbank nicht gefunden, so wird dies auf dem Bildschirm angezeigt und das Relais nicht angesteuert – die Tür bleibt verschlossen.

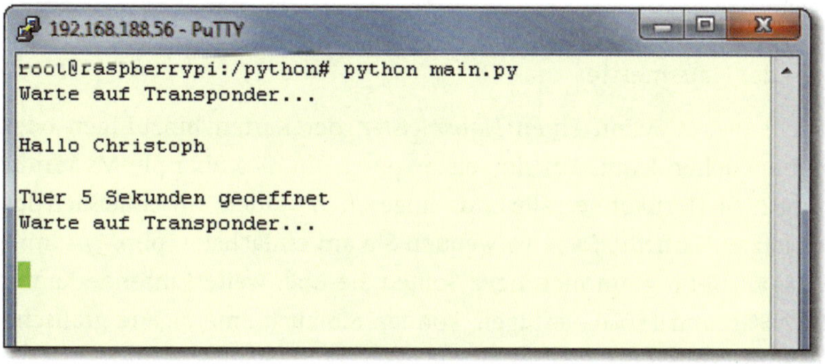

Abbildung 29.5 Das Hauptprogramm wartet auch nach einem Zutritt wieder auf den nächsten Besucher.

```
#!/usr/bin/python3
# Datei main.py
import RPi.GPIO as GPIO
from functions import *
import time,sys

GPIO.setmode(GPIO.BOARD)
GPIO.setup(13,GPIO.OUT)
db = DB()
time_open = 5

try:
    while True:
        print ("Warte auf Transponder...\n")
        id = read_rfid()
        check =  db.mysql_read(id)
        if check[1] != 0:
            print ("Hallo",check[1],"\n")
            print ("Tuer",time_open,"Sekunden geoeffnet ")
            db.update_timestamp(id)
            GPIO.output(13, True)
            time.sleep(time_open)
            GPIO.output(13, False)
        else:
            print ("Transpondernummer",id, "nicht gefunden!")
            print ("Kein Zutritt!")
            continue

except KeyboardInterrupt:
    db.close_db()
    GPIO.cleanup()
    sys.exit()
```

phpMyAdmin – der Hausmeister

Natürlich braucht dieses Sytem einen *Hausmeister*, der Karten hinzufügen oder Berechtigungen entziehen kann. Am simpelsten geschieht dies über phpMyAdmin (siehe Abbildung 29.6). Dort können alle Infos eingesehen werden, einschließlich des Zeitpunkts des letzten Zutritts. Dazu verwenden Sie am einfachsten phpMyAdmin (siehe Kapitel 24, »PHP-Programmierung«). Sollten Sie über weiterführende Kenntnisse in PHP, MySQL und HTML verfügen, können Sie auch eine eigene grafische Weboberfläche entwickeln.

+ Optionen

	id	name	rfid	timestamp
Bearbeiten Direkt bearbeiten Kopieren Löschen	1	Christoph	3100396E0264	0000-00-00 00:00:00
Bearbeiten Direkt bearbeiten Kopieren Löschen	2	Charly	3E00FA54C151	2014-07-20 16:50:35
Bearbeiten Direkt bearbeiten Kopieren Löschen	3	Michael	05000A0DE0E2	2014-07-20 16:50:43

Alle auswählen / Auswahl entfernen *markierte:* Bearbeiten Löschen Exportieren

Abbildung 29.6 Autorisierte Transpondernummern samt Name und Zeitpunkt des letzten Zutritts

Vorsicht

Stellen Sie sicher, dass niemand physikalisch oder über das Netzwerk Zugriff auf Ihren Raspberry Pi hat! Wer Ihr System kennt und in der Lage ist, die MySQL-Datenbank zu verändern, braucht nur die ID-Nummer seiner eigenen RFID-Karte in die Datenbank eintragen und kann dann mühelos Ihr Haus betreten!

29.3 Erweiterungsmöglichkeiten und Tipps

Wir möchten Ihnen nun noch einige weitere Ideen zur Optimierung des Projekts mit an die Hand geben. Die obige Anleitung ist lediglich der Grundstein für viele spannende Projekte. Lassen Sie Ihrer Fantasie freien Lauf!

Den Schrank abschließen

Das System ist auch auf andere kleine Projekte übertragbar. So ist es z. B. mit einem kleinen, elektromagnetischen Bolzen möglich, einzelne Schranktüren oder die Gartenhütte zu versperren. Einen möglichen Kandidaten finden Sie bei Pollin.de:

http://www.pollin.de/shop/dt/MjU0OTU2OTk-

LCD-Modul statt bash-Ausgabe

Nicht jeder hat einen Monitor an der Eingangstür hängen, auf dem die Bildschirmausgaben angezeigt werden. Natürlich geht es auch ganz ohne grafisches Feedback an den Bediener. Noch eleganter wäre allerdings das Anbringen eines kleinen 16×2-LC-Displays an der Haustür, das dem Bediener kurze Rückmeldungen gibt oder ihn mit seinem Namen begrüßt. Leiten Sie dazu einfach die `print`-Ausgaben in eine Funktion für ein LC-Display um. Wie das geht und wie Sie ein LCD-Modul anschließen, erfahren Sie in Kapitel 17, »Displays«.

Sensor statt Zeitsteuerung

Das hier vorgestellte Projekt verriegelt die Tür wieder, sobald eine voreingestellte Zeit vergangen ist. Besser wäre es, wenn der Raspberry Pi erkennt, wann der Bediener eingetreten ist und die Tür zugezogen hat. Danach kann dann das elektronische Schloss wieder verriegeln. Eine gute und einfache Möglichkeit dafür ist ein Reed-Kontakt. Mit einem Magneten am Türblatt ausgestattet, erkennt dieser jederzeit zuverlässig den Status der Tür. Den Reed-Kontakt haben wir bereits in Abschnitt 15.9, »Reed-Kontakt«, vorgestellt.

Alarm bei falschem Transponder

Eine Eingrenzung der Zutrittsberechtigten bedeutet auch immer, dass ungebetene Gäste kein Recht haben, die Tür zu öffnen. Der eine oder andere möchte es an Ihrem selbst gebastelten System aber doch mal versuchen. Lassen Sie den Raspberry Pi Alarm schlagen, sobald ein nicht bekannter Transponder versucht, Zutritt zu erlangen. Denkbar ist dies z. B. über E-Mail oder Twitter. Treiben Sie Ihre Überwachungslust auf die Spitze, und erzeugen Sie im Falle eines unautorisierten Zutrittsversuchs ein Foto mit der Raspberry-Pi-Kamera. In Kapitel 34, »Der Raspberry Pi lernt twittern«, erfahren Sie, wie Sie Nachrichten und Bilder twittern. Den Umgang mit der Raspberry-Pi-Kamera haben wir in Abschnitt 15.8, »Raspberry Pi Camera Board und PiNoIR«, für Sie zusammengefasst.

Die Empfangsantenne verstecken

Es ist sinnvoll, die Antenne des RFID-Readers hinter einer Abdeckung zu verstecken, um eine Beschädigung der feinen Drähte zu verhindern. In unserem Versuchsaufbau wurde der Transponder hinter 1 cm dickem Kunststoff oder Holz zuverlässig erkannt. So können Sie die Antenne also in einer kleinen Box verstecken oder bei dünnen Türen direkt hinter dem Türblatt.

Kapitel 30
Stromzähler auslesen

Dieses Projekt zeigt Ihnen, wie Sie einen Stromzähler neuerer Bauart, einen sogenannten *Smart Meter*, mit dem Raspberry Pi auslesen können. Daraus ergeben sich viele Anwendungsmöglichkeiten: Sie können Ihren Stromverbrauch nun jederzeit exakt verfolgen und grafisch darstellen. Falls Sie über eine Photovoltaikanlage verfügen, können Sie auch genau erfassen, wann wie viel Strom in welche Richtung fließt.

Zur Verwertung der Messdaten setzen wir eine Round-Robin-Datenbank (RRD) ein. Diese Datenbank ist für die Erfassung zeitbezogener Daten optimiert. Der Clou besteht darin, dass die Datenbank im Laufe der Zeit *nicht* immer größer wird. Vielmehr werden Daten aus vergangenen Zeitperioden kontinuierlich zusammengefasst (verdichtet). Damit ist je nach Konfiguration beispielsweise eine exakte Auswertung der letzten 24 Stunden möglich, außerdem zusammenfassende Auswertungen der letzten Woche, des letzten Monats und des letzten Jahres. Ältere Detaildaten werden wie bei einem Ringpuffer zyklisch überschrieben.

30.1 Stromzähler-Grundlagen

Werfen Sie einmal einen Blick auf Ihren Stromzähler. Ist es noch ein altes Gerät mit der klassischen sich drehenden Zählerscheibe? Dann haben Sie leider Pech – solche Zähler automatisiert auszulesen ist nur mit hohem bastlerischen Aufwand möglich. Ein beliebter Ansatz ist, eine Webcam vor dem Zähler zu montieren, die zyklisch den Zählerstand abfotografiert, und die Zahlen dann mit einer OCR-Software aus dem Foto auszulesen. Leider funktioniert diese Methode nur bei sehr gleichmäßiger Ausleuchtung und hoher Bildqualität, sprich: in der Praxis eher selten.

Haben Sie dagegen einen der neuen Stromzähler, die kurz »eHZ« (elektronischer Heimzähler) oder *Smart Meter* genannt werden, ist die Sache deutlich einfacher. Diese Zähler besitzen an der Vorderseite eine Infrarotdiode, die die aktuellen Zählerstände alle paar Sekunden ungefragt in die Umgebung pulst.

Lesekopf und Signalwandler

Mit einem optischen Lesekopf werden die Daten ausgelesen. So einen Lesekopf kann man käuflich erwerben (siehe Abbildung 30.1) oder selbst bauen (auf *http://volkszaehler.org* gibt es eine Anleitung). Die Daten stehen als serielles Signal zur Verfügung und können etwa mit `minicom` dargestellt und gespeichert werden. Der Zähler sendet die Daten in der Regel mit 9600 Baud, 8 Bit ohne Parität.

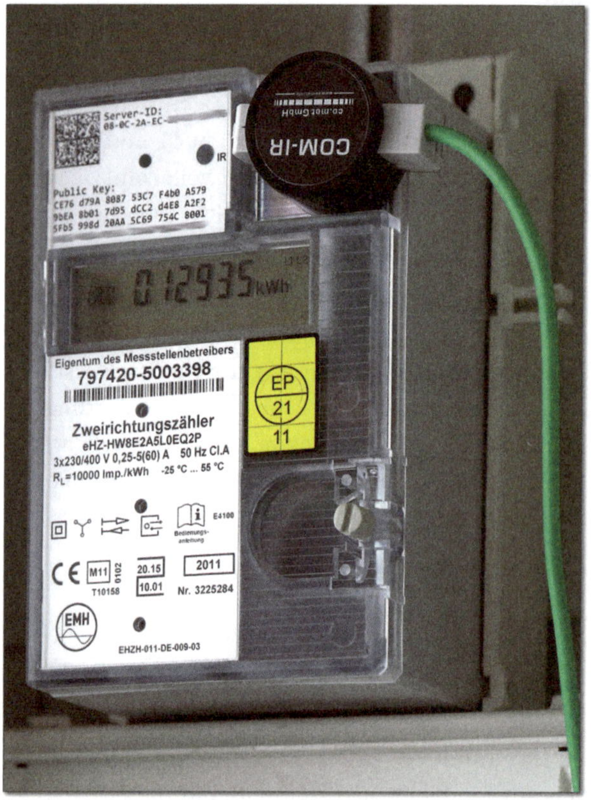

Abbildung 30.1 Stromzähler mit optischem Lesekopf, der magnetisch haftet

Wer es noch bequemer haben möchte, kann einen zusätzlichen Signalwandler einsetzen (siehe Abbildung 30.2). Er nimmt das serielle Signal vom optischen Lesekopf auf (das ist das obere Kabel) und stellt die Messdaten per HTTP zur Verfügung.

Sie können die Daten nun einfach mit einem Browser oder dem Kommando `curl` auslesen. Das Kommando wurde hier aus Platzgründen mit \ über zwei Zeilen verteilt:

```
/usr/bin/curl 192.168.2.10 \
  -o /usr/local/shellscripts/verbrauch/sml.txt --max-time 10
```

Abbildung 30.2 Der Signalwandler stellt das serielle Signal per HTTP zur Verfügung.

Die `192.168.2.10` ist dabei die Adresse des Signalwandlers, und hinter `-o` wird der Pfad angegeben, in dem die Daten zur weiteren Verarbeitung abgelegt werden. Der Parameter `--max-time 10` führt dazu, dass `curl` die Verbindung nach maximal zehn Sekunden beendet. Das ist notwendig, denn der Signalwandler liefert einen stetigen, nicht endenden Datenstrom. Ließe man `--max-time` weg, würde das Kommando ewig laufen.

Uns reicht für die weitere Verarbeitung ein Messwert pro Minute. Es ist also sinnvoll, das `curl`-Kommando einmal pro Minute automatisch vom Cron-Dämon ausführen zu lassen. Dazu editieren Sie die `crontab`-Datei mit dem Kommando `crontab -e` und fügen die folgende Anweisung hinzu, die hier wieder über zwei Zeilen verteilt ist:

```
* * * * * /usr/bin/curl 192.168.2.10 \
  -o /usr/local/shellscripts/verbrauch/sml.txt --max-time 10
```

Die Smart Message Language

Jetzt bekommen Sie einmal pro Minute einen frischen Datensatz vom Stromzähler. Leider sind Sie damit noch nicht am Ziel, denn Sie bekommen einen Datenblock aus lauter Hexadezimalwerten, der etwa so aussieht:


```
SML(1B1B1B1B01010101760700120 03CB673620062007263010176010107 00
```


Auch wenn der Datenwust zunächst eher unsortiert wirkt, hat das Chaos doch Methode, denn das Datenformat ist standardisiert. Es heißt SML (*Smart Message Language*) und ist entfernt mit XML verwandt. Einen einzelnen Datenblock wie den obigen nennt man ein SML-Telegramm.

Die gute Nachricht ist, dass die für Sie interessanten Daten – der Zählerstand Ihres Verbrauchszählers – innerhalb des SML-Telegramms immer an der gleichen Stelle stehen. Um sie zu finden, werfen Sie noch einmal einen Blick auf die Anzeige Ihres Stromzählers. Wenn dort der aktuelle Zählerstand angezeigt wird, sehen Sie im Display auch die dazugehörige OBIS-Kennzahl. Auf der folgenden Webseite finden Sie die aktuelle Liste der OBIS-Kennzahlen:

http://de.wikipedia.org/wiki/OBIS-Kennzahlen

In der Regel lautet sie »1.8.0«, das bedeutet »Wirkarbeit Bezug« in der OBIS-Sprache. Die Kennzahl finden Sie als `010800` im SML-Telegramm wieder. Damit beginnt eine Sequenz von Bytes, die die für uns relevanten Informationen enthält: `010800 FF63018201621E52FF56000014FDEF01`. Das lässt sich wie folgt aufdröseln:

```
01 08 00        die OBIS-Kennzahl
63 01 82 01     nicht relevant
62 1E           die Einheit, in der die Ausgabe erfolgt
                (1E = Wattstunden)
52 FF           bedeutet, dass der Wert eine Nachkommastelle hat
56              ab dem nächsten Byte kommt der Zählerstand
00 00 14 FD EF  Da ist er!
01              schließt den Zählerstand ab
```

Der Zählerstand lautet in hexadezimaler Schreibweise also `14fdef`, in dezimaler Schreibung entspricht das 1375727. Da wir wissen, dass der Wert in Wattstunden (Wh) mit einer Nachkommastelle ausgewiesen wird, lautet der aktuelle Zählerstand also 137572,7 Wattstunden. Da in jedem Haushalt ständig irgendwo Energie benötigt wird, wird dieser Wert schon nach kurzer Zeit angestiegen sein. Diese Veränderungen wollen wir sichtbar machen.

30.2 Einführung in RRDtool

Bevor wir nun die Zählerstanddaten automatisiert verarbeiten, müssen wir uns noch mit dem RRDtool auseinandersetzen. Die Kommandos des gleichnamigen Pakets helfen dabei, Daten in eine Round-Robin-Datenbank einzutragen, von dort auszulesen sowie zu Grafiken zu verarbeiten.

```
sudo apt-get install rrdtool
```

In einer Round-Robin-Datenbank lassen sich alle möglichen numerischen Daten speichern: Datendurchsatz in Bytes, Zähler, Temperatur, Lüfterdrehzahl – die Möglichkeiten sind fast endlos. Leider ist die Syntax etwas sperrig und nicht intuitiv zu verstehen. Deshalb wollen wir hier anhand eines einfachen Beispiels erklären, wie Sie RRDtool für Ihre eigenen Zwecke nutzen können. Als Beispiel nehmen wir die CPU-Temperatur des Raspberry Pi. Wir werden sie alle fünf Minuten ermitteln, in einer RRD speichern und schließlich einen Verlaufsgraphen zeichnen lassen.

Die Round-Robin-Datenbank erstellen

Mit dem Kommando `rrdtool create` wird eine neue RRD erstellt. Weitere Parameter legen fest, wie viele Datenpunkte in welchen Intervallen die Datenbank aufnimmt und wie sie mit fortschreitender Zeit konsolidiert werden. Das folgende Kommando erstellt eine RRD, die für die Aufnahme von Temperaturdaten geeignet ist (es ist eine einzige Zeile, die zur besseren Lesbarkeit mehrfach umbrochen wurde):

```
rrdtool create cputemp.rrd \
        --step 300 \
        DS:temp:GAUGE:600:-20:90 \
        RRA:AVERAGE:0.5:12:24 \
        RRA:AVERAGE:0.5:288:31
```

Schauen wir uns das Kommando Stück für Stück an:

- `rrdtool create cputemp.rrd`: Die Datenbank soll erstellt werden und den Namen `cputemp.rrd` bekommen.
- `--step 300`: Alle 300 Sekunden (= fünf Minuten) soll ein Temperaturwert in die Datenbank geschrieben werden.

In der nächsten Zeile, die mit DS beginnt, werden die Eigenschaften der Datenquelle beschrieben:

- DS: DS steht für Data Source = Datenquelle.
- temp: Das ist der Name der Datenquelle. Diesen Namen können Sie frei wählen.
- GAUGE: Der Typ der Datenquelle (*Data Source Type*, DST). GAUGE bedeutet, dass der übergebene Zahlwert – der positiv oder negativ sein darf – unverändert gespeichert wird. Andere Typen sind COUNTER (speichert die Differenz zum vorherigen Wert), DERIVE (wie COUNTER, aber auch mit negativen Werten) und ABSOLUTE (nimmt an, dass der vorherige Wert nach dem Auslesen immer auf null zurückfällt).
- 600: Dieser Wert heißt Heartbeat. Eigentlich sollte alle 300 Sekunden ein Wert in die Datenbank geschrieben werden. Bleibt einmal ein Wert aus, so akzeptiert RRDtool auch noch später eintreffende Werte, aber nur bis zu einer maximalen Verspätung von 600 Sekunden. Danach wird der Datenpunkt als undefined in die Datenbank eingetragen.
- -20:90: Das sind die Minimal- und Maximalwerte, die die Datenbank akzeptiert. Da wir in diesem Beispiel Temperaturdaten speichern, ist der Bereich zwischen minus 20 und 90 Grad Celsius plausibel. Würden wir versuchen, Werte außerhalb dieses Bereichs in die Datenbank zu schreiben, würde RRDtool die Werte verwerfen und stattdessen undefined speichern.

Die beiden nächsten Zeilen definieren, wie ältere Daten konsolidiert (zusammengefasst) werden:

- RRA: Das Schlüsselwort steht für *Round Robin Archive*.
- AVERAGE: Mehrere Datenpunkte werden zusammengefasst, indem ihr Mittelwert gebildet wird. Andere Möglichkeiten sind hier MAX (der höchste Wert bleibt erhalten), MIN (niedrigster Wert) und LAST (letzter Wert).
- 0.5:12:24: Zwölf Datenpunkte werden zu einem Archiv-Datenpunkt zusammengefasst. In der RRDtool-Sprache heißen die ursprünglichen Datenpunkte *Primary Data Points*, kurz PDP, die konsolidierten Datenpunkte *Consolidated Data Points*, CDP. Von den 12 PDPs müssen mindestens die Hälfte (Faktor 0,5 – das ist der sogenannte X-Files Factor, XFF) gültig sein, also nicht undefined. Die letzte Zahl bedeutet, dass in diesem Round-Robin-Archiv 24 CDPs Platz finden.

Die letzte Zeile definiert nach dem gleichen Muster ein weiteres Round-Robin-Archiv für nochmals weiter konsolidierte Daten.

Werte in die Datenbank eintragen

Damit wir die CPU-Temperatur in die Datenbank schreiben können, müssen wir sie zunächst einmal ermitteln. Das ist zum Glück recht einfach, denn sie steht in der Datei /sys/class/thermal/thermal_zone0/temp. So sieht es aus, wenn Sie die Temperatur einfach auf der Konsole anzeigen lassen:

```
cat /sys/class/thermal/thermal_zone0/temp
  58376
```

Sie sehen, dass leider ein Dezimalpunkt fehlt: Der tatsächliche Wert beträgt 58,376 Grad Celsius. Das folgende kleine bash-Script dividiert deshalb die Temperatur durch 1000 und kürzt die Ausgabe auf nur noch eine Nachkommastelle (dafür sorgt scale=1). Die Berechnung erfolgt mit dem Kommando bc, das vorweg mit apt-get install bc installiert werden muss. Danach schreibt das Script die Temperatur in die RRD cputemp.rrd, die wir gerade angelegt haben:

```
#!/bin/bash
# Datei cputemp.sh
# CPU-Temperatur auslesen, formatieren und auf eine
# Nachkommastelle kürzen
TEMP=$(echo "scale=1;$(cat /sys/class/thermal/\
                            thermal_zone0/temp ) / 1000 "|bc -l)

#den ermittelten Wert in die RRD schreiben
rrdtool update cputemp.rrd N:$TEMP
```

Jeder Eintrag in eine RRD erhält einen Zeitstempel. Dieser Zeitstempel besteht aus einer Zahl, die die Anzahl der Sekunden seit dem 01.01.1970 angibt. Das N: in der rrdtool update-Zeile nimmt Ihnen die Arbeit ab, diesen Zeitstempel zu ermitteln. Es steht für Now und fügt automatisch den aktuellen Zeitstempel ein.

Unsere RRD erwartet einen Datenpunkt alle fünf Minuten, deshalb lassen wir das Script in diesem Intervall per Cron ausführen. Die entsprechende Zeile in der *crontab* sieht so aus:

```
*/5 * * * * <pfad>/cputemp.sh
```

Jetzt wird die RRD pünktlich alle fünf Minuten mit einem Temperaturwert versorgt.

Graphen erzeugen

Mit dem Kommando rrdtool graph erzeugen Sie aus den Daten in der Datenbank anschauliche Verlaufsgraphen (siehe Abbildung 30.3). Schauen Sie sich einmal das folgende Kommando an, das hier wiederum über mehrere Zeilen verteilt wurde:

```
rrdtool graph cputemp.gif \
    --start -24h \
    --title "CPU-Temperatur" \
    --vertical-label "Grad Celsius" \
    DEF:cputemperatur=cputemp.rrd:temp:AVERAGE \
    LINE1:cputemperatur#ff0000:"CPU-Temperatur" ;
```

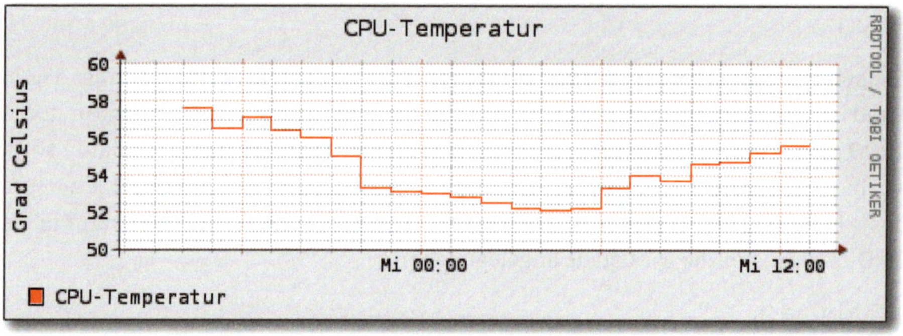

Abbildung 30.3 Verlauf der CPU-Temperatur über 24 Stunden

Sehen wir uns auch dieses Kommando schrittweise an:

- `rrtool graph cputemp.gif`: Es soll eine Grafik mit dem Namen `cputemp.gif` erzeugt werden.
- `--start -24h`: Der Startpunkt des Graphen soll 24 Stunden in der Vergangenheit liegen. Als Abkürzungen für die Zeiteinheiten akzeptiert RRDtool auch `m` für Minuten und `d` für Tage, `--start -365` erzeugt also einen Graphen über ein Jahr.
- `--title "CPU-Temperatur"`: Die Überschrift über der Grafik.
- `--vertical-label "Grad Celsius"`: Die Beschriftung der y-Achse.
- `DEF:cputemperatur=cputemp.rrd:temp:AVERAGE`: Hier wird definiert (`DEF`), aus welcher Datenquelle der Graph gezeichnet wird. Es folgt ein Variablenname (`cputemperatur`), der frei wählbar ist, gefolgt von einem Gleichheitszeichen und dem Dateinamen der RRD. Danach folgt der Name der Datenquelle, wie er im `DS`-Abschnitt beim Anlegen der RRD vergeben wurde, hier ebenfalls `temp`. Zum Schluss kommt die Konsolidierungsfunktion `AVERAGE`. Auch sie muss mit dem übereinstimmen, was Sie beim Anlegen der RRD festgelegt haben.
- `LINE1:cputemperatur#ff0000:"CPU-Temperatur"`: Hier geht es um das Aussehen des Graphen und die Beschriftung der Legende. `LINE1` bewirkt, dass der Graph als dünne Linie gezeichnet wird. Alternativ gibt es `LINE2` (dickere Linie) und `AREA` (gefüllte Fläche). Das nächste Feld ist der Variablenname, den Sie zuvor nach dem Schlüsselwort `DEF` vergeben haben.

Gleich danach legen Sie die Farbe des Graphen als Hexadezimalwert fest. #ff0000 ist ein zusammengesetzter Wert aus den Grundfarben Rot, Grün und Blau. Die Intensität jedes der drei Farbwerte reicht von 0 bis 255, das ist in hexadezimaler Schreibweise 00 bis ff. In unserem Beispiel hat der Wert für die Farbe Rot den Maximalwert ff, Grün und Blau haben dagegen den Wert 00. Das Resultat ist, wie Sie auf dem Bild sehen können, eine knallrote Linie. Das letzte Feld, "CPU-Temperatur", ist der Text, der unterhalb des Graphen in der Legende erscheint.

Wenn Ihnen die Grafik optisch noch nicht gefällt, gibt es noch ein paar Möglichkeiten, Einfluss auf die Gestaltung zu nehmen (siehe Abbildung 30.4). Das folgende Beispiel verändert die Höhe und Breite der Grafik (-w 550 -h 220) und ändert die Farben der Gitterlinien (GRID), des Hintergrundes (BACK) und der umlaufenden Schattierung, die für einen leichten 3D-Effekt sorgt (SHADEA und SHADEB).

```
rrdtool graph cputemp.gif \
    -c GRID#ffffff00 -c BACK#ffffff \
    -c SHADEA#ffffff -c SHADEB#ffffff \
    --start -24h \
    --title "CPU-Temperatur" --vertical-label "Grad Celsius" \
    -w 550 -h 220 \
    DEF:cputemperatur=cputemp.rrd:temp:AVERAGE \
    LINE1:cputemperatur#ff0000:"CPU-Temperatur" ;
```

Die optische Gestaltung der Grafik ist natürlich in hohem Maße vom persönlichen Geschmack abhängig. Nehmen Sie sich ein paar Minuten Zeit, und spielen Sie mit den verschiedenen Farbwerten, bis das Ergebnis Ihnen zusagt.

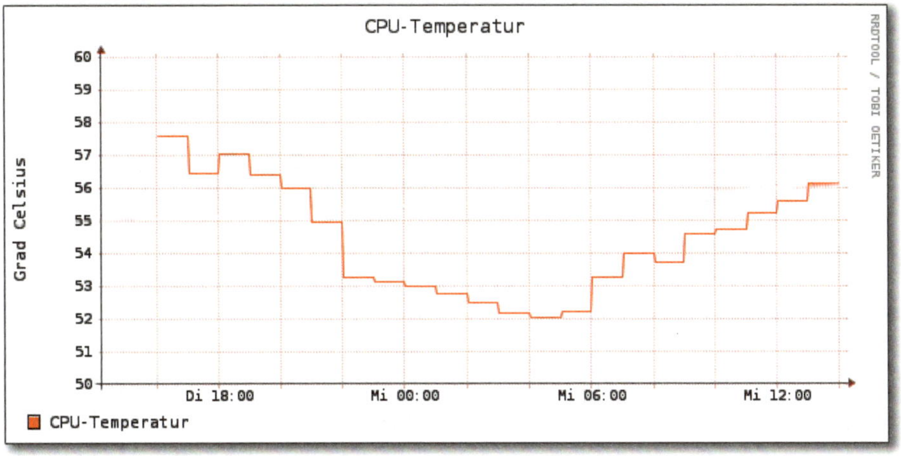

Abbildung 30.4 Verlauf der CPU-Temperatur über 24 Stunden, Variante2

30.3 Zählerdaten speichern und zu Graphen aufbereiten

Jetzt haben wir alle Voraussetzungen, um die Daten des Stromzählers zyklisch (etwa alle 60 Sekunden) zu lesen und daraus eine aussagekräftige Verlaufsgrafik zu generieren. Das folgende Listing zeigt einen Ansatz, wie Sie das mit einem einfachen bash-Script bewerkstelligen können. Dieses Script ist recht rudimentär und soll Ihnen nur als Ideensteinbruch dienen, denn je nach Modell Ihres Stromzählers und anderen Gegebenheiten werden Sie es sicherlich an Ihre eigenen Bedürfnisse anpassen müssen. Das Script enthält auch keinerlei Fehlerbehandlung, damit es nicht zu komplex wird.

Das Beispiel-Script geht davon aus, dass das jeweils aktuelle SML-Telegramm durch die eingangs in der `crontab` hinzugefügte Zeile in der Datei `/usr/local/shellscripts/verbrauch/sml.txt` abgelegt wird. Es verlässt sich außerdem darauf, dass die im vorigen Abschnitt vorgestellten RRDtools installiert sind. Dort sind auch alle relevanten Parameter der RRDtool-Kommandos beschrieben.

Im ersten Teil des Scripts werden die relevanten Bytes aus der `sml.txt` ausgeschnitten, von der hexadezimalen in die dezimale Schreibweise umgewandelt und in die richtige Einheit (Wattstunden) gebracht. Danach wird die RRD angelegt und gefüllt (`rrdtool update ...`), und zum Schluss werden mehrere Bilder generiert, die den Verlauf der Datenreihe in bestimmten Abständen von den letzten vier Stunden bis über das letzte Jahr zeigen (`rrdtool graph ...`).

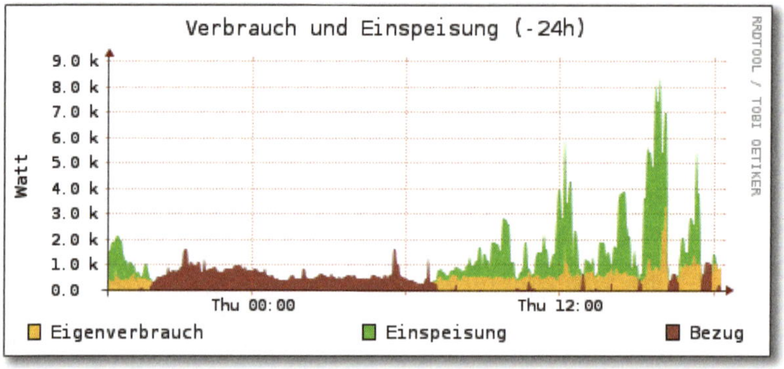

Abbildung 30.5 Energiebilanz des Haushalts über 24 Stunden

Jede RRD kann eine oder mehr Datenreihen aufnehmen. In unserem Beispiel sind es vier, im Listing heißen sie `data1` bis `data4`. Natürlich brauchen Sie zunächst nur eine Datenreihe (für den Stromverbrauch), aber vielleicht wollen Sie später noch weitere Messdaten hinzufügen, etwa die Einspeiseleistung einer Photovoltaikanlage. Die Bilder, die `rrdtool` aus den Daten generiert, zeigen den Verlauf von drei Datenreihen über die letzten 24 Stunden (siehe Abbildung 30.5).

```
#!/bin/bash
# Datei /usr/local/shellscripts/verbrauch/verbrauch.sh
WDIR=/usr/local/shellscripts/verbrauch
RRDDIR=$WDIR/rrd
IMGDIR=$WDIR/bilder

# Zählerstand extrahieren (der Zählerstand steht in den
# Bytes 285 bis 294, muss je nach Zählermodell angepasst werden)
BEZUGZAEHLERSTAND=$(cat $WDIR/sml.txt|cut -b285-294);
# in Dezimalzahlen umrechnen
BZZDEZIMAL=$(echo "ibase=16;obase=A;$BEZUGZAEHLERSTAND"|bc);
# Ergebnis in Wh
BZZWH=$(echo "scale=4;$BZZDEZIMAL/10"|bc -l);
echo "Der aktuelle Bezugszählerstand ist $BZZKWH Wh."

# RRD anlegen, falls sie noch nicht existiert
if [ -e $RRDDIR/verbrauch.rrd ]; then
  echo "OK, verbauch.rrd exists.";
else
  rrdtool create $RRDDIR/verbrauch.rrd --step 60 \
    DS:data1:GAUGE:180:0:U \
    DS:data2:GAUGE:180:0:U \
    DS:data3:GAUGE:180:0:U \
    DS:data4:GAUGE:180:0:U \
    RRA:MAX:0.5:1:600 \
    RRA:MAX:0.5:6:700 \
    RRA:MAX:0.5:24:775 \
    RRA:MAX:0.5:288:797;
  echo "RRD created";
fi

# Daten in die RRD schreiben
rrdtool update $RRDDIR/energiebilanz.rrd N:$BZZWH:U:U:U;

# Auswertungsgrafiken erzeugen
for i in -4h -8h -24h -7d -30d -90d -180d -360d; do
  rrdtool graph $IMGDIR/verbrauch-$i.gif \
    -c GRID#ffffff00 -c BACK#ffffff \
    -c SHADEA#ffffff -c SHADEB#ffffff \
    --lazy --slope-mode --start $i \
    --title "Verbrauch ($i)" --vertical-label "Watt" \
    -w 750 -h 150 \
    DEF:data1=$RRDDIR/verbrauch.rrd:data1:AVERAGE \
    AREA:data1#aa5555:"Verbrauch";
done
```

Kapitel 31
Hausautomation mit Netzwerksteckdosen

Der Freund eines der Autoren hat daheim in einer Scheune eine kleine Sauna eingebaut, in der seit zwölf Jahren jeden Donnerstag vier schwitzende Männer die Ereignisse der Woche Revue passieren lassen. Vor der Sauna gibt es einen kleinen Ruheraum, der sich zu einer Außenterasse öffnet. Dort gibt es ein Tauchbecken und, seit Neuestem, einen runden Pool mit gut drei Metern Durchmesser und 1,20 Metern Wassertiefe.

Der Pool kann sogar mittels einer eigenen Wärmepumpenheizung beheizt werden. Damit das kostengünstig und klimaschonend passiert, kommt der Strom dafür von einer Photovoltaikanlage, die sich auf dem Dach der Scheune sonnt. Eines Tages fragte der Freund, ob es nicht möglich sei, eine kleine Bastelei zu entwerfen, die die Heizung selbstständig nur dann einschaltet, sobald die Photovoltaikanlage mehr als, sagen wir, 4000 Watt liefert. Eine Aufgabe, wie gemacht für den Raspberry Pi.

Es ist klar, dass nicht jeder in die Lage kommt, derartige Luxusprobleme zu lösen. Dennoch möchten wir Ihnen anhand dieses Beispiels zeigen, wie Sie einfach und bequem anhand von Bedingungen einen 230-V-Verbraucher ein- und ausschalten können. Ob dieser Verbraucher am Ende eine Wärmepumpenheizung oder eine Stehlampe ist, ist dabei völlig unerheblich, denn der Lösungsweg ist der gleiche.

31.1 Einführung

Das Projekt gliedert sich in vier Schritte:

- Leistung der Photovoltaikanlage (PV) ermitteln
- eine kleine Webseite anlegen zum Einstellen der Schaltschwelle, mit Visualisierung der PV-Leistung und der Schaltvorgänge
- Entscheidung: Genug Leistung? Dann Heizung einschalten, sonst ausschalten
- der eigentliche Schaltvorgang

Universal-Schaltbox

Die Teilaufgabe *Heizung ein-/ausschalten* ist für Sie sicherlich das Spannendste an diesem Projekt. Denn dafür haben wir eine Universal-Schaltbox benutzt, die bis zu vier 230-V-Verbraucher unabhängig voneinander schalten kann (siehe Abbildung 31.1). Diese Schaltbox gibt es auch noch in einer anderen Bauform: Sie sieht dann wie eine Vierfach-Schukosteckdosenleiste aus. Technisch arbeiten beide Bauformen identisch.

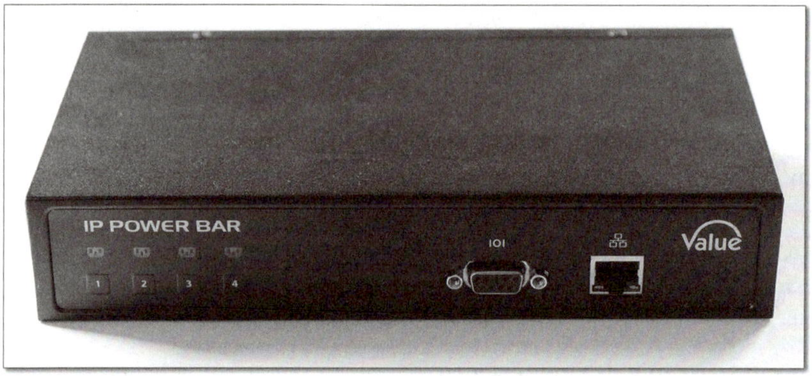

Abbildung 31.1 ValueIP-Schaltbox, Vorderansicht

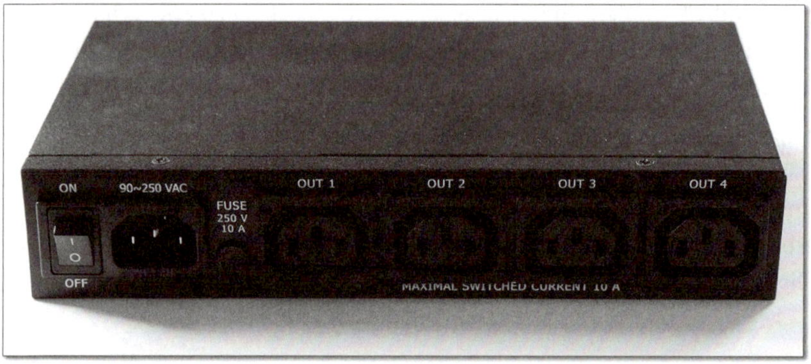

Abbildung 31.2 ValueIP-Schaltbox, Rückseite mit Kaltgeräteanschlüssen

Die Schaltbox wird mit einem Ethernet-Kabel mit dem Heimnetz verbunden und bekommt eine IP-Adresse. Unter dieser IP-Adresse ist eine Webseite aufrufbar, über die Sie allerlei Einstellungen vornehmen können. Wichtig ist dabei aber nur, dass Sie einen Benutzer samt Passwort anlegen. Alle anderen Einstellungen können Sie für dieses Beispiel auf den Standardwerten belassen. Der Clou an dieser Schaltbox ist nämlich, dass Sie die einzelnen angeschlossenen Verbraucher mit nichts weiter als einem kurzen bash-Kommando schalten können. Sie brauchen die Weboberfläche nicht, und erst recht brauchen Sie keine App für Ihr Mobiltelefon oder Ähnliches.

So viel Komfort hat allerdings seinen Preis. Für die hier eingesetzte Schaltbox werden etwa 120 EUR fällig. Sie ist in mehreren Varianten von den Herstellern Value und Koukaam (*http://www.koukaam.se*) über den Elektronikfachhandel erhältlich.

Preiswertere Schaltsteckdosen gibt es auch, aber sie sind in der Regel nicht per Script schaltbar, sondern nur über eine App oder eine Webseite, was sie für unseren speziellen Zweck unbrauchbar macht. Es gibt dennoch einen anderen Weg, das gleiche Ziel zu erreichen: Sie haben vielleicht im Baumarkt schon einmal Funk-Schaltsteckdosen gesehen. Ein Paket besteht in der Regel aus einer kleinen Fernbedienung und einem bis vier Empfängern, die in eine Steckdose gesteckt werden und auf ein Funksignal von der Fernbedienung den Stromfluss herstellen.

Diese Pakete kosten nur den Bruchteil einer IP-Schaltbox, und mit einem 433-MHz-Funksender, der vom Raspberry Pi gesteuert wird, können Sie diese Funksteckdosen beliebig schalten. Das erfordert ein wenig Bastelarbeit, spart aber eine Stange Geld. Eine Anleitung zum Bau einer solchen Funksteckdosen-Steuerung finden Sie in Kapitel 32, »Hausautomation mit 433 MHz-Funktechnologie«.

31.2 Programmierung

Steigen wir also in unser Projekt ein! Zunächst ermitteln wir die Leistung der Photovoltaikanlage. Ihre Leistung ist das Entscheidungskriterium, anhand dessen wir die Heizung ein- oder ausschalten.

Die Leistung der Photovoltaikanlage ermitteln

Photovoltaikanlagen (PV) liefern Gleichstrom, der zunächst in Wechselstrom umgeformt werden muss, damit er an Verbraucher verfüttert oder ins Stromnetz eingespeist werden kann. Diese Aufgabe übernimmt ein Wechselrichter. Beim Freund arbeitet ein Wechselrichter vom Hersteller SMA, der über eine sogenannte *Webbox* verfügt. Die Webbox bindet den Wechselrichter ans Heimnetz an, man kann bequem vom PC aus die Leistungsdaten der PV anschauen.

Direkt auf der Einstiegsseite zeigt die Webbox bereits die aktuelle Leistung in Watt an. Genau diesen Wert wollen wir mit unserem Raspberry Pi auslesen, um ihn weiterverarbeiten zu können. Das folgende Listing enthält ein Script, das die aktuelle Leistung der PV-Anlage aus der Webbox ausliest und in die Datei `/var/www/pvleistung.txt` schreibt.

Zusätzlich werden die ermittelten Daten in einer RRD-Datei gespeichert. RRD steht für *Round Robin Database*, also für eine selbstkonsolidierende Datenbank konstanter Größe. Sie ist für die Visualisierung wichtig, denn aus den Daten in einer RRD können Sie schnell und leicht aussagekräftige Grafiken generieren lassen, wie Sie im Verlauf dieses Kapitels noch sehen werden. Wie die zugrunde liegenden RRDtool-Kommandos funktionieren, ist in Abschnitt 30.2, »Einführung in RRDtool«, ausführlich erläutert.

Beachten Sie, dass wir im Listing aus Platzgründen etliche lange Zeilen mit \ über mehrere Zeilen verteilt haben. Das vollständige Listing finden Sie auch in den Begleitdateien zum Buch auf der Rheinwerk-Webseite.

```
#! /bin/bash
# Datei /usr/local/shellscripts/pumpi/webbox.sh
# dieses Script liest den aktuellen
# Output der PV aus der Webbox aus
# und schreibt ihn in die Datei
# $WEBDIR/pvleistung.txt
WDIR=/usr/local/shellscripts/pumpi
WEBDIR=/var/www
RRDDIR=$WDIR/rrd

WEBBOX=192.168.2.178
ROUTER=192.168.2.1
NETIO=192.168.2.11

wget -O /tmp/webbox.tmp 192.168.2.178/home.htm
PVLEISTUNG=\
  $(cat /tmp/webbox.tmp |grep Power|cut -f2 -d\>|cut -f1 -d" ")

# prüfen, ob Daten angekommen sind (Verbindung zur
# Webbox könnte gestört sein)
if [ -z "$PVLEISTUNG" ]; then
  logger "keine Daten von der Webbox"
  PVLEISTUNG=0
  echo $PVLEISTUNG > $WEBDIR/pvleistung.txt
else
  logger "PV-Leistung = $PVLEISTUNG";
  # Der folgende Vergleich geht schief, wenn $PVLEISTUNG
  # kein Integer ist. Das passiert bei der Webbox immer
  # dann, wenn die Leistung > 10 kW ist.
  if ! [ "$PVLEISTUNG" -eq "$PVLEISTUNG" 2> /dev/null ]
  then
      # Kommaformat korrigieren - unter 10 kW liefert die
      # Webbox den Output 4-stellig (z. B. 5647 Watt), darüber
      # als z. B. 10.3 kW
      KOMMA=$(echo "$PVLEISTUNG"|sed s/\,/\./);
      logger  "Wert ueber 10kW, wird konvertiert" > /dev/stderr
```

```
        NEWWATT=$(echo "$KOMMA * 1000"|bc -l|cut -f1 -d\.);
        logger "konvertierter Wert:  $NEWWATT"
        echo $NEWWATT > $WEBDIR/pvleistung.txt
    else
        echo $PVLEISTUNG > $WEBDIR/pvleistung.txt
    fi
fi

# RRD erstellen, falls sie noch nicht existiert, und füllen
if [ -e $RRDDIR/webbox.rrd ]; then
      echo "OK, webbox.rrd exists.";
     else
      rrdtool create $RRDDIR/webbox.rrd --step 60  \
      DS:data1:GAUGE:180:0:16000 \
      DS:data2:GAUGE:180:0:16000 \
      DS:data3:GAUGE:180:0:16000 \
      DS:data4:GAUGE:180:0:16000 \
      RRA:AVERAGE:0.5:1:600 \
      RRA:AVERAGE:0.5:6:700 \
      RRA:AVERAGE:0.5:24:775 \
      RRA:AVERAGE:0.5:288:797 \
      RRA:MAX:0.5:1:600 \
      RRA:MAX:0.5:6:700 \
      RRA:MAX:0.5:24:775 \
      RRA:MAX:0.5:288:797;
      echo "RRD created";
fi

DATA1=$(cat $WEBDIR/pvleistung.txt);
DATA2=$(cat $WDIR/rrd-ein.txt);
DATA3=$(cat $WDIR/rrd-aus.txt);
rrdtool update $RRDDIR/webbox.rrd N:$DATA1:$DATA2:$DATA3:U;

for i in -4h -24h -7d -30d -360d; do
  rrdtool graph $WEBDIR/webbox$i.gif \
    -l 0 -r --border=0 -c GRID#ffffff00 -c BACK#ffffff \
    --lazy --slope-mode --start $i \
    --title "PV-Leistung und PumPi Schaltzyklen ($i)" \
    --vertical-label "Watt" -w 400 -h 140 \
    DEF:data3=$RRDDIR/webbox.rrd:data3:\
      MAX AREA:data3#ff777750:"aus\n"  \
    DEF:data1=$RRDDIR/webbox.rrd:data1:\
      MAX AREA:data1#7777ff:"PV-Leistung (Watt)\n" \
    DEF:data2=$RRDDIR/webbox.rrd:data2:\
      MAX LINE2:data2#77ff77:"ein / Schaltschwelle\n"
done
```

Im ersten Teil des Scripts wird die PV-Leistung aus der Webbox ausgelesen und ins richtige Format gebracht, im zweiten Teil wird die RRD gefüllt. Aus der Datenbank werden mit dem Kommando `rrdtool graph` Verlaufsgrafiken erzeugt. Eine detaillierte Beschreibung dieses Grafikkommandos finden Sie auf der Webseite des RRDtool-Projekts:

http://oss.oetiker.ch/rrdtool/doc/rrdtool.en.html

Das Kommando `logger` schreibt beliebige Informationen in das System-Logfile `/var/log/syslog`. Die Benutzung ist sehr einfach:

```
logger "Das ist ein Test"
```

Die Zeile schreibt den Text zwischen den Anführungszeichen ins Syslog. In ein Script eingebaut, können Sie so auch nachträglich anhand der Log-Einträge nachvollziehen, an welcher Stelle eventuell etwas schiefgelaufen ist.

Das Script `webbox.sh` soll einmal pro Minute ausgeführt werden. Dadurch entsteht ein genauer Verlaufsgraph für die PV-Leistung. Das zeitgesteuerte Ausführen des Scripts übernimmt der Cron-Dämon (siehe Abschnitt 4.12). Dazu fügen Sie mit `crontab -e` Ihrer `crontab`-Datei die folgende Zeile hinzu:

```
* * * * * /usr/local/shellscripts/pumpi/webbox.sh
```

Das Web-Interface

Unser Freund sollte in der Lage sein, über eine einfache Webseite die Schaltschwelle für die PV-Leistung einzustellen. Er soll also entscheiden können, ob die Poolheizung bei einer Leistung von 1000, 2000, … bis 7000 Watt aktiviert wird. Außerdem soll er die leistungsabhängige Steuerung deaktivieren können, sie also unabhängig von der Photovoltaikanlage permanent ein- (wenn der Pool trotz schlechten Wetters geheizt werden soll) oder ausschalten können (etwa im Urlaub). Als Grundlage dazu werden auf einer Webseite Zustandsgrafiken angezeigt (siehe Abbildung 31.3).

Zur Implementierung dieser Webseite müssen Sie den Webserver Apache und die Programmiersprache PHP installieren (siehe Kapitel 24, »PHP-Programmierung«). Die Webseite ist in einfachem HTML ohne CSS mit ein wenig eingebettetem PHP-Code geschrieben. Das macht sie einfach zu verstehen und zu warten. Den folgenden Code speichern Sie in der Datei `/var/www/index.php`:

```
<html>  <!-- Datei /var/www/index.php -->
<head>
  <meta http-equiv="refresh" content="60;url=/index.php">
  <title>PumPi</title>
</head>
<body>
```

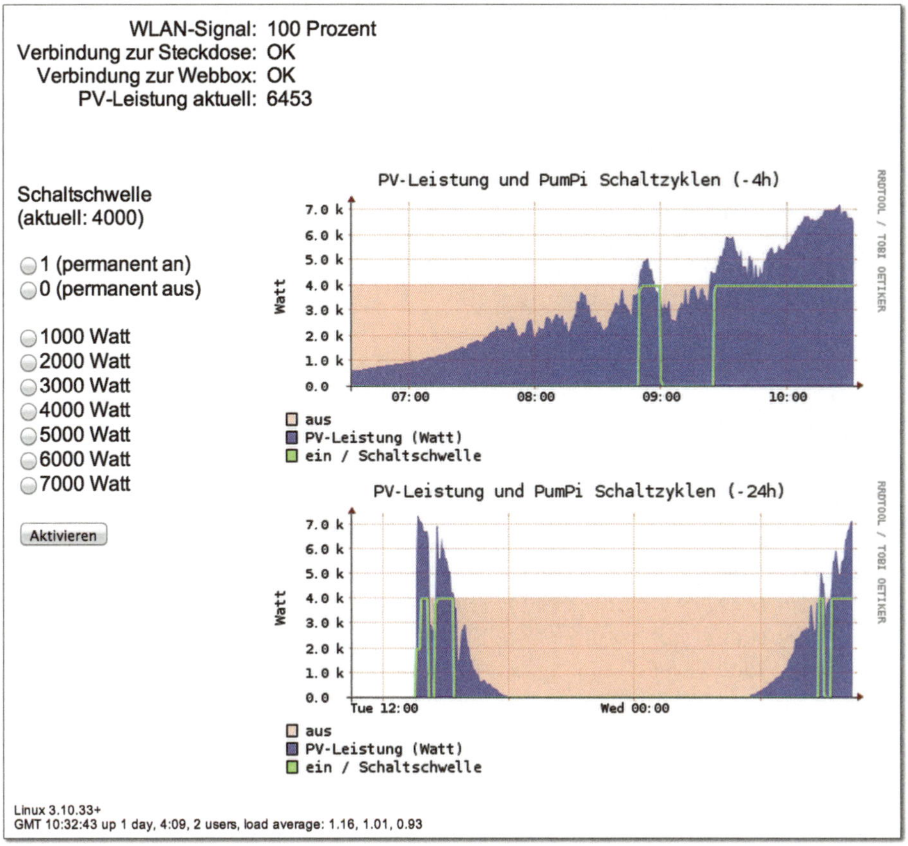

Abbildung 31.3 Leistungs- und Schaltzyklendarstellung auf der Webseite zur Steuerung der Poolheizung

```
<?php
if ( $_GET['schwelle'] <> "" )
{
  $handle = fopen("schwelle.txt", "w");
  fwrite($handle, $_GET['schwelle']);
  fclose($handle);
  echo "Auswahl gespeichert, Aktivierung " .
       "innerhalb von 5 Minuten.";
}
?>

<font face="arial,helvetica">
<table border=0>
<tr>
  <td align=right valign=top>
    WLAN-Signal: <br>
```

```
        Verbindung zur Steckdose: <br>
        Verbindung zur Webbox: <br>
        PV-Leistung aktuell: <br>
      </td>
      <td align=left valign=top>
        <? include("wlansig.txt") ?><br>
        <? include("netioconn.txt") ?><br>
        <? include("webboxconn.txt") ?><br>
        <? include("pvleistung.txt") ?><br>
        <br>
      </td>
    </tr>
    <tr>
      <td valign=top>
        <br>
        <form action="index.php" method="get">
        <p>Schaltschwelle</br>
      <td align=left valign=top>
        <? include("wlansig.txt") ?><br>
        <? include("netioconn.txt") ?><br>
        <? include("webboxconn.txt") ?><br>
        <? include("pvleistung.txt") ?><br>
        <br>
      </td>
    </tr>
    <tr>
      <td valign=top>
        <br>
        <form action="index.php" method="get">
        <p>Schaltschwelle</br>
        (aktuell: <? include("schwelle.txt"); ?>)
        <br>
        <br>
        <input type=radio name="schwelle" value="1">
          1 (permanent an)<br>
        <input type=radio name="schwelle" value="0">
          0 (permanent aus)<br><br>
        <input type=radio name="schwelle" value="1000">1000 Watt<br>
        <input type=radio name="schwelle" value="2000">2000 Watt<br>
        <input type=radio name="schwelle" value="3000">3000 Watt<br>
        <input type=radio name="schwelle" value="4000">4000 Watt<br>
        <input type=radio name="schwelle" value="5000">5000 Watt<br>
        <input type=radio name="schwelle" value="6000">6000 Watt<br>
        <input type=radio name="schwelle" value="7000">7000 Watt<br>
        <br>
```

```
    <input type=submit value="Aktivieren"><br>
    </p>
  </td>
  <td align=left valign=top>
    <br>
    <img src="webbox-4h.gif"><br>
    <img src="webbox-24h.gif"><br>
  </td>
</tr>
</table>
<font size="1">
<br>
<? passthru("uptime"); ?>
</body>
</html>
```

Klickt der Freund als Schaltschwelle zum Beispiel 4000 WATT an, so wird die Zahl 4000 in die Datei `schwelle.txt` geschrieben. Wählt er die Einstellung PERMANENT EIN, so steht in der Datei eine Eins, bei PERMANENT AUS eine Null. Das macht die weitere Verarbeitung leicht.

Vorsicht

Die Versuchung ist groß, das Webinterface für eine solche Steuerung auch über das Internet zugänglich zu machen. Das ist technisch natürlich möglich, aber wir möchten dringend davon abraten. Sollte durch eine wie auch immer geartete Sicherheitslücke der Zugang auch für Unbefugte möglich sein, sind Sie am Ende der Dumme. Es gilt der Merksatz: Wer seine Heizung ins Internet stellt, sollte sich warm anziehen.

Die Heizungssteuerung

Ein bash-Script, das alle 15 Minuten per `cron` ausgeführt wird, wertet die Datei `schwelle.txt` aus und schaltet die Heizung entsprechend der Vorgabe ein oder aus. Dieses Script ist eigentlich recht simpel, enthält gemessen an der Aufgabe aber doch recht viel Code. Lassen Sie sich davon nicht verwirren!

Das Script enthält eine Menge Kontrollcode, der sicherstellt, dass alle benötigten Komponenten (Webbox, Schaltbox) im Netz erreichbar sind und dass das WLAN überhaupt funktioniert. (Bei unserem Aufbau kommuniziert der Raspberry Pi zwar mit der Schaltbox per Ethernet, erreicht aufgrund der örtlichen Gegebenheiten die Webbox der Photovoltaikanlage aber nur über das WLAN.) Im Script wird die Schaltbox übrigens als *NetIO* bezeichnet, weil das die Bezeichnung des Herstellers ist. So sieht das Script aus:

```
#! /bin/bash
# Datei /usr/local/shellscripts/pumpi/pumpi.sh
# Dieses Script läuft per Cron alle 15 min.
# Es schaltet Port 1 einer NetIO ein,
# sobald die Leistung der Photovoltaik einen
# Schwellenwert überschreitet, oder bei
# Unterschreitung des Wertes aus.

WDIR=/usr/local/shellscripts/pumpi
WEBDIR=/var/www
RRDDIR=$WDIR/rrd

WEBBOX=192.168.2.178
ROUTER=192.168.2.1
NETIO=192.168.2.11

#Schwellenwert in Watt
SWERT=$(cat $WEBDIR/schwelle.txt);
echo "Schwellenwert = $SWERT";

# 1. WLAN-Verbindung prüfen
WLANSIG=$(/sbin/iwconfig wlan0|grep "Link Q"|\
          cut -f2 -d\=|cut -f1 -d\/);

if [ -z "$WLANSIG" ]; then
  logger "WLAN-Signalstärke: unbekannt";
  echo "$WLANSIG von 100" > $WEBDIR/wlansig.txt;
else
  logger "WLAN-Signalstärke: $WLANSIG% ";
  echo "$WLANSIG Prozent" > $WEBDIR/wlansig.txt;
fi

# 2. prüfen, ob NetIO erreichbar ist
NETIOCONN=$(httping -G -t 5s -c 5 -g http://$NETIO|\
            grep connects|cut -f2 -d\,|cut -f1 -d\,|\
            tr -d [:blank:]|cut -b1)

if [ -z "$NETIOCONN" ]; then
  NETIOCONN=0
fi

if [ $NETIOCONN -le 3 ]; then
  NETIOCONN=0
  logger "NETIO nicht erreichbar"
      echo "keine Verbindung" > $WEBDIR/netioconn.txt
```

```
  #Alarmierung per Mail
  #[...]
else
  NETIOCONN=1
  logger "NetIO: OK"
  echo "OK" > $WEBDIR/netioconn.txt
fi


# 3. Prüfen, ob Webbox erreichbar ist
WEBBOXCONN=$(httping -G -t 5s -c 5 -g http://$WEBBOX|\
             grep connects|cut -f2 -d\,|cut -f1 -d\,|\
             tr -d [:blank:]|cut -b1)

if [ -z "$WEBBOXCONN" ]; then
  WEBBOXCONN=0
fi
if [ $WEBBOXCONN -le 3 ]; then
  WEBBOXCONN=0
  logger "Webbox nicht erreichbar"
  echo "keine Verbindung" > $WEBDIR/webboxconn.txt
else
  WEBBOXCONN=1
  logger "Webbox: OK"
  echo "OK" > $WEBDIR/webboxconn.txt
fi

PVINPUT=$(cat $WEBDIR/pvleistung.txt);

# Der folgende kleine Kunstgriff ist notwendig, weil $PVINPUT
# evtl. nicht in allen Fällen als Integer erkannt wird.
PVLEISTUNG=$(echo $((PVINPUT*1)));
echo "PV-Leistung = $PVLEISTUNG"

# weitermachen, wenn Verbindungen zur Webbox und Steckdose
# OK sind
if [ "$WEBBOXCONN" = "1" ] && [ "$NETIOCONN" = "1" ]; then
    if [ $SWERT -eq 1 ]; then
      $WDIR/netio.sh $NETIO 1uuu;
      logger "Permanent eingeschaltet"
      #RRD
      echo "$SWERT" > $WDIR/rrd-ein.txt
      echo "0" > $WDIR/rrd-aus.txt
    elif [ $SWERT -eq 0 ]; then
      $WDIR/netio.sh $NETIO 0uuu;
```

31

```
        logger "Permanent ausgeschaltet"
        #RRD
        echo "0" > $WDIR/rrd-ein.txt
        echo "$SWERT" > $WDIR/rrd-aus.txt
      elif [ $PVLEISTUNG -ge $SWERT ]; then
        $WDIR/netio.sh $NETIO 1uuu
        logger "$PVLEISTUNG groesser $SWERT: eingeschaltet"
        #RRD
        echo $SWERT > $WDIR/rrd-ein.txt
        echo "0" > $WDIR/rrd-aus.txt
      else
        $WDIR/netio.sh $NETIO 0uuu
        logger "$PVLEISTUNG kleiner $SWERT: ausgeschaltet"
        echo "0" > $WDIR/rrd-ein.txt
        echo "$SWERT" > $WDIR/rrd-aus.txt
      fi

else

    # Sicher ist sicher: war eine der Prüfungen negativ,
    # wird die Steckdose ausgeschaltet
    $WDIR/netio.sh $NETIO 0uuu
    logger "Webbox oder NetIO nicht erreichbar"
fi
```

Die Prüfungen, ob die Webbox und die NetIO-Schaltsteckdosen erreichbar sind, werden mit dem Programm `httping` durchgeführt. Gegenüber einem `ping` vom Typ ICMP hat `httping` den Vorteil, dass es Daten vom Webserver abruft und so nicht nur kontrolliert, ob die Gegenseite noch erreichbar ist, sondern auch tatsächlich noch Daten liefert – ein »hängender« Webserver wird so nicht mehr zu Stolperfalle. Sie installieren `httping` mit dem Kommando `sudo apt-get -fym install httping`. Ein Beispielaufruf (der mit identischen Parametern auch in unserem Script verwendet wird), sieht zum Beispiel so aus:

```
httping -G -t 5s -c 5 -g pi-buch.info
  PING pi-buch.info:80 (pi-buch.info):
  connected to 213.133.104.4:80 (991 bytes), seq=0 time=354.71 ms
  connected to 213.133.104.4:80 (991 bytes), seq=1 time=148.94 ms
  connected to 213.133.104.4:80 (991 bytes), seq=2 time=154.45 ms
  connected to 213.133.104.4:80 (991 bytes), seq=3 time=172.88 ms
  connected to 213.133.104.4:80 (991 bytes), seq=4 time=166.28 ms
  --- pi-buch.info ping statistics ---
  5 connects, 5 ok, 0.00% failed, time 5001ms
  round-trip min/avg/max = 148.9/199.5/354.7 ms
```

Mit -G legen Sie fest, dass eine GET-Abfrage an den Server geschickt wird, also ein vollständiger Seitenabruf. Mit -t 5s wird der Timeout festgelegt. Hat der Server innerhalb dieser Zeit nicht geantwortet, gilt der Versuch als fehlgeschlagen. Schließlich legen Sie mit -c 5 die Anzahl der Versuche auf fünf fest. httping antwortet mit den benötigten Zugriffszeiten und schreibt am Schluss eine Zusammenfassung, wie viele der durchgeführten Versuche erfolgreich waren. Diese Information wertet unser Script aus.

Zuletzt müssen Sie noch die Cron-Konfiguration so ändern, dass das Script alle 15 Minuten automatisch eingerichtet wird (siehe Abschnitt 4.12). Dazu fügen Sie der crontab folgende Zeile hinzu:

```
*/15 * * * * /usr/local/shellscripts/pumpi/pumpi.sh
```

Die Steuerung der schaltbaren Steckdose

Vielleicht ist Ihnen aufgefallen, dass wir in dem oben beschriebenen Script auf ein weiteres bash-Script netio.sh zurückgreifen. Das ist das Stück Code, mit dem die Steckdosen der Schaltbox aktiviert und deaktiviert werden, und damit sicherlich das Script, das für Sie den größten praktischen Wert hat. Schauen wir uns zunächst den Code an, bevor wir ihn im Einzelnen erläutern:

```
#! /bin/bash
# Datei /usr/local/shellscripts/pumpi/netio.sh

#Benutzername und Passwort
USER=charly
PASS=s3cr3t

# in $1 steht die IP-Adresse der Ziel-NetIO
# IP-Adresse zu Kontrollzwecken ausgeben
echo "$1";

# in $2 steht entweder "status" oder die
# Schalt-Änderung, z. B. "uu1u"
echo "$2";
if [ "$2" = "status" ]; then
  ACTION="port=list";
else
  ACTION="port=$2";
fi

echo "debug ACTION = $ACTION"
URL="http://$1/tgi/control.tgi?login=p:$USER:$PASS&$ACTION"
wget -O /tmp/return.txt -i $URL
```

```
# clear
echo "Status of power outlets on $1"
cat /tmp/return.txt|cut -f2 -d\>|cut -f1 -d\< && \
  echo"" >> /tmp/netio.output
cat /tmp/netio.output
rm /tmp/return.txt; rm /tmp/netio.output;
```

Sie sehen, der Code ist erfreulich kurz. Das Script `netio.sh` wird mit zwei Parametern aufgerufen. Der erste Parameter ist die IP-Adresse der Schaltbox, denn dem Autor sind Haushalte bekannt, in denen es mehrere dieser Boxen gibt. Der zweite Parameter lautet entweder `status` oder er enthält einen Schaltcode. Zu diesem kommen wir gleich, aber zunächst schauen wir uns an, was beim Parameter `status` passiert. Rufen wir das Script also auf der Kommandozeile auf:

```
bash netio.sh 192.168.2.11 status
```

Die Ausgabe lautet kurz:

```
1000
```

Das ist nicht etwa die Zahl eintausend, sondern es sind die Zustände der vier Steckdosen, die geschaltet werden können. Steckdose Nummer 1 ist eingeschaltet, die anderen drei sind ausgeschaltet.

Jetzt wollen wir alle vier Steckdosen einschalten. Das Kommando dazu lautet:

```
bash netio.sh 192.168.2.11 1111
```

Besonders pfiffig ist die Möglichkeit, eine bestimmte Steckdose zu schalten, ohne dabei den Zustand der anderen drei zu ändern. Wollen Sie etwa Steckdose Nummer 3 einschalten und die anderen unverändert lassen, (weil Sie vielleicht gar nicht wissen, ob sie gerade ein- oder ausgeschaltet sind), so genügt dieses Kommando:

```
bash netio.sh 192.168.2.11 uu1u
```

Das `u` steht dabei für *unchanged*, also unverändert.

Im Script sehen Sie, dass am Ende einfach ein `wget`-Kommando an die Schaltbox geschickt wird. Es wird im Script aus mehreren Variablen zusammengebaut, aber vollständig ausgeschrieben kann es zum Beispiel so aussehen:

```
wget -O /tmp/return.txt \
  http://192.168.2.11/tgi/control.tgi?login=p:charly:s3cr3t&uu1u
```

Kapitel 32
Hausautomation mit 433-MHz-Funktechnologie

Der Raspberry Pi, so klein er auch sein mag, verfügt über die Fähigkeit, auch große Lasten zu schalten, also 230-V-Verbraucher und Steckdosen. Eine Möglichkeit, dies über IP-Steckdosen zu lösen, haben wir in Kapitel 31, »Hausautomation mit Netzwerksteckdosen«, bereits präsentiert. Dieses Projekt zeigt Ihnen eine weitere Lösung: das Steuern von 433-MHz-Funksteckdosen aus dem Baumarkt.

32.1 Hardware-Grundlagen

Funksteckdosen

Sie benötigen ein Set an Funksteckdosen mit der 433-MHz-Technologie. Da es sich dabei um eine freie Funkfrequenz handelt, ist es ein Leichtes, die richtigen Steckdosen zu finden (siehe Abbildung 32.1). Sie erhalten derartige Steckdosen in nahezu allen Baumärkten, bei Elektronikhändlern und natürlich auch bei Amazon:

http://www.amazon.de/dp/B002UJKW7K

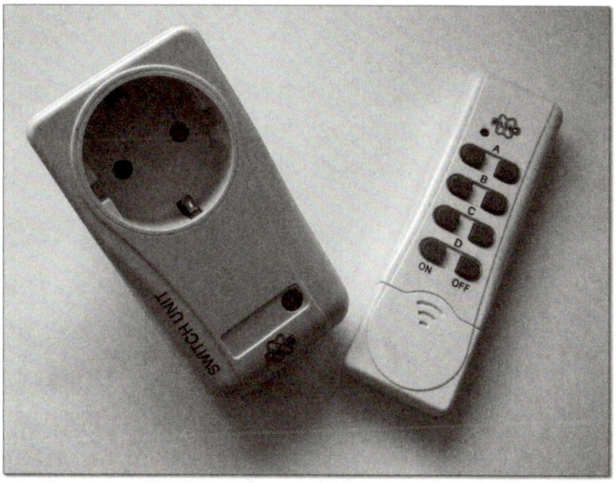

Abbildung 32.1 Funksteckdose mit Fernbedienung aus einem Baumarkt-Set

Das Sendemodul

Die meisten Funksteckdosen werden im Set mit einer kleinen Fernbedienung verkauft. Die Fernbedienung können Sie schon mal getrost in die Ecke legen: Um den Raspberry Pi *funkfähig* zu machen, bedienen wir uns der Fähigkeiten eines kleinen Funkmoduls. Ein solches Modul finden Sie meist für unter 5 EUR bei eBay, Amazon oder z. B. bei Watterott.com:

http://www.watterott.com/de/RF-Link-Sender-434MHz

Der Funksender verfügt über vier Anschluss-Pins:

- **VCC:** Versorgungsspannung
- **GND:** Masse
- **DATA:** Datenleitung
- **ANT:** Antenne

In der Regel können die Module mit bis zu 12 V an VCC versorgt werden. Damit verfügt das Modul über die größte Reichweite. Prüfen Sie dies aber sicherheitshalber noch im Datenblatt Ihres Moduls! Ausnahmen gibt es auch hier immer wieder. Allgemein haben Sie zwei Möglichkeiten, die Reichweite des Funksenders zu beeinflussen:

- **Die Versorgungsspannung** kann zwischen 5 V und 12 V betragen, wobei 5 V die für den Betrieb minimal erforderliche Spannung darstellt. Spannungswerte darüber beeinflussen die Sendeleistung positiv.
- **Die Antenne**, die am Pin ANT angeschlossen wird, sollte ein blanker Kupferdraht mit einer Länge von 15 cm bis 20 cm sein. Eine 20 cm lange Antenne in Verbindung mit einer Versorgungsspannung von 12 V funkt problemlos alle Räume einer Etage an.

Externes Netzteil erforderlich!

Falls Sie die volle Sendeleistung aus dem Modul herausholen möchten, benötigen Sie ein externes 12-V-Netzteil. Alternativ können Sie das Modul auch mit einer 9-V-Blockbatterie betreiben. Vergessen Sie nicht, die Massen der Modulversorgung und des Raspberry Pi zu verbinden!

Anschluss des Sendemoduls

Schließen Sie das Sendemodul wie auf dem Schaltplan zu sehen an den Raspberry Pi an (siehe Abbildung 32.2). Wir nutzen in diesem Beispiel die 5 V an GPIO-Pin 2 zur Versorgung des Moduls. Die Reichweite wird sich mit unserem Setup auf ungefähr einen Raum beschränken. Die Datenleitung des Moduls haben wir auf Pin 11 gelegt.

Das ist notwendig, um das Programm `rcswitch-pi` problemlos nutzen zu können, das wir später noch einsetzen wollen.

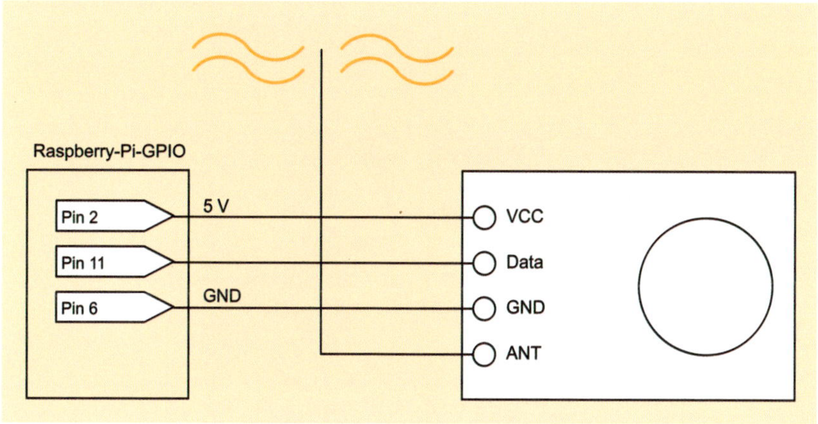

Abbildung 32.2 Anschluss des Sendemoduls an den Raspberry Pi

Vorbereitung der Steckdosen

Im nächsten Schritt bereiten Sie die Steckdosen vor und weisen ihnen eine Adresse zu. Die 433-MHz-Funksets verwenden zwei unterschiedliche Adressen:

- **Der Systemcode** gibt allen Ihren Steckdosen eine übergeordnete Adresse. So vermeiden Sie, dass Ihre Nachbarn versehentlich Ihre Steckdosen ansteuern. Sollten Sie bemerken, dass Ihre Steckdosen ungewollt reagieren, so ändern Sie den Systemcode. Möglicherweise verwendet Ihr Nachbar den gleichen Code.
- **Der Gerätecode** verleiht jeder Steckdose eine eindeutige Adresse. Während der Systemcode bei allen Steckdosen gleich ist, ist der Gerätecode bei jeder Steckdose ein anderer. Nur so können Sie gezielt einzelne Dosen ein- und ausschalten.

Verfahren Sie beim Einstellen der Steckdosen einfach nach der Bedienungsanleitung des Steckdosensets.

- Öffnen Sie die Abdeckung.
- Wählen Sie durch die Jumper einen Systemcode (siehe Abbildung 32.3).
- Weisen Sie jeder Steckdose einen anderen Gerätecode zu.
- Merken Sie sich den System- und den Gerätecode.
- Schließen Sie die Abdeckung der Dosen wieder.

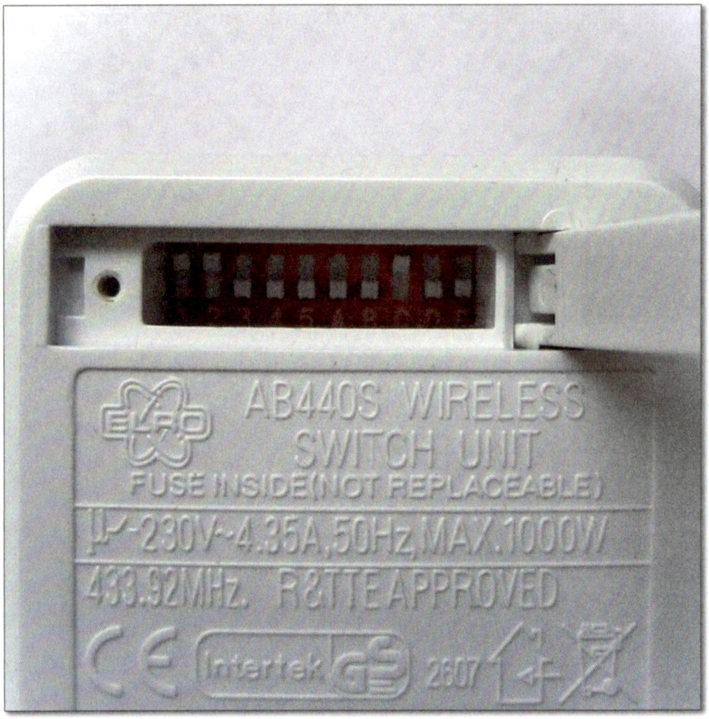

Abbildung 32.3 Hier wurde als Systemcode 11000 eingestellt, als Gerätecode 00100.

32.2 Software und Steuerungsbeispiele

rcswitch-pi

Bei der Wahl der Software haben Sie die Qual. So gibt es zahllose kleine C-, bash-, Python- oder auch webbasierte Programme, die sich auf das Senden von Signalen der 433-MHz-Technologie spezialisiert haben. Wir nehmen für unser Projekt die Dienste von `rcswitch-pi` in Anspruch.

Dafür installieren Sie als Erstes `wiringPi` (siehe Abschnitt 21.4, »WiringPi«):

```
git clone git://git.drogon.net/wiringPi
cd wiringPi
./build
```

Danach laden Sie `rcswitch-pi` von GitHub und kompilieren es:

```
cd
git clone https://github.com/r10r/rcswitch-pi.git
cd rcswitch-pi
make
```

Der erste Schritt ist nun getan. Wenn Sie alles richtig angeschlossen haben und eine Funksteckdose in der Nähe ist, so können Sie bereits den ersten Befehl senden. Zuerst müssen wir uns allerdings noch mit der *Übersetzung* der System- und Gerätecodierung befassen: Die gängigen Funksysteme haben pro Codegruppe fünf Jumper, die entweder auf High oder Low bewegt werden können. Bei unserem Beispielgerät sind die Jumper des Systemcodes mit `12345` und die Jumper des Gerätecodes mit `ABCDE` gekennzeichnet (siehe Abbildung 32.3). Beim Systemcode ist jede binäre Kombination der Jumper zulässig; beim Gerätecode darf hingegen nur *ein* Jumper gesetzt werden. Er bestimmt einen Wert zwischen eins und fünf.

Der Sendebefehl für `rcswitch-pi` ist nach folgendem Schema aufgebaut:

```
sudo ./send <Systemcode> <Gerätecode> <Status>
```

Dabei sind folgende Eingaben möglich:

- **Systemcode:** 00000 bis 11111
- **Gerätecode:** 1 bis 5
- **Status:** 0 oder 1

Für unser Beispiel (siehe Abbildung 32.3) lautet ein Befehl zum Einschalten also:

```
sudo ./send 11000 3 1
```

und zum Ausschalten entsprechend:

```
sudo ./send 11000 3 0
```

`scswitch-pi` muss immer mit `sudo` ausgeführt werden. Zudem müssen Sie sich in dem Ordner befinden, in dem der Ordner `rcswitch-pi` abgelegt wurde. Sofern Sie die obigen Installationsschritte als Benutzer `pi` ausgeführt haben, befindet sich das Programm unter folgendem Pfad:

```
/home/pi/rcswitch-pi/
```

Zugegeben, das eigentliche Anfunken der Steckdosen war kein Hexenwerk. Wirklich spannend wird das Projekt, wenn Sie dem Raspberry Pi einige Bedingungen zum Schalten der Steckdosen beibringen. Ein paar kleine Beispiele sollen Ihnen Lust auf mehr machen.

Die klassische Zeitsteuerung

Die vermutlich gängigste Bedingung, die z. B. zum Ein- und Ausschalten von Steckdosenleisten führt, ist die Uhrzeit. In unserem Beispiel werden alle Steckdosen um 22:00 Uhr ausgeschaltet und um 7:00 Uhr wieder eingeschaltet. Denkbare Verbraucher sind in diesem Fall der Fernseher, das Radio, ein Ventilator oder eine Teichpumpe. Wir haben diese Zeitsteuerung hier durch ein kleines Python-Script realisiert:

```
#!/usr/bin/python3
# Datei funk.py
import os
import time
while True:
    lt= time.localtime()
    h = lt[3]

    if h <= 21 and h >= 6:
        os.system("sudo /home/pi/rcswitch-pi/./send 11000 3 1")
        print ("Vor 7  Uhr - An")
    else:
        os.system("sudo /home/pi/rcswitch-pi/./send 11000 3 0")
        print ("Nach 22 Uhr - AUS")

    time.sleep (60)  # eine Minute nichts tun
```

Alternativ können Sie natürlich auch zwei Cron-Jobs einrichten, bei denen ein Job um 7:00 Uhr das Gerät einschaltet und der zweite Job um 22:00 Uhr die Steckdose wieder abschaltet (siehe Abschnitt 4.12, »Programme regelmäßig ausführen (Cron)«).

Automatische Anwesenheitserkennung

Ab hier wird es schon etwas außergewöhnlich und besser auf die Fähigkeiten des Raspberry Pi zugeschnitten. Fast jeder trägt mittlerweile ein Smartphone mit sich herum. Heutzutage ist das Handy ebenso wenig vom Körper wegzudenken wie das Portemonnaie. Genau das machen wir uns zunutze. Unser Ziel ist es, dass Sie bereits mit eingeschaltetem Licht oder Radio begrüßt werden, sobald Sie Ihre Wohnung betreten.

Jedes aktuelle Smartphone mit WLAN baut in Reichweite eines bekannten Netzwerks automatisch eine Verbindung zu diesem auf. Simpler gedacht: Kommen Sie nach Hause, ist Ihr Handy mit Ihrem heimischen WLAN verbunden. Verlassen Sie das Haus, so verlässt auch Ihr Handy das Funknetzwerk. Das ist der perfekte Indikator für Ihren Standort!

Wir erstellen nun ein kurzes Python-Programm, das ein `ping`-Datenpaket an die IP-Adresse Ihres Handys sendet. Stellen Sie sich das so vor, als *rufe* der Raspberry Pi unentwegt: »Hallo Handy!« Ihr Handy wird den Ruf nur hören und mit »Hallo Raspberry!« antworten, wenn es sich im gleichen WLAN befindet. Anderenfalls verhallt der Ruf ungehört.

Vorab müssen Sie die IP-Adresse Ihres Smartphones ausfindig machen. Das geht z. B. über das Handy selbst. Bei iOS und Android finden Sie Ihre WLAN-IP-Adresse in den WLAN- bzw. in den Systemeinstellungen (siehe Abbildung 32.4). Alternativ finden Sie die IP-Adresse auch in der Heimnetzübersicht Ihres Routers.

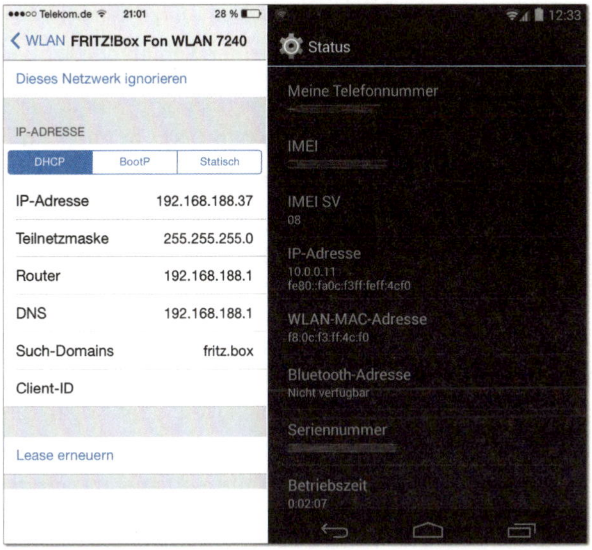

Abbildung 32.4 Anzeige der IP-Adresse unter iOS (links) und Android (rechts)

Das folgende Python-Programm sendet nun einen `ping` an das Smartphone. Sie müssen nur die IP-Adresse Ihres Smartphones anpassen:

```
#!/usr/bin/python3
# Datei funk_ping.py
import os

# Ihre Smartphone-IP-Adresse
ip = "192.168.188.37"

# Parameter -c gibt die Zyklenzahl an
# -c 1 = 1 x Ping
os.system("ping -c 1 " + ip)
print (os.system("ping -c 1 " + ip))

if os.system("ping -c 1 " + ip) == 0:
   # Handy erreichbar, Steckdosen EIN
   print ("Handy antwortet")
   os.system("sudo /home/pi/rcswitch-pi/./send 11000 3 1")
else:
   # Handy nicht erreichbar, Steckdosen AUS
   print ("Keine Antwort")
   os.system("sudo /home/pi/rcswitch-pi/./send 11000 3 0")
```

Das Programm funktioniert nach folgendem Prinzip: Der bash-Befehl ping gibt bei Erfolg eine 0 zurück. Geht der Ping ins Leere, gibt der Befehl einen Fehlercode größer 0 zurück.

Zur dauerhaften Überwachung der Anwesenheit lassen Sie den Code in einer Endlosschleife laufen und fügen sleep(20) hinzu, um die Prozessorauslastung gering zu halten.

Überwachung von Analogsensoren

Mit dem folgenden Codebeispiel können Sie analoge Werte von A/D-Wandlern überwachen. Einige Beispiele dazu haben wir in Kapitel 15, »Sensoren«, bereits beschrieben: Denkbar sind hier Werte wie die Temperatur, die Helligkeit oder sogar die Feuchtigkeit. Beim Über- oder Unterschreiten eines Schwellenwertes können nun Verbraucher (z. B. Lampen, Klimaanlagen, Heizlüfter oder Multimediageräte) eingeschaltet werden.

Für dieses Beispiel setzen wir den korrekten Anschluss eines Fotowiderstands an einem Analog/Digital-Wandler des Typs MCP3008 voraus (siehe Abschnitt 14.1, »SPI«).

```
#!/usr/bin/python3
# Datei funk_sensor.py

import spidev
import os
import time

spi = spidev.SpiDev()
spi.open(0,1)

while True:
    antwort = spi.xfer([1,128,0])
    if 0 <= antwort[1] <=3:
        wert = ((antwort[1] * 256) + antwort[2]) * 0.00322
        print (wert)

    if wert <= 1:
        os.system("sudo /home/pi/rcswitch-pi/./send 11000 3 1")
    elif wert >=3:
        os.system("sudo /home/pi/rcswitch-pi/./send 11000 3 0")
    time.sleep(300) # fünf Minuten
```

Fernbedienung per Weboberfläche

Warum nicht die mitgelieferte Fernbedienung durch eine eigene, moderne und multimediale Handyfernbedienung ersetzen? In diesem Abschnitt programmieren wir uns eine kleine Weboberfläche, die Schalter zum Ein- und Ausschalten einer Steckdose enthält. Voraussetzung ist ein eingerichteter Apache-Server samt PHP (siehe Kapitel 24, »PHP-Programmierung«).

Damit der im Account `www-data` laufende Apache-Server das Script `send` ausführen kann, bedarf es einer Anpassung der Rechte des Programms. Navigieren Sie zum Ordner `/home/pi/rcswitch-pi/`, und führen Sie folgende Befehle aus:

```
sudo chown root send
sudo chmod 755 send
sudo chmod u+s send
```

Damit haben Sie für das Script `send` das Setuid-Bit gesetzt. `send` wird von nun an immer mit `root`-Rechten ausgeführt. Damit kann Apache das Script so ausführen, als würde Apache mit root-Rechten laufen. Beachten Sie aber, dass Setuid-Scripts ein Sicherheitsrisiko darstellen können!

Erzeugen Sie nun eine `.php`-Datei mit dem folgenden Code:

```
<html>
<!-- Datei /var/www/fernbedienung.php -->
<head>
</head>
<body>
<h1 align="center">Funk-Fernbedienung</h1>

<?php
if(isset($_GET['command'])) {
  if($_GET['command'] === 'sd-an') {
    $val = trim(@shell_exec(
      "/home/pi/rcswitch-pi/send 11000 3 1"));
  }
  elseif($_GET['command'] === 'sd-aus') {
    $val = trim(@shell_exec(
      "/home/pi/rcswitch-pi/send 11000 3 0"));
  }
}
?>

<div align="center">
<a href="<?php print($_SERVER['PHP_SELF']); ?>?command=sd-an">
Steckdose an</a>
<br>
```

```
<br>
<a href="<?php print($_SERVER['PHP_SELF']); ?>?command=sd-aus">
Steckdose aus</a>
</div>

</body>
</html>
```

Speichern Sie die Datei unter /var/www ab, und öffnen Sie diese dann mit einem Browser auf Ihrem Handy, Tablet oder PC. Es erwartet Sie eine unspektakuläre, aber funktionsfähige Mini-Webseite, die beim Klick auf einen der Links die gewünschten Funksignale an die Steckdose sendet (siehe Abbildung 32.5).

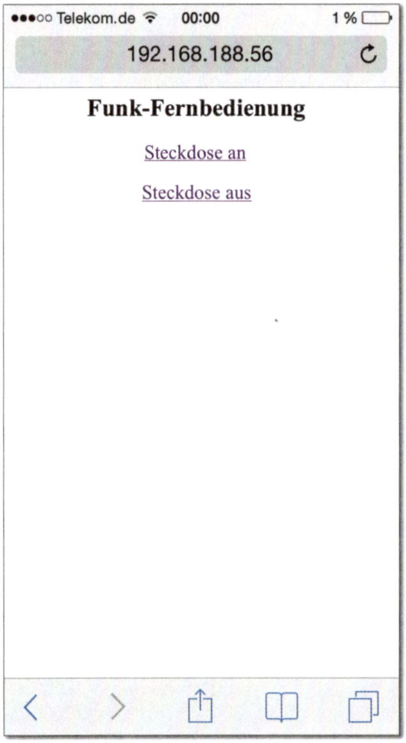

Abbildung 32.5 Die eigene Funk-Fernbedienung in Form einer Mini-Webseite

Mit diesem Code als Grundgerüst können Sie nun weitere Funktionen hinzufügen und eine schönere Oberfläche gestalten:

- Fügen Sie weitere Steckdosen hinzu.
- Ersetzen Sie die Links durch Grafiken.
- Lassen Sie sich ein Feedback über die ausgeführte Funktion anzeigen.

Noch mehr Ideen

Neben den vorgestellten Beispielen gibt es unzählige weitere Auslöser für das Anfunken der Steckdosen. Viele werden Ihnen sicher im Zuge des eigenen Projekts einfallen. Die folgenden Schlagworte geben Ihnen vielleicht einen zusätzlichen Denkanstoß.

- **Bewegungsmelder:** Zusammen mit einem PIR-Sensor können Sie beliebige Verbraucher durch eine Bewegungserkennung schalten (siehe Abschnitt 15.1, »PIR-Bewegungssensor«).
- **Deckenleuchten anfunken:** Es ist möglich, das Innenleben einer Funksteckdose aus dem Kunststoffgehäuse zu entfernen und z. B. in eine Deckenleuchte einzubauen. Im Inneren des Gehäuses befinden sich lediglich der Funkempfänger und ein Relais.

  Vorkenntnisse in Elektronik sollten jedoch vorhanden sein, da Sie in diesem Fall direkt mit 230 V Netzspannung arbeiten! Trennen Sie vor Ihren Arbeiten alle betroffenen Verbraucher vom Netz! Auch sollten Sie einen betreuten Testlauf durchführen, um sicherzustellen, dass Ihre Verdrahtung einem Dauerbetrieb standhält!
- **Online gehen:** Machen Sie Ihre Weboberfläche über das Internet zugänglich, und kontrollieren Sie Ihre Steckdosen von unterwegs.
- **Alternative Software:** Im Netz ist zu diesem Thema eine Menge an Software verfügbar. Auch Komplettlösungen mit eigener grafischer Oberfläche sind zu finden. Unter folgenden Projektnamen finden Sie jede Menge Infos:

  Raspberry-Remote, PowerPi, pilight, PiHome, RaspBee

  Schauen Sie sich auch die Integration in die iOS/Android-App *NetIO* an!

Kapitel 33
Ort und Zeit per GPS empfangen

Navigationssysteme, Smartphones und sogar Armbanduhren nutzen das *Global Positioning System* (GPS), damit Sie jederzeit Ihren aktuellen Aufenthaltsort erfahren können. Zwei Dutzend Satelliten plus ein paar als Reserve, um eventuelle Ausfälle kompensieren zu können, ermöglichen es GPS-Empfängern auf der Erde, ihre Position auf etwa zehn Meter genau zu bestimmen, oft sogar besser.

Die Satelliten funken ständig ihre aktuelle Position auf der Umlaufbahn und zusätzlich ein Zeitsignal zur Erde. GPS-Empfänger, die die Signale von mindestens vier Satelliten empfangen, können aus den Laufzeitunterschieden zwischen den Funksignalen ihre eigene Position errechnen. Eigentlich würden schon drei Satelliten reichen, aber die eingebaute Uhr des GPS-Empfängers ist meist nicht genau genug, um die geringen Laufzeitunterschiede der Funksignale zu verarbeiten, sodass das Zeitsignal eines vierten Satelliten hinzugezogen wird.

Auch der Raspberry Pi kann einen GPS-Empfänger quasi »huckepack« nehmen, angeschlossen an die GPIO-Schnittstelle. In diesem Kapitel lernen Sie zwei Anwendungsfälle für einen GPS-Empfänger kennen. Im ersten Abschnitt benutzen Sie das GPS, um ein sehr genaues Zeitsignal zu erhalten. Der zweite Abschnitt widmet sich der Positionsbestimmung. Dort lesen Sie den Längen- und Breitengrad aus und stempeln diese in ein Bild ein, das mit dem Kameramodul des Raspberry Pi aufgenommen wird.

33.1 Haben Sie Zeit? Eine Uhr für den Raspberry Pi

Wenn Sie Ihren Raspberry Pi einschalten, hat er zunächst keine Ahnung, wie spät es ist oder welches Datum gerade aktuell ist. Im Gegensatz zu den meisten PCs und Notebooks hat der Raspberry Pi, wohl aus Kostengründen, nämlich keine eingebaute Uhr. Die Systemzeit startet jedes Mal wieder am 01. 01. 1970 und zählt von da an die Sekunden, solange der Rechner läuft. Diese sogenannte *Unix Epoch Time* ist ein Zeitstempel, der die Sekunden seit dem 01. 01. 1970 angibt. Sie können ihn sich auf der Kommandozeile mit `date +%s` anzeigen lassen.

Wie aber kommt der Raspberry Pi nun an die aktuelle Uhrzeit? Die Antwort ist: Er holt sie sich aus dem Netz. Dort gibt es Server, die speziell dazu eingerichtet sind, über ein eigens dafür genormtes Protokoll die Uhrzeit zur Verfügung zu stellen. Sie heißen Zeitserver oder NTP-Server, denn das Protokoll für die Übertragung der Zeit heißt *Network Time Protocol* (NTP). Andere Rechner, wie Ihr Raspberry Pi, können dort die Uhrzeit erfragen und ihre Systemzeit danach stellen. Hat der Raspberry Pi die Zeit einmal erhalten, kann er sie mithilfe seines internen Systemtakts einigermaßen genau weiterführen. Er fragt aber dennoch immer wieder in Intervallen bei einem Zeitserver im Netz nach, um Abweichungen auszugleichen.

Woher aber bezieht ein solcher Zeitserver selbst sein Zeitsignal? Meist hat auch er es aus zweiter oder dritter Hand: Am Ursprung steht dabei immer eine hochgenaue Zeitquelle, etwa eine Cäsiumuhr oder die eingangs erwähnten GPS-Satelliten. Diese Zeitquellen heißen in der NTP-Sprache *Stratum 0* (Stratum = Schicht). Zeitserver, die ihr Signal direkt von einer solchen Quelle beziehen und weiterverteilen, heißen entsprechend Stratum-1-Server.

Wenn Sie Ihren Raspberry Pi so konfigurieren, dass er sein Signal von einem Stratum-1-Server bekommt und weiterverteilt, dann betreiben Sie einen Stratum-2-Server. Das Zeitsignal ist dann natürlich nicht mehr hochgenau, denn Netzwerkpakete brauchen eine gewisse Zeit vom Absender zum Empfänger.

Ein NTP-Server tut sein Bestes, um diese Schwankungen auszugleichen, indem er das Signal über mehrere Server mittelt und versucht, die Netzlaufzeiten herauszurechnen. Im Ergebnis bekommen Sie ein Zeitsignal, das für die Anforderungen des Alltags hinreichend genau ist. Wenn Sie allerdings gleichermaßen ein pünktlicher und experimentierfreudiger Mensch sind, können Sie sich mithilfe eines GPS-Moduls für den Raspberry Pi Ihren eigenen Stratum-1-Server bauen. In diesem Kapitel erfahren Sie, wie das geht.

Den NTP-Server installieren und konfigurieren

Je nach Distribution kann der NTP-Server bereits installiert sein. Das ist der Fall, wenn die Konfigurationsdatei `/etc/ntp.conf` vorhanden ist. Fehlt sie, installieren Sie den NTP-Server mit dem folgenden Kommando:

```
sudo apt-get -fym install ntp
```

Standardmäßig holt sich der NTP-Server sein Zeitsignal von vier Servern aus dem Internet, die in der *ntp.conf* voreingestellt sind:

```
server 0.debian.pool.ntp.org iburst
server 1.debian.pool.ntp.org iburst
server 2.debian.pool.ntp.org iburst
server 3.debian.pool.ntp.org iburst
```

Diese Einträge ersetzen Sie nun durch einen sogenannten *Pool*-Eintrag. Das ist ein einzelner Hostname, hinter dem sich regional gebündelte Zeitserver verstecken:

```
# Datei /etc/ntp.conf
# Ursprüngliche Einträge durch Kommentarzeichen deaktivieren
# server 0.debian.pool.ntp.org iburst
# server 1.debian.pool.ntp.org iburst
# server 2.debian.pool.ntp.org iburst
# server 3.debian.pool.ntp.org iburst

# neuer Pool-Eintrag
pool de.pool.ntp.org iburst
```


Wenn Sie sich in Österreich befinden, ersetzen Sie das `de` in `de.ntp.pool.org` einfach durch `at`, in der Schweiz durch `ch` usw. Starten Sie den NTP-Server mit dem Kommando `service ntp restart` einmal neu.

Jetzt können Sie sich mit dem Kommando `ntpq -p` anzeigen lassen, von welchen Servern Sie Ihr Zeitsignal erhalten. Dabei enthalten die vielen Spalten der Ausgabe detaillierte Daten über die Qualität und Genauigkeit der kontaktierten Zeitserver (siehe Tabelle 33.1).

Spalte	Bedeutung
Erstes Zeichen	Gibt die Qualität des Zeitservers an: * ist ein Referenzserver, danach +, #, -, . in absteigender Reihenfolge. Mit einem x markierte Server liefern ein zu schlechtes Signal und werden ignoriert.
`remote`	Hostname oder IP-Adresse des Servers
`refid`	Referenzserver des `remote`-Servers
`st`	Stratum (Schicht). Gibt an, wie viele Schritte der Server von einer primären Zeitquelle entfernt ist.
`t`	Verbindungsart: `l` = local, `u` = unicast, `m` = multicast, `b` = broadcast
`when`	Anzahl der Sekunden seit der letzten Abfrage
`poll`	Abfrageintervall
`reach`	Erreichbarkeit des Servers (oktal), von 0 = nie bis 377 = immer
`delay`, `offset`, `jitter`	Netzlaufzeit, Abweichung und Streuung der Antworten dieses Servers in Millisekunden

Tabelle 33.1 Erläuterung der Ausgabe von ntpq -p

```
ntpq -p
     remote           refid      st t when poll reach   delay   offset  jitter
==============================================================================
 de.pool.nt .POOL.          16 p    -   64    0    0.00    0.00    0.00
-fabiangrub 192.53.103.1     2 u  958 1024  377   32.68   -6.25   32.03
*hotel673.s 128.149.60.1     2 u  516 1024  377   22.53    0.36    1.42
+130.0.73.1 130.133.1.10     2 u  882 1024  377   21.77    0.36    5.57
+176.9.253. 131.188.3.22     2 u  856 1024  377   25.75   -0.17   29.77
-h1939797.s 160.45.10.8      2 u  347 1024  377   28.24   -5.14    2.65
-log1.nierl 213.239.239.     3 u  484 1024  377   34.79   -8.14   29.76
-minion.web 192.53.103.1     2 u  852 1024  377   26.35   -1.86   27.73
+donotuse.d 131.188.3.22     2 u  290 1024  377   28.11    1.03    5.96
+ccc-hanau. 192.53.103.1     2 u  389 1024  377   17.40    1.07   61.07
```

Sie haben jetzt bereits einen funktionierenden Zeitserver, der für die meisten Anwendungsfälle hinreichend genau ist. Aber weil das Bessere der Feind des Guten ist, werden wir den Zeitserver nun mithilfe eines GPS-Moduls auf noch höhere Genauigkeit trimmen.

Abbildung 33.1 Raspberry Pi mit aufgestecktem GPS-Modul

Das GPS-Modul in Betrieb nehmen

Für die folgenden Beispiele kommt ein GPS-Shield des britischen Anbieters *HAB Supplies* zum Einsatz (siehe Abbildung 33.1). Das Bild zeigt ein frühes Modell des GPS-Moduls für die 26-polige Stiftsockelleiste, inzwischen existiert auch eine aktuellere Version für die Raspberry-Pi-Modelle mit 40-poliger Stiftsockelleiste. Mit knapp

40 britischen Pfund ist es eines der teureren GPS-Shields auf dem Markt, weil es neben dem GPS-Empfänger noch über eine Fassung für eine Pufferbatterie vom Typ CR2032 und über einen SMA-Anschluss für eine externe Antenne verfügt, was für den dauerhaften Einsatz als Zeitserver von Vorteil ist. Außerdem sind keine Lötarbeiten erforderlich: Das Modul ist fertig montiert und wird einfach auf die GPIO-Anschlüsse gesteckt. Wenn Sie in das Thema aber nur aus Spaß an der Freud hineinschnuppern möchten und am Lötkolben versiert sind, greifen Sie ruhig zu einem der zahlreichen preiswerteren GPS-Boards, die der Raspberry-Pi-Zubehörmarkt hergibt.

Das Kabel der GPS-Antenne passt zwischen den USB- und Ethernet-Anschlüssen hindurch (siehe Abbildung 33.1). Mit aufgestecktem GPS-Modul ist der Raspberry Pi auch nur wenige Millimeter höher als ohne, sodass er nach wie vor in die meisten Gehäuse hineinpasst.

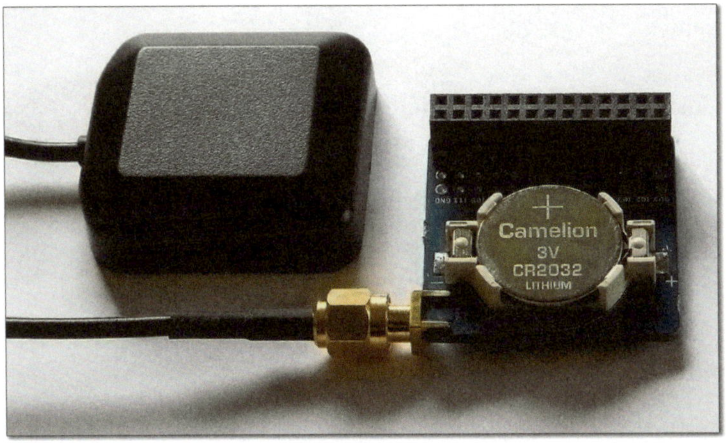

Abbildung 33.2 Unterseite des Moduls mit Pufferbatterie und externer GPS-Antenne

Die serielle Konsole deaktivieren

Auf den Raspberry Pi kann man sich mittels einer seriellen Konsole einloggen. Diese Möglichkeit müssen Sie deaktivieren, denn genau über diese Schnittstelle wird das GPS-Modul seine Daten übertragen. Dazu sind zwei Schritte erforderlich. Editieren Sie zunächst die Datei `/boot/cmdline.txt`. Sie enthält mehrere durch Leerzeichen getrennte Einträge, die im folgenden Listing nur aus Platzgründen über drei Zeilen verteilt sind:

```
dwc_otg.lpm_enable=0 console=ttyAMA0,115200 \
  kgdboc=ttyAMA0,115200 console=tty1 root=/dev/mmcblk0p2 \
  rootfstype=ext4 elevator=deadline rootwait
```

Entfernen Sie die beiden Einträge, in denen /dev/ttyAMA0, also der Device-Name der seriellen Schnittstelle, vorkommt. Die Datei sieht danach so aus:

```
dwc_otg.lpm_enable=0 console=tty1 root=/dev/mmcblk0p2 \
  rootfstype=ext4 elevator=deadline rootwait
```

Im zweiten Schritt editieren Sie die Datei /etc/inittab, die zentrale Konfigurationsdatei des Init-V-Systems. In ihr finden Sie wieder eine Zeile, in der das Device /dev/ttyAMA0 vorkommt. Deaktivieren Sie es, indem Sie die Zeile löschen oder auskommentieren:

```
# Datei /etc/inittab
#Spawn a getty on Raspberry Pi serial line
#T0:23:respawn:/sbin/getty -L ttyAMA0 115200 vt100
```

An dieser Stelle müssen Sie Ihren Raspberry Pi mit reboot neu starten, damit die Änderungen wirksam werden.

Den GPS-Dämon installieren und konfigurieren

Der Zeitserver spricht nicht direkt mit der GPS-Hardware, sondern benötigt den GPS-Dämon gpsd als Mittelsmann. Also müssen Sie ihn und die dazugehörigen Werkzeuge zuerst installieren:

```
apt-get install gpsd gpsd-clients python-gps
```

Jetzt editieren Sie die Konfigurationsdatei /etc/default/gpsd, in der Sie einige zentrale Einstellungen vornehmen:

```
# Datei /etc/default/gpsd
START_DAEMON="false"
GPSD_OPTIONS="-n"
DEVICES="/dev/ttyAMA0"
USBAUTO="true"
GPSD_SOCKET="/var/run/gpsd.sock"
```

Die Option -n, die Sie hier konfiguriert haben, ermöglicht dem NTP-Server den Zugriff auf den GPS-Dämon. Es spricht auch nichts dagegen, START_DAEMON auf true zu setzen, wenn Sie möchten, dass der gpsd automatisch startet.

Starten Sie den GPS-Dämon mit service gpsd start. Um herauszufinden, ob der Empfang zufriedenstellend ist, gibt es das Kommando cgps -s, oder – etwas ausführlicher – gpsmon (siehe Abbildung 33.3). Gleich in der ersten Zeile sehen Sie hier den Zeitstempel, daneben die geografische Position.

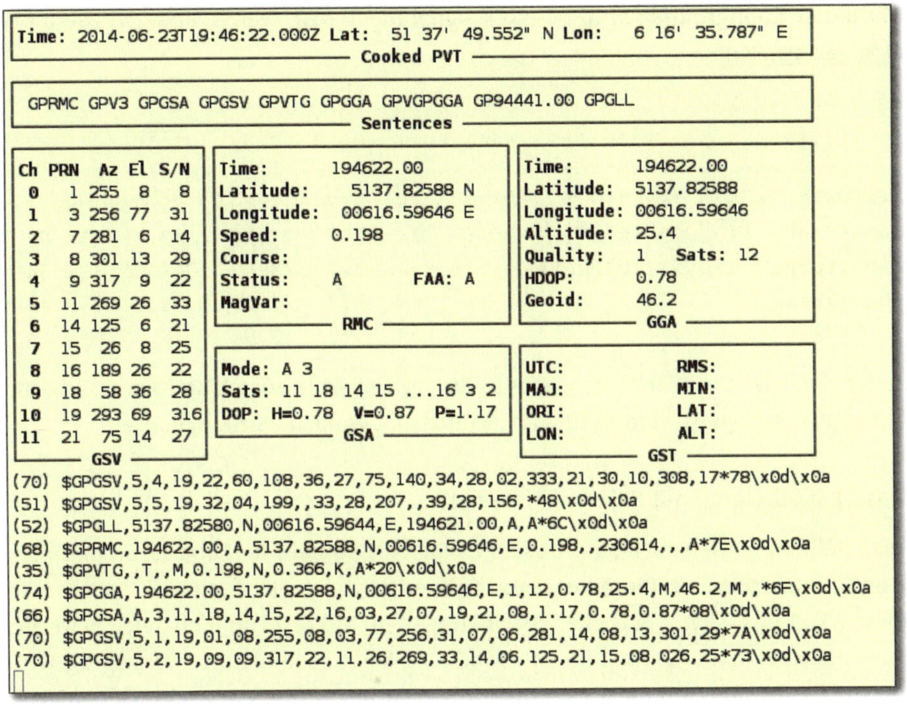

Abbildung 33.3 Jetzt kennen Sie auch die GPS-Position meines Arbeitszimmers.

Den NTP-Server mit dem GPS-Zeitsignal füttern

Sie könnten jetzt schon Ihren NTP-Server mit den GPS-Zeitdaten versorgen. Dafür wären nur zwei zusätzliche Zeilen in der `ntp.conf` erforderlich:

```
# Datei /etc/ntp.conf
...
server 127.127.28.0 minpoll4
fudge 127.127.28.0 refid GPS
```

Die `127.127.28.0` ist keine echte IP-Adresse, sondern ein Verweis auf einen Speicherbereich, den der GPS-Dämon zur Verfügung stellt. Wenn Sie diese Konfiguration aktivieren, erleben Sie eine unangenehme Überraschung: Ihr Zeitsignal wird nicht präziser. Mit einer gewissen Wahrscheinlichkeit wird es sogar schlechter. Das liegt daran, dass die Signallaufzeit durch das serielle Interface schwankt. Wenn Sie sehen möchten, wie stark die Abweichung ist, können Sie zusätzlich das Schlüsselwort `noselect` einfügen:

```
# Datei /etc/ntp.conf
...
server 127.127.28.0 minpoll4 noselect
fudge 127.127.28.0 refid GPS
```

Mit dieser Konfiguration wird das GPS-Signal nicht ausgewertet, aber trotzdem bei `ntpq -p` angezeigt:

```
ntpq -p
     remote       refid  st t when poll reach delay  offset jitter
==================================================================
+server2.as 131.188.3.  2 u   30   64  377  24.79    85.25  73.73
+ntp3.de    192.53.103  2 u   15   64  377  27.90    89.43 154.58
-unixforge. 192.53.103  2 u   16   64  377  28.45    47.06 133.44
-belgarath. 122.227.20  3 u   12   64  377  25.09    49.31 149.48
xSHM(0)     .GPS.       0 l   43   64  377   0.00  -170.75  61.11
```

Sehen Sie, wie stark der `offset`-Wert in der letzten Zeile ausschlägt? Diese Schwankung muss korrigiert werden, und tatsächlich gibt es dazu eine Möglichkeit.

Das GPS-Zeitsignal mit PPS synchronisieren

Die Satelliten senden ein hochpräzises PPS-Signal. PPS steht für *Pulse Per Second* – ein kurzes Signal, das den Start einer neuen Sekunde anzeigt. »Hochpräzise« bedeutet in diesem Fall, dass sich eventuelle Schwankungen im Mikrosekundenbereich bewegen. Auch dieses Signal empfängt Ihr GPS-Modul. Es kann dazu benutzt werden, die GPS-Zeit auf die Sekundenimpulse zu synchronisieren, um so die gewünschte Genauigkeit zu erreichen. Eigentlich ist dafür ein spezieller PPS-fähiger Kernel erforderlich, aber es gibt inzwischen einen einfacheren Weg. Ein kleines Programm von Folkert van Heusden erlaubt die Nutzung des PPS-Signals ohne Modifikationen am Kernel. Mit diesen vier Kommandos installieren Sie es:

```
wget http://vanheusden.com/time/rpi_gpio_ntp/rpi_gpio_ntp-0.3.tgz
tar xvfz rpi_gpio_ntp-0.3.tgz
cd rpi_gpio_ntp-0.3
sudo make install
```

Unter `/usr/local/bin` finden Sie nun das Programm `rpi_gpio_ntp`. Sie können sofort testen, ob das PPS-Signal verfügbar ist:

```
sudo rpi_gpio_ntp -g 18 -d
  rpi_gpio_ntp v0.3, (C) 2013 by folkert@vanheusden.com
  NTP unit: 0
  GPIO pin: 18
  Fudge    : 0.000000000
  "Fork into the background" disabled because of debug mode.
  1403616184.322252318] poll() GPIO 18 interrupt occurred
  1403616185.000035145] poll() GPIO 18 interrupt occurred
  1403616186.000130671] poll() GPIO 18 interrupt occurred
  1403616187.000042142] poll() GPIO 18 interrupt occurred
```

Der Parameter `-g 18` gibt den GPIO-Pin an, an dem das Signal anliegt. Je nach verwendetem GPS-Modul kann dies auch ein anderer Pin sein, etwa Pin 8. Mit `-d` wird der Debug-Modus aktiviert, was verhindert, dass `rpi_gpio_ntp` im Hintergrund ausgeführt wird. Im normalen Betrieb ist aber genau das gewünscht. Starten Sie das Programm also noch einmal ohne den Debug-Modus. Der Aufruf sieht nun so aus:

```
sudo rpi_gpio_ntp -N 1 -g 18
```

Damit das Programm nach einem Reboot automatisch wieder gestartet wird, ist es sinnvoll, die Zeile in die Datei `/etc/rc.local` einzubauen, und zwar vor der schon vorhandenen Anweisung `exit 0`:


```
# Datei /etc/rc.local
...
/usr/local/bin/rpi_gpio_ntp -N 1 -g 18
exit 0
```

Fügen Sie nun Ihrer `ntp.conf` diese beiden Zeilen hinzu:

```
# Datei /etc/ntp.conf
...
server 127.127.28.1 minpoll 4 prefer
fudge 127.127.28.1 refid PPS
```

Starten Sie den NTP-Server mit `service ntp restart` einmal neu. Ein erneuter Aufruf von `ntpq -p` fördert nun Erfreuliches zutage:

```
ntpq -p
     remote       refid      st t when poll reach delay   offset  jitter
==========================================================================
 de.pool.nt .POOL.        16 p    -   64     0   0.00     0.00    0.00
xSHM(0)     .GPS.          0 l   34   64   377   0.00  -150.3     1.65
*SHM(1)     .PPS.          0 l    1   16   377   0.00     0.00    0.00
-test.danzu 192.53.103     2 u    8   64   377  20.74    -3.20  134.10
-zephal.de  192.53.103     2 u   36   64   377  23.33    -0.01    4.02
+ntp.uni-ol 192.53.103     2 u   22   64   377  26.65    -0.16    3.56
-webmail.si 131.188.3.     2 u   28   64   377  36.98    -6.63  418.13
-www.famsik 129.70.132     3 u    5   64   377  44.46    -8.69    5.58
+ntp0.rrze. .GPS.          1 u   46   64   377  31.52    -0.17    4.68
-citadel.no 212.82.32.     2 u    6   64   377  45.38   -10.21    5.47
```

In der dritten Zeile der Ausgabe erscheint die PPS-synchronisierte Zeitquelle mit besonders niedrigen `offset`- und `jitter`-Werten. Herzlichen Glückwunsch! Ihr Raspberry Pi kann zwar noch nicht ganz mit einer Atomuhr konkurrieren, ist aber um Klassen genauer als die Secondhand-Zeitsignale aus dem Internet.

33.2 Ortsbestimmung mit dem Raspberry Pi

Der primäre Zweck eines GPS-Empfängers ist natürlich die Bestimmung der eigenen Position. Sie wird in zwei Werten angegeben: dem Breitengrad und dem Längengrad. (Wissenschaftlich korrekt wäre *geografische Breite* und *geografische Länge*, aber so penibel wollen wir hier nicht sein.) Alle Breitengrade ziehen sich wie Gürtel um die Erde. Der bekannteste Breitengrad ist der Äquator. Er teilt die Erde in die Nord- und die Südhalbkugel. Wie weit ein Breitengrad vom Äquator entfernt ist, wird als Winkelabstand in Grad, Bogenminuten und – wenn es besonders genau sein soll – in Bogensekunden angegeben. Die Stadt Berlin liegt zum Beispiel auf 52 Grad und 31 Minuten auf der Nordhalbkugel. Man sagt *nördlicher Breite*, und geschrieben wird es meist so: `52° 31' N`.

Genauso werden auch die Längengrade angegeben, die zwischen Nord- und Südpol verlaufen. Im Gegensatz zum Äquator, dessen Position sich aus der Rotation der Erde ganz natürlich ergibt, fehlt bei den Längengraden eine natürliche Null-Grad-Linie. Deshalb wurde auf einer Konferenz im Jahr 1884 nach einigem Tauziehen der *Nullmeridian* festgelegt. Er verläuft durch die Mittelachse eines Teleskops des Observatoriums von Greenwich bei London. Von diesem Nullmeridian aus zählt man die Längengrade nach Westen (W) und Osten (E von engl. *East*). Durch den Schnittpunkt eines Breiten- und eines Längengrades lässt sich also jeder Punkt auf der Erdoberfläche genau bezeichnen.

Genau diese Positionsangaben liefert Ihnen der GPS-Empfänger. Leider erscheinen die Daten in einem etwas unhandlichen Format. Hier ist ein Ausschnitt aus den Daten, die der GPS-Empfänger ständig von den Satelliten erhält, wobei einige lange Zeilen aus Platzgründen umbrochen wurden:

```
$GPVTG,,T,,M,0.298,N,0.552,K,A*22
$GPGGA,135212.00,5137.81579,N,00616.59808,E,1,07,1.63,12.9,M,
  46.2,M,,*6C
$GPGSA,A,3,12,25,23,31,02,29,10,,,,,,2.51,1.63,1.91*06
$GPGSV,3,1,11,02,21,044,24,05,08,081,,10,07,034,27,12,17,
  107,29*74
$GPGSV,3,2,11,14,00,217,26,16,01,288,,21,19,179,21,23,08,
  334,27*76
$GPGSV,3,3,11,25,54,107,26,29,87,131,31,31,59,268,23*4B
$GPGLL,5137.81579,N,00616.59808,E,135212.00,A,A*60
```

Die Position finden Sie zuerst in der Zeile, die mit `GPGGA` beginnt:

```
$GPGGA,135212.00,5137.81579,N,00616.59808,E,1,07,1.63,12.9,M,
  46.2,M,,*6C
```

Nach dem ersten Komma finden Sie die Uhrzeit: 13 Uhr 52 Minuten und 12 Sekunden. Danach kommt der Breitengrad. Der Wert 5137.81579,N bedeutet hier gerundet 51 Grad, 37,815 nördlicher Breite (in Dezimalschreibweise, nicht Bogenminuten). Der Wert für den Längengrad, 00616.59808,E bedeutet 6 Grad, 16,598 östlicher Länge.

Ortsangaben per Python aus dem Datenstrom filtern

Da Sie sicherlich keine Lust haben, die Werte jedes Mal aus der rohen Satellitencode-Ausgabe zu fischen, bietet es sich an, dafür ein kleines Programm zu schreiben. Damit es funktioniert, benötigen wir zunächst noch ein Python-Modul für den Zugriff auf die serielle Schnittstelle, über die der Raspberry Pi mit dem GPS-Empfänger kommuniziert. Sie installieren es mit diesem Kommando:


```
pip install pyserial
```

Damit kann es losgehen. Hier sehen Sie ein kompaktes Beispiel in Python, das die Uhrzeit, den Breiten- und Längengrad sowie die Höhe über Normalnull aus dem GPS-Empfänger ausliest und für Menschen lesbar ausgibt:

```
#!/usr/bin/env python3
# -*- coding: utf-8 -*-
import serial
import sys
import os
import time

# UART öffnen
UART = serial.Serial("/dev/gps0", 9600)
UART.open()

while True:
 GPSChar = 0
 GPSArray = []
 GPSArrayLen = 0
 Hoehe = 0
 Breitengrad = 0
 Laengengrad = 0
 SatDATA = ""
 Zeitstempel = ""

 GPSChar = UART.read()
```

```
# nur weitermachen, wenn Daten empfangen werden
if GPSChar == "$":

 # nur Zeilen verwenden, in deren ersten
 # fünf Zeichen "GPGGA" steht
 for Counter in range(5):

   GPSChar = 0
   GPSChar = UART.read()
   SatDATA = SatDATA + str(GPSChar)

   if SatDATA == "GPGGA":
     while GPSChar != "\n":
       GPSChar = 0
       GPSChar = UART.read()
       SatDATA = SatDATA + str(GPSChar)

     SatDATA = SatDATA.replace("\r\n", "")
     GPSArray = []

     # kommaseparierte Liste in Array speichern
     GPSArray = SatDATA.split(",")
     GPSArrayLen = len(SatDATA)

     # Zeitstempel
     Zeitstempel = GPSArray[1]
     Zeitstempel = Zeitstempel[0:2] + ":" + Zeitstempel[2:4] +
                   ":" + Zeitstempel[4:6]

     # Position
     GPSArray = []
     # kommaseparierte Liste in Array speichern
     GPSArray = SatDATA.split(",")
     GPSArrayLen = len(SatDATA)

     # Zeitstempel
     Zeitstempel = GPSArray[1]
     Zeitstempel = Zeitstempel[0:2] + ":" + Zeitstempel[2:4] +
                   ":" + Zeitstempel[4:6]

     # Position
     Breitengrad = float(GPSArray[2])
     Breitengrad = Breitengrad / 100
     Laengengrad = float(GPSArray[4])
     Laengengrad = Laengengrad / 100
```

```
# Höhe über NN
Hoehe = float(GPSArray[9])

# Ausgabe
print SatDATA
print("")
print("Zeitstempel:", Zeitstempel , "GMT")
print("Position    :", Breitengrad , GPSArray[3], ",",
      Laengengrad , GPSArray[5])
print("Hoehe       :", Hoehe , GPSArray[10],"ue. NN")

# GPS-Position in Datei schreiben
Position = (str(Breitengrad) + str(GPSArray[3]) + " " +
            str(Laengengrad) + str(GPSArray[5]))
fobj = open("position.txt", "w")
fobj.write(Position)
fobj.close()

# Ende
sys.exit(0)
```


Falls Sie beim Ausführen des Programms die Meldung *serial.serialutil.SerialException: Port is already open* erhalten, löschen Sie einfach die Zeile `UART.open()` oder deaktivieren sie mit einem Kommentarzeichen.

Das Programm schreibt die ermittelten Daten auch noch in eine Datei mit dem Namen `position.txt`. Wenn Sie diese Funktion nicht benötigen, lassen Sie die letzten fünf Zeilen einfach weg.

Ortsangaben in ein Foto einbetten

Nun haben Sie Ihre Position ermittelt und können die GPS-Daten beliebig verwenden. Ein Beispiel: Wenn an Ihrem Raspberry Pi neben dem GPS-Empfänger auch das Kameramodul angeschlossen ist, können Sie Ihre aktuelle Position als Text in die Bilder einstempeln, die die Kamera aufnimmt. Dafür müssen Sie das Python-Programm nur um wenige Zeilen erweitern. Zunächst installieren Sie aber das Paket `imagemagick` mit dem folgenden Kommando:

```
apt-get -fym install imagemagick
```

Sie benötigen dieses Paket, um Text in Bilder einzufügen. In Ihrem Python-Programm löschen Sie nun die lezte Zeile (`sys.exit(0)`) und fügen dafür den folgenden Block ein. Die Anweisungen müssen ebenso weit eingerückt sein wie der voranstehende Code.

```
# Bild von der Raspberry-Pi-Kamera aufnehmen
os.system("raspistill -n -w 640 -h 480 -o gpscam.jpg")
os.system("convert gpscam.jpg  -pointsize 20 " +
          "-fill white -annotate +470+465 '" +
          Position + "' gpscam-pos.jpg")
sys.exit(0)
```

Hier wird zuerst das Programm `raspistill` aufgerufen, um ein Bild aus dem Kameramodul unter dem Namen `gpscam.jpg` abzulegen. Danach wird `convert` aus dem Imagemagick-Paket dazu benutzt, die unter dem Variablennamen `Position` gespeicherten GPS-Koordinaten in das Bild einzustempeln (siehe Abbildung 33.4).

Abbildung 33.4 Bild aus der Raspberry-Pi-Kamera mit GPS-Daten

Das Python-Programm ermittelt, wie Sie gesehen haben, auch die Höhe über Normalnull. Diesen Wert sollten Sie allerdings mit Vorsicht genießen, denn er ist deutlich weniger genau als die Angaben des Längen- und Breitengrades. Nach einer Kaffeepause befand sich laut den GPS-Daten der Schreibtisch des Autors gut 20 Meter höher als noch eine Viertelstunde zuvor …

Kapitel 34
Der Raspberry Pi lernt twittern

Der Kurznachrichtendienst *Twitter* erfreut sich nach wie vor großer Beliebtheit. Wäre es nicht schön, wenn Ihr Raspberry Pi selbstständig twittern könnte, etwa um Ihnen Ereignisse oder Systemzustände mitzuteilen? Wie das mit einem kleinen Python-Programm gelingt, erfahren Sie in diesem Kapitel.

34

34.1 Voraussetzungen

Installation der benötigten Werkzeuge

Sie benötigen einige Python-Werkzeuge und -module, die Sie mit den folgenden Kommandos installieren:

```
sudo apt-get install python-setuptools
sudo easy_install pip
sudo pip install twython
```

Twython ist die Bibliothek, die uns die Nutzung der Programmierschnittstelle (API, *Application Programming Interface*) des Twitter-Dienstes ermöglicht. Sie funktioniert gleichermaßen mit Python 2 und Python 3. Allerdings darf unsere Software die Twitter-API erst dann benutzen, wenn man sich dafür registriert hat.

Twitter-App registrieren

Ein eigenes Twitter-Konto für den Raspberry Pi

Für die folgenden Schritte müssen Sie nicht nur ein Twitter-Konto besitzen, sondern auch eingeloggt sein. Die Twitter-App, die Sie im Laufe dieses Kapitels erstellen, wird mit Ihrem Twitter-Konto verknüpft und twittert künftig unter dessen Namen. Wenn Sie das nicht möchten, ist es sinnvoll, zuerst ein neues Twitter-Konto anzulegen und sich mit diesem einzuloggen, bevor Sie fortfahren.

Die notwendige Registrierung unserer Twitter-Software geschieht über ein Webformular. Rufen Sie dazu die URL *https://apps.twitter.com/app/new* in Ihrem Browser auf (siehe Abbildung 34.1). Dort müssen Sie drei Felder ausfüllen. Zunächst geben

Sie Ihrer Twitter-Anwendung einen Namen (Feld NAME). Er darf nicht länger als 32 Zeichen sein. Für unser Beispiel verwenden wir den Namen *Pi-Buch TweetBot*. Im nächsten Feld (DESCRIPTION) geben Sie eine beliebige Beschreibung für Ihr Projekt ein. Das dritte Feld enthält die URL einer Webseite – auch diese können Sie beliebig wählen. Das vierte Feld (CALLBACK URL) benötigen wir für unser kleines Projekt nicht, Sie können es leer lassen.

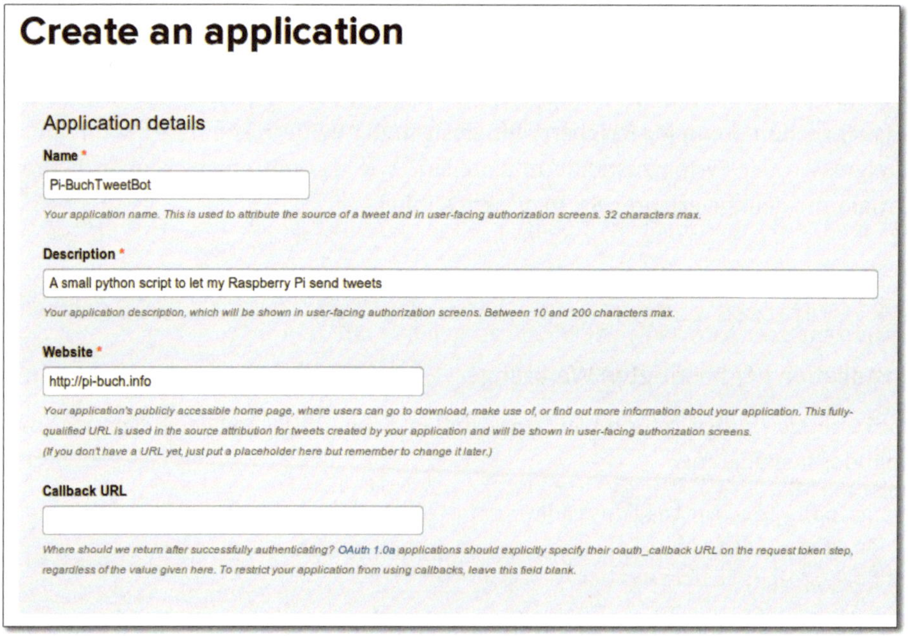

Abbildung 34.1 Der erste Schritt zur Registrierung

Sie gelangen jetzt auf eine Übersichtsseite, auf der Sie neben allgemeinen Information auch Ihren API-Schlüssel finden. Außerdem sehen Sie den Berechtigungstatus (ACCESS LEVEL) Ihrer Anwendung (siehe Abbildung 34.2). Er steht zunächst auf *Read-only*, denn die Anwendung hat noch keine Schreibberechtigung. Das müssen Sie ändern. Klicken Sie dazu auf den Link MODIFY APP PERMISSIONS.

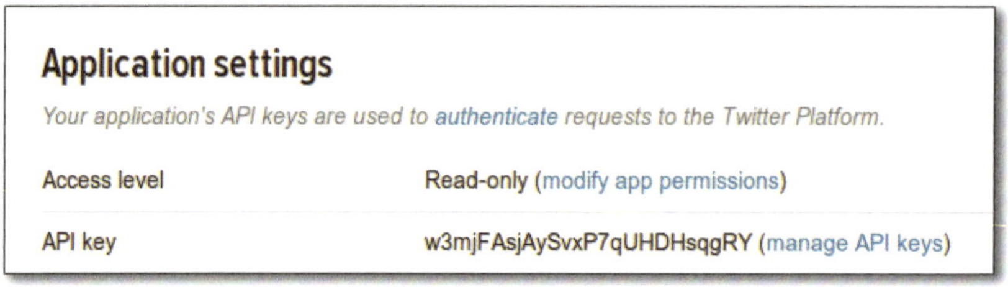

Abbildung 34.2 Access-Level-Einstellungen ändern

Nun ändern Sie die Einstellung von READ ONLY auf READ AND WRITE und klicken danach auf die Schaltfläche UPDATE SETTINGS (siehe Abbildung 34.3).

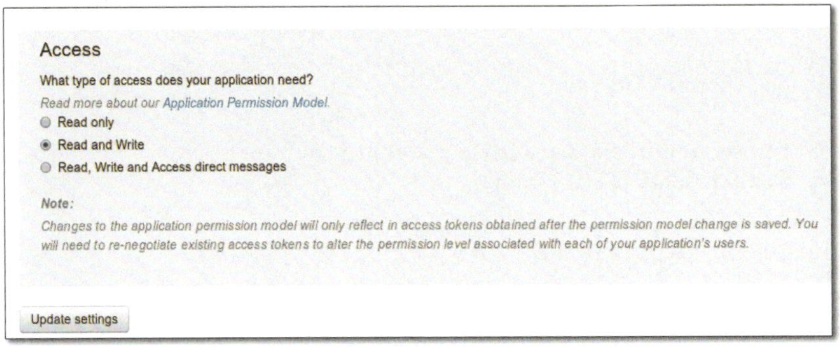

Abbildung 34.3 Ändern der Berechtigung in »Read and Write«

Anschließend setzen Sie im Reiter SETTINGS das Häkchen bei ALLOW THIS APPLICATION TO BE USED TO SIGN IN WITH TWITTER (siehe Abbildung 34.4).

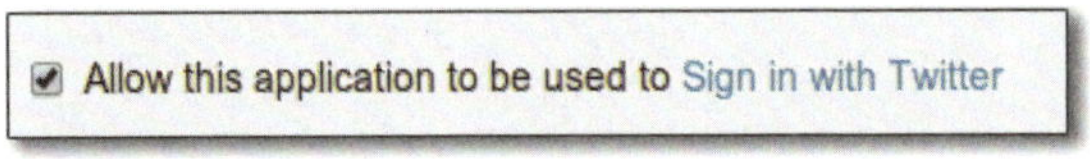

Abbildung 34.4 Unsere Applikation darf sich bei Twitter einloggen.

Wechseln Sie jetzt auf den Reiter API KEYS. Hier finden Sie nun eine Reihe von Schlüsseln und die dazugehörigen SECRETS. Von diesen benötigen Sie im nächsten Schritt die Werte, die in den Zeilen API KEY, API SECRET, ACCESS TOKEN und ACCESS TOKEN SECRET stehen.

34.2 Programmierung

Die Twitter-Software in Python

Als Residenz für Ihre Twitter-Anwendung bietet sich das Verzeichnis `/opt/twitter` an. Erstellen Sie es:

```
cd /opt
sudo mkdir twitter
```

Jetzt bearbeiten Sie mit dem Editor Ihrer Wahl eine leere Datei. Wenn Sie zum Beispiel den Editor `nano` bevorzugen, geben Sie `sudo nano tweetbot.py` ein. Den Namen können Sie natürlich nach Ihren Wünschen anpassen. Kopieren Sie nun für die Werte `KEY` und `SECRET` die entsprechenden Zeilen aus der Registrierungswebseite. Der Inhalt der Datei sollte dann ähnlich wie das folgende Beispiel aussehen:

```
#!/usr/bin/env python
# Datei /opt/twitter/tweetbot.py

# Bibliotheken laden
import sys
from twython import Twython

# Information von der Registrierungswebseite
API_KEY = 'w3mjFAsjAySvsh7quHDHsqgRY'
API_SECRET =
  'iF6di8kCLfs52oDVp1BaB8zLi47rJkD2Og1j1gZMugVEj4rXeY'
ACCESS_TOKEN =
  '15959734-FwnN5iO24dlLrEbzdpdisjcGJDQSgCIMNOo5mIy9J'
ACCESS_TOKEN_SECRET =
  'AaBwptX6xSaM2aONAWrINj1eNfB75ziunDXs8DlP1Ky6w'

# Zugriff auf die API
api = Twython(API_KEY, API_SECRET,
              ACCESS_TOKEN,ACCESS_TOKEN_SECRET)

# Tweet senden
api.update_status(status=sys.argv[1])
```

Speichern Sie die Datei, und machen Sie sie mit `sudo chmod +x tweetpot.py` ausführbar.

Der erste Tweet

Jetzt ist es Zeit für den ersten Test. So senden Sie einen Tweet:

```
/opt/twitter/tweetbot.py 'Wer später bremst, ist länger schnell'
```

Auf der Twitter-Webseite können Sie Ihren Tweet nach wenigen Sekunden bewundern (siehe Abbildung 34.5).

Abbildung 34.5 Erfolgreich: der erste Tweet

CPU-Temperatur twittern

Sie können sich auch per Twitter über bestimmte Systemzustände informieren lassen. Als Beispiel nehmen wir die CPU-Temperatur. Diese können Sie sich übrigens auch jederzeit auf der Kommandozeile anzeigen lassen. Dazu geben Sie einfach `vcgencmd measure_temp` ein. Die Antwort kommt prompt:

```
temp=57.3'C
```

Damit Sie diesen Wert automatisiert twittern können, müssen Sie das kleine Python-Programm leicht abändern. Am besten kopieren Sie es, damit Sie das ursprüngliche Programm nicht überschreiben:

```
cp tweetbot.py temp-bot.py
```

In den Abschnitt, der mit `Bibliotheken laden` überschrieben ist, fügen Sie nun diese Zeile hinzu:

```
import os
```

Die Zeile unterhalb von `# Tweet senden` löschen Sie. Fügen Sie an dieser Stelle die folgenden vier Zeilen ein:

```
cmd = '/opt/vc/bin/vcgencmd measure_temp'
line = os.popen(cmd).readline().strip()
temp = line.split('=')[1].split("'")[0]
api.update_status(status =
  'Die Temperatur der Raspberry-CPU ist '+temp+' C')
```

Das Kommando aus der ersten Zeile kennen Sie schon. Die zweite und dritte Zeile führen das Kommando aus und schneiden den Zahlenwert der Temperatur aus der Ausgabe heraus. Die vierte Zeile kennen Sie im Prinzip auch schon: Sie übernimmt das Twittern. Mit den Änderungen sieht der vollständige Programmcode so aus:

```
#!/usr/bin/env python
# Bibliotheken laden
import sys
import os
from twython import Twython

# Daten von der Registrierungswebseite
API_KEY = 'w3mjFAsjAySvsh7quHDHsqgRY'
API_SECRET =
  'iF6di8kCLfs52oDVp1BaB8zLi47rJkD2Og1j1gZMugVEj4rXeY'
```

```
ACCESS_TOKEN =
  '15959734-FwnN5i024dlLrEbzdpdisjcGJDQSgCIMNOo5mIy9J'
ACCESS_TOKEN_SECRET =
  'AaBwptX6xSaM2aONAWrINj1eNfB75ziunDXs8DlP1Ky6w'

# Zugriff auf die API
api = Twython(API_KEY, API_SECRET,
              ACCESS_TOKEN,ACCESS_TOKEN_SECRET)

# Tweet senden
cmd = '/opt/vc/bin/vcgencmd measure_temp'
line = os.popen(cmd).readline().strip()
temp = line.split('=')[1].split("'")[0]
api.update_status(status =
  'Die Temperatur der Raspberry-CPU ist ' + temp +
  ' Grad Celsius')
```

Starten Sie das Programm mit `./temp-bot.py`. Nach einigen Sekunden erscheint der Tweet in Ihrer Zeitleiste (siehe Abbildung 34.6).

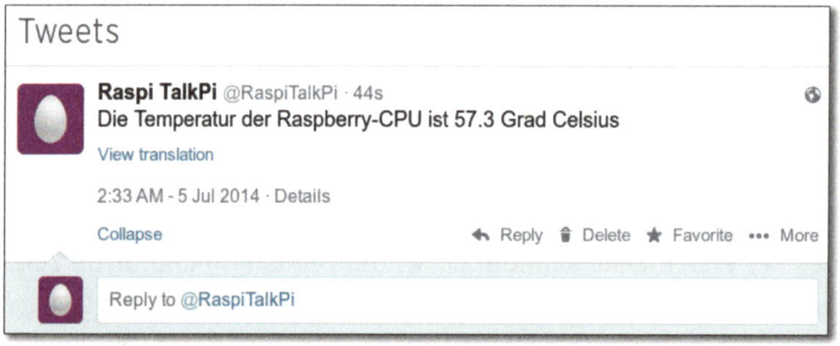

Abbildung 34.6 Der Raspberry Pi twittert seine CPU-Temperatur.

Status regelmäßig twittern

Wenn Sie die CPU-Temperatur regelmäßig twittern möchten, rufen Sie `tmp-bot.py` einfach durch einen Cron-Job regelmäßig auf, z. B. jede Stunde. Wie Sie Cron-Jobs einrichten, haben wir in Abschnitt 4.12, »Programme regelmäßig ausführen (Cron)«, bereits beschrieben.

Oft ist es zweckmäßig, Informationen nur dann zu twittern, wenn ein bestimmtes Ereignis eingetreten ist – z. B. wenn die CPU-Temperatur ein bestimmtes Niveau übersteigt. Auch das ist kein Problem: Bauen Sie einfach eine entsprechende `if`-Abfrage in das Python-Script ein.

Bilder twittern

Tweets können auch Bilder enthalten (siehe Abbildung 34.7). Das folgende Listing ist ein kleines Python-Programm, das das Bild `webcam.jpg` twittert, das im gleichen Verzeichnis liegt.

Abbildung 34.7 Ein Blick nach draußen

```
#!/usr/bin/env python
# Bibliotheken laden
import sys
from twython import Twython

API_KEY = ... (wie bisher)
...
ACCESS_TOKEN_SECRET = ...

# Zugriff auf die API
api = Twython(API_KEY, API_SECRET,
              ACCESS_TOKEN,ACCESS_TOKEN_SECRET)
```

```
# Tweet senden
photo = open('webcam.jpg', 'rb')
api.update_status_with_media(media = photo,
  status = 'Hier ziehen Wolken auf...')
```

Sie sehen, dass sich das Programm kaum von den bisherigen Beispielen unterscheidet. Lediglich die letzten beiden Zeilen sind anders. Hier wird das Bild eingelesen, und in der letzten Zeile wird der Tweet abgesendet. Das Kommando dazu lautet nicht mehr wie bisher `api-update_status`, sondern `api.update_status_with_media`. Der Tweet-Feed im Webbrowser zeigt nun die Nachricht samt Bild.

Kapitel 35
Monitoring

Vielleicht ist es bei Ihnen auch so: Ein Raspberry Pi bleibt selten allein. Erst hat man einen nur zum Spielen und Basteln angeschafft, schon steht er kurze Zeit später als Multimedia-Center im Wohnzimmer. Also braucht man einen weiteren, der aber bald darauf ebenfalls unverzichtbare Dienste leistet, und das Spiel geht von vorne los. Nicht selten arbeiten die kleinen Helfer *headless*, also ohne dass Tastatur und Monitor ständig angeschlossen sind. Wie bekommen Sie nun mit, ob auf den Systemen alles in Ordnung ist?

Dafür gibt es *Munin*, eine Software zur Systemüberwachung, die Sie im ersten Teil dieses Kapitels kennenlernen. Im zweiten Teil erfahren Sie etwas über *SmokePing*. Diese Software überwacht die Leitungsqualität zu verschiedenen Zielen und hilft Ihnen bei der Diagnose von Netzproblemen. Wenn Sie eine Webseite bei einem Hosting-Anbieter oder einen eigenen Root-Server betreiben, können Sie mit SmokePing jederzeit die Erreichbarkeit überprüfen.

35.1 Munin

Sicher haben Sie schon einmal von Odin gehört, dem Göttervater aus den nordischen Sagen. Aber wussten Sie, dass er der Sage nach Haustiere hatte? Neben seinem Pferd Sleipnir gehörten die Wölfe Geri (gierig) und Freki (gefräßig) zum Haushalt, außerdem zwei Raben, Hugin und Munin. Die beiden waren Odins gefiederte Newsticker. Jeden Morgen entsandte er sie in die Welt der Menschen, damit sie ihm berichteten, was dort vor sich ging. Hugin war für den Geistesblitz und die flüchtigen Gedanken zuständig, Munin war dagegen das Archiv, das Langzeitgedächtnis. Kein Wunder, dass sein Name auch einer Software zur Langzeit-Systemüberwachung gut zu Gesicht steht.

Munin besteht aus zwei Komponenten, *Munin* und *Munin-Node*:

- Munin-Node wird auf den Systemen installiert, die überwacht werden sollen (deshalb heißen diese Maschinen im Munin-Sprachgebrauch auch *Nodes*, Knoten). Munin-Node schaut sich bereits bei der Installation auf dem System um und registriert Hardware-Komponenten, wie Temperatursensoren, und Serverdienste. Es sammelt dann auf diesen Maschinen selbstständig alle möglichen Daten zum Systemzustand und zur Funktion der dort installierten Serverdienste.

- In bestimmten Abständen klopft die zweite Komponente, der Munin-Server, bei den überwachten Systemen an, holt die gesammelten Daten ab und bereitet sie zu übersichtlichen Grafiken auf. Diese Server-Komponente heißt Munin (ohne »Node«) und wird auch oft *Gatherer*, Sammler, genannt.

Auch wenn wir in diesem Kapitel Munin zur Überwachung von mehreren Raspberry Pis einsetzen möchten, besteht die Hauptanwendung des Programms darin, Server zu überwachen (siehe Abbildung 35.1).

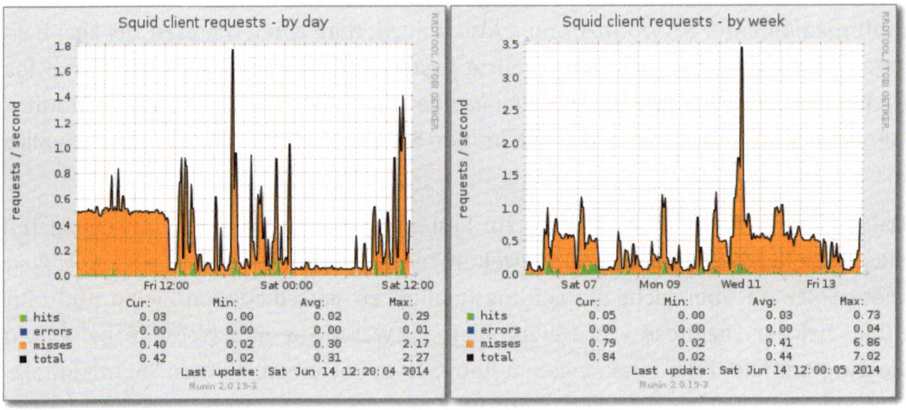

Abbildung 35.1 Diese typische Munin-Grafik visualisiert Zugriffe auf einen Squid-Proxy.

Munin-Node: Installation und Konfiguration

Auf dem Raspberry Pi, der überwacht werden soll, installieren Sie Munin-Node mit dem Kommando `apt-get -fym install munin-node`. Gesteuert wird Munin-Node über die Konfigurationsdatei `/etc/munin/munin-node.conf`. In dieser Datei stehen sinnvolle Vorgaben, die Sie in der Regel nicht ändern müssen. Eine Anpassung müssen Sie aber doch machen, denn auf die Daten, die Munin-Node sammelt, darf standardmäßig nur localhost zugreifen. Das regeln die mit `allow` beginnenden Zeilen, die direkt nach der Installation so aussehen:

```
# Datei /etc/munin/munin-node.conf
[...]
#IPv4
allow ^127.0.0.1$

#IPv6
allow ^::1$
[...]
```

Für unser Beispiel nehmen wir an, dass Ihr Munin-Server, der die Ergebnisse regelmäßig bei den Nodes abholen möchte, die IP-Adresse 192.168.1.100 hat. Fügen Sie eine weitere allow-Zeile zur Konfiguration hinzu, und vergessen Sie dabei die umschließenden Sonderzeichen nicht:

```
# Datei /etc/munin/munin-node.conf
[...]
#IPv4
allow ^127.0.0.1$

#IPv6
allow ^::1$

#Munin-Server
allow ^192.168.1.100$
[...]
```


Sie können sogar einem ganzen Netz den Zugriff auf die Munin-Daten erlauben: Wenn Sie möchten, dass alle Adressen von 192.168.1.1 bis .254 zugreifen dürfen, lautet die Zeile `cidr_allow 192.168.1.0/24`.

Sie müssen Munin-Node mit dem Kommando `sudo service munin-node restart` jetzt einmal neu starten, damit die geänderte Konfiguration in Kraft tritt. Aber kommt Ihnen nicht etwas merkwürdig vor? Sie haben in der Konfigurationsdatei gar nicht festgelegt, was nun genau überwacht werden soll. Das liegt daran, dass Munin direkt nach der Installation einmal das Programm `munin-node-configure` ausführt. Dieses Programm grast Ihr System nach Komponenten und Diensten ab, die überwacht werden können.

Für alles, was Munin überwachen kann, gibt es eigens ein Modul, das diese Aufgabe übernimmt. Alle Module liegen unter /usr/share/munin/plugins. Hat `munin-node-configure` etwas gefunden, das für die Überwachung infrage kommt, legt es unter /etc/munin/plugins einen symbolischen Link auf das entsprechende Modul an. Wenn Sie sich das Verzeichnis einmal auflisten lassen, sehen Sie alle derzeit aktivierten Plugins:

```
ls /etc/munin/plugins/
  apache_accesses
  df_inode
  fw_packets
  memory
  threads
  apache_processes diskstats
  if_err_eth0 open_files
  uptime
```

```
apache_volume
entropy
if_eth0
open_inodes users
cpu
exim_mailqueue interrupts
processes
vmstat
cpuspeed
exim_mailstats irqstats
proc_pri
df
forks
load
swap
```

Wenn Sie zu einem späteren Zeitpunkt einen Dienst nachinstallieren – sagen wir, Sie installieren einen NTP-Server –, so bekommt Munin-Node das zunächst nicht mit. Sie müssen dann entweder manuell den symbolischen Link hinzufügen oder noch einmal `munin-node-configure` ausführen.

Jäger und Sammler: Munin

Das System, das die überwachten Server regelmäßig besucht und die Daten abholt, die Munin-Node zusammengetragen hat, heißt in der Munin-Sprache *Gatherer* (Sammler). Dabei kann es sich um einen weiteren Raspberry Pi handeln – das bietet sich aufgrund des geringen Stromverbrauchs geradezu an, weil der Gatherer rund um die Uhr laufen soll. Jedes andere Linux-System ist dafür aber ebenfalls geeignet.

Sie installieren also zunächst den Webserver Apache mit dem Kommando `sudo apt -get -fym install apache2`. Sie benötigen ihn, weil Munin die gesammelten Ergebnisse auf einer Webseite präsentiert.

Im zweiten Schritt installieren Sie Munin mit `sudo apt-get -fym install munin`. Diese Reihenfolge hat einen besonderen Grund: Findet Munin bei der Installation bereits einen installierten Apache vor, so integriert es automatisch einige Einstellungen, die für das Anzeigen der Munin-Ergebnisse benötigt werden.

Auch der Gatherer wird von einer zentralen Konfigurationsdatei gesteuert, und zwar von der `/etc/munin/munin.conf`. Hier gibt es allerdings keinen Systemdienst, den Sie nach einer Änderung an der Konfigurationsdatei neu starten müssen. Der Sammler arbeitet Cron-gesteuert; nach einer Änderung müssen Sie nur eine Weile abwarten. Die Konfigurationsdatei wirkt länger, als sie ist, weil sie üppig kommentiert ist. Ohne die Kommentarzeilen ist sie sehr kurz. Das folgende Listing zeigt ein Beispiel. In diesem Beispiel überwacht Munin nur einen einzigen Server mit dem Namen myserver.example.com. Den Namen des Servers benutzt Munin nur als Beschriftung in den Graphen und HTML-Dateien, die generiert werden.

Um den Server tatsächlich anzusprechen, benutzt Munin die in der address-Zeile hinterlegte IP-Adresse. In den beiden folgenden Zeilen wird noch festgelegt, wie breit und hoch die von Munin erzeugten Verlaufsgraphen werden.

```
# Datei /etc/munin/munin.conf
dbdir
htmldir
logdir
rundir
tmpldir
/var/lib/munin
/var/www/munin
/var/log/munin
/var/run/munin
/etc/munin/templates

[myserver.example.com]
  address 192.168.1.20
  graph_width 400
  graph_height 200

# natürlich können auch Raspberry Pis überwacht werden
[raspi.example.com]
  address 192.168.1.42
  graph_width 400
  graph_height 200

[...]
```

Nach dem Muster von myserver.example.com können Sie weitere zu überwachende Server an die Liste anhängen.

Was Munin über den Systemzustand der überwachten Server herausgefunden hat, fasst es in HTML-Seiten zusammen. Wenn Ihr Gatherer, wie in unserem Beispiel, die IP-Adresse 192.168.1.100 hat, finden Sie die Ergebnisse unter der Adresse *http://192.168.1.100/munin*. Dort erscheint eine Übersichtsseite (siehe Abbildung 35.2).

Sie sehen auf Anhieb, dass einige der überwachten Komponenten und Dienste farblich hervorgehoben sind. Gelbe Schrift bedeutet dabei, dass ein bedenklicher Zustand erreicht ist, den sich der Administrator einmal anschauen sollte. Rote Schrift bedeutet, dass ein kritischer Fehler vorliegt. Die Anzahl von Warnungen und kritischen Fehlern finden Sie auch noch einmal in der linken Seitenleiste unter PROBLEMS zusammengefasst.

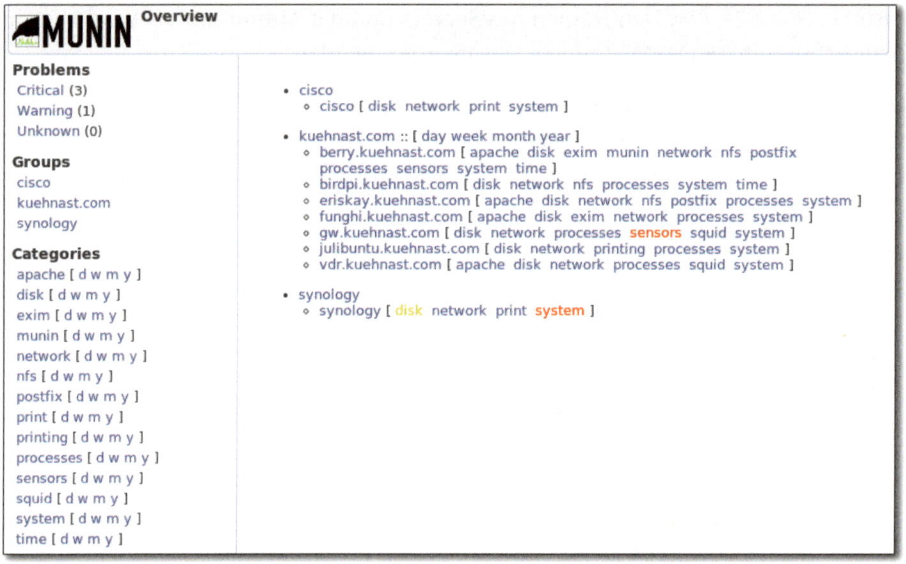

Abbildung 35.2 Die Übersichtsseite der Ergebnisse

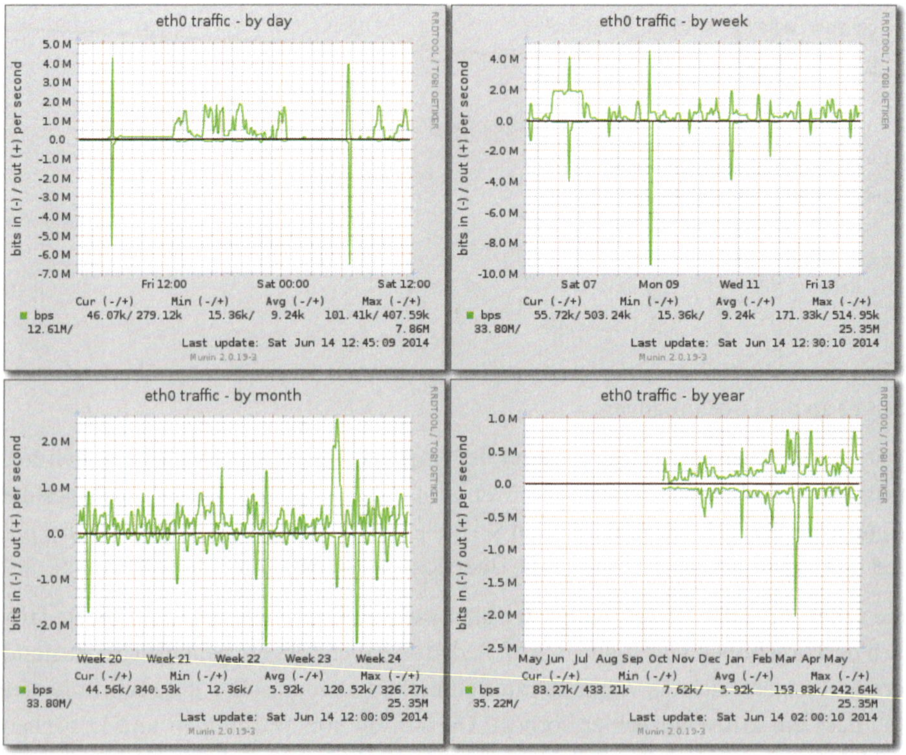

Abbildung 35.3 Ansicht eines Wertes über mehrere Zeitintervalle

Klicken Sie einmal auf eine der Kategorien, etwa DISK, so erhalten Sie eine Seite mit einer Übersicht aller überwachten Werte rund um das Thema »Plattensubsystem«. Darunter fallen nicht nur Leistungsdaten wie etwa Zugriffslatenzen, sondern auch der Füllstand der einzelnen Dateisysteme. Das ist bei Raspberry Pis besonders interessant, da hier auf den SD-Karten oft recht kleine Dateisysteme angelegt sind, die schnell vollzulaufen drohen.

Wenn Sie auf eine der Grafiken klicken, verzweigt Munin in eine weitere Ansicht, die den Verlauf dieses speziellen Wertes über die letzten 24 Stunden, die letzte Woche, den letzten Monat und die letzten 365 Tage anzeigt (siehe Abbildung 35.3).

Auf diese Weise hilft Munin Ihnen, im Fehlerfall ein Problem schnell und gezielt eingrenzen zu können. Munin kann übrigens auch über Systemgrenzen hinweg arbeiten, denn Munin-Node existiert nicht nur für Linux, sondern auch für Windows und Mac OS X.

35.2 SmokePing

Kennen Sie den subjektiven Eindruck, dass die Internet-Anbindung an manchen Tagen ein wenig wacklig wirkt? Um den Eindruck zu untermauern, können Sie eine Reihe von Datenpaketen an ein bekanntes Ziel im Internet schicken und schauen, wie schnell (oder ob überhaupt) Antworten bei Ihnen eintrudeln. Aber das ist nur eine Momentaufnahme. Das Tool *SmokePing* macht genau das, aber kontinuierlich, ohne Ihr Zutun. Die Messdaten verarbeitet SmokePing zu anschaulichen Bildern (siehe Abbildung 35.4).

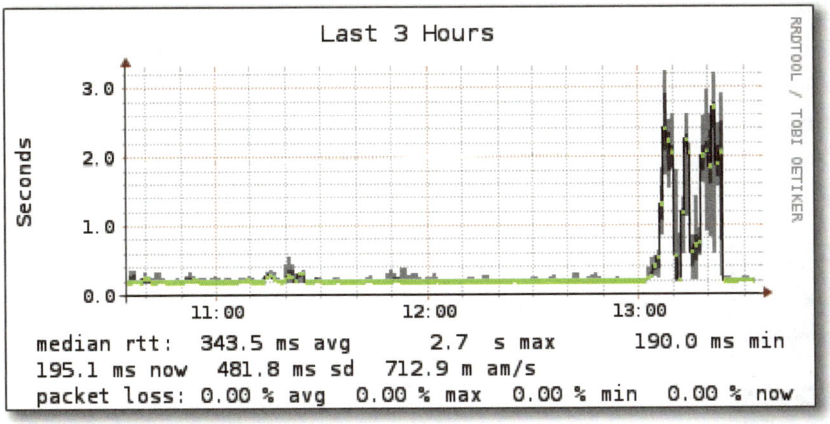

Abbildung 35.4 Ein typischer SmokePing-Graph

SmokePing schickt in jedem Messintervall mehrere Datenpakete (per Default sind es fünf) auf die Reise. Kommt auf alle Anfragen eine Antwort, so trägt SmokePing einen grünen Punkt in den Graphen ein. Bleiben Antworten aus, so wechselt die Farbe in mehreren Stufen zu Knallrot.

In unserem Beispielgraphen sehen Sie überall grüne Punkte, es kamen also alle Antworten an. Was aber auffällt, ist ein starker Anstieg der Antwortzeiten kurz nach 13 Uhr. Während die Antworten vorher etwa 0,3 Sekunden brauchten, steigt hier die benötigte Zeit bis auf das Zehnfache an. An irgendeiner Stelle der Netzwerkverbindung gab es also ein Übertragungsproblem. Entweder war der Zielserver überlastet oder Ihre DSL-Leitung war an ihrer Leistungsgrenze angelangt (was vorkommt, wenn etwa die Kinder endlich herausgefunden haben, was YouTube ist).

Um das Problem näher einzugrenzen, empfiehlt es sich, einige Server im Internet in die SmokePing-Prüfungen einzubeziehen, die als hochverfügbar gelten. Beispiele dafür sind große Webseiten wie *http://www.tagesschau.de* oder der Google-Nameserver mit der IP-Adresse 8.8.8.8. – wie das konkret geht, erfahren Sie in den nächsten Abschnitten. Tauchen nun etwaige Verzögerungen oder Ausfälle bei allen überwachten Internet-Servern auf, so liegt das Problem entweder direkt an Ihrem DSL-Anschluss oder zumindest im Netz Ihres Anbieters.

Installation von SmokePing

Sie installieren SmokePing mit dem folgenden Kommando:

```
sudo apt-get -fym install smokeping mailutils
```

Dabei wird der Webserver *Apache*, der zum Anzeigen der Ergebnisse benötigt wird, automatisch mitinstalliert. Das Paket `mailutils` müssen Sie zusätzlich angeben, weil SmokePing sich darauf verlässt, dass eine Software mit an Bord ist, mit der es von der Kommandozeile aus E-Mails verschicken kann. Diese Software wird aber leider nicht automatisch installiert. Wenn Sie diesen Schritt versäumen, so erhalten Sie die Fehlermeldung */etc/smokeping/config.d/pathnames, line 1: File '/usr/sbin/sendmail' does not exist*, sobald Sie die SmokePing-Webseite aufrufen.

Abbildung 35.5 Die Webseite einer noch jungfräulichen SmokePing-Installation

SmokePing und Apache starten direkt nach der Installation. Als ersten Test rufen Sie in einem Browser die IP-Adresse Ihres Raspberry Pi auf, gefolgt von /smokeping/smokeping.cgi, auf. Wenn Ihr Raspberry Pi etwa die IP-Adresse 192.168.1.20 hat, lautet die URL also *http://192.168.1.20/smokeping/smokeping.cgi*. Sie sehen vorerst nur eine fast leere Willkommensseite (siehe Abbildung 35.5).

Konfiguration

In der Datei /etc/smokeping/config.d/Targets definieren Sie die Ziele, die SmokePing regelmäßig überprüfen soll. Im folgenden Beispiel sind das zwei Server: Einer liegt in Ihrem internen Netz (die Adresse 10.0.0.254 müssen Sie entsprechend anpassen), der andere ist der Webserver *www.google.com*.


```
# Datei /etc/smokeping/config.d/Targets
*** Targets ***
probe = FPing
menu = Top
title = Network Latency Grapher
remark = Welcome to SmokePing

+ Local

menu = Local
title = Local Network

++ Router

menu=Router
host=10.0.0.254

+Internet

menu = Internet
title= Internet Hosts

++ Google

menu=Google
host = www.google.com
```

Die Zeile probe = FPing legt fest, dass ICMP-Echo-Pakete (»Pings«) an die Ziele geschickt werden. Diese Pakete sind klein und schnell, sie belasten die beteiligten Systeme wenig.

Mit den Pluszeichen wird die Hierarchie der Menüstruktur für die Webseite festgelegt. Es gibt zwei Hauptzweige: `Local` und `Internet`. Darunter finden sich die Ziele, deren Latenz SmokePing messen soll: `Router` und `Google`. Sie können nach Belieben weitere Ziele hinzufügen, auch weitere Verzweigungen in den Hierarchieebenen sind möglich (durch weitere Pluszeichen, man ist nicht auf zwei beschränkt).

Wenn Sie die Konfigurationsdatei bearbeitet haben, müssen Sie SmokePing mit dem Kommando `sudo service smokeping restart` einmal neu starten. Die SmokePing-Webseite spiegelt nun die Menüstruktur wider (siehe Abbildung 35.6). Sie sehen, dass die Hauptmenüpunkte LOCAL und INTERNET jetzt schon sichtbar sind. Darüber gibt es den Punkt CHARTS. Er wird von SmokePing automatisch angelegt und enthält eine Art *taktische Übersicht*: das Ziel mit der höchsten Abweichung vom Durchschnitt, mit der höchsten Gesamtlatenz, den meisten Paketverlusten und anderes mehr.

Abbildung 35.6 Die Webseite nach der Konfiguration

Jetzt brauchen Sie ein wenig Geduld, denn SmokePing muss nun natürlich erst einmal Daten sammeln. Nach etwa einer halben Stunde sind schon aussagekräftige Graphen sichtbar (siehe Abbildung 35.7).

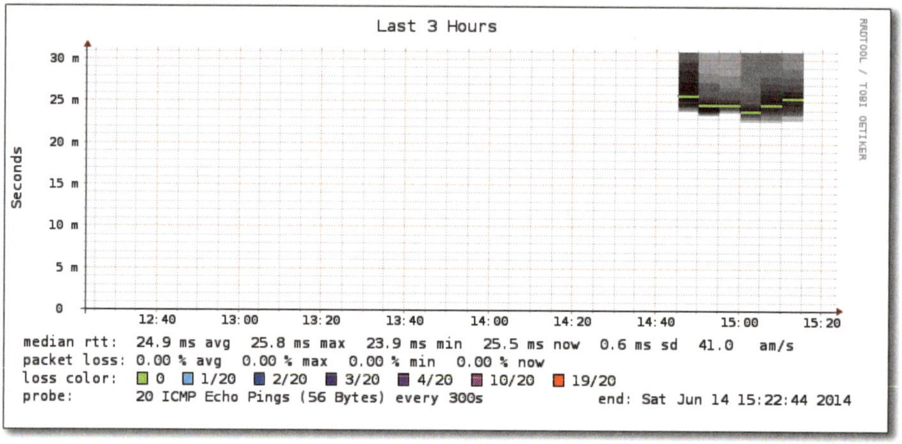

Abbildung 35.7 Die ersten Ergebnisse kommen herein.

Den Bereich zwischen der höchsten und der niedrigsten Latenz stellt SmokePing als graue Fläche dar. Das ist der »Rauch«, von dem SmokePing seinen Namen hat.

Mehr als Pings

Wenn Sie die Verbindungsqualität zu einem Webserver prüfen möchten, ist es sinnvoll, `probe = EchoPingHttp` zu benutzen. Damit kontrolliert SmokePing, ob auch tatsächlich eine Webseite abgerufen werden kann. Das ist sinnvoll, denn wenn auf einem Server der HTTP-Dienst gestorben ist, antwortet die Maschine in der Regel immer noch auf ICMP-Anfragen. Außerdem sind die Latenzzeiten, die SmokePing anzeigt, in diesem Fall realistischer: Sie bekommen einen Eindruck davon, mit welcher Wartezeit Sie rechnen müssten, wenn Sie das Ziel in einem Browser aufrufen würden.

Bevor Sie `EchoPingHttp` benutzen können, müssen Sie es in der Datei `/etc/smokeping/config.d/Probes` konfigurieren. Die Datei enthält standardmäßig bereits einen Eintrag für `FPing`. Ergänzen Sie sie einfach um die letzten drei Zeilen des folgenden Listings:

```
# Datei /etc/smokeping/config.d/Probes
*** Probes ***

+ FPing

binary = /usr/bin/fping

+ EchoPingHttp
  pings = 5
  url = /
```

Hier ist definiert, dass pro Messintervall fünf HTTP-Verbindungen zum Ziel hergestellt werden, und zwar auf die Hauptseite (`url = /`), was Sie natürlich nach Ihren Wünschen anpassen können.

Kapitel 36
Raspberry Pi-ratensender

Mit nichts Weiterem als einem Stück Draht und etwas Software können Sie aus Ihrem Raspberry Pi einen FM-Transmitter machen, also einen Radiosender. Die Idee dazu stammt von der *Imperial College Robotics Society* und wurde im Rahmen eines Schulprojekts namens *Code Club* in London erstmalig umgesetzt:

36

http://heise.de/-1921154

Dieses Minikapitel zeigt, wie Sie die in C und Python geschriebene Software auf dem Raspberry Pi einsetzen. Der resultierende Sender ist stark genug, um im Freien eine Reichweite von über hundert Metern zu erreichen.

Der Betrieb des Senders ist in Deutschland illegal!

Der Raspberry Pi trägt zwar ein CE-Konformitätszeichen, aber das wird für eine bestimmte Betriebsart erteilt – der Betrieb als Radiosender gehört nicht dazu. Darüber hinaus ist die Sendeleistung zu hoch. FM-Transmitter dürfen in Deutschland nur eine Sendeleistung von maximal 50 Nanowatt haben, was den Empfangsradius auf wenige Meter einschränkt.

36.1 FM-Transmitter einrichten

Technischer Hintergrund

Auf dem GPIO-Port 4 liegt das Clock-Signal an. Hiervon kann eine Trägerfrequenz abgeleitet werden, die zwischen 1 und 250 MHz eingestellt werden kann – sinnvoll ist natürlich nur der Bereich zwischen 88 und 108 MHz, der mit handelsüblichen Radios empfangen werden kann. Auf diese Trägerfrequenz wird das Audiosignal aufmoduliert. Es muss im Wave-Format (16 Bit, 22,05 kHz) vorliegen. Ohne Antenne ist die Reichweite sehr niedrig. Steckt man jedoch ein Stück Draht (20 cm reichen aus) auf den GPIO-Stift, erhöht sich die Reichweite beträchtlich.

Software-Installation

Mit den folgenden Kommandos laden Sie die Software `pifm` herunter und entpacken sie:

```
mkdir pifm
cd pifm
wget http://omattos.com/pifm.tar.gz
tar xvzpf pifm.tar.gz
```

Jetzt finden Sie im aktuellen Verzeichnis unter anderem das ausführbare Programm `pifm` und eine Beispiel-Sounddatei namens `sound.wav`. Mit dem folgenden Kommando können Sie die Datei abspielen:

```
sudo ./pifm sound.wav 100.0
```

Hier wird die Frequenz auf genau 100 MHz eingestellt.

MP3-Dateien umwandeln und senden

Mit dem Programm `ffmpeg` (`sudo apt-get install ffmpeg`) können Sie auch Audio-Dateien vom beliebten MP3-Format in das erforderliche Wave-Format umwandeln, das Ergebnis direkt an `pifm` weitergeben und so senden:

```
ffmpeg -i musik.mp3 -f s16le -ar 22.05k -ac 1 - | sudo ./pifm -
```

Der DJ spricht

Wenn Sie ein USB-Mikrofon besitzen, können Sie auch direkt zu Ihren Hörern sprechen. Sie benötigen dazu das Kommando `arecord` (*audio recorder*); es gehört zum Paket `alsa-utils`, das Sie mit `sudo apt-get -fym install alsa-utils` installieren. Mit dem folgenden Kommando bringen Sie Ihre Stimme auf den Sender:

```
arecord -d0 -c2 -f S16_LE -r 22050 -twav -D copy | sudo ./pifm -
```

Kapitel 37

WLAN-, IPv6- und Tor-Router

Dieses Kapitel beschreibt, wie Sie Ihren Raspberry Pi als WLAN-Access-Point, als WLAN-Router, als WLAN-Repeater und/oder als IPv6-Router einsetzen. Der Einsatz als IPv6-Router erfordert außerdem einen kostenlosen Zugang beim Tunnel-Provider SixXs. Damit kann Ihr WLAN-Router seinen Clients IPv6 anbieten, selbst wenn Ihr Internet-Provider Ihnen nur IPv4 zur Verfügung stellt!

Optional können Sie aus Ihrem WLAN-Router auch gleich einen Tor-Router machen. Damit gewinnen Sie die Privatsphäre zurück, die dem Internet in den letzten Jahren vollständig abhanden gekommen ist.

37.1 Einführung

Glossar

Ergänzend zum Netzwerkglossar, das wir Ihnen in Abschnitt 5.5, »Netzwerkkonfiguration«, schon präsentiert haben, erklären wir Ihnen hier noch einige WLAN-spezifische Begriffe.

- **LAN:** Ein *Local Area Network* (LAN) ist ein lokales Netzwerk. Die darin befindlichen Geräte verwenden üblicherweise IP-Adressen, die speziell für private, nicht öffentliche Netzwerkgeräte gedacht sind: 10.*.*.* oder 172.16.*.* bis 172.31.*.* oder 192.168.*.*. Mitunter werden die Begriffe LAN und WLAN auch verwendet, um zwischen der Art der Netzwerkverbindung zu differenzieren, also bei LAN mit Kabeln, bei WLAN mit Funk. Tatsächlich umfasst das lokale Netzwerk aber *alle* Geräte unabhängig von der Übertragungstechnik.
- **WLAN:** Von einem *Wireless Local Area Network* (WLAN) spricht man, wenn Netzwerkverbindungen über Funk hergestellt werden. Im Englischen ist anstelle von WLAN oft von WiFi die Rede, also von *Wireless Fidelity*. WiFi wird oft synonym mit WLAN verwendet, manchmal ist aber auch die *WiFi-Alliance* gemeint, ein Herstellerkonsortium, das sich um die Kompatibilität von WLAN-Produkten kümmert.
- **WLAN-Access-Point:** Ein *Access Point* (AP) stellt in einem lokalen Netzwerk einen Zugangspunkt für mehrere WLAN-Clients her. Der Access Point wird mit einem Ethernet-Kabel an das lokale Netzwerk angeschlossen. Seine Aufgabe besteht

darin, das kabelgebundene Netzwerk per Funk zu erweitern und die Datenpakete weiterzuleiten. Die WLAN-Clients befinden sich im selben Netzwerk wie die verkabelten Geräte.

- **WLAN-Router:** Ein Router verbindet ganz allgemein zwei Netzwerke. Ein WLAN-Router fasst mehrere WLAN-Clients in einem eigenen Netz zusammen und verbindet dieses mit einem schon vorhandenen lokalen Netzwerk bzw. dem Internet. Ein WLAN-Router ist insofern »intelligenter« als ein Access Point, als er den WLAN-Clients selbstständig IP-Adressen zuweist (DHCP) und eventuell auch weitere Funktionen übernimmt (Nameserver, Firewall).
- **WLAN-Repeater:** Ein WLAN-Repeater vergrößert die Reichweite eines WLANs. Vereinfacht ausgedrückt handelt es sich um ein Gerät mit *zwei* WLAN-Adaptern, von denen der eine die Verbindung zum vorhandenen WLAN herstellt und der andere mit den WLAN-Clients in der Umgebung kommuniziert.

Voraussetzungen

Zur Realisierung dieses Projekts müssen die folgenden Voraussetzungen erfüllt sein:

- **Internet-Zugang über Ethernet:** Sie brauchen ein Gerät, das Ihnen über ein Ethernet-Kabel Internetzugang gibt. Typischerweise übernimmt ein ADSL-Router diese Aufgabe.
- **Raspberry Pi mit Raspbian:** Die Anleitung in diesem Kapitel setzt voraus, dass Sie auf Ihrem Raspberry Pi Raspbian installiert haben. Selbstverständlich eignen sich auch andere Raspberry-Pi-Distributionen, viele Konfigurationsdetails sehen dann aber anders aus.
- **USB-WLAN-Adapter mit Access-Point-Funktion:** Sie brauchen einen WLAN-Adapter, der von Raspbian unterstützt wird *und* der als Access Point verwendet werden kann. Letzteres hängt nicht nur vom jeweiligen Modell, sondern auch vom Linux-Treiber ab. Sie müssen dieses Detail unbedingt vor dem Kauf recherchieren. Es gibt eine Menge WLAN-Adapter, die unter Linux grundsätzlich laufen, aber eben nur für die »gewöhnliche« Nutzung, nicht als Access Point. Eine schier endlose Liste von WLAN-Modellen samt Erfahrungsberichten ist auf der folgenden Seite aufgelistet:

  http://elinux.org/RPi_USB_Wi-Fi_Adapters

  Wirklich verlässlich sind die dort zusammengestellten Informationen leider ebenso wenig wie Kundenrezensionen in diversen Verkaufsportalen: Die Hersteller von WLAN-Adaptern ändern nämlich mitunter die Hardware, ohne dem Modell einen neuen Namen zu geben. So kann es vorkommen, dass sich eine neue Ausführung eines bestimmten Modells eines WLAN-Adapters vollkommen anders verhält als eine alte Ausführung. Genau das ist uns beim Kauf eines Adapters mit der Bezeichnung »RT5370« passiert. Frühere Versionen dieses Adapters enthielten den gut von Linux unterstützten Ralink-Chip RT5370. Neuere Modelle sind hingegen mit anderen Chips ausgestattet, die unter Linux nicht oder nur eingeschränkt funktionieren.

Wir haben für dieses Kapitel diverse WLAN-Adapter ausprobiert. Am besten funktioniert hat der LogiLink-Adapter WL0145 mit 150 Mbps (Ralink-RT5370-Chipset, erhältlich z. B. bei Pollin) mit abnehmbarer Antenne. `lsusb` liefert bei diesem Modell den folgenden ID-Code:

```
lsusb
  ... ID 148f:5370 Ralink Technology, Corp.
                   RT5370 Wireless Adapter
```

Falls Sie einen WLAN-Repeater einrichten möchten, benötigen Sie *zwei* WLAN-Adapter, von denen zumindest einer über die Access-Point-Funktion verfügen muss.

- **Antenne:** Wenn Sie mehrere Räume oder ein ganzes Haus mit einem Funknetz versorgen möchten, ist ein WLAN-Adapter mit externer Antenne erforderlich (siehe Abbildung 37.1). Die Reichweite eines USB-Steckers mit einer winzigen eingebauten Antenne ist für solche Fälle zu klein.
- **USB-Hub/Netzteil:** Sollten Sie ein älteres Raspberry-Pi-Modell einsetzen (z. B. Modell B von Version 1), benötigen Sie unter Umständen einen USB-Hub. WLAN-Adapter mit externer Antenne brauchen oft mehr Strom, als der Raspberry Pi zur Verfügung stellen kann.

  Bei aktuellen Raspberry Pis (z. B. Modell B+ der Version 1 oder ein Gerät der Version 2) können Sie auf den USB-Hub verzichten. Die USB-Buchsen des Raspberry Pi geben ausreichend Strom an die USB-Geräte weiter, vorausgesetzt, das Netzteil ist richtig dimensioniert.
- **SixXs-Account:** Falls Ihr WLAN-Router ein IPv6-Netz aufspannen soll, Ihr Provider Ihnen aber nur IPv4 anbietet, benötigen Sie einen kostenlosen SixXs-Account. Damit erhalten Sie zuerst eine statische IPv6-Adresse und dann einen ganzen IPv6-Adressbereich, den Sie über einen sogenannten Netzwerktunnel Ihren WLAN-Clients zur Verfügung stellen können.

Einschränkungen

Der Raspberry Pi ist ein wunderbares Gerät für Hardware-Projekte. Als Server oder Router ist der Minirechner aber nicht unbedingt die perfekte Wahl. Sowohl die eingebaute Ethernet-Schnittstelle als auch der USB-WLAN-Adapter teilen sich eine gemeinsame Datenbusanbindung, die die Bandbreite beschränkt. Deswegen kann der Raspberry Pi nie denselben Durchsatz erzielen wie andere, speziell für Netzwerkaufgaben optimierte Geräte.

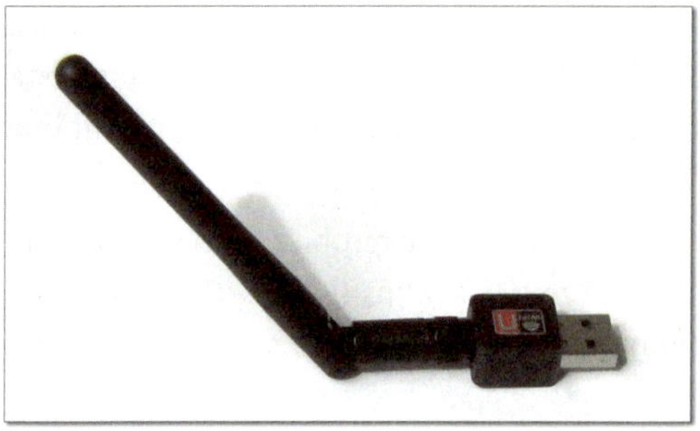

Abbildung 37.1 USB-WLAN-Adapter mit Stabantenne

Trotz dieser Einschränkung funktioniert der Raspberry Pi für den Heimgebrauch als WLAN-Access-Point oder -Router gut. Der limitierende Faktor ist hier ja fast immer die Up- und Download-Geschwindigkeit des ADSL-Routers, und mit der kann der Raspberry Pi ohne Weiteres mithalten. Wenn es Ihnen aber darum geht, ein Hochleistungs-WLAN aufzubauen, gibt es leistungstärkere Geräte als den Raspberry Pi.

37.2 WLAN-Access-Point

Wie wir in der Einleitung dieses Kapitels bereits ausgeführt haben, gibt es viele Möglichkeiten und Varianten zur Konfiguration eines WLAN-Access-Points oder -Routers. Damit dieses Kapitel übersichtlich bleibt, beginnen wir hier mit einer vergleichsweise einfachen Basiskonfiguration, die für viele Fälle ausreicht. In den weiteren Abschnitten folgen dann Erweiterungen und Varianten.

Vorerst besteht unser Ziel darin, eine über ein Ethernet-Kabel zur Verfügung stehende Internet-Verbindung unverändert per WLAN weiterzugeben. Der Raspberry Pi soll als Access Point agieren. Das setzt voraus, dass es in Ihrem lokalen Netzwerk zu Hause bereits einen Router mit DHCP-Funktionen gibt. Häufig übernimmt ein ADSL-Router diese Aufgaben. Der Raspberry Pi leitet diese Funktionen gewissermaßen nahtlos weiter. Alle Geräte, die via WLAN eine Verbindung zum Raspberry Pi herstellen, befinden sich anschließend im selben Netzwerk wie die Geräte, die über ein Ethernet-Kabel mit dem ADSL-Router verbunden sind (siehe Abbildung 37.2).

Um das zu erreichen, müssen der Ethernet- und der WLAN-Adapter des Raspberry Pi durch eine sogenannte Netzwerkbrücke verbunden werden. Diese durch Software realisierte Brücke bewirkt, dass die beiden Adapter nicht wie sonst üblich in zwei getrennten Netzen agieren, sondern beide dasselbe Netz verwenden. Stellt ein neues Gerät eine WLAN-Verbindung zum Router her, dann erhält das Gerät die IP-Konfiguration vom DHCP-Server des ADSL-Routers. Alle Geräte im lokalen Netz erhalten somit ihre IP-Adressen direkt vom DHCP-Server des ADSL-Routers und können direkt miteinander kommunizieren.

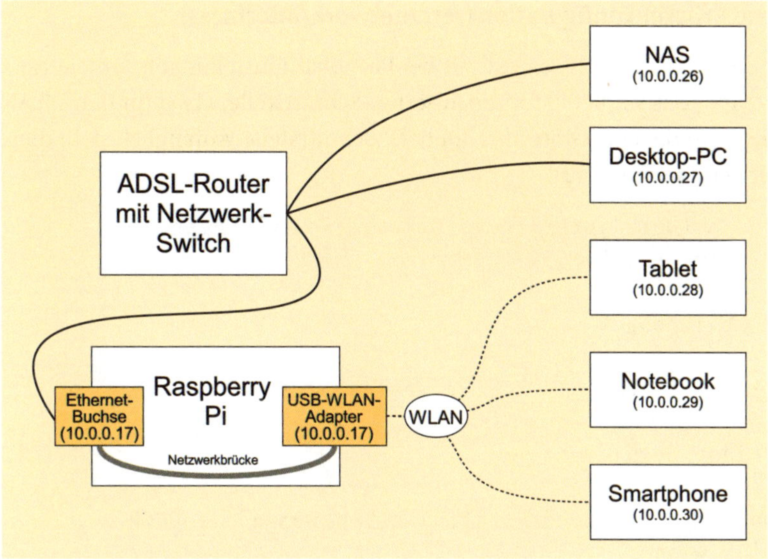

Abbildung 37.2 Der Raspberry Pi als WLAN-Access-Point.
(Die in Klammern gestellten IP-Adressen haben Beispielcharakter.)

Im Detail müssen der Raspberry Pi und sein USB-WLAN-Adapter die folgenden Aufgaben erfüllen:

- Der Raspberry Pi macht das Funknetz sichtbar, sodass andere Geräte (WLAN-Clients) in Funkreichweite dieses *sehen* und im WLAN-Konfigurationsdialog auswählen können.
- Aus Sicherheitsgründen erlaubt der Raspberry Pi den WLAN-Zugang erst nach einer korrekten Passwortangabe.
- Er verschlüsselt alle per Funk übertragenen Datenpakete.
- Der Raspberry Pi leitet alle über das WLAN übertragenen IP-Pakete direkt zum ADSL-Router weiter.

Paketinstallation

Um aus Ihrem Raspberry Pi einen WLAN-Access-Point zu machen, benötigen Sie zwei zusätzliche Pakete: `bridge-utils` enthält Bibliotheken und Kommandos, um Netzwerkbrücken einzurichten. `hostapd` enthält im gleichnamigen Programm einen WLAN-Authenticator. Dieser kümmert sich um den WLAN-Login und um die Verschlüsselungsfunktionen für den Funkverkehr.

```
sudo apt-get install bridge-utils hostapd
```

Netzwerk- und Brückenkonfiguration (/etc/network/interfaces)

Die Datei /etc/network/interfaces enthält bei Raspbian Einstellungen für alle Netzwerkschnittstellen. Das sind eth0 für die Ethernet-Schnittstelle, wlan0 für den WLAN-Adapter sowie lo für die Linux-interne Loopback-Schnittstelle. Anfänglich sieht diese Datei üblicherweise wie folgt aus:

```
# Datei /etc/network/interfaces (Defaulteinstellungen)
# Loopback-Schnittstelle
auto lo
iface lo inet loopback

# Ethernet-Schnittstelle: DHCP verwenden
auto eth0
iface eth0 inet dhcp

# WLAN-Schnittstelle: Konfiguration durch wpa_gui + DHCP
allow-hotplug wlan0
iface wlan0 inet manual
  wpa-roam /etc/wpa_supplicant/wpa_supplicant.conf
iface default inet dhcp
```

Diese Datei ändern Sie nun wie folgt:

```
# Datei /etc/network/interfaces (für WLAN-Access-Point)
# Loopback-Schnittstelle
auto lo
iface lo inet loopback

# Brücke WLAN/Ethernet
auto br0
iface br0 inet dhcp
  bridge_ports eth0 wlan0
```

Alle direkten Konfigurationsanweisungen für die Schnittstellen eth0 und wlan0 entfallen also. Stattdessen soll in Zukunft beim Rechnerstart automatisch die Brückenschnittstelle br0 initialisiert werden. Die Schnittstelle bezieht ihre IP-Konfiguration über DHCP – so wie bisher die Ethernet-Schnittstelle. bridge_ports gibt an, dass die Brücke die Schnittstellen eth0 und wlan0 verbinden soll.

Ab dem nächsten Neustart gilt die neue Netzwerkkonfiguration automatisch. Um sie ohne Neustart zu aktivieren, führen Sie die folgenden Kommandos aus:

```
sudo ifdown wlan0
sudo ifdown eth0
sudo ifup br0
```

Mit ip addr können Sie nun den Zustand aller Netzwerkschnittstellen ermitteln. Das Ergebnis sollte ähnlich wie im folgenden gekürzten Listing aussehen:

```
ip addr
  1: lo: <LOOPBACK,UP,LOWER_UP> mtu 65536 ...
    inet 127.0.0.1/8 scope host lo
       valid_lft forever preferred_lft forever
  2: eth0: <BROADCAST,MULTICAST,UP,LOWER_UP> mtu 1500 ...
  3: wlan0: <NO-CARRIER,BROADCAST,MULTICAST,UP> mtu 1500 ...
  4: br0: <BROADCAST,MULTICAST,UP,LOWER_UP> mtu 1500 ...
    inet 10.0.0.13/24 brd 10.0.0.255 scope global br0
```

Bemerkenswert ist insbesondere, dass weder bei der eth0- noch bei der wlan0-Schnittstelle eine IP-Adresse angezeigt wird. Vielmehr gilt für beide Schnittstellen die IP-Adresse der Brücke br0, im obigen Listing also 10.0.0.13.

WLAN-Authenticator (hostapd)

hostapd ist ein WLAN-Authenticator – also ein Programm, das sich darum kümmert, WLAN-Funktionen verschlüsselt anzubieten und die Authentifizierung durchzuführen. hostapd kann auf unterschiedlichste Arten verwendet werden, unter anderem auch in Kombination mit dem zentralen Login-Server *Radius*.

Unsere Anforderungen sind hingegen recht simpel: Wir wollen dem Funknetzwerk einen Namen geben – im Folgenden rapi-wlan –, die Kommunikation durch den Standard WPA2 verschlüsseln und den WLAN-Zugang durch ein Passwort absichern. Dazu richten Sie die neue Konfigurationsdatei /etc/hostapd/hostapd.conf gemäß dem folgenden Muster ein. Beachten Sie, dass die Syntax dieser Datei keine Leerzeichen vor und nach dem Zeichen = erlaubt!

```
# Datei /etc/hostapd/hostapd.conf
interface=wlan0
bridge=br0
driver=nl80211
ssid=rapi-wlan
wpa=2
wpa_passphrase=geheim1234
wpa_key_mgmt=WPA-PSK
hw_mode=g
channel=6
country_code=DE
```

Kurz eine Erklärung der Schlüsselwörter: interface gibt an, welche WLAN-Schnittstelle hostapd verwalten soll – in aller Regel wlan0. Nur wenn Sie mehrere WLAN-Adapter mit Ihrem Raspberry Pi verbunden haben, z. B. zum Einsatz als WLAN-Repeater, müssen Sie darauf achten, hier die richtige Schnittstelle anzugeben.

driver bestimmt, welcher Linux-WLAN-Treiber zum Einsatz kommen soll. nl80211 ist der zurzeit modernste Treiber im Linux-Kernel, der für meisten WLAN-Adapter geeignet ist, die derzeit auf dem Markt sind. hostapd kommt aber auch mit einigen älteren WLAN-Treibern zurecht: hostap, madwifi und prism54. Sollte also driver = nl80211 bei Ihrem WLAN-Adapter zu einer Fehlermeldung beim Start führen, müssen Sie im Internet recherchieren, welcher Treiber zu Ihrem WLAN-Adapter passt.

Leider ist nicht jeder WLAN-Adapter zu hostapd kompatibel! Auf dieses Problem haben wir ja schon in der Einleitung dieses Kapitels hingewiesen. Insbesondere sind hostapd und die Linux-Treiber der weit verbreiteten Realtek-8188-Chipsets zueinander inkompatibel. In diesem speziellen Fall kann das Problem glücklicherweise durch den Einsatz einer alternativen hostapd-Version umgangen werden. Details dazu folgen im nächsten Abschnitt.

ssid steht für *Service Set Identifier* und bezeichnet den Namen des WLAN-Netzwerks. Das ist also der Name, den Sie in einem Notebook oder Smartphone sehen, wenn Sie das WLAN-Netz auswählen.

wpa=2 bewirkt, dass die Verschlüsselungstechnik WPA2 verwendet wird. wpa_key_mgmt gibt an, wie die Authentifizierung erfolgt. Zur Auswahl stehen die Verfahren *Pre-Shared Key* (WPA_PSK) oder *Extensible Authentication Protocol* (WPA_EAP). wpa_passphrase ist das Passwort für den WLAN-Zugang. Es muss zumindest acht Zeichen umfassen.

hw_mode gibt an, welcher WLAN-Standard verwendet werden soll, z. B. g für IEEE 802.11g. channel bestimmt, welchen Kanal bzw. welches Frequenzband der WLAN-Adapter verwenden soll. Die country_code-Einstellung stellt sicher, dass die regulatorischen Funkbestimmungen eingehalten werden. Weitere Informationen zur hostapd-Konfiguration können Sie auf diesen Webseiten nachlesen:

http://w1.fi/hostapd
http://w1.fi/cgit/hostap/plain/hostapd/hostapd.conf
http://wireless.kernel.org/en/users/Documentation/hostapd
http://en.wikipedia.org/wiki/List_of_WLAN_channels

Da die hostapd-Konfigurationsdatei das WPA-Passwort im Klartext enthält, sollte die Datei nur für root lesbar sein:

```
chmod 600 /etc/hostapd/hostapd.conf
```

Damit hostapd die Konfigurationsdatei überhaupt berücksichtigt, muss auch die Datei /etc/default/hostapd verändert werden. Dort müssen Sie beim Parameter DAEMON_CONF den Namen der Konfigurationsdatei eintragen:

```
# Datei /etc/default/hostapd
DAEMON_CONF="/etc/hostapd/hostapd.conf"
```

Erfahrungsgemäß ist die hostapd-Konfiguration fehleranfällig. Deswegen empfiehlt es sich, den Dienst vorerst manuell mit der Option -d zu starten. Sämtliche Statusmeldungen sind dann direkt im Terminalfenster zu sehen. Nun können Sie mit einem Smartphone, Tablet oder Notebook ausprobieren, ob Ihr WLAN-Router funktioniert. Die Login-Meldungen sind ebenfalls im Terminal zu sehen.

```
hostapd -d /etc/hostapd/hostapd.conf
  ... (unzählige Statusmeldungen)
  wlan0: Setup of interface done.
  Wireless event: cmd=0x8b15 len=20
  ... (diverse Meldungen zur Verbindung eines WLAN-Clients)
  wlan0: STA 04:1e:64:f1:8d:b8 WPA: pairwise key handshake
    completed (RSN)
```

Wenn hostapd keine offensichtlichen Fehler anzeigt und weiterläuft, dann beenden Sie das Programm mit [Strg]+[C] wieder. Anschließend starten Sie den Dämon regulär als Systemdienst:


```
service hostapd start
```

Ab dem nächsten Neustart Ihres Raspberry Pi werden alle Router-Funktionen automatisch aktiviert. Die oben beschriebenen Kommandos zum manuellen Start sind also nur beim ersten Mal erforderlich.

hostapd für Realtek-8188-Chipsets

Diverse weit verbreitete WLAN-Adapter basieren auf Realtek-8188-Chipsets. Das trifft unter anderem auch für den WLAN-Adapter EW-7811UN von Edimax und ein von uns getestetes Exemplar des RT5370-Adapters zu. Bei beiden Adaptern kommt es beim Start von hostapd zur Fehlermeldung *failed to initialize driver nl80211*.

Glücklicherweise hat der Blogger Dave Conroy auf der Realtek-Webseite einen modifizierten Quellcode von hostapd gefunden. Die kompilierte Version dieses Programms kann unkompliziert von der Webseite von Dave Conroy heruntergeladen und installiert werden:

```
wget http://www.daveconroy.com/wp3/wp-content/uploads/2013/07/
    hostapd.zip
unzip hostapd.zip
sudo mv /usr/sbin/hostapd /usr/sbin/hostapd.bak
sudo mv hostapd /usr/sbin/hostapd.edimax
sudo ln -sf /usr/sbin/hostapd.edimax /usr/sbin/hostapd
sudo chown root.root /usr/sbin/hostapd
sudo chmod 755 /usr/sbin/hostapd
```

Anschließend müssen Sie noch in /etc/hostapd/hostapd.conf die driver-Zeile verändern:

```
# in /etc/hostapd/hostapd.conf
...
driver=rtl871xdrv
```

Mit service hostapd start starten Sie nun hostapd. Bei unseren Tests hat das für die USB-Adapter EW-7811UN und RT5370 ausgezeichnet funktioniert. Weitere Details können Sie auf der folgenden Webseite nachlesen:

http://www.daveconroy.com/turn-your-raspberry-pi-into-a-wifi-hotspot-with-edimax-nano-usb-ew-7811un-rtl8188cus-chipset

Sollten Sie sich später einen anderen WLAN-Adapter besorgen, können Sie die offizielle hostapd-Version durch die Veränderung eines Links wiederherstellen:

```
cd /usr/sbin
ln -sf hostapd.bak hostapd
```

37.3 WLAN-Router

Ein WLAN-Router unterscheidet sich von einem Access Point vor allem dadurch, dass die WLAN-Clients einen eigenen IP-Adressbereich erhalten (siehe Abbildung 37.3). Das ist dann vorteilhaft, wenn Sie Gästen einen unkomplizierten Internetzugang geben möchten, ohne ihnen gleich auch Zugriff auf Ihr lokales Netzwerk zu gewähren. Firmen-WLANs werden aus Sicherheitsgründen häufig auf diese Weise realisiert. Auch die meisten Smartphones stellen unter den Begriffen »WLAN-Hotspot«, »Tethering« oder »Internet-Freigabe« vergleichbare Funktionen zur Verfügung.

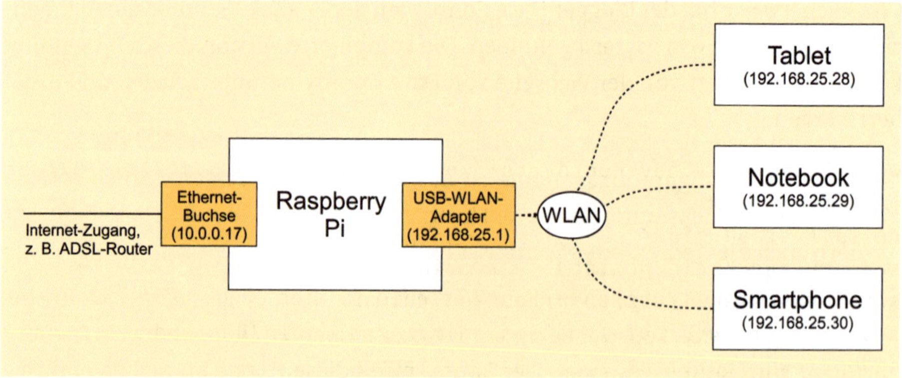

Abbildung 37.3 Der Raspberry Pi als WLAN-Router.
(Die in Klammern stehenden IP-Adressen haben Beispielcharakter.)

Ein Rechner, mehrere IP-Adressen?

Wenn Sie einen genaueren Blick auf die Router-Topologie werfen, fällt Ihnen vielleicht auf, dass der Raspberry Pi dort *zwei* IP-Adressen hat (siehe Abbildung 37.3): einmal 10.0.0.17 und einmal 192.168.25.1. Ist das überhaupt zulässig? Natürlich!

Jedes Gerät in einem Netzwerk kann mehrere IP-Adressen haben. In einem IPv4-Netzwerk gibt es üblicherweise für jede Schnittstelle eine eigene IP-Adresse. Wenn der Raspberry Pi als WLAN-Router eingesetzt wird, dann hat er sogar *drei* IPv4-Adressen, weil es zusätzlich zur Ethernet- und WLAN-Schnittstelle auch die interne Loopback-Schnittstelle mit der Localhost-Adresse 127.0.0.1 gibt. Wenn Sie den WLAN-Router so, wie wir es am Ende dieses Kapitels beschreiben, IPv6-tauglich machen, dann kommen zu den IPv4- auch noch diverse IPv6-Adressen hinzu. Einen Überblick über alle IP-Adressen gibt das Kommando `ip addr`.

Router-Funktionen

Zuerst sollten Sie sich einmal klarmachen, was ein WLAN-Router eigentlich leistet. Er erfüllt die folgenden Teilfunktionen:

- Der Router macht das Funknetz sichtbar.
- Er kümmert sich um den WLAN-Login und verschlüsselt den WLAN-Verkehr.
- Beim Verbindungsaufbau weist der Router dem WLAN-Client eine IP-Adresse innerhalb eines privaten IP-Netzes zu. Bei der Router-Konfiguration müssen Sie darauf achten, dass es zu keinem Konflikt zwischen den Netzwerkadressen des vorhandenen lokalen Netzwerks und des neuen WLANs kommt. Für die Beispiele in diesem Kapitel gilt die Annahme, dass der ADSL-Router die Adressen 10.0.0.* verwendet, der WLAN-Router die Adressen 192.168.25.*.
- Der Router muss seinen Clients mitteilen, welchen Nameserver sie verwenden sollen und wohin nach außen gehende IP-Pakete geleitet werden sollen (Gateway-Adresse).
- Optional kann der Router auch selbst als Nameserver agieren. Bei der hier vorgestellten Konfigurationsvariante ist das der Fall. Das hat den Vorteil, dass der Nameserver nicht nur öffentliche Hostnamen wie *http://google.com* kennt, sondern auch die Namen Ihrer Computer im WLAN.
- Die WLAN-Clients können nun auf Webseiten im Internet zugreifen, E-Mails abrufen und versenden etc. Bei all diesen Tätigkeiten werden IP-Pakete per WLAN vom Client zum Router gesendet. Der Router muss diese Pakete an den eigentlichen Internetzugang weiterleiten und die eintreffenden Antworten dann wieder zurück an die WLAN-Clients senden. In der Fachsprache heißen diese Funktionen *Forwarding* und *Network Address Translation* (NAT).

Sie sehen also, dass ein scheinbar simpler WLAN-Router mehr Aufgaben erfüllt, als man auf den ersten Blick glauben möchte. Zum Glück gibt es zur Realisierung dieser Aufgaben auf dem Raspberry Pi diverse Programme, deren Konfiguration nicht allzu schwierig ist. Gleich bleibt im Vergleich zur Access-Point-Konfiguration lediglich die Verwendung des WLAN-Authenticators `hostapd`.

Konfigurationsüberblick

Die erforderlichen Konfigurationsschritte auf dem Raspberry Pi werden im Folgenden detailliert beschrieben. Vorweg ein Überblick:

- Installation der Pakete `dnsmasq` und `hostapd`
- Einrichten bzw. Verändern der folgenden Konfigurationsdateien:

  ```
  /etc/network/interfaces
  /etc/sysctl.conf
  /etc/hosts
  /etc/dnsmasq.conf
  /etc/hostapd/hostapd.conf
  /etc/default/hostapd
  ```

- Test und Aktivierung der Konfiguration durch die folgenden Kommandos:

  ```
  ifdown wlan0
  ifup wlan0
  sysctl -p
  service dnsmasq start
  service hostapd start
  ```

Paketinstallation

Um aus Ihrem Raspberry Pi einen WLAN-Router zu machen, müssen Sie zwei Pakete installieren: den DHCP- und Nameserver `dnsmasq` und den WLAN-Authenticator `hostapd`.

```
sudo apt-get install dnsmasq hostapd
```

Netzwerkkonfiguration (/etc/network/interfaces)

Die Datei `/etc/network/interfaces` muss für den Router-Einsatz umgebaut werden. Für die Loopback-Schnittstelle `lo` gelten weiter die üblichen Standardeinstellungen. Die Ethernet-Schnittstelle `eth0` soll ihre Konfiguration vom DHCP-Server des lokalen Netzwerks bzw. vom ADSL-Router beziehen.

Die WLAN-Schnittstelle soll automatisch aktiviert werden, wobei die Konfiguration statisch erfolgt: Der WLAN-Schnittstelle soll also eine unveränderliche IP-Adresse in einem bisher nicht verwendeten privaten Adresssegment zugewiesen werden. Für das Beispiel in diesem Kapitel verwenden wir die Adresse 192.168.25.1. Diese Adresse wird also in Zukunft die Router-Adresse sein. Andere Geräte mit den Adressen 192.168.25.* sollen mit dem Router kommunizieren können. Daraus ergibt sich die Netzmaske 255.255.255.0. Diese Maske gibt in binärer Form an, welche Bits der IP-Adresse im lokalen Netz unveränderlich sind und somit das Netzpräfix definieren.

Die Schlüsselwörter `up` und `down` geben schließlich zwei `iptables`-Kommandos an, die bei der Aktivierung bzw. Deaktivierung der WLAN-Schnittstelle ausgeführt werden und die *Network Address Translation* (NAT) ein- bzw. ausschalten. Eine Erklärung dieser Kommandos folgt gleich.

Falls Sie, wie im vorigen Abschnitt beschrieben, in der `interfaces`-Datei eine Netzwerkbrücke eingerichtet haben, müssen Sie die entsprechenden Zeilen wieder entfernen. Zur Router-Konfiguration brauchen Sie keine Netzwerkbrücke!


```
# Datei /etc/network/interfaces (WLAN-Router)
# Loopback-Schnittstelle
auto lo
iface lo inet loopback

# Ethernet-Schnittstelle: DHCP verwenden
auto eth0
iface eth0 inet dhcp

# WLAN-Schnittstelle: statische Konfiguration
auto wlan0
iface wlan0 inet static
  address 192.168.25.1
  netmask 255.255.255.0
  up   /sbin/iptables -A POSTROUTING -t nat -o eth0 -j MASQUERADE
  down /sbin/iptables -D POSTROUTING -t nat -o eth0 -j MASQUERADE
```

Network Address Translation (NAT)

Ursprünglich war das *Internet Protocol* (IP) so konzipiert, dass jeder Rechner eine weltweit eindeutige IP-Adresse bekommt. Das erwies sich aber schon bald aus verschiedenen Gründen als nicht praktikabel. Heute befinden sich unzählige Computer und andere Geräte in privaten Netzen, haben also keine global eindeutige IP-Adresse. Das gilt auch für alle Geräte in unserem WLAN.

Damit diese Geräte dennoch das Internet nutzen können, nimmt unser WLAN-Router an das Internet adressierte Datenpakete der Clients an und verändert dann die Absenderadresse so, als würden die Pakete vom Router selbst stammen. Diese Adressänderung wird als *Network Address Translation* (NAT) bezeichnet.

Jetzt kann das Datenpaket in das Internet weitergeleitet werden. Im Regelfall kommt aus dem Internet nach einer Weile eine Antwort – beispielsweise die angeforderte Webseite. Der Router muss die Antwort nun an den richtigen Client im lokalen WLAN weiterleiten. Dazu muss er die korrekte Zieladresse wissen. Das Datenpaket wurde ja nach der Adressänderung von ihm selbst abgesandt, daher ist auch die Antwort an den Router adressiert.

Um eine Adresszuordnung der Antwortpakete zu ermöglichen, verändert der Router nicht nur die Absenderadresse, sondern auch den Absender-Port. Für jede IP-Adresse innerhalb des lokalen Netzes wird eine bestimmte Port-Nummer verwendet. Linux-intern ist für die NAT `iptables` zuständig. Das ist ein in den Kernel integriertes System zur Verarbeitung von IP-Paketen.

Die technischen Grundlagen sind also reichlich komplex. Tatsächlich brauchen Sie zur Aktivierung von NAT aber nur ein einziges `iptables`-Kommando. `iptables` steuert die Firewall-Funktionen des Linux-Kernels, also alle Regeln, die für die Verarbeitung und Weiterleitung von Netzwerkpaketen gelten sollen. Die durch das folgende Kommando definierte Regel bewirkt, dass alle IP-Pakete, die das lokale Netzwerk verlassen sollen, über das Interface `eth0` geleitet und durch NAT manipuliert werden. Die Option `-j MASQUERADE` gibt dabei das Verfahren an, wie die Pakete manipuliert werden sollen:

```
iptables -A POSTROUTING -t nat -o eth0 -j MASQUERADE
```

Mit dem nächsten Kommando deaktivieren Sie NAT wieder. Das Kommando sieht genauso aus wie vorhin, aber wir verwenden die Option `-D` für *delete* anstelle von `-A` für *add*:

```
iptables -D POSTROUTING -t nat -o eth0 -j MASQUERADE
```

Die `up`- und `down`-Zeilen in `/etc/network/interfaces` bewirken, dass diese Kommandos automatisch ausgeführt werden, wenn die WLAN-Schnittstelle aktiviert bzw. deaktiviert wird. Wichtig ist, dass dabei der vollständige Pfad des `iptables`-Kommandos angegeben werden muss.

```
# in /etc/network/interfaces
...
iface wlan0 inet static
  ...
  up   /sbin/iptables -A POSTROUTING -t nat -o eth0 -j MASQUERADE
  down /sbin/iptables -D POSTROUTING -t nat -o eth0 -j MASQUERADE
```

Forwarding

Die NAT-Firewall-Regel allein reicht nicht aus, damit der Raspberry Pi als Router funktionieren kann. Standardmäßig leitet Linux Netzwerkpakete nämlich nicht von einem Netzwerk zum nächsten weiter. Aus Sicherheitsgründen ist die sogenannte IP-

Forwarding-Funktion deaktiviert. Um das IP-Forwarding zu aktivieren, ändern Sie die Datei /etc/sysctl.conf. Sie enthält bereits die Zeile net.ipv4.ip_forward=1; Sie müssen lediglich das Kommentarzeichen # am Beginn dieser Zeile entfernen.

```
# Änderung in /etc/sysctl.conf
net.ipv4.ip_forward=1
```

DHCP- und Nameserver (Dnsmasq)

Das Programm Dnsmasq ist ein kombinierter DHCP- und Nameserver. Eigentlich würde für einen WLAN-Router auch ein reiner DHCP-Server wie das Programm udhcpd ausreichen. Der Einsatz von Dnsmasq hat demgegenüber den Vorteil, dass sich die WLAN-Clients auch gegenseitig namentlich kennen. Wenn es im Funknetz zwei Notebooks mit den Hostnamen a und b gibt, dann können sich diese Notebooks gegenseitig über ihre Hostnamen ansprechen, also z. B. die Kommandos ping a oder ssh name@b ausführen.

In diesem Beispiel gehen wir davon aus, dass der Raspberry Pi über ein Ethernet-Kabel mit einem lokalen Netzwerk bzw. mit einem ADSL-Router verbunden ist und automatisch eine IP-Adresse der Form 10.0.0.* zugewiesen erhält (siehe Abbildung 37.3). Für das WLAN soll ein anderes privates Netz verwendet werden, das in unserem Beispiel den Adressraum 192.168.25.* verwendet. Dem Router selbst wurde bereits in /etc/network/interfaces statisch die Adresse 192.168.25.1 zugewiesen; die anderen Geräte im WLAN sollen via DHCP Adressen zwischen 192.168.25.2 und 192.168.25.254 erhalten.

Die dazu passende Netzmaske lautet 255.255.255.0. Sie bewirkt, dass Geräte mit den IP-Adressen 192.168.25.* miteinander kommunizieren dürfen. Als Domain-Nameserver wird der öffentliche Google-DNS mit der IP-Adresse 8.8.8.8 verwendet. Stattdessen können Sie natürlich auch die IP-Adresse des Nameservers Ihres Internet-Providers oder eines eigenen Nameservers im lokalen Netzwerk angeben, wenn Ihnen diese bekannt ist. Jedes Gerät darf diese IP-Daten maximal einen Tag lang nutzen. Danach müssen die Geräte den DHCP-Server neuerlich kontaktieren und ihre Netzwerkkonfiguration auffrischen.

Bevor Sie Dnsmasq konfigurieren, sollten Sie in /etc/hosts die lokale IP-Adresse im WLAN-Netz und den Hostnamen Ihres Raspberry Pi eintragen. Diese Daten sind erforderlich, damit Dnsmasq den eigenen Hostnamen kennt. Anstelle von pi müssen Sie den Hostnamen Ihres Raspberry Pi angeben (siehe /etc/hostname).

```
# Ergänzung in /etc/hosts
...
192.168.25.1    pi
```

Die Dnsmasq-Einstellungen befinden sich in /etc/dnsmasq.conf. Die vorhandene Konfigurationsdatei ist recht umfangreich, weil sie zugleich als Dokumentation dient.

Deswegen ist es zweckmäßig, zuerst eine Sicherheitskopie dieser Datei anzulegen und dann mit einer leeren Datei neu zu beginnen. Die folgenden Zeilen dienen dabei als Anhaltspunkt. Die IP-Angaben passen Sie Ihren eigenen Wünschen entsprechend an.

```
# Datei /etc/dnsmasq.conf
domain-needed
bogus-priv
interface=wlan0
dhcp-range=192.168.25.2,192.168.25.254,24h
local=/rapinet/
domain=rapinet
expand-hosts
```

Kurz eine Erklärung der Schlüsselwörter: `domain-needed` und `bogus-priv` verhindern, dass Dnsmasq lokale Hostnamen bzw. lokale IP-Adressen an den Nameserver Ihres Internet-Providers weitergibt. Lokale Hostnamen sollen also lokal bleiben. `interface` gibt an, dass Dnsmasq in seiner Funktion als DHCP-Server nur auf Anfragen antworten soll, die von der Schnittstelle `wlan0` kommen. `dhcp-range` gibt an, welchen Adressbereich der DHCP-Server zur Beantwortung von DHCP-Anfragen nutzen soll. Vergebene Adressen bleiben 24 Stunden lang gültig und müssen dann vom Client erneuert werden.

Die Nameserver- und Gateway-Adressen müssen Sie nicht extra konfigurieren. Dnsmasq wertet selbstständig `/etc/resolv.conf` aus und greift auf den dort angegebenen Nameserver zurück. An die WLAN-Clients wird als Nameserver- und Gateway-Adresse jeweils die IP-Adresse des Raspberry Pi übertragen, gemäß dem Beispiel in diesem Kapitel also 192.168.25.1.

Das Schlüsselwort `local` gibt an, dass Adressanfragen aus dieser Domain direkt von Dnsmasq beantwortet werden sollen (nicht vom Nameserver des ISP). `domain` gibt an, dass Dnsmasq den DHCP-Clients den angegebenen Domainnamen zuweisen soll. Dieser Name muss mit dem in `local` angegebenen Namen übereinstimmen. Das lokale Netz hat somit den Namen `rapinet`.

`expand-hosts` bewirkt schließlich, dass bei Nameserver-Anfragen ohne Domain automatisch die in `domain` angegebene Domain hinzugefügt wird. Wenn Sie also auf einem Rechner im WLAN `ping name` ausführen, liefert Dnsmasq die Adresse von `rapinet.name` zurück. Eine Menge weiterer Details zur Dnsmasq-Konfiguration verrät die `man`-Seite, also `man dnsmasq`.

Der lokale Nameserver-Dienst funktioniert für alle WLAN-Clients, die sich beim WLAN-Router anmelden. Für den Nameserver-Dienst gibt es allerdings eine Einschränkung: Er funktioniert nicht für den Raspberry Pi selbst. Der Grund dafür ist einfach: Der Raspberry Pi verwendet nicht Dnsmasq als Nameserver, sondern den vom ADSL-Router angegebenen und automatisch in /etc/resolv.conf eingetragenen Nameserver.

Wenn auch der Raspberry Pi die WLAN-Clients namentlich ansprechen können soll, müssen Sie auf dem Raspberry Pi in die Datei /etc/resolv.conf die Zeile nameserver 127.0.0.1 eintragen. Außerdem müssen Sie in /etc/network/interfaces die Konfiguration für die Ethernet-Schnittstelle statisch durchführen, um zu vermeiden, dass Ihre Einstellungen in /etc/resolv.conf bei nächster Gelegenheit wieder überschrieben werden. Zuletzt müssen Sie in /etc/dnsmasq.conf zwei Zeilen mit no-resolv und server=n.n.n.n einfügen, wobei Sie n.n.n.n durch die IP-Adresse des externen Nameservers ersetzen. Dnsmasq kann diese Information nun ja nicht mehr /etc/resolv.conf entnehmen.

WLAN-Authenticator (hostapd)

Die Konfiguration des Programms hostapd verändert sich im Vergleich zu einem WLAN-Access-Point nur um ein winziges Detail: Die Anweisung bridge=br0 entfällt. Damit sieht die Datei wie folgt aus:

```
# Datei /etc/hostapd/hostapd.conf
interface=wlan0
driver=nl80211
ssid=rapinet-wlan
wpa=2
wpa_passphrase=geheim1234
wpa_key_mgmt=WPA-PSK
hw_mode=g
channel=6
country_code=DE
```

Damit hostapd die Konfigurationsdatei überhaupt berücksichtigt, muss auch die Datei /etc/default/hostapd verändert werden. Dort müssen Sie beim Parameter DAEMON_CONF den Namen der Konfigurationsdatei eintragen:

```
# Datei /etc/default/hostapd
DAEMON_CONF="/etc/hostapd/hostapd.conf"
```

Weitere Hintergründe zur hostapd-Konfiguration lesen Sie bei Bedarf in Abschnitt 37.2, »WLAN-Access-Point«, nach.

Inbetriebnahme und Test

Am einfachsten aktivieren Sie die neue Konfiguration durch einen Neustart des Raspberry Pi, also mit sudo reboot. Alternativ können Sie auch alle betroffenen Schnittstellen manuell herunter- und neu hochfahren und die betroffenen Dienste aktivieren:

```
sudo -s
ifdown br0
ifdown eth0
ifdown wlan0
ifup wlan0
ifup wlan0
sysctl -p
service dnsmasq restart
service hostapd restart
```

Mit `ip addr` vergewissern Sie sich, dass die Netzwerkkonfiguration passt. Für die Beispielkonfiguration muss die WLAN-Schnittstelle die IP-Adresse 192.168.25.1 haben. Der Ethernet-Schnittstelle wird vom ADSL-Router eine IP-Adresse zugewiesen. Das Ergebnis sollte ähnlich wie im folgenden gekürzten Listing aussehen:

```
ip addr
  1: lo: <LOOPBACK,UP,LOWER_UP> mtu 65536 ...
    inet 127.0.0.1/8 scope host lo
       valid_lft forever preferred_lft forever
  2: eth0: <BROADCAST,MULTICAST,UP,LOWER_UP> mtu 1500 ...
    inet 10.0.0.17/24 brd 10.0.0.255 scope global eth0
       valid_lft forever preferred_lft forever
  3: wlan0: <NO-CARRIER,BROADCAST,MULTICAST,UP> mtu 1500 ...
    inet 192.168.25.1/24 brd 192.168.25.255 scope global wlan0
       valid_lft forever preferred_lft forever
```

37.4 WLAN-Repeater

Ein WLAN-Repeater kommt dann zum Einsatz, wenn die Distanz zwischen dem ursprünglichen WLAN-Router und den WLAN-Clients zu groß ist. Ein in der Mitte platzierter WLAN-Repeater vergrößert dann die Reichweite des Funknetzes.

Es gibt verschiedene Verfahren, einen WLAN-Repeater zu realisieren. Die Anleitung in diesem Abschnitt hat große Ähnlichkeiten zu dem im vorigen Abschnitt beschriebenen WLAN-Router: Der einzige Unterschied im Vergleich zum vorigen Abschnitt besteht darin, dass die Verbindung zum Internet diesmal nicht über ein Ethernet, sondern über einen WLAN-Adapter erfolgt. Ein zweiter WLAN-Adapter dient dann als Access Point (siehe Abbildung 37.4).

Die hier beschriebene Vorgehensweise eignet sich gut dazu, um WLAN-Geräten unabhängig davon, wie weit sie vom ursprünglichen WLAN-Router entfernt sind, Internetzugang zu geben. Sie sollten sich aber auch über die Einschränkungen im Klaren sein: Direkt mit dem ADSL-WLAN-Router verbundene Geräte verwenden andere IP-Adressen als solche Geräte, die vom Repeater versorgt werden. Damit haben zwar

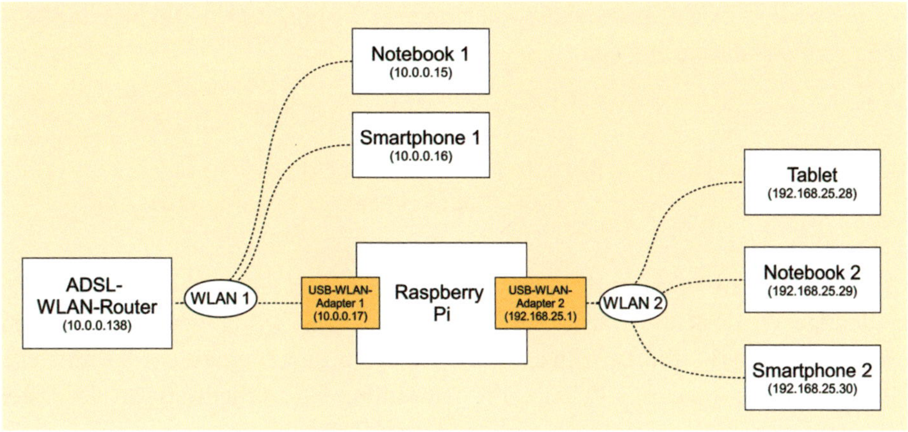

Abbildung 37.4 Der Raspberry Pi als WLAN-Repeater.
(Die in Klammern gestellten IP-Adressen haben Beispielcharakter.)

alle Geräte Internetzugang, sie können aber immer nur mit Geräten im selben IP-Adressraum kommunizieren. Außerdem beschränkt sich der hier beschriebene WLAN-Repeater auf das IPv4-Netz. Sollte der ADSL-WLAN-Router auch IPv6-Funktionen für das WLAN 1 zur Verfügung stellen, stehen diese im WLAN 2 nicht mehr zur Verfügung.

Unveränderliche Zuordnung der WLAN-Schnittstellen

Sobald zwei WLAN-Adapter im Spiel sind, ist nicht ohne Weiteres festzustellen, welchem Gerät die Schnittstelle `wlan0` und welchem `wlan1` zugeordnet ist. Das einzig zuverlässige Kriterium ist die MAC-Nummer (*Media Access Control*). Das ist eine 48-Bit-Zahl, die jeden Netzwerkadapter eindeutig identifiziert. `ip addr` zeigt diese Nummer in der jeweils zweiten Zeile bei der Auflistung aller Schnittstellen in der hexadezimalen Schreibweise `nn:nn:nn:nn:nn:nn` an. Indem Sie mal den einen und mal den anderen WLAN-Adapter anstecken, können Sie zweifelsfrei ermitteln, zu welchem Adapter welche ID-Nummer gehört.

Bei den meisten Linux-Distributionen stellen Regeln des udev-Systems sicher, dass jeder Netzwerkadapter bei jedem Bootvorgang immer wieder denselben Schnittstellennamen erhält. Bei Raspbian wurde diese Regel aber außer Kraft gesetzt. Deswegen kann es passieren, dass sich die Schnittstellenzuordnung bei jedem Neustart des Raspberry Pi ändert. Solange Ihr WLAN-Repeater zwei gleichartige WLAN-Adapter verwendet, spielt dies keine Rolle.

Sollten Sie hingegen zwei unterschiedliche WLAN-Adapter einsetzen, die sich durch Antennenform, Treiber etc. unterscheiden, ist eine eindeutige Zuordnung unerlässlich. Um diese zu erreichen, öffnen Sie die Datei `/lib/udev/rules.d/75-persistent-`

net-generator.rules in einem Editor und fügen in die mit KRTNRL!= beginnende Zeile den Ausdruck wlan*[0-9]| ein:

```
# Datei /lib/udev/rules.d/75-persistent-net-generator.rule
...
KERNEL!="wlan*[0-9]|ath*|msh*|ra*|sta*|ctc*|lcs*|hsi*", \
                                GOTO="persistent_net_generator_end"
...
```

Ab dem nächsten Neustart des Raspberry Pi erhält nun jeder WLAN-Adapter eine eindeutige WLAN-Schnittstelle. Diese bleibt auch dann gültig, wenn die anderen Adapter ausgesteckt sind. Es kann dann also passieren, dass es eine wlan1-Schnittstelle gibt, aber keine wlan0-Schnittstelle. Die Zuordnung wird zeilenweise in der Datei /etc/udev/rules.d/70-persistent-net.rules gespeichert.

Konfigurationsüberblick

Die Konfiguration des WLAN-Repeaters stimmt bis auf wenige Details mit der im vorigen Abschnitt beschriebenen Router-Konfiguration überein. Aus diesem Grund beschreiben wir hier nur die Unterschiede. Zunächst geben wir Ihnen nochmals einen Überblick über die erforderlichen Schritte, wobei Änderungen im Vergleich zur vorherigen Anleitung mit * markiert sind.

- Installation der Pakete dnsmasq und hostapd
- Einrichten bzw. Verändern der folgenden Konfigurationsdateien:

  /etc/network/interfaces *
  /etc/wpa.conf *
  /etc/sysctl.conf
  /etc/hosts
  /etc/dnsmasq.conf *
  /etc/hostapd/hostapd.conf *
  /etc/default/hostapd

- Test und Aktivierung der Konfiguration:

  ```
  sudo reboot
  ```

Netzwerkkonfiguration (/etc/network/interfaces)

Da der WLAN-Repeater nicht durch ein Netzwerkkabel mit dem lokalen Netzwerk verbunden ist, müssen aus /etc/network/interfaces alle Zeilen entfernt werden, die die Schnittstelle eth0 betreffen. Dafür müssen nun wlan0 und wlan1 extra konfiguriert werden. Die folgenden Zeilen sind ein Muster für die Konfiguration, die Erklärungen dazu folgen gleich.

```
# Datei /etc/network/interfaces (WLAN-Repeater)
# Loopback-Schnittstelle
auto lo
iface lo inet loopback

# WLAN-Schnittstelle 1: Verbindung zum vorhandenen WLAN-Router
auto wlan0
iface wlan0 inet dhcp
  wpa-conf /etc/wpa.conf
iface default inet dhcp

# WLAN-Schnittstelle 2: statische Konfiguration
auto wlan1
iface wlan1 inet static
  address 192.168.25.1
  netmask 255.255.255.0
  up   /sbin/iptables -t nat -A POSTROUTING -o wlan0 -j
    MASQUERADE
  down /sbin/iptables -t nat -D POSTROUTING -o wlan0 -j
    MASQUERADE
```


Bei der Schnittstelle wlan0 kommt es darauf an, dass der Raspberry Pi beim Hochfahren automatisch eine Verbindung zum vorhandenen WLAN herstellt. Die IP-Konfiguration erfolgt via DHCP. Die Authentifizierungsdaten befinden sich in /etc/wpa.conf. Diese Datei kann beispielsweise so aussehen:

```
# Datei /etc/wpa.conf
network={
  ssid="wlan-name"
  psk="ganzGeheim"
  proto=RSN
  key_mgmt=WPA-PSK
  pairwise=CCMP
  auth_alg=OPEN
}
```

Wir empfehlen Ihnen, die WLAN-Verbindung zuerst im Grafikmodus mit dem Programm WiFi Config (Kommandoname wpa_gui) manuell herzustellen. Das gelingt nur, solange /etc/network/interfaces noch die Defaulteinstellungen für die Schnittstelle wlan0 enthält. Die WPA-Konfigurationsdaten werden in /etc/wpa_supplicant/wpa_supplicant.conf gespeichert. Von dort kopieren Sie den network-Block für Ihre WLAN-Verbindung in die Datei /etc/wpa.conf.

Über die Schnittstelle wlan1 stellen die WLAN-Clients ihre Verbindung zum WLAN-Repeater her. Die Zeilen für die Schnittstelle wlan1 haben große Ähnlichkeiten mit der entsprechenden Konfiguration von wlan0 in Abschnitt 37.3, »WLAN-Router«. Beachten Sie aber, dass nicht nur der Schnittstellenname von wlan0 auf wlan1 umzustellen ist, sondern dass auch die iptables-Kommandos von eth0 auf wlan0 geändert werden müssen.

WLAN-Authenticator (hostapd) und DHCP-Server (Dnsmasq)

Die Konfigurationsdatei /etc/hostapd/hostapd.conf kann bis auf eine winzige Änderung so bleiben, wie sie ist. Entscheidend ist nur, dass nun die Schnittstelle wlan1 als Access Point betrieben werden soll, nicht mehr wlan0!

```
# Datei /etc/hostapd/hostapd.conf
interface=wlan1
...
```

Analog müssen Sie auch in /etc/dnsmasq.conf angeben, dass das Programm nun nicht mehr auf DHCP-Anfragen an der Schnittstelle wlan0 reagieren soll, sondern stattdessen über die Schnittstelle wlan1 kommunizieren soll.

```
# Datei /etc/dnsmasq.conf
interface=wlan1
...
```

Inbetriebnahme

Mit sudo reboot starten Sie Ihren Raspberry Pi nun neu und aktivieren so Ihren selbst gebauten WLAN-Repeater.

37.5 IPv6-Router

In diesem Abschnitt beschreiben wir, wie Sie aus Ihrem WLAN-Router einen IPv6-Router machen. Ihr Raspberry Pi stellt damit jedem WLAN-Gerät nicht nur eine IPv4-, sondern auch eine IPv6-Internetverbindung zur Verfügung. Da viele Internet-Provider nach wie vor nur IPv4-Verbindungen anbieten, basiert diese Anleitung auf einem kostenlosen IPv6-Tunnel der Firma SixXs.

In der Praxis bietet IPv6 für Endanwender noch wenig Vorteile, weil die überwiegende Mehrheit aller Webseiten, Mail-Dienste etc. nur mit IPv4 funktioniert. Die hier präsentierte Lösung soll primär zeigen, wie Sie IPv6 in einem Netzwerk ausprobieren können.

Grundlagen

Privatanwender und kleine Firmen verwenden in lokalen IPv4-Netzen zumeist einen privaten Adressbereich in Kombination mit Network Address Translation (NAT). Ein

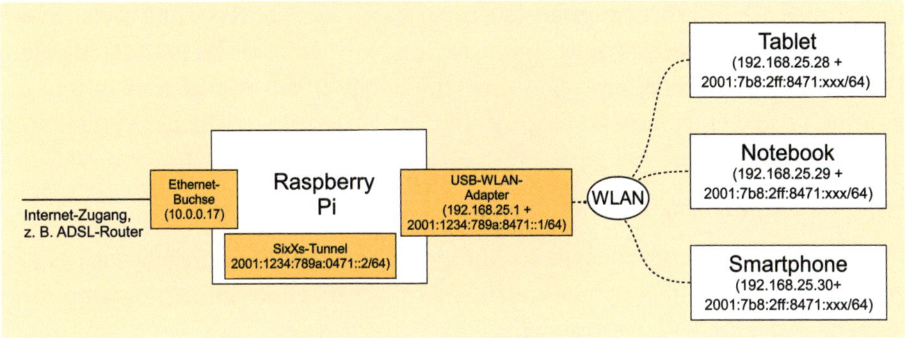

Abbildung 37.5 Der Raspberry Pi als IPv6-WLAN-Router.
(Die in Klammern stehenden IP-Adressen haben Beispielcharakter.)

lokales IPv6-Netz sieht ganz anders aus: Von Ihrem Provider oder von einem Tunnelbroker erhalten Sie üblicherweise nicht *eine* IPv6-Adresse, sondern gleich ein ganzes Teilnetz, das aus IPv4-Sicht unvorstellbar riesig ist. Die Aufgabe des IPv6-Routers besteht nun darin, allen Rechnern im lokalen Netzwerk eine eindeutige IPv6-Adresse aus diesem Subnetz zuzuteilen. Dieser Aspekt der Gateway-Konfiguration unterscheidet sich also grundlegend von IPv4-Netzen. Jeder Client Ihres Raspberry-Pi-WLAN-Routers erhält in Zukunft also eine weltweit eindeutige IPv6-Adresse!

Sicherheitsrisiko IPv6

IPv6-Verbindungen sind keine Einbahnstraße! Weltweit kann nun jeder, der Ihre IPv6-Adressen kennt oder errät, versuchen, eine Verbindung zu Ihrem Rechner herzustellen. Wenn dort unabgesicherte Server-Dienste laufen, kann grundsätzlich die ganze Welt auf die dort verfügbaren Daten zugreifen! Egal ob es sich um SSH, den Datei-Server Samba oder den Druck-Server CUPS handelt, Sie müssen diese Dienste absichern! Ein privates IPv4-Netz ist insofern sicherer als ein IPv6-Netz, als Ihre lokalen Geräte durch NAT recht gut vor unerwünschten Zugriffen von außen geschützt sind.

Eine wesentliche Funktion jedes IPv4-Routers ist der DHCP-Server. Für IPv6 ist das zwar auch ein möglicher Weg, aber nicht der einzige. Der IPv6-Standard sieht nämlich im *Neighbor Discovery Protocol* (NDP) auch andere Mechanismen zur selbstständigen Konfiguration der IP-Adresse durch den Client vor.

Ein wenig vereinfacht sieht die gängigste Vorgehensweise so aus: Sobald eine Netzwerkschnittstelle eine IPv6-Konfiguration durchführen möchte, sendet sie eine *Router Solicitation* aus, also eine Nachricht, die an alle Geräte im lokalen Netzwerk geht und die um Antwort von Routern bittet. Der Router sendet als Antwortpaket das sogenannte *Router Advertisement*.

Im Rahmen dieses Informationsaustausches erfährt die Netzwerkschnittstelle, in welchem Netzwerk sie sich befindet und welches die IP-Adresse des Routers ist. Diese Daten sind ausreichend, um selbst eine eindeutige IP-Adresse zu wählen und die Routing-Tabelle entsprechend einzurichten. Etwas detaillierter ist das Verfahren in der Wikipedia beschrieben:

http://de.wikipedia.org/wiki/Neighbor_Discovery_Protocol

In der einfachsten Form müssen Sie auf Ihrem IPv6-Router deswegen nur das Programm `radvd` einrichten. Dabei handelt es sich um ein Hintergrundprogramm zum Aussenden der Router Advertisements.

Konfigurationsüberblick

- Diese Anleitung setzt voraus, dass Sie Ihren Raspberry Pi zuerst als gewöhnlichen WLAN-Router (IPv4) einrichten, wie dies in Abschnitt 37.3 beschrieben wurde.
- Sie müssen auf der Website *http://www.sixxs.net* einen Account einrichten. Damit erhalten Sie nicht nur eine statische IPv6-Adresse für Ihren Raspberry Pi, sondern auch ein ganzes IPv6-Teilnetz.
- Sie müssen IPv6 aktivieren (Datei `/etc/modules`).
- Die IPv6-Tunnel-Software `aiccu` stellt dann einen Tunnel durch das vorhandene IPv4-Netz in das IPv6-Netz her.
- Damit Ihr Raspberry Pi als IPv6-Router arbeiten kann, müssen Sie in der Datei `/etc/sysctl.conf` IPv6-Forwarding aktivieren.
- In der Datei `/etc/network/interfaces` weisen Sie der WLAN-Schnittstelle zusätzlich zur bereits vorgegebenen IPv4-Adresse auch eine statische IPv6-Adresse zu.
- Damit die WLAN-Clients eine IPv6-Adresse erhalten, müssen Sie auf dem Raspberry Pi den *Router Advertisement Daemon* `radvd` installieren und konfigurieren.

IPv6 aktivieren

IPv6 steht unter Raspbian nicht standardmäßig zur Verfügung. Das erforderliche Kernelmodul können Sie mit `modprobe` manuell laden:

```
sudo modprobe ipv6
```

Um IPv6 dauerhaft einzuschalten, fügen Sie in die Datei `/etc/modules` eine neue Zeile mit `ipv6` ein. Damit wird IPv6 ab dem nächsten Reboot automatisch aktiviert.

```
# in /etc/modules
...
ipv6
```

IPv6-Tunnel einrichten (SixXs)

Die Organisation SixXs bietet ähnlich wie Gogo6 kostenlose IPv6-Tunnel an (siehe Abschnitt 4.9, »IPv6«). Den Tunnel stellt ein Client-Programm mit dem merkwürdigen Namen `aiccu` her. Im Unterschied zu Gogo6 ist die Registrierung bei SixXs unausweichlich. Ihre Angaben werden manuell verarbeitet, was ein wenig Geduld erfordert.

Dafür erhalten Sie anders als bei Gogo6 nicht nur eine einzelne IPv6-Adresse, sondern können im nächsten Schritt ein ganzes /64-Adresspaket anfordern, später bei Bedarf sogar ein /48-Netz. Die Kurzschreibweise /64 bedeutet, dass die ersten 64 Bit der Netzwerkmaske gesetzt sind. Das resultierende Netz enthält 4 Milliarden Mal mehr Adressen als das gesamte IPv4-Netz!

Um den IPv6-Tunnel zu errichten, installieren Sie auf Ihrem Raspberry Pi das Paket `aiccu` mit der Tunnel-Software:

```
sudo apt-get install aiccu
```

Während der Installation müssen Sie Ihren SixXs-Login-Namen und das Passwort angeben. Diese Daten erhalten Sie per E-Mail, wenn Sie sich bei SixXs anmelden. Die Login-Daten werden in der Datei `/etc/aiccu.conf` gespeichert.

```
# Datei /etc/aiccu.conf
username xxxxx-SIXXS
password yyyyyy
server tic.sixxs.net
tunnel_id Tnnnnnn
automatic true
behindnat true
```

Die Tunnel-Software `aiccu` wird automatisch gestartet. Mit dem `ip`-Kommando können Sie sich davon überzeugen, dass Ihr Raspberry Pi nun eine neue Netzwerkschnittstelle `sixxs` hat und IPv6-Pakete über diese Schnittstelle leitet:

```
ip -6 addr sixxs
  5: sixxs: <POINTOPOINT,MULTICAST,NOARP,UP,LOWER_UP>
     mtu 1280 qlen 500
       inet6 2001:1234:789a:0471::2/64 scope global
          valid_lft forever preferred_lft forever
       inet6 fe80::48b:f2f:741:2/64 scope link
          valid_lft forever preferred_lft forever
ip -6 route | grep default
  default via 2001:78b:f2f:417::1 dev sixxs  metric 1024
```

Damit Sie nun ein ganzes Netzwerk mit IPv6 versorgen können, müssen Sie auf der SixXs-Website außerdem ein /64-Netz anfordern. Beachten Sie bei der weiteren Konfiguration unbedingt, dass sich Ihre Einzel-IPv6-Adresse *nicht* in diesem /64-Netz befindet. Die Eckdaten des zugewiesenen /64-Netzes müssen Sie nach einem Login auf der SixXs-Website nachlesen:

https://www.sixxs.net/home

Für diesen Abschnitt gelten beispielhaft die folgenden SixXs-Daten (siehe Tabelle 37.1). Sie müssen diese Beispieladressen durch Ihre eigenen IP-Adressen ersetzen!

Zweck	IP-Adresse
IP-Adresse des Tunnels (SixXs)	2001:1234:789a:0471::1/64
IP-Adresse der SixXs-Schnittstelle (lokal)	2001:1234:789a:0471::2/64
Subnetz für den WLAN-Router	2001:1234:789a:8471::/64

Tabelle 37.1 IPv6-Beispieladressen

Netzwerkkonfiguration (/etc/network/interfaces)

Die Konfigurationsdatei `/etc/network/interfaces` muss im Vergleich zu den Einstellungen in Abschnitt 37.3, »WLAN-Router«, nur um ein Detail erweitert werden: Die Schnittstelle `wlan0`, der bisher nur die statische IPv4-Adresse 192.168.25.1 zugewiesen worden war, erhält nun auch eine statische IPv6-Adresse.

Der Einfachheit halber verwenden wir gleich die erste mögliche Adresse aus dem von SixXs zur Verfügung gestellten Teilnetz. Gemäß den gerade präsentierten Beispieldaten ist das die Adresse 2001:1234:789a:8471::1/64. Beachten Sie, dass der zweite Eintrag `iface wlan0` nicht das Schlüsselwort `inet`, sondern `inet6` verwendet! NAT-Regeln sind für IPv6 nicht erforderlich, weil ja ohnedies jedes WLAN-Gerät eine öffentliche IPv6-Adresse erhält.

```
# Datei /etc/network/interfaces
... (lo- und eth0-Schnittstellen wie bisher)

auto wlan0
iface wlan0 inet static
  address 192.168.25.1
  netmask 255.255.255.0
  up   /sbin/iptables -t nat -A POSTROUTING -o eth0 -j MASQUERADE
  down /sbin/iptables -t nat -D POSTROUTING -o eth0 -j MASQUERADE

iface wlan0 inet6 static
  address 2001:1234:789a:8471::1
  netmask 64
```

IPv6-Forwarding erlauben

Damit der Raspberry Pi seine Funktion als IPv6-Router erfüllen kann, muss er IPv6-Pakete aus dem lokalen IPv6-Netz mit den Adressen 2001:1234:789a:8471:* über die IPv6-Tunnelschnittstelle weiterleiten. Das erfordert eine Aktivierung der IPv6-Forwarding-Funktionen des Linux-Kernels. Dazu entfernen Sie in der Datei `/etc/sysctl.conf` das Kommentarzeichen # in der schon vorhandenen Zeile mit dem Eintrag `net.ipv6.conf.all.forwarding`:

```
# Datei /etc/sysctl.conf
# IPv6-Forwarding aktivieren
net.ipv6.conf.all.forwarding=1
```

radvd einrichten

Damit die WLAN-Clients sich selbst eine geeignete IPv6-Adresse aussuchen können, müssen Sie wissen, dass der Raspberry Pi im WLAN-Netzwerk die Rolle der Routers übernimmt. Software-technisch übernimmt das Programm `radvd` diese Aufgabe:


```
sudo apt-get install radvd
```

`radvd` erwartet seine Konfiguration in der Datei `/etc/radvd.conf`. Diese Datei müssen Sie selbst entsprechend dem folgenden Muster einrichten. Dabei müssen Sie als `prefix`-Adresse Ihr von SixXs zur Verfügung gestelltes IPv6-Subnetz angeben.

```
# Datei /etc/radvd.conf
interface wlan0 {
      AdvSendAdvert on;
      prefix 2001:1234:789a:8471::/64
      {
      };
};
```

Inbetriebnahme und Test

Sie können nun die diversen Komponenten der IPv6-Router-Konfiguration einzeln aktivieren:

```
sudo -s
sysctl -p
ifdown wlan0
ifup wlan0
service radvd start
```

Einfacher ist es, den Raspberry Pi einfach mit `sudo reboot` neu zu starten. Als erste Kontrolle führen Sie danach `ip addr` aus. Die Liste der Schnittstellen und IP-Adressen ist jetzt schon recht eindrucksvoll und sollte ähnlich wie bei der folgenden stark gekürzten Ausgabe aussehen:

```
ip addr
  1: lo:     inet  127.0.0.1/8
             inet6 ::1/128
  2: eth0:   inet  10.0.0.8/24 brd 10.0.0.255
             inet6 fe80::ba27:ebff:fec2:4d4b/64
  3: wlan0:  inet 192.168.25.1/24 brd 192.168.25.255
             inet6 2001:1234:789a:8471::1/64
             inet6 fe80::821f:2ff:fe95:c615/64
  4: sit0:   (intern, wird von aiccu eingerichtet)
  5: sixxs:  inet6 2001:1234:789a:471::2/64
             inet6 fe80::4b8:2ff:471:2/64
```

Vielleicht wundern Sie sich über die diversen IPv6-Adressen, deren ersten vier Stellen `fe80` lauten: Solche Adressen werden allen Schnittstellen automatisch zugewiesen. Sie reichen aus, damit mehrere Geräte in einem LAN miteinander per IPv6 kommunizieren können. Sie sind aber nicht über das lokale Netzwerk hinaus gültig. Mit `ping6` können Sie sich auf dem Raspberry Pi vergewissern, dass IPv6 tatsächlich funktioniert.

```
ping6 google.com
  PING google.com(2404:6800:4009:800::1007) 56 data bytes
  64 bytes from 2404:6800:4009:800::1007: time=391 ms
  <Strg>+<C>
```

Die weiteren Tests müssen Sie auf einem Gerät durchführen, das Sie mit dem WLAN Ihres Raspberry Pi verbinden. Idealerweise handelt es sich dabei um ein Linux-Notebook. Dann können Sie dort den Test `ping6 google.com` wiederholen und sich mit `ip addr` die Liste der Schnittstellen ansehen.

```
ip addr
  1: lo:     inet 127.0.0.1/8 scope host lo
             inet6 ::1/128 scope host
  2: eth0:   (kein Kabel, daher keine IP-Adressen)
  3: wlan0:  inet 192.168.25.143/24 brd 192.168.25.255
                   scope global wlan0
             inet6 2001:1234:789a:8471:65cc:e430:f481:dd2d/64
                   ... temporary
             inet6 2001:1234:789a:8471:2e0:4cff:fe81:8783/64
             inet6 fe80::2e0:4cff:fe81:8783/64 scope link
```

Der Schnittstelle `wlan0` ist also eine IPv4-Adresse im lokalen Netzwerk 192.168.25.143 zugewiesen, außerdem zwei IPv6-Adressen im Subnetz 2001:1234:789a:8471. Eine der beiden Adressen ist temporär und wechselt nach einer Weile, um die Privatsphäre zu verbessern (*IPv6 Privacy Extension*).

Sie können auch mit einem Gerät in Ihrem WLAN die Seite *http://test-ipv6.com* besuchen und dort Ihren IPv6-Status ansehen (siehe Abbildung 37.6).

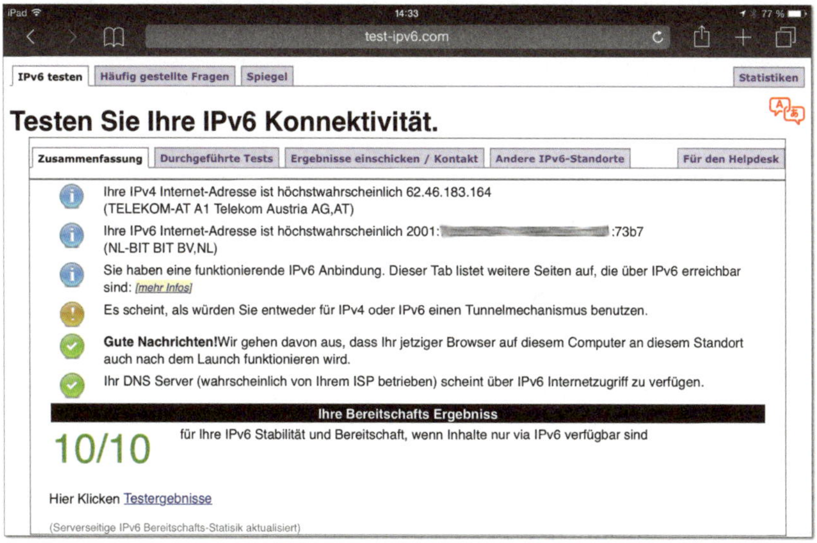

Abbildung 37.6 Der Browser Safari läuft auf einem iPad, das seinen Netzwerkzugang vom IPv6-WLAN des Raspberry Pi bezieht.

37.6 Tor-Router

Unser nächstes Ziel ist es, aus dem Raspberry Pi einen WLAN-Router zu machen, über den alle per Funk verbundenen Rechner anonymisiert das Internet nutzen können. Dazu leiten wir die Netzwerkpakete nicht *direkt* in das Internet weiter, sondern greifen auf das Tor-Netzwerk zurück. Vor der Beschreibung der Konfigurationsdetails lohnt sich ein Blick auf die Tor-Grundlagen.

Das Problem

Sicher ist Ihnen schon einmal aufgefallen, dass bestimmte Webseiten, die Sie besucht haben, Sie beim nächsten Mal wiedererkennen. Besonders auf Einkaufsportalen wird ganz offensichtlich genau beobachtet, für was Sie sich interessieren. Haben Sie kürzlich online einen Toaster gekauft, werden Ihnen beim nächsten Besuch mit Sicherheit Eierkocher und Fritteuse zum Kauf empfohlen.

Wenn Sie soziale Netze wie Facebook, Twitter oder Google Plus nutzen, müssen Sie sich manchmal wochenlang nicht neu einloggen, sondern werden automatisch wieder angemeldet. Dabei wird beobachtet, wie lange Sie auf der Seite bleiben, auf was Sie klicken, was Sie sich näher anschauen und vieles mehr.

Auch technische Informationen werden gesammelt, etwa bei welchem Internet-Zugangsanbieter Sie Kunde sind, welches Betriebssystem und welchen Browser Sie benutzen. Oft kann anhand der IP-Adresse zumindest näherungsweise auch Ihr Wohnort bestimmt werden. All das und mehr wird unter dem Stichwort *Tracking* (etwa: *Verfolgung*) zusammengefasst.

Vielen Nutzern ist das Tracking unheimlich. Sie fürchten (zu Recht), dass all diese Daten über Jahre gesammelt und möglicherweise eines Tages missbraucht werden. Dabei ist unerwünschte personalisierte Werbung – einer der Hauptgründe für die Sammelleidenschaft – noch eines der kleineren Übel. Vielleicht landen Ihre Daten durch eine Sicherheitslücke in unbefugten Händen, und Ihre Online-Identität wird für illegale Transaktionen missbraucht.

Das Tor-Netzwerk

Um derartiges Tracking zu verhindern, brauchen Sie Hilfsmittel, mit denen Sie möglichst wenige Spuren hinterlassen, also eine Art Anonymisierungsdienst. Eine Möglichkeit, einen solchen Dienst mit dem Raspberry Pi zu realisieren, ist die Nutzung des Tor-Netzwerks. Dazu konfigurieren wir den Raspberry als speziellen WLAN-Router, also als ein Gerät, das Datenpakete zwischen zwei Netzen vermittelt. In einem der Netze befinden sich die Clients, also Ihre PCs, Notebooks, Tablets oder Smartphones, die Sie zum Surfen benutzen.

Auf der anderen Seite werden die Datenpakete nicht wie bisher ungeschützt ins Internet geleitet, sondern in das sogenannte Tor-Netzwerk. Das ist ein Anonymisierungsnetzwerk, das aus vielen Servern besteht. Es wurde 2004 von der *Electronic Frontier Foundation* ins Leben gerufen, einer Organisation, die sich für freien und ungehinderten Netzzugang einsetzt. Der Name wurde ursprünglich TOR geschrieben und war die Abkürzung für *The Onion Router*, ist inzwischen aber ein Eigenname und wird deshalb nicht mehr in Großbuchstaben geschrieben.

Als Privatkunde bei einem Internet-Zugangsanbieter erhalten Sie in der Regel von diesem einen Router. Er ist auf der einen Seite mit dem Netz des Anbieters verbunden. Auf der anderen Seite befindet sich Ihr Heimnetz, in dem alle Ihre internetfähigen Geräte drahtlos oder per Kabel angebunden sind. Der Router besitzt eine eindeutige, im Internet sichtbare Adresse, die IP-Adresse. Sobald Sie eine Webseite aufrufen, sieht der Betreiber dieser Seite Ihre IP-Adresse und protokolliert sie in einer Datei. Das ist schon die erste Datenspur, die Sie hinterlassen.

Hier greift das Tor-Netzwerk ein. Wenn Sie das Tor-Netz benutzen und darüber eine Webseite aufrufen, geht die Datenverbindung nicht direkt zum Ziel, sondern zu einem Tor-Router. Der übergibt die Datenverbindung an einen zweiten Tor-Router, dieser an einen dritten, und erst dieser leitet die Verbindung zur Ziel-Webseite. Die Tor-Router heißen auch *Knoten*. Dabei ist der Tor-Router, der die Verbindung als Erster annimmt, der sogenannte Eintrittsknoten, der zweite ist ein Transitknoten (*Relay Node*), und der letzte ist der Austrittsknoten (*Exit Node*). Diese wie Zwiebelschalen ineinander liegenden Anonymisierungsschichten gaben dem *Onion Router* seinen Namen.

https://www.torproject.org

Das Tor-Netz hilft Ihnen also, etwa beim Online-Einkauf nicht mehr Datenspuren zu hinterlassen als unbedingt notwendig. In der Protokolldatei der Ziel-Webseite wird dadurch also nicht Ihre IP-Adresse, sondern die IP-Adresse des Tor-Austrittsknotens protokolliert. Auch der Austrittsknoten weiß nicht, wessen Datenverbindung er weiterleitet, denn er sieht nur die IP-Adresse des Transitknotens. Der Transitknoten kennt weder den Ursprung noch das Ziel der Verbindung. Nur der Eintrittsknoten kennt tatsächlich die Adresse, von der die Verbindung ursprünglich kommt. Die schiere Größe des Tor-Netzes – Mitte 2015 waren fast 7000 Knoten aktiv – soll dabei sicherstellen, dass alle beteiligten Knoten unterschiedlichen Betreibern gehören.

Eine hundertprozentige Anonymität kann allerdings auch Tor nicht gewährleisten. Zum einen gab es immer wieder den Verdacht, dass diverse Geheimdienste selbst Tor-Exit-Nodes betreiben würden, zum anderen ist es zumindest theoretisch möglich, Tor-Nutzer anhand von statistischen Verfahren zu identifizieren:

http://www.zeit.de/digital/datenschutz/2014-01/spionierende-exit-nodes-im-tor-netz-entdeckt

Sicherheit und Recht

Das Tor-Netz verschleiert Ihre IP-Adresse. Damit erschwert es das eingangs erwähnte *Tracking* erheblich, aber nicht vollständig, denn Ihre Kommunikationspartner erkennen Sie nicht nur an der Adresse, sondern sie nutzen noch eine Reihe weiterer Techniken, etwa Cookies. Das sind kleine Textdateien, die Informationsschnipsel enthalten und vom Browser auf Ihrem Rechner abgelegt werden. Das Deaktivieren von Cookies in den Browser-Einstellungen macht Sie noch ein weiteres Stückchen anonymer.

Allerdings ist auch mit Tor nicht alles Gold, was glänzt. So ist Ihre Datenverbindung beim Weg durch das Tor-Netz zwar verschlüsselt, aber die Verschlüsselung endet am Austrittsknoten – das müssen Sie bedenken, ehe Sie sich zu sicher fühlen und sensible Daten preisgeben.

Des Weiteren darf absolut jeder einen oder mehrere Tor-Knoten betreiben. Es wäre naiv anzunehmen, dass es sich dabei ausschließlich um Menschen handelt, die lautere Motive haben. In der Tat ist es kein Geheimnis, dass mehrere Geheimdienste Tor-Knoten betreiben und aktiv daran arbeiten, die Anonymität der Nutzer zu brechen. So wurde Anfang 2014 nach Recherchen der Fernsehsender WDR und NDR bekannt, dass der amerikanische Geheimdienst NSA gezielt einen Tor-Verzeichnisserver angegriffen hat, der von einem Informatikstudenten der Universität Erlangen betrieben wird. (Ein Verzeichnisserver ist im Tor-Netz ein Server, der eine Liste aller weiteren Tor-Server besitzt.) Dazu nutzte der Geheimdienst die Spähsoftware *X-Keyscore*. Teile des Quellcodes dieser Software sind inzwischen bekannt. Nach der Auswertung schlussfolgerten die Journalisten, dass nicht nur Knotenbetreiber, sondern jeder einzelne Tor-Nutzer ein potenzielles Ziel darstellt. Im Quellcode werden die Nutzer gar als Extremisten bezeichnet.

Die rechtliche Faktenlage ist allerdings eine ganz andere. Das Betreiben von Tor-Knoten und erst recht das bloße Nutzen des Tor-Netzes, wie wir es in diesem Kapitel beschreiben, ist in allen europäischen Ländern legal. Der Standpunkt der deutschen Bundesregierung etwa ist, dass Bürger für ihren Schutz im Internet selbst verantwortlich sind. Dass man sich bei der Ausübung dieses Rechts allerdings automatisch in das Visier von Geheimdiensten begibt, ist eine sehr unglückliche Situation.

Anbindung eines WLAN-Routers an das Tor-Netz

Die technischen und rechtlichen Details mögen vielleicht den Eindruck erwecken, die Konfiguration eines Tor-Routers wäre schwierig. Aber weit gefehlt: Unter der Voraussetzung, dass Sie bereits einen WLAN-Router eingerichtet haben (siehe Abschnitt 37.3), sind nur wenige weitere Konfigurationsarbeiten erforderlich, um aus ihm einen Tor-Router zu machen.

Zuerst installieren Sie das `tor`-Paket:

```
sudo apt-get install tor
```

Nun finden Sie unter `/etc/tor` die Datei `torrc`. Hängen Sie an diese Datei einfach die folgenden Zeilen an:

```
# Datei /etc/tor/torrc
...
Log notice syslog
VirtualAddrNetwork 10.192.0.0/10
AutomapHostsSuffixes .onion,.exit
AutomapHostsOnResolve 1
TransPort 9050
ControlPort 9051
TransListenAddress 192.168.25.1
```

```
DNSPort 53
DNSListenAddress 192.168.25.1
ExitPolicy reject *:*
AvoidDiskWrites 1
```

Passen Sie dabei die Adresse 192.168.25.1 an: Hier muss die IP-Adresse der WLAN-Schnittstelle Ihres Raspberry Pi stehen. Jetzt müssen Sie nur noch den Datenstrom in das Tor-Netz umleiten. Dazu dienen einige iptables-Kommandos, die die Firewall-Funktionen des Linux-Kernels steuern:

```
#!/bin/bash
iptables -t nat -F
iptables -t nat -A PREROUTING -i wlan0 -p tcp --dport 22 \
         -j REDIRECT --to-ports 22
iptables -t nat -A PREROUTING -i wlan0 -p udp --dport 53 \
         -j REDIRECT --to-ports 53
iptables -t nat -A PREROUTING -i wlan0 -p tcp --syn \
         -j REDIRECT --to-ports 9050
```


Die eigentliche Umleitung wird dabei durch die letzte iptables-Anweisung vorgenommen. Die beiden Zeilen zuvor definieren Ausnahmen für DNS und SSH, denn sonst könnten Sie sich nicht mehr auf Ihrem Raspberry Pi einloggen. Zum Test können Sie die Kommandos direkt eingeben, aber für den Dauerbetrieb fügen Sie sie am besten in das Start-Script des Tor-Dienstes, /etc/init.d/tor, ein. Die richtige Stelle dafür ist direkt unterhalb der case-Variante start:

```
# Datei /etc/init.d/tor
...
case "$1" in
  start)
      iptables -t nat -F
      iptables -t nat -A PREROUTING -i wlan0 -p tcp --dport 22 \
               -j REDIRECT --to-ports 22
      iptables -t nat -A PREROUTING -i wlan0 -p udp --dport 53 \
               -j REDIRECT --to-ports 53
      iptables -t nat -A PREROUTING -i wlan0 -p tcp --syn \
               -j REDIRECT --to-ports 9050
...
```

Test

Nach einem Neustart des Raspberry Pi bzw. nach sudo service tor restart ist Tor aktiv. Um das zu überprüfen, besuchen Sie mit einem Gerät, das mit dem WLAN verbunden ist, die Seite *https://check.torproject.org* (siehe Abbildung 37.7).

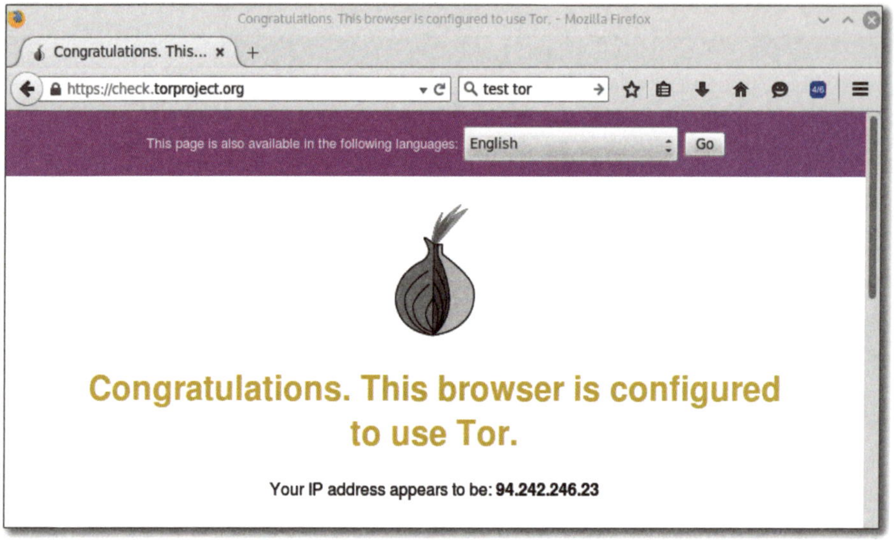

Abbildung 37.7 Tor-Testseite in einem Browser eines Linux-Notebooks, das seine Netzwerkverbindung aus dem Tor-WLAN des Raspberry Pi bezieht

Beachten Sie, dass Tor zwar für alle Geräte im WLAN aktiv ist, nicht aber für den Raspberry Pi selbst! Dieser verwendet als Router eine direkte Verbindung in das Internet!

Nebenwirkungen

Leider ist die zurückeroberte Anonymität nicht frei von Nebenwirkungen:

- Alle Seiten werden nun etwas langsamer geladen als bisher. Bei unseren Tests waren diese Verzögerungen aber nicht störend.
- Dank Tor wird Ihren Geräten im WLAN-Netz nun eine (scheinbar) zufällige IP-Adresse zugeordnet. Deswegen können Sie keine Seiten mehr verwenden, die versuchen, anhand der IP-Adresse Ihr Heimatland festzustellen. Das betrifft insbesondere viele Video-Portale.
- Aus dem gleichen Grund funktioniert auch die Spracherkennung vieler Seiten nicht mehr. Die Anzeige von Werbung in einer fremden Sprache ist noch einigermaßen egal, aber wenn Seiten wie Google plötzlich alle Optionen und Einstellungen in einer fremden Sprache anzeigen, ist dies schon weniger lustig. Abhilfe schafft in der Regel eine explizite Spracheinstellung, entweder auf der jeweiligen Seite oder im Webbrowser. In Firefox gelingt dies z. B. mit EINSTELLUNGEN • INHALT • SPRACHEN.

Kapitel 38
AirPrint-Drucker selbst gemacht

Keine Angst, dieses Kapitel beschäftigt sich *nicht* mit dem Bau eines Druckers! Vielmehr geht es darum, einen vorhandenen Drucker AirPrint-kompatibel zu machen. AirPrint ist ein von Apple entwickeltes Verfahren, das iPhones und iPads die Möglichkeit gibt, über das WLAN Dokumente auszudrucken. Leider sind nur recht wenige Druckermodelle AirPrint-kompatibel.

Das macht aber nichts: Anstatt sich einen neuen Drucker zu kaufen, konfigurieren Sie Ihren Raspberry Pi so, dass dieser die Kommunikation zwischen dem vorhandenen Drucker und den iOS-Geräten übernimmt. Sie werden sehen, dieses ebenso kleine wie nützliche Projekt lässt sich schnell und unkompliziert realisieren!

38.1 Voraussetzungen

Sie brauchen für dieses Projekt natürlich einen Raspberry Pi und einen Drucker. Außerdem müssen die folgenden Voraussetzungen erfüllt sein:

- **WLAN-Anschluss:** Ihr Raspberry Pi benötigt entweder einen eigenen USB-WLAN-Stecker, oder er muss über einen in Ihrem Haushalt befindlichen WLAN-Router erreichbar sein (siehe Abbildung 38.1). Die hier präsentierte Anleitung funktioniert also auch dann, wenn weder der Drucker noch der Raspberry Pi direkt WLAN nutzt – es kommt darauf an, dass eine WLAN-Verbindung von den iPads/iPhones zum lokalen Netz gelingt.
- **Verbindung zwischen Raspberry Pi und Drucker:** Ihr Raspberry Pi und der Drucker müssen miteinander verbunden sein. Bei netzwerkfähigen Druckern reicht es aus, wenn sich beide Geräte im gleichen lokalen Netzwerk befinden. Es spielt keine Rolle, ob eines oder beide Geräte per Kabel oder per WLAN mit dem Netzwerk verbunden sind. Bei Druckern mit USB-Anschluss muss hingegen ein USB-Kabel vom Raspberry Pi zum Drucker führen.
- **Druckertreiber:** Für Ihren Drucker muss es einen geeigneten Linux-Druckertreiber geben. In der Regel ist das kein Problem, aber es gibt leider einige Druckermodelle, die von Linux gar nicht oder nur in mangelhafter Qualität unterstützt werden.

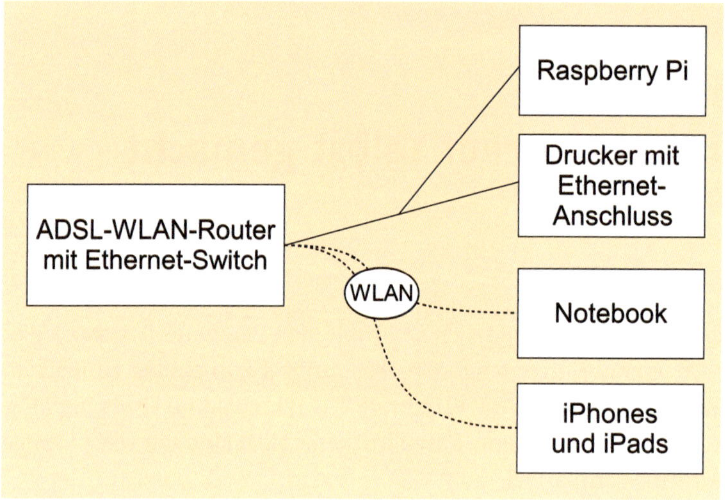

Abbildung 38.1 Das WLAN-Setup im Haushalt eines der Autoren

CUPS-Installation und -Konfiguration

Standardmäßig ist unter Raspbian das Drucksystem CUPS nicht installiert. Abhilfe schafft das folgende `apt-get`-Kommando, dessen Ausführung gut eine Minute beansprucht. Außerdem fügen Sie den Benutzer `pi` zur Gruppe `lpadmin` hinzu, damit Sie unkompliziert alle Druckfunktionen nutzen und administrieren können. Damit die geänderte Gruppenzugehörigkeit wirksam wird, loggen Sie sich aus und neu ein. Ein Neustart ist nicht erforderlich.

```
sudo apt-get install cups system-config-printer
sudo usermod -a -G lpadmin pi
```

Druckerkonfiguration

Die Druckerkonfiguration haben wir in Grundzügen ja bereits in Abschnitt 2.8 beschrieben. Sie führen im Raspbian-Desktop-System EINSTELLUNGEN • DRUCKEN aus und starten so das Konfigurationsprogramm `system-config-printer`. Der Button HINZUFÜGEN führt in einen Assistenten, der bei der Suche nach dem Drucker und bei dessen Konfiguration hilft. Um den Assistenten verwenden zu können, müssen Sie sich mit Ihrem Passwort authentifizieren.

Bei Netzwerkdruckern können Sie zwischen drei Verbindungsformen wählen: IPP, APPSOCKET/JETDIRECT und LPD (siehe Abbildung 38.2). Die meisten handelsüblichen Geräte sind APPSOCKET/JETDIRECT-kompatibel. Das *Internet Printing Protocol* (IPP) wird nur von manchen neuen Geräten unterstützt.

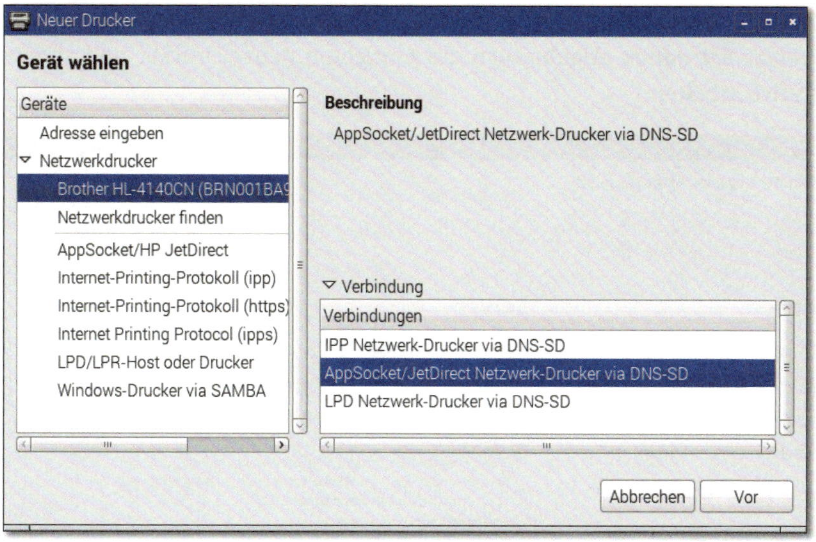

Abbildung 38.2 Erster Schritt bei der Konfiguration eines Netzwerkdruckers

Nach dem Abschluss der Konfiguration erscheint der Drucker als Icon im Konfigurationsprogramm. Ein Doppelklick auf dieses Icon führt in den Dialog DRUCKER-EIGENSCHAFTEN. Dort können Sie nicht nur alle erdenklichen Parameter verändern, sondern auch eine Testseite ausdrucken. Über das Kontextmenü des Drucker-Icons gelangen Sie außerdem in die sogenannte Druckerwarteschlange, die alle gerade in Arbeit befindlichen Druckjobs anzeigt.

Einen Testdruck können Sie auch aus einem Terminalfenster heraus durchführen: `lp` druckt die angegebene Textdatei aus bzw. leitet die Ausgaben eines anderen Kommandos an den Drucker weiter:

```
lp textdatei        # Textdatei ausdrucken
ls -l | lp          # Ausgaben von ls ausdrucken
```

HP-Toolbox

Sollten Sie einen HP-Drucker besitzen, können Sie mit `apt-get install hplip-gui` das Programm `hplip-toolbox` installieren. Abermals dauert die Installation geraume Zeit, weil auch eine Menge abhängiger Programme installiert werden. Anschließend können Sie die HP-Toolbox mit EINSTELLUNGEN • HPLIP-TOOLBOX starten. Das Programm erkennt selbstständig angeschlossene HP-Geräte und hilft bei deren Konfiguration.

Eine weitere Möglichkeit zur Druckerkonfiguration bietet überraschenderweise der Webbrowser. Das Linux-Druckersystem CUPS agiert dazu auch als Webserver.

Über die Seite *http://localhost:631* können die Druckfunktionen gesteuert werden. *http://localhost:631/admin* erlaubt auch das Einrichten neuer Drucker und andere administrative Arbeiten.

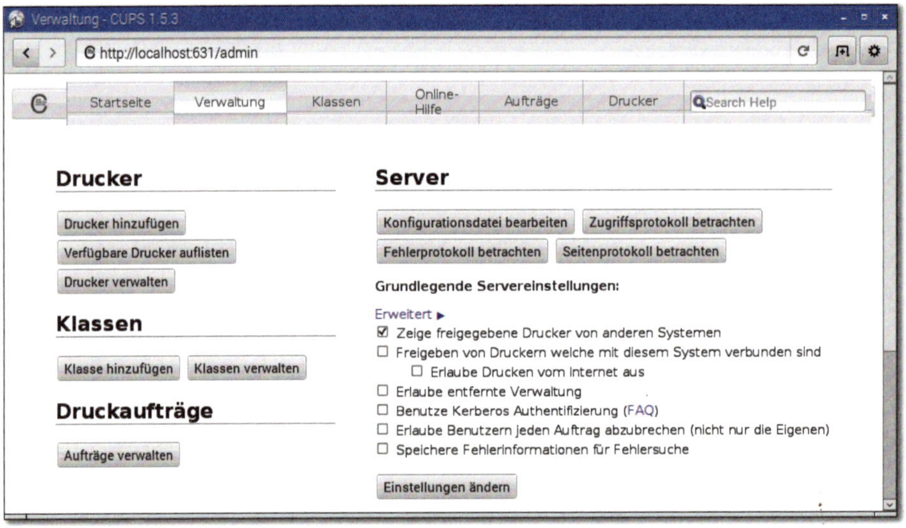

Abbildung 38.3 CUPS-Konfiguration im Webbrowser

Druckgeschwindigkeit erhöhen

In der Praxis besteht das größte Problem darin, dass der Raspberry Pi – auch die Version 2! – für die Aufarbeitung der Druckjobs oft sehr lange braucht, mitunter mehrere Minuten selbst bei einfachen Ausdrucken. Das gilt auch für den Ausdruck der Testseite im Konfigurationsprogramm.

Wenn Sie in einem Terminal `top` ausführen, werden Sie feststellen, dass das Programm `gs` (GhostScript) nahezu die gesamte Leistung eines CPU-Cores beansprucht. Es wandelt die PostScript-Druckdaten in das Druckerformat um. Dieser CPU- und speicherintensive Vorgang ist für den Raspberry Pi eine echte Herausforderung.

Eine erhebliche Beschleunigung des Druckvorgangs erreichen Sie, wenn Sie die Druckauflösung von standardmäßig zumeist 600×600 auf 150×150 DPI (Dots per Inch) reduzieren (siehe Abbildung 38.4). Die entsprechende Option finden Sie im Eigenschaftendialog des Druckers im Dialogblatt DRUCKEROPTIONEN. Naturgemäß sinkt damit aber auch die Druckqualität.

Sofern Sie einen Drucker verwenden, der PostScript- und womöglich auch PDF-kompatibel ist, geht es noch schneller – und das sogar bei optimaler Druckqualität! Dazu richten Sie den Drucker auf dem Raspberry Pi als sogenannten *Raw*-Drucker ein. Das bedeutet, dass die Druckdaten unverändert an den Drucker weitergeleitet werden.

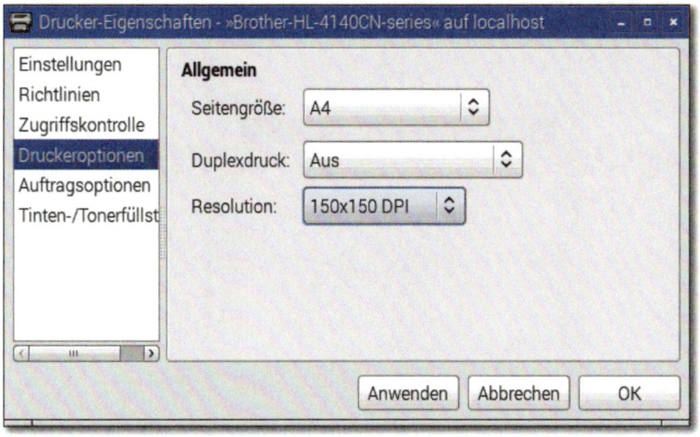

Abbildung 38.4 Mit einer reduzierten Auflösung können Sie viel schneller drucken.

Ein Ausdruck kommt nun freilich nur dann zustande, wenn die Druckdaten bereits so formatiert sind, dass der Drucker sie auch versteht!

Um einen neuen Drucker als *Raw*-Drucker einzurichten, entscheiden Sie sich im Dialog TREIBER WÄHLEN für den Hersteller GENERIC und im nächsten Dialog für den Treiber RAW QUEUE (siehe Abbildung 38.5). Wenn Sie den Treiber eines bereits konfigurierten Druckers verändern möchten, klicken Sie im Eigenschaftsdialog im Dialogblatt EINSTELLUNGEN auf den Button MARKE UND MODELL ... ÄNDERN. Beachten Sie, dass der Druck der Testseite in dieser Einstellung nicht gelingt, weil die Testseite als PDF-Datei vorliegt. Für die im folgenden Abschnitt beschriebenen AirPrint-Funktionen ist die Einstellung aber geeignet.

38.2 AirPrint-Konfiguration

Sobald Ihr Drucker prinzipiell funktioniert und der Druck einer Testseite gelingt, ist die Zeit gekommen, um den Raspberry Pi so zu konfigurieren, dass Ihr Minicomputer für Apple-Geräte wie ein AirPrint-Drucker aussieht. Wenn Sie dann auf Ihrem iPad oder iPhone einen Ausdruck durchführen, werden die Daten zuerst an den Raspberry Pi geleitet, und dieser sendet sie dann weiter an den Drucker.

Netzwerkdruck erlauben

Dazu müssen Sie als Erstes die Druckfunktionen im lokalen Netzwerk freigeben. Momentan steht CUPS aus Sicherheitsgründen nur Benutzern auf dem Raspberry Pi zur Verfügung. Am einfachsten gelingt die Freigabe im Programm EINSTELLUNGEN • DRUCKEN über das Menükommando SERVER • EINSTELLUNGEN, das in den entsprechenden Dialog führt (siehe Abbildung 38.6).

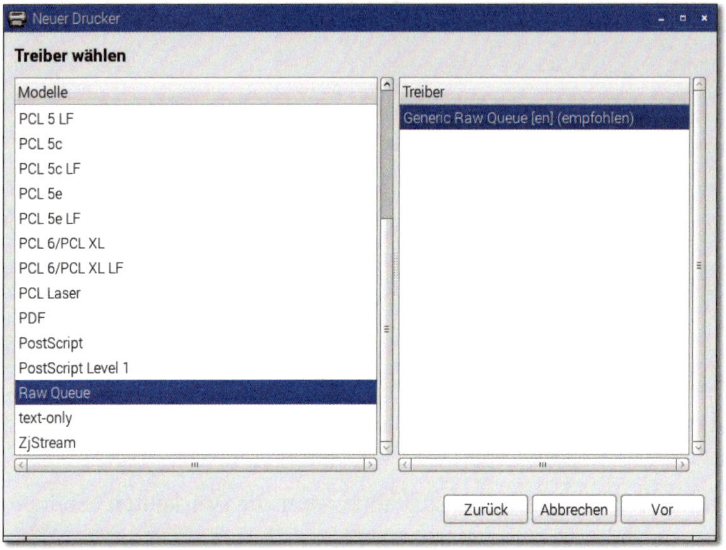

Abbildung 38.5 Raw-Drucker einrichten

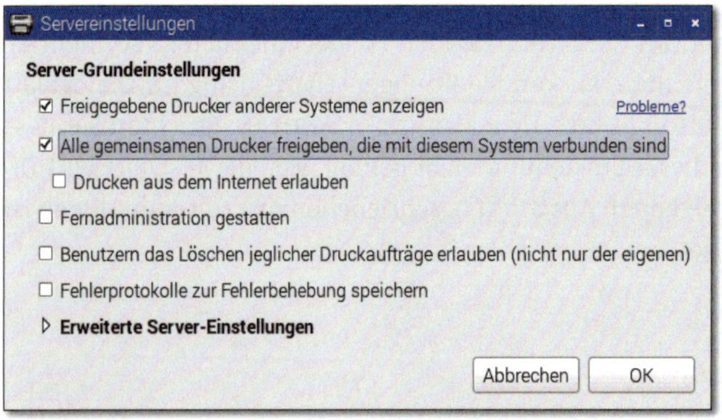

Abbildung 38.6 CUPS im lokalen Netzwerk freigeben

Dort aktivieren Sie die Option ALLE GEMEINSAMEN DRUCKER FREIGEBEN, DIE MIT DIESEM SYSTEM VERBUNDEN SIND – nicht aber DRUCKEN AUS DEM INTERNET ERLAUBEN! Alternativ können Sie die Einstellung auch in der Admin-Seite der CUPS-Weboberfläche durchführen. Dort heißt die Option FREIGEBEN VON DRUCKERN, WELCHE MIT DIESEM SYSTEM VERBUNDEN SIND.

AirPrint-Beschreibung des Druckers für Avahi einrichten

Als Nächstes laden Sie das winzige Python-Script `airprint-generate` von der Github-Webseite *https://github.com/tjfontaine/airprint-generate* herunter und führen es aus. Die Webadresse ist im folgenden Listing nur aus Platzgründen zweigeteilt. Führen Sie das `wget`-Kommando ohne \-Zeichen und ohne Leerzeichen zwischen `tjfontaine/` und `airprint` aus!

```
wget https://raw.githubusercontent.com/tjfontaine/\
      airprint-generate/master/airprint-generate.py
python airprint-generate.py
```

Das Script erzeugt im lokalen Verzeichnis Dateien mit der Avahi-Beschreibung aller konfigurierten Drucker. Die ersten Zeilen der XML-Datei unseres Systems haben wir im Folgenden abgedruckt, wobei wir den XML-Code lesefreundlich formatiert haben. Im Original fehlen Zeilenumbrüche und Einrückungen.

```
cat AirPrint-Brother-HL-4140CN.service
  <?xml version="1.0" ?>
    <!DOCTYPE service-group  SYSTEM 'avahi-service.dtd'>
      <service-group>
        <name replace-wildcards="yes">
          AirPrint Brother-HL-4140CN @ %h
        </name>
        ...
```

Für den designierten AirPrint-Drucker verschieben Sie diese Datei in das Verzeichnis `/etc/avahi/services`:

```
sudo mv AirPrint-<druckername>.service /etc/avahi/services
```

Was ist Avahi?

Avahi ist eine Open-Source-Implementierung des *Zeroconf*-Verfahrens, das die Kommunikation zwischen Geräten im lokalen Netzwerk ohne explizite Konfiguration erleichtert. Je nach Hersteller werden unterschiedliche Namen für Zeroconf verwendet, z. B. *Bonjour* (Apple) oder *Rendezvous*. Unter Raspbian ist Avahi standardmäßig installiert.

http://de.wikipedia.org/wiki/Zeroconf

Praktische Erfahrungen

Damit die geänderten Einstellungen wirksam werden, müssen Sie zuerst Avahi und CUPS neu starten:

```
sudo service avahi-daemon restart
sudo service cups restart
```

Anschließend sollten iOS-Geräte den Drucker erkennen (siehe Abbildung 38.7). In den Drucker-Dialog gelangen Sie, wenn Sie nach dem Drücken des TEILEN-Buttons die Icons in der untersten Leiste nach links verschieben. Das Drucker-Icon ist hinter den Icons LESEZEICHEN, ZUR LESELISTE HINZUFÜGEN, ZUM HOME-BILDSCHIRM und ZU FREIGEGEBENEN LINKS HINZUFÜGEN versteckt.

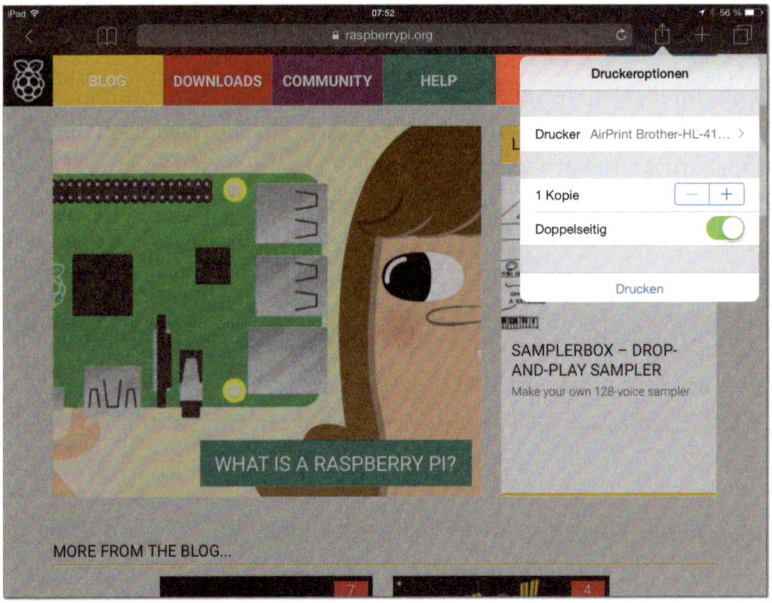

Abbildung 38.7 Druck einer Webseite auf einem iPad

Grundsätzlich hat der AirPrint-Druck bei unseren Tests ausgezeichnet funktioniert – von den bereits erwähnten Geschwindigkeitsproblemen einmal abgesehen. Wenig begeistern kann allerdings der Ausdruck von Webseiten mit Safari. Das hat aber nichts mit dem Raspberry Pi zu tun, sondern damit, dass die AirPrint-Funktionen von iOS bei vielen Webseiten Probleme mit der korrekten Formatierung haben.

Weitere Informationen zur Unterstützung von AirPrint auf Linux-Rechnern können Sie auf den folgenden Seiten nachlesen:

http://confoundedtech.blogspot.co.at/2012/12
http://blog.mornati.net/2012/09/22/linux-airprint-server-for-ios6-devices

Kapitel 39
Automatische Präsentationssysteme

Das Ziel dieses Kapitels ist es, den Raspberry Pi als Präsentationssystem einzusetzen. Der Raspberry Pi wird also an einen Monitor oder ein TV-Gerät angeschlossen und zeigt nach dem Hochfahren eine Endlos-Diashow oder ein Menü zum Abspielen von Videos an. Für derartige Präsentationssysteme gibt es eine Menge Anwendungen:

- Anzeige von Informationen in einem Museum, einer Schule etc.
- automatische Bildershow bei einem Geburtstag oder einem anderen Fest
- Präsentation von aktuellen Angeboten in einem Geschäft oder Reisebüro

Der Raspberry Pi bietet sich für derartige Projekte an, weil sowohl die Anschaffungskosten als auch der Stromverbrauch im laufenden Betrieb minimal sind. Der Raspberry Pi ist zudem so klein, dass er direkt hinter dem Display befestigt werden kann.

39.1 Einführung

Es geht in diesem Kapitel also darum, den Raspberry Pi so zu konfigurieren, dass der Rechner anschließend vollautomatisch und autonom Bilder oder andere Daten auf einem Display präsentiert. Eine Dia-Show mit einstellbarer Intervallzeit ist dabei nur die einfachste Lösung. Es sind auch anspruchsvollere Varianten denkbar:

- **Videos:** Anstelle von Bildern können auch Videos angezeigt werden, z. B. ein Video als Endlosschleife oder mehrere Videos hintereinander.
- **Textnachrichten:** Auf vielen Präsentationssystemen werden auch aktuelle Nachrichten eingeblendet – seien es die letzten zehn Tweets eines Twitter-Feeds, die aktuellen Börsenkurse, die tollsten Sonderangebote oder was auch immer. Es gibt auch Präsentationssysteme, deren *einzige* Aufgabe die Anzeige ständig aktueller Daten aus einer Datenbank ist: Denken Sie etwa an die Anzeige von Abfahrts- oder Abflugzeiten auf einem Bahnhof oder Flughafen. Dieses Kapitel berücksichtigt diese Art von Präsentationssytemen allerdings nicht weiter.

Je nachdem, wo das Präsentationssystem zum Einsatz kommt, kann gerade bei Videos natürlich auch eine Tonausgabe erforderlich sein. Denkbar wäre auch eine Untermalung einer Bildpräsentation mit Musik oder Erklärungen aus einer MP3-Datei.

Ebenfalls oft wünschenswert ist eine Möglichkeit, das Bild zu drehen, falls ein Bildschirm hochkant aufgestellt ist.

Tastensteuerung und Reset

Bei Präsentationssystemen in Museen oder auf Ausstellungen soll die Vorführung oft durch eine oder mehrere Tasten gesteuert werden. Auf diese Weise hat der Besucher die Möglichkeit, die Wiedergabe selbst zu starten und vielleicht in einem einfachen Menüsystem zwischen mehreren Präsentationen oder Videos zu wählen. Die GPIOs des Raspberry Pi bieten sich für derartige Steuerungsmöglichkeiten ja geradezu an.

Eine andere Art der Tastensteuerung wünschen sich oft die Betreiber eines Präsentationssystems: nämlich eine Reset-Taste, um einen Neustart des Raspberry Pi auszulösen, ohne das Stromkabel zu ziehen. Wir werden Ihnen in diesem Kapitel eine Möglichkeit zeigen, wie Sie einen derartigen Reset-Taster realisieren können.

Bildschirmschoner und Energiesparfunktion

Naturgemäß ist es für ein Präsentationssystem nicht ideal, wenn der Bildschirm nach ein paar Minuten einfach schwarz wird. Wie Sie den Bildschirmschoner deaktivieren können, haben wir Ihnen bereits in Abschnitt 2.3, »Die Benutzeroberfläche LXDE«, verraten.

Oft wäre zudem eine zeitliche Steuerung wünschenswert, um zumindest den Monitor über Nacht automatisch auszuschalten. Dazu ist eine Netzwerkverbindung des Raspberry Pi erforderlich, weil das Gerät sonst über keine korrekte Uhrzeit verfügt. Mit Cron-Jobs können Sie nun den HDMI-Ausgang explizit aus- und später wieder einschalten, wobei Sie die in Abschnitt 4.13, »Monitor ein- und ausschalten«, vorgestellten Kommandos verwenden.

Datenquelle

Woher kommen die Bilder oder Videos, die der Raspberry Pi präsentieren soll?

- **SD-Karte:** Die einfachste Datenquelle ist die SD-Karte selbst. In der Praxis ist das aber zumeist unhandlich. Jede Änderung der Präsentation erfordert entweder den Ausbau der SD-Karte oder eine Netzwerkverbindung zum Raspberry Pi.
- **USB-Stick:** Schon wesentlich handlicher für den Endanwender ist ein USB-Stick mit einem Windows-Dateisystem, das auf jedem beliebigen Rechner mit dem Bild- oder Videomaterial befüllt wird. Danach muss der USB-Stick eingesteckt und der Raspberry Pi neu gestartet werden – fertig!
- **Netzwerk:** Noch eleganter sind Netzwerklösungen, bei denen das Bildmaterial in einem Windows-Netzwerkverzeichnis, in einem Dropbox-Verzeichnis oder auf

einem Webserver liegt. Der Raspberry Pi stellt regelmäßig eine Verbindung zum Netzwerk her und synchronisiert den lokalen Bildordner mit dem Netzwerkverzeichnis. Der Hauptvorteil besteht darin, dass der Raspberry Pi für einen Präsentationswechsel nicht angerührt werden muss. Dem steht der Nachteil gegenüber, dass der Raspberry Pi per Kabel oder WLAN eine ständige Netzwerkverbindung braucht. Aus Sicherheitsgründen ist dies oft nicht wünschenswert.

Fertige Lösungen

Wozu das Rad neu erfinden, wenn es fertige Lösungen gibt? Während der Arbeit an diesem Buch haben wir zwei Präsentationssysteme für den Raspberry Pi getestet:

- **Pi Presents:** Pi Presents ist eine Sammlung von Python-Programmen, um Bild- und Video-Präsentationen anzuzeigen. Das Programm ist speziell für den Einsatz in Museen optimiert und unterstützt die Steuerung durch mit GPIO-Pins verbundene Tasten. Pi Presents baut auf Raspbian auf. Die Installation erfordert Handarbeit und ein wenig Raspberry-Pi-Erfahrung. Alle erforderlichen Programme können von GitHub heruntergeladen werden.

  Pi Presents wird vom Entwickler Ken Thompson als *Careware* bezeichnet. Beim Einsatz von Pi Presents in kommerziellen Projekten wird eine Spende für ein Museumsprojekt erwartet:

  http://pipresents.wordpress.com

  Selbst wenn Sie mit Pi Presents nicht glücklich werden, lohnt sich ein Blick in den übersichtlich organisierten, aber leider kaum kommentierten Python-Code.

- **Raspberry Picture Frame Slideshow:** Hierbei handelt es sich um ein modifiziertes Raspbian-Image, das vollautomatisch ausgeführt wird und alle Bilder präsentiert, die sich auf einem USB-Datenträger befinden, der an den Raspberry Pi angeschlossen ist. Das macht die Anwendung besonders einfach und ermöglicht einen sicheren Offline-Betrieb ohne Netzwerkanschluss.

  Leider ist das Diasystem in der Grundversion mit diversen Einschränkungen verbunden. Erst gegen eine Spende erhalten Sie einen Download-Link, der zu einer wirklich brauchbaren Variante des Images führt, die auch einen Login erlaubt. Zudem machte das Projekt zuletzt keinen aktiven Eindruck. Weitere Details können Sie auf der Projektwebseite nachlesen:

  http://www.binaryemotions.com/raspberry-slideshow

Beide Projekte bieten für sich genommen jeweils mehr Funktionen als die in diesem Kapitel vorgestellten Anwendungen. Für alle, die weniger an fertiger Software interessiert sind, sondern stattdessen die Dinge gern selbst in die Hand nehmen, folgen in den weiteren Abschnitten eine Menge Tipps zur Realisierung eines Do-it-yourself-Präsentationssystems.

39.2 Werkzeugkasten

Der Einführungsabschnitt hat Ihnen sicherlich klargemacht, dass Präsentationssysteme ein schier unerschöpfliches Thema sind. In diesem Kapitel fehlt der Platz, um auf alle Varianten einzugehen. In den folgenden Abschnitten stellen wir Ihnen einige Programme und Optionen vor, die als Werkzeugkasten für Ihr eigenes, maßgeschneidertes Präsentationssystem dienen können. Als Auswahlkriterium diente dabei nicht eine tolle Benutzeroberfläche oder eine einfache Bedienung, sondern vielmehr das Kriterium, dass sich die Programme möglichst gut durch Optionen steuern lassen.

Bilder anzeigen mit pqiv

Zu den beliebtesten Bildanzeigeprogrammen für leistungsschwache Rechner zählt `pqiv`. Das Programm steht auch in den Raspbian-Paketquellen zur Verfügung. Die Version dort funktioniert aber leider nicht. Zum Glück ist es nicht schwierig, den Quellcode des Programms herunterzuladen, zu korrigieren und dann selbst zu kompilieren:

```
sudo apt-get remove pqiv
sudo apt-get install git libgtk2.0-dev
git clone https://github.com/phillipberndt/pqiv.git
cd pqiv
./configure
make all
sudo make install
```

Nachdem diese Hürde genommen ist, können Sie mit dem folgenden Kommando eine Endlos-Dia-Show starten:

```
cd bildverzeichnis
pqiv -s -i -f -d 3 .
```

Die verwendeten Optionen haben die folgende Bedeutung:

- `-s`: Slide-Show starten
- `-i`: keine Statusinformationen anzeigen
- `-f`: Programm im Vollbildmodus ausführen
- `-d 3`: nach jedem Bild drei Sekunden warten

Bilder optimal aufbereiten

Die ständige Anpassung von Bildern an die Bildschirmauflösung des Raspberry Pi kostet CPU-Ressourcen und lässt Ihren Raspberry Pi unnötig heißlaufen. Deswegen ist es zweckmäßig, die Bilder im Voraus an die Auflösung des Präsentationssystems anzupassen. In vielen Fällen werden das 1920×1080 oder 1920×1200 Pixel sein.

Für alle Betriebssysteme gibt es Bildverarbeitungswerkzeuge, die Ihnen dabei helfen. Unter Linux gelingt dies am einfachsten mit den Kommandos `convert` bzw. `mogrify` aus dem Paket `imagemagick`. Es steht unter Raspbian und unter nahezu jeder anderen Linux-Distribution zur Verfügung.

Zur Anpassung der Bildgröße verwenden Sie die Option `-resize 1920x`. Damit wird die horizontale Auflösung auf 1920 Pixel reduziert oder erhöht. Die vertikale Auflösung wird proportional angepasst. Das funktioniert für alle gängigen Bildformate. Der Unterschied zwischen `convert` und `mogrify` besteht darin, dass `convert` eine neue Datei erzeugt, deren Namen in einem zusätzlichen Parameter angegeben werden muss. `mogrify` verändert hingegen eine vorhandene Datei und lässt sich daher besonders bequem auf alle Dateien eines Verzeichnisses anwenden:

```
convert -resize 1920x alt.jpg neu.jpg
mogrify -resize 1920x datei.jpg
mogrify -resize 1920x *.jpg
```


MP3-Dateien abspielen

Um die Bildwiedergabe mit Musik oder einem erklärenden Text zu hintermalen, starten Sie parallel zur Diashow einen Audio-Player. Gut geeignet ist das Kommando `mpg321`. Sie installieren das Kommando wie üblich durch `sudo apt-get install mpg321`. Um eine MP3-Datei abzuspielen, übergeben Sie einfach deren Dateinamen:

```
mpg321 [optionen] musik.mp3
```

Die folgenden Optionen sind für den Einsatz in einem Präsentationssystem zweckmäßig:

- `-q`: keine Statusinformationen ausgeben
- `-l 0` (»L Null«): Lied immer wieder abspielen

Videos abspielen

Der für Präsentationssysteme am besten geeignete Video-Player für den Raspberry Pi heißt `omxplayer`. Er unterstützt die Hardware-Decodierung von Filmen, die gemäß dem MPEG-2- oder VC1-Standard codiert sind. Filme für Ihr Präsentationssystem sollten nach Möglichkeit den H264-Codec nutzen.

Im Folgenden sind die wichtigsten Optionen von `omxplayer` zusammengefasst:

- `--loop`: Film immer wieder anzeigen
- `--hw`: Hardware-Decodierung nutzen
- `--orientation n`: Film um `n` Grad drehen (0, 90, 180 oder 270)
- `--no-osd`: keine Statusinformationen anzeigen
- `--blank`: schwarzen Hintergrund anzeigen

`omxplayer` läuft standardmäßig im Full-Screen-Modus. Wenn der Film allerdings nicht exakt die gleichen Proportionen wie der Bildschirm hat, dann ist ober- und unterhalb bzw. seitlich des Films durch transparente Streifen der Desktop zu sehen. Dieser unschöne Effekt wird durch `--blank` verhindert. Ein typischer `omxplayer`-Aufruf sieht so aus:

```
omxplayer --loop --hw --no-osd --blank film.mov
```

Autostart

In Abschnitt 4.11, »Programme beim Systemstart ausführen«, haben wir Ihnen bereits einige Varianten vorgestellt, wie Sie Programme während des Bootprozesses bzw. beim Start der grafischen Benutzeroberfläche automatisch ausführen können. An dieser Stelle möchten wir Ihnen noch eine Möglichkeit vorstellen, mit der Sie ein einzelnes Programm *ohne* das ganze Desktop-System starten können. Dieses Verfahren ist dann zweckmäßig, wenn Sie ein Programm ausführen möchten, das zwar die Infrastruktur des X Window Systems benötigt, den Overhead des Desktop-Systems aber nicht braucht.

Dazu richten Sie im Verzeichnis `/etc/share/xsession` mit einem Editor eine neue Datei mit der Endung `.desktop` ein, z. B. `slideshow.desktop`. Diese Datei enthält nur wenige Zeilen nach dem folgenden Muster:

```
[Desktop Entry]
Type=Application
Exec=/home/pi/mein-grafik-programm
Name=Diashow
Comment=Diashow anzeigen
```

Wichtig ist, dass der `Exec`-Parameter den vollständigen Pfad Ihres Präsentationsprogramms enthält. Wenn es sich dabei um ein eigenes Script handelt, muss dieses ausführbar sein (`chmod a+x`).

Außerdem ist es in der Regel zweckmäßig, die Datei `lightdm-xsession.desktop` für den Default-Login zu entfernen bzw. umzubenennen:

```
cd /usr/share/xsessions
sudo mv lightdm-xsession.desktop lightdm-xsession.backup
```

Nun loggen Sie sich aus Raspbian aus. Es erscheint der Login-Bildschirm. In diesem wählen Sie im Listenfeld den neuen Eintrag DIASHOW aus (siehe Abbildung 39.1). Anschließend geben Sie zuerst den Benutzernamen `pi` und das dazugehörende Passwort an. Anstelle des Desktops wird nur Ihr Programm gestartet. Sobald dieses endet, erscheint wieder die Login-Box.

Abbildung 39.1 Login-Box

Wenn Sie nun wieder den normalen Raspbian-Desktop starten möchten, wählen Sie im Listenfeld den Eintrag LXDE. Beim nächsten Neustart des Raspberry Pi wird automatisch der zuletzt ausgewählte Desktop-Eintrag aus der Login-Box gestartet. Wenn Sie möchten, dass der Raspberry Pi beim Hochfahren Ihr Präsentationssystem startet, dürfen Sie daher nicht vergessen, vor dem Neustart mit einem manuellen Login das Präsentationssystem auszuwählen.

Bilder von einem USB-Stick lesen

Ein USB-Stick scheint auf den ersten Blick die ideale Datenquelle für Medien zu sein. Tatsächlich ist der Umgang damit komplizierter, als es den Anschein hat. USB-Sticks können auf verschiedene Art und Weise partitioniert und formatiert sein. Standardmäßig wird ein USB-Stick in das Verzeichnis `/media/name` im Verzeichnisbaum eingebunden, wobei der Name (*Label*) des Dateisystems verwendet wird. Während das Anstecken eines USB-Sticks im laufenden Betrieb selten Probleme macht, ist das Entfernen ohne ein vorheriges Lösen des Dateisystems (`umount`) problematisch. Wir haben hier ein paar Tipps zusammengefasst, wie es dennoch funktionieren kann.

Eine große Hilfe ist in jedem Fall der folgende Eintrag in die Datei `/etc/fstab`, der hier nur aus Platzgründen über zwei Zeilen verteilt wurde. Zwischen der `gid`- und der `fmask`-Option darf sich nur das Komma befinden, kein Leerzeichen!

```
# Datei /etc/fstab
...
/dev/sda1 /data vfat ro,utf8,uid=1000,gid=1000,\
                         fmask=117,dmask=007,noatime 0 0
```

Die Zeile bewirkt, dass die erste Partition des USB-Sticks *immer* in das Verzeichnis `/data` eingebunden wird und dass dies grundsätzlich im Read-only-Modus erfolgt (Option `ro`). Das minimiert die Gefahr von Datenverlusten, wenn der USB-Stick im laufenden Betrieb einfach entfernt wird.

Unter Raspbian werden USB-Sticks automatisch in das Dateisystem eingebunden. Um bei diesem Prozess eigene Scripts auszuführen, müssen Sie für das `udev`-System zwei neue Regeln formulieren. Diese speichern Sie in der neuen Datei /etc/udev/rules.d/99-myown.rules. Beide Regeln wurden hier nur aus Platzgründen über jeweils zwei Zeilen verteilt und sind ohne das \-Zeichen in einer Zeile anzugeben:

```
# Datei /etc/udev/rules.d/99-myown.rules
ACTION=="add", SUBSYSTEM=="block", KERNEL=="sda1", \
   RUN+="/home/pi/usbadd"
ACTION=="remove", SUBSYSTEM=="block", KERNEL=="sda1", \
  RUN+="/home/pi/usbremove"
```

Wenn das udev-System ein neues Block-Device mit dem Device-Namen /dev/sda1 erkennt, führt es nun das Script /home/pi/usbadd aus. Wird dieses Device entfernt, wird entsprechend /home/pi/usbremove ausgeführt. Diese beiden Scripts gestalten Sie wie folgt:

```
#!/bin/bash
# Datei usbadd
mount /dev/sda1
... eigener Code
```

```
#!/bin/bash
# Datei usbremove
... eigener Code
umount /dev/sda1
```

Vergessen Sie nicht, die Scripts durch chmod a+x ausführbar zu machen. Die Scripts werden mit root-Rechten ausgeführt. Sie können nun nach mount bzw. vor umount eigenen Code in die Scripts einbauen, z. B., um auf den USB-Sticks gefundene Bild- oder Videodateien in ein lokales Verzeichnis zu kopieren oder den Inhalt des USB-Sticks mit einem lokalen Verzeichnis zu synchronisieren.

39.3 Autonome Bilder-Projektion

Unser Werkzeugkasten ist also gut gefüllt. Nun geht es darum, Kommandos und Konfigurationseinstellungen so zu kombinieren, dass daraus echte Lösungen entstehen. Hierfür geben wir in diesem und dem folgenden Abschnitt zwei konkrete Beispiele.

Dieser Abschnitt zeigt den Einsatz des Raspberry Pi als autonomen Bildprojektor: Nach dem Hochfahren stellt der Raspberry Pi den Kontakt zu einem FTP-Server her und lädt von dort die zu präsentierenden Bilder herunter. Diese werden von nun an bis zum Ausschalten des Rechners in einer Endlosschleife gezeigt. Parallel dazu wird das Bildverzeichnis jede Viertelstunde mit dem Verzeichnis des FTP-Servers synchronisiert. Änderungen an den Bildern werden somit spätestens nach 15 Minuten auch bei der Präsentation wirksam.

In dieser Konfiguration eignet sich das Präsentationssystem für alle Orte, an denen der Raspberry Pi mit einer Netzwerkverbindung laufen kann. Einmal gestartet, brauchen Sie sich um den Raspberry Pi nicht mehr zu kümmern und müssen nur bei Bedarf neue Bilder in das FTP-Verzeichnis hochspielen. Aus Sicherheitsgründen sollten Sie auf dem Raspberry Pi außer SSH möglichst keine Netzwerkdienste ausführen, also weder Samba noch CUPS noch Apache. Der Login für `pi` sollte durch ein gutes Passwort abgesichert sein. Außerdem ist es zweckmäßig, das Programm `denyhosts` zu installieren, das Hosts sperrt, die viele fehlerhafte SSH-Login-Versuche durchführen.

Ausgangspunkt

Dieses Projekt kommt ohne Zusatz-Hardware aus. Optional können Sie den Raspberry Pi mit einem Reset- oder Shutdown-Knopf verbinden (siehe Abschnitt 20.3, »Reset/Shutdown-Taste«). Software-seitig gehen wir davon aus, dass Sie Raspbian installiert haben und dass das Desktop-System mit Auto-Login gestartet wird.

Bildverzeichnis synchronisieren

Als Verzeichnis für die anzuzeigenden Bilder verwenden wir `/home/pi/slideshow`. Dieses Verzeichnis richten Sie mit `mkdir` ein:

```
cd
mkdir slideshow
```

Die regelmäßige Synchronisation des Bildverzeichnisses übernimmt das Kommando `lftp` aus dem gleichnamigen Paket:

```
sudo apt-get install lftp
```

Den Aufruf dieses Kommandos verpacken Sie in dem bash-Script `sync-slides`, das Sie in Ihrem Heimatverzeichnis speichern:

```
#!/bin/bash -e
# Datei /home/pi/sync-slides
cd /home/pi/slideshow
lftp -c "open ftp://mein-ftp-server.de/bildverz; mirror -e"
```

In dieser Form führt `lftp` einen Anonymous-Login aus. Alternativ können Sie natürlich auch einen Login-Namen und ein Passwort angeben:

```
lftp -c "open -u name,pw ftp://m-f-s.de/bildverz; mirror -e"
```

Wenn Sie den Namen und das Passwort nicht in das Kommando verpacken möchten, können Sie diese Daten auch in der Datei `.netrc` speichern:

```
# Datei .netrc
machine mein-ftp-server.de login name password ganzGeheim123
```

Das lftp-Kommando mirror synchroniert das gerade aktuelle lokale Verzeichnis mit dem aktuellen FTP-Verzeichnis. Die Option -e bewirkt, dass Dateien, die im FTP-Verzeichnis gelöscht wurden, auch aus dem lokalen Verzeichnis entfernt werden. Damit lftp jede Viertelstunde aufgerufen wird, starten Sie einen Editor mit sudo und verfassen damit die folgende Cron-Datei (siehe Abschnitt 4.12, »Programme regelmäßig ausführen (Cron)«):

```
# Datei /etc/cron.d/sync-slides
*/15 * * * * pi /home/pi/sync-slides
```

Ausprobieren mit einem lokalen FTP-Server

Wenn Sie das Beispiel rasch und unkompliziert ausprobieren möchten, installieren Sie auf Ihrem Raspberry Pi mit sudo apt-get install vsftpd einen lokalen FTP-Server (siehe Abschnitt 4.10, »FTP-Server einrichten«). Die Grundkonfiguration von vsftpd können Sie unverändert belassen. Nun richten Sie das Verzeichnis /srv/ftp/bilder ein und kopieren die anzuzeigenden Bilder dorthin. Achten Sie darauf, dass das Verzeichnis und die Bilder für den Benutzer ftp lesbar sind. In /home/pi/sync-slides muss das lftp-Kommando nun wie folgt aussehen:

```
lftp -c "open ftp://localhost/bilder; mirror -e"
```

Bilder anzeigen

Zur Präsentation der Bilder haben wir die selbst kompilierte Version von pqiv eingesetzt. Der Aufruf dieses Programms erfolgt durch ein bash-Script. Es testet alle fünf Sekunden, ob sich der Inhalt des Bildverzeichnisses geändert hat. Ist dies der Fall, wird pqiv neu gestartet. Auch wenn das Script feststellt, dass pqiv nicht mehr läuft, wird das Programm neu gestartet:

```
#!/bin/bash
# Datei /home/pi/start-slideshow
slidedir=/home/pi/slideshow
cd /home/pi/slideshow

pqiv -s -i -f -d 10 *.jpg *.JPG *.jpeg *.JPEG *.png *.PNG &

while [ true ]; do
  # wenn das Verzeichnis slidedir neue Bilder
  # enthält, soll pqiv neu gestartet werden
  before=$(ls -ld $slidedir)
  sleep 5
  after=$(ls -ld $slidedir)
```

```
  if [ "$before" != "$after" ]; then
    killall pqiv
    pqiv -s -i -f -d 10 *.jpg *.JPG *.jpeg *.JPEG *.png *.PNG &
  fi
  # wenn pqiv beendet wurde, dann neu starten
  running=$(ps ax | grep pqiv | grep -v grep)
  if [ -z "$running" ]; then
    pqiv -s -i -f -d 10 *.jpg *.JPG *.jpeg *.JPEG *.png *.PNG &
  fi
done
```

Start der Diashow

Für den Autostart der Diashow haben wir die Datei /usr/share/xsession/slide-show .desktop eingerichtet:

```
[Desktop Entry]
Type=Application
Exec=/home/pi/start-slideshow
Name=Diashow
Comment=Diashow anzeigen
```

Sobald Sie alle Vorbereitungsarbeiten abgeschlossen haben, loggen Sie sich aus Raspbian aus und wählen in der Login-Box den Eintrag DIASHOW. Die Bildpräsentation läuft nun endlos. Es gibt weder per Tastatur noch per Maus eine Möglichkeit, sie zu stoppen. Wollen Sie dies dennoch tun, loggen Sie sich per SSH in Ihren Raspberry Pi ein und führen das folgende Kommando aus:

```
killall start-slideshow
```

Nach wenigen Sekunden erscheint auf dem Monitor die Login-Box und Sie können beim Anmelden zwischen LXDE und dem Präsentationsprogramm wählen.

Verbesserungsideen und Varianten

Vielleicht haben Sie sich schon gefragt, warum wir uns in diesem Beispiel für einen FTP-Server als Datenquelle entschieden haben. Die Antwort ist simpel: Die Synchronisation des lokalen Bildverzeichnisses mit einem FTP-Verzeichnis ist viel einfacher als bei anderen Netzwerk-Datenquellen. Mit ein wenig mehr Programmieraufwand können Sie auch Bilder aus einem Dropbox-Verzeichnis, aus einem Windows-Netzwerkverzeichnis oder von einem HTTP-Server in das Bildverzeichnis herunterladen.

Im Beispielprojekt werden die Bilder einfach in alphabetischer Reihenfolge und mit einem starr im pqiv-Kommando vorgegebenen Intervall angezeigt. Mehr Flexibilität würde eine Konfigurationsdatei innerhalb des Bildverzeichnisses geben, um sowohl die Reihenfolge der Bilder als auch die Intervallzeit zu steuern.

39.4 Video-Player mit Menü

Das zweite Beispiel ist ein Video-Player mit Menüsystem (siehe Abbildung 39.2). Die Bedienung erfolgt über zwei Tasten:

- **Taste 1 = Start/Stopp**: Damit wird der im Menü ausgewählte Film gestartet. Sollte gerade ein Film laufen, wird dieser abgebrochen und das Menü erscheint wieder.
- **Taste 2 = Menüauswahl**: Mit jedem Druck dieser Taste wird der jeweils nächste Menüeintrag optisch ausgewählt.

Die Bedienung ist somit selbst für Kinder unmittelbar verständlich und gut für den Betrieb z. B. in einer Ausstellung oder einem Museum geeignet.

Abbildung 39.2 Video-Player mit Menü

Ausgangspunkt

Für dieses Projekt müssen Sie zwei GPIO-Pins des Raspberry Pi mit Tastern verbinden. Wir haben dabei die Pins 21 (Menüauswahl) und 22 (Start/Stopp) verwendet. Die Schaltung wurde wie in Abschnitt 20.2, »GPIO-Zugriff«, mit Pull-up-Widerständen realisiert (siehe Abbildung 20.1): Das Drücken eines Tasters zieht den GPIO-Pin auf Low. Optional können Sie natürlich außerdem einen Reset- oder Shutdown-Button vorsehen.

Im Hinblick auf die Software gehen wir wie beim vorherigen Projekt davon aus, dass Sie Raspbian installiert haben und dass standardmäßig das Desktop-System gestartet wird. Die Steuerung des Programms erfolgt durch ein Python-Programm mit `pygame` (siehe Abschnitt 20.8, »Grafikprogrammierung«). Zur Darstellung des Menüsystems haben wir auf die Klasse `python-pygame-menu-class` zurückgegriffen.

Der Programmcode sowie alle erforderlichen Bilder und Video-Dateien haben wir im Verzeichnis video-show im Heimatverzeichnis untergebracht, also in /home/pi/video-show. Das Projekt besteht aus den folgenden Dateien:

- menu.py: Menü-Klasse aus python-pygame-menu-class
- video-menu.py: eigener Code zur Menüsteuerung des Video-Players
- start-video-menu: winziges bash-Script, um den Video-Player zu starten
- background.jpg: Hintergrundbild zum Menü
- film1.mov bis film3.mov: die abzuspielenden Filme

python-pygame-menu-class

Die größte Hürde dieses Projekts ist die optisch ansprechende Realisierung eines Menüsystems. Weil wir das Rad ungern neu erfinden, haben wir uns hier für eine (fast) fertige Lösung entschieden: Die python-pygame-menu-class ist eine relativ kleine Klasse, um Menüs innerhalb von pygame-Programmen darzustellen. Die Bibliothek kann unter der Open-Source-Lizenz GPL3 verwendet werden.

https://code.google.com/p/python-pygame-menu-class

Zur Installation laden Sie das ZIP-Archiv der Bibliothek herunter und verschieben die Datei menu.py in das Projektverzeichnis. Der lange Link beim wget-Kommando ist hier nur aus Platzgründen über zwei Zeilen verteilt:

```
cd
mkdir video-show
wget https://python-pygame-menu-class.googlecode.com/files/\
        MenuClass_V1.0.3.zip
unzip MenuClass_V1.0.3.zip
cp MenuClass_*/menu.py video-show
```

menu.py enthält die Menüklasse. In diesem Code müssen wir zwei Änderungen durchführen. Zum einen ist dort circa in Zeile 140 die Schriftgröße der Menüeinträge fix mit 32 Pixel eingestellt. Für unser Programm, das im Vollbildmodus laufen und nur wenige Menüeinträge anzeigen soll, ist eine deutlich größere Schrift empfehlenswert:

```
# in video-show/menu.py, ca. Zeile 140
...
self.font = pygame.font.Font(None, 120)          # <-- geändert
...
```

Standardmäßig zeigt menu.py die nicht ausgewählten Menüeinträge in weißer Farbe an und den ausgewählten Eintrag in roter Farbe. Je nachdem, wie Ihr Hintergrundbild aussieht, ist es zweckmäßig, andere Farben einzustellen. Dazu verändern Sie circa bei der Zeile 90 die Zuweisungen an die Variablen WHITE und RED. In unserem Beispiel haben wir aus Weiß Dunkelblau gemacht:

```
# in menu.py, ca. Zeile 90
## Farbe für nicht ausgewählte Menüeinträge
WHITE = (0, 0, 128)       # <-- geändert

## Farbe für ausgewählte Menüeinträge
RED = (255, 0, 0)
```

Ungefähr in Zeile 600 befindet sich Code, um mit den Cursortasten durch das Menü zu navigieren. Da es in unserem Projekt stattdessen nur eine einzige GPIO-Taste gibt, müssen wir hier ebenfalls Änderungen durchführen: Zum einen soll der gerade aktive Menüpunkt auch durch die Taste [N] (*next*) verändert werden, zum anderen soll nach dem letzten Menüpunkt automatisch wieder der erste ausgewählt werden:

```
# in menu.py, ca. Zeile 600
...
if e.key == pygame.K_DOWN or e.key == pygame.K_n: # <-- geändert
   if (o == 'vertical'):                          # <-- geändert
      self.selection += 1                         # <-- geändert
      if self.selection == len(self.menu_items):  # <-- neu
        self.selection =0                         # <-- neu
   elif o == 'horizontal':
      self.selection += n
...
```

uinput

Um die GPIO-Ereignisverarbeitung möglichst unkompliziert mit `menu.py` zu kombinieren, haben wir uns dazu entschlossen, bei jedem Drücken der Menüauswahltaste die Eingabe der Taste [N] zu simulieren. Dabei greifen wir auf die Python-Klasse `python_uinput` zurück, die wie folgt zu installieren ist:

```
sudo apt-get install python-setuptools libudev-dev
sudo easy_install pip
sudo pip install python_uinput
sudo modprobe uinput
```

`python_uinput` setzt voraus, dass das Kernelmodul `uinput` geladen wird. Erstmalig stellen wir das mit `modprobe` sicher. Damit das Modul in Zukunft immer automatisch geladen wird, ergänzen Sie die Datei `/etc/modules` um eine Zeile:

```
# Datei /etc/modules
...
uinput
```

Das Menüsystem

Nach diesen langwierigen Vorbereitungsarbeiten ist es nun endlich an der Zeit, eigenen Code zu verfassen. Da die pygame-Bibliothek unter Raspbian nur für die Python-Version 2 zur Verfügung steht, haben wir auch unser Script video-menu.py in Python 2 verfasst. Es beginnt mit dem Import diverser Bibliotheken.

Damit wir mit der uinput-Bibliothek Tastatureingaben simulieren können, erzeugen wir ein entsprechendes Device. Als Parameter muss dabei eine Liste aller Tasten übergeben werden, die verwendet werden sollen – bei uns nur [N].

```
#!/usr/bin/python
# -*- coding: utf-8 -*-
# Datei video-menu.py, Teil 1
from __future__ import print_function  # print mit Klammern
import datetime, pygame, subprocess, sys, time, uinput
import RPi.GPIO as gpio
from pygame.locals import *
from menu import *

# per GPIO-Taster die Eingabe von 'N' simulieren
device = uinput.Device([uinput.KEY_N])
```


Nun folgt die Definition der beiden Callback-Funktionen für die GPIO-Taster. Da die Entprellfunktion der RPi.GPIO-Bibliothek, also der bouncing-Parameter, leider nur sehr unzuverlässig funktioniert, haben wir diese Funktion selbst realisiert. Dazu merken wir uns in der Variablen lastTime den Zeitpunkt des letzten Tastendrucks. Den nächsten Tastendruck verarbeiten wir frühestens eine halbe Sekunde später.

Die Callback-Funktion für die Menütaste simuliert einfach das Drücken der Taste [N]. Die Verarbeitung dieser Eingabe erfolgt durch die menu-Klasse.

Etwas aufwendiger ist die Callback-Funktion für den Start/Stopp-Taster: Dort stellen wir zuerst fest, ob der Video-Player omxplayer gerade läuft. Sollte der Test durch ps und grep kein Ergebnis liefern, wird eine CalledProcessError-Exception ausgelöst, die wir abfangen müssen. Anschließend wird das Programm durch killall beendet.

Läuft der Video-Player hingegen nicht, dann muss er gestartet werden. Als Parameter übergeben wir den Dateinamen film<n>.mov, wobei n durch die Nummer des gerade ausgewählten Menüeintrags ersetzt wird:

```
# Datei video-menu.py, Teil 2
# Software-Entprellung
lastTime=datetime.datetime.now()

# Callback-Funktion zur Reaktion auf Druck des Menü-Buttons
def menuBtnCallback(n):
```

```
  global lastTime
  now = datetime.datetime.now()
  # 500 ms Entprellzeit
  if now-lastTime > datetime.timedelta(microseconds=500000):
    lastTime=datetime.datetime.now()
    device.emit_click(uinput.KEY_N)  # Eingabe von 'N' simulieren

# Callback-Funktion zur Reaktion auf Druck des Start/Stop-Buttons
def menuStstCallback(n):
  global lastTime
  now = datetime.datetime.now()
  if now-lastTime > datetime.timedelta(microseconds=500000):
    lastTime=datetime.datetime.now()

    # läuft omxplayer?
    cmd = 'ps ax | grep omxplayer | grep -v grep'
    try:
      running = subprocess.check_output(cmd, shell=True)
    except subprocess.CalledProcessError as e:
      running = ''

    if running:
      # dann Film stoppen
      subprocess.call('killall omxplayer.bin', shell=True)
    else:
      # sonst Film starten
      cmd='omxplayer --hw --no-osd --blank film%d.mov &' %
          (menu.selection+1)
      subprocess.call(cmd, shell=True)
```

Im Anschluss an die Definition der Callback-Funktionen können diese nun für den GPIO-Setup verwendet werden:

```
# Datei video-menu.py, Teil 3
# GPIO-Setup
gpio.setmode(gpio.BOARD)      # GPIO-Adressierung mit Pin-Nummern
menuBtn = 21                  # Pin 21 <--> Menü-Button
ststBtn = 22                  # Pin 22 <--> Start/Stopp-Button
gpio.setup(menuBtn, gpio.IN)
gpio.setup(ststBtn, gpio.IN)
gpio.add_event_detect(menuBtn, gpio.FALLING)
gpio.add_event_callback(menuBtn, menuBtnCallback)
gpio.add_event_detect(ststBtn, gpio.FALLING)
gpio.add_event_callback(ststBtn, menuStstCallback)
```

Die nächsten Zeilen sind für die Initialisierung der pygame-Bibliothek zuständig. Sie öffnen ein Fenster im Vollbildmodus und zeigen darin das Hintergrundbild background.jpg an:

```
# Datei video-menu.py, Teil 4
# pygame initialisieren, Vollbild-Fenster mit Hintergrundbild
pygame.init()
surf = pygame.display.set_mode((0, 0), FULLSCREEN, 32)
pygame.mouse.set_visible(0)  # Mauscursor nicht anzeigen
bkg = pygame.image.load('background.jpg')
surf.blit(bkg, (0, 0))
```

cMenu erzeugt das Menü. An die Funktion werden zahlreiche Parameter übergeben, die im Detail im Programmcode in menu.py dokumentiert sind. Für uns relevant ist der Parameter 'vertical', dank dem die Menüeinträge untereinander angeordnet werden. Die Menüeinträge werden in einer Liste übergeben. Zeichenketten mit deutschen Sonderzeichen müssen von Unicode in den Latin-1-Zeichensatz umgewandelt werden.


```
# Datei video-menu.py, Teil 5
# Menüaufbau
menu = cMenu(50, 50, 20, 5, 'vertical', 100, surf,
            [(u'Atacama-Wüste'.encode('latin1'), 1, None),
             ('Flamingos', 2, None),
             ('Grey-Gletscher', 3, None)])

# ganzes Menü zentrieren, Menüeinträge linksbündig
menu.set_center(True, True)
menu.set_alignment('center', 'left')

# Fensterinhalt aktualisieren
pygame.display.update()
```

Nach der Initialisierung einiger Variablen läuft das Programm nun in einer Endlosschleife und verarbeitet die eintreffenden Ereignisse:

```
# Datei video-menu.py, Teil 6
# Statusvariablen initialisieren,
# Events der Mausbewegungen ignorieren
state = 0
prev_state = 1
rect_list = []
pygame.event.set_blocked(pygame.MOUSEMOTION)

# auf Ereignisse warten
while 1:
```

```
if prev_state != state:
   pygame.event.post(
     pygame.event.Event(EVENT_CHANGE_STATE, key = 0))
   prev_state = state
e = pygame.event.wait()

# Menüdarstellung nach Auswahl aktualisieren
if e.type == pygame.KEYDOWN or e.type == EVENT_CHANGE_STATE:
  if state == 0:
    rect_list, state = menu.update(e, state)
pygame.display.update(rect_list)

# auf Programmende warten
if e.type == pygame.QUIT:
   pygame.quit()
   sys.exit()
time.sleep(0.05)
```

Start des Videosystems

Für den Autostart des Programms haben wir die Datei `/usr/share/xsession/video-show.desktop` eingerichtet:

```
[Desktop Entry]
Type=Application
Exec=/home/pi/video-show/start-video-menu
Name=Videoshow
Comment=Videoshow anzeigen
```

Dabei ist `start-video-menu` ein winziges bash-Script zum Start des Videosystems. Die Datei muss wie folgt erstellt werden:

```
#!/bin/bash
# Datei /home/pi/video-show/start-video-menu
cd /home/pi/video-show
sudo ./video-menu.py
```

Sobald Sie alle Vorbereitungsarbeiten abgeschlossen haben, loggen Sie sich aus Raspbian aus und wählen in der Login-Box den Eintrag VIDEOSHOW. Das Programm läuft nun endlos. Es gibt weder per Tastatur noch per Maus eine Möglichkeit, es zu stoppen. Wollen Sie dies dennoch tun, loggen Sie sich per SSH in Ihren Raspberry Pi ein und führen das folgende Kommando aus:

```
sudo killall video-menu.py
```

Nach wenigen Sekunden erscheint auf dem Monitor die Login-Box und Sie können beim Anmelden zwischen LXDE und dem Präsentationsprogramm wählen.

Kapitel 40
Luftraumüberwachung

Wenn Sie an einem klaren Tag in den Himmel blicken, sehen Sie sehr wahrscheinlich irgendwo einen oder mehrere Kondensstreifen von Verkehrsflugzeugen. Fragen Sie sich dann auch manchmal, was für eine Maschine das ist und wohin sie wohl fliegt? Im Web gibt es Seiten wie *Flightradar24*, die die Bewegungen ziviler Flugzeuge (fast) in Echtzeit anzeigen. Mithilfe Ihres Raspberry Pi und eines Empfängers für terrestrisches Digitalfernsehen (DVB-T) können Sie eine solche Seite aber auch selbst betreiben.

40.1 Technischer Hintergrund und Hardware

Damit die Flugsicherung ständig über Bewegungen im Luftraum informiert ist, haben fast alle Verkehrsflugzeuge einen Sender an Bord, der laufend folgende Informationen funkt:

- GPS-Koordinaten der aktuellen Position
- Flugnummer
- Flughöhe
- Flugrichtung (Kurs)

Das System nennt sich *Automatic Dependent Surveillance Broadcast* (ADS-B, also automatische, bordabhängige Überwachung). Die Daten werden auf einer festgelegten Frequenz, 1090 MHz, ausgestrahlt. An dieser Stelle kommt der Fernsehempfänger ins Spiel: DVB-T-Empfänger, in denen ein bestimmter Chipsatz verbaut ist (Realtek RTL2832U in Verbindung mit einem der Tuner E4000 oder R820T), können per Software so eingestellt werden, dass sie die ADS-B-Signale von Flugzeugen in der Nähe empfangen.

Was »in der Nähe« konkret bedeutet, hängt primär von der verwendeten Antenne ab. Wenn Sie einen DVB-T-Empfänger kaufen, gehört fast immer auch eine kleine Antenne zum Lieferumfang. Das sind in der Regel passive Antennen ohne Verstärkung und eigene Stromversorgung. Wenn sie an einem günstigen Platz aufgestellt sind, also mit möglichst guter Sicht in den Himmel, reichen selbst diese Antennen schon aus, um Flugzeuge in bis zu 80 Kilometern Entfernung orten zu können. Verstärkte Antennen schaffen noch größere Reichweiten.

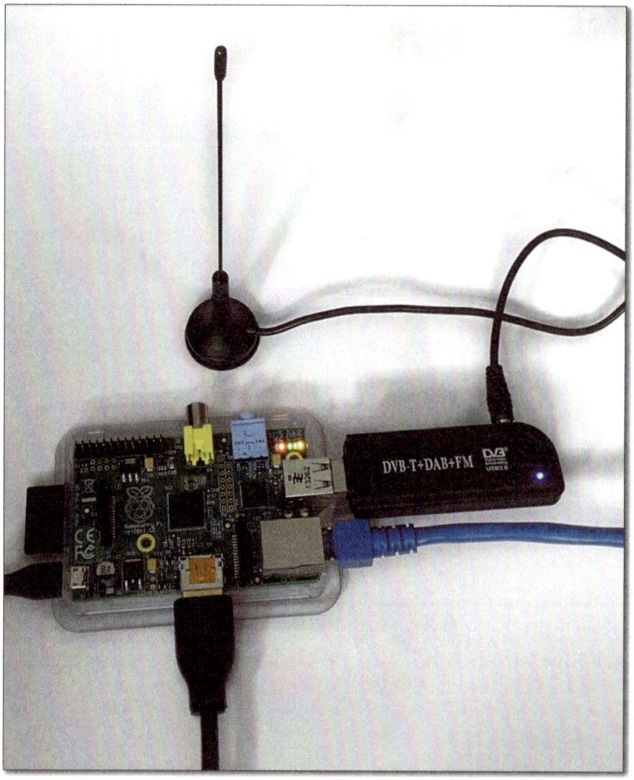

Abbildung 40.1 Der DVB-T-Empfänger mit kleiner Antenne

40.2 Software

Um die ADS-B-Signale sichtbar machen zu können, benötigen Sie zwei Software-Komponenten:

- **RTL-SDR:** Der Name des Pakets setzt sich zusammen aus dem abgekürzten Namen des Chipsatz-Herstellers *Realtek* und der Abkürzung SDR für *Software Defined Radio*. SDR ist ein Oberbegriff für verschiedene Möglichkeiten, mittels Software bestimmte Frequenzen aus einem Universalempfänger herauszufiltern. RTL-SDR ist für die Kommunikation mit dem DVB-T-Empfänger zuständig.
- **Dump1090:** Diese Software dekodiert die von RTL-SDR gesammelten Daten und bereitet sie grafisch auf. Sie enthält sogar einen kleinen Webserver, der eine Landkarte anzeigt, auf der die Flugzeuge in der Nähe eingezeichnet sind.

Installation von RTL-SDR und Dump1090

Die Pakete RTL-SDR und Dump1090 sind leider nicht Teil der üblichen Linux-Distributionen, daher müssen Sie den Quellcode herunterladen und kompilieren lassen. Keine Angst, das ist einfacher, als Sie vielleicht denken! Zunächst installieren Sie dazu das nötige Handwerkszeug mit dem folgenden Kommando:

```
sudo apt-get -fym install git cmake libusb-1.0-0-dev \
                          build-essential
```

Jetzt können Sie loslegen. Mit den folgenden Kommandos laden Sie RTL-SDR herunter und kompilieren den RTL2832U-Treiber:

```
cd ~
git clone git://git.osmocom.org/rtl-sdr.git
cd rtl-sdr/
mkdir build
cd build/
cmake ../ -DINSTALL_UDEV_RULES=ON
sudo make install
sudo ldconfig
cd ~
sudo  cp ./rtl-sdr/rtl-sdr.rules /etc/udev/rules.d/
```


Zuletzt starten Sie den Raspberry Pi mit `sudo reboot` einmal neu. Danach kommt `dump1090` an die Reihe:

```
cd ~
git  clone  git://github.com/MalcolmRobb/dump1090.git
cd dump1090/
make
```

Die Position der Flugzeuge im Webbrowser verfolgen

Wechseln Sie in das Verzeichnis `~/dump1090`, und starten Sie das Programm mit dem Kommando `./dump1090 --net`. Es startet den eingebauten Webserver auf Port 8080. An dieser Stelle erhalten Sie eventuell die folgende Fehlermeldung:

```
Kernel driver is active, or device is claimed by second instance
of librtlsdr. In the first case, please either detach or
blacklist the kernel module (dvb_usb_rtl28xxu), or enable
automatic detaching at compile time.
```

Das bedeutet, dass bereits ein anderer Treiber geladen ist und so den Zugriff auf den DVB-T-Stick blockiert. Als Sofortlösung können Sie ihn mit dem Kommando `rmmod dvb_usb_rtl28xxu` entladen, aber das hilft nur bis zum nächsten Neustart. Sie bekommen das Problem dauerhaft in den Griff, wenn Sie im Verzeichnis `/etc/modprobe.d` eine neue Datei anlegen, etwa `rtl-sdr.conf`. Der eigentliche Name spielt keine Rolle, die Endung `.conf` ist aber wichtig. In diese Datei schreiben Sie die Zeile `blacklist dvb_usb_rtl28xxu`. Nach einem Neustart tritt das Problem nicht mehr auf.

Rufen Sie nun in Ihrem Browser die URL *http://127.0.0.1:8080* auf. Es erscheint eine Karte, in die Sie auf den Standort Ihres DVB-T-Empfängers hineinzoomen können (siehe Abbildung 40.2).

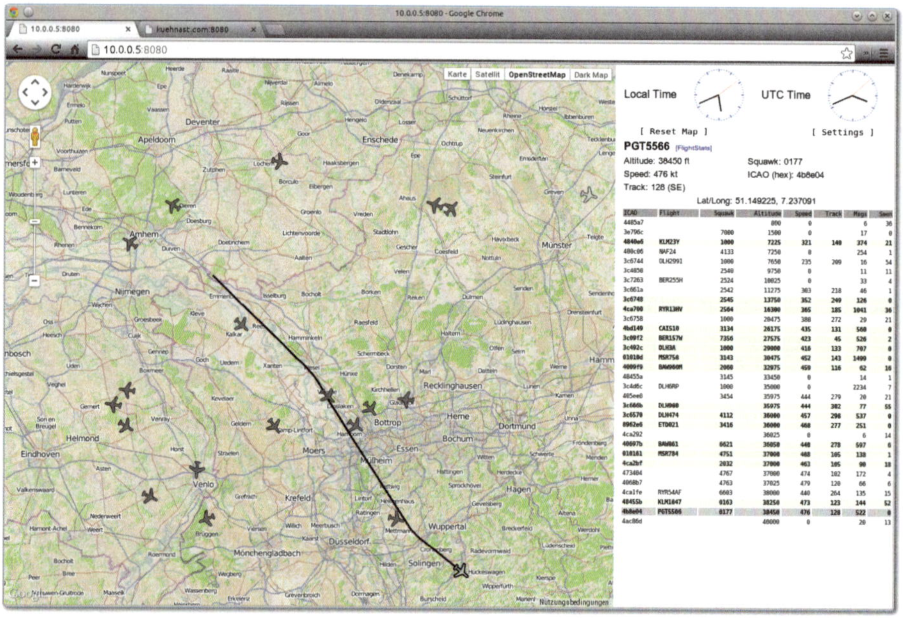

Abbildung 40.2 Die Reichweite ist angesichts der kleinen Antenne erstaunlich hoch.

Die Karte wird laufend aktualisiert, ebenso die Informationen über die Flugzeuge, die gerade zu sehen sind. Klicken Sie ein Flugzeug an, so wird sein Kurs als Linie in die Karte eingezeichnet.

Für Mitteleuropäer, die sich nicht ständig mit Avionik beschäftigen, sind die angegebenenen Maßeinheiten wie Fuß und Knoten ungewohnt. Dump1090 bietet aber eine Möglichkeit, auf metrische Einheiten zu wechseln. Die Konfigurationsdatei, die Sie dazu bearbeiten müssen, heißt `config.js` und versteckt sich im Verzeichnis `~/dump1090/public_html`. Die Datei ist in Abschnitte unterteilt. Im Abschnitt `Output Settings` können Sie die Anzeige metrischer Einheiten aktivieren, indem Sie dort einfach *false* in *true* ändern:

```
// -- Output Settings -----------------
// Show metric values
Metric = true; // true or false
```

In der gleichen Datei können Sie Dump1090 auch anweisen, den Standort Ihres ADS-B-Empfängers in die Karte einzuzeichnen, zusammen mit konzentrischen Kreisen um diesen Standort herum. Auf diese Weise können Sie den Abstand von Flugzeugen zu Ihrer Empfangsstation schnell einschätzen. Die GPS-Position aus dem Beispiel ersetzen Sie einfach durch Ihre eigene:

```
// -- Site Settings ---------------------------------------
SiteShow    = true; // true or false
// The Latitude and Longitude in decimal format
SiteLat     = 51.6305;
SiteLon     = 6.2765;

SiteCircles = true; // true or false (Only shown
                    // if SiteShow is true)
// In nautical miles or km (depending settings value 'Metric')
SiteCirclesDistances = new Array(25,50,75,100);
```

Die Zahlen in der letzten Zeile weisen Dump1090 an, die Kreise im Abstand von jeweils 25 Kilometern (oder nautischen Meilen, wenn `Metric` auf `false` steht) zueinander einzuzeichnen.

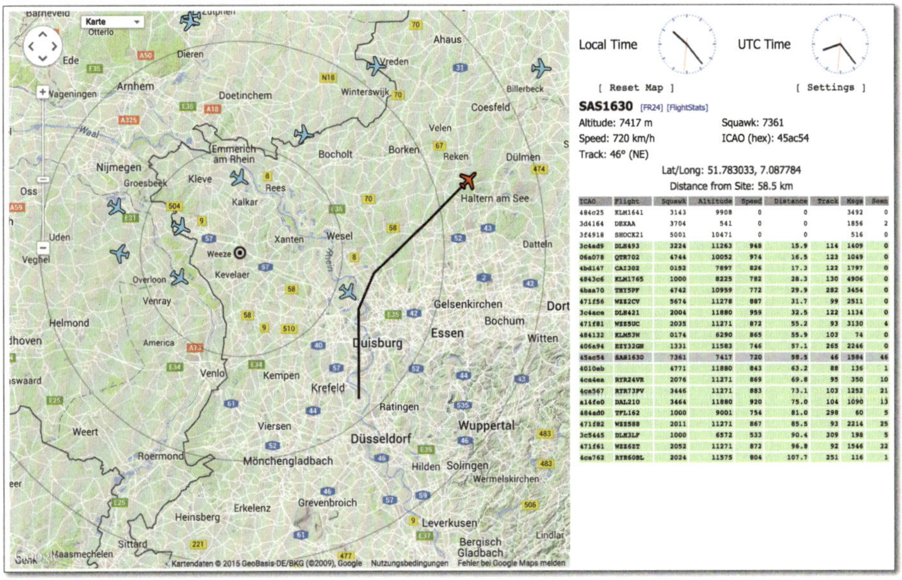

Abbildung 40.3 Karte mit metrischen Einheiten und Entfernungskreisen

Kapitel 41
Die Servokamera

Dieses Projekt zeigt eine Kamera, die ein Livebild streamt und die von unterwegs über eine Weboberfläche horizontal und vertikal geschwenkt werden kann.

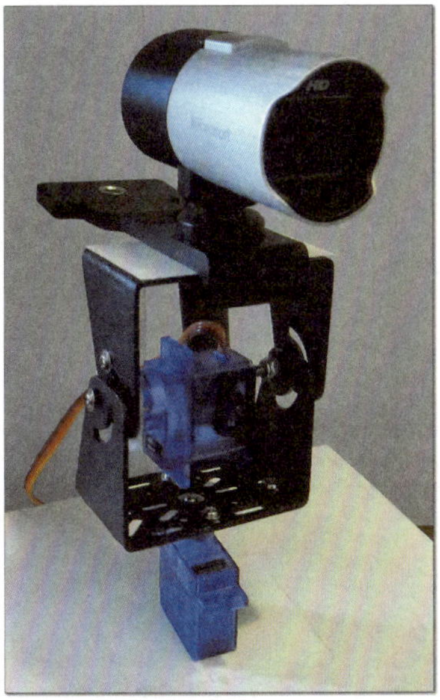

Abbildung 41.1 Webcam auf einem Pan-Tilt-Modul

Voraussetzungen für das Projekt sind ein sogenanntes *Pan-Tilt-Modul* sowie eine Webcam (siehe Abbildung 41.1). Hintergründe zur Funktionsweise und Ansteuerung von Servomotoren finden Sie in Abschnitt 13.5, »Servomotoren«. Zusätzlich müssen Sie für den automatischen Start des `pigpio`-Dämons sorgen (siehe Abschnitt 27.2, Abschnitt »Die pigpio-Bibliothek«).

Das Projekt ist in fünf Phasen aufgeteilt:

- Hardware und Verkabelung
- Python-Software
- Kamera-Livestream
- Weboberfläche
- Inbetriebnahme

41.1 Die Hardware

Der bewegliche Untersatz der Kamera ist mit zwei Servomotoren ausgestattet und als komplettes Modul für weniger als 20 EUR z. B. bei EXP-Tech zu kaufen:

http://www.exp-tech.de/dagu-pan-tilt-kit-with-servos

Dem Modul liegt eine kleine Anleitung bei, da Sie das Gestell selbst zusammenschrauben müssen. Dies stellt aber kein großes Problem dar und geht schnell von der Hand.

Sobald Sie das Modul zusammengebaut haben, können Sie mit dem Anschluss der Motoren fortfahren. Da wir in diesem Projekt zwei Motoren gleichzeitig verwenden möchten und mit der Webcam ebenfalls eine Last auf die Motoren geben, nutzen wir eine separate Spannungsquelle in Form eines Batteriefachs (siehe Abbildung 41.2). Somit stellen wir sicher, dass die Sicherungen des Raspberry Pi beim Betrieb der Motoren nicht überlastet werden.

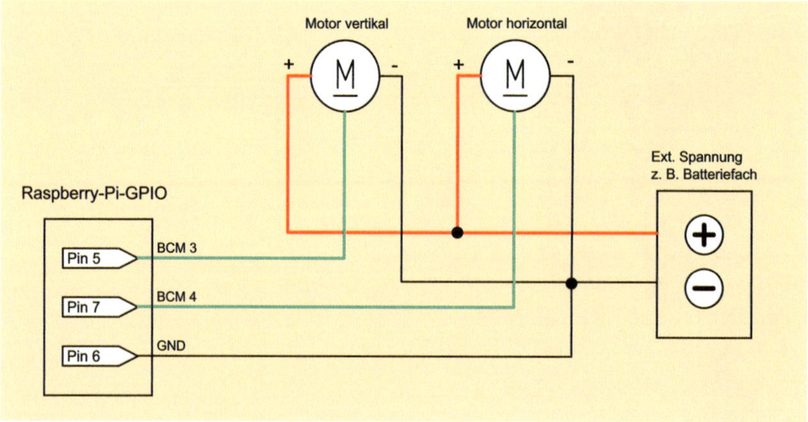

Abbildung 41.2 Anschlussplan der Motoren

41.2 Die Python-Software

Dieser Abschnitt befasst sich mit der Python-Software, die die Schnittstelle zwischen der späteren Weboberfläche und den Motoren darstellt. Der von uns erstelle Code liest sich wie folgt:

```
#!/usr/bin/python3
# Datei servo.py
import spidev
import time
import sys
import pigpio
```

```
mot = sys.argv[1] #  3,4
dir = sys.argv[2] #  +100 / -100
mot1= 3
mot2= 4
pi = pigpio.pi() # connect to local Pi
pi.set_mode(mot1, pigpio.OUTPUT)
pi.set_mode(mot2, pigpio.OUTPUT)

if dir == "home":
    pi.set_servo_pulsewidth(int(mot), 1500)
    f = open("mot"+ mot+".txt","w")
    f.write ("1500")
    f.close()

else:
    f = open("mot"+ mot+".txt","r")
    lastPos = f.read()
    print (lastPos)
    f.close()
    newPos= int(lastPos)+ int(dir)
    if newPos >= 2000 or newPos <=1000:
        print ("Endlage erreicht!")
        print (newPos)
        sys.exit()
    else:
        pi.set_servo_pulsewidth(int(mot), int(newPos))
        f = open("mot"+ mot+".txt","w")
        f.write (str(newPos))
        f.close()
```

Da das Programm einige nicht direkt ersichtliche Funktionen enthält, möchten wir den Code etwas erläutern. Nachdem Sie den Code unter dem Namen `servo.py` gespeichert haben, erfolgt ein Aufruf der Datei mit der Übergabe von zwei Parametern. Dabei handelt es sich um die Informationen, welcher Motor angesprochen werden soll (Variable `mot`), sowie um die Pulsweite beziehungsweise die Richtung (Variable `dir`).

Ein Aufruf des Programms, bei dem der Motor am BCM-Pin 3 ein Stück nach rechts dreht, erfolgt so:

```
python servo.py 3 100
```

Nach der Fertigstellung des Projekts soll der Motor über die Weboberfläche per Klick auf einen der Links ein Stück weiter in die gewünschte Richtung bewegt werden. Dazu ist es allerdings notwendig, dass die aktuelle Position gespeichert bleibt. Dazu werden die Dateien `mot3.txt` und `mot4.txt` angelegt. Nach einem Positionswechsel wird dort die aktuelle Stellung in µs abgespeichert. Dies geschieht jeweils in den Funktionen `f.open()` und `f.write()`. In der letzten If-Abfrage wird geprüft, ob sich die Motoren durch ein erneutes Bewegen in die Endlage begeben. Diese sind bei 1000 µs und 2000 µs definiert. Ist dies der Fall, so bewegt sich der Motor nicht.

Wirklich ersichtlich wird das komplette System allerdings erst, wenn Sie die Weboberfläche eingerichtet haben. Zuvor allerdings ist es nötig, den Live-Stream der Webcam vorzubereiten, damit Sie das Bild der Kamera später live im Browser verfolgen können. Hierzu nutzen wir das Programm `motion`.

41.3 Die Streaming-Software

Eine handelsübliche USB-Webcam liefert uns das Livebild. Schließen Sie diese einfach an einen freien USB-Port an. Mit `ls /dev` können Sie prüfen, ob die Webcam erkannt wurde und in der Liste als `video0` aufgeführt wird.

`motion` ist ursprünglich als Software für Bewegungserkennung gedacht (siehe Abschnitt 26.3, »Bewegungserkennung mit motion«). In der Standardkonfiguration erkennt `motion` Bewegungen im Bild und speichert bei einer Bewegungsaktivität Bilder ab. Zudem bietet `motion` einen sehr einfachen und zuverlässigen Livestream und zahlreiche Einstellungsmöglichkeiten. Da wir in diesem Projekt keine Bewegung erfassen möchten, schalten wir die Funktion später ab. Installieren Sie nun `motion` per `apt-get`.

```
sudo apt-get install motion
```

Nachdem das Paket installiert wurde, finden Sie im Ordner `etc/motion/` die Datei `motion.conf`. Öffnen Sie diese z. B. mit `nano`:

```
sudo nano /etc/motion/motion.conf
```

Hier nehmen wir nun die nötigen Einstellungen vor.

Passen Sie die Größe des Livestream-Bildes auf eine kleine Auflösung an, um ein flüssiges Bild zu erhalten. Ab Zeile 72 finden Sie die Parameter für das Seitenverhältnis. Passen Sie diese auf 320 × 240 Pixel an:

```
# Image width (pixels).
# Valid range: Camera dependent, default: 352
width 320
# Image height (pixels).
# Valid range: Camera dependent, default: 288
height 240
```

Sie können auch andere Auflösungen ausprobieren, die Ihre Webcam unterstützt. Zu große Seitenverhältnisse können allerdings zu Wiedergabefehlern führen.

Sie sollten motion erlauben, die Helligkeitswerte des Kamerabildes automatisch anzupassen. Ändern Sie den entsprechenden Parameter daher in Zeile 112 wieder auf on:

```
# Let motion regulate the brightness of a video device
# (default: off). The auto_brightness feature uses the brightness
# option as its target value. If brightness is zero,
# auto_brightness will adjust to average brightness value 128.
# Only recommended for cameras without auto brightness
auto_brightness on
```

Im nächsten Schritt deaktivieren Sie die automatische Bildaufnahme bei Bewegungserkennung. Diese finden Sie in Zeile 227. Ändern Sie den Wert von on zu off:

```
output_normal off
```

In der nächsten Änderung aktivieren Sie den Livestream auf Port 8081. Ändern Sie den Wert in Zeile 400 auf 8081:

```
# The mini-http server listens to this port for requests
# (default: 0 = disabled)
webcam_port 8081
```

Die beiden folgenden Parameter finden Sie ab Zeile 409. Ändern Sie diese wie folgt:


```
# Maximum framerate for webcam streams (default: 1)
webcam_maxrate 15
# Restrict webcam connections to localhost only (default: on)
webcam_localhost off
```

Durch diese Änderungen erhöhen Sie die Bildwiederholrate des Livestreams auf 15 Bilder pro Sekunde und erlauben den Zugriff auf das Livebild auch von externen Geräten. Die Standardeinstellung erlaubt lediglich den Zugriff auf das Bild vom Raspberry Pi selbst. Speichern Sie die Datei nun ab, und verlassen Sie den Editor.

Damit motion das Bild der Kamera direkt beim Booten des Raspberry Pi streamt, ist es nötig, den Dämon von motion direkt beim Start zu laden. Editieren Sie dazu die Datei /etc/default/motion. Diese besteht lediglich aus zwei Zeilen, von denen Sie die letzte auf yes ändern:

```
start_motion_daemon=yes
```

Auch diese Datei speichern und schließen Sie nun wieder. Anschließend sollte ein Neustart des Raspberry Pi durchgeführt werden:

```
sudo reboot
```

Damit ist das Livebild einsatzbereit und kann im nächsten Schritt im Browser dargestellt werden.

41.4 Die Weboberfläche

In diesem Abschnitt setzen wir voraus, dass Sie einen Apache-Server samt PHP eingerichtet haben (siehe Kapitel 24, »PHP-Programmierung«). Im Ordner /var/www/ erstellen Sie nun die Datei servocam.php und füllen diese mit folgendem Inhalt:

```
<table width="300" border="0" align="center">
  <tr>
    <td><img src="http://IP des Raspberry Pi:8081"
             width="320" height="240" align="center" ></td>
  </tr>
</table>
<div align="center">

<?php
// Auswertung der get-Parameter
if(isset($_GET['horizontal'])) {
  $command1 = $_GET['horizontal'];
  $val = shell_exec("python servo.py 4 $command1");
}
elseif(isset($_GET['vertikal'])) {
  $command2 = $_GET['vertikal'];
  $val = shell_exec("python servo.py 3 $command2");
}
?>

<div align ="center">
<a href="<?php print($_SERVER['PHP_SELF']); ?>?vertikal=100"
   class="knopf_off" style="width: 100px"> Hoch</a>
<br>
<a href="<?php print($_SERVER['PHP_SELF']); ?>?vertikal=home"
  class="knopf_on" style="width: 100px"> Vertikal Mitte</a>
<br>
<a href="<?php print($_SERVER['PHP_SELF']); ?>?vertikal=-100"
  class="knopf_on" style="width: 100px"> Runter</a>
<br>
---------------
<br>
<a href="<?php print($_SERVER['PHP_SELF']); ?>?horizontal=-100"
  class="knopf_on" style="width: 100px"> Links</a>
<br>
<a href="<?php print($_SERVER['PHP_SELF']); ?>?horizontal=home"
  class="knopf_on" style="width: 100px"> Horizontal Mitte</a>
<br>
<a href="<?php print($_SERVER['PHP_SELF']); ?>?horizontal=100"
  class="knopf_off" style="width: 100px"> Rechts</a>
</div>
```

In dieser Datei passen Sie nun die dritte Zeile an, indem Sie dort die Heimnetz-IP-Adresse Ihres Raspberry Pi eintragen. Wie Sie anfangs gelernt haben, wird das zuvor erstellte Python-Programm mit der Übergabe von zwei Parametern gestartet. Dies geschieht in dieser PHP-Datei. Die sechs erzeugten Links führen das Script `servo.py` aus, jeweils mit dem Servo-GPIO (3 oder 4) und einem Wert von 100 oder –100. Zu guter Letzt schieben Sie die `servo.py` in das Verzeichnis des Apache-Servers `/var/www/`.

Wenn Sie alles richtig gemacht haben, können Sie nun die IP-Adresse des Raspberry Pi in den Browser Ihres PCs oder Smartphones eingeben und sehen die Weboberfläche samt Livebild (siehe Abbildung 41.3).

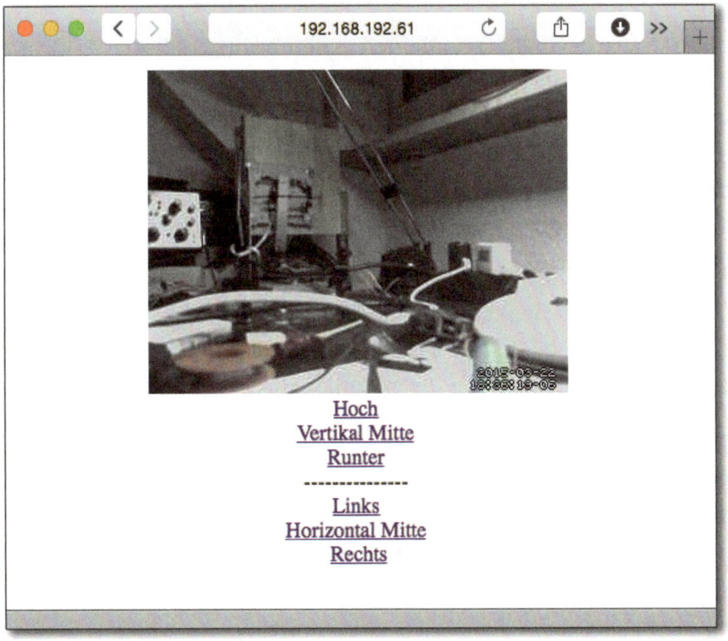

Abbildung 41.3 Die Weboberfläche zeigt das tägliche Bastler-Chaos.

41.5 Inbetriebnahme

Um die bewegliche Webcam nun zuverlässig einsetzen zu können, bedarf es noch einer kurzen Einrichtung. Zuerst erstellen Sie im Ordner `/var/www/` die beiden Textdateien, in denen die aktuelle Position gespeichert werden soll. Im gleichen Schritt verleihen wir den beiden Dateien die nötigen Rechte, damit diese auch über den Browser verändert werden können:

```
sudo touch mot3.txt
sudo touch mot4.txt
```

```
sudo chmod 666 mot*.txt
```

Ihr Ordner /var/www/ sollte nun die vier Dateien für dieses Projekt beinhalten:

- servo.py
- mot3.txt
- mot4.txt
- servocam.php

Nun öffnen Sie einen Webbrowser und rufen die neu erzeugte Weboberfläche auf. Geben Sie dazu in die Adresszeile Ihres Browsers Folgendes ein: http://IP.des.Raspberry.Pi/servocam.php. Sie sollten unterhalb des Livebilds der Webcam die sechs Links zur Steuerung der Motoren sehen (siehe Abbildung 41.3).

Drücken Sie nun *zuerst* – also bevor Sie irgendeinen anderen Link anklicken – auf VERTIKAL MITTE und danach auf HORIZONTAL MITTE. Dadurch wird der Parameter home an das Script servo.py übermittelt und die beiden Textdateien werden mit dem Wert der Mittelstellung gefüllt, nämlich 1500. Ab jetzt ist das System startklar und kann in jede beliebige Richtung gedreht werden. Über die beiden mittleren Links kann jede Achse aus jeder Position wieder zurück in die Mittelstellung gefahren werden.

In diesem Projekt haben wir die Pulsweite auf den Bereich zwischen 1000 und 2000 beschränkt. Es ist durchaus denkbar, dass die Endanschläge der Motoren etwas außerhalb dieses Bereichs liegen. Passen Sie gegebenenfalls die servo.py bei der Grenzwertabfrage an, und ermitteln Sie für Ihren Aufbau die Maximalwerte.

Umrechnung in Grad

Wenn Sie Ihre Webcam gerne gradgenau bewegen möchten, so können Sie dies einfach umrechnen. Da die Motoren über einen Bewegungsspielraum von je 180° verfügen und Sie die Pulsweite in tausend Schritten einstellen können, ergibt sich ein Wert von 0,18 ° bei einer Änderung der Pulsweite um eine Stelle.

Kapitel 42
PomodoPi

Im gärtnerischen Sinne sind die Autoren dieses Buchs leider völlig kompetenzfrei, dennoch möchten sie Tomaten aus eigenem Anbau genießen. So sinnierten wir vor einiger Zeit darüber, ob es möglich sei, der eigenen gärtnerischen Inkompetenz durch den Einsatz eines Raspberry Pi abzuhelfen. Die Ergebnisse präsentieren wir hier. Unser Ziel ist es, in einem Terrassen-Hochbeet ständig die Bodenfeuchtigkeit zu messen und bedarfsweise automatisch für Wassernachschub zu sorgen.

42.1 Der Bodenfeuchtigkeitssensor

Bei den einschlägigen Onlinehändlern können Sie Bodenfeuchtigkeitssensoren erwerben (siehe Abbildung 42.1). Diese »Gabelzinken« steckt man in die Erde, und oben wird ein dreiadriges Kabel angeschlossen. Die Kosten liegen zwischen fünf und fünfzehn Euro, je nachdem, ob Sie den Sensor am nächsten Tag haben wollen oder ein paar Wochen Zeit haben, bis das Päckchen aus Shenzen da ist.

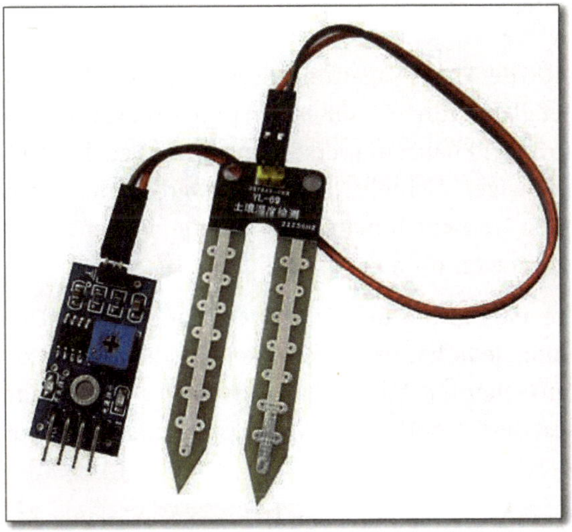

Abbildung 42.1 Preiswerter Bodenfeuchtigkeitssensor

Leider hat diese Bauform ein paar Nachteile. Der Anschluss für das Kabel ist nicht wasserdicht, dass heißt, Sie dürfen diesen Sensor nicht komplett vergraben, und starker Regen dürfte wohl auch schon zu Messfehlern führen. Bei Kontakt mit Wasser ist Korrosion nur eine Frage der Zeit, gerade beim Einsatz im Beet oder auf der Terrasse. Die Messfühler sind ebenfalls blankes Metall, das im Erdreich mit Sicherheit korrodieren wird. Schlimmer noch, bei manchen dieser Sensoren sind die Leiter in Kupfer ausgeführt – wenn das wegrottet und in die Pflanze gelangt, nehmen Sie eventuell ein Schwermetall zu sich. Deshalb fiel nach gebührendem Kopfkratzen die Entscheidung für einen hochwertigeren Sensor (siehe Abbildung 42.2).

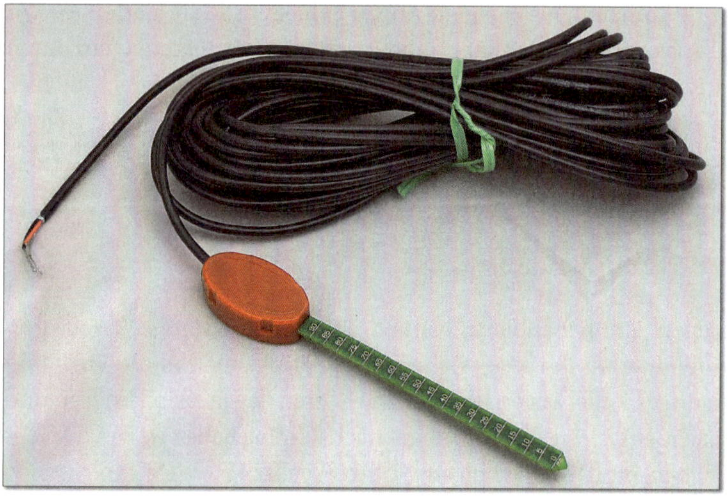

Abbildung 42.2 Bodenfeuchtigkeitssensor Vegetronix VH-400

Der Bodenfeuchtigkeitssensor VH-400 der Firma Vegetronix arbeitet kapazitiv, was in der Praxis primär bedeutet: kein Metall im Erdreich. Außerdem ist der Sensor wasserdicht vergossen; Sie können ihn also in der Pflanzerde versenken, um die Feuchtigkeit direkt am Wurzelballen zu messen. Einziger Nachteil: Nach dem Erwerb ist man etwa fünfzig Euro ärmer – dafür bekommen Sie mehr Tomaten, als Sie unter Beibehaltung eines würdevollen Gesichtsausdrucks tragen können.

Der Sensor hat drei Anschlussdrähte: Plus, Minus und *Output*. Output bedeutet: Dieser Draht führt umso mehr Spannung, je höher die Feuchtigkeit ist, die der Sensor misst. Plus ist der Draht mit der roten Isolierung, Minus alias Masse ist *nicht* der Draht mit der schwarzen Isolierung – das ist die Outputleitung. Masse ist der nicht isolierte Draht.

Am Raspberry Pi können wir eine Versorungsspannung von 3,3 oder 5 V abgreifen, für den Feuchtigkeitssensor reichen 3,3 V. Also schnell mal ausprobieren, Plus und Minus am Raspberry anschließen, Output mit einem Multimeter messen: Der knochentrockene Sensor liefert 0 V, wie erwartet. In Blumenerde liefert er 0,9 V, untergetaucht im Arbeitszimmeraquarium sind es 2,8 V. Wir hatten eigentlich erwartet, dass bei völligem Untertauchen unter Wasser die kompletten 3,3 V am Output-Draht anliegen, aber das ist nicht tragisch – wir rechnen das später in der Software ohnehin in Prozentwerte um und können das dort anpassen.

Wertewandel

Es wäre schön, wenn wir die drei Drähte einfach an den Raspberry Pi anschließen und die Spannung auslesen könnten. Eine steigende oder fallende Spannung ist aber ein analoger Messwert, und damit können digital arbeitende Systeme wie unser Raspberry Pi nichts anfangen. Wir brauchen einen Analog-/Digitalwandler wie den MCP3008, den wir in Abschnitt 14.2 schon ausführlich behandelt haben.

Zur Messung der Feuchtigkeit verbinden Sie den Outputdraht des Feuchtigkeitssensors mit Pin 1 (Channel 0) des MCP3008 (siehe Abbildung 42.3). Die Pins 2 bis 8 alias Channel 1 bis 7 benutzen wir nicht. Um Störungen zu vermeiden, verbinden wir sie allesamt mit Masse. Verbinden Sie außerdem

- MCP3008 Pin 1 (CH0) mit dem Output-Draht des Feuchtigkeitssensors
- MCP3008 Pin 2–8 (CH1–CH7), Pin 9 (AGND) und Pin 14 (DGND) und den nicht isolierten Draht des Feuchtigkeitssensors mit Masse (Pin 6 am Raspberry)
- Pin 15 (VRef), Pin 16 (VDD) und den rot isolierten Draht des Feuchtigkeitssensors mit 3,3 V (Pin 1 des Raspberry Pi)
- Pin 10 (CS) mit Pin 26 (CE) des Raspberry Pi
- Pin 11 (Din) mit Pin 19 (MOSI) des Raspberry Pi
- Pin 12 (Dout) mit Pin 21 (MISO) des Raspberry Pi
- Pin 13 (CLK) mit Pin 23 (SCLK) des Raspberry Pi

Was die Hardware angeht, sind Sie an dieser Stelle fertig. Jetzt müssen Sie dem Raspberry aber noch beibringen, wie er an die Messwerte kommt, die ihm der Analog-/Digitalwandler MCP3008 jetzt zur Verfügung stellt.

Öffentlicher Datennahverkehr

An dieser Stelle müssen wir kurz über Bussysteme sprechen. Sie bestehen aus Datenstraßen mit mehreren Datenverkehrsteilnehmern und einer Steuerzentrale. Die Steuerzentrale ist der Computer (*Master*), die Verkehrsteilnehmer sind angeschlossene Komponenten (*Slaves* oder *Clients*). Der Master kann die Slaves anhand einer eindeutigen Nummer (ID) identifizieren und von ihnen verlangen, dass sie ihre Daten bei der Zentrale abliefern. Wir benutzen zum Auslesen des Feuchtigkeitssensors das SPI-Bussystem. Um es zu aktivieren, führen Sie auf dem Raspberry das Kommando

```
sudo raspi-config
```

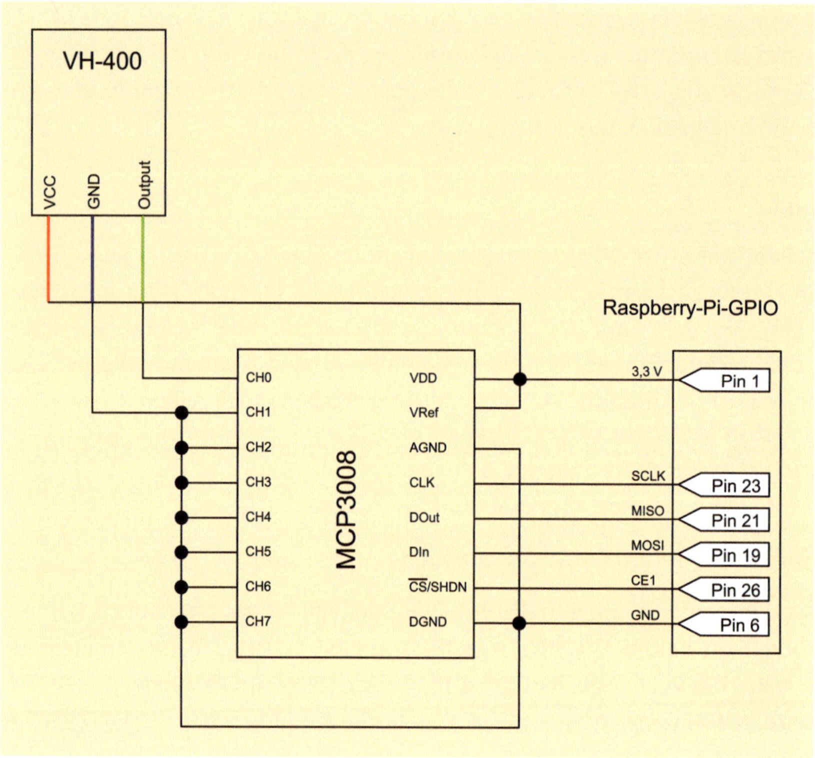

Abbildung 42.3 Beschaltung des MCP3008

aus. Es erscheint ein Textmenü, in dem Sie *Advanced Options* auswählen, und im folgenden Untermenü wählen Sie *SPI*. Bestätigen Sie die Sicherheitsabfrage mit Yes, und verlassen Sie `raspi-config`. Jetzt starten Sie den Raspberry Pi einmal neu (mit dem Kommando `sudo reboot`). Nach dem Neustart ist das SPI-Bussystem betriebsbereit. Da wir mit dem SPI-Bus in der Sprache Python kommunizieren möchten, müssen noch ein paar Kleinigkeiten nachinstalliert werden. Führen Sie dazu die folgenden Kommandos aus:

```
cd ~
sudo apt-get -fym install python3-dev bc
git clone https://github.com/Gadgetoid/py-spidev
cd py-spidev
sudo python3 setup.py install
sudo shutdown -r now
```

Jetzt kann es endlich losgehen. Mit einem erfreulich kurzen Programm in Python weisen wir den MCP3008 an, uns über den SPI-Bus die Daten zu geben, die der an CH0 angeschlossene Sensor liefert. Der Code ist in Abschnitt 14.2 genau erläutert, deshalb lassen wir ihn hier weitestgehend unkommentiert:

```
#!/usr/bin/python3
import spidev
import time
spi = spidev.SpiDev()
spi.open(0,1)
antwort = spi.xfer([1,128,0])

if 0 <= antwort[1] <=3:
   wert = ((antwort[1] * 256) +antwort[2]) * 0.00322
   fprozent = ((wert / 2.82) * 100)
   # Substratfeuchte in Prozent ausgeben
   print (fprozent)
```

Der Messwert in Volt steht in der Variablen `wert`. Da wir empirisch ermittelt haben (durch Eintauchen ins Aquarium), dass der Sensor bei maximaler Umgebungsfeuchtigkeit 2,82 V liefert, rechnen wir die Voltzahl in Prozent um. Dieser Wert steht in der Variablen `fprozent` und wird wie folgt ausgegeben:

```
49.2134751773
```

Die Anzahl der Nachkommastellen täuscht eine wesentlich höhere Genauigkeit vor, als der Sensor tatsächlich erreicht, deshalb werden wir sie komplett abschneiden und nur mit dem ganzzahligen Vorkommawert weitermachen. Danach wird der Wert in eine simple Textdatei geschrieben. Das erledigt dieses Programm (diesmal nicht in Python, sondern in bash):


```
#!/bin/bash
WDIR=/usr/local/shellscripts/moisturesensor
ETCDIR=$WDIR/etc/
OUTDIR=$WDIR/output

MOISTPROZENT=$($WDIR/moist_einmal.py|cut -f1 -d\.);
logger "$MOISTPROZENT Prozent Substratfeuchte"
echo $MOISTPROZENT > $ETCDIR/moisture-vh400-1.text
```

Dieses Programm ruft das Sensor-Abfrageprogramm `moist_einmal.py` auf und merkt sich von dessen Ausgabe alles, was vor dem Punkt steht (`cut -f1 -d\.`), in der Variablen `MOISTPROZENT`. Deren Inhalt wird in die Datei `moisture-vh400-1.text` geschrieben.

Grafische Darstellung der Feuchtigkeit

Nun wollen wir aus den Sensordaten anschauliche Grafiken erstellen. Damit man Verlaufsgrafiken erstellen kann, muss man die Messwerte über einen längeren Zeitraum sammeln, am besten in einer kleinen Round-Robin-Datenbank (RRD). Wie derartige Datenbanken funktionieren und mit welchen Kommandos man auf sie zugreift, haben wir ausführlich in Abschnitt 30.2, »Einführung in RRDtool«, beschrieben.

Die RRD-Werkzeuge installieren Sie durch die Eingabe von `sudo apt-get -fym install rrdtool`. Das folgende Script wird nur einmal benötigt: Es legt die Round-Robin-Datenbank mit dem Namen `moisture.rrd` an, die die Messwerte des Feuchtigkeitssensors aufnehmen soll:

```
#!/bin/bash
WDIR=/usr/local/shellscripts/moisturesensor
ETCDIR=$WDIR/etc/
OUTDIR=$WDIR/output

rrdtool create $ETCDIR/moisture.rrd --step 60 \
  DS:data1:GAUGE:120:0:100 \
  DS:data2:GAUGE:120:0:100 \
  RRA:AVERAGE:0.5:1:2160 \
  RRA:AVERAGE:0.5:5:2016 \
  RRA:AVERAGE:0.5:15:2880 \
  RRA:AVERAGE:0.5:60:8760 \
  RRA:MAX:0.5:1:2160 \
  RRA:MAX:0.5:5:2016 \
  RRA:MAX:0.5:15:2880 \
  RRA:MAX:0.5:60:8760
```

Jetzt benötigen wir noch ein kleines Programm, das einmal pro Minute den Messwert aus der Datei `moisture-vh400-1.text` liest, ihn an die RRD liefert und die Verlaufsgrafik erzeugt. Wenn Sie selbst ein derart umfassendes `rrdtool`-Kommando entwickeln möchten, gehen Sie am besten schrittweise vor – d. h., nach jeder Änderung testen Sie das Kommando, bevor Sie es um weitere Optionen ergänzen.

```
#!/bin/bash
WDIR=/usr/local/shellscripts/moisturesensor
ETCDIR=$WDIR/etc/
OUTDIR=$WDIR/output

MOISTPROZ=$(cat $ETCDIR/moisture-vh400-1.text);
echo "$MOISTPROZ Prozent Substratfeuchte"

rrdtool update $ETCDIR/moisture.rrd N:$MOISTPROZ:U

for i in -4h -12h -24h -7d -30d -90d -180d -360d; do

  rrdtool graph $OUTDIR/moisture$i.gif \
    --border=0 -c GRID#ffffff00 -c BACK#ffffff \
    --lazy --slope-mode --start $i \
    --title "Bodenfeuchtigkeit ($i)" \
    --vertical-label "Prozent" -w 400 -h 140 \
```

```
DEF:data1=$ETCDIR/moisture.rrd:data1:AVERAGE \
DEF:data2=$ETCDIR/moisture.rrd:data2:AVERAGE \
CDEF:shading2=data1,0.98,* AREA:shading2#0000F9:\
  "Bodenfeuchtigkeit (aktuell $MOISTPROZ Prozent)\n" \
CDEF:shading10=data1,0.90,* AREA:shading10#0F0FF9 \
CDEF:shading15=data1,0.85,* AREA:shading15#1818F9 \
CDEF:shading20=data1,0.80,* AREA:shading20#2D2DF9 \
CDEF:shading25=data1,0.75,* AREA:shading25#3C3CF9 \
CDEF:shading30=data1,0.70,* AREA:shading30#4B4BF9 \
CDEF:shading35=data1,0.65,* AREA:shading35#5A5AF9 \
CDEF:shading40=data1,0.60,* AREA:shading40#6969F9 \
CDEF:shading45=data1,0.55,* AREA:shading45#7878F9 \
CDEF:shading50=data1,0.50,* AREA:shading50#8787F9 \
CDEF:shading55=data1,0.45,* AREA:shading55#9696F9 \
CDEF:shading60=data1,0.40,* AREA:shading60#A5A5F9 \
CDEF:shading65=data1,0.35,* AREA:shading65#B4B4F9 \
CDEF:shading70=data1,0.30,* AREA:shading70#C3C3F9 \
CDEF:shading75=data1,0.25,* AREA:shading75#D2D2F9 \
CDEF:shading80=data1,0.20,* AREA:shading80#E1E1F9 \
CDEF:shading85=data1,0.15,* AREA:shading85#E1E1F9

done
```


Das Script generiert Bilder für mehrere Übersichtszeiträume: für 4 Stunden, 24 Stunden, 7 Tage (siehe Abbildung 42.4), 30 Tage und so weiter bis zu einer Jahresübersicht.

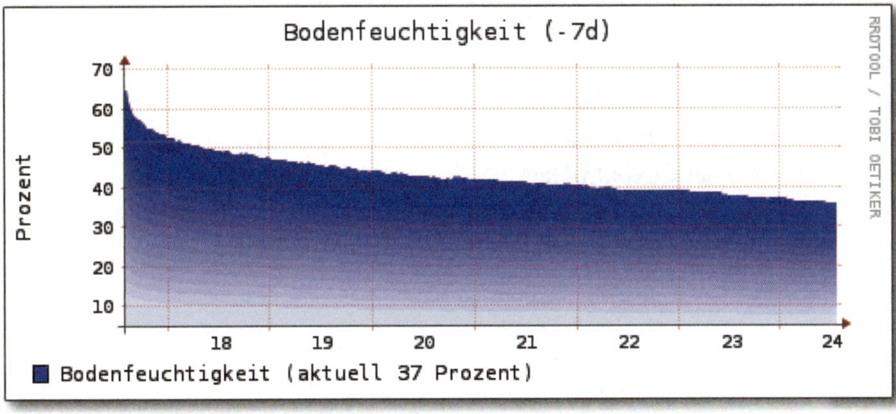

Abbildung 42.4 Bodenfeuchtigkeit über 7 Tage

42.2 Die Blumenampel

Egal, ob Sie Ihre Tomaten aus Samen aufziehen oder als Jungpflanzen kaufen: Zunächst werden die Pflanzen in der warmen Stube herangepäppelt, bis keine Nachtfröste mehr zu erwarten sind. Wenn Sie zu viel Respekt vor einer automatischen Bewässserung in den eigenen vier Wänden haben, können Sie sich eine automatische Gieß-Erinnerung bauen, etwa mit einer Blumenampel (siehe Abbildung 42.5).

Abbildung 42.5 USB-Blumenampel

Die Blumenampel zeigt Grün, wenn die Bodenfeuchtigkeit mehr als 65 Prozent beträgt, Gelb, wenn man gießen sollte, und Rot, wenn es zu spät ist. Die Ampel (Hersteller: Cleware) wird per USB angeschlossen und ist natürlich frei programmierbar, und zwar sehr anfängerfreundlich. Sie funktioniert unter Windows, Linux und bald wohl auch unter OS X. Die Software für Linux können Sie unter *http://www.vanheusden.com/clewarecontrol* herunterladen. Nach dem Dekomprimieren genügt ein `make install`, und man ist startklar. Mit diesem Kommando schaltet man die Ampel auf Grün:

```
clewarecontrol -d 901846 -as 2 1
```

Das Kommando sieht kryptisch aus, es ist aber ganz einfach: Der Parameter `-d <Zahl>` gibt an, welche Ampel Sie ansprechen möchten – Sie könnten ja mehrere haben. Jede Ampel hat ab Werk eine eindeutige Erkennungsziffer, die Sie mit dem Kommando `clewarecontrol -l` ermitteln. Mit dem Parameter `-as 2 1` erfolgt die eigentliche Ampelschaltung. Dabei gibt die erste Zahl die Farbe an (0 = Rot, 1 = Gelb, 2 = Grün) und danach entweder 0 für »aus« oder 1 für »ein«.

Die Sensordaten für die Bodenfeuchtigkeit hat der Computer ja schon, und so ist es recht einfach, mit einem kleinen Programm den Gieß-Status anzeigen zu lassen:

```
#!/bin/bash
WDIR=/usr/local/shellscripts/ampel
MOISTURE=$(cat /usr/local/shellscripts/moisturesensor/etc/
    moisture-vh400-1.text)

# zum Debugging
logger "Feuchtigkeit: $MOISTURE Prozent";

# Ampel schalten
if [ $MOISTURE -ge 65 ]; then
  # Ampel auf Gruen schalten
  clewarecontrol -d 901846 -as 2 1
  # Rot und Gelb ausschalten
  clewarecontrol -d 901846 -as 0 0
  clewarecontrol -d 901846 -as 1 0
elif [ $MOISTURE -ge 55 ] && [ $MOISTURE -le 64 ]; then
  # Ampel auf Gelb schalten
  clewarecontrol -d 901846 -as 1 1
  # Rot und Gruen ausschalten
  clewarecontrol -d 901846 -as 0 0
  clewarecontrol -d 901846 -as 2 0
else
  # Ampel auf Rot schalten
  clewarecontrol -d 901846 -as 0 1
  # Gelb und Gruen ausschalten
  clewarecontrol -d 901846 -as 1 0
  clewarecontrol -d 901846 -as 2 0
fi
```

Wenn Sie gerade keine Tomaten züchten, können Sie die Ampel natürlich für beliebige andere Zwecke verwenden, der Fantasie sind hier keine Grenzen gesetzt.

42.3 Die automatische Bewässerung

Nachdem wir an diesem Punkt angelangt sind, ist der letzte Schritt, die automatische Bewässerung, nur noch eine Kleinigkeit. Denn wenn Sie anhand der Bodenfeuchtigkeit eine Ampel schalten können, können Sie genauso leicht eine Pumpe oder ein Magnetventil schalten. Wenn Sie etwa auf dem Balkon, der Terrasse oder im Garten einen Wasserhahn haben, können Sie sich schnell und leicht einen Raspberry-Pi-auf-Gardena-Adapter bauen (siehe Abbildung 42.6).

Das Element ganz links im Bild wird an den Wasserhahn angeschlossen. Es ist ein Y-Verteiler. An die eine Seite können Sie einen Gartenschlauch anschließen, an der anderen Seite hängt das Bewässerungssystem. Durch den gelben Schlauch gelangt das Wasser zu einem Magnetventil, das ist das weiße Element in der Bildmitte.

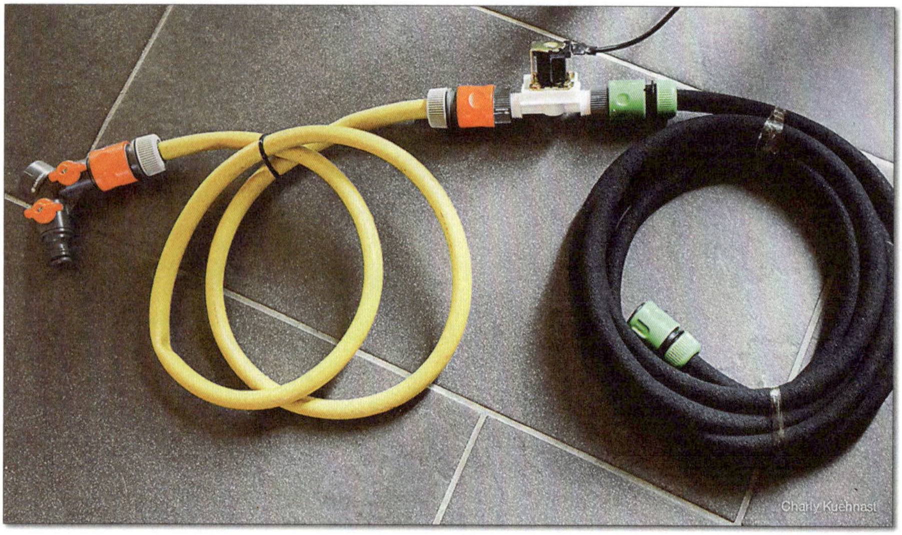

Abbildung 42.6 Raspberry-Pi-auf-Gardena-Adapter

Normalerweise ist das Ventil geschlossen und lässt kein Wasser hindurch. Es besitzt aber zwei Metallklemmen. Wird an diese Klemmen eine Spannung von 12 V angelegt, öffnet es sich und lässt das Wasser in einen Perlschlauch (der schwarze Schlauch rechts im Bild) fließen, aus dem tröpfchenweise Wasser perlt. Falls Sie nicht über einen Wasserhahn in der Nähe verfügen, verwenden Sie einfach einen größeren Wasserkübel mit einer 12-V-Tauchpumpe anstelle des Magnetventils. Sie müssen dann nur in gewissen Intervallen nachschauen, ob noch genug Wasser im Kübel ist.

Der Raspberry Pi kann keine 12 V liefern, deshalb benötigen wir einen Zwischenschritt. Wir nehmen ein handelsübliches 12-V-Netzteil und ein Relaismodul (siehe Abbildung 42.7).

Was genau macht so ein Relaismodul? Stellen Sie sich einen Lichtschalter vor. Sie geben ihm einen Impuls (Drücken des Schalters), und er stellt einen Kontakt zwischen zwei Leitungen her, worauf das Licht angeht. Auch das Relaismodul stellt einen Kontakt zwischen zwei Leitungen her, aber der Impuls wird nicht mechanisch gegeben (wie beim Betätigen des Schalters mit der Hand), sondern elektronisch, durch Anlegen einer Spannung.

Bei unserem Relaismodul handelt es sich um ein Modell von Sainsmart, das speziell auf den Betrieb am Raspberry Pi oder Arduino ausgelegt ist. Es kommt ohne die sonst oft üblichen vorgelagerten Transistorschaltungen aus und ist sehr simpel zu nutzen. Es muss an Plus (5 V) und Minus angeschlossen werden, damit es überhaupt arbeiten kann. Unser Modul kann zwei Verbraucher schalten, für jedes gibt es einen weiteren Pin, IN1 und IN2 (siehe Abbildung 42.8).

Abbildung 42.7 Relaismodul von Sainsmart

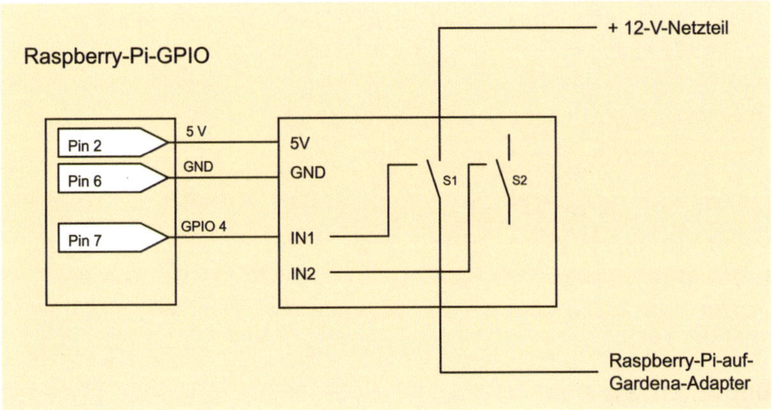

Abbildung 42.8 Arbeitsweise des Relaismoduls

Für unser Beispiel verbinden wir IN1 mit Pin 7 (GPIO 4) am Raspberry Pi – andere GPIO-Pins sind natürlich auch möglich. Wenn Sie diesen Pin auf *Low* schalten, erkennt das Relaismodul dieses Signal und stellt eine Verbindung zwischen den angeschlossenen Leitungen her. Diese gehören zu dem erwähnten 12-V-Netzteil, dessen Spannung an den Raspberry-Pi-auf-Gardena-Adapter angelegt wird, um die Schleusen zu öffnen.

Relaissteuerung durch Python

So sieht das kurze Python-Programm aus, das Pin 7 auf *Low* und damit das Magnetventil auf Durchfluss schaltet:

```
#!/usr/bin/python3
# Script-Datei pin7-low.py
import RPi.GPIO as GPIO
import time

# Pin-Nummern verwenden (nicht GPIO-Nummern)
GPIO.setmode(GPIO.BOARD)

# wir wollen Pin 7 (=GPIO 4) schalten
GPIO.setup(7, GPIO.OUT)
GPIO.output(7, GPIO.LOW)
```

Um den Wasserfluss zu stoppen, schalten Sie den Pin wieder auf *High*:

```
#!/usr/bin/python3
# Script-Datei pin7-high.py
import RPi.GPIO as GPIO
import time

# Warnung, dass der GPIO-Kanal noch offen ist, unterdruecken
GPIO.setwarnings(False)

# Pin-Nummern verwenden (nicht GPIO-Nummern)
GPIO.setmode(GPIO.BOARD)

# wir wollen Pin 7 (=GPIO 4) schalten
GPIO.setup(7, GPIO.OUT)
GPIO.output(7, GPIO.HIGH)
GPIO.cleanup()
```

Relaissteuerung automatisieren

Jetzt benötigen Sie nur noch ein einfaches Programm, das einmal pro Minute die Bodenfeuchtigkeit ermittelt und abhängig von diesem Wert das Magnetventil öffnet oder schließt. Hier bietet es sich an, das Blumenampel-Script wiederzuverwerten und anstelle der Ampel einfach die Python-Scripts aufzurufen, die das Magnetventil öffnen oder schließen:

```
#!/bin/bash
# Script-Datei
# /usr/local/shellscripts/bewaesserung/bewaesserung.sh
WDIR=/usr/local/shellscripts/bewaesserung
MOISTURE=$(cat /usr/local/shellscripts/moisturesensor/etc/
    moisture-vh400-1.text)

# zum Debugging
logger "Feuchtigkeit: $MOISTURE Prozent";

# Relaismodul/Magnetventil schalten
if [ $MOISTURE -ge 75 ]; then
  # Feuchtigkeit gleich oder über 75%,
  # Magnetventil ausschalten
  logger "Ventil ausschalten"
  $WDIR/pin7-high.py
elif [ $MOISTURE -ge 65 ] && [ $MOISTURE -le 74 ]; then
  # Feuchtigkeit zw. 65 und 75%
  # nichts ändern
  logger "alles im gruenen Bereich"
else
  # Feuchtigkeit unter 65 %
  # Magnetventil einschalten
  logger "Wasser marsch"
  $WDIR/pin7-low.py
fi
```


Lassen Sie dieses Programm per Cron einmal pro Minute ausführen. Cron ist eine Art Zeitschaltuhr für Programme: Sie bestimmen, wann ein bestimmtes Programm ausgeführt werden soll, und Cron kümmert sich darum (siehe Abschnitt 4.12, »Programme regelmäßig ausführen (Cron)«). Gesteuert wird es von einer Datei names `crontab`, in der Sie die Ausführungszeiten festlegen. Geben Sie `crontab -e` ein, so startet ein Editor und öffnet automatisch die `crontab`. Bewegen Sie den Cursor an das Ende der Datei, und fügen Sie die folgende Zeile hinzu:

```
* * * * * /usr/local/shellscripts/bewaesserung/bewaesserung.sh
```

Achten Sie darauf, dass genau fünf Asteriske vor dem Kommando stehen. Sie sind quasi die Programmierung der Zeitschaltuhr und stehen in dieser Reihenfolge für

- Minute
- Stunde
- Tag des Monats (1 bis 31)

- Monat (1 bis 12)
- Tag der Woche (0 bis 6, 0 = Sonntag)

Wenn Sie alle Werte auf * setzen, sind alle Bedingungen immer erfüllt und das Programm startet einmal pro Minute. Da das Wasser durch den Perlschlauch relativ langsam austritt, reicht das Messintervall von einer Minute aus. Sie müssen nicht befürchten, dass Sie Ihre Tomatenpflanzen versehentlich ersäufen.

42.4 Photosynthese sichtbar machen

Darüber, wie Pflanzen Energie aus Licht gewinnen, kann man längere Aufsätze schreiben, in denen Begriffe wie Adenosintriphosphat, Phycobiline und Protonenpumpe (ja, wirklich!) eine zentrale Rolle spielen. Sie werden deshalb erleichtert sein zu hören, dass wir uns hier sämtliche Details verkneifen und nur eine Kurzfassung in genau drei Sätzen bringen:

Grüne Pflanzen absorbieren das eingestrahlte Sonnenlicht fast vollständig, mit einer Ausnahme: Der Grünanteil wird zurückgeworfen (»Grünlücke«, auch so ein toller Begriff). Deshalb nehmen wir die Farbe der Blätter als sattes Grün wahr. Die übrige Strahlungsenergie befähigt die Pflanze dazu, Kohlendioxid und Wasser erst auseinander- und dann wieder zu mehr Grünzeug zusammenzuschrauben. Weil die Pflanze den dabei aufgenommenen Sauerstoff (das »O« in H_2O und CO_2) nicht in dieser Menge braucht, gibt sie ihn wieder an die Umwelt ab – was äußerst praktisch ist, weil die Erde sonst primär von Schwefelbakterien bewohnt wäre.

Die Photosynthesetätigkeit ist also ein Gradmesser für die Vitalität einer Pflanze. Die NASA macht sich das als Teil des LandSat-Projekts zunutze, indem Satelliten aus dem All Schäden in Waldgebieten erkennen. Um so etwas zu Hause zu machen, brauchen wir nicht viel: eine Kamera ohne Infrarotfilter und eine zusätzliche Filterfolie, die genau auf die gewünschte Wellenlänge eingemessen ist. Beides gibt es fix und fertig von der Raspberry Pi Foundation, die auch den Minicomputer entworfen hat.

Die Kameravariante ohne Infrarotfilter hört auf den Namen »NoIR«. Ihr liegt ein kleines Stück blauer Filterfolie bei (»Roscolux #2007 Storaro Blue«), die noch vor das Kameraobjektiv geklebt wird. Das geht am besten, wenn Sie der Kamera ein passendes Gehäuse gönnen. Wir haben für unsere Experimente sowohl für den Raspberry Pi als auch für die Kamera das Gehäuse »SmartiPi« genutzt, das aus einem gleichnamigen Crowdfunding-Projekt entstanden ist. Inzwischen kann man es direkt beim Hersteller oder einem Importeur erwerben. Praktisch an diesem Gehäuse ist, dass es kompatibel zu Lego-Elementen ist und das Kameragehäuse zusätzlich eine Aufnahme für die beliebten GoPro-Halterungen besitzt (siehe Abbildung 42.9).

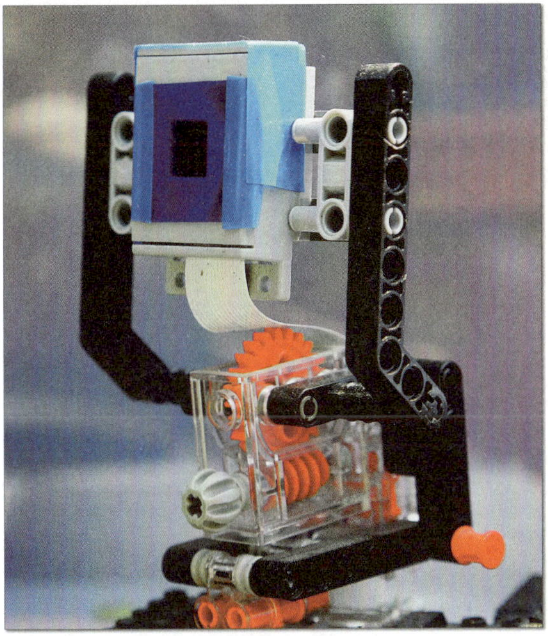

Abbildung 42.9 NoIR-Kamera mit Filterfolie

Das mitgelieferte Anschlusskabel der Kamera ist für unsere Zwecke zu kurz, aber im Handel finden Sie Ersatzkabel mit bis zu zwei Metern Länge. Die benötigte Software ist bei Raspbian serienmäßig mit an Bord. Ein Kommando genügt, um ein Bild zu schießen (siehe Abbildung 42.10):

```
raspistill -o pomodopi.jpg
```

Abbildung 42.10 Ein Bild aus der Pomocam

Die Helligkeit, mit der die Blätter auf dem Bild erscheinen, ist der Gradmesser für die Photosynthesetätigkeit. Bei starker Sonneneinstrahlung, wenn die Chloroplasten richtig Party machen, werden die Blätter fast reinweiß angezeigt. Sinkt die Photosynthesetätigkeit, erscheinen die Blätter entsprechend dunkler.

Jetzt wünschen wir Ihnen noch viel Freude beim Basteln und natürlich eine reiche Ernte!

Kapitel 43
Wassermelder mit Handyalarm

Ein feuchter Keller? Das ist sicherlich der Alptraum jedes Hausbesitzers. Warum also nicht eine kleine Alarmanlage bauen, die Ihnen im Falle des Falles eine direkte Alarmmeldung auf das Handy schickt? So sind Sie selbst im Urlaub über das Unglück informiert und können Ihre netten Nachbarn um Hilfe bitten.

43.1 Hardware

Das Projekt basiert auf einem Wassermelder von Pollin (siehe Abbildung 43.1):

http://www.pollin.de/shop/dt/ODU4OTgxOTk-/Bausaetze_Module/Bausaetze/Bausatz_Wassermelder.html

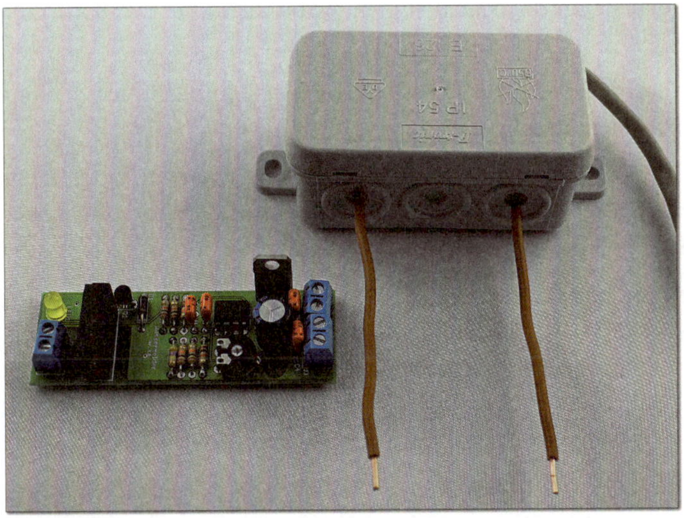

Abbildung 43.1 Der Wassermelderbausatz von Pollin

Dieser Bausatz besteht aus einer Steuerplatine und einem Kunststoffgehäuse, das später die *Wasserfühler* aufnimmt und über dem Kellerboden platziert wird (siehe Abbildung 43.2).

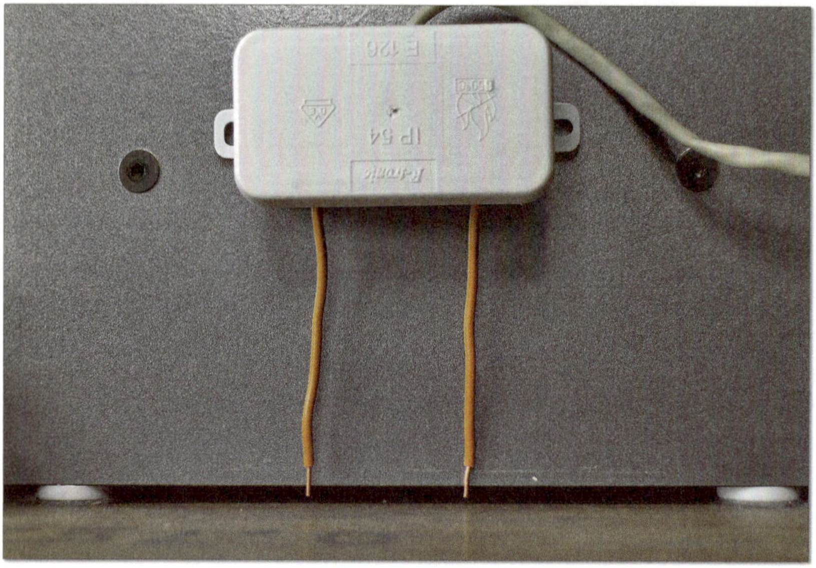

Abbildung 43.2 Die Fühler des Wassermelders sollten knapp über dem Boden schweben.

Löten Sie die Bauteile wie in der Anleitung beschrieben auf die Leiterkarte. Die Platine verfügt über drei Schraubverbinder:

- Klemme J1 verwenden Sie für die beiden Fühler, die bis kurz über den Boden reichen.
- J2 führt den Schließkontakt des Relais nach außen. Diese Klemme nutzen wir, um den Wassermelder mit dem Raspberry Pi zu verbinden.
- An J3 schließen wir eine Spannung von 12 V an. Wir nutzen hier ein Batteriefach. Durch die sehr kleine Stromaufnahme des Systems beträgt die Batterielaufzeit sicher einige Monate bis Jahre.

Schließen Sie die Relaiskontakte über einen 1-kΩ-Widerstand an Pin 16 des Raspberry Pi an (siehe Abbildung 43.3). Der Widerstand dient lediglich zur Strombegrenzung, wenn das Relais den Kontakt gegen Masse schaltet.

43.2 Pushbullet

In diesem Abschnitt treffen wir einige Vorbereitungen, um bei einem Alarm auch direkt informiert zu werden. Die Wahl des Tools für diese Aufgabe fiel auf *Pushbullet*. Dabei handelt es sich um einen Onlinedienst, der es ermöglicht, eigene Push-Meldungen auf das eigene Handy zu senden. Zudem ist der Dienst plattformübergreifend und für iOS sowie für Android verfügbar.

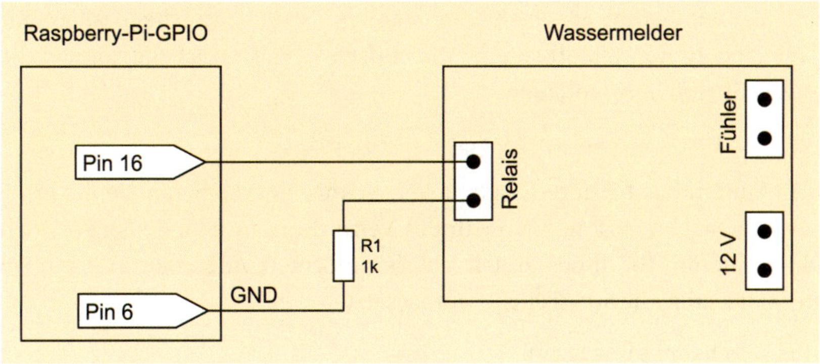

Abbildung 43.3 Anschluss des Wassermelders an den Raspberry Pi

Zunächst benötigen Sie einen Account bei Pushbullet. Besuchen Sie dazu die Webseite, und registrieren Sie sich mit Ihrer E-Mail-Adresse:

http://www.pushbullet.com

Einmal angemeldet, klicken Sie nun ganz rechts oben auf der Webseite auf Ihr Profilsymbol und wählen ACCOUNT SETTINGS (siehe Abbildung 43.4). Dort finden Sie einen Punkt namens ACCESS TOKEN. Dies ist eine recht lange Passphrase aus Zahlen und Buchstaben. Das ist der sogenannte *API-Key*. Mit diesem Schlüssel haben andere Geräte die Möglichkeit, Pushbullet über Ihren gerade erstellten Account zu nutzen. Merken Sie sich oder besser speichern Sie diesen Key vorerst. Wir benötigen ihn nun im Python-Programm.

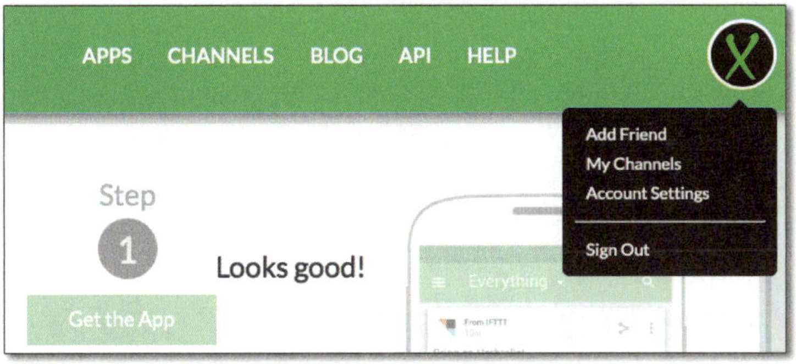

Abbildung 43.4 Der Menüpunkt »Account Settings«

Nun sollten Sie sich die Pushbullet-App auf Ihr Handy laden. Sie finden die App unter »Pushbullet« im Google Play Store sowie im Apple App Store. Auch dort loggen Sie sich mit Ihren Zugangsdaten ein.

Sie können das Handy nun ruhig zur Seite legen. Es wird Ihnen während der Testphase des Wassermelders noch oft genug auf die Nerven gehen.

Ein weiterer Grund, warum wir Pushbullet wählten, ist die Tatsache, dass es mit pyPushBullet eine Python-Bibliothek gibt, die einfach zu nutzen ist. Sie können die Bibliothek von GitHub herunterladen:

```
sudo git clone https://github.com/Azelphur/pyPushBullet
```

Wechseln Sie nun in das heruntergeladene Verzeichnis, und kopieren Sie die Datei pyPushBullet/pushbullet/pushbullet.py in das Verzeichnis, in dem Sie später auch das Python-Programm für dieses Projekt ablegen möchten. Außerdem müssen Sie drei Pakete installieren, die pyPushBullet voraussetzt:

```
pip install websocket-client
pip install requests
pip install python-magic
```

Alternative Installation

Die empfohlene Installationsweise der Bibliothek führte bei uns zu Problemen. Die Bibliothek erzeugte eine Fehlermeldung beim Import. Falls Sie Ihr Glück mit der *richtigen* Installation der Bibliothek versuchen möchten, finden Sie hier die Installationshinweise:

https://github.com/Azelphur/pyPushBullet

Ein kleines, aber bereits voll funktionsfähiges Python-Programm könnte wie folgt aussehen:

```
#!/usr/bin/python3
# Datei wassermelder.py
import time, sys
import RPi.GPIO as GPIO
from pushbullet import PushBullet

GPIO.setmode(GPIO.BOARD)
GPIO.setup(16, GPIO.IN, pull_up_down=GPIO.PUD_UP)

api_key = "Ihr API-Key"
pb = PushBullet(api_key)

def melder(pin):
    zeit= time.strftime("%d.%m.%Y %H:%M:%S")
    devices = pb.getDevices()
    pb.pushNote(devices[0]["iden"], 'Wasser im Keller!', zeit)
    return
```

```
GPIO.add_event_detect(16, GPIO.FALLING, bouncetime=1000)
GPIO.add_event_callback(16, melder)

# mit minimaler CPU-Auslastung auf das Programmende durch
# Strg+C warten
try:
  while True:
    time.sleep(0.5)
except KeyboardInterrupt:
  GPIO.cleanup()
  sys.exit()
```

Die Variable `api_key` füllen Sie nun mit Ihrem API-Key, den Sie sich gemerkt haben. Die eigentliche Funktionsweise des Programms ist sehr simpel. Pin 16 wird durch die beiden `add_event`-Funktionen auf eine fallende Flanke überwacht. Wird diese erkannt, so wird die Funktion `melder()` ausgeführt.

Dort wird die aktuelle Zeit im String-Format erzeugt und durch `pb.pushNote(Gerät, 'Titel', Nachricht)` an Ihr Handy geschickt. Das im Parameter `Gerät` hinterlegte Listenelement `devices[0]["iden"]` bestimmt den Empfänger der Push-Meldung. Diese Liste wird zuvor durch `devices = pb.getDevices()` erzeugt. Sollte Ihr Smartphone das einzige Gerät sein, das Sie für Pushbullet registriert haben, so ist `devices[0]` die richtige Wahl. Sollten Sie mehrere Geräte registriert haben, so ist die Reihenfolge der Gerätenummern gleich der Reihenfolge auf der Webseite (siehe Abbildung 43.5), beginnend bei 0. Für das iPhone 6 wählen wir daher in unserem Fall `devices[2]`.

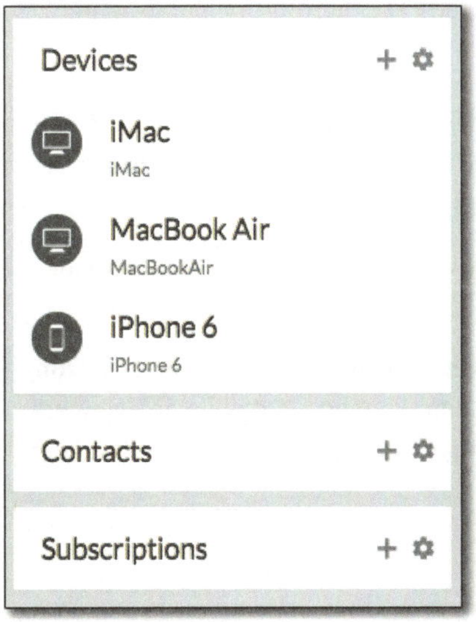

Abbildung 43.5 Die Liste der für Pushbullet registrierten Geräte

Halten Sie die beiden Fühler des Wassermelders nun in ein Glas Wasser, so sollte Ihr Handy die erste Push-Meldung empfangen (siehe Abbildung 43.6). Öffnen Sie die Meldung, so sehen Sie den mitgesendeten Zeitstempel.

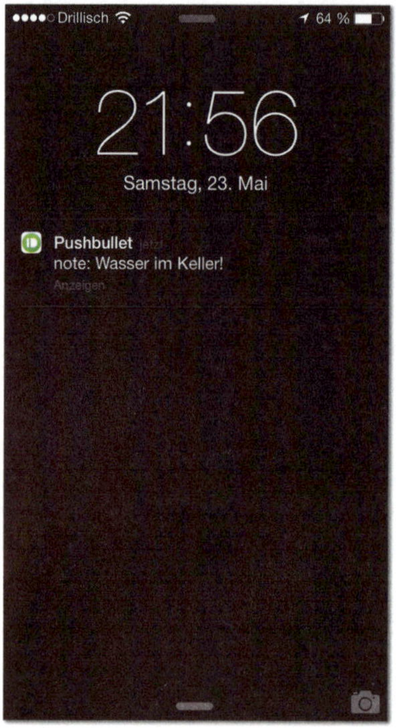

Abbildung 43.6 Durch Pushbullet schickt der Raspberry Pi eine Sofortmeldung auf Ihr Smartphone.

Experimentieren Sie noch ein wenig mit dem Empfindlichkeits-Potenziometer auf der Platine, um einen Fehlalarm zu vermeiden. Und jetzt bleibt nur noch zu hoffen, dass Ihr Handy niemals einen Wasseralarm empfangen möge. :-)

Noch mehr Funktionen

Die Pushbullet-Bibliothek bietet noch viele weitere Funktionen. Zum Beispiel können Sie Bilder, Links oder Adressen senden. Zudem können Sie Kanäle anlegen, um mehrere Empfänger gleichzeitig zu benachrichtigen. Die nötigen Befehle sind auf der GitHub-Seite der Bibliothek dokumentiert:

https://github.com/Azelphur/pyPushBullet

Index

B

C

D

E

F

G

H

I

J

K

L

M

N

O

P

Q

R

S

T

U

V

W

X

Z

Wie hat Ihnen dieses Buch gefallen?
Bitte teilen Sie uns mit, ob Sie zufrieden waren, und bewerten Sie das Buch auf:
www.rheinwerk-verlag.de/feedback

Ausführliche Informationen zu unserem aktuellen Programm samt Leseproben finden Sie ebenfalls auf unserer Website. Besuchen Sie uns!

Rheinwerk
www.rheinwerk-verlag.de